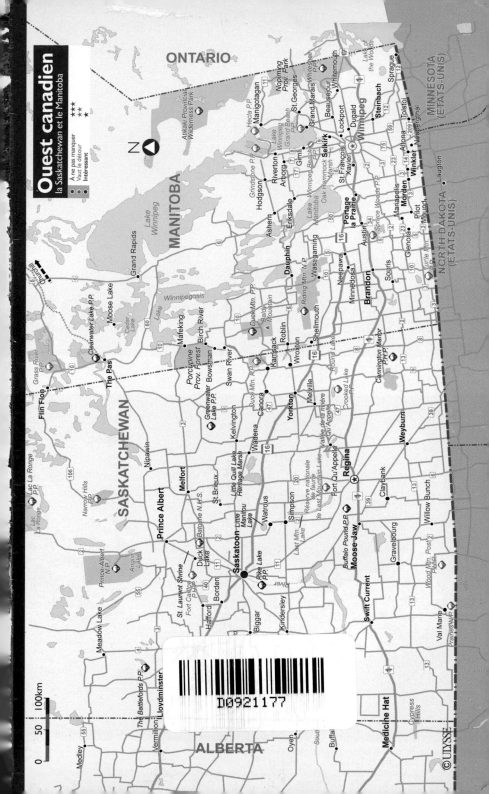

Ouest canadien
la Saskatchewan et le Manitoba

★★★ À ne pas manquer
★★ Vaut le détour
★ Intéressant

N

0 50 100km

©ULYSSE

ONTARIO

MANITOBA

SASKATCHEWAN

ALBERTA

MINNESOTA (ÉTATS-UNIS)

NORTH DAKOTA (ÉTATS-UNIS)

Canada Place, érigée sur un des quais du port de Vancouver.
PhotoDisc

L'un des grands totems colorés du Stanley Park à Vancouver.
Pierre Longnus

Ouest canadien

5e édition

> *"Then the locomotive whistle sounded again and a voice was heard to cry: 'All aboard for the Pacific.' It was the first time that phrase had been used by a conductor from the East... The official party obediently boarded the cars and a few moments later the little train was in motion again, clattering over the newly laid rail and over the last spike and down the long incline of the mountains, off towards the dark canyon of the Fraser, off to broad meadows beyond, off to the blue Pacific and into history."*

Pierre Berton (1920-2004)
The Last Spike

Le sifflet de la locomotive fendit l'air une fois de plus, et une voix retentit: «En voiture pour le Pacifique!» C'était la première fois qu'un conducteur de la Côte Est lançait ces mots. Les dignitaires montèrent docilement à bord du train et quelques instants plus tard le petit convoi se remit en mouvement. On pouvait l'entendre cliqueter et hoqueter sur les rails nouvellement posés, tandis qu'il franchissait le dernier crampon, dévalait les longues pentes montagneuses, s'engouffrait dans le sombre canyon du Fraser et piétinait les amples prés jusqu'au bleu Pacifique, faisant son entrée triomphale dans l'histoire.

Guides de voyage

ULYSSE

Le plaisir de **mieux voyager**

Mise à jour
Tracey Arial
Valérie Breau
Stéphanie Heindenreich
Élodie Luquet

**Recherche, rédaction
et mises à jour précédentes**
Julie Brodeur, Alexis de Gheldere, Paul-Éric
Dumontier, Jacqueline Grekin, Mark Heard,
Paul Karr, Pierre Longnus, Amber Martin,
Jennifer McMorran, Lorette Pierson, Corinne
Pohlmann, François Rémillard

Éditeur
Olivier Gougeon

Directeur de production
André Duchesne

Correcteur
Pierre Daveluy

Adjoint à l'édition
Pierre Ledoux

Infographistes
Pascal Biet
Marie-France Denis
Isabelle Lalonde

Cartographes
Christine Cummings
Bradley Fenton
Israel Hernández Montiel

Photographies
Page couverture
Brian Sprout / CedarCreek Estate Winery

Pages intérieures
Travel Alberta; Pierre Longnus; Inglis Grain
Elevators National Historic Site; Tourism
Saskatchewan; Douglas E. Walker; PhotoDisc;
Sean O'Neill; Fairmont Hotels & Resorts; Wal-
ter Bibikow; Butchart Gardens Ltd; Victoria,
BC; Fort Steele Heritage Town/Bob Holm;
Philippe Renault

Remerciements
Angela McManus, CedarCreek Estate Winery; Travel Alberta; Scott Hartley, WestJet Airlines; Inglis Grain
Elevators National Historic Site.

Merci également à Lana Cheong, Tourism Vancouver Island; Heather McGillivray, Tourism Victoria; Kate Colley
Lo, Tourism Vancouver; Danielle Oberle, Tourism Calgary; Kathy Cooper et Shannon Harrison, BC Rockies;
Kelly Reid, Tourism Development Services Penticton & Wine Country; et Marla Daniels, Elinor Fish, Tammy
Campbell, Nancy Cameron, Lynda Trudeau et Sharon Williams, Karen Cook, Jennifer Groundwater, Colette
Fontaine, David Freeman, Chris Brown, Blain Sepos, Jennifer Senycz, Virginia Haar, Casie Murdoch, Mary Ann
Bell, ainsi que Sue et Drew.

Les Guides de voyage Ulysse reconnaissent l'aide financière du gouvernement du Canada par l'entremise du
Programme d'aide au développement de l'industrie de l'édition (PADIÉ) pour leurs activités d'édition.

Les Guides de voyage Ulysse tiennent également à remercier le gouvernement du Québec – Programme de
crédit d'impôt pour l'édition de livres – Gestion SODEC.

Catalogage avant publication de Bibliothèque et Archives Canada

Vedette principale au titre :
Ouest canadien
(Guide de voyage Ulysse)
Comprend un index.
ISSN 1486-3472
ISBN 2-89464-748-4
1. Canada (Ouest) - Guides. 2. Colombie-Britannique - Guides. 3. Provinces des Prairies - Guides. I. Collection.
FC3203.O93   917.1204'4   C99-301661-8

Sommaire

Liste des cartes 5
Légende des cartes 6
Symboles utilisés dans ce guide 6

À moi... l'Ouest canadien! 7

Situation géographique dans le monde 12

Portrait 13
Géographie 14
Faune et flore 15
Histoire 17
Système politique canadien 26
Économie 27
Population 28
Culture 30
Architecture 34

Renseignements généraux 39
Formalités d'entrée 40
Accès et déplacements 41
Renseignements utiles, de A à Z 47

Plein air 59
Parcs 60
Loisirs d'été 62
Loisirs d'hiver 64

Vancouver 67
Géographie 68
Histoire et développement économique 68
Accès et déplacements 71
Renseignements utiles 73
Attraits touristiques 74
Parcs et plages 106
Activités de plein air 107
Hébergement 113
Restaurants 124
Sorties 138
Achats 144

Victoria et ses environs 149
Accès et déplacements 151
Renseignements utiles 152
Attraits touristiques 153
Parcs et plages 164
Activités de plein air 166
Hébergement 169
Restaurants 177
Sorties 182
Achats 185

L'île de Vancouver et les Gulf Islands 187
Accès et déplacements 188
Renseignements utiles 190
Attraits touristiques 192
Parcs et plages 206
Activités de plein air 209
Hébergement 214
Restaurants 225
Sorties 228
Achats 229

Le sud de la Colombie-Britannique 231
Accès et déplacements 232
Renseignements utiles 234
Attraits touristiques 236
Parcs 264
Activités de plein air 268
Hébergement 275
Restaurants 293
Sorties 300
Achats 303

Le nord de la Colombie-Britannique 305
Accès et déplacements 306
Renseignements utiles 311
Attraits touristiques 312
Activités de plein air 333
Hébergement 336
Restaurants 346
Sorties 349
Achats 350

Sommaire

Les Rocheuses	351
Géographie	352
Flore	354
Faune	356
Un peu d'histoire	357
Vie économique	358
Accès et déplacements	358
Renseignements utiles	359
Attraits touristiques	360
Activités de plein air	385
Hébergement	398
Restaurants	417
Sorties	424
Achats	426

Calgary	429
Accès et déplacements	431
Renseignements utiles	432
Attraits touristiques	433
Parcs	442
Activités de plein air	442
Hébergement	444
Restaurants	450
Sorties	455
Achats	457

Le sud de l'Alberta	459
Accès et déplacements	460
Renseignements utiles	461
Attraits touristiques	461
Parcs	475
Activités de plein air	479
Hébergement	480
Restaurants	485
Sorties	487
Achats	487

Le centre de l'Alberta	489
Accès et déplacements	490
Renseignements utiles	491
Attraits touristiques	491
Parcs	505
Activités de plein air	507
Hébergement	509
Restaurants	513
Sorties	514
Achats	514

Edmonton	515
Accès et déplacements	517
Renseignements utiles	518
Attraits touristiques	518
Parcs	526
Activités de plein air	526
Hébergement	527
Restaurants	532
Sorties	534
Achats	535

Le nord de l'Alberta	537
Accès et déplacements	538
Renseignements utiles	540
Attraits touristiques	540
Parcs	546
Activités de plein air	547
Hébergement	548
Restaurants	549
Sorties	550

La Saskatchewan	551
Accès et déplacements	554
Renseignements utiles	555
Attraits touristiques	555
Parcs	567
Hébergement	571
Restaurants	577
Sorties	579
Achats	579

Le Manitoba	581
Accès et déplacements	584
Renseignements utiles	584
Attraits touristiques	585
Parcs	600
Activités de plein air	603
Hébergement	605
Restaurants	609
Sorties	611
Achats	613

Références	615
Index	616
Liste des cartes	633
Tous les guides Ulysse	634
Nos coordonnées	636
Écrivez-nous	636
Notes	637
Tableau des distances	639
Mesures et conversions	639
Légende des cartes	640
Symboles utilisés dans ce guide	640

Sommaire

Liste des cartes

Banff
Attraits touristiques 365
Hébergement, restaurants 401
Calgary
Attraits touristiques 441
Hébergement, restaurants 449
Calgary centre
Attraits touristiques 435
Hébergement, restaurants 445
Centre de l'Alberta, le 488
Centre de l'Alberta, le; contreforts du centre,
   l'intérieur des terres, la route de Yel-
   lowhead 497
Centre de l'Alberta, le; en quête de dinosaures 493
Dawson Creek
Attraits touristiques 319
Hébergement, restaurants 339
Edmonton
Attraits touristiques 525
Hébergement, restaurants 531
Edmonton centre
Attraits touristiques 521
Hébergement, restaurants 529
Environs du lac Louise, les 369
Fort St.John
Attraits touristiques 321
Hébergement, restaurants 340
Gulf Islands 205
Île de Vancouver 193
Îles de la Reine-Charlotte, les 331
Jasper
Attraits touristiques 376
Hébergement, restaurants 410
Kelowna
Attraits touristiques 255
Hébergement, restaurants 288
Kelowna, agrandissement
Attraits touristiques 257
Hébergement, restaurants 291
Lethbridge
Attraits touristiques 471
Hébergement, restaurants 482
Manitoba 583
Medicine Hat
Attraits touristiques 474
Hébergement, restaurants 484
Nanaimo
Attraits touristiques 196
Hébergement, restaurants 217
Nord de l'Alberta, le 539
Nord de la Colombie-Britannique, le 313
Parc national de Jasper 375
Parc national des Lacs-Waterton 467
Parcs nationaux de Kootenay et Yoho, région de
   Kananaskis 381
Penticton
Attraits touristiques 252
Hébergement, restaurants 286
Prince George
Hébergement, restaurants 337
Prince Rupert
Attraits touristiques 329
Hébergement, restaurants 345
Promenade des glaciers, la 373
Red Deer
Attraits touristiques 502
Hébergement, restaurants 512

Regina
Attraits touristiques 557
Hébergement, restaurants 572
Rocheuses, les 353
Saskatchewan, la 553
Saskatoon
Attraits touristiques 563
Hébergement, restaurants 575
Sud de l'Alberta, le 463
Sud de la Colombie-Britannique, le 233
Sud de la Colombie-Britannique, le; boucle de Coast
   Mountain, rivière Thompson, vallée de
   l'Okanagan, Kootenay Rockies 241
Vancouver-Burrard Inlet
Attraits touristiques 97
Hébergement, restaurants 122
Vancouver-Chinatown, Downtown Eastside et East
   Vancouver
Attraits touristiques 81
Hébergement, restaurants 114
Vancouver-False Creek
Attraits touristiques 101
Hébergement, restaurants 133
Vancouver-Gastown
Attraits touristiques 77
Restaurants 125
Vancouver-le centre-ville
Attraits touristiques 87
Hébergement, restaurants 116
Vancouver-Stanley Park
Attraits touristiques 94
Restaurants 130
Vancouver-West End
Attraits touristiques 91
Hébergement, restaurants 119
Vancouver-West Side
Attraits touristiques 104
Hébergement, restaurants 135
Vancouver-West Side, agrandissement
Hébergement, restaurants 137
Vancouver et ses environs 66
Victoria-Inner Harbour et vieux Victoria
Attraits touristiques 155
Hébergement, restaurants 171
Victoria-Saanich Peninsula et de Victoria au West
   Coast Trail
Attraits touristiques 165
Hébergement 179
Victoria-Scenic Marine Drive, est
Attraits touristiques 160
Hébergement, restaurants 176
Victoria-Scenic Marine Drive, ouest
Attraits touristiques 159
Hébergement, restaurants 175
Victoria et ses environs 148
Whistler
Hébergement, restaurants 277
Whistler Village et Village North
Hébergement, restaurants 278
Winnipeg
Attraits touristiques 587
Hébergement, restaurants 606

Liste des cartes

Légende des cartes

★	Attraits	✈	Aéroport international	◈	Parc provincial
▲	Hébergement				
●	Restaurants	✈	Aéroport national ou régional	◒	Plage
☾	Sorties				
▬	Mer, lac, rivière	🛄	Gare ferroviaire	🌊	Point de vue
▬	Forêt ou parc				
	Place	🚌	Gare routière	🎿	Station de ski alpin
✪	Capitale d'État	◿	Glacier	🏌	Terrain de golf
✪	Capitale provinciale ou régionale				
–·–·–	Frontière internationale	❶	Information touristique	🚗	Traversier (ferry)
··········	Frontière provinciale ou régionale	▲	Montagne	🚙	Traversier (navette)
+++++	Chemin de fer				
▨▨▨	Tunnel				

Symboles utilisés dans ce guide

@	Accès à Internet dans la chambre
♿	Accès aux personnes à mobilité réduite
≡	Air conditionné
🐾	Animaux domestiques admis
◎	Baignoire à remous
♠	Casino
🏋	Centre de conditionnement physique
⅄	Centre de santé (spa)
☛	Cuisinette
◭	Foyer
ⓤ	Label Ulysse pour les qualités particulières d'un établissement
#	Moustiquaire
≋	Piscine
✳	Réfrigérateur
ⵯ	Restaurant
)))	Sauna
P	Stationnement
🖷	Télécopieur
☎	Téléphone
⌁	Ventilateur
pdj	Petit déjeuner inclus dans le prix de la chambre
bc	Salle de bain commune
tlj	Tous les jours

Classification des attraits touristiques

★★★	À ne pas manquer
★★	Vaut le détour
★	Intéressant

Classification de l'hébergement

L'échelle utilisée donne des indications de prix pour une chambre standard pour deux personnes, avant taxe, en vigueur durant la haute saison.

$	moins de 60$
$$	de 60$ à 100$
$$$	de 101$ à 150$
$$$$	de 151$ à 225$
$$$$$	plus de 225$

Classification des restaurants

L'échelle utilisée dans ce guide donne des indications de prix pour un repas complet pour une personne, avant les boissons, les taxes et le service.

$	moins de 15$
$$	de 15$ à 25$
$$$	de 26$ à 50$
$$$$	plus de 50$

Tous les prix mentionnés dans ce guide sont en dollars canadiens.

Les sections pratiques aux bordures grises répertorient toutes les adresses utiles. Repérez ces pictogrammes pour mieux vous orienter:

▲	Hébergement
🍴	Restaurants
☾	Sorties
🎁	Achats

À moi...
l'Ouest canadien!

Une semaine à Vancouver, dans la métropole multiculturelle de la Colombie-Britannique, ou trois semaines dans les Rocheuses, à la rencontre des plus beaux massifs montagneux de l'Alberta? Quelles que soient vos préférences ou la durée de votre séjour, cette sélection d'attraits saura personnaliser votre découverte de l'Ouest canadien, pour que ce voyage ne ressemble à aucun autre!

L'Ouest canadien, en temps et lieux

■ UNE SEMAINE

Côte du Pacifique ou Rocheuses? Vous devrez choisir entre ces deux régions pour cette découverte de l'Ouest canadien en une semaine.

Au départ de Vancouver:

Commencez votre excursion sur la côte du Pacifique par la ville de **Vancouver**, son **Aquarium Marine Science Centre** mais surtout son quartier du **West Side**, avec ses nombreux musées et ses plages de sable et de quartz. Un traversier vous emmène à **Victoria**, capitale de la Colombie-Britannique, au sud de l'île de Vancouver. Arpentez l'**Inner Harbour**, partez en randonnée dans la magnifique **réserve de parc national Pacific Rim** et revenez vous prélasser sur la plage de **Parksville**. Ne manquez pas non plus la découverte des **Gulf Islands**, petits îlots de nature vierge, ni les vignobles de la **Cowichan Valley**, dont les vins font partie des plus réputés de l'île.

Au départ de Calgary:

Pour la richesse de ses activités de plein air et la beauté de ses paysages, partez à la découverte des **Rocheuses**. Commencez votre escapade dans les massifs montagneux de l'Ouest par le **parc national de Banff**. Passez par **Lake Louise**, joyau des Rocheuses canadiennes, et par **Cave and Basin**, lieu historique national. La **Promenade des glaciers** vous conduira jusqu'au **parc national de Jasper** et ses principaux attraits: le **Mount Edith Carvell** et le **Maligne Canyon**.

■ DEUX SEMAINES

Au départ de Vancouver:

Il vous est possible de relier les deux circuits précédents. Après avoir exploré la côte du Pacifique, dirigez-vous vers les parcs nationaux des **Rocheuses** en empruntant la **route des vins**, dans la vallée de l'**Okanagan**.

Au lieu de vous diriger vers les massifs montagneux de l'Ouest, vous pouvez partir à la découverte du **nord de la Colombie-Britannique**. Au cœur des monts Cariboo, **Quesnel** et **Barkerville** sont des invitations au voyage dans le temps, à l'époque de la ruée vers l'or. Empruntez la route de l'Alaska qui, de **Dawson Creek** à **Watson Lake** (Yukon), traverse de magnifiques parcs provinciaux. Montagnes, canyons, forêts, bref, la route de **Yellowhead** jusqu'à **Prince Rupert** regorge de paysages variés. Dernière halte du circuit, les **îles de la Reine-Charlotte** (Haida Gwaii) valent le détour: visitez la réserve de parc national **Gwaii Haanas**, qui abrite le lieu historique national **Ninstints**, l'un des sites du patrimoine mondial de l'UNESCO.

■ TROIS SEMAINES ET PLUS

Après la traversée des **Rocheuses**, partez à la découverte d'**Edmonton**. Après avoir arpenté les rues d'**Old Strathcona** et les serres du **Muttart Conservatory**, empruntez le Heritage Trail pour rejoindre le **Fort Edmonton Park**, le plus vaste parc historique du Canada. La visite d'Edmonton serait incomplète sans une journée de magasinage au **West Edmonton Mall**, le plus grand centre commercial au monde.

Partez ensuite en quête des os de dinosaures dans le **centre de l'Alberta**, en traversant le **Dinosaur Provincial Park**. Faites une halte à **Drumheller**, point de départ, le long de la rivière **Red Deer**, du **Dinosaur Trail** et du **Hoodoo Trail**. C'est aussi là que vous pourrez visiter le gigantesque **Royal Tyrrell Museum of Paleontology**. Poursuivez ce circuit par **Calgary**, la métropole de l'Alberta: le **Fort Calgary**, érigé dans le cadre de la ruée vers l'Ouest, et le **Canada Olympic Park**, qui a accueilli les Jeux olympiques d'hiver en 1988, sont des incontournables de la ville. Enfin, plongez-vous dans l'Ouest sauvage en assistant au spectaculaire rodéo annuel du **Stampede**.

Terminez votre périple par la **Saskatchewan**, véritable grenier du Canada. Faites un détour par la route 247 et la belle **vallée de la rivière Qu'Appelle**, avant de traverser la frontière vers les prairies du **Manitoba**.

L'Ouest canadien à la carte

L'OUEST CANADIEN HISTORIQUE

Barkerville, où les chercheurs d'or firent fortune au XIXᵉ siècle et qui est aujourd'hui un site protégé, reconstitution authentique d'une ville frontière.

Le **Fort Calgary**, dont le centre d'interprétation rappelle le rôle joué par la police montée à l'époque de la ruée vers l'or.

Le **Lieu historique national du Ranch-Bar U**, pour se plonger dans la vie des cowboys et de l'exploitation de l'un des plus grands ranchs du territoire albertain.

Le **Whyte Museum of the Canadian Rockies**, sur l'histoire des Rocheuses canadiennes, ses premiers peuplements amérindiens et ses explorateurs célèbres.

Le **Fort Edmonton Park**, le plus grand parc historique du Canada, musée à ciel ouvert de la traite des fourrures grâce à la reconstitution d'un fort du XIXᵉ siècle.

Le **Lieu historique national de Batoche**, qui retrace l'épopée de Louis Riel et la rébellion des Métis contre les Anglais à la fin du XIXᵉ siècle.

Le **Lieu historique national Lower Fort Garry** et le **Fort la Reine Museum and Pioneer Village**, qui reconstituent des villages de pionniers au Manitoba.

■ L'OUEST CANADIEN SPORTIF

Pour les randonneurs: le **West Coast Trail**, célèbre sentier de 75 km qui traverse la réserve de parc national Pacific Rim; les **parcs nationaux de Banff et de Jasper**, qui offrent sans doute les plus beaux circuits pédestres des Rocheuses; le **Tweedsmuir Provincial Park**, le plus grand parc de la Colombie-Britannique, dont les paysages de lacs et de montagnes font le plaisir des excursionnistes.

Pour les kayakistes et autres canoteurs: la **Kicking Horse River**, dans les Rocheuses, paradis des amateurs de descente de rivière, et le **Bowron Lake Provincial Park**, qui offre, grâce à ses 115 km de lacs et de rivières, un magnifique circuit en canot.

Pour les marins d'eau douce: **Campbell River**, lieu de prédilection des pêcheurs de saumon; le **Dease Lake**, dont les eaux regorgent de truites et de brochets; **Fish Creek**, théâtre du plus important frai de saumons roses en Alaska; le **Moricetown Canyon**, fréquenté par des Autochtones qui utilisent des techniques ancestrales de pêche.

Pour les amateurs de poudreuse: le **Pemberton Ice Cap**, où se donnent rendez-vous les motoneigistes de la Colombie-Briannique; **Whistler**, considérée comme la meilleure station de ski en Amérique du Nord; **Smithers**, dont les 35 pistes offrent des conditions de ski exceptionnelles; le **Canmore Nordic Centre**, où se déroulèrent les épreuves de ski de fond des Jeux olympiques d'hiver de 1988.

■ L'OUEST CANADIEN PITTORESQUE

Les rapides du **Skookumchuck Narrows Provincial Park**, quand les eaux de mer viennent à la rencontre du canyon de Skookumchuck Narrows, sur la Sunshine Coast.

Les cheminées des fées du **Hoodoo Trail**, dans le centre de l'Alberta, étonnantes formations calcaires qui se dressent telles des stalagmites géantes.

Banff Gondola, le téléphérique du mont Sulphur, qui grimpe à plus de 2 000 m d'altitude et offre un panorama époustouflant sur la ville de Banff.

Lake Louise et son célèbre lac aux eaux vert émeraude.

La **vallée de la rivière Qu'Appelle**, qui creuse un sillon spectaculaire dans les plaines méridionales de la Saskatchewan.

■ L'OUEST CANADIEN AMÉRINDIEN

Les musées et les sites historiques, nombreux dans l'Ouest canadien, contribuent à redonner vie aux us et coutumes des peuples des Premières Nations.

L'**U'mista Cultural Centre** d'**Alert Bay**, qui décrypte les cérémonies du *potlatch* et où l'on peut admirer un grand nombre de mâts totémiques.

À moi... l'Ouest canadien!

Le **Museum of Anthropology**, reconnu pour sa collection de totems, et le **Buffalo Nations Luxton Museum**, consacré à la vie des Amérindiens dans les Rocheuses canadiennes.

Le **Wanuskewin Heritage Park**, qui retrace l'historique des peuples autochtones des Prairies.

Le **Haida Gwaii Museum**, qui regroupe, sur les îles de la Reine-Charlotte, un grand nombre d'œuvres haïdas.

Le **Quw'utsun' Cultural and Conference Centre**, centre du patrimoine amérindien consacré à la nation Cowichan.

La réserve de parc national **Gwaii Haanas**, très beau parc marin qui abrite le Lieu historique national **Ninstints**, classé patrimoine mondial de l'UNESCO.

Le **Ksan Historical Village and Museum**, reconstitution authentique d'un village gitksan.

Le **Head-Smashed-In Buffalo Jump**, ancien haut lieu de chasse des Amérindiens, auquel un centre d'interprétation est rattaché.

■ L'OUEST CANADIEN OISIF

Pour les stations thermales: les **Banff Upper Hot Springs** dans les Rocheuses; le **Liard Hot Springs Provincial Park** et **Hot Springs Island**, dans le nord de la Colombie-Britannique.

Pour les routes des vins et les dégustations dans les meilleurs vignobles de la région: la **Cowichan Valley**, sur l'île de Vancouver, et l'**Okanagan Valley**, au sud de la Colombie-Britannique.

Pour les amateurs de farniente: le **Lakelse Lake Provincial Park** et sa jolie plage de sable en bordure du lac, **South Beach** qui s'étend sur 15 km le long du Naikoon Provincial Park, le **Grand Beach Provincial Park** dont les dunes de sable blanc ont fait de sa plage le Cape Cod manitobain.

À moi... l'Ouest canadien!

Situation géographique dans le monde

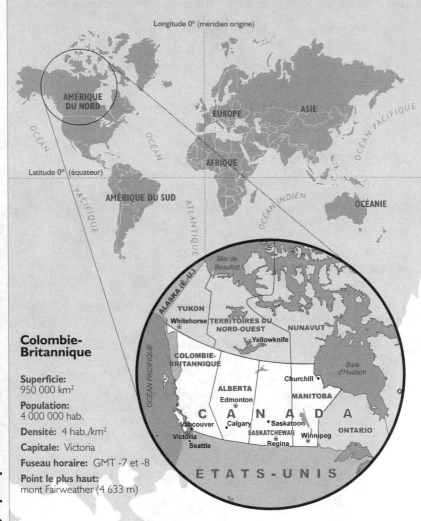

Colombie-Britannique

Superficie:
950 000 km²

Population:
4 000 000 hab.

Densité: 4 hab./km²

Capitale: Victoria

Fuseau horaire: GMT -7 et -8

Point le plus haut:
mont Fairweather (4 633 m)

Alberta

Superficie:
660 000 km²

Population:
2 300 000 hab.

Densité:
4,6 hab./km²

Capitale:
Edmonton

Fuseau horaire: GMT -7

Point le plus haut:
mont Columbia (3 747 m)

Saskatchewan

Superficie: 651 900 km²

Population: 995 000 hab.

Densité: 1,72 hab./km²

Capitale: Regina

Fuseau horaire: GMT -6

Point le plus haut:
Cypress Hills (1 392 m)

Manitoba

Superficie:
650 000 km²

Population:
1 176 000 hab.

Densité: 1,8 hab./km²

Capitale: Winnipeg

Fuseau horaire: GMT -6

Point le plus haut:
mont Baldy (831 m)

Portrait

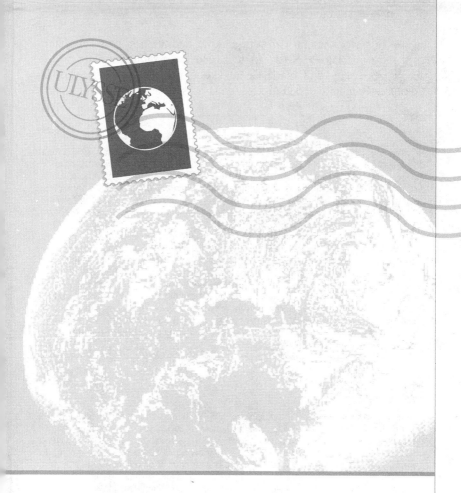

Géographie	14
Faune et flore	15
Histoire	17
Système politique canadien	26
Économie	27
Population	28
Culture	30
Architecture	34

L'Ouest canadien... une région difficile à délimiter de façon précise. Certains y regroupent la Colombie-Britannique et l'Alberta, d'autres y incluent les territoires qui s'étendent à l'ouest de l'Ontario (généralement reconnus comme le centre du pays) et d'autres encore subdivisent cette grande région en trois parties, à savoir les Prairies, les Rocheuses et la Côte Ouest.

Nous avons retenu dans ce guide la définition la plus large, afin de vous faire apprécier toute la palette des différents paysages de cette partie du Canada. Ce guide couvre donc les provinces de la Colombie-Britannique, de l'Alberta, de la Saskatchewan et du Manitoba.

La fabuleuse chaîne des montagnes Rocheuses figure naturellement sur tout itinéraire de voyage dans ce coin de pays. Mais un tel périple resterait incomplet sans la visite de Calgary et de son fameux Stampede; des plaines ondulantes du sud de l'Alberta, de la Saskatchewan et du Manitoba; des magnifiques lacs et rivières du nord de ces provinces; de la métropole de la côte du Pacifique (Vancouver) ou de l'éblouissant littoral, des Gulf Islands et des vallées fruitières du sud de la Colombie-Britannique.

La région couverte par ce guide n'est connue des Européens que depuis 200 ans. Ce n'est en effet que vers la fin du XVIIIe siècle que les fils de l'explorateur canadien-français La Vérendrye aperçurent les Rocheuses, et c'est pendant la dernière décennie du même siècle que George Vancouver explora, pour le compte des Britanniques, la côte du Pacifique, le long de ce qui allait devenir la Colombie-Britannique. Le peuplement en est encore plus récent; il remonte à un peu plus de 100 ans dans le cas de l'Alberta, qui n'existe en tant que province, tout comme la Saskatchewan, que depuis 1905. Des peuples amérindiens habitaient ces territoires depuis au moins 11 000 ans, mais leur population n'a jamais été importante, ne comptant que 220 000 personnes dans tout le Canada à l'arrivée du découvreur Jacques Cartier en 1534.

Géographie

Ce guide porte sur les quatre provinces les plus occidentales du Canada: la Colombie-Britannique, au bord du Pacifique, essentiellement occupée par d'importantes chaînes de montagnes; l'Alberta, qui commence sur le versant oriental des Rocheuses et s'étend vers l'est le long de la grande prairie centrale canadienne; la Saskatchewan, le grenier du Canada; enfin, toujours vers l'est, le Manitoba, coincé entre la Saskatchewan et l'Ontario. Ces provinces sont bordées au sud par les États-Unis (États de Washington sur la côte, puis de l'Idaho, du Montana, du North Dakota et du Minnesota à l'intérieur). L'Alaska longe la partie nord-ouest de la Colombie-Britannique, alors que le territoire canadien du Yukon borde sa partie nord. Les Territoires du Nord-Ouest, sous juridiction de l'État fédéral canadien, bordent le nord de l'Alberta et de la Saskatchewan ainsi que la partie nord-est de la Colombie-Britannique. Le Nunavut, ce territoire sous juridiction inuite depuis 1999, partage sa frontière méridionale avec le Manitoba.

La Colombie-Britannique est la plus grande de ces provinces avec 950 000 km², alors que l'Alberta couvre 660 000 km², la Saskatchewan 651 900 km² et le Manitoba, la plus petite, 650 000 km².

Sculptée par de nombreux fjords, très découpée et parée de centaines d'archipels, la côte de la Colombie-Britannique s'étire sur 7 000 km, sans compter le littoral des îles. La plus importante de celles-ci est l'île de Vancouver, de la grandeur des Pays-Bas, sur laquelle est située Victoria, la capitale provinciale. Bien qu'elle porte le même nom, Vancouver n'est pas située sur cette île, mais en face, sur le continent. Au nord s'étend l'archipel de la Reine-Charlotte. Malgré son territoire très maritime, les trois quarts du territoire de la Colombie-Britannique s'élèvent à plus de 930 m d'altitude, en plus de la chaîne Côtière, cette barrière montagneuse se dressant à 3 000 m qu'on aperçoit depuis la côte. De nombreuses chaînes de montagnes se succèdent de l'ouest à l'est, jusqu'à la fameuse cordillère des Rocheuses, dont les sommets peuvent atteindre 4 000 m. Cette chaîne de montagnes est dénudée du côté est, ce qui lui a valu son nom.

Au cours du précambrien, l'océan Pacifique couvrait la plus grande partie de l'Ouest canadien. Sur une période de quelque 500 millions d'années, l'océan avança puis se retira, laissant derrière lui des dépôts sédimentaires sur l'assise de roche précambrienne du Bouclier canadien, qui compte parmi les plus anciennes formations rocheuses sur Terre. Les organismes microscopiques nourris par la mer moururent alors, créant une énorme quantité de matière en décomposition qui donna naissance aux imposants gisements pétrolifères de l'Alberta. Lorsque survint le crétacé, il y a de cela quelque 75 millions d'années, l'océan Arctique avait déjà inondé la majorité des terres albertaines et avait formé une vaste mer intérieure dénommée "Bearpaw".

Les dinosaures abondaient sur les rivages de cette mer subtropicale et sur les rives des fleuves qui s'y déversaient. Ils y vécurent pendant plusieurs millions d'années jusqu'au jour, il y a environ 70 millions d'années, où la plaque du Pacifique entra en collision avec la plaque nord-américaine, se trouvant du même coup soulevée jusqu'à former les chaînes de montagnes qui chevauchent aujourd'hui l'Alberta et la Colombie-Britannique. Peu à peu, ce phénomène géologique eut pour effet de modifier le climat, rafraîchissant l'atmosphère et faisant périr les dinosaures dans la foulée. C'était il y a 63 millions d'années. Puis, il y a près d'un million d'années, quatre calottes glaciaires polaires gagnèrent à leur tour les plaines et, en se retirant, sculptèrent les rivières et les lacs qui composent aujourd'hui le paysage de l'Alberta, de la Saskatchewan et du Manitoba.

Les cours d'eau en question divisèrent la province en régions naturelles. Le fleuve Mackenzie et les rivières Peace et Athabasca permettent l'agriculture jusqu'aux forêts boréales avant de se jeter dans l'océan Arctique. Ce sont toutefois surtout les rivières North Saskatchewan et Red Deer qui assurent l'irrigation des terres cultivées. Tout comme les rivières South Saskatchewan, Oldman et Bow, elles se jettent dans la baie d'Hudson.

Faune et flore

La faune et la flore des montagnes Rocheuses font l'objet d'un texte spécifique placé au début du chapitre décrivant cette région.

En Colombie-Britannique, malgré le peu d'espace laissé à la plaine, 62% du territoire est couvert de forêts. Le long de la côte, sur Haida Gwaii (les îles de la Reine-Charlotte) ainsi que sur le littoral ouest de l'île de Vancouver, on trouve une forêt tellement luxuriante qu'on l'appelle «forêt pluvieuse du Nord» (*Northern Rain Forest*) pour faire pendant aux forêts tropicales humides. Les sapins de Douglas (*Douglas firs*) et les cèdres rouges (*western red cedars*) s'y retrouvent en abondance, de même que le géant épicéa de Sitka (*Sitka spruce*). Le sapin de Douglas peut y atteindre 90 m de hauteur et 4,5 m de diamètre. Cette forêt reçoit jusqu'à 4 000 mm de pluie par année, et l'on y retrouve des arbres ayant plus de 1 000 ans. La plupart des vieux sapins de Douglas ont toutefois été abattus au cours du siècle dernier. L'hinterland, plus élevé en altitude et plus sec, fait place aux vastes forêts de pins, d'épinettes et de sapins-cigües (*hemlocks*).

En altitude, on trouve une forêt de type subalpin. Là réside le mélèze de Lyall, le seul conifère au Canada qui perd ses aiguilles en automne, après être devenues jaunes. Elles repoussent au printemps.

Les Gulf Islands les plus méridionales, protégées par l'île de Vancouver, connaissent un climat relativement sec et doux, à un point tel qu'on y trouve des cactus comme le figuier de Barbarie. Cette zone voit éclore des fleurs toute l'année, et plus particulièrement en avril et en mai.

Du sud-est de l'Alberta jusqu'à l'Ontario, les prairies recouvrent le sol. L'herbe y est omniprésente, sauf aux abords des rivières, où elle cède le pas aux cotonniers et aux saules. On trouve même des cactus dans les zones les plus méridionales. Les plaines s'élèvent et ondulent vers l'ouest jusqu'aux contreforts des Rocheuses, où poussent le tremble (*aspen*), l'épinette blanche (*white spruce*), le pin de Murray (*lodgepole pine*) et le sapin de Douglas.

Une tremblaie canadienne marque la transition entre les prairies du Sud et la forêt du Nord. La tremblaie et les plaines s'étendent sur la plus grande partie de cette région. Au-delà, plus de la moitié du territoire se couvre d'une forêt boréale émaillée de lacs, de marais et de tourbières. Dans la forêt boréale, il est fréquent qu'une invasion de parasites ou des feux de forêt permettent l'implantation d'un bois provisoire qui amorcera la régénération de la forêt originelle. L'épinette blanche, le pin de Murray et le sapin baumier (*balsam fir*) sont ici les essences les plus communes. On trouve enfin dans ce coin de pays des terres jonchées de framboisiers et d'amélanchiers (*Saskatoon berries*).

Les eaux du Pacifique, réchauffées par le courant du Japon, se maintiennent à une température plus élevée que celles de l'Atlantique, refroidies par le courant du Labrador. Une faune et une flore marine particulières s'y trouvent donc. Par exemple, c'est le seul endroit au Canada où l'on rencontre la loutre de mer (*sea otter*), bien qu'une chasse intensive ait failli l'éliminer complètement. Les otaries (*eared seals, fur seals* ou *sea lions*) sont également propres à la côte du Pacifique. L'otarie du Nord (*Northern sea lion*) fait fréquemment l'objet de campagnes de dénigrement de la part des pêcheurs, car elle serait le principal prédateur des saumons.

Mais d'autres animaux se nourrissent aussi des saumons, si abondants sur la côte et dans les rivières, où ils remontent pour frayer: les grizzlis, ces gros ours généralement solitaires, qui s'assemblent pourtant lorsque le saumon abonde dans les rivières. Fin gourmet, le grizzli ne dégustera que les œufs et la tête! Les loups, les ours noirs, les ratons laveurs, les mouettes (*gulls*) et les aigles à tête blanche (*bald eagles*) se chargeront du reste. Mentionnons au passage que la côte du Pacifique recèle la plus importante population d'aigles à tête blanche au Canada, un oiseau qui a pratiquement disparu de la côte Atlantique.

De nombreux épaulards (*orcas*) habitent, quant à eux, les eaux dans lesquelles baigne l'île de Vancouver, et il n'est pas rare de les apercevoir depuis les traversiers qui emmènent les voyageurs vers cette grande île. Il s'agit du seul mammifère marin qui se nourrisse d'animaux à sang chaud: phoques, bélugas (baleines blanches) et autres baleines plus petites. Ainsi s'explique probablement son surnom anglais de *killer whale* (baleine meurtrière).

L'automne venu, certains mammifères marins comme la baleine grise (*grey whale*) migrent de l'Alaska vers la Basse-Californie (Baja California), au Mexique. Le printemps les voit remonter en Alaska.

Les forêts abritent une grande quantité de couguars, surtout dans l'île de Vancouver, où ils se nourrissent essentiellement de cerfs à queue noire (*Columbia blacktail deers*).

Une impressionnante variété d'oiseaux et de mammifères habite les Prairies. Certaines espèces ailées parmi les plus connues sont l'aigle à tête blanche, qui vit autour des lacs septentrionaux, le faucon des Prairies (*white prairie falcon*) ou le faucon pèlerin (*peregrine falcon*), souvent aperçus dans les plaines, fondant sur leur proie du haut des airs ou faisant une pause sur un piquet de clôture en bordure de la route. Enfin, le couloir de migration des cygnes trompettes (*trumpeter swans*) passe par l'Alberta.

Les lacs et rivières foisonnent de truites, dont on compte huit espèces différentes.

Histoire

■ Les Premières Nations

Les premiers habitants de l'Ouest canadien seraient ceux qui sont venus s'y installer il y a au moins 11 000 ans, lorsque le glacier Wisconsin se retira, ce qui ne veut pas dire qu'ils n'occupaient pas déjà le territoire américain avant cette date. Ce peuple trouva ici de nombreux troupeaux de bisons et autres gibiers, mais aussi de petits fruits sauvages et des racines comestibles. Ils avaient soin de ne rien perdre de ces précieuses ressources, utilisant les peaux des bêtes pour se vêtir, pour conserver leurs biens et pour s'abriter, transformant les os en outils, les cornes en cuillères et les bois de cerf en manches et en anses, se servant des plantes pour guérir leurs maux et des tendons comme fil. Ils employèrent aussi la glaise pour confectionner divers récipients.

Cette vaste immigration en plusieurs phases ne peut être associée à l'implantation en Amérique des tribus amérindiennes de la Côte Ouest. Certaines théories suggèrent en effet que ces dernières tribus seraient plutôt venues des îles du Pacifique et auraient rejoint par mer à une date plus récente (3000 av. J.-C.) les côtes occidentales du Canada et des États-Unis. Les tenants de ces théories se basent à la fois sur les langues parlées ainsi que sur les arts et traditions de ces peuples qui ne sont pas sans rappeler celles des indigènes des différents archipels du Pacifique.

Au XVIIIe siècle, cinq nations amérindiennes occupent le territoire entre la baie d'Hudson et les montagnes Rocheuses. La partie du Bouclier canadien recouverte de vastes forêts est le domaine des Ojibways. Le sud des actuelles provinces du Manitoba et de la Saskatchewan est habité par les Assiniboines dans les plaines et les prairies, et par les Cris de l'Ouest dans les plaines et les forêts. Au sud et à l'ouest de ces deux derniers groupes vivent les Pieds-Noirs (*Blackfoots*) et, complètement au nord, les Athabascans. Tous ces peuples seront bouleversés par l'arrivée des premiers colons européens, que ce soit par conflit direct avec ces colons ou avec un autre groupe autochtone déplacé par ces derniers, ou encore à cause de profonds changements dans la nature qui les entoure, par exemple la quasi-extinction des troupeaux de bisons des Prairies.

L'arrivée de négociants autour de la baie d'Hudson eut entre autres effets de faire circuler des outils en métal et des armes jusque dans les mains de certains Autochtones, avant même qu'ils n'aient aperçu un seul Européen. Le cheval était inconnu de ces peuples, et son apparition au début du XVIIIe siècle, à la suite de la conquête espagnole du Mexique, modifia pour toujours leurs méthodes de chasse. C'est ainsi que tomba en désuétude le traditionnel «saut de bisons», qui consistait à refouler les troupeaux jusqu'à une falaise pour les y faire plonger.

L'histoire du Canada est marquée par une longue série de traités signés entre Amérindiens et Blancs. Dans l'Ouest, cette série débute au XIXe siècle, alors que les peuples autochtones, acculés à l'acculturation, se voient dans l'obligation de céder une partie de leur territoire à la Confédération canadienne. C'est alors que l'on commença à créer les réserves, qui abritent encore beaucoup de ces populations. Dans la plupart des cas, l'étendue des réserves fut établie selon un rapport de cinq habitants au mille carré (environ 2,5 km²).

Lorsque les premiers colons européens arrivent sur la côte ouest du territoire qui deviendra la Colombie-Britannique, les Nootkas, les Coast Salishs, les Kwakiutls, les Bella Coolas, les Tsimshians, les Haïdas et les Tlingits peuplent déjà ces terres. À l'intérieur du territoire, on retrouvait les Tagishs, les Tahltans, les Testsauts, les Carriers, les Chilcotins, les Salishs de l'Intérieur, les Nicolas et les Kootenays. Il semble que l'esclavagisme ait eu cours au sein des Salishs de l'Intérieur, chez qui trois classes sociales existaient.

Au moment de l'arrivée des premiers Blancs à la fin du XVIIIe siècle, la région de Vancouver est habitée par les Salishs (les autres familles linguistiques de la côte du Pacifique sont les Haïdas, les Tsimshians, les Tlingits, les Nootka-Kwakiutls et les Bella Coolas). Tout

Portrait - Histoire

comme leurs compatriotes, les Salishs profitent du climat exceptionnellement doux de la région et de l'abondance des ressources à portée de main: bélugas, saumons, phoques, petits fruits. Cet environnement favorable, conjugué à la barrière des montagnes toutes proches, permet à l'ensemble des tribus de la côte du Pacifique de constituer une population relativement nombreuse et nettement plus dense que celle des autres nations amérindiennes du centre et de l'est du Canada.

En 1820, on dénombre quelque 25 000 Salishs vivant le long du fleuve Fraser, de son embouchure, au sud de Vancouver, jusqu'aux hautes terres des Rocheuses. Tout comme les autres tribus, les Salishs sont sédentaires et vivent dans de longues habitations faites de troncs de cèdre rouge et regroupées en village. Ils échangent avec les autres tribus autochtones de la Côte lors des *potlatchs*, ces célébrations cérémonielles au cours desquelles on s'offre des présents et fête pendant des semaines entières.

■ À la recherche d'une route pour la traite des fourrures

Le territoire qu'on appelle aujourd'hui les Prairies, et qui forme les provinces du Manitoba, de la Saskatchewan et de l'Alberta, avait été concédé en 1670 par la Couronne britannique à la Compagnie de la Baie d'Hudson, qui en assurait la gestion économique et politique.

La Compagnie de la Baie d'Hudson

Le navigateur anglais Henry Hudson découvre en 1610 le détroit et la baie qui porteront son nom. La baie d'Hudson s'ouvre sur la mer du Labrador et l'océan Atlantique par le détroit d'Hudson, au nord de l'actuel territoire québécois.

Médard Chouart Des Groseillers et son beau-frère Pierre-Esprit Radisson, de preux coureurs des bois, organisent quant à eux vers la fin des années 1650 une expédition qui les conduit à l'ouest du lac Supérieur. Ils n'ont pas atteint la baie d'Hudson dont les Cris leur avaient fourni d'amples descriptions. En 1665, à Londres, ils rencontrent, contre toute attente, le roi Charles II pour lui livrer leur secret sur les richesses de la baie d'Hudson. Ils se voient alors confier deux navires. Celui de Radisson échoue, mais le *Nonsuch*, guidé par Des Groseillers, réussit à s'introduire en 1668 dans le détroit d'Hudson et à pénétrer dans la baie.

En 1670, la future Compagnie de la Baie d'Hudson est créée sous le nom de *The Governor and Company of Adventu-*

rers of England, trading into Hudson's Bay, avec la permission du roi. En quelques années, elle contrôle la majeure partie du nord du Québec et de l'Ontario, tout le Manitoba, presque toute la Saskatchewan, la moitié sud de l'Alberta et une grande partie des Territoires du Nord-Ouest: c'est la Terre de Rupert. Elle doit tout de même céder au Canada, à la suite de l'Enquête parlementaire de 1857, la partie sud de l'Alberta, de la Saskatchewan et du Manitoba actuels. En 1869, elle cède la propriété de la Terre de Rupert.

En 1912, la Compagnie de la Baie d'Hudson projette l'établissement d'une chaîne de magasins à rayons dans l'Ouest canadien. À partir de 1970, elle se sera implantée dans toutes les grandes villes et banlieues canadiennes. De simple entreprise de traite des fourrures, la Compagnie de la Baie d'Hudson, société commerciale canadienne la plus ancienne, est devenue au fil des ans une importante multinationale et l'un des détaillants les plus prospères au Canada: La Baie.

La Compagnie de la Baie d'Hudson contrôlait le commerce sur l'ensemble de la Terre de Rupert, qui englobait toutes les terres se drainant dans la baie d'Hudson et couvrait, de ce fait, une grande partie du Canada actuel. Les négociants de la Compagnie de la Baie d'Hudson accusaient toutefois la concurrence des traiteurs de pelleteries français, communément appelés «voyageurs», qui n'hésitaient pas à pénétrer à l'intérieur des terres jusqu'à la source des fourrures, plutôt que d'attendre que les Autochtones ne les leur apportent aux postes de traite.

En 1691, Henry Kelsey, de la Compagnie de la Baie d'Hudson, fut le premier à poser les yeux sur la frontière orientale de l'Alberta. Encouragés par des rapports favorables sur ce territoire, les traiteurs de pelleteries indépendants de Montréal formèrent, en 1787, la Compagnie du Nord-Ouest, puis créèrent le premier poste de traite de l'Alberta, le fort Chipewyan, sur le lac Athabasca.

Ces postes de traite vinrent à servir de bases d'exploration, et, en 1792, Alexander Mackenzie traversa l'Alberta en empruntant la rivière Peace, devenant ainsi le premier homme à atteindre le Pacifique par le continent. Pour les compagnies, le seul et unique intérêt de l'Ouest tenait au commerce des pelleteries; cet état de fait devint même plus prononcé encore lorsque les compagnies du Nord-Ouest et de la Baie d'Hudson fusionnèrent en 1821. Mais vers la fin des années 1860, la population des castors commença à décliner, et les négociants se tournèrent plutôt vers le bison, tant et si bien qu'après 10 ans de chasse et de commerce il ne restait que bien peu de ces majestueux mammifères qui erraient jadis à l'état sauvage. Cet état de fait eut de dures conséquence pour les Amérindiens, dont la survie dépendait du bison. Ils n'eurent d'autre choix que de s'entendre avec les autorités canadiennes; ils donnèrent leurs terres et furent confinés sur des réserves.

D'autre part, les compagnies vouées au commerce des pelleteries n'avaient d'yeux, comme on l'a déjà dit, que pour les fourrures et, bien qu'elles fussent des autorités administratives, ne se souciaient nullement de faire régner l'ordre sur leur territoire. Cette nonchalance ne tarda pas à attirer les trafiquants de whisky américains au nord de la frontière. À la suite de la diminution

Alexander Mackenzie

Alexander Mackenzie est né en Écosse en 1764. Il immigre à New York en 1774 avec son père, puis est envoyé en 1778 à Montréal, important centre de traite des fourrures. Influencé par ce qu'il y voit, il quitte l'école en 1779 pour se lancer dans le commerce des pelleteries.

La compagnie à laquelle Mackenzie est associé fusionne avec la Compagnie du Nord-Ouest, et, en 1788, on l'envoie dans la région d'Athabasca, dans le nord de l'actuelle province de l'Alberta. En 1789, la première expédition de Mackenzie part de Fort Chipewyan, sur la rivière Athabasca. Mackenzie descend alors la rivière Athabasca, pour s'apercevoir, 850 km plus loin, qu'elle mène à une plus grande rivière qui coule vers l'océan Arctique et non pas vers l'océan Pacifique, après un trajet périlleux de 1 650 km. Cette grande rivière, qu'il a suivie jusqu'au bout en deux semaines, s'appelle aujourd'hui le fleuve Mackenzie en son honneur.

En 1792-1793, Mackenzie entreprend une seconde expédition. Suivant les conseils des Autochtones, il tente sa chance cette fois par la rivière Peace. Franchissant des rapides traîtres, effectuant de nombreux portages difficiles et s'arrêtant souvent pour rafistoler leur canot d'écorce lourdement chargé, Mackenzie et ses compagnons de voyage parcourent lacs et rivières. Ils doivent ensuite traverser une partie du territoire par voie terrestre, pour se retrouver sur la rivière Bella Coola, par laquelle ils atteignent l'océan Pacifique en juillet 1793.

En 1802, Mackenzie reçoit le titre de Sir. Quelque temps plus tard, il retourne finalement en Écosse, s'y marie et devient père de trois enfants. Sir Alexander Mackenzie est mort en 1820.

Portrait - Histoire

des troupeaux de bisons, les Autochtones étaient mis à mal, et le plus souvent exploités par les Américains, sans parler de l'effet abrutissant du whisky sur leur population. Divers soulèvements, dont l'un qui conduisit au «massacre des monts Cypress», entraînèrent la création de la police montée du Nord-Ouest, et c'est alors que débuta la «marche vers l'Ouest». Au départ du fort Garry, à Winnipeg, la police se fit conduire à travers les plaines par James Macleod. Sa présence mit fin au commerce illégal du whisky à Fort Whoop-Up en 1874, après quoi elle s'employa à construire quatre forts dans le sud de l'Alberta, entre autres le fort Macleod et le fort Calgary.

Qui plus est, ces compagnies de pelleteries firent tout pour décourager la colonisation de la région pour laisser libre court au commerce des fourrures. À cette époque, les États-Unis, qui venaient de terminer leur guerre civile, ne cachaient pas leurs intentions de conquérir la partie britannique de l'Amérique du Nord, aujourd'hui le Canada. Ils avaient acheté l'Alaska en 1867 de la Russie, et le Minnesota adopta en 1868 une résolution favorisant l'annexion des Prairies canadiennes.

Ces velléités américaines inquiétaient au plus au point les dirigeants de la nouvelle Confédération canadienne de 1867, qui finirent par s'entendre avec la Grande-Bretagne et la Compagnie de la Baie d'Hudson pour acquérir les Territoires du Nord-Ouest en 1868.

L'annexion des Territoires du Nord-Ouest au Dominion du Canada se fit cependant sans aucune consultation avec les populations établies dans les Prairies, à majorité métisse. Les Métis résistèrent et empêchèrent le gouverneur nommé par le Canada d'occuper ses fonctions.

Leur chef, Louis Riel, tenta d'obtenir la reconnaissance des titres de son peuple, mais le gouvernement canadien fit la sourde oreille. Riel se rendit alors maître du Manitoba avec ses cavaliers, ce qui obligea Ottawa à négocier. Finalement, on créera la province bilingue du Manitoba le 15 juillet 1870. Elle n'est dotée, à cette époque, que d'un minuscule territoire, plus petit que la Belgique, et de la plupart des pouvoirs dont bénéficient les autres provinces, sauf ceux reliés aux ressources naturelles et à l'aménagement du territoire. Ces circonstances allaient influencer jusqu'à nos jours les relations entre le gouvernement canadien et ce qui allait devenir les trois provinces des Prairies, le Manitoba, la Saskatchewan et l'Alberta.

Une quinzaine d'années plus tard, les Métis rappelleront leur chef en exil, Riel, pour faire face à une situation semblable, cette fois en Saskatchewan. Ottawa est cependant en meilleure position et dispose de troupes qui materont la révolte. Riel sera accusé de trahison en vertu d'une vieille loi britannique, puis pendu.

■ L'isolement de la côte du Pacifique

C'est George Vancouver (1757-1798) qui, au nom du roi d'Angleterre, prendra possession du territoire où se développera la ville de Vancouver. Le capitaine Vancouver venait ainsi mettre fin aux prétentions des Russes et des Espagnols sur la région. Les premiers, installés en Alaska, auraient bien voulu prolonger leur empire vers le sud, alors que les seconds, déjà bien établis en Californie, auraient voulu faire de même vers le nord. Des explorateurs espagnols auraient même pénétré brièvement dans le Burrard Inlet dès le XVIe siècle. Mais ce pays du bout du monde ne devait pas attiser suffisamment les convoitises pour déclencher des guerres sanglantes, et il fut laissé à lui-même encore longtemps.

Cet isolement et ce caractère impénétrable n'étaient pas que marins, car les montagnes Rocheuses constituaient un obstacle pratiquement infranchissable sur le plan terrestre. Comment traverser l'immense continent nord-américain au départ de Montréal, suivre les lacs et les rivières du Bouclier canadien, s'épuiser dans les Prairies infinies pour aboutir à un mur de quelques milliers de mètres qu'il fallait à tout prix franchir afin d'apercevoir le Pacifique? C'est l'aventurier et richissime marchand de fourrures Simon Fraser qui sera le premier, en 1808, à atteindre le site de Vancouver depuis l'intérieur des terres. Mais cette percée tardive sera de bien courte durée, car Fraser devra se replier rapidement

La présence russe

Au moment où Alexander Mackenzie atteint le Pacifique en 1793, la Côte Ouest est déjà connue. Le capitaine britannique Portlock avait rejoint en 1786 Nootka Sound où le capitaine Cook avait amarré son bateau en 1778, pour s'apercevoir que les Russes s'y étaient alors établis. En effet, les Russes, à partir des côtes de la Sibérie, s'étaient constitué un vaste empire insulaire (les Aléoutiennes, l'île de Sitka, l'île de Kodiak, etc.). Depuis longtemps, leurs bateaux allaient et venaient entre la Sibérie et l'Alaska, pour commercer avec les Autochtones qui leur vendaient des peaux de loutre, très populaires à cette époque.

Même l'Espagne connaissait cette partie de la côte nord-ouest. En 1774, l'explorateur espagnol Juan Pérez avait quitté Monterey, en Californie, pour faire voile vers le nord, recevant pour ordre de prendre possession, au nom de la couronne d'Espagne, des territoires de la côte septentrionale de l'Amérique du Nord et de faire rapport de la présence russe en ces lieux.

Les Britanniques et les Espagnols étaient à couteaux tirés dans la région à la fin du XVIIIe siècle. Les premiers avaient pénétré dans une zone où les seconds s'attendaient à ne trouver que les Russes. En 1789, après la saisie malencontreuse des vaisseaux du capitaine Colnett par le capitaine Martínez, les Britanniques menacèrent les Espagnols de représailles: les Espagnols devaient leur accorder une égalité d'accès au commerce sur la côte nord-ouest. C'est ainsi que Russes, Espagnols et Britanniques se partagèrent la région, les Espagnols se retirant plus tard dans le sud. Les drapeaux britannique et russe flottaient alors au vent sur la côte nord-ouest en 1793.

En 1825, la Russie et le Royaume-Uni signent un traité: la frontière est fixée au 141e méridien, en remontant vers le nord jusqu'au 60e parallèle. Mais, en 1867, les États-Unis achètent de la Russie le territoire de l'Alaska, exigeant que la Compagnie de la Baie d'Hudson quitte la région frontalière. En fin de compte, le litige territorial entre les États-Unis et le Canada (alors un dominion britannique), et plus précisément la Colombie-Britannique, ne sera résolu qu'en 1907.

sur ses postes de traite des Rocheuses, n'arrivant pas à conclure d'accords commerciaux viables avec les tribus autochtones du Pacifique.

Aussi les Salishs de la région de Vancouver continueront-ils encore longtemps à évoluer paisiblement sans que leurs mœurs soient bousculées par les Blancs. Mis à part la visite sporadique de quelques navires russes, espagnols ou britanniques venus échanger des peaux contre des tissus et des objets de l'Orient, les Autochtones, en cette année 1808, conservent intactes les traditions de leurs ancêtres. On peut même affirmer que l'influence des Européens demeurera minime avant le milieu du XIXe siècle, alors que le territoire s'ouvre lentement à la colonisation.

En 1818, un accord entre la Grande-Bretagne et les États-Unis crée le condominium de l'Oregon, une vaste zone réservée à la traite des fourrures le long du Pacifique entre la Californie, au sud, et l'Alaska, au nord. On éloigne ainsi une fois pour toutes les gouvernements russe et espagnol. Les employés de la Compagnie du Nord-Ouest ratissent la vallée du fleuve Fraser à la recherche de bêtes à fourrure. Ils doivent affronter les Autochtones du Pacifique, auxquels ils viennent soutirer une précieuse ressource, et doivent s'adapter aux cours d'eau tumultueux des Rocheuses, qui rendent le transport par canot pratiquement impossible. À la suite de l'absorption de la Compagnie du Nord-Ouest par la Compagnie de la Baie d'Hudson, un important comptoir de traite de fourrures voit le jour à

Portrait - Histoire

Des traités en Alberta

Le traité n° 6, signé par les Cris, les Assiniboines et les Ojibways en 1876, marqua la cession de toutes les terres du centre de l'Alberta. L'année suivante, le traité n° 7 fut signé par les Pieds-Noirs, les Kainahs, les Péganes et les Sarsis (Sarcees). Toutes les terres situées au sud de celles visées par le traité n° 6 furent ainsi cédées. Puis vint le tour, avec le traité n° 8 signé en 1899, des terres septentrionales des Beavers, des Cris, des Esclaves et des Chipewyans.

Le Canada promit à la Colombie-Britannique que le chemin de fer transcanadien la desservirait dès 1881, et en 1871 elle accepta d'entrer dans la Confédération. Pourtant, toutes sortes de problèmes retardèrent la construction de la voie ferrée; en 1873, devant la récession sévissant au Canada et les retards importants dans la construction du chemin de fer, la Colombie-Britannique menaça de se séparer. Ce n'est que le 7 novembre 1885 que le chemin de fer fut achevé entre Montréal et Port Moody (à 20 km de Vancouver), avec quatre ans de retard.

Fort Langley en 1827, sur la rive du fleuve Fraser et à quelque 90 km à l'est du site actuel de Vancouver, qui demeurera vierge durant quelques décennies encore.

Contrairement aux Prairies, qui furent tout simplement annexées à la confédération canadienne en 1868, la Colombie-Britannique, qui était déjà une colonie de la Grande-Bretagne, put négocier son rattachement à la Confédération. Auparavant isolée sur la côte du Pacifique, elle avait pour principal partenaire économique la Californie. Avec l'accroissement de sa population pendant la ruée vers l'or de l'hinterland en 1858, certains habitants espéraient même en faire un pays indépendant. Mais ces espoirs s'estompèrent à la fin de cette période de prospérité, car la population de la Colombie-Britannique diminua, pour ne compter en 1871 que 36 000 habitants. La Grande-Bretagne avait déjà fusionné sa colonie de l'île de Vancouver à celle de la Colombie-Britannique en prévision de leur intégration à la nouvelle confédération canadienne.

■ La colonisation du territoire

Au fur et à mesure de l'expansion du chemin de fer, de plus en plus de paysans s'établirent sur ces terres qu'on appelait «Territoires du Nord-Ouest». Ces territoires ne disposaient cependant pas d'un gouvernement provincial responsable. On se souvient que le Canada avait annexé les Prairies sans leur donner le statut de province, sauf pour une petite partie qui devint la province du Manitoba. Inévitablement, le Canada dut créer, en 1905, les provinces de l'Alberta et de la Saskatchewan, et agrandir le territoire du Manitoba.

La majorité des colons arrivèrent lorsque le chemin de fer du Canadien Pacifique atteignit Fort Calgary en 1883, de même que huit ans plus tard, en 1891, lorsque la ligne septentrionale du Grand Trunk Railway parvint à Edmonton. Des éleveurs américains et canadiens s'approprièrent d'immenses pans de territoire assortis de permis de pâturage, certaines propriétés, comme dans le cas du Cochrane Ranch, à l'ouest de Calgary, comptant 40 000 ha. Une grande partie de ces terres sans fin fut également attribuée à des *homesteaders* (colons auxquels l'État concédait, sous certaines conditions, 65 ha de terres).

Aux yeux des habitants de la Côte Est, l'Ouest n'était que ranchs, rodéos et terres bon marché, mais la réalité se traduisait plus souvent qu'autrement par une hutte en mottes de gazon et une grande solitude. S'il est vrai qu'il pouvait légalement devenir propriétaire d'un lopin de terre pour 10$, le *homesteader* devait d'abord cultiver le sol et posséder un certain nombre de têtes de bétail. Malgré tout, les innombrables promesses d'avenir qu'offrait ce coin de pays attiraient sans cesse de nouveaux arrivants de partout, si bien qu'entre 1901 et 1911 la population de l'Alberta passa de 73 000 à 375 000 habitants.

■ Les années difficiles

La vie était très dure dans l'Ouest canadien au début du XXᵉ siècle. Par exemple, les mines de charbon de l'Alberta et de la Colombie-Britannique étaient les plus dangereuses de l'Amérique: à la fin du XIXᵉ siècle, on y comptait 23 accidents mortels par million de tonnes extraites, alors qu'aux États-Unis on n'en comptait que six. Pour les fermiers venus cultiver le blé, les tarifs de transport ferroviaire très élevés, l'absence de dessertes ferroviaires locales, un prix du blé trop bas, des années de mauvaises récoltes et des tarifs douaniers trop élevés pour protéger l'industrie naissante dans le centre du Canada se conjuguaient pour créer une vie de misère et de désespoir.

En Colombie-Britannique, 7 000 mineurs firent la grève pendant deux ans, de 1912 à 1914, pour l'amélioration de leurs conditions de travail, une grève finalement brisée par l'intervention de l'Armée canadienne. Certains aménagements améliorèrent la situation, comme l'établissement en 1897 du tarif du Crowsnest Pass pour le transport du grain. Mais c'est

Le chemin de fer transcontinental

Le 1ᵉʳ juillet 1867, la confédération du Canada regroupe quatre provinces de l'est de l'Amérique du Nord britannique dans le but d'en faire un nouveau pays. On promet alors à la Nouvelle-Écosse et au Nouveau-Brunswick de les relier par voie ferrée au Québec et à l'Ontario. Puis en 1870, le Manitoba est créé de toutes pièces. La Colombie-Britannique, sur la Côte Ouest, sera entraînée dans la confédération en 1871, avec la promesse que le chemin de fer transcontinental sera construit avant 10 ans pour la rattacher à l'est du Canada...

Mais déjà la Colombie-Britannique voit s'approcher rapidement l'échéance de 10 ans. C'est alors qu'en 1880, dans les montagnes Rocheuses, on décide d'utiliser la méthode américaine: soit d'installer le plus de rails possible dans le moins de temps possible et d'embaucher des immigrés chinois. La construction le long des gorges escarpées et glissantes se révèle particulièrement difficile: plusieurs centaines de ces travailleurs y perdent la vie.

Par ailleurs, la Canadian Pacific Railway Company (CPR Co.) est constituée

le 16 février 1881, et George Stephen en devient le premier président. William Cornelius Van Horne, nommé directeur général, supervise les travaux à travers les Prairies et les montagnes Rocheuses. Pour terminer le travail, il fait appel à Thomas G. Shaughnessy, qui va se retrouver avec lui à la tête de la compagnie.

Un des dirigeants de la CPR Co., Donald A. Smith, plante symboliquement le dernier crampon de rail à Craigellachie, en Colombie-Britannique, le 7 novembre 1885. Le train part enfin de la gare Dalhousie à Montréal, le 28 juin 1886. Avec ses 150 passagers, il arrive au terminal de Port Moody (à 20 km de Vancouver, qui accueillera un premier train dans sa nouvelle gare l'année suivante) le 4 juillet 1886, après avoir parcouru 4 655 km en 139 heures. Quelque temps après, l'Ouest rencontrera la Côte Est: Van Horne, avec l'aide de Shaughnessy, aura réussi à développer le chemin de fer d'un océan à l'autre en 1889, à travers le Maine (É.-U.) jusqu'à Saint John, au Nouveau-Brunswick.

Portrait - Histoire

la Première Guerre mondiale qui créera temporairement la prospérité, de 1914 à 1920, provoquant une augmentation du prix des matières premières et du blé.

L'agitation des travailleurs n'en cessa pas pour autant, et en 1919 les syndicats ouvriers de l'Ouest créèrent leur propre centrale, One Big Union, qui se donna pour objectif l'abolition du capitalisme tout en appuyant les bolcheviks russes. Une grève générale à Winnipeg allait toutefois rapidement faire éclater la division au sein même des travailleurs quant aux buts à poursuivre et exposer la détermination du Canada à ne pas laisser le pays adopter l'idéologie marxiste. Les années 1920 permirent par la suite à l'Ouest de connaître la prospérité, et les provinces des Prairies purent poursuivre l'aménagement de leur territoire, étant alors essentiellement des provinces agricoles.

La grande crise de 1929 affecta naturellement l'Ouest canadien, et plus particulièrement les Prairies, qui virent leurs revenus agricoles diminuer de 94% entre 1929 et 1933! La concentration quasi exclusive de la culture du blé les affecta une fois de plus très durement.

■ Le crédit social et le CCF

Cette période vit l'éclosion de deux mouvements politiques issus de l'Ouest canadien qui y demeurèrent presque totalement confinés, le Crédit social (Social Credit) et le CCF (Cooperative Commonwealth Federation). La doctrine du Crédit social, qui prônait la libération des petits fermiers et ouvriers de l'emprise capitaliste en fournissant du crédit sans intérêt, fut poussée à son paroxysme par William Aberhart, élu premier ministre de l'Alberta en 1935. Son gouvernement osa défier le système capitaliste comme jamais aucun autre gouvernement provincial ne l'avait fait (et comme aucun ne le fera par la suite): en 1936, l'Alberta refusa de rembourser ses obligations échues, coupa unilatéralement de moitié les intérêts qu'elle payait sur ses emprunts, se mit à émettre sa propre monnaie, empêcha les saisies pour défaut de paiement et alla même jusqu'à présenter l'*Accurate News and Information Act*, dont l'objectif était de censurer la presse.

Une à une, ces lois albertaines furent annulées par le gouvernement fédéral ou la Cour suprême du Canada, mais Aberhart réussit à faire croire à la population qu'elle était victime d'une conspiration du gouvernement canadien allié aux capitalistes, si bien qu'il fut réélu en 1940. Il décéda en 1943 et fut remplacé par Ernest Manning, élu en 1944; celui-ci fit rentrer le Crédit social dans la légalité et élimina du parti toute la rhétorique anticapitaliste. Il régla tous les conflits en suspens concernant la dette de l'Alberta, permettant à la province de bénéficier à nouveau des capitaux des investisseurs. En 1947, d'importants gisements de pétrole sont découverts, et dès lors la province connaît une prospérité sans précédent grâce aux investissements étrangers dans l'industrie du pétrole et du gaz.

Quant au CCF, il atteint le sommet de sa puissance en 1933, alors qu'il devient l'opposition officielle en Colombie-Britannique. Émanation du Parti socialiste, des syndicats ouvriers et des associations de fermiers, ce parti ne prit jamais le pouvoir, mais influença l'agenda politique et donna finalement naissance au Nouveau Parti démocratique (New Democratic Party).

■ Le boom pétrolier

Les deux partis originaires de l'Ouest, le Crédit social et le CCF, ne réussirent jamais à jouer un rôle important au niveau fédéral. L'arrivée de John Diefenbaker à la tête du gouvernement fédéral en 1957, premier dirigeant canadien issu de l'Ouest (Saskatchewan), acheva de marginaliser ces partis. Sous la gouverne de ce premier ministre, véritable représentant de l'Ouest, ainsi que sous celle du premier ministre libéral qui lui succéda, Lester B. Pearson, qui comprit réellement la nécessité de donner plus de pouvoirs aux provinces, les revendications de l'Ouest pouvaient sembler chose du passé. Elles reprirent cependant avec une vigueur renouvelée dans les années 1970, alors que le pétrole, dont l'Alberta est très riche, devint un enjeu mondial et que le premier ministre Trudeau tenta diverses manœuvres pour affaiblir les provinces, imposant des politiques impopulaires comme le transfert au fédéral des pouvoirs sur les ressources naturelles ou le bilinguisme pancanadien, même dans les provinces de l'Ouest où le fait francophone avait été presque éliminé depuis deux générations.

À la fin des années 1970, le boom pétrolier de l'Ouest, combiné au ralentissement économique en Ontario et au Québec, fit de l'Alberta la province aux plus hauts revenus *per capita*, et elle connut presque le plein-emploi. Ces performances records lui firent perdre beaucoup de crédibilité quant à ses revendications pour un plus grand contrôle sur son pétrole et son gaz. La cassure avec le gouvernement central s'amplifia, et, à l'élection fédérale de 1980, la Colombie-Britannique et l'Alberta ne firent élire aucun député du parti au pouvoir. Ce dernier, le Parti libéral, dirigea donc le Canada jusqu'en 1984 sans aucun représentant de ces deux provinces. Le sentiment d'aliénation de l'Ouest culmina avec le Programme énergétique national, mis de l'avant par le gouvernement Trudeau en 1980. Ce programme prévoyait que le gouvernement fédéral s'approprierait une part de plus en plus importante du prix du pétrole et du gaz naturel canadien, les provinces et les producteurs ne recevant qu'une mince part des profits générés par la flambée des cours mondiaux.

■ Des visées autonomistes

Cette appropriation par le fédéral de ressources naturelles privées, réglementées par les provinces depuis la Confédération, fut fortement dénoncée en Alberta et fut un des facteurs de la chute du gouvernement libéral fédéral en 1984, avec le rapatriement de la Constitution sans l'accord du Québec survenu en 1982. Des mouvements séparatistes de l'Alberta recevaient même, au début des années 1980, l'appui de 20% de la population et firent élire un député au parlement albertain en 1981.

Le gouvernement conservateur de Brian Mulroney, successeur fédéral du gouvernement libéral de Pierre Elliott Trudeau, qui avait gouverné le Canada presque sans interruption pendant 17 ans, élimina le Programme énergétique national tant honni, mais il ne put conserver la faveur populaire dans l'Ouest après son deuxième mandat. Les raisons de ce rejet sont celles qui lui firent perdre les élections de 1993: incapacité de réduire le déficit hérité du laxisme du gouvernement Trudeau, corruption à grande échelle et incapacité à convaincre la population des avantages de ses décisions importantes, comme l'Accord du libre-échange nord-américain et, surtout, les accords constitutionnels du Lac Meech.

Canalisant les éléments séparatistes albertains ainsi que l'extrême droite déçue par la mollesse du gouvernement Mulroney, l'Albertain Preston Manning, fils d'Ernest Manning qui fut premier ministre de l'Alberta de 1944 à 1968, avait fondé à Vancouver, en 1987, le Reform Party (Parti de la réforme). Ce parti prônait entre autres la réduction des dépenses du gouvernement fédéral et l'élimination des services en français dans les provinces de l'Ouest. Aux élections fédérales de 1993 et de 1997, l'Ouest appuya massivement le Reform Party.

En même temps, en réaction directe au rejet des accords du Lac Meech par le Canada anglais, les Québécois accordaient un appui massif au Bloc québécois, parti qui prône l'indépendance du Québec. Celui-ci devient même l'opposition officielle au sein du Parlement fédéral, alors que le Reform Party prit cette place lors des élections de 1997.

Cette élection et la répartition parlementaire qui en résulte illustrent le risque de désintégration du Canada. Une fois de plus, l'Ouest se retrouve hors du gouvernement, comme à l'époque du gouvernement Trudeau. En s'alliant au Québec, cette région pourrait cependant jouer un rôle important dans la redéfinition du Canada.

La question d'une éventuelle sécession de la Colombie-Britannique a été soulevée vers la fin des années 1980, et a depuis refait surface à maintes reprises. Sa santé économique dépendant davantage de l'Asie que du Canada, cette province ne manifeste en effet qu'un intérêt restreint pour tout ce qui se passe à Ottawa. Qui plus est, ses industries reposent dans une très grande mesure sur l'exploitation de ressources naturelles régies par la province elle-même, exception faite des pêcheries. Le sentiment est d'ailleurs partagé, puisque Ottawa ne s'ingère guère dans les affaires de la province et ne s'attarde que rarement aux problèmes de la Colombie-Britannique. De ce fait, les interminables débats constitutionnels irritent au plus haut point les habitants de cet «État» dans l'État.

■ Aujourd'hui

À l'heure actuelle, le Parti conservateur est à la tête de l'Alberta pour un dixième mandat consécutif. Quant à la Saskatchewan et au Manitoba, c'est un parti social-démocrate (de gauche), qui tient les rênes. Dirigée par le Nouveau Parti démocratique (NPD), à tendance gauchiste, dans les années 1990, la Colombie-Britannique opéra un tournant libéral en 2001 avec l'élection de Gordon Campbell. Au cours de la première année de leur mandat, faisant face à un déficit de 2 milliards, les libéraux accordent un allégement de l'impôt sur le revenu des particuliers, annoncent d'importantes réductions de personnel chez les fonctionnaires provinciaux, resserrent les dépenses liées à la santé et aux services sociaux, et se mettent le mouvement ouvrier à dos en rendant illégale toute grève du personnel enseignant. Des décisions impopulaires, soit, mais qui réussirent tout de même à équilibrer le budget de la province.

En 2005, Gordon Campbell devint le premier chef de gouvernement à gagner des élections successives en plus de 20 ans. Si son premier mandat en fut un d'austérité, il promit au cours des quatre prochaines années de dépenser plus d'argent pour la santé et l'éducation, et de préparer la province pour la «décennie dorée» (*golden decade*) annoncée par la tenue prochaine des Jeux olympiques d'hiver de 2010.

En 2000, le Reform Party est devenu l'Alliance canadienne, un nouveau parti avec un nouveau chef, Stockwell Day. En 2002, après une brève période avec Day comme prodige du parti et une période prolongée de luttes internes plutôt embarrassantes, les membres du parti remplacèrent Day par Stephen Harper.

En 2003, l'Alliance canadienne a uni sa destinée au Parti conservateur du Canada (PCC) dans le but de créer une force politique pour tenter de battre, en vain, les libéraux aux élections de 2004. Ce nouveau parti fédéral a alors conservé le nom du PCC, ce qui a provoqué moult remous tant dans les rangs des «alliancistes» que chez les conservateurs. Stephen Harper en est le nouveau chef depuis. Au moment de mettre sous presse, suite à une motion de censure du Parlement, de nouvelles élections fédérales étaient prévues en janvier 2006, qui verront le PCC tenter à nouveau de prendre le pouvoir.

Système politique canadien

Le document constitutionnel à la base de la Confédération canadienne de 1867, l'Acte de l'Amérique du Nord britannique, a instauré une division des pouvoirs entre deux ordres de gouvernement. Ainsi, en plus du gouvernement canadien, situé à Ottawa, les 10 provinces canadiennes possèdent respectivement un gouvernement ayant des pouvoirs de légiférer dans certains domaines. À l'origine, le Pacte confédératif prévoyait une répartition décentralisée des pouvoirs; depuis une cinquantaine d'années cependant, l'État canadien a eu tendance à s'immiscer de plus en plus dans les champs de juridiction initialement réservés aux provinces, créant des tensions entre le gouvernement de certaines provinces et le gouvernement fédéral.

Calqué sur le modèle britannique, le système politique canadien, tout comme celui des provinces, accorde le pouvoir législatif à un parlement élu au suffrage universel selon le mode de scrutin uninominal à majorité simple. Ce mode de scrutin conduit généralement à une alternance au pouvoir entre deux formations politiques. En plus de la Chambre des communes, le gouvernement fédéral possède également une Chambre haute, le Sénat, qui fut départie peu à peu de ses pouvoirs réels et dont l'avenir reste maintenant incertain.

Économie

Au début des années 1980, l'Alberta était la plus riche province canadienne, suivie de la Colombie-Britannique. Alors que l'Alberta se trouve toujours en tête du peloton, la deuxième est désormais l'Ontario. En 1998, le produit national brut (PNB) *per capita* en Colombie-Britannique s'est retrouvé sous la moyenne canadienne; plusieurs facteurs auraient causé ce déclin: la chute des prix et la faible demande pour des produits tels que le bois d'œuvre, le poisson et les minerais, sur lesquels la prospérité de la province s'appuie; la période de récession prolongée au Japon, un important marché d'exportation; et la politique économique du gouvernement provincial dans les années 1990, qui priva la Colombie-Britannique de l'appui des chefs d'entreprise.

Entre le bois et l'écorce...

En 2002, l'United States Commerce Department (le ministère du commerce américain) a imposé une surtaxe de 29% sur les importations de bois d'œuvre résineux en provenance du Canada, pour compenser les subsides dont bénéficient les producteurs de bois canadiens et pour faire obstacle à la politique contractuelle des prix du bois d'œuvre. Les scieries de la Colombie-Britannique, et toutes les personnes qui en dépendent pour gagner leur vie, furent durement touchées par cette surtaxe. Au moment de mettre sous presse, malgré une décision du Comité de contestation extraordinaire (CCE) de l'ALENA (Accord de libre-échange nord-américain) qui était favorable au Canada, cette dispute n'avait toujours pas été résolue; c'est d'ailleurs l'une des principales querelles diplomatiques entre le Canada et les États-Unis.

En Colombie-Britannique, seulement 2% du sol est utilisé pour l'agriculture, mais d'une manière très efficace. On y trouve surtout des fermes laitières et des centres d'élevage de volailles. La culture des fruits, des légumes et des fleurs occupe aussi une place non négligeable. Dans la vallée de l'Okanagan, on trouve de nombreux vergers et vignobles, tandis que, dans le centre de la province, s'étendent de très grands ranchs où l'on élève des bovins et des ovins.

L'industrie forestière demeure le secteur économique le plus important en Colombie-Britannique, avec plus de 30% de son produit intérieur brut. Le tourisme arrive maintenant en deuxième place, et le secteur des mines en troisième.

L'Alberta, la Saskatchewan et le Manitoba sont d'importants producteurs de céréales (les Prairies produisent presque tout le blé canadien). L'économie du Manitoba, en plus de compter sur l'agriculture, est aussi basée sur un fort secteur des services et sur l'industrie minière, entre autres 75% de métaux tels que le cuivre, le zinc et surtout le nickel dont elle est le premier producteur mondial.

Outre le blé, la Saskatchewan produit du canola, du seigle, de l'avoine, de l'orge et du lin. Ses terres font aussi vivre d'importants troupeaux de porcs et de bovins, tandis que les denses forêts du nord de la province alimentent très bien l'industrie du bois. Son sous-sol est quant à lui riche en minéraux, sans oublier le pétrole, l'uranium, le charbon et le gaz naturel. De plus, la province compte parmi les plus grands exportateurs de potasse au monde.

L'Alberta est la province qui compte le plus de ranchs destinés à l'élevage du bœuf. La plus grande partie du rendement des terres de l'Alberta repose d'ailleurs sur quelque 4 millions de têtes de bétail. Ces ranchs sont concentrés dans le sud de la province et au pied des Rocheuses, là où la sécheresse du sol et les pentes importantes feraient obstacle à la culture.

L'industrie pétrolière figure toujours au premier plan de l'économie albertaine, représentant plus de 10% du produit intérieur brut, et ce, bien que le boom soit terminé. Au second rang vient le tourisme; le gaz naturel, le charbon, les minerais, les ressources forestières et l'agriculture complètent le tableau.

Population

Sur ce vaste territoire qu'est l'Ouest canadien, la population totale oscille autour de 9,2 millions. En majorité d'origine britannique, amérindienne et française, cette population compte un fort pourcentage d'immigrants de l'Europe ou de l'Asie venus s'installer ici au début du XXᵉ siècle ou plus récemment.

La population totale de la Saskatchewan est de 995 000 habitants; tout comme la province de Terre-Neuve-et-Labrador, la Saskatchewan voit sa population diminuer. Cette population a ceci de particulier que, contrairement aux autres provinces canadiennes, la majorité des habitants sont de descendance autre que britannique, française ou amérindienne. Ses origines diverses se composent principalement d'Allemands, d'Ukrainiens, de Scandinaves, de Hollandais, de Polonais et de Russes.

Le Manitoba compte, pour sa part, 1 176 000 habitants, dont 60% vivent dans l'agglomération de la capitale, Winnipeg. Fait à noter, le Manitoba est, en dehors de l'Ukraine même, le plus important centre de culture ukrainienne au monde. On y trouve aussi une importante population mennonite. Sans oublier bien sûr les 128 000 Manitobains d'origine métisse ou amérindienne.

La majorité de la population albertaine, soit plus de 3 millions de personnes, vit dans le sud de la province, alors que 20% de la population totale habite les régions rurales. Les agglomérations d'Edmonton et de Calgary comptent environ 1 million de personnes chacune. De plus, les moins de 40 ans comptant pour près des deux tiers de la population de la province, l'Alberta a, par conséquent, une des populations les plus jeunes du monde occidental. Le groupe ethnique le plus important vivant en Alberta se compose de descendants des *homesteaders*, originaires des îles Britanniques et attirés ici au tournant du XXᵉ siècle. Le second est celui des Allemands, dont la migration a porté sur une longue période. Les huttériens allemands d'aujourd'hui vivent en communautés fermées dans diverses régions du centre et du sud de la province; on les reconnaît à leurs vêtements traditionnels, tout à fait distinctifs. Le troisième groupe en importance est celui des Ukrainiens, qui avaient quitté leur sol natal devant la promesse de terres gratuites. Le quatrième est celui des Français, les traiteurs de pelleteries et les missionnaires français ayant été les premiers habitants permanents de l'Alberta. Parmi les autres groupes, mentionnons les Chinois, les Scandinaves et les Hollandais.

La population de la Colombie-Britannique est de plus de 4 millions, soit 13% de la population canadienne, dont plus de la moitié vivent à Victoria et à Vancouver, qui compte plus de 2 millions d'habitants. L'agglomération de Victoria accueille pour sa part 330 000 personnes. Près de 90% du territoire appartient à l'État (gouvernement provincial).

Dans ses premières années, la Colombie-Britannique accueillait déjà une population aux origines variées, mais la saveur dominante était nettement britannique, un héritage de l'époque coloniale. La ruée vers l'or de l'hinterland de 1858 avait aussi attiré des Américains et un premier contingent de Chinois qui allait bientôt créer le Chinatown de Vancouver, le nombre d'habitants ayant considérablement augmenté à la suite de l'achèvement du chemin de fer du Canadien Pacifique (1886), qui employait à l'époque une nombreuse main-d'œuvre d'origine asiatique. Bientôt, une communauté japonaise allait voir le jour, diversifiant ainsi le portrait «Pacifique» de la ville. Aujourd'hui, la communauté asiatique de Vancouver, la plus importante du Canada, compte environ 500 000 personnes. Des immigrants venus d'Europe (en particulier l'Allemagne, la Pologne, l'Italie et la Grèce) s'ajoutèrent à la population de Vancouver au cours du XXᵉ siècle, formant une mosaïque culturelle particulièrement riche. Aujourd'hui, les Vancouvérois de descendance britannique forment moins du tiers de la population totale. Il ne faudrait pas oublier les Canadiens français, qui sont environ 60 000 dans toute la province.

Dans ces provinces, seulement un faible pourcentage des habitants peuvent s'exprimer dans les deux langues officielles du Canada, le français et l'anglais. Le reste de la population ne parle généralement qu'anglais.

L'Ouest a donc été colonisé en l'espace de quelques années seulement par des hommes et des femmes aux racines très variées, et, en l'absence de précurseurs à même de les absorber ou de les aliéner, ces nouveaux venus eurent tôt fait de découvrir que la géographie et l'histoire des lieux avaient donné naissance à une sous-culture canadienne dans l'Ouest. En tant que population, ils ont toujours été inspirés par leur avenir commun plutôt que par leurs passés disparates.

■ Les Amérindiens

Après avoir frôlé la disparition totale à cause des maladies auxquelles les premiers Européens les ont exposés à la fin du XIXᵉ siècle, les Amérindiens de l'Ouest connaissent maintenant une forte croissance de leur population. En 1870, on dénombrait pas moins de 80 000 Autochtones en Colombie-Britannique. En 1934, des maladies telles que la scarlatine, la tuberculose et la variole ont fait chuter le nombre d'Amérindiens sous les 24 000. Ils étaient près de 140 000 en 1996, ce qui représentait environ 3,5% de la population totale de la province, et 170 000 (4,5% de la population) en 2001.

Même si l'on assiste à une augmentation importante de la population autochtone, on ne peut parler d'une véritable renaissance, puisque entre-temps plusieurs des Premières Nations ont disparu à jamais, à l'instar des Salishs de la Côte Ouest, qui peuplaient autrefois la région de Vancouver, emportant avec eux leurs rites et leurs traditions. D'autres communautés sont, malgré leur grande visibilité, encore bien fragiles.

Les deux tiers des Amérindiens de l'Ouest vivent dans des réserves. Certaines de ces terres sont grandes comme la Suisse, alors que d'autres n'ont même pas la superficie de l'île de la Cité à Paris. C'est notamment le cas de la réserve Capilano de North Vancouver, complètement encerclée par la ville et qui couvre à peine trois rues. Les réserves sont des «créations» de la Loi sur les Indiens adoptée en 1867 par le gouvernement fédéral canadien, et elles ne correspondent pas toujours au territoire traditionnel des différentes tribus autochtones. Certaines d'entre elles sont aménagées à l'emplacement d'anciennes missions d'évangélisation catholiques ou protestantes, alors que d'autres sont le résultat d'un rejet vers des zones lointaines et parfois inhospitalières. Toutes les réserves sont gérées par un conseil de bande redevable au ministère canadien des Affaires indiennes et du Nord.

Les Autochtones qui habitent une réserve ont droit à certains avantages. Ainsi, ils ne paient pas d'impôt sur le revenu ni de taxes sur les biens et services. Ils ont aussi droit à l'éducation gratuite du niveau primaire jusqu'à l'université inclusivement. Enfin, les soins de santé tels que l'examen des yeux, l'achat de lunettes et les soins dentaires sont payés par l'État. Jusque dans les années 1950, la Loi sur les Indiens avait également pour objet de dépouiller les Autochtones de leurs cultures traditionnelles. Aussi les langues, les cérémonies et les rituels amérindiens étaient-ils interdits. Les enfants étaient séparés de leurs familles, pour être envoyés dans des pensionnats où ils apprenaient à devenir de «bons petits Blancs» parlant l'anglais et s'habillant à l'occidentale.

Depuis 1960, les Autochtones de la Colombie-Britannique tentent tant bien que mal de faire revivre leur culture et leurs traditions. Les artistes haïdas des îles de la Reine-Charlotte se sont fait connaître dans le monde entier par leurs sculptures, notamment leurs totems et leurs bijoux. En outre, plusieurs nations autochtones sont impliquées dans la défense des magnifiques forêts de la province, qui représentent, pour les uns, un lieu de

Portrait - Population

paix et d'équilibre, et pour les autres, une ressource à exploiter pour faire des bardeaux, des meubles et du papier. Les manifestations pour préserver l'intégrité de l'île de Vancouver ont donné lieu à de multiples échauffourées entre Amérindiens et écologistes, d'un côté, et bûcherons, de l'autre (les fameux *loggers*).

Le premier traité signé en Colombie-Britannique dans les temps modernes prit effet en 2000, soulevant une vive controverse: la nation Nisga'a a été dédommagée. Quelque 2 000 km² de terres lui furent cédées dans la basse vallée de la rivière Nass, dans le nord de la Colombie-Britannique, en plus des droits d'exploitation du sous-sol et des pouvoirs de gouvernement autonome. En 2002, la nation Haïda a intenté une action en justice contre le gouvernement pour réclamer le titre de propriété de Haida Gwaii, également connue sous le nom des Queen Charlotte Islands (îles de la Reine-Charlotte), un archipel qu'elle habite avec des non-Autochtones et qui se trouve en retrait de Prince Rupert, dans le nord de la Colombie-Britannique. Quelque 50 autres revendications de terres de la part des Premières-Nations sont également en cours dans la province.

La situation des Autochtones des Prairies est moins reluisante que celle de leurs compatriotes de la Colombie-Britannique. Relégués sur des terres ingrates à la fin du XIXᵉ siècle, après avoir cédé leurs vastes territoires de chasse ancestraux, ces anciens nomades, sédentarisés de force, ne se sont jamais vraiment adaptés à leur nouveau mode de vie. Un grave problème de drogue et d'alcool mine les communautés amérindiennes des plaines.

La disparition progressive des territoires de chasse traditionnels a donné lieu à des revendications territoriales agressives dans la plupart des provinces canadiennes. Avec l'aide de l'Assemblée des Premières-Nations, un organisme regroupant plusieurs chefs de bande, les Autochtones du Canada tentent de faire avancer leur cause auprès des autorités gouvernementales, tant fédérales que provinciales.

Culture

Bon nombre de Canadiens entretiennent un sentiment troublant d'amour et de haine à l'égard du géant américain voisin. La culture populaire américaine reste omniprésente dans leur quotidien. Elle fascine mais inquiète à la fois, si bien que beaucoup d'énergie est investie à définir ce qui distingue vraiment la culture canadienne-anglaise de celle du géant du Sud. Pourtant, des artistes fort talentueux, qui ont souvent acquis une réputation internationale, ont façonné des courants culturels propres au Canada anglais.

Nous nous attacherons ici à identifier les éléments de culture distinctifs de l'Ouest canadien, avec l'espoir que le voyageur tentera de s'y attarder lors de son séjour. Mais il gardera en mémoire la jeunesse de ce territoire.

■ La culture amérindienne

De tout ce que les Amérindiens du Canada nous ont légué, la culture totémique est probablement le trésor le plus important. Cette culture atteint apparemment son apogée au milieu du XIXᵉ siècle, et l'on peut imaginer la fascination qu'exercèrent sur les premiers arrivants européens en Colombie-Britannique ces ensembles de 30 ou 40 totems au bord des rivières, accueillant les visiteurs dans chacun des villages amérindiens. Ces totems n'étaient pas vénérés comme des idoles, mais ils comportaient des éléments associés aux croyances amérindiennes. Emily Carr, célèbre peintre de la Colombie-Britannique, visita nombre de villages amérindiens et s'inspira de la culture totémique pour créer quelques-uns de ses plus beaux tableaux.

Malheureusement, comme presque tout ce que les Amérindiens produisaient, les totems ne résistaient pas aux intempéries, et ceux qu'on peut observer aujourd'hui sont conservés dans des musées ou dans des parcs; quelques totems se dressent aussi sur le territoire de la réserve de parc Gwaii Haanas, sous la protection bienveillante des Haida Watchmen.

Par ailleurs, l'art amérindien était très relié aux croyances indigènes, toujours suspectes pour les missionnaires européens qui ont tout fait pour en détourner les Amérindiens. Cela contribua à enlever toute signification à l'art amérindien pour les Autochtones eux-mêmes, qui s'en désintéressèrent. Des efforts furent entrepris dans les années 1960 et 1970 pour faire revivre la culture amérindienne du nord-ouest de la Colombie-Britannique avec le projet Ksan, centré sur la reconstitution d'un village autochtone.

■ La peinture

Emily Carr

Au début du XXe siècle, Emily Carr, qui avait beaucoup voyagé à travers la Colombie-Britannique, produisit des tableaux d'une grande beauté qui reflètent la splendeur des paysages de la côte du Pacifique et révèlent un peu l'esprit amérindien. Ses verts et ses bleus traduisent l'atmosphère séduisante de la Colombie-Britannique. La Vancouver Art Gallery lui rend hommage en lui consacrant plusieurs salles. Pionnière sur la Côte Ouest, elle fut suivie d'artistes comme Jack Shadbolt et Gordon Smith, eux aussi porteurs de cette vision particulière qu'ont les habitants de la côte pour les paysages qui les entourent.

■ L'art sino-canadien

Les Canadiens d'origine chinoise forment la plus importante communauté ethnique de la Colombie-Britannique. Ils sont répartis en deux groupes distincts. D'un côté se trouvent les Cantonais, installés au Canada à la suite de la construction du chemin de fer transcontinental du Canadien Pacifique à la fin du XIXe siècle. Ils ont souffert de la misère et du racisme ambiant jusque dans les années 1960, en plus d'être confinés à des métiers ingrats pendant trop longtemps. De l'autre côté prennent place les riches immigrants de Hong Kong.

Cette dualité se reflète dans les œuvres d'art de tous genres issues de la communauté sino-canadienne. Plus encore, certains artistes d'origine chinoise veulent développer davantage leur individualité et ne plus être associés à un groupe ethnique en particulier, comme en témoigne l'œuvre de l'artiste Diana Li baptisée *Communication* (tirée de l'exposition *Self not Whole*, présentée en 1991 au Centre culturel chinois de Vancouver). Enfin, d'autres artistes veulent plutôt exorciser les injustices du passé à l'égard de la communauté chinoise, à l'instar de Sharyn Yuen, qui a rappelé, dans son installation intitulée *John Chinaman* (1990), le sort peu enviable réservé aux Sino-Canadiens dans les années 1920.

■ La littérature

L'une des premières œuvres littéraires de l'Ouest fut la chronique d'exploration de **David Thompson**, *David Thompson's Narrative of his Explorations in Western North America 1784-1812* (Récit des voyages d'exploration de David Thompson dans le nord-ouest de l'Amérique). **Earle Birney** naquit, pour sa part, en Alberta et y grandit, de même qu'en Colombie-Britannique. Il croyait que la géographie relie l'homme à son histoire, un credo manifeste dans sa poésie axée sur l'appréhension du sens de l'espace et du temps.

Originaire du Yukon, territoire des chercheurs d'or du XIXe siècle, et né en 1920 d'un père ayant participé à la ruée vers le Klondike, **Pierre Berton**, qui vécut longtemps à Vancouver, a écrit plusieurs récits inspirés des temps forts de l'histoire canadienne, entre autres *The Last Spike*, qui raconte la construction du chemin de fer pancanadien à travers les Rocheuses jusqu'à Vancouver.

Emily Carr, célèbre pour ses peintures qui témoignent si fortement de la côte pacifique canadienne, a terminé son premier livre à 70 ans, quelques années seulement avant sa mort. Les quelques livres qu'elle a écrits sont tous autobiographiques et campent une atmosphère qui reflète la Colombie-Britannique et témoignent de sa grande connaissance des Amérindiens, de leurs coutumes et de leurs croyances.

Robert Kroetsch et **Rudy Wiebe** comptent parmi les écrivains albertains les plus respectés. Kroetsch s'impose d'abord et avant tout comme un conteur, et sa trilogie *Out West* porte un regard approfondi sur quatre décennies d'histoire albertaine. *Alberta* est à la fois un guide de voyage et un merveilleux recueil d'histoires et d'essais qui capture l'essence de la terre et de la population de cette province. *Seed Catalogue* s'ajoute à la liste de ses excellents ouvrages. Rudy Wiebe, quant à lui, n'est pas natif de l'Alberta, mais il y a vécu la plus grande partie de sa vie. En mennonite qu'il était, la vision morale que lui a inculquée son éducation religieuse constitue le trait le plus marquant de sa plume. *The Temptations of Big Bear*, qui lui a valu le Prix du Gouverneur général, dépeint la désintégration de la culture amérindienne qu'a entraînée la croissance de la nation canadienne.

En 1945, la Franco-Manitobaine **Gabrielle Roy** fera publier l'un des grands classiques de la littérature canadienne-française: *Bonheur d'occasion*. Plusieurs autres écrits suivront et en feront l'un des meilleurs écrivains canadiens.

Nancy Huston est née à Calgary et y a grandi durant 15 ans. Puis, il y a une vingtaine d'années, elle a choisi, après un séjour de cinq ans à New York, de s'exiler à Paris, où elle a terminé ses études doctorales en sémiologie sous la direction de Roland Barthes. Lauréate du Prix du Gouverneur général du Canada en 1993, elle est devenue, avec *Cantique des Plaines* (coédition Actes Sud/Leméac, 1993), un écrivain majeur de la Francophonie. Depuis, elle a publié le *Tombeau de Romain Gary* (coédition Actes Sud/Leméac, 1995), une autre œuvre magistrale, et plusieurs autres œuvres qui sont devenues des succès de librairie.

Américaine mais établie en Colombie-Britannique depuis 1956, **Jane Rule** évoque, quant à elle, dans ses écrits, cette mentalité propre à l'Ouest, dans sa globalité autant canadienne qu'américaine. Mais c'est pour son engagement à rapprocher les communautés homosexuelle et hétérosexuelle qu'on salue généralement son travail.

Il faut aussi mentionner les poètes **Patrick Lane**, de Colombie-Britannique, et **Sid Marty**, de l'Alberta.

Au théâtre, la pièce *Ecstasy of Rita Joe*, de **George Ryga**, dramaturge de Vancouver, marque en 1967 un renouveau pour le Canada anglais. Cette pièce traite du choc provoqué par la rencontre des sociétés amérindiennes, tournées vers la nature, avec la société occidentale déshumanisée. Il faut aussi citer l'œuvre percutante de **Brad Fraser**, dramaturge albertain qui, avec sa pièce *Unidentified Human Remains and the True Nature of Love* (Des restes humains non identifiés et la vraie nature de l'amour), analyse les rapports amoureux contemporains en milieu urbain. Cette pièce a été adaptée au cinéma par l'oscarisé Denys Arcand sous le titre *Love and Humain Remains*.

■ La musique

Le Conseil de la radiodiffusion et des télécommunications canadiennes (CRTC) contrôle tous les diffuseurs du pays pour s'assurer, entre autres, du contenu canadien de leur programmation. À titre d'exemple, une chanson étrangère ne peut passer en ondes plus de 18 fois à l'intérieur d'une même semaine. Bien qu'elles puissent sembler contraignantes, de telles mesures ont largement contribué à promouvoir les productions musicales et télévisuelles canadiennes sous toutes leurs formes et langues, et ont donné aux artistes canadiens l'occasion de se faire valoir en toute équité dans une région du monde trop souvent subjuguée par le géant endormi qu'est son voisin du Sud.

L'Ouest canadien est un lieu de culture doté d'orchestres, d'opéras et de théâtres. Dans le cas de l'Alberta toutefois, la culture est sans doute davantage marquée par la musique country. Ce genre musical a connu une renaissance, et en s'insérant dans le courant dominant, il s'est vu grimper à l'assaut des palmarès aussi bien country que pop. **Wilf Carter**, de Calgary, s'est taillé une place de choix sur la scène américaine en tant que cowboy

Douglas Coupland

Vancouver peut être fière de son dernier auteur-vedette, Douglas Coupland, qui, en 1991, alors âgé de 30 ans, a publié son premier roman: *Generation X*. Cette œuvre allait consacrer une nouvelle appellation utilisée autant par les sociologues que par les agences de publicité pour décrire cette nouvelle génération instruite et chômeuse: la génération X.

Le roman *Microserfs* (1995) s'avère tout aussi sociologique, mais cette fois c'est l'univers des jeunes génies de l'informatique qu'il décrit, tout en s'amusant avec de grands pans de la culture populaire américaine, d'une manière ironique où se mêle un brin d'admiration, ce qui est assez typique des rapports du Canada anglais avec les États-Unis.

Life After God (1995) explore la spiritualité du monde moderne et l'impact d'une génération qui a été élevée sans la religion. *Girlfriend in a Coma* (1997) critique le progrès social à travers l'histoire d'une femme qui se réveille après un coma de 18 ans, pour s'apercevoir que rien ne s'est amélioré.

City of Glass, un beau livre publié en 2000, présente le point de vue de Coupland sur sa ville natale, Vancouver. S'adonnant de plus en plus aux arts visuels, Coupland a aussi publié *Souvenir of Canada 1* (2002) et *2* (2004), deux récits amusants sur la vie en tant que Canadien.

Parmi les autres ouvrages de Coupland figurent *Polaroids from the Dead* (1996), *Shampoo Planet* (1993), *Miss Wyoming* (2000), *All Families are Psychotic* (2001), *Hey Nostradamus* (2003), *Eleanor Rigby* (2004) et *Terry* (2005).

iodleur. La chanteuse **k.d. lang**, de Consort (Alberta), a également accédé au rang de superstar dans les années 1990 en remportant un Grammy. À ses débuts avec les Reclines, elle était surtout connue pour ses tenues extravagantes et son style bastringue, mais ses grands atouts sont désormais sa voix exceptionnelle et l'art avec lequel elle mêle le pop et le country. Fait relativement rare dans le milieu du spectacle, elle a toujours eu le courage de vivre son homosexualité au grand jour. Toujours en chanson, **Jann Arden** vient également d'Alberta. Mentionnons aussi **Daniel Lavoie**, un chanteur populaire franco-manitobain établi au Québec.

Loreena McKennitt, dont les disques mettant en vedette la musique celtique ont été vendus par millions dans plus de 40 pays, est née et a été élevée à Morden, Manitoba. Elle vivrait actuellement à Stratford, Ontario. **Chantal Kreviazuk**, une chanteuse et pianiste qui a remporté un Juno (l'équivalent canadien des Grammy Awards américains), est originaire de Winnipeg, tout comme les **Crash Test Dummies**, dont le premier grand succès, en 1991, fut la chanson "Superman's Song", qui trotta dans la tête de tous les jeunes à l'époque.

Pour la Saskatchewan, sa fille la plus célèbre est de loin la chanteuse populaire folk **Joni Mitchell**. Née Joan Anderson à Fort Mcleod, en Alberta, Joni Mitchell a grandi à Saskatoon, en Saskatchewan, avant de traverser, beaucoup plus tard, la frontière pour se rendre aux États-Unis, où elle a réellement trouvé son bonheur, en plus de la gloire et de la richesse.

La Colombie-Britannique, plus particulièrement la cosmopolite Vancouver, a opté pour une variété quelque peu accrue et a vu naître en son sein quelques vedettes importantes sur la grande scène musicale. **Bryan Adams**, entre autres, quoique originaire de Kingston (Ontario), a fini par s'établir à Vancouver, et ce rocker jouit depuis un certain temps déjà d'une renommée mondiale. Quant à la chanteuse **Sarah McLachlan**, originaire d'Halifax

Portrait - Culture

(Nouvelle-Écosse), elle vit désormais à Vancouver, où elle a fondé sa propre maison de production, Nettwerk.

Née en 1964 à Nanaimo, au nord de Victoria, la pianiste et interprète **Diana Krall** est maintenant une superstar dans le monde du jazz. Sa voix captivante a apporté un vent de changement aux classiques de ce style musical et lui a procuré une foule de fans nouvellement initiés au jazz. Avec son premier disque, *When I Look in Your Eyes*, elle remporte en 1999 un Grammy Award pour la meilleure performance vocale jazz. Puis elle est récipiendaire de trois Junos (la version canadienne des Grammy Awards américains) en 2002 pour son deuxième disque, *The Look of Love*, lancé en 2001, qui se vend à plus de 700 000 exemplaires en Amérique du Nord, et ce, pour les trois premiers mois seulement. Elle remporte enfin en 2005 le Juno du meilleur album de jazz vocal de l'année avec son disque intitulé *The Girl in The Other Room*.

■ Le cinéma et la télévision

La faible valeur du dollar canadien, vis-à-vis du dollar américain, a valu à Vancouver le surnom d'"Hollywood North". En effet, les producteurs d'Hollywood se précipitent à Vancouver, où ils peuvent tourner, pour la moitié de ce qu'il en coûterait dans les rues de Los Angeles ou de San Francisco, leurs films et leurs émissions de télévision. La diversité du décor de la ville lui a valu tous les honneurs. Au fil des ans, Vancouver est donc devenue tour à tour Washington DC, Chicago, Milwaukee et Santa Fe.

Architecture

Une géographie fortement contrastée, voire antagoniste, entre la Colombie-Britannique, d'une part, et les Prairies d'autre part, a donné naissance à deux discours très différents en architecture, comme d'ailleurs dans les autres arts. Ainsi, à l'omniprésence des forêts et des montagnes sur le tiers du territoire de l'Ouest canadien, à laquelle il faut ajouter un climat océanique beaucoup plus doux que dans le reste du Canada, s'opposent les plaines dénudées, l'une des régions climatiques les plus rudes du pays, où la neige abondante est poussée par des vents violents pendant les longs mois d'hiver.

Les Autochtones ont dû s'adapter les premiers à ces pôles extrêmes, développant pour les uns une architecture sédentaire, ouverte sur la nature et sur la mer, et pour les autres une architecture de nomades, conçue avant tout pour se protéger du froid et du vent. Les Salishs et les Haïdas ont pu, grâce à la douceur du climat dans les régions côtières et à la présence de différentes essences de bois faciles à sculpter, ériger des structures complexes et raffinées. Leurs mâts totémiques, installés devant de longues habitations faites de troncs de cèdre rouge soigneusement équarris, étaient encore alignés sur les plages des îles de la Reine-Charlotte vers la fin du XIXe siècle. Ces villages linéaires offraient à chacun un accès direct aux ressources de l'océan.

L'ornementation des maisons traditionnelles, qui rappelle parfois celle de la Polynésie, laisse croire à de possibles liens entre les Autochtones de la Colombie-Britannique et les habitants des îles lointaines du Pacifique.

De l'autre côté des montagnes Rocheuses, les habitants des Prairies ont, quant à eux, mis à profit les peaux des bisons, qui leur serviront à la fois à se vêtir, à se loger et même à se défendre, sous la forme de boucliers. Leurs habitations, facilement démontables, sont communément appelées «tipis». Elles consistent en une mince structure conique faite d'un assemblage de troncs d'arbrisseaux, sur laquelle est posée une série de peaux cousues à l'aide de tendons d'animaux.

Les premiers Européens à exploiter les territoires de l'Ouest canadien se réfugieront dans des forts de pieux qui serviront également de postes de traite des fourrures en temps de paix. Ces forts rectangulaires ont été érigés à la frontière de l'Alberta et de la Colombie-

Les cathédrales des Prairies

Il y avait jadis un élévateur de grains et un village tous les 16 kilomètres, le long de la ligne ferroviaire qui suit le tracé de la route 61, de même que partout ailleurs dans les Prairies. Cet ancien plan d'aménagement, dont les origines remontent aux années 1880, reposait sur le fait qu'un fermier et sa charrette hippomobile chargée de céréales ne pouvaient parcourir qu'une dizaine de milles (soit 16 km) en une journée. Or, l'avènement des semi-remorques a éliminé le besoin d'un aussi grand nombre d'élévateurs de grains, et la disparition progressive des subsides gouvernementaux en matière de transport a entraîné la construction obligée d'une nouvelle génération d'élévateurs. Les nouveaux élévateurs de grains à grand débit, plus perfectionnés, peuvent contenir plus de céréales, en assurer le séchage et le nettoyage, de même que le chargement plus rapide à bord des wagons. En conséquence, les anciens élévateurs disparaissent à une vitesse telle qu'il n'en restera plus un dans une vingtaine d'années, et peut-être même plus tôt (on en retrouvait près de 6 000 dans les Prairies dans les années 1930; il en reste moins de 1 000 aujourd'hui). Le Provincial Museum of Alberta est d'ailleurs en quête de vieilles photographies qu'il compte utiliser pour immortaliser ces cathédrales d'antan avant qu'elles ne s'envolent à tout jamais en fumée. À Inglis, Manitoba, un groupe de bénévoles dévoués est allé encore plus loin, en restaurant toute une série d'élévateurs de grains qui fut par la suite classée lieu historique national.

Britannique au cours de la première moitié du XIXe siècle afin de se protéger des Amérindiens belliqueux. Ils ont fait l'objet de reconstitutions intéressantes en différents endroits.

Sur la Côte Ouest, la paix et la douceur de vivre vont bientôt permettre l'implantation d'une architecture loyaliste venue du Haut-Canada, comme en témoigne la présence à Victoria de la St. Ann's Schoolhouse (1858) – cette école étant devenue trop petite, en 1871 on a ouvert les portes de la St. Ann's Academy – et de la Wentworth Villa (1862). Ces structures sont revêtues de clins de bois peints en blanc et sont percées de fenêtres à guillotines dotées de petits carreaux. Elles vont toutefois rapidement céder la place, dans la seconde moitié du XIXe siècle, à une architecture victorienne exubérante qui exploite à fond l'abondance d'un bois tendre, facile à scier et à tourner mécaniquement. Des nombreux moulins à scie de la Colombie-Britannique, sortiront notamment des balcons néogothiques, des corniches néo-Renaissance, des lucarnes Second Empire et des pignons Queen Anne. L'influence de la Californie, située à quelques centaines de kilomètres au sud, se fait sentir à partir de 1880 avec la présence de multiples oriels sur les façades. Ces larges fenêtres en forme de trapèzes réparties sur plusieurs niveaux débordent au-dessus des trottoirs, permettant de pourvoir les intérieurs d'un éclairage naturel abondant.

La construction du chemin de fer transcontinental du Canadien Pacifique et l'ouverture de mines de charbon en Alberta et en Colombie-Britannique vont provoquer la naissance de nombreuses villes champignons qui connaîtront par la suite des sorts divers. Toutes arborent dans leurs premières années d'existence une architecture de type *boom town*, caractérisée par des rangées de bâtiments possédant une structure en bois préfabriquée, souvent importée de l'est du Canada, et une fausse façade carrée dissimulant un espace intérieur sans envergure. Cette façade sera parfois dotée d'une corniche proéminente ou d'un parapet aux contours amusants.

L'inauguration du chemin de fer transcontinental est également marquée par le licenciement des milliers d'ouvriers d'origine chinoise qui avaient contribué à sa construction. Ceux-ci s'établissent par la suite dans les villes de la Côte Ouest, où ils développent une

Portrait - Architecture

architecture hybride, ajoutant aux édifices nord-américains de profondes loggias canto-
naises et des toitures de tuiles faîtières (Chinese School de Victoria, 1909). Cet amalgame
marque le début d'une influence orientale qui se perpétue de nos jours dans l'ensemble
de la région.

Soucieuses de se débarrasser au plus vite de l'image du Far West arriéré et rustre qui leur
est accolée, les jeunes villes de l'Ouest promises à un bel avenir se tournent, à partir de
1890, vers les pierres locales et importées (grès rouge d'Écosse, grès beige de Calgary,
granit gris du Québec, calcaire de l'Indiana) et vers le style néoroman de Richardson, alors
en vogue dans le reste de l'Amérique du Nord. Le Stephen Avenue Mall de Calgary est
toujours bordé de ces immeubles massifs en pierres bossagées, agrémentés de multiples
arcs cintrés encadrés de colonnettes aux chapiteaux d'allure médiévale. Dans le même
esprit, mais dans un style plus proche des Beaux-Arts, Vancouver, qui ne compte pas
plus de 120 000 habitants en 1912, voit alors s'élever le plus haut gratte-ciel de l'Empire
britannique (Sun Tower).

La compagnie ferroviaire du Canadien Pacifique, qui avait entrepris de développer un
réseau d'hôtels de luxe à travers le Canada dès l'achèvement de son chemin de fer transcontinental en 1886, s'intéresse très tôt à l'Ouest canadien. Elle y implantera des hôtels et
des gares qui respecteront le style château, devenu, avec les années, lat marque de commerce de l'entreprise, et le style «national» du pays. Le Banff Springs Hotel, édifié en 1903,
et l'Empress Hotel de Victoria (1908), tous deux dotés de hauts toits pentus et ornés de
détails Renaissance, assimilables à la fois aux châteaux de la Loire et aux manoirs écossais,
en sont les meilleurs exemples.

Ces palaces contrastent avec les modestes maisons de ferme des Prairies, érigées à la hâte
par des immigrants d'Europe centrale venus s'y installer nombreux au début du XXe siècle.
Certaines de ces habitations, aujourd'hui abandonnées ou reconverties en musées, repre-
naient dans leurs grandes lignes l'architecture traditionnelle des vieux villages allemands,
hongrois, polonais ou ukrainiens. Aussi le paysage rural était-il autrefois ponctué de toits
à croupe revêtus de chaume ou de tuiles orangées. Dans les villages, il n'était pas rare
d'apercevoir des églises de bois coiffées de dômes bulbeux.

Depuis cette époque, les ranchs d'élevage bovin et les fermes de l'Alberta sont devenus
des entreprises colossales. La résidence du propriétaire, souvent recouverte d'une simple couche d'aluminium blanc, est entourée de plusieurs bâtiments de ferme modernes
également recouverts de métal. Le centre de chaque village est dominé non plus par le
clocher de son église, mais plutôt par les immenses élévateurs de grains qui avoisinent
la voie ferrée.

Au début du XXe siècle, les habitants de souche anglaise et écossaise de la Colombie-Britannique développent un goût pour la nature clémente qui les entoure, tout en s'entichant
de la deuxième partie du nom de leur province. Ce patriotisme les incitera à aménager,
à Vancouver et à Victoria en particulier, de beaux jardins anglais où peuvent pousser des
fleurs qui ne survivraient pas ailleurs au Canada. Au milieu de ces espaces verts magnifiques, ils font ériger de vastes demeures néo-Tudor et Arts & Crafts. Ces deux styles procè-
dent d'un mouvement dit de «retour aux sources» des immigrants d'origine anglo-saxonne.
Le style néo-Tudor s'inspire des manoirs érigés dans la campagne anglaise à l'époque
d'Henri VIII. Ceux-ci sont caractérisés par un parement de briques rouges, par des fenêtres en baie dotées de meneaux de pierre, de même que par des arcs brisés surbaissés.

Quant au mouvement Arts & Crafts (arts et métiers), que l'on pourrait qualifier à la fois
d'engouement pour l'artisanat rural britannique et de rejet de l'industrialisation des grandes villes, il se définit par une architecture organique, faite de rallonges recouvertes de
différents matériaux, allant de la structure à colombages jusqu'aux murs de gros cailloux
de plage. Le tout est savamment étudié afin de produire des compositions pleines de
charme. Les architectes Maclure et Fox de Vancouver ont excellé dans ce domaine (Walter
Nichol House, 1402 The Crescent, Shaughnessy Heights, Vancouver).

Les bâtiments publics érigés à la même époque adoptent cependant des styles plus urbains qui conviennent davantage à leurs fonctions. Encore là, les modes et les architectes d'origine britannique sont mis à contribution. Sir Francis Rattenbury est le champion de cette ère de grande prospérité, lui qui a tracé les plans des Parliament Buildings de Victoria et ceux de l'ancien palais de justice de Vancouver, qui abrite désormais la Vancouver Art Gallery.

La crise économique aiguë qui frappe la Colombie-Britannique et les Prairies au cours des années 1920 et 1930 se reflète par une assez faible représentation de l'Art déco, populaire à cette époque dans le reste du monde occidental. On notera toutefois quelques réalisations dignes de mention comme la St. James Anglican Church (Adrian Gilbert Scott, 1935) et surtout le Marine Building (McCarter & Nairne, 1929), deux bâtiments situés à Vancouver.

La fin de la Seconde Guerre mondiale marque le début d'une nouvelle ère de prospérité, d'une ampleur sans précédent, dans l'ensemble de la région. La naissance de l'industrie pétrolière en Alberta et la migration de plusieurs milliers de Canadiens vers la Côte Ouest, où le climat est si doux et la qualité de vie si remarquable, vont stimuler la recherche architecturale. Rapidement, Vancouver devient l'un des principaux laboratoires de l'architecture moderne au Canada. Influencés encore une fois par la Californie toute proche, mais aussi par le Japon des Shoguns et par l'art haïda, les architectes de la Côte Ouest empruntent une voie originale.

En se servant du bois puis du béton, des concepteurs tels que Robert Berwick, C.E. Pratt, Ron Thom et, plus récemment, Arthur Erickson dessinent alors des bâtiments selon le système élémentaire de la poutre et du pilier, qu'ils accrochent ensuite aux montagnes de la chaîne Côtière. Les lignes pures de ces structures se fondent dans la verdure luxuriante qui envahit les pièces de séjour. Les baies vitrées mur à mur qui comblent les vides mettent en valeur les panoramas de l'océan Pacifique (maison Berwick, 1560 Ottawa Avenue, Vancouver, Robert Berwick, architecte, 1939; maison Gordon Smith, The Byway, Vancouver, Erickson & Massey, architectes, 1965). Jusque-là, seules les habitations des ports de pêche de l'île de Vancouver s'étaient quelque peu ouvertes sur la mer.

En Alberta, la richesse des années 1970 et 1980 entraîne un développement fulgurant des villes d'Edmonton et de Calgary. Les gratte-ciel poussent alors comme des champignons, modifiant considérablement leur profil en l'espace de 10 ans seulement. À Calgary, on met en place un réseau de passerelles aériennes entre les immeubles, baptisé «+15», qui permet d'éviter qu'on ne souffre d'hypothermie! De plus, les deux villes concurrentes étalent désormais leur banlieue tentaculaire sur plusieurs kilomètres dans la campagne environnante. La culture nord-américaine moyenne les enveloppe pleinement, comme en témoigne éloquemment le West Edmonton Mall, ce mégacentre commercial où les «enseignements» de Walt Disney World et de Las Vegas se mélangent dans un tourbillon de mercantilisme clinquant.

Toutefois, depuis 1985, des créateurs, tel Douglas Cardinal, ce grand architecte d'origine amérindienne (Blackfoot) natif de de Red Deer (Alberta), tentent de développer un discours qui correspond davantage à la spécificité des plaines albertaines. Les formes ondoyantes des bâtiments de Cardinal, que l'on dirait sculptés par les vents violents qui balaient les Prairies, sont maintenant connues à l'échelle internationale (Musée canadien des civilisations de Gatineau, 1989; Museum of North American Indian, Washington DC, 2004).

Dans un même ordre d'idées, le centre d'interprétation de Head-Smashed-In Buffalo Jump, réalisé par Robert LeBlond, se fond en parfaite symbiose dans l'environnement.

Deux événements ont aussi attiré le regard du monde sur la région au cours des années 1980. L'Expo 86 laissera à Vancouver un magnifique palais des congrès en forme de grand voilier, tandis que les Jeux olympiques d'hiver de 1988 seront l'occasion de doter Calgary d'un stade en forme de selle de cheval (d'où le nom de Saddledome), illustrant ainsi clai-

Portrait - Architecture

rement que l'interaction entre l'architecture et la géographie se perpétue encore de nos jours dans l'Ouest canadien.

Concord Pacific Place, située sur le site de l'Expo 86 à Vancouver, a été élue «la communauté la mieux planifiée de la Colombie-Britannique» par l'Urban Development Institute en l'an 2000. Son plan directeur est vraiment une grande réussite. Pour obtenir de plus amples renseignements sur ce projet, faites un saut au Concord Pacific Place Presentation Centre.

Renseignements généraux

Formalités d'entrée   40

Accès et déplacements   41

Renseignements utiles, de A à Z   47

L e présent chapitre s'adresse aux voyageurs qui désirent bien planifier leur séjour dans l'Ouest canadien.

Formalités d'entrée

■ Douane

Si vous apportez des cadeaux à des amis canadiens, n'oubliez pas qu'il existe certaines restrictions.

Pour les **fumeurs** *(au Canada l'âge légal pour acheter des produits du tabac est de 18 ans sauf en Colombie-Britannique où il faut être âgé d'au moins 19 ans)*, la quantité maximale est de 200 cigarettes, 50 cigares, 200 g de tabac ou 200 bâtonnets de tabac.

Pour les **alcools** *(au Canada, l'âge légal pour acheter et consommer de l'alcool est de 19 ans, sauf au Manitoba et l'Alberta où il faut être âgé d'au moins 18 ans)*, le maximum permis est de 1,5 litre de vin (en pratique, on tolère deux bouteilles par personne), 1,14 litre de spiritueux et, pour la bière, 24 canettes ou bouteilles de 355 ml.

Pour de plus amples renseignements sur les lois régissant les douanes canadiennes, contactez l'**Agence des services frontaliers du Canada** (☎*800-461-9999 de l'intérieur du Canada,* ☎*204-983-3500 ou 506-636-5067 de l'extérieur du Canada, www.cbsa-asfc.gc.ca)*.

Il existe des règles très strictes concernant l'importation de **plantes** ou de **fleurs**; aussi est-il préférable, en raison de la sévérité de la réglementation, de ne pas apporter ce genre de cadeau. Si toutefois cela s'avère «indispensable», il est vivement conseillé de s'adresser au service de Douane-Agriculture de l'ambassade du Canada de votre pays **avant** de partir.

Si vous voyagez avec un **animal de compagnie**, il vous sera demandé un certificat de santé (document fourni par un vétérinaire) ainsi qu'un certificat de vaccination contre la rage. La vaccination de l'animal devra avoir été faite **au moins 30 jours avant** votre départ et ne devra pas être plus ancienne qu'un an.

Remboursement de taxes aux visiteurs: il existe une possibilité de vous faire rembourser les taxes perçues sur vos achats (voir p 56).

■ Passeport et visa

Pour la plupart des citoyens des pays de l'Europe de l'Ouest, un passeport valide suffit, et aucun visa n'est requis pour un séjour de moins de trois mois au Canada. Il est possible de demander une prolongation de trois mois. Un billet de retour ainsi qu'une preuve de fonds suffisants pour couvrir le séjour peuvent être requis. Pour connaître la liste des pays dont le Canada exige un visa de séjour, consultez le site Internet de **Citoyenneté et Immigration Canada** *(www.cic.gc.ca)* ou prenez contact avec l'ambassade canadienne la plus proche.

Prolongation sur place

Il faut adresser sa demande **par écrit** au moins un mois **avant** l'expiration du visa (date généralement inscrite dans le passeport) à l'un des centres de Citoyenneté et Immigration Canada. Votre passeport valide, un billet de retour, une preuve de fonds suffisants pour couvrir le séjour ainsi que 75$ pour les frais de dossier (non remboursables) vous seront demandés. **Avertissement:** dans certains cas (études, travail), la demande doit obligatoirement être faite **avant** l'arrivée au Canada. Communiquez avec **Citoyenneté et Immigration Canada** (☎*888-242-2100, www.cic.gc.ca)*.

Séjour aux États-Unis

Le voyageur français, belge ou suisse, y compris les enfants, quel que soit leur âge, se rendant aux États-Unis en voyage de tourisme ou d'affaires ou en transit n'a plus besoin d'être en possession d'un visa à condition de:

- avoir un billet d'avion aller-retour;

- présenter un passeport individuel à lecture optique avec photo imprimée numériquement, sauf si vous possédez un passeport individuel à lecture optique en cours de validité et émis strictement avant le 26 octobre 2005; à défaut, l'obtention d'un visa sera obligatoire;

- projeter un séjour de 90 jours maximum (le séjour ne peut être prolongé sur place, le visiteur ne peut pas changer de statut, accepter un emploi ou étudier);
- présenter des preuves de solvabilité (carte de crédit, chèques de voyage);
- remplir le formulaire de demande d'exemption de visa (formulaire I-94W) remis par la compagnie de transport pendant le vol;
- le visa est toujours nécessaire pour certaines catégories de voyageurs (étudiants ou visa précédemment refusé).
- Tout voyageur français qui projette un séjour de plus de trois mois aux États-Unis doit faire sa demande de visa (85 euros) auprès du consulat des États-Unis à Paris.

Accès et déplacements

■ En avion

D'Europe

Il existe deux possibilités: le vol direct sans escale à partir d'une des capitales européennes ou le vol avec escale à Montréal, Toronto ou Calgary. Les vols directs représentent, bien sûr, la formule la plus intéressante, car ils mettent nettement moins de temps à rejoindre Vancouver que ceux avec escale à Montréal ou à Toronto (comptez en moyenne 10 heures 30 min au départ de Paris au lieu de 13 heures pour les vols avec escale). Dans certains cas cependant, surtout si vous disposez de beaucoup de temps, il peut s'avérer intéressant de combiner un vol nolisé pour Montréal ou Toronto avec un des très nombreux vols effectués par les compagnies canadiennes.

Pour plus de renseignements:

Air Canada
☎888-247-2262
www.aircanada.com

Belgique
Air Canada
Troostaat, rue de Trone 130, B-1050 Bruxelles
☎02.627.4088

France
Air Canada
Aéroport Charles-de-Gaulle 2A
BP 31073 Tremblay-en-France
95716 Roissy-Charles-de-Gaulle Cedex
☎08.25.88.08.81

Suisse
Air Canada
1-3 rue Chantepoulet, 1201 Genève
☎0848.24.72.26

Du Canada

Quotidiennement, des vols à destination de Vancouver, ainsi que vers d'autres destinations canadiennes, sont proposés à partir de toutes les villes importantes du Canada. Les vols partant de l'est du pays doivent souvent faire une escale à Montréal ou à Toronto.

Les compagnies aériennes suivantes offrent des vols réguliers vers Vancouver à partir de villes canadiennes importantes:

Air Canada
☎888-247-2262
www.aircanada.com

WestJet
☎888-937-8538 ou 800-538-5696
www.westjet.ca

Pendant la haute saison, **Air Transat** (☎866-847-1112, *www.airtransat.com*) propose aussi beaucoup de vols en direction de Vancouver. Évidemment, la disponibilité et le coût de ces vols varient.

Air Canada Jazz *(www.flyjazz.com)*, le regroupement des transporteurs régionaux d'Air Canada dont fait partie **Air BC**, offre des vols à l'intérieur de la Colombie-Britannique.

■ Aéroports

Alberta

Calgary International Airport
☎403 735-1200
www.calgaryairport.com

Le Calgary International Airport se trouve au nord-est du centre-ville de Calgary; il s'agit du quatrième aéroport en importance au Canada, et vous y trouverez une foule de services: restaurants, centre d'information, lignes téléphoniques directes vers les hôtels, comptoirs de location de voitures des grandes compagnies, bureau de change et agence d'excursions.

Les grandes compagnies aériennes, comme Air Canada, proposent toutes des vols réguliers vers l'aéroport international de Calgary. Les compagnies aériennes régionales desservent aussi cet aéroport.

Une navette transporte les passagers de l'aéroport vers les principaux hôtels du centre-ville: l'*Airporter (12$ ou 20$ aller-retour; 5h30 à 21h aux demi-heures; ☎403-509-4799 ou 888-438-2992)*. Un taxi vous coûtera autour de 25$ pour le même trajet.

Edmonton International Airport
☎780 890-8382 ou 800-268-7134
www.edmontonairports.com
L'Edmonton International Airport se trouve au nord du centre-ville d'Edmonton, et ses installations et services sont très complets. Il possède des restaurants, des boutiques, un centre d'information, des lignes téléphoniques directes vers les hôtels, des comptoirs de location de voitures des grandes compagnies, un bureau de change et un organisateur de tours de ville en autocar. Une aire de restauration et de magasinage est aussi accessible dans le hall central de l'aéroport.

Les compagnies internationales, comme Air Canada, et nationales, comme WestJet, proposent toutes des vols réguliers vers cet aéroport. Les compagnies aériennes régionales (Central Mountain Air, First Air) utilisent l'**Edmonton City Centre Airport** *(www.edmontonairports.com)*, situé au nord de la ville.

Le **Sky Shuttle** *(10-20; ☎780-465-8515 ou 800-268-7134)* fait la navette entre l'aéroport international d'Edmonton et les hôtels de la capitale albertaine. Elle passe toutes les 30 min les fins de semaine, et aux 20 min en semaine.

Un taxi pour le centre-ville coûte environ 40$.

Colombie-Britannique

Vancouver International Airport
☎(604) 276-6101
www.yvr.ca
Le Vancouver International Airport accueille les vols internationaux en provenance d'Europe, des États-Unis et d'Asie, ainsi que divers vols nationaux en provenance d'autres provinces canadiennes. Il est situé à environ 15 km au sud du centre-ville. N'oubliez pas d'aller voir la sculpture amérindienne de Bill Reid, *The Spirit of Haida Gwaii, the Jade Canoe*, qui trône dans l'aérogare internationale.

À partir de l'aéroport, il faut compter 30 min en voiture ou en autobus pour se rendre au cœur de la ville. Outre les nombreux taxis et limousines qui peuvent vous conduire jusqu'au centre-ville pour un peu plus de 30$, l'*Airporter (☎604-946-8866 ou 800-668-3141, www.yvrairporter.com)* fait la navette entre les principaux hôtels du centre et l'aéroport. Comptez 12$ par personne pour un aller simple et 18$ pour un aller-retour. Les départs ont lieu toutes les 15 min, le premier autocar partant à 8h55 et le dernier à 23h30. Pour vous rendre au centre-ville en transport en commun, prenez l'autobus 100 en direction du centre-ville et de l'est de la ville, ou l'autobus 404 ou 406 à destination de Richmond, de Delta et d'autres destinations au sud de la ville. Il en coûte entre 1,75$ et 3,50$ selon l'heure et la destination choisies.

Air Limo
☎(604) 273-1331
Une autre option est de se rendre à l'aéroport en limousine: 39$, trajet de 20 à 40 min.

Avertissement: bien que vous ayez déjà payé toutes les taxes nécessaires à l'achat de votre billet d'avion, l'aéroport de Vancouver vous demandera 5$ (par passager) pour des vols à l'intérieur de la province et du Yukon et 15$ (par passager) pour toutes les autres destinations, que vous devrez verser comptant au moment de votre départ.

Outre les services courants des aéroports internationaux (boutiques hors taxes, cafétéria, restaurants, etc.), vous y trouverez un bureau de change. Plusieurs compagnies de location de voitures y sont également représentées.

Victoria International Airport
☎ (250) 953-7500
www.cyyj.ca
Le Victoria International Airport, situé sur la péninsule de Saanich, au nord de Victoria, est à une demi-heure du centre-ville par la route 17.

L'**Airporter Bus** (*☎250-386-2525, www.akalairporter.travel.bc.ca*) fait la navette entre l'aéroport et les hôtels du centre-ville.

Air Canada / Air BC Connector (*☎888-247-2262, www.aircanada.ca*) propose 16 vols par jour entre les aéroports de Vancouver et de Victoria, et 11 vols par jour en hydravion du port de Vancouver au port de Victoria.

Helijet Airways (*140-179 aller seulement; Victoria: ☎250-382-6222, Vancouver: ☎604-273-1414 ou 800-665-4354; www.belijet.com*) fait la navette 37 fois par jour entre les ports de Vancouver et Victoria.

Harbour Air Seaplanes (*109$ aller seulement; 950 Wharf St., ☎250-384-2215 ou ☎604-274-1277 de Vancouver*) fait la navette en hydravion entre Vancouver et Victoria.

West Coast Air
1000 Wharf St., Victoria
☎ (250) 388-4521 ou
800-347-2222
West Coast Air assure la liaison entre Vancouver et Victoria avec ses bimoteurs (*109$ aller seulement*).

Pacific Coastal Airlines
☎800-663-2872
Si vous achetez vos billets d'avion à l'avance, vous pourrez profiter de bons rabais avec cette compagnie qui transporte les voyageurs entre Victoria et Vancouver.

Manitoba

Winnipeg International Airport
☎ (204) 987-9402
www.waa.ca
Le Winnipeg International Airport se trouve à environ 5 km du centre-ville. Air Canada a un bureau à l'intérieur de l'aéroport.

Saskatchewan

Saskatoon John G. Diefenbaker International Airport
☎ (306) 975-8900
www.yxe.ca

Le Saskatoon John G. Diefenbaker International Airport est situé à 7 km au nord de la ville de Saskatoon. Comptez environ 15$ pour la course en taxi jusqu'au centre-ville puisqu'il n'y a pas de navette.

Regina International Airport
☎ (306) 761-7551
www.yqr.ca
Le Regina International Airport se trouve aux abords sud-ouest du centre-ville, à environ 5 km (15 min); un taxi jusqu'au centre-ville coûte 10$.

Les compagnies aériennes

Air Canada	☎888-247-2262
Air France	☎800-667-2747
Air New Zealand	☎800-663-5494
American Airlines	☎800-433-7300
British Airways	☎888-334-3448
Delta Airlines	☎800-221-1212
Lufthansa	☎800-563-5954
Northwest Airlines	☎800-225-2525
Qantas	☎800-227-4500
US Airways	☎800-428-4322

■ En train

Pour les visiteurs disposant de plus de temps, le train est un des moyens les plus agréables et les plus impressionnants pour découvrir l'Ouest canadien. La société **VIA Rail** (*☎888-842-7245, www.viarail.ca*) assure le transport de passagers entre les différentes provinces canadiennes. Ce moyen de transport peut soit être utilisé en formule combinée avec l'avion (divers forfaits sont proposés par Air Canada) ou être employé comme moyen de transport exclusif au départ des grandes villes de l'Est canadien, comme Montréal ou Toronto. Cette dernière formule exige cependant que vous disposiez de beaucoup de temps (prévoyez un minimum de cinq jours pour un trajet entre Montréal et Vancouver).

La formule **Canrailpass** s'avère particulièrement intéressante, car, outre son prix avantageux, elle permet de voyager à travers

Renseignements généraux - Accès et déplacements

VIA Rail:
le plaisir de découvrir le Canada en train

En cette terre d'Amérique où l'automobile est reine, on oublie souvent à quel point le train peut s'avérer une façon à la fois différente et agréable d'explorer le Canada.

Les trains de VIA Rail, modernes et rapides (ils peuvent atteindre jusqu'à 150 km/h), relient les villes du Canada en des temps fort appréciables.

Une belle façon de parcourir l'ouest du territoire canadien est d'opter pour le *Canadien*, qui part de Toronto et file jusqu'à Vancouver en traversant les forêts de l'Ontario et les plaines des Prairies avant de franchir les montagnes de l'Ouest. Le *Skeena* propose une route tout aussi spectaculaire, partant de Jasper, dans les Rocheuses, et franchissant les cols de montagnes en longeant la superbe rivière Skeena jusqu'à Prince Rupert. Le *Hudson Bay* vous conduit, quant à lui, vers le nord du Manitoba, dans une belle région sauvage où il vous sera peut-être possible d'observer une aurore boréale ou un ours polaire. Enfin, le *Malahat* effectue des voyages de jour sur l'île de Vancouver entre Victoria et Courtenay, dévoilant de magnifiques panoramas.

tout le Canada au moyen d'un billet unique. Ce dernier permet de voyager sans limite sur tout le réseau ferroviaire canadien pendant 12 jours, mais doit être utilisé dans une période limitée à 30 jours à compter du premier voyage. Au moment de mettre sous presse, le Canrailpass coûtait 778$ en haute saison et 486$ en basse saison. De plus, le Canrailpass donne également droit à un tarif spécial pour une location de voiture.

Au Canada

VIA Rail
☎ 888-842-7245

À Montréal

VIA Rail
☎ (514) 989-2626

À Paris

Express Conseil
☎ 01 44 77 87 94

Renseignez-vous auprès de votre agent de voyages.

Les trains en provenance des États-Unis et de l'Est canadien s'arrêtent à la nouvelle gare intermodale **Pacific Central Station** de Vancouver *(VIA Rail Canada, 1150 Station St., ☎800-842-7245)*, où il est également possible de prendre l'autobus ou le réseau de surface de transports en commun, le *Sky-Train*. Le train *Le Canadien* de VIA Rail se rend à Vancouver trois fois par semaine en provenance de Toronto. La liaison Edmonton-Vancouver constitue un voyage très spectaculaire à travers les montagnes Rocheuses et le long de rivières et vallées; les gens pressés devraient toutefois s'abstenir puisqu'il faut compter 24 heures pour effectuer ce trajet. Il s'agit d'un voyage touristique et non pas d'une liaison pour les gens d'affaires. Il en coûte environ 300$ pour l'aller simple; cependant, il vaut mieux s'informer auprès de VIA Rail pour connaître les différents prix selon les saisons.

Rocky Mountaineer Vacations *(☎604-606-7245 ou 877-460-3200, www.rockymountaineer.com)* propose des circuits touristiques vers certaines des plus belles destinations au Canada, dont les Rocheuses, la Fraser Valley et Whistler.

■ En voiture

Le **permis de conduire** des pays d'Europe de l'Ouest est valide tant au Canada qu'aux États-Unis. Tandis que le voyageur américain n'aura aucune difficulté à s'habituer au Code de la route canadien, il n'en sera pas de même pour le visiteur européen. En effet, le Code de la route est sensiblement différent entre les deux continents et nécessite quelques adaptations pour l'automobiliste du Vieux Continent.

En Colombie-Britannique, les **feux verts clignotants** installés à certaines intersections n'indiquent pas la priorité au virage à gauche comme c'est le cas ailleurs en Amérique du Nord. Un feu vert qui clignote signifie qu'ici le feu est contrôlé par les piétons au moyen d'un bouton placé de chaque côté de la voie; le feu ne devient rouge que si le bouton est actionné.

Voici quelques conseils pour les Européens:

Il n'y a pas de priorité à droite au Canada. Ce sont les panneaux de signalisation qui indiquent à chaque intersection la priorité. Les panneaux marqués **Stop** sur fond rouge sont à respecter scrupuleusement! Il faut que vous marquiez l'arrêt complet, même s'il vous semble n'y avoir aucun danger apparent.

Les **feux de circulation**: ils sont situés le plus souvent de **l'autre côté de l'intersection**. Faites attention où vous marquez l'arrêt.

Les **piétons**: les conducteurs de la Colombie-Britannique sont **très** respectueux des piétons et leur cèdent systématiquement le passage, même dans les grandes villes. Les passages piétonniers sont généralement surmontés d'un panneau jaune. Quand vous croiserez l'un de ces panneaux, vérifiez bien qu'aucun piéton ne s'apprête à traverser.

Virage à droite au feu rouge: il est permis en Colombie-Britannique de tourner à droite au feu rouge, lorsque la voie est libre, après avoir au préalable marqué un arrêt complet.

Lorsqu'un **autobus scolaire** (de couleur jaune) est à l'arrêt (feux clignotants allumés), **vous devez obligatoirement vous arrêter, quelle que soit votre direction**. Le manquement à cette règle est considéré comme une faute grave, et il peut s'ensuivre une contravention fort coûteuse!

Le port de la **ceinture** de sécurité est **obligatoire** au Canada.

Presque toutes les autoroutes sont gratuites dans l'Ouest canadien, et il n'existe que quelques ponts à péage. La vitesse y est généralement limitée à 100 km/h. Sur les routes principales, la vitesse est de 90 km/h, et de 50 km/h dans les zones urbaines.

Les postes d'essence: le Canada étant un pays producteur de pétrole, l'essence y est nettement moins chère qu'en Europe. À certains postes d'essence (surtout en ville), il se peut qu'après 23h on vous demande de payer d'avance. Cela est fait par souci de sécurité.

Il faut vous souvenir que la faune est très présente au Canada. Ainsi, même à quelques minutes de route de Calgary, il est fort possible que vous arriviez face à face avec un cerf. Soyez bien attentif et ralentissez. S'il vous arrivait de frapper un gros animal, vous êtes tenu de téléphoner à la Gendarmerie royale du Canada (GRC) pour qu'elle vienne le ramasser. Pour ce faire, faites le **0** pour parler au téléphoniste.

Certaines routes du nord des provinces de la Colombie-Britannique, de l'Alberta, de la Saskatchewan et du Manitoba ne sont pas pavées. Par conséquent, assurez-vous que votre véhicule est équipé pour affronter ces terrains difficiles (par exemple, quatre roues motrices).

Location de voitures

Un forfait incluant avion, hôtel et voiture ou simplement hôtel et voiture peut être moins cher que la location sur place. Nous vous conseillons de comparer. De nombreuses agences de voyages travaillent avec les compagnies les plus connues (Avis, Budget, Hertz et autres) et proposent des promotions avantageuses souvent accompagnées de primes (par exemple, rabais pour spectacles).

Sur place, vérifiez si le contrat comprend le kilométrage illimité ou non et si l'assurance proposée vous couvre complètement (accident, dégâts matériels, frais d'hôpitaux, passagers, vols).

Renseignements généraux - Accès et déplacements

Certaines cartes de crédit, les cartes Or par exemple, vous assurent automatiquement contre les collisions et le vol du véhicule; avant de louer un véhicule, vérifiez que votre carte vous offre bien ces deux protections.

Avertissement: il faut avoir un minimum de 21 ans et posséder son permis depuis **au moins** un an pour louer une voiture. De plus, si vous avez entre 21 et 25 ans, certaines compagnies de location imposeront une franchise collision de 500$ et parfois un supplément journalier. À partir de l'âge de 25 ans, ces conditions ne s'appliquent plus.

Une carte de crédit est indispensable pour le dépôt de la garantie si vous ne voulez pas bloquer d'importantes sommes d'argent. La carte de crédit doit être au même nom que le permis de conduire.

Dans la majorité des cas, les voitures louées sont dotées d'une transmission automatique.

Les sièges de sécurité pour enfants sont en supplément dans la location.

Accidents et pannes

En cas d'accident grave, d'incendie ou d'une autre urgence, composez le ☎911 ou le 0. Si vous vous trouvez sur l'autoroute, rangez-vous sur l'accotement et faites fonctionner vos feux de détresse. En cas de location, vous devrez avertir au plus tôt la compagnie de location. N'oubliez jamais de remplir une déclaration d'accident (constat à l'amiable). En cas de désaccord, demandez l'aide de la police.

■ En traversier

La compagnie de traversiers de la Colombie-Britannique, **BC Ferries**, dessert 47 ports le long de la côte et dans les îles. La traversée jusqu'à l'île de Vancouver dure entre 90 min et deux heures. De plus courtes traversées vous entraînent jusqu'aux Gulf Islands ou jusqu'à la Sunshine Coast, au nord-ouest de Vancouver. Pour une véritable croisière, vous pouvez vous embarquer à Port Hardy, à la pointe nord de l'île de Vancouver, jusqu'à Prince Rupert, par l'Inside Passage. De là, plusieurs excursions sont possibles dans les îles de la Reine-Charlotte. Pour plus de renseignements, contactez:

BC Ferries
☎ (250) 386-3431 ou 888-223-3779
www.bcferries.com

Consultez également la section «Accès et déplacements» de chacun des chapitres de ce guide.

■ En autocar

Bien répartis et peu chers, les autocars couvrent la majeure partie du territoire canadien. Plusieurs compagnies se partagent le territoire.

La compagnie **Greyhound** (☎800-661-8747, www.greyhound.ca) du Canada dessert l'Ouest canadien par l'intermédiaire d'autres compagnies locales.

Il est à noter que des rabais s'appliquent automatiquement aux billets réservés une journée à l'avance. Les tarifs pour adultes à destination de certaines villes étaient les suivants au moment de mettre sous presse:

Vancouver–Calgary:
136,43$ aller simple
272,85$ aller-retour

Calgary–Regina:
100,58$ aller simple
201,16$ aller-retour

Regina–Winnipeg:
87,74$ aller simple
175,48$ aller-retour

Il est interdit de fumer sur toutes les lignes. Les animaux ne sont pas admis. En général, les enfants de cinq ans et moins sont transportés gratuitement. Les personnes de 60 ans et plus ont droit à des rabais.

Une façon plus économique de voyager dans les grands espaces canadiens et américains sans se ruiner est de se procurer le **Greyhound North America Discovery Pass**, qui permet l'exploration du Canada et des États-Unis selon des tarifs forfaitaires s'appliquant sur des séjours variant entre sept jours et deux mois. Les billets peuvent être achetés au Canada ou en Europe:

France

Voyageurs du monde
55 rue Sainte-Anne, 75002 Paris
☎01.42.86.16.00

Renseignements utiles, de A à Z

■ Achats

Quoi acheter?

Saumon: les visiteurs pourront trouver ce poisson à bon prix sur les quais ou dans les poissonneries. Sachez que le saumon du Pacifique compte parmi les meilleurs au monde.

Habits traditionnels: vous trouverez en Alberta un excellent choix de bottes et de chapeaux de cow-boy et de vêtements de cuir.

Artisanat local: peintures, sculptures de bois, céramiques, émaux sur cuivre, tricots, etc.

Artisanat autochtone: de très belles sculptures amérindiennes fabriquées à partir de différentes sortes de pierres ou même d'os, et en général assez chères. Assurez-vous du caractère authentique de votre sculpture en réclamant la vignette d'authenticité émise par le gouvernement du Canada.

Livres et disques: les voyageurs européens profiteront du fait que les disques compacts ainsi que les livres en anglais sont vendus beaucoup moins cher au Canada.

Vin: la Colombie-Britannique compte sur une industrie vinicole bien établie. Les visites de vignobles y sont possibles, et le vin des domaines peut être acheté un peu partout dans la province.

■ Aînés

Des rabais très avantageux pour les transports et les spectacles sont souvent offerts aux aînés. N'hésitez pas à les demander ou contactez le **Canadian Association of Retired Persons** *(27 Queen St. E., Suite 1304, Toronto, ON, M5C 2M6,* ☎*416-363-8748, www.carp.ca).*

■ Ambassades du Canada à l'étranger

Pour la liste complète des services consulaires à l'étranger, veuillez consulter le site Internet du gouvernement canadien: www.dfait-maeci.gc.ca.

Belgique

avenue de Tervuren 2, 1040 Bruxelles , métro Mérode
☎02.741.06.11
▤02.741.06.43
www.dfait-maeci.gc.ca/canadaeuropa/brussels

France

35 avenue Montaigne, 75008 Paris, métro Franklin-Roosevelt
☎01.44.43.29.00
▤01.44.43.29.99
www.dfait-maeci.gc.ca/canadaeuropa/france

Suisse

Kirchenfeldstrasse 88, CH-3005, Berne
☎357.32.00
▤357.32.10
www.dfait-maeci.gc.ca/canadaeuropa/switzerland

■ Animaux

La tolérance envers les animaux de compagnie varie d'une province à l'autre. Ils sont tous interdits dans les restaurants.

Le pictogramme ☞ symbolisant les animaux de compagnie se retrouve dans la liste des services des établissements hôteliers où ils sont admis. Quelquefois, il y a de petits frais supplémentaires ou quelques restrictions quant à la taille de l'animal.

■ Assurances

Annulation

L'assurance-annulation est normalement offerte par l'agent de voyages au moment de l'achat du billet d'avion ou du forfait. Elle permet le remboursement du billet ou du forfait dans le cas où le voyage devrait être annulé, en raison d'une maladie grave ou d'un décès. Les gens n'ayant pas de problèmes de santé ont peu de chances d'avoir recours à une telle protection. Elle demeure par conséquent d'une utilité relative.

Maladie

L'assurance-maladie est sans nul doute la plus importante à se procurer avant de partir en voyage, et il est prudent de bien savoir la choisir, car cette police doit être la plus complète possible. Au moment de l'achat de la police, il faudrait veiller à ce qu'elle couvre bien les frais médicaux de tout ordre comme l'hospitalisation, les services infirmiers et les honoraires des médecins (jusqu'à concurrence d'un montant assez élevé) ainsi qu'une clause de rapatriement, pour le cas où les soins requis ne peuvent être administrés sur place. En outre, il peut arriver que vous ayez à débourser le coût des soins en quittant la clinique; il faut donc vérifier ce que prévoit la police dans ce cas. S'il vous arrivait un accident durant votre séjour, vous devriez toujours garder sur vous la preuve que vous avez contracté une assurance-maladie, ce qui vous évitera bien des ennuis.

Vol

La plupart des assurances-habitation au Canada protègent une partie des biens contre le vol, même si celui-ci a lieu à l'extérieur de la maison. Si cela vous arrivait, n'oubliez toutefois pas d'obtenir un rapport de police, car sans lui vous ne pourrez être remboursé.

■ Attraits touristiques

Chacun des chapitres de ce guide vous entraîne à travers l'Ouest canadien. Y sont abordés les principaux attraits touristiques, suivis d'une description historique et culturelle. Les attraits sont cotés selon un système d'étoiles vous permettant de faire un choix si le temps vous y oblige.

★   Intéressant
★★   Vaut le détour
★★★   À ne pas manquer

Le nom de chaque attrait est suivi d'une parenthèse qui vous donne ses coordonnées. Le prix qu'on y retrouve est le droit d'entrée pour un adulte. Informez-vous car plusieurs endroits offrent des rabais aux enfants, étudiants, aînés et familles. Plu-

sieurs de ces attraits sont accessibles seulement pendant la saison touristique, tel qu'indiqué dans cette même parenthèse. Cependant, même hors saison, certains de ces établissements accueillent les visiteurs sur demande, surtout en groupe.

■ Avis aux fumeurs

Au Canada, la cigarette est considérée comme un «grand mal» à éliminer. Il est interdit de fumer:

dans les centres commerciaux; dans les autobus; dans les bureaux des administrations publiques; dans les lieux publics.

Si toutefois vous êtes fumeur, sachez que les cigarettes se vendent entre autres dans les épiceries et les kiosques à journaux.

■ Bars et discothèques

Dans la plupart des bars et discothèques, aucun droit d'entrée (en dehors du vestiaire obligatoire) n'est demandé. Cependant, attendez-vous à débourser quelques dollars pour entrer dans les discothèques les fins de semaine. L'âge légal pour fréquenter les débits de boissons et consommer de l'alcool est de 18 ans, en Colombie-Britannique et en Saskatchewan, et de 19 ans en Alberta et au Manitoba. Attendez-vous à vous faire demander vos papiers en tout temps pour avoir accès à ces établissements.

Selon la province où l'on se trouve, la vente d'alcool cessera à différentes heures; dans la plupart des provinces, elle se termine à 2h du matin. Certains bars peuvent rester ouverts, mais il faudra, à ce moment, vous contenter de petites limonades! Les établissements n'ayant qu'un permis de taverne ou brasserie doivent fermer à minuit. Dans les petites villes, les restaurants font souvent aussi office de bar. Si vous désirez vous divertir le soir, consultez les sections «Sorties» de chacun des chapitres, mais jetez aussi un coup d'œil sur les sections «Restaurants».

■ Cinémas

Il n'y a pas d'ouvreuses et donc pas de pourboire à donner.

■ Climat et habillement

L'Ouest canadien offre un climat qui varie grandement de région en région. Ainsi, la région de Vancouver bénéficie, en quelque sorte, d'un microclimat dû à sa situation géographique entre le Pacifique et les Rocheuses. La température de Vancouver oscille entre 0°C et 15°C en hiver, et l'été voit le mercure monter de quelques degrés.

Le reste de la région, en raison de l'altitude des Rocheuses et du vent des Prairies, connaît un climat très varié. Les hivers sont froids et secs, alors que le mercure peut atteindre 40°C au-dessous de zéro, mais la moyenne est de –10 à –15°C. Notez que les villes de Saskatoon et de Winnipeg enregistrent, en hiver, les températures les plus froides de tout le sud du pays. Les étés sont secs, alors que la température frise les 25°C dans la plaine et se maintient plus bas en altitude.

Été

De la fin mai à la fin août, il peut faire chaud. Munissez-vous de t-shirts, de chemises et de pantalons légers, de shorts et de lunettes de soleil; un tricot est souvent nécessaire en soirée. Si vous comptez faire de la randonnée en montagne, n'oubliez pas de calculer l'effet refroidissant de l'altitude, et emportez un blouson.

Hiver

De décembre à mars, c'est la saison idéale pour les amateurs de sports d'hiver (ski, patinage et autres). Durant cette saison, il faut porter des vêtements chauds (manteau, écharpe, bonnet, gants, chandail de laine et bottes). La ville de Vancouver a un hiver généralement pluvieux, donc n'oubliez pas votre imperméable. Notez également que, pour le sud de la Colombie-Britannique, le mercure tombe rarement au-dessous de zéro.

Printemps et automne

Le printemps est bref (de la fin mars à la fin mai) et annonce la période du dégel, pendant laquelle les rues sont souvent détrempées. En automne, le climat est souvent frais; aussi, pour ces saisons d'entre-deux, ne regretterez-vous pas d'avoir emporté un chandail, une écharpe, des gants de laine, un coupe-vent et, bien sûr, un parapluie.

■ Consulats étrangers au Canada

Les consulats peuvent fournir une aide précieuse aux visiteurs qui se trouvent en difficulté (par exemple en cas d'accident ou de décès, fournir le nom de médecins ou d'avocats, etc.). Toutefois, seuls les cas urgents sont traités. Il faut noter que les coûts relatifs à ces services ne sont pas défrayés par les missions consulaires.

Belgique

Consulat honoraire de Belgique
2515 Alma St., Vancouver, BC, V6R 3R8
☎ (604) 684-6838
▤ (604) 684-0371

107-4990 92nd Ave., Edmonton, AB, T6B 2V4
☎ (780) 496-9565
▤ (780) 466-2832

22 Collingwood Ct., Winnipeg, MB, R2J 3L1
☎/▤ (204) 261-1415

France

Consulat général de France
1130 W. Pender St., Suite 1100, Vancouver, BC, V6E 4A4
☎ (604) 681-4345
▤ (604) 681-4287
http://consulfrance-vancouver.org

Suisse

Consulat général de Suisse
World Trade Centre, 999 Canada Place, Suite 790
Vancouver, BC, V6C 3E1
☎ (604) 684-2231
▤ (604) 684-2806

1245 Henderson, Suite 1408, Winnipeg, MB, R2G 1M1
☎ (204) 338-4242 ou 338-4800
▤ (204) 339-9804

■ Cultes

Presque tous les cultes sont représentés.

■ Décalage horaire

L'Ouest canadien couvre quatre fuseaux horaires différents. En Colombie-Britannique, il est neuf heures plus tôt qu'en Europe de l'Ouest, tandis qu'en Alberta il est huit heures plus tôt. Lorsqu'il est midi à Montréal, par exemple, il est 9h à Vancouver et 10h à Calgary.

■ Drogues

Absolument interdites (même les drogues dites «douces»). Aussi bien les consommateurs que les distributeurs risquent de très gros ennuis s'ils sont trouvés en possession de drogues.

■ Électricité

Partout au Canada, la tension est de 110 volts. Les fiches d'électricité sont plates, et l'on peut trouver des adaptateurs sur place.

■ Enfants

Comme ailleurs au Canada, où que vous vous rendiez dans l'Ouest canadien, des services sont offerts aux personnes voyageant avec des enfants, que ce soit pour les transports ou les loisirs. Dans les transports, en général, les enfants de cinq ans et moins ne paient pas. Il existe aussi des rabais pour les 12 ans et moins. Pour les activités ou les spectacles, la même règle s'applique parfois. Renseignez-vous avant d'acheter les billets. Dans la plupart des restaurants, des chaises pour enfants sont disponibles, et certains proposent des menus pour enfants. Quelques grands magasins offrent aussi un service de garderie.

Calgary est la seule ville en Amérique du Nord à posséder le statut d'«ami des enfants». En effet, par l'initiative du **Child & Youth Friendly Calgary** *(Kahanoff Centre, 8th Floor, 1202 Centre St., Calgary, AB, T2G 5A5,* ☎ *403-266-5448, www.childfriendly.ab.ca),* chaque site touristique, restaurant, etc. a été coté par des enfants. De plus, en Alberta, le **Family Day** *(troisième lundi de février)* est un jour férié.

■ Fêtes et festivals

Le Canada est riche en activités de toutes sortes. Vu le nombre impressionnant de festivals, d'expositions annuelles, de salons, de carnavals, d'événements et de manifestations, il nous est impossible de vous en donner ici une liste exhaustive. Nous en avons néanmoins sélectionné quelques-uns qui sont décrits dans la section «Sorties» de chaque chapitre.

■ Hébergement

Le choix est grand, et, suivant le genre de tourisme qu'on recherche, on choisira l'une ou l'autre des nombreuses formules proposées. En général, le niveau de confort est élevé, et souvent plusieurs services sont disponibles. Les prix varient selon le type d'hébergement choisi, mais, en règle générale, le rapport qualité/prix est bon; sachez cependant que, sur les prix affichés, il faut ajouter une taxe de **7%** (la TPS: taxe fédérale sur les produits et services) et la taxe de vente provinciale (TVP) (**7%** en Colombie-Britannique, en Saskatchewan et au Manitoba; il n'y a pas de TVP en Alberta). Une taxe d'hébergement de **10%** remplace la TVP en Colombie-Britannique, et l'Alberta impose une taxe d'hébergement de **5%**.

Seule la taxe sur les produits et services (TPS) est remboursable aux non-résidents (voir p 56).

Dans la mesure où vous souhaitez réserver, une carte de crédit s'avère indispensable, car, dans beaucoup de cas, on vous demandera de payer d'avance la première nuitée.

Plusieurs hôtels offrent des rabais aux entreprises et aux membres de clubs automobiles. Informez-vous car ils sont très faciles à obtenir. Vous trouverez également des bons de réduction dans les brochures distribuées gratuitement par les offices de tourisme.

Prix et symboles

Les tarifs mentionnés dans ce guide s'appliquent, sauf indication contraire, à une chambre pour deux personnes, en haute saison.

$	moins de 60$
$$	de 60$ à 100$
$$$	de 101$ à 150$
$$$$	de 151$ à 225$
$$$$$	plus de 225$

Les tarifs d'hébergement sont souvent inférieurs aux prix mentionnés dans le guide, particulièrement si vous y séjournez en basse saison. De plus, plusieurs hôtels et auberges offrent des rabais substantiels aux professionnels (par l'entremise de leur association) ou aux membres de clubs automobiles (CAA). Donc, n'hésitez pas à demander au personnel des établissements hôteliers si vous pouvez bénéficier de rabais.

Les divers services offerts par chacun des établissement hôteliers sont indiqués à l'aide d'un petit symbole qui est expliqué dans la liste des symboles se trouvant dans les premières pages de ce guide. Rappelons que cette liste n'est pas exhaustive quant aux services offerts par chacun des établissements hôteliers, mais qu'elle représente les services les plus demandés par leur clientèle.

Il est à noter que la présence d'un symbole ne signifie pas que toutes les chambres du même établissement hôtelier offrent ce service; vous aurez à payer quelquefois des frais supplémentaires pour avoir, par exemple, une baignoire à remous dans votre chambre. De même, si le symbole n'est pas attribué à l'établissement hôtelier, cela signifie que celui-ci ne peut pas vous offrir ce service. Il est à noter que, sauf indication contraire, tous les établissements hôteliers inscrits dans ce guide offrent des chambres avec salle de bain privée.

Label Ulysse

Le pictogramme du label Ulysse est attribué à nos établissements favoris (hôtels et restaurants). Bien que chacun des établissements inscrits dans ce guide s'y retrouve en raison de ses qualités ou particularités, en plus de son rapport qualité/prix, de temps en temps un établissement se distingue parmi d'autres. Ainsi il mérite qu'on lui attribue un label Ulysse. Les labels Ulysse peuvent se retrouver dans n'importe quelle catégorie d'établissements: supérieure, moyenne-élevée, petit budget. Quoi qu'il

en soit, dans chacun de ces établissements, vous en aurez pour votre argent. Repérez-les en premier!

Hôtels

Les établissements hôteliers sont nombreux au Canada, et ils varient du modeste hôtel au palace luxueux. Les chambres d'hôtel ont leur propre salle de bain. Les prix mentionnés sont basés sur les tarifs en haute saison.

Dans la plupart des établissements, les tarifs de fin de semaine sont souvent plus bas, jusqu'à 50%, parce que l'importante clientèle d'affaires loge à l'hôtel surtout en semaine. Les associations professionnelles, les membres de clubs automobiles et les aînés peuvent profiter de bons rabais. En réservant votre chambre, renseignez-vous sur les forfaits, primes et réductions possibles.

Auberges (inns)

Souvent aménagées dans de très belles maisons historiques, les auberges constituent un type d'hébergement de qualité. Plus charmantes et souvent plus pittoresques que les hôtels, ces auberges sont nombreuses. Plusieurs d'entre elles sont garnies de meubles d'époque, ajoutant au charme de l'établissement. On y offre souvent le petit déjeuner.

Gîtes touristiques (bed and breakfasts)

Contrairement aux hôtels, les chambres d'hôte n'ont pas toujours leur propre salle de bain. On trouve facilement des *bed and breakfasts* dans l'Ouest canadien. Ils offrent l'avantage, outre le prix, de faire partager une ambiance plus familiale. Attention, cependant, les cartes de crédit ne sont pas acceptées partout. Le petit déjeuner est toujours compris dans le prix de la chambre.

Motels

On retrouve les motels en grand nombre le long des routes à l'entrée de la ville. Ils sont relativement abordables, mais ils manquent souvent de charme. Ce type d'hébergement convient plutôt lorsqu'on manque de temps.

Renseignements généraux - Renseignements utiles, de A à Z

Auberges de jeunesse

Vous trouverez l'adresse de chacune des auberges de jeunesse dans la section «Hébergement» de la ville où elles se trouvent. Devenir membre de Hostelling International peut être très avantageux si vous comptez loger dans les auberges de jeunesse lors de votre séjour au Canada.

Universités

L'hébergement dans les universités reste assez compliqué à cause des nombreuses restrictions qu'il comporte: il n'est proposé qu'en été (de la mi-mai à la mi-août), et l'on doit réserver longtemps à l'avance.

Toutefois, ce type d'hébergement reste moins cher que les formules «classiques» et peut s'avérer agréable. Il faut compter en moyenne un montant de 25$, plus les taxes, pour les personnes possédant une carte d'étudiant (un peu plus pour les non-étudiants). La literie est fournie dans le prix, et en général une cafétéria sur place permet de prendre le petit déjeuner (non compris).

Chez les Autochtones

Les possibilités de loger chez les Autochtones sont limitées mais se développent de plus en plus. N'oubliez pas qu'ils administrent les réserves, d'où la nécessité, dans certains cas, d'obtenir une autorisation du conseil de bande.

Camping

À moins de se faire inviter, le camping constitue probablement le type d'hébergement le moins cher. Malheureusement, le climat ne rend possible cette activité que sur une courte période de l'année, soit de juin à début septembre, à moins de disposer de l'équipement approprié contre le froid. Les services offerts sur les terrains de camping peuvent varier considérablement, aussi en est-il des prix. Certains sont publics et d'autres privés. Les prix mentionnés dans ce guide s'appliquent à un emplacement pour une tente.

■ Horaires

Banques

Les banques sont ouvertes du lundi au vendredi de 10h à 15h. Plusieurs d'entre elles sont ouvertes les jeudis et les vendredis jusqu'à 18h, voire 20h. Le réseau des banques possédant des guichets automatiques en fonction jour et nuit est bien développé.

Bureaux de poste

Les grands bureaux de poste sont ouverts de 9h à 17h du lundi au vendredi. Il existe de nombreux bureaux de poste répartis un peu partout, soit dans les centres commerciaux, dans les *convenience stores* ou même dans les pharmacies; ces bureaux sont ouverts selon l'horaire des commerçants.

Magasins

En règle générale, les magasins respectent l'horaire suivant:

lun-mer 10h à 18h
jeu-ven 10h à 21h
sam 9h ou 10h à 17h
dim 12h à 17h

On trouve également un peu partout dans l'Ouest canadien des magasins généraux d'alimentation de quartier (*convenience stores*), qui sont ouverts plus tard et parfois 24 heures sur 24.

■ Jours fériés

Voici la liste des jours fériés dans les provinces de la Colombie-Britannique de l'Alberta, de la Saskatchewan et du Manitoba. À noter que la plupart des services administratifs et les banques sont fermés ces jours-là.

Jour de l'An
1er janvier

Family Day (en Alberta)
le troisième lundi de février

Vendredi saint
fête mobile

Fête de Victoria
le lundi précédant le 25 mai

Fête de la Confédération
1er juillet

British Columbia Day (en Colombie-Britannique) et **Saskatchewan Day** (en Saskatchewan)
le premier lundi d'août

Fête du Travail
premier lundi de septembre

Action de grâce
deuxième lundi d'octobre

Jour du Souvenir
11 novembre (seuls les banques et les services gouvernementaux fédéraux sont fermés)

Noël
25 décembre

■ Laveries

On retrouve des laveries à peu près partout dans les centres urbains. Dans la majorité des cas, du savon est vendu sur place. Bien qu'on y trouve parfois des changeurs de monnaie, il est préférable d'en apporter une quantité suffisante avec soi.

■ Musées

Dans la majorité des cas, les musées sont payants. Des rabais sont possibles pour les 60 ans et plus, les enfants ou les étudiants. Renseignez-vous!

■ Personnes à mobilité réduite

Sur le site Internet de **Voyage Accessible** *(www. accesstotravel.gc.ca)*, vous trouverez tous les renseignements dont vous avez besoin sur les transports accessibles et le tourisme adapté au Canada. Dans le but de rendre vos déplacements plus faciles et plus agréables, Voyage Accessible vous offre entre autres de l'information sur le transport par autobus, par train, par avion et par traversier, sur les services de transport locaux privés et publics, ainsi que sur les politiques et les programmes gouvernementaux canadiens.

Pour plus de renseignements, vous pouvez aussi contacter l'organisme suivant:

Disabled Peoples International
748 Broadway, Winnipeg, MB, R3G 0K3

☎ (204) 287-8010
🖷 (204) 783-6270
www.dpi.org

■ Pharmacies

Outre la pharmacie classique, il existe de grosses chaînes (sorte de supermarchés des médicaments). Ne soyez pas étonné d'y trouver des chocolats ou du savon en promotion à côté de boîtes de bonbons pour la toux ou de médicaments pour les maux de tête.

■ Poids et mesures

Bien que le système métrique soit en vigueur au Canada depuis plusieurs années, il est encore courant de voir les gens utiliser les unités de mesure du système impérial.

■ Poste

Le service postal à travers tout le pays est assuré par **Postes Canada**. Un timbre pour envoyer une lettre au Canada coûte 0,50$, 0,85$ pour les États-Unis et 1,45$ pour tous les autres pays. Vous pouvez vous procurer ces timbres dans les bureaux de poste, bien sûr, ainsi que dans certaines pharmacies et épiceries.

■ Pourboires

Les pourboires s'appliquent à tous les services rendus à table, c'est-à-dire dans les restaurants ou autres établissements où l'on vous sert à table (la restauration rapide n'entre donc pas dans cette catégorie). Ils sont aussi de rigueur dans les bars, les boîtes de nuit, les salons de coiffure et les taxis, entre autres.

Selon la qualité du service rendu, il faut compter environ 15% de pourboire sur le montant avant les taxes. Il n'est pas, comme en Europe, inclus dans l'addition; le client doit le calculer lui-même et le remettre à la personne qui l'a servi.

■ Presse

Chaque grande ville possède au moins un journal local.

Renseignements généraux - Renseignements utiles, de A à Z

Vancouver
The Vancouver Sun
The Province

Calgary
The Calgary Sun
Calgary Herald
Ffwd (hebdomadaire culturel gratuit)

Edmonton
Edmonton Journal
See Magazine (hebdomadaire culturel gratuit)

Regina
Leader-Post

Winnipeg
Winnipeg Free Press

■ Renseignements touristiques

Le Manitoba, la Saskatchewan, l'Alberta et la Colombie-Britannique possèdent respectivement un ministère du Tourisme chargé de promouvoir leur développement touristique. La diffusion d'information touristique au grand public s'effectue par l'intermédiaire de bureaux régionaux appelés Travel InfoCentres. Vous pourrez y obtenir diverses brochures concernant les attraits, les restaurants et les hôtels de la région visitée. Aussi, en plus de ces nombreux centres d'information touristique, la plupart des grandes villes possèdent également leur propre office de tourisme. Ces offices de tourisme sont ouverts toute l'année, contrairement à certains Travel InfoCentres, ouverts, pour leur part, en haute saison seulement. Vous trouverez les adresses des divers bureaux d'information régionaux dans la section «Renseignements utiles» de chaque chapitre.

■ Renseignements touristiques avant de partir

Les personnes qui désirent obtenir de la documentation générale sur les provinces de l'Ouest avant leur départ peuvent contacter les organismes suivants:

Canada

www.voyagecanada.ca

Alberta

Travel Alberta
P.O. Box 2500, Edmonton, AB, T5J 2Z4
☎ (780) 427-4321 ou 800-252-3782
🖷 (780) 427-0867
www.travelalberta.com

Colombie-Britannique

Super, Natural British Columbia
(Tourism British Columbia)
P.O. Box 9830, Station Province-Government
Victoria, BC, V8W 9W5
☎ (604) 435-5622 ou 800-435-5622
www.hellobc.com

Vancouver Touristinfo Centre
tlj 8h30 à 19h
Plaza Level, Waterfront Centre, 200 Burrard St.
Vancouver, BC, V6C 3L6
☎ (604) 683-2000
🖷 (604) 682-6839
www.tourismvancouver.com
Le Vancouver Touristinfo Centre peut vous servir en français.

Vancouver Parks & Recreation
☎ (604) 257-8400
www.vancouver.ca-parks
Pour toute l'information sur les sports et les activités récréatives.

Tourism Victoria Visitor Information Centre
tlj 9h à 17h
812 Wharf St., Victoria, BC, V8W 1T3
☎ (250) 953-2033 ou 800-663-3883
www.tourismvictoria.com

Saanich Peninsula Chamber of Commerce
2480 Beacon Ave., Sidney, BC, V8L 3S3
☎ (250) 656-3616

Sidney Visitor Information Centre
A-2995 Ocean Rd., Sidney
☎ (250) 656-3260

Manitoba

Travel Manitoba
155 Carlton St., Seventh Floor, Winnipeg, MB, R3C 3H8
☎ (204) 945-3777 ou 800-665-0040
www.travelmanitoba.com

Winnipeg Tourism
300-259 Portage Ave., Winnipeg
☎ (204) 943-1970 ou 800-665-0204
www.tourism.winnipeg.mb.ca

Manitoba Travel Ideas Centre
21 Forks Market Rd., Winnipeg
☎ (204) 927-7847 ou 800-665-0040

Saskatchewan

Tourism Saskatchewan
1922 Park St., Regina, SK, S4N 7M4
☎ (306) 787-9600 ou 877-237-2273
🗐 (306) 787-5744
www.sasktourism.com
On peut joindre Tourism Saskatchewan
toute l'année. Dans les centres provinciaux
d'information touristique dispersés le long
des grands axes routiers de la province, les
horaires varient.

Tourism Regina
*été: lun-ven 8h à 19h, sam-dim et jours fériés 10h
à 18h; hiver: lun-ven 8h à 17h*
route transcanadienne, Regina
☎ (306) 789-5099 ou 800-661-5099
www.tourismregina.com
Tourism Regina se trouve à l'extrême périphérie est de la ville et n'est accessible
qu'en voiture, mais son présentoir est bien
approvisionné en brochures et le service
est courtois.

Tourism Saskatoon
6-305 Idylwyld Dr. N., Saskatoon
☎ (306) 242-1206 ou 800-567-2444
www.tourismsaskatoon.com
Tourism Saskatoon se trouve au centre-
ville, dans l'ancienne gare ferroviaire du
Canadien Pacifique.

■ Restaurants

Dans la majorité des cas, les restaurants
proposent un menu du jour, c'est-à-dire un
menu complet à prix avantageux. Servi le
midi (et quelquefois le soir), il offre souvent
un choix d'entrées et de plats, un café et
un dessert. Au dîner, la table d'hôte (même
formule mais légèrement plus chère) est
également intéressante.

Les spécialités culinaires locales sont sans
aucun doute le saumon du Pacifique et le
bœuf de l'Alberta. Chaque ville offre une
sélection d'établissements pour tous les
budgets, du simple casse-croûte à la table
gastronomique.

Prix et symboles

Sauf indication contraire, les prix mentionnés dans ce guide s'appliquent à un repas
pour une personne, excluant les boissons,
les taxes et le service.

$	moins de 15$
$$	de 15$ à 25$
$$$	de 26$ à 50$
$$$$	plus de 50$

Pour comprendre la signification du label
Ulysse qui est accolé à nos restaurants favoris, reportez-vous à la page 51.

■ Santé

Pour les personnes en provenance d'Europe ou des États-Unis, aucun vaccin n'est
nécessaire. D'autre part, il est vivement
recommandé, surtout pour les séjours
de moyen ou long terme, de souscrire à
une assurance-maladie (voir ci-dessus). Il
existe différentes formules, et nous vous
conseillons de les comparer. Emportez vos
médicaments, surtout ceux qui exigent une
ordonnance. Sauf indication contraire, l'eau
est potable partout dans l'Ouest canadien.

Le programme d'assurance-maladie du
Québec rembourse aux résidants québécois les frais d'hospitalisation, à l'exception des suppléments, de même que les
honoraires des médecins, selon le tarif du
Québec; aussi est-il recommandé de prendre une assurance privée pour couvrir la
différence. En cas d'accident ou de maladie, conservez vos reçus afin d'être remboursé par la Régie de l'assurance-maladie
du Québec.

■ Services financiers

Les banques et le change

Les banques sont généralement ouvertes du lundi au vendredi, de 9h à 15h. Le
meilleur moyen pour retirer de l'argent
consiste à utiliser sa carte bancaire (carte
de guichet automatique). Attention, votre
banque vous facturera des frais fixes (par
exemple 5$CA), et il vaut mieux éviter de
retirer trop souvent de petites sommes.

Renseignements généraux   -   Renseignements utiles, de A à Z

Taux de change

1$CA	=	0,70euro
1$CA	=	0,84$US
1$CA	=	1,09FS
1 euro	=	1,42$CA
1$US	=	1,19$CA
1FS	=	0,92$CA

N.B. Les taux de change peuvent fluctuer en tout temps.

Les cartes de crédit

Les cartes de crédit, outre leur utilité pour retirer de l'argent, sont acceptées à peu près partout. Il est primordial de disposer d'une carte de crédit pour effectuer une location de voiture; à défaut, on pourrait vous demander un important dépôt en liquide et peut-être même refuser de vous louer le véhicule. Les cartes les plus facilement acceptées sont, par ordre décroissant, Visa, MasterCard, Diners Club et American Express.

Les chèques de voyage

Les chèques de voyage peuvent être encaissés dans les banques sur simple présentation d'une pièce d'identité (avec frais) et sont acceptés par la plupart des commerçants comme du papier-monnaie.

La monnaie

L'unité monétaire est le dollar ($), lui-même divisé en cents. Un dollar = 100 cents.

La Banque du Canada émet des billets de 5, 10, 20, 50 et 100 dollars, et des pièces de 1, 5, 10, 25 cents ainsi que de 1 et 2 dollars.

■ Taxes

Contrairement à l'Europe, les prix affichés le sont **hors taxes** dans la majorité des cas. Il y a deux taxes: la TPS (taxe fédérale sur les produits et services) de **7%** et la TVP (taxe de vente provinciale) de **7%** (Colombie-Britannique, Saskatchewan et Manitoba; il n'y

a pas de TVP en Alberta). Elles sont cumulatives, et il faut donc ajouter le total des taxes sur les prix affichés pour la majorité des produits ainsi qu'au restaurant et dans les lieux d'hébergement. En Colombie-Britannique, une taxe d'hébergement de **10%** remplace la TVP. En Alberta, une taxe d'hébergement de **5%** est imposée.

Il y a quelques exceptions à ce régime de taxation, principalement l'alimentation, qui n'est pas taxée (sauf le prêt-à-manger).

Droit de remboursement de la taxe pour les non-résidents

Les non-résidents peuvent récupérer la TPS payée sur leurs achats. Il est important de garder ses factures. Le remboursement de la taxe se fait à la frontière ou en retournant le formulaire (GST176) de demande de remboursement de la TPS.

Pour tout renseignement:
au Canada
☎ 800-668-4748
à l'extérieur du Canada
☎ (902) 432-5608
www.cra-arc.gc.ca/tax/non residents/visitors/tax-f.html

■ Télécommunications

Il y a deux indicatifs régionaux en Alberta: le **403** pour Calgary ainsi que pour le sud de l'Alberta et certaines parties du centre de la province, et le **780** pour Edmonton ainsi que pour le nord de l'Alberta et certaines parties du centre de la province.

Il y a trois indicatifs régionaux en Colombie-Britannique, et il faut toujours composer les 10 chiffres (indicatif régional + numéro de téléphone), d'où l'importance d'accoler le bon indicatif régional aux numéros de téléphone. Le Grand Vancouver (incluant deux localités à l'extérieur de la ville: Abbotsford et Mission) utilisent le **604** et le **778**. À la plupart des numéros est accolé l'indicatif régional **604**, qui est employé depuis longtemps, mais les nouveaux numéros de téléphone (à partir de novembre 2001) ont l'indicatif régional **778** comme préfixe. La zone urbaine allant du nord du Grand Vancouver jusqu'à Whistler utilise l'indicatif régional 604. Le reste de la Colombie-Britannique, incluant Victoria, emploie l'indicatif régional **250**.

L'indicatif régional pour le Manitoba est le **204**. L'indicatif régional pour la Saskatchewan est le **306**.

Vous n'avez pas besoin de composer ces indicatifs s'il s'agit d'un appel local, sauf pour les villes de Vancouver et Whistler où vous devez signaler l'indicatif en tout temps, même si vous vous trouvez à l'intérieur de la zone de l'indicatif régional 604. Pour les appels interurbains, faites le **1**, suivi de l'indicatif de la région que vous appelez, puis le numéro de l'abonné que vous désirez joindre.

Les numéros de téléphone précédés de **800**, **866**, **877** ou **888** vous permettent de communiquer avec l'abonné sans encourir de frais si vous appelez depuis le Canada et souvent même depuis les États-Unis. Si vous désirez joindre un téléphoniste, faites le **0**.

Beaucoup moins chers à utiliser qu'en Europe, les appareils téléphoniques se trouvent à peu près partout. Il est facile de s'en servir, et certains fonctionnent même avec des cartes de crédit. Pour les appels locaux, la communication coûte 0,25$ pour une durée illimitée. Pour les interurbains, munissez-vous de pièces de plusieurs 25 cents, ou bien procurez-vous une carte à puce d'une valeur de 10$, 15$ ou 20$ en vente dans les kiosques à journaux.

Pour appeler en Belgique, faites le **011-32** puis l'indicatif régional (Anvers **3**, Bruxelles **2**, Gand **91**, Liège **41**) et le numéro de votre correspondant.

Pour appeler en France, faites le **011-33**, puis le numéro à 10 chiffres de votre correspondant en omettant le premier zéro. **France Direct** (☎*800-363-4033*) est un service qui vous permet de communiquer avec un téléphoniste de France et de faire porter les frais à votre compte de téléphone en France.

Pour appeler en Suisse, faites le **011-41**, puis l'indicatif régional (Berne **31**, Genève **22**, Lausanne **21**, Zurich **1**) et le numéro de votre correspondant.

■ Toilettes

Il y a des toilettes publiques dans la plupart des centres commerciaux. N'hésitez pas cependant, si vous n'en trouvez pas, à entrer dans un bar, un casse-croûte ou un restaurant pour demander d'utiliser les leurs.

■ Urgences

Partout au Canada, vous pouvez obtenir de l'aide en faisant le ☎911. Certaines régions, à l'extérieur des grands centres, ont leur propre numéro d'urgence; dans ce cas, faites le 0.

■ Vie gay

En 1977, le Québec fut le deuxième État du monde, après les Pays-Bas, à avoir inscrit dans sa charte le principe de non-discrimination pour orientation sexuelle. Les provinces canadiennes ont suivi son exemple plus tard, la plus récente étant l'Alberta. Par conséquent, l'attitude des Canadiens envers l'homosexualité est en général ouverte et tolérante.

Mariage gay

En juin 2005, la Chambre des communes a adopté le projet de loi autorisant le mariage civil des couples homosexuels. Puis, en juillet, après avoir été approuvé par le Sénat canadien, le projet de loi a obtenu la sanction royale. Ainsi, le mariage gay devient loi faisant du Canada le quatrième pays au monde à officialiser les mariages de couples homosexuels après la Belgique, les Pays-Bas et l'Espagne.

Alberta

Pride Centre of Edmonton
10010 109th St. NW, Edmonton, AB, T5J 1M4
☎ (780) 488-3234
www.pridecentreofedmonton.org

Gay & Lesbian Community Services
223 12th Ave. SW, Calgary, AB, T2R 0G9
☎ (403) 234-8973

Colombie-Britannique

Little Sister's Book and Art Emporium
1238 Davie St., Vancouver, BC
☎ (604) 669-1753 ou 800-567-1662
▤ (604) 685-0252
www.littlesistersbookstore.com

Gay Lesbian Transgendered Bisexual Community Centre
1170 Bute St., Vancouver, BC, V6Z 2I.9
☎ (604) 684-4901

Manitoba

Rainbow Resource Centre
#1-222 Osborne St. S., Winnipeg
☎ (204) 284-5208 ou 888-339-0005
▤ (204) 478-1160
www.rainbowresourcecentre.org

Saskatchewan

Gay & Lesbian Community of Regina
2070 Broad St., Regina, SK, S4P 1Y3
☎ (306) 569-1995
www.grlc.ca

■ Vin, bière et spiritueux

Au Canada, on peut se procurer de l'alcool dans des boutiques spécialisées régies par le gouvernement. Ces *Liquor Stores*, *Beer Stores* ou *Wine Stores* se retrouvent un peu partout au pays.

Plein air

Parcs   60

Loisirs d'été   62

Loisirs d'hiver   64

Plein air

Les quatre provinces de l'Ouest canadien disposent de vastes étendues encore sauvages, protégées par des parcs nationaux ou provinciaux, que vous pourrez parcourir à pied, à vélo ou en voiture.

Vous y découvrirez des côtes baignées par les eaux de l'océan Pacifique (réserves de parc national Pacific Rim et Gwaii Haanas); de vastes forêts humides dont les arbres sont plusieurs fois centenaires (île de Vancouver); des montagnes majestueuses qui forment l'épine dorsale du continent américain (parcs nationaux de Banff, de Jasper, de Kootenay et de Yoho); un riche gisement fossilifère de dinosauriens (région de la vallée de la Red Deer River); de vastes étendues de forêts, de prairies et de lacs (parc national de Prince Albert, Lac La Ronge Provincial Park, parc national des Prairies); des plages (Grand Beach Provincial Park); de grands espaces nordiques (Grass River Provincial Park).

Dans ces réserves naturelles, vous pourrez vous adonner à diverses activités de plein air dont vous trouverez la description ci-dessous.

Parcs

Dans l'Ouest canadien, il existe des parcs nationaux, administrés par le gouvernement fédéral, et une centaine de parcs provinciaux, dont la responsabilité incombe au gouvernement de chacune des provinces. La majorité des parcs nationaux proposent bureaux de renseignements, plans des parcs, programmes d'interprétation de la nature, guides accompagnateurs et lieux d'hébergement (hôtels, gîtes, auberges, campings, camping sauvage) et de restauration.

Ces services n'étant pas systématiquement disponibles dans tous les parcs (ils varient aussi selon les saisons), il est préférable de se renseigner auprès des responsables des parcs avant de s'y rendre. Les parcs provinciaux sont, quant à eux, généralement de plus petite taille, comptant moins de services mais bénéficiant néanmoins de site agréable.

Dans plusieurs parcs, des pistes sillonnant le territoire et s'étendant sur plusieurs kilomètres sont balisées, permettant aux amateurs de s'adonner à des activités comme la randonnée pédestre, le vélo, la motoneige et le ski de fond. Le long de certaines de ces sentiers, des sites de camping sauvage ou des refuges ont été aménagés. Certains sites de camping sauvage se révèlent très rudimentaires et, parfois, ne sont même pas pourvus d'eau; il est alors essentiel d'être adéquatement équipé.

Il est toutefois à noter que, dans les parcs nationaux des Rocheuses, le camping sauvage est strictement interdit en raison de la présence d'ours et d'autres grands mammifères dangereux. De plus, comme les circuits s'enfoncent dans les forêts, loin de toute habitation, il est impératif de respecter le balisage des sentiers. Ce faisant, vous contribuerez également à la préservation de la flore. Des cartes très utiles, qui indiquent les circuits ainsi que les sites de camping sauvage et les refuges, sont disponibles dans la plupart des parcs.

Les parcs provinciaux et nationaux sont des régions sauvages. Il importe de bien prendre conscience des dangers avant de s'aventurer loin de la civilisation. N'oubliez pas que vous êtes responsable de votre sécurité. Pour cela, sachez reconnaître et éviter les avalanches et les éboulements, les risques d'hypothermie, les changements brusques de température (particulièrement dans les régions montagneuses), l'eau non potable, les crevasses des glaciers recouvertes d'une fine couche de neige ainsi que les vagues et les marées fortes de la côte Pacifique.

■ Conseils de sécurité

Ne vous arrêtez jamais dans une zone désignée comme étant sujette à des avalanches ou à des éboulements. Les skieurs de fond et les randonneurs doivent être particulièrement vigilants lorsqu'ils doivent traverser ce type de zone. Il est toujours plus prudent de s'informer auprès des bureaux des parcs de l'état de stabilité des couches neigeuses avant de s'y aventurer.

L'hypothermie commence lorsque la température interne du corps tombe au-dessous de 36°C, alors que la production de chaleur de l'organisme ne suffit plus à couvrir les pertes calorifiques. Le frissonnement est le premier signe d'un refroidissement. On croit souvent que le froid est un facteur négligeable pendant une randonnée estivale. Pourtant, en montagne, la pluie, l'altitude et le vent contribuent à faire baisser considérablement la température. Imaginez-vous au-dessus de la limite supérieure des arbres, sous la pluie, avec un vent de 50 km/h, sans imperméable et fatigué. Dans ces conditions, votre corps se refroidira rapidement, et vous risquez de souffrir d'hypothermie. Il importe donc de toujours prévoir un rechange de vêtements chauds ainsi qu'un bon coupe-vent. Il est préférable, en randonnée et en ski de fond, de s'habiller de plusieurs couches plutôt que de porter des vêtements trop lourds, qui s'avéreront trop chauds lorsqu'on sera en plein exercice, mais insuffisants une fois au repos. Ne jamais rester dans des vêtements mouillés est une consigne de base.

L'eau se trouve en grande quantité dans les parcs canadiens, mais prenez garde car elle n'est pas toujours propre à la consommation. Apportez l'eau dont vous aurez besoin pour une courte randonnée, sinon faites bouillir l'eau que vous trouverez pendant environ 10 min.

Les visiteurs qui pénètrent dans les parcs provinciaux ou nationaux s'exposent à rencontrer des animaux sauvages, imprévisibles et dangereux. Il est irresponsable et illégal de nourrir, de piéger ou de perturber les animaux sauvages des parcs. Les grands mammifères, tels les ours, les wapitis, les orignaux, les cerfs et les bisons, peuvent se sentir agressés et devenir dangereux si vous cherchez à vous en approcher. Même dans des villes telles que Banff ou Jasper, où les animaux sauvages se promènent en milieu urbain, il est dangereux de chercher à s'en approcher.

Tenez-vous à plus de 30 m des grands mammifères et à plus de 50 m des ours et des bisons. En outre, dans les régions sèches du sud de l'Alberta, vit une espèce de crotale (serpent à sonnette) qui se cache généralement de l'être humain, mais qui peut être dangereux.

On présente souvent l'océan Pacifique comme un des paradis des surfeurs. Il va sans dire que la force des vagues peut, en certains endroits, être exceptionnelle. Méfiez-vous toujours des marées, des vagues et de la température de l'eau lorsque vous vous trouvez sur une plage longeant cet océan.

■ Parcs nationaux

Il existe 16 parcs nationaux et réserves de parc national dans l'Ouest canadien: le parc national des Glaciers (en Colombie-Britannique), les parcs nationaux de Yoho et de Kootenay (dans les Rocheuses en Colombie-Britannique), le parc national du Mont-Revelstoke (dans la vallée du fleuve Columbia, en Colombie-Britannique), la réserve de parc national Pacific Rim (sur l'île de Vancouver, en Colombie-Britannique), la réserve de parc national des Îles-Gulf (dans la partie sud du détroit de Géorgie, en Colombie-Britannique), la réserve de parc national Gwaii Haanas (dans l'archipel des îles de la Reine-Charlotte, en Colombie-Britannique), le parc national Lacs-Waterton (dans le sud de l'Alberta, près de la frontière américaine), les parcs nationaux de Banff et de Jasper (dans les Rocheuses en Alberta), le parc national Elk Island (à l'est d'Edmonton, en Alberta), le parc national Wood Buffalo (dans le nord de l'Alberta, à la frontière avec les Territoires du Nord-Ouest), le parc national du Mont-Riding (au Manitoba), le parc national de Wapusk (en bordure de la baie d'Hudson, au Manitoba) et enfin les parcs nationaux des Prairies et Prince Albert (en Saskatchewan).

Outre ces parcs, Parcs Canada gère également des lieux historiques nationaux dont la description est donnée dans les sections «Attraits touristiques».

Plein air – Parcs

Pour de plus amples renseignements sur les parcs nationaux:
Parcs Canada - Bureau National
25 rue Eddy
Gatineau (Québec)
K1A 0M5
☎ 888-773-8888
www.pc.gc.ca

■ Parcs provinciaux

Chacune des quatre provinces régit toute une variété de parcs. Certains sont de petite taille et ne proposent que des activités de jour, tandis que d'autres plus grands offrent aux visiteurs une plus large gamme d'activités.

Dans ces parcs, des plages, des emplacements de camping, des terrains de golf et des sentiers de randonnée sont mis à la disposition des visiteurs. Tout au long de ce guide, vous trouverez la description des principaux d'entre eux dans les sections «Parcs et plages». Si vous désirez de l'information détaillée concernant les parcs provinciaux, vous pouvez consulter les sources suivantes:

Colombie-Britannique

Ministry of Environment - BC Parks
www.gov.bc.ca/bcparks

Réservations pour sites de camping:
www.discovercamping.ca
☎ 800-689-9025

Alberta

www.cd.gov.ab.ca/enjoying_alberta/parks
Parks and Protected Areas Information Line:
☎ 866-427-3582

Saskatchewan

www.se.gov.sk.ca/saskparks
Saskatchewan Environment Parks Inquiry Centre:
☎ (306) 953-3751 ou 800-205-7070

Manitoba

www.gov.mb.ca/conservation/parks

Loisirs d'été

Lorsque la température est clémente, il est possible de pratiquer les activités de plein air dont nous donnons la liste ci-dessous. Si vous décidez de passer plus d'une journée dans un parc, n'oubliez pas que les nuits sont fraîches (souvent même en juillet et en août) et que, dans certaines régions, des chandails à manches longues seront fort utiles. Au mois de juin et tout au long de l'été, dans le nord des provinces de l'Ouest canadien, des insectifuges puissants sont presque indispensables pour les promenades en forêt.

■ Canot

Bon nombre de parcs sont riches d'une grande quantité de lacs ou de rivières permettant des excursions en canot d'une ou de plusieurs journées. Dans ce dernier cas, afin de rendre service aux canoteurs, des emplacements de camping sauvage sont mis à leur disposition.

Au bureau d'information des parcs, on peut généralement obtenir une carte des circuits canotables et louer des embarcations. Il est toujours préférable de se procurer des cartes mentionnant la longueur des portages à effectuer; elles vous permettront de mieux évaluer le degré de difficulté de votre trajet. En effet, transporter un canot, des bagages et de la nourriture à dos d'homme n'est pas toujours une partie de plaisir. Sachez alors qu'un portage de 1 km est généralement considéré comme long et que son degré de difficulté augmente selon la nature du terrain.

■ Golf

Dans l'Ouest canadien se trouvent de magnifiques terrains de golf, réputés pour leur site naturel exceptionnel, s'allongeant au bord de la mer, dans d'étroites vallées alpines ou au milieu des prairies, et révélant de superbes points de vue. Les amateurs de golf pourront ainsi passer des vacances inoubliables, car certains terrains sont aménagés au cœur des parcs provinciaux (région de Kananaskis, en Alberta) ou en bordure des parcs des Rocheuses (vallée du fleuve Columbia, en Colombie-Britannique), où règne un calme parfait et près desquels se dressent des hôtels tout confort.

■ Observation des baleines

Des baleines viennent se nourrir près des côtes de la Colombie-Britannique. Vous pouvez participer à des croisières d'observation des baleines afin de voir de plus près ces impressionnants mais inoffensifs mammifères marins. Généralement, on peut apercevoir, entre autres, des baleines à bosse, qui vont au printemps dans les eaux du Mexique, des épaulards et des rorquals communs. Les excursions d'observation partent habituellement du nord-est de l'île de Vancouver (dans le détroit de Johnstone) ou du secteur de Long Beach (dans la réserve de parc national Pacific Rim).

■ Observation des oiseaux

Les régions sauvages de l'Ouest canadien attirent quantité d'oiseaux de toutes sortes que vous pourrez observer aisément à l'aide de jumelles. Parmi les espèces que vous pourrez apercevoir, mentionnons le colibri, l'aigle royal et l'aigle à tête blanche, le faucon-pèlerin, le cormoran, le pélican, la gélinotte, le lagopède, une foule de canards, la bernache, l'oie sauvage, le cygne trompette, qui voyage entre l'Arctique et le Mexique, et enfin le geai gris, un petit oiseau effronté qui n'hésite pas à venir vous voler votre déjeuner en plein air.

Pour vous aider à les identifier, procurez-vous le guide *Les oiseaux du Canada*, de W. Earl Godfrey et J.A. Crosby, aux éditions Broquet. Les parcs sont des lieux de choix pour contempler plusieurs espèces, mais vous pourrez en apercevoir dans tous les coins de l'Ouest canadien.

■ Observation des phoques

Des phoques viennent également se nourrir près des côtes de la Colombie-Britannique, et il est possible de prendre part à des excursions pour les observer. Parfois, non loin du bateau, on peut apercevoir la tête et les deux grands yeux noirs de ces mammifères curieux, attirés par la présence de l'embarcation.

■ Pêche

Dans l'Ouest canadien, les visiteurs peuvent pêcher en mer, dans les rivières ou dans les lacs, mais il ne faut pas oublier que la pêche est une activité réglementée. En raison de la complexité de la législation en la matière, il est souhaitable de se renseigner auprès du gouvernement des provinces et de se procurer la brochure énonçant l'essentiel des règlements de pêche. Néanmoins, sachez que les permis de pêche sont différents selon que vous décidez de taquiner le goujon en mer ou en eau douce. Il est possible d'acheter des permis de pêche dans la plupart des magasins de sport.

Pour la pêche en mer, adressez-vous à:

Pêches et Océans Canada
Colombie-Britannique
401 Burrard St., Suite 200, Vancouver, BC, V6B 3S4
☎ (604) 666-0384
www.dfo-mpo.gc.ca
Manitoba
501 University Ct., Winnipeg, MB, R3T 2N6
☎ (204) 983-5000
www.dfo-mpo.gc.ca

Pour la pêche en eau douce, consultez:

Alberta
www3.gov.ab.ca/srd/fw/fishing

Saskatchewan
www.se.gov.sk.ca/fishwild

Manitoba
www.gov.mb.ca/conservation/fish

En règle générale, sachez cependant que:

- Pour pêcher, il faut se procurer le permis émis par un gouvernement provincial.

- Un permis spécial est généralement nécessaire pour pêcher le saumon.

- Les périodes de pêche sont établies par le ministère et doivent, en tout temps, être respectées; ces périodes peuvent varier selon les espèces.

- Il est possible de pêcher dans les parcs nationaux, mais il est cependant nécessaire de détenir le permis émis par l'administration du parc; pour plus de renseignements, voyez les rubriques «Pêche» des sections «Activités de plein air».

Plein air – Loisirs d'été

Plages

Que vous décidiez de vous étendre sur le sable blanc de Long Beach, sur l'île de Vancouver, ou sur une plage plus familiale telle que Qualicum Beach (également sur l'île de Vancouver), qui présente l'avantage d'offrir des eaux plus calmes, ou celle de Wreck Beach à Vancouver, rendez-vous des artistes qui sculptent les billots de bois rejetés sur cette plage par l'océan, l'eau salée de la côte Pacifique est sans conteste un des attraits naturels parmi les plus précieux de l'Ouest canadien. La baignade n'est cependant pas toujours très facile en raison de la force des vagues de l'océan Pacifique et de la température assez froide de l'eau.

Randonnée pédestre

Activité à la portée de tous, la randonnée pédestre se pratique dans tous les parcs nationaux et dans la plupart des parcs provinciaux. Avant de partir, vérifiez la longueur et le degré de difficulté des sentiers afin de bien planifier votre excursion.

Certains parcs disposent de pistes de longue randonnée, conçues pour des excursions de plus d'un jour, s'enfonçant dans les étendues sauvages et pouvant s'étirer sur des dizaines de kilomètres. En empruntant de tels sentiers, il faut en tout temps respecter le balisage.

Pour profiter pleinement d'une excursion, il est important de partir avec l'équipement adéquat. Veillez donc à emporter de bonnes chaussures de marche, un coupe-vent imperméabilisé, les cartes appropriées, de l'eau et de la nourriture en quantité suffisante pour la durée de l'excursion, ainsi qu'une petite trousse de secours contenant un canif, de la ficelle et des pansements.

Vélo

En été, il est très agréable de se balader à vélo partout, en empruntant soit les routes secondaires généralement tranquilles, soit les chemins sillonnant les parcs. Tout en étant prudent sur les routes, vous utiliserez alors un moyen de transport des plus plaisants pour visiter cette région pittoresque. Mais rappelez-vous que le Canada est un vaste pays et que les distances peuvent y être très longues.

Sachez que, si vous désirez apporter votre vélo, il est possible de le transporter dans les autocars en le protégeant au moyen d'une boîte appropriée.

Vous pouvez également décider d'en louer un sur place. Pour trouver les adresses des centres de location de vélos, consultez les rubriques «Vélo» des sections «Activités de plein air» ou adressez-vous aux bureaux de renseignements touristiques.

Avant de louer un vélo, il est conseillé de se munir d'une bonne assurance. Certains établissements incluent une assurance-vol dans le prix de location. Renseignez-vous au moment de la location.

Loisirs d'hiver

En hiver, une grande partie de l'Ouest canadien se couvre d'un blanc manteau de neige, et c'est alors l'occasion de s'adonner aux sports d'hiver. La plupart des parcs comptant des sentiers de randonnée en été s'adaptent aux nouvelles conditions climatiques et s'ouvrent alors aux skieurs de fond. Zones largement pourvues de majestueuses montagnes, la Colombie-Britannique et l'Alberta offrent aux skieurs alpins les plus exigeants des domaines skiables de grande qualité.

Motoneige

Activité hivernale, la randonnée en motoneige compte plusieurs amateurs dans l'Ouest canadien, qui offre des sentiers longs de plusieurs kilomètres. Pour plus de renseignements sur les sentiers et les événements spéciaux, contactez la **BC Snowmobile Federation** (☎250-860-8020), l'**Alberta Snowmobile Association** (☎780-427-2695), la **Saskatchewan Snowmobile Association** (☎306-729-3500) ou les **Snowmobilers of Manitoba** (☎204-940-7533).

Vous pouvez découvrir les quatre provinces en motoneige, mais veillez à bien respecter la réglementation. En outre, sachez qu'il est nécessaire de se munir d'un permis. Aussi est-il recommandé de prendre une bonne assurance responsabilité civile.

Voici quelques consignes à respecter en tout temps: ne vous écartez pas des sentiers de motoneige; conduisez toujours du côté droit du sentier; portez un casque de sécurité; allumez les phares de votre motoneige de jour comme de nuit.

■ Planche à neige

La planche à neige ou surf des neiges est apparue au tournant des années 1990. Bien que marginal au début, ce sport ne cessa de prendre de l'ampleur, si bien qu'aujourd'hui les stations de ski de l'Amérique du Nord dénombrent souvent plus de planchistes que de skieurs. Ça se comprend! Avec la planche à neige, les sensations éprouvées dans une descente se quintuplent. Contrairement à ce que plusieurs croient, le surf des neiges ne s'adresse pas uniquement aux jeunes; il n'y a pas d'âge pour goûter les plaisirs d'un slalom. Aux débutants qui désirent tenter l'expérience, il est conseillé de prendre quelques leçons avant de s'engager sur les pistes, une bonne quantité de stations offrant ce service. La majorité d'entre elles font aussi la location d'équipement.

■ Ski alpin

Mondialement reconnues pour leur domaine skiable, les Rocheuses attirent chaque année de nombreux amateurs de ski alpin qui se font entre autres déposer par hélicoptère sur les plus hauts sommets de cette superbe chaîne de montagnes. Les stations de ski les plus populaires sont celles de Banff et de Jasper, en Alberta, ainsi que celles de Whistler et de Blackcomb situées au nord de Vancouver, en Colombie-Britannique.

■ Ski de fond

Certains secteurs sont réputés pour leurs longs sentiers de ski de fond, notamment les parcs nationaux des Rocheuses et la région de Kananaskis, en Alberta. Dans plusieurs centres, il est possible de louer de l'équipement à la journée.

VANCOUVER ET SES ENVIRONS principaux accès

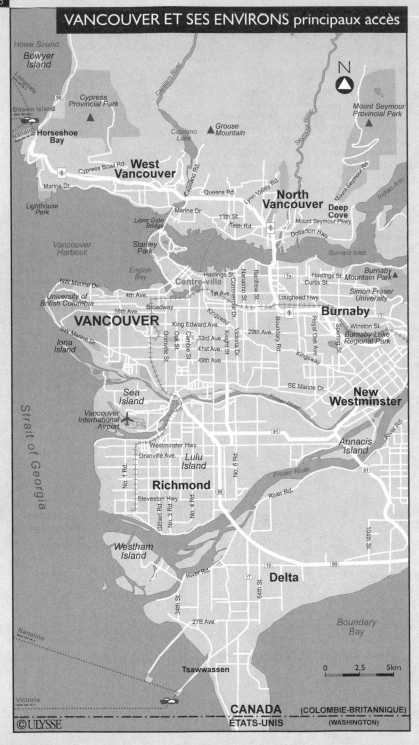

Howe Sound

Bowyer Island

Langdale

Cypress Provincial Park

Capilano River

Seymour River

Mount Seymour Provincial Park

N

Bowen Island

Nanaimo

Horseshoe Bay

Cypress Bowl Rd.

West Vancouver

Marine Dr.

Capilano Lake

Grouse Mountain

Capilano Rd.

Queens Rd.

Lynn Valley Rd.

North Vancouver

Deep Cove

Mount Seymour Rd.

Indian Arm

Lighthouse Park

Marine Dr.

13th St.

Keith Rd.

Mount Seymour Pkwy.

Lions Gate Bridge

Dollarton Hwy.

Vancouver Harbour

Stanley Park

Burrard Inlet

English Bay

Centre-ville

Hastings St.

Commercial Dr.

Renfrew St.

7a

Hastings St.

Burnaby Mountain Park

Curtis St.

NW Marine Dr.

1st Ave.

Lougheed Hwy.

Simon Fraser University

University of British Columbia

4th Ave.

Broadway

16th Ave.

Kingsway

Victoria Dr.

1

Burnaby

7

VANCOUVER

King Edward Ave.

Cambie St.

Oak St.

Knight St.

29th Ave.

Boundary Rd.

Royal Oak Ave.

Sperling St.

Winston St.

Burnaby Lake Regional Park

SW Marine Dr.

33rd Ave.

41st Ave.

49th Ave.

Kingsway

Iona Island

Granville St.

Sea Island

SE Marine Dr.

New Westminster

Vancouver International Airport

Fraser River

91

Annacis Island

Westminster Hwy.

Granville Ave.

Lulu Island

No. 9 Rd.

Fraser River

River Rd.

91

Richmond

No. 1 Rd.

No. 3 Rd.

No. 4 Rd.

99

River Rd.

104th St.

Gilbert Rd.

Steveston Hwy.

Westham Island

River Rd.

10

34th St.

17

64th St.

99

Delta

Strait of Georgia

27B Ave.

Boundary Bay

Nanaimo

0   2,5   5km

Victoria

Tsawwassen

© ULYSSE

CANADA   (COLOMBIE-BRITANNIQUE)

ÉTATS-UNIS   (WASHINGTON)

Vancouver

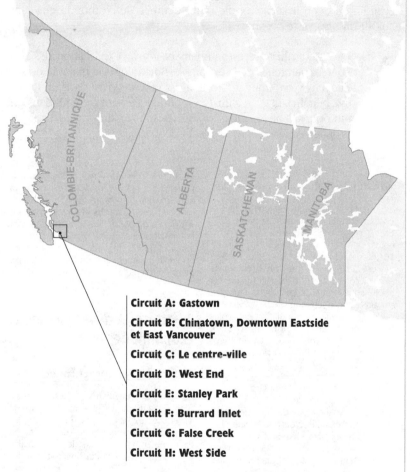

COLOMBIE-BRITANNIQUE

ALBERTA

SASKATCHEWAN

MANITOBA

Circuit A: Gastown

**Circuit B: Chinatown, Downtown Eastside
et East Vancouver**

Circuit C: Le centre-ville

Circuit D: West End

Circuit E: Stanley Park

Circuit F: Burrard Inlet

Circuit G: False Creek

Circuit H: West Side

Géographie	68
Histoire et développement économique	68
Accès et déplacements	71
Renseignements utiles	73
Attraits touristiques	74
Parcs et plages	106
Activités de plein air	107
Hébergement	113
Restaurants	124
Sorties	138
Achats	144

Vanvouver

Ville toute neuve, **Vancouver** ★★★ s'inscrit dans un cadre cyclopéen composé de mer et de montagnes. Ayant longtemps fait partie de l'une des régions les plus isolées du globe, elle a su, au cours du XIXᵉ siècle, tisser des liens étroits avec les peuples du Pacifique et est en train de devenir la métropole multiculturelle de ce monde gravitant autour du plus vaste océan de la Terre.

Même si son histoire est intimement liée à l'exploitation des ressources naturelles de la Colombie-Britannique, la majorité de ses citoyens y ont immigré pour la douceur de vivre dans un décor magnifique, bénéficiant d'un climat exceptionnellement clément dans un pays connu pour ses hivers rudes et ses étés suffocants. Vancouver, là où l'Asie rencontre l'Amérique: une ville à découvrir.

Géographie

Vancouver ne fait pas directement face à l'océan, comme on pourrait le croire. Elle en est séparée par la grande île de Vancouver, où se trouve Victoria, capitale de la Colombie-Britannique, une des 10 provinces canadiennes. Vancouver en est la métropole économique. La ville même est située aux abords du détroit de Georgie, un bras de mer séparant l'île de Vancouver de la terre ferme. Sa population est répartie sur deux péninsules formées par autant d'anses profondes qui avancent à l'intérieur des terres: Burrard Inlet, au nord, et False Creek, au sud.

La grande péninsule de Point Grey, au sud, regroupe le campus de l'University of British Columbia ainsi que des quartiers résidentiels très étendus, alors que la petite péninsule au nord fait vivre aux visiteurs un contraste frappant entre sa portion est, où s'agglutinent les gratte-ciel du centre-ville, et sa portion ouest, où s'étend le très beau Stanley Park, sauvage et densément boisé. Cet emplacement circonscrit, restreint, accessible par des ponts et des traversiers, stimule l'augmentation des prix des terrains dans le centre et engendre des problèmes de congestion majeurs pour les travailleurs de la banlieue et des villes satellites sur le pourtour. Enfin, il faut noter que Vancouver n'est située qu'à une trentaine de kilomètres de la frontière américaine (et à moins de 200 km de Seattle, au sud).

Vancouver bénéficie d'un climat exceptionnellement doux à cette latitude en Amérique (moyennes de 3°C en janvier et de 17°C en juillet). On y voit des hivers presque sans neige et des étés tempérés mais pluvieux (moyenne annuelle de 164 jours de précipitations pour un total de 1 167 mm de pluie). Les vents d'ouest font buter les nuages venus de l'océan sur la chaîne Côtière, engendrant des précipitations abondantes qui donnent fréquemment du temps gris.

Histoire et développement économique

■ Les peuples autochtones

Au moment de l'arrivée des premiers Blancs à la fin du XVIIIᵉ siècle, la région de Vancouver était habitée par les Salishs (les autres familles linguistiques de la côte du Pacifique sont les Haïdas, les Tsimshians, les Tlingits, les Nootka-Kwakiutls et les Bella Coolas).

En 1820, on dénombre quelque 25 000 Salishs vivant le long du fleuve Fraser, de son embouchure, au sud de Vancouver, jusqu'aux hautes terres des Rocheuses.

■ L'exploration tardive

Au XVIIIᵉ siècle, les voyages d'exploration et les entreprises de colonisation se multiplient tout autour du globe. Les puissances maritimes européennes, en mal de richesses naturelles et de nouveaux territoires, sillonnent la planète.

Les voyages du Français Louis Antoine de Bougainville et de l'Anglais James Cook vont permettre de mettre un visage sur ces contrées lointaines. Après l'Australie (1770) et la Nouvelle-Zélande (1771), Cook explore la côte de la Colombie-Britannique en 1778. Toutefois, il ne s'aventurera pas jusque dans le détroit de Georgie, où se trouve la péninsule de Vancouver.

C'est à son compatriote George Vancouver (1757-1798) que reviendra le titre de premier Européen à fouler le sol de la future agglomération en 1792, lors d'une mission visant à prendre officiellement possession du territoire au nom du roi d'Angleterre.

Cet isolement et ce caractère impénétrable n'étaient pas que marins, car les montagnes Rocheuses constituaient un obstacle pratiquement infranchissable au niveau terrestre. On peut même affirmer que l'influence des Européens demeurera minime jusqu'au milieu du XIXe siècle, alors que le territoire s'ouvrira lentement à la colonisation.

■ L'exploitation des ressources

À la suite de l'absorption de la Compagnie du Nord-Ouest par la Compagnie de la Baie d'Hudson, un important comptoir de traite de fourrures voit le jour en 1827 à Fort Langley, situé sur la rive du fleuve Fraser et à quelque 90 km à l'est du site actuel de Vancouver, site qui demeurera vierge durant quelques décennies encore.

Le 49e parallèle est désigné comme frontière entre les États-Unis et l'Amérique du Nord britannique en 1846, coupant en deux les territoires de chasse aux fourrures et mettant ainsi un bémol aux activités de la Compagnie de la Baie d'Hudson dans la région. Il faudra attendre la ruée vers l'or de 1858 pour qu'une nouvelle prospérité s'installe. En effet, la découverte de pépites du précieux métal dans le lit du fleuve Fraser, en amont de Fort Langley, engendre une frénésie soudaine. La vallée du fleuve Fraser attire en deux ans des milliers de prospecteurs qui y érigent des villages de bois à la hâte. Certains viennent de l'est du Canada, mais la plupart viennent de Californie, dont une bonne part d'Américains d'origine chinoise.

Toutefois, c'est l'intérêt grandissant des industriels pour le bois de cèdre et de sapin de la région qui donnera véritablement naissance à Vancouver. En 1862, une première scierie ouvre ses portes à l'extrémité de Burrard Inlet. Sewell Prescott Moody, originaire du Maine (États-Unis), la fait prospérer en créant même une ville, Moodyville, autour de son entreprise.

Une seconde scierie, le Hastings Mill, est ouverte à l'est de l'actuel Chinatown en 1865. Deux ans plus tard, l'aubergiste Gassy Jack Deighton débarque dans la région et installe son saloon à proximité du Hastings Mill afin d'étancher la soif des travailleurs de la scierie. Bientôt, un village de services se greffe à l'établissement de Deighton, à l'origine de Gastown du nom de ce premier aubergiste, qui formera plus tard le premier quartier de Vancouver.

En 1870, le bourg naissant est rebaptisé "Granville" par le gouvernement colonial de la Colombie-Britannique en l'honneur du duc de Granville. Finalement, la croissance urbaine aidant, la ville de Vancouver voit le jour officiellement en avril 1886. Son nom aux syllabes mordantes rend hommage au capitaine George Vancouver, auteur du premier relevé hydrographique de la côte du détroit de Georgie. Malheureusement, quelques semaines plus tard, un incendie de forêt se propage à la nouvelle agglomération, rasant tout sur son passage. À peine 20 min plus tard, la ville n'est plus que cendres. En ces temps difficiles où Vancouver est toujours isolée du reste du monde, la reconstruction se fait cependant sur des bases plus solides. On érigera dorénavant des bâtiments de nature permanente, qu'ils soient de bois ou de briques.

■ Le cordon ombilical

La colonie de Colombie-Britannique connaît diverses difficultés d'ordre économique depuis la fin de la ruée vers l'or en 1865. En 1871, la Colombie-Britannique accepte de joindre la confédération canadienne sur la promesse d'un lien ferroviaire futur avec l'est du pays.

Un groupe d'hommes d'affaires de Montréal, conscient du potentiel de développement de cette porte du Pacifique, élabore le projet d'un chemin de fer transcontinental en 1879. Le Canadien Pacifique choisit d'abord Port Moody (ancienne Moodyville) comme terminus ouest de son chemin de fer. Le 4 juillet 1886, le premier train en provenance de Montréal atteint Port Moody après un parcours tortueux de quelque 5 000 km.

L'année suivante, la voie ferrée est prolongée de 20 km jusqu'à Vancouver afin de créer un lien entre le chemin de fer transcontinental et un nouveau port en eaux profondes qui permettra d'augmenter son marché avec l'Orient. À la suite de cette modification essentielle, la ville connaît une croissance fulgurante, passant de 2 500 habitants en 1886 à plus de 120 000 habitants en 1911! Nombre de Chinois venus en Amérique pour participer à la construction du chemin de fer s'installent à Vancouver après l'achèvement des travaux, engendrant un certain ressentiment de la part de la population blanche, qui voit d'un mauvais œil ces gens si différents d'elle. Mais aux Chinois du Canadien Pacifique et des mines d'or des Rocheuses se joignent bientôt d'autres immigrants asiatiques, cantonais, japonais, tonkinois. Le Chinatown se développe entre Gastown et le Hastings Mill, jusqu'à devenir le plus important quartier chinois en Amérique après celui de San Francisco.

Au début du XXᵉ siècle, l'activité économique se déplace graduellement de Gastown vers les terrains du Canadien Pacifique, situés autour de Granville Street. Ce nouveau pôle d'attraction voit surgir en peu d'années de beaux immeubles de pierres abritant banques et grands magasins. En

1913, la ville a l'allure d'un adolescent dégingandé qui pousse trop vite. C'est alors qu'une crise économique majeure survient, mettant un terme pour un temps au bel optimisme des lieux. L'ouverture du canal de Panamá en 1914 et la fin de la Première Guerre mondiale permettront à Vancouver de se sortir lentement de cette crise, seulement pour y être replongée lors du krach mondial de 1929. Au cours de la Seconde Guerre mondiale, la population d'origine japonaise de Vancouver sera internée, et ses biens seront confisqués. La paranoïa l'emporte alors sur la raison, faisant de ces Vancouvérois de deuxième ou même de troisième génération des espions potentiels.

■ La nouvelle métropole du Pacifique

Vancouver assumait déjà depuis longtemps son rôle de «porte de l'Asie» pour les Nord-Américains, et inversement de «porte de l'Amérique» pour les Asiatiques. L'immigration chinoise massive dès le XIXᵉ siècle et les nombreuses maisons d'import-export acheminant soieries, thés et porcelaines en témoignent. Le nom de Vancouver est donc familier dans l'ensemble de la couronne du Pacifique depuis plus de 100 ans.

L'explosion des économies asiatiques à cette même époque (Japon, Hong Kong,

Vancouver: la Hollywood du Nord

La diversité de ses paysages et le faible coût de sa main d'œuvre par rapport aux États-Unis a valu à Vancouver le surnom d''"Hollywood North". Les producteurs d'Hollywood sont en effet nombreux à y réaliser films et émissions télévisées pour un coût inférieur aux productions de Los Angeles ou de San Francisco.

Au cours des dernières années, Vancouver a pris tour à tour les traits de Washington DC, de Chicago ou encore de la Floride. Selon la British Columbia Film Commission, la Colombie-Britannique serait le troisième centre de production en importance en Amérique du Nord, après New York et Los Angeles. En 2004, il y a eu près de 200 productions dans la province, pour des revenus totalisant 800 millions de dollars.

Une industrie lucrative donc, mais en panne de vitesse: elle aurait en effet généré en 2003 près de 1,4 milliard de dollars, des revenus issus principalement de productions étrangères. Face à la concurrence de certains pays devenus les nouveaux terrains de jeu d'Hollywood (Australie, Afrique du Sud) et à la revalorisation de la devise canadienne, les infrastructures de Vancouver ne sont plus aussi bon marché.

Taiwan, Singapour, Philippines, Malaisie, Thaïlande) et surtout de leurs exportations a engendré l'expansion fulgurante du port de Vancouver, qui est devenu depuis 1980 le premier port en importance au Canada.

Vancouver et en particulier le centre-ville connaissent un développement incessant depuis la fin des années 1960. Plus encore que San Francisco ou Los Angeles, Vancouver reflète une image forte et positive dans l'ensemble du Pacifique. On la voit comme un terrain neutre où il est possible de faire fructifier ses avoirs dans la paix et le confort.

■ Politique contemporaine

Larry Campbell fut élu maire de Vancouver en 2002, donnant à son parti, le Committee of Progressive Electors (COPE), sa première victoire électorale depuis la création du parti dans les années 1960. La gouvernance plutôt à gauche du maire Campbell a permis d'améliorer le service de transport en commun de la ville, de revitaliser les écoles et de favoriser la participation des Vancouvérois à la gouvernance municipale. Campbell s'est aussi engagé à rehausser la qualité de vie des résidants du Downtown Eastside.

Accès et déplacements

■ En avion

Le **Vancouver International Airport** (☎604-276-6101, *www.yvr.ca*) accueille les vols internationaux en provenance d'Europe, des États-Unis et d'Asie, ainsi que divers vols domestiques. Il est situé à environ 15 km au sud du centre-ville. N'oubliez pas d'aller voir la sculpture amérindienne de Bill Reid, *The Spirit of Haida Gwaii, the Jade Canoe*, qui trône dans l'aérogare internationale.

À partir de l'aéroport, il faut compter 30 min en voiture ou en autobus pour se rendre au cœur de la ville. Outre les nombreux taxis et limousines qui peuvent vous conduire jusqu'au centre-ville pour un peu plus de 30$, l'***Airporter*** (☎604-946-8866 *ou 800-668-3141, www.yvrairporter.com*) fait la navette entre les principaux hôtels du centre et l'aéroport. Comptez 12$ par personne pour un aller simple et 18$ pour un

aller-retour. Les départs ont lieu toutes les 15 min, le premier autocar partant à 8h55 et le dernier à 23h30. Pour vous rendre au centre-ville en transport en commun, prenez l'autobus 100 en direction du centre-ville et de l'est de la ville, ou l'autobus 491 ou 301 à destination de Richmond, de Surrey et d'autres destinations au sud de la ville. Il en coûte entre 1,75$ et 3,50$ selon l'heure et la destination choisies.

Avertissement: bien que vous ayez déjà payé toutes les taxes nécessaires à l'achat de votre billet d'avion, l'aéroport de Vancouver vous demandera 5$ (par passager) pour des vols à l'intérieur de la province et du Yukon et 15$ (par passager) pour toutes autres destinations, que vous devrez verser comptant au moment de votre départ.

Outre les services courants des aéroports internationaux (boutiques hors taxes, bar, restaurants, etc.), vous y trouverez un bureau de change. Plusieurs compagnies de location de voitures y sont également représentées.

■ En voiture

Il est aisé de se déplacer en voiture dans la ville. Sachez cependant que les gouvernements ont décidé de ne pas construire de voies rapides à travers le centre-ville, ce qui est particulier pour une ville de deux millions d'habitants; aussi les heures de pointe peuvent-elles paraître congestionnées. Si vous disposez de plus de temps, il serait préférable que vous vous déplaciez à pied car il s'agit sans doute de la façon la plus agréable de découvrir Vancouver.

Location de voitures

Vous pouvez louer une voiture à l'aéroport ou au centre-ville.

National
1185 W. Georgia St.
☎ (604) 609-7150 ou 800-227-7368
aéroport
☎ (604) 273-3121

Budget
416 W. Georgia St.
☎ (604) 668-7228

aéroport
☎ (604) 668-7000 ou 800-268-8900

Thrifty
1400 Robson St.
☎ (604) 681-4869 ou 800-847-4389
aéroport
☎ (604) 606-1655

Avis
757 Hornby St.
☎ (604) 606-2868
aéroport
☎ (604) 606-2847 ou 800-272-5871

■ En train

Les trains en provenance de l'Est canadien s'arrêtent à la gare intermodale **Pacific Central Station** *(VIA Rail Canada, 1150 Station St.,* ☎*800-842-7245)*, d'où il est également possible de prendre l'autobus ou le réseau de surface de transport en commun, le *Sky-Train*. Le train *Le Canadien* de VIA Rail se rend à Vancouver trois fois par semaine en provenance de Toronto. La liaison Edmonton-Vancouver constitue un voyage très spectaculaire à travers les montagnes Rocheuses et le long de rivières et vallées; les gens pressés devraient toutefois s'abstenir puisqu'il faut compter 24 heures pour effectuer ce trajet. Il s'agit d'un voyage touristique et non pas d'une liaison pour les gens d'affaires. Il en coûte moins de 200$ pour l'aller simple; cependant, il vaut mieux s'informer auprès de VIA Rail pour connaître les différents prix selon les saisons.

Rocky Mountaineer Vacations *(*☎*604-606-7245 ou 877-460-3200, www.rockymountaineer.com)* propose des circuits touristiques vers certaines des plus belles destinations au Canada, dont les Rocheuses, la vallée du fleuve Fraser et Whistler.

■ En autocar

Greyhound Lines of Canada
Pacific Central Station, 1150 Station St.
☎ (604) 482-8747 ou 800-661-8747
www.greyhound.ca

■ En traversier

Deux ports de traversiers desservent la grande région de Vancouver pour les voyageurs en provenance d'autres régions de la province. Horseshoe Bay, au nord-ouest, est le terminal des traversiers en direction de Nanaimo (durée: 90 min), Bowen Island et la Mainland Sunshine Coast. Tsawwas-

sen, au sud, est le terminal des traversiers en direction de Victoria (Swartz Bay) (durée: 95 min), Nanaimo (durée: deux heures) et les Southern Gulf Islands. Les deux terminaux se trouvent à 30 min du centre-ville. Pour de plus amples renseignements, consultez **BC Ferries** *(*☎*250-386-3431 ou 888-223-3779)*. **Harbourlynx** *(*☎*250-753-4443 ou 866-206-5969, www.harbourlynx.com)* dispose d'un transport rapide en catamaran (pour passagers seulement) entre Vancouver et Nanaimo.

■ Taxis

Les taxis sont faciles à trouver la plupart du temps, soit près de l'entrée des grands hôtels du centre-ville, soit sur les artères principales, entre autres Robson Street et Georgia Street. Les principales compagnies de taxi sont:

Yellow Cabs
☎ (604) 681-1111

McLure's
☎ (604) 731-9211

Black Top
☎ (604) 731-1111

■ Transport en commun

Il est possible d'obtenir des renseignements sur le réseau d'autobus de **BC Transit** *(www.bctransit.com)* en se présentant aux bureaux du **Vancouver Touristinfo Centre** (voir p 73).

Pour la région du Grand Vancouver, les transports en commun sont exploités par la société **Translink**. Les horaires des routes desservies et les plans des lignes d'autobus des secteurs concernés sont parfois disponibles dans les épiceries locales (comme 7-11) – mais il est préférable de consulter leur site Internet *(www.translink.bc.ca)* ou de composer le ☎(604) 953-3333.

Vancouver a aussi un métro de surface, appelé le *SkyTrain*, qui relie la ville vers l'est à Burnaby, New Westminster et Surrey. Ce train fonctionne de 5h à 1h. Le *SeaBus*, un autobus marin qui ressemble à un catamaran, fait la navette entre Burrard Inlet et North Vancouver tous les jours.

Vous pouvez vous procurer des cartes et des billets pour tout le réseau de Translink (autobus, *SkyTrain* et *SeaBus*) dans les stations, aux arrêts où ont été installés des distributeurs automatiques ou dans les magasins et épiceries affichant l'enseigne *Fare Dealer*.

Que vous voyagiez dans un autobus ou à bord du *SkyTrain* ou du *SeaBus*, sachez que les tarifs sont les mêmes. Il en coûte généralement 2,25$ pour utiliser ce réseau. Cependant, aux heures de pointe (le matin avant 9h30 et en fin d'après-midi de 15h à 18h30), ce réseau est divisé en trois zones, et il faut alors compter 2,25$ si vous voyagez à l'intérieur d'une zone, 3,25$ à l'intérieur de deux zones ou 4,50$ à l'intérieur des trois zones. Chaque billet vous permet de voyager pour une durée totale de 90 min.

Translink: objets perdus ou trouvés, ☎(604) 682-7887.

Blue Bus (☎*604-985-7777*) dessert West Vancouver.

Le **Downtown Historic Railway** a mis en service deux vieux tramways restaurés qui font la navette entre Science World et Granville Island *(2$ aller-retour; en été seulement: sam-dim et jours fériés; départs aux 30 min)*.

■ Transports spécialisés pour personnes à mobilité réduite

Il existe un service de transport public pour les personnes qui doivent se déplacer en fauteuil roulant. Il s'agit de **HandyDART** *(300-3200 E. 54th Ave.,* ☎*604-430-2692)*. Il faut réserver son siège.

Vancouver Taxis *(2205 Main St.,* ☎*604-255-5111 ou 874-5111)* dispose d'un service de transport pour handicapés.

Renseignements utiles

■ Bureaux de renseignements touristiques

Super, Natural British Columbia (Tourism British Columbia)
P.O. Box 9830, Station Province-Government
Victoria, BC, V8W 9W5
☎ (604) 435-5622 ou 800-435-5622
www.hellobc.com

Vancouver Touristinfo Centre
tlj 8h30 à 19h
Plaza Level, Waterfront Centre, 200 Burrard St.,
Vancouver, BC, V6C 3L6
☎ (604) 683-2000
🖷 (604) 682-6839
www.tourismvancouver.com
Le Vancouver Touristinfo Centre peut vous servir en français.

Vancouver Parks & Recreation
☎ (604) 257-8400
www.city.vancouver.bc.ca/parks
Pour toute l'information sur les parcs et jardins publics ainsi que sur les loisirs.

■ Hôpitaux

BC Children's Hospital
4480 Oak St.
☎ (604) 875-2345

Vancouver General Hospital
855 W. 12th Ave.
☎ (604) 875-4111

Burnaby Hospital
3935 Kincaid St.
Burnaby
☎ (604) 434-4211

Lions Gate Hospital
231 E. 15th Ave., North Vancouver
☎ (604) 988-3131

St. Paul's Hospital
1081 Burrard St.
☎ (604) 682-2344

UBC Hospital
2211 Westbrook Mall
☎ (604) 822-7121

■ Pharmacies

Deux **Shoppers Drug Mart** (pharmacie, cosmétiques, boissons sans alcool, épicerie et un peu de tout ce qui peut être utile), répartis dans la ville, sont ouverts 24 heures sur 24:

885 W. Broadway
☎ (604) 708-1135

2302 W. Fourth Ave.
☎ (604) 738-3138

Vancouver - Renseignements utiles

■ Urgences

Police, ambulances et pompiers
☎911

Urgence médicale
☎(604) 875-4700

Urgence dentaire
☎(604) 736-3621

Centre antipoison
☎(604) 682-5050

Aide aux femmes
☎(604) 872-8212

Clinique d'urgence vétérinaire
service 24 heures sur 24
☎(604) 734-5104

Aide juridique
service 24 heures sur 24
☎(604) 687-4680
Renseignements sur les lois
en vigueur en Colombie-
Britannique.

Assistance routière (BCAA)
☎(604) 293-2222

Attraits touristiques

Les différents quartiers de **Vancouver ★★★**
vous sont ici décrits à travers huit circuits
vous permettant de mieux saisir leurs beautés. Vous pourrez ainsi partir à la conquête
de la ville en empruntant les circuits suivants:

Circuit A: Gastown ★

Circuit B: Chinatown, Downtown Eastside et East
Vancouver ★★

Circuit C: Le centre-ville ★★

Circuit D: West End ★

Circuit E: Stanley Park ★★★

Circuit F: Burrard Inlet ★★

Circuit G: False Creek ★★

Circuit H: West Side ★★★

Vous pouvez faire la plupart des circuits
à pied ou à vélo, mais vous aurez besoin
d'une voiture (ou d'un autre moyen de
transport) pour aller à Burrard Inlet (circuit
F) et dans certains secteurs du West Side
(circuit H). Pour vous rendre du Chinatown
à East Vancouver (circuit B), vous devrez
prendre le *SkyTrain* ou un autre moyen de
transport.

Circuit A: Gastown

Ce circuit pédestre peut facilement être combiné
au circuit B: Chinatown, Downtown Eastside et
East Vancouver.

Bien avant que les tours de verre et leurs
copropriétés huppées n'ornent les rives de
Burrard Inlet, il y avait Gastown, lieu de
naissance de la ville de Vancouver. Gastown correspond à la portion la plus ancienne de Vancouver. La ville de Gastown
a vu le jour en 1867, lorsque le loquace
John Deighton, dit Gassy Jack (le mot anglais *gassy* veut dire «bavard»), y a ouvert
un saloon pour les employés d'une scierie
voisine, le **Hastings Mill**.

La ville de Gastown, dénommée ainsi en
l'honneur de ce premier aubergiste, a été
entièrement rasée par le feu en 1886. Mais
loin d'être découragés, les habitants ont
rapidement reconstruit la ville, cette fois-ci
en briques et en pierres plutôt qu'en bois;
Gastown fut dotée d'une charte quelques
mois plus tard.

Dès 1887, lorsque le chemin de fer transcontinental du Canadian Pacific Railway
aboutit à la nouvelle gare de Vancouver,
Gastown était en pleine expansion. Comme toute ville du Far West qui se respecte,
les rues regorgeaient d'hôtels, de saloons
et de magasins destinés aux ouvriers des
scieries, aux bûcherons, aux cheminots,
aux spéculateurs et aux autres qui ne vivaient que d'espoir.

À la fin du XIXᵉ siècle, le transport ferroviaire et la ruée vers l'or du Klondike ont été
au centre du développement économique
de Gastown, qui allait devenir par la suite
un important centre de distribution de marchandises, dont les entrepôts furent bientôt
si encombrés qu'un deuxième «quartier des
entrepôts» fut créé à Yaletown (voir p 99),
qui finit par supplanter Gastown. Après un

long déclin, la restauration de Gastown fut entreprise au milieu des années 1960 et se poursuit de nos jours.

Situé non loin du centre-ville et du terminal de croisières, Gastown est l'endroit à ne pas manquer pour nombre de touristes et de passagers de paquebots qui font halte à Vancouver. Aujourd'hui Gastown est un quartier historique comprenant plusieurs jolis bâtiments commerciaux des époques victorienne et édouardienne (fin du XIXe siècle, début du XXe s.) qui ont échappé de justesse à la démolition vers la fin des années 1960. Quoique plusieurs de ces bâtiments abritent aujourd'hui quelques bons restaurants et boîtes de nuit populaires, le quartier a tout de même conservé un peu de son atmosphère du Far West.

L'art de différencier le West End du West Side

Au premier coup d'œil, une carte géographique de Vancouver vous fera probablement froncer les sourcils. Lorsque vous serez convaincu d'avoir bien identifié le quartier de West End, vous réaliserez qu'il existe aussi le West Side, et, après avoir absorbé cette information, vous vous rendrez compte qu'il y a non seulement un Eastside mais aussi un "East Vancouver"... en plus de trois plans d'eau! Afin de vous faciliter la vie, voici un bref aperçu de la géographie de Vancouver, comprenant les circuits dans lesquels ces quartiers sont décrits dans le guide.

Gastown (circuit A) est situé au nord-est du centre-ville, débutant à l'intersection des rues Richards, Water et West Cordova, et s'étendant quelques rues à l'est, jusqu'aux environs de Carrall Street. Le secteur est délimité au sud par West Cordova Street et au nord par Burrard Inlet.

Le **Chinatown (circuit B)** s'étend au sud-est de Gastown, de Carrall Street à l'ouest jusqu'à Gore Street à l'est, et d'East Pender Street au nord jusqu'à East Georgia Street au sud.

Le quartier de **Downtown Eastside (circuit B)** est délimité par Burrard Inlet au nord, Hastings Street au sud, Clark Drive à l'est et Main Street à l'ouest.

East Vancouver (circuit B), qu'il faut différencier du Downtown Eastside, comprend le secteur à l'est d'Ontario Street (au sud de False Creek) et est centré sur Commercial Drive.

Le **centre-ville (circuit C)** débute à la fin du quartier de West End et s'étend à l'est jusqu'à Main Street, du côté nord de False Creek.

Le **West End (circuit D)** s'étend du Stanley Park à l'ouest jusqu'à Burrard Street à l'est. Georgia Street délimite le quartier au nord, et English Bay le délimite au sud. Au-delà se trouve le centre-ville.

Stanley Park (circuit E) est délimité par Burrard Inlet partout sauf à l'est, où le quartier de West End le borde.

Burrard Inlet (circuit F) sépare North Vancouver et West Vancouver de la ville de Vancouver. Notre circuit offre un bref aperçu des attraits le long de la rive sud de Burrard Inlet (qui, en principe, est le centre-ville), où une excursion vers le nord par le *SeaBus* se dirige vers North Vancouver et West Vancouver.

False Creek (circuit G) sépare le centre-ville du West Side, mais ce sont trois ponts (Burrard, Granville et Cambie) qui font que cette séparation est plus psychologique que géographique. Le circuit G présente les attraits à la fois du côté nord (en principe, le centre-ville) et du côté sud de False Creek (surtout Granville Island).

Le **West Side (circuit H)**, à différencier du West End, est situé au sud de False Creek. Le quartier comprend tout ce qui se trouve à l'ouest d'Ontario Street, dont les communautés de Fairview et de Kitsilano, ainsi que les University Endowment Lands.

Gastown possède aussi quelques galeries d'art exposant des œuvres des Premières Nations; mais avant d'y faire de sérieux achats, allez plutôt faire un tour sur Gallery Row, au sud du Granville Street Bridge. Certains des bâtiments commerciaux historiques de Gastown ont été reconvertis en résidences, particulièrement le long des rues Alexander et Water, ce qui contribue à la viabilité des entreprises locales mais engendre des conflits avec les résidants de longue date à faibles revenus. Malgré cela, la plupart des visiteurs voudront quand même profiter d'une petite promenade dans les rues pavées, ornées de becs de gaz.

Débutez votre visite à l'extrémité ouest de Gastown, à l'angle de Water Street et de West Cordova Street. Il est possible de s'y rendre à partir de la station Waterfront du SkyTrain. On peut aussi y aller à pied depuis le centre-ville en se dirigeant vers le nord par Richards Street jusqu'à Water Street.

Notez que si vous préférez une visite guidée, la **Gastown Business Improvement Society** *(131 Water St.,* ☎*604-683-5650)* organise des randonnées gratuites d'une durée de 90 min dans Gastown une fois par jour, de la mi-juin à la fin août.

Le **Landing Building** *(375 Water St.)*, au revêtement de briques et de pierres, était autrefois un entrepôt pour les commerçants. Ce bâtiment de 1905, qui abrite depuis la fin des années 1980 des bureaux et des boutiques, constitue un bel exemple de restauration.

Empruntez Water Street vers l'est.

La **Hudson House** *(321 Water St.)*, comme tant d'autres édifices nord-américains du XIXe siècle, tourne le dos aux cours d'eau et à la nature environnante. Construite en 1897 par la Compagnie de la Baie d'Hudson pour servir d'entrepôt, elle fut rénovée en 1977 pour faire ressortir les formes pures de ses arcs cintrés en briques rouges. Aujourd'hui, on y trouve une boutique de souvenirs, un antiquaire et un restaurant.

À l'intersection de Cambie Street, on aperçoit une horloge publique connue sous le nom de **Gastown Steam Clock**. Elle siffle les heures grâce à de la vapeur acheminée par un réseau souterrain de tuyaux. L'horloge est loin d'être historique, toutefois; elle fut construite en 1977. On remarquera, de cet endroit, l'étonnante percée visuelle sur les

montagnes au nord de Vancouver (par temps clair uniquement). C'est aussi l'un des arrêts favoris des photographes.

L'intersection de Water Street et de Carrall Street constitue l'un des secteurs les plus animés de Gastown. Le long **Byrnes Block** *(2 Water St.)*, qui en compose l'angle sud-ouest, fut un des premiers édifices construits après le terrible incendie de 1886; il fut aussi l'un des premiers bâtiments de briques à Vancouver. Il a été érigé sur l'emplacement du second saloon (démoli en 1870) de Gassy Jack, dont on aperçoit la **statue** (une œuvre plutôt mal rendue) dans le minuscule **Maple Tree Square**, la première place publique de la ville. Le bâtiment de briques présente une épaisse corniche typique des édifices commerciaux de l'ère victorienne. En face surgit l'ancien **Hotel Europe** *(43 Powell St.)* de forme triangulaire, véritable éperon construit en 1908 pour un hôtelier canadien d'origine italienne. Les fenêtres à petits carreaux embellissent cette structure élégante qui abrite maintenant des logements abordables.

Empruntez Carrall Street vers le sud.

Entrez dans la **Gaoler's Mews**, une paisible cour intérieure tapissée de briques et entourée de bâtiments historiques. La Gaoler's Mews fut le site de la première prison, du premier bureau de douane, de la première station de télégraphie et de la première caserne de pompiers de Vancouver. L'**Irish Heather Pub** (voir p 139), ainsi que quelques bureaux et cafés, donnent sur le site à l'arrière.

Tournez à droite dans West Cordova Street.

Le **Lonsdale Block** *(36 W. Cordova St.)* de 1889 fait partie des bâtiments les plus remarquables de Cordova Street. Parmi les premiers locataires de la rue figurait la première synagogue de la ville. Bien que la façade de style classique ait été rénovée en 1974, l'apparence s'en révèle plutôt délabrée. L'édifice abrite aujourd'hui un magasin de surplus militaire.

Tournez à gauche dans Abbott Street.

À l'angle de Hastings Street se trouve l'ancien **Woodward's Department Store** *(101 W. Hastings St.)*, fondé en 1892 par Charles Woodward. Il a fermé ses portes exactement 100 ans plus tard, à la suite du décès du patriarche de la famille Woodward. Le

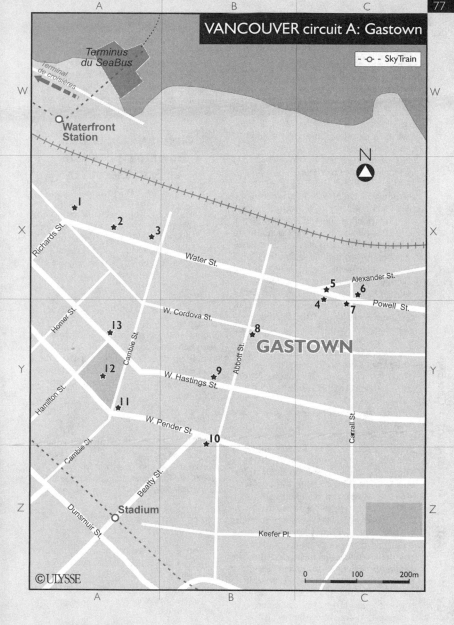

VANCOUVER circuit A: Gastown

- ◦ - SkyTrain

Terminus
du SeaBus

Terminal
de croisières

Waterfront
Station

N

Richards St.

1

2

3

Water St.

Alexander St.

5

6

4

7

Powell St.

W. Cordova St.

GASTOWN

Homer St.

13

Cambie St.

Abbott St.

8

12

9

W. Hastings St.

Hamilton St.

11

W. Pender St.

Cambie St.

10

Carrall St.

Beatty St.

Dunsmuir St.

Stadium

Keefer Pl.

©ULYSSE

0   100   200m

⭐ ATTRAITS TOURISTIQUES

1. AX	Landing Building	6. CX	Hotel Europe	10. BY	Sun Tower
2. AX	Hudson House	7. CY	Gaoler's Mews	11. AY	Architectural Institute of
3. AX	Gastown Steam Clock	8. BY	Lonsdale Block		British Columbia
4. CY	Byrnes Block	9. BY	Woodward's Department	12. AY	Victory Square
5. CX	Maple Tree Square		Store	13. AY	Dominion Building

bâtiment appartient aujourd'hui à la ville de Vancouver qui l'a racheté du gouvernement provincial en mars 2003.

La municipalité s'est efforcée de faire participer la communauté dans son projet de réaménagement du bâtiment afin de s'assurer que le tout se fasse de façon viable sur les plans social, environnemental et économique. En septembre 2004, le promoteur de construction a été choisi, et le financement accordé au projet a été octroyé pour la construction de quelque 200 logements à loyer modique.

L'extrémité sud d'Abbott Street est dominée par la **Sun Tower** ★ *(100 W. Pender St.)*. Érigé en 1911 pour le journal *Vancouver World*, l'édifice a plus tard abrité les bureaux du quotidien *The Vancouver Sun*, qui lui a laissé son nom. Au moment de sa construction, il était considéré comme le plus élevé de tout l'Empire britannique avec seulement 17 étages. On remarquera son épaisse corniche soutenue par des caryatides et sa tour polygonale surmontée d'un dôme de style Beaux-Arts revêtu de cuivre. Ce secteur de la ville se développe à un train d'enfer; les nouveaux bâtiments à l'est de la Sun Tower font partie d'un grand projet baptisé "International Village" qui doit amener ici des centaines de nouveaux résidants.

Continuez vers le sud par Abbott jusqu'à West Pender.

Prenez à droite West Pender Street et marchez jusqu'à Cambie Street, où vous tournerez à droite, passé l'**Architectural Institute of British Columbia (AIB)** *(440 Cambie St.,* ☎ *604-683-8588)*, qui renferme une petite galerie d'art et propose des tours guidés intéressants dans la ville Vancouver au cours de l'été. Voici le **Victory Square**, au centre duquel se dresse le monument aux morts des deux grandes guerres mondiales *The Cenotaph*, œuvre du sculpteur Thornton Sharp réalisée en 1924. Le square agit tel un pivot entre la trame des rues de Gastown et celle du quartier des affaires. La face nord du square est bordée par l'élégant **Dominion Building** ★ *(207 W. Hastings St.)*, couronné d'un toit en mansarde qui rappelle les toitures parisiennes des boulevards du Second Empire.

Continuez vers le nord par Cambie Street pour revenir à la Gastown Clock.

Chemin faisant, vous pourrez tourner à gauche dans West Cordova Street, où vous pourrez voir quelques édifices dont la forme triangulaire témoigne de l'imbrication des deux trames de rues aux orientations différentes. Certains bâtiments dotés d'oriels en série ne sont pas sans rappeler l'architecture de San Francisco (Californie).

Circuit B: Chinatown, Downtown Eastside et East Vancouver
★★

Ce circuit couvre trois secteurs distincts, le Chinatown et le Downtown Eastside adjacent, ainsi qu'East Vancouver. Chacun peut être exploré à pied individuellement, mais vous devrez prendre la voiture ou le *Sky-Train* pour vous rendre de l'un à l'autre.

Le Chinatown s'étend de Gore Street, à l'est, jusqu'à Carrall Street, à l'ouest, et d'East Pender Street, au nord, jusqu'à East Georgia Street, au sud. Le fameux **Downtown Eastside** se trouve une rue plus loin, à l'angle des rues East Hastings et Main. Il est d'ailleurs très facile de s'y rendre, simplement en parcourant les rues du Chinatown. Bien qu'il ne soit pas dangereux pour les passants, le Downtown Eastside peut déplaire aux visiteurs plutôt... sensibles.

Un bon moyen de découvrir le quartier chinois est de participer à la **visite pédestre guidée** de 90 min *(10$; juin à sept mar-dim 10h30 et 13h; Chinese Cultural Centre, 50 E. Pender St.,* ☎ *604-658-8883)*.

Le circuit débute à West Pender Street entre Abbott Street et Carrall Street. À Carrall Street, West Pender Street devient East Pender Street. Sur East Pender Street, le décor change radicalement; les couleurs vives et l'ambiance de marché public, de même que la forte présence de la population chinoise, animent cette rue et les artères avoisinantes.

La ruée vers l'or de 1858 a attiré en Colombie-Britannique des Chinois de San Francisco et de Hong Kong. En 1878, la construction du chemin de fer transcontinental du Canadian Pacific Railway allait à son tour inciter des milliers de Chinois à venir s'établir dans la région de Vancouver. Au fil des ans, la communauté chinoise a subi plusieurs revers qui n'ont toutefois pas empêché sa forte croissance. Ainsi, au début du XXᵉ siècle, le gouvernement canadien imposa une taxe aux immigrants chinois, puis il interdit complètement l'immigration chinoise de 1923 à 1947.

Aujourd'hui, la communauté chinoise est en pleine expansion avec l'arrivée massive d'immigrants de Hong Kong. Même si le Chinatown de Vancouver est l'un des plus importants quartiers chinois d'Amérique, une partie de la population chinoise de la Colombie-Britannique vit à Richmond, au sud de Vancouver.

Pour explorer le Chinatown de façon plus inhabituelle, rendez-vous au **Chinatown Night Market** *(juin à sept ven-dim 18h30 à 23h)*, où vous pouvez vous approvisionner en fruits et légumes exotiques ou en disques compacts rares. Vous y trouverez une atmosphère de fête.

À l'ouest, à l'angle de West Pender et de Taylor, on a ajouté une porte d'entrée au Chinatown, dénommée la **Chinatown Millennium Gate**. Conçue par l'architecte Joe Wai, qui a aussi créé le Dr. Sun Yat-Sen Classical Chinese Garden et le Chinese Cultural Centre Museum and Archives, cette arche fut financée par les trois ordres de gouvernement et par la communauté locale afin de revitaliser le quartier. La structure évoque l'entrée des cimetières de Beijing aux XIXᵉ et XXᵉ siècles, et, lorsque les résidants ont exprimé leurs inquiétudes face au mauvais présage qu'elle pourrait représenter, sa construction fut approuvée (avec changements mineurs) par un expert en feng shui.

Sur la gauche, après la porte, se trouve la murale **Century's Winds of Change**, qui illustre l'histoire de l'intégration chinoise au Canada. Passez par **Shanghai Alley**, après la porte, sur votre droite. Au début des années 1900, les marchands chinois durent s'établir ici et sur Canton Alley, une rue parallèle qui se trouve à l'ouest, à cause des pressions faites par les marchands blancs de Hastings Street. La plupart des bâtiments, entre autres des restaurants, des boutiques, un théâtre et plusieurs immeubles d'appartements, avaient deux entrées et donnaient à la fois sur l'allée et sur Carrall Street. Ils furent démolis dans les années 1940.

Le passage piétonnier est revêtu d'asphalte coloré à l'apparence de pavés; sa surface originale était composée de blocs de bois scellés avec de la résine végétale et recouverts de goudron. Le passage mène au **Allan Yap Circle**, où se trouve une réplique d'une cloche de 2 200 ans ayant appartenu à la dynastie Han. Celle-ci fut offerte par la ville de Guangzhou (jumelée à Vancouver) où la cloche originale fut découverte en 1983. Des panneaux racontant l'histoire sociale et architecturale du Chinatown de 1870 à 1940 ont également été installés au Allan Yap Circle.

À l'entrée du quartier chinois, on aperçoit un étrange petit bâtiment érigé sur un espace résiduel de 1,8 m de profondeur. Le **Sam Kee Building** *(8 W. Pender St.)* comporte toutefois des oriels surplombant le trottoir et un sous-sol débordant sous la rue qui permettent d'augmenter sensiblement l'espace intérieur. C'est ici que la Sam Kee Company, l'une des plus riches entreprises du Chinatown à la fin du XVIIIᵉ siècle, se procura un terrain de grandeur standard en 1903.

Lorsque la Ville expropria 7 m de la partie avant du terrain pour élargir la rue, le propriétaire, déterminé, jura qu'il bâtirait quand même. L'édifice, d'une largeur de 1,8 m, fut érigé environ 10 ans plus tard. D'après *Ripley's Believe it or Not* et le *Livre des records Guinness*, il s'agit du plus étroit bâtiment commercial au monde, qui jadis abritait des bains publics; la lumière du jour était filtrée par des blocs de verre qui sont encore scellés au trottoir. Aujourd'hui, c'est une compagnie d'assurances qui s'y trouve. Les visiteurs n'y sont pas admis. Dans les environs, on retrouvait autrefois de célèbres lupanars de même que des fumeries d'opium.

Empruntez East Pender Street afin de pénétrer au cœur du Chinatown.

Derrière le portail traditionnel du **Chinese Cultural Centre** *(50 E. Pender St.)*, on découvre le **Dr. Sun Yat-Sen Classical Chinese Garden** ★★ *(8,75$; début mai à mi-juin tlj 10h à 18h, mi-juin à fin août tlj 9h30 à 19h, début sept à fin sept tlj 10h à 18h, début oct à fin avr mar-dim 10h à 16h30; 578 Carrall St., ☎604-662-3207, téléphoner pour connaître l'horaire des visites commentées).* Aménagé en 1986 par 52 artisans chinois de Suzhou, il est un des seuls jardins chinois dessinés dans le style de la période Ming (1368-1644) hors d'Asie. L'espace vert de 0,15 ha est enserré par de hauts murs qui en font une oasis de paix au milieu du monde grouillant du Chinatown. À noter que le docteur Sun Yat-Sen (1866-1925) a séjourné à Vancouver en 1911 afin d'y recueillir des fonds pour son parti nouvellement fondé, le Kuo-min-tang, ou «Parti du peuple». Sun Yat-Sen est considéré comme le père de la Chine moderne.

Ceux qui ne connaissent pas tellement le monde des jardins chinois apprécieront les visites guidées; des guides offrent une multitude de renseignements afin que les néophytes puissent mieux comprendre et profiter de la signification de chaque élément. Reflétant la philosophie taoïste du yin et du yang, les jardins chinois classiques représentent l'équilibre entre des forces opposées: l'humain et la nature, le ciel et la terre, la lumière et la noirceur, etc. L'eau et les plantes du jardin représentent le yin, tandis que les passages couverts représentent le yang.

Aménagés par des érudits pour des propriétés privées, les jardins chinois étaient destinés à inspirer la réflexion; les pierres de calcaire érodées de forme inhabituelle, éparpillées dans le jardin, étaient appelées «pierres de lune» et étaient exposées telles des sculptures afin d'encourager la création artistique. Par ailleurs, il n'y a aucun clou ici: toutes les structures sont ont été aménagées avec mortaises et tenons. On rendait aussi l'eau de l'étang de couleur jade opaque en ajoutant un revêtement d'argile au fond du bassin, ce qui augmente la réflexion de l'eau, agrémente le mystère du monde sous-marin et enrichit l'expérience du jardin. En été, les nénuphars, symboles de pureté, recouvrent la surface de l'eau, poussant des sombres profondeurs.

Sous les pieds des promeneurs s'étendent les pavés aux motifs complexes qui furent cueillis dans les ruisseaux de Chine; les «fleurs blanches» qu'on y retrouve furent créées au moyen de tessons de poterie. L'endroit est tout à fait charmant et incite

à la réflexion. Mieux vaut téléphoner pour connaître l'horaire des événements.

En quittant le jardin, tournez à gauche dans Keefer Street, et encore à gauche dans Columbia Street, où vous trouverez le **Chinese Cultural Centre Museum and Archives** ★ *(4$; mar-dim 11h à 17h; 555 Columbia St., ☎604-658-8880)*. Au rez-de-chaussée du bâtiment, qui fut conçu dans le style qui prévalait pendant la dynastie Ming (1368-1644 apr. J.-C.), se trouvent des expositions temporaires sur des thèmes tels que la peinture, la calligraphie et la musique, et toutes se révèlent exquises.

Au premier étage (pendant que vous y êtes, jetez un coup d'œil sur les jardins à partir du pont d'observation), la collection permanente retrace l'histoire de la population chinoise de Vancouver de 1788 à nos jours. Vous y trouverez des photographies (dont celle d'un Sam Kee Building flambant neuf), des coupures de presse et une variété d'objets du XIXe siècle, tels un boulier en bois fait à la main par un mineur et une représentation miniature d'une procession funéraire chinoise.

Les premiers immigrants chinois de la Colombie-Britannique faisaient l'extraction de l'or dans la région de Cariboo, dans le nord de la province; la ville de Barkerville, où ils habitaient, est aujourd'hui un site historique. La population chinoise fut longtemps soumise à la discrimination de la part des Blancs de Vancouver, ce dont témoigne la forte concentration de Chinois au Chinatown. Ce n'est qu'en 1947 que la Colombie-Britannique a accordé le droit de vote fédéral aux Chinois.

À l'étage du musée, on trouve aussi un petit musée de l'histoire militaire qui relate le rôle des Sino-Canadiens lors de la Seconde Guerre mondiale.

À côté du musée se trouve le **Dr. Sun Yat-Sen Park** *(entrée libre; angle Columbia St. et Keefer*

★ ATTRAITS TOURISTIQUES

I. AX	Chinatown Millennium Gate	5. AX	Dr. Sun Yat-Sen Classical Chinese Garden	9. AX	CIBC Bank
2. AX	Century's Winds of Change	6. AX	Chinese Cultural Centre Museum and Archives	10. AX	Carnegie Library
				11. AX	Vancouver Police Centennial Museum
3. AX	Shanghai Alley	7. AX	Dr. Sun Yat-Sen Park	12. BX	St. James Anglican Church
4. AX	Sam Kee Building	8. AX	Lee Building	13. DZ	Grandview Park

VANCOUVER circuit B:
Chinatown, Downtown Eastside et East Vancouver

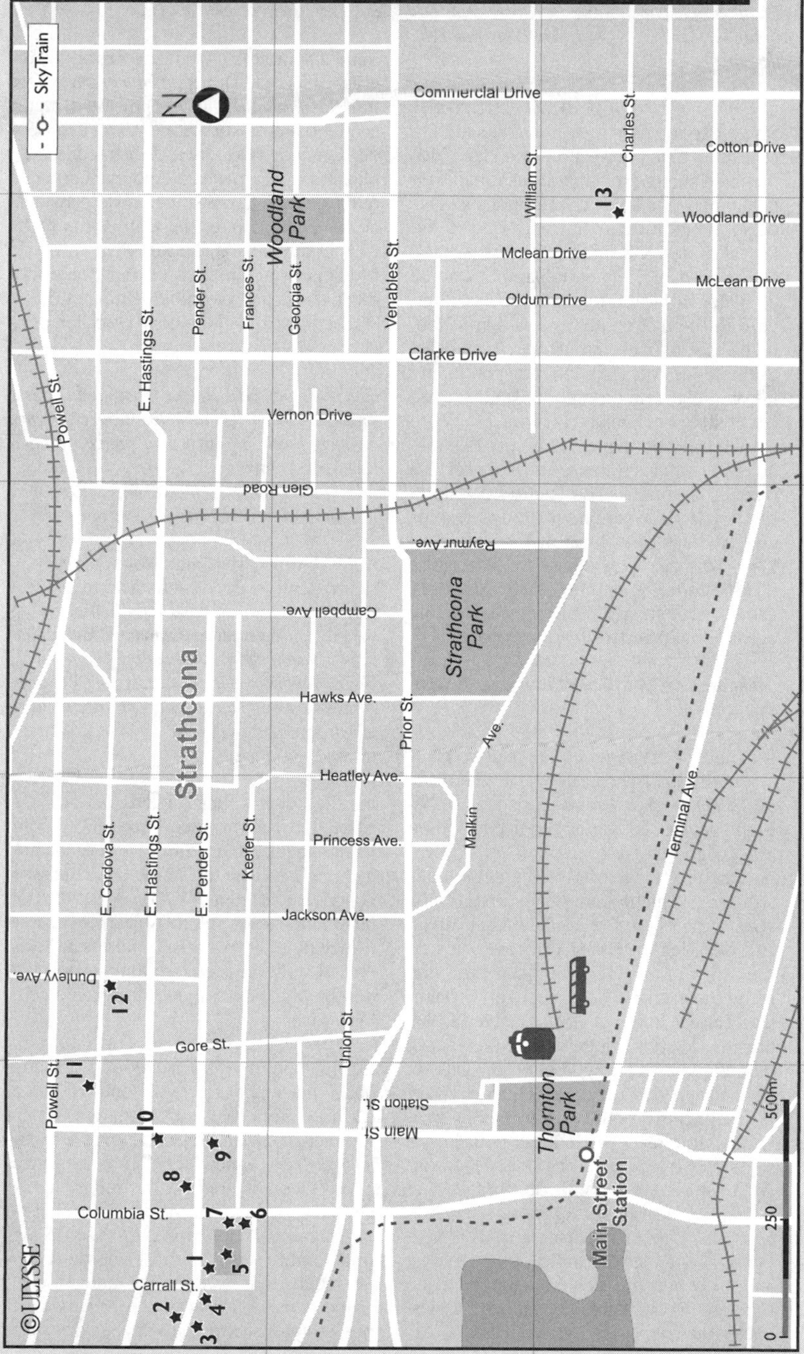

- ◇ - SkyTrain

N

Commercial Drive

Charles St.

Cotton Drive

William St.

★ 13

Woodland Drive

Mclean Drive

McLean Drive

Oldum Drive

Woodland Park

Venables St.

Clarke Drive

E. Hastings St.

Pender St.

Frances St.

Georgia St.

Vernon Drive

Powell St.

Glen Road

Raymur Ave.

Campbell Ave.

Strathcona Park

Strathcona

Hawks Ave.

Prior St.

Malkin Ave.

Heatley Ave.

Terminal Ave.

E. Cordova St.

E. Hastings St.

E. Pender St.

Keefer St.

Princess Ave.

Jackson Ave.

Dunlevy Ave.

★ 12

Union St.

Gore St.

Powell St.

★ 11

★ 10

★ 9

★ 8

Station St.

Main St.

Thornton Park

Columbia St.

★ 7

★ 6

★ 5

Carrall St.

★ 1

★ 2

★ 3

★ 4

Main Street Station

500m

250

0

© ULYSSE

St.), adjacent au jardin du même nom. Joliment aménagé, il s'agit d'un endroit agréable pour la promenade.

En quittant le parc, tournez à gauche dans Columbia Street et à gauche encore dans East Pender Street.

Les bâtiments qui bordent East Pender Street expriment par leur architecture la culture majoritairement cantonaise des premiers immigrants chinois de Vancouver, notamment à travers ces profondes loggias de plusieurs niveaux sur les façades, telles celles du **Lee Building** *(129 E. Pender St.),* construit en 1907 et détruit par un incendie en 1972. La façade originale du Lee Building, qui a pu être sauvée de la démolition, cache une nouvelle structure; c'est un bel exemple de préservation du patrimoine historique. Par un passage sur la gauche de cet édifice, on rejoint une cour intérieure entourée de boutiques. Plusieurs des édifices de facture chinoise arborent ici des plaques historiques; de l'autre côté de la rue, en face du jardin, se trouve le plus ancien édifice du Chinatown, construit en 1889. Lors des fêtes chinoises, les loggias d'East Pender Street s'emplissent de spectateurs, accentuant ainsi le caractère animé des célébrations dans le Chinatown.

Continuez par East Pender Street jusqu'à Main Street.

À l'angle de Main Street, on peut voir, sur la droite, une succursale de la **CIBC Bank** *(501 Main St.),* aux formes d'inspiration baroque anglais. Le colossal édifice revêtu de terre cuite et réalisé en 1915 est l'œuvre de l'architecte Victor Horsburgh. Si vous tournez à gauche dans Main Street, vous vous approcherez d'East Hastings Street, l'un des plus tristement célèbres coins de rue en Colombie-Britannique. En effet, centre névralgique de Vancouver, le **Downtown Eastside** abrite la communauté la plus pauvre au Canada, peuplée de mendiants, de trafiquants de drogue et de prostituées. Les policiers déclarent que cet endroit n'est pas dangereux pour les touristes (il peut en être autrement, par contre, pour les résidants) et que le pire qu'il puisse leur arriver, c'est de se faire offrir de la drogue ou demander de l'argent. Quoi qu'il en soit, certains visiteurs voudront probablement éviter le quartier. Le trafic de drogue est surtout concentré près de la bibliothèque Carnegie (voir Carnegie Library, ci-dessous), du côté ouest de Main Street, de-

vant les quartiers généraux de la police de Vancouver. Si vous préférez ne pas avoir à confronter cette situation de trop près, traversez Main Street à East Pender Street, et restez du côté est de la rue.

Autre exemple du style néobaroque anglais, l'ancienne **Carnegie Library** *(angle Main St. et E. Hastings St.)* abrite maintenant un centre communautaire, le Carnegie Centre. On doit l'existence de cet édifice au philanthrope américain Andrew Carnegie, qui a financé la construction de centaines de ces bibliothèques de quartier aux États-Unis et au Canada. Entrez à l'intérieur de l'édifice et admirez les portraits en vitrail de Shakespeare, de Robert Burns et de Sir Walter Scott qui illuminent l'escalier principal.

Continuez par East Pender Street jusqu'à Gore Street, une rue à l'est de Main Street, et tournez à gauche dans Gore Street pour marcher jusqu'à East Cordova Street.

Tournez à droite dans East Cordova Street.

Après l'Armée du Salut, vous verrez plusieurs centres de désintoxication et maisons de chambres délabrées. Dirigez-vous vers le **Vancouver Police Centennial Museum** ★ *(7$; lun-sam 9h à 17h; 240 E. Cordova St.,* ☎604-665-3346), où il est dit que l'établissement est «mystérieux, historique et intriguant», mais en vérité il est plutôt sordide, morbide et déplaisant.

Installée dans l'ancien palais de justice et laboratoire d'autopsie, l'exposition commence tout bonnement par la présentation d'objets retraçant l'histoire du Vancouver Police Department (VPD) et l'exhibition de mannequins plutôt bizarres revêtus d'anciens uniformes. Fait intéressant: c'est en 1912 que la première femme policière de l'Empire britannique fut engagée, ici à Vancouver.

L'exposition prend ensuite une tournure quasi horrible; on y voit une collection d'armes, dont plusieurs sont atrocement rudimentaires, qui furent confisquées dans les rues de Vancouver. Parmi les autres «merveilles» du musée: la reconstitution d'une scène de meurtre dans une maison de chambres du Downtown Eastside, des photographies en noir et blanc de scènes de meurtres historiques, et une mise en scène dans le laboratoire avec faux organes et autopsies pratiquées par des man-

Le Downtown Eastside

Le Downtown Eastside, le quartier de Vancouver considéré comme le plus pauvre au Canada, est délimité par Burrard Inlet au nord, East Hastings Street au sud, Clark Drive à l'est et Main Street à l'ouest. Son cœur est l'angle des rues Main et Hastings, aussi connu des résidants sous le nom de "Pain and Wastings" (souffrance et désolation). C'est là, devant le Carnegie Centre (l'ancienne bibliothèque publique de Vancouver), et à la vue du département de police de Vancouver, sur Main Street, que les trafiquants de drogue et leurs clients se rassemblent. En passant par ce quartier, les visiteurs seront frappés de consternation devant le grand nombre de centres de désintoxication, les maisons de chambres délabrées et la grande pauvreté.

Par ailleurs, les jolis immeubles victoriens qu'on y voit sont la preuve que ce quartier a déjà connu une période plus prospère. Au début du XX siècle, le premier centre-ville de Vancouver fut développé ici, près du noyau de la ville grandissante. On y trouvait le palais de justice municipal, l'hôtel de ville, la bibliothèque Carnegie, plusieurs théâtres et le grand magasin Woodward's. Le secteur était aussi le centre des transports de la ville, avec la station de tramways à l'angle des rues Hastings et Carrall, et le traversier et le port au nord, à Burrard Inlet.

L'inauguration du nouveau palais de justice de Georgia Street en 1907 (aujourd'hui la Vancouver Art Gallery) marque le début du déplacement du centre-ville vers l'ouest et le déclin du Downtown Eastside. Puis, vers la fin des années 1950, le quartier se détériore rapidement lorsque la bibliothèque déménage à l'angle des rues Burrard et Robson, que le service de tramway cesse et que le service de traversier est interrompu (aujourd'hui, le *SeaBus* se trouve au pied de Seymour Street, plus à l'ouest). En conséquence, quelque 10 000 personnes de moins par jour traversent le quartier. Lorsque le magasin Woodward's ferme ses portes en 1993, entraînant la fermeture de plusieurs autres magasins et restaurants, le quartier de Downtown Eastside est en pleine déchéance. Petit à petit, les choses s'aggravent, alors que les logements deviennent plus abordables, attirant les gens à faible revenu qui ne peuvent se permettre les loyers élevés des autres quartiers de la ville.

Les problèmes de cette communauté furent exposés à l'échelle nationale en 1999 grâce au documentaire primé *Through a Blue Lens*. Production de l'Office national du film, il fut tourné par plusieurs policiers de Vancouver afin de comprendre la vie des toxicomanes du Downtown Eastside et d'en faire un outil éducatif antidrogue. En conséquence, le film dévoile de façon captivante les conditions sordides, la désolation et la peur dans lesquelles ces gens vivent.

Aujourd'hui, plusieurs organismes communautaires travaillent inlassablement pour tenter d'améliorer le sort des résidants du quartier. L'élection d'un nouveau maire en 2002, pour qui le rétablissement du Downtown Eastside est une priorité, fut signe annonciateur de changement. Qui plus est, le *Vancouver Agreement*, un plan entériné par les trois ordres de gouvernement en 2000, ayant pour objectif principal la promotion et l'encadrement des investissements économiques et sociaux dans la communauté, a été reconduit pour cinq ans après sa première échéance en 2005. Ce plan est l'un des éléments clés du *Downtown Eastside Revitalization Program*, un programme à volets multiples visant à restaurer le quartier afin d'en faire un endroit sain, sécuritaire et habitable. Une des mesures récentes du programme qui a porté ses fruits est la création de lieux d'injection supervisés pour toxicomanes.

Vancouver - **Attraits touristiques** - Chinatown, Downtown Eastside et East Vancouver

nequins… (gens de petite constitution, attention!).

Si vous vous demandez pourquoi il y a aussi un portrait d'Errol Flynn, le célèbre acteur et séducteur, c'est parce qu'il est mort à Vancouver en 1959, et son autopsie fut pratiquée dans le laboratoire.

Aujourd'hui plusieurs vedettes du grand écran, tels Brad Pitt, Jack Nicholson et Gwyneth Paltrow, se retrouvent dans l'ancienne morgue pour tourner des scènes de films. Vous pouvez vous procurer des souvenirs du VPD à la boutique Cop Shoppe.

Continuez par East Cordova Street jusqu'à Gore Street.

Ici s'élève la **St. James Anglican Church** ★ *(303 E. Cordova St.)*, dont la haute masse de béton armé apparent en fait un des bâtiments les plus originaux édifiés au Canada dans l'entre-deux-guerres. L'architecte britannique Adrian Gilbert Scott a conçu les plans de cette église en 1935.

Suivez Gore Street vers le sud afin de revenir admirer les étalages de produits exotiques le long d'East Pender Street, ou encore pour manger dans un des nombreux restaurants chinois qui se trouvent dans les environs.

Si vous voulez pousser jusqu'au bout votre découverte des quartiers ethniques de Vancouver, suivez Gore Street jusqu'à Keefer Street, où vous tournerez à droite, puis à gauche dans Main Street pour atteindre la gare intermodale Pacific Central Station (à environ 5 min de marche). Montez dans le SkyTrain en direction de Surrey, mais descendez à la prochaine station (Broadway). Quant à ceux qui se déplacent en automobile, ils devront emprunter Georgia Street en direction est et, à partir du viaduc, suivre Prior Street, puis prendre Commercial Drive à droite.

Une fois descendu du SkyTrain, remontez Commercial Drive vers le nord.

On traverse alors un secteur appelé **Little Italy** (Petite Italie), mais où se rencontrent également Portugais, Espagnols, Jamaïquains et Sud-Américains. Au début du XXᵉ siècle, le secteur de **Commercial Drive** devient la première banlieue de Vancouver. La classe moyenne s'y fait alors construire de petites maisons unifamiliales revêtues de bois. La Première Guerre mondiale annonce l'arrivée dans le quartier d'immigrants chinois et slaves, alors que la fin de la Seconde Guerre mondiale amène une autre vague d'immigrants, surtout italiens. On retrouve dans les cafés et restaurants italiens de Little Italy une ambiance bon enfant qui dépayse les Nord-Américains. Quelques-uns de ces établissements vous sont proposés dans la section «Restaurants» (voir p 124).

Aujourd'hui The Drive, entre Venables Street et 12th Avenue, dégage des saveurs de l'Italie, du Portugal, de la Grèce, du Mexique, de l'Inde, des Antilles et du Vietnam grâce, entre autres, aux cafés et marchés italiens, aux petits bars où les gens branchés d'**East Vancouver** (communément appelé *East Van* par les résidants) se rassemblent sur les terrasses lorsqu'il fait beau, à l'abondance de cafés et de restos végétariens, et aux boutiques à la mode… tout sauf les sushis! Il n'y a pas vraiment d'attractions touristiques ici; c'est plutôt l'ambiance de la rue qui attire les visiteurs qui veulent profiter d'un après-midi lascif parmi les gens du coin. Du **Grandview Park** *(angle William St. et Charles St.)*, la silhouette de Vancouver à l'ouest et des montagnes au nord est époustouflante, surtout au coucher du soleil.

Circuit C: Le centre-ville
★ ★

Le 23 mai 1887, le train transcontinental du Canadien Pacifique, parti de Montréal, arrive en gare à Vancouver. La compagnie ferroviaire, qui s'était fait octroyer de vastes terres correspondant à peu de chose près au territoire de l'actuel centre-ville, entreprend alors de développer son bien. Dire qu'elle a joué un rôle majeur dans le développement du quartier des affaires de Vancouver serait insuffisant. Le Canadien Pacifique a véritablement forgé cette partie de la ville, traçant les rues et érigeant plusieurs de ses principaux monuments. Depuis les années 1960, le centre-ville de Vancouver connaît un développement incessant, signe d'une grande vitalité économique imputable aux capitaux venus d'Asie et au mouvement vers l'ouest de la population anglophone du Canada, attirée par le doux climat de la Côte Ouest.

Commencez le circuit à l'angle de West Hastings Street et de Seymour Street. Ce circuit peut s'effec-

tuer facilement à la suite de celui de Gastown, qui se termine à proximité.

Rendez-vous au Harbour Centre. Surmonté d'une structure qui ressemble à un ovni, l'édifice le plus élevé de Vancouver est difficile à manquer. Il abrite le campus du centre-ville de l'université Simon Fraser. **The Lookout! at Harbour Centre** *(10$; mi-oct à fin avril 9h à 21h, mai à mi-oct 8h30 à 22h30; 555 W. Hastings St.,* ☎*604-689-0421)*, la «tour du CN» de Vancouver, offre un panorama de 360° du haut de ses 174 m. Un ascenseur vitré vous mène au sommet, presque trop rapidement. Ceux qui aiment bien ce genre de tour n'hésiteront pas à débourser les 10$ de frais d'entrée, mais ceux qui en raffolent moins trouveront probablement le prix un peu... élevé.

Surtout que, lorsque vous arriverez au sommet, vous serez bombardé de publicité de centres commerciaux, voyagistes et autres dispendieux attraits de Vancouver. Et ceux qui ne connaissent pas la ville seront sûrement déçus de l'absence de plans conviviaux indiquant l'endroit précis de plusieurs des points de repère ou secteurs qui sont inscrits sur les panneaux. Cela dit, il est vrai que la vue d'English Bay et des fjords du North Shore est très belle. Pour en avoir plus pour votre argent, gardez votre ticket et revenez en soirée pour voir les lumières de la ville.

Situé en face du Harbour Centre, l'ancien siège régional de la **Toronto Dominion Bank** *(580 W. Hastings St.)* témoigne de l'élégance classique des halls bancaires du début du XXᵉ siècle. En 1984, cet édifice classé a été délaissé par la banque au profit des tours modernes de Georgia Street et appartient aujourd'hui à la Simon Fraser University. Un pâté de maisons plus à l'ouest, l'ancien siège régional de la **Canadian Bank of Commerce** *(698 W. Hastings St.)*, véritable temple de la finance, a connu le même sort et renferme maintenant l'élégante boutique de Henry Birks & Sons. Également classé, il porte le nom de "Birks Building" depuis 1994. L'édifice aux épaisses colonnes ioniques a été érigé en 1906 selon les plans des architectes Darling et Pearson, à qui l'on doit notamment l'édifice Sun Life de Montréal. En face se dresse la tour massive de la **Royal Bank** ★ *(675 W. Hastings St.)*, œuvre de S.G. Davenport (1929). Le superbe hall bancaire, dans le goût de la Renaissance italienne, mérite une petite visite.

Le **Sinclair Centre** ★ *(701 W. Hastings St.)* se présente comme un ensemble de bureaux gouvernementaux. Il a été aménagé dans un ancien bureau de poste, et ses annexes sont reliées entre elles par des passages couverts bordés de boutiques. L'édifice principal de 1909 est considéré comme un des meilleurs exemples du style néobaroque au Canada.

Un peu plus loin, à l'angle de Hornby Street, on peut voir l'austère édifice du **Crédit Foncier Franco-Canadien** *(850 W. Hastings St.)*, construit en 1913 pour cette institution financière fondée à Québec en 1880 par sir Joseph-Adolphe Chapleau, alors premier ministre du Québec. De l'autre côté de la rue, le **Vancouver Club** *(915 W. Hastings St.)* semble bien petit entre les gratte-ciel. L'édifice abrite depuis 1914 un club privé pour gens d'affaires, organisé sur le modèle des clubs londoniens.

Le **Marine Building** ★★ *(355 Burrard St.)*, qui s'élève devant vous tandis que vous vous dirigez vers l'ouest par West Hastings Street, est un bel exemple d'Art déco, style caractérisé par la verticalité des lignes, les retraits en gradins, l'absence de corniches de couronnement et l'emploi d'une ornementation géométrique. L'édifice de 1929 porte bien son nom, à la fois parce qu'il est abondamment décoré de thèmes marins et parce que plusieurs de ses locataires sont des armateurs et des entreprises commerciales maritimes.

On remarquera plus particulièrement sur sa façade les panneaux de terre cuite qui dépeignent l'histoire des transports maritimes et la découverte de la côte du Pacifique. Mais c'est à l'intérieur que le visiteur découvrira vraiment l'originalité du Marine Building. On notera entre autres les luminaires de l'entrée en forme de proue de navire et le vitrail représentant un coucher de soleil sur l'océan. De la mezzanine, qu'il est possible d'atteindre par ascenseur, la vue d'ensemble est intéressante.

Tournez à droite dans Burrard Street, en direction de l'eau, et arrêtez-vous au **Vancouver Touristinfo Centre** *(200 Burrard St.,* ☎*604-683-2000)* pour trouver toute information supplémentaire dont vous avez besoin.

Empruntez Burrard Street en direction de l'eau et de **Canada Place** ★★ *(999 Canada Place)*, cette construction érigée sur un des quais du port qui fait penser à un immense voilier prêt à appareiller. L'ensemble multifonctionnel a été construit dans le cadre de l'Exposition internationale de 1986 pour abriter le pavillon du Canada. Vous y trouverez le centre des congrès (Convention Centre) et le World Trade Centre de Vancouver, le terminal de croisières, le luxueux **Pan Pacific Hotel** (voir p 117) ainsi qu'un cinéma Imax. Même si vous ne mettez pas les voiles, faites une promenade sur le «pont» pour apprécier le panorama magnifique de Burrard Inlet, du port et des montagnes aux neiges éternelles.

Revenez au centre de la ville par Burrard Street. Continuez vers le sud jusqu'à West Georgia Street.

En passant, on aperçoit le vaste **Bentall Centre** *(angle Pender St.)*, composé de trois tours réalisées entre 1965 et 1975 selon les plans de l'architecte Frank Musson. Sur la droite s'élève le **Royal Centre** *(1055 W. Georgia St.)*, qui comprend la tour de 38 étages de la Royal Bank. La hauteur «modeste» et la forme trapue de ces gratte-ciel sont imputables aux limites imposées par l'activité sismique de la «Couronne de feu» du Pacifique.

Sur la gauche, juste avant West Georgia Street, se trouve la toute petite **Christ Church Cathedral** *(690 Burrard St.)*. La cathédrale anglicane néogothique fut construite en 1889, à une époque où Vancouver n'était encore qu'un gros village. À l'intérieur, on admirera la charpente de bois de sapin de la Colombie-Britannique *(Douglas fir)*. L'aspect plus intéressant de la cathédrale n'est ni sa taille ni son ornementation, mais simplement le fait qu'elle a survécu dans cette partie de Vancouver en constante reconstruction. Elle fait aussi office maintenant de centre communautaire.

De l'autre côté de West Georgia Street, et dominant la cathédrale, se dresse l'impo-

sant **Hotel Vancouver** ★ *(visites guidées gratuites sam 13h, réservations:* ☎*604-662-1935; 900 W. Georgia St.;* voir p 117*)* avec ses 23 étages, véritable «monument» au Canadian Pacific Railway qui l'a fait construire entre 1928 et 1939. Son haut toit de cuivre fut pendant longtemps le principal symbole de Vancouver à l'étranger. Comme chaque grande ville canadienne, Vancouver se devait d'avoir son hôtel de style château. On remarquera plus particulièrement les gargouilles près du sommet et les bas-reliefs du hall représentant un paquebot et une locomotive en mouvement. C'est le troisième Hotel Vancouver construit par le Canadian Pacific Railway. Le premier fut érigé à l'angle de Georgia et Granville en 1887, et le deuxième près du magasin Eaton's.

Les boutiques et les bureaux de **Cathedral Place** *(925 W. Georgia St.)* avoisinent la cathédrale Christ Church à l'est depuis 1991. Ses gargouilles pseudo-médiévales n'arrivent pas à faire oublier le Georgia Medical Building, autrefois situé à cet emplacement. La démolition de cet édifice Art déco en 1989 a fait scandale à travers le Canada. Le chanteur rock Bryan Adams avait pourtant participé à une vaste campagne pour le sauver. Cathedral Place est donc un bâtiment qui veut se faire accepter. Aussi y retrouve-t-on le toit pointu de l'hôtel voisin, de même que des moulages de pierre représentant des infirmières, lesquels décoraient autrefois le Georgia Medical Building.

Empruntez West Georgia Street vers l'ouest.

Tournez à gauche dans Thurlow Street, puis encore à gauche dans **Robson Street** ★, l'artère des boutiques à la mode, des restaurants aux décors élaborés et surtout des multiples «cafés-brûleries» dans le style de la Côte Ouest. Les passants s'attablent aux terrasses et profitent du beau temps pour admirer la foule bigarrée qui déambule

★ ATTRAITS TOURISTIQUES

1. CX	The Lookout! at Harbour Centre	**10.** BW	Bentall Centre	**21.** BX	Vancouver Art Gallery
2. CX	Toronto Dominion Bank	**11.** AX	Royal Centre	**22.** BX	Granville Mall
3. CW	Canadian Bank of Commerce	**12.** BX	Christ Church Cathedral	**23.** BX	Pacific Centre
		13. BX	Hotel Vancouver	**24.** BX	The Bay
4. CW	Royal Bank	**14.** BX	Cathedral Place	**25.** BX	Vancouver Centre
5. CW	Sinclair Centre	**15.** AW	Robson Street	**26.** BX	Vancouver Block
6. BW	Crédit Foncier Franco-Canadien	**16.** AX	BC Hydro Building	**27.** BX	Sears Downtown
		17. AX	St. Andrew's-Wesley United Church	**28.** BY	Commodore Theatre
7. BW	Vancouver Club			**29.** BY	Orpheum Theatre
8. BW	Marine Building	**18.** AX	First Baptist Church	**30.** AY	Vogue Theatre
9. CW	Canada Place	**19.** AX	Provincial Law Courts	**31.** CY	Vancouver Public Library
		20. AX	Robson Square		

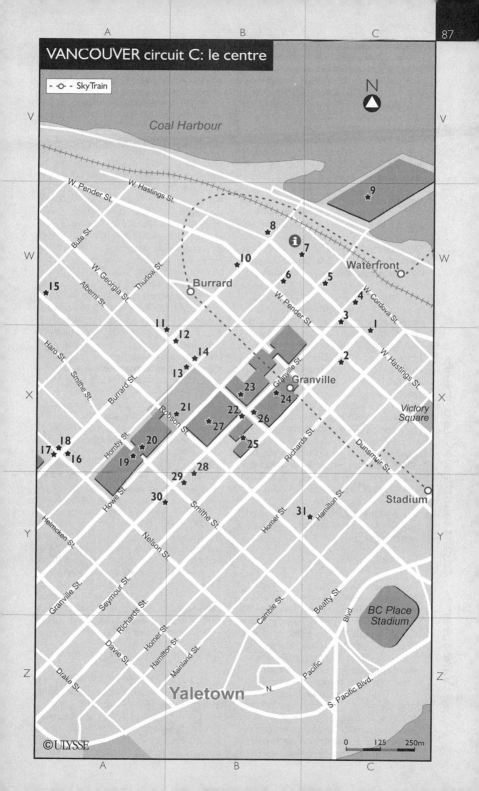

VANCOUVER circuit C: le centre

- ⚬ - SkyTrain

Coal Harbour

N

W. Pender St.
W. Hastings St.

Bute St.

W. Georgia St.

Alberni St.

Thurlow St.

★ 15

Haro St.

Smithe St.

Burrard St.

Robson St.

★ 11

★ 12

★ 14

★ 13

Burrard

★ 10

★ 8

ℹ 7

★ 6

★ 5

W. Pender St.

★ 9

Waterfront

W. Cordova St.

★ 4

★ 3

★ 1

★ 2

Granville St.

Granville

W. Hastings St.

Victory Square

★ 23

★ 24

★ 22

★ 26

★ 21

★ 27

★ 25

Richards St.

Dunsmuir St.

Stadium

Homby St.

★ 20

★ 18

★ 19

★ 17 ★ 16

★ 28

★ 29

★ 30

Smithe St.

Homer St.

★ 31

Hamilton St.

Howe St.

Helmcken St.

Nelson St.

Granville St.

Seymour St.

Richards St.

Homer St.

Hamilton St.

Mainland St.

Davie St.

Drake St.

BC Place Stadium

N.

Pacific

Beatty St.

Blvd.

Pacific

S. Pacific Blvd.

Yaletown

0   125   250m

©ULYSSE

nonchalamment. Les amateurs de bon café en ont fait une passion; une vedette américaine de passage à Vancouver s'est même déjà étonnée de la quantité de cafés sur Robson Street, allant jusqu'à affirmer que les Vancouvérois étaient des drogués de café, mais que cela n'avait pas changé leur rythme de vie, connu pour être lent. Au milieu du XXe siècle, Robson Street regroupait une petite communauté allemande ayant rebaptisé la rue "Robsonstrasse", surnom qui est demeuré depuis.

Revenez à Burrard Street, que vous emprunterez sur la droite jusqu'à Robson Street. Ou tournez à gauche dans Robson Street et faites du lèche-vitrine jusqu'à Burrard Street. À l'intersection des rues Thurlow et Robson, remarquez les cafés sur trois des quatre coins, dont deux sont des Starbucks! Combien de temps survivra la boutique du quatrième coin?

À l'angle de Nelson Street et de Burrard Street, on peut voir l'ancien **BC Hydro Building ★** *(970 Burrard St.)*, qui abritait autrefois le siège de la compagnie d'hydroélectricité de la Colombie-Britannique. Il a été reconverti en 242 appartements en copropriété (1993) et rebaptisé "The Electra". L'édifice, conçu en 1955 selon les plans des architectes locaux Thompson, Berwick et Pratt, était considéré à l'époque comme un des gratte-ciel les plus raffinés d'Amérique. Au rez-de-chaussée, on peut voir une murale et une mosaïque aux tons de gris, bleu et vert exécutées par l'artiste B.C. Binning. Dans un petit coin se trouve la **St. Andrew's-Wesley United Church** de 1931. L'église renferme une verrière réalisée en 1969 par le maître-verrier de Chartres (France) Gabriel Loire. Lui fait face la **First Baptist Church** *(969 Burrard St.)* de 1911.

Suivez Nelson Street vers l'est.

Tournez à gauche dans Howe Street et marchez jusqu'à Smithe Street pour voir les **Provincial Law Courts ★** *(800 Smithe St.)*. On doit la conception (1978) de ce palais de justice de la Colombie-Britannique au talentueux architecte vancouvérois Arthur Erickson. Sa grande place intérieure, recouverte d'un immense pan incliné en verre et en acier, mérite une visite. Le palais de justice forme un tout unifié avec le **Robson Square ★★** *(au nord de Smithe Street)*, du même architecte. Dans ce parc, la végétation luxuriante de Vancouver (arrosée par des pluies abondantes), sans pareille ailleurs au Canada, est utilisée au maximum de son potentiel. Les plantes s'y succèdent en cascade le long des parois de béton brut et entre les multiples bassins d'eau en gradins dans lesquelles se déversent des chutes d'eau. En outre, des boutiques, des restaurants et une patinoire accueillent les passants.

Continuez par Howe Street jusqu'à Robson Street.

Au nord du Robson Square se trouve la **Vancouver Art Gallery ★★** *(15$; tlj 10h à 17h30, jeu-ven jusqu'à 21h; 750 Hornby St., ☎604-662-4700, www.vanartgallery.bc.ca)*, aménagée en 1984 dans l'ancien palais de justice de Colombie-Britannique. Le grand et somptueux bâtiment Renouveau classique a été construit en 1908 selon les plans de l'architecte britannique Francis Mawson Rattenbury, à qui l'on doit également ment l'édifice de l'Assemblée législative de Colombie-Britannique et l'Empress Hotel, tous deux situés à Victoria, sur l'île de Vancouver. Rattenbury retournera par la suite dans son pays, pour y être assassiné par l'amant de sa femme. L'édifice fut rénové par Arthur Erickson pendant les années 1980. Portez votre regard en haut, dans la rotonde, en montant l'escalier. Peinte en gris et blanc et ornée de bas-relief, elle est tout simplement magnifique. Aussi admirable, la galerie Emily Carr, au troisième étage, est décorée dans le même style: le personnel la surnomme affectueusement la salle «gâteau de noce». Le musée présente une importante collection de plus de 200 œuvres d'Emily Carr dont la plupart sont des peintures. La collection est exhibée en plusieurs expositions temporaires. Emily Carr (1871-1945), peintre canadienne de premier plan, a fait des Amérindiens et des paysages de la Côte Ouest ses principaux sujets. En admirant les superbes cèdres, peints de façon éclatante par des traits expressifs de bleu et de vert, vous comprendrez pourquoi son œuvre est tant appréciée des résidants de l'Ouest. Le musée présente aussi des expositions temporaires d'art contemporain. S'y trouve un charmant café abordable (voir p 127).

Continuez par Howe Street.

Tournez à droite dans West Georgia Street, puis encore à droite dans le **Granville Mall ★**, la rue des théâtres, des cinémas, des boîtes de nuit et des grands magasins. Ses larges trottoirs sont animés 24 heures sur 24. Les tours noires, à l'angle de West Georgia Street, sont celles du **Pacific Centre** *(de chaque côté de Georgia St.)*, des architectes Cesar Pelli et Victor Gruen (1969). Sous les tours, un embryon de ville souterraine comprenant 130 boutiques et restaurants a été aménagé à l'image de celle de Montréal. En face s'élève le grand magasin de la Compagnie de la Baie d'Hudson (1913), mieux connu sous le nom de **The Bay** (La Baie). Rappelons que cette compagnie a été fondée à Londres dès 1670 pour effectuer la traite des fourrures en Amérique. En 1827, elle figure parmi les premiers groupes à s'implanter en Colombie-Britannique. En face se dressent le **Vancouver Centre** *(650 W. Georgia St.)*, qui abrite le siège régional de la Scotia Bank, et le **Vancouver Block** *(736 Granville St.)*, dominé par son élégante horloge. Enfin, au sud du Pacific Centre, on ne peut manquer d'apercevoir le grand magasin **Sears Downtown**.

Déambulez dans le Granville Mall en direction sud, passé Robson Street.

Granville Street, entre Georgia et Nelson (numéros 700 à 900), est connue sous le nom de "Theatre Row Entertainment District", tel qu'indiqué sur les bannières accrochées dans la rue. La Ville a divisé le secteur de cette façon afin de rassembler les bars, les boîtes de nuit et les théâtres au loin des quartiers résidentiels. Vous cherchez des activités nocturnes? Promenez-vous dans Granville, jetez un coup d'œil aux foules qui se rassemblent inévitablement devant ces établissements et choisissez votre établissement. La foule est surtout composée de jeunes étudiants et étudiantes universitaires branchés, mais ceux qui recherchent une clientèle de 30 ans et plus trouveront aussi chaussure à leur pied.

Ici vous rencontrerez sans doute des sans-abri et des mendiants, des drogués qui demandent de l'argent, des guitaristes mélancoliques qui tentent de ressusciter l'atmosphère des années 1960, un occasionnel duo flamenco et, toujours, des vendeurs de fleurs. Un véritable tableau de choses à voir et à entendre, et tout ça avant même de mettre les pieds dans une boîte de nuit! Évidemment, c'est la cohue à 2h, l'heure de fermeture des bars. (Pour plus de détails, consulter la section «Sorties» p 138.)

À noter qu'autrefois l'équivalent anglais du mot «théâtre» désignait autant les salles de cinéma et les salles de concerts que les lieux où étaient jouées de véritables pièces de théâtre.

On croise le **Commodore Theatre** *(870 Granville St.)* et surtout l'**Orpheum Theatre ★** *(601 Smithe St.; visites de groupe gratuites en réservant au ☎604-665-3072)*, qui a célébré son 75e anniversaire en 2002. Derrière son étroite façade d'à peine 8 m de largeur se déploie une salle néo-Renaissance hispanisante de 2 800 places située au bout d'un long couloir. Au moment de son inauguration en 1927 (Marcus Priteca, architecte), il était considéré comme le plus vaste et le plus luxueux cinéma au Canada. En 1977, à la suite d'une restauration méticuleuse, l'Orpheum Theatre est devenu la salle de concerts de l'orchestre symphonique de Vancouver et accueille aussi des concerts en tous genres. Plus au sud, on aperçoit l'enseigne verticale du **Vogue Theatre** *(918 Granville St.)* de 1941. Dans cette salle Art déco aérodynamique, on présente maintenant des spectacles de musique populaire.

Revenez sur vos pas le long de Granville Street, puis prenez Robson Street à droite.

À l'intersection de Robson Street et de Homer Street se dresse un curieux édifice qui n'est pas sans rappeler le Colisée de Rome. Il s'agit de la **Vancouver Public Library ★★** *(entrée libre; lun-jeu 10h à 21h, ven-sam 10h à 18h, dim 12h à 17h; 350 W. Georgia St., ☎604-331-3600, www.vpl.vancouver.bc.ca)*, soit la bibliothèque municipale de Vancouver. Cet impressionnant édifice a été construit en 1994-1995 selon les plans de l'architecte Moshe Safdie, bien connu pour son Habitat 67 de Montréal et son Musée des beaux-arts du Canada à Ottawa. Le projet a suscité de vives réactions de la part de la population et des critiques d'architecture. C'est finalement par vote référendaire que les Vancouvérois ont choisi le concept de Safdie. L'atrium, haut de six étages, est grandiose. Le quadrilatère sur lequel repose la bibliothèque est connu sous le nom de **Library Square**.

Circuit D: West End
★

La population du quartier de West End est composée d'un mélange d'étudiants et de professionnels souvent enrichis par les nouvelles technologies ou les thérapies à la mode. La communauté gay y occupe également une place importante.

Vancouver - Attraits touristiques - West End

Ce circuit commence au **Barclay Heritage Square**, délimité par les rues Barclay, Nicola, Haro et Broughton. Il y a huit maisons historiques dans le square, qui se présente comme un jardin de style édouardien avec pavillon datant des années 1890. Construite en 1893, l'une des maisons a été reconvertie en musée, avec meubles de l'ère victorienne: le **Roedde House Museum** ★ ★ *(4$; entrée avec visite guidée seulement; mer-ven 14h à 16h; 1415 Barclay St.,* ☎*604-684-7040, www.roeddehouse.org).* Elle logea Gustav et Matilda Roedde jusqu'en 1925. Gustav fut le premier relieur et imprimeur de livres à Vancouver, profession qui lui rapportait un revenu assez élevé pour qu'il puisse se bâtir une confortable maison de haute bourgeoisie. Les plans en ont été tracés par le célèbre architecte Francis Rattenbury, un ami de la famille, reconnu pour ses œuvres plus élaborées (l'Empress Hotel à Victoria, les édifices du Parlement et la Vancouver Art Gallery, qui fut d'abord le palais de justice). Dix des 12 pièces de la maison sont décorées de meubles d'antan, dont la plupart furent des dons de la part d'individus. Certains furent prêtés par le Vancouver Museum, tandis que d'autres proviennent de la demeure même. L'attention qu'on a portée aux détails est époustouflante, et ceux qui s'intéressent aux objets victoriens et à l'Art nouveau seront particulièrement ravis par ce charmant petit musée.

En quittant le square, dirigez-vous vers le sud par Broughton Street jusqu'à Davie Street.

Le village gay de Vancouver, dénommé **Davie Village**, s'étend le long de Davie Street, à l'est de Broughton jusqu'à Thurlow. Il est facile à repérer grâce aux drapeaux aux couleurs de l'arc-en-ciel accrochés aux lampadaires *(tournez à gauche dans Davie St.).* Le village gay est un agréable mélange de cafés, de petits restaurants et de magasins à escomptes pas trop modernes et de tours d'appartements.

Revenez sur vos pas et dirigez-vous vers l'ouest par Davie Street.

Effectuez un arrêt à l'angle de Nicola Street pour admirer la **Rogers House** *(1531 Davie St.),* que son propriétaire avait baptisée "Gabriola" au moment de sa construction en 1900. Elle a été dessinée par le plus prolifique des architectes de la bourgeoisie vancouvéroise, Samuel Maclure. La maison, dont on admire les multiples cheminées et la galerie circulaire, appartenait alors au magnat du sucre Benjamin Tingley Rogers, originaire de New York. Au tournant du XXᵉ siècle, le quartier de West End semblait être destiné à devenir une riche banlieue résidentielle aux grandes demeures entourées de jardins. Une rue avait même été baptisée très prétentieusement "Blue Blood Alley", ce qui signifie «allée du sang bleu (noble)». L'installation des rails de tramway le long des principales artères et l'attrait général de la plage publique d'English Bay dès 1912 en ont décidé autrement. Gabriola est une des seules demeures de cette époque encore debout dans le quartier.

Continuez vers l'ouest par Davie Street, tournez à gauche dans Bidwell Street, puis suivez les chiens qui accourent devant leurs maîtres, pour atteindre l'**Alexandra Park** ★, qui forme une pointe au sud de Burnaby Street. On y trouve un joli kiosque en bois pour les concerts de fanfare en plein air (1914), de même qu'une fontaine en marbre ornée d'une plaque de bronze en l'honneur de Joe Fortes qui a montré à nager à plusieurs générations d'enfants de Vancouver.

L'extrémité est d'**English Bay Beach** ★ ★ *(le long de la côte entre Chilco St. et Bidwell St.),* une plage de sable fin très fréquentée pendant l'été, se trouve à l'opposé du parc Alexandra. Sur cette portion de la plage, vous verrez un énorme *inukshuk* créé par Alvin Kanak pour le pavillon des Territoires du Nord-Ouest de l'Expo 86; il fut transporté ici l'année suivante. La présence des

★ **ATTRAITS TOURISTIQUES**

1.	CY	Barclay Heritage Square
2.	CY	Roedde House Museum
3.	CY	Rogers House
4.	BZ	Alexandra Park
5.	BY	Ocean Towers
6.	BY	Sylvia Hotel
7.	CY	Pendrell Suites
8.	CY	Denman Place Mall

grandes tours d'appartements à l'arrière donne l'illusion aux baigneurs de se prélasser dans une station balnéaire comme Acapulco, alors qu'ils sont en réalité tout près du centre de Vancouver. Rares sont les agglomérations qui disposent de plages aussi rapprochées du cœur de la ville. De nombreux voiliers glissent dans la magnifique baie, qui se termine à l'ouest par la masse de verdure du **Stanley Park** ★★★ (voir ci-après).

Après avoir trempé votre gros orteil dans le Pacifique (ou presque), revenez vers la ville, plus particulièrement par Morton Avenue, où l'on peut voir les **Ocean Towers** *(1835 Morton Ave.)*, un ensemble d'appartements aux formes excentriques datant de 1957 (Rix Reinecke, architecte). L'année précédente, Vancouver avait modifié son règlement de zonage du quartier de West End pour permettre la construction de ces tours, déclenchant une frénésie chez les promoteurs immobiliers et dotant cette section de West End d'un intéressant groupement de bâtiments aussi *fifties* et *Pina Colada* que le Miami Art Deco District peut être *thirties* et *Dry Martini*. Voisin des Ocean Towers à l'ouest, le **Sylvia Hotel** *(1154 Gilford St.)* (voir p 118) est le doyen de la plage. L'érection de cet immeuble dès 1912 a sonné le glas du quartier champêtre. Il est encadré par l'**Eugenia Tower** et la **Sylvia Tower** postmodernes, dont le couronnement est plein d'humour.

Revenez vers l'est jusqu'à Denman Street, dont l'intersection avec Davie Street constitue le point de rendez-vous des *beach bums*, ces amateurs de planche à voile et de surf. On sert, dans les nombreux restaurants du coin, des brunchs gargantuesques.

Les amateurs de la série télévisée culte *The X-Files (Aux frontières du réel* en français), tournée à Vancouver, voudront peut-être tourner à droite dans Pendrell Street puisque c'est aux **Pendrell Suites** *(1419 Pendrell St., près de Broughton St.)*, un joli immeuble de briques de style édouardien, que l'on avait installé l'appartement de Scully (au Maryland dans la télésérie).

Remontez Denman Street vers le nord.

À l'angle de Comox Street se dresse le **Denman Place Mall** *(1733 Comox St.)*, un complexe multifonctionnel en béton brut érigé en 1968. On y trouve le plus vaste centre commercial du West End, avec supermar-

ché, magasins et cinémas. Ces espaces commerciaux sont surmontés d'une tour de 32 étages qui abrite un hôtel et des appartements.

Poursuivez par Denman Street jusqu'à son extrémité nord.

Empruntez l'allée voisine du 1779 West Georgia Street jusqu'au bord de l'eau, où vous ferez l'agréable découverte du havre naturel de **Coal Harbour** ★. En plus des points de vue exceptionnels sur le Stanley Park et les montagnes qui se profilent derrière Burrard Inlet, un étrange spectacle s'offre à vous. Une sorte de village flottant, composé de barques à fond plat sur lesquelles ont été érigées de véritables maisons, borde les quais. Enfin, une multitude de yachts et de voiliers emplissent la baie, contribuant au cachet balnéaire du West End.

Si vous avez envie de faire une croisière, rendez-vous au guichet de **Harbour Cruises** *(au pied de Denman St.,* ☎*604-688-7246).*

C'est ici que le circuit du West End se termine. Vous pouvez vous rendre au centre-ville (l'autobus 19 dessert Georgia Street, deux rues au nord) ou commencer le circuit E: Stanley Park, quelques rues à l'ouest.

Circuit E: Stanley Park
★★★

Le même personnage qui a donné au hockey la Coupe Stanley a laissé son nom à ce parc qu'il a personnellement créé à la fin du XIXe siècle dans un élan de romantisme. Lord Stanley était alors gouverneur général du Canada (1888-1893). Le parc fut dédié *«à l'usage de tous, peu importe la couleur, la religion ou les traditions, pour l'éternité».* Comme le Central Park à New York et le parc du Mont-Royal à Montréal, la majeure partie du Stanley Park fut conçue par Frederick Law Olmsted. Le Stanley Park, c'est 405 ha de jardins fleuris, de forêt dense et de points de vue sur la mer et les montagnes aménagés sur une presqu'île surélevée s'avançant dans le détroit de Georgie. On le voit, les nombreux gratte-ciel de Vancouver n'empêchent en rien la ville d'entretenir des liens privilégiés avec une nature sauvage toute proche. Le Stanley Park recèle en outre une faune variée.

Une promenade riveraine longue de 10 km baptisée **The Seawall** ★★ entoure le parc, permettant aux piétons de ne rien manquer du paysage saisissant. Une route, la **Stanley Park Scenic Drive**, remplit la même fonction pour les automobilistes. Il s'agit d'une route à sens unique où l'on circule dans le sens contraire des aiguilles d'une montre.

Il y a plusieurs terrains de stationnement le long de la route *(1$/1h, 4$/journée)*, mais, même s'ils sont abordables, la circulation est dense dans le parc, surtout les fins de semaine d'été. Une option intéressante consiste à prendre un autobus depuis le centre-ville (23, 123, 35 ou 135) et, une fois rendu au parc, de profiter du **Stanley Park Shuttle Bus** *(gratuit)*, qui se déplace entre 14 des attraits les plus populaires du parc *(aux 15 min; mi-juin à mi-sept 10h à 18h30)*. Vous pouvez aussi prendre l'**Express Bus to Stanley Park**, qui vous transporte à partir d'une douzaine d'hôtels du centre-ville et est gratuit pour ceux qui se rendent au parc pour visiter le Vancouver Aquarium ou pour s'offrir le Horse-Drawn Tour. Le **Stanley Park Horse-Drawn Tour** *(20,55$; mi-mars à fin oct; ☎604-681-5115)* dure une heure. Il s'agit d'une promenade en carriole, pour ceux qui désirent faire une petite folie.

Cependant, la bicyclette demeure le moyen idéal pour découvrir le Stanley Park. N'oubliez pas que la piste cyclable se déroule aussi dans le sens contraire des aiguilles d'une montre, de Coal Harbour à English Bay. Vous pouvez louer un vélo chez **Spokes Bicycle Rental** *(angle W. Georgia St. et Denman St., ☎604-688-5141)*.

En outre, de nombreux sentiers pédestres sillonnent le parc dans tous les sens, donnant l'occasion d'en découvrir les secrets. Plusieurs aires de repos ont été aménagées le long du parcours.

En quittant West Georgia Street, dirigez-vous d'abord vers Brockton Point en longeant Coal Harbour.

On découvre alors la masse rutilante des yachts de la marina de Vancouver, derrière laquelle se profilent les gratte-ciel du centre-ville. Cette portion du parc est la plus développée par l'homme. À l'entrée du parc, un peu à l'écart de la promenade du Seawall, un sentier pédestre mène au **Malkin Bowl** *(à l'intérieur du club d'aviron)*; **Theatre Under the Stars** *(30$; billetterie: ☎604-687-0174)* se produit en juillet et en août.

Près du Malkin Bowl, le Stanley Park cache de beaux **jardins de fleurs** ★, méticuleusement entretenus par une équipe de jardiniers qui se feront un plaisir de répondre à vos questions et de vous faire découvrir «leur» Stanley Park.

Continuez votre promenade le long du Seawall.

Suivez le sentier jusqu'au **Vancouver Aquarium Marine Science Centre** ★★★ *(17,50$; juil et août tlj 9h30 à 19h, sept à juil tlj 10h à 17h30; ☎604-659-3474)*, une institution réputée (les panneaux indicateurs plantés le long du sentier s'avèrent difficiles à repérer, renseignez-vous auprès des passants; par contre, pour les automobilistes, les indications sont bien visibles à partir de West Georgia Street). L'aquarium de Vancouver présente la faune marine de la Côte Ouest et du Pacifique dans son ensemble, entre autres de merveilleux épaulards, bélugas, dauphins, phoques et poissons exotiques.

Prévoyez deux ou trois heures pour la visite. Il y a des spectacles et des «heures de repas» toutes les 30 min *(horaire variable)*; donc, si vous désirez à tout prix voir un dauphin s'entraîner ou assister à un spectacle de béluga, appelez à l'avance. De plus, ne manquez pas de visiter à l'extérieur l'exhibition des phoques, de Spinnaker le dauphin, des loutres de mer et des bélugas (tous ont des difficultés les empêchant de vivre dans un environnement naturel). À l'intérieur se trouvent aussi des aires d'observation des bélugas et des dauphins. L'exposition *Treasures of the B.C. Coast* présente les écosystèmes du littoral de la province grâce à plusieurs aquariums et des panneaux d'interprétation. Il y a aussi une section sur le rivage du Stanley Park, alimentée par de l'eau de mer provenant de Burrard Inlet. Ne manquez pas la galerie The Amazon, où toutes sortes d'habitants de la forêt tropicale se sont installés, entre autres des papillons du Costa Rica en liberté. Prenez enfin quelques instants pour admirer les paresseux perchés aux branches des arbres.

Pendant que vous êtes à l'aquarium, ne manquez pas le **BC Hydro Salmon Stream Project**, un enclos à saumons créé pour fins d'éducation publique. À partir de l'exposition *Forest Headwaters*, les visiteurs peuvent suivre un ruisseau artificiel à travers le parc pour aboutir à Coal Harbour, près du Vancouver Rowing Club (club d'aviron), où 10 000 tacons *chinook* (quinnat ou

Vancouver - Attraits touristiques - Stanley Park

VANCOUVER circuit E: Stanley Park

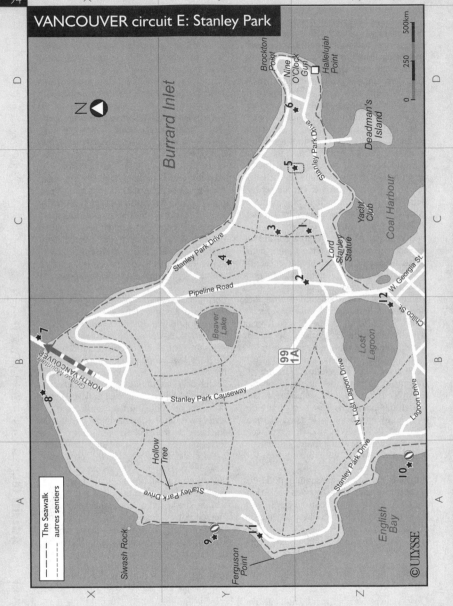

Burrard Inlet

Brockton Point

Nine O'Clock Gun

Hallelujah Point

Deadman's Island

Stanley Park Drive

Coal Harbour

Yacht Club

Lord Stanley Statue

Pipeline Road

Beaver Lake

W. Georgia St.

Chilco St.

Lost Lagoon

99 1A

N. Lost Lagoon Drive

Lagoon Drive

Stanley Park Causeway

Grouse Mountain
NORTH VANCOUVER

Hollow Tree

Stanley Park Drive

Stanley Park Drive

Siwash Rock

Ferguson Point

English Bay

© UIXSSE

The Seawalk
autres sentiers

★ ATTRAITS TOURISTIQUES

1. CZ   Malkin Bowl
2. CZ   Jardins de fleurs
3. CY   Vancouver Aquarium
          Marine Science Centre
4. CY   Miniature Railway,
          Farmyard et Playground

5. CZ   Brockton Oval
6. DZ   Totem Poles
7. BX   Lions Gate Bridge
8. BX   Prospect Point
9. AY   Third Beach
10. AZ Second Beach

11. AY Sequoia Grill
12. BZ Lost Lagoon Nature House

500km
250
0

royal) et *cobo* (coho ou argenté), conçus en incubateur, furent relâchés en 1998. Une phéromone fut ajoutée à l'eau pour aider les saumons matures à retrouver leur ruisseau d'origine, ce que fait maintenant tous les ans chaque nouvelle génération. Après plus d'un siècle, le saumon est retourné au centre-ville de Vancouver! L'enclos est situé dans la fosse à ours de l'ancien zoo du Stanley Park, qui a fermé ses portes au début des années 1990.

On y trouve plusieurs comptoirs d'alimentation offrant des mets un peu plus recherchés que les simples hot-dogs (quoiqu'on en trouve aussi, si c'est ce que vous désirez!), et ce, à prix raisonnables.

Au nord de l'aquarium se trouvent le **Miniature Railway** (train miniature), la **Farmyard** (fermette) et le **Playground** (terrain de jeux), tous populaires auprès des enfants.

D'ici, vous pouvez vous diriger vers le sud et ainsi retourner au Seawall, ou prendre un des sentiers pédestres vers l'est qui mènent au **Brockton Oval**, où l'on joue au rugby et au cricket. Plus à l'est se présentent les fameux **Totem Poles** ★, ces mâts totémiques qui évoquent l'importante présence amérindienne sur la presqu'île, il y a à peine 150 ans. La plupart de ces totems, par contre, sont plutôt récents; ils furent sculptés après 1987. L'un d'eux est une création datant de 1964 du célèbre artiste haïda Bill Reid.

En continuant le long du Seawall, vous franchirez Brockton Point et verrez de beaux paysages à photographier. À environ 2,5 km, vous passerez sous les **Lions Gate Bridge** ★★. Cet élégant pont suspendu, construit en 1938, franchit le First Narrows pour relier la riche banlieue de West Vancouver au centre de la ville. À l'entrée du pont, l'artiste Charles Marega a sculpté deux immenses têtes de lion. À l'ouest du pont, on se retrouve au point d'observation de **Prospect Point** ★★★, d'où l'on bénéficie d'une vue d'ensemble de la structure aux piliers d'acier qui font 135 m de haut.

La **Seawall Promenade** épouse la configuration du parc et offre, après une courbe à 45 degrés, un vaste panorama du détroit de Georgie et, par temps clair, du Cypress Park et de Bowen Island, au loin. On rejoint ensuite **Third Beach** ★, une des plages les plus agréables de la région. Les nombreux cargos et paquebots qui attendent d'entrer dans le port complètent le tableau. D'ici,

un escalier mène au **Third Beach Cafe**, petit établissement qui sert des repas légers.

Entre Third Beach et **Second Beach** ★ se trouve l'ancien Teahouse, qui abrite aujourd'hui le **Sequoia Grill** (voir p 129) et où il est suggéré de faire un arrêt. Dans les années 1850, le gouvernement britannique, craignant une invasion américaine (la frontière avec les États-Unis est située à moins de 30 km de Vancouver), a songé à ériger des batteries d'artillerie à cet endroit. La possibilité d'un conflit s'étant considérablement amenuisée au début du XXe siècle, il fut plutôt décidé de construire un charmant pavillon de thé dans la verdure. Cette construction de bois dans le style des chalets suisses date de 1911.

De Second Beach, bouclez la boucle en suivant les indications vers Georgia Street / The Seawall. Vous passerez ensuite le **Lost Lagoon** ★, une ancienne portion de Coal Harbour en partie comblée lors de la construction du Lions Gate Bridge. La «lagune perdue» abrite une réserve ornithologique où l'on peut voir s'ébattre quantité de bernaches, de canards et de cygnes.

En quittant le parc, vous apercevrez des panneaux indiquant la **Lost Lagoon Nature House**, qui abrite la **Stanley Park Ecology Society** *(été mar-dim 10h à 19h; printemps ven 12h à 16h, sam-dim 9h30 à 16h30; automne et hiver sam-dim 9h30 à 16h30; ☎604-257-8544)*. On y propose une petite présentation sur la nature et des promenades thématiques à travers le parc *(3-10; téléphonez pour connaître l'horaire)*.

Circuit F: Burrard Inlet ★★

Mais qu'est-ce au juste qu'un *inlet?* C'est un bras de mer profond qui, dans ce cas-ci, est également très large. Burrard Inlet abrite le port de Vancouver, devenu, depuis une vingtaine d'années, le plus important du Canada. Si l'Atlantique était autrefois le chemin privilégié du commerce, la formidable expansion des économies de la Côte Ouest américaine (Californie, Oregon, Washington) et surtout de l'Extrême-Orient (Japon, Hong Kong, Taiwan, Chine populaire, Singapour, Thaïlande, etc.) a fait du Pacifique le roi et maître du transport par bateau.

Vancouver - Attraits touristiques - Burrard Inlet

Au-delà du port se trouvent les banlieues de North Vancouver et de West Vancouver, aménagées à flanc de montagne, et offrant des points de vue spectaculaires sur la ville, en contrebas. On peut également y admirer, le long de chemins tortueux aux pentes abruptes, certains des meilleurs exemples d'architecture résidentielle moderne en Amérique du Nord. Ces maisons luxueuses, souvent formées d'un assemblage de piliers et de poutres de bois local, sont habituellement entourées d'une végétation luxuriante mêlant des plantes importées d'Europe et d'Asie avec les grands sapins de Colombie-Britannique.

Il y a deux façons d'effectuer ce circuit: soit à pied, en prenant le *SeaBus*, ce traversier qui fait la navette entre le centre de Vancouver et la rive nord de Burrard Inlet, permettant à ses passagers de bénéficier du grand air et de points de vue particuliers, à la fois sur la ville et sur les montagnes; soit en voiture, en traversant le **Lions Gate Bridge** (voir p 95), puis en suivant Marine Drive vers l'est jusqu'à Third Street et Lonsdale Avenue vers le sud. Les descriptions ci-dessous réfèrent cependant au circuit pédestre à moins que le trajet en voiture ne soit spécifié.

Débutez votre visite devant la façade Renouveau classique de l'ancienne **gare ferroviaire du Canadian Pacific Railway** ★ *(601 W. Cordova St.)*, construite en 1912 selon les plans des architectes Barrott, Blackader et Webster de Montréal. Cette gare, la troisième du Canadian Pacific Railway à Vancouver, occupe une place privilégiée dans l'histoire de la ville, car c'est par train et en provenance de l'est qu'arrivait autrefois la prospérité. C'était avant que les bateaux en provenance de l'ouest ne prennent la relève. Aussi, dans le même élan, la gare n'est-elle plus ferroviaire mais bien maritime, puisqu'elle donne accès au terminus Granville du *SeaBus*. Mince consolation, elle donne également un accès indirect au terminus Waterfront du *SkyTrain* (à l'extrémité de Howe Street). Au-dessus de ce dernier terminus, on découvre le minuscule **Portal Park** et ses azalées. Immédiatement à l'ouest, on aperçoit la tour de **Granville Square**, la seule portion réalisée d'un vaste projet immobilier de 1971 qui prévoyait la démolition de la gare.

Suivez les panneaux indicateurs menant au *SeaBus*. La traversée *(2,25$)*, qui dure à peine 15 min, est trop courte pour certains... À **North Vancouver** ★ ★, le traversier accoste à sa gare nord, tout près du sympathique **Lonsdale Quay Market** ★, érigé sur un quai s'avançant dans Burrard Inlet. Des cafés qui entourent le marché, on bénéficie de vues imprenables non seulement sur Vancouver et les montagnes, mais aussi sur les activités portuaires toutes proches. En effet, le coloré quai des remorqueurs avoisine le marché à l'est. Le Lonsdale Quay Market fut aménagé en 1986 d'après un concept des architectes Hotson et Bakker. Ceux-ci ont voulu combler tous les besoins de l'être humain: se nourrir (au rez-de-chaussée), se vêtir (à l'étage) et se loger (dans l'hôtel aux niveaux supérieurs, voir p 121). D'ici, Vancouver a vraiment l'air d'un petit Manhattan en puissance.

Le marché constitue le principal attrait urbain de North Vancouver, une banlieue de 45 000 habitants coincée entre Burrard Inlet et des montagnes de plus de 1 500 m.

Empruntez la sortie nord du marché et dirigez-vous vers la gauche, soit en direction de l'eau. Vous vous retrouverez sur le Sentier transcanadien, qui mène au **Waterfront Park**, un bel endroit où se promener, admirer le panorama et profiter du plein air. De part et d'autre du marché, la côte est parsemée de réserves amérindiennes lilliputiennes, certaines faisant à peine deux quadrilatères. C'est le cas de la **Mission Indian Reserve**, qui s'étend autour de Mission Road et au nord du bord de l'eau, au-delà

★ **ATTRAITS TOURISTIQUES**

1. CZ	Gare ferroviaire du Canadian Pacific Railway	**6.** CZ St. Paul's Catholic Church
2. CZ	Granville Square	**7.** CY Capilano Suspension Bridge and Park
3. CZ	Lonsdale Quay Market	**8.** CY Capilano Salmon Hatchery
4. CZ	Waterfront Park	**9.** CY Cleveland Dam Park
5. CZ	Mission Indian Reserve	**10.** CY Grouse Mountain

VANCOUVER circuit F: Burrard Inlet

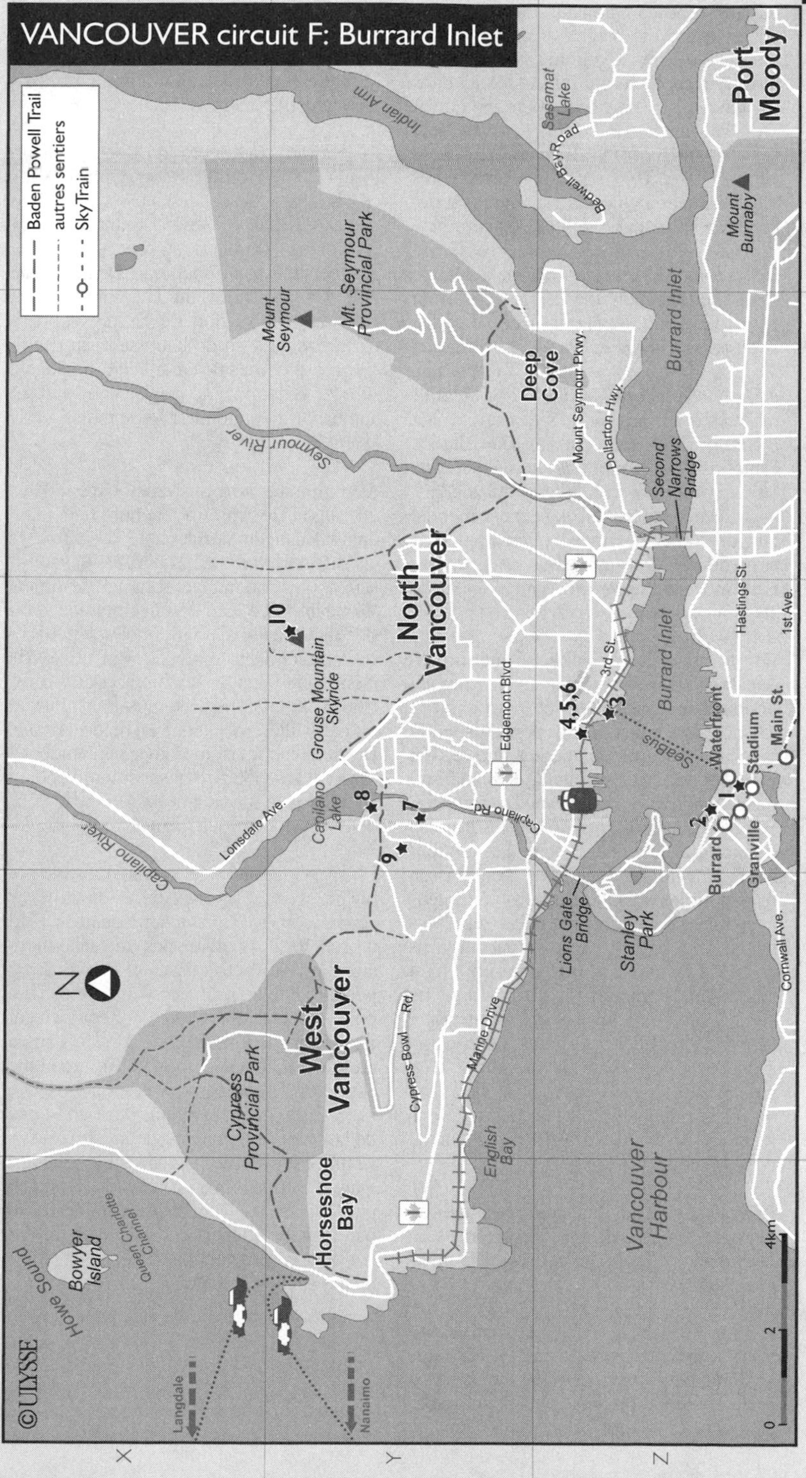

Legend:
- Baden Powell Trail
- autres sentiers
- SkyTrain

©ULYSSE

Port Moody

Mount Burnaby ▲

Burrard Inlet

Sasamat Lake

Bedwell: Skyr Road

Indian Arm

Mount Seymour ▲

Mt. Seymour Provincial Park

Deep Cove

Mount Seymour Pkwy.

Dollarton Hwy.

Seymour River

Second Narrows Bridge

Hastings St.

1st Ave.

3rd St.

Seabus

Burrard Inlet

Waterfront

North Vancouver

Grouse Mountain Skyride

Capilano Lake

Edgemont Blvd

Lonsdale Ave.

Capilano Road

Capilano River

West Vancouver

Cypress Provincial Park

Cypress Bowl Rd.

Marine Drive

Horseshoe Bay

Howe Sound

Bowyer Island

Queen Charlotte Channel

Langdale

Nanaimo

English Bay

Lions Gate Bridge

Stanley Park

Vancouver Harbour

Stadium

Burrard

Granville

Main St.

Cornwall Ave.

N

10 ★

8 ★
7 ★
9 ★

4,5,6 ★

3 ★

2 ★
1 ★

0   2   4km

du parc. Une communauté de Squamishs, un groupe de la nation Coast Salish, habite cette réserve. Son nom est dérivé de la mission catholique qui fut fondée ici dans les années 1860. Par cette route, on atteint West Esplanade, où se trouve la **St. Paul's Catholic Church** *(424 W. Esplanade St.)*, érigée entre 1884 et 1909 par des missionnaires oblats venus du Québec. L'intérieur est décoré de vitraux et de statues polychromes.

Les automobilistes retourneront à Marine Drive en direction ouest, puis graviront Upper Capilano Road, qui mène au **Capilano Suspension Bridge and Park** *(24,95$ mi-mai à oct; 21,95$ nov à mi-mai; tlj; 3735 Capilano Rd., North Vancouver, ☎604-985-7474, www. capbridge.com)*. Les piétons devront, quant à eux, prendre, au Lonsdale Quay Market, l'autobus 236 *(aux demi-heures: 15 min après l'heure et 15 min avant l'heure)*, qui les laissera devant l'entrée. Des sentiers mènent au pont de câbles métalliques, lequel est suspendu à 70 m au-dessus de la rivière Capilano et remplace le pont original de 1899 fait de fibre de chanvre.

Ce site privé, et très publicisé, attire quelque 800 000 visiteurs par année qui déboursent une petite fortune pour avoir la «chance» de traverser un pont suspendu branlant pendant deux petites minutes. Le prix d'entrée est exorbitant, et manifestement l'endroit est une trappe à touristes. Son seul (maigre) côté positif: les trottoirs de bois qui sillonnent la forêt. Les randonneurs chevronnés pourront s'en passer, mais pour les personnes âgées ou les gens à mobilité réduite, ces sentiers représentent le seul moyen de se promener dans la forêt. Cela dit, la traversée du pont n'est pas recommandée aux gens souffrant de vertige. Si vous voulez absolument visiter l'endroit, descendez à l'aire d'observation à droite du pont pour admirer la vue d'en bas. Si l'expérience vous plaît, faites un saut à la boutique, où vous pourrez vous procurer un souvenir qui témoignera de votre bravoure.

Une deuxième option plus «physique» où vous devrez user de vos compétences en randonnée: le pont suspendu du **Lynn Canyon Park** (voir p 107).

À 3 km au nord se trouve la **Capilano Salmon Hatchery** ★ *(entrée libre; tlj; 4500 Capilano Park Rd., North Vancouver, ☎604-666-1790)*, la première ferme piscicole de Colombie-Britannique. On y apprend à mieux connaître le cycle de vie du saumon. Pendant l'été, les saumons du Pacifique s'épuisent à remonter la rivière Capilano pour atteindre le centre de reproduction, offrant aux visiteurs un spectacle frétillant!

La portion supérieure d'Upper Capilano Road a été rebaptisée "Nancy Greene Way", en l'honneur de cette skieuse canadienne médaillée d'or du slalom géant aux Jeux olympiques de Grenoble en 1968. Sur la gauche, une route mène au **Cleveland Dam Park** ★★, au bord du lac Capilano. En 1954, la construction de l'impressionnant barrage de 100 m de haut, situé au centre du parc, a permis de créer le lac, principale source d'eau potable de Vancouver. Tout autour, on peut admirer les sommets de la chaîne Côtière.

À l'extrémité nord du Nancy Greene Way, on atteint le tramway aérien dénommé **Grouse Mountain Skyride** *(29,95$; 5$ pour la descente seulement; tlj 9h à 22h; ☎604-984-0661)*, qui conduit au sommet de **Grouse Mountain** ★★★, à 1 250 m d'altitude, d'où skieurs et simples randonneurs peuvent contempler l'ensemble de Vancouver, de même que l'État de Washington, aux États-Unis, vers le sud (par temps clair). La vue est particulièrement belle en fin de journée. Des sentiers de nature sauvage s'étendent à l'arrière des points d'observation. Pendant l'été, Grouse Mountain est le rendez-vous des amateurs de deltaplane.

Un sport populaire (et un moyen aussi populaire d'éviter les frais élevés du tramway aérien) consiste à gravir la montagne à pied (voir p 107). N'oubliez pas que cette montagne est surtout consacrée au ski; donc, pendant l'hiver, préparez-vous à vous faire bousculer par les foules et leur équipement de ski dans le téléphérique. Une fois arrivé au sommet, faites un tour au Theatre in the Sky (dans le chalet) pour visionner un film intéressant, *Born to Fly*, qui offre un survol de la Colombie-Britannique à vol d'oiseau. Le film est présenté toutes les heures et est gratuit. La très brève promenade (5 min en plus du temps d'attente) en traîneau tiré par tracteur (départ du chalet en hiver), par contre, n'en vaut pas vraiment la peine, même si elle est gratuite.

Circuit G: False Creek
★ ★

False Creek est, à l'instar de Burrard Inlet, une anse s'avançant profondément dans les terres. Située au sud du centre-ville de Vancouver, False Creek signifie «fausse crique». La présence de l'eau et des voies ferrées a amené ici de nombreuses scieries au début du XXᵉ siècle.

Ces usines ont graduellement comblé une bonne partie de False Creek, ne laissant qu'un étroit passage pour l'approvisionnement en eau, essentiel à l'industrie du sciage. Au fil des ans, les deux tiers de False Creek, telle qu'elle apparaissait à l'explorateur George Vancouver en 1790, ont disparu sous l'asphalte.

Dès le début des années 1980, les scieries et autres industries avaient disparu, ne laissant qu'un héritage de pollution industrielle et de dégâts. La Ville acheta le site, en fit un rapide nettoyage et en 1986 organisa Expo 86, une exposition internationale qui attira plusieurs millions de visiteurs en quelques mois. Le site devint ensuite une zone résidentielle et commerciale, et fut vendu à un magnat de Hong Kong pour la somme de 145 millions de dollars.

Le circuit du secteur de False Creek commence à Yaletown, au sud-est du centre-ville, aux limites de False Creek. Du centre-ville, empruntez Robson Street en direction est jusqu'à Homer et tournez à droite.

Yaletown ★ s'étend entre Homer à l'ouest, Pacific Boulevard à l'est, Nelson au nord et Drake au sud. Les rues Mainland et Hamilton, entre Davie et Nelson, seront probablement les plus intéressantes pour les visiteurs.

À l'origine, le quartier de Yaletown était situé au sud de son emplacement actuel, sur Drake Street entre Granville et Pacific Boulevard. Yaletown a vu le jour en 1887, quand le terminal ouest de la ligne de chemin de fer du Canadian Pacific Railway (CPR) fut transféré de Port Moody à Vancouver. Les ateliers de construction et de réparation du CPR, qui étaient alors situés à Yale dans le Fraser Canyon, furent aussi déplacés et installés dans ce quartier de la rive nord de False Creek, qui acquit ainsi son nom de "Yaletown", et où une communauté de cheminots fut créée. Le **Yale**

Hotel *(1300 Granville St., près de Drake St.)*, aujourd'hui un populaire bar de rhythm-and-blues (voir p 140), était à l'origine le Colonial Hotel, qui louait ses chambres à ces ouvriers. Érigé en 1890, il s'agit de l'un des plus vieux immeubles de Vancouver. Au début des années 1900, la Ville fonda un «quartier des entrepôts» à côté de la communauté originale, où se trouve aujourd'hui Yaletown. Ces entrepôts furent construits à partir d'aires de chargement recouvertes de toitures permanentes à l'arrière, où l'on pouvait directement charger et décharger la marchandise des wagons.

La progression du transport par camion a eu pour effet de limiter l'utilisation des grands entrepôts de Yaletown, et le quartier se mit à décliner. Les voies ferrées furent enlevées dans les années 1980, au moment où les chercheurs de lofts découvrirent le quartier. Les quais de déchargement de Hamilton Street et de Mainland Street ont été transformés en cafés-terrasses et en restaurants. Une nouvelle clientèle occupe maintenant les entrepôts de briques: designers, artistes, équipes de production cinématographique et gens d'affaires aventuriers. C'est aujourd'hui l'un des endroits les plus branchés et huppés de Vancouver.

Après avoir exploré Yaletown, empruntez Homer Street jusqu'à False Creek pour atteindre le **David Lam Park**, un bel endroit où promener son chien, faire du vélo ou jouer au soccer. Il y a d'ailleurs amplement d'espace où s'asseoir pour jouir du spectacle.

Le sentier du **Marinaside Crescent** est la plus récente extension de la promenade au bord de l'eau, reliant le David Lam Park au Coopers' Park, 220 m à l'est, près du Cambie Bridge. Il est bordé de quelques œuvres d'art public et de plusieurs bancs.

Continuez jusqu'à Davie Street et tournez à gauche.

Sur votre gauche, à l'angle de Pacific Street, vous apercevrez une curieuse structure semi-circulaire. La **CPR Roundhouse ★** *(angle Davie St. et Pacific Blvd.)*, une rotonde admirablement restaurée, est l'unique survivante de la gare de triage du Canadian Pacific Railway (CPR) autrefois située à cet emplacement. Le bâtiment de 1888 a servi jadis d'atelier de réparation des locomotives. À partir d'une voie ferrée unique, on faisait pivoter les mastodontes de fer afin qu'ils puissent être réparés derrière une

Vancouver - Attraits touristiques - False Creek

des 10 portes de ce «garage». La rotonde fut construite ainsi pour permettre de rassembler les voies intérieures en demi-cercle. Devant la rotonde, on conduisait les locomotives à une plaque tournante qui les dirigeait vers les quais de service.

Avant d'atteindre l'entrée de la rotonde, vous verrez le pavillon vitré qui abrite l'*Engine 374* ★ *(dons appréciés; été tlj 11h à 15h, reste de l'année jeu-sam 11h à 15h; angle Davie St. et Pacific Blvd.,* ☎ *604-684-6662)*, soit la locomotive du premier train à atteindre Vancouver, en 1887. Construite par le Canadian Pacific Railway en 1886, la locomotive fut restaurée par des bénévoles pour l'Expo 86 après qu'elle fut négligée au Kitsilano Park. Les enfants aiment bien y monter et la faire siffler.

Au pied de Davie Street se trouve une marina desservie par les **Aquabus** *(2-5;* ☎ *604-689-5858)*, ces petits bateaux qui ressemblent plus à des jouets de bain qu'à des vaisseaux dignes de confiance… L'Aquabus se rend à Science World *(3,50$ aller seulement; sam-dim, départs toutes les 30 min de 10h10 à 18h15, même horaire pour le retour)* ainsi qu'à Granville Island *(3,50$ aller seulement; départs tlj toutes les 30 min aux heures et aux demi-heures de 7h à 20h30, toutes les 15 min de 8h45 à 18h15, même horaire pour le retour; arrêt à Stamps Landing en chemin)*. Si vous désirez visiter les deux endroits, vous pouvez aussi prendre l'Aquabus de l'un à l'autre les samedis et les dimanches *(6$ aller seulement; départs de Granville Island toutes les 30 min de 10h à 18h, départs de Science World 10h30 à 18h30)*. **False Creek Ferries** *(6$ aller seulement;* ☎ *604-684-7781)* fait aussi ce dernier trajet, avec des départs tous les jours *(de Science World toutes les 30 min, soit 15 min et 45 min après l'heure; de Granville Island toutes les 30 min, soit 25 min et 55 min après l'heure)*.

Si cet horaire ne vous convient pas, il est possible de marcher jusqu'à Science World. Continuez jusqu'au Cooper's Park, à l'ombre du Cambie Bridge, un autre endroit préféré des chiens et de leurs maîtres. Le sentier pavé, bordé de lampadaires, se pro-longe jusqu'à la Plaza of Nations, où vous aurez ensuite à trouver votre chemin à travers les zones clôturées jusqu'à Science World, environ 10 min plus tard.

En vous dirigeant vers Science World, vous apercevrez le dôme blanc du BC Place Stadium et, à côté, le dôme gris de GM Place. Les 60 000 sièges du **BC Place Stadium** *(777 Pacific Blvd. N.,* ☎ *604-661-7362)* sont très en demande auprès des amateurs de football canadien qui viennent y applaudir les BC Lions. De grandes foires commerciales ainsi que des concerts rock y sont également présentés. **GM Place** *(Pacific Blvd., angle Abbott St.,* ☎ *604-899-7400)* est un amphithéâtre de 20 000 places. Sa construction a été terminée en 1995. C'est ici que sont présentés les matchs à domicile de l'équipe nationale de hockey, les Canucks de Vancouver.

Dirigez-vous vers la grosse boule argentée de **Science World** ★ *(14,50$ ou 19,50$ avec cinéma OMNIMAX; 1455 Quebec St.,* ☎ *604-443-7443, www.scienceworld.bc.ca)*, à l'extrémité de False Creek. L'architecte Bruno Freschi a conçu ce bâtiment de 14 étages pour servir de place d'accueil dans le cadre de l'Expo 86. À noter qu'il s'agit du seul pavillon de cette exposition construit pour demeurer en place après l'événement. La sphère symbolisant la Terre a supplanté la tour comme symbole par excellence des expositions universelles et internationales depuis l'Expo 67 de Montréal. La sphère de Vancouver renferme un cinéma OMNIMAX, qui présente des films sur un écran géant en forme de coupole. Le reste de l'édifice abrite un musée qui explore les secrets de la science sous tous ses angles.

On y trouve toutes sortes de puzzles et de présentoirs pour enfants, dont la plupart contiennent un message pro-environnement, par exemple une présentation démontrant comment le simple fait d'activer la chasse d'eau est un gaspillage d'eau; un film sur les ours polaires de Churchill au Manitoba; et une présentation expliquant comment l'électricité fait fonctionner les appareils ménagers. La plupart des visi-

★ **ATTRAITS TOURISTIQUES**

1. BX	Yale Hotel	
2. BY	David Lam Park	
3. BY	CPR Roundhouse	
4. BY	Engine 374	
5. CX	BC Place Stadium	
6. DX	GM Place	
7. DY	Science World	
8. AY	Granville Island Market	
9. AY	Emily Carr College of Art and Design	
10. AY	Granville Island Brewing Company	
11. AY	Granville Island Museums	

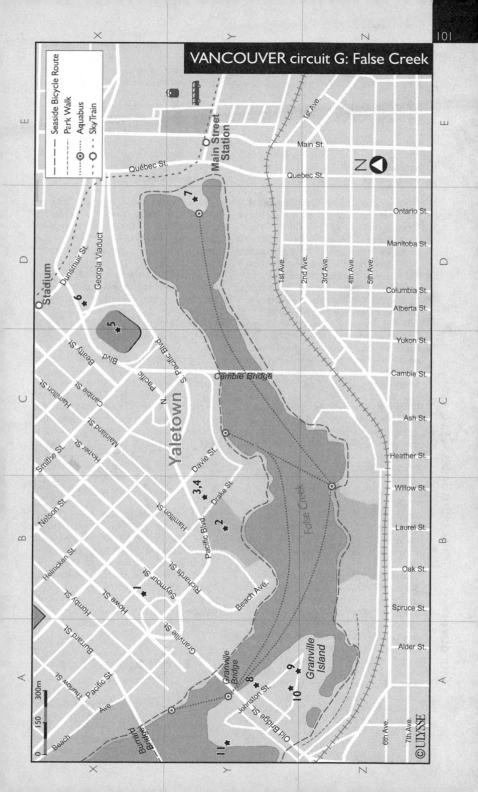

VANCOUVER circuit G: False Creek

Legend:
- — — — Seaside Bicycle Route
- · · · · · Park Walk
- ⊙ Aquabus
- ○ Sky Train

Stadium

Dunsmuir St.

Georgia Viaduct

Québec St.

Main Street Station

1st Ave.

Main St.

Quebec St.

Ontario St.

Manitoba St.

1st Ave.

2nd Ave.

3rd Ave.

4th Ave.

5th Ave.

Columbia St.

Alberta St.

Yukon St.

Cambie St.

Ash St.

Heather St.

Willow St.

Laurel St.

Oak St.

Spruce St.

Alder St.

6th Ave.

7th Ave.

Cambie Bridge

False Creek

Yaletown

Pacific Blvd.

N Pacific

S Pacific Blvd.

Beatty St.

Cambie St.

Hamilton St.

Mainland St.

Homer St.

Smithe St.

Nelson St.

Helmcken St.

Hornby St.

Howe St.

Seymour St.

Richards St.

Hamilton St.

Pacific Blvd.

Davie St.

Drake St.

Beach Ave.

Granville St.

Granville Bridge

Granville Island

Johnston St.

Old Bridge St.

Burrard Bridge

Beach Ave.

Pacific St.

Thurlow St.

Burrard St.

0   150   300m

© ULYSSE

teurs de Science World sont des écoliers de moins de 14 ans, à qui la majorité des expositions est destinée. Vous ne pourrez quitter le site sans avoir passé quelques moments à admirer la superbe *Tower of Bauble*, une sculpture cinétique géante située à l'extérieur de l'entrée principale.

Après avoir visité Science World, vous voudrez peut-être vous rendre à la Pacific Central Station, dont la longue façade de style Beaux-Arts est impressionnante.

Si vous désirez visiter **Granville Island** ★★ par traversier, descendez au quai des False Creek Ferries, à côté de Science World. Si vous prenez la voiture (à éviter puisque la circulation est dense et le stationnement plutôt rare) ou le vélo (en empruntant la Seaside Bicycle Route), prenez le Granville Street Bridge ou le Burrard Street Bridge et suivez les indications. Pour vous rendre directement sur l'île sans faire le circuit de False Creek, dans Howe Street, au centre-ville, montez dans l'autobus 50 en direction sud à partir de la rue Howe, au centre-ville. Vous remarquerez, en passant, les piliers vaguement Art déco du Burrard Street Bridge (1930).

Île artificielle créée en 1914, Granville Island était autrefois exploitée à des fins industrielles. Depuis 1977, elle a vu ses entrepôts se transformer en un important centre récréatif et commercial. On y trouve un marché public, des restaurants, des boutiques d'artisanat, un marché aux puces, des théâtres et des ateliers d'artistes. D'ailleurs, en 2004 Granville Island a été nommée «meilleur quartier en Amérique du Nord» par le Project for Public Spaces, un organisme qui encourage la création d'espaces publics communautaires.

Le marché public de l'île, le **Granville Island Market** ★★ *(tlj 9h à 18h; www.granville-island. net)*, est un incontournable! Mettez la main sur du thé *chai* de la Granville Island Tea Co. ou du café biologique (de commerce équitable, bien sûr) de l'Origins Coffee Company, et faites plaisir à vos sens. Ici vous trouverez des marchands d'orchidées, des poissonniers vendant du saumon de toutes les teintes de rouge, des *focaccias* et des pains aux figues et à l'anis au merveilleux Terra Breads, de délicieux "Indian candies" (ces bouchées de saumon fumé sucrées à l'érable), du potage au saumon fumé chez Stock Market et une atmosphère des plus festives dont vous pourrez jouir sur un confortable banc près de False Creek. La vue des tours et des immeubles de la rive nord n'est pas tellement inspirante, mais les bonnes choses que vous aurez sous la main ou dans la bouche vous feront vite oublier le panorama.

À l'extérieur du marché, vous pourrez faire quelques achats dans les boutiques d'artisanat situées le long des rues de cette petite île. Ces établissements recèlent des marchandises tout à fait uniques.

Si vous voyagez avec des enfants, faites un saut au **Kid's Market**, sous le pont. Vous y trouverez deux étages animés regorgeant de marchandises pour les petits, ainsi que des jeux et un comptoir d'alimentation.

À cela, il faut ajouter un centre communautaire et l'**Emily Carr College of Art and Design**, qui présente des expositions de ses étudiants dans la Concourse Gallery et des œuvres d'artistes internationaux dans la Charles H. Scott Gallery.

La **Granville Island Brewing Company** *(magasin: tlj 10h à 20h; bistro: tlj 12h à 20h; visites guidées avec dégustation 9,75$ à 12h, 14h et 16h; 1441 Cartwright St., ☎604-687-2739, www.gib.ca)* est une populaire microbrasserie où l'on peut savourer de la bière artisanale. Elle offre des visites commentées de ses installations, avec dégustation.

Prenez Anderson Street vers le sud sous le Granville Street Bridge. Les Granville Island Museums se trouvent à la jonction, sur la droite.

Les **Granville Island Museums** ★ *(7,50$; mar-dim 10h à 17h30; 1502 Duranleau St., Granville Island, ☎604-683-1939)* se composent de deux musées individuels mais occupent un seul bâtiment, à deux pas du marché: le Model Trains Museum et le Model Ships Museum. Même si vous n'êtes pas un amateur de modèles réduits de trains et de bateaux, vous aurez quand même plaisir à explorer ces jolis petits musées.

Circuit H: West Side
★★★

La culture du Pacifique de même que l'histoire et les traditions amérindiennes sont omniprésentes dans ce circuit, qui suit la portion de la côte regroupant la majeure partie de la population de Vancouver. Des quartiers résidentiels huppés, de nombreux musées, un campus universitaire ainsi que des plages de sable et de quartz, desquelles on peut apercevoir par temps clair l'île de Vancouver et la chaîne Côtière, composent le parcours. Il s'agit d'un circuit motorisé, car il s'étend sur plus de 15 km.

Il est toutefois possible de visiter les quatre premiers attraits en prenant l'autobus 22 au centre-ville ou encore de se rendre directement jusqu'au campus de l'University of British Columbia avec l'autobus 4. Vous pouvez aussi vous rendre au point de départ, au Vanier Park, grâce aux False Creek Ferries *(départ de l'Aquatic Centre, au pied de Thurlow St.)*.

Quittez le centre-ville par le Burrard Street Bridge.

Gardez la droite, et, immédiatement après être descendu du tablier du pont, tournez à droite dans Chesnut Street, où se trouve le **Vanier Park** (les directions sont bien indiquées), au sein duquel ont été regroupés trois musées.

Le **Vancouver Museum** ★★ *(10$; mar-dim 10h à 17h, jeu jusqu'à 21h; 1100 Chesnut St., ☎604-736-4431, www.vanmuseum.bc.ca)* trône en son centre. Son dôme maniériste rappelle les coiffes portées autrefois par les Salishs. Dans ce merveilleux musée, on présente des expositions sur l'histoire des différents groupes qui ont peuplé la région.

Dans l'Orientation Gallery, vous trouverez une collection éclectique d'objets du monde entier qui furent jadis collectionnés par les résidants de Vancouver. Vous remarquerez aussi une photographie de l'*Engine 374*, la locomotive du train qui s'est rendu à Vancouver le 23 mai 1887. Les enfants raffoleront de cette galerie et de sa collection de jouets, savamment présentée dans des vitrines assez basses pour eux. Vous pourrez aussi y admirer de superbes vues de West End et du Stanley Park.

Installé sur le site du Vancouver Museum, le **H.R. MacMillan Space Centre** ★ *(13,50$; mar-dim 10h à 17h; ☎604-738-7827, www.hrmacmillanspacecentre.com)*, qui abrite le H.R. MacMillan Planetarium, relate la formation de l'univers. Il abrite un télescope grâce auquel les visiteurs peuvent admirer les étoiles.

Le **Vancouver Maritime Museum** ★ *(10$; juin à sept tlj 10h à 17h, nov à avr mar-sam 10h à 17h, dim 12h à 17h; 1905 Ogden Ave., ☎604-257-8300, www.vancouvermaritimemuseum.com)* complète les institutions du Vanier Park. Vancouver, important port de mer, se devait d'avoir un musée maritime. Le clou de la visite est le **Saint-Roch**, le premier navire à avoir bouclé l'Amérique du Nord en empruntant le canal de Panamá et le passage du Nord-Ouest.

Reprenez Chesnut Street et tournez à droite dans Cornwall Avenue, qui devient par la suite une route panoramique connue sous le nom de "Point Grey Road".

On traverse alors **Kitsilano** *(entre Burrard St. et Alma St.)*, bordé au nord par les plages publiques d'English Bay et au sud par 16th Avenue. Ce quartier de Vancouver, dont les maisons de bois Queen Anne et Western Bungalow Style sont typiques de la Côte Ouest, était habité par la classe moyenne au début du XXe siècle.

Dans les années 1960, le quartier était l'endroit de ralliement des hippies de Vancouver. Aujourd'hui, les pulls en polar ont remplacé les jupes à motifs de fleurs, mais on y retrouve toujours une atmosphère de contre-culture. À l'angle de First Avenue et de Yew Street se trouvent plusieurs restaurants, cafés et bars bien situés près de la plage.

Le secteur à l'ouest d'Alma Street, jusqu'aux portes de l'University of British Columbia (UBC), est dénommé **Point Grey** ★★★.

On longe alors le beau **Jericho Beach Park** ★★, une combinaison de parc de verdure et de plage à la limite d'English Bay. Prenez à droite Northwest Marine Drive, puis à gauche Belmont Avenue (qui grimpe sur la colline) afin de contempler quelques-unes des belles maisons du West Side.

Revenez à NW Marine Drive, que vous suivrez vers l'ouest jusqu'à **Spanish Banks Beach** ★★, d'où vous aurez un vaste panorama de Vancouver et de la rive nord. L'endroit est idéal pour admirer le coucher du soleil. Au-delà de Spanish Banks se trouve le **Pacific Spirit Regional Park** ★★ *(☎604-224-5739)*, aussi connu sous le nom de "University Endowment Lands". Ce terrain de 763 ha englobe les plages rocailleuses aux abords de la UBC, ainsi qu'une section intérieure comprenant plus de 40 km de sentiers de randonnée et de pistes cyclables faciles à parcourir. Les plages ne sont

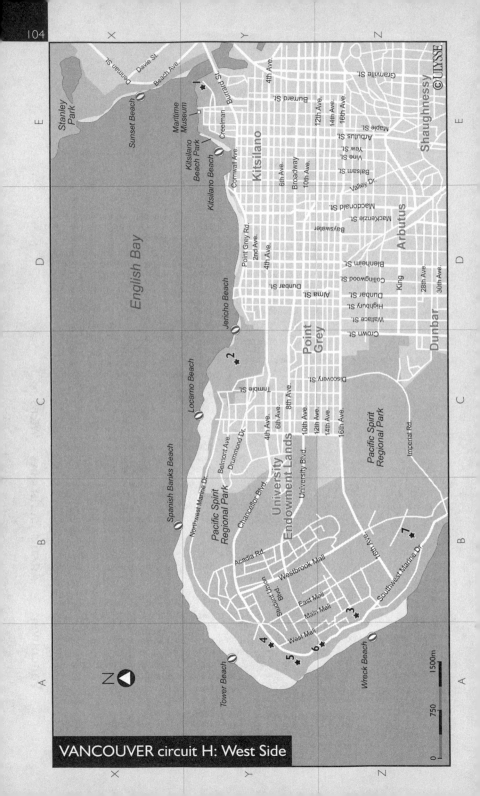

VANCOUVER circuit H: West Side

★ **ATTRAITS TOURISTIQUES**

1. EY Vanier Park (Vancouver Museum, H.R.
          MacMillan Space Centre et Vancouver
          Maritime Museum)
2. CY Jericho Beach Park
3. BZ University of British Columbia

4. AY Museum of Anthropology
5. AY Asian Centre et Nitobe Memorial Garden
6. AZ First Nations House of Learning
7. BZ UBC Botanical Garden and Centre for Plant
          Research

pas surveillées, et le port des vêtements est facultatif. D'ici, vous obtenez un panorama complet du détroit de Georgie.

On pénètre ensuite sur les terrains de l'**University of British Columbia (UBC)** ★. L'université a été créée par le gouvernement provincial en 1908, mais ce n'est qu'en 1925 que le campus ouvrit ses portes sur le très beau site de Point Grey. Un concours d'architecture avait été organisé pour l'aménagement des lieux; cependant, la Première Guerre mondiale a mis un terme aux travaux de construction, et il fallut une manifestation étudiante dénonçant l'inaction du gouvernement dans ce dossier pour voir le parachèvement des bâtiments. En fait, seuls la bibliothèque et l'édifice des sciences ont été réalisés selon les plans d'origine.

Le seul aspect positif du campus est le panorama qu'il offre. Si vous êtes intéressé à visiter le campus, prenez contact avec **Set Foot for UBC** *(mai à août;* ☎*604-822-8687)*, qui offre des tours guidés gratuits, commentés par des étudiants.

Le campus connaît encore de nos jours une expansion constante. Il ne faut donc pas se surprendre qu'il soit quelque peu hétéroclite. Mais il recèle des bijoux, tel le **Museum of Anthropology** ★★★ *(9$, entrée libre mar 17h à 21h; été tlj 10h à 17h, mar jusqu'à 21h; hiver mar 11h à 21h, mer-dim 11h à 17h; 6393 NW Marine Dr.,* ☎*604-822-5087, www. moa.ubc.ca)*, qui se trouve à 15 min de marche du terminus d'autobus de l'université.

Le musée d'anthropologie de la Colombie-Britannique est réputé à la fois pour les collections qu'on y retrouve et pour le bâtiment même, œuvre d'Arthur Erickson, qui a conçu le Great Hall avec de grandes poutres et des piliers de béton pour imiter les formes des maisons traditionnelles des Autochtones. À l'intérieur se dressent de hauts mâts totémiques ancestraux, retrouvés dans d'anciens villages autochtones de la côte et des îles de la Colombie-Britannique.

Vous découvrirez qu'il existe trois types de totems, catégorisés selon leur fonction (poutre de soutien pour la maison, poutre frontale et monument commémoratif). Vous apprendrez aussi que seuls les gens qui ont les connaissances et les droits appropriés peuvent distinguer la signification d'un totem. Certains de ces totems sont modernes, tandis que d'autres ont plus de 100 ans. On peut aussi y voir d'autres objets recueillis dans différents chantiers de fouilles de la région.

Un des points saillants du musée est l'œuvre qui porte le nom de *Raven and the First Men*, créée par le célèbre artiste haïda Bill Reid. Cette impressionnante pièce de cèdre jaune représente le corbeau, l'infâme escroc de l'histoire haïda, forçant des humains craintifs à sortir d'une coquille après un grand déluge. Cette énorme œuvre fut installée à l'intérieur du musée grâce au puits de lumière du plafond. Outre les sculptures de bois, vous verrez aussi de superbes bijoux en or et en argent. Par ailleurs, les pièces modernes que vous apercevrez peut-être dans les bijouteries des environs furent originalement des pièces de monnaie d'or et d'argent que les Haïdas ont façonnées au marteau pour les transformer en bracelets et autres objets, et ce, dès les années 1860.

En plus des objets reliés aux Premières Nations de la Colombie-Britannique, y compris plusieurs paniers aux motifs complexes, vous serez ébahi de voir la riche collection d'artefacts provenant d'autres nations autochtones du Canada et d'objets du monde entier, entre autres des poupées et des masques japonais, des porcelaines et des œuvres d'art chinoises, ainsi que des œuvres d'art de Polynésie, d'Australie, du sud-est de l'Asie et de l'Inde.

La collection du musée a largement dépassé l'espace de présentation; la plupart des objets, surtout les articles mentionnés ci-dessus, sont rangés dans des tiroirs vitrés que l'on peut ouvrir et dans de grandes vitrines. Chaque objet possède son propre

Vancouver - Attraits touristiques - West Side

code qu'il faut rechercher dans un grand livre.

Il est suggéré de participer à la visite guidée puisque le nombre de panneaux d'interprétation est limité. Pourquoi? La réponse est d'ordre politique: toutes les communautés amérindiennes de la province doivent consentir aux interprétations culturelles, un processus qui prend bien du temps et qui peut causer des conflits.

En quittant les lieux (sortez par l'entrée principale et tournez à droite dans le sentier), ne manquez pas l'exposition extérieure: un complexe d'habitation haïda du XIXᵉ siècle.

Aux abords du West Mall de l'université se trouve l'**Asian Centre** *(1871 West Mall)*, coiffé d'une toiture métallique de forme pyramidale sous laquelle ont été rassemblés le département d'études asiatiques de même qu'un centre d'exposition. Derrière le bâtiment est aménagé le **Nitobe Memorial Garden** ★★ *(4$, 8$ avec une visite du UBC Botanical Garden and Centre for Plant Research – voir ci-dessous; entrée libre mi-oct à mi-mars; mi-mars à mi-oct tlj 10h à 18h, mi-oct à mi-mars lun-ven 10h à 14h30; ☎604-822-9666)*. Il s'agit d'un joli jardin japonais faisant symboliquement face au Japon, de l'autre côté du Pacifique.

Plus loin, on peut visiter la **First Nations House of Learning** ★, un centre social pour les étudiants autochtones qui a vu le jour en 1993. Il se définit comme l'interprétation moderne d'une Coast Salish Longhouse (maison longue des Salishs de la Côte Ouest). Son toit courbé évoque l'esprit d'un oiseau (Larry MacFarland, architecte). Le grand hall peut accueillir jusqu'à 400 personnes à la fois. Des sculptures totémiques entourent la salle.

À l'extrémité sud-ouest du campus se cache un endroit pas comme les autres, **Wreck Beach** ★ *(angle N. W. Marine Dr. et University St.)*, où étudiants et étudiantes viennent profiter des joies de la vie. Les nudistes ont fait de la plage leur refuge, tout comme les sculpteurs qui font valoir leur talent sur les billots de bois apportés par les marées. Les vendeurs de tout acabit y improvisent des comptoirs de restauration rapide. Il faut emprunter de longs escaliers abruptes pour rejoindre le bord de la mer.

Au-delà de Wreck Beach se trouve le **UBC Botanical Garden and Centre for Plant Research** *(6$, 8$ avec accès au Nitobe Memorial Garden; tlj mi-mars à mi-oct 10h à 18h; entrée libre mi-oct à mi-mars, ouvert le jour; visites guidées avr à mi-oct, mer et dim à 14h, départs de la loge principale; 6804 SW Marine Dr., ☎604-822-3928, www.ubcbotanicalgarden.org)*, un endroit agréable pour se promener et trouver des espèces qui sont extrêmement rares au Canada. La plupart d'entre elles sont d'ailleurs en vente à la boutique Shop in the Garden. La vente annuelle de plantes vivaces de la fête des Mères est très populaire.

Parcs et plages

■ Parcs

Au-delà de Spanish Banks se trouve le **Pacific Spirit Regional Park** ★★ *(☎604-224-5739)*, aussi connu sous le nom de "University Endowment Lands". Ce terrain de 763 ha englobe les plages rocailleuses aux abords de la UBC, ainsi qu'une section intérieure comprenant plus de 40 km de sentiers de randonnée et de pistes cyclables faciles à parcourir. Les plages ne sont pas surveillées, et le port des vêtements est facultatif. D'ici vous obtenez un panorama complet du détroit de Georgie.

De l'autre côté du Lions Gate Bridge, à North Vancouver, par Capilano Road, une promenade dans le **Capilano River Regional Park** *(☎604-224-5739)*, le long du Capilano Canyon, permet d'apprécier des vues imprenables sur la rivière. De plus, si vous empruntez ce sentier à la fin de l'été, vous pourrez y apercevoir des saumons la remontant.

La randonnée en montagne se pratique sur un des sommets voisins du centre-ville. Le **Cypress Provincial Park** ★★★ *(☎604-926-5612)*, au nord de la municipalité de West Vancouver, compte plusieurs circuits de randonnée pédestre, entre autres le Howe Sound Crest Trail, qui mène à différentes montagnes comme The Lions et le mont Brunswick. Les vues de la rive ouest du Howe Sound sont très spectaculaires. Il faut être bien chaussé et prévoir de la nourriture pour ces randonnées. Pour vous rendre au Cypress Provincial Park par le

Lions Gate Bridge, suivez les indications vers l'ouest sur la transcanadienne et empruntez la sortie "Cypress Bowl Road". Prenez le temps de vous arrêter au belvédère pour contempler Vancouver, le détroit de Georgie et, par temps clair, le mont Baker, aux États-Unis.

L'ascension de **Grouse Mountain** ★★★ (**☎**604-984-0661), connue sous le nom de "Grouse Grind", est une randonnée sans difficulté particulière, si ce n'est que la pente peut parfois atteindre 25° d'inclinaison. Il faut donc être en bonne forme. À partir du stationnement du tramway aérien, deux heures environ sont nécessaires pour parcourir les 3 km de sentier. La vue de la ville depuis le sommet est fantastique. Si vous êtes fatigué pour le retour, vous pouvez prendre le tramway aérien (voir p 98).

Le **Mount Seymour Provincial Park** ★★ (**☎**604-986-2261) donne aussi l'occasion de faire de la randonnée. Les points de vue y sont différents; à l'est, vous apercevrez l'Indian Arm, un grand bras de mer qui s'enfonce dans la vallée.

Un peu plus à l'est, toujours au sein des merveilleuses montagnes de la rive nord, le **Lynn Canyon Park** ★★★ (**☎**604-981-3103) est un magnifique parc de sentiers forestiers. Il est surtout célèbre pour sa passerelle suspendue au-dessus des gorges à 80 m d'altitude. Cœurs sensibles, s'abstenir! Il y a aussi un centre écologique sur place. Pour vous y rendre, empruntez la route 1 à North Vancouver jusqu'à la sortie "Lynn Valley Road", suivez la signalisation puis prenez Peters Road à droite.

À seulement 15 min par un petit traversier (BC Ferries, **☎**250-386-3431 ou 888-223-3779), au départ de Horseshoe Bay, une randonnée à travers la forêt luxuriante de **Bowen Island** ★★★ (**☎**604-947-2216) vous donnera l'impression d'être à l'autre bout du monde, alors qu'à vol d'oiseau le centre-ville de Vancouver n'est qu'à 5 km.

■ Plages

La côte de Vancouver se compose en grande partie de plages de sable facilement accessibles. Toutes ces plages bordent English Bay, où il est possible de pratiquer la marche, le vélo, le volley-ball et, bien sûr, de se baigner pour mieux profiter de cet environnement. Le Stanley Park est bordé par **Third Beach** et **Second Beach**, puis, plus à l'est, le long de Beach Avenue, par **First Beach**, où, le premier janvier, des centaines de baigneurs bravent l'eau froide afin de célébrer la nouvelle année. Un peu plus à l'est, **Sunset Beach** attend la fin du jour pour vous offrir les plus beaux couchers de soleil. À l'extrémité sud d'English Bay se succèdent **Kitsilano Beach, Jericho Beach, Locarno Beach, Spanish Banks Beach** et **Tower Beach**, ainsi que **Wreck Beach**, à l'extrémité ouest du campus de l'University of British Columbia.

Kitsilano Beach est très animée par les compétitions de volley-ball de plage et par une jungle de sportifs; un terrain de basket-ball est attenant à la plage. Locarno Beach, Jericho Beach et Spanish Banks Beach représentent davantage des endroits de détente en famille où la marche et la lecture dominent.

Activités de plein air

Pour de l'information générale sur toutes les activités de plein air dans la région de Vancouver, adressez-vous à **Sport B.C.** (409-1367 Broadway, Vancouver, V6H 4A9, **☎**604-737-3000, www.sport.bc.ca) ou à l'**Outdoor Recreation Council of B.C.**, (334-1367 W. Broadway, Vancouver, V6H 4A9, **☎**604-737-3058, www.orcbc.ca). Ces deux organismes vous donneront beaucoup d'idées et de renseignements.

Vancouver Parks & Recreation offre toute l'information sur les parcs et jardins publics et les loisirs dans la région de Vancouver.

Vancouver Parks & Recreation
☎(604) 257-8400
www.city.vancouver.bc.ca/parks

■ Alpinisme

Être à Vancouver et ne pas s'attaquer aux cimes enneigées qui encerclent la ville serait frustrant. La **Federation of Mountain Clubs of B.C.** (130 W. Broadway, Vancouver, V5Y 1P3, **☎**604-873-6096, www. mountainclubs.bc.ca), située à l'intérieur du magasin Mountain Equipment Co-op, est un club très sérieux, composé de moniteurs d'expérience. Des sorties sont organisées très régulièrement.

■ Canot et kayak

L'eau est, au même titre que les montagnes, l'élément maître à Vancouver. De fait, les possibilités de promenades en mer sont presque illimitées. Il est possible de considérer une visite de la ville en kayak de mer. Le bras de mer qu'est **False Creek** s'avance jusqu'à Main Street et au Science World en passant par Granville Island; en payant autour du **Stanley Park** ★★★ (voir aussi «Randonnée pédestre», p 111), vous pourrez atteindre Canada Place et les gratte-ciel du centre-ville. Pour les plus courageux, une expédition au départ de Deep Cove vers l'**Indian Arm** ★★★ sera intéressante. Les phoques et les aigles sont souvent au rendez-vous.

Dans la foulée, si vous préférez faire de la descente de rivière sur des embarcations plus petites, les entreprises mentionnées ci-dessous vous équiperont de la tête aux pieds et organiseront vos sorties.

Lotus Land Tours
2005-1251 Cardero St.
☎ (604) 684-4922 ou 800-528-3531
Peter Loppe, un guide très bien documenté et expérimenté, et son équipe vont vous cueillir à votre hôtel et vous emmènent en kayak sur le pittoresque Indian Arm. Un barbecue de saumon au déjeuner vous est offert. Le tout pour 149$. Expérience non requise.

Si vous souhaitez faire du kayak encore plus près de la ville de Vancouver, l'**Ecomarine Ocean Kayak Centre** *(1668 Duranleau St., Granville Island,* ☎*604-689-7520, 689-7575 ou 222-3565, www.ecomarine.com)* propose des excursions de 2 heures 30 min *(49$)* sur les eaux de False Creek et d'English Bay ainsi qu'une excursion nocturne à partir de Jericho Beach *(55$)*. On y forme les apprentis kayakistes. Succursales à Jericho Beach et English Bay.

Pour tout renseignement concernant la pratique du kayak d'eaux vives en Colombie-Britannique:

Whitewater Kayaking Association of B.C.
P.O. Box 91549, West Vancouver Postal Outlet,
V7V 3P2
☎ (604) 515-6376
www.whitewater.org

■ Cerf-volant

Avec ses 26 km de plages, Vancouver est l'endroit rêvé pour les cerfs-volistes. Le site le plus célèbre pour ce genre d'activité est le **Vanier Park**, qui borde les plages d'English Bay derrière le Vancouver Museum. Vous l'atteindrez par Chestnut Street, dans le joli quartier de Kitsilano, en quittant le centre-ville par le Burrard Street Bridge.

■ Golf

Vancouver est résolument la capitale du golf de l'Ouest canadien. Il y en a pour tous les goûts et toutes les bourses. Les terrains de golf de Vancouver et de la région sont presque toujours vallonnés et offrent des vues spectaculaires sur la mer, mais surtout sur les montagnes, omniprésentes où que l'on soit. Il est à noter que tous les golfs requièrent une tenue vestimentaire appropriée. Il y a très peu de terrains de golf dans le périmètre de Vancouver, faute d'espace. Par contre, si vous vous rendez dans la banlieue, vous en verrez un pratiquement à chaque tournant.

Le terrain de golf dont le site est le plus spectaculaire est très certainement celui de **Furry Creek** *(150 Country Club Rd., Furry Creek,* ☎*604-896-2224 ou 888-922-9462)*. Il est situé peu après le village de Lions Bay, sur la rive du **Howe Sound**, que longe la route 99 Nord en direction de Squamish. Véritablement serti au creux d'un paysage splendide, son parcours vous sera plus qu'agréable. Imaginez la mer côtoyant des sommets vertigineux couverts de neige. Extraordinaire!

L'**University Golf Club** *(5185 University Blvd.,* ☎*604-224-1818)* est l'un des plus réputés de la ville et l'un des plus chers. Il est situé à deux pas de l'University of British Columbia. Il y a aussi une aire d'entraînement.

Le **Fraserview Golf Course** *(7800 Vivian Dr.,* ☎*604-280-1818)* est un golf à prix abordable, géré par la municipalité et situé à l'extrême sud de Vancouver.

Le **Langara Golf Course** *(6706 Alberta St.,* ☎*604-713-1816)* est lui aussi un golf municipal et est situé au sud-est de la ville.

Gleneagles *(6190 Marine Dr., West Vancouver,* ☎*604-921-7353)*, à deux pas du joli village de Horseshoe Bay et à 15 min de Vancouver, est un golf très bon marché et parfois bondé les fins de semaine, mais le paysage qu'il offre vaut la peine de patienter en attendant d'y jouer.

■ Navigation de plaisance

Avec la même facilité que pour une voiture, il est possible de louer un **bateau à moteur** de type hors-bord. Vous pourrez à votre gré vous promener au fil de l'eau sans permis particulier à condition toutefois de ne pas vous éloigner des côtes. **Granville Island Boat Rentals** *(16296 Duranleau St., Granville Island,* ☎*604-682-6287)* a tout ce qu'il vous faut.

■ Observation des baleines

Les baleines sont aux portes de Vancouver: les **baleines grises**, les **orques** ou **épaulards** et autres **rorquals**. Voici quelques adresses d'entreprises touristiques pour planifier votre sortie:

Bluewater Adventures
3-252 E. First St.
North Vancouver
☎ (604) 980-3800 ou 888-877-1770
www.bluewateradventures.ca
Cette entreprise organise des excursions de quelques jours aux Gulf Islands, aux Queen Charlotte Islands et au nord de l'île de Vancouver.

Stubbs Island Whale Watching
Telegraph Cove
☎ (250) 928-3185 ou 800-665-3066
www.stubbs-island.com
Stubbs Island Whale Watching se spécialise dans l'observation des orques. Un hydro-

Les Jeux olympiques d'hiver à Vancouver en 2010

La métropole de la Colombie-Britannique, Vancouver, a été choisie pour devenir la ville hôte des XXIes Jeux olympiques d'hiver en 2010 par le Comité international olympique (CIO). Sept autres villes étaient en lice: Andorre-la-Vieille (capitale de la principauté d'Andorre), Berne (capitale fédérale de la Suisse), Harbin (capitale du Heilongjiang, en Chine), Jaca (Espagne), Pyeongchang (Corée du Sud), Salzbourg (Autriche) et Sarajevo (capitale de la Bosnie-Herzégovine). Les Jeux d'hiver auront lieu du 12 au 28 février 2010.

À Vancouver même, les matchs de hockey seront joués au General Motors Place; les parties de curling auront lieu à Hillcrest Park, dans un nouveau centre de curling; les épreuves de patinage artistique et de patinage de vitesse courte piste se tiendront au Pacific Coliseum rénové de Hastings Park; et le village olympique de Vancouver regroupera les athlètes à Southeast False Creek.

À l'extérieur de Vancouver, les compétitions de ski acrobatique et de surf des neiges auront lieu dans les installations rénovées de Cypress Mountain; des matchs de hockey se tiendront aussi dans le nouveau stade d'hiver de l'University of B.C.; les épreuves de patinage de vitesse longue piste se dérouleront sur la nouvelle patinoire de la ville de Richmond; le ski alpin (descentes, slaloms et combinés) se fera dans les installations rénovées de Whistler Creekside et de Whistler Blackcomb; les compétitions de ski nordique (biathlon, ski de randonnée, saut à skis, combiné nordique) auront lieu dans les nouvelles installations du Whistler Nordic Centre (qu'on construira dans la Callaghan Valley); les épreuves de bobsleigh, de luge et de skeleton se tiendront au nouveau Whistler Sliding Centre, qui sera érigé sur Blackcomb Mountain; et le village des athlètes de Whistler sera situé dans la Callaghan Valley.

Vancouver - Activités de plein air

phone enregistre les chants des baleines, et vous pouvez même garder une copie de la cassette.

■ Observation des oiseaux

Allez voir les oiseaux au **George C. Reifel Migratory Bird Sanctuary** ★★ *(5191 Robertson Rd., Delta,* ☎*604-946-6980)* des îles Westham et Reifel. Des dizaines d'espèces d'oiseaux migrateurs ou résidants attirent toute l'année des fervents de l'observation des oiseaux de mer, de proie, etc. Plus au sud, à Boundary Bay et à Mud Bay, il est également possible d'observer quelques espèces, de même que sur Iona Island, plus près de Vancouver, mais à côté de l'aéroport!

■ Patin à roues alignées

Le patin à roues alignées, appelé *rollerblade* en anglais, est une activité physique estivale tout à fait commune pour les Vancouvérois. Il est pratiqué partout, mais surtout autour du Stanley Park, sur le **Seawall**, un fantastique sentier de 10 km bordé d'une forêt millénaire. Les patineurs doivent circuler sur la piste cyclable et ne pas faire plus de 15km/h. On peut louer des patins aussi bien dans de nombreuses boutiques de plage que près de l'entrée du parc, chez **Bayshore Bike Rentals** *(13,50$/4h; 745 Denman St.,* ☎*604-688-2453).*

■ Pêche

Pêche en mer

Vancouver est le point de départ pour une pêche inoubliable. Pour la pêche en mer, sachez que le **saumon** est le roi des poissons. Sachez cependant qu'avant de mettre votre ligne à l'eau vous devez vous procurer un permis de pêche auprès d'un pourvoyeur accrédité, également à même de vous louer tout l'équipement nécessaire. Les fournisseurs spécialisés disposent d'embarcations, connaissent les meilleurs emplacements et peuvent souvent même combler vos besoins alimentaires. La meilleure façon de lancer sa ligne est de faire appel aux entreprises spécialisées. Elles disposent de bateaux, connaissent les bons coins, offrent l'équipement et souvent les repas. Couvrez-vous bien! Même si le soleil brille, il peut faire très frais quand

on est au large. Vous trouverez une mine de renseignements auprès du **Sport Fishing Institute of British Columbia** *(Suite 800-4440 Stark St., Richmond,* ☎*604-270-3439, www.sportfishing.bc.ca).*

Le voyagiste suivant peut faire tous les arrangements pour vous:

Bites-on Salmon Charters
1128 Hornby St., Granville Island
☎877-688-2483
www.bites-on.com
Tarif: 450$ et plus pour un voyage de cinq heures.

Pêche en eau douce

Avec une infinité de lacs et de rivières, il est facile d'imaginer que la pêche à la truite en Colombie-Britannique est excellente. Permis en vente dans tous les magasins de matériel de camping, mais aussi chez **Ruddick's Fly Shop** *(1077 Marine Dr., North Vancouver,* ☎*604-985-5650, www.rudfly.com),* une belle boutique pour les pêcheurs à la mouche. On y trouve des milliers de mouches destinées à piéger toutes les sortes de poissons du coin. Le patron vous conseillera très aimablement. Chose certaine, vous devez considérer Vancouver comme un point de départ pour vous équiper et vous informer. Vous devrez quitter la ville pour pêcher en rivière ou dans un lac. La région de l'intérieur et les monts Cariboo sont des destinations de choix pour les pêcheurs de Vancouver. Vous pouvez aussi vous procurer un numéro du magazine *BC Outdoors Sport Fishing* chez tous les bons marchands de journaux ou faire appel aux clubs de pêche et aux pourvoiries.

■ Promenades en hélicoptère et «héli-ski»

Si vous avez déjà été conquis par les paysages de Vancouver, qu'à cela ne tienne, il est temps pour vous d'avoir le souffle coupé! Une promenade en hélicoptère au-dessus des crêtes enneigées et des lacs turquoise, avec effleurement des glaciers, s'impose. Certaines compagnies proposent d'ailleurs des atterrissages sur les glaciers. Un peu cher, mais vous aurez des souvenirs impérissables et des photos pour le prouver.

Helijet International *(5455D Airport Rd. S., Richmond,* ☎*604-270-1484 ou 800-665-4354,* *www.helijet.com)* est une entreprise située tout près de l'aéroport international de Vancouver. De bonne réputation, elle vous conduira là où il vous plaira d'aller.

■ Randonnée pédestre

Le lieu de randonnée par excellence à Vancouver est sans aucun doute le **Stanley Park**. Il offre près de 50 km de sentiers tracés dans la forêt et la verdure longeant des lacs et l'océan, dont le remarquable **Seawall**, un sentier de 10 km bordé d'arbres géants.

Dans le quartier de Point Grey, les promenades ne manquent pas. Une myriade de sentiers sillonnent les **University of British Columbia Endowment Lands**, aujourd'hui connues sous le nom de **Pacific Spirit Regional Park** *(accès aussi bien par NW Marine Dr. ou SW Marine Dr., à l'est de l'UBC, que par 16th Ave., où il y a un stationnement et le Park Centre;* ☎ *604-224-5739)*. Procurez-vous une carte des sentiers au Park Centre. Par ailleurs, il existe un réseau de 40 km de sentiers entremêlés à travers la forêt qui se terminent tous sur une plage, puisque l'University of British Columbia est située sur une péninsule.

Le **Lighthouse Park**, à West Vancouver, convient parfaitement à la marche en terrain non accidenté; de ce site stratégique, vous ferez face à l'University of British Columbia (UBC), à l'entrée d'English Bay et du détroit de Georgie. Prenez les Lions Gate Bridge et suivez Marine Drive West; vous traverserez la ville de West Vancouver et longerez le front de mer jusqu'à l'extrémité ouest d'English Bay. Tournez à gauche dans Beacon Lane vers le Lighthouse Park.

Devant Horseshoe Bay, en quittant la route 99 en direction ouest, juste derrière la ville cossue de West Vancouver, se trouve le très joli petit **Whytecliff Park**, en bordure de mer. Ce parc, mieux connu pour ses possibilités de pique-nique et de plongée sous-marine, permet une intéressante petite excursion sur **Whyte Island**. Cette île est en fait un gros rocher que vous pouvez atteindre à marée basse en suivant un sentier rocheux. Vérifiez l'heure des marées avant d'aller sur ce rocher, sinon vous vous mouillerez les pieds.

■ Ski alpin et planche à neige

Ce qui fait la véritable magie de Vancouver, c'est sa combinaison mer et montagne. Cela ne fait pas exception lors de la saison froide, quand la population déserte les plages et les sentiers du bord de mer pour envahir les pistes de ski, qui sont littéralement «suspendues» au-dessus de la ville. Il existe quatre stations de ski à proximité du centre-ville:

Mount Seymour *(38$; 1700 Mount Seymour Rd., North Vancouver; Upper Level Hwy, direction est, sortie Deep Cove;* ☎ *604-986-2261)*, une station familiale aux pistes faciles, située à l'est de North Vancouver, au-dessus de Deep Cove.

Grouse Mountain *(42$; 6400 Nancy Greene Way, North Vancouver,* ☎ *604-984-0661)*, une petite station accessible par téléphérique qui offre une vue imprenable sur Vancouver, superbe de jour comme de nuit.

Cypress Mountain *(42$; au départ de North Vancouver, prenez la route transcanadienne en direction ouest sur 16 km, puis suivez la signalisation;* ☎ *604-926-5612)*, la station des skieurs les plus aguerris qui offre encore une magnifique vue sur le Howe Sound et sur la ville.

Pour du ski à prix plus abordable, le style «village» du **Hemlock Valley Resort** *(40$; route transcanadienne en direction est, sortie Agassiz ou Harrison Hot Springs;* ☎ *604-797-4411 ou 866-515-6300)* pourrait vous séduire, car ce village alpin est situé à l'extrême est de l'agglomération de Vancouver, au cœur des monts Cascade, et la neige y est abondante et la vue du mont Baker, du côté américain, spectaculaire.

Aussitôt que la neige est assez épaisse, ces quatre stations de ski sont ouvertes tous les jours, et tard en soirée grâce à un puissant éclairage au néon, en général dès la fin de novembre ou le début de décembre.

À noter qu'il n'y a aucun hébergement possible sur le site même des trois premières stations de ski mentionnées ici (consultez la section «Hébergement» du circuit «Burrard Inlet», p 121, pour connaître les hôtels les plus proches).

Si vous préférez vous éloigner de la région métropolitaine pour skier, vous pouvez vous rendre à **Whistler** (voir p 272).

Vancouver - Activités de plein air

■ **Ski de fond**

À moins d'une demi-heure de Vancouver, trois centres de ski de fond accueillent tous les jours, du matin au soir inclusivement, les mordus de la neige. Au **Cypress Provincial Park**, **Cypress Mountain** *(15$;* ☎*604-926-6512)* offre près de 25 km de sentiers entretenus mécaniquement et comportant tous les degrés de difficulté. Ces sentiers sont fréquentés jour et soir par les skieurs de randonnée. Il y a également des sentiers à **Grouse Mountain** *(*☎*604-984-0661)* et au **Mount Seymour Provincial Park** *(*☎*604-986-2261)*.

■ **Vélo**

La région compte une multitude de pistes pour les amateurs de vélo de montagne (VTT). Ceux-ci n'ont qu'à se rendre à l'une des montagnes au nord de la ville.

Agréable promenade de 10 km, le Seawall du Stanley Park fait maintenant partie de la plus ancienne, et sans doute de la meilleure piste cyclable de Vancouver: la **Seaside Bicycle Route**. Cette piste en continuelle expansion longeait, au moment de mettre sous presse, Coal Harbour, un peu à l'ouest du Pan Pacific Hotel, le Stanley Park Seawall, à l'ouest, English Bay et False Creek, et s'étendait jusqu'à Spanish Bank West. Si l'on tient compte du Stanley Park Seawall, le circuit complet fait environ 30 km et constitue un excellent moyen pour les visiteurs de découvrir la beauté de la ville. Vous pouvez prendre un raccourci par le Cambie Bridge ou le Burrard Street Bridge, ce dernier étant un bon choix si vous désirez vous rendre directement à Granville Island. Il est possible d'obtenir une carte pratique des pistes cyclables de Vancouver en contactant **Bicycle Hotline** au ☎(604) 871-6070 ou en écrivant à cycling@city.vancouver.bc.ca.

Location de vélos aux **Spokes Bicycle Rentals** *(1798 N. Georgia St., angle Denman St.,* ☎*604-688-5141)*. À l'extérieur de Vancouver, vous pouvez pratiquer ce sport dans la vallée du fleuve Fraser, près des fermes ou sur les routes secondaires.

Les plus courageux peuvent continuer jusqu'à l'University of British Columbia le long de **Spanish Banks Beach**. Certaines portions du parcours empruntent des rues. Pour éviter de vous perdre, suivez la signalisation spécialement installée pour les cyclistes (panneaux en vert et blanc).

À 20 min de Horseshoe Bay par le traversier, **Bowen Island** ★★★ *(*☎*604-947-2216)* invite à s'y balader. Cette petite île résidentielle d'une grande beauté est traversée par de petites routes de campagne peu fréquentées. Il vous arrivera de croiser un chevreuil, et ne manquez pas de lever le nez de temps en temps pour observer les aigles qui survolent l'île. Après avoir pédalé toute la journée, vous pourrez toujours vous détendre en prenant un verre en face du petit port de Snug Cove.

■ **Voile**

Visiter la **rade de Vancouver** à la voile est la manière idéale d'atteindre des endroits très privilégiés. Jericho Beach, dans le quartier de Kitsilano, est un excellent point de départ. Les dériveurs et les Hobie Cat se louent à la **Jericho Sailing Centre Association** *(1300 Discovery St.,* ☎*604-224-4177)*, mais il est possible d'être simplement passager à bord d'un voilier de grande taille pour une croisière de quelques heures ou de plusieurs jours. Le **Cooper Boating Centre** *(1620 Duranleau St., Granville Island,* ☎*604-687-4110)* est une bonne adresse.

▲ Hébergement

Il y a plus de 10 000 chambres d'hôtel dans le cœur du centre-ville et 8 000 autres dans les environs. Cela inclut les hôtels, motels, *bed and breakfasts*, auberges et auberges de jeunesse. Selon Tourism Vancouver, le prix moyen est d'un peu plus de 100$, le plus bas étant autour de 60$. Cependant, nous avons constaté que, durant la haute saison, vous paierez bien au-delà de 150$ pour une chambre décente et plus de 200$ pour une chambre luxueuse. Nos descriptions couvrent tous les budgets.

L'hébergement peut être réservé pour vous par **Super, Natural British Columbia Reservation and Information Service:**

☎800-435-5622 (Amérique du Nord)
☎(250) 387-1642 (outre-mer)
☎(604) 663-6000 (région de Vancouver)

Chinatown et East Vancouver

Le Chinatown n'est pas le quartier le plus riche en hôtels. Bien sûr, il y a l'Empress, l'Afton, le Balmoral et d'autres établissements malfamés sur Hastings Street, mais on ne vous conseille pas d'y loger. Pour un choix petit budget et pour rester près du quartier, il vaut mieux aller au **Victorian Hotel** (voir plus loin), à 5 min de marche du Chinatown vers le centre-ville.

Simon Fraser University (SFU)
$
bc, ✳
Room 212, McTaggart-Cowan Hall, Burnaby
☎(604) 291-4503
▤(604) 291-5598
La Simon Fraser University possède une résidence étudiante ouverte aux visiteurs de mai à août et située au sommet d'une montagne. Une chambre pour une personne avec les draps inclus coûte 40$ par nuitée ou 20$ sans les draps. On peut aussi louer une suite avec un grand lit pour 89$. La SFU se trouve à 20 km à l'est du centre-ville de Vancouver.

- - - - - - - - - - - - - - - - - -
Le centre-ville

Hostelling International Vancouver Central
$ pdj
bc
1025 Granville St.
☎(604) 685-5335 ou
888-203-8333
▤(604) 685-5351
www.hihostels.ca
Cette auberge de jeunesse est parfaitement située pour les voyageurs à petit budget qui veulent demeurer à proximité du quartier des spectacles de Vancouver. En plus des chambres partagées que l'on retrouve normalement dans ce genre d'établissement, l'auberge propose aussi plusieurs chambres privées. Les salles de bain communes sont propres et offrent tout de même une certaine intimité.

Kingston Hotel Bed and Breakfast
$$-$$$ pdj
bc/bp, ▥
757 Richards St.
☎(604) 684-9024 ou
888-713-3304
▤(604) 684-9917

www.kingstonhotelvancouver.com
Appartenant à une famille et construit en 1910, cet hôtel économique est très populaire auprès des voyageurs qui ont un budget limité, et avec raison. Il compte 55 chambres propres, de la minuscule chambre avec évier et salle de bain partagée (au bout du couloir) à la grande chambre double avec bureau, télévision, fauteuils, séchoir et baignoire. Toutes les chambres ont un téléphone et des fenêtres, et les invités ont accès à la laverie (payante), à l'espace de rangement et au sauna. D'une grande simplicité, cet hôtel de trois étages n'a pas d'ascenseur. On y retrouve aussi une terrasse arrière avec un pub. Excellent emplacement au centre-ville. Déjeuner continental.

Victorian Hotel
$$-$$$ pdj
bc/bp, ▸
514 Homer St.
☎(604) 681 6369 ou
877-681-6369
▤(604) 681-8776
www.victorian-hotel.com
Plus charmant que le Kingston, le Victorian Hotel est sans aucun doute la meilleure trouvaille du centre-ville de Vancouver en matière de rapport qualité/prix. Immaculées et coquettes, toutes les chambres possèdent des couettes, des planchers de bois franc, des plafonds hauts et des éviers; quelques-unes sont meublées d'antiquités et comportent des fenêtres en saillie et une baignoire. Elles disposent du téléphone et de la télévision, et les invités peuvent profiter de la laverie. Location de vélos. Les hôtes Miriam et Andrew parlent le français, l'allemand, le hollandais,

- ◦ - SkyTrain

N

X   Y   Z

E

Woodland Park

Commercial Dr.   3   6

William St.   Charles St.   Cotton Dr.

Woodland Dr.

Mclean Dr.   McLean Dr.

Pender St.   Frances St.   Georgia St.   Venables St.   Oldum Dr.

D

Powell St.   E. Hastings St.   Clarke Dr.

Vernon Dr.

5

Glen Road

Raymur Ave.

C

Campbell Ave.   **Strathcona Park**

Strathcona

Hawks Ave.   Prior St.

Heatley Ave.   Malkin Ave.   Terminal Ave.

Princess Ave.

E. Cordova St.   E. Hastings St.   E. Pender St.   Keefer St.

B

Jackson Ave.

Dunlevy Ave.

Gore Ave.   2   Union St.

Powell St.   Station St.   **Thornton Park**

Main St.

A

Columbia St.   Main Street Station

4   Carrall St.

250   500m

© ULYSSE

1. EX	Simon Fraser University	

1. EX	Cannery Seafood House
2. BX	Hon's Wun-Tun House
3. EY	Joe's Cafe
4. AX	The Only Café
5. DX	Pink Pearl Chinese Restaurant
6. EZ	WaZuBee Cafe

le tchèque et le slovaque, pour le plus grand plaisir de leurs nombreux invités européens. Quelle découverte!

YWCA
$$-$$$
bc/bp, ♨, ≡
733 Beatty St.
☎ (604) 895-5830 ou
800-663-1424
🖹 (604) 681-2550
www.ywcahotel.com
Oubliez tous les préjugés que vous pourriez avoir contre les endroits dont la première lettre est *Y*. Loin d'être morne, cette tour a été construite (1995) et aménagée pour offrir 155 chambres privées sur 10 étages, chacune décorée modestement mais bien équipée. Accueillant hommes, femmes et familles, l'établissement est sécuritaire et bien situé en face du BC Place Stadium. Et puisqu'il s'agit d'un établissement sans but lucratif, les profits sont réinvestis dans les programmes communautaires du YWCA. Les invités ont accès à trois cuisines communes et peuvent choisir parmi plusieurs types de chambres. Les personnes âgées et les étudiants peuvent aussi profiter de tarifs réduits. Les seuls compétiteurs dans les environs sont le Kingston, le Victorian et plusieurs motels ennuyeux.

Westin Grand
$$$$-$$$$$
☀, ≡, ▨, ☕, ♨, ⊯
433 Robson St.
☎ (604) 602-1999 ou
888-680-9393
🖹 (604) 647-2502
www.westingrandvancouver.com
Ouvert en 1999, le Westin Grand est vite devenu une vedette parmi les hôtels du centre-ville. Ne proposant que des suites, cet hôtel possède des fenêtres qui vont du plancher au plafond et qui offrent des vues incroyables sur la ville. Décorées de tons beiges chaleureux, de meubles en hêtre et en noyer, et d'œuvres d'art originales, les suites sont d'une élégance discrète; les lits, la literie, les douches et les baignoires ont tous été conçus afin de procurer un confort maximal. De plus, le service est amical et professionnel en tout temps. C'est l'endroit rêvé pour les gens d'affaires puisque 23 des 207 suites ont un coin bureau entièrement équipé. Bien situé, à faible distance de Yaletown, du cœur du centre-ville, de Gastown et du Chinatown. Fortement recommandé.

Renaissance Vancouver Hotel Harbourside
$$$$-$$$$$
≡, ▨, ⊯, ☕, ♨
1133 W. Hastings St.
☎ (604) 689-9211 ou
800-468-3571
🖹 (604) 689-4358
www.renaissancevancouver.com
Populaire auprès des voyageurs d'affaires, le Renais-sance Vancouver Hotel Harbourside est avantageusement situé, directement sur le bord de l'eau et à proximité des commerces, bars et restaurants du centre-ville. La terrasse sur le toit permet de se prélasser au soleil par beau temps. Les chambres sont spacieuses et présentent un décor classique, sans grande originalité. La plupart comptent aussi des balcons. Si possible, demandez qu'on vous assigne une des chambres offrant une vue sur le port et sur les jolies North Shore Mountains.

Terminal City Tower Hotel
$$$$-$$$$$
♨, ▨, ≡, ◎, ☕, ⊯, ⚒
837 W. Hastings St.
☎ (604) 681-4121 ou
888-253-8777
🖹 (604) 681-9634
www.tctowerhotel.com
Cet établissement luxueux au style élégant est très prisé des gens d'affaires. Ses 60 chambres offrent un bon confort dans un décor joyeux. Salle de billard, simulateur de golf, vue de l'océan et service très soigné rendront votre séjour inoubliable.

Wedgewood Hotel
$$$$$
♨, ⊯, ✳, ☕, ≡
845 Hornby St.
☎ (604) 689-7777 ou
800-663-0666
🖹 (604) 608-5348
www.wedgewoodhotel.com

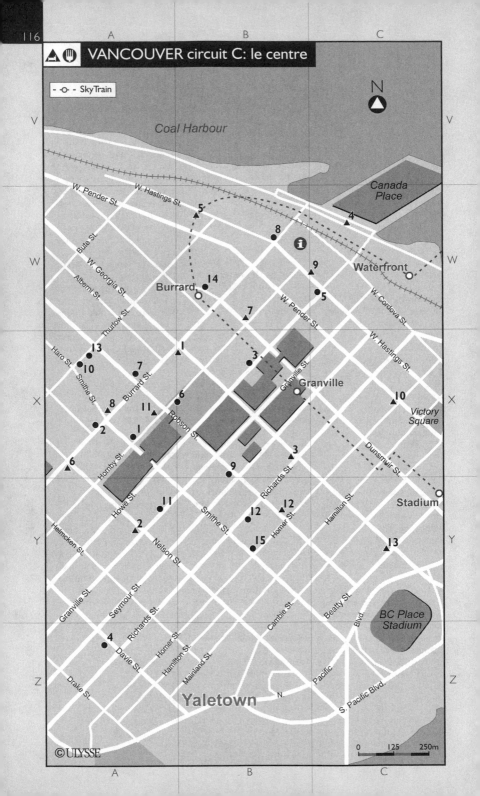

▲ HÉBERGEMENT

1. BX   Fairmont Hotel Vancouver
2. AY   Hostelling International Vancouver Central
3. BX   Kingston Hotel Bed and Breakfast
4. CW   Pan Pacific Hotel Vancouver
5. BW   Renaissance Vancouver Hotel Harbourside
6. AX   Sheraton Vancouver Wall Centre Hotel
7. BW   Le Soleil Hotel
8. AX   Sutton Place Hotel
9. CW   Terminal City Tower Hotel
10. CX Victorian Hotel
11. AX Wedgewood Hotel (R)
12. BY Westin Grand
13. CY YWCA

(R) établissement avec restaurant décrit

● RESTAURANTS

1. AX   Bacchus Restaurant & Piano Lounge
2. AX   Le Crocodile
3. BX   Diva at the Met
4. AZ   Elbow Room
5. CW   Fumiyoshi
6. BX   Gallery Café
7. AX   L'Hermitage
8. BW   Imperial Chinese Seafood
9. BX   India Gate Restaurant
10. AX Kitanoya Guu
11. AY Kitto Japanese House on Granville
12. BY Lucy Mae Brown
13. AX Olympia Seafood
14. BW Rex Rotisserie & Grill
15. BY Subeez Cafe

Le Wedgewood Hotel est un bel établissement de 93 chambres doté d'un service impeccable. Son aménagement soigné et très chaleureux n'est pas sans rappeler le décor des clubs de chasse à courre anglais. Le Wedgewood offre une ambiance très romantique et est l'hôtel préféré des amoureux. Centre d'affaires.

Le Soleil Hotel
$$$$$
Ψ, ≡, ☞, @
567 Hornby St.
☎ (604) 632-3000 ou 877-632-3030
🖷 (604) 632-3001
www.lesoleilhotel.com
Le Roi-Soleil en aurait été fier. Ce très élégant hôtel-boutique de 119 suites a été construit dans le quartier des affaires de Vancouver en 1999, au début de la nouvelle ère des hôtels-boutiques. De l'opulent hall doré à la magnifique suite *penthouse* aux plafonds de 5,5 m, sans oublier sa baignoire à remous noire, Le Soleil est d'autant plus raffiné que chacune des suites est superbement décorée de teintes or ou cramoisi, de meubles en bois blond, de couettes de brocart et de dosserets élaborés. De plus, vous y

trouverez un coffre-fort, deux télévisions pour ne jamais avoir à manquer vos émissions préférées, un téléphone sans fil près du lit, un bain profond, des prises Internet haute vitesse et, bien sûr, les commodités habituelles (cafetière, fer et planche à repasser, etc.). Fidèles au style européen, les chambres sont un tantinet intimes (c'est-à-dire petites), mais leur style et leur confort sont incontestables. Le journal est livré à votre porte tous les jours, avec fruits et bouteilles d'eau de source. Bien que le prix soit évidemment hors de portée de la plupart d'entre nous, renseignez-vous sur les prix hors saison, qui peuvent être un peu plus abordables.

Fairmont Hotel Vancouver
$$$$$
☞, ///, ≋, Ψ, ☞, ≡, Ɏ
900 W. Georgia St.
☎ (604) 684-3131 ou 800-257-7544
🖷 (604) 662-1929
www.fairmont.com/hotelvancouver
L'Hotel Vancouver a été construit dans les années 1930 dans le style château, si caractéristique des hôtels du Canadien Pacifique, dont le Château Frontenac de Québec fut le précur-

seur. Troisième Hotel Vancouver à être édifié (les deux autres ayant été démolis), il accueillit en 1939 George VI, premier souverain britannique à visiter le Canada. Vous retrouverez la tranquillité et le luxe en plein centre-ville, près de Robson Street et de Burrard Street. Il dispose de 556 chambres.

Pan Pacific Hotel Vancouver
$$$$$
☞, ≡, ◎, ///, ≋, Ψ, ✳, ☞, @
300-999 Canada Place
☎ (604) 662-8111 ou 800-663-1515
🖷 (604) 685-8690
www.panpacific.com
Le Pan Pacific Vancouver Hotel est un établissement de grand luxe à l'intérieur de Canada Place, donnant sur Burrard Inlet et North Vancouver. D'Elizabeth Taylor à Sly Stallone, une foule de gens célèbres ont passé une nuit ou deux au Pan Pacific. Relié au Vancouver Convention & Exhibition Centre, son fabuleux vestibule-atrium avec fontaine et fauteuils offre une magnifique vue sur le port, où les hydravions amerrissent et les bateaux entrent aux quais, et sur la chaîne Côtière, au nord. La rumeur veut que Mᵐᵉ Taylor ne

Vancouver - **Hébergement** - Le centre-ville

pouvait s'arracher de la fenêtre de sa luxueuse suite... Les 504 chambres ont été rénovées et sont décorées de jolies teintes neutres, de meubles en bois de chêne et de couettes. Accès à Internet haute vitesse dans toutes les chambres. De plus, l'établissement abrite le très réputé restaurant Five Sails.

Sheraton Vancouver Wall Centre Hotel
$$$$$
🍴, 🛏, ≋, ≡, ⅏, ☕, ⅄
1088 Burrard St., angle Nelson St.
☎ (604) 331-1000 ou
800-325-3535
🖷 (604) 893-7200
www.sheratonwallcentre.com
Grâce à l'ajout d'une deuxième tour (2001), ce méga-hôtel offre plus de 700 chambres et occupe un quadrilatère complet. Dans les chambres, les fenêtres qui vont du plancher au plafond sont l'atout principal, offrant un panorama unique sur la ville et autant de lumière naturelle qu'il est possible d'en avoir dans cette ville au ciel souvent nuageux. Le décor contemporain est discret, chaleureux et de bon goût, avec tons de beige, literie et couettes magnifiques, et

photographies originales prises sur le site. Le décor de la tour sud, datant de 1996, est toujours très attrayant. Toutes les chambres sont munies de coffre-fort, peignoirs, fer à repasser, séchoir et cafetière, ainsi que de poste Internet haute vitesse (écran télé et clavier sans fil). Un grand nombre de salles de conférences et de salles privées en font l'hôtel idéal pour les gens d'affaires.

Sutton Place Hotel
$$$$$
❄, ◉, ≋, ⅏, 🍴, 🛏, 🐾, ≡
845 Burrard St.
☎ (604) 682-5511 ou
866-378-8866
🖷 (604) 682-5513
www.suttonplace.com
Le Sutton Place Hotel propose 397 chambres et toute la gamme de services «cinq étoiles» habituellement offerts dans les grandes chaînes. Le décor de tons roses légers, plafonds à caissons, boiseries élaborées, lustres dorés et marbre, regorge d'élégance européenne traditionnelle. Si vous êtes amateur de cacao, vous vous devez d'aller au buffet de chocolat servi du jeudi au samedi à 18h et 20h30.

West End

Buchan Hotel
$$, gratuit pour les moins de 12 ans
bc/bp, 🍴
1906 Haro St.
☎ (604) 685-5354 ou
800-668-6654
🖷 (604) 685-5367
www.buchanhotel.com
Le Buchan Hotel se trouve dans le quartier de West End, tout près du Stanley Park et sous les arbres. Au bout de Haro Street, sur Lagoon Drive, trois tennis de la ville de Vancouver sont accessibles à la clientèle. D'autres tennis, un terrain de golf et des sentiers de randonnée se cachent tout près de cet hôtel de 61 chambres réparties sur trois étages.

Sylvia Hotel
$$-$$$
☕, 🍴, 🐾
1154 Gilford St.
☎ (604) 681-9321
Se dressant à deux pas d'English Bay, ce vieil hôtel charmant, construit au début des années 1900, offre des vues imprenables et dispose de 118 chambres toutes simples. On y vient volontiers pour l'ambiance, ou ne serait-ce que pour

▲ HÉBERGEMENT

1.	DY	Barclay Hotel
2.	DY	Barclay House in the West End
3.	DY	Blue Horizon Hotel
4.	CX	Buchan Hotel
5.	DY	Empire Landmark Hotel
6.	DY	Listel Vancouver
7.	DY	Pacific Palisades Hotel
8.	DY	Robsonstrasse Hotel
9.	BY	Sylvia Hotel
10.	DY	Tropicana Suite Hotel
11.	CY	West End Guest House Bed & Breakfast

● RESTAURANTS

1.	CX	Le Café de Paris
2.	CX	De Dutch Pannekoek House
3.	CY	Gyoza King
4.	CZ	Hamburger Mary's Diner
5.	DY	Miko Sushi
6.	BY	Raincity Grill
7.	CX	Tapastree Restaurant
8.	CX	True Confections

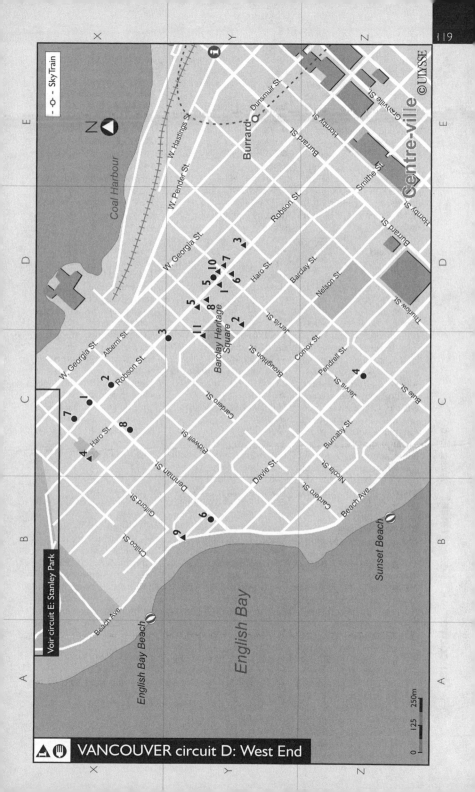

VANCOUVER circuit D: West End

Voir circuit E: Stanley Park

- ○ - SkyTrain

©ULYSSE

Centre-ville

Coal Harbour

English Bay

English Bay Beach

Sunset Beach

Barclay Heritage Square

Burrard

Beach Ave.

W. Georgia St.

W. Hastings St.

W. Pender St.

Dunsmuir St.

Robson St.

Haro St.

Barclay St.

Nelson St.

Comox St.

Pendrell St.

Davie St.

Burnaby St.

Beach Ave.

Alberni St.

Robson St.

W. Georgia St.

Haro St.

Bidwell St.

Denman St.

Gilford St.

Chilco St.

Cardero St.

Broughton St.

Jervis St.

Jervis St.

Bute St.

Nicola St.

Cardero St.

Burrard St.

Hornby St.

Smithe

Thurlow St.

Hornby St.

Burrard St.

Granville St.

0   125   250m

manger ou prendre un verre à la tombée du jour. Pour les petits budgets, les chambres qui n'offrent pas vraiment de vue sont proposées à plus bas prix. Si vous désirez avoir une vue splendide d'English Bay, il faut que votre chambre soit orientée vers le sud-ouest. Le directeur de cet hôtel à la façade couverte de lierre est un Français qui se donne complètement à son établissement, et il a bien raison.

Barclay Hotel
$$$
🍴, ≡, ❀
1348 Robson St.
☎ (604) 688-8850
🖷 (604) 688-2534
De la poignée d'hôtels économiques à l'angle des rues Robson et Broughton, le Barclay, tout comme le Robsonstrasse (voir ci-dessous), est probablement le choix le moins désagréable. Cela dit, bien que propres, ses 90 chambres sont plutôt délabrées et dégagent une ambiance sombre et peu invitante qui ne conviendra qu'à ceux qui prévoient passer plus de temps à Stanley Park que dans leur chambre.

Tropicana Suite Hotel
$$$
🗲, ⅲ, 🍴, ≈
1361 Robson St.
☎ (604) 687-6631
🖷 (604) 687-5724
www.tropicana.ivancouver.com
Le Tropicana Suite Hotel s'est enfin offert une petite cure de rajeunissement dont il avait bien besoin. Ainsi, les mini-appartements (ou suites) sont mieux équipés et plus confortables, bien que les tapis et certaines cuisines fassent encore plutôt années 1970. Somme toute, la proximité du Stanley Park, la piscine et la possibilité de louer à

la semaine ou au mois en font un choix intéressant et économique pour les plus ou moins longs séjours.

Robsonstrasse Hotel
$$$
🗲, ≡, ⚘
1394 Robson St.
☎ (604) 687-1674 ou
888-667-8877
🖷 (604) 685-7808
www.robsonstrassehotel.com
Le Robsonstrasse Hotel est un autre exemple d'établissement relativement peu coûteux et bien situé sur Robson Street. La clientèle est comparable à celle du Tropicana Suite Hotel (voir ci-dessus).

West End Guest House
Bed & Breakfast
$$$-$$$$ pdj
pas d'enfants de moins de 12 ans
🜨
1362 Haro St., angle Nicola St.
☎ (604) 681-2889
🖷 (604) 688-8812
www.westendguesthouse.com
Ce *bed and breakfast* victorien abrite huit chambres douillettes, décorées de l'incontournable papier peint fleuri et d'antiquités, sans oublier le ventilateur de plafond et la luxueuse literie. La chambre nº 5, notre préférée, semble être un mélange du décor du Moulin Rouge avec l'ambiance de l'alcôve de la reine Victoria. Quelques-unes des chambres sont un peu petites, cependant, et la plupart ont des douches au lieu de baignoires. Evan Penner, l'attentif hôte, souhaite que ses invités fassent connaissance, et c'est pourquoi il sert le sherry au salon l'après-midi près du foyer. Un copieux déjeuner complet est servi, et des biscuits vous attendent à l'heure du coucher. Un

établissement populaire et amical qui offre la bienvenue aux gays.

Barclay House in the West End
$$$$ pdj
🜨
1351 Barclay St.
☎ (604) 605-1351 ou
800-971-1351
www.barclayhouse.com
Ce *bed and breakfast* de style victorien offre cinq chambres, un service personnalisé et un décor conservateur de tons neutres. De la "West Room", une petite chambre avec grand lit en forme de traîneau et balcon, à la "Garden Suite", un refuge douillet avec entrée privée et chauffage au gaz, toutes les chambres comprennent antiquités, duvets exquis, peignoirs, téléphone, magnétoscope et lecteur CD. Un déjeuner à trois services est servi; le sherry et les biscuits vous attendent dans le salon, près du piano à queue. Les tarifs hors saison sont très avantageux.

Blue Horizon Hotel
$$$$
≋, ≡, 🗲, 🍴, ⅲ, ❀, ☕
1225 Robson St.
☎ (604) 688-1411 ou
800-663-1333
🖷 (604) 688-4461
www.bluehorizonhotel.com
La vue de la ville depuis les 214 chambres du Blue Horizon Hotel est imprenable. Dans un décor «granit» ou sur la terrasse extérieure de Robson Street, un bon repas à prix correct vous est aussi proposé.

Empire Landmark Hotel
$$$$$
🗲, ☕, 🍴, ⅲ, ≡, ❀
1400 Robson St.
☎ (604) 687-0511 ou
800-830-6144
🖷 (604) 687-2801

www.empirelandmarkhotel.com
L'Empire Landmark Hotel représente toute une expérience avec ses 40 étages et son bar-restaurant tournant au sommet de la tour. La vue y est fascinante. En 1 heure 30 min, la ville se déroule devant vous sur 360°. Le meilleur moment pour s'y rendre est au coucher du soleil, lorsque le ciel s'embrase et que la ville s'illumine.

Listel Vancouver
$$$$$
Ψ, ≡, ◢
1300 Robson St.
☎ (604) 684-8461 ou
800-663-5491
▤ (604) 684-8326
www.listel-vancouver.com
Cet hôtel de cinq étages abrite 129 chambres qui ont été parées d'œuvres provenant de galeries d'art des environs (troisième et quatrième étages) et du Museum of Anthropology (cinquième étage). Les chambres du cinquième, nos préférées, ont une allure contemporaine et minimaliste grâce à des couleurs pâles et neutres, des meubles en bois de cèdre et de ciguë (la plupart fabriqués en Colombie-Britannique), des tissus de fibres naturelles et des œuvres d'art provenant du Pacific Northwest (en vente). Les «chambres-galeries d'art» ont un décor plus traditionnel, bien que rehaussé de meubles d'acajou, de fauteuils confortables, de banquettes aux fenêtres et d'œuvres originales. Curieusement, les «chambres-musées» sont les moins dispendieuses. On y trouve aussi deux étages de chambres régulières, ainsi que le O'Doul's Restaurant & Bar.

Pacific Palisades Hotel
$$$$$
◔, ≋, Ψ, ◢, ◎, ☞, ≡
1277 Robson St.
☎ (604) 688-0461 ou
800-663-1815
▤ (604) 688-4374
www.pacificpalisadeshotel.com
Les deux tours du Pacific Palisades Hotel, qui compte 233 chambres au total, offrent des vues imprenables sur la mer et les montagnes. Entièrement rénové, le décor vise clairement à attirer une clientèle jeune (ou jeune de cœur) bien nantie. Un soi-disant mélange de South Beach et de Stanley Park, son look est amusant, moderne et rétro, avec une petite touche fantaisiste. Toutes les unités d'hébergement sont des suites colorées de vert-lime et de jaune, et décorées de meubles sortis tout droit du catalogue IKEA. L'établissement est trop grand pour être considéré comme un hôtel-boutique, mais il est tout de même très agréable et unique. Tous les services pour gens d'affaires et vacanciers sont assurés avec professionnalisme. Les employés sont accueillants et efficaces.

Burrard Inlet

Capilano Bed & Breakfast
$$$ pdj
◔
1374 Plateau Dr.
☎ (604) 990-8889 ou
877-990-8889
▤ (604) 990-5177
www.capilanobb.com
Le Capilano Bed & Breakfast est situé près du Lions Gate Bridge. Les skieurs peuvent aussi bien se rendre à Cypress Mountain (15 min) qu'à Grouse Mountain (8 min). En évitant les heures de pointe: à 5 min en voiture du

Stanley Park, à 10 min du centre-ville et du Chinatown, et à environ 25 min de l'aéroport. Les chambres sont invitantes, certaines offrant une belle vue. Le petit déjeuner complet est savoureux.

Comfort Inn North Vancouver
$$$
≡, ≋, ◔
1748 Capilano Rd.
North Vancouver
☎ (604) 988-3181 ou
888-988-3181
▤ (604) 904-2755
www.comfortinnnorthvancouver.com
Le Comfort Inn se trouve à deux pas du Capilano Suspension Bridge, du Lions Gate Bridge et de la route transcanadienne. Confortable, il n'est pas trop cher.

Lonsdale Quay Hotel
$$$
≡, ◢, Ψ, ✽
123 Carrie Cates Court
North Vancouver
☎ (604) 986-6111 ou
800-836-6111
▤ (604) 986-8782
www.lonsdalequayhotel.com
Le Lonsdale Quay Hotel est un établissement charmant, étonnamment bien situé sur le bord de Burrard Inlet, au-dessus du grand marché couvert qu'est le Quay Market, et avec une vue extraordinaire sur le centre-ville de Vancouver.

Palms Guest House
$$$$ pdj
≡, ✽, ◎, ◮
3042 Marine Dr.
West Vancouver
☎ (604) 926-1159 ou
800-691-4455
▤ (604) 926-1451
www.palmsguesthouse.com
Luxueuses chambres avec vue sur l'océan. L'accès facile aux stations de ski de Cypress Mountain et de

VANCOUVER circuit F: Burrard Inlet

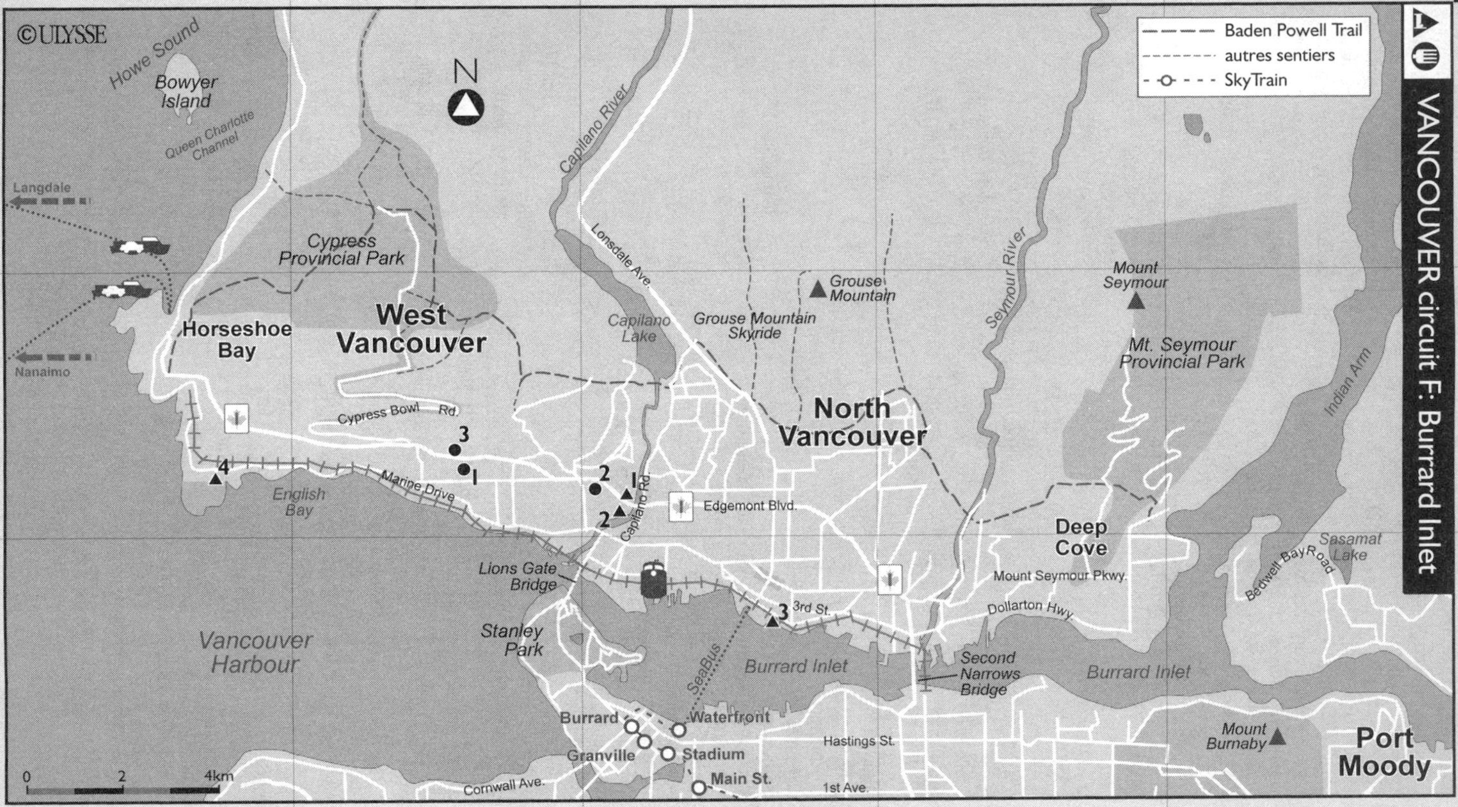

Légende
- Baden Powell Trail
- autres sentiers
- SkyTrain

Port Moody

Indian Arm

Sasamat Lake

Bedwell Bay Road

Mount Burnaby

Mount Seymour

Mt. Seymour Provincial Park

Deep Cove

Seymour River

Mount Seymour Pkwy.

Dollarton Hwy.

Second Narrows Bridge

Burrard Inlet

Grouse Mountain

Grouse Mountain Skyride

North Vancouver

Hastings St.

3rd St.

Seabus

Waterfront

1st Ave.

Capilano Lake

Lonsdale Ave.

Edgemont Blvd.

Capilano Rd.

Stadium

Main St.

Burrard

Granville

West Vancouver

Cypress Provincial Park

Cypress Bowl Rd.

Marine Drive

Lions Gate Bridge

Stanley Park

Cornwall Ave.

Horseshoe Bay

English Bay

Vancouver Harbour

Howe Sound

Bowyer Island

Queen Charlotte Channel

Langdale

Nanaimo

N

© ULYSSE

0   2   4km

▲ **HÉBERGEMENT**

1. CY   Capilano Bed & Breakfast
2. CY   Comfort Inn North Vancouver
3. CZ   Lonsdale Quay Hotel
4. AY   Palms Guest House

● **RESTAURANTS**

1. BY   Beach Side Café
2. CY   Boathouse Restaurant
3. BY   Salmon House

Grouse Mountain s'ajoute à la proximité du joli petit port de Horseshoe Bay, des traversiers menant à la Sunshine Coast, des curiosités de North Vancouver, comme le Capilano Suspension Bridge et la Capilano Salmon Hatchery, ainsi que des routes menant à Lynn Valley, au mont Seymour et à la jolie petite baie qu'est Deep Cove.

False Creek

Opus Hotel
$$$$$
▥, ≡, ✿, ▲, ⚓
322 Davie St.
☎ (604) 642-6787 ou
866-642-6787
▤ (604) 642-6780
www.opushotel.com
Construites spécifiquement pour se confondre avec les édifices industriels de briques du quartier de Yaletown, les 97 chambres et suites novatrices de l'Opus Hotel présentent cinq décors différents, pour des hôtes de différents styles de vie mais ayant tous un portefeuille bien garni. Chacune renferme des meubles contemporains, de la literie européenne, des peignoirs et des pantoufles. On y offre aussi un service aux chambres 24 heures sur 24, des téléphones sans fil avec boîte vocale privée, des prises Internet haute vitesse, des téléviseurs de 68 cm et des lecteurs CD. Un bar et une brasserie se trouvent sur les lieux, pour ceux qui désirent épater la galerie. Idéal pour la star qui sommeille en vous!

West Side

Vancouver Hostelling International Jericho Beach
$
dortoirs distincts pour femmes et hommes
bc, cafétéria avr à oct
1515 Discovery St.
☎ (604) 224-3208
▤ (604) 224-4852
Située à Jericho Park, cette auberge de jeunesse est ouverte jour et nuit; du centre-ville, prenez l'autobus 4 UBC. En plus d'être située à côté des plages de Locarno et de Jericho, elle est idéale pour les voyageurs au budget restreint.

UBC Housing and Conference Centre
$-$$$
bc/bp, ☎
5961 Student Union Blvd.
☎ (604) 822-1000
▤ (604) 822-1001
www.conferences.ubc.ca
En plus d'abriter un hôtel ouvert toute l'année et comptant 48 suites, le campus de l'University of British Columbia propose la location d'appartements disponibles de mai à août, pas chers et bien situés. Vous y trouverez la tranquillité.

Penny Farthing Inn
$$$ pdj
bc/bp, ▲, ✳
2855 W. Sixth Ave.
Kitsilano
☎ (604) 739-9002
▤ (604) 739-9004
www.pennyfarthinginn.com
Le Penny Farthing Inn, aménagé dans une maison datant de 1912, est décoré

de boiseries, et les vitraux confèrent beaucoup de charme aux chambres. Un chaleureux accueil vous attend dans cet établissement situé dans le charmant quartier de Kitsilano, à faible distance du centre-ville. Lyn Hainstock, l'hôtesse amicale, offre en location ses quatre chambres vives et éclatantes. Cuisinière chevronnée, elle prépare des déjeuners complets que vous pourrez déguster dans la salle à manger ou dans le jardin anglais. Trois chats y ont établi résidence. Ambiance britannique garantie.

Johnson Heritage House Bed & Breakfast
$$$ pdj
▲, ◎
mai à nov
2278 W. 34th Ave.
Kerrisdale
☎/▤ (604) 266-4175
www.johnsons-inn-vancouver.com
Le Johnson Heritage House est installé dans une magnifique maison des années 1920 entièrement rénovée à laquelle on a même ajouté un étage. Les propriétaires, Sandy et Ron Johnson, ont réalisé les travaux; ils ont de plus fait l'acquisition de plusieurs antiquités qui garnissent désormais leur demeure.

Camelot Inn
$$$
2212 Larch St.
☎ (604) 739-6941
▤ (604) 739-6937
www.camelotinnvancouver.com

Vancouver - Hébergement - West Side

La sympathique famille Austrins, d'origine lettone, vous accueille au charmant et joli Camelot Inn. Un séjour minimal de deux nuits en semaine ou de trois nuits la fin de semaine est exigé. Toutes les chambres et les suites présentent un décor classique à l'image de la maison.

Plaza 500 Hotel
$$$$
◫, ❀, ≡
500 W. 12th Ave.
☎ (604) 873-1811 ou
800-473-1811
🖩 (604) 873-1980
www.plaza500.com
Le Plaza 500 Hotel propose des chambres confortables dont plusieurs ont un balcon avec vue sur la ville. À 15 min en voiture du centre-ville, juste après le Cambie Bridge. Broadway Street, à 2 min, offre un bel éventail de boutiques, de restaurants et de bars. L'hôtel privilégie les séjours en groupe et les séminaires.

Restaurants

Dernièrement, les critiques gastronomiques de partout s'extasiaient de l'épanouissement culinaire des Vancouvérois. Par exemple, un grand journal canadien déclarait que les chefs de la ville étaient «visionnaires» et «sans retenue».

Pour créer leur cuisine nommée "Pacific Northwest", les chefs profitent de l'emplacement de Vancouver, en bordure de mer, misent sur le poisson et les fruits de mer, sans oublier d'utiliser les fruits et légumes frais des environs, et

d'ajouter une bonne dose d'innovation. Le saumon, éternel favori de la Côte Ouest, côtoie les espèces telles que le thon ahi et la délicate morue charbonnière, connue également sous le nom de «morue noire» (*sable fish*).

Les chefs de Vancouver sont aussi inspirés par l'Orient, ce dont témoigne la multitude d'influences asiatiques dans la cuisine, la présentation et le décor. En plus des restaurants japonais et chinois, vous trouverez des établissements indiens, malais, italiens, grecs et français, ainsi que des restaurants de fruits de mer et des «cabanes» à *fish and chips*.

Il est presque devenu un cliché de parler des cafés de Vancouver. En effet, qu'ils soient de la populaire chaîne américaine Starbucks, de la chaîne canadienne Blenz en pleine expansion, ou encore de la famille des rescapés indépendants, vous en apercevrez à presque tous les coins de rue, la plupart offrant une terrasse pour les fumeurs. Et si vous n'êtes pas un mordu du café, vous pourrez toujours savourer toutes sortes de thés, comme par exemple le très populaire *chai* indien épicé, aussi offert en tisane. Le *bubble tea*, une invention en provenance de Taiwan, est aussi très apprécié. Il s'agit d'une boisson au thé laiteuse et parfumée, servie avec une grosse paille pour aspirer les perles de tapioca au fond de la tasse… Évidemment, c'est un goût qui s'acquiert à la longue.

Les végétariens ne seront pas déçus non plus. Comme la tradition le veut dans cette province, vous pouvez déguster un repas

végé presque partout. Les restaurateurs se tiennent au courant des tendances végétariennes et proposent, la plupart du temps, des options végétariennes ou apportent les modifications nécessaires au menu. Plusieurs chefs se servent aussi de produits biologiques, œufs et poulet de grain compris.

Un établissement particulièrement populaire que nous nous devons de mentionner est le bar à tapas. Quoique les tapas soient habituellement associées à l'Espagne, à Vancouver on peut en déguster de tous les types. Les tapas sont de petites entrées variées, servies à l'heure de l'apéro. Le brunch se veut aussi très populaire à Vancouver. En effet, un bon nombre de restaurants ouvrent leurs portes tôt la fin de semaine pour le brunch, proposant alors un menu particulier.

N'oubliez pas qu'il est interdit de fumer dans tous les restaurants, d'où la popularité des terrasses à longueur d'année. Même s'il peut être dispendieux d'aller au restaurant à Vancouver, il est possible de dénicher de bons établissements qui ne coûtent pas les yeux de la tête. Les meilleurs d'entre eux sont énumérés dans les pages qui suivent.

Gastown et ses environs

The Old Spaghetti Factory
$-$$
jusqu'à 23h
53 Water St.
☎ (604) 684-1288
The Old Spaghetti Factory est un restaurant très bon marché qui propose de la

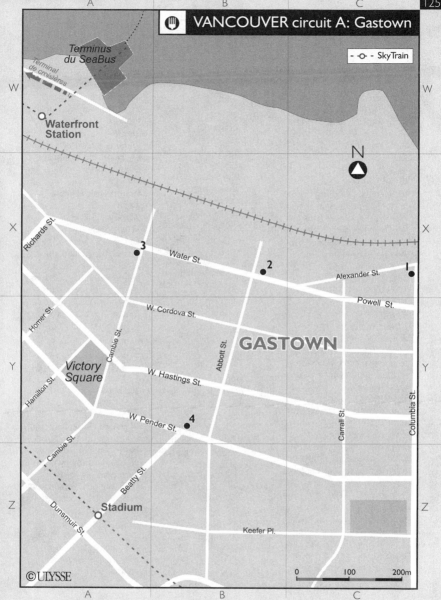

VANCOUVER circuit A: Gastown

- -o- - SkyTrain

Terminus
du SeaBus

Terminal
de croisières

Waterfront
Station

N

Richards St.

3

Water St.

2

Alexander St.

I

Powell St.

Homer St.

W. Cordova St.

Cambie St.

Abbott St.

GASTOWN

Victory
Square

W. Hastings St.

Hamilton St.

Carrall St.

Columbia St.

W. Pender St.

4

Cambie St.

Beatty St.

Dunsmuir St.

Stadium

Keefer Pl.

0   100   200m

©ULYSSE

● **RESTAURANTS**

1. CX   Incendio Pizzeria
2. BX   The Old Spaghetti Factory

3. AX   Water Street Cafe
4. BY   Wild Rice

cuisine de bonne qualité. La décoration de style 1900 est agréable et le service rapide.

Incendio Pizzeria
$$-$$$
103 Columbia St.
☎ (604) 688-8694
(voir la description p 134)

Water Street Cafe
$$$
300 Water St.
☎ (604) 689-2832
Le pain qui sort du four accompagne assiettes de pâtes et de poisson dans ce restaurant de style contemporain dont l'ambiance est décontractée et amicale.

Wild Rice
$$$
117 W. Pender St.
☎ (604) 642-2882
Situé aux abords du Chinatown (au sens propre et figuré), Wild Rice est l'un des restaurants les plus branchés et les plus excitants de Vancouver. Laissez toutes vos idées préconçues de la cuisine chinoise à la porte: ici l'éclairage est subtil, la musique rythmée, les plafonds hauts, et le bar en résine bleue luit dans la noirceur... Wild Rice est bien plus qu'un restaurant chinois, c'est un bar à martinis! La cuisine diffère aussi des mets typiques du Chinatown; par exemple, vous pouvez déguster un assortiment de tapas ou des plats principaux qui remplissent un peu plus l'assiette. Même les mets traditionnels de la cuisine chinoise sont présentés avec imagination.

Chinatown et East Vancouver

Hon's Wun-Tun House
$
268 Keefer St.
☎ (604) 688-0871
Ce restaurant fait le bonheur des Vancouvérois depuis une vingtaine d'années. Les plats, à tout petits prix, sont tous aussi bons les uns que les autres, et les portions sont généreuses. Toutes les spécialités de la cuisine chinoise y passent, des raviolis au canard laqué avec riz. Vous pourrez en essayer quelques-unes dans une atmosphère de cantine bruyante et bondée au service rapide et efficace.

The Only Café
$
20 E. Hastings St.
☎ (604) 681-6546
Petit restaurant de rien du tout situé dans un quartier pas trop appétissant, The Only Café propose pourtant des *fish and chips* parmi les meilleurs en ville. Il est conseillé de commander pour emporter.

Joe's Cafe
$
1150 Commercial Dr.
☎ (604) 255-1046
Cet établissement est fréquenté par une clientèle régulière d'intellectuels et de philosophes du dimanche, mais ce qui les unit avant tout, c'est le café de Joe.

WaZuBee Cafe
$
1622 Commercial Dr.
☎ (604) 253-5299
Le WaZuBee Cafe est bon et abordable. Sa cuisine évolutive vous étonnera, présentée dans un décor «écolo-techno-italo-bizarre».

Les plats de pâtes y sont toujours intéressants.

Pink Pearl Chinese Restaurant
$$
1132 E. Hastings St.
☎ (604) 253-4316
Cet énorme restaurant de fruits de mer est une institution à Vancouver. Le *dim sum* est servi tous les jours; la spécialité du chef est la cuisine cantonaise et sichuanaise.

Cannery Seafood House
$$$
2205 Commissioner St.
☎ (604) 254-9606
Le Cannery Seafood House est un des meilleurs restaurants de fruits de mer en ville et est situé à l'extrême est de Vancouver, dans une ancienne conserverie centenaire rénovée. La vue de la mer y est fantastique.

Le centre-ville

Fumiyoshi
$
451 Howe St.
☎ (604) 688-5587
Pour les petits budgets. Belle variété de sushis et de sashimis. Dix-huit morceaux et soupe miso pour un prix défiant toute concurrence. Service pas toujours agréable.

Kitto Japanese House on Granville
$
833 Granville St.
☎ (604) 687-6622
Sushis, *robata* et *yakisoba*, bref, toutes sortes de petits plats japonais à petits prix. Service rapide.

Elbow Room
$
560 Davie St.
☎ (604) 685-3628

Au Elbow Room, un établissement unique à Vancouver, le service est de l'«abus»! Les clients qui sont assez courageux pour y mettre le nez afin de déguster le petit déjeuner, servi toute la journée (essayez le *B.C. benny*), sont «abusés» impitoyablement (c'est-à-dire gentiment taquinés) s'ils ne suivent pas les règlements de la maison (énumérés dans le menu). Par exemple, les clients qui dînent en solo risquent de se faire vendre aux enchères, tandis que ceux qui ne finissent pas leur repas doivent faire la charité. Parmi les nombreux prix et honneurs, le plus remarquable est celui du «meilleur service maussade et indifférent». Et si cela ne vous fait pas sentir comme chez vous, rien ne le fera!

Gallery Café
$
8h30 à 17h30, jeu jusqu'à 21h
Vancouver Art Gallery
750 Hornby St.
☎ (604) 688-2233

Les promeneurs épuisés, les employés de bureau du centre-ville et les auteurs de guides de voyage tourmentés fuient les foules de Robson Street pour se réfugier dans ce charmant café, une oasis de paix au sein de la Vancouver Art Gallery. En plus des gâteaux et autres pâtisseries (qui sont probablement les moins chers en ville), on y sert des sandwichs, des quiches, des salades et de légères entrées. Belle terrasse.

Olympia Seafood
$
820 Thurlow St.

☎ (604) 685-0716

Vous avez envie de manger un plat de *fish and chips* à l'anglaise? Faites un saut à cette friterie pour un bon choix de morue, de flétan ou de sole avec frites.

Subeez Cafe
$-$$
891 Homer St., angle Smithe St.
☎ (604) 687-6107

Cet endroit énigmatique, un préféré parmi les résidants du coin, est ouvert assez tard pour le cocktail (excellente sélection de bières de Colombie-Britannique) et assez tôt pour un petit déjeuner tardif (11h) ou brunch la fin de semaine. Le décor postindustriel est composé de hauts plafonds, de ventilateurs de plafond et d'œuvres d'art éclectiques. Ici on propose le petit déjeuner toute la journée, un intéressant assortiment de sandwichs et de salades, et bon nombre de plats végétariens.

India Gate Restaurant
$$
616 Robson St.
☎ (604) 684-4617

Ici vous pouvez vous offrir un curry pour moins de 10$ le midi. En soirée, ce restaurant est plutôt désert. Le décor n'a rien d'exotique.

Kitanoya Guu
$$
838 Thurlow St.
☎ (604) 685-8817

Une jeune clientèle japonaise se rassemble dans ce bar bruyant avec cuisine à aire ouverte, où l'on prépare de délicieux plats japonais créatifs, supérieurs à ce que vous trouverez dans un bar à sushis standard. Ambiance de bar bruyant, mais idéal pour débuter une soirée qui s'annonce

prometteuse. Les sushis et les grillades sont recommandés. Soupe miso à 1$.

Rex Rotisserie & Grill
$$-$$$
Bentall Centre
1055 Dunsmuir St.
☎ (604) 683-7390

Ce sympathique bistro est surtout fréquenté par une clientèle d'habitués. Au menu, le succulent poulet rôti sous vos yeux à la broche et accompagné d'excellentes frites maison est à ne pas manquer. On peut s'installer au bar et profiter du très bon choix de bières pression, ou tout simplement boire un cappuccino. Si possible, attablez-vous près des fenêtres qui donnent sur un bassin et des cascades d'eau spectaculaires. Service courtois.

Imperial Chinese Seafood
$$$-$$$$
355 Burrard St.
☎ (604) 688-8191

Installé dans le **Marine Building** (voir p 85), un chef-d'œuvre d'architecture Art déco, ce restaurant chinois comporte aussi quelques éléments Art déco, mais ce sont surtout ses grandes fenêtres ouvertes sur Burrard Inlet qui fascinent. Dans ce cadre très élégant, des garçons en livrée et des jeunes filles discrètes s'activent au rituel du *dim sum*. Pas de chariots ici, comme on en voit souvent ailleurs; les divers plats cuits à la vapeur sont apportés sur des plateaux. On peut d'ailleurs en demander la liste, ce qui permet de choisir ses préférés parmi la trentaine proposés. La qualité de la cuisine s'avère à la hauteur de l'excellente réputation qu'a acquise ce restaurant.

Vancouver - Restaurants - Le centre-ville

L'Hermitage
$$$-$$$$
1025 Robson St.
☎ (604) 689-3237

Le chef propriétaire Hervé Martin, ancien chef du roi Léopold de Belgique, est un artiste en matière de cuisine française. Les vins de Bourgogne en provenance du terroir familial accompagnent les mets les plus fins, tout comme d'excellents vins de la Colombie-Britannique, tel que le Red Rooster. Il y a en outre un choix de 18 vins au verre. Sa cuisine est soignée et originale, sa décoration chic et son service parfait. Hervé vous racontera ses nombreux et glorieux souvenirs, du temps où il était chef à la Cour de Belgique. En été, la terrasse, en retrait de Robson Street, est agréable.

Le Crocodile
$$$-$$$$
909 Burrard St.
entrée par Smithe St.
☎ (604) 669-4298

Cet établissement est le phare de la cuisine française à Vancouver, tant par la qualité de sa nourriture que par son service, son décor et sa carte des vins. Les amateurs de grande cuisine française seront comblés par le choix des viandes rouges et les délices de la mer. Il faut absolument que vous goûtiez le tartare de saumon, Pacifique oblige!

Lucy Mae Brown
$$$-$$$$ (restaurant)
$$ (lounge)
fermé lun
862 Richards St.
☎ (604) 899-9199

Lucy Mae Brown était-elle propriétaire d'une simple maison de pension ou te-

nancière d'un bordel situé à cette adresse? Cela reste un mystère. Aujourd'hui, Lucy Mae Brown a toujours une double identité: au sous-sol se trouve un *lounge* qui attire une jeune clientèle, alors qu'à l'étage une clientèle plus âgée et bien vêtue profite de moments plus intimes au son du jazz, tout en étant lovée sur des banquettes circulaires de velours bleu. Le menu, d'ailleurs très acclamé, propose des plats de pâtes simplement préparés, du filet de flétan basquaise, du poulet de grain et du filet de bœuf bio appétissants, et à bon prix. Réservez quelques jours à l'avance.

Diva at the Met
$$$$
645 Howe St.
☎ (604) 602-7788

Une bonne cuisine continentale et de bons vins servis dans une ambiance agréable et un décor élégant font de ce restaurant un endroit très prisé du jet-set vancouvérois.

**Bacchus Restaurant
& Piano Lounge**
$$$$
Wedgewood Hotel, 845 Hornby St.
☎ (604) 689-7777

Un joli décor baroque intime, une ambiance musicale avec pianiste et la délicieuse cuisine de son chef primé caractérisent ce restaurant très apprécié des cadres travaillant au centre-ville.

West End

De Dutch Pannekoek House
$
1725 Robson St., angle Denman St.

☎ (604) 687-7065

De Dutch Pannekoek House s'impose comme le spécialiste du petit déjeuner de crêpes: de belles grandes crêpes cuites sur commande, nature ou fourrées selon votre goût. Il y a quelques succursales à Vancouver, dont deux dans le West Side.

True Confections
$
jusqu'à 1h
866 Denman St.
☎ (604) 682-1292

True Confections est un restaurant de desserts et sert d'énormes portions. Essayez son excellente mousse au chocolat belge. Ses gâteaux, gros et hauts, comme on en verrait dans des bandes dessinées, ne se comparent pas avec ceux de son concurrent **Death by Chocolate** *(1001 Denman St. et autres succursales)*.

Hamburger Mary's Diner
$-$$
1202 Davie St.
☎ (604) 687-1293

Mary's est un populaire restaurant de quartier au décor des années 1950 proposant un énorme menu qui affiche petits déjeuners, hamburgers (à la viande de bœuf bio, si vous le désirez), sandwichs et laits fouettés. Vous y trouverez aussi des plats du jour et même quelques bonnes surprises!

Gyoza King
$$
1508 Robson St.
☎ (604) 669-8278

La cuisine japonaise vous tente mais vous êtes lassés des éternels sushis? Faites la file avec les étudiants d'origine asiatique et rassasiez-vous des nouilles *ubon* et *ramen* servis dans de beaux bols en pierre faits à la main. Sans oublier les *gyoza*, un mets chinois très populaire au Japon. Ces pochettes fourrées à la viande, aux fruits de mer ou aux légumes peuvent être cuites au four ou poêlées. Si le menu vous laisse confus, faites connaître votre choix en pointant vers l'assiette d'un autre client du restaurant et laissez-vous séduire!

Miko Sushi
$$
lun-sam
1335 Robson St.
☎ (604) 681-0339
Cuisine japonaise soignée; sushis et sashimis d'une grande fraîcheur; service impeccable dans un petit espace dont les murs sont couverts des autographes des vedettes qui s'y sont restaurées. Réservations conseillées.

Tapastree Restaurant
$$-$$$
1829 Robson St.
☎ (604) 606-4680
Comme le suggère son nom, cet agréable établissement du quartier de West End se spécialise dans les tapas, conçues avec imagination pour une cuisine Pacific Northwest. Tapastree est fréquenté par des résidants du quartier, entre autres des cuisiniers qui ont congé – un bon signe!

Le Café de Paris
$$$-$$$$
751 Denman St.
☎ (604) 687-1418
Le cassoulet est la spécialité du Café de Paris, mais les plats sont nombreux qui vous rappellent telle ou

telle région de France. Les frites qui accompagnent chaque commande sont excellentes. Bonne carte des vins et bon service dans une ambiance de bistro moderne.

Raincity Grill
$$$$
jusqu'à 22h30
1193 Denman St.
☎ (604) 685-7337
Le Raincity Grill se spécialise dans les grillades de viande et de poisson. Très bon restaurant de cuisine Pacific Northwest, il est reconnu pour son excellente carte des vins de la Colombie-Britannique qui s'offrent à la bouteille ou au verre.

Stanley Park

Sequoia Grill
$$$-$$$$
jusqu'à 22h
Ferguson Point
☎ (604) 669-3281
Le Sequoia Grill offre une vue imprenable sur English Bay depuis le Stanley Park et sert des plats succulents à l'intérieur d'une charmante salle à manger aux murs jaune pâle et à grandes fenêtres. La vaste carte de repas complets affiche des plats de poisson et d'agneau ainsi que des mets végétariens. Le brunch *($$)* est servi en fin de semaine jusqu'à 14h30. Il est préférable de téléphoner avant de s'y rendre pour réserver, mais aussi pour demander le meilleur itinéraire. Le bâtiment qui abrite le restaurant était un mess d'officiers et de garnison durant la Seconde Guerre mondiale.

The Fish House in Stanley Park
$$$$
8901 Stanley Park Dr.

☎ (604) 681-7275
The Fish House in Stanley Park, situé à deux pas du Seawall, est aménagé dans une maison victorienne. De très bons fruits de mer et poissons sont servis dans un décor cossu et agréable.

Burrard Inlet

West Vancouver

Beach Side Café
$$-$$$$
1362 Marine Dr.
☎ (604) 925-1945
À West Vancouver, le Beach Side Café est un joli restaurant aux recettes originales préparées à partir de produits locaux, de viande et de poisson. Menu de pub ou de bistro et repas gastronomiques.

Salmon House
$$$$
2229 Folkstone Way
☎ (604) 926-3212
Le Salmon House est sans doute le restaurant qui propose le meilleur saumon grillé au barbecue, tout simplement délicieux. Construit à flanc de montagne, il offre une vue extraordinaire sur Vancouver et le Pacifique.

Horseshoe Bay

Boathouse Restaurant
$$
6695 Nelson Ave.
☎ (604) 921-8188
Le Boathouse, au cœur du petit port du village de Horseshoe Bay, se présente comme un grand restaurant vitré. Il se spécialise dans les produits de la mer: huîtres, flétan, saumon, etc.

Vancouver - Restaurants - Burrard Inlet

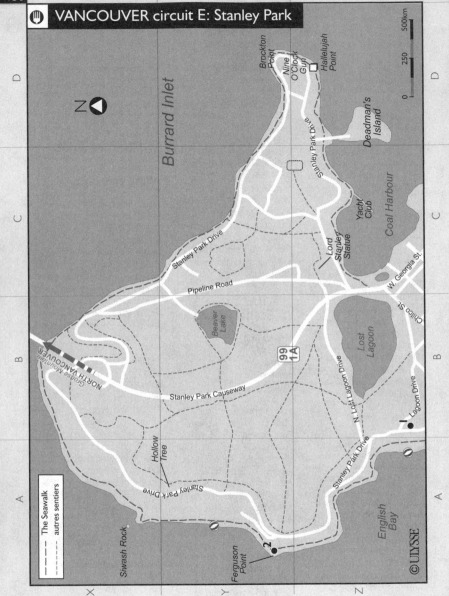

Burrard Inlet

Brockton Point
Nine O'Clock Gun
Hallelujah Point
Stanley Park Drive
Deadman's Island
Yacht Club
Coal Harbour
Lord Stanley Statue
W. Georgia St.
Chilco St.
Stanley Park Drive
Pipeline Road
Beaver Lake
Lost Lagoon
99 1A
Stanley Park Causeway
N. Lost Lagoon Drive
Lagoon Drive
Globe Mountain
NORTH VANCOUVER
Hollow Tree
Stanley Park Drive
Siwash Rock
Stanley Park Drive
Ferguson Point
English Bay

© ULYSSE

500km
250
0

The Seawalk
autres sentiers

● **RESTAURANTS**

1. BZ   The Fish House in Stanley Park   2. AY   Sequoia Grill

False Creek

Il Giardino
$$$
1382 Hornby St.
☎ (604) 669-2422

Un joli décor italien, un patio coquet, des plats d'inspiration régionale et européenne accompagnent les incontournables pâtes italiennes et font de cet établissement un endroit réputé et très fréquenté. Bien que le restaurant soit toujours plein, son ambiance reste chaleureuse et amicale.

Aurora Bistro
$$$-$$$$
2420 Main St.
☎ (604) 873-9944

Seriez-vous tenté par un repas comprenant une entrée de gâteau au fromage à la crème fraîche et au saumon fumé, suivie d'une cuisse de canard glacée à l'érable et au thym ou d'un flétan rôti des îles de la Reine-Charlotte? Pour terminer le tout, une *pannacotta* à la vanille ou une tranche d'ananas grillée accompagnée d'une «bagatelle au chocolat», ça vous dirait? Alors, l'Aurora Bistro, raffiné sans être prétentieux et situé tout juste au sud-est de False Creek, saura vous satisfaire. On ne tarit pas d'éloges à son endroit.

Monk McQueens
$$$-$$$$
601 Stamps Landing
☎ (604) 877-1351

Ici les recettes raffinées mettant en vedette coquillages, viandes et poissons séduiront votre palais. Le service est impeccable, et le décor intérieur et extérieur, ainsi que la vue de False Creek, se révèlent très agréables. Avec ses deux terrasses, Monk McQueens

est l'endroit par excellence pour prendre un repas en plein air. La fin de semaine, un pianiste de jazz accompagne votre repas.

Kettle of Fish
$$$-$$$$
900 Pacific Blvd.
☎ (604) 682-6661

Un décor de jardin d'hiver, fleuri et accueillant, du poisson et des fruits de mer frais, tout cela accompagné d'une belle carte des vins, feront de votre repas une agréable expérience. Bon service.

C Restaurant
$$$$
1600 Howe St.
☎ (604) 681-1164

C se prononce «si», qui évoque la mer en anglais (*sea*). Ce restaurant de fruits de mer contemporain fait énormément parler de lui, et pour cause. Son chef revenu d'Asie du Sud-Est a rapporté avec lui des recettes évolutives, uniques et innovatrices. Si vous y allez le midi, ne manquez pas le *dim sum* façon C: des bouchées de poisson marinées dans le thé et une touche de caviar, des vol-au-vent aux chanterelles, des crevettes au curry et à la noix de coco, et la liste continue... et c'est tout simplement exquis. Les desserts sont tout aussi extraordinaires. Pour les plus courageux, la crème brûlée au fromage bleu est une expérience inoubliable. Un restaurant à essayer absolument, d'autant plus que la vue de False Creek est magnifique.

Yaletown

Urban Fare
$
177 Davie St.
☎ (604) 975-7550

Cet établissement débordant de yuppies est un bon endroit où faire le plein à l'heure du déjeuner ou simplement casser la croûte pendant votre visite de Yaletown. Le comptoir libre-service contient des paninis, des sandwichs roulés et autres délices.

Thai Urban Bistro
$-$$
1149 Hamilton St.
☎ (604) 408-7788

En plein Yaletown branché, le Thai Urban Bistro propose tous les classiques de la cuisine thaïlandaise, ainsi que des *dumplings* savoureux (parmi les meilleurs que nous ayons essayés). Superbe décor à l'éclairage tamisé. Repas de midi très abordable. Pas cher du tout pour le quartier.

Capone's
$$
1141 Hamilton St.
☎ (604) 684-7900

De style un peu Nouvelle-Orléans avec orchestre de jazz, ce restaurant à l'ambiance romantique propose des petits dîners aux chandelles comportant pizzas, pâtes ou salades accompagnées d'un choix de martinis très original.

Section (3)
$$$
1039 Mainland
☎ (604) 684-2777

Cet établissement du quartier de Yaletown propose une cuisine originale et savoureuse aux accents asiatiques et latins. On y sert

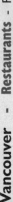

aussi un amusant menu de fin de soirée ainsi qu'un alléchant brunch la fin de semaine.

Brix
$$$-$$$$
1138 Homer St.
☎ (604) 915-9463
Ce charmant restaurant présente un rafraîchissant et apaisant décor de briques, de bois et de carreaux de céramique, sans parler de ses murs crème enjolivés de portraits modernes colorés et de sa terrasse arrière très sympathique. En plus des déjeuners (ne manquez pas les excellents «duos du jour» du chef, particulièrement lorsque le thon ahi et le saumon *Indian candy* sont au menu) et des dîners tout à fait originaux, les tapas sont servies toute la journée. La carte des vins est bien garnie, comprenant les cuvées de la province, dont plusieurs se vendent au verre. Il est recommandé de réserver pour le dîner *(ven-dim)*. Ambiance BCBG.

Blue Water Cafe & Raw Bar
$$$$
1095 Hamilton St.
☎ (604) 688-8078
Cet établissement apprécié pour ses fruits de mer frais est l'endroit où se retrouve une clientèle bien vêtue de Yaletown qui fait couler le Pellegrino à flots. En plus des bars à huîtres et

à sushis, vous y trouverez des entrées telles que morue charbonnière fumée (de Colombie-Britannique), sole de Douvres, marlin rayé et thon germon, sans oublier les steaks de l'Alberta. La salle à manger est décorée avec goût (carreaux de céramique, briques, tuyaux à découvert, tables en bois, banquettes de cuir), tandis que le service est courtois et professionnel. Pour la fin de semaine, il est recommandé de réserver. Pendant que vous y êtes, jetez un coup d'œil sur l'impressionnante cave à vins.

Granville Island

Tony's Fish & Oyster Café
$
1511 Anderson St.
☎ (604) 683-7127
On ne vient pas ici pour le café, mais plutôt pour les délicieux *fish and chips* maison offerts à bon prix, ou encore la «chaudrée de palourdes» *(clam chowder)*. Service sympa. Quelques places assises.

Bridges
$$-$$$$
1696 Duranleau St.
☎ (604) 687-4400
Le Bridges offre sans doute l'une des plus belles terrasses de Vancouver, en plein milieu du port de plaisance de Granville Island, ce qui explique la clientèle plutôt touristique.

Dockside Restaurant & Brewery
$$$
Granville Island Hotel
1253 Johnston St.
☎ (604) 685-7070
Il serait facile de croire qu'un restaurant qui brasse sa propre bière aurait tendance à négliger le côté «bouffe»... mais pas ici! Le Dockside Restaurant & Brewery sert des soupes et des salades étonnamment délicieuses (le potage au saumon fumé est excellent, tout comme la salade Dockside) qui constituent de bons déjeuners, ainsi que, entre autres, du poulet rôti et des plats de poisson. La terrasse, près des quais, est chauffée par des lampes (s'il fait frais).

Pacific Institute of Culinary Arts
$$$-$$$$
1505 W. Second Ave.
☎ (604) 734-4488
Ce restaurant offre, chaque jour, un nouveau menu de fine cuisine préparé par les étudiants de l'Institut que l'on voit s'activer derrière de grandes fenêtres. Les plats sont délicieux et le service parfait. Un déjeuner à trois services est offert du lundi au vendredi (repas à prix fixe). Le dîner est servi sept soirs sur sept. Le décor est simple mais agréable.

Vancouver - Restaurants - False Creek

▲ **HÉBERGEMENT**

1. EZ   Opus Hotel

● **RESTAURANTS**

1. EY   Aurora Bistro
2. EZ   Blue Water Cafe & Raw Bar
3. AY   Bridges

4. EZ   Brix
5. EZ   Capone's
6. AY   C Restaurant
7. AY   Dockside Restaurant & Brewery
8. AX   Il Giardino
9. AX   Kettle of Fish
10. CZ   Monk McQueens
11. AY   Pacific Institute of Culinary Arts
12. CX   Section (3)
13. CX   Thai Urban Bistro
14. AY   Tony's Fish & Oyster Café
15. EZ   Urban Fare

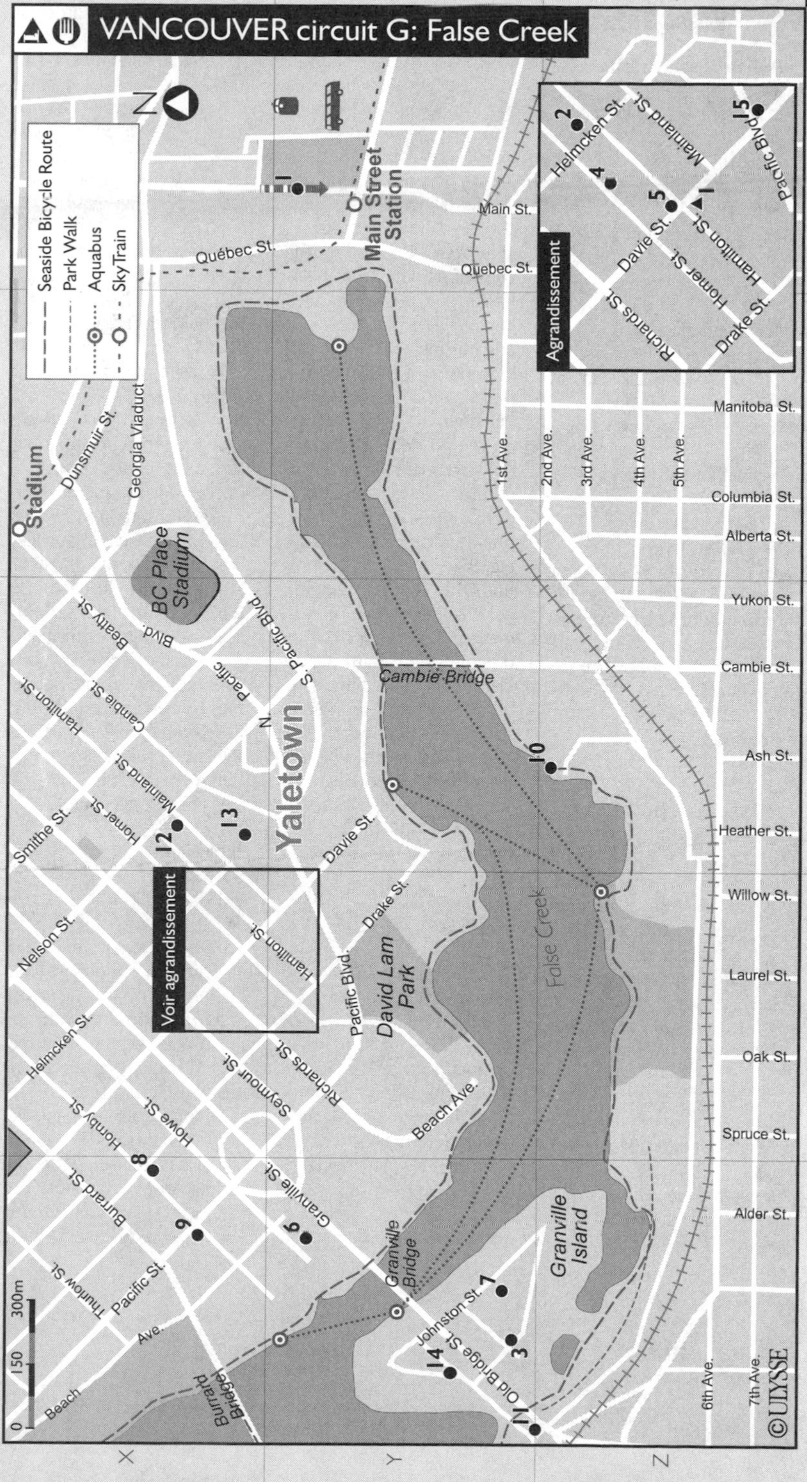

VANCOUVER circuit G: False Creek

Légende:
- Seaside Bicycle Route
- Park Walk
- Aquabus
- SkyTrain

Agrandissement

Main Street Station

Stadium

BC Place Stadium

Yaletown

David Lam Park

False Creek

Granville Island

Voir agrandissement

Cambie Bridge

Granville Bridge

Burrard Bridge

Streets (right side):
Manitoba St.
Columbia St.
Alberta St.
Yukon St.
Cambie St.
Ash St.
Heather St.
Willow St.
Laurel St.
Oak St.
Spruce St.
Alder St.
6th Ave.
7th Ave.

1st Ave., 2nd Ave., 3rd Ave., 4th Ave., 5th Ave.

Main St.
Quebec St.
Québec St.

Dunsmuir St.
Georgia Viaduct

Hamilton St.
Beatty St.
Cambie St.
Mainland St.
Homer St.
Smithe St.
Nelson St.
Helmcken St.
Hornby St.
Burrard St.
Thurlow St.
Pacific St.
Howe St.
Seymour St.
Richards St.
Granville St.
Pacific Blvd.
Drake St.
Davie St.
Beach Ave.
Johnston St.
Old Bridge St.
Beach Ave.

S. Pacific Blvd.

Agrandissement (inset) streets:
Helmcken St.
Mainland St.
Pacific Blvd.
Davie St.
Homer St.
Hamilton St.
Richards St.
Drake St.

© ULYSSE

300m
150
0

West Side

De Dutch Pannekoek House
$
2622 Granville St., angle 10th
Ave.
☎ (604) 731-0775
3192 Oak St.
☎ (604) 732-1915
Voir la description p 128.

True Confections
$
3701 W. Broadway, angle Alma St.
☎ (604) 222-8489
Voir la description p 128.

Sophie's Cosmic Café
$
2095 W. Fourth Ave.
☎ (604) 732-6810
Le tout Kitsilano s'y donne rendez-vous la fin de semaine pour se gaver d'œufs et de bacon. Décor des années 1950 et ambiance décontractée.

The Naam
$-$$
24 heures sur 24
2724 W. Fourth Ave.
☎ (604) 738-7151
The Naam allie concerts et repas végétariens. Ponctué de ventilateurs de plafond, ce petit restaurant paisible est très chaleureux, tant par son ambiance que par son service. Une clientèle de jeunes gens fréquente l'établissement.

Salade de Fruits Café
$$
fermé dim soir et lun
1551 W. Seventh Ave.
☎ (604) 714-5987
Situé à l'intérieur de la Maison de la Francophonie de Vancouver, le restaurant Salade de Fruits Café n'est pas le plus facile à repérer (il n'y a pas d'enseigne), mais vous serez ravi de vous y retrouver! L'un des meilleurs secrets de Vancouver, l'établissement est tenu par deux Français bien aimables, Antoine et Pascal, qui sont manifestement fiers de proposer une cuisine terre-à-terre de type bistro à prix plus que raisonnable. À l'heure du déjeuner, l'établissement est rempli de gens du coin qui viennent y déguster des moules frites, la spécialité de la maison, ou encore une quiche, une poutine, etc. Pour dîner, on propose une table d'hôte hebdomadaire qui peut comprendre à peu près n'importe quoi, du confit de canard à la raclette savoyarde. Tous les desserts (confectionnés par Pascal lui-même) et vins au verre sont à prix d'ami! Il est recommandé de réserver pour l'heure du dîner.

Habibi's
$$
fermé dim
1128 W. Broadway
☎ (604) 732-7487
Si vous croyez que la cuisine libanaise se limite à la viande rôtie à la broche, venez faire un tour ici! Ce sympathique et confortable restaurant propose de délectables spécialités végétariennes libanaises. Commandez le menu du dîner (15$), composé de trois délicieux plats de votre choix, dont le savou-

reux *baba ganoush*, au goût fumé, le *loubieh*, un plat de haricots verts sautés à l'ail et aux tomates, et le *fathe*, des pois chiches au yogourt à l'ail avec pignons. Terminez votre repas avec du thé arabe servi dans un *rakwy* de cuivre, rapporté du Liban par Richard, le chef-propriétaire. Un vrai délice!

Tomato Fresh Food Café
$$-$$$
3305 Cambie St.
☎ (604) 874-6020
Le Tomato Fresh Food Café est un agréable petit restaurant audacieusement décoré de jaune et de rouge. Puisqu'on y sert les trois repas de la journée, vous pouvez commencer par l'omelette du Pacifique (avec saumon de Colombie-Britannique et fromage à la crème), revenir pour un sandwich ou une soupe maison, et finir en beauté avec une bouillabaisse du Pacifique, un mets particulièrement acclamé. Le prix des vins est acceptable.

Incendio West
$$-$$$
2118 Burrard St.
☎ (604) 736-2220
La deuxième succursale de la pizzeria populaire du même nom (voir Gastown, p 126) propose 25 variétés de pizzas, de l'Athénienne à la Volcana, tout droit sorties d'un four à bois en brique, un choix de plats de pâtes ainsi que de bonnes salades et amuse-gueule (le calmar doré à la poêle est délicieux). Les ventilateurs de plafond, le plancher de

▲ **HÉBERGEMENT**

1. BY   UBC Housing and Conference Centre
2. CY   Vancouver Hostelling International Jericho
          Beach

● **RESTAURANTS**

1. DY   True Confections

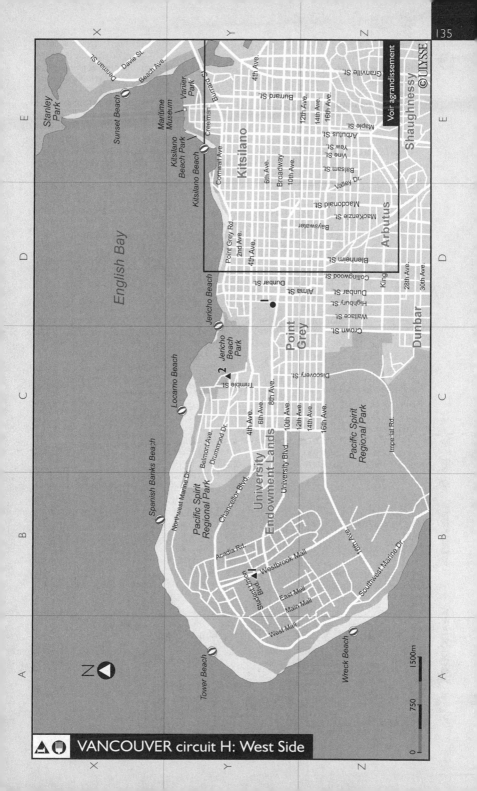

© ULYSSE

Voir agrandissement

VANCOUVER circuit H: West Side

English Bay

Stanley Park

Sunset Beach

Denman St.

Davie St.

Beach Ave.

Maritime Museum

Vanier Park

Kitsilano Beach Park

Kitsilano Beach

Creelman

Burrard St.

Cornwall Ave.

Kitsilano

4th Ave.

Burrard St.

12th Ave.

14th Ave.

16th Ave.

Granville St.

Maple St.

Arbutus St.

Yew St.

Vine St.

Balsam St.

6th Ave.

Broadway

10th Ave.

Valley Dr.

Macdonald St.

Mackenzie St.

Bayswater

Arbutus

Blenheim St.

Collingwood St.

King

28th Ave.

30th Ave.

Shaughnessy

Point Grey Rd

2nd Ave.

4th Ave.

Jericho Beach

Dunbar St.

Alma St.

Highbury St.

Dunbar St.

Wallace St.

Crown St.

Discovery St.

Point Grey

Dunbar

Jericho Beach Park

Locarno Beach

Trimble St.

4th Ave.

6th Ave.

8th Ave.

10th Ave.

12th Ave.

14th Ave.

16th Ave.

Imperial Rd.

Pacific Spirit Regional Park

Spanish Banks Beach

Northwest Marine Dr.

Belmont Ave.

Drummond Dr.

Chancellor Blvd.

University Blvd.

University Endowment Lands

Pacific Spirit Regional Park

Acadia Rd.

Westbrook Mall

Student Union Blvd.

East Mall

Main Mall

West Mall

16th Ave.

Southwest Marine Dr.

Tower Beach

Wreck Beach

N

0   750   1500m

carreaux de céramique et l'éclairage subtil créent une atmosphère à la fois intime et décontractée, mais l'établissement peut toutefois devenir un peu bruyant.

Banana Leaf Malaysian Restaurant
$$-$$$
820 W. Broadway Ave.
☎ (604) 731-6333
S'il n'existe pas de restaurant malais près de chez vous, faites un saut au Banana Leaf, question d'essayer quelque chose de nouveau! La cuisine malaise, aux influences chinoise et indienne, est parfois épicée, mais ici vous en trouverez une version plus douce. Un excellent choix est le plat de délicieuses crevettes tigrées au *sambal*, frites au chili, à l'ail et à la sauce aux crevettes sèches, et servies avec des haricots verts et de l'aubergine chinoise. Le crabe de Singapour frit au chili est aussi très populaire. Le service est amical, les prix raisonnables, et l'ambiance agréable et décontractée.

The Smoking Dog
$$$
1889 W. First Ave.
☎ (604) 732-8811
Ambiance chaleureuse animée par le propriétaire, joli décor et petits prix pour une table d'hôte bien étudiée. Les steaks sont impeccables, les salades copieuses et le plat du jour toujours original. Quant aux frites qui accompagnent le tout, elles sont moelleuses et dorées comme il se doit. Jean-Claude, le patron, est un sympathique Marseillais.

Lumière Restaurant & Relais Gourmand
$$$ (tasting bar)
$$$$ (restaurant)
lun-sam
2551 W. Broadway
☎ (604) 739-8185
Le Lumière est très apprécié non seulement des résidants de Vancouver mais aussi des chefs cuisiniers. Le décor minimaliste est d'inspiration asiatique, et les produits frais régionaux permettent de créer une cuisine créative et honnête, d'inspiration fusion. Le chef Rob Feenie et son charmant restaurant ont reçu des louanges de partout, entre autres du *Vancouver Magazine*, qui a élu le Lumière le «restaurant de l'année» en 2001. Ici, on peut essayer trois mini-menus (végétarien, «cuisine» et à la carte), qui consistent en de petites portions de 8 à 13 couverts *(100-130)*. Mais ne soyez pas affolé par ces prix: M. Feenie a récemment ouvert un *tasting bar* beaucoup plus abordable, à côté de la salle à manger, lequel renferme un lumineux bar vert lime de style futuriste. Ceux qui ont un appétit (ou un budget) limité peuvent ainsi goûter jusqu'à 12 mini-portions (confit d'épaule d'agneau, morue charbonnière marinée et dorée, etc.) pour 14$. La carte des vins est très étendue, et le service remarquablement chaleureux et professionnel.

Seasons Hilltop Bistro
$$$$
Queen Elizabeth Park, 33 Cambie St., angle 33rd Ave.
☎ (604) 874-8008
Le Seasons Hilltop Bistro, un restaurant agréable au décor classique et élégant, offre une vue imprenable sur la ville. Cuisine Pacific Northwest succulente. Réservations requises. L'établissement ouvre aussi ses portes pour le déjeuner et les brunchs de fin de semaine.

Vij's
$$$$
1480 W. 11th Ave.
☎ (604) 736-6664
Ici, en jetant un coup d'œil sur l'enseigne lumineuse minimaliste au néon bleue, vous saurez immédiatement que ce restaurant indien est loin d'être ordinaire. Dans la sobre salle à

▲ **HÉBERGEMENT**

1. AX   Camelot Inn
2. BZ   Johnson Heritage House Bed & Breakfast
3. AX   Penny Farthing Inn
4. EY   Plaza 500 Hotel

● **RESTAURANTS**

1. DY   Banana Leaf Malaysian Restaurant
2. CY,DZ De Dutch Pannekoek House (2 adresses dans le West Side, voir le texte)
3. DY   Habibi's
4. CX   Incendio West
5. AY   Lumière Restaurant & Relais Gourmand
6. AX   The Naam
7. CY   Salade de Fruits Café
8. EZ   Seasons Hilltop Bistro
9. CX   The Smoking Dog
10. BX   Sophie's Cosmic Café
11. EZ   Tomato Fresh Food Café
12. CY   Vij's

Vancouver - Restaurants - West Side

VANCOUVER circuit H: West Side agrandissement

manger, vous remarquerez l'absence du kitsch typique de plusieurs restaurants indiens; une porte de teck himalayen de près de 300 kg provenant d'un temple indien est le point de mire d'une pièce sombre ponctuée de lanternes indiennes qui projettent un éclairage coloré sur les murs. Vij n'accepte pas les réservations; donc, tous ses clients, même les célébrités du coin, sont invités à se rendre au bar le temps qu'une table se libère (l'attente se fait en tout confort, sans compter le *chai* et les délicieux hors-d'œuvre offerts par la maison). Le menu est un mélange d'Est et d'Ouest: par exemple, les bâtonnets d'agneau marinés au vin, avec curry à la crème de fenugrec, épinards et pommes de terre au curcuma, ou la morue charbonnière braisée au thé, avec gingembre et curry aux pois chiches. Un verre de bière IPA, brassée à la Storm Brewery, accompagne le tout merveilleusement. Service ultra-professionnel.

Sorties

Si vous voulez des renseignements sur les spectacles ou sur d'autres divertissements culturels (danse, théâtre, musique, cinéma et littérature), appelez la **ARTS Hotline** au ☎(604) 681-3535 ou tapez www.allianceforarts.com.

The Georgia Straight (☎604-730-7000) est un hebdomadaire publié tous les jeudis et distribué gratuitement dans les différents commerces de Vancouver. Vous trouverez toute l'information nécessaire sur les spectacles et événements culturels à venir.

■ Activités culturelles

Théâtres et salles de spectacle

Arts Club Theatre
1585 Johnston St.
Granville Island
☎(604) 687-1644
www.artsclub.com
L'Arts Club Theatre, une solide institution théâtrale de Vancouver, est situé au bord de l'eau sur Granville Island. On y présente entre autre des spectacles contemporains sur des thèmes de société. Les spectateurs se retrouvent au bar du théâtre après les représentations (voir aussi le «Stanley Theatre» plus loin).

Centre culturel francophone de Vancouver
1551 W. Seventh Ave.
☎(604) 736-9806
www.lecentreculturel.com
Le Centre culturel francophone de Vancouver, l'un des locataires de la Maison de la Francophonie de Vancouver, offre une panoplie d'événements artistiques et d'expositions représentant la culture francophone du monde entier. Il organise aussi un festival annuel de musique et de danse *(mi-juin)*. De plus, on peut y profiter d'une bibliothèque, d'un bon bistro (voir p 134) et de cours de français.

Centre in Vancouver for the Performing Arts
777 Homer St.
☎(604) 602-0616
www.centreinvancouver.com
Le Centre in Vancouver for the Performing Arts est une grande salle de spectacle à gros budget. C'est dans ce théâtre que sont présentées les grandes productions internationales.

Malkin Bowl
Stanley Park
☎(604) 687-0174
Ici, la troupe de théâtre amateur dénommée **Theatre Under the Stars** *(environ 30$; juil et août)* présente des comédies musicales de Broadway, sous les étoiles, au Stanley Park, et ce, depuis plus de 50 ans.

Queen Elizabeth Theatre
Hamilton St., angle Georgia St.
☎(604) 665-3050
Cette grande salle de spectacle de 2 000 places présente des comédies musicales et des variétés, mais c'est surtout dans cette enceinte que sont montés les spectacles du Vancouver Opera.

Stanley Theatre
Établissement-frère de l'**Arts Club Theatre** de Granville Island (voir p 138), le Stanley Theatre présente des pièces classiques et populaires. Puisque l'endroit était un cinéma lorsqu'il fut fondé en 1930, on y trouve un décor rococo typique de l'époque.

Vancouver East Cultural Centre
1895 Venables St.
☎(604) 254-9578
"The Cultch" est un centre d'art qui a acquis au cours des années une solide réputation quant à la qualité des spectacles qu'il présente. Théâtre, danse, chant et musique, tout se joue dans cette salle de spectacle obscure à l'atmosphère intimiste. Faites-en l'expérience.

■ Bars et discothèques

Gastown

Irish Heather
217 Carrall St.
☎ (604) 688-9779
Dans ce sympathique pub, on peut s'installer confortablement à l'étage, décoré de briques, ou dans plein de petits coins douillets intimes, entre autres une verrière donnant sur Gaoler's Mews, l'emplacement de la première prison de la ville. On peut y savourer une bonne Guinness, mais malheureusement l'établissement propose peu de bières de la Colombie-Britannique. Le menu de pub irlandais est plutôt recherché.

Shine
364 Water St.
☎ (604) 408-4321
Le Shine serait le bar le plus sexy en ville. Le chic design de ses salles, l'une aux tons rouge satiné et l'autre blanche immaculée, y est sûrement pour quelque chose, sans oublier sa jeune clientèle du Gastown branché qui se lâche sur la piste de danse tous les soirs au son des meilleurs DJ (house, hip-hop, R&B, latino, funk).

Sonar
66 Water St.
☎ (604) 683-6695
Ce très grand rendez-vous de Gastown présente aussi bien des soirées dansantes, alternatives et underground, animées par un DJ, que des concerts sur scène.

Steamworks Brewing Co.
375 Water St.
☎ (604) 689-2739
Buvez ici une bonne bière maison accompagnée de petits plats à la Pacific Northwest. La salle à manger du rez-de-chaussée présente de belles cuves à bière en cuivre dans un décor chaleureux de pierres et de briques où les cuisiniers font tournoyer d'alléchantes pâtes à pizza. Au premier étage, on profite d'une belle vue de Burrard Inlet. Menu de pub ainsi que menu plus élaboré.

Chinatown et East Vancouver

Hot Jazz Society
2120 Main St.
☎ (604) 873-4131
The Hot Jazz Society a été l'un des premiers établissements de Vancouver à proposer du bon jazz. C'est une véritable institution. De grands noms y sont souvent à l'affiche. Téléphonez pour être informé du programme.

Le centre-ville

Atlantis Club
1320 Richards St.
☎ (604) 662-7707
L'Atlantis comporte notamment des jeux de lumière, un système de son des plus sophistiqués, une piste de danse et, bien sûr, l'incontournable *lounge* aux fauteuils de cuir. Salsa les mardis; hip-hop, R&B, reggae et pop les vendredis et samedis.

Bacchus Piano Lounge
Wedgewood Hotel, 845 Hornby St.
☎ (604) 608-5319
Ce somptueux *lounge* et piano-bar, aux boiseries de merisier et aux riches tissus bourgogne, attire à la fois le «beau monde» et le commun des mortels qui recherchent un petit coin romantique. D'excellents cocktails et une cuisine de bar y sont servis pendant qu'un pianiste divertit la foule.

Caprice Nightclub
965-967 Granville St.
☎ (604) 685-3288
Le Caprice se déploie dans une ancienne salle de cinéma d'environ 950 m² pour offrir à sa clientèle une ambiance de boîte de nuit à la fine pointe des tendances actuelles: design soigné, système audio et jeux de lumière dernier cri, très grande piste avec mezzanine pour danser et draguer au son de la techno, *lounge & grill* muni d'un foyer pour se reposer et se restaurer. On regrette malheureusement que, dans ses immenses discothèques, la jeune clientèle et l'ambiance soient si froides.

Cardero's
1583 Coal Harbour Quay
☎ (604) 669-7666
À la fin d'une journée où rien ne remplacera une bonne bière et un joli panorama, rendez-vous à la terrasse du Coal Harbour de Burrard Inlet (au pied de Nicola Street, près du Westin Bayshore). Dans ce bar-restaurant à thème nautique, situé en face du port, les casquettes et les casques de construction se mêlent aux complets et aux tailleurs au sein d'un décor de boiseries et de cuir brun. Si votre cocktail vous a ouvert l'appétit, jetez un coup d'œil sur la cuisine à aire ouverte et profitez de l'atmosphère décontractée du Cardero's.

DV8
515 Davie St.
☎ (604) 682-4388
Cet établissement branché et sombre est populaire auprès d'une clientèle plutôt jeune aux goûts alternatifs. DV8 anime souvent des lancements de CD et

possède un coin galerie où les expositions se succèdent. La nourriture est satisfaisante et peut être commandée (malgré le service un peu lent) jusque tard dans la soirée, ce qui en fait un bon endroit où aller après la fermeture des bars.

Gerrard Lounge
Sutton Place Hotel, 845 Burrard St.
☎ (604) 682-5511
Ce bar douillet a une atmosphère de «club pour gentlemen», avec fauteuils de cuir qui invitent à la détente, boiseries foncées et service professionnel. Un bon endroit où apercevoir les gens célèbres et ceux qui aimeraient bien l'être.

Ginger Sixty Two
1219 Granville St.
☎ (604) 688-5494
Ce sensationnel *lounge* ciblant une clientèle dans la trentaine a été nommé en l'honneur de Ginger, la starlette un peu évaporée, naufragée sur *Gilligan's Island* (*Les Joyeux Naufragés*), et incarnée par Tina Louise. De gigantesques portraits de Ginger ornent d'ailleurs un des murs de ce séduisant établissement, à la fois branché et élégant, qui offre amplement de sièges confortables. On y propose un bon menu asiatique. Le mercredi, la musique est house; le jeudi, les classiques des années 1960, surtout le R&B, font un retour; et l'électronica prend la vedette le vendredi et le samedi. La clientèle s'habille de manière élégante mais décontractée.

Lucy Mae Brown
862 Richards St.
☎ (604) 899-9199
Ce restaurant très acclamé, situé à une faible distance de Robson Street, abrite au sous-sol un *lounge* décoré d'un ameublement rétro du genre de ceux qu'on retrouvait dans tous les sous-sols canadiens à la fin des années 1970. Ici, une jeune clientèle bien vêtue se dandine en écoutant les dernières nouveautés musicales, un martini à la main. On y sert aussi de délicieux hors-d'œuvre et des plats principaux, le tout à prix raisonnable.

Railway Club
579 Dunsmuir St.
☎ (604) 681-1625
Un programme musical éclectique, allant du folk et du blues au pop, en passant par le punk et le *rockabilly*, est présenté dans un espace tout en longueur qui fait penser à un wagon. Un train électrique miniature se promène d'ailleurs au-dessus de la clientèle occupée à apprécier les musiciens qui s'exécutent. Lieu de rencontre populaire pour ceux et celles qui décompressent devant un verre après une bonne journée de travail.

Richard's on Richards
1036 Richards St.
☎ (604) 687-6794
Richard's on Richard est une institution à Vancouver. Sa clientèle, des jeunes dans la vingtaine, s'y retrouve pour «voir et être vue». Pas de code vestimentaire ici. Soirées à thème. Musique hip-hop et derniers succès du palmarès.

The Roxy
932 Granville St.
☎ (604) 331-7999
Le Roxy est une boîte rock à l'ambiance endiablée où la bière coule à flots. Fréquenté par des cadres dynamiques, des secrétaires et quelquefois des cow-boys. La drague est l'une des activités favorites de la clientèle.

Yale Hotel
1300 Granville St.
☎ (604) 681-9253
Sans contredit le temple du rhythm-and-blues à Vancouver. De grands noms s'y produisent régulièrement. Très bonne ambiance les fins de semaine. Le montant du droit d'entrée dépend de la réputation du groupe qui y joue.

West End

O'Doul's Restaurant & Bar
Listel Vancouver Hotel
1300 Robson St.
☎ (604) 661-1400
L'O'Doul's est populaire pour ses spectacles de jazz présentés la plupart des soirs d'été.

Barclay Lounge
1348 Robson St.
☎ (604) 688-8850
Le Barclay Lounge est situé dans un voisinage plutôt original, et l'on s'y retrouve dans une atmosphère nonchalante autour d'une bière bon marché.

Ciao Bella
703 Denman St., près de l'entrée du Stanley Park
☎ (604) 688-5771
Le Ciao Bella est un restaurant qui, les jeudis, vendredis et samedis soirs, se double d'un piano-bar. Le menu affiche des pâtes et de la pizza ainsi qu'une authentique cuisine italienne.

False Creek

Yaletown Brewing Co.
1111 Mainland St.
☎ (604) 681-2739
Haut lieu yuppie du quartier postindustriel de Yaletown, cet établissement est idéal pour passer une soi-

rée en sirotant une bonne bière.

Yuk Yuk's
Century Plaza Hotel
1015 Burrard St.
☎ (604) 696-9857
Cabaret d'humour reconnu à Vancouver. Programmation variée. Téléphonez pour obtenir les détails.

West Side

Fairview Pub
898 W. Broadway St.
☎ (604) 872-1262
Une ambiance sympathique à l'extérieur du centreville. Bon blues et jazz. Préparez-vous à faire la queue les fins de semaine.

Rossini's Pasta Palazzo
1525 Yew St.
☎ (604) 737-8080
L'établissement est doté d'une petite terrasse toujours bondée donnant sur une rue animée qui descend vers une plage. La petite salle, à l'intérieur, accueille un orchestre de jazz le soir. Des plats de pâtes accompagnent de bonnes bières.

Tangerine
1685 Yew St.
☎ (604) 739-4677
Dans le quartier très animé de Kitsilano, ce bar-restaurant aux fauteuils de bambou propose des cocktails exotiques qui accompagnent des assiettes aussi recherchées dans leur confection que dans leur présentation, le tout au son d'une musique entraînante.

■ Bars gays et lesbiens

Celebrities
1022 Davie St.
☎ (604) 681-6180

Tout le monde connaît le Celebrities, qui semble avoir la faveur de la communauté gay de Vancouver. L'une des plus grandes boîtes de nuit gays au Canada. Hit-parade, house, rock, new wave, hip-hop et R&B, selon les jours de la semaine.

The Dufferin
900 Seymour St.
☎ (604) 683-4251
Se targuant d'être le quartier général des fêtards, le Dufferin fait tout pour le prouver. L'établissement est bien connu pour ses danseurs les vendredis, ses *drag shows* et autres soirées thématiques.

Fountainhead Pub
1025 Davie St.
☎ (604) 687-2222
La clientèle lesbienne et hétérosexuelle du Fountainhead Pub, un établissement décontracté avec ses enseignes lumineuses au néon, jouit d'une vue de Davie Street. Le menu de pub est peu cher.

Oasis Pub
1240 Thurlow St.
☎ (604) 685-1724
Ce sympathique et confortable bar est discrètement situé au-dessus du niveau de la rue, à une faible distance de Davie Street. Quoiqu'il propose un menu de pub, l'attrait principal en est la longue liste de martinis aux noms évocateurs. Faites une petite folie et partagez un martini de format "Oasis" (servi dans un verre aussi gros qu'un bocal à poissons rouges) avec votre compagnon! Un pianiste divertit la foule du mercredi au samedi. Terrasse sur le toit.

Odyssey
1251 Howe St.
☎ (604) 689-5256

L'Odyssey est un bar gay où se rencontre une clientèle jeune dans une ambiance de «joie de vivre».

The Global Beat
1249 Howe St.
☎ (604) 683-4251
Vous souhaitez échapper à l'ambiance survoltée de l'Odyssey? Entrez au Global Beat voisin, un «resto-*lounge*» aux cocktails rétro et aux belles tables de billard où il fait bon relaxer et se restaurer.

Pumpjack Pub
1167 Davie St.
☎ (604) 685-3417
S'il est vrai que le Pumpjack Pub a l'air d'un dur à cuire de l'extérieur, il en est tout autrement à l'intérieur. Le décor de cet établissement des plus chaleureux se veut plutôt dénudé (les sous-vêtements qui pendent du plafond sont un ajout intéressant), le cuir se révèle être un bon choix pour le mobilier, et la table de billard en est le point de mire. N'oubliez pas de jeter un coup d'œil sur le calendrier maison… plutôt osé!

■ Casinos

Edgewater Casino
750 Pacific Blvd. S.
☎ (604) 687-3343 ou
877-688-3343
L'Edgewater est le plus récent casino de Vancouver. On y retrouve 600 machines à sous et 48 tables de jeu.

Gateway Casinos *(en face du Radisson Hotel, Burnaby,* ☎*604-436-2211 et au Royal Towers Hotel, New Westminster,* ☎*604-521-3262 ou 800-663-0202).* Vous pourrez jouer au *blackjack*, à la roulette et au mini-baccarat.

■ Cinémas

Famous Players Paramount Vancouver
900 Burrard St.
☎(604) 630-1407
Ce grand cinéma du centre-ville présente les dernières productions hollywoodiennes.

Cinemark Tinseltown
88 W. Pender St.
☎(604) 806-0799
Ce complexe multisalle présente aussi bien les grandes productions hollywoodiennes que des films d'ailleurs.

Cinémathèque du Pacifique
1131 Howe St.
☎(604) 688-8202 ou 688-3456
Cette salle présente des films de répertoire canadiens et internationaux en français.

CN IMAX Cinema
999 Canada Place, 2ᵉ étage
☎(604) 682-4629
Le CN IMAX Cinema possède un écran haut comme un immeuble de sept étages et un son numérique d'une puissance de 2 000 watts. Le système IMAX est véritablement une expérience audiovisuelle extraordinaire. Renseignez-vous sur le programme des films en relief (3D).

Fifth Avenue Cinemas
2110 Burrard St.
☎(604) 734-7469
Les Fifth Avenue Cinemas présentent des nouveautés, mais aussi de l'excellent cinéma de répertoire récent et souvent des films français ou québécois en version originale.

Granville Cineplex Odeon
855 Granville St.
☎(604) 684-4000
Le Granville est un autre grand cinéma proposant les dernières produc-tions hollywoodiennes. Son SDDS / THX.

Hollywood Theatre
3123 W. Broadway St.
Kitsilano
☎(604) 738-3211
Le Hollywood Theatre, un petit cinéma de quartier (Kitsilano), présente des films pas trop récents à coût modique.

Park Theatre
3440 Cambie St.
☎(604) 876-2722
Le Park Theatre, un cinéma au programme toujours alléchant, est situé dans l'agréable quartier de West Side.

Ridge Theatre
3131 Arbutus St.
☎(604) 738-6311
Le Ridge Theatre, un autre cinéma de répertoire, se trouve à l'extrême ouest de la ville. Le programme est toujours intéressant, avec films récents de qualité et classiques étrangers.

Varsity Theatre
4375 W. 10th Ave.
☎(604) 222-2235
Le Varsity Theatre, un sympathique petit cinéma de quartier (West Side), propose des films pas trop récents de qualité. Surtout fréquenté par les gens du voisinage.

■ Fêtes et festivals

Du printemps à l'automne, Vancouver est l'hôte d'une grande variété de festivals. Ci-dessous, vous ne retrouverez qu'une partie de ce qui est au programme. Pour de plus amples renseignements, visitez le site Internet www.tourismvancouver.com ou rendez-vous au **Vancouver Touristinfo Centre** (voir p 73).

Janvier

Le **Polar Bear Swim** est le rendez-vous annuel, le premier janvier au matin, de centaines d'illuminés qui se jettent dans les eaux glaciales d'English Bay. Les médias couvrent l'événement tous les ans. Si vous ne vous sentez pas le courage d'affronter l'eau, vous pouvez toujours y assister en direct ou le regarder à la télévision.

Nouvel An chinois (☎604-658-8875). L'expression chinoise *Gung Hai Fat Choy* signifie «Bonne Année». La date du Nouvel An chinois est déterminée par le calendrier lunaire. Les célébrations se tiennent généralement à la fin de janvier ou au début de février. Le défilé traditionnel du "Dragon" a lieu au Chinatown et à Richmond.

Février

Le **Spring Home Show** est le salon de l'habitation le plus important de l'Ouest canadien. Ce salon se tient sous le chapiteau autoportant du stade de BC Place.

Avril

Le **Vancouver Playhouse International Wine Festival** (☎604-873-3311) est un important festival du vin. Nombre de bouteilles sont vendues aux enchères, et plusieurs centaines de viticulteurs se rassemblent pour soulever des discussions et proposer des dégustations.

Vancouver Sun Run (☎604-689-9441). La troisième fin de semaine d'avril, au moins 10 000 personnes se retrouvent pour une célébration du sport et du printemps.

Mai

Cloverdale Rodeo & Exhibition (☎604-576-9461, *www.clover daterodeo.com)*. Si vous vous trouvez à Vancouver et n'avez jamais assisté à un rodéo, voici sans doute l'occasion. Ce rodéo est considéré comme l'un des plus importants en Amérique du Nord.

Le **Vancouver International Children's Festival** (☎604-708-5655, *www.youngarts. ca/vicf)* est l'un des plus importants événements dédiés aux enfants en Colombie-Britannique. Des personnalités du monde de la comédie, du chant et de la danse s'y produisent. Cette grande fête, dans le beau cadre du Vanier Park, rassemble chaque année 70 000 personnes.

Marathon international de Vancouver *(604-872-2928)*. Départ de la Plaza of Nations, puis traversée du Stanley Park en direction de North Vancouver, enfin retour à Vancouver. Des milliers de coureurs se rassemblent chaque année pour cet important événement sportif le premier dimanche de mai.

Juin

Festival international du Dragon Boat *(Concord Pacific Place et Plaza of Nations, False Creek,* ☎604-688-2382*)*. De longues pirogues inspirées de la tradition chinoise en provenance du monde entier s'affrontent lors de courses amicales sur les eaux tranquilles de False Creek.

Festival international de jazz de Vancouver (☎888-438-5200*)*. Les fans pourront se rassasier au cours de cet important festival. Les artistes se produisent un peu partout dans la ville et ses environs.

Bard on the Beach *(mi-juin à mi-sept; 301-601 Cambie St.,* ☎604-737-0625 ou 739-0559, *www.bardonthebeach. org)* est un événement annuel à la gloire de Shakespeare. Des spectacles sont présentés sous deux vastes chapiteaux, avec pour toile de fond, la spectaculaire English Bay.

Juillet

La **HSBC Celebration of Light** *(fin juil et début août; English Bay,* ☎604-641-1193*)* est un festival international de feux d'artifice. Deux chalands flottant sur English Bay servent d'installations de mise à feu lors de ces feux d'artifice musicaux. Spectacles éblouissants et frissons garantis.

Vancouver Chamber Music Festival (☎604-602-0363, *www. vanrecital.com)*. Au cours de la dernière semaine de juillet et de la première semaine d'août, des concerts mettent en vedette de jeunes musiciens talentueux.

Vancouver Early Music Festival (☎604-732-1610*)*. L'école de musique de l'University of British Columbia (UBC) est l'hôte d'une série de concerts de musique baroque et médiévale, avec instruments d'époque.

Le **Vancouver Folk Music Festival** *(Jericho Beach Park,* ☎604-602-9798, *www.thefestival.bc.ca)* est devenu une tradition à Vancouver. Ce festival, qui se tient pendant la troisième semaine de juillet, accueille des musiciens du monde entier, depuis l'aube jusqu'au crépuscule sur Jericho Beach. Scènes extérieures.

Vancouver International Comedy Festival (☎604-683-0883, *www.comedyfest.com)*. Sur Granville Island, des comiques d'à travers le monde se rassemblent pour plusieurs jours d'éclats de rire.

Vancouver Pride Parade ☎(604) 687-0955 www.vanpride.bc.ca Cette populaire et colorée parade de la fierté gay attire plus de 120 000 participants et spectateurs. Départ de l'angle des rues Denman et Barclay, dans le West End.

Août

Abbotsford International Airshow *(Abbotsford,* ☎604-852-8511, *www.abbotsfordairshow. com)*. Ce festival de l'aviation, qui a lieu à Abbotsford, à une centaine de kilomètres à l'est de Vancouver, vous en mettra plein les yeux. F-16, F-117 furtifs et Migs, tous sont là pour le plus grand plaisir des petits et des grands. On y voit aussi des avions anciens et des accessoires vestimentaires. N'oubliez pas vos lunettes d'aviateur et votre écran solaire.

Au **Greater Vancouver Open** *(Northview Golf & Country Club, Surrey,* ☎604-575-0324)*, les plus grands noms du golf sont en compétition sur un très beau terrain.

Septembre

Le **Vancouver Fringe Festival** (☎604-257-0350, *www.vancouverfringe.com)* présente durant 10 jours du théâtre et des créations originales de dramaturges et d'artistes contemporains.

Vancouver - Sorties

Vancouver - Sorties

Terry Fox Run *(du Ceperley Park au Stanley Park,* ☎*888-836-9786).* Le but de cette course (à pied, à vélo ou en patins à roues alignées) de 1 km à 10 km consiste en fait en une campagne de financement pour la recherche contre le cancer en souvenir du jeune athlète Terry Fox, initiateur de l'événement.

Octobre

Vancouver International Film Festival *(*☎*604-685-0260, www.viff.org).* Vancouver, la «Hollywood du Nord», devient l'hôte d'un important festival qui permet aux cinéphiles de visionner jusqu'à 250 films en provenance des quatre coins du monde.

Le **Spike & Mike's Animation Festival** *(Ridge Theatre, 3131 Arbutus St.,* ☎*604-738-6311)* présente les meilleurs courts métrages tordus d'animation de la planète.

Vancouver Writers (and Readers) Festival *(*☎*604-681-6330).* Pendant cinq jours, au cours de la troisième semaine d'octobre, près d'une centaine d'auteurs du Canada et d'ailleurs rencontrent le public. Conférences et lectures.

Novembre

Vancouver Storytelling Festival *(*☎*604-776-2272, www.vancouverstorytelling.org).* Pendant trois jours, au mois de novembre, des conteurs d'histoires se retrouvent dans le quartier de West End devant un auditoire conquis.

Décembre

La **Carol Ships Parade of Lights** *(English Bay Harbour, Burrard Inlet,* ☎*604-878-8999),* un défilé original et joyeux de bateaux illuminés, accentue l'ambiance de Noël. À voir en famille.

Le **VanDusen Botanical Garden's Festival of Lights** *(*☎*604-878-9274, www.vandusengarden.org)* est un autre festival pour la famille. Pendant toute la saison de Noël, le jardin botanique VanDusen est illuminé.

■ Sports professionnels

Hockey

Vancouver Canucks *(GM Place, 800 Griffiths Way,* ☎*604-899-4625).* Le hockey, roi des sports au Canada, a acquis ses lettres de noblesse. Il est pris très au sérieux par les supporters qui se déplacent par milliers pour assister aux rencontres. GM Place est facile d'accès grâce au *SkyTrain* et en raison de sa situation, au centre-ville.

Baseball

Vancouver Canadians
été seulement
Nat Bailey Stadium
4601 Ontario St.
☎*(604) 872-5232*
Le baseball n'est peut-être pas le sport favori des Vancouvérois, mais la ville accueille tout de même cette équipe professionnelle, club-école des Athletics d'Oakland de la Major League.

Football américain

B.C. Lions *(BC Place, 777 Pacific Blvd.,* ☎*604-669-2300).* Ce club fait partie de la Canadian Football League (CFL).

Soccer (football européen)

Vancouver Whitecaps *(Swangard Stadium, 3883 Imperial St., angle Kingsway et Boundary Rd., Burnaby,* ☎*604-669-9283).* Même si le football européen (soccer) est très pratiqué par les jeunes, dont beaucoup de filles, les équipes professionnelles n'attirent pas le grand public. Seuls les immigrants de souche européenne se rencontrent au Swangard Stadium pour encourager des joueurs qui, d'ailleurs, sont aussi d'origine européenne, pour la plupart.

Achats

Au fil de vos promenades à travers la ville, vous croiserez une foule de boutiques. Pour vous aider dans votre magasinage, voici une description de quelques-uns des endroits les plus attrayants.

■ Antiquités

Main Street entre 16th Avenue et 33rd Avenue est connue sous le nom d'**Antique Row** («la rue des antiquités»). Ici vous trouverez une foule de boutiques spécialisées en antiquités victoriennes, en art populaire, en kitsch des années 1950 et bien plus encore. Un endroit populaire pour les promenades du dimanche.

■ Bijoux

Silver Gallery
1226 Robson St.
☎*(604) 681-6884*
La Silver Gallery vend des bracelets, colliers et bagues en argent massif avec ap-

plication d'or à prix compétitifs. Elle propose aussi des produits artisanaux et des masques indonésiens à prix abordables.

Wendy's Collection
130-12820 Clarke Place
Richmond
☎ (604) 270-8371
La vitrine attire l'œil de loin. La boutique présente de superbes statuettes et sculptures de Chine. Bijoux et pierres à prix abordables.

■ Galeries d'art et art autochtone

Gallery Row

La section de Granville Street au sud du Granville Street Bridge jusqu'aux environs de 16th Avenue est connue sous le nom de **Gallery Row** («la rue des galeries»). Quelque 20 galeries sont situées directement sur Granville Street ou dans les alentours. Plusieurs d'entre elles sont spécialisées en œuvres des Premières Nations qui proviennent du Pacific Northwest. Puisqu'on y trouve une superbe sélection d'œuvres de grande qualité, se rendre dans ces galeries constitue fort probablement la meilleure chance de trouver la pièce qui irait parfaitement dans votre salon... Les magasins suivants sont des valeurs sûres:

Hill's Native Art
165 Water St.
☎ (604) 685-4249

Inuit Gallery of Vancouver
206 Cambie St.
☎ (604) 688-7323

Douglas Reynolds
2335 Granville St.
☎ (604) 731-9292

Cette galerie d'art possède aussi de magnifiques pièces amérindiennes. Si les totems sont trop lourds pour que vous les emportiez, offrez-vous plutôt l'un de ces totems miniatures en bouteille. Excellent choix de lithographies d'artistes autochtones.

Granville Island

Bon nombre de galeries d'art sont concentrées sur Granville Island. À la **Crafts Association of British Columbia** *(1386 Cartwright St.,* ☎*604-687-7270),* vous pourrez dénicher de la très belle marchandise, comme des bijoux en argent et des œuvres de verre et de bois. Tout près, la **Federation of Canadian Artists** *(1241 Cartwright St.,* ☎*604-681-8534)* propose un grand éventail de tableaux. La **Gallery of BC Ceramics** *(1359 Cartwright St.,* ☎*604-669-5645),* pour sa part, se spécialise en céramiques originales, et, juste à côté, **Joel Berman Glassworks Ltd.** *(1244 Cartwright St.,* ☎*604-684-8332)* présente des pièces de verre colorées et coûteuses.

Leona Lattimer
1590 W. Second Ave., à l'ouest de Granville Island
☎ (604) 732-4556
Galerie très intéressante pour voir des œuvres d'art autochtone (plutôt chères) ou peut-être même en faire l'achat. Orfèvrerie de qualité et estampes.

The Raven and The Bear
1528 Duranleau St.
Granville Island
☎ (604) 669-3990
Vous trouverez ici de belles pièces autochtones de qualité et abordables. Lithographies, sculptures et ouvrages en pierre.

The Walrus & the Carpenter
1506 Duranleau St.
Granville Island
☎ (604) 687-0920
Superbes reproductions d'animaux indigènes du Canada (ours, castors, canards).

Autres quartiers

Coastal Peoples Fine Arts Gallery
1024 Mainland St.
☎ (604) 685-9298
Cette boutique de Yaletown offre une belle sélection de bijoux en or et en argent de style Pacific Northwest (fabriqués sur place), de masques et de totems. Service personnalisé.

Country Beads
2015 W. Fourth Ave.
☎ (604) 730-8056
Country Beads renferme des milliers de perles et de livres. Ateliers de fabrication de colliers et de bracelets perlés amérindiens ou classiques pour tous et toutes.

Inuit Gallery of Vancouver
206 Cambie St., angle Water St.
☎ (604) 688-7323
L'Inuit Gallery of Vancouver présente de magnifiques œuvres d'art en provenance du Grand Nord canadien et de l'archipel de la Reine-Charlotte.

Khot-La-Cha
270 Whonoak St.
North Vancouver
☎ (604) 987-3339
À une rue de Marine Drive et de McGuire Street, dans la réserve amérindienne de Capilano. Belles sculptures autochtones de la Salish Coast.

Marion Scott Gallery
308 Water St.
☎ (604) 685-1934

Vancouver - Achats

La Marion Scott Gallery vend de l'art autochtone, entre autres de superbes sculptures.

■ **Grands magasins, marchés et centres commerciaux**

Le centre-ville

Pacific Centre
de Robson St. à Dunsmur St.
☎ (604) 688-7236
Le Pacific Centre est le plus grand centre commercial de la ville. Environ 150 boutiques, toutes de qualité, offrent un éventail complet, des bijoux à l'habillement en passant par les articles haut de gamme comme ceux du magasin Holt Renfrew. Un Ticketmaster et un grand magasin Sears, ainsi que Le Château, qui s'adresse particulièrement aux jeunes de moins de 20 ans, en font partie. Stationnement payant.

Royal Centre
angle Burrard St. et W. Georgia St.
☎ (604) 689-1711
En plein centre-ville, le Royal Centre compte une quarantaine de boutiques. Restaurants et bars sont répartis sur deux étages, un service de traiteur, avec tables de café, se trouve au sous-sol.

Waterfront Centre
900 Canada Place Way
☎ (604) 646-8020
Boutiques de souvenirs, de fleurs et de cigares; comptoir d'information touristique; compagnie d'assurances; coiffeur; cordonnier; café Starbucks; plus une dizaine de petits comptoirs de restauration rapide de différentes nationalités.

Chinatown et East Vancouver

Dans le Chinatown, aux environs des rues Main et Keefer, vous trouverez une foule de produits allant du thé vert au ginseng et des robes de soie aux délicates broderies, en passant par les accessoires de cuisine traditionnels, sans oublier les nombreux apothicaires et herboristes.

Si vous désirez vous procurer votre propre sari, ou simplement de beaux tissus indiens colorés, rendez-vous au **Punjabi Market** *(Main St., entre 48th Ave. et 51st Ave.)*, la «Petite Inde» de Vancouver. Vous y trouverez aussi une multitude de bijoutiers et de magasins d'alimentation.

West End

Robson Public Market
Robson St., angle Cardero St.
Légumes; poissons frais dont certains déjà écaillés et vidés; étals de salades et de fruits; viandes, saucisses et jambons; boulangeries et pâtisseries; comptoir de spécialités alsaciennes et allemandes; fleurs et plantes; vitamines et produits naturels; clinique de médecine naturelle; coiffeur; petits restaurants à l'étage. Le marché est couvert, mais bien éclairé par un puits de lumière.

Burrard Inlet

Lonsdale Quay Market
123 Carrie Cates Court, tout près du quai du *SeaBus*
North Vancouver
☎ (604) 985-2191
Un beau marché, de belles boutiques, une multitude de comptoirs de restauration rapide, le tout animé par des artistes se produi-

sant sur la terrasse au bord de l'eau.

Park Royal Shopping Centre
Marine Dr.
West Vancouver
☎ (604) 925-9576
Le Park Royal Shopping Centre est le centre commercial le plus complet de West Vancouver. Plus de 250 boutiques, banques, magasins de vêtements de sport Coast Mountain et Cypress Mountain Sports, ainsi que Future Shop. Stationnement gratuit.

False Creek

Granville Island Market
9h à 18h
Granville Island
☎ (604) 666-5784
Le marché le plus réputé et le plus fréquenté de Vancouver. Une immense surface commerciale entourée d'eau, et à l'ambiance foraine. Bonne bouffe préparée ou non, légumes frais de qualité ou de culture biologique, poissons frais, viandes fraîches, bons pains. Comptoirs de restauration rapide. Belles boutiques de bijoux, de vêtements et d'équipement de sports nautiques et de plein air. Comptez y passer une bonne journée pour flâner, regarder, déguster. Le stationnement est difficile dans la rue; à proximité, il y a deux stationnements couverts et payants.

West Side

Oakridge Centre
angle Cambie St. et 41st Ave.
Oakridge
☎ (604) 261-2511
Boutiques de vêtements dont certaines représentent des couturiers anglais ou français comme Rodier de Paris; lunetterie; restau-

rants; The Bay; Zellers. Stationnement gratuit.

■ Journaux et magazines

Mayfair News
1535 W. Broadway St.
☎ (604) 738-8951
Tous les journaux et magazines du monde entier, dans toutes les langues, quelquefois un peu en retard sur les dates de parution. Vous y trouverez une bonne sélection en français.

■ Librairies

Barbara Jo's Books to Cook
1128 Mainland St.
☎ (604) 688-6755
Les fanatiques de cuisine raffinée qui aiment se mettre la main à la pâte doivent jeter un coup d'œil aux livres de recettes de cette librairie de Yaletown.

Duthie Books
2239 W. Fourth Ave.
☎ (604) 732-5344
Duthie Books est une des librairies indépendantes préférées des Vancouvérois.

Granville Book Co.
9h30 à 24h, ven-sam jusqu'à 1h
850 Granville St.
☎ (604) 687-2213
En plein centre-ville, sur Theatre Row, Granville Book Co. vend aussi bien des ouvrages sur l'informatique que des publications de science-fiction et des magazines.

Hagar Books
2176 W. 41st Ave.
☎ (604) 263-9412
Cette librairie est ouverte depuis presque 30 ans.

Librairie Sophia Books
450 W. Hastings St.
☎ (604) 684-0484
Sophia Books se spécialise dans les langues et vend tout ce qui s'y rattache: livres, CD et cassettes, DVD et autres vidéos. C'est le magasin idéal pour trouver disques, magazines ou littérature dans la langue de son choix. Bonne sélection de mangas. Les libraires vous serviront en anglais, français, japonais ou espagnol.

Little Sister's Book and Art Emporium
tlj 10h à 23h
1238 Davie St.
☎ (604) 669-1753 ou 800-567-1662
Unique librairie gay de l'Ouest canadien, elle dispose de titres de littérature gay ainsi que d'essais sur l'homosexualité, sur le féminisme, etc. C'est aussi un vaste bazar, et plusieurs produits sont carrément hilarants, comme les cartes de vœux qui permettent de découvrir un peu mieux l'humour anglo-saxon.

■ Plein air

Comor Go Play Outside
1918 Fir St.
☎ (604) 731-2163
Tout pour le plein air, surtout en ce qui a trait au cyclisme et à la planche à roulettes. Équipements,

vêtements, casques, chaussures et beaucoup d'autres articles.

Mountain Equipment Co-op
130 W. Broadway St.
☎ (604) 872-7858
Cette grande surface commerciale dispose de tous les articles de plein air nécessaires pour agrémenter vos sorties à l'extérieur. Vous devez être membre pour faire des achats; il en coûte 5$ pour obtenir sa carte.

Ruddik's Fly Fishing
1077 Marine Dr.
North Vancouver
☎ (604) 985-5650
Ruddik's Fly Fishing est un beau magasin pour les mordus de la pêche à la mouche. On y trouve des milliers de mouches pour toutes sortes de poissons. Tout en vaquant à ses affaires, le patron vous conseillera. On y trouve aussi des cannes super-légères, des moulinets dernier cri, des vêtements-souvenirs ainsi que des bibelots et gadgets relatifs à la pêche.

■ Souvenirs

Mounted Police Post
767 W. Cordova, à l'angle de Howe St.
☎ (604) 605-5557
Souvenirs, drapeaux, vêtements et autres objets-souvenirs *made in Canada.*

Vancouver - Achats

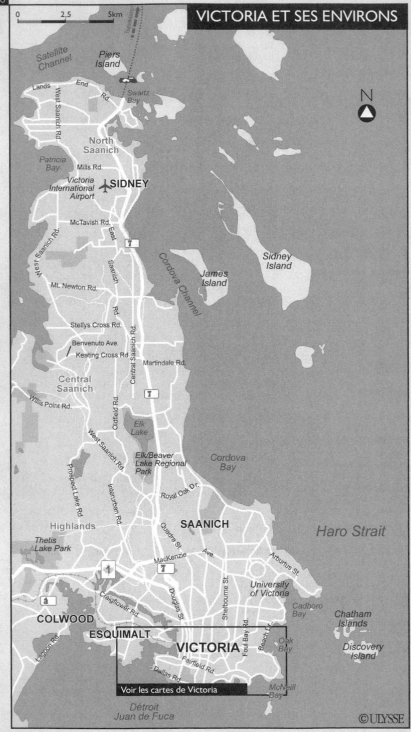

N

0   2,5   5km

Satellite Channel

Piers Island

Lands End Rd

West Saanich Rd.

Swartz Bay

North Saanich

Patricia Bay

Mills Rd.

Victoria International Airport

✈ SIDNEY

McTavish Rd.

East Saanich Rd.

7

Cordova Channel

James Island

Sidney Island

West Saanich Rd.

Mt. Newton Rd.

Saanich Rd.

Stellys Cross Rd.

Central Saanich Rd.

Benvenuto Ave.

Keating Cross Rd.

Martindale Rd.

Central Saanich

Willis Point Rd.

1

Oldfield Rd.

Elk Lake

West Saanich Rd.

Elk/Beaver Lake Regional Park

Cordova Bay

Prospect Lake Rd

Interurban Rd.

Royal Oak Dr.

Highlands

Quadra St.

SAANICH

Haro Strait

Thetis Lake Park

MacKenzie

Ave

Arbutus St.

1

7

University of Victoria

Shelbourne St.

Cadboro Bay

Chatham Islands

Langford Rd.

1

Craigflower Rd.

Douglas St.

Foul Bay Rd

Beach Dr.

Oak Bay

COLWOOD

ESQUIMALT

VICTORIA

Fairfield Rd

Dallas Rd.

McNeill Bay

Discovery Island

Voir les cartes de Victoria

Détroit Juan de Fuca

©ULYSSE

Victoria
et ses environs

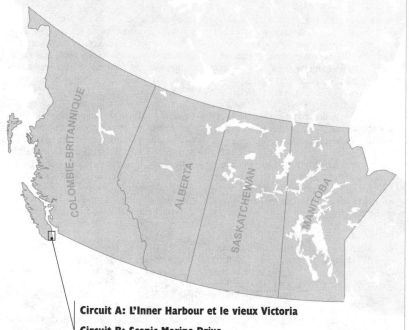

Circuit A: L'Inner Harbour et le vieux Victoria

Circuit B: Scenic Marine Drive

Circuit C: Saanich Peninsula

Circuit D: De Victoria au West Coast Trail

Accès et déplacements	151
Renseignements utiles	152
Attraits touristiques	153
Parcs et plages	164
Activités de plein air	166
Hébergement	169
Restaurants	177
Sorties	182
Achats	185

Victoria et ses environs

Capitale de la province de la Colombie-Britannique, **Victoria** ★ ★ ★ serait-elle plus anglaise que l'Angleterre? Les immigrants loyaux à la Couronne britannique qui ont choisi cette ville pour se refaire une vie ont, pour la majorité, apporté avec eux une part de leurs coutumes et de leur façon de vivre, ce qui a donné à Victoria son cachet *British* si caractéristique. Mais Victoria demeure une ville nord-américaine malgré une immigration massive d'Anglais, de Canadiens français, de Chinois, de Japonais, d'Écossais, d'Irlandais, d'Allemands et d'Américains.

Située à l'extrémité sud de l'île de Vancouver, Victoria est la capitale de la Colombie-Britannique et compte une population d'environ 350 000 personnes réparties à travers sa grande région urbaine. Le détroit Juan de Fuca longe le port de Victoria et forme une frontière naturelle avec l'État de Washington, aux États-Unis. Victoria est adossée à de petites montagnes n'excédant pas 300 m d'altitude et étend son front de mer sur plusieurs kilomètres.

Lorsque les Européens ont commencé à s'implanter dans la région au milieu du XIXᵉ siècle, trois peuples amérindiens y habitaient déjà: les Songhees, les Klallams et les Saanichs.

En 1842, la Compagnie de la Baie d'Hudson établit un poste de traite des fourrures près de la baie de Victoria. Un an plus tard, les aventuriers de la Compagnie de la Baie d'Hudson, avec l'aide des Amérindiens, qui obtenaient une couverture chaque fois qu'ils coupaient 40 piquets de bois, construisent un fort attenant au port de mer, le Fort Victoria.

La traite des fourrures attire de nouveaux travailleurs, et en 1858 la ruée vers l'or fait de Victoria un important port qui accueille des milliers de mineurs en route vers l'intérieur de la Colombie-Britannique. La ville prend de l'ampleur, et le port regorge d'activités; en 1862, Victoria est officiellement incorporée; peu de temps après, le fort est démoli, faisant place au développement immobilier. Ce site est aujourd'hui appelé "Bastion Square", où les anciens entrepôts ont été rénovés pour abriter des commerces.

Pendant toutes ces années, l'île de Vancouver est une colonie au même titre que la Colombie-Britannique; l'union des deux territoires a lieu en 1866, et ce n'est que deux ans plus tard que Victoria devient la capitale de la Colombie-Britannique. Un jeune architecte de 25 ans, Francis Mawson Rattenbury, remporte le concours d'architecture pour la réalisation des bâtiments législatifs. Rattenbury laissera sa marque à travers toute la province; il réalisera entre autres les plans du prestigieux Empress Hotel.

Le centre-ville se dessine derrière le port de Victoria, où le commerce maritime, les bateaux de plaisance et les traversiers se partagent les eaux. Le port est le centre d'attraction, telle une gare en plein champ; les places publiques, les hôtels, les musées et les bâtiments législatifs l'avoisinent. Une promenade sur le front de mer vous fera apprécier cette ville qui a su conférer à ses places publiques et à ses rues une dimension humaine.

Le gouvernement de la Colombie-Britannique siège à Victoria; la fonction publique occupe une place importante dans l'économie locale de la même manière que le tourisme. L'héritage britannique de cette ancienne colonie attire de nombreux visiteurs à la recherche de traditions; la cérémonie du thé en après-midi à l'Empress Hotel en est une, alors que la recherche de tissus écossais en attire également plus d'un.

Tout comme les Européens et les Autochtones, les Chinois ont joué un grand rôle dans le développement de la ville. Ils se sont rendus à Victoria par milliers pour participer à la construction du chemin de fer, la plupart s'installant dans le nord de la ville. Le Chinatown de Victoria est donc tout ce qu'il y a de plus chinois et témoigne bien de ce passé pas si lointain.

Victoria est aussi la ville natale d'Emily Carr, une artiste renommée au début du XXᵉ siècle pour ses tableaux qui mettent en valeur la nature de la côte du Pacifique.

Victoria, la capitale d'une province de plus en plus forte économiquement, n'entend pas se laisser damer le pion par la capitale canadienne, Ottawa, lorsqu'il s'agit de politique nationale. La Colombie-Britannique connaît un boom économique depuis les années 1980 et ne veut plus être considérée comme faisant partie d'une région canadienne, mais plutôt comme un membre influent de la fédération canadienne. Ces jeux de pouvoirs politiques risquent d'occuper une place importante depuis que l'économie internationale semble se tourner vers l'Asie, et, à ce titre, la Colombie-Britannique a bénéficié d'une position stratégique.

Accès et déplacements

■ En avion

Le **Victoria International Airport** (☎250-953-7500, www.cyyj.ca), situé sur la péninsule de Saanich, au nord de Victoria, est à une demi-heure du centre-ville par la route 17.

L'**Airporter Bus** (☎250-386-2525, www.aka-lairporter.travel.bc.ca) fait la navette entre le Victoria International Airport et les hôtels du centre-ville.

Air Canada Jazz (☎888-247-2262, www.aircanada.ca) propose 16 vols par jour entre les aéroports de Vancouver et de Victoria.

Helijet Airways (Victoria: ☎250-382-6222, Vancouver: ☎604-273-1414 ou 800-665-4354; www.helijet.com) fait la navette 22 fois par jour entre les centres-villes de Vancouver et Victoria.

Harbour Air (Victoria, ☎800-665-0212, www.harbourair.com) fait la navette de 8 à 10 fois par jour en hydravion entre les ports de Vancouver et de Victoria.

West Coast Air (☎604-606-6888 ou 800-347-2222, www.westcoastair.com) propose 12 vols quotidiens en hydravion entre les ports de Vancouver et de Victoria.

Pacific Coastal Air (☎250-655-6411 ou 800-663-2872, www.pacific-coastal.com) assure la liaison entre les aéroports de Vancouver et de Victoria six fois par jour.

WestJet Airlines (☎800-538-5696, www.westjet.com) propose deux ou trois vols quotidiens entre Victoria et d'autres aéroports de l'Ouest Canadien.

■ En voiture / traversier

Vous pouvez vous rendre à Victoria en voiture en prenant le traversier de BC Ferries depuis le quai d'embarquement de Tsawwassen, au sud de Vancouver, sur la côte. Ce traversier (en été tlj aux heures de 7h à 22h, en hiver tlj aux deux heures de 7h à 21h; depuis la Colombie-Britannique: ☎888-223-3779, d'ailleurs dans le monde: ☎250-386-3431; www.bcferries.com) vous mène jusqu'au quai de débarquement de Sidney, à Swartz Bay. À la sortie, suivez la route 17 Sud vers Victoria.

Si vous avez pris le traversier de la BC Ferries Corporation au quai d'embarquement de Horseshoe Bay, au nord-ouest de Vancouver, vous vous retrouverez sur la côte est de l'île de Vancouver, à Nanaimo. D'ici vous pouvez également rejoindre Victoria; vous n'avez qu'à suivre la transcanadienne 1 Sud sur une distance de 113 km.

Harbourlynx (☎250-753-4443 ou 866-206-5969, www.harbourlynx.com) dispose d'un transport rapide en catamaran, pour passagers seulement, entre Vancouver et Nanaimo.

Location de voitures

Si vous prévoyez louer une voiture, faites-le à Victoria; vous éviterez ainsi de payer le passage de la voiture sur le traversier.

Avis
1001 Douglas St.
Victoria
☎(250) 386-8468

Budget
757 Douglas St.
Victoria
☎(250) 953-5300

National
767 Douglas St.
Victoria
☎(250) 386-1213

En cas de panne ou d'accident

Totem Towing
24 heures sur 24
☎(250) 475-3211

■ En scooter

Pour explorer Victoria de façon originale, pourquoi ne pas le faire en scooter?

Cycle BC
16$/h, carte de la ville comprise; permis de conduire requis
747 Douglas St.
Victoria
☎ (250) 385-2453

■ En autocar

Pacific Coach Lines *(☎250-385-4411 ou 800-661-1725, www.pacificcoach.com)* relie Vancouver à Victoria huit fois par jour (durant les mois d'été, 14 fois par jour).

Laidlaw Coach Lines *(18$ aller simple; ☎250-385-4411)* fait le trajet entre Victoria et Nanaimo avec des arrêts dans les villes principales. À partir de Nanaimo, deux autres cars desservent, d'une part, le nord jusqu'à Port Hardy, et, d'autre part, le littoral ouest de l'île de Vancouver jusqu'à Tofino.

■ En transport en commun

Vous pouvez vous procurer des plans du réseau et des horaires d'autobus à **Tourism Victoria** *(812 Wharf St., Victoria, ☎250-953-2033)*. **BC Transit** *(☎250-382-6161, www.bctransit.com)* assure les transports en commun dans la grande région de Victoria.

■ En taxi

Blue Bird Cabs
☎ (250) 382-4235

Empress Taxi
☎ (250) 381-2222

Victoria Taxi
☎ (250) 383-7111

■ Visites guidées

Victoria Harbour Ferry Co.
☎ (250) 708-0201
www.harbourferry.com
Cette entreprise peut transporter des passagers en différents points du port de Victoria.

Gray Line of Victoria
☎ (250) 388-9461

Gray Line organise des tours de ville *(1 heure 30 min; environ 20$)*, des excursions aux Butchart Gardens *(3 heures; environ 45$)* et des expéditions d'observation des baleines *(3 heures; 89$)*, entre autres. Départs fréquents *(mars à nov)*.

Renseignements utiles

■ Bureau de poste

Postes Canada
905 Gordon St.,
centre-ville de Victoria
☎800-267-1177 (information générale)

■ Bureaux de renseignements touristiques

Tourism Victoria Visitor Information Centre
tlj 9h à 17h
812 Wharf St., Victoria, BC, V8W 1T3
☎ (250) 953-2033 ou 800-663-3883
www.tourismvictoria.com

Saanich Peninsula Chamber of Commerce
2480 Beacon Ave., Sidney, BC, V8L 3S3
☎ (250) 656-3616

Sidney Visitor Information Centre
A-2995 Ocean Rd., Sidney
☎ (250) 656-3260

■ Hôpital

Victoria General Hospital
35 Helmcken Rd.,
Victoria
☎ (250) 727-4212

■ Pharmacie

Shoppers Drug Mart
angle Yates St. et Douglas St.,
Victoria
☎ (250) 381-4321 ou 384-0544

■ Police

Poste de police de Victoria
850 Caledonia Ave.,
Victoria
☎ (250) 995-7654

■ **Urgences**

En cas d'urgence, faites le ☎911.

Attraits touristiques

Pour faciliter votre séjour à Victoria et dans les environs, nous vous proposons quatre circuits:

Circuit A: **L'Inner Harbour et le vieux Victoria** ★★★

Circuit B: Scenic Marine Drive ★★

Circuit C: Saanich Peninsula ★

Circuit D: De Victoria au West Coast Trail ★★

Le centre-ville de Victoria est exigu, et il peut devenir difficile d'y garer sa voiture. Il existe plusieurs stationnements publics payants. On trouve des stationnements municipaux *(10$/jour)* à la section 600 de Fisgard Street, à la section 700 de Johnson Street, à la section 500 de Yates Street, à la section 700 de View Street et à la section 700 de Broughton Street. Ces derniers, ainsi que les stationnements dans la rue avec parcomètres, sont gratuits après 18h le dimanche et les jours fériés.

Circuit A: L'Inner Harbour et le vieux Victoria
★★★

L'exploration de Victoria s'effectue à partir de l'**Inner Harbour**, qui est l'entrée naturelle de cette ville et qui fut pendant des dizaines d'années son principal accès. La marine marchande qui transitait par l'océan Pacifique, à l'époque des grands voiliers, mouillait dans ce port afin d'assurer le transport des marchandises en partance pour l'Angleterre. Avec l'arrivée du train sur la côte, la marine marchande n'assurait plus que la liaison avec l'Asie, la traversée du Canada se faisant par train, ce qui réduisait ainsi le temps nécessaire pour atteindre l'est du continent.

Rendez-vous au **Tourism Victoria Visitor Information Centre** *(812 Wharf St.,* ☎*250-382-2127)*, d'où vous aurez une vue d'ensemble sur le port et les bâtiments qui le bordent, entre autres l'**Empress Hotel** ★★ (voir p 154) et

les **Provincial Legislature Buildings** ★ (voir p 156), soit les édifices du Parlement. Le centre d'information est installé dans une ancienne station-service de style Art déco qui fut bâtie en 1931. La tour qui la surmonte est une réplique miniature d'un gratte-ciel à la new-yorkaise. Commencez votre visite par une promenade sur Government Street vers le nord. Vous passerez une série de bâtiments de pierres qui abritent des commerces en tout genre: librairies, cafés, magasins d'antiquités. À View Street, tournez à gauche, puis descendez la petite rue piétonnière, par laquelle vous entrerez dans **Bastion Square** ★. Le **Bastion Square Festival of the Arts**, qui n'est pas tellement un festival mais plutôt un marché artisanal en plein air, se tient ici, du printemps à l'automne *(fin mars et avr jeu-dim, mai à début oct mer-dim et jours de fête 10h30 à 17h30).*

Le **Maritime Museum of British Columbia** *(8$; tlj 9h30 à 16h30, mi-juin à mi-sept jusqu'à 17h; 28 Bastion Sq.,* ☎*250-385-4222, www.mmbc. bc.ca)* retrace les grands moments de la navigation, du temps où les grands voiliers se côtoyaient dans le port jusqu'à nos jours.

Descendez Bastion Square et tournez à droite dans Wharf Street, pour finalement remonter Johnson Street du côté nord. Entrez au **Market Square** ★, une série d'immeubles de briques de trois étages abritant des boutiques et des cafés aménagés autour d'une cour intérieure. Construits dans les années 1880, ces immeubles logeaient des hôtels, des saloons et des commerces. L'endroit est agréable pour une promenade et est animé pendant les festivals de jazz, de blues et de théâtre, et lors du Nouvel An chinois.

Vous reconnaîtrez le **Chinatown** ★ *(à l'ouest de Government St., entre Pandora St. et Fisgard St.)* aux couleurs vives qu'arborent les commerces et aux trottoirs à motifs géométriques qui forment un caractère chinois signifiant «bonne fortune». Il fut un temps où le Chinatown de Victoria, le plus vieux quartier chinois au Canada, comptait plus de 150 commerces, trois écoles, cinq temples, deux églises et un hôpital. Une promenade à travers ce quartier vous fera découvrir l'arche Tong Ji Men, sur Fisgard Street, qui représente l'esprit de coopération entre les cultures chinoise et canadienne.

De retour à Wharf Street, tournez à droite dans Fisgard Street, puis à gauche dans la **Fan Tan Alley** ★ *(l'axe nord-sud au sud de Fisgard St.)*, où l'on pouvait se procurer de l'opium jusqu'en 1908, année où le gouvernement fédéral en interdit la vente, mettant ainsi fin au commerce légal de ce stupéfiant. Considérée comme la rue la plus étroite de Victoria, la Fan Tan Alley est bordée de commerces et de studios d'artistes. Ici vous êtes dans le cœur du Chinatown.

Du Chinatown, tournez à droite dans Government Street, en revenant sur vos pas jusqu'à l'Inner Harbour. Ou prenez un court détour vers **Victoria West**, où vous trouverez un populaire pub et des hôtels donnant sur le port, mais peu d'attraits touristiques. Traversez le pont de Johnson Street et faites une courte promenade: un agréable sentier près de l'eau mène à la West Bay Marina.

Depuis le Tourism Victoria Visitor Information Centre, marchez vers le nord dans Wharf Street jusqu'au Johnson Street Bridge et traversez-le. Une digue *(seawall)* s'en détache, longeant les habitations et le front de mer, et offre une belle vue d'ensemble sur les bâtiments du centre-ville. Plus loin, vous sortirez de l'Inner Harbour et apercevrez le détroit Juan de Fuca. Arrêtez-vous au Spinnakers Brewpub afin de vous désaltérer tout en contemplant le panorama.

La réplique de l'**Anne Hathaway's Cottage** ★ *(429 Lampson St.)* se trouve ici, à Victoria West. Empruntez le Johnson Street Bridge et, après six feux de circulation, tournez à gauche dans Lampson Street. Le *Munro Bus*, que vous pouvez prendre à l'angle de Douglas Street et de Yates Street, s'arrête à l'entrée du site. Ce bout d'Angleterre est une reconstitution du lieu de naissance de William Shakespeare et de la maison d'Anne Hathaway, l'épouse du grand poète. Ce cottage fait partie de l'English Inn and Resort, qui compte aussi cinq autres manoirs à l'anglaise où il est possible de loger. Le cottage est maintenant utilisé pour des banquets et des réceptions. Des visites guidées n'y sont malheureusement

plus offertes. Une promenade à travers ces bâtiments vous fera tout de même voyager dans le temps.

À l'ouest de Victoria se trouve **Esquimalt**, une petite ville surtout connue pour sa base militaire navale et pour son **CFB Esquimalt Naval & Military Museum** *(2$; lun-ven 10h à 15h30; ☎250-363-4312 ou 363-5655, www. navaland militarymuseum.org)*. On y trouve une importante collection d'équipement militaire qui retrace l'histoire de la base navale.

De retour à l'Inner Harbour, dirigez-vous vers l'Empress Hotel.

L'**Empress Hotel** ★★ *(721 Government St., ☎250-384-8111)* a été élevé selon les plans de l'architecte Francis Rattenbury pour le Canadien Pacifique en 1905, dans le style château, tout comme le Château Frontenac de Québec, mais en plus moderne et en moins romantique. Prenez l'entrée principale, traversez le grand hall et laissez-vous transporter dans les années 1920, à l'époque où de grands voyageurs y logeaient. Surtout, il faut y venir l'après-midi afin de vivre la cérémonie du thé. Aujourd'hui, l'hôtel fait partie des Fairmont Hotels & Resorts, division des Canadian Pacific Hotels.

À l'intérieur de l'Empress Hotel, le **Miniature World** *(9$; mi-mai à mi-juin tlj 9h à 19h, mi-juin à début sept tlj 8h30 à 21h, début sept à mi-juin tlj 9h à 17h; Empress Hotel, 649 Humboldt St., ☎250-385-9731, www.miniatureworld. com)* vous fera découvrir combien la patience et la méticulosité ont pu créer une scierie miniature opérationnelle et vous montrera d'autres réalisations intéressantes dont font partie deux immeubles datant de la fin du XIXᵉ siècle. Cette visite fera la joie des enfants.

Du Miniature World, tournez à droite dans Humboldt Street, puis à droite encore dans Douglas Street.

★ **ATTRAITS TOURISTIQUES**

1. DY Bastion Square	**9.** EY Miniature World
2. DY Maritime Museum of British Columbia	**10.** EZ Crystal Garden
3. DX Market Square	**11.** EZ Royal British Columbia Museum
4. DX Chinatown	**12.** DZ Provincial Legislature Buildings
5. EX Fan Tan Alley	**13.** DY Pacific Undersea Gardens
6. AY Anne Hathaway's Cottage	**14.** DY Royal London Wax Museum
7. AX CFB Esquimalt Naval & Military Museum	**15.** CY Fisherman's Wharf
8. DY Empress Hotel	

VICTORIA circuit A: l'Inner Harbour et le vieux Victoria

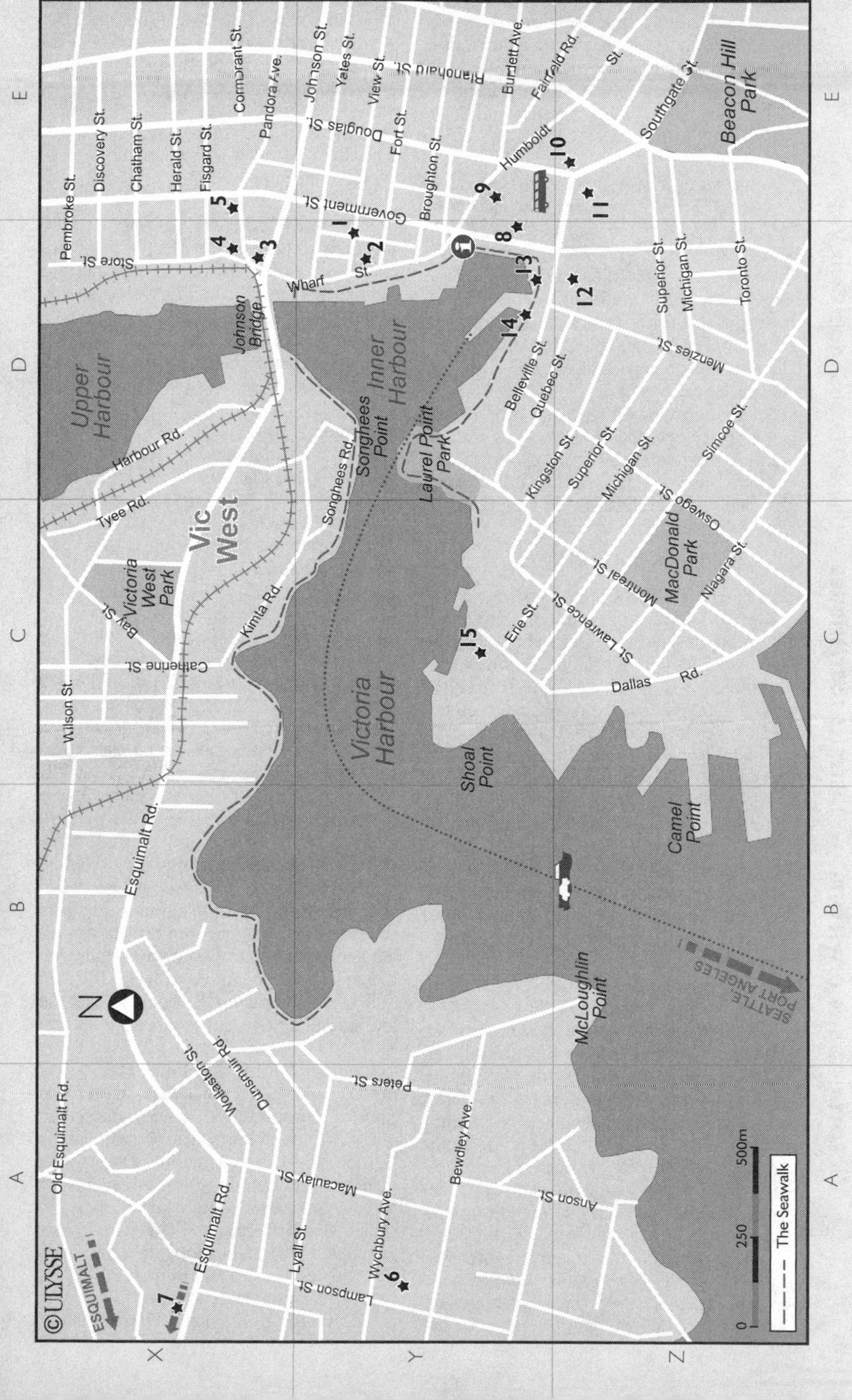

Pembroke St.
Discovery St.
Chatham St.
Herald St.
Fisgard St.
Cormorant St.
Pandora Ave.
Johnson St.
Yates St.
View St.
Fort St.
Broughton St.
Blanshard St.
Burdett Ave.
Fairfield Rd.
Southgate St.
Store St.
Government St.
Douglas St.
Wharf St.
Humboldt

Beacon Hill Park

Johnson Bridge

Upper Harbour

Songhees Point
Inner Harbour

Harbour Rd.
Tyee Rd.
Songhees Rd.

Vic West
Victoria West Park
Bay St.
Catherine St.
Kimta Rd.

Wilson St.

Laurel Point Park

Superior St.
Michigan St.
Toronto St.
Menzies St.
Kingston St.
Superior St.
Michigan St.
Simcoe St.
Oswego St.
Niagara St.

MacDonald Park

Belleville St.
Quebec St.
Erie St.
St. Lawrence St.
Montreal St.
Dallas Rd.

Victoria Harbour

Shoal Point

Camel Point

McLoughlin Point

Esquimalt Rd.

Old Esquimalt Rd.
Dunsmuir Rd.
Molesson St.
Esquimalt Rd.
Macaulay St.
Lyall St.
Lampson St.
Wychbury Ave.
Bewdley Ave.
Peters St.
Anson St.

ESQUIMALT

SEATTLE PORT ANGELES

N

©ULYSSE

0   250   500m

--- The Seawalk

Derrière l'Empress Hotel, à l'angle de Douglas Street et de Belleville Street, la grande verrière du **Crystal Garden**, du même architecte que l'hôtel, abrite des oiseaux et des animaux dont l'espèce est menacée de disparition. Soutenue par une structure métallique apparente, elle avait été construite à l'époque pour y loger une piscine d'eau salée.

De biais avec le Crystal Garden se trouve le **Royal British Columbia Museum** ★★★ *(12,50$; tlj 9h à 17h; 675 Belleville St., ☎250-356-7226 ou 888-447-7977, www.royalbcmuseum.bc.ca)*. L'extraordinaire exposition *First Peoples* (Premières Nations) commence par une juxtaposition d'objetts historiques et d'art contemporain, telles les œuvres de l'artiste Musqueam Susan Point, afin d'illustrer les racines et l'évolution de l'art du Pacific Northwest, du type que vous verrez dans les galeries, les hôtels et les restaurants lors de votre séjour. L'exposition démontre aussi les distinctions claires entre les peuples de la côte et de l'intérieur, et les périodes d'avant et d'après le «contact» avec les Blancs.

Également à l'affiche: une superbe exposition de masques et de totems, présentés par groupes culturels, et identifiant les éléments qui les différencient des autres. Par exemple, vous apprendrez que l'art haïda est identifié par une paupière gravée en relief et une orbite concave de l'arête du nez à la tempe et à la narine. Il y a aussi d'énormes plats pour festins en forme d'ours et de loup; de superbes pèlerines et couvertures, ainsi que des sacs tissés d'écorce de cèdre, appartenant au peuple Coast Salish; un spectacle son et lumière expliquant la cosmologie des Premières Nations du Pacific Northwest; plus de 100 gravures haïdas en argilite; et une multitude d'autres objets d'intérêt.

Quant à elle, l'exposition *Modern History* (histoire moderne) recrée des scènes de l'histoire de la Colombie-Britannique du XXᵉ siècle, dont un théâtre de style rococo des années 1920 présentant des films muets; des façades d'immeubles victoriens, y compris dans lequel vous pouvez pénétrer (les boiseries que vous y verrez proviennent d'un vieil hôtel de Nanaimo); et une scène de rue du Chinatown. La présentation est assez attrayante et divertissante pour les enfants. Enfin, il ne faut pas oublier l'exposition *Natural History* avec des répliques de divers paysages et écosystèmes, un cinéma Imax ainsi que de

fascinants bassins d'animaux marins de la région.

Vous allez sans doute remarquer une tour blanche bizarre à deux pas des édifices du Parlement, à l'angle de Belleville Street et de Government Street. Il s'agit du plus gros **carillon** du Canada avec ses 62 cloches. Il est possible d'en apprécier les sons musicaux du mois d'avril au mois de décembre, tous les dimanches à 15h.

Les **Provincial Legislature Buildings** ★ *(visites guidées gratuites en français)*, à savoir les édifices du Parlement, ont été dessinés par l'architecte Francis Rattenbury, alors âgé de 25 ans. C'est par voie d'un concours que le projet du jeune architecte a été retenu. Par la suite, plusieurs autres bâtiments publics et privés ont été réalisés par Rattenbury.

Retournez à l'Inner Harbour. En face des édifices du Parlement, les **Pacific Undersea Gardens** *(8,50$; sept à avr tlj 10h à 17h, avr à juin tlj 10h à 18h, juin à sept tlj 9h à 20h; 490 Belleville St., ☎250-382-5717, www.pacificunderseagardens.com)* présentent la flore marine du Pacifique.

Les amateurs de musées de cire, tel le fameux musée de Madame Tussaud, ne seront sûrement pas déçus du **Royal London Wax Museum** *(10$; tlj 10h à 16h30; 470 Belleville St., Inner Harbour, ☎250-388-4461)*. Les mordus d'histoire y verront un peu de tout: des générations de familles royales, dont les six épouses du roi Henri VIII (qui se ressemblent toutes, d'ailleurs); une scène sanglante des plaines d'Abraham (à Québec en 1759) avec un général Wolfe agonisant; un spectacle multimédia dédié aux explorateurs célèbres; et une Cène avec résurrection en lumière. En quelques secondes, les visiteurs sont transportés du fabuleux monde de Disney à la guillotine d'une horrible chambre d'épouvante, ce qui, évidemment, est le point saillant de tout musée de cire qui se respecte!

Continuez le long de l'Inner Harbour et dépassez le **Laurel Point Park**, d'où vous pourrez emprunter le sentier piétonnier qui mène aussi loin qu'au Coast Victoria Harbourside Hotel & Marina. De là, vous devrez emprunter Kingston Street jusqu'à St. Lawrence Street, où vous tournerez à droite vers **Fisherman's Wharf** ★. Ici vous apercevrez les habitations flottantes des pêcheurs de l'endroit, ainsi qu'un excellent restaurant de *fish and chips* (**Barb's Place**, voir p 178) et un poissonnier (**The Fish Store**, voir p 185). Ce dernier vend du hareng 1$ pièce pour que vous puissiez nourrir les phoques les plus sociables du port. Vous n'aurez simplement qu'à tendre le bras au-dessus de l'eau, avec votre hareng en main, et attendre que l'un d'eux le happe.

Lorsque vous (et les phoques) serez rassasiés, diri-gez-vous vers le centre-ville.

Circuit B: Scenic Marine Drive

★★

Ce circuit vous mène le long d'une route côtière des plus panoramiques, au pied de la Saanich Peninsula, en prenant des dé-tours vers un nombre d'importants attraits de Victoria situés à l'intérieur des terres.

Le thé à Victoria

La tradition de l'*afternoon tea* (le thé de l'après-midi) est l'une des diverses expres-sions de l'héritage britannique de Victoria. Le thé, connu des Chinois depuis plus de 5 000 ans, fut introduit à la cour anglaise au XVIIe siècle, mais ne devint populaire qu'environ deux siècles plus tard.

La légende veut que, dans les années 1840, Anna, la septième duchesse de Bed-ford, eût trop faim l'après-midi pour attendre le dîner, habituellement servi autour de 21h. Anna aurait donc demandé que l'on apporte un goûter de gâteaux, de tartelettes, de biscuits, de pain, de beurre et de thé à son boudoir. Cette tradition se propagea rapidement aux salons de Londres, devenant une coutume sociale victorienne populaire parmi les femmes de la haute société.

À cette époque, l'East India Company avait déjà établi des plantations de thé à Assam et en d'autres régions de l'Inde et du Ceylan (Sri Lanka), et la première cargaison de thé indien débarqua à Londres en 1838.

Les salons de thé tels que nous les connaissons aujourd'hui ne sont apparus qu'en 1864, lorsque l'audacieuse gérante d'une boulangerie située près du London Brid-ge se mit à servir à ses clients préférés le thé accompagné d'un goûter.

Malgré le fait qu'il existe plusieurs charmants salons de thé à Victoria, aucun d'eux n'a le cachet ou l'atmosphère distinguée de l'*afternoon tea* de l'Empress Hotel. Le goûter, en plus du contenu d'une théière Empress, comprend de délicats sand-wichs, des scones frais accompagnés de crème Jersey et de confiture de fraises et des pâtisseries, et le tout vous coûtera entre 30$ et 40$. Il est possible de s'offrir un thé accompagné d'un goûter à prix plus abordable ailleurs, ou encore vous pouvez essayer la célèbre recette de scones de l'Empress Hotel à la maison:

3 tasses de farine
2 tasses de sucre
1 tasse de beurre
2 œufs
1 tasse de crème
2 cuillères à soupe de levure chimique
1 tasse de raisins secs

Mélanger, d'une part, la farine, le sucre, le beurre et la levure, et, d'autre part, la crème et les œufs. Ajouter aux ingrédients secs les raisins secs puis les ingrédients liquides jusqu'à l'obtention d'un mélange humide. Étendre la pâte pour obtenir une épaisseur de 2 à 2,5 cm et découper en rondelles. Badigeonner de lait ou d'œuf et laisser reposer pendant 45 min. Faire cuire à 180°C de 20 à 25 min, jusqu'à ce que les scones soient dorés.

Vous passerez par les municipalités de Fairfield, de Rockland et d'Oak Bay. Quoique ce circuit soit nettement conçu pour la voiture (ou encore mieux pour le vélo), il ne se trouve qu'à une faible distance du centre-ville de Victoria.

Le circuit commence à l'Ogden Point Breakwater, sur Dallas Road, près de Dock Street. De là, longez Dallas Road pour jouir d'une belle vue du détroit Juan de Fuca, sauvage et venteux. À la hauteur du Holland Point Park, vouy atteindrez Government Street, où vous tournerez à gauche.

La **Carr House** ★ *(5$; mai et sept mar-sam 11h à 16h, juin à août tlj 11h à 16h; 207 Government St.,* ☎*250-383-5843)*, un bâtiment de bois, a été construite en 1864 pour la famille de Richard Carr. Ici on retrace surtout la vie d'Emily. À la Carr House, procurez-vous un plan du quartier sur lequel sont indiqués les différents bâtiments ou lieux que la famille Carr a occupés. Le seul meuble original de la maison est le lit dans lequel Emily est née en 1871. La maison est toutefois meublée du style de l'époque. Il y a une petite boutique sur place, ainsi qu'un jardin, animé d'extraits des écrits de Carr.

De la Carr House, tournez à gauche dans Simcoe Street, et rendez-vous jusqu'à Douglas Street, où commence le Beacon Hill Park.

Le **Beacon Hill Park** ★ *(entre Douglas St. et Cook St., en face du détroit Juan de Fuca)* faisait le bonheur d'Emily Carr, qui venait passer ses journées à dessiner cette oasis de paix. Ce parc public a été aménagé en 1890; plusieurs sentiers traversent des champs de fleurs sauvages qui contrastent avec les sections aménagées.

L'angle de Douglas Street et de Dallas Road se trouve être le **mille zéro** de la route transcanadienne.

Continuez par Dallas Road jusqu'à Memorial Crescent, tournez à droite dans Fairfield Road (à l'opposé de Stannard Ave.) et rendez-vous jusqu'à l'entrée du **Ross Bay Cemetery** *(5$; juil et août dim 14h; les visites du Ross Bay Cemetery partent de la Fairfield Bakery: Fairfield Plaza, 1516 Fairfield Rd.,* ☎*250-598-8870, www.oldcem.bc.ca)*. Vous vous retrouverez assûrément dans la plus ancienne section de ce cimetière de 11 ha, la dernière demeure de plusieurs notables de Victoria, dont Emily Carr. Des bénévoles sont souvent sur place pour offrir de courtes visites ou des brochures qui vous permettront de faire votre visite en solo. Des visites commentées sont organisées régulièrement pendant la saison touristique.

Du cimetière, tournez à gauche dans Charles Street, puis à gauche encore dans Rockland Avenue.

La **Government House** *(1401 Rockland St.,* ☎*250-387-2080, www.ltgov.bc.ca)* est un autre bel attrait de Victoria. La résidence ne peut être visitée; seuls les jardins, qui s'étendent sur 6 ha, sont accessibles, et ils s'avèrent tout à fait exceptionnels. On comprend pourquoi on a surnommé ce lieu *Garden City*. Des visites des jardins sont proposées au public *(10$; mai à sept une ou deux fois par mois mer et/ou dim;* ☎*250-356-5139)*. Même si l'horticulture vous intéresse peu, les jardins de roses et de fines herbes valent la peine d'être vus et «sentis».

Des jardins de Rockland Street, prenez Joan Crescent jusqu'au Craigdarroch Castle.

À l'extrémité est du centre-ville se dresse le **Craigdarroch Castle** ★ *(10$; mi-juin à début sept tlj 9h à 19h, reste de l'année tlj 10h à 16h30; 1050 Joan Ct.,* ☎*250-592-5323, www.craigdarrochcas tle.com)*, un château construit en 1890 pour Robert Dunsmuir, qui a fait fortune dans les mines de charbon.

Du château, revenez à Rockland Street, tournez à droite, puis à droite encore dans Moss Street.

L'**Art Gallery of Greater Victoria** *(8$; tlj 10h à 17h, jeu jusqu'à 21h; 1040 Moss St.,* ☎*250-384-4101, www.aggv.bc.ca)* est en fait le musée des beaux-arts de Victoria. Des œuvres classiques et contemporaines y sont exposées. On y retrouve des tableaux d'Emily Carr ainsi que d'artistes contemporains locaux et asiatiques. Recommandé à tous les amateurs d'art.

De la galerie d'art, reprenez Moss Street jusqu'à Fairfield Road, et tournez à gauche si vous avez envie de visiter un autre jardin (voir ci-dessous).

Victoria et ses environs - Attraits touristiques - Scenic Marine Drive

★ **ATTRAITS TOURISTIQUES**

1. CY	Carr House	**4.** EX	Government House	**6.** EX	Art Gallery of Greater
2. CZ	Beacon Hill Park	**5.** EX	Craigdarroch Castle		Victoria
3. EZ	Ross Bay Cemetery				

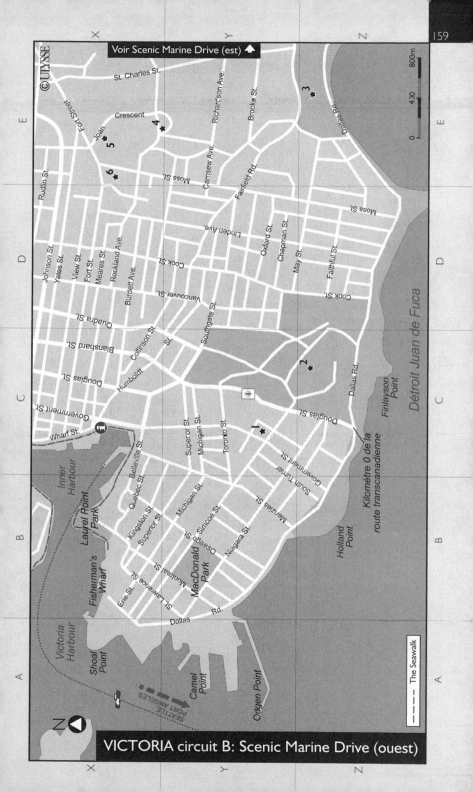

VICTORIA circuit B: Scenic Marine Drive (ouest)

Voir Scenic Marine Drive (est)

St. Charles St.

Crescent

Fort Street

Rudin St.

Joan

Richardson Ave.

Brocke St.

Dallas Rd.

Moss St.

Camsew Ave.

Fairfield Rd.

Moss St.

Johnson St.
Yates St.
View St.
Fort St.
Meares St.
Rockland Ave.
Burdett Ave.

Quadra St.

Blanshard St.

Douglas St.

Collinson St.

Humboldt

Vancouver St.

Cook St.

Linden Ave.

Southgate St.

Oxford St.

Chapman St.

May St.

Faithful St.

Cook St.

Dallas Rd.

Finlayson Point

Détroit Juan de Fuca

Government St.

Wharf St.

Inner Harbour

Laurel Point Park

Fisherman's Wharf

Belleville St.

Quebec St.

Kingston St.

Superior St.

Superior St.

Michigan St.

Toronto St.

Douglas St.

Michigan St.

South Turner St.

Government St.

Menzies St.

Holland Point

Kilomètre 0 de la route transcanadienne

Victoria Harbour

Shoal Point

Camel Point

Odgen Point

MacDonald Park

Dallas
Rd.

St. Lawrence St.

Montreal St.

Erie St.

Oswego St.

Simcoe St.

Niagara St.

SEATTLE
PORT ANGELES

The Seawalk

©ULYSSE

0   430   800m

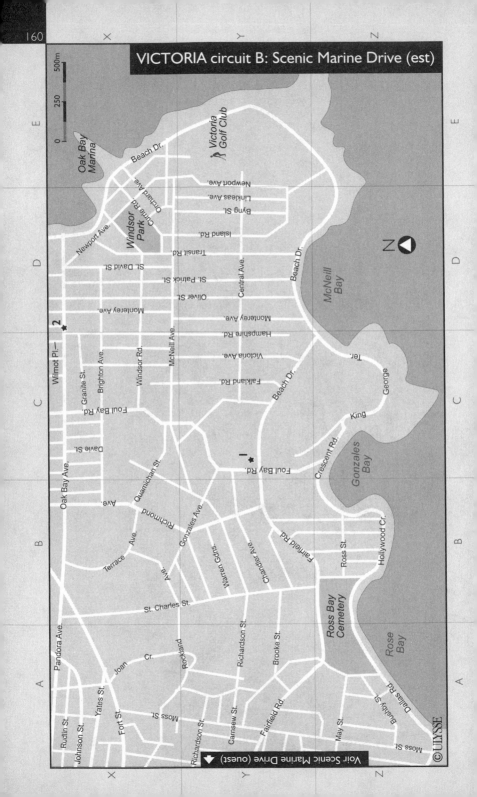

VICTORIA circuit B: Scenic Marine Drive (est)

Oak Bay Marina

Victoria Golf Club

Beach Dr.

Windsor Park

McNeill Bay

Gonzales Bay

Ross Bay Cemetery

Rose Bay

N

500m
250
0

Newport Ave.
Currie Rd.
Orchard Ave.
Beach Dr.
Newport Ave.
Linkleas Ave.
Byng St.
Island Rd.
Transit Rd.
St. David St.
St. Patrick St.
Central Ave.
Oliver St.
Monterey Ave.
Monterey Ave.
Hampshire Rd.
Victoria Ave.
Falkland Rd.
Beach Dr.
Ter.
George
King
Crescent Rd.

Wilmot Pl.—

2

Granite St.
Brighton Ave.
Windsor Rd.
McNeill Ave.
Foul Bay Rd.
Davie St.

1

Foul Bay Rd.

Oak Bay Ave.
Quamichan St.
Richmond Ave.
Gonzales Ave.
Warren Gdns.
Chandler Ave.
Fairfield Rd.
Ross St.
Hollywood Cr.

Ave.
Terrace Ave.
St. Charles St.

Pandora Ave.
Joan Cr.
Yates St.
Fort St.
Moss St.
Rockland
Richardson St.
Carnsew St.
Brooke St.
Fairfield Rd.
May St.
Bushby St.
Dallas Rd.
Moss St.

Rudlin St.
Johnson St.

© ULYSSE

1. CY   Abkhazi Garden   **2.** DX   Oak Bay Village

Sinon prenez Moss Street jusqu'à Dallas Road et continuez le long du littoral.

L'**Abkhazi Garden** *(10$; mars à fin sept tlj 11h à 17h; 1964 Fairfield Rd.,* ☎*250-598-8096)*, un petit jardin de banlieue créé par le prince Nicholas Abkhazi et sa femme dans les années 1940, a été entretenu par cette dernière jusqu'à sa mort, en 1994. Le jardin est de style «naturaliste», avec rhododendrons, azalées, lis, étangs, rocailles et arbres. Depuis l'an 2000, le jardin est géré par The Land Conservancy (TLC) of British Columbia, un organisme à but non lucratif qui le restaure avec soin grâce à plusieurs bénévoles. En constant aménagement, le jardin est assez petit, et la visite, plutôt brève, est recommandée aux sérieux amateurs d'horticulture seulement. Dites-vous que le droit d'entrée élevé permet de contribuer à une bonne cause.

Prenez Foul Bay Road pour retourner à Marine Drive, qui devient Crescent Road. Passé le remarquable Victoria Golf Club, se trouve l'Oak Bay Marina, un agréable et pratique endroit où s'arrêter.

De la marina, empruntez Newport Avenue jusqu'à Oak Bay Avenue. Ici, entre Monterey et Wilmot, se trouve l'**Oak Bay Village**, le cœur de la communauté d'**Oak Bay**. Aussi connu sous le nom de "Tweed Curtain" (le rideau de tweed), en référence à son héritage britannique, l'Oak Bay Village regorge de salons de thé, de restaurants de *fish and chips* et de cafés, ainsi que de superbes parcs et jardins.

Pour revenir au centre-ville de Victoria, empruntez Oak Bay Avenue, qui devient plus loin Pandora Avenue.

Circuit C: Saanich Peninsula
★

La Saanich Peninsula est la petite presqu'île qui se trouve juste au nord de Victoria. C'est avant tout une banlieue puisque

La route transcanadienne

Le «kilomètre zéro» de la route transcanadienne, la plus longue route nationale du monde, est indiqué par un monument à l'angle de Dallas Road et de Douglas Street à Victoria. Cette route se termine (ou commence, c'est selon) 7 821 km à l'est, à St. John's, capitale de la province de Terre-Neuve-et-Labrador. Devant l'hôtel de ville de St. John's se trouve d'ailleurs une enseigne affirmant que *«le Canada commence ici»*… Un point de vue de la Côte Est plutôt évident!

La construction de la route transcanadienne a débuté pendant l'été de 1950, et, lorsqu'elle fut terminée en 1970 (son inauguration a eu lieu à Rogers Pass, en Colombie-Britannique, en 1962, avant qu'elle ne soit terminée), son coût s'élevait à 1 milliard de dollars, soit plus de trois fois le coût estimé.

En fait, la transcanadienne n'est pas une seule route, et elle ne traverse pas le pays en entier. Elle est complétée par deux traversiers (vers Victoria et vers St. John's), ne passe pas par tous les territoires canadiens (le Yukon, les Territoires du Nord-Ouest et le Nunavut n'en font pas partie) et consiste en deux autoroutes distinctes dans une grande partie de l'Ontario et du Québec. À l'ouest de Portage La Prairie, au Manitoba, elle se divise en route 16, qui se dirige au nord jusqu'à Prince Rupert, en Colombie-Britannique, et en route 1, qui aboutit au sud à Victoria.

Les panneaux indicateurs de la route transcanadienne sont facilement reconnaissables à leur feuille d'érable blanche qui se découpe sur un fond vert.

Emily Carr

Après la ruée vers l'or américaine, la famille Carr, d'origine anglaise, qui habitait la Californie, est retournée vivre en Angleterre, puis est revenue en Amérique pour s'établir à Victoria. M. Carr fit fortune dans l'immobilier, possédant plusieurs propriétés et terrains dans le quartier résidentiel de James Bay. Lorsqu'il meurt en 1888, deux ans après le décès de Mme Carr, Emily n'a que 17 ans. Peu de temps après, elle se rend successivement à San Francisco, Londres et Paris pour étudier l'art.

Emily revient dans les années 1910 en Colombie-Britannique, où elle enseigne l'art aux enfants à Vancouver. De retour à Victoria, elle suit les traces de son père dans l'immobilier; elle multiplie les voyages sur la côte du Pacifique afin d'y peindre les paysages, et c'est finalement dans les années 1930 qu'elle produit ses plus grands tableaux.

Peintre unique et femme solitaire, Emily Carr est reconnue aujourd'hui à travers le Canada comme une grande artiste qui a marqué le monde de l'art. Bien que l'Art Gallery of Greater Victoria expose quelques-unes de ses toiles, vous devrez vous rendre à la Vancouver Art Gallery pour découvrir l'ensemble de son œuvre artistique.

nombre de personnes travaillant à Victoria y ont leur résidence.

Cette région fait obligatoirement partie de tout itinéraire relié à la visite de l'île de Vancouver et surtout de Victoria, puisque l'important terminal des traversiers de Swartz Bay se trouve à Sidney, une petite ville du nord de la Saanich Peninsula située à quelques kilomètres de Victoria, et accessible par la Patricia Bay Highway.

Du centre-ville, prenez Douglas Street vers le sud et tournez à gauche dans Dallas Road, qui suit le bord de mer. Cette route traverse une série de petites zones résidentielles en changeant plusieurs fois de nom (ex.: Beach Drive, Cadboro Bay Road) et offre plusieurs magnifiques points de vue. Vous passerez par Oak Bay et Cadboro Bay, qui présentent de beaux bâtiments de style Tudor et de jolis jardins à la végétation luxuriante. Après Cadboro Bay, suivez le bord de mer sur Tudor Avenue. Prenez Arbutus Road, Ferndale Road, Barrie Road et finalement Ash Road jusqu'au Mount Douglas Park.

À l'entrée du **Mount Douglas Park ★★** (voir p 164), tournez à gauche dans Cedar Hill Road puis à droite vers le sommet (*lookout*), d'où vous aurez une vue de 360° sur les Gulf Islands, le détroit de Georgie, le détroit Juan de Fuca et les sommets blancs des chaînes côtières canadienne et américaine. Tôt le matin ou en fin de journée, les couleurs de la mer et des montagnes sont plus éclatantes qu'à d'autres moments.

En quittant le Mount Douglas Park, tournez à gauche et longez le bord de mer sur Cordova Bay Road, qui devient Royal Oak Drive et qui croise la Patricia Bay Highway (Hwy. 17) puis West Saanich Road (Hwy. 17A). Celles-ci donnent accès respectivement à l'est et à l'ouest de la Saanich Peninsula, puis conduisent à North Saanich par Wain Road. Vous pouvez faire une boucle de ce circuit en inversant l'ordre d'une des deux routes suggérées, ou vous pouvez le suivre depuis votre descente du traversier à Swartz Bay en inversant aussi l'ordre suggéré.

West Saanich Road

Le **Horticulture Centre of the Pacific** (*7,50$; avr à sept lun-ven 8h à 20h, sam-dim 8h à 18h; oct à mars tlj 9h à 16h; 505 Quayle Rd., Victoria, ☎250-479-6162, www.hcp.bc.ca*) s'adresse à ceux et celles qui, après avoir visité les Butchart Gardens (voir ci-dessous), veulent voir d'autres jolies fleurs. Vous y découvrirez un jardin d'hiver, le jardin japonais Takata et une collection de rhododendrons et de dahlias.

Si vous aimez la science et les étoiles, rendez-vous au **Centre of the Universe** (*9$ avant 19h, 12$ entre 19h et 23h; début avr à fin oct tlj 10h à 18h, début nov à fin mars mar-dim 10h à*

18h; dans le Dominion Astrophysical Observatory, sur l'Observatory Hill, 5071 W. Saanich Rd., à 16 km de Victoria, ☎*250-363-8262),* qui abrite l'un des plus gros télescopes au monde.

Les **Victoria Butterfly Gardens** *(9,50$; fin fév à mi-mai et oct tlj 9h30 à 16h30, mi-mai à fin sept tlj 9h à 17h30; 1461 Benvenuto Ave., Brentwood Bay,* ☎*250-652-3822, www.butterflygardens. com)* sont des jardins tout à fait étonnants dans lesquels vous découvrirez des papillons de toutes sortes qui virevoltent librement autour de vous dans un décor de forêt tropicale. Une jolie boutique de souvenirs ainsi qu'un restaurant offrent leurs services.

The Butchart Gardens ★★ *(12$ à 23$ selon la saison; ouverture à 9h, l'heure de fermeture varie; Hwy. 17 N., 800 Benvenuto Ave., Brentwood Bay,* ☎*250-652-4422, www.butchartgardens.com).* Cet immense jardin botanique de 26 ha est l'œuvre de la famille Butchart, qui, depuis 1904, a su créer un lieu unique où croît une très grande variété de fleurs, d'arbustes et d'arbres. Un plan en français est disponible à l'entrée du jardin. Des feux d'artifice illuminent les ciels d'été les samedis soirs de juillet et d'août, et des concerts sont offerts en plein air de juin à septembre, du lundi au samedi, en soirée.

Patricia Bay Highway

En banlieue de Victoria se trouve la **Saanich Historical Artifacts Society** ★ *(contribution volontaire, sept à mai tlj 9h30 à 12h, juin à août tlj 9h30 à 16h30; 7321 Lochside Dr., Saanichton,* ☎*250-652-5522),* un musée qui possède les plus importantes collections de machines à vapeur, de tracteurs et d'équipement agricole au Canada. Réservé aux amateurs du genre, le musée est facilement accessible par la route 17: à mi-chemin entre Sidney et Victoria, tournez en direction est dans Island View Road, puis en direction nord dans Lochside Drive et roulez jusqu'au portillon.

Sidney est une petite ville du nord de la Saanich Peninsula qui a son importance du fait de la présence du **terminal des traversiers de Swartz Bay**. Parmi les attraits touristiques de cette ville, on retrouve le **Sidney Historical Museum** *(dons appréciés; mai à oct tlj 10h à 16h, nov à avr tlj 11h à 15h; 2423 Beacon Ave., Sidney,* ☎*250-655-6355),* situé dans l'édifice de l'ancien bureau de poste de Sidney, et

consacré à l'histoire de Sidney et de North Saanich.

Le **BC Aviation Museum** *(7$; en hiver tlj 11h à 15h, en été tlj 10h à 16h; Victoria International Airport, 1910 Norseman Rd., Sidney, dans le grand hangar blanc près de la tour de contrôle,* ☎*250-655-3300)* présente une belle collection d'avions datant de la Seconde Guerre mondiale ainsi que des modèles plus récents.

Les férus d'histoire se dirigeront vers l'ouest, un peu à l'écart de la péninsule, où se trouvent les **Lieux historiques nationaux Fort Rodd Hill et du Phare-de-Fisgard** *(4$; mars à oct tlj 10h à 17h30, nov à fév tlj 9h à 16h30; 603 Fort Rodd Hill Rd., suivre la transcanadienne et prendre la sortie vers Port Renfrew, 10 km au nord de Victoria;* ☎*250-478-5849).* On peut se promener sur une propriété en bordure du détroit de Georgie. Les fortifications que l'on côtoie ici servirent de système de défense entre 1878 et 1956, à l'Empire britannique d'abord, puis au Canada indépendant par la suite. Stratégiquement placée, l'artillerie protégeait Victoria et Esquimalt, les portes d'entrée du Canada occidental. Quant au phare de Fisgard, situé au même endroit, il s'agit du premier phare érigé sur la côte ouest du pays, dans la deuxième moitié du XIXe siècle. Il est toujours en activité.

Circuit D: De Victoria au West Coast Trail ★★

Suivez les indications en direction de Sooke par la route 1A (Old Island Highway), le prolongement nord de Government Street. À Colwood, prenez la route 14, qui devient Sooke Road vers Port Renfrew. Une trentaine de kilomètres séparent Victoria de Sooke, où vous traverserez la banlieue ouest. Au restaurant 17 Mile House, tournez à gauche dans Gillepsie Road, par laquelle vous entrerez dans l'**East Sooke Regional Park** ★ *(voir p 166),* qui offre des sentiers de randonnée pédestre à travers une végétation sauvage en bordure de la mer. Ce parc est idéal pour une excursion en famille.

De retour à la route 14, tournez à gauche vers Port Renfrew. La route longe des plages et des baies. Plus vous vous éloignez de Victoria, plus la route devient sinueuse. Le terrain est montagneux et les points de vue spectaculaires. Continuez vers l'ouest par la route 14; l'horizon change car les grandes vallées ont été rasées, la coupe de bois demeurant une source importante de revenus pour la province.

Port Renfrew

Port Renfrew accueille les excursionnistes qui se rendent au **West Coast Trail ★★★**. La randonnée de 75 km s'adresse avant tout aux marcheurs expérimentés et courageux qui devront faire face à des climats très changeants et à une topographie très variée. Ce sentier fait partie de la réserve de parc national Pacific Rim et est reconnu comme un des sentiers pédestres les plus difficiles en Amérique du Nord.

Parcs et plages

Une multitude de parcs et de plages entourent Victoria, variant énormément quant à leur aménagement (plages urbaines, plages désertes bordées de forêts pluvieuses tempérées, etc.). Les parcs provinciaux se multiplient dans les environs, et tous se démarquent par leurs plages sablonneuses et les amoncellements de bois rejetés par les marées. Une promenade dans un de ces parcs est une bouffée d'air frais pour les amants de la nature. Parcs Canada a, ici aussi, su créer une réserve de parc grandiose, Pacific Rim, qui longe l'ouest de l'île de Vancouver.

Scenic Marine Drive

À Victoria, deux plages familiales se prêtent bien à la construction de châteaux de sable et à la baignade dans des baies aux eaux calmes. **Willows Beach ★** *(toilettes publiques, aire de jeux; angle Estevan St. et Beach Dr., Oak Bay)* borde un quartier résidentiel chic à proximité d'une marina et de l'hôtel Oak Bay Beach. **Cadboro Bay Beach ★** *(toilettes publiques, aire de jeux; angle Sinclair Rd. et Beach Dr.)*, un peu plus à l'est, se trouve dans le

quartier de l'université de Victoria. Une clientèle jeune fréquente cette plage située dans une baie s'ouvrant sur les Chatham Islands et la Discovery Island. La grève du **Beacon Hill Park ★** (voir p 158) a été modifiée par le va-et-vient des marées qui y a créé une plage pierreuse recouverte de bois flottants.

Le sommet du **Mount Tolmie ★★★** *(BC Parks, ☎250-391-2300)* offre des vues panoramiques sensationnelles sur Victoria, le détroit de Haro, l'océan, le magnifique mont Baker et la chaîne des Cascades, dans l'État de Washington, aux États-Unis.

Saanich Peninsula

Le **Mount Douglas Park ★★** *(Hwy. 17, sortie Royal Oak Dr.; information: Freeman King Visitor Centre, 2930 route transcanadienne, Victoria, ☎250-478-9414 ou BC Parks, ☎250-391-2300)* renferme 10 ha d'environnement naturel, idéal pour un pique-nique ou une promenade avec accès à la mer.

De Victoria au West Coast Trail

Le **Goldstream Provincial Park ★★** *(à 20 min de Victoria par la route 1; BC Parks, ☎250-391-2300)*, situé à 17 km de Victoria, est un des parcs majeurs de la région. Imaginez des sapins de Douglas vieux de 600 ans le long de sentiers de randonnée conduisant vers le mont Finlayson et un itinéraire passant par des cascades magnifiques. En novembre, les amateurs de nature se rendent dans le parc pour observer les saumons coho ou argenté *(coho)*, quinnat ou royal *(chinook)* et kéta *(chum)* accomplir leur dernier voyage, se reproduire et mourir dans la Goldstream River. Les poissons sont très visibles car l'eau est d'une transparence impeccable.

La fin de la montaison du saumon indique le début d'un autre événement incroyable: l'**Eagle Extravaganza**. De la mi-décembre à la

1. BY	Mount Douglas Park	**6.** BW	Saanich Historical Artifacts Society
2. AY	Horticulture Centre of the Pacific	**7.** AW	Sidney Historical Museum
3. AY	Centre of the Universe	**8.** AW	BC Aviation Museum
4. AX	Victoria Butterfly Gardens	**9.** AZ	Lieux historiques nationaux Fort Rodd Hill et
5. AX	The Butchart Gardens		du Phare-de-Fisgard

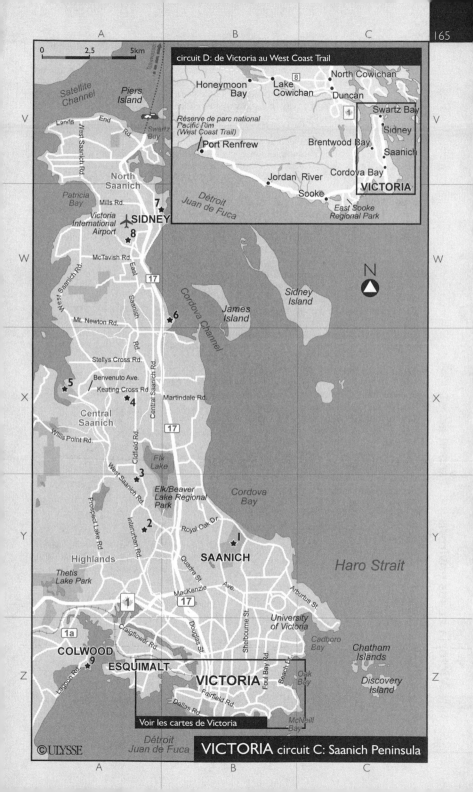

0 2,5 5km

Satellite
Channel

Piers
Island

Lands
End Rd.
Swartz
Bay

circuit D: de Victoria au West Coast Trail

Honeymoon
Bay

Lake
Cowichan

8

North Cowichan

Duncan

Réserve de parc national
Pacific Rim
(West Coast Trail)

Swartz Bay

1

Sidney

Port Renfrew

Brentwood Bay

Saanich

West Saanich Rd.

North
Saanich

Patricia
Bay

Mills Rd.

Victoria
International
Airport

7

★ SIDNEY

8

★

McTavish Rd.

East

Saanich

17

West Saanich Rd.

Mt. Newton Rd.

Stellys Cross Rd.

Benvenuto Ave.

Keating Cross Rd

Central Saanich Rd.

6
★

Cordova Channel

James
Island

Cordova Bay

Jordan River

Sooke

East Sooke
Regional Park

VICTORIA

Détroit
Juan de Fuca

Sidney
Island

N

W

5
★

4
★

Martindale Rd.

17

Central
Saanich

Willis Point Rd.

Clifield Rd.

West Saanich Rd.

Elk
Lake

3
★

Elk/Beaver
Lake Regional
Park

Cordova
Bay

Haro Strait

Prospect Lake Rd.

Interurban Rd.

2
★

Royal Oak Dr.

1
★

SAANICH

X

Highlands

Thetis
Lake Park

1

Quadra St.

MacKenzie
Ave.

17

Douglas St.

Shelbourne St.

Foul Bay Rd.

University
of Victoria

Arburtus St.

Cadboro
Bay

Chatham
Islands

Y

1a

COLWOOD

9
★

ESQUIMALT

Craigflower Rd.

Beach Dr.

Oak
Bay

Discovery
Island

Lagoon Rd.

VICTORIA

Fairfield Rd.

Dallas Rd.

McNeill
Bay

Voir les cartes de Victoria

©ULYSSE

Détroit
Juan de Fuca

VICTORIA circuit C: Saanich Peninsula

Z

fin février, près de 300 aigles à tête blanche se rendent, chaque jour, dans l'estuaire lors de la marée basse pour se nourrir de saumons kéta morts. L'estuaire n'est pas accessible aux visiteurs, qui peuvent cependant se rendre aux points d'observation, aux caméras vidéo en direct et aux lunettes d'approche afin d'observer les aigles. Les visiteurs peuvent aussi s'arrêter à la Nature House pour obtenir de plus amples renseignements sur les aigles et d'autres oiseaux du parc.

L'**East Sooke Regional Park** *(information:* ☎*250-478-3344, www.crd.bc.ca/parks/contact. htm)* est un immense parc de 1 422 ha de nature sauvage qui plaira aux amoureux de la solitude et de la tranquillité. Plus de 50 km de sentiers ont été tracés. Du côté d'Anderson Cove, vous trouverez le point de départ pour la randonnée vers Babbington Hill et le mont Macguire. Du sommet de ces montagnes, la vue de la région est splendide. Il est possible ici d'observer les aigles tourbillonner dans les courants thermiques.

Vous pouvez faire près de 60 km à pied, à cheval et à vélo le long du **Galloping Goose Regional Trail**. Cette ancienne voie ferrée s'ouvre sur de magnifiques paysages. On peut y observer des oies, des aigles et même des vautours. Le sentier débute en plein cœur de Victoria, pour se rendre audelà de Sooke. De fréquents accès aménagés sur son tracé permettent de le rejoindre. Pour plus de détails, contactez **Capital Regional District Parks** *(490 Atkins Ave., Victoria,* ☎*250-478-3344)*.

Sur la route 14, passé la ville de Sooke, une série de plages occupent le front de mer. **French Beach** ★, accessible aux personnes en fauteuil roulant, dispose des installations nécessaires pour les piqueniques. Il s'agit d'une plage de galets et de sable bordée de billots. Un peu plus à l'ouest, toujours sur la route 14, se trouve **China Beach** ★★; vous devez emprunter un sentier (environ 15 min) jusqu'au bas d'une falaise pour l'atteindre. Le sentier est bien aménagé; quant à la plage, elle est tout simplement magnifique. Il n'est pas rare d'apercevoir au large un phoque, une loutre de mer et même une baleine grise ou un épaulard. Vous n'avez qu'à marcher quelques minutes pour vous retrouver seul dans une petite baie. Les vagues attirent les surfeurs ici.

Botanical Beach ★★★, passé Port Renfrew, est une véritable oasis pour les amants de la vie marine. Lorsque la mer se retire, de petits bassins naturels, à même les galets, retiennent dans leurs eaux des poissons, des étoiles de mer et des spécimens de la flore marine. À marée basse, vous pourrez vous promener à travers ces bassins pour y faire toutes sortes de découvertes. Une carte des marées *(Canadian Tide and Current Tables)* de **Maps BC** *(1802 Douglas St., Victoria,* ☎*250-387-1441)* vous sera utile.

La **réserve de parc national Pacific Rim** *(Port Renfrew)* est un merveilleux espace vert sur le littoral ouest de l'île de Vancouver. La réserve est divisée en trois secteurs: Long Beach, les Broken Group Islands et le West Coast Trail.

Activités de plein air

■ Équitation

Saanich Peninsula

Woodgate Stables
8129 Derrinberg Rd., Saanichton
☎ (250) 652-0287
www.woodgatestables.com
Une jolie balade à cheval en perspective, à seulement 20 min au nord de Victoria.

■ Golf

Saanich Peninsula

Le golf est le roi des loisirs sur la Saanich Peninsula. Pour les amateurs de ce sport, voici, par ordre de préférence, quelques bonnes adresses:

Ardmore Golf Course
930 Ardmore Dr., Sidney
☎ (250) 656-4621

Cedar Hill Municipal Golf Course
1400 Derby Rd., Saanich
☎ (250) 475-7151

L'**Arbutus Ridge Golf Club** *(3515 Telegraph Rd., Cobble Hill, 35 min au nord de Victoria,* ☎*250-743-5000)* offre un joli parcours à 18 trous et la possibilité de louer l'équipement.

Le **Cordova Bay Golf Course** *(5333 Cordova Bay Rd., Victoria,* ☎*250-658-4075)* dispose aussi d'un joli parcours à 18 trous avec champ d'entraînement, restaurant, bar-salon et boutique de pro.

■ Kayak de mer

L'Inner Harbour et le vieux Victoria

Une promenade en kayak de mer est une merveilleuse façon de jouir de beaux points de vue sur Victoria. **Victoria Kayak Tours** *(950 Wharf St., Victoria,* ☎*250-216-5646, www.kayakvictoria.com)* propose une excursion maritime de l'Inner Harbour pour 59$, une excursion d'une journée (9h à 15h) le long de la côte jusqu'au phare Fisgard pour 125$, ainsi que plusieurs autres destinations. Le guide et propriétaire, Cliff Hansen, et son équipe connaissent bien l'histoire de Victoria et vous divertiront avec une foule d'anecdotes amusantes et intéressantes. **Ocean River Sports** *(1824 Store St.,* ☎*250-381-4233 ou 800-909-4233, www.oceanriver.com)* organise aussi des sorties en kayak.

■ Observation des baleines

L'Inner Harbour et le vieux Victoria

On peut voir au moins quatre espèces de baleines dans les eaux entourant Victoria. Il est possible de les observer, soit d'un canot pneumatique ou d'un yacht, avec une des entreprises qui organisent des excursions d'observation. Voici deux bonnes adresses où vous pouvez vous renseigner:

Orca Spirit Adventure *(89$ pour 3 heures; rez-de-chaussée du Coast Victoria Harbourside Hotel, 146 Kingston St., Victoria,* ☎*250-383-8411 ou 888-672-6722, www.orcaspirit.com)*. Cette entreprise proposant des excursions en mer possède un élégant navire de 15 m, l'*Orca Spirit*, doté d'un grand confort et muni de vastes plates-formes d'observation. On vient vous chercher à la porte de votre hôtel si vous le désirez.

Victoria Marine Adventure Centre
950 Wharf St.,
Victoria
☎(250) 995-2211
Les excursions d'observation des baleines sont organisées d'avril ou mai jusqu'en octobre. La croisière dure trois heures et coûte environ 75$ par adulte.

■ Pêche

Le saumon est l'espèce qui attire le plus de pêcheurs dans la région. Les prises de saumons peuvent s'effectuer à tout moment de l'année dans le détroit de Georgie. À la fin de l'été, il est recommandé d'aller pêcher en rivière, parce que les saumons, qui sont sur le point de frayer, atteignent leur poids maximum et se tiennent au confluent des rivières. Il y a cinq types de saumons: le *coho* (coho ou argenté), le *chinook* (quinnat ou royal), le *sockeye* (rouge), le rose et le *chum* (kéta). Bien sûr, vous risquez d'attraper d'autres poissons, comme la morue, le flétan et le vivaneau. Les montaisons des saumons *coho, sockeye* et roses se font tout l'été, tandis que celle du *chinook* a lieu de mai à septembre, de même qu'en hiver dans certaines régions.

L'Inner Harbour et le vieux Victoria

Ceux qui désirent à tout prix pêcher leur propre dîner, que ce soit un saumon rouge ou un flétan de 140 kg, peuvent organiser un voyage de pêche en bateau affrété, avec guide.

Adam's Fishing Charters
☎(250) 370-2326
www.adamsfishingcharters.com

De Victoria au West Coast Trail

La **Sooke Charter Boat Association** *(Sooke,* ☎*250-642-7783)* organise des excursions de pêche en mer et offre les services de réservation d'hôtel. Plusieurs baies et anses où les rivières viennent se jeter dans la mer délimitent la région de Sooke.

Reel Excitement Fishing Charters
☎(250) 642-3410
www.salmonexcitement.com
Si vous voulez pêcher le saumon, Reel Excitement fournit tout l'équipement nécessaire, y compris les appâts. Les tarifs sont tout à fait abordables pour ce genre d'activité: 230$ pour une ou deux personnes, 250$ pour trois personnes ou 260$ pour quatre personnes pour une excursion de pêche d'une durée de quatre heures.

Victoria et ses environs - Activités de plein air

■ Planche à voile

Scenic Marine Drive

À Victoria, il vous suffit de garer votre voiture sur **Dallas Road** et de vous jeter à l'eau. Le paysage est superbe et le vent, idéal.

■ Plongée sous-marine

Saanich Peninsula

Membre de la Société Cousteau et photographe sous-marin renommé du *National Geographic Magazine*, David Doubilet décrit l'île de Vancouver comme *«la meilleure destination de plongée en eau froide au monde»*. Le littoral offre un dédale perpétuel de fjords et d'îlots. De véritables jardins marins fournissent un habitat à plus de 300 espèces d'animaux aquatiques.

L'**Artificial Reef Society** entretient de beaux sites de plongée à **Sidney**, au nord de Victoria. Le bateau de guerre *Mackenzie*, un destroyer de 110 m de long, a été coulé pour être accessible aux plongeurs, tout comme le *G.B. Church*, un bateau de 57 m.

Arrawac Marine Services *(240 Meadowbrook Rd., Victoria, ☎250-479-5098)* organise des plongées dans la région.

■ Randonnée pédestre

De Victoria au West Coast Trail

Le **Juan de Fuca Marine Trail** *(information: BC Parks, South Vancouver Island District, 2930 Trans-Canada Hwy., Victoria, ☎250-391-2300, www.gov.bc.ca/bcparks)* est un sentier maritime. D'une longueur de 47 km, il s'étend du sud de l'île de Vancouver (de China Beach, située à l'ouest du petit village de Jordan River) jusqu'à Botanical Beach, près de Port Renfrew. Ce sentier, inauguré en 1994 à l'occasion des Jeux du Commonwealth,

s'adresse aux randonneurs d'expérience. Il est d'ailleurs conseillé à toutes les personnes s'aventurant dans le sentier de laisser un plan détaillé de leur itinéraire à un ami avant de partir.

Il est à noter que l'extrémité nord du sentier se termine tout près de Port Renfrew. Ainsi, ceux qui veulent marcher encore plus peuvent prolonger leur randonnée sur les 75 km du **West Coast Trail** ★★★ (voir p 164), qui les mènera à Bamfield. Ensemble, les deux sentiers font 122 km et demandent plus de 10 jours d'expédition le long de la forêt pluvieuse tempérée du littoral ouest de l'île de Vancouver.

■ Vélo

L'Inner Harbour et le vieux Victoria

Le vélo constitue un excellent moyen pour explorer Victoria et ses environs. Pour obtenir des renseignements sur les excursions à vélo dans la ville, faites un saut à la **Greater Victoria Cycling Coalition** *(lun-ven 15h à 18h; 1056A N. Park St., en retrait de Cook St., Victoria, ☎250-480-5155)*. Vous pourrez aussi trouver de l'information sur les promenades récréatives grâce à leur site Internet: www.gvcc.bc.ca.

On peut louer des vélos, ainsi que des tandems tout à fait charmants, aux adresses suivantes:

Harbour Rentals
811 Wharf St.,
Victoria
☎(250) 995-1661

Cycle BC
747 Douglas St.,
Victoria
☎(250) 885-2453
950 Wharf St.,
Victoria
☎(250) 385-2453

La façade illuminée de l'Empress Hotel, à Victoria, capitale de la Colombie-Britannique.
Fairmont Hotels & Resorts

Les tonnelles de roses des Butchart Gardens sur l'île de Vancouver.
Butchart Gardens Ltd, Victoria, BC

Le Market Square de Victoria avec ses banderoles multicolores.
Walter Bibikow

Sur la côte de l'île de Vancouver, Tofino et l'immensité du Pacifique.
Pierre Longnus

Le MacMillan Provincial Park–Cathedral Grove et sa forêt enchantée sur l'île de Vancouver.
Pierre Longnus

Hébergement

L'hébergement est un peu moins cher a Victoria qu'a Vancouver. En fait, vous pouvez même trouver une chambre très convenable pendant la saison haute à Victoria pour moins de 150$... si le fait de tourner le dos au port ne vous dérange pas! Au moment de réserver, n'oubliez pas de demander si votre chambre a vue sur le port car elle pourrait vous coûter de 30$ à 100$ de plus par nuitée qu'une chambre sans vue particulière. Mais si vous pouvez vous le permettre, cette petite folie en vaut la peine, du moins pour une nuit ou deux.

L'Inner Harbour et le vieux Victoria

Ocean Island Backpacker's Inn
$
bc, ☕, ♨
791 Pandora Ave.
☎ (250) 385-1788 ou
888-888-4180
www.oceanisland.com
L'Ocean Island Backpacker's Inn est la plus colorée et *funky* des auberges de jeunesse de Victoria. Environ 150 lits sont disponibles en dortoir ou dans des chambres doubles. Un petit resto se trouve sur place (des boissons alcoolisées y sont servies). Accès à Internet.

Hostelling International Victoria
$
bc, ☕
516 Yates St.
☎ (250) 385-4511 ou
888-883-0099
⊟ (250) 385-3232

www.hihostels.ca
La Hostelling International Victoria est située dans le vieux Victoria et tout près du port. Dans les auberges de jeunesse, les membres ont préséance; il peut devenir difficile d'obtenir un lit surtout en haute saison si vous n'êtes pas membre. Ce bâtiment de pierres et de briques compte 108 lits et quelques chambres privées. Réservations requises.

Cherry Bank Hotel
$$ pdj
♨, ⚞, ☕, ≡
825 Burdett Ave.
☎ (250) 385-5380 ou
800-998-6688
En harmonie avec l'ambiance *British* de Victoria, le Cherry Bank Hotel ressemble à une authentique auberge anglaise victorienne, avec amplement de papier peint de velours rouge et un labyrinthe de corridors étroits qui éveilleront le claustrophobe en vous. Certains trouveront l'établissement charmant, mais d'autres seront probablement d'avis que ses chambres sont franchement démodées, malgré l'effort des propriétaires de les égayer avec des plantes et des répliques de lits baldaquin. Le service est amical, et l'endroit est dur à battre en termes d'originalité et de prix.

Dominion Hotel
$$
♨
759 Yates St.
☎ (250) 384-4136 ou
800-663-6101
⊟ (250) 384-5342
www.dominion-hotel.com
L'élégant Dominion Hotel accueille les visiteurs depuis 1876. La décoration classique des 101 chambres donne entière satisfaction. Un bar-restaurant agréable

se trouve au rez-de-chaussée.

Helm's Inn
$$$ pdj
☕, ≡
600 Douglas St.
☎ (250) 385-5767 ou
800-665-4356
⊟ (250) 385-2221
www.helmsinn.com
Le Helm's Inn est probablement l'hôtel présentant le meilleur rapport qualité/prix à Victoria. Situé à une faible distance de marche du centre-ville, des musées et du port. Chambres spacieuses; suites agréablement redécorées, avec cuisine entièrement équipée; buanderie dans le couloir. Petit déjeuner continental du matin et thé de l'après-midi servis gracieusement. Une bonne adresse à prix abordable.

James Bay Inn
$$$
♨
270 Government St.
☎ (250) 384-7151 ou
800-836-2649
⊟ (250) 385-2311
www.jamesbayinn.bc.ca
Le James Bay Inn, un petit hôtel de 48 chambres, se trouve à quelques minutes de marche des édifices du Parlement et du Beacon Hill Park. Ce bâtiment est une ancienne maison pour retraités. L'artiste peintre Emily Carr y a passé la fin de ses jours. Les chambres, toutes simples, renferment un lit, un téléviseur et un petit bureau. Quelques chambres ont été rénovées, et les autres sont plutôt démodées. Louez si possible l'une des chambres qui comportent un oriel. L'établissement ne dispose pas d'ascenseur.

Chateau Victoria
$$$
♨, 🍽, 🛏, ☕

740 Burdett Ave.
☎ (250) 382-4221 ou
800-663-5891
🗐 (250) 380-1950
www.chateauvictoria.com

Le Chateau Victoria est une option très abordable et agréable pour ceux qui surveillent leur budget. Quoique cet établissement ne soit pas situé sur l'Inner Harbour, il est possible d'apercevoir l'Empress Hotel à partir de certaines chambres. Les chambres régulières ne sont pas tellement grandes mais jolies, avec couettes, bureaux, téléviseur à grand écran et fauteuils, le tout en très bon état. Elles sont situées au premier, au deuxième et au troisième étage, et les suites (*$$$$*), avec balcon, se trouvent aux étages suivants. Seul aspect négatif: l'hôtel se dresse sur une légère pente, et la voie d'accès se révèle assez raide, ce qui pourrait représenter un problème pour les personnes à mobilité réduite. Une navette gratuite, par contre, peut résoudre ce problème, selon la disponibilité. Stationnement gratuit.

Admiral Inn
$$$-$$$$ pdj
🚗, 🛏

257 Belleville St.
☎ (250) 388-6267 ou
888-823-6427
🗐 (250) 388-6267
www.admiral.bc.ca

L'Admiral Inn est un établissement tranquille géré par une famille et situé à quelques pas de l'Inner Harbour, en plein centre-ville. Les chambres sont très confortables et les prix raisonnables, compte tenu de la situation centrale de l'hôtel.

Hemingway's By the Sea
$$$-$$$$ pdj
⚠

1028 Bewdley Ave.
Victoria West
☎ (250) 384-0862 ou
877-384-0862
🗐 (250) 384-8113
www.hemingwaysbythesea.com

Le Hemingway's By the Sea est un luxueux *bed and breakfast* situé de l'autre côté du pont enjambant le port de Victoria. La décoration antique de bon goût est inspirée du célèbre écrivain Ernest Hemingway. Les thèmes de chasse et de littérature, au centre de la vie du Prix Nobel américain, ont

été introduits dans l'aménagement des lieux.

Isabella's Guest Suites
$$$$ pdj
🛏

537 Johnson St.
☎ (250) 381-8414
www.isabellasbb.com

Situé au-dessus de la **Willie's Bakery** (voir p 178), dans le cœur du vieux Victoria, le gîte d'Isabella's est une vraie trouvaille! On y trouve en effet deux suites des plus attrayantes avec cuisinette complètement équipée, peintes de couleurs riches et garnies avec goût d'antiquités, de meubles contemporains et de planchers de bois. Le petit déjeuner continental est servi chez Willie's. Les locations hebdomadaires s'avèrent meilleur marché.

Harbour Towers Hotel
$$$$
🚗, ♨, ///, 🛏, 🛏, ☕

345 Quebec St.
☎ (250) 385-2405 ou
800-663-5896
🗐 (250) 385-4453
www.harbourtowers.com

Le Harbour Towers Hotel est un bon choix pour ceux qui recherchent un confort absolu, un service em-

---

▲ HÉBERGEMENT

1. DY Admiral Inn
2. EY Chateau Victoria
3. EY Cherry Bank Hotel (R)
4. EY Dominion Hotel
5. AZ English Inn & Resort
6. DY Fairmont Empress Hotel (R)
7. DY Gatsby Mansion Inn (R)
8. DY Harbour Towers Hotel
9. DY Haterleigh Heritage Inn
10. EZ Helm's Inn
11. AY Hemingway's By the Sea
12. DY Hostelling International Victoria
13. DY Hotel Grand Pacific
14. DX Isabella's Guest Suites
15. DZ James Bay Inn
16. DY Laurel Point Inn
17. EX Ocean Island Backpacker's Inn
18. DX Swans Suite Hotel & Brewpub (R)

● RESTAURANTS

1. EY Ali Baba Pizza
2. CY Barb's Place
3. EY Café Brio
4. DY Ferris' Oyster Bar & Grill
5. EY Garrick's Head Pub
6. DX Green Cuisine Vegetarian Restaurant
7. DX Il Terrazzo Ristorante
8. EX John's Place
9. DY Pablo's Dining Lounge
10. DY Paradiso di Stelle
11. DY Re-Bar Modern Food
12. CX Spinnakers Brewpub & Restaurant
13. EX Taj Mahal
14. EY Vista 18
15. EY Willie's Bakery
16. EY Yuen's Mountain Restaurant

(R) établissement avec restaurant décrit

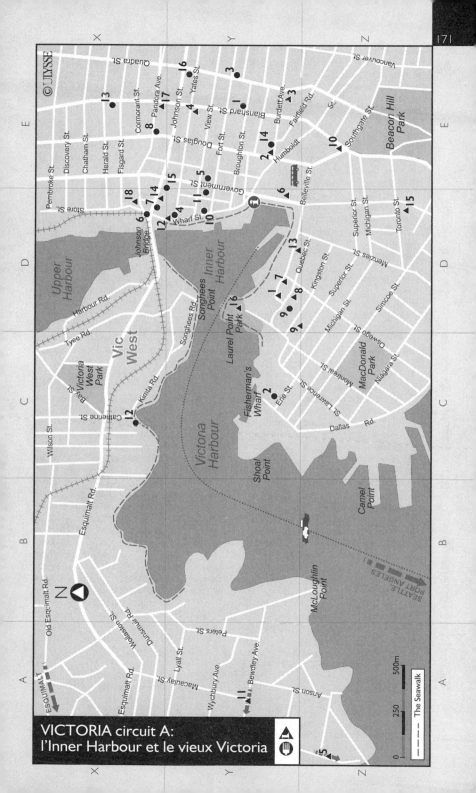

171

VICTORIA circuit A:
l'Inner Harbour et le vieux Victoria

- - - - The Seawalk

ESQUIMALT

Upper Harbour

Vic West

Victoria Harbour

Inner Harbour

Beacon Hill Park

© JLYSSE

0   250   500m

pressé et un emplacement près de l'Inner Harbour, le tout à un prix relativement raisonnable. Toutes les suites ont un balcon et une cuisinette, alors que les chambres régulières (certaines avec réfrigérateur), à partir du 7e étage, offrent un panorama du port pour un prix légèrement plus élevé. Les enfants peuvent s'amuser dans la Kid Zone pendant que leurs parents s'entraînent au centre de conditionnement physique ou se détendent dans la cuve à remous.

English Inn & Resort
$$$$
♨, ◎, ☕
429 Lampson St.
☎ (250) 388-4353 ou
866-388-4353
▤ (250) 382-8311
www.englishinnresort.com
Un ensemble de manoirs anglais, parmi lesquels se trouve l'**Anne Hathaway's Cottage** (voir p 154), et un immense jardin spectaculaire composent ce centre de villégiature. L'English Inn & Resort offre tout le charme classique du Vieux Continent dans une atmosphère qui lui est propre. Un remarquable ameublement de style plantation garnit ses chambres aérées. Une destination privilégiée pour les nouveaux mariés et les romantiques.

Swans Suite Hotel & Brewpub
$$$$
♨, ☕
506 Pandora Ave.
☎ (250) 361-3310 ou
800-668-7926
▤ (250) 361-3491
www.swanshotel.com
Le Swans Suite Hotel & Brewpub est, sans nul doute, l'une des meilleures adresses à Victoria, surtout si vous voyagez en groupe.

Les chambres sont en fait de confortables appartements sur deux niveaux pouvant accueillir plusieurs personnes et se prolongeant de balcons. On y trouve de «vraies» œuvres d'art sur les murs, des plantes vertes, une télévision avec grand écran et un décor de «chalet de ski». L'hôtel, qui date de 1913, est situé en plein cœur du vieux Victoria, à deux pas du Chinatown et du port. Au rez-de-chaussée de l'établissement se trouve un pub très sympa (voir p 182).

Gatsby Mansion Inn
$$$$$ pdj
♨,))), ◎
309 Belleville St.
☎ (250) 388-9191 ou
800-563-9656
▤ (250) 920-5651
www.bellevillepark.com
Le Gatsby Mansion Inn, une belle auberge à l'architecture victorienne, s'élève sur l'Inner Harbour. On trouve 10 chambres dans la maison principale et 9 autres dans le «domaine du juge» d'à côté, toutes décorées d'antiquités et de couettes. L'emplacement est idéal, et le service est professionnel et gentil (les femmes de chambre sont même vêtues de noir et blanc!). Les chambres, assez agréables (la n° 5, avec oriels, grand lit, balcon et vue sur l'Inner Harbour, est très jolie), ne valent toutefois pas leur pesant d'or.

Haterleigh Heritage Inn
$$$$$ pdj
◎
243 Kingston St.
☎ (250) 384-9995
▤ (250) 384-1935
www.haterleigh.com
Construit en 1901, cet ancien manoir a été amoureusement restauré avec le souci du détail. La richesse du passé reste vivante dans

ses magnifiques vitraux et son ameublement d'époque. Les chambres sont garnies de motifs floraux à la victorienne (pratiquement tout ce qui peut être tapissé de roses l'est!) et équipées de baignoires à remous et de très grands lits avec couvre-pied en duvet d'oie.

Hotel Grand Pacific
$$$$$
♥, ▲, ◎, ≋, ⚓,))), ♨
463 Belleville St.
☎ (250) 386-0450 ou
800-663-7550
▤ (250) 380-4475
www.hotelgrandpacific.com
Situé directement sur l'Inner Harbour, avec une façade qui ressemble étrangement à celle de l'Empress Hotel, le Grand Pacific a été construit en 1989 et agrandi en 2001. L'élégant hall est décoré de marbre et de lustres, et le décor des chambres régulières ressemble à celui de n'importe quel grand hôtel, c'est-à-dire de style «néocolonial» avec tons bourgogne et vert. Les chambres de l'ancienne section, par contre, commencent à être démodées. Chaque chambre comporte un balcon, l'air conditionné (commutateur dans la chambre), un minibar, une couette de plumes et diverses commodités (séchoir, fer et planche à repasser, cafetière). Une chambre avec vue sur le port coûte habituellement 30$ de plus qu'une chambre sans vue particulière. Le service est professionnel et courtois.

Fairmont Empress Hotel
$$$$$
≋, ◎, ⚓,))), ♨, ♥
721 Government St.
☎ (250) 384-8111 ou
800-441-1414
▤ (250) 389-2747

www.fairmont.com

Le Fairmont Empress Hotel donne sur l'Inner Harbour et se trouve près des musées et des espaces publics et commerciaux intéressants. Dessiné par l'architecte Francis Rattenbury, cet hôtel luxueux de 475 chambres se présente comme un lieu de détente dans un décor de style château. Une nouvelle aile a été ajoutée au bâtiment d'origine sans enlever le charme légendaire à cet emblème victorien. Les visiteurs s'y arrêtent pour prendre le thé l'après-midi ou tout simplement pour admirer sa façade de lierre. S'y trouvent aussi deux bons restaurants (voir p 180 et 181).

Ses trois catégories de chambres, la Fairmont (chambres régulières), la Deluxe (grandes chambres) et la Premiere (grandes chambres avec vue sur l'Inner Harbour), sont toutes charmantes et décorées de tons canneberge, vert cendré et jaune pâle. Les chambres de catégorie Premiere (environ 100$ de plus que la Fairmont) sont les seules à offrir une vue sur le port et sont les premières réservées. Ainsi, faites vos réservations au moins six semaines à l'avance pour un séjour estival.

Laurel Point Inn
$$$$$

≋, ⌘, ✳, ♨, ≡, ✦
680 Montreal St.
☎ (250) 386-8721 ou
800-663-7667
🖩 (250) 386-9547
www.laurelpoint.com
Le bâtiment distinctif du Laurel Point Inn monte la garde à l'entrée de l'Inner Harbour. L'aile originale, au nord, date de 1970, et ses chambres rénovées offrent le plus beau panorama de l'Inner Harbour. L'aile sud, ajoutée en 1989, fut conçue par l'architecte réputé Arthur Erickson, qui a dessiné entre autres le Museum of Anthropology à Vancouver. Les vastes chambres de l'aile sud sont luxueuses, baignant dans un décor minimaliste; celles qui font face à l'Outer Harbour, quant à elles, offrent d'excellentes vues. Elles sont équipées de salles de bain de marbre, avec évier double, baignoire sur pieds, grande douche vitrée, voire téléviseur miniature et téléphone! Le superbe terrain profite d'un étang et d'une terrasse près du port. Malheureusement le service n'est pas aussi professionnel et empressé que celui auquel on s'attend d'un établissement de classe.

Scenic Marine Drive

UVic Housing Services
$$ pdj
début mai à fin août
bc, ✦
angle Sinclair Rd. et Finnerty Rd.
☎ (250) 721-8395
🖩 (250) 721-8930
UVic Housing Services gère l'hébergement sur le campus de l'université de Victoria. Près de 1 000 chambres en dortoirs sont à la disposition des visiteurs pendant les mois d'été. Parmi ces chambres, plusieurs ont été construites pour les Jeux du Commonwealth de 1994. Le prix est établi en fonction d'une occupation triple. Il est également possible d'obtenir une chambre pour personne seule. Le campus s'étend à l'est du centre-ville, sur une montagne, tout près de la plage de Cadboro Bay.

Shakespeare House B&B
$$ pdj
☎/🖩 (250) 388-5546
www.shakespearehousebb.com/victoria.html
Entre le Beacon Hill Park et le détroit Juan de Fuca se trouve le Shakespeare House B&B, qui offre un bon confort. L'architecture classique anglaise du bâtiment est intéressante.

Oak Bay Beach Hotel
$$$$ pdj
△, ♨
1175 Beach Dr.
☎ (250) 598-4556 ou
800-668-7758
🖩 (250) 598-6180
www.oakbaybeachhotel.bc.ca
L'Oak Bay Beach Hotel accueille les visiteurs à la recherche du charme anglais et des plaisirs de la mer. Situé sur le front de mer dans un quartier résidentiel, cet établissement de 50 chambres aménagées confortablement offre des vues intéressantes.

Fairholme Manor
$$$$ pdj
◎, △, ✦
638 Rockland Pl.
Rockland
☎ (250) 598-3240 ou
877-511-3322
🖩 (250) 598-3299
www.fairholmemanor.com
Le Fairholme Manor, un manoir de style italien construit en 1885, a été rénové avec soin et a été somptueusement décoré par ses propriétaires, Sylvia et Ross. Aujourd'hui il est un des plus beaux *bed and breakfasts* à Victoria. Ses quatre suites impeccables arborent de hauts plafonds et des moulures, des murs aux tons d'antan, des planchers de bois franc accentués de tapis persans, et disposent de confortables

fauteuils et causeuses de duvet; certaines comportent des oriels offrant une vue spectaculaire sur les monts Olympic, dans l'État de Washington. Les jardins de Government House se trouvent juste à côté, avec leur oasis de paix et de verdure. Les deux suites au niveau des jardins renferment même des cuisinettes, idéales pour ceux qui planifient un séjour autonome. Le manoir est situé à Rockland, à une faible distance en voiture du centre-ville.

Beaconsfield Inn
$$$$$ pdj
△, ◉
998 Humboldt St.
☎ (250) 384-4044 ou 888-884-4044
▤ (250) 384-4052
www.beaconsfieldinn.com
Situé au cœur de Victoria, ce *bed and breakfast* classé monument historique combine luxe et raffinement. Vous pourrez savourer gratuitement le thé de l'après-midi ou un verre de sherry dans la bibliothèque garnie de fauteuils en cuir, de tapis de Perse et d'un foyer à gaz, sans oublier le petit déjeuner mémorable. Les chambres aux couleurs riches sont impeccablement décorées d'antiquités et de courtepointes; certaines sont tapissées alors que d'autres présentent des parquets de bois dur. Ambiance *British* garantie, mais dispendieuse.

Saanich Peninsula

Amity Guest Retreat Bed & Breakfast
$$$ pdj
♨
2280 Amity Dr.
Sidney
☎ (250) 656-8073
▤ (250) 656-8027
www.guestretreatbb.com
The Guest Retreat Bed & Breakfast se trouve à deux pas de la plage de Sidney et propose des appartements complètement équipés, avec entrée privée et beaucoup de placards. C'est une adresse idéale pour des séjours prolongés. Renseignez-vous sur les tarifs dégressifs à la semaine et au mois.

Travelodge
$$$
♨, ●, ⚞
2280 Beacon Ave.
Sidney
☎ (250) 656-1176 ou 800-578-7878
▤ (250) 656-7344
Le Travelodge est membre de la chaîne d'hôtels du même nom. Belles chambres confortables et luxueuses à prix abordables. L'hôtel est bien situé, à quelques minutes des Butchart Gardens, de tous les golfs, du terminal de BC Ferries de Swartz Bay ainsi que de l'aéroport international de Victoria.

Honoured Guest Bed & Breakfast
$$$$ pdj
△
8155 Lochside Dr.
Saanichton
☎ (250) 544-1333
▤ (250) 544-1330
www.sidneybc.com/honoured
Le Honoured Guest Bed & Breakfast est un gîte de grand luxe situé sur la rive du Cordova Channel, à seulement une quinzaine de kilomètres de Victoria par la route 17. Quand le bâtiment d'inspiration asiatique a été construit en 1994, l'objectif était de tirer parti du paysage au maximum. Toutes les chambres ont une entrée privée et accès à une cuve à remous, ainsi qu'une vue imprenable de la mer et du mont Baker.

De Victoria au West Coast Trail

Port Renfrew Hotel
bc, ♨
au bout de la route 14
Port Renfrew
☎ (250) 647-5541
L'historique Port Renfrew Hotel fut tout d'abord partiellement détruit par un feu en 2003. Un deuxième incendie volontaire l'acheva complètement en 2005 pour faire place à un important projet de reconstruction. Au moment de mettre sous presse, on

---

▲ **HÉBERGEMENT**

1. DY   Beaconsfield Inn   **2.** EX   Fairholme Manor   **3.** DY   Shakespeare House B&B

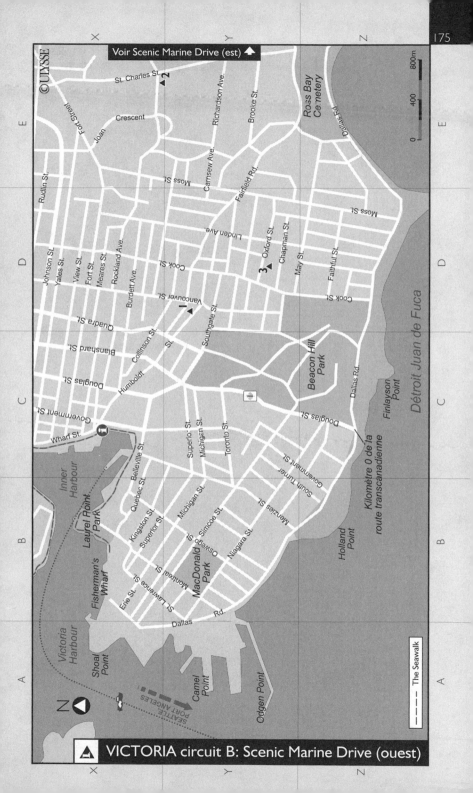

VICTORIA circuit B: Scenic Marine Drive (ouest)

Voir Scenic Marine Drive (est)

Détroit Juan de Fuca

Victoria Harbour

Inner Harbour

Fisherman's Wharf

Laurel Point Park

Shoal Point

Camel Point

Odgen Point

SEATTLE
PORT ANGELES

The Seawalk

Beacon Hill Park

Ross Bay Cemetery

MacDonald Park

Holland Point

Finlayson Point

Kilomètre 0 de la
route transcanadienne

St. Charles St.

Crescent

Joan

Fort Street

Rudlin St.

Johnson St.

Yates St.

View St.

Fort St.

Meares St.

Rockland Ave.

Burdett Ave.

Quadra St.

Blanshard St.

Douglas St.

Government St.

Wharf St.

Collinson St.

St.

Humboldt

Vancouver St.

Southgate St.

Cook St.

Linden Ave.

Moss St.

Carnsew Ave.

Richardson Ave.

Brooke St.

Fairfield Rd.

Oxford St.

Chapman St.

May St.

Faithful St.

Cook St.

Moss St.

Dallas Rd.

Douglas St.

Superior St.

Michigan St.

Toronto St.

Belleville St.

Quebec St.

Kingston St.

Superior St.

Michigan St.

Simcoe St.

Oswego St.

Niagara St.

Menzies St.

South Turner St.

Government St.

St. Lawrence St.

Montreal St.

Erie St.

Dallas Rd.

N

©ULYSSE

0   400   800m

▲ **HÉBERGEMENT**

1. EX   Oak Bay Beach Hotel (R)
2. DX   UVic Housing Services
(R) établissement avec restaurant décrit

● **RESTAURANTS**

1. CX   White Heather Tea Room

entreprenait la construction d'un nouveau centre de villégiature avec des cabines luxueuses, des studios et un nouveau restaurant. Nous vous conseillons de téléphoner pour confirmer l'avancement des travaux et connaître la nouvelle échelle de prix.

Sunny Shores Resort & Marina
$$
≋
5621 Sooke Rd.
Sooke
☎ (250) 642-5731 ou
888-805-3932
▤ (250) 642-5737
www.sunnyshoresresort.com
Ouvert toute l'année, le Sunny Shores Resort & Marina propose des chambres modernes avec télévision câblée et, pour les campeurs, des emplacements pour les tentes et véhicules récréatifs ainsi que des tables de pique-nique. Laverie, grande piscine et minigolf. Endroit idéal pour les campeurs qui aiment la pêche. Possibilité de mouillage pour les bateaux.

Seascape Inn Bed & Breakfast
$$$ pdj
🍽, △
6435 Sooke Rd.
Sooke
☎ (250) 642-7677
Très jolie propriété située face au port de Sooke. Au petit déjeuner, les œufs bénédictine sont extraordinaires. Si vous le désirez, le propriétaire vous emmènera à la pêche au crabe ou au saumon.

Lighthouse Retreat Bed & Breakfast
$$$ pdj
🍽, ◎, △, 🍴
107 West Coast Rd.
Sooke
☎ (250) 646-2345 ou
888-805-4448
Le Lighthouse Retreat Bed & Breakfast, blotti dans la magnifique forêt du littoral ouest de l'île de Vancouver, est peu commun puisqu'il se compose en partie d'un phare. Chambres claires et spacieuses; plage privée.

Birdwatch Retreat
$$$ pdj
◎, △
970 Arundel Dr.
Victoria
☎ (250) 389-2222
www.birdwatchretreat.ca
Cette magnifique demeure au nord de Victoria se dresse sur un vaste terrain situé au bord de l'eau. Elle abrite deux jolies chambres avec de grands lits, dont l'une comprenant un foyer et une baignoire à remous. En guise de déjeuner, on y sert entre autres des fruits frais, des crêpes maison et une alléchante omelette mexicaine.

Sooke Harbour House
$$$$$ pdj et déjeuner pique-nique inclus
🍽, ◎, △
1528 Whiffen Spit Rd.
Sooke
☎ (250) 642-3421
▤ (250) 642-6988
Le couple Phillip vous accueille chaleureusement dans leur maison de rêve. Malgré le coût plutôt élevé, vous serez assuré d'un sé-

jour mémorable dans l'île de Vancouver. Chacune des 28 chambres compte un foyer, et toutes sont décorées d'antiquités et d'œuvres d'art. Le petit déjeuner est servi dans les chambres, et le déjeuner est offert dans la salle à manger (voir p 181).

Restaurants

L'Inner Harbour et le vieux Victoria

Paradiso di Stelle
$
10 Bastion Square, près de Wharf St.
☎ (250) 920-7266
Pour le meilleur café en ville, il faut se rendre au Paradiso di Stelle, où la tradition italienne se reflète dans votre tasse. La terrasse avec vue sur le port est une des plus agréables de Victoria.

Ali Baba Pizza
$
1011 Blanshard St.
☎ (250) 385-6666 (livraison)
La pizza d'Ali Baba est un vrai régal. Les portions généreuses correspondent au quart d'une pizza de 30 cm. Il faut absolument essayer la pizza au pesto!

Yuen's Mountain Restaurant
$
866 Yates St.
☎ (250) 382-8812

Le Yuen's Mountain Restaurant propose l'indémodable buffet chinois de luxe à volonté!

Green Cuisine Vegetarian Restaurant
$-$$
Market Square, 5-560 Johnson St.
☎ (250) 385-1809
www.greencuisine.com
Les végétariens iront faire un tour du côté du Green Cuisine Vegetarian Restaurant, 100% «végétalien» (aucun produit animal et aucun produit laitier). Du comptoir à salades aux pâtisseries maison, en passant par le café biologique, il y en a pour tous les goûts!

Barb's Place
$-$$
mars à oct, 11h jusqu'à la tombée de la nuit
Erie St., Fisherman's Wharf
☎ (250) 384-6515
Tout le monde sait que se retrouver au bord de la mer provoque une folle envie de s'offrir des fritures servies dans du papier journal... Afin de satisfaire la vôtre, rendez-vous à pied, en voiture, à vélo ou en autobus (n° 30 au départ du centre-ville) chez Barb's Place, pour y déguster des *fish and chips*, des fruits de mer cuits à la vapeur ou d'autres régals du genre (et même des repas végétariens). Le flétan accompagné de frites est délicieux, graisse comprise!

Willie's Bakery
$-$$
537 Johnson St.
☎ (250) 381-8414
Cette petite boulangerie est aussi un café animé, le tout confortablement aménagé, avec planchers de bois et murs de briques. En plus des muffins et autres gourmandises (malheureusement les croissants ne sont pas à la hauteur), on y sert des petits déjeuners complets originaux *(lun-ven 7h à 11h30, sam-dim 7h30 à 12h)*. Soupes et sandwichs sont proposés à l'heure du déjeuner.

Gatsby Mansion Inn
$ petit déjeuner/déjeuner
$$ pour le thé
309 Belleville St.
☎ (250) 388-9191
Si vous vous levez avec le soleil et avez envie d'un petit déjeuner bien spécial, allez au Gatsby Mansion. Vous y dégusterez des crêpes aux fraises et autres régals du genre, le tout servi dans un joli solarium curieusement décoré de photos de noces. L'endroit est tout aussi idéal pour l'heure du thé. Les scones qu'on y sert sont succulents.

Garrick's Head Pub
$-$$
69 Bastion Square
☎ (250) 384-6835
Le Garrick's Head Pub, situé sur une rue piétonnière, offre une terrasse ensoleillée l'après-midi où il fait bon se rassembler afin de savourer une bière locale. L'espace intérieur est restreint; cependant, les clients peuvent suivre leur sport favori sur écran géant.

Re-Bar Modern Food
$$
50 Bastion Square
☎ (250) 361-9223
Si vous avez trop ingurgité de crème caillée à l'heure du thé et ressentez le besoin de vous racheter à l'aide d'un bon repas sain et peu cher, faites un saut au Re-Bar. Le menu de cet établissement sympathique et décontracté est végétarien et «végétalien», comprenant aussi du poisson et des fruits de mer. Quelques-uns des mets les populaires sont le réconfortant Monk's Curry (pleurotes, aubergine japonaise et tofu en sauce curry et noix de coco) et le burger aux amandes. Au fil des ans, Re-Bar a acquis une si bonne réputation que ses propriétaires ont publié leur propre livre de recettes! On y propose aussi une multitude de jus de fruits et de légumes frais, ainsi que des boissons aux herbes, pour vous revigorer. Ouvert pour les trois repas de la journée.

Swans Brewpub
$$
506 Pandora Ave.
☎ (250) 361-3310
Le Swans Brewpub est situé à l'intérieur du **Swans Suite Hotel** (voir p 172). En plus de goûter sa bière maison, vous pourrez manger tou-

---

▲ **HÉBERGEMENT**

1. AW   Amity Guest Retreat Bed & Breakfast
2. BX   Honoured Guest Bed & Breakfast
3. AW   Travelodge

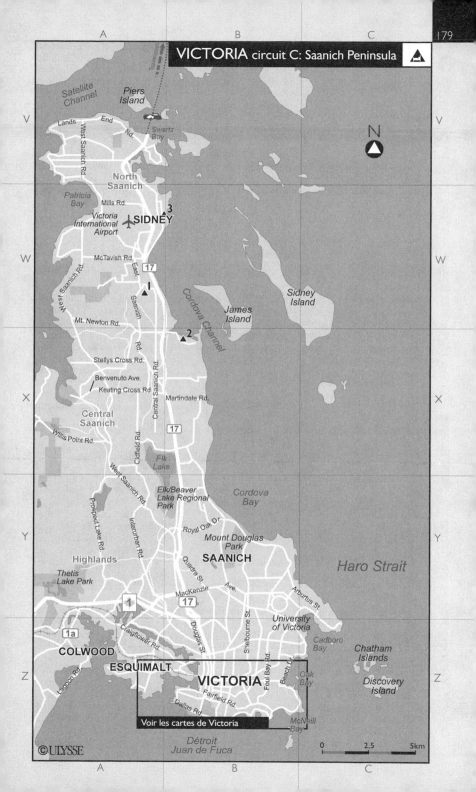

tes sortes de plats typiques des pubs, tels des hamburgers à prix abordables.

John's Place
$$
723 Pandora Ave.
☎ (250) 389-0711
Une faune urbaine hétéroclite se retrouve dans le décor chaleureux de John's Place. Les généreuses assiettes de poulet, de fruits de mer et de pâtes, avec leur prix abordable, donnent entière satisfaction. Les amateurs d'œufs bénédictine doivent impérativement se rendre à cette adresse. Quant au gâteau au fromage, disons qu'on se surprend à en commander une pointe même quand on a le ventre plein, tant la recette est réussie!

Ferris' Oyster Bar & Grill
$$
536 Yates St.
☎ (250) 360-1824
Cet établissement agréable propose une cuisine Pacific Northwest et d'excellents fruits de mer. Bonne ambiance si vous y allez en groupe.

Vista 18
$$-$$$$
Chateau Victoria, 740 Burdett Ave.
☎ (250) 382-9258
Dans ce restaurant situé au 17ᵉ étage (*18th floor* en anglais, d'où Vista 18), et ouvert pour les trois repas de la journée, vous pourrez profiter d'une superbe vue de l'Inner Harbour et des montagnes au loin, confortablement assis dans un fauteuil. Le menu propose pâtes, steaks, thon, agneau et autruche... autrement dit, de tout pour tous! La salade Pacific Northwest, avec épinards, saumon fumé confit et papaye, le saumon infu-

sé à la vodka et au poivre, et les médaillons de poulet, de gibier et d'autruche, sont d'excellents exemples d'une cuisine des plus créatives. Musique de jazz en soirée le vendredi et le samedi.

Spinnakers Brewpub & Restaurant
$$$
tlj 7h à 23h
308 Catherine St.
☎ (250) 386-2739
Le Spinnakers Brewpub & Restaurant propose bières et repas dans un décor de détente où de grandes ardoises sur les murs annoncent les spécialités. La terrasse est très bien orientée, et vous vous y sentirez tout à fait à l'aise. Une ambiance de fête et de convivialité se dégage de cet établissement.

Taj Mahal
$$$
679 Herald St.
☎ (250) 383-4662
Ce restaurant indien est difficile à manquer avec sa décoration extérieure. Essayez les spécialités: l'agneau à la Biryani et le poulet tandouri. On y trouve aussi un beau menu végétarien.

Fairmont Empress Hotel
$$$
721 Government St.
☎ (250) 384-8111
Au **Fairmont Empress Hotel** (voir p 172), les amateurs de thé se donnent rendez-vous dans le grand hall pour prendre le thé et déguster des scones agrémentés de confiture. Pour ceux et celles qui ont l'estomac dans les talons, l'*afternoon tea* propose des sandwichs au concombre et au fromage à la crème. L'histoire veut que, sous le

règne de la reine Victoria, la duchesse de Bedford souffrait habituellement de faiblesse en fin d'après-midi; alors, pour combattre sa fatigue, la duchesse commença à prendre le thé avec de petits sandwichs et des gâteaux. La cérémonie du thé de l'après-midi était née. Les vieux planchers de bois, le mobilier confortable, les théières géantes et le service courtois vous combleront.

Pablo's Dining Lounge
$$$-$$$$
dès 17h
225 Quebec St.
☎ (250) 388-4255
Comme son nom ne l'indique pas, vous devez savoir que le Pablo's est un restaurant français, même s'il propose aussi une paella (sur commande). Il est situé aux abords du port dans une élégante maison de style... victorien, bien sûr! À fréquenter, mais un peu cher.

Café Brio
$$$-$$$$
944 Fort St.
☎ (250) 383-0009
Le charmant Café Brio offre une atmosphère à la fois romantique et très accueillante, avec tables de bois, banquettes intimes et sièges au bar, planchers de bois, éclairage subtil et chandelles, et une sélection éclectique d'œuvres d'art. La cuisine se veut Pacific Northwest, misant surtout sur les produits régionaux et proposant un menu quotidien inspiré par les saisons. Selon la journée, vous pourrez y déguster des cœurs de laitue romaine, des joues de flétan sautées (bien meilleures qu'on ne le croirait!), des pétoncles d'Alaska dorées ser-

vies avec topinambours, du confit de canard accompagné de champignons rôtis ou du ragoût au vin rouge. Sans parler des divers plats de pâtes. Le personnel vous recommandera toujours un vin différent pour accompagner chacun des mets du menu. La longue carte des vins met en évidence les cuvées de la province et offre une sélection au verre et à la demi-bouteille. Un menu du chef comptant trois services est servi tous les soirs à 18h15. Le personnel se révèle connaisseur et professionnel. Chaudement recommandé.

Fairmont Empress Hotel's Bengal Lounge
$$$$
721 Government St.
☎ (250) 384-8111
Le Bengal, situé dans le très beau **Fairmont Empress Hotel** (voir p 172), sert un buffet de curry. Ce restaurant apprête les spécialités du sous-continent indien selon une formule originale. L'espace ne manque pas ici, et la vaste salle à manger est garnie d'un mobilier de cuir de bon goût. Jazz en direct les vendredi et samedi.

Bowman's Rib House
$$$$
Cherry Bank Hotel
825 Burdett Ave.
☎ (250) 385-5380
Le Bowman's Rib House, qui est le restaurant du **Cherry Bank Hotel** (voir p 169), propose un menu offrant une sélection recherchée de viandes et de poissons frais du jour. Le steak y est excellent, et vous dînerez au son du piano Honky Tonk qui résonne harmonieusement dans la salle à manger.

Il Terrazzo Ristorante
$$$$
555 Johnson St., près de Waddington Alley
☎ (250) 361-0028
Il Terrazzo est un restaurant de pâtes italien. Saupoudrées d'épices et parsemées de diverses noix sucrées, les sauces onctueuses qui les arrosent se révèlent savoureuses. Ici la clientèle est surtout constituée de professionnels et de touristes.

Scenic Marine Drive

White Heather Tea Room
$-$$
mar-sam 9h30 à 17h, dim 10h à 16h
1885 Oak Bay Ave.
☎ (250) 595-8020
Si le service du thé de l'Empress Hotel vous intimide un peu, rendez-vous plutôt au White Heather Tea Room. Agnes, la charmante propriétaire d'origine écossaise, y sert le thé l'après-midi *(13h30 à 17h)* ainsi que le petit déjeuner, le brunch du dimanche, de même qu'un léger déjeuner sur porcelaines fines et nappes blanches dans son petit salon de thé attrayant. Vous y trouverez diverses saveurs de thé en feuilles, des confitures maison et de la crème caillée pour tartiner les scones maison frais du jour. Sans oublier les sablés écossais, les tartelettes, les galettes d'avoine écossaises, les sandwichs *pinwheel* et autres délices. À l'heure du thé, choisissez le Wee Tea, le Not So Wee Tea ou le Big Muckle Giant Tea *(pour 2 pers.)*. Il est suggéré de réserver pour le déjeuner et le thé. Et l'accent écossais d'Agnes

est tout aussi génial que ses scones!

The Snug Pub
$$$
1175 Beach Dr.
☎ (250) 598-4556
Le Snug Pub se trouve à l'intérieur de l'**Oak Bay Beach Hotel** (voir p 173). Une clientèle assez âgée fréquente cet établissement calme et bien tenu en bordure de la mer, bien que de jeunes gens affluent sur la terrasse en été. Des bières locales et importées ainsi que des repas légers sont servis au pub.

De Victoria au West Coast Trail

17 Mile House
$$-$$$
5126 Sooke Rd.
Sooke
☎ (250) 642-5942
Le 17 Mile House propose des repas légers dans un décor chaleureux. Après une journée de marche sur le front de mer de Sooke, venez vous désaltérer dans cet établissement tout à fait relax.

Sooke Harbour House
$$$$
tlj dès 15h30: dîner seulement
1528 Whiffen Spit Rd.
Sooke
☎ (250) 642-3421
Le **Sooke Harbour House** (voir p 177) a reçu des critiques élogieuses de partout à travers le monde. La fine cuisine des Philip a séduit des milliers de palais. Ses hôtes sont passés maîtres dans la recherche de l'excellence et dans la façon d'apprêter les produits locaux. La salle à manger, avec vue sur le Sooke Harbour, est aménagée dans une maison de campagne. Aussitôt assis, et peu de temps après avoir

consulté le menu, vous serez plongé dans une autre atmosphère. La préparation des plats est influencée par les cuisines japonaise et française, le tout apprêté à la Pacific Northwest.

Sorties

■ Activités culturelles

Théâtre

Le **Kaleidoscope Theatre** *(556 Herald St., Victoria,* ☎*250-383-8124)* présente des pièces destinées aux jeunes.

Le **McPherson Playhouse** *(3 Centennial Square, Victoria,* ☎*250-386-6121)* présente des pièces de théâtre et des comédies musicales.

Au **Royal Theatre** *(805 Broughton St., Victoria,* ☎*250-386-6121)* se tiennent tous les événements reliés à la danse et à la musique classique.

Musique

La **Victoria Jazz Society** *(*☎*250-388-4423)* vous informera sur la tenue de spectacles de jazz ou de blues dans la ville. De la fin juin à la mi-juillet se tient le Jazzfest International.

Le **Victoria Symphony** *(846 Broughton St., Victoria,* ☎*250-385-9771, www.victoriasymphony.bc.ca)* donne des concerts tout au long de l'année, qui comprennent aussi bien du classique que du populaire.

Le **Pacific Opera Victoria** *(1316B Government St., Vic-toria,* ☎*250-382-1641, www.pov.bc.ca)* monte des opéras classiques comme *La Bohème*, avec sous-titres anglais et conférences pour démocratiser l'expérience de l'opéra.

■ Bars et discothèques

Swans Brewpub
506 Pandora Ave.
Victoria
☎(250) 361-3310
Ce très beau pub sert une bière brassée sur place, la meilleure bière en Amérique du Nord... c'est en tout cas le bruit qui court à Victoria! Bon endroit pour rencontrer d'autres voyageurs. Musiciens de jazz et de blues ainsi que groupes de musique celtique du dimanche au jeudi.

Steamer's Public House
570 Yates St.
Victoria
☎(250) 381-4340
Une bonne adresse où boire un verre et danser sur les musiques jouées sur scène.

Sticky Wicket Pub
Strathcona Hotel
919 Douglas St.,
Victoria
☎(250) 383-7137
Le Sticky Wicket Pub est installé dans l'hôtel Strathcona, juste derrière l'Empress Hotel. Ce pub réunit une clientèle de tout âge et propose de la bonne bière. Les belles journées ensoleillées se passent sur le toit, où du volley-ball est organisé. Dans la boîte de nuit **Legends**, également aménagée dans l'hôtel Strathcona, les étudiants universitaires se défoulent sur les *hits* de l'heure et des prestations en direct.

Lucky Bar
517 Yates St.,
Victoria
☎(250) 382-5825
Le Lucky Bar présente des formations musicales presque tous les soirs. Cet établissement bien sympathique arbore un mur de briques enjolivé d'une collection de photographies encadrées. Le dimanche soir, c'est la soirée *Brew and View*, pendant laquelle on peut boire une bière en regardant un film.

Hugo's Grill & Brewhouse
619 et 625 Courtney St.,
Victoria
☎(250) 920-4846
Chez Hugo's, une boîte de nuit branchée, on retrouve une clientèle dans la vingtaine et la trentaine dans un joli décor postindustriel, composé de lattes de bois, de tuyaux à découvert et de beaucoup de briques. Cet établissement confortable permet de s'offrir un verre de bière brassée sur place.

■ Fêtes et festivals

Avril

Greater Victoria Performing Arts Festival *(avr et mai; Victoria,* ☎*250-386-9223):* plusieurs concerts et spectacles.

Bastion Square Festival of the Arts *(mars et avr jeu-dim 10h30 à 17h30, mai à oct mer-dim 10h30 à 17h30; Bastion Square, Victoria,* ☎*250-413-3144):* fabrication d'artisanat et création d'art, en plus des stands d'exposition et des musiciens sur scène.

Victoria International Blossom Walks *(mi-avr; à travers toute la ville de Victoria,* ☎*250-380-3949, www.walkvictoria.com):* sept circuits différents, d'une longueur de 5 à 42 km, à faire à pied à travers 32 parcs, cinq terrains de golf et un cimetière historique, le long du front de mer et dans la banlieue pittoresque, le tout parsemé d'arbres en pleine floraison et de fleurs printanières. Pré-inscriptions recommandées.

Mai

Victoria Harbour Festival *(fin de semaine de la fête de Victoria; Inner Harbour, Victoria,* ☎*250-592-9098):* ce festival couvre deux longs congés fériés, soit celui du Victoria Day canadien (le lundi précédent le 25 mai) et celui du Memorial Day américain (le dernier lundi de mai). Toutes sortes d'activités sont prévues au programme, comme la Victoria Day Parade et, surtout, la Swiftsure International Yacht Race, réputée à travers le monde.

Fort Rodd Hill Historical Military Encampment *(mi-mai; Lieu national historique Fort Rodd Hill,* ☎*250-478-5849):* présentation de l'histoire militaire et navale de la Colombie-Britannique des années 1850 à 1950, avec reconstitutions militaires ainsi que véhicules, uniformes et équipement.

Victoria Highland Games *(mi-mai; Royal Athletic Park,* ☎*250-598-8961 ou 598-1531):* jeux, musique, danse et divertissements traditionnels écossais.

Victoria Day Parade *(le lundi précédant le 25 mai; le long de Douglas St., Victoria,* ☎*250-382-3111):* le défilé du Victoria Day commence à 9h. Le départ a lieu du Mayfair Mall, et le point d'arrivée est Humboldt Street au

centre-ville. Beaucoup de fanfares militaires et autres troupes venues d'aussi loin que les États américains de l'Oregon et de Washington, sans compter celles de la Colombie-Britannique même.

Victoria Conservatory of Music's Garden Tour *(*☎*250-386-5311):* 8 des 10 plus beaux jardins privés de Victoria ouvrent leurs portes au public.

Bastion Square Cycling Grand Prix *(fin mai; Victoria,* ☎*250-384-8223):* Victoria est la capitale officieuse du vélo au Canada. Ce Grand Prix cycliste attire plusieurs athlètes professionnels, sans parler des coureurs de catégories 1 et 2, les futurs pros. Critérium cycliste avec boucle fermée dans les rues de la ville. Épreuve d'endurance, jusqu'au nord à Saanich et à l'ouest dans les Highlands, et aussi loin que North Saanich, à 65 km du centre-ville de Victoria.

Juin

Oak Bay Tea Party *(début juin; Victoria,* ☎*250-388-4457, www.oakbayteaparty.com):* la plus grosse sauterie de l'année à Oak Bay. Cet événement annuel offre à ses hôtes nourriture, divertissements et parc d'attractions.

Summer in the Square *(juin à sept tlj; Centennial Square, Victoria):* démonstrations de talents locaux en musique et en danse.

Jazzfest International *(fin juin; Victoria,* ☎*250-388-4423 ou 888-671-2112, www.vicjazz. bc.ca):* plus de 50 concerts de jazz, de blues et de world music, avec plus de 200 musiciens. Concerts payants et gratuits.

Marché aux légumes *(Sancha Grounds, Sidney).*

Foire estivale *(dim; Saanich Historical Artifacts Grounds, Saanichton).*

Victoria Flying Club *(101-1352 Canso Rd., Sidney):* portes ouvertes.

Bayliner Rendez-vous *(Port Sidney Marina, Sidney):* exposition de 200 bateaux.

UNO Festival *(*☎*250-383-2663, www.victoriafringe. com):* plusieurs spectacles. UNO est le seul et unique festival de pièces théâtrales en solo.

Vente trottoir géante *(Beacon Avenue, Sidney).*

Juillet

Folkfest *(début juil; Ship's Point, Inner Harbour, Victoria,* ☎*250-388-4728, www.icavictoria.org/folk fest):* macarons (laissez-passer) à 10$ donnant accès à une douzaine de spectacles. Ce festival mise surtout sur les festivités, la nourriture et les divertissements amateurs et professionnels multiethniques.

Victoria Shakespeare Festival *(mi-juil à début août; St. Ann's Academy Auditorium, Victoria,* ☎*250-661-2537):* représentations à 20h et 23h.

"A Bite of Victoria" Food Festival *(Government House, Victoria,* ☎*250-386-6368):* vue d'ensemble des restaurants et autres cafés de Victoria. Échantillons d'aliments et de boissons à goûter. Musiciens ambulants et autres artistes à l'œuvre.

Moss Street Paint-In *(13h à 16h; Moss St., Victoria,* ☎*250-384-4101, www.aggv.bc.ca):*

postés aux «stations» le long de Moss Street, plus de 75 artistes connus (ou en voie de le devenir) créent leurs œuvres en utilisant divers médiums et styles. Terrasse à bière et comptoirs alimentaires ouverts de midi à 20h30. La danse populaire commence à 17h dans le stationnement de la galerie d'art. Plus de 20 000 personnes participent à ce festival gratuit des arts visuels.

Latin Caribbean Music Festival *(fin juil et début août; Market Square, 560 Johnston St., Victoria, ☎250-361-9433, poste 212 ou 215, www.vircs.bc.ca):* plus d'une centaine de danseurs, chanteurs et musiciens de l'Amérique latine, des Caraïbes et de l'Amérique du Nord.

Symphony Splash *(fin juil; Inner Harbour, Victoria, ☎250-385-6515, www.symphonysplash.ca):* installé sur une barge au milieu de l'Inner Harbour, au soleil couchant, l'orchestre symphonique de Victoria joue des airs classiques et populaires pendant ces soirées musicales. Le plus attendu et le plus important des événements estivals à Victoria, Symphony Splash attire chaque année plus de 40 000 personnes sur le front de mer.

Août

Victoria Fringe Theatre Festival *(9$ et moins par représentation, laissez-passer disponible; Victoria, ☎250-383-2663, www.victoria fringe.com):* les meilleures pièces de ce théâtre innovateur sont présentées au centre-ville, en huit emplacements différents, tous à distance de marche.

First Peoples Festival *(Royal British Columbia Museum, Victoria, ☎250-384-3211):* le plus important festival urbain annuel au Canada célébrant les traditions, les arts et la culture autochtone. Durant ce festival, plus de 350 Autochtones exercent leurs talents d'artistes, de conteurs, de danseurs, de musiciens et de designers de vêtements. Tous les spectacles et activités sont gratuits, sauf ceux des conteurs, lesquels ont lieu dans le musée (le prix d'entrée est alors celui du musée). Ils sont présentés entre autres à la Mungo Martin Big House et au parc Thunderbird, ainsi que sur l'esplanade du musée.

Dragon Boat Festival *(Inner Harbour, Victoria, ☎250-704-2500, www.victoriadragon boat.com):* le Dragon Boat Festival a d'anciennes racines culturelles et spirituelles chinoises, et est célébré depuis peu en Amérique du Nord. Le clou du festival est la course des bateaux-dragons, pendant laquelle 24 rameurs font un sprint de 650 m avec tout le cérémoniel du Dragon et au son des tambours.

Les jours du Centenaire *(Centennial Park, Saanichton).*

Foire aux fleurs *(Sancha Hall, Sidney).*

Septembre

The Great Canadian Beer Festival *(20$ ven de 15h à 20h, $25 sam de 12h à 19h; Royal Athletic Park, Victoria, ☎250-383-2332):* célébration de la bière artisanale, 100% naturelle. Tout sur sa fabrication: les brasseurs répondent à vos questions, sans oublier les producteurs de houblon, les maîtres-

brasseurs, les fournisseurs d'équipement, les constructeurs de brasseries, les importateurs de bières et les distributeurs. Échantillons de bières à 1,25$ chacun.

Vancouver Island Brewery Blues Bash *(début sept; Victoria, ☎250-388-4423 ou 888-671-2112, www.vicjazz.bc.ca):* durant cet événement, le blues est à l'honneur dans plusieurs boîtes du centre-ville, où se produisent des formations régionales et internationales. Spectacles payants en salles le soir et spectacles gratuits à Ships Point, dans le port de Victoria, l'après-midi.

Saanich Fall Fair *(fin de semaine de la fête du Travail; sam-dim 9h à 21h, lun 9h à 18h; Saanich Fairgrounds, 1528 Stelly's Cross Rd., Saanich, ☎250-652-3314):* cette foire agricole est la plus ancienne de l'Ouest canadien à avoir été continuellement présentée année après année depuis 1867.

Classic Boat Festival *(fin de semaine de la fête du Travail; Inner Harbour, Victoria):* durant ce festival, l'Inner Harbour est parsemé de mâts et de digues de bois. Plus d'une centaine de bateaux, tous construits avant 1955, s'alignent alors le long des quais. Course de schooners le dimanche.

Esquimalt Lantern Festival *(West Bay Walkway et West Bay Marina, Esquimalt, ☎250-388-4090):* défilé sur l'eau de centaines de lanternes artisanales de 19h à minuit, le long du West Bay Walkway jusqu'à la West Bay Marina. Danse jusqu'à minuit.

Octobre

Salmon Run *(mi-oct à début déc; Goldstream Provincial Park, 2930 route transcanadienne,* ☎*250-391-2300):* dans le parc Goldstream, le saumon apparaît aux environs de la mi-octobre et peut être observé pendant à peu près neuf semaines (les dates varient d'année en année). Le Freeman King Visitor Centre est alors ouvert tous les jours, et les naturalistes répondent à vos questions.

Ghost Bus Tours *(dernière semaine d'octobre; Victoria,* ☎*250-598-8870):* l'Old Cemeteries Society emmène les curieux dans les lieux hantés de Victoria.

Décembre

Literary Arts Festival *(à travers la ville de Victoria,* ☎*250-381-1640, www.literaryartsfestival. org):* des écrivains reconnus internationalement présentent leur œuvre au public pendant ce festival, par le biais de lectures, d'entrevues et de rendez-vous littéraires.

Christmas at the Butchart Gardens *(déc et jan; The Butchart Gardens, 800 Benvenuto Ave., Brentwood Bay,* ☎*250-652-4422, www.butchart gardens. com):* des dizaines de milliers de petites lumières scintillent à travers les fameux jardins pendant la période des fêtes, en plus des chants de Noël, des animations pour les enfants, de la nourriture exquise, etc.

Eagle Extravaganza *(contribution volontaire; mi-déc à fin fév tlj 9h à 16h; Goldstream Provincial Park, 2930 route transcanadienne,* ☎*250-478-9414, www.goldstreampark. com):* comme le saumon termine sa course, après son retour annuel dans la rivière Goldstream, près de 300 aigles à tête blanche se retrouvent chaque jour dans le parc Goldstream (voir p 164). Pour en savoir plus sur les aigles et autres rapaces, les visiteurs se rendent à la Nature House. Plate-forme d'observation (il est conseillé d'apporter ses jumelles). Janvier est la meilleure période pour observer les aigles.

Achats

Bay Centre
angle Douglas St. et Fort St.,
Victoria
☎(250) 952-5680
L'énorme Bay Centre comprend toutes sortes de boutiques, magasins et restaurants. Le tout sur plusieurs niveaux et sur un quadrilatère entier.

Market Square
255 Johnson St.,
Victoria
☎(250) 386-2441
Le Market Square est plus petit et plus sympathique que le Bay Centre. Les commerces sont de moins grande taille, et une splendide cour intérieure incite à y flâner plus longtemps.

Munro's
1108 Government St.,
Victoria
☎(250) 382-2464
Si vous êtes à la recherche d'un livre pour vos après-midi de farniente ou tout simplement d'un lieu agréable à visiter, n'hésitez pas à vous rendre dans le bâtiment historique qui abrite cette librairie. Avec ses vitraux, ses plafonds à caissons de 8 m de hauteur et ses fresques, il s'agit sans nul doute d'une des plus belles librairies au Canada.

Rogers' Chocolates
913 Government St.,
Victoria
☎(250) 384-7021
La boutique Rogers' Chocolates mérite une visite pour son très beau décor du début du XXᵉ siècle et ses deux lampes Art nouveau provenant d'Italie. Les Victoria Creams, proposées dans une grande variété de saveurs, sont la spécialité de la maison et sont préparées ici depuis plus d'un siècle.

The Fish Store
Fisherman's Wharf,
Victoria
☎(250) 383-6462
Pour acheter du poisson cru, des fruits de mer et du saumon fumé, ainsi que des harengs pour les phoques *(1$ par hareng: les profits sont versés à la Steelhead Foundation)*, The Fish Store est l'endroit de choix.

Silk Road
1624 Government St.,
Victoria
☎(250) 704-2688
Cette charmante boutique regorge d'huiles essentielles et de produits d'aromathérapie, ainsi que de feuilles de thé, de superbes théières et plusieurs autres produits. On y propose aussi des dégustations de thé et une multitude d'ateliers à prix raisonnables, de même qu'un centre de santé (spa).

Murchie's Tea
1110 Government St.,
Victoria
☎(250) 383-3112
À propos de thé, Murchie's Tea est une institution en Colombie-Britannique, et ce, depuis 1894, quand grand-papa Murchie concoctait un mélange spécial

Victoria et ses environs - Achats

pour la reine Victoria. Vous pouvez y dénicher une variété de mélanges uniques en vrac, ainsi que des sachets de thé, comme le délicieux *chai* ultra-épicé. Bien sûr, vous pourrez vous procurer les accessoires nécessaires pour servir le thé. Et vous pourrez même en déguster un (ou un cappuccino, si cela vous chante) au bistro voisin.

Si le charmant petit côté britannique de Victoria éveille votre passion pour les choses antiques, vous voudrez sûrement vous promener le long de Fort Street entre les rues Quadra et Cook. Connue sous le nom d'**Antique Row** («la rue des antiquaires»), cette section abrite de nombreuses boutiques proposant antiquités et autres curiosités.

Hill's Native Art
1008 Government St.,
Victoria
☎ (250) 385-3911
Cette boutique offre en vente toute une gamme de souvenirs à différents prix. Les œuvres d'art amérindien, quant à elles, sont plutôt chères. Grand choix de cartes artistiques.

L'île de Vancouver et les Gulf Islands

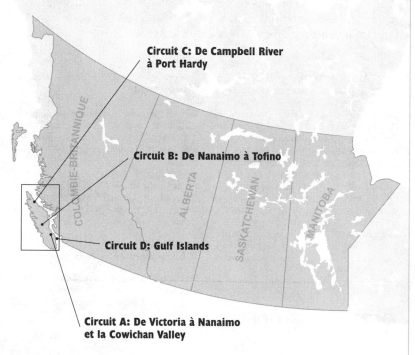

Circuit C: De Campbell River à Port Hardy

Circuit B: De Nanaimo à Tofino

COLOMBIE-BRITANNIQUE

ALBERTA

SASKATCHEWAN

MANITOBA

Circuit D: Gulf Islands

Circuit A: De Victoria à Nanaimo et la Cowichan Valley

Accès et déplacements	188
Renseignements utiles	190
Attraits touristiques	192
Parcs et plages	206
Activités de plein air	209
Hébergement	214
Restaurants	225
Sorties	228
Achats	229

L'île de Vancouver et les Gulf Islands

La grande **île de Vancouver** ★★★ s'étend sur 450 km le long de la Côte Ouest, et sa pointe sud fait face aux monts Olympic, dans l'État américain de Washington. Elle est séparée en deux régions distinctes par une chaîne de montagnes qui divise le nord et le sud.

La partie ouest a été fortement découpée par la mer, qui y a créé de grands et profonds fjords. À l'est, la topographie est beaucoup plus linéaire. D'ailleurs, les villes et villages se sont surtout développés le long du littoral en bordure du détroit de Georgie. Les **Gulf Islands** ★★★ se trouvent également dans ce détroit, au sud de l'île. D'autres îles sont regroupées tout au nord du détroit de Georgie, à l'est de l'île de Vancouver, face à Campbell River: ce sont les Discovery Islands.

L'exploitation de la forêt et la pêche ont assuré à plusieurs générations de bons revenus dans ce territoire magnifique. Les courants chauds du Pacifique procurent un climat tempéré toute l'année, ce qui se traduit par une bonne qualité de vie pour les résidants. Isolés du continent pendant des années, les insulaires disposent aujourd'hui de moyens de transport modernes et efficaces. Plusieurs traversiers relient chaque jour les îles au continent. Ce chapitre vous donnera un bon aperçu de plusieurs îles à découvrir. Lors de votre voyage, vous aurez peut-être la chance d'apercevoir une baleine, un phoque ou une loutre de mer. Les capitaines de BC Ferries ont l'œil vif et vous feront part de leur observation.

Accès et déplacements

■ En avion

Au départ de Vancouver, il y a des vols réguliers pour la plupart des villes de cette région. Des hydravions transportent les passagers entre les Gulf Islands. La majorité de ces îles et les municipalités de l'île de Vancouver sont desservies par les compagnies aériennes suivantes:

Air Canada Jazz (☎*888-247-2262, www.aircana da.ca*) dessert Victoria et Nanaimo.

Baxter Air *(Nanaimo:* ☎*250-754-1066, Vancouver:* ☎*800-661-5599; www.baxterair.com)* dispose d'une flotte d'hydravions qui font la liaison entre Vancouver et Nanaimo. La compagnie dessert aussi d'autres des-

tinations sur l'île de Vancouver et sur la Sunshine Coast.

Harbour Air (☎*604-274-1277 ou 800-665-0212, www.barbour-air.com)* est une petite compagnie d'hydravions qui propose des vols directs entre Vancouver et les Gulf Islands.

Pacific Coastal Air (☎*800-663-2872, www.paci fic-coastal.com)* dessert les villes suivantes: Victoria, Campbell River, Comox et Port Hardy.

■ En traversier

Pour voyager d'une île à l'autre, il existe un excellent service de traversiers qui naviguent quotidiennement entre les îles et vers la côte.

BC Ferries *(1112 Fort St., Victoria,* ☎*250-386-3431 ou 888-223-3779, www.bcferries.com)* propose les services suivants: de la rive est de l'île de Vancouver (Swartz Bay ou Nanaimo) au continent (Horseshoe Bay ou Tsawwassen), entre Tsawwassen et les Gulf Islands (réservations requises pour les voitures), et entre Campbell River et les îles Quadra et Cortes. Si vous voyagez en voiture, il serait prudent de réserver en été.

BC Ferries offre un service de traversier entre Little River, sur la côte est de Comox, et Powell River, sur la Sunshine Coast.

BC Ferries a aussi un traversier qui relie Port McNeill (☎*250-956-4533)* à Sointula et Alert Bay.

Lady Rose Marine Services *(Port Alberni, ☎250-723-8313 ou 800-663-7192)* traverse Barkley Sound pour relier Port Alberni à Bamfield, au nord du West Coast Trail, et à Ucluelet, au sud de Long Beach.

■ En autocar

Île de Vancouver

Greyhound Canada
☎800-661-8747
www.greyhound.ca
Service d'autocar entre le centre-ville de Nanaimo et le centre-ville de Vancouver.

Pacific Coach Lines
700 Douglas St., Victoria, BC, V8W 2B3
☎ (250) 385-3348 ou 800-661-1725 (Victoria)
☎ (604) 662-7575 (Vancouver)
www.pacificcoach.com
Pacific Coach Lines assure la liaison entre le centre-ville de Vancouver et le centre-ville de Victoria, en accord avec l'horaire des traversiers de BC Ferries.

Island Coach Lines / Laidlaw Coach Lines
700 Douglas St., Victoria
☎ (250) 385-4411 ou 800-318-0818
www.greyhound.ca
Ces deux services de transport appartiennent à Greyhound Canada. Le premier dessert Port Alberni, Ucluelet et Tofino à partir de Nanaimo. Le second assure la liaison entre Victoria et Nanaimo, entre Nanaimo et Port Hardy et entre Nanaimo et Tofino.

Gulf Islands

La faible démographie des Gulf Islands explique probablement l'absence de service de transport public. Les insulaires proposeront aux piétons de faire du stop jusqu'à destination. L'attente n'est jamais bien longue, et l'expérience dévoilera l'immense esprit de coopération et d'hospitalité propre aux habitants des Gulf Islands. Notez que plusieurs établissements hôteliers proposent un service de navette depuis les ports.

■ En train

E&N (VIA Rail)
450 Pandora Avenue, Victoria, BC, V8W 3L5
☎888-842-7245
www.viarail.ca

Ce train longe le littoral est de l'île et dessert principalement les villes suivantes: Victoria, Duncan, Nanaimo, Qualicum Beach et Courtenay.

■ Location de voitures

Île de Vancouver

Nanaimo

Budget
33 Terminal Ave.
☎ (250) 754-7368 ou 800-668-3233
www.bcbudget.com
Budget vous cueillera à votre sortie du traversier.

National
1602 Northfield Rd.
☎ (250) 758-3509 ou 800-387-4747
www.nationalvictoria.com

Rent-a-Wreck
227 Terminal Ave.
☎ (250) 753-6461 ou 888-296-8888
www.rent-a-wreck.ca

Port Hardy

Budget
4850 Airport Rd.
☎ (250) 949-6442 ou 800-668-3233
www.bcbudget.com

Gulf Islands

Salt Spring Island

Saltspring Marine Rentals
122A Upper Ganges Rd.
☎ (250) 537-5464

■ En taxi

Gulf Islands

Galiano Island

Go Galiano
☎ (250) 539-0202

Salt Spring Island

Silver Shadow Taxi
☎ (250) 537-3030

■ **En scooter**

Gulf Islands

Pender Islands

Otter Bay Marina
85$/4h
☎ (250) 629-3579

Salt Spring Island

Saltspring Marine Rentals
122A Upper Ganges Rd.
☎ (250) 537-5464

■ **En vélo**

Gulf Islands

Notez que le relief accidenté des Gulf Islands fait de la randonnée à vélo un véritable défi! Il s'agit tout de même du moyen de transport idéal pour la découverte. Assurez-vous d'apporter une quantité suffisante d'eau et de nourriture avant de partir en expédition.

Pender Islands

Otter Bay Marina
60$/journée

Galiano Island

Galiano Bicycle Rental & Repair
36 Burrill Rd.
☎ (250) 539-9906

Salt Spring Island

Plusieurs établissements hôteliers de Salt Spring Island prêtent ou louent des vélos. Le relief étant plus plat ici que celui des autres Gulf Islands, le vélo s'avère une agréable façon de se déplacer.

Renseignements utiles

Pour obtenir de l'information détaillée sur l'île de Vancouver avant votre départ, adressez-vous à **Tourism Vancouver Island** *(335 Wesley St., Suite 203, Nanaimo, BC, V9R 2T5, ☎250-754-3500, www.islands.bc.ca)*.

■ **Renseignements touristiques**

De Victoria à Nanaimo et la Cowichan Valley

Mill Bay-Cobble Hill

Mill Bay Travel Info Centre
368-2720 Mill Bay Rd.
Mill Bar, BC, V0R 2P1
☎ (250) 743-3566
www.southcowichanchamber.org

Duncan

Duncan Visitor Info Centre
381A Trans-Canada Hwy.
Duncan, BC, V9L 3R5
☎ (250) 746-4636
www.duncancc.bc.ca

Lake Cowichan

Lake Cowichan Tourism Information Centre
125C South Shore Rd., P.O. Box 824
Lake Cowichan, BC, V0R 2G0
☎ (250) 749-3244
www.lakecowichan.ca

Chemainus

Chemainus Visitor Info Centre
9796 Willow St., P.O. Box 575
Chemainus, BC, V0R 1K0
☎ (250) 246-3944
www.chemainus.bc.ca

Nanaimo

Tourism Nanaimo
Beban House, 2290 Bowen Rd.
Nanaimo, BC, V9T 3K7
☎ (250) 756-0106 ou 800-663-7337
www.tourismnanaimo.com

De Nanaimo à Tofino

Qualicum Beach

Qualicum Beach Visitor Info Centre
2711 West Island Hwy.
Qualicum Beach, BC, V9K 2C4
☎ (250) 752-9532
www.qualicum.bc.ca

Parksville

Oceanside Tourism
125 McCarter St., P.O. Box 239
Parksville, BC, V9P 2G4
☎ (250) 248-6300 ou 888-799-3222
www.oceansidetourism.com

Parksville Visitor Info Centre
P.O. Box 99
Parksville, BC, V9P 2G3
☎ (250) 248-3613
www.chamber.parksville.bc.ca

Port Alberni

Pacific Rim Tourism Association
3100 Kingsway
Port Alberni, BC, V9Y 3B1
☎ (250) 723-7529 ou 866-725-7529
www.pacificrimtourism.ca

Port Alberni Visitor Info Centre
2533 Redford St., R.R.2, Suite 215, Comp 10
Port Alberni, BC, V9Y 7L6
☎ (250) 724-6535
www.avcoc.com

Ucluelet

Ucluelet Visitor Info Centre
100 Main St., P.O. Box 428
Ucluelet, BC, V0R 3A0
☎ (250) 726-4641
www.uclueletinfo.com

Tofino

Tofino–Long Beach Chamber of Commerce
380 Campbell St., P.O. Box 249
Tofino, BC, V0R 2Z0
☎ (250) 725-3414
www.tofinobc.org

Bamfield

Bamfield Chamber of Commerce
☎ (250) 728-3006
www.bamfieldchamber.com

De Campbell River à Port Hardy

Campbell River

Campbell River Visitor Info Centre
900 Alder St., P.O. Box 400
Campbell River, BC, V9W 5B6
☎ (250) 287-4636
www.campbellriverchamber.ca

Quadra Island et Cortes Island

Contactez le **Campbell River Visitor Info Centre** (voir ci-dessus).

Port McNeill

Port McNeill Visitor Info Centre
351 Shelley Ct., P.O. Box 129
Port McNeill, BC, V0N 2R0
☎ (250) 956-3131
www.portmcneill.net

Port Hardy

Port Hardy Visitor Info Centre
7250 Market St., P.O. Box 249
Port Hardy, BC, V0N 2P0
☎ (250) 949-7622
www.ph-chamber.bc.ca

Gulf Islands

Salt Spring Island

Salt Spring Island Visitor Info Centre
121 Lower Ganges Rd.
Salt Spring Island, BC, V8K 2T1
☎ (250) 537-5252
www.saltspringtoday.com

Galiano Island

Galiano Island Chamber of Commerce
2590 Sturdies Bay Rd., P.O. Box 73
Galiano, BC, V0N 1P0
☎ (250) 539-2233
www.galianoisland.com

L'île de Vancouver et les Gulf Islands - Renseignements utiles

Gabriola Island

Gabriola Island Chamber of Commerce
575 North Rd., P.O. Box 249
Gabriola Island, BC, V0R 1X0
☎ (250) 247-9332
www.gabriolaisland.org

Saturna Island

Contactez **Tourism Vancouver Island** (voir plus haut).

Pender Islands

Pender Island Visitor Info Centre
2332 Otter Bay Rd., R.R.1
Pender Island, BC, V0N 2M1
☎ (250) 629-6541

Attraits touristiques

Pour faciliter votre séjour dans cette région de la Colombie-Britannique, nous vous proposons quatre circuits:

Circuit A: De Victoria à Nanaimo et la Cowichan Valley ★★

Circuit B: De Nanaimo à Tofino ★★★

Circuit C: De Campbell River à Port Hardy ★★

Circuit D: Gulf Islands ★★★

- -

Circuit A: De Victoria à Nanaimo et la Cowichan Valley
★★

Sortez du centre-ville de Victoria par Douglas Street et prenez la route transcanadienne (1) en direction nord vers Duncan et Nanaimo. Vous traverserez d'abord la région de la vallée de Cowichan.

Faites connaissance avec les beautés de la région de **South Cowichan**. Tout le long de la route, vous aurez l'occasion d'apprécier de jolies vues sur le Saanich Inlet et le détroit de Georgie, qui sépare le continent de l'île de Vancouver. La région de **North Cowichan** débute aux alentours de la ville de Maple Bay. Toute cette contrée est visiblement

ouverte sur la mer, et ses localités accordent une grande importance à leur site.

Mill Bay–Cobble Hill

Il s'agit de votre première halte dans la région de South Cowichan avec le grand centre commercial de **Mill Bay**, le **Mill Bay Centre** *(route 1, sortie Mill Bay Rd.,* ☎*250-743-5500)*, composé d'une quarantaine de boutiques qui regroupe épiceries et magasins de vêtements. En restant sur Mill Bay Road, qui devient par la suite Shawnigan Lake-Mill Bay Road et enfin Shawnigan Lake-Cobble Hill Road, vous arriverez à **Cobble Hill**, une région de parcs et de vignobles.

Un autre attrait de Cobble Hill est le **Quarry Wilderness Park** ★ (voir p 206).

Shawnigan Lake

À l'ouest, à environ une dizaine de minutes de route de Mill Bay et de Cobble Hill, se trouve le joli village de Shawnigan Lake. L'intérêt principal de cette petite agglomération est, bien sûr, le **lac** du même nom. Il s'agit du plus important plan d'eau de la région, arrêt idéal pour se détendre après une longue journée de conduite. L'autre attrait très important de l'endroit est le **Kinsol Trestle** ★★★ *(à partir de Shawnigan Lake, prenez Glen Eagles Road, puis à droite Renfrew Road West, et continuez à pied pendant 10 min; information: Lake Cowichan Tourism Information Centre,* ☎*250-749-3244)*, un des plus longs ponts de chemin de fer en bois au monde. Construit en 1921, il servait jadis au transport du minerai de cuivre.

Duncan

Le **Quw'utsun' Cultural And Conference Centre** ★★ *(13$; début mai à fin sept tlj 9h à 17h, oct à fin avr tlj 10h à 17h; 200 Cowichan Way,* ☎*250-746-8119 ou 877-746-8119, www. quwutsun.ca)* a été fondé par les Cowichans en 1987. Au cours des années, ce centre du patrimoine amérindien est devenu une importante attraction touristique.

Le centre permet à la nation Cowichan de faire connaître sa culture par des activités d'interprétation et des spectacles, ainsi que par des expositions d'artisanat et d'œuvres d'art. La visite est détaillée et très intéressante; un beau film, bien fait, captive le spectateur et s'imprègne de l'esprit de la communauté. Situé près de la route trans-canadienne et de la rivière Cowichan, le centre se compose de plusieurs reconstitutions de constructions traditionnelles et comprend un restaurant, un café, une galerie et une boutique de cadeaux, ainsi qu'un centre d'interprétation historique et un atelier de sculpture de totems.

La galerie d'art vend uniquement des objets de grande qualité faits à la main: paniers, tambours, bijoux, tricots, estampes originales ou à tirage limité, sculptures en «pierre de savon», poupées, couvertures, livres, de même que sculptures de bois inspirées des motifs des Salishs de la région côtière, des Nuu Cha Nulths (littoral ouest) et des Kwagulths.

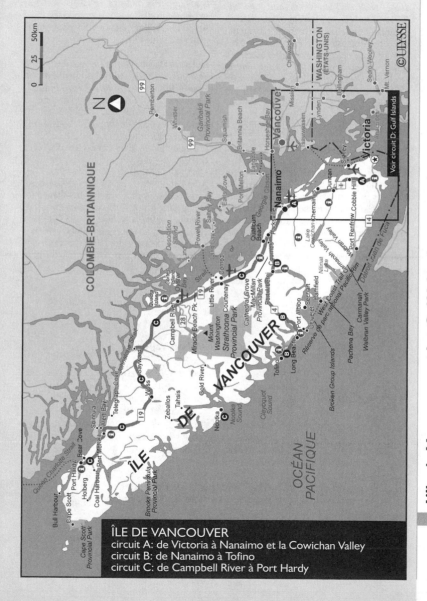

ÎLE DE VANCOUVER
circuit A: de Victoria à Nanaimo et la Cowichan Valley
circuit B: de Nanaimo à Tofino
circuit C: de Campbell River à Port Hardy

L'île de Vancouver et les Gulf Islands - Attraits touristiques - De Victoria à Nanaimo...

La **Judy Hill Gallery** *(entrée libre; mi-mai à fin sept lun-ven 9h à 19h, sam-dim 9h30 à 17h30; oct à mi-mai lun-sam 9h30 à 17h30; 22 Station St.,* ☎*250-746-6663)* présente la meilleure collection d'art amérindien de la région. Il faut dire que cette galerie d'art représente une centaine d'artistes, tous peintres, sculpteurs ou tisseurs. Vous y trouverez aussi des chandails «Cowichan» authentiques.

Le **BC Forest Discovery Centre** *(9$; mi-mai à début sept tlj 10h à 18h, début sept à mi-mai tlj 10h à 16h, fermé l'hiver; 2892 Drinkwater Rd.,* ☎*250-715-1113, www.bcforestmuseum.com)* organise de nombreuses activités de même que des démonstrations de coupe de bois «à l'ancienne». Venez faire une balade en train à vapeur et partez à la découverte de l'industrie forestière de l'île de Vancouver. Très intéressant. Situé à seulement 1 km au nord de Duncan par la route transcanadienne.

Maple Bay–Crofton

Maple Bay, à 10 min de Duncan par Tzouhalem Road, est bordée par une jolie **baie** ★★. C'est un paradis pour les plaisanciers, les kayakistes et même les plongeurs puisque l'équipe Cousteau aussi est venue en explorer les profondeurs.

Crofton est accessible par une très jolie route: au départ de Maple Bay, prenez Herd Road jusqu'à Osborne Bay Road. Crofton

est surtout connue pour son accès au traversier qui conduit à Salt Spring Island. Son attrait touristique principal est le **Somenos Marsh Wildlife Refuge** ★ (voir p 206), qui abrite plus de 200 espèces d'oiseaux.

Lake Cowichan

Lake Cowichan est une petite localité construite sur les rives du lac du même nom, à 31 km à l'ouest de Duncan, et accessible par la route 18. Le lac est surnommé *Kaatza*, qui signifie «le grand lac». Avec ses 30 km de long, il est un des plus grands plans d'eau de l'île.

Le **Kaatza Station Museum** *(mi-mai à mi-sept tlj 9h à 16h, mi-sept à mi-mai lun-ven 9h à 16h; Saywell Park, South Shore Rd.,* ☎*250-749-6142)* est un joli musée qui présente l'histoire de la région en expliquant l'influence marquante de l'industrie forestière. Vous verrez aussi une locomotive qui date de 1928 et qui était utilisée pour le transport des billes de bois.

À 50 km à l'ouest, par une route forestière, vous découvrirez le **Carmanah Walbran Provincial Park** ★★★ *(information au bureau de tourisme de Lake Cowichan,* ☎*250-749-3244)* (voir p 206), soit de magnifiques étendues sauvages de près de 17 000 ha de forêts anciennes dont certains arbres atteignent près de 100 m.

Les vins de la Cowichan Valley

Juste au sud de la ville de Duncan se trouvent des vignobles produisant des vins parmi les plus réputés de l'île de Vancouver. Une route des vins ouverte aux touristes, soit la route 1 entre Duncan et Victoria, conduit d'ailleurs à la plupart de ces domaines vinicoles. Malgré leurs chemins d'entrée pas toujours faciles à repérer, vous remarquerez, avec un peu d'attention, des panneaux de signalisation particuliers (souvent avec un dessin représentant une grappe de raisin) qui vous indiqueront où tourner. Alors n'hésitez pas à rendre visite aux viticulteurs: ils vous feront goûter à leurs nectars!

D'ailleurs, les vins de la Cowichan Valley ont acquis leur réputation grâce au travail acharné de ces vignerons venus du monde entier qui convoitaient depuis longtemps cette partie de l'île de Vancouver. En raison de son climat doux, de ses plages sablonneuses et de ses criques tranquilles, la région attire aussi aujourd'hui les poètes et autres amoureux de la nature qui n'hésitent pas à s'y installer à demeure, un verre de vin à la main et le regard sur les paysages champêtres...

Chemainus ★

Chemainus est une petite ville située à une vingtaine de kilomètres au nord de Duncan. Née de l'exploitation forestière, elle aurait sans doute sombré dans l'oubli, n'eût été l'originalité de ses citoyens. Tout d'abord, la fermeture de la scierie annonçait le pire, mais les résidants ont pris les choses en main: ils ont remis sur pied l'entreprise et ont créé de nouveaux emplois.

Par la suite, la municipalité a organisé un grand concours artistique en faisant appel à plusieurs artistes pour couvrir les murs de fresques qui retracent l'histoire de Chemainus. La trentaine de peintures murales valent le déplacement; vous devez compter une heure pour toutes les voir. Un plan disponible au bureau d'information touristique décrit chacune d'entre elles.

Nanaimo

Nanaimo est une ville importante pour sa liaison avec la côte, d'où les traversiers emmènent des centaines de touristes dans la région. Nanaimo est située à 35 km de Vancouver, séparée par le détroit de Georgie, et à 1 heure 30 min de Victoria par la route transcanadienne (1). Les vacanciers en route vers le nord de l'île de Vancouver ou vers Long Beach, à l'ouest, passent par Nanaimo. Cette ville est beaucoup plus qu'une simple ville relais, son front de mer étant aménagé pour les marcheurs. Les attraits touristiques sont regroupés dans un tour de ville à pied, le vieux Nanaimo faisant partie de ce secteur. Il est également facile de prendre un traversier pour atteindre **Newcastle Island ★** ou **Gabriola Island ★★** (voir p 204) afin de profiter des installations de plein air et de la vue de Nanaimo. Au bout du **Commercial Inlet**, vous pouvez prendre la navette maritime *(☎250-753-8244)* pour **Protection Island ★**. Cette petite île est en quelque sorte la banlieue de Nanaimo. Les résidants y transitent tous les jours pour aller travailler en ville. Un pub flottant sert de la bonne bière et un excellent *fish and chips* (voir p 225).

Le **Harbourside Walkway ★★** est une promenade aménagée le long du front de mer de Nanaimo. Des parcs, des lieux historiques et des commerces bordent cette agréable promenade.

Le **Bastion ★** *(2$; de la fête de Victoria à la fête du Travail tlj 10h à 17h, de la fête du Travail à la fête de Victoria mar-sam 10h à 17h; 100 Cameron Rd., ☎250-753-1821)*, construit en 1853 par la Compagnie de la Baie d'Hudson, devait assurer la protection du nouveau poste de traite et des résidants de la région. Les travaux de construction de cette fortification ont été faits sous la supervision de deux Québécois: Jean-Baptiste Fortier et Léon Labine, employés de la Compagnie de la Baie d'Hudson. Le bastion n'a jamais été attaqué, et, après le départ de la compagnie en 1862, cette structure militaire fut abandonnée. Par la suite, le bastion a été utilisé comme prison, et, depuis les années 1910, il est un lieu de rassemblement et un musée, le **Nanaimo District Museum** *(www.nanaimomuseum.ca)*. Tous les jours à midi, on y tire du canon et on y joue de la cornemuse écossaise, sous l'air bienveillant de quelques agents de la police montée en habits rouges.

Nanaimo est reconnue comme un centre important pour la plongée sous-marine. Il est recommandé de pratiquer ce sport de novembre à avril afin de profiter au maximum de la beauté des eaux (voir p 211). Le *bungee* (benji) semble également en attirer plus d'un.

Circuit B: De Nanaimo à Tofino
★★★

Quittez la route 19 par la sortie 46 en direction de Parksville.

Parksville

Parksville est une petite ville résolument axée sur le tourisme. Il faut dire que sa superbe **plage ★★★**, avec ses marées spectaculaires, offre de quoi contenter les visiteurs les plus difficiles. En août a lieu le Parksville Beach Festival, qui est l'hôte entre autres d'un concours international de châteaux de sable, l'**Open Sand Sculpting Competition** *(☎250-248-4819)*.

Le secteur est populaire auprès des familles, en raison de la longue plage sablonneuse, des eaux peu profondes et du parc d'attractions qui domine le tronçon de route qui mène à la ville jumelle de Parksville,

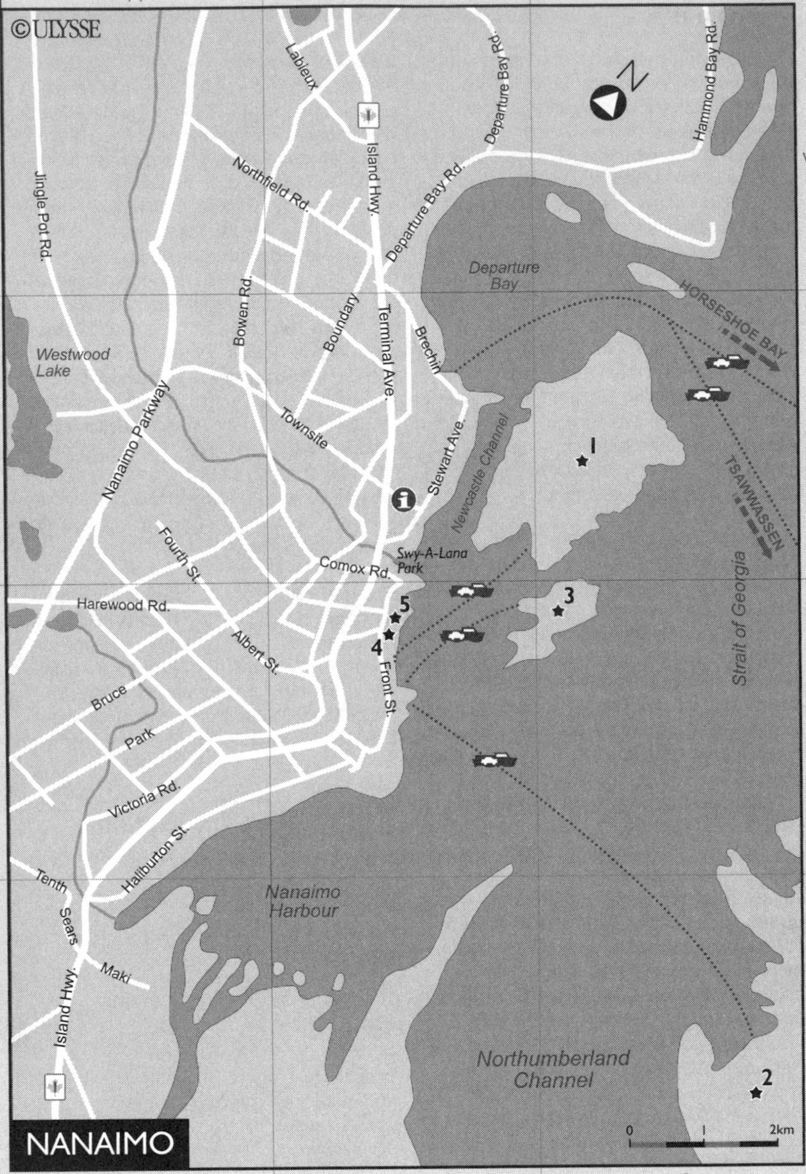

©ULYSSE

Labieux

Northfield Rd.

Island Hwy

Departure Bay Rd.

Departure Bay Rd.

Hammond Bay Rd.

N

W

Jingle Pot Rd.

Bowen Rd.

Boundary

Terminal Ave.

Brechin

Departure
Bay

HORSESHOE BAY

W

Westwood
Lake

Nanaimo Parkway

Townsite

Stewart Ave.

Newcastle Channel

TSAWWASSEN

1

X

Strait of Georgia

X

Fourth St.

Comox Rd.

Swy-A-Lana
Park

i

Harewood Rd.

Albert St.

5

3

Y

Bruce

4

Front St.

Y

Park

Victoria Rd.

Halliburton St.

Tenth

Sears

Island Hwy.

Maki

Nanaimo
Harbour

Northumberland
Channel

2

Z

Z

0   1   2km

NANAIMO

A   B   C

★ **ATTRAITS TOURISTIQUES**

1. CX   Newcastle Island
2. CZ   Gabriola Island
3. CY   Protection Island

4. BY   Harbourside Walkway
5. BY   Bastion

soit Qualicum Beach (voir ci-dessous), plus tranquille et plus attrayante.

En quittant Parksville par la route 19 en direction sud, vous pourrez aller faire un tour à **Rhododendron Lake**. Une route forestière vous conduira vers une **réserve naturelle de rhododendrons sauvages** (☎250-248-3613).

Vous êtes maintenant dans la partie centrale de l'île de Vancouver, sur le littoral est. Les familles viennent ici pour profiter de l'environnement et de la température plus chaude de l'eau du détroit de Georgie. Les plages se prolongent jusqu'à Comox Valley. À l'intérieur des terres, le Strathcona Provincial Park marque la coupure entre le nord et le sud de l'île, et renferme des sommets dépassant les 2 000 m d'altitude.

Qualicum Beach

Qualicum Beach est une petite ville où beaucoup de retraités viennent s'installer pour profiter du beau temps. Cette région bénéficie d'une période d'ensoleillement supérieure à celle des municipalités plus au sud. Il y a beaucoup de va-et-vient sur la route 19 à la hauteur de Parksville et de Qualicum Beach. Ces villes sont fréquentées pour les plages qui s'y succèdent.

Heureusement, le développement anarchique dont a fait l'objet la ville de Parksville n'a pas atteint Qualicum Beach – un arrêté municipal oblige les restaurants de Qualicum Beach à faire le service aux tables, ce qui vous assure de ne rencontrer aucune «arche double dorée» ici. Cette belle petite ville se visite en très peu de temps, et, en plus de la plage et des boutiques de Second Avenue, s'y trouvent quelques attraits qui valent la peine d'être visités. La région d'Oceanside, qui comprend Parksville et Qualicum, est le repaire de nombreux artisans; demandez un exemplaire du *Guide to Artists and Studios* à l'office de tourisme, et faites la tournée des ateliers d'artisans, des studios d'artistes et autres galeries d'art comme bon vous semblera!

Ce guide inclut l'**Old School House Arts Centre** *(lun 12h à 17h, mar-sam 10h à 16h30, été dim 12h à 16h; 122 Fern Rd. W.,* ☎*250-752-6133 ou 800-661-3211, www.theoldschoolhouse.org)*, qui monte tous les mois de nouvelles expositions et qui loge une boutique de cadeaux étalant de beaux produits artisanaux et objets d'art créés dans l'île, ainsi que des studios d'artistes. Le centre d'art a emménagé en 1988 dans une ancienne école (1914-1985) et est géré par un groupe de bénévoles dévoués.

Situés à environ 2 km à l'est de Qualicum Beach, les **Milner Gardens & Woodland** ★★ *(10$; début mai à début sept tlj 10h à 17h, sept à mi-oct et fin mars à début mai jeu-dim et jours fériés 10h à 17h; 2179 West Island Hwy.,* ☎*250-752-8573, www.milnergardens.org)* ont ouvert leurs portes au public en 2001. Jadis le domaine et le jardin du philanthrope, homme d'affaires et avocat Ray Milner, et de son épouse Veronica, une artiste talentueuse et une jardinière qui était aussi un parent éloigné de feue Diana, la princesse de Galles, la propriété fut donnée au Malaspina University-College en 1996, soit deux ans avant le décès de M{me} Milner.

Apprenant leur métier tout en y travaillant, les étudiants en horticulture s'en donnent à cœur joie dans ce magnifique domaine de 28 ha en bordure de mer, qui abrite de très vieux arbres incluant des sapins de Douglas et des cèdres, dont certains sont âgés de plus de 500 ans, en plus d'être hauts de plus de 60 m et d'avoir un diamètre de plus de 2 m (demandez au personnel de vous indiquer où se trouvent les plus vieux ou repérez la borne n° 6).

Des jardins paysagers, des jardins de fines herbes et des essences exotiques sont parsemés à travers la propriété, mais une vue globale donne l'impression que les jardins et les arbres forment un ensemble très naturaliste et harmonieux. D'ici les vues des Northern Gulf Islands, dans le détroit de Georgie, se révèlent sans égales, et la paix et la tranquillité des lieux sont seulement troublées par l'aboiement des otaries ou le cri des nombreux aigles qui survolent les environs.

Pendant la visite qu'il a faite ici en compagnie de Diana en 1986, le prince Charles fut tellement impressionné par ces vues qu'il en a fait un croquis; la reine Elizabeth et le prince Phillip ont visité à leur tour le site l'année suivante et ont logé à la résidence des Milner.

Construite au cours des années 1930, dans un style qui évoque les maisons de plantation de thé sri lankaises, la résidence permet au public d'en visiter la majeure partie, et un salon de thé s'est ajouté à la salle de réception; des rafraîchissements sont aussi disponibles à la boutique de cadeaux et peuvent être consommés sur le bord de la piscine – c'est vraiment raffiné! Les visiteurs se voient offrir une brochure d'auto-interprétation, et l'on porte assistance aux personnes à mobilité réduite qui en font la demande.

Si vous le pouvez, venez visiter l'endroit entre la fin du mois d'avril et la mi-juin, quand les jardins sont à l'apogée de leur splendeur avec la floraison des magnifiques massifs de rhododendrons. Même ceux qui ne se considèrent pas comme des passionnés d'horticulture aimeront faire une petite promenade dans ces lieux merveilleux.

Coombs

Chemin faisant vers l'ouest, prenez le temps de vous arrêter à Coombs, une petite localité de 400 habitants dont l'**Old Country Market** ★ piquera votre curiosité. Construit en 1975, ce lieu inhabituel abrite maintenant une famille de chèvres!

Les **Butterfly World & Gardens** ★★ *(8,75$; début mai à fin sept tlj 10h à 17h, mi-mars à avr et oct tlj 10h à 16h; 1 km à l'ouest de Coombs par la route 4; 1080 Winchester Rd.,* ☎*250-248-7026)* représentent le plus important habitat artificiel de papillons au Canada. Une forêt tropicale a été aménagée dans un environnement contrôlé afin de permettre à 80 espèces de papillons d'évoluer en toute liberté. Si vous passez par Coombs, les Butterfly World and Gardens constituent un arrêt obligatoire.

La route vers Port Alberni passe à travers le **MacMillan Provincial Park–Cathedral Grove** ★★★ (voir p 207).

Port Alberni

Port Alberni s'est développée, comme plusieurs villes de la province, grâce à l'exploitation de la forêt, la pêche et le commerce. Un grand canal qui relie le port à l'océan Pacifique offre une voie privilégiée pour le transport maritime. Port Alberni est aussi la porte d'entrée du littoral ouest de l'île de Vancouver. Lorsque vous atteignez le sommet des montagnes qui entourent le mont Arrowsmith, à près de 2 000 m d'altitude, vous êtes sur le point d'arriver à Port Alberni.

Il y a quelque temps, l'éventail d'activités qu'offrait Port Alberni se voulait plutôt restreint, mais deux attraits s'y sont ajoutés.

D'abord, l'**Alberni Valley Museum** *(dons appréciés; lun-sam 10h à 17h, jeu jusqu'à 20h; 4255 Wallace St.,* ☎*250-723-1376, www.alberniheritage.com)* présente différentes expositions sur l'histoire, la culture et l'art de la région.

Puis le **Steam Train** *(11,50$; les fins de semaine de fin juin à début sept, aux heures entre 10h et 17h; à l'angle de Third Ave. et Argyle St.,* ☎*250-723-1376, www.alberniheritage.com)*, une locomotive à vapeur restaurée comportant un moteur à deux temps et datant de 1929 qui servait au transport du bois via Port Alberni, propose des promenades.

Port Alberni est également reconnue pour ses excellents sites de pêche au saumon. Pour information, rendez-vous à l'office de tourisme.

Les saumons habitent les eaux locales. Ils sont nés dans les rivières, et, après avoir passé une bonne partie de leur vie en mer, ils retournent frayer, pour le grand plaisir des pêcheurs commerciaux ou amateurs.

Le **Harbour Quay** est plaisant pour prendre le café et s'informer de l'horaire des bateaux qui partent pour la journée vers la réserve de parc national Pacific Rim. Une fontaine au milieu de la place publique comporte des sculptures de granit représentant le cycle de vie du saumon.

Le ***M.V. Lady Rose*** *(différents tarifs et horaires; toute l'année; Harbour Quay,* ☎*250-723-8313 ou 800-663-7192 , www.ladyrosemarine.com)* est un bateau qui assure la liaison, toute l'année, avec Bamfield, à l'extrémité nord du West Coast Trail.

Ucluelet ★

Ucluelet est une ville minuscule située à l'extrémité sud de Long Beach; de vieilles maisons de bois bordent la rue principale. À l'époque, le seul moyen de transport pour y parvenir était le bateau. Ville de pêcheurs, elle vit également du tourisme. Plus de 200 espèces d'oiseaux fréquentent les environs d'Ucluelet. Les baleines grises transitent dans ses anses et près de ses plages du mois de mars au mois de mai, ce qui en fait l'un des attraits principaux de la Côte Ouest.

Le sapin de Douglas

Arbre à croissance spectaculaire, le sapin de Douglas, aussi appelé parfois «pin d'Oregon», «faux tsuga» ou tout simplement «douglas», a pour nom scientifique *Pseudotsuga menziesii*, dont le premier mot fait référence au genre et le second à Archibald Menzies, botaniste et physicien écossais qui le découvrit dans l'Ouest canadien en 1791.

Menzies en vit pour la première fois à Nootka Sound, sur l'actuelle île de Vancouver, au cours de l'expédition du *Discovery* du capitaine Vancouver, qui poursuivait la découverte de la côte du Pacifique à la suite de la mort du capitaine James Cook. Au XIXᵉ siècle, David Douglas, le botaniste écossais qui lui a donné son nom, le redécouvrit en 1825 et l'introduisit en Angleterre et en Europe. Aujourd'hui, le sapin de Douglas couvre près de 2,5% de la forêt française, surtout dans le Massif central et le Morvan, et constitue l'une des principales essences résineuses de reboisement en Europe occidentale.

En Amérique du Nord, son lieu d'origine, où il occupe une vaste aire depuis la Californie jusqu'à la Colombie-Britannique, entre la côte du Pacifique et le versant est des montagnes Rocheuses, le sapin de Douglas peut vivre 500 ans. Son tronc très droit, quant à lui, peut avoir plus de 80 m de haut et plusieurs mètres de diamètre.

Excellent bois de charpente d'une grande durabilité, le sapin de Douglas est utilisé en menuiserie (extérieure et intérieure), entre autres pour fabriquer des lattes de plancher, et en ébénisterie. Il est également prisé pour ses dimensions et l'absence de nœuds et de défauts en construction navale ainsi que dans les travaux hydrauliques et maritimes (écluses, pilotis, appontements). Sans parler des panneaux d'aggloméré et des contreplaqués en sapin de Douglas – les plus populaires dans le domaine de la construction avec les contreplaqués en peuplier.

À l'extrémité sud du village, le **He-Tin-Kis Park** ★★ comporte un trottoir de bois à travers une petite forêt humide tempérée qui longe Terrace Beach. Cette courte promenade vous permettra d'apprécier la végétation. La promenade à travers le parc fait désormais partie du **Wild Pacific Trail**, une boucle de 2,7 km qui mène à l'**Amphitrite Point Lighthouse** ★ (phare), lequel se dresse sur la rive depuis 1905; il était appelé, à l'époque, «le cimetière du Pacifique», plusieurs navires s'étant échoués sur les récifs. Les restes d'un grand voilier se trouvent toujours au fond de la mer, au large. La Garde côtière canadienne possède un centre de contrôle du transport maritime au large des côtes *(visites guidées en été)*.

Cette courte boucle peut s'effectuer en moins d'une heure, et elle vaut sans aucun doute la peine d'être parcourue. Le Wild Pacific Trail longe la côte jusqu'à Halfmoon Bay dans la réserve de parc national Pacific Rim. La seconde phase du sentier, consiste en une boucle de 4 km autour de Big Beach (à l'extrémité de Matterson Drive). Tenez bien compte des panneaux qui vous avertissent de vous tenir à l'écart des roches, puisque les vagues déferlantes sont communes ici. Du sentier, vous aurez de magnifiques vues des Broken Group Islands, et, au printemps, vous aurez peut-être l'occasion d'apercevoir des baleines grises migratrices et d'autres mammifères marins. Ouvrez l'œil, et le bon, pour observer aussi les aigles qui survolent les environs.

Pour tirer le meilleur parti d'une promenade le long de ce sentier ou des autres pistes de la région, louez les services du naturaliste et biologiste **Bill McIntyre** *(Long Beach Nature;* ☎*250-726-7099, www.oceansedge.bc.ca/bill.html)*. Bill a tracé plusieurs itinéraires différents, et il est une mine inépuisable de renseignements absolument extraordinaire sur les eaux, les terres et

L'île de Vancouver et les Gulf Islands – **Attraits touristiques** - De Nanaimo à Tofino

La baleine grise

La baleine grise (*Eschrichtius robustus*) est une des plus massives de son espèce: la femelle peut atteindre jusqu'à 15 m de longueur, le mâle 14 m, et les deux ont un poids à l'âge adulte qui varie entre 15 et 30 tonnes. La diète de ce mammifère, qui peut consommer jusqu'à 1 200 kg de nourriture par jour, est principalement constituée de crevettes et de petits poissons. Chaque année, au printemps, des milliers de visiteurs se pressent à la réserve de parc national Pacific Rim dans la région de Tofino, dans l'espoir d'apercevoir près des côtes quelques baleines grises en route vers le nord.

La baleine grise accomplit la plus longue migration chez les mammifères: un impressionnant aller-retour de 19 500 km entre les eaux nordiques de la mer de Béring et les eaux chaudes de la péninsule de Baja California, au Mexique, à une vitesse de 60 à 80 km par jour. C'est près de la Baja California, entre décembre et février, que les baleines grises donnent naissance à leurs petits. À la mi-février, les femelles et les baleineaux commencent leur migration vers le nord, suivis des mâles. Certaines baleines commencent à se nourrir en atteignant les eaux ceinturant l'île de Vancouver; d'autres attendront l'approche des mers de Béring et de Chuckchi au large de l'Alaska et de la Sibérie. Durant l'été qu'elles passent dans ces eaux glaciales, les baleines grises se font une énorme réserve de nourriture qui peut atteindre entre 16% et 30% de leur poids corporel. En octobre, lorsque le début de l'hiver annonce la reprise du voyage migratoire vers la Baja California, les baleines sont capables de vivre des provisions accumulées.

La baleine grise ayant pratiquement disparu au milieu des années 1850, les chasseurs la délaissèrent soudainement, avant de se remettre à la chasser vers 1914: la population fut encore une fois presque décimée. Mais, depuis 1937, la baleine grise est une espèce protégée.

les cieux, tous très fertiles, qui entourent son patelin – vous découvrirez ici la signification du terme anglais *nurse-log*! Lui et son épouse tiennent également leur propre B&B (voir p 216).

Réserve de parc national Pacific Rim, secteur de Long Beach ★★★

La réserve de parc national Pacific Rim, secteur de Long Beach, généralement surnommée simplement Long Beach, débute sur la côte à l'extérieur d'Ucluelet et se termine juste avant Cox Bay, à l'extérieur de Tofino. Le long du chemin, vous trouverez neuf différents sentiers, tous de moins de 5 km et tous bien indiqués sur la Pacific Rim Highway. Arrêtez-vous au bureau de **Parcs Canada** *(Pâques à oct; route 4, ☎250-726-4212)* afin de vous procurer un plan.

Le long du chemin, vous verrez le **Wickaninnish Interpretive Centre** *(entrée libre; mi-mars*

à mi-oct; ☎250-726-7721), un petit centre d'interprétation (doublé d'un bureau d'information) où l'on projette des films (en anglais et en français) sur la nature de la région. Également sur le site se trouve le **Wickaninnish Restaurant** *(mi-mars à mi-oct 11h à 22h; ☎250-726-7706)*; même si personne ne s'extasie devant la nourriture qui y est servie, il serait difficile de voler la vedette à la vue qu'il offre.

Tofino ★

Tofino, située à l'extrémité nord-ouest de Long Beach, est une ville tranquille où les visiteurs discutent plein air et couchers de soleil. Les explorateurs espagnols Galiano et Valdés, qui ont découvert cette côte à l'été 1792, ont choisi le nom de Tofino en l'honneur de Vicente Tofino, leur professeur d'hydrographie.

Tofino compte environ 1 500 habitants; en été, ce nombre quadruple. La ville même n'est pas très intéressante; les vacanciers viennent ici pour jouir du soleil et du sable de Long Beach. L'eau est assez froide cependant. Les excursions d'observation des baleines et la pêche au saumon attirent aussi les touristes dans la région.

Cette municipalité regroupe des artistes peintres et des sculpteurs qui s'adonnent à leur art, fortement inspiré par les lignes naturelles que forme le paysage sauvage de la Côte Ouest.

La ville de Tofino se niche dans le Clayoquot Sound, parsemé d'un grand nombre d'îles et d'anses. La région a fait la une des quotidiens nationaux au milieu des années 1980, quand les écologistes locaux, les Amérindiens et la population en général bloquèrent la route en élevant une barricade – une première au Canada –, pour stopper les camions de transport et ainsi protester contre le projet de coupe commerciale de billes de bois dans les anciennes forêts pluvieuses tempérées de l'île de Meares, près de Tofino. Après deux décennies de protestations, un territoire de quelque 350 000 ha a été déclaré réserve de la biosphère de l'UNESCO, en l'an 2000. Quelque 110 000 ha de ce que couvre la réserve de la biosphère sont légalement protégés, aussi bien par des parcs provinciaux et nationaux que par des réserves écologiques, et le reste consiste en des zones de protection prévues pour du développement durable. Pendant que vous êtes dans la région, ne manquez pas les forêts anciennes de l'île de Meares, avec leurs cèdres géants, leurs épinettes, leurs sapins et autres sapins-ciguës: l'endroit est merveilleux.

De la mi-mars à la mi-avril, Tofino vit à l'heure du **Pacific Rim Whale Festival**, période pendant laquelle la population mondiale de baleines grises transite par la région. Chaque année, près de 21 000 baleines grises entreprennent un voyage migratoire de 16 000 km à partir de la péninsule de Baja California, au Mexique, jusqu'aux mers de Béring et de Chukchi, au large de l'Alaska et de la Sibérie. Les gros mammifères y passent tout l'été pour se nourrir des vastes bancs de krill qui pullulent dans ces régions. Plusieurs festivités sont organisées à Tofino pour marquer l'événement. (Voir p 210, pour plus de renseignements sur les excursions d'observation des baleines.)

Il existe une excursion d'un jour pour se rendre à Hot Spring Cove, les seules eaux thermales (*hot springs*) de l'île de Vancouver. D'une durée de deux heures au total, cette excursion en bateau permet de voir aussi quelques baleines et des aigles à tête blanche. À l'accostage, le bateau dépose les visiteurs au début d'un sentier de 2 km (environ 20 min de marche) qu'ils doivent suivre à travers une forêt pluvieuse pour rejoindre les eaux thermales s'écoulant dans l'océan. Il faut en profiter pour se plonger dans ces eaux chaudes puis dans l'eau salée rafraîchissante de la mer: c'est très bon, paraît-il, pour la circulation du sang... mais il faut prendre garde aux forts courants du Pacifique! Entre autres compagnies d'affrètement ayant pignon sur rue à Tofino, il y a **Chinook Charters** (*450 Campbell St.*, ☎*250-725-3431 ou 726-5221, www.chinook charters.com*) et **Sea Trek** (*441B Campbell St.*, ☎*250-725-4412 ou 800-811-9155, www.sea trektours.bc.ca*) qui proposent toutes deux l'excursion aux eaux thermales.

Pour en apprendre plus sur le riche (et de plus en plus rare) écosystème de la forêt pluvieuse de cette région tempérée, il faut se rendre au **Rainforest Interpretative Centre** (*entrée libre; 451 Main St.*, ☎*250-725-2560*). **Friends of Clayoquot Sound** (*angle Neil St. et First St.*, ☎*250-725-4218*), l'organisme qui protège les forêts de la région, s'assure également que les compagnies forestières respectent les accords gouvernementaux: si jamais une compagnie ne respectait pas ces accords, l'organisme élèverait des barricades sur les routes où circulent les camions transportant les billes de bois. Dans cette région où un arbre mature peut valoir jusqu'à 100 000$, c'est une bataille difficile. Les visiteurs repartent toujours d'ici avec une bonne connaissance de l'état de la forêt pluvieuse et des activités de l'organisme. Pour appuyer financièrement les efforts louables de l'organisme, on peut acheter un t-shirt ou une affiche.

Meares Island est une des îles de Clayoquot Sound comportant une vaste forêt mature ancienne où les arbres croissaient déjà bien avant l'arrivée des Européens. L'entreprise **Sea Trek Tours** (*25$ aller-retour;* ☎*250-725-4412 ou 800-811-9155, www.seatrektours.bc.ca*) propose une excursion en bateau et une longue promenade sur l'île aux côtés d'arbres gigantesques âgés de plus de 1 000 ans. Un sentier revêtu de planches (Big Tree Trail) y a été aménagé en 1993 par les nations amérindiennes locales, afin de donner accès au site tout en protégeant le sol du piétinement des visiteurs.

L'attrayante **Tonquin Beach** se trouve à 20 min de marche de Tofino *(prenez First St. vers le sud, tournez à droite dans Arnet Rd. et encore à droite dans Tonquin Rd.)*. Si vous ne pouvez vous rendre à Long Beach, vous serez satisfait de vous retrouver à Tonquin Beach, une plage plus petite mais très jolie.

Bamfield ★

Situé dans le fjord qu'est le **Barkley Sound**, sur le littoral ouest de l'île de Vancouver, Bamfield est un joli petit village assez isolé, accessible par un réseau de routes forestières, poussiéreuses en été et boueuses en hiver, au départ de Port Alberni ou de Lake Cowichan. Munissez-vous d'une bonne carte, gardez vos phares allumés et cédez toujours le passage aux camions transportant des billes de bois, surtout s'ils sont derrière vous.

La région s'avère un petit paradis pour les amateurs de plein air et les amoureux des forêts millénaires. Il est à remarquer que Bamfield est le point de départ du célèbre **West Coast Trail ★★★** (voir p 211), qui traverse la **réserve de parc national Pacific Rim ★★★** (voir p 207). Ce sentier comprend la portion de la côte sud-est de Barkley Sound entre les villages de Bamfield et de Port Renfrew. Ce «sentier des rescapés», un tracé de 75 km, a été aménagé au début du XXe siècle pour aider au sauvetage des marins naufragés alors que leurs bateaux s'écrasaient très souvent sur les récifs menaçants de la côte. De nos jours, il attire des marcheurs du monde entier et nécessite des réservations ainsi que beaucoup de préparation.

Circuit C: De Campbell River à Port Hardy
★★

Campbell River

Campbell River est une destination de premier choix pour les pêcheurs de saumons. Ce sport se pratique toute l'année, et cinq espèces de saumons fréquentent les eaux entourant Campbell River. À votre arrivée à Campbell River, prenez le temps d'aller au **Museum at Campbell River ★** *(5$; mi-mai*

à fin sept lun-sam 10h à 17h, dim 12h à 17h, oct à mi-mai mar-dim 12h à 17h; 470 Island Hwy., en face du parc Sequoia, Fifth Ave., ☎*250-287-3103 ou 287-8043, www.crmuseum.ca)*, un musée doublement intéressant par son architecture soignée et par son contenu sur l'histoire des Amérindiens et des pionniers. Plusieurs vestiges des premiers jours de Campbell River sont ici exposés. L'artisanat amérindien, représenté par des gravures, des sculptures et des bijoux, occupe également une place importante.

En chemin vers le centre-ville, arrêtez-vous au **Discovery Pier ★** *(625 Island Hwy., près de Government Wharf)* pour aller marcher et admirer le détroit de Georgie et les montagnes de la chaîne Côtière.

Un peu plus loin sur Island Highway se trouve le terminal de BC Ferries, d'où part le traversier pour Quadra Island.

Quadra Island et Cortes Island

Quadra Island et Cortes Island se trouvent dans la partie nord du détroit de Georgie et font partie des Discovery Islands.

Quadra Island ★★

Pour se rendre à Quadra Island, il faut prendre le traversier au départ de Campbell River qui accoste à **Quathiaski Cove** en moins de 10 min. L'île compte environ 4 000 résidants. En été, sa population double avec l'afflux des visiteurs attirés par son excellente réputation pour la pêche au saumon. Quadra Island est presque entièrement recouverte de forêts. Les habitants sont fiers de l'absence de crimes sur leur île; pour eux, avant tout, l'important c'est d'observer la politesse et d'afficher un sourire amical. Une fois arrivé sur l'île, assurez-vous de visiter le **Cape Mudge Lighthouse**, un phare construit en 1898. Sur la plage de la pointe sud de l'île, des **pétroglyphes** exécutés par des Autochtones il y a environ 1 000 ans sont visibles à marée basse.

Sur la route de **Heriot Bay**, une petite ville située dans le nord-est de l'île, vous croiserez le petit terminal de BC Ferries. C'est ici que vous prenez le bateau pour Cortes Island. Non loin du quai d'embarquement s'étend le joli petit Rebecca Spit Provincial Marine Park.

Cortes Island ★

Cortes Island se trouve à quelques milles nautiques de Desolation Sound et à 45 min de Quadra Island par traversier. La traversée en bateau, s'il fait beau, vaut à elle seule le déplacement. Une fois rendu sur l'île, vous remarquerez que les services pour touristes sont plutôt restreints. Les gens viennent ici surtout pour communier avec la nature: ils profitent ainsi des lagunes aux eaux cristallines riches en vie aquatique, des denses forêts et des plages de sable fin. C'est également un paradis pour les kayakistes de mer, les cyclistes et les excursionnistes de tout acabit. Cortes Island s'étale sur environ 25 km de long et 13 km de large. La pointe nord de l'île est sauvage et inhabitée. Sur la pointe sud se trouvent des restaurants, des hôtels et des épiceries.

À la sortie de la ville de Campbell River, dirigez-vous vers Gold River par la route 28. De la mi-août à la mi-octobre, vous pourrez voir les saumons remonter la rivière au **Quinsam Salmon Hatchery ★** *(tlj 8h à 16h; route 28, ☎250-287-9564)*, sur la rivière Campbell.

De retour sur la route 28, continuez en direction ouest vers Gold River et Nootka Sound.

Nootka Sound

Les Espagnols furent les premiers à naviguer dans les environs en 1774, mais, en 1778, le capitaine James Cook y accosta et revendiqua ces terres au nom du roi d'Angleterre. On découvre cette région riche en histoire par bateau depuis la baie de Nootka avec **Nootka Sound Service** *(☎250-283-2325)*.

De retour à Campbell River, prenez la Highland Highway 19 vers Sayward.

Sayward

Quand vous quitterez la route à Sayward Junction, arrêtez-vous au **Cable Cookhouse ★** *(☎250-282-3433)*. Le revêtement extérieur de ce bâtiment est fait de câbles enroulés les uns sur les autres. Les compagnies forestières utilisaient ces câbles pour transporter le bois vers les wagons. Plus de 2 km de câbles ont été utilisés ici pour monter les murs de ce restaurant. La petite municipalité de Sayward vit principalement de l'exploitation forestière. C'est par bateau qu'il

faut découvrir cette région. Le magnifique Johnstone Strait est parsemé d'îles riches et accueille une faune aquatique florissante.

Telegraph Cove ★★

Ce petit paradis reculé du littoral est de l'île de Vancouver était autrefois le point d'arrivée d'une ligne télégraphique qui longeait le rivage, d'où son nom de Telegraph Cove. Par la suite, une famille prospère acheta les terrains de la petite baie *(cove)* et y établit une scierie. Le temps s'est arrêté ici depuis; les petites maisons ont été conservées, et des plaques commémoratives expliquent, le long du trottoir de bois, les grandes étapes du développement du village. Aujourd'hui, les vacanciers fréquentent cet endroit pour aller à la pêche, faire de la plongée sous-marine ou aller observer les baleines. Ce long trottoir de bois borde la baie, d'où vous pouvez parfois apercevoir un phoque, une loutre ou même une baleine.

Port McNeill

Plus au nord se trouve Port McNeill, une ville de plus de 3 000 habitants qui est le centre régional de trois importantes compagnies forestières. L'entreprise **North Island Forest Tours ★★** *(gratuit; visites d'une durée de 6 à 7 heures; juil et août; North Island Forestry Centre, ☎250-956-3844)* organise des visites en forêt et sur les rivières pour observer la coupe de bois et la façon dont les hommes manipulent les géants verts. Vous devez réserver votre place et apporter un goûter.

Après l'industrie forestière, le tourisme maritime compte ici pour beaucoup. Il est également possible de faire de merveilleux voyages de pêche ou de mémorables excursions dans le détroit pour observer les baleines. La culture amérindienne occupe une place importante, surtout à Sointula et à Alert Bay, dans les îles avoisinantes. Un service de traversier assure la liaison plusieurs fois par jour.

Alert Bay ★★

Juste en face de Port McNeil, sur Cormorant Island, se trouve l'**U'mista Cultural Centre ★** *(5,35$; mi-mai à début sept tlj 9h à 17h, début sept à mi-mai lun-ven 9h à 17h; Front St., ☎250-974-5403, www.umista.org)*, qui présente l'histoire de la cérémonie du *potlatch* (qui signifie «donner») à travers l'histoire de la nation des Indiens u'mista. Les missionnaires ont tenté d'interdire cette cérémonie; une loi défendait à la communauté de danser, de préparer des objets destinés à être distribués et de faire des discours en public. Par la suite, cette cérémonie se pratiqua en cachette ou par mauvais temps alors que les Blancs ne pouvaient se rendre sur l'île. Une très belle collection de masques et de bijoux orne les murs. Vous devez voir les **Native Burial Grounds** et les **Memorial Totems ★★**, à savoir le cimetière autochtone et les grands mâts totémiques, afin de vous rendre compte de la richesse artistique des Amérindiens.

Port Hardy

Port Hardy est située à l'extrémité nord-est de l'île de Vancouver. Cette ville de pêcheurs et de travailleurs forestiers côtoie une faune marine et terrestre florissante. Si ce ne sont pas la pêche et les baleines qui vous attirent, la marche en forêt dans le **Cape Scott Provincial Park ★★** (voir p 208) vous comblera. Les visiteurs en route vers Prince Rupert et les îles de la Reine-Charlotte prennent le traversier à Port Hardy *(BC Ferries, ☎888-223-3779, www.bcferries.com)*.

The Copper Maker ★ *(entrée libre; lun-sam 9h à 17h; 114 Copper Way, Fort Rupert, en banlieue de Port Hardy, ☎250-949-8491)* se présente comme une galerie et un studio d'art amérindien. Des mâts totémiques de plusieurs mètres de haut se dressent sur place, en processus de fabrication ou en attente d'être acheminés vers leurs acheteurs. Prenez le temps d'observer les artistes à l'œuvre, et demandez-leur de vous expliquer la symbolique qui se cache derrière leurs dessins et leurs sculptures.

Circuit D: Gulf Islands
★★★

Les Gulf Islands sont autant d'endroits différents pour profiter de la nature et de l'isolement du monde, loin des bouchons de circulation. Le temps passe au rythme des arrivées et des départs des traversiers. Un esprit d'échange, de rencontre et de convivialité se dégage de ces oasis de paix, plus particulièrement en fin de journée, alors que les visiteurs se retrouvent au pub et se mêlent aux insulaires. Chaque

voyage réserve des surprises, que ce soit la découverte d'une île comme vous en avez toujours rêvé ou le passage d'un phoque sous votre kayak; ces moments resteront à jamais gravés dans votre mémoire.

Situées dans les eaux du détroit de Georgie, en tout 200 îles émergent entre le littoral est de l'île de Vancouver et le continent, dont font partie les Gulf Islands. À ces îles se joignent les îles San Juan, du côté des États-Unis.

Pour le transport d'une île à l'autre, contactez **BC Ferries** *(888-223-3779, www.bcferries. com)*.

Gabriola Island ★★

À seulement une vingtaine de minutes de traversier au départ de Nanaimo, Gabriola Island est une île où la nature abonde. La meilleure façon de la visiter est de la parcourir lentement à bicyclette. C'est un havre de paix que beaucoup d'habitants de Nanaimo ont décidé d'exploiter puisqu'ils y ont leur résidence permanente. Quant aux voyageurs, s'ils recherchent la tranquillité et les paysages apaisants, c'est le coin idéal pour y passer quelques jours.

Salt Spring Island ★

Salt Spring Island est la plus grande et la plus peuplée des Gulf Islands. Les Amérindiens y venaient pendant les mois d'été pêcher des fruits de mer, chasser le gibier à plumes et faire la cueillette de plantes. C'est en 1859 que les premiers Européens s'établissent dans cette île en implantant des fermes et de petits commerces. Aujourd'hui, plusieurs artistes en ont fait leur lieu d'habitation et de travail. Ils ouvrent leur studio au public. L'accès à l'île de Vancouver se fait rapidement; certaines personnes habitent ici en permanence et travaillent à Victoria. La ville de Ganges est le centre d'attraction commercial. Une promenade longe le port où se trouvent des boutiques et deux marinas.

Galiano Island ★★

Avec une population presque 10 fois moindre que celle de Salt Spring Island, Galiano Island demeure un endroit calme et pittoresque. Cette île a été nommée en l'honneur de Dionisio Galiano, un explo-

ÎLE DE VANCOUVER
circuit D: Gulf Islands

rateur espagnol qui a été le premier à naviguer dans les eaux environnantes. D'une trentaine de kilomètres de long sur plus de 2 km de large, l'île présente des axes nord-ouest et sud-est. Ses grèves offrent plusieurs points de vue et des plages de coquillages.

Mayne Island ★

Mayne Island est la voisine australe de Galiano. Cette île calme est habitée surtout par des gens retraités. Il y a moins de touristes; vous y découvrirez un endroit paisible et un terrain assez plat qui fait le grand bonheur des cyclistes. Au milieu du XIXᵉ siècle, au moment de la ruée vers l'or en Colombie-Britannique (1858), les mineurs qui quittaient Victoria pour rejoindre le fleuve Fraser s'arrêtaient ici, d'où le nom

de Miners Bay, avant de traverser le détroit de Georgie. Les premiers Européens à venir s'établir ici exploitèrent le sol pour la culture de la pomme. Vous pouvez encore aujourd'hui contempler ces grands vergers. Quelques bâtiments témoignent de l'arrivée des pionniers. La **St. Mary Magdalene Church ★** *(Georgina Point Rd.)*, construite en 1897, et tout en bois, vaut le détour. Le dimanche, elle est ouverte pour la messe; profitez-en pour aller voir les vitraux.

L'**Active Pass Lighthouse ★** *(Georgina Point Rd.)* guide les marins depuis 1885, mais la structure d'origine a été remplacée par une nouvelle tour en 1940. Une structure encore plus récente a été érigée en 1969. Le site est facile d'accès, et des plans et des cartes marines indiquent la situation géographique de l'île.

Saturna Island ★

Saturna est probablement l'île la plus isolée et la moins accessible des Gulf Islands, et les résidants, au nombre de 300 environ, souhaitent qu'elle le demeure. Par conséquent, Saturna compte peu d'installations et services, et seulement deux restaurants. Mais ça ne devrait pas vous empêcher de la visiter. Les amoureux de la nature seront fascinés par la flore et la faune insolites de l'île, tels ces champignons géants qui poussent dans les environs du **Mount Warburton**. Saturna Island abrite même un vignoble.

Le 1ᵉʳ juillet de chaque année, la célébration du Canada Day (fête du Canada) est l'occasion pour les habitants de se réunir autour d'un immense méchoui. C'est la plus grande fête de l'année sur l'île.

Pender Islands

Les îles nord et sud de Pender attirent les visiteurs souhaitant vivre au rythme de la campagne tout en profitant des plages et de nombreuses activités de plein air. La communauté de Pender Islands est active et s'investit constamment dans de multiples projets tels que le théâtre communautaire, les festivals et l'artisanat. Les îles, séparées par un canal étroit creusé en 1903, sont reliées par un petit pont. La partie sud, moins développée, présente de nombreux sentiers de randonnée dont un menant au sommet du **Mount Norman** et un autre menant au **Beaumont Marine Park**, qui abrite une jolie plage blanche de coquillages concassés. La majorité de la population habite l'île nord, dans la circonscription de Magic Lake et de Trincomali. On y retrouve **Port Washington**, **Hope Bay**, puis **Rossland** et ses sentiers menant à un lac et à l'océan.

Parcs et plages

De l'information sur les parcs provinciaux de la Colombie-Britannique est offerte sur le site Internet suivant:
www.bcparks.ca

De Victoria à Nanaimo et la Cowichan Valley

Quarry Wilderness Park ★ *(accès par Empress Rd. à partir de Shawnigan Lake-Cobble Hill Rd.,* ☎*250-746-2500)*. Après une heure de route, vous atteindrez le sommet de la colline. La **vue** depuis ce belvédère est magnifique.

Le **West Shawnigan Lake Provincial Park** *(au sud de Cobble Hill par Shawnigan Lake-Cobble Hill Rd.,* ☎*250-474-1336)* est un superbe endroit où s'adonner aux joies du pique-nique et de la natation. Les rives du lac sont sablonneuses et ombragées. Idéal pour se soustraire aux chaudes journées d'été.

Le **Somenos Marsh Wildlife Refuge** ★ *(5 min au nord de Duncan par la route transcanadienne,* ☎*250-746-4341)* fait partie du parcours migratoire de plus de 200 espèces d'oiseaux. Un sentier recouvert de planches de bois a été aménagé pour limiter l'impact humain sur le marais et pour ne pas déranger les oiseaux. N'oubliez pas votre appareil photo avec téléobjectif.

Le **lac Cowichan** *(*☎*250-749-3244)* est appelé par les Autochtones de l'endroit *Kaatza*, qui signifie «le grand lac». Il est idéal pour la voile, la planche à voile, la natation ou toute autre activité nautique.

Le **Carmanah Walbran Provincial Park** ★★★ *(information au bureau de tourisme de Lake Cowichan,* ☎*250-749-3244)*, une magnifique étendue sauvage, compte près de 17 000 ha de forêts anciennes qui prospèrent à l'abri des tronçonneuses dans un climat humide. C'est aussi dans cette région que se trouvent les plus grandes épinettes du monde, avec près de 95 m de haut! De plus, une telle végétation est propice au développement d'une faune variée, composée d'écureuils, de souris, de ratons-laveurs, de loups, d'aigles et de hiboux.

Ce parc est situé au sud de Bamfield, sur le littoral ouest de l'île de Vancouver. L'accès par Lake Cowichan est le plus direct, mais il s'agit malgré tout d'une route forestière non asphaltée et très caillouteuse. Prenez soin de vérifier l'état de vos pneus avant d'entreprendre ce trajet de 50 km, et munissez-vous d'une carte détaillée car la signalisation est très limitée.

À deux pas de Nanaimo s'offrent les 1 080 ha du **Maffeo Sutton Park Morrell Sanctuary** *(☎250-756-0106 ou 800-663-7337)*, propriété du Nature Trust of British Columbia. Ce parc propose au moins 12 km de sentiers bien entretenus à travers une magnifique forêt de pins de Douglas qui entoure le joli lac Morrell.

Le **Newcastle Island Provincial Park** *(accès par une navette maritime au départ du Maffeo-Sutton Park, ☎250-756-0106)* est un magnifique parc situé sur une île. Autrefois, une mine de charbon et un centre de villégiature de la Canadian Pacific Steamship Company s'y trouvaient. L'île tout entière est un parc, et vous aurez souvent l'occasion d'y rencontrer des vestiges du passé en vous promenant sur le sentier maritime.

De Nanaimo à Tofino

L'**Englishman River Falls Provincial Park** *(direction ouest par la route 4 jusqu'à l'intersection avec Island Hwy. 19; ☎250-391-2300)*, un très joli parc, se trouve à 16 km des routes principales: vous aurez la sensation d'être au bout du monde. L'Englishman River Falls Provincial Park est un endroit idéal pour la randonnée et les pique-niques; c'est aussi le paradis des pêcheurs puisqu'il abrite une des meilleures rivières à truites de l'île.

Le **Little Qualicum Falls Provincial Park** *(tout près du village de Coombs, ☎250-391-2300)* est lui aussi un joli endroit pour la randonnée et les pique-niques. Les chutes d'eau de la rivière Little Qualicum créent un paysage étonnant. De plus, il est possible de se baigner dans de véritables piscines naturelles aux abords du lac Cameron.

Le **MacMillan Provincial Park–Cathedral Grove** ★★★ *(à l'ouest de Coombs, à mi-chemin entre Coombs et Port Alberni, le long de la route 4, ☎250-391-2300)* est un endroit merveilleux et mystique. Les sapins de Douglas que l'on retrouve dans cette forêt magnifique atteignent près de 80 m, certains ayant plus de 800 ans. Lorsque que vous arpenterez les sentiers de Cathedral Grove, vous aurez vraiment l'impression d'être retourné à l'époque des dinosaures. C'est un bon exemple de ce que les premiers Européens ont découvert sur la Côte Ouest. Pour les Amérindiens, Cathedral Grove était un lieu sacré. Veuillez noter que le sentier est accessible aux personnes à mobilité réduite: une promenade de bois permet aux fauteuils roulants d'y avoir accès. Un incontournable!

Située à 6 km à l'est de Bamfield, **Pachena Bay** ★★★ est une plage magnifique qui fait partie de la réserve de parc national Pacific Rim. La beauté de l'endroit vous laissera des souvenirs impérissables. Il est de plus possible de camper sur la plage, et c'est gratuit! Période limitée de sept jours.

Réserve de parc national Pacific Rim, secteur de Long Beach ★★★ *(centre de renseignements de Long Beach, route 4, ☎250-726-7721)*. Des kilomètres de plages désertes, bordées de forêts humides tempérées, longent la réserve. L'accès aux plages, aux sentiers de randonnée pédestre et aux différents services est facile et très bien identifié. Voilà un site enchanteur, reposant, vivifiant et accessible toute l'année. Les amateurs de surf fréquentent ces plages, et **Live to Surf** *(1180 Pacific Rim Hwy., Tofino, ☎250-725-4464)* fait la location de planches de surf et de combinaisons de plongée.

On peut visiter la région de Tofino par bateau, ce qui permet de découvrir les trésors perdus des îles et des baies avoisinantes. Si vous voulez faire de la marche, allez voir les cavernes aux eaux sulfureuses ou des ours en forêt. L'entreprise **Sea Trek Tours** *(visite guidée en français; 455 Campbell St., Tofino, ☎250-725-4412 ou 800-811- 9155, www.sea trektours.bc.ca)* organise des excursions.

De Campbell River à Port Hardy

Les **plages de Qualicum Beach et de Parksville**, juste en retrait de la route 19, sont populaires. L'eau n'est pas profonde du tout, donc idéale pour les enfants.

Le **Horne Lake Caves Provincial Park** *(☎250-248-7829)* se compose en fait de quatre grottes naturelles qui offrent un aspect bien différent de la nature que l'on s'attend à retrouver sur l'île de Vancouver. Situées à la pointe ouest de Horne Lake par la route 19, à l'ouest de Qualicum Lake, les grottes sont ouvertes au public. Il faut cependant être en bonne condition physique, être bien équipé pour la spéléologie et aussi avoir l'expérience de ce genre de visites. Des excursions sont organisées tous les jours entre 10h et 17h (de juin à août) à la Riverbend Cave.

L'île de Vancouver et les Gulf Islands - Parcs et plages

Le **Strathcona Provincial Park** ★★ *(baignade, randonnée pédestre, pêche et 160 emplacements de camping; 48 km à l'ouest de Campbell River par la route 28, ☎250-391-2300)* est le plus ancien parc provincial de la Colombie-Britannique. Ces 250 000 ha de forêts et d'eau douce regorgent de trésors de la nature, entre autre de très grands sapins de Douglas dépassant les 90 m de hauteur. Le plus haut sommet de l'île de Vancouver est le Golden Hinde, qui atteint 2 220 m d'altitude.

La **Haig-Brown Kingfisher Creek Heritage Property** ★ *(2250 Campbell River Rd., Campbell River, ☎250-286-6646)*, un ancien domaine, appartenait au renommé auteur canadien-anglais Roderick Haig-Brown, qui s'est battu tout au long de sa vie pour la protection de la vie sauvage et de la nature. Située le long de la Campbell River, cette propriété mérite une visite.

Le **Miracle Beach Provincial Park** ★ *(22 km au sud de Campbell River, à l'intersection de Miracle Beach Dr. et de la route 19, ☎250-391-2300)* est une destination idéale pour les familles qui désirent être près des services disponibles tout en profitant de la plage.

Le **Cape Scott Provincial Park** ★★ *(67 km au nord-ouest de Port Hardy par Holberg Rd.; ☎250-391-2300)* couvre une superficie de 15 070 ha de forêts humides tempérées. Scott était un marchand de Bombay (Inde) qui finançait des expéditions commerciales de toutes sortes. Plusieurs navires se sont échoués sur cette côte, et depuis 1960 un phare guide les marins à leur passage. Les deux tiers du front de mer de 64 km de long comportent des plages sablonneuses. À l'intérieur des terres, le terrain accidenté côtoie des arbres géants aux essences variées, comme le cèdre rouge et le pin. Il y tombe jusqu'à 500 mm de pluie par année, et les tempêtes sont fréquentes à cet endroit reculé de l'île de Vancouver. Il est recommandé le visiter durant les mois d'été.

Gulf Islands

Salt Spring Island

Le **Mount Maxwell Provincial Park** ★ *(au sud de Ganges, prenez Cranberry Rd., puis Mount Maxwell Rd. jusqu'au bout, ☎250-391-2300)* est aménagé à flanc de montagne, et le point de vue sur l'île de Vancouver et les îles méridionales vaut le détour. Le site d'observation est facilement accessible.

Le **Ruckle Provincial Park** *(☎250-391-2300)* est le plus grand parc des Gulf Islands. Doté d'un riche passé historique, il abrite la plus ancienne ferme familiale de la Colombie-Britannique. Plusieurs sentiers pédestres sillonnent ses forêts et la côte.

Beddis Beach se présente comme l'une des meilleures plages de l'île. Il s'agit d'un endroit paisible, agrémenté de quelques étendues de sable blanc fin.

Galiano Island

L'île Galiano renferme de très beaux parcs provinciaux donnant sur la mer.

Le **Montague Harbour Marine Provincial Park** ★★ *(du côté ouest de Galiano, à 10 km du quai de débarquement, ☎250-391-2300)* est un parc marin très intéressant, tant par sa beauté que par ce qu'il offre: lagune, plage de coquillages, campement aménagé. Le coucher de soleil depuis la plage nord, un point de vue idéal, vous fera rêver.

Le **Bluffs Park** ★ *(Bluff Rd., par Georgeson Bay Rd. ou Burrill Rd.)* offre une vue en plongée sur l'Active Pass, où les traversiers en direction de Swartz Bay (Victoria) et de Tsawwassen (Vancouver) se rencontrent, créant ainsi beaucoup de va-et-vient.

Mayne Island

La plage de **Bennett Bay** est très agréable et constitue certainement l'une des belles promenades de Mayne Island.

Hornby Island

Le **Helliwell Provincial Park** *(☎250-248-9460)* est un petit parc où vous pouvez faire une excursion d'un jour (5 km) aux côtés d'énormes sapins le long de la magnifique côte de l'île. Vous y admirerez aussi des éboulis de roches que la mer sculpte en œuvres d'art depuis des milliers d'années d'érosion.

Pender Islands

Parmi les belles randonnées des îles Pender, celle qui mène du mont Normand au **Beaumont Marine Park** est sans doute celle qui retiendra le plus votre attention. Des tables de pique-nique et des emplacements de camping sont disponibles dans le parc aux abords de la plage. Ainsi, les randonneurs pourront même prévoir y passer la nuit.

Activités de plein air

■ Benji

De Victoria à Nanaimo et la Cowichan Valley

Allez chez **Bungy Zone** *(15 min au sud de Nanaimo par la route 1, prenez Nanaimo River Rd. à droite; Nanaimo, ☎250-753-5867 ou 800-668-7874, www.bungyzone.com)* si vous êtes à la recherche de sensations fortes! Nanaimo en a fait une attraction: les aventuriers sautent d'un pont au-dessus de la rivière Nanaimo.

■ Golf

De Campbell River à Port Hardy

Situé dans la Comox Valley, **Crown Isle** *(75$/18 trous en haute saison; 399 Clubhouse Dr., Courtenay, ☎250-703-5050 ou 888-338-8439, www.crownisle.com)* se présente comme l'un des plus beaux terrains de golf de la province. S'étendant sur un domaine de 326 ha, son parcours à 18 trous a remporté de nombreux prix internationaux prestigieux.

■ Kayak

De Victoria à Nanaimo et la Cowichan Valley

Wildheart Adventure Tours *(1560 Brebber Rd., Nanaimo, ☎250-722-3683 ou 877-722-3683, www.kayakbc.com)* organise, depuis 1990, des expéditions de choix partout autour de l'île de Vancouver. Les expéditions de Wildheart Adventure Tours sont sécuritaires, et il n'est pas nécessaire d'avoir de l'expérience pour y participer. Vous pouvez partir pour une journée ou pour une semaine. Téléphonez pour recevoir la brochure.

De Nanaimo à Tofino

Chez **Tofino Sea Kayaking** *(320 Main St., Tofino, ☎250-725-4222 ou 800-863-4664, www.tofino-kayaking.com)*, toutes les randonnées commencent par un cours. D'autre part, chacune d'elles est guidée par des naturalistes qui ont une expérience très avancée du kayak de mer et qui sont certifiés en secourisme et en premiers soins. Expéditions organisées à Meares Island, à Lemmens Inlet et aux Harbour Islands. Vous pouvez aussi louer un kayak, à condition d'avoir suffisamment d'expérience.

Remote Passages (voir plus loin) propose aussi des excursions en kayak de mer qui incluent une randonnée pédestre à l'intérieur de la vieille forêt de Meares Island *(69$/4 heures)* ou une sortie plus courte au coucher du soleil *(55$/2 heures 30 min)*.

Même si vous pouvez atteindre facilement l'archipel des Broken Islands au départ de Bamfield, des excursions en kayak au départ d'Ucluelet sont aussi possibles avec **Majestic Ocean Kayaking** *(1167 Helen Rd., Ucluelet, ☎250-726-2868 ou 800-889-7644)*. Toutes les excursions incluent des repas gastronomiques.

De Campbell River à Port Hardy

Le **T'ai Li Lodge** *(Cortes Bay, Cortes Island, ☎250-935-6749 ou 800-939-6644)* est un centre marin d'aventures qui fait face au parc de Desolation Sound. Vous apprendrez à faire de la voile et du kayak de mer en des endroits formidables tout en étant guidé par des naturalistes. Une formule d'hébergement est aussi disponible.

Gulf Islands

Sea Otter Kayaking
149 Lower Ganges Rd., Salt Spring Island
☎ (250) 537-5678 ou 877-537-5678
Sea Otter Kayaking propose des excursions guidées de deux heures à cinq jours, des cours et de la location d'équipement.

Gulf Islands Kayaking
40$ à 50$/3 heures
Montague Marina
Galiano Island
☎ (250) 539-2442
Excursions guidées.

Kayak Pender Island
49$/3 heures
Otter Bay Marina
Pender Islands
☎ (250) 629-6939 ou 877-683-1746
Excursions guidées.

■ Observation des baleines

De Nanaimo à Tofino

Remote Passages
71 Wharf St.
Tofino
☎ (250) 725-3330 ou 800-666-9833
www.remotepassages.com
Remote Passages, une entreprise hautement professionnelle qui se spécialise en
activités éducatives d'observation des baleines, offre ses services dans la région depuis de nombreuses années. Confortablement assis dans un Zodiac qui ne secoue
pas ses passagers, vous aurez l'occasion de
voir des baleines grises, des épaulards et
peut-être une baleine à bosse en été *(69$/
pers.; durée de 2 heures 30 min à 3 heures)*. On
y propose aussi une sortie qui dure toute
la journée, jusqu'aux sources chaudes qui
jaillissent à l'extrémité nord du Clayoquot
Sound *(110$/pers.)*, ainsi qu'une excursion
d'observation des ours *(69$/pers.; durée de
2 heures 30 min)*.

Aussi bien **Island West Fishing Resort**
*(425$/2 pers./6 heures de mars à mai, 575$ en
juin et sept, 625$ en juil et août; à la fois une
excursion d'observation des baleines et un voyage
de pêche; mars et avr; 1990 Bay St.,* ☎*250-726-
7515, www.islandresort.com)* que **Canadian
Princess Resort** *(1943 Peninsula Rd.,* ☎*250-
726-7771 ou 800-663-7090, www.canadian
princess.com)* sont des entreprises qui proposent des excursions d'observation des
baleines au départ d'Ucluelet.

Chinook Charters *(450 Campbell St., Tofino,*
☎*250-725-3431 ou 726-5221, www.chinook
charters.com)* propose des sorties en mer
pour aller observer les baleines grises. La
meilleure période est mars à octobre, où
les baleines sont en grand nombre.

De Campbell River à Port Hardy

Robson Bight Charters *(80$; début juin à oct;
Sayward,* ☎*250-282-3833 ou 800-658-0022)*
organise des visites guidées dans le détroit
de Johnstone pour observer les orques.
La population de ces mammifères marins
revient chaque année. Un spectacle qui ne
vous laissera pas indifférent.

Gulf Islands

April Point Resort
900 Quathiaski Cove, Quadra Island
☎ (250) 285-2222 ou 800-773-7090
www.aprilpoint.com

■ Pêche

De Campbell River à Port Hardy

Discovery Fishing Pier *(permis de pêche obligatoire: appelez pour en connaître le prix; Government Wharf, Campbell River,* ☎*250-286-6199)*
est un long quai de plus de 150 m où il
est possible de se procurer l'équipement
de base pour pêcher. Les marcheurs fréquentent cet endroit.

Calypso Fishing Charters *(633 Glenalan Rd.,
Campbell River,* ☎*250-923-5831 ou 888-225-
9776)* propose des excursions de pêche
au saumon dans le confort d'une vedette
rapide équipée de toilettes. Le carburant et
tout l'équipement de pêche sont inclus. Réservations recommandées. Prix: 428$ pour
deux personnes ou 485$ pour quatre, et
ce, pour une excursion de cinq heures au
minimum.

Hook & Reel Charters *(16063 Bunny Rd., Campbell River,* ☎*250-287-4436)* vous emmènera
à la pêche au saumon dans la région de
Brown Bay, à une demi-heure au nord de
Campbell River par la route 19. Tarifs: 75$
pour une ou deux personnes, 90$ pour
trois ou quatre personnes, et ce, pour une
excursion d'une durée minimale de quatre
heures (taxes incluses).

Discovery Charters *(Quathiaski Cove, Quadra Island,* ☎*250-285-3146)* est un établissement
de grande classe qui propose des expéditions de pêche au saumon. Après une
excitante journée en mer, plusieurs types
d'hébergement vous seront proposés. Les
Beach Houses sont de petites maisons

construites au bord de l'eau et équipées de cuisinettes.

■ Plongée sous-marine

De Victoria à Nanaimo et la Cowichan Valley

Les eaux du littoral est de l'île de Vancouver attirent chaque année des centaines de plongeurs à la recherche d'un spectacle haut en couleur et en vie marine. La région de Nanaimo offre ce genre d'émerveillement avec **Sundown Diving Charters** *(différents forfaits et tarifs; 22 Esplanade, Nanaimo, ☎250-753-1880, www.sundowndiving.com)*.

De Nanaimo à Tofino

Le secteur de l'**archipel de Broken Group** de la **réserve de parc national Pacific Rim** *(centre de renseignements: ☎250-726-7721)* est un dédale d'îles, d'îlots, de récifs et de nombreux rochers se prêtant à d'intéressantes plongées pour débutants, plongeurs plus aguerris, ou encore pour les plongeurs d'expérience.

De Campbell River à Port Hardy

Paradise Found Adventure Tours *(119$/jour; début juil à mi-oct; ☎250-923-0848 ou 800-897-2872, www.paradisefound.bc.ca)* vous emmène à la hauteur des saumons dans la rivière Campbell. Pour ce prix, le masque, les palmes et la veste de plongée sont fournis. Vous n'avez plus qu'à vous laisser guider à travers les saumons, qui peuvent atteindre 1 m de long.

Sun Fun Divers *(réservations requises; 445 Pioneer Hill Dr., Port McNeill, ☎250-956-2243)* organise des sorties de plongée sous-marine dans la région: Port Hardy, Quatsino Narrows et Port McNeill.

■ Randonnée pédestre

De Victoria à Nanaimo et la Cowichan Valley

Nanaimo offre des kilomètres de sentiers de promenade dans la nature ainsi qu'une grande variété de sites de plein air. Pour tout renseignement concernant les activités organisées, l'idéal est de faire une petite halte à l'**office de tourisme** *(Beban House, 2290 Bowen Rd., ☎250-756-0106 ou 800-663-7337)*, car on vous y donnera tous les détails ainsi que de bonnes cartes.

Le **Harbourside Walkway** est un chemin piétonnier asphalté qui s'étend sur plus de 4 km à partir du port de plaisance situé au centre-ville de Nanaimo. Vous passerez devant le centre commercial **Pioneer Plaza**, où vous pouvez aller jeter un coup d'œil aux boutiques. Par la suite, vous atteindrez le **Yacht Club** ainsi que les différentes boutiques pour marins. C'est une jolie promenade à la fois urbaine et maritime puisque, tout le long du trajet, vous suivrez le bord de mer.

De Nanaimo à Tofino

Le **West Coast Trail**, qui fait partie de la **réserve de parc national Pacific Rim** *(centre de renseignements de Long Beach, route 4, ☎250-726-7721)* longe la côte sud-est du **Barkley Sound** entre les villages de **Bamfield** et de **Port Renfrew**. Le «sentier des rescapés», comme il a été surnommé, est un tracé de 75 km qui a été aménagé au début du XXe siècle pour aider au sauvetage des marins naufragés. Le sentier suit à peu près le tracé d'une ancienne ligne télégraphique établie en 1890 le long d'un littoral accidenté: 66 navires se sont échoués dans ce secteur appelé le «cimetière du Pacifique». La topographie présente des plages sablonneuses et des promontoires rocheux.

Le West Coast Trail borde une forêt ombreuse côtière où règnent de vieux peuplements d'épinettes, de pruches occidentales et de thuyas. Certains des arbres les plus hauts du Canada (plus de 90 m) se trouvent sur le sentier ou à proximité.

Pour parcourir le West Coast Trail, on peut se prévaloir du **système de réservation** *(☎250-663-6000)*: il est obligatoire de se procurer un permis de droit de passage. Le sentier est accessible du début du mois de mai à la fin du mois de septembre.

Un droit de réservation non remboursable de 25$ est imposé pour chaque personne, en plus de frais de sentiers de 110$. Vous pouvez réserver tous les jours, de 6h à 18h (heure du Pacifique), en téléphonant à **Super, Natural British Columbia** *(☎800-435-5622, www.hellobc.com)*.

Il est important que les randonneurs intéressés sachent que le West Coast Trail n'est pas sans danger: le parcours est ardu, et les blessures et les accidents sont fréquents. Le sentier est destiné aux randonneurs d'expérience en bonne forme physique qui sont prêts à affronter un milieu sauvage. Ce n'est pas un sentier où les débutants peuvent s'aventurer. Vous devez aussi être équipé pour affronter la pluie et il est fortement recommandé d'emporter un réchaud de camping en plus d'une trousse de premiers soins. Les quelques livres suivants peuvent être utiles avant le départ pour étudier le parcours: *The West Coast Trail & Nitinat Lakes*, Sierra Club, Victoria; *Blisters & Bliss*, D. Foster & W. Aitken; *Pacific Rim Explorer*, Bruce Obee, Whitecap Books.

La **réserve de parc national Pacific Rim, secteur de Long Beach** *(centre de renseignements de Long Beach, route 4,* ☎*250-726-4212)* renferme entre autres le **sentier de la forêt humide** *(6,4 km au nord du centre de renseignements)*, d'une longueur de 2 km, qui traverse une forêt humide tempérée. Des panneaux d'interprétation disposés le long du sentier expliquent les cycles de la forêt et les espèces qui y vivent. Il est recommandé de s'informer auprès des responsables du parc de la présence d'animaux sur les sentiers. Il arrive que les gardes décident d'en fermer certains à cause de la présence d'ours.

De Campbell River à Port Hardy

Le **Strathcona Provincial Park** *(deux entrées: l'une à l'ouest de Courtenay et l'autre à Campbell River,* ☎*250-954-4600)* offre une grande variété de sentiers, pour un après-midi seulement ou pour une excursion de quelques jours dans l'arrière-pays. Si vous avez le temps d'entreprendre une courte excursion d'une heure, profitez-en pour emprunter le sentier de 2,2 km de **Paradise Meadows**, qui mène au parc de stationnement du mont Washington, au lieu dénommé Forbidden Plateau. Assurez-vous de connaître les prévisions météorologiques avant de partir car il peut même neiger en juillet ici.

Le **Mount Geoffrey Nature Park** *(*☎*250-334-6000)* se trouve au milieu de Hornby Island. Les sentiers qu'il renferme grimpent jusqu'au point le plus élevé de l'île, soit à une altitude de 1 000 m, d'où vous aurez un magnifique point de vue sur les cimes enneigées du parc provincial Strathcona, sur l'île de Vancouver.

Le **Cape Scott Provincial Park** *(67 km au nord-ouest de Port Hardy par Holberg Rd.;* ☎*250-391-2300)* s'étend sur une superficie de 22 294 ha de forêts humides tempérées. Depuis le stationnement de San Josef Bay, vous devez compter une bonne journée de huit heures à pied pour atteindre Cape Scott. Seuls des sentiers de randonnée pédestre donnent accès à Cape Scott.

■ Ski alpin

De Campbell River à Port Hardy

Le **Mount Washington Alpine Resort** *(Howard Rd., Courtenay,* ☎*250-338-1386 ou 888-231-1499, www.mountwashington.ca)* se trouve à 1 588 m d'altitude. Les skieurs peuvent profiter d'une vue de 360°. De là, vous apercevrez la chaîne Côtière et les dizaines d'îles qui ferment le détroit de Georgie. La région reçoit chaque année d'importantes chutes de neige; la saison de ski débute en décembre.

■ Surf

De Nanaimo à Tofino

La **réserve de parc national Pacific Rim** possède une magnifique plage continue de près de 45 km, soit **Long Beach**. Les surfeurs y découvrent un terrain de jeu illimité. Les vagues du Pacifique permettent une «glisse» de choix. En hiver, elles atteignent 8 m de haut! Un rêve pour les fous du surf. Vous pouvez, vous aussi, vous adonner à ce sport peu commun en louant l'équipement et en suivant des cours. Combinaison nécessaire car l'eau est très froide!

Voici quelques bonnes adresses à Tofino pour la location et pour s'informer des précautions à prendre:

Storm Surf Shop
444 Campbell St.
Tofino
☎ (250) 725-3344
www.stormsurfshop.com

Live to Surf
1180 Pacific Rim Hwy.
Tofino
☎ (250) 725-4464
www.livetosurf.com

■ Vélo de montagne

De Nanaimo à Tofino

Une voie de service a été revêtue le long de la route entre la réserve de parc national Pacific Rim Park et Ucluelet. Pour louer un vélo, vous pouvez vous adresser à **Chain Reaction** (☎*250-442-0118*).

Bien que la région de Tofino compte quelques pistes pour le vélo de montagne, Long Beach constitue le meilleur endroit pour ce sport. Le sable battu de cette plage sans fin vous assure une bonne traction. **Tofino Kite & Bike Shop** *(441-A Campbell St., ☎250-725-1221)* fait la location de vélos.

De Campbell River à Port Hardy

Plusieurs amateurs de vélo de montagne se rendent dans la région de Courtenay, notamment au **Mount Washington Alpine Resort** *(Howard Rd., Courtenay, ☎250-338-1386 ou 888-231-1499, www.mountwashington.ca).* Les vrais mordus, quant à eux, se régaleront du Monster Mile Downhill et du Discovery Trail.

Gulf Islands

Hornby Island et Denman Island permettent de s'offrir de merveilleux moments en vélo de montagne. Sur Hornby Island, quelques pistes pénètrent dans le massif central de l'île. Elles zigzaguent à travers une dense forêt, et la topographie variée du terrain saura plaire aux plus difficiles des sportifs. Pour louer un vélo de montagne, contactez le **Co-op Store** à Hornby (☎*250-335-1121*).

■ Voile

De Victoria à Nanaimo et la Cowichan Valley

Herizentm Sailing for Women *(307-160 Vancouver Ave., Nanaimo, ☎250-753-4253 ou 866-399-4253)* est une école de voile bien spéciale car elle ne s'adresse qu'aux femmes, et bien sûr, le personnel est composé exclusivement de femmes. Herizentm propose des cours complets avec stages incluant quelques repas, les boissons et l'hébergement.

Gulf Islands

La **Sailing School on Salt Spring Island** *(749$ pour le cours CYA, comprenant l'hébergement pour 3 nuits; 422 Sky Valley Rd., Salt Spring Island, ☎250-537-2741)* est une école de voile qui propose des forfaits *Sail 'n' Stay* (voile et hébergement).

L'île de Vancouver et les Gulf Islands - **Activités de plein air**

Hébergement

De Victoria à Nanaimo et la Cowichan Valley

Malahat

Aerie Resort
$$$$$ pdj
≡, ◉, ▲, ▦, ⊌, ⫶⫶⫶, ⛌
600 Ebadora Lane
☎ (250) 743-7115 ou
800-518-1933
▤ (250) 743-4766
www.aerie.bc.ca
L'Aerie Resort, membre de l'association «Relais et Châteaux», fait honneur à son slogan de «château en montagne», magnifiquement perché et isolé au sommet du mont Malahat. Son mobilier et ses accessoires personnalisés sont pour le moins fastueux, et la plupart de ses chambres régulières disposent d'une terrasse ou d'un balcon privé; moyennant un léger supplément, vous aurez même droit à une baignoire à remous, à une cheminée avec foyer, à une douche-vapeur et à un lit à colonnes, à moins que vous ne préfériez un «lit bateau» revêtu de cuir somptueux. Une piscine intérieure et une autre extérieure, un court de tennis et une station thermale à l'européenne s'ajoutent aux installations. Forfaits gastronomiques et «petits soins» disponibles.

Duncan

Village Green Inn
$$
≡, ☛, ▦, ⊌
141 Trans-Canada Hwy.
☎ (250) 746-5126 ou
800-665-3989
▤ (250) 746-5126
Le Village Green Inn est le plus grand hôtel de Duncan. Il se trouve à une courte distance de marche du centre-ville, des boutiques et du Cowichan Native Village. Les 80 chambres sont très confortables, avec cuisinette sur demande. Un bar, un restaurant et un magasin vendant vins et spiritueux sont installés dans l'hôtel; une piscine et un court de tennis sont mis à la disposition de la clientèle.

Falcon Nest Motel
$$
⛌, ☛, ▦, ≡
5867 Trans-Canada Hwy.
☎ (250) 748-8188
▤ (250) 748-7829
Le Falcon Nest Motel est un petit motel un peu vieillot mais bien situé, à deux pas des restaurants de la route transcanadienne. Prix abordables. La patronne est sympathique.

Cowichan Bay

Oceanfront Grand Resort & Marina
$$$-$$$$
▦, ⊌
1681 Cowichan Bay Rd.
☎ (250) 701-0166 ou
800-663-7898
▤ (250) 701-0126
www.thegrandresort.com
L'Oceanfront Grand Resort & Marina est un bel hôtel de 56 chambres, chacune d'elles offrant une belle vue sur la mer et les montagnes. De plus, vous y trouverez un bar et un restaurant, ainsi qu'une piscine intérieure

et un magasin vendant vins et spiritueux. Des hydravions viennent amerrir juste devant l'établissement. Plusieurs des chambres ont été rénovées.

Nanaimo

Nicol Street Hostel
$
bc, ☛
65 Nicol St.
☎ (250) 753-1188
▤ (250) 753-1185
La chaleureuse atmosphère amicale du Nicol Street Hostel compense son emplacement près de la bruyante route transcanadienne. Située à quelques rues du centre-ville, l'auberge de jeunesse offre à sa clientèle des bons de réduction valables dans quelques restaurants de Nanaimo. C'est la plus agréable des deux auberges de jeunesse de Nanaimo.

Jingle Pot Bed & Breakfast
$$ pdj
≡, ▲, ⫶⫶⫶, ☛
4321 Jingle Pot Rd.
☎ (250) 758-5149 ou
888-834-0599
▤ (250) 751-0724
www.gitescanada.com/1828.html
Le Jingle Pot Bed & Breakfast est tenu par un marin, le capitaine Ivan, qui se fera un plaisir de vous servir en français. Il a aménagé deux chambres luxueuses pour faire de votre séjour un moment agréable. Si vous prévoyez faire une excursion en mer, le capitaine Ivan pourra vous donner de bons conseils.

The Whitehouse on Long Lake B&B
$$ pdj
◉, ▲
231 Ferntree Pl.
☎ (250) 756-1185 ou

877-956-1185
☐ (250) 756-3985
www.nanaimobandb.com
Situé à seulement 10 min du centre-ville sur les rives du Long Lake, le White-house possède sa propre plage privée. Endroit idéal pour les familles, cet établissement se trouve tout près des sentiers pédestres et des pistes cyclables.

Best Western Dorchester Hotel
$$
♨

70 Church St.
☎ (250) 754-6835 ou
800-661-2449
☐ (250) 754-2638
www.dorchesternanaimo.com
Le Best Western Dorchester dispose de 65 chambres confortables, décorées simplement, qui offrent une belle vue sur le port de Nanaimo. Son aménagement est semblable à ceux des autres Best Western de la région. Une valeur sûre.

Rocky Point Ocean View Bed & Breakfast
$$-$$$ pdj
◎, ☛

4903 Fillinger Ct.
☎ (250) 751-1949 ou
888-878-4343
☐ (250) 758-6683
www.rockypoint.bc.ca
Les vues du détroit de Georgie et, par temps clair, des montagnes de la chaîne Côtière vous émerveilleront. La décoration des deux chambres est un peu lourde, mais l'accueil des hôtes vous fera oublier ces petits détails.

Inn on Long Lake
$$$
☂, ◎, ⇆, ✳, ⫘
4700 North Island Hwy.
☎ (250) 758-1144 ou
800-565-1144
☐ (250) 758-5832
www.innonlonglake.com

Relaxez-vous sur les rives du Long Lake, au nord de Nanaimo. Toutes les chambres sont orientées vers l'eau. Vous aurez accès à une plage privée ainsi qu'à un centre de conditionnement physique. Situé à deux pas de la gare maritime de Departure Bay de BC Ferries.

Coast Bastion Inn
$$$$
≡, ✳, ◎, ⇆, ≋, ⫙, ⫘
11 Bastion St.
☎ (250) 753-6601 ou
800-663-1144
☐ (250) 753-4155
www.coasthotels.com
Le Coast Bastion Inn est un hôtel tout confort de 177 chambres, qui profitent toutes de la superbe vue de la région. Certaines sont même équipées d'une baignoire à remous. Au rez-de-chaussée, un restaurant et un pub vous accueillent.

De Nanaimo à Tofino

Parksville

Paradise Sea Shell Motel & RV Park
$ – parc de véhicules récréatifs
$$ pdj – motel
☛
411 West Island Hwy.
☎ (250) 248-6171 (motel)
☎ (250) 248-6612 (parc de véhi-cules récréatifs)
☎877-337-3529
☐ (250) 248-9347
www.paradiseseashellmotel.com
Le Paradise Sea Shell Motel & RV Park est situé à quelques pas de la grande plage de Parksville. Si vous conduisez un véhicule récréatif, vous aurez la possibilité d'y réserver un emplacement et profiterez des mêmes avantages que

les clients du motel, c'est-à-dire accès à la plage et à l'énorme Paradise Adventure Mini-Golf (impossible de le manquer avec son château et sa chaussure géante).

Maclure House Inn
$$$-$$$$ pdj
1051 Resort Dr.
☎ (250) 248-3470
☐ (250) 248-5162
www.maclurehouse.com
Une atmosphère douillette de pub anglais se dégage de cette auberge-restaurant installée dans un édifice à colombages de style Tudor bâti en 1921 et offrant une vue sur la mer. L'auteur Rudyard Kipling est réputé avoir jadis séjourné dans ce lieu qui renferme aujourd'hui des chambres chaleureuses et confortables, d'esprit victorien, avec un cachet d'antan des plus authentiques. Les tarifs du Maclure font de ses chambres une aubaine, mais n'oubliez pas qu'elles sont situées au-dessus du restaurant; donc il peut être difficile de se coucher tôt. De plus, réservez à l'avance, surtout si vous désirez une chambre avec vue. Les visiteurs qui arrivent avant 16h30 peuvent profiter d'un léger thé en après-midi.

Tigh-Na-Mara Resort Hotel
$$$$
◎, ☛, ☂, ≋, ⫘, ⇆, ⚓, ⛾
1155 East Island Hwy.
☎ (250) 248-2072 ou
800-663-7373
☐ (250) 248-4140
www.tigh-na-mara.com
Blotti parmi les arbres, près de la plage, cet établissement se présente comme un lieu d'hébergement familial. On y trouve des cabanes en rondins avec une ou deux chambres dans la forêt, des apparte-

ments avec vue sur la mer et balcon, ainsi que des studios. On propose aussi des tarifs à la semaine ainsi que des forfaits détente au Grotto Spa. Cet hôtel est une option intéressante pour ceux qui veulent s'offrir un séjour tranquille à la plage avec les enfants.

Qualicum Beach

Quatna Manor Bed & Breakfast
$$ pdj
bc/bp
512 Quatna Rd.
☎ (250) 752-6685
🖷 (250) 752-8385
www.wcbbia.com/pages/quatna.
html
Le Quatna Manor Bed & Breakfast est une adresse à retenir. L'accueil chaleureux de Bill et Betty, dans leur maison de style Tudor, agrémente le séjour des visiteurs. Un petit déjeuner copieux est servi dans la salle à manger. Bill est un retraité de l'Armée de l'air; son travail l'a amené à beaucoup voyager, et ses histoires rendent le petit déjeuner tout à fait mémorable.

Casa Grande Inn
$$$
☀, ✳, ◉
3080 West Island Hwy.
☎ (250) 752-4400 ou
888-720-2272
🖷 (250) 752-4401
www.casagrandeinn.com
Ce motel flambant neuf, au nom et au style évoquant le Nouveau-Mexique, propose des chambres propres avec balcons, dont plusieurs donnent sur l'océan. Si c'est le genre d'hébergement que vous recherchez, le Casa Grande Inn est tout indiqué.

Qualicum Heritage Inn
$$$
✳, ♨
427 College Rd.
☎ (250) 752-9262 ou
800-663-7306
🖷 (250) 752-5144
www.qualicumheritageinn.com
Ancien pensionnat pour garçons de 1935 à 1970, l'édifice où est installé le Qualicum Heritage Inn affiche un faux style Tudor avec ses demi-colombages. Malgré le thème médiéval un peu kitsch qui y règne et son intérieur plutôt sombre, ne vous laissez pas décourager au premier coup d'œil puisque les chambres à coucher sont confortables et même jolies. Celles qui ont été rénovées sont garnies de mobilier en pin et décorées de tons pastel ou plus vifs, et certaines ont un balcon avec vue sur la mer.

Heritage Cottage Bed and Breakfast
$$$$ pdj
⚠
106 Hoylake Rd. E.
☎ (250) 752-2343
Ce beau cottage possède une aile aux chambres insonorisées et joliment décorées. Elles sont dotées de meubles anciens ou de reproductions, de lits à baldaquin, de literies de qualité, de couettes, de peignoirs, de baignoires profondes et de thermostats pour un maximum de confort, et donnent accès à une petite aire de détente extérieure. Le petit déjeuner est servi dans la salle à manger. Un excellent choix, mais un peu cher.

Port Alberni

Coast Hospitality Inn
$$$
≡, ✐, ⚓, ♨
3835 Redford St.

☎ (250) 723-8111 ou
800-663-1144
🖷 (250) 723-0088
www.coasthotels.com
Le Coast Hospitality Inn est un hôtel situé au centre géographique de Port Alberni. Il compte une cinquantaine de chambres très confortables et relativement luxueuses. Il faut dire que le Coast Hospitality Inn est souvent la destination des gens d'affaires. Vous y trouverez un restaurant correct au rez-de-chaussée et un pub animé au sous-sol.

Ucluelet

Ucluelet Campground
$
début avr à fin sept
🐾
260 Seaplane Base Rd.
☎ (250) 726-4355
www.uclueletcampground.com
L'Ucluelet Campground est situé à distance de marche du centre-ville; vous devez réserver votre emplacement.

West Coast Motel
$$$
☀, ≋, ⚓, ◉
247 Hemlock St.
☎ (250) 726-7732
🖷 (250) 726-4662
Les chambres du West Coast Motel sont grandes et propres, et certaines d'entre elles renferment une cuisinette. On y parle le français, bien que l'accueil ne soit pas des plus sympathiques.

Ocean's Edge Bed and Breakfast
$$$
855 Barkley Cr.
☎ (250) 726-7099
🖷 (250) 726-7090
www.oceansedge.bc.ca
Bill et Susan proposent trois chambres confortables et immaculées au rez-de-chaussée de leur domicile,

©ULYSSE

4,7 Labieux
3
6 Hammond Bay Rd.

Northfield Rd.

Island Hwy.

Departure Bay Rd.

Departure Bay Rd.

Jingle Pot Rd.

W

Westwood Lake

Bowen Rd.

Boundary

Townsite

Terminal Ave.

Brechin

Stewart Ave.

Departure Bay

Newcastle Island

HORSESHOE BAY

TSAWWASSEN

X

Nanaimo Parkway

Fourth St.

Harewood Rd.

Albert St.

Comox Rd.
1
Swy-A-Lana Park
2

2

Front St.

5

Newcastle Channel

Protection Island

Strait of Georgia

Y

Bruce

Park

Victoria Rd.

Haliburton St.

Tenth

Sears

Maki

Island Hwy.

Nanaimo Harbour

Northumberland Channel

Gabriola Island

▲ ⑩ NANAIMO

0   I   2km

A   B   C

▲ **HÉBERGEMENT**

1. BY   Best Western Dorchester Hotel
2. BY   Coast Bastion Inn
3. BW   Inn on Long Lake
4. BW   Jingle Pot Bed & Breakfast
5. BY   Nicol Street Hostel
6. CW   Rocky Point Ocean View Bed & Breakfast
7. BW   The Whitehouse on Long Lake B&B

● **RESTAURANTS**

1. BY   Dinghy Dock Pub
2. BY   Javawocky Coffee House

situé sur une falaise. Les chambres donnent accès, par des portes vitrées coulissantes, à la plage située en bas. Bill, un biologiste et ancien naturaliste à la réserve de parc national Pacific Rim, est une véritable mine d'information sur la région et organise des randonnées très instructives. Un bon choix, à bon prix.

Canadian Princess Resort
$$$-$$$$
mi-mars à fin sept
bç/bp
1943 Peninsula Rd.
☎ (250) 598-3366 ou
800-663-7090
🖷 (250) 598-1361
www.canadianprincess.com
Le Canadian Princess Resort est aménagé dans un bateau qui a navigué sur les eaux de la côte pendant plus de 40 ans; il est maintenant amarré au quai d'Ucluelet en permanence. Les 26 chambres sont extrêmement petites et ne disposent pas de toutes les commodités, mais elles offrent une ambiance marine chaleureuse. Des forfaits pêche sont offerts. De belles chambres de type motel sont aussi disponibles sur les rives, près du bateau. On retrouve aussi un bar et un restaurant à bord. Le service est sympathique.

A Snug Harbour Inn
$$$$$ pdj
◎, △
460 Marine Dr.
☎ (250) 726-2686 ou
888-936-5222
🖷 (250) 726-2685
www.awesomeview.com
Sue et Drew reçoivent chaleureusement leurs invités dans leur domicile à bardeaux bleus, situé à flanc de montagne et offrant une vue magnifique sur la mer. Vous pouvez d'ailleurs ad-

mirer l'océan à partir des quatre luxueuses chambres, avec literies somptueuses, balcons et peignoirs, sans oublier le plancher de salle de bain chauffant. De plus, un cottage a été ajouté à la résidence principale. Admirez le paysage côtier accidenté tout en vous prélassant dans la cuve à remous extérieure, puis laissez-vous sécher confortablement dans la grande salle, où un télescope vous permet d'épier les aigles à tête blanche qui viennent souvent faire un tour dans les parages. De plus, un sentier mène à la rocailleuse plage privée. L'établissement est un peu cher, mais il est des plus ravissants.

Tauca Lea by the Sea
$$$$$
☻, ◎, △, 🍴
1971 Harbour Dr.
☎ (250) 726-4625 ou
800-979-9303
www.taucalearesort.com
Une élégance discrète et champêtre règne au Tauca Lea by the Sea, un lieu de villégiature situé sur une minuscule presqu'île reliée à Ucluelet par une route. Les cottages aux bardeaux bleus abritent 33 appartements privés, avec une ou deux chambres. En plus d'offrir une vue sur la mer, les appartements sont entièrement équipés et décorés avec goût: ameublements de bois artisanaux, planchers carrelés de terre cuite, moquette beige, plafonds cathédrale (dans les appartements à deux chambres)... Une ambiance raffinée tout à fait West Coast! La réception abrite une galerie d'art, et un excellent restaurant au décor similaire (voir p 225) se trouve sur les lieux. On propose

aussi des tarifs hors saison très raisonnables.

Tofino et Long Beach

Wilp Gybuu (Wolf House)
$$ pdj
△
311 Leighton Way
☎ (250) 725-2330 ou
877-689-9366
🖷 (250) 725-1205
www.tofinobedandbreakfast.com
De la résidence de Wendy et de Gino (le chat) se dégage une atmosphère paisible, réconfortante et artistique. Elle est située à une faible distance du centre-ville. Wilp Gybuu propose trois chambres simplement et agréablement meublées, dotées de douches et de jolies literies; deux d'entre elles ont une entrée privée. Le petit déjeuner est servi dans une salle à manger offrant un beau panorama de Clayoquot Sound. Les invités ont leur propre garde-manger. Les enfants de 12 ans et plus sont les bienvenus.

BriMar Bed & Breakfast
$$$ pdj
△
1375 Thornberg Cr.
☎ (250) 725-3410 ou
800-714-9373
www.brimarbb.com
Le BriMar, nommé ainsi en l'honneur de ses anciens propriétaires Brian et Mark, est géré aujourd'hui par un couple accommodant et aimable ayant un penchant pour la bonne bouffe et l'humour. Grâce aux trois jolies chambres avec meubles luxueux, planchers de bois dur, lit-bateau, baignoire sur pieds (au loft) et peignoirs, vous passerez un agréable séjour dans cette charmante résidence près de la plage. Les enfants de 12 ans et plus sont les bienvenus.

Inn at Tough City
$$$-$$$$
△, ◉, ♨
350 Main St.
☎ (250) 725-2021 ou
877-725-2021
🖷 (250) 725-2088
www.toughcity.com

Si vous préférez séjourner au centre-ville de Tofino plutôt que de loger à l'un des établissements situés près de la plage – et ce serait franchement dommage! –, l'Inn at Tough City est une option prometteuse. Installée dans un bâtiment de briques industriel rénové, sur le port même, l'auberge propose huit chambres dotées de planchers de bois et décorées de riches teintes. Plusieurs chambres ont un balcon et une baignoire profonde. Le hall d'entrée s'orne d'objets datant des années 1950, et l'endroit recèle de superbes vitraux.

Tombolo Sweet
$$$$
Frank Island, Chesterman Beach
☎ (604) 823-7134
www.frankisland.com

Vous recherchez quelque chose de différent? Pourquoi ne pas attendre la marée basse et faire une courte promenade à partir de Chesterman Beach jusqu'à une minuscule île privée dénommée Frank! Là, caché parmi les arbres, vous attend le Tombolo Sweet. Le Tombolo Studio, quant à lui, donne sur la côte rocailleuse. Tony et Carol Mulder, qui possèdent la moitié de l'île, ont dessiné, bâti et décoré ces cottages rustiques, avec amplement de boiseries, d'œuvres d'art et de literies colorées (notez, par contre, qu'il n'y a pas d'électricité). Achevé en 2002, le studio, qui peut accueillir quatre personnes,

est entouré de fenêtres et offre une vue époustouflante sur les rochers et sur la mer. Réservez de quatre à six mois à l'avance pour juillet et août. Un délice...

Pacific Sands Beach Resort
$$$$
⚓, △
1421 Pacific Rim Hwy.
☎ (250) 725-3322 ou
800-565-2322
🖷 (250) 725-3155
www.pacificsands.com

Ce lieu de villégiature date de 1973 et se consacre au bien-être des familles en vacances. Les appartements et cottages ont des cuisinettes, et le prix des unités demeure raisonnable pour le secteur. Notez qu'il n'y a pas de téléphone dans les chambres. L'établissement est situé à Cox Bay, un territoire de choix pour le surf (pour les sportifs chevronnés) ou pour la cueillette d'oursins plats (pour les moins braves).

Chesterman Beach Bed & Breakfast
$$$$
△, ✱
1345 Chesterman Beach Rd.
☎ (250) 725-3726
🖷 (250) 725-3706
www.chestermanbeach.net

Imaginez-vous une maison à bardeaux sur une plage bordée d'une végétation riche et verdoyante sur laquelle se reflètent les couchers de soleil: voilà ce que vous propose cet endroit de rêve. Vos vacances peuvent se résumer à une promenade quotidienne sur la plage, et vous serez comblé. Ce gîte compte trois unités, chacune ayant son entrée privée. La suite *Lookout* est particulièrement confortable et romantique. Malgré son nom, le petit

déjeuner *(30$)* n'est pas offert.

Tin-Wis Best Western Ocean Front Resort
$$$$
⚓, ⛱, △, ♨, ◉
1119 Pacific Rim Hwy.
☎ (250) 725-4445 ou
800-661-9995
🖷 (250) 725-4447
www.tinwis.com

Le Tin-Wis Best Western Ocean Front Resort, un grand hôtel, est géré par les Indiens Tla-O-Qui-Ahts. Le décor des chambres est plutôt ordinaire, mais elles offrent tout le confort associé à la chaîne Best Western. Les éléments décoratifs en bois et les plantes s'harmonisent avec l'environnement immédiat.

Long Beach Lodge Resort
$$$$$ pdj
♨, △, ☞
1441 Pacific Rim Hwy.
☎ (250) 725-2442 ou
877-844-7873
🖷 (250) 725-2402
www.longbeachlodgeresort.com

Le Long Beach Resort, un bâtiment bas à bardeaux et à pignons qui a ouvert ses portes en 2002, s'harmonise parfaitement avec le paysage côtier, malgré sa modeste façade. En revanche, une fois à l'intérieur, c'est l'émerveillement. Les salles communes regorgent d'impressionnants masques, gravures et sculptures des Premières Nations, que le visiteur peut contempler ou acheter. Les chambres donnent soit sur la forêt, soit sur la plage. Celles qui s'ouvrent sur la plage comprennent un balcon, amplement de fenêtres et un foyer. Les tons de sauge et de terre, les meubles en sapin de Douglas fabriqués sur mesure et les luxueuses

L'île de Vancouver et les Gulf Islands - Hébergement - De Nanaimo à Tofino

literies en font un endroit extrêmement douillet, mais cher. Les salles de bain ont un plancher en ardoise de Chine et des baignoires profondes, et communiquent avec la pièce principale. Sans aucun doute, c'est l'endroit le plus branché de la région et c'est ici que vous voudrez passer vos vacances, si vous pouvez vous le permettre.

Wickaninnish Inn
$$$$$

⊚, ▲, ⊻, ⊻, ⁂

Osprey Lane, Chesterman Beach
☎ (250) 725-3100 ou
800-333-4604
▤ (250) 725-3110
www.wickinn.com

Le Wickaninnish Inn est un magnifique hôtel de grande classe construit en pleine nature, à flanc de rocher, avec une vue fantastique sur Chesterman Beach. Les chambres sont très bien décorées et très confortables. Le restaurant de l'hôtel, **The Pointe** (voir p 226), est installé dans une salle octogonale vitrée offrant une vue époustouflante de 240° sur la mer.

Bamfield

Bamfield Inn
$$

⊻, ⊚, ⁂

Bamfield Inlet
☎ (250) 728-3354
▤ (250) 728-3446
www.hawkeyemarinegroup.com

Le Bamfield Inn offre une jolie vue sur le port, possède un bon restaurant et organise des sorties de pêche au saumon et d'observation des baleines. Des lave-linge sont mis à la disposition de la clientèle.

Bamfield Trails Motel
$$$

☛

226 Frigate Rd.
☎ (250) 728-3231

Le Bamfield Trails Motel est situé en plein milieu du village, à deux pas du port et des services. Les chambres sont vieillottes mais relativement confortables. Une laverie est située au rez-de-chaussée, de même qu'un pub à l'ambiance animée.

De Campbell River à Port Hardy

Courtenay

Coast Westerly Hotel
$$$

⊮, ⊨, ☲, ⊻, ⁂

1590 Cliffe Ave.
☎ (250) 338-7741 ou
800-663-1144
▤ (250) 338-5442
www.coasthotels.com

Le Coast Westerly Hotel est situé en plein cœur de la Comox Valley, près des golfs, de la plage et non loin de la station de ski du mont Washington. Il est un vaste établissement de 108 chambres, certaines offrant une très jolie vue sur la région. Chambres de grand confort.

Campbell River

Haig-Brown Heritage House
$$ pdj
bc/bp
2250 Campbell River Rd.
☎ (250) 286-6646
▤ (250) 286-6694

La Haig-Brown Heritage House est une maison qui appartenait à Roderick Haig-Brown, reconnu pour son travail en tant qu'écri-

vain et protecteur de l'environnement. Sa résidence et son domaine font maintenant partie du patrimoine de la province, et des ateliers de littérature y sont proposés. Cet endroit spectaculaire est situé au bord de la rivière Campbell. Les pièces sont décorées simplement à la mode d'autrefois, et la salle de lecture a ses murs couverts de livres. La salle à manger baigne dans la lumière naturelle.

Edgewater Motel
$$

⊮, ☛

4073 South Island Hwy., près d'Oyster Bay
☎/▤ (250) 923-5421
www.edgewatermotel.ca

L'Edgewater Motel est un joli petit établissement en front de mer proposant des chambres correctes en ce qui a trait au rapport qualité/prix. Vous pouvez cuisiner dans votre chambre, ce qui peut être avantageux si votre budget est limité.

Best Western Austrian Chalet
$$$ pdj

⊮, ☲, ⊻, ⁂, ⊚, ⊨

462 South Island Hwy.
☎ (250) 923-4231 ou
800-667-7207
▤ (250) 923-2840
www.bwcampbellriver.com

Le Best Western Austrian Chalet est un bel hôtel qui surplombe le Discovery Passage, offrant à ses clients une vue spectaculaire sur la mer et les montagnes. Il possède toutes les installations d'un établissement de première classe.

Quadra Island

Whiskey Point Resort Motel
$$$

⊮, ☛, ☲, ⊚

725 Quathiaski Cove
☎ (250) 285-2201 ou
800-622-5311

☏ (250) 285-2424
www.whiskeypoint.com
Cet établissement est situé juste en face du terminal des traversiers et domine toute la baie de Quathiaski Cove. Les chambres sont très confortables et très bien équipées pour les séjours prolongés; elles renferment des cuisinettes. Des sessions de massage et de relaxation sont aussi offertes. Le patron est très sympathique et vous indiquera tous les bons coins à visiter.

April Point Resort & Marina
$$$$
mai à oct
🐟, ⛺, ⚲, ♨, 🏊, ◎, ☛
900 April Point Rd.
☎ (250) 285-2222 ou
800-663-7090
☏ (250) 285-2411
www.aprilpoint.com
L'April Point Resort & Marina est un centre de villégiature de grand luxe pour les amateurs de pêche au saumon, les amoureux de la nature et les fins gourmets. L'hôtel met à votre disposition des bicyclettes pour aller vous balader.

Cortes Island

Gorge Harbour Marina Resort
$ camping
$$ chambres
❄, ⚲
Whaletown, bien indiqué à la sortie du terminal des traversiers
☎ (250) 935-6433
☏ (250) 935-6402
http://oberon.ark.com/
~gorgehar/
Le Gorge Harbour Marina Resort est le grand centre de villégiature de Cortes Island. Cet établissement propose une quarantaine d'emplacements pour les véhicules récréatifs, d'autres pour les campeurs, ainsi que des chambres rustiques mais conforta-

bles. Parmi les services disponibles, on y retrouve un bon restaurant, mais aussi de la location de bateaux à moteur, des excursions de pêche, des permis de pêche et des cartes marines, ainsi que de l'équipement de camping. L'endroit est très tranquille et bien tenu. Il n'est pas rare de voir des cerfs se promener sur la propriété.

Hollyhock
les prix varient suivant les forfaits, pc
⚲
à partir du terminal des traversiers de Cortes, suivez les indications vers Smelt Bay et Hollyhock; la route est sinueuse, et vous aurez à faire quelques virages; n'allez pas en direction de Squirrel Cove; à 18 km du terminal des traversiers
☎ (250) 935-6576 ou
800-933-6339
☏ (250) 935-6424
www.hollyhock.bc.ca
Le Hollyhock Seminars est un centre de repos pour les adeptes du «Nouvel Âge». Vous avez le choix de dormir sous la tente ou dans une chambre, toujours en profitant d'une nature omniprésente. Le Hollyhock offre une grande variété de forfaits relaxation qui vous permettront de vous ressourcer.

Telegraph Cove

Telegraph Cove Resorts
$ camping
$$ maisonnette
🐟, ☛, ⚲
☎ (250) 928-3131 ou
800-200-4665
☏ (250) 928-3105
www.telegraphcoveresort.com
Les Telegraph Cove Resorts accueillent les visiteurs du début du mois de juin à la mi-septembre dans leurs

installations de villégiature. Le camping offre des services restreints dans un décor plutôt dégarni, mais la vue de la baie fait la différence. Les maisonnettes sont intégrées à l'ensemble du site pittoresque. L'accueil est chaleureux, et vous aurez l'impression de vous retrouver dans une colonie de vacances.

Port Hardy

Plusieurs *bed and breakfasts* de Port Hardy reçoivent des voyageurs en transit vers Prince Rupert qui arrivent, en général, tard et repartent tôt; c'est peut-être ce qui explique pourquoi plusieurs habitations louent, sans grande cérémonie, leurs chambres pour dépanner les visiteurs.

Mrs. P's Bed & Breakfast
$$ pdj
bc, 🐟
8737 Telco St.
☎ (250) 949-9526
Mrs. P's Bed & Breakfast propose deux chambres décorées sobrement dans le sous-sol d'une petite maison. Les propriétaires vous accueillent chaleureusement. Vous êtes à distance de marche du port et des restaurants.

North Shore Inn
$$
⚲
7370 Market St.
☎ (250) 949-8500 ou
877-949-8516
☏ (250) 949-8516
Le North Shore Inn est situé en plein centre de Port Hardy et domine l'océan. Toutes les chambres ont vue sur la mer. L'hôtel est situé à une dizaine de minutes du terminal des traversiers, et il est possible de participer à des excursions de pêche, de plongée

ou d'observation des baleines organisées par l'établissement.

Seagate Hotel
$$
♨, ☞

8600 Granville St.
☎ (250) 949-6348
🖹 (250) 949-6347

Le Seagate Hotel se trouve à deux pas du quai principal. Les chambres qui donnent sur le port sont beaucoup plus attrayantes pour la vue qu'elles offrent. Toutes les chambres présentent une décoration sobre.

Glen Lyon Inn
$$
🚲, ⚓, ☞, ♨

6435 Hardy Bay Rd.
☎ (250) 949-7115 ou
877-949-7115
🖹 (250) 949-7415
www.glenlyoninn.com

Le Glen Lyon Inn est une bonne adresse qui propose des chambres avec vue sur la mer et de bons petits déjeuners. En effet, au dire des gens du coin, le Glen Lyon Inn sert les meilleurs petits déjeuners en ville. Il est situé à deux pas du terminal des traversiers de BC Ferries.

Gulf Islands

Une quantité phénoménale de *bed and breakfasts* ont fait leur apparition dans les Gulf Islands, laissant beaucoup de choix aux visiteurs. Ils sont en moyenne assez chers, mais il est plutôt rare d'entendre quelqu'un se plaindre de son séjour dans un de ces établissements.

Galiano Island

Appelez **Easy Reservations** *(☎250-539-5844)* pour des réservations dans les *bed and breakfasts* de l'île ou des forfaits aventure.

Le **Dionisio Point Provincial Park** et le **Montague Harbour Marine Provincial Park** *(☎250-539-2115)* proposent des emplacements de camping en pleine nature avec de jolies vues sur le littoral.

La Berengerie
$$-$$$ pdj
bc/bp, ♨

Montague Harbour Rd.
☎ (250) 539-5392

La Berengerie offre une atmosphère de détente dans la forêt, avec Huguette Benger à titre d'hôte depuis 1983. Originaire du sud de la France, Mme Benger est venue en vacances dans l'île et, l'endroit lui ayant plu, a décidé de s'y installer. Prenez le temps de discuter avec elle. Huguette Benger vous fera découvrir l'île Galiano avec passion. La grande salle à manger du restaurant-café reçoit les visiteurs au petit déjeuner. Entre les mois de novembre et de mars, les trois chambres de la Berengerie ferment leurs portes.

Serenity by the Sea
$$$ pdj
bc/bp, ☞, ⌂, ◎

225 Serenity Lane
☎800-944-2655
www.serenitybythesea.com

Petite enclave de paix surplombant l'océan, Serenity by the Sea propose des retraites centrées sur la découverte de soi par la créativité. Des accessoires tels que des chaises thérapeutiques et des ballons d'exercice sont mis à la dis-

position des invités, sans parler des massages. De plus, une séance de yoga a lieu tous les matins. L'architecture singulière créant des espaces très intimes, les chambres et chalets ont tous vue sur la mer et un balcon privé. On retrouve sur le site de beaux jardins, un petit cours d'eau et la populaire baignoire extérieure, accrochée à la falaise.

Bellhouse Inn
$$$ pdj

29 Farmhouse Rd.
☎ (250) 539-5667 ou
800-970-7464
🖹 (250) 539-5316
www.bellhouseinn.com

Maison historique transformée en auberge en 1925, le Bellhouse Inn, bordé de pâturages, de moutons et de majestueux arbres fruitiers, est établi sur une ferme de 2,4 ha. Située face à l'Active Pass, passage des traversiers et des orques, et ayant un accès direct à la plage, l'auberge constitue également un lieu d'observation de l'océan des plus intéressants. L'établissement propose trois chambres confortables, meublées d'antiquités, avec un balcon donnant sur la mer. La laine des moutons se retrouve dans les couettes douillettes, et un sherry de bienvenue, artisanal, est offert dans les chambres.

Mount Galiano Eagle's Nest Ocean Front Retreat & Cabin
$$$ chalet
$$$$$ maison

2-720 Active Pass Dr.
☎ (250) 539-2567 ou
888-454-8899
www.cedarplace.com/retreat/

Le Mount Galiano Eagle's Nest est situé sur une des plus belles propriétés du bord de l'eau de tout l'archipel. La splendide maison et le petit chalet y attenant peuvent être loués. Les vues de l'océan sont spectaculaires. Si vous ne venez pas sur l'île en voiture, n'ayez pas d'inquiétude puisqu'un véhicule viendra vous chercher à l'arrivée du traversier si vous le désirez.

Galiano Inn & Spa
$$$$$ pdj
◎, ⛰, ❤, ♨, ⫿⫿⫿
134 Madrona Dr.
☎ (250) 539-3388 ou
877-530-3939
🖨 (250) 539-3338
www.galianoinn.com

Situé près du port, l'élégant Galiano Inn & Spa propose 10 chambres spacieuses au décor d'inspiration méditerranéenne. Chacune possède un foyer et un balcon ou une terrasse avec vue sur l'océan et l'Active Pass, d'où l'on peut observer le va-et-vient des traversiers et des orques. Devant l'auberge s'étend un jardin menant à une petite plage. La section spa de l'établissement propose toute une gamme de traitements allant de l'acupression au massage thérapeutique. On retrouve dans l'auberge une petite galerie d'art dont les expositions d'œuvres d'artistes locaux s'avèrent fort intéressantes. Mentionnons également la présence de l'incontournable restaurant **Atrevida** (voir p 227), une des bonnes tables des Gulf Islands.

Salt Spring Island

Salt Spring Island Hostel
$-$$
640 Cusheon Lake Rd.
☎ (250) 537-4149
www.beacom.com/ssihostel

Le Salt Spring Island Hostel est l'auberge de jeunesse de Salt Spring Island. Après une longue période de fermeture en 2005, l'établissement doit ouvrir à nouveau en mai 2006. Il propose de nombreuses formules d'hébergement, notamment des chambres familiales privées, des cabanes dans les arbres, des tipis, une caravane gitane et, pour un coût moindre, des dortoirs. L'auberge est située en pleine forêt. Deux courtes randonnées d'environ 30 min mènent au lac Cusheon, où il fait bon nager, et à Beddis Beach.

Seabreeze Inne
$$$
⛵, 🍴, ◎
101 Bittancourt Rd.
☎ (250) 537-4145 ou
800-434-4112
www.seabreezeinne.com

Le Seabreeze Inne est un motel très confortable à prix abordable, à proximité du centre-ville de Ganges. Le patron est une mine de renseignements pour les touristes. L'établissement est pourvu d'une cuve à remous extérieure, d'un pavillon et d'une terrasse où la clientèle est invitée à utiliser l'équipement mis à sa disposition pour faire des grillades. Le Seabreeze Inne se donne pour objectif de devenir l'établissement familial incontournable de Salt Spring. Afin d'explorer l'île, des vélos sont prêtés gracieusement et des scooters sont loués.

Spindrift
$$$-$$$$
⛵, 🍴, ⛰
225 Welbury Point Dr.
☎/🖨 (250) 537-5311
www.spindriftsaltspringisland.com

Le Spindrift, établi sur une péninsule bordée de deux plages de sable blanc,

offre aux adultes une atmosphère paisible en harmonie avec la nature. Les six chalets, équipés d'une cuisinette et d'un foyer, offrent une vue sur l'océan. Ici, on délaisse le luxe des grandes chaînes hôtelières (douche seulement, pas de téléviseur ni de téléphone) pour se tourner vers l'expérience singulière de vivre parmi les cerfs de Virginie, les phoques et les loutres.

Quarrystone House B&B
$$$$ pdj
◎, ⛰, ❄
1340 Sunset Dr.
☎ (250) 537-5980 ou
866-537-5980
🖨 (250) 537-5937
www.quarrystone.com

Surplombant Stonecutters Bay, le Quarrystone House offre du haut de sa falaise une vue époustouflante. Ce gîte en pleine campagne s'entoure d'arbres fruitiers et de pâturages parsemés de moutons, sans oublier le poney bien préparé à l'assaut des enfants. De courts sentiers de randonnée sillonnent le domaine à travers les jardins et les sous-bois. Du décor de la maison et des chambres, ponctué d'antiquités, émane un charme rural. Les chambres offrent une belle luminosité et un confort douillet.

Beach House Bed & Breakfast
$$$$ pdj
⛵, ⛰
369 Isabella Point Rd.
☎ (250) 653-2040 ou
888-653-6334
🖨 (250) 653-9711
www.beachhousesaltspring.com

Le Beach House Bed & Breakfast est un des rares *bed and breakfasts* situés sur la plage à Salt Spring Island. En fait, la porte-fenêtre de votre chambre, qui sert aussi d'entrée privée, conduit au bord de l'eau en un clin d'œil. Le confort des chambres est impeccable et la décoration originale; quant aux petits déjeuners, ils ont leur charme et leur qualité. Une cuve à remous surplombant l'océan et le port de Fulford ainsi qu'un espace prévu pour des feux de camp sont mis à la disposition des invités. Il s'agit d'une adresse à retenir.

Hastings House
$$$$$ pdj
≡, ♨, ▲, ⅄, ⅄

160 Upper Ganges Rd.
☎ (250) 537-2362 ou
800-661-9255
▤ (250) 537-5333
www.hastingshouse.com

Un manoir de style Sussex et plusieurs bâtiments historiques se dressent sur le majestueux et paisible domaine du Hastings House. Les bâtiments principaux dominent une falaise qui plonge dans le port de Ganges. Tout autour, pâturages, vergers et jardins sont accessibles aux promeneurs. Le Hastings House propose des suites et des chalets au charme solennel et des traitements relaxants dans le spa (centre de santé). Les chambres, plutôt conventionnelles, n'atteignent pas la qualité et le luxe auxquels on s'attend d'un pareil établissement.

Salt Spring Spa Resort
$$$$$
◎, ♨, ▲, ⅄

1460 North Beach Rd.
☎ (250) 537-4111 ou
800-665-0039
▤ (250) 537-2939
www.saltspringspa.com

Le Salt Spring Spa Resort propose de spacieux chalets ensoleillés avec vue sur l'océan ou sur la forêt. En plus d'être tout équipé,

chaque chalet possède une baignoire à remous. Le Salt Spring Spa Resort utilise, pour une gamme de traitements et les soins qu'on y offre, l'eau minérale à propriété thérapeutique qui jaillit de l'île. L'établissement prête gracieusement vélos, chaloupes et cages à crabes. Adultes seulement.

Mayne Island

Oceanwood Country Inn
$$$$$ pdj
◎, ♨, ⅄, ⅏, ▲

630 Dinner Bay Rd.
☎ (250) 539-5074 ou
866-539-5074
▤ (250) 539-3002
www.oceanwood.com

Une autre très bonne adresse sur Mayne Island. L'Oceanwood Country Inn est une élégante maison de type *English Country House* aux chambres admirablement décorées, la plupart équipées de cheminées avec foyer. Visitez la Fern Room et la Rose Room, vous nous en direz des nouvelles! La cuisine est délicieusement apprêtée. Une escale dans cet établissement de grande classe vous laissera d'excellents souvenirs.

Pender Islands

Hummingbird Hollow Bed & Breakfast
$$ pdj
♨

36125 Galleon Way
☎ (250) 629-6392
www.hummingbirdhollowpender.com

Le paisible Hummingbird Hollow, entouré de forêt, s'avère une escapade douillette et sympathique. Une nature généreuse et enveloppante s'offre ici aux invités. L'établissement, au bord d'un lac, prête gra-

cieusement les embarcations (chaloupes et canots). Dans les jardins menant au lac, on retrouve un hamac et un pavillon mis à la disposition des vacanciers. Un nombre impressionnant de cerfs arpente le site du gîte; curieux et habitués à la présence humaine, ils viendront probablement vous visiter. Les deux chambres confortables sont munies d'une terrasse et d'un solarium privé.

Eatenton House Bed & Breakfast
$$$ pdj
▲

4705 Scarff Rd.
☎ (250) 629-8355 ou
888-780-9994
▤ (250) 629-8375
www.penderislands.com

L'Eatenton House Bed & Breakfast propose un ressourcement complet en pleine nature et dans le confort de chambres douillettes agrémentées de meubles anciens et d'une cheminée avec foyer dans la salle de séjour. À noter: les petits déjeuners succulents, la cuve à remous extérieure et la vue spectaculaire des montagnes et de l'océan.

Delia's Shangri-La Oceanfront Bed and Breakfast
$$$$ pdj
⅄, ◎, ▲, ♨

5909 Pirate's Rd.
☎ (250) 629-3808 ou
877-629-2800
www.penderislandshangrila.com

Du haut de sa falaise, le Delia's B&B offre un accueil chaleureux et une vue panoramique sur l'océan et les îles environnantes. Les trois chambres possèdent une terrasse intime sur laquelle sont installés une baignoire à remous, un barbecue et l'essentiel pour y prendre ses repas. De courtes promenades en

Fort Steele Heritage Town, au beau milieu des montagnes Rocheuses.
t Steele Heritage Town/Bob Holm

n des vergers de la vallée de l'Okanagan,
s le sud de la Colombie-Britannique.
re Longnus

Des cépages bien choisis, pour un vin de qualité.
Pierre Longnus

Whistler sous la neige, station de sports d'hiver exceptionnelle de la Colombie-Britannique.
Sean O'Neill

forêt permettent d'explorer les alentours.

Saturna Island

East Point Resort
$$-$$$
≍, ➘

187 East Point Rd.
☎ (250) 539-2975
www.gulfislands.com/
east-pointresort

L'East Point Resort offre un environnement aux allures de parc aménagé, avec accès exclusif à une plage de sable fin. Les visiteurs auront le choix entre six petits cottages luxueux, et joliment décorés. Notez que les cartes de crédit ne sont pas acceptées.

Restaurants

De Victoria à Nanaimo et la Cowichan Valley

Nanaimo

Javawocky Coffee House
$

8-90 Front St., Pioneer
Waterfront Plaza
☎ (250) 753-1688

Situé en front de mer sur le Seawall, cet établissement sert une grande variété de cafés et des repas légers. Le site permet de contempler le port de Nanaimo et d'observer la foule qui y déambule.

Dinghy Dock Pub
$$

8 Pirates Lane
Protection Island

☎ (250) 753-2373

Ce pub flottant, amarré au quai de l'île Protection, vous propose une bonne bière locale tout en observant le va-et-vient du port de Nanaimo. Les *fish and chips* sont succulents. Vous devez prendre le traversier au Commercial Inlet.

De Nanaimo à Tofino

Qualicum Beach

Shady Rest
$$

3109 West Island Hwy.
☎ (250) 752-9111

Ce sympathique restaurant, situé près de la plage, propose un menu inspiré, de style «pub», qui mise fortement sur les produits de la mer. Si vous désirez y déjeuner et aimez le poisson, un délicieux burger de flétan très frais fera sûrement votre bonheur. Les autres convives que les trésors de la mer n'enchantent pas se rabattront sur une bonne sélection d'autres mets, dont d'appétissantes salades.

Beach House Cafe
$$-$$$

2775 West Island Hwy.
☎ (250) 752-9626

Venir de si loin pour admirer l'océan… il serait dommage de ne pas en profiter tout en dégustant un bon repas! Cet endroit sans prétention, blotti près de la mer, offre le plus beau panorama en ville; de la terrasse, il est encore plus époustouflant. De plus, la cuisine est très bien, proposant des poissons et fruits de mer de la région, des pâtes, des sandwichs et des hamburgers, ainsi que quelques spécialités

autrichiennes qui reflètent les origines du chef propriétaire.

Ucluelet

Matterson House
$$-$$$

1682 Peninsula Rd.
☎ (250) 726-2200

Ce restaurant, situé sur la rue principale dans une des plus anciennes maisons d'Ucluelet (1931), attire les clients toute la journée. N'hésitez pas à choisir un plat de saumon car il est très frais. On y prépare également de bons plats à la mexicaine, des hamburgers de poisson et de viande, ainsi qu'une excellente chaudrée de palourdes.

Wickaninnish Restaurant
$$-$$$

1943 Peninsula Rd.
☎ (250) 726-7706

Ce restaurant, construit sur un rocher surplombant la plage, offre des vues spectaculaires sur l'océan Pacifique, inégalées dans la région, sauf, bien sûr, par celles du restaurant The Pointe (voir ci-dessous). Le menu affiche des produits de la mer. Les pâtes au saumon fumé seront agréables à votre palais, mais on doit dire que le réel attrait du restaurant demeure le panorama incroyable qu'il offre sur la région. Tenu par les mêmes propriétaires que le **Canadian Princess Resort** (voir p 218), le restaurant est accessible par la navette de ce complexe hôtelier.

Boat Basin
$$$$

Tauca Lea by the Sea,
1971 Harbour Dr.
☎ 726-4644

Le restaurant Boat Basin fait partie du lieu de villégiature qu'est le **Tauca Lea by the Sea** (voir p 218) et est décoré du même style élégant et discret que les studios du complexe hôtelier, avec des œuvres des Premières Nations du Pacific Northwest et du mobilier artisanal en bois, sans oublier la cuisine à aire ouverte. Il s'agit d'un établissement agréable et sophistiqué, parfait pour savourer une vaste sélection de plats régionaux créés avec imagination à partir de produits de la mer et de la terre. Pour grignoter, choisissez le menu de tapas, soit le menu moins cher du *lounge* et de la terrasse, ou encore la sélection de pizzas à croûte mince. Une jolie place sur la terrasse, près des eaux du Barkley Sound, et un service chaleureux et professionnel... que demander de plus?

Tofino et Long Beach

Surfside Pizza
$
☎ (250) 725-2882
L'adresse est inutile puisque Surfside ne fait que la livraison. Si une petite faim vous prend dans votre chambre d'hôtel, n'hésitez pas à l'appeler.

The Loft Restaurant
$$-$$$
346 Campbell St.
☎ (250) 725-4241
Le Loft Restaurant apprête de la cuisine Pacific Northwest. Très bons plats de pâtes et de fruits de mer.

Rain Coast Café
$$$
101-120 Fourth St.
☎ (250) 725-2215

Le Rain Coast Café propose une cuisine hybride unique. Les plats sont très colorés et rendent hommage à plusieurs ethnies. Réservations recommandées.

Blue Heron Dining Room
$$$-$$$$
634 Campbell St.
☎ (250) 725-3277
Le Blue Heron Dining Room est un restaurant spacieux de 90 places où les familles ainsi que les voyageurs aiment à se retrouver. Le menu affiche des spécialités régionales. Ce restaurant offre une vue imprenable sur le port, Clayoquot Sound et Meares Island.

The Pointe Restaurant
$$$$
Wickaninnish Inn, angle Osprey Lane et Chesterman Beach Rd.
☎ (250) 725-3100 ou 800-333-4604
Ce restaurant de grande classe est construit à flanc de rocher et offre une vue superbe sur Chesterman Beach. The Pointe Restaurant ainsi que l'On-The-Rocks Bar & Lounge (pour l'apéro) sont établis dans une salle octogonale vitrée avec une vue époustouflante de 240° sur la mer. Le chef propose une excellente cuisine typiquement Pacific Northwest d'influence locale, composée d'ingrédients fermiers et biologiques. Excellente adresse.

Schooner on Second
$$$$
331 Campbell St.
☎ (250) 725-3444
Le Schooner on Second est un classique à Tofino. Cette maison sert des produits de la mer et propose une carte des vins de la province. Le décor chaleureux représente une cale et un

pont de navire. La lumière tamisée crée une ambiance de détente et de bien-être. On y sert le petit déjeuner, le déjeuner et le dîner.

De Campbell River à Port Hardy

Campbell River

Dick's Fish & Chip Bistro
$$
151G Dogwood St.
☎ (250) 286-0814
Le Dick's Fish & Chip Bistro est un restaurant familial qui se spécialise dans les *fish and chips* à la morue et au flétan. Vous en sortirez repu.

Quadra Island

Fireside Lounge at Heriot Bay Inn
$$
en face du terminal des traversiers
☎ (250) 285-3322
Le restaurant offre une ambiance très sympathique et une jolie vue sur le port. En été, vous aurez la possibilité de manger à la terrasse. La cuisine est spécialisée dans les fruits de mer, les steaks et les tartes maison. Bonne adresse.

Tsa-Kwa-Luten Lodge
$$$-$$$$
mai à sept
phare de Quadra Island
☎ (250) 285-2042 ou 800-665-7745
L'endroit est véritablement spectaculaire avec sa vue imprenable sur le Discovery Passage. Il n'est pas rare de voir des aigles survoler l'établissement. Le restaurant propose des spéciali-

tés régionales d'inspiration amérindienne. Essayez le hamburger au vivaneau, il est excellent. La carte des vins est très complète. En été, vous aurez droit à des barbecues au saumon sur une vaste terrasse. Réservations recommandées.

April Point Resort
$$$-$$$$
900 April Point Rd.
☎ (250) 285-2222 ou
800-663-7090
Le restaurant de cet impressionnant centre de villégiature (voir p 221) sert des petits déjeuners, des déjeuners et des dîners dignes des restaurants de grand nom. La carte des vins est aussi très intéressante.

Cortes Island

Old Floathouse Restaurant
$$-$$$
début mai à fin sept
Whaletown; bien indiqué à la sortie du terminal des traversiers, Gorge
Harbour Marina Resort
☎ (250) 935-6631
L'Old Floathouse Restaurant est un des rares bons restaurants de l'île. Il présente aussi l'avantage d'être situé sur un magnifique site.

Gulf Islands

Galiano Island

Hummingbird Pub
$-$$
47 Sturdies Bay Rd.
☎ (250) 539-5472
Dans une atmosphère décontractée, l'Hummingbird Pub sert une cuisine simple et délicieuse où les fruits de mer sont à l'honneur. L'agréable terrasse s'avère idéale pour prendre le pouls de l'île et de ses habitants qui s'y rendent en famille ou entre amis. Les plats abordables et le service personnalisé font de l'Hummingbird Pub un établissement hautement apprécié tant des voyageurs que de la population locale!

Grand Central Emporium
$-$$
2740 Sturdies Bay Rd.
☎ (250) 539-9885
Occupant l'un des plus vieux bâtiments de l'île, le Grand Central Emporium, tout de bois construit, présente un menu éclaté et rafraîchissant. La terrasse couverte accueille les convives dans une atmosphère à la bonne franquette. Au menu figure le renommé sandwich à la viande fumée dont les ingrédients proviennent directement de Montréal. On y retrouve d'autres spécialités culinaires comme le poulet-burger au curry. Les samedis soir d'été, l'établissement présente des concerts de jazz.

La Berengerie
$$$
Montague Harbour Rd.
☎ (250) 539-5392
La Berengerie propose un menu à quatre services, avec le choix d'un poisson, d'une viande ou d'un plat végétarien. Située au rez-de-chaussée du *bed and breakfast* éponyme, la salle à manger est meublée d'antiquités, et la lumière des bougies rend le tout plus chaleureux. Huguette Benger apprête des délices. Le bistro **La Bohème** *($$)*, tenu par son fils, propose pendant la belle saison des plats végétariens, à la terrasse qui donne sur le jardin.

Atrevida
$$$
Galiano Inn & Spa,
134 Madrona Dr.
☎ (250) 539-3388 ou
877-530-3939
Les convives parés de leurs plus beaux atours et vivant au rythme langoureux des îles expérimenteront avec joie un repas à l'Atrevida. Le chef élabore d'une main de maître des plats raffinés et savoureux. Les produits de première qualité composent une cuisine certes classique mais ouverte à diverses influences. Les plats de poisson, de viande et de volaille se trouvent entre autres accompagnés de quartiers d'orange, de figues et de couscous. L'établissement offre une vue superbe sur l'océan. Les airs mélancoliques exécutés sur place par un pianiste distillent l'atmosphère soignée du restaurant.

Salt Spring Island

Tree House Cafe
$-$$
106 Purvis Lane
☎ (250) 537-5379
Dans une petite cour bordée d'arbres et de lierres, l'enchanteur Tree House Cafe propose une cuisine à base de produits locaux et souvent biologiques, généreuse et à petit prix. Le menu, court mais d'une belle variété, présente des plats alléchants qui sauront satisfaire carnivores et végétariens. On y retrouve entre autres un plat de saumon fumé et camembert dans une pâte filo, un ragoût d'agneau, un curry thaïlandais, de la pizza au pesto et des hamburgers. Le Tree House Cafe est pourvu d'un comptoir de plats, sauces et soupes, pour emporter. Le soir venu, il fait place aux artis-

tes locaux lors de concerts de jazz, blues et folk (voir p 228).

Oystercatcher Seafood Bar & Grill
$$-$$$
104 Manson Rd.
☎ (250) 537-5041
L'Oystercatcher, point de repère culinaire et social des résidants comme des visiteurs, grouille de vie. L'immense bâtiment permet la création de plusieurs ambiances distinctes, tant romantiques que familiales. Cet établissement portuaire, qui possède une des plus belles vues de Ganges, se spécialise dans les plats de fruits de mer. Le menu présente les mets classiques tels que le saumon grillé, le poisson-frites et les beignets de crabe. La bière maison, de bonne qualité, se marie parfaitement avec la cuisine. Le service se révèle efficace et courtois.

House Piccolo
$$$$
108 Hereford Ave.
Ganges
☎ (250) 537-1844
Le House Piccolo est un élégant restaurant aux influences européennes, scandinaves et méditerranéennes. La cuisine est très sophistiquée, et les plats se révèlent très goûteux. Avertissement: l'addition peut être salée. L'établissement fait partie de la Chaîne des Rôtisseurs.

♪

Sorties

■ Bars et discothèques

Gulf Islands

Hummingbird Pub
47 Sturdies Bay Rd.
Galiano Island
☎ (250) 539-5472
L'Hummingbird Pub est un endroit amical où visiteurs et résidants se rencontrent devant une bonne bière et un plat de frites.

Tree House Cafe
106 Purvis Lane
Salt Spring Island
☎ (250) 537-5379
La cour luxuriante du Tree House Cafe se transforme, les soirs d'été, en scène accueillant les artistes locaux qui y présentent des concerts de jazz, de blues et ou de folk. Une fois par semaine, les convives peuvent vivre l'expérience de monter sur les planches en s'emparant des instruments, histoire d'accompagner les musiciens... et de connaître son heure de gloire! L'établissement propose d'excellentes bières de microbrasseries.

Moby's Marine Pub
124 Upper Ganges Rd.
Salt Spring Island
☎ (250) 537-5559
Une joyeuse atmosphère règne chez Moby's les soirs animés. On y présente régulièrement des concerts de jazz. Situé à la marina de Ganges, le pub possède une agréable terrasse et affiche un menu complet où figurent des plats de poisson et de fruits de mer. On y propose également un bon choix de bières dont

plusieurs brassées localement.

■ Fêtes et festivals

Janvier

Polar Bear Swim
Salt Spring Island
☎ (250) 537-5252
Le 1er janvier, des centaines de personnes se précipitent dans l'océan pour un bain annuel glacé.

Février

Nouvel An chinois
dans les rues de Nanaimo
☎ (250) 753-1821
www.nanaimo.museum.bc.ca

Mars

Pacific Rim Whale Festival
Ucluelet
☎ (250) 726-4641

Film Fest
Alberni Valley Museum
Port Alberni
☎ (250) 723-1376

Upper Island Music Festival
Beban Park Social Centre
Nanaimo
☎ (250) 758-6961
www.nanaimomusicfestival.com

Mai

Pier Street Farmers Market
Campbell River
☎ (250) 287-4636

Fishing Derby
Silva Bay
☎ (250) 247-8662

Juin à septembre

Marché d'aliments naturels et marché d'artisanat les samedis de 8h30 à 15h30 *(Centennial Park, Salt Spring Island)*.

Juillet

Nanaimo Marine Festival
centre-ville de Nanaimo
☎ (250) 753-7223

International Bathtub Races
port de Nanaimo
☎ (250) 753-7223
www.bathtub.island.net

Open Sand Sculpting Competition
plage de Parksville
☎ (250) 248-4819

Août

World Croquet Championship
☎ (250) 248-5870 ou 248-3613
Parksville

Kidfest
Parksville Community Park
☎ (250) 248-3252
www.kidfest.ca

Septembre

Bite of Nanaimo
Beban Park
Nanaimo
☎ (250) 754-7587
www.theatreone.org/bite/

Festival du crabe
Parksville Community Hall
☎ (250) 248-8654
www.parksvilleamrotary.org

Octobre

Cowichan Wine & Culinary Festival
Cowichan Valley
☎ (250) 746-1099
www.wines.cowichan.net

Nanaimo Pumpkin Festival
Shady Mile Farm Market
Nanaimo
☎ (250) 758-3251

Achats

■ Centres commerciaux

Nanaimo

Nanaimo est véritablement une ville de centres commerciaux. Les boutiques que vous y retrouverez n'ont rien de réellement exceptionnel si ce n'est leur incroyable variété.

Rutherford Mall
lun-mar 9h30 à 17h30, mer-ven 9h30 à 21h, sam 9h30 à 17h30, dim 11h à 17h
North Island Hwy., angle Rutherford Rd., non loin de Long Lake
☎ (250) 758-8111
Le Rutherford Mall est un bon exemple. Vous y verrez plus de 60 commerces et grands magasins, mais aussi des boutiques de vêtements, des bijouteries, des librairies, des restaurants, etc.

Campbell River

Tyee Plaza
1309 Shoppers Row
La Tyee Plaza abrite 24 magasins et restaurants de toutes sortes et une promenade couverte. Si vous êtes pressé ou êtes à la recherche d'un centre commercial, vous trouverez ici ce dont vous avez besoin.

■ Divers

Qualicum Beach

Smithford's
164 Second Ave.
☎ (250) 752-3400
Chez Smithford's, vous trouverez une multitude d'objets dont vous n'avez

pas vraiment besoin (c'est d'ailleurs la devise de l'endroit): articles fantaisistes, accessoires de jardin et autres souvenirs amusants.

Quadra Island

Heriot Bay Consignment Shop
1505 West Rd., près du terminal des traversiers
☎ (250) 285-3217
Vous trouverez absolument de tout dans ce magasin d'articles d'occasion. De plus, vous y passerez un bon moment.

Salt Spring Island

Home Hardware
106 Fulford-Ganges Rd.
☎ (250) 537-5551
Home Hardware est une quincaillerie super-équipée où vous trouverez aussi tout ce qu'il vous faut pour le camping et les activités de plein air.

Ganges Village Market
370 Lower Ganges Rd., Ganges
☎ (250) 537-4144
Le Ganges Village Market est l'épicerie qui répondra à tous vos besoins. Vous y trouverez aussi une boulangerie et une charcuterie.

Everlasting Summer
194 MacLennan Dr.
☎ (250) 653-9418
Everlasting Summer est un établissement spécialisé dans les bouquets de fleurs séchées et dans la culture de plantes aromatiques. Ne manquez pas la roseraie. Les lieux sont réputés pour les mariages en raison de ses jolis jardins très romantiques.

Mayne Island

Pour de l'équipement de camping et de randonnée, un arrêt au **Miners Bay Tra-**

ding Post (☎250-539-2214), dans le village de Fernhill, sera utile. Vous pouvez aussi aller chercher votre viande de cerf ou de bœuf pour barbecue à l'**Arbutus Deer Farm** (☎250-539-2301).

■ Galeries d'art

Qualicum Beach

Bon nombre d'ateliers d'artistes se trouvent dans les environs, dont l'**Old School House Arts Centre** (voir p 197).

Ucluelet

Du Quah Gallery
1971 Peninsula Rd.
☎ (250) 726-7223
La Du Quah Gallery présente les travaux d'artistes autochtones. Le bâtiment en forme de *longhouse*, la maison traditionnelle amérindienne en cèdre, vaut le détour.

Tofino

The House of Himwitsa
300 Main St.
☎ (250) 725-2017
www.himwitsa.com
The House of Himwitsa est une galerie d'art qui expose des œuvres sur papier, des sculptures et des bijoux en or et en argent. Informez-vous de la signification des symboles utilisés dans ces œuvres et des légendes qui les accompagnent.

Port Hardy

The Copper Maker
114 Copper Way
☎ (250) 949-8491
The Copper Maker regroupe les travaux de plusieurs artistes amérindiens. Des masques, de la poterie et des bijoux aux différentes symboliques y sont en vente. Ces objets peuvent paraître chers, mais ils le sont moins que dans les grands centres.

Galiano Island

Bill Boyd Ceramics
86 Ganner Dr.
☎ (250) 539-2030
www.billboydceramics.com
La céramique de Bill Boyd, fabriquée à l'aide d'une technique inusitée, est à la fois intrigante et spectaculaire. Au cours du processus de fabrication, des cristaux se forment librement sur la pièce. Les pièces à vendre sont exposées à l'atelier, et l'artiste peut répondre aux questions des visiteurs.

■ Librairies

Galiano Island

Galiano Island Books
76 Madrona Dr.
☎ (250) 539-3340
Cette petite librairie, étonnamment bien garnie, voit passer sous son toit plusieurs écrivains canadiens de grande renommée. En effet, bon nombre d'auteurs canadiens choisissent Galiano Island Books pour lancer leur nouvelle parution. On retrouve également ici une section jeunesse, des livres d'occasion et du matériel d'artistes.

■ Marchés

Salt Spring Island

Market in the Park
Centennial Park
☎ (250) 537-4448
Chaque samedi, d'avril à octobre, a lieu le fameux Market in the Park de Salt Spring. Les visiteurs peuvent y rencontrer les artisans et les producteurs agricoles de l'île, qui apportent couleurs et vitalité au marché. Des produits locaux, d'une grande diversité et d'excellente qualité, sont en vente.

Pender Islands

Tout au long de la période estivale, les artisans et les producteurs agricoles de Pender Islands se donnent rendez-vous les samedis au **Farmer's Market** (marché hebdomadaire). Voici l'occasion parfaite de connaître dans son ensemble le travail, d'excellente qualité, de la communauté.

L'île de Vancouver et les Gulf Islands - Achats

Le sud de la Colombie-Britannique

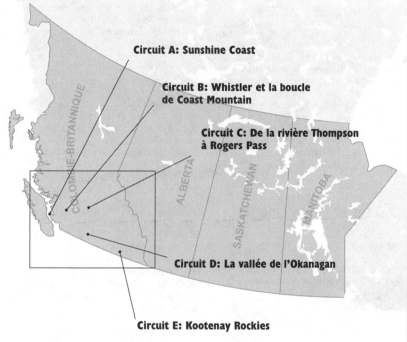

Circuit A: Sunshine Coast

Circuit B: Whistler et la boucle de Coast Mountain

Circuit C: De la rivière Thompson à Rogers Pass

Circuit D: La vallée de l'Okanagan

Circuit E: Kootenay Rockies

COLOMBIE-BRITANNIQUE

ALBERTA

SASKATCHEWAN

MANITOBA

Accès et déplacements	232
Renseignements utiles	234
Attraits touristiques	236
Parcs	264
Activités de plein air	268
Hébergement	275
Restaurants	293
Sorties	300
Achats	303

Région frontière avec les États-Unis, le sud de la Colombie-Britannique regroupe des territoires à la fois urbanisés et à l'état naturel. Le développement de la région de Vancouver rappelle les grandes villes américaines, mais dans un décor de montagnes vertes et de mer bleue avec vie sauvage et vie civilisée. La vallée de l'Okanagan rassemble, quant à elle, certains des meilleurs producteurs de vins au Canada et d'innombrables vergers.

Les paysages grandioses de la Colombie-Britannique se bousculent devant nos yeux éblouis par la mer, les sommets enneigés et les couleurs du printemps, qui commence très tôt dans le sud de la province.

Le rendez-vous avec la nature est mémorable; les cours d'eau qui mouillent les plages désertes invitent à la détente et à la rêverie. Les forêts majestueuses veillent à la sérénité des lieux inviolés par l'exploitation forestière. Riche de plusieurs parcs nationaux et provinciaux qui englobent les plus belles régions de la province, le sud de la Colombie-Britannique offre un paysage très varié, depuis les neiges éternelles, en passant par des cours d'eau qui foisonnent de poissons, jusqu'aux vallées désertiques.

Accès et déplacements

◼ En avion

Plusieurs compagnies aériennes desservent les différentes régions de la province.

Air Canada Jazz
Kamloops, Kelowna, Penticton, Prince George, Prince Rupert, Quesnel, Smithers
☎ (250) 360-9074 ou 800-247-2262
www.flyjazz.ca

WestJet
Kelowna
☎ 800-538-5696 ou 888-937-8538
En français:
☎ 877-956-6982
www.westjet.com

Central Mountain Air
☎ 888-865-8585
www.cmair.bc.ca
Cette compagnie dessert de nombreuses villes en Colombie-Britannique, entre autres Kamloops et Kelowna.

◼ En voiture

Le sud de la Colombie-Britannique dispose d'un réseau d'autoroutes toutes plus spectaculaires les unes que les autres, dont la transcanadienne, qui va d'est en ouest à travers montagnes, rivières, canyons et vallées désertiques.

La route transcanadienne facilitera votre sortie de Vancouver, quoiqu'il y ait toujours une circulation assez dense. Cette route conduit à Calgary en longeant, entre autres, le fleuve Fraser et la rivière Thompson ainsi que le lac Shuswap et Lake Louise. Autrement, la route 7, qui est le prolongement de Broadway Avenue depuis le centre-ville de Vancouver, suit la rive nord du fleuve Fraser et rejoint la transcanadienne à Hope.

Pour ceux qui doivent traverser cette région au plus vite, une autoroute entre Hope et Kamloops, la Coquihalla Highway (route 5), est ouverte à la circulation. Il s'agit de la seule autoroute payante de la province, et elle est plus rapide que la route 1, qui passe par le Fraser Canyon (4 heures de Vancouver à Kamloops), mais elle n'est pas aussi agréable.

Le nord de la province est accessible par la route Sea To Sky (route 99); de Vancouver, il faut alors traverser le Lions Gate Bridge et suivre les indications vers Whistler et Squamish. Cette route est très spectaculaire.

◼ En train

Autrefois très actives, les gares comptent maintenant très peu de trains en service. Il existe toujours *Le Canadien* de Via Rail, qui traverse les Rocheuses à flanc de montagne et à travers de nombreux tunnels. De North Vancouver, un train longe l'anse Howe vers le nord en passant par Squamish et Whistler; ce parcours permet de contempler un beau paysage.

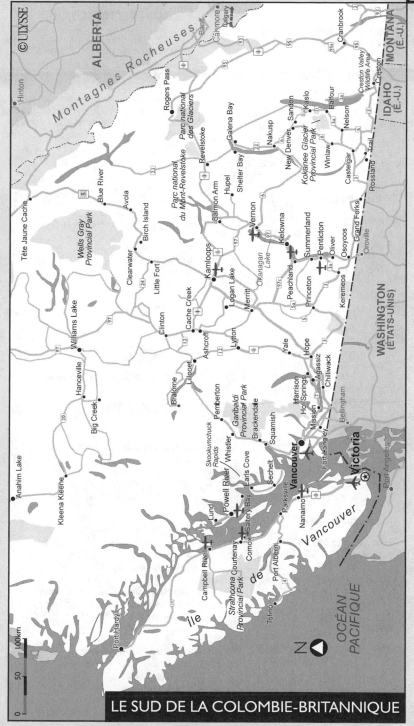

LE SUD DE LA COLOMBIE-BRITANNIQUE

En été, la compagnie ferroviaire **Great Canadian Railtour Company Ltd.** offre les **Rocky Mountaineer Railtours** (*☎604-606-7245, 🖶604-606-7250, www.rockymountaineer.com*) entre Calgary et Vancouver.

VIA Rail

1150 Station St., Vancouver
☎888-842-7245
www.viarail.ca
VIA Rail dessert les villes suivantes: Port Coquitlam, Matsqui, Chilliwack, Hope, Boston Bar, Ashcroft, Kamloops et plusieurs autres villes du sud-est de la province.

■ En autocar

Greyhound Lines

Pacific Central Station, 1150 Station St., Vancouver
☎800-661-8747
www.greyhound.ca
La compagnie Greyhound dessert la plupart des villes du sud de la Colombie-Britannique.

Maverick Coach Lines

Pacific Central Station, 1150 Station St., Vancouver
☎(604) 940-8727 ou 800-667-6301
www.maverickcoachlines.bc.ca
Surtout utilisée par les skieurs qui désirent se rendre pour la journée à Whistler, cette compagnie d'autocars dessert également d'autres villes le long de la route 99.

Whistler Express Bus

☎877-932-0606
www.whistler.com/transit
Plus de 10 départs quotidiens entre l'aéroport de Vancouver et Whistler, dans les deux sens.

■ En traversier

Pour atteindre la Sunshine Coast, vous devez prendre un traversier de Horseshoe Bay si vous êtes sur la côte ou de Departure Bay ou Comox sur l'île de Vancouver.

BC Ferries

☎(250) 386-3431 ou 888-223-3779
www.bcferries.bc.ca

Renseignements utiles

■ Bureaux de renseignements touristiques

Les différents bureaux d'information touristique du sud de la province sont ici regroupés par régions. Toutefois, un grand nombre de villes possèdent également leur propre office de tourisme.

Circuit A: Sunshine Coast

Vancouver, Coast and Mountains
250-1508 W. Second Ave., Vancouver, BC, V6J 1H2
☎(604) 739-9011 ou 800-667-3306
www.coastandmountains.bc.ca

Gibsons InfoCentre

900 Gibsons Way, Unit 21, Gibsons, BC, V0N 1V0
☎(604) 886-2325
www.gibsonschamber.com

Powell River Visitors Bureau

4690 Marine Ave., Powell River, BC, V8A 2L1
☎(604) 485-4701 ou 877-817-8669
www.discoverpowellriver.com

Circuit B: Whistler et la boucle de Coast Mountain

Vancouver, Coast and Mountains
(voir ci-dessus)

Squamish Chamber of Commerce & Visitor Info Centre

38551 Loggers Lane, Suite 102, P.O. Box 1009, Squamish, BC, V0N 3G0
☎(604) 815-4994 ou 866-333-2010
www.squamishchamber.com

Whistler Travel InfoCentre

2097 Lake Placid Rd., Whistler, BC, V0N 1B0
☎(604) 932-5528
www.bcadventure.com

Whistler Activity and Information Centre

4010 Whistler Way, Whistler, BC, V0N 1B4
☎(604) 932-3928 ou 800-944-7853
www.tourismwhistler.com

Pemberton Visitor InfoCentre

à l'angle de Hwy. 99 et Portage Rd.
☎(604) 894-6175
www.pemberton.net

Lytton Travel InfoCentre
400 Fraser St., Lytton, BC, V0K 1Z0
☎ (250) 455-2523
www.lytton.ca

Hope Travel InfoCentre
919 Water Ave., Hope, BC, V0X 1L0
☎ (604) 869-2021
www.hopechamber.bc.ca

Harrison Hot Springs Travel InfoCentre
499 Hot Springs Rd., Harrison Hot Springs, BC,
V0M 1K0
☎ (604) 796-5581
www.harrison.ca

Circuit C: De la rivière Thompson à Rogers Pass

Thompson Okanagan Tourism Association
1332 Water St., Kelowna, BC, V1Y 9P4
☎ (250) 860-5999 ou 800-567-2275
www.totabc.com

Kamloops Visitor InfoCentre
1290 Trans-Canada Hwy. W., Kamloops, BC, V2C 6R3
☎ (250) 374-3377 ou 800-662-1994
www.adventurekamloops.com

Association francophone de Kamloops
348 Fortune Dr., Kamloops
☎ (250) 376-6060
www.francokamloops.org

Revelstoke Travel InfoCentre
204 Campbell Ave., Revelstoke, BC, V0E 2S0
☎ (250) 837-5345 ou 800-487-1493
www.revelstokecc.bc.ca

Revelstoke City Hall
216 Mackenzie Ave., Revelstoke, BC, V0E 2S0
☎ (250) 837-2161
www.cityofrevelstoke.com

Circuit D: La vallée de l'Okanagan

Thompson Okanagan Tourism Association
(voir ci-dessus)

Princeton Travel InfoCentre
105 Hwy. 3 E., Princeton, BC, V0X 1W0
☎ (250) 295-3103

Osoyoos Visitor InfoCentre
9912 Hwy. 3, P.O. Box 500, Osoyoos, BC, V0H 1V0
☎ (250) 495-5070 ou 888-676-9667

Penticton & Wine Country Visitor Centre
553 Railway St., Penticton, BC, V2A 8S3

☎ (250) 493-5055 ou 800-663-5052
www.penticton.ca

Kelowna Travel InfoCentre
544 Harvey Ave., Kelowna, BC, V1C 6Y9
☎ (250) 861-1515 ou 800-663-4345
www.tourismkelowna.org

Centre culturel français de l'Okanagan
702 Bernard Ave., Kelowna
☎ (250) 860-4074
www.centreculturelfrancaisokanagan.org

Vernon Tourism
701 Hwy. 97, Vernon, V1B 3W4
☎ (250) 542-1415 ou 800-665-0795
www.vernontourism.com

Merritt & District Chamber of Commerce
2185B Voght St., Merritt, BC, V1K 1B8
☎ 250-378-5634 ou 877-330-3377
www.merritt-chamber.bc.ca

Circuit E: Kootenay Rockies

Kootenay Rockies Tourism
P.O. Box 10, 1905 Warren Ave., Kimberley, BC,
V1A 2Y5
☎ (250) 427-4838 ou 800-661-6603
www.kootenayrockies.com

Nakusp & District Chamber of Commerce
92 Sixth Ave. NW, Nakusp, BC, V0G 1R0
☎ (250) 265-4234 ou 800-909-8819
www.nakusparrowlakes.com

Nelson Visitor InfoCentre
225 Hall St., Nelson, BC, V1L 5X4
☎ (250) 352-3433 ou 877-663-5706
www.discovernelson.com

Rossland Tourist Information
Rossland Museum, à l'intersection des routes 3B et
22, Rossland
☎ (250) 362-7722

Kimberley Visitor InfoCentre
270 Kimberley Ave., Kimberley, BC, V1A 3N3
☎ (250) 427-3666
www.kimberleychamber.ca

Cranbrook Visitor InfoCentre
2279 Cranbrook St. N., Cranbrook, BC, V1C 4H6
☎ (250) 426-5914 ou 800-222-6174
www.cranbrookchamber.com

Le sud de la Colombie-Britannique - Renseignements utiles

■ Internet

La plupart du temps, il est facile de se brancher sur la «Toile» via l'un des terminaux installés dans les bibliothèques municipales. Dans certains cas, vous pouvez utiliser Internet sans frais une heure par jour, notamment dans la vallée de l'Okanagan. Certains postes Internet payants ont par ailleurs été installés dans quelques auberges de jeunesse.

Attraits touristiques

Un voyage dans le sud de la Colombie-Britannique vous donne la possibilité de découvrir entre ciel et mer des villes, des parcs et des gens de cultures très variées. Nous vous proposons cinq circuits à travers des régions aux couleurs et aux textures qui vont d'un extrême à l'autre:

Circuit A: Sunshine Coast ★★

Circuit B: Whistler et la boucle de Coast Mountain ★★

Circuit C: De la rivière Thompson à Rogers Pass ★

Circuit D: La vallée de l'Okanagan ★★★

Circuit E: Kootenay Rockies ★★

- -
Circuit A: Sunshine Coast
★★

Vous rejoindrez la Sunshine Coast principalement par voie maritime; une tout autre mentalité s'exprime ici par l'inexistence de routes reliant Vancouver aux villes de villégiature de la côte: ce sont les traversiers qui dictent le va-et-vient du quotidien. Les municipalités qui se sont développées le long de la côte bénéficient de la mer et de ce qu'elle produit. La Sunshine Coast prend forme le long du détroit de Georgie et est entourée au nord par le Desolation Sound, à l'est par la chaîne Côtière et, plus au sud, par le Howe Sound.

Langdale

Vous atteindrez Langdale en 40 min, une petite ville portuaire à la pointe sud de la Sunshine Coast. Les traversiers desservent cette côte à plusieurs reprises dans la journée; il faut toutefois se présenter au quai d'embarquement de Horseshoe Bay au moins une heure à l'avance pour certains départs de fin de semaine. **Horseshoe Bay** est à 20 km au nord-ouest de Vancouver. Avec **BC Ferries** *(information 7h à 22h; Vancouver:* ☎*888-223-3779; Victoria:* ☎*250-386-3431; d'ailleurs en Colombie-Britannique:* ☎*888-223-3779)*, vous économiserez jusqu'à 15% sur l'achat de votre billet si vous prévoyez revenir par l'île de Vancouver au lieu de faire l'aller-retour. Demandez le *Sunshine Coast Circlepac*.

Pendant cette traversée, la notion des distances change; le temps pour aller du point *A* au point *B* ne se mesure plus de la même façon; vous vous laissez transporter; vous n'avez plus qu'à contempler la vue entre mer et montagnes.

Les Indiens Coast Salishs ont été les premiers à occuper la côte; la région actuelle de Gibsons (voir ci-dessous) regroupait plutôt les Squamishs et les Sechelts. Les Européens ont navigué dans ces eaux dans les années 1790, mais il fallut attendre le passage du capitaine Richards, en 1859 et 1860, pour pouvoir répertorier les baies, les anses, les îles et les bras de mer.

Gibsons ★

À Gibsons, les visiteurs ne manqueront pas de reconnaître le site de tournage de *Beachcombers*, une série télévisée de la Canadian Broadcasting Corporation (CBC) qui a été tournée ici pendant près de 20 ans et qui a été diffusée dans plus de 40 pays. Sur la route entre Langdale et Gibsons, arrêtez-vous au **Molly's Reach Café** (voir p 293), le bistro où les personnages de la série se retrouvaient souvent dans le film et qui fait la grande attraction de Gibsons. Prenez aussi le temps de déambuler sur **Molly's Lane** ★ à travers les petites boutiques et les restaurants. En 1993, Gibsons devenait "Castle Rock" pour un autre film, *Needful Things*, d'après le roman de Stephen King.

Une visite s'impose au **Sunshine Coast Museum & Archives** ★ *(716 Winn Rd.,* ☎*604-886-4114, www.sunshinecoastmuseum.ca)*; une

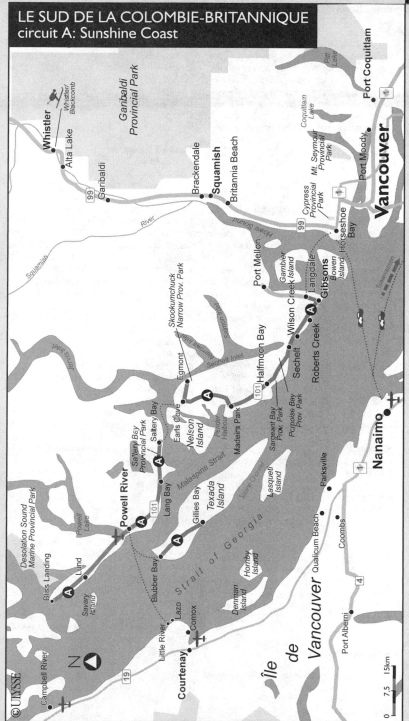

LE SUD DE LA COLOMBIE-BRITANNIQUE
circuit A: Sunshine Coast

©ULYSSE

dame charmante vous y accueillera et vous fera partager sa passion pour la vie marine de la région.

Le développement de la Sunshine Coast s'est effectué sur une mince bande le long de la forêt. La vie sauvage animale et végétale y est riche; les orchidées et les roses sauvages côtoient les chevreuils et les ours noirs; les loutres de rivière et les castors maintiennent leurs activités près des côtes, tandis que les otaries et les phoques prennent le large.

Sechelt

Pour vous rendre à Sechelt, prenez la route 101 vers le nord; le paysage est plutôt sobre, mais, avec la mer et les îles, le décor devient plus beau. Sechelt est un important centre administratif amérindien. La **House of Hewhiwus** *(5555 Hwy. 101, à côté du bureau d'information touristique)* regroupe un théâtre, une galerie d'art et une boutique de souvenirs. L'art amérindien, où chaque œuvre illustre une légende, vous est présenté par des gens de la communauté.

La Sunshine Coast se laisse découvrir en naviguant sur un des cours d'eau voisins. Prenez Wharf Road à droite et rendez-vous au Government Wharf. **Sunshine Coast Tours** *(99$; tlj 10h30 à 16h30; ☎604-883-2280 ou 800-870-9055, www.sunshinecoasttours.bc.ca)* organise des excursions sur le petit bras de mer Sechelt Inlet jusqu'aux rapides de **Skookumchuck** ★★★ (voir p 264). Le *Princess Louisa Tour* est l'excursion en bateau la plus populaire.

Un barbecue au saumon vous sera servi sur la rive, et une descente des rapides de Skookumchuck («eaux torrentielles») au moment de la marée vous prolongera dans des vagues qui atteignent plus de 3 m de hauteur. Vous pouvez observer les rapides en vous rendant à Egmont: gardez la droite avant d'arriver à Earls Cove, sur la route de Powell River. Près de 4 km séparent le stationnement du point d'observation des rapides.

Pender Harbour

Tout en maintenant le cap sur Earls Cove, vous longerez Pender Harbour, qui présente une série de petites îles entourées d'eaux poissonneuses, véritables oasis de

rêve pour la pêche. Les pêcheurs de saumons fréquentent cet endroit facile d'accès par bateau ou par route.

La Sunshine Coast est coupée en deux par le Jervis Inlet. À Earls Cove, un traversier vous conduira à Saltery Bay: une autre croisière à travers de splendides paysages de la Colombie-Britannique.

Powell River ★

Powell River, ville importante en bordure de la mer, est l'hôte de merveilleux couchers de soleil sur les Northern Gulf Islands et l'île de Vancouver. Les activités de plein air sont à l'honneur dans cette région de la côte. Le climat tempéré de Powell River en facilite la pratique toute l'année. L'industrie forestière joue également un rôle important dans cette région. Mais on vient surtout à Powell River pour les lacs, la forêt, la vie animale et les points de vue.

La marche en montagne et sur le bord de la mer gravera dans votre mémoire les plus beaux points de vue sur le détroit de Georgie. La région offre aux visiteurs, 12 mois par année, une multitude d'activités aquatiques, et ce, à portée de la main et pour tous les budgets.

Les amateurs de plongée sous-marine viennent dans la région chaque année afin de profiter, surtout en hiver, de la limpidité de l'eau. Le **Saltery Bay Provincial Park** ★ (voir p 265) cache une statue de bronze: une sirène maintenue à 20 m de profondeur parmi d'autres trésors de la mer.

Texada Island

Située dans le détroit de Georgie, non loin de Powell River, Texada Island était un important centre minier qui exploitait le fer en 1880. Aujourd'hui, l'île n'attire plus que les amateurs de nature, qui peuvent vivre à découvrir à pied ou à bicyclette, ou encore en faisant de la plongée. Les services sur l'île étant très limités, il est donc conseillé d'y aller le plus équipé possible et dans un but précis.

Savary Island ★★

Savary Island fait aussi partie des Northern Gulf Islands. Elle est accessible par bateau-taxi au départ de Powell River. La traversée couvre une vingtaine de kilomètres. L'île est surnommée la Hawaii de la Colombie-Britannique et aussi *Pleasure Island* en raison de ses **plages de sable blanc ★★★** et de ses eaux cristallines où il fait bon se baigner. Les aigles visitent l'île en grand nombre, et des colonies de phoques se baladent près des côtes. Les activités pratiquées sur Savary Island sont entre autres la marche, le vélo et les bains de soleil. C'est véritablement une destination estivale. Ne pensez pas vous y promener en voiture, car cela n'est pas nécessaire, puisque l'île est très petite (8 km de long sur 1 km de large), et même impossible comme il n'y a pas de route! C'est pour cette raison que la bicyclette devient un moyen de transport indispensable sur ce bout de terre.

Lund ★★

Lund, située au bout de la route 101, ou au début, selon le point de référence, est la porte d'entrée du merveilleux **Desolation Sound Marine Provincial Park ★★** (voir p 265), havre de vie marine facilement accessible en kayak ou en canot. Le port de Lund est magnifique avec son vieil hôtel, ses commerces attenants et la promenade de bois qui fait le tour de la baie; les bateaux de pêche qui y mouillent dessinent la carte postale que vous aviez imaginée en songeant à un village de pêcheurs. Les sorties en kayak sont accessibles à tous. Expéditions de pêche, croisières d'observation des baleines, sorties de plongée-tuba, bref, le choix ne manque pas.

Vous pouvez prendre le traversier à Powell River pour atteindre l'île de Vancouver ou retourner à Langdale pour rentrer à Vancouver par Horseshoe Bay.

Circuit B: Whistler et la boucle de Coast Mountain
★★

La côte regorge de splendides panoramas; que vous soyez en voiture, en train ou à bord d'un traversier, fjords, montagnes, forêts et points de vue se succèdent. L'auto-route Sea to Sky (route 99) se présente comme une route sinueuse très fréquentée par les vacanciers, et Whistler devient leur lieu de détente sportive, été comme hiver.

Cette grande région dépend en grande partie de l'industrie forestière et du tourisme. Le beau golf de **Furry Creek**, renommé dans toute la province et même partout au Canada, attire tout l'été des golfeurs chevronnés qui essaient de ne pas trop se laisser distraire par le paysage enchanteur. Le premier arrêt, le long de la route 99, s'effectue à Britannia Beach.

Britannia Beach ★

Britannia Beach a été pendant près d'un siècle une importante ville minière d'où des milliers de tonnes de cuivre ont été extraites du sous-sol. Aujourd'hui, le site a été transformé en un musée géant, le **BC Museum of Mining ★** *(15$; début mai à mi-oct tlj 9h à 15h30, mi-oct à début mai lun-ven 9h à 16h30;* ☎*604-896-2233 ou 800-896-4044, www.bcmuseumofmining.org),* où les visiteurs peuvent découvrir cette industrie comme elle se pratiquait au tournant du XXe siècle jusqu'au début des années 1970, au moment de sa fermeture.

Une promenade en train dans les tunnels vous plonge dans une autre époque; un guide explique et démontre les différentes techniques de forage qui étaient utilisées avec l'arrivée de nouvelles machines; cette visite se termine au grand moulin, où le minerai était nettoyé.

La route 99 longe le détroit de Howe jusqu'à Squamish. Pendant plusieurs années, le seul moyen de transport depuis le sud était le bateau; certaines municipalités dépendent toujours des traversiers pour rejoindre la côte plus au nord.

Squamish

Située à l'extrémité nord de Howe Sound, Squamish a été développée grâce à l'industrie forestière, et, encore aujourd'hui, elle en bénéficie. Visitez les travailleurs en forêt, en pleine action, ou à la scierie, ou encore dans la cour de triage, pendant que des machines colossales déplacent les billes de bois.

À l'entrée de Squamish, vous serez intrigué par le grand mur noir, **The Chief**, qui descend à pic au bord de la route. Si vous aimez l'escalade, vous pourrez avoir le plaisir de le franchir avec un guide (voir p 268).

Squamish, qui en salish signifie «mère du vent», attire les véliplanchistes en raison du vent qui s'engouffre dans le détroit et qui se déplace vers les terres. De plus, l'escalade prend de l'ampleur dans la région; le rendez-vous se donne à la **Stawamus Chief Mountain**, et les sentiers menant à ce monolithe de granit entraînent les marcheurs vers les lieux où ils pourront observer les grimpeurs.

*La route 99 quitte le bord de l'eau pour se frayer un chemin dans la vallée menant à Whistler tout en longeant le **Garibaldi Provincial Park** ★★ (voir p 266). Après Squamish, suivez les indications vers Brackendale, ce qui vous écartera à peine de la route de Whistler.*

Brackendale ★

Situé à seulement 70 km au nord de Vancouver par l'autoroute Sea to Sky, le village de Brackendale est en fait une banlieue de Squamish. Il est reconnu comme le plus important site de **rassemblement d'aigles à tête blanche** ★★★ au monde, devant la Chilkat Bald Eagle Reserve en Alaska.

Poussé par une force mystérieuse, chaque hiver, le saumon retrouve son chemin à travers l'océan Pacifique jusqu'aux rivières Squamish et Cheakamus pour frayer et mourir. Pas très loin derrière suivent les milliers d'aigles à tête blanche qui ont choisi le petit village de Brackendale pour leurs quartiers d'hiver. Ils s'alimentent des carcasses de saumons en décomposition échouées le long des rivières.

Les aigles sont partout: sur les arbres, sur les toits des maisons et le long de la route. Ce phénomène unique attire plus de 2 000 naturalistes amateurs chaque fin de semaine de décembre à la mi-février. Vous pouvez aussi en apercevoir du **Eagle Run** *(sortie Mamquam Road de la route 99, en direction nord sur Government Road)*, un poste station d'observation muni de panneaux d'interprétation. Des guides bénévoles sont présents les week-ends de décembre et janvier.

Chaque année, un recensement des aigles est organisé par la **Brackendale Art Gallery** *(12h à 22h sam-dim et jours fériés; ☎604-898-3333)*, qui les présente en tableaux et en sculptures. La galerie d'art fait aussi office de restaurant et de salle de concerts.

D'autre part, il existe plusieurs parcs provinciaux le long de l'autoroute Sea to Sky qui offrent une grande possibilité d'activités de plein air (voir p 265). Attention, cette région est l'habitat de nombreux ours noirs et de grizzlis. Soyez très prudent. Les ours peuvent paraître paisibles et inoffensifs, mais ils sont en fait très dangereux.

Whistler ★★

Whistler attire des gens de partout à travers le monde qui pratiquent le ski, le golf, la randonnée pédestre, la voile, le parapente, la planche à neige... Une infrastructure hôtelière imposante honore la ville au pied des montagnes Blackcomb et Whistler; restaurants, boutiques, complexes sportifs et centre des congrès s'ajoutent à ce centre de villégiature reconnu internationalement. L'endroit est fréquenté été comme hiver, et chaque saison possède son lot d'activités à proposer. Depuis plusieurs années, Whistler figure parmi les plus importantes stations d'hiver en Amérique du Nord.

Ainsi, à part les grands hôtels, les copropriétés sont devenues de plus en plus nombreuses ces dernières années, et les magasins se sont multipliés. Pour permettre aux touristes de se déplacer plus aisément, un service de navette gratuit autour du village a été instauré.

Les boutiques sont bien sûr consacrées en majorité aux touristes mais aussi aux urbains de la région côtière. Cela encourage l'achat des copropriétés en tant que résidences secondaires et favorise l'économie de Whistler.

Au début des années 1960, un groupe d'aventuriers voulaient faire de cette région le site des Jeux olympiques d'hiver de 1968 en développant le Garibaldi Provincial Park (voir p 266). Malgré leur incapacité à obtenir les jeux, ces visionnaires n'abandonnèrent pas l'idée de faire de cette vallée un vaste domaine skiable. La population de Whistler a décuplé en 20 ans, de sorte qu'on compte aujourd'hui 9 700 résidants permanents et 2 millions de visiteurs par

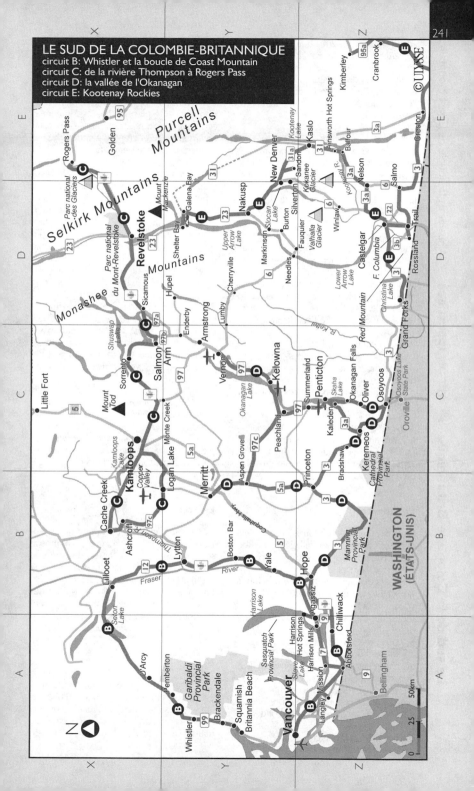

LE SUD DE LA COLOMBIE-BRITANNIQUE
circuit B: Whistler et la boucle de Coast Mountain
circuit C: de la rivière Thompson à Rogers Pass
circuit D: la vallée de l'Okanagan
circuit E: Kootenay Rockies

©ULYSSE

WASHINGTON (ÉTATS-UNIS)

année. Et c'est en 2010 que Whistler goûtera aux joies et aux retombées des Jeux olympiques, alors qu'elle sera l'hôte des compétitions de ski alpin et nordique, de bobsleigh, de luge et de skeleton lors de la tenue des XXIe Jeux olympiques d'hiver à Vancouver.

Whistler reçoit chaque année près de 1 000 cm de neige, et la température oscille en moyenne autour de –5°C pendant les mois d'hiver. Les détails concernant la multitude de sports proposés sont présentés dans la section «Activités de plein air» (voir p 272).

Le jazz et la musique classique prennent une place de plus en plus grande dans cette jeune agglomération. Plusieurs événements se déroulent à Whistler tout au long de l'année, comme la Coupe du monde masculine de descente, la Coupe du monde de ski acrobatique, la Semaine des skieurs gays, le Festival de jazz...

Prenez le temps d'aller marcher dans le village hôtelier au bas des montagnes; vous pourrez mieux apprécier l'ambiance de fête et de loisir qui s'en dégage. Tout cela a un certain prix, et ces loisirs sont assez chers.

À l'entrée de la région de Whistler, se trouve Function Junction, qui est, en quelque sorte, le petit quartier industriel de la région, mais surtout le futur site du village olympique de Whistler.

Pemberton

Blotti au creux de l'impressionnant **Mount Currie**, se trouve le joli village de Pemberton. Cette localité agricole s'est très vite taillé une sérieuse réputation auprès des amateurs de plein air. Il existe une infinité de sentiers de randonnée tout autour qui vous feront découvrir de petits lacs de montagne et des glaciers spectaculaires.

Si vous avez un véhicule avec une garde au sol suffisante, vous pourrez aussi vous aventurer sur les chemins forestiers du BC Forest Service. Le long de ces routes ont été aménagés des emplacements de camping sauvage, et vous aurez accès à de jolis coins de pêche où les truites abondent.

En hiver, les motoneigistes se rendent sur le **Pemberton Ice Cap** (voir p 270).

Lillooet

Au temps de la découverte de l'or, Lillooet était la plus importante localité de la Colombie-Britannique, car le Mile 0 de la route de la ruée vers l'or ou des monts Cariboo avait été placé à Lillooet. Mineurs et commerçants se rendaient ainsi dans cette région sauvage et empruntaient ce chemin dangereux dans le but de faire fortune.

Maintenant, Lillooet est une paisible communauté d'environ 3 000 habitants surtout réputée pour sa belle nature. En été, la pêche et le camping attirent les amateurs. Il faut dire que le climat sec et chaud encourage les touristes de la région côtière qui sont parfois exaspérés par la pluie, même durant la belle saison. Vous atteindrez Lillooet par la route de Duffey Lake (route 99) après avoir passé Whistler et Pemberton.

Renseignez-vous à l'office de tourisme situé dans le musée de la ville, à côté des totems, pour connaître les meilleurs coins de pêche et l'itinéraire pour rejoindre le magnifique **Seton Lake** ★★★. Impossible de le manquer si vous arrivez par le nord.

De Lillooet, vous pouvez prendre la route 99 vers le nord jusqu'à l'intersection avec la transcanadienne, que vous emprunterez, en direction sud cette fois, pendant quelques kilomètres jusqu'à Cache Creek et à la route pour **Ashcroft** *(voir p 244). Ou encore vous pouvez poursuivre ce circuit en prenant la route 12 vers le sud jusqu'à Lytton.*

Lytton

Lytton est la capitale du rafting de la province et l'endroit où la rivière Thompson se jette dans le fleuve Fraser. Encore une fois, vous verrez des paysages à couper le souffle. Les vallées sont désertiques, avec une végétation alpine. Pour ce qui est des amateurs de descentes de rivière, différentes options s'offrent à eux: promenade en canot motorisé ou aviron dans les rapides.

Yale

Yale s'est développée en raison de trois événements majeurs au cours de l'histoire: la traite des fourrures, la ruée vers l'or et la construction du chemin de fer. Cette ville marque aussi le début du canyon Fraser:

attachez vos ceintures et ouvrez grand les yeux!

Le **pont Alexandria** enjambe le fleuve Fraser à un endroit très frappant où seuls les piétons ont accès. Ce pont ne fait plus partie du réseau routier. La promenade sur ce pont offre également des vues splendides sur le fleuve Fraser. Un panneau du côté de la transcanadienne donne les indications à suivre pour atteindre le site.

Hell's Gate ★ *(14$;* ☎*604-867-9277)*. Simon Fraser fut le premier Européen à naviguer sur le fleuve qui portera son nom, et, à son passage dans cette gorge, il la nomma «la porte de l'enfer» en raison d'importants glissements de terrain qui l'avaient considérablement rétrécie. La force du courant empêchait les saumons de remonter pour aller frayer. Cependant, une passe a été aménagée afin de corriger la situation. Un téléphérique descend 152 m plus bas pour vous emmener au niveau de la rivière.

Hope ★

La ville de Hope marque la porte d'entrée du canyon Fraser et est située au confluent de la rivière Coquihalla, du fleuve Fraser et de la rivière Nicolum. La Compagnie de la Baie d'Hudson y établit, en 1848, un poste de traite des fourrures dénommé Fort Hope; et 10 années plus tard, la découverte d'or attira des prospecteurs qui firent de Hope leur point d'approvisionnement en vivres.

Le **Kettle Valley Railway** a laissé des traces importantes dans la région de Hope. Cinq tunnels, les **Othello Tunnels**, ont été creusés à même des parois de granit pour traverser le canyon Coquihalla. Tout comme sur d'autres tronçons de cette voie ferrée, les problèmes d'éboulis et d'avalanches ont eu raison des rails.

L'emprise ferroviaire, devenue aujourd'hui un magnifique parc linéaire, permet aux visiteurs d'observer le génie des bâtisseurs de chemins de fer et d'admirer le paysage grandiose qui se dessine devant eux. Hollywood a même choisi ce site pour tourner les films *First Blood* et *Shoot to Kill*. À partir du centre-ville, prenez la rue Wallace, tournez à droite dans Sixth Avenue, puis prenez Kawkawa Lake Road à gauche; passez un pont et une voie ferrée, et prenez Othello Road à droite; l'entrée du stationnement

sera sur votre droite. N'oubliez pas votre appareil photo.

Un sculpteur sur bois à la scie à chaîne crée des pièces imposantes qui font le bonheur des visiteurs et des résidants de Hope. Tout a commencé lorsque le tronc d'un arbre majeur du parc Memorial a été transformé, par le sculpteur Pete Ryan, en un aigle tenant un saumon dans ses griffes. Depuis, plusieurs de ses œuvres, aux thèmes variés, ornent le centre-ville.

Ceux qui veulent admirer la région du haut des airs peuvent se rendre à l'aéroport de Hope pour faire une promenade en planeur (voir p 274).

*À la sortie de la ville de Hope, plusieurs options s'offrent à vous. Vous pouvez prendre la route transcanadienne (route 1), qui vous conduira directement à Vancouver, 150 km plus à l'ouest. Vous pouvez aussi aller dans l'autre direction, vers le **Manning Provincial Park** (voir p 267) ou vers **Princeton** et le circuit D (voir p 248), via la route 3 Est. Finalement, vous pouvez poursuivre ce circuit en empruntant la route 7 en direction ouest jusqu'à Harrison Hot Springs.*

Harrison Hot Springs ★

La localité de Harrison Hot Springs se trouve à l'extrémité sud du lac Harrison, là où les Coast Salishs venaient profiter des eaux chaudes dites curatives. Des prospecteurs d'or ont fait la découverte de ces eaux en 1858. Une tempête sur le lac Harrison les avait forcés à rejoindre la rive, et à l'accostage ils sentirent la chaleur de l'eau. Le site est spectaculaire: le lac s'engouffre dans une série de montagnes qui découpent le paysage.

Un bain public intérieur donne accès aux eaux minérales: le **Harrison Hot Springs Public Pool** ★ *(8,50$; lun-jeu 9h à 21h, ven-sam 9h à 22h, dim 9h à 21h; angle Hot Springs Rd. et Lillooet Ave.,* ☎*604-796-2244)*. En plus d'avoir la mainmise sur le bain public, le **Harrison Hot Springs Resort & Spa** (voir p 280) a acquis les droits pour exploiter la source. Les plages du lac Harrison attirent chaque année, en septembre et en octobre, les amateurs de sculptures de sable; les résultats sont impressionnants. La route qui longe le lac mène au **Sasquatch Provincial Park** (voir p 266).

Mission

Xá:ytem Longhouse Interpretive Centre *(10$; 35087 Lougheed Hwy., 3 km à l'est de Mission,* ☎*604-820-9725).* Ce site archéologique autochtone a été découvert en 1990. Les Amérindiens le dénomment *Xá:ytem* (prononcer HAY-tum), qui désigne une large roche sur un ancien plateau du fleuve Fraser. Selon les géologues, il s'agit d'un rocher (boulder) qui a été laissé là au passage des glaciers.

Les Sto:los, des Amérindiens qui ont habité la région il y a plus de 4 000 ans, interprètent la présence de cette pierre comme étant la transmutation de trois chefs de bande ayant commis un péché. Des centaines d'objets ont été trouvés sur les lieux, entre autres des outils et des armes taillés dans la pierre. Le centre en présente plusieurs, et des Sto:los servent de guides.

À Mission, empruntez le pont (route 11) qui enjambe le fleuve Fraser. D'Abbotsford , sur l'autre rive, prenez la route transcanadienne jusqu'à Langley.

Langley

Lieu historique national du Fort-Langley ★ *(6,50$; mi-mars à oct tlj 10h à 17h, nov à mi-mars mar-sam 10h à 17h; sortie 66 Nord de la transcanadienne, direction Fort Langley, angle Mavis St. et Royal St.,* ☎*604-513-4777).* Le fort Langley a été construit en 1827 à 4 km en aval du lieu actuel sur la rive sud du fleuve Fraser. En 1839, ce premier fort est laissé à l'abandon et remplacé par un nouveau fort, utilisé par la Compagnie de la Baie d'Hudson pour l'entreposage des fourrures en partance pour l'Europe par voie maritime.

Le 19 novembre 1858, le statut de la Colombie-Britannique y a été officiellement proclamé, mettant ainsi fin au contrôle du territoire par la Compagnie de la Baie d'Hudson. Des 16 bâtiments qui se trouvaient à l'intérieur de la palissade, seul l'entrepôt a subsisté. Ce bâtiment a été construit vers 1840 et demeure la plus vieille structure de style européen sur le flanc ouest des Rocheuses. Six autres bâtiments et la palissade ont aussi été reconstitués pour faire connaître cette époque.

À votre sortie, prenez le petit *Albion Ferry,* ce traversier qui vous emmènera sur la rive nord du fleuve Fraser, puis suivez la route 7 Est vers Mission. Cette route secondaire réduira votre rythme de croisière, car elle serpente à travers des champs envahis par les baies. C'est en grande partie des immigrants de l'Inde qui exploitent ces terres. Ils possèdent même leurs propres écoles, leur propre système de transport en commun et leurs propres temples.

- -

Circuit C: De la rivière Thompson à Rogers Pass
★

Ce circuit s'amorce dans une région semi-désertique et traverse des forêts mixtes avant de grimper la chaîne Columbia et de se terminer au **parc national des Glaciers** (voir p 267).

Vous parcourrez la route transcanadienne, qui suit la rivière Thompson de son embouchure à Lytton et traverse Spences Bridge, Ashcroft, Cache Creek et Savona, avant d'arriver à Kamloops où la rencontre des rivières North Thompson et South Thompson forme le lac Kamloops. De Kamloops, la route continue vers l'est le long de la rive sud de la rivière South Thompson pour aboutir à sa source, le lac Shuswap.

Vous gravirez ensuite la chaîne Columbia, qui couvre un énorme territoire de 1,48 M km² et comprend quatre chaînes de montagnes distinctes situées à l'ouest du sillon des Rocheuses: les monts Cariboo, Monashee, Selkirk et Purcell. La transcanadienne gravit les monts Monashee avant de redescendre vers Revelstoke, sur les berges de la rivière Columbia. Elle grimpe ensuite encore jusqu'à Rogers Pass, un sommet d'une altitude de 1 382 m situé dans les monts Selkirk.

Ashcroft

Ashcroft est située à quelques kilomètres à l'est de la route 1, d'où partaient, dans les années 1860, les prospecteurs d'or en route vers le nord. Vous pouvez prendre la transcanadienne Est vers Kamloops en passant par Cache Creek, afin de suivre le bord du lac Kamloops et d'apercevoir les champs de culture de ginseng.

Au lieu de prendre la transcanadienne, vous pouvez suivre la route 97C vers Logan Lake et la mine Copper Valley. Tout en remontant la magnifique vallée désertique, vous apercevrez le **Sundance Guest Ranch** (voir p 280), qui surplombe la vallée de la rivière Thompson. Depuis les années 1950, cet établissement propose aux visiteurs des excursions à dos de cheval à travers des milliers d'hectares de champs. Autrefois, les éleveurs de bétail y vivaient comme dans la plupart des ranchs de la région.

Highland Valley Copper ★★ *(entrée libre; mai à août lun-ven deux visites par jour; durée de la visite: 2 heures, appelez pour réserver;* ☎*250-523-3507)* est une des plus grandes mines de cuivre à ciel ouvert au monde. Le paysage est lunaire. L'équipement industriel et les moyens de transport du minerai y prennent des dimensions démesurées. Même si vous ne pouvez pas en faire la visite, vous remarquerez ce site à partir de la route.

Dirigez-vous toujours vers l'est; à l'intersection avec l'autoroute Coquihalla (route 5), prenez la direction de Kamloops.

Kamloops

Kamloops, ville d'étape, est le cœur de l'intérieur de la province, une ville de 84 000 habitants où les industries forestière et touristique sont les principaux moteurs de l'économie locale. L'industrie minière et l'élevage de bétail contribuent également au développement de la ville. C'est un endroit très intéressant pour passer de belles vacances. La nature est belle et le climat très agréable, ce qui encourage à pratiquer des activités de plein air tout autour.

Kamloops compte pas moins de cinq parcs qui accueillent tournois et compétitions. Vous pouvez vous promener et regarder un match de football, de balle molle, de cricket, de tennis ou encore un tournoi de golf.

Le **Riverside Park**, une bande de terre gazonnée entre Landsdowne Street et la rivière Thompson, comporte un sentier longeant le cours d'eau et se trouve à une faible distance de marche du centre-ville. En juillet et en août, des musiciens sur scène s'offrent en spectacle ici tous les soirs dès 19h.

Le **Kamloops Wildlife Park** *(10$; fin juin à début sept tlj 8h à 20h30, début sept à fin juin tlj 8h à 16h30; 9077 Trans-Canada Hwy.,* ☎*250-573-3242)* est un zoo où petits et grands

peuvent contempler les animaux dans leur habitat naturel. Vous y verrez des ours, bien sûr, mais aussi des tigres sibériens et des loups.

Mais la ville même compte aussi de beaux restaurants et des cinémas. Le centre d'information touristique (voir p 235) peut vous renseigner sur le golf, la pêche ainsi que plusieurs autres activités de plein air à pratiquer dans les environs. La culture joue aussi un rôle important: le **Kamloops Symphony Orchestra** *(335 Victoria St.,* ☎*250-372-5000)*, la **Western Canada Theatre Company** *(1025 Lorne St.,* ☎*250-372-3216)*, le **Sagebrush Theatre** *(*☎*250-374-5483)* et les **Kamloops Museum and Archives** *(mar-ven 9h30 à 16h30; angle Second Ave. et Seymour St.,* ☎*250-828-3576)* sont très actifs.

Depuis 2002, la locomotive à vapeur *2141*, ou *Spirit of Kamloops (14$; juin à sept; 510 Lorne St.,* ☎*250-374-2141, www.kamloopsheritagerailway.com)*, accueille de nouveau les passagers, après une (très) longue période de restauration. Construite en 1912, la *2141* est une des seules locomotives à vapeur qui subsistent dans le monde qui soit opérationnelle. Elle a sillonné les voies ferrées sur de courts trajets en Alberta et en Saskatchewan, avant d'être remisée en 1958, puis fut vendue à la Ville de Kamloops en 1961. Kamloops Heritage Railway exploite désormais cette locomotive rugissante et fumante, et propose des promenades qui partent de l'est du centre-ville, parfaites pour les aficionados et les enfants. Au cours du voyage, le célèbre hors-la-loi de Kamloops, Billy Miner, en profite pour attaquer le train, comme dans les westerns!

À l'ouest de Kamloops se cache dans les champs, sous de grandes toiles noires, la culture du ginseng. D'importantes fermes exploitent cette racine tant convoitée en Asie pour les bienfaits qu'elle est censée procurer.

Le ginseng américain, qui est cultivé ici, a été découvert dans l'Est canadien, il y a plusieurs centaines d'années, par des Amérindiens qui l'utilisaient dans la fabrication de leurs potions. La firme **Sunmore** *(925 McGill Place,* ☎*250-374-3017)* vous explique la culture du ginseng en Amérique du Nord et les différences qui peuvent exister entre la culture asiatique et la culture locale.

Le **Secwepemc Museum & Native Heritage Park** *(5$; juin à août tlj 8h30 à 16h30, sept à mai lun-*

ven 8h30 à 16h30; 335 Yellowhead Hwy., prendre la sortie «Jasper» de la transcanadienne, ☎250-828-9801, www.secwepemc.org/museum.html) est situé dans la réserve amérindienne de Kamloops, à l'est de la ville.

La visite du site donne l'occasion de découvrir la culture des Shuswaps, les prédécesseurs des Blancs à Kamloops. Une exposition extérieure a été installée sur 4,8 ha le long de la rivière Thompson. Elle permet au visiteur de se familiariser avec la façon dont vivait ce peuple. Ainsi, un petit village a été restauré, et l'on y présente les méthodes de chasse, de pêche et d'agriculture à la manière shuswap. Des animateurs costumés sont sur place pour recréer l'esprit amérindien.

Sortez de Kamloops et prenez la direction de Revelstoke sur la transcanadienne, qui longe plages, montagnes et terrains de golf. Les gorges se resserrent, et le cœur des Rocheuses se pointe à l'horizon. La végétation est beaucoup plus dense et florissante; les arbustes, bleus ou gris, font place à de grands arbres.

Salmon Arm

Il y a deux bonnes raisons qui devraient vous inciter à visiter Salmon Arm: les «bateaux-maisons» (péniches aménagées) et le saumon. La ville même, centre commercial pour les communautés riveraines du grand lac Shuswap, consiste principalement en un tronçon inintéressant de la transcanadienne où magasins et autres boutiques s'alignent. Tournez à gauche dans Ross Street pour rejoindre le plus joli Harbourfront Drive, ce petit «front de mer» qui longe le lac Shuswap.

Le lac Shuswap, réputé pour ses eaux chaudes en été, est populaire auprès des vacanciers qui s'affichent quelquefois sur la plage ou, mieux encore, à bord d'un bateau-maison. La ville de Sicamous, non loin de Salmon Arm, s'autoproclame la capitale canadienne des bateaux-maisons, et plusieurs entreprises spécialisées louent des bateaux ici et à Salmon Arm, y compris **Twin Anchors Houseboats** *(2 700$ pour 3 nuitées; capacité de 15 personnes; réservations requises; avr à août; 101 Martin St., Sicamous, ☎800-663-4026, www.twinanchors.com).* Les «bateaux-hôtels» se révèlent spacieux et confortables, avec baignoires à remous,

eau chaude et foyers comme dans de vrais établissements hôteliers.

Continuez vers l'est par la transcanadienne jusqu'à Revelstoke.

Revelstoke ★★

L'histoire de Revelstoke est étroitement liée à la construction du chemin de fer transcontinental. Les Italiens sont venus en grand nombre réaliser la construction des tunnels, car ils étaient passés maîtres dans cet art. Les 9 000 personnes qui habitent Revelstoke vivent encore aujourd'hui en grande partie des retombées du transport ferroviaire. Le tourisme et la production d'électricité occupent aussi une place importante dans la vie économique de cette belle ville.

Revelstoke est une ville centenaire qui a su conserver son charme et plusieurs bâtiments de styles Queen Anne, victorien, Art déco ou néoclassique qui témoignent de cette époque. Procurez-vous le plan du **Heritage Walking & Driving Tour ★** au musée de Revelstoke ou au **Travel InfoCentre** (voir p 235).

Le **Revelstoke Railway Museum ★** *(6$; mai, juin et sept tlj 9h à 17h; avr et oct lun-sam 9h à 17h; nov lun-ven 9h à 17h; déc, jan, fév et mars lun, mer et ven 13h à 17h, jeu 13h à 19h, sam 11h à 15h; juil et août tlj 9h à 20h; 719 Track St., ☎250-837-6060 ou 877-837-6060, www. railwaymuseum.com)* retrace l'histoire de la construction du chemin de fer dans les Rocheuses et le développement de Revelstoke. Plusieurs photos d'archives, des objets anciens et, surtout, une locomotive des années 1940 ainsi qu'une voiture de dirigeant d'entreprises, construite en 1929, agrémentent le musée.

Revelstoke Dam ★ *(5$; fin avr à mi-oct tlj 9h à 17h, fermé mi-oct à fin avr, sauf les groupes peuvent faire une visite pendant la basse saison; suivez la route 23 Nord; ☎250-814-6697).* Vous serez renseigné sur la production hydroélectrique et aurez accès à différentes salles ainsi qu'au barrage, une imposante structure de béton.

Les amants de la randonnée pédestre seront comblés par la multitude de possibilités d'excursions dans la région du **parc national du Mont-Revelstoke** (voir p 267 et p 271). Ne manquez pas notamment le

Giant Cedars Trail ★ ★ ★, un sentier d'à peine 500 m qui traverse une magnifique forêt de cèdres vieux de 500 ans.

Rogers Pass ★ ★

Juste avant d'arriver à Rogers Pass, arrêtez-vous au **Hemlock Grove Boardwalk ★ ★ ★** un trottoir de bois de 400 m qui traverse une forêt de pruche de l'Ouest. Ce sentier est accessible aux personnes se déplaçant en fauteuil roulant.

Le col de Rogers Pass a été nommé en l'honneur de l'ingénieur qui a découvert, en 1881, le passage qui allait relier l'Est à l'Ouest. Mais en raison de plusieurs catastrophes, dans lesquelles des centaines de personnes ont perdu la vie lors d'avalanches, le Canadien Pacifique décida de construire un tunnel pour traverser cette région. Le **Rogers Pass Discovery Centre ★** *(☎250-814-5232)*, situé à une heure de Revelstoke, dans le parc national des Glaciers, vous renseigne sur l'épopée du chemin de fer. Un sentier a été aménagé sur les anciennes voies ferrées et passe devant les ruines d'une gare qui a été détruite lors d'une avalanche.

Sur une quinzaine de kilomètres, vous traverserez cinq longs tunnels paravalanche avant d'atteindre le centre d'interprétation principal du parc national des Glaciers et le **Glacier Park Lodge** (voir p 283), au sommet. Si vous décidez de poursuivre votre route vers l'est, en Alberta, restez sur la transcanadienne pour passer par Golden, Field et **Lake Louise** (voir p 368). Nous vous proposons de descendre dans les monts Kootenay et d'y découvrir une région moins fréquentée mais tout aussi passionnante (voir le circuit E, p 259). Pour ce faire, revenez sur vos pas jusqu'à Revelstoke, traversez le pont de la ville et prenez la route 23 Sud vers Shelter Bay afin de prendre le traversier *(gratuit; tlj 6h à 23h)* et de continuer jusqu'à **Nakusp** (voir p 261). Pendant la traversée du lac Upper Arrow, d'une durée de 30 min, préparez vos appareils photo et autres caméras, car les vues des monts Kootenay ne vous laisseront pas indifférent. L'attente est parfois longue pour monter à bord du traversier. Si vous le pouvez, prenez-le en semaine.

Circuit D: La vallée de l'Okanagan
★ ★ ★

Le sud de la Colombie-Britannique offre aux visiteurs plusieurs trésors de la nature. Une vallée découpée sur un axe nord-sud et tapissée d'arbres fruitiers et d'une langue d'eau y forme une des plus belles régions de la province. La qualité du vin produit dans l'Okanagan a été reconnue à plusieurs reprises; les vergers nourrissent une bonne partie de la province, et ses lacs et montagnes font le bonheur des sportifs.

Le climat incite aux activités; l'hiver, doux en ville et enneigé en montagnes, donne la possibilité à tous d'apprécier cette saison. Au printemps, les arbres fruitiers sont en fleurs; en été et en automne, la cueillette est souvent suivie d'une baignade dans un des nombreux lacs.

Ce circuit débute à **Hope** (voir p 243) et suit la route Hope-Princeton (route 3) à travers le **Manning Provincial Park ★ ★** (voir p 267) et la chaîne des Cascades. Cette route fut aménagée entre 1945 et 1949 pour l'exploitation forestière. Deux fois plus grand que le Cathedral Provincial Park, le Manning Provincial Park, avec ses 66 000 ha de vie sauvage protégée, renferme une multitude de trésors à voir. À environ 25 km à l'est de Hope, vous pourrez d'ailleurs vous arrêter à **Sumallo Grove**, où un sentier permet d'admirer une forêt ancienne humide.

Vous poursuivrez ensuite votre chemin vers l'est par la route 3 à travers la vallée Similkameen jusqu'à Osoyoos, à l'extrémité sud de la vallée de l'Okanagan. Reconnue comme la seule région désertique au Canada, Osoyoos abrite plus de 100 espèces végétales et 300 espèces animales rares.

Vous emprunterez ensuite la route 97 Nord pour traverser la vallée de l'Okanagan. La vallée est le résultat de l'érosion causée par les glaciers continentaux entre les terres hautes de l'Okanagan à l'est et le plateau de la Thompson à l'ouest. Vous traverserez les villes d'Oliver, Kaleden, Penticton et Summerland avant d'atteindre Kelowna, sur le lac Okanagan. Vous pourrez ensuite poursuivre votre route jusqu'à Vernon, au nord-est, ou Merritt, au nord-ouest, ou encore revenir sur vos pas et suivre les indications fournies à la fin de ce circuit pour visiter les deux villes.

Princeton

Princeton est située non loin de la chaîne des Cascades, au confluent des rivières Tulameen et Similkameen. Fondée en 1883 par un cowboy qui y découvrit de l'or, **Granite City**, comme on la surnomme aujourd'hui, eut aussi sa ruée vers l'or. Les 2 000 mineurs et prospecteurs y ont d'ailleurs laissé des vestiges encore en partie présents aujourd'hui. Vous y trouverez, à défaut d'or, saloons et boutiques au style d'antan.

Par ses deux rivières, Princeton favorise les sports comme le kayak, le canot et le rafting. Les nombreux lacs sont fréquentés par une grande variété d'oiseaux. La bicyclette est aussi un agréable moyen de visiter les alentours et le Sentier transcanadien.

Le **Princeton Museum and Archives** ★ *(dons appréciés; sept, oct et mars à juin tlj 10h à 17h, juil et août tlj 10h à 19h;* ☎*250-295-7588, www. prince tonmuseum.com)* renferme une imposante collection de fossiles qui attirent sur place des chercheurs américains désireux de les étudier. Margaret Stoneberg est une femme passionnée et passionnante qui vous fera découvrir ces pierres rappelant l'histoire de la région. Le musée manque de fonds; les pierres s'accumulent sans vraiment être présentées en ordre, mais il est tout de même étonnant de voir tout ce que ce musée peut abriter.

En reprenant la route 3 vers l'est, vous quittez la grande région de l'Okanagan-Similkameen, et vous entrez dans le sud-ouest de la province. La route 3 longe la rivière Similkameen jusqu'à Keremeos.

Keremeos

Keremeos est le royaume des fruits. C'est pourquoi cette petite ville aux multiples mini-marchés a été surnommée la «capitale mondiale des étals de fruits». Tout le long de la route, les comptoirs se font concurrence par la fraîcheur, la présentation des produits de la ferme et leur décoration. Vous serez charmé par les pyramides de pommes ou celles, gigantesques, de citrouilles à l'approche de l'Halloween.

À Keremeos, l'histoire se raconte à travers l'**Historic Grist Mill** ★ *(mai à oct; Upper Bench Rd.,* ☎*250-499-2888)*, une meunerie fondée en 1877 pour produire de la farine à l'in-tention des Amérindiens, des cowboys et des mineurs de la région. Le moulin à eau, les équipements et les bâtiments d'origine ont été restaurés et font maintenant partie du BC Heritage.

Le **Cathedral Provincial Park** ★★ (voir p 267) englobe 33 000 ha de montagnes, de lacs, de vallées, de vie sauvage et de fleurs, le tout sillonné par quelques sentiers accessibles à tous. La randonnée pédestre se fait généralement par des sentiers où il n'y a pas de grandes montées ou descentes, et qui sont accessibles aux différentes catégories de marcheurs; de plus, il y a peu d'ours dans cette région, car ils ont été chassés il y a des dizaines d'années par les cowboys. Une auberge confortable (voir p 284) peut loger les visiteurs.

À la sortie du parc, reprenez la route 3 jusqu'à Osoyoos.

Osoyoos

Osoyoos repose au fond de la vallée de l'Okanagan et est bordée par le lac Osoyoos et les coteaux verts garnis de vergers. Cette ville construite près de la frontière avec les États-Unis, et jouissant d'un climat désertique, rappelle davantage les déserts du Sud-Ouest américain, ou même le sud de l'Italie, qu'une ville canadienne. On vient surtout à Osoyoos en été pour profiter du lac aux eaux exceptionnellement chaudes et des sports nautiques qu'on y pratique.

En vous rendant au centre-ville par la route 3 à partir de l'est, jetez un coup d'œil sur le **Spotted Lake** ★. Un phénomène naturel fait apparaître des anneaux blancs à la surface de ce lac qui contient d'importantes quantités de sels minéraux. Ce lac, un site sacré pour les Premières Nations, a récemment été acheté par le gouvernement, puis offert à la nation Okanagan. En été, l'eau s'évapore, mais les dépôts de forme circulaire que laissent les matières minérales demeurent toujours visibles sur l'argile craquelée.

Osoyoos foisonne de motels moches sur sa voie principale, ce qui vient réduire la beauté du site; en contrepartie, les parcs publics du côté ouest valent le détour, surtout à la tombée du jour, lorsque le soleil illumine la vallée.

La vue d'un tout petit **désert** ★★★, parsemé de sauge officinale et de purshies tridentées, et qui avance lentement dans le sud de la vallée de l'Okanagan, vous étonnera dans ce coin du Canada. C'est d'ailleurs le seul du pays. Une faune et une flore désertiques témoignent d'une nature toujours surprenante.

La vallée désertique que vous traverserez serait demeurée déserte sans l'irrigation des terres; les vergers et vignobles peuvent ainsi exhiber chaque année leurs fruits. Le mini-désert fait partie du même ensemble qui débute au Mexique dans la Basse-Californie et l'État de Chihuahua, avant de traverser l'ouest des États-Unis.

Le **Nk'Mip Desert & Heritage Centre** ★ *(7$; mai, juin, sept et oct tlj 10h à 16h, juil et août tlj 9h à 17h; 1000 Rancher Creek Rd., en retrait de 45th St. à l'est de la ville;* ☎*250-495-7901 ou 888-495-8555, www.nkmipcentre.osoyoos.com)*, qui a ouvert ses portes en 2002, est un des deux lieux essentiels où se rendre pour explorer le désert. Le site est aussi bien culturel que naturel, avec des visites commentées offrant un point de vue amérindien sur la situation de la nation Osoyoos. Des sentiers autoguidés serpentent à travers 20 ha de prés de sauges et de forêts de pins à bois lourd (*Pinus ponderosa*). Les expositions du centre d'interprétation relatent l'histoire des peuples autochtones de la vallée de l'Okanagan, en général, et de la nation Osoyoos, en particulier, aussi bien que l'histoire naturelle de la faune du désert comme les serpents et les scorpions. S'y trouve un secteur de village avec une «maison semi-excavée» reconstituée (*pit house*), un tipi *tulemate* et une «tente à suer».

Pour une perspective strictement naturelle, le **Desert Centre** *(6$; mai à oct tlj; réservations et paiement à l'avance requis; 3 km au nord d'Osoyoos,* ☎*250-495-2470 ou 877-899-0897, www.desert.org)* sensibilise les gens à la fragilité de cet écosystème particulier. Ce territoire figure parmi les zones qui contiennent le plus grand nombre d'espèces à risque au Canada. Des passerelles faisant une boucle de 2 km permettront de se familiariser avec l'habitat du serpent à sonnette. Les explications des guides-biologistes vous en apprendront beaucoup sur la complexité de la vie dans ce monde sans eau. Il est fascinant de découvrir comment les espèces animales et végétales se débrouillent pour survivre ici.

La Route des vins ★★★

La région de Thompson-Okanagan offre une occasion mémorable de parcourir une route des vins tout à fait originale. Le paysage n'est pas habituel; pendant la visite de cette région vinicole, les collines et les vallées n'ont ni la couleur ni la forme auxquelles nos yeux sont accoutumés. Le climat se prêtant à merveille à l'épanouissement des vignes, tout a été tenté pour tirer parti de l'endroit. Le résultat est concluant et lucratif.

La région se distingue par ses deux zones viticoles. L'une, plus récente, se développe dans la vallée de la Similkameen et s'allie à la culture et à l'épanouissement des fermes grâce à son sol fertile, et l'autre, plus traditionnelle, se trouve dans la grande vallée de l'Okanagan et s'enorgueillit d'entretenir la viticulture depuis les années 1800.

La vallée de l'Okanagan aurait les mêmes caractéristiques que les régions vinicoles allemandes réputées. La présence de quatre lacs (Skaha, Osoyoos, Vaseux et Okanagan) crée un climat tout à fait adéquat pour une vigne de grand nom.

La Colombie-Britannique a fait beaucoup d'efforts pour rehausser et faire connaître la qualité de ses vins. Au début des années 1980, les vins de qualité inférieure ont été discrédités. La persévérance du gouvernement et des viticulteurs a fait la réputation indéniable du **chardonnay**, du **pinot noir**, du **merlot** ou du **gewürztraminer**, pour n'en citer que quelques-uns. En 1990, il y a eu un besoin d'établir des standards de qualité, et le label **VQA** (Vintners Quality Alliance) imprimé sur votre bouteille vous garantit la haute qualité des vins provenant de la Colombie-Britannique.

Bien sûr, des festivals sont organisés dans la région. C'est en mai que l'**Annual Spring Okanagan Wine Festival** fête le printemps et les vignes. Il a lieu dans les cinq premiers jours du mois et offre une myriade de sorties, pique-niques, repas bien arrosés du jus de la treille, danses, sans oublier une dégustation pour les novices.

L'autre grande célébration du vin se tient lors de l'**Annual Fall Okanagan Wine Festival**, qui se déroule chaque année durant les 10 premiers jours d'octobre. La plupart des 50 (et plus) domaines vinicoles de la vallée y participent et, pendant que les tastevins

Les vins les plus connus dans la région

Vins blancs

L'auxerrois: un vin qui rappelle le vin d'Alsace, légèrement fruité.

Le bacchus: un autre vin qui s'approche du vin d'Alsace, plus sec.

Le chardonnay: très populaire. Ni trop sec ni trop doux. Se boit en apéritif ou au repas.

Le chasselas: un vin inspiré des coteaux suisses au parfum de pomme et de citron.

Le gewürztraminer: avec un petit arrière-goût épicé, il se consomme, comme son homonyme alsacien, avec les poissons et fruits de mer.

Le riesling: le climat favorise la récolte des grappes dont il est tiré. Il est plutôt sec, avec un parfum de fleurs et de miel.

Le pinot blanc: ce vin blanc acquiert une belle renommée en Colombie-Britannique. Avec son goût fruité et sec à la fois, et un corps velouté, il est digne de son ancêtre né en France au XIVe siècle.

Vins rouges

Le cabernet sauvignon: apparenté aux bordeaux, il a du corps et du parfum.

Le chancellor: un vin fruité au goût de fraises et de cerises.

Le merlot: un autre vin apparenté aux bordeaux; doux, riche et au goût de baies.

Le pinot noir: un vin épicé et velouté au goût de prunes et de cerises noires.

---

sont au travail, les dégustations de pigeons rôtis, de saumons au four et de spécialités de chocolat accompagnent celles du vin rouge ou blanc de divers cépages, le tout apprêté et présenté avec le plus grand soin, sans oublier le vin mousseux et le vin de glace. Les réservations sont conseillées. Pour tout renseignement, composez le ☎(250) 861-6654 ou tapez www.owfs. com.

La Route des vins, clairement signalée, permet de faire un agréable voyage parmi les fermes et les vergers. Le long de la route 97, elle révèle à chaque virage une vue sublime du lac Okanagan.

C'est avec l'eau à la bouche que, d'Osoyoos à Salmon Arm, l'agréable découverte gustative se déroule. Les vignobles se succèdent, se faisant concurrence par l'accueil et l'élégance de la présentation afin d'inciter le client à s'arrêter. Les vins sont offerts aux consommateurs pour être goûtés. Médailles, récompenses internationales et autres mentions attestant la qualité couvrent les murs des boutiques de vin. Et, si parfois il est demandé une participation de 5$ pour goûter l'*ice wine*, soit le «vin de glace» spécialité de la région, l'amateur curieux va payer de bonne grâce pour quelques gouttes de ce vin très sucré dont le raisin a été cueilli gelé au début de l'hiver avant d'être pressé.

La liste des vignobles est longue et intéressante. Sur une distance de 200 km, il est possible de dénombrer plus de 50 établissements; et d'autres seront ouverts au public prochainement. Certains sont en activité toute l'année, mais un petit nombre d'entre eux ne reçoivent le public que pendant la saison touristique. Il serait important de les contacter avant de planifier une sortie de dégustation.

La route des vins couvre la grande région de l'Okanagan. Au nord d'Osoyoos, le **Domaine Combret** ★ *(32057 #13 Rd., Oliver,* ☎*250-498-6966 ou 866-837-7647)* a reçu de l'Office International de la Vigne et du Vin, basé en Bourgogne en France, la plus haute distinction internationale pour son chardonnay en 1995. Le riesling a également été couronné au cours de l'année 1995. Pour faire une visite de la maison, il faut toutefois appeler avant de s'y rendre, les vignerons passant une bonne partie de leur journée dans les vignes en saison.

Située au sud d'Oliver, cette maison est française. La famille Combret est originaire du sud de la France, et elle vit du produit de la vigne depuis plusieurs générations. Robert Combret a étudié dans les années 1950 à l'université de la Colombie-Britannique, et c'est à ce moment qu'il a fait la visite de la vallée de l'Okanagan. Il y revint au début des années 1990, et aujourd'hui c'est son fils Olivier qui est le maître de chai. Allez déguster son vin: vous passerez un moment agréable.

Vous pouvez continuer vers l'est par la route 3 jusqu'à **Grand Forks** *(voir p 260). Si vous désirez poursuivre le présent circuit, prenez la route 97 Nord vers Penticton.*

Kaleden

Kaleden cache dans ses environs, au sommet d'une montagne, le **Dominion Radio Astrophysical Observatory** ★ *(lun-ven 10h à 17h; juil et août visites guidées dim 14h à 17h;* ☎*250-490-4355)*, un observatoire géré par le Conseil national canadien de la recherche. Si vous cherchez votre étoile, l'établissement scientifique vous aidera à la découvrir.

Penticton ★

Penticton s'élève entre le lac Okanagan, au nord, et le lac Skaha, au sud. Cette ville compte plus de 30 000 habitants et bénéficie d'un climat sec et tempéré. Penticton vit avant tout de tourisme. Les Amérindiens l'avaient baptisée *Pen-tak-tin*, c'est-à-dire le «lieu où l'on reste toujours». Une plage bordée d'arbres et d'un passage piétonnier longe l'extrémité nord de la ville. Le paysage aride, dessiné par les courbes de la côte sablonneuse, contraste avec les champs de vignes et les vergers. Penticton est une destination d'activités de plein air, de gastronomie et de joie de vivre.

Prenez Main Street et tournez à gauche dans Lakeshore Drive. Arrêtez-vous devant le **S.S. Sicamous** *(5$; nov à avr lun-ven 10h à 16h, avr à mi-juin tlj 9h à 18h, mi-juin à début sept tlj 9h à 21h, sept et oct tlj 9h à 18h;* ☎*250-492-0403 ou 877-492-0403, www.sssicamous.com)*, véritable vestige d'une époque révolue où ce bateau à aubes était le principal moyen de transport sur le lac Okanagan. Il a été construit en 1914 en Ontario avant d'être assemblé ici, où il a assuré le transport maritime pendant plus de 20 ans, avant d'être échoué sur cette plage et converti en musée.

Penticton est l'hôte d'un événement sportif majeur, le triathlon **Ironman** de la Coupe du monde triathlète. Les athlètes de partout à travers le monde viennent participer à cette épreuve de natation, de vélo et de course à pied. Un grand nombre de ces athlètes demeure à Penticton en attente de la prochaine compétition. Ils s'entraînent sur place, et il n'est pas rare de les voir sur l'autoroute en train de courir ou à vélo. La compétition a lieu au mois d'août, soit au début de la période de la cueillette des fruits. Pour en connaître davantage sur l'événement, informez-vous à l'**Ironman Office** au ☎(250) 490-8787 ou tapez www.ironman.ca.

Une tournée dans un verger s'impose, surtout en plein été, pendant la saison de la cueillette des fruits; c'est l'abondance et, surtout, c'est délicieux. De juillet à la fin septembre, les arbres fruitiers débordent de couleurs et d'odeurs, et tapissent la région. La **Dickinson Family Farm** *(sur la route 97 Nord, prenez à gauche Jones Flat Road, puis à droite Bentley Road jusqu'au nº 17208,* ☎*250-494-0300)* vous invite à découvrir de belles plantations d'arbres fruitiers. Vous pouvez acheter sur place pêches, poires et pom-

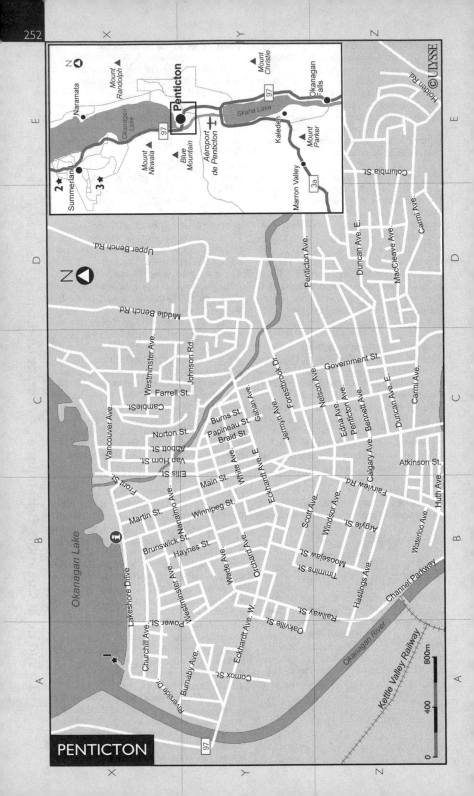

PENTICTON

Okanagan Lake

Okanagan River

Kettle Valley Railway

Channel Parkway

97

Riverside Dr.
Lakeshore Drive
Churchill Ave.
Power St.
Westminster Ave.
Burnaby Ave.
Comox St.
Eckhardt Ave. W.
Oakville St.
Railway St.
Timmins St.
Moosejaw St.
Windsor Ave.
Hastings Ave.
Argyle St.
Scott Ave.
Orchard Ave.
Wade Ave.
Haynes St.
Brunswick St.
Nanaimo Ave.
Martin St.
Front St.
Vancouver Ave.
Westminster Ave.
Farrell St.
Cambie St.
Norton St.
Abbott St.
Van Horn St.
Ellis St.
Main St.
White Ave.
Burns St.
Papineau St.
Braid St.
Gahan Ave.
Eckhardt Ave. E.
Jermyn Ave.
Winnipeg St.
Forestbrook Dr.
Nelson Ave.
Edna Ave.
Penticton Ave.
Bennett Ave.
Calgary Ave.
Fairview Rd.
Government St.
Atkinson St.
Huth Ave.
Watertoo Ave.
Carmi Ave.
Duncan Ave. E.
Carmi Ave.
MacCleave Ave.
Duncan Ave. E.
Penticton Ave.
Columbia St.
Johnson Rd.
Middle Bench Rd.
Upper Bench Rd.

N

0   400   800m

© ULYSSE

Okanagan Lake
Summerland
Naramata
Mount Randolph
Mount Nkwala
Blue Mountain
Mount Christie
Penticton
97
97
Aéroport de Penticton
Skaha Lake
Okanagan Falls
Kaleden
Mount Parker
Marron Valley
3a
Holden Rd.
2
3
N

mes. Essayez leur beurre de pêche et leur jus de pommes fraîchement pressées, un délice!

Sortez de Penticton par Lakeshore Drive et suivez la route 97 Nord en direction de Summerland.

Une promenade en montagne sur l'ancienne emprise du **Kettle Valley Railway ★ ★** donne l'occasion de découvrir d'autres vues de la vallée de l'Okanagan. Construite au tournant du XXe siècle, cette voie ferrée reliait Nelson, à l'est, et Hope, à l'ouest, afin de raccorder à la côte du Pacifique les terres intérieures, d'où étaient extraites des tonnes de minerai et plus tard de fruits.

Dame Nature a été un obstacle majeur tout au long de la courte existence de ce chemin de fer. Les éboulis, les avalanches et les tempêtes de neige forçaient la fermeture de la voie. La construction a coûté 20 millions de dollars, et jamais le Kettle Valley Railway n'aura fait ses frais.

Cette excursion se fait à bicyclette, à pied ou à cheval. L'ancienne emprise ferroviaire (les rails et les traverses ont été enlevés) traverse Penticton sur la rive est du lac Okanagan, et le terrain est relativement plat, ne présentant qu'une pente de 2% entre le lac Chute et la ville. Profitez de la vue qui s'offre sur le lac Okanagan, sur les vergers et sur les vignobles, ainsi que des tunnels et des ponts sur chevalets. Certaines des sections du sentier ont dû être retracées en raison des feux de forêt qui ont détruit quelques-uns des ponts à chevalets. Les ponts sont actuellement en reconstruction, et le sentier pourra éventuellement retrouver son parcours original.

Si vous voulez marcher jusqu'au lac Chute au départ de Penticton, partez de Main Street, puis suivez Front Street jusqu'à Vancouver Hill et prenez sur la gauche à Vancouver Place: le sentier débute au bout de la rue. Ensuite traversez le nouveau pont dénommé Randolph Draw Bridge. Le sentier franchit Naramata Road au **Hillside Estate Winery** *(1350 Naramata Rd.,* ☎ *250-493-6274),* où vous voudrez peut-être vous arrêter pour une visite guidée et une dégustation

ou un déjeuner sur la terrasse. À environ 6 km de l'établissement vinicole, il y a une descente dans le sentier pour enjamber Naramata Creek. Après avoir fait 5,6 km, vous passerez sous le Little Tunnel Viewpoint. Faites du bruit en marchant pour apeurer les serpents à sonnette, les ours noirs ou les couguars. Pour vous procurer une carte du sentier du Kettle Valley Railway (KVR), rendez-vous au Visitor Information Centre (voir p 235).

Sur la rive ouest, à **Summerland**, une partie de la voie ferrée a été remise en service avec le passage du ***Summerland Steam Train***. Prenez la route 97 Nord vers Summerland, prenez Solly Road à gauche et suivez les indications menant à la **Prairie Valley Station of the Kettle Valley Steam Railway** *(17$; mi-mai à fin juin sam-lun, début juil à début sept jeu-lun, début-sept à mi-oct sam-lun; deux départs par jour à 10h30 et 13h30;* ☎ *250-494-8422 ou 877-494-8424, www.kettlevalley rail.org).*

Voici une activité idéale pour toute la famille par les torrides journées d'été où il semble que le lac pourrait bouillir tant il fait chaud: se laisser porter sur une chambre à air par le courant du canal qui relie le lac Okanagan et le lac Skaha, de l'autre côté de Penticton. L'entreprise **Coyote Cruises** *(11$/tube et transport de retour; mi-juin à mi-sept tlj 10h à 17h; 215 Riverside Dr.,* ☎ *250-492-2115)* loue des chambres à air et fournit les correspondances d'autobus. La «descente» dure environ une heure. Rafraîchissant!

Prenez la route 97 Nord. Vous traverserez les municipalités de Summerland et de Peachland afin de poursuivre votre route vers Kelowna. Cette promenade se fait en bordure de montagne et du lac Okanagan, avec vergers, vignobles et haltes routières.

Kelowna ★

Kelowna constitue l'esprit et le cœur de la vallée de l'Okanagan, principalement en raison de son emplacement sur les rives du lac Okanagan, une véritable oasis dans la seule région désertique du Canada. Ce

Le sud de la Colombie-Britannique ■ Attraits touristiques - La vallée de l'Okanagan

lac d'une superficie de 34 800 ha s'étend sur 95 km et atteint une largeur de 5 km par endroits.

C'est ici qu'un oblat français, le père Pandosy, constitua en 1859 la première mission catholique dans l'hinterland de la Colombie-Britannique; soulignons que c'est grâce à lui en grande partie que l'Okanagan est une grande région fruitière: il y implanta la culture de la pomme et du raisin.

Kelowna est la plus grande ville de la vallée de l'Okanagan avec plus de 98 000 habitants, et la culture des fruits, les produits forestiers et manufacturés, la production du vin et l'ajout de quelques industries de haute technologie en assurent la vitalité économique. Kelowna vit également du tourisme, et elle a beaucoup à offrir à ses nombreux visiteurs.

La **mission du père Charles Pandosy** *(mai à début oct tlj; 3685 Benvoulin Rd., angle Casorso Rd.,* ☎*250-860-8369)* est un site historique provincial depuis 1983. Le site comprend une église, des bâtiments de ferme, une école, une maison et un magasin.

En partant de la mission, qui se trouve dans le sud de Kelowna, vous découvrirez, de l'autre côté de Mission Creek, l'entreprise agricole **Okanagan Lavender** *(juil et août tlj 9h30 à 16h30, juin et sept jeu-lun 10h à 16h; 4380 Takla Rd.,* ☎*250-764-7795, www. okanaganlavender.com)*, qui fait pousser 27 variétés de lavande dans de beaux champs hersés. La boutique champêtre attenante vend des produits parfumés fabriqués à partir de lavande biologique, entre autres de la gelée, des tisanes et des sels de bain. Situé au nord d'Okanagan Lavender et à l'extrémité est de K.L.O. Road, **Kelowna Land and Orchard** *(6,50$; mai à sept tlj 11h à 13h; 3002 Dunster Rd.,* ☎*250-763-1091, www. k-l-o.com)* propose aux visiteurs des promenades dans une remorque tirée par un ancien tracteur jaune qui se faufile entre les rangées de pommiers d'un verger toujours exploité. La meilleure partie de la visite... l'échantillonnage de fruits. On retrouve également sur la propriété un restaurant où l'on sert de délicieux brunchs et déjeuners (voir p 298), et la Raven Ridge Cidery, où l'on produit du cidre de pomme et du cidre de glace que l'on peut goûter au comptoir de dégustation.

De retour au centre-ville, vous trouverez plusieurs musées à proximité. Le **Kelowna Museum** *(dons appréciés; mar-sam 10h à 17h; 470 Queensway Ave.,* ☎*250-763-2417, www.kelownamuseum.ca)* présente des collections et des expositions à caractère régional – la plus intrigante est celle des objets anciens des Premières Nations – de même que des vitrines internationales moins impressionnantes. À quelques pâtés de maisons au sud du Kelowna Museum se dresse le **Laurel Packinghouse** *(1304 Ellis St.)*, un édifice patrimonial qui loge à la fois l'**Orchard Museum** *(dons appréciés; lun-sam 10h à 17h;* ☎*250-763-0433)* et le **Wine Museum** *(dons appréciés; lun-ven 10h à 18h, sam 10h à 17h, dim 11h à 17h;* ☎*250-868-0441).* L'Orchard Museum raconte la transformation de la vallée de l'Okanagan, depuis les pâturages dont elle était couverte jusqu'à la Mecque des cultures fruitières qu'elle est devenue, avec des vitrines sur l'emballage, la transformation et la conservation. Le Wine Museum jette un coup d'œil sur la production du vin depuis les Étrusques, les Grecs et les Chinois jusqu'à la scène vinicole locale, avec des expositions et des objets anciens relatant la révolution vigneronne dans la vallée. La visite autoguidée se termine par une dégustation de vin.

La statue du monstre **Ogopogo** *(Waterfront Walkway, près du centre-ville)*, dont le nom amérindien est Nha-a-itk, a attiré la presse internationale à Kelowna. Les Autochtones dépendaient tellement du lac Okanagan et voulaient à tel point le ménager qu'ils craignaient de déplaire à *Ogopogo*, dieu du lac. Il aurait l'allure d'un serpent, serait cousin du monstre du Loch Ness, et certains disent l'avoir aperçu. Des programmes de télévision au Canada et au Japon ont traité du sujet.

Kelowna possède plusieurs parcs qui offrent de beaux panoramas, entre autres le **Knox Mountain Park**, où surgit un magnifique point de vue d'où vous aurez peut-être la chance d'apercevoir *Ogopogo*.

Les belles **plages de sable** qui bordent le lac Okanagan attirent chaque année de plus en plus de touristes. Sous le beau ciel d'été, vous pourrez y flâner ou organiser un pique-nique familial, ou encore simplement admirer le paysage.

Comme Penticton, la ville de Kelowna est située le long du **Kettle Valley Railway** *(voir p 253)*, aujourd'hui un sentier de randonnée qui couvre quelque 480 km entre les communautés de Midway et de Hope.

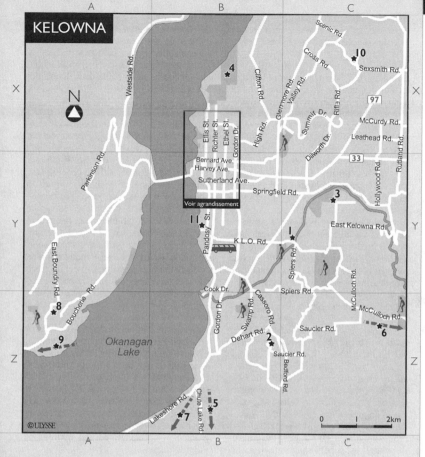

KELOWNA

★ **ATTRAITS TOURISTIQUES**

1. CY	Mission du père Charles Pandosy	**4.** BX	Knox Mountain Park	**9.** AZ	Quail's Gate Estate Winery
2. BZ	Okanagan Lavender	**5.** BZ	Kettle Valley Railway	**10.** CX	Geert Maas Sculpture
3. CY	Kelowna Land and Orchard	**6.** CZ	Myra Canyon		Gardens and Gallery
		7. BZ	Cedarcreek Winery	**11.** BY	Turtle Island Gallery
		8. AZ	Mission Hill Family Estate		

L'accès au **Myra Canyon ★★**, une formation géologique qui enjolive de belle façon le sentier sur ce tronçon, avec ses 18 ponts à chevalets et ses deux tunnels, se trouve à faible distance de route de Kelowna. Cette section du sentier fait aussi partie du Sentier transcanadien. La portion de 12 km du canyon Myra peut être facilement parcourue à pied ou à vélo par toute la famille. Après avoir passé quelque temps à marcher dans Bernard Street et sur les plages du lac Okanagan, prenez votre voiture et suivez Pandosy Street South, puis prenez K.L.O. Road à gauche vers l'est, qui devient alors McCulloch. Surveillez les panneaux indiquant l'accès au KVR Myra Canyon. Un stationnement a été aménagé au bout de la route.

Il faut compter 20 min pour atteindre le premier pont en bois du canyon Myra. Les marcheurs adoreront cette sortie. En joignant **Tourism Kelowna** *(544 Harvey Ave.,* ☎*250-861-1515),* vous pouvez planifier votre journée. Les cyclistes s'en donnent à cœur joie, les plus téméraires mettant une journée complète pour se rendre à Penticton.

La région de l'Okanagan produit la quasi-totalité des vins de la Colombie-Britannique (voir p 249). Depuis quelques années, les vins de la région ont été couronnés internationalement. Trois établissements vinicoles ont pignon sur Lakeshore Road au sud de Kelowna, entre autres Cedarcreek, qui produit du vin blanc et du vin rouge, comme la plupart des viticulteurs de la région. Le **CedarCreek Estate Winery** *(5445 Lakeshore Rd.,* ☎*250-764-8866 ou 800-730-9463, www.cedarcreek.bc.ca)* est situé sur un joli coteau entouré de vignes donnant sur le lac Okanagan. Une visite de la maison vous permettra d'apprécier ses vins, surtout le chardonnay. L'entrée est gratuite, et vous pourrez acheter sur place des bouteilles et prendre une bouchée sur la terrasse.

Pour goûter encore plus de vin, empruntez le pont flottant sur le lac Okanagan jusqu'à Westbank, où s'étend le **Mission Hill Family Estate** ★★★ *(5$ visite et dégustation; début juil à début sept tlj 10h à 17h, début sept à début oct tlj 11h à 17h; 1730 Mission Hill Rd., en retrait de la route 97,* ☎*250-768-6448, www.missionhillwinery.com),* «le» domaine vinicole de la vallée de l'Okanagan à ne pas manquer. Élu «établissement vinicole de l'année 2001», le Mission Hill Family Estate renferme entre autres une impressionnante et superbe habitation juchée sur la colline (Mission Hill) avec vue sur le lac Okanagan. Les terrains entourant la demeure s'avèrent impeccables, sans parler des pelouses vertes en gradins, de la cour entourée d'une colonnade de style toscan, de l'amphithéâtre extérieur et du beffroi de 12 étages abritant quatre cloches de bronze coulées à Annecy, en France. C'est un endroit absolument merveilleux et un établissement vinicole de calibre international.

La visite de l'établissement débute par la projection d'un film de présentation ayant pour vedette le fondateur du domaine vinicole, Anthony von Mandl. Après, elle devient plus intéressante car on vous emmène dans les vastes celliers où reposent les tonneaux de vin, fabriqués en bois de chêne aux États-Unis et en France, et où, bien entendu, vous aurez droit à une dégustation de vin.

Non loin de Mission Hill se trouve le **Quail's Gate Estate Winery** *(5$ visite et dégustation: appelez à l'avance; début mai à fin juin et début sept à mi-oct tlj 11h à 15h, fin juin à début sept tlj 11h à 16h; 3303 Boucherie Rd.,* ☎*250-769-4451, www.quailsgate.com),* qui propose une intéressante visite du vignoble même, où vous pourrez goûter aux raisins. La cabane qui loge la boutique de vin a été construite par les premiers pionniers européens établis dans la vallée, en 1873, et fut le premier bâtiment érigé dans le secteur ouest de Kelowna. La visite se termine par une dégustation très agréable de vin de glace riesling, dans une tasse en chocolat! L'établissement vinicole se double d'un restaurant populaire (voir p 298).

Sur le plan culturel, les arts visuels tiennent une grande importance à Kelowna. Le nombre de galeries d'art et d'expositions situées au centre de la ville en témoignent: la **Kelowna Art Gallery** *(mar-sam 10h à 17h, jeu 10h à 21h, dim 13h à 16h; 1315 Water St.,* ☎*250-762-2226, www.kelownaartgallery.com)* présente des œuvres d'artistes locaux et des travaux d'élèves et d'étudiants de la région, mais accueille aussi des expositions internationales.

La **Geert Maas Sculpture Gardens and Gallery** *(250 Reynolds Rd.,* ☎*250-860-7012)* expose des sculptures de bronze qui valent le détour. L'artiste sculpteur Maas compte sur les grands collectionneurs d'une vingtaine de pays pour se faire connaître ailleurs dans le monde. Il reçoit sur rendez-vous, mais sa galerie est ouverte toute l'année. La visite ne serait pas complète sans un arrêt à la **Turtle Island Gallery** *(1295 Cannery Ln.,* ☎*250-717-8235),* qui possède une collection impressionnante d'œuvres amérindiennes exécutées par des artistes locaux.

★ **ATTRAITS TOURISTIQUES**

1. BX	Kelowna Museum	**3.** AX	Ogopogo	**6.** AX	Kelowna Community
2. BX	Laurel Packinghouse,	**4.** AW	Kelowna Art Gallery		Theatre
	Orchard Museum et	**5.** AV	Downtown's Art Ark	**7.** BW	Rotary Centre for the
	Wine Museum				Arts

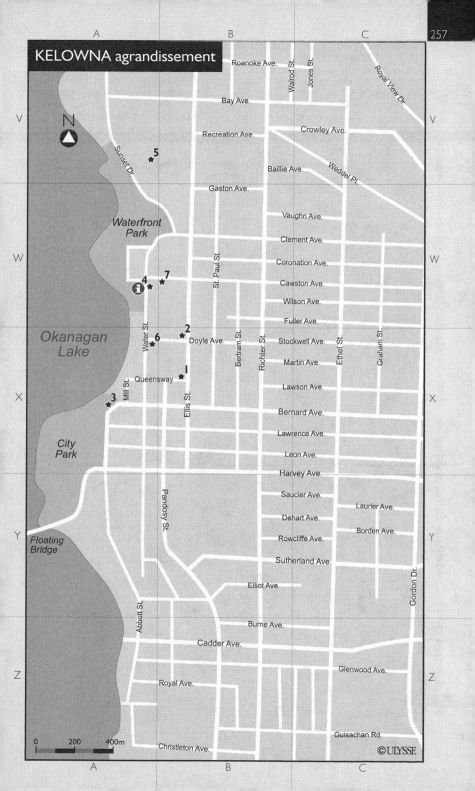

KELOWNA agrandissement

N

V

W

Roanoke Ave.

Bay Ave.

Recreation Ave.

Walrod St.

Jones St.

Royal View Dr.

Crowley Ave.

Baillie Ave.

Weddel Pl.

Gaston Ave.

Sunset Dr.

5

Waterfront
Park

Vaughn Ave.

Clement Ave.

St. Paul St.

Coronation Ave.

Cawston Ave.

4   7

Wilson Ave.

Fuller Ave.

Water St.

6   2

Doyle Ave.

Bertram St.

Richter St.

Stockwell Ave.

Okanagan
Lake

Martin Ave.

Queensway

1

Mill St.

Ellis St.

Lawson Ave.

Bernard Ave.

3

Lawrence Ave.

City
Park

Leon Ave.

Ethel St.

Graham St.

Harvey Ave.

Saucier Ave.

Laurier Ave.

Pandosy St.

Dehart Ave.

Borden Ave.

Rowcliffe Ave.

Sutherland Ave.

Gordon Dr.

Floating
Bridge

Elliot Ave.

Abbott St.

Burne Ave.

Cadder Ave.

Glenwood Ave.

0   200   400m

Royal Ave.

Christleton Ave.

Guisachan Rd.

©ULYSSE

Downtown's Art Ark *(135-1295 Cannery Ln.,* ☎*250-862-5080 ou 888-813-5080)* se présente comme un grand studio-galerie de peinture, de sculpture, de photographie et de céramique, et présente les œuvres d'artistes aussi bien régionaux que nationaux. Les photographies raffinées en noir et blanc de Gary Nylander que l'on y voit sont marquantes.

La musique et le théâtre ont aussi leur part de prestige à Kelowna. C'est ainsi que le théâtre communautaire de Kelowna, le **Kelowna Community Theatre** *(angle Water St.*

Les principaux vignobles qu'il est possible de visiter

Cawston

Crowsnest Vineyards

Kelowna

Calona Vineyards
CedarCreek Estate Winery
Gray Monk Estate Winery
House of Roses Vineyards
Mount Boucherie Estate Winery
Pinot Reach Cellars
Quails Gate Estate Winery
Sandhill Wines
St. Hubertus Estate Winery
Summerhill Estate Winery

Naramata

Kettle Valley Winery
Lake Breeze Vineyards
Lang Vineyards
Nichol Vineyards
Red Rooster Winery

Okanagan Falls

Blue Mountain Vineyards
& Cellars
Hawthorn Mountain Vineyards
Stag's Hollow Winery
Wild Goose Vineyards & Winery

Oliver

Black Hills Estate Winery
Burrowing Owl Vineyards
Carriage House
Domaine Combret
Fairview Cellars
Gehringer Brothers Estate Winery
Gersighel Wineberg

Hester Creek Estate Winery
Inniskillin Okanagan Vineyards
Jackson-Triggs Vintners
Okanagan Vineyards Winery
Silver Sage Winery
Tinhorn Creek Vineyard
Vincor International

Osoyoos

Nk'mip Cellars

Peachland

Hainle Vineyards Estate Winery

Penticton

Benchland Vineyards
Hillside Cellars
Poplar Grove

Salmon Arm

Larch Hills

Summerland

Scherzinger Vineyards
Sumac Ridge Estate Winery
Thornhaven Estate Winery

Vernon

Bella Vista Vineyards

Westbank

Mission Hill Family Estate
Quail's Gate Estate Winery
Slamka Cellars

et Doyle Ave., ☎250-469-8940), accueille la **Sunshine Theatre Company** (☎250-763-4025), qui présente régulièrement des pièces intéressantes, et l'**Okanagan Symphony Orchestra** (☎250-763-7544) inaugure chaque année une saison complète très variée.

De plus, la construction du **Rotary Centre for the Arts** (*421 Cawston Ave.*, ☎250-717-5304), juste à l'ouest de la Laurel Packinghouse, s'est achevée en novembre 2002. Le centre accueille depuis des pièces de théâtre, des expositions d'arts visuels, des concerts et des festivals.

Vernon

Reprenez la route 97 Nord vers Vernon pour aller découvrir cette ville entourée de trois lacs qui a connu des débuts modestes dans les années 1860, lorsque Cornelius O'Keefe choisit ce site pour y installer un ranch. Au nord de la ville s'étend une grande région d'élevage de bétail; allez visiter l'**Historic O'Keefe Ranch** (*8$; mai à oct tlj; 12 km au nord de Vernon, sur la route 97,* ☎250-542-7868, *www.okeeferanch.bc.ca),* où ont été préservés le manoir, une église de bois et l'équipement du ranch. L'industrie forestière et l'agriculture génèrent des retombées économiques majeures pour la région, contrairement à Kelowna et à Penticton, où le tourisme est plus important.

La route 97 Nord rejoint la transcanadienne à Monte Creek, à l'est de **Kamloops** *(voir p 245); une autre option pour rejoindre la route 1 est de prendre la route 97A, qui se rend à Sicamous, à l'ouest de* **Revelstoke** *(voir p 246). Autrement, revenez sur vos pas et, à Kelowna, suivez la route 97C vers Merritt.*

Merritt

Merritt s'étend dans une région comptant plus de 150 lacs, entourée de montagnes et de pâturages où des dizaines de milliers de têtes de bétail paissent. Pour ceux qui veulent revivre l'époque où les cowboys se réunissaient pour discuter et faire la fête, allez au centre-ville, au **Coldwater Hotel**, construit en 1908, ou au **Quilchena Hotel**, à 23 km au nord-est de Merritt sur la route 5A.

De Merritt, vous pouvez prendre la route 5 soit vers **Kamloops** *(voir p 245) au nord, soit vers* **Princeton** *(voir p 248) au sud. Une autre op-* *tion est d'emprunter la route 8 en direction nord-ouest jusqu'à Spences Bridge, où vous pouvez prendre la transcanadienne en direction sud vers* **Lytton** *(voir p 242).*

Circuit E: Kootenay Rockies
★★

Nous avons choisi de décrire le circuit suivant au départ d'Osoyoos. Si vous avez pris le traversier entre Revelstoke et Nakusp, rendez-vous à la p 261).

Ce circuit forme presque une boucle et traverse les paysages spectaculaires des monts Monashee, Selkirk et Purcell.

Vous rencontrerez d'abord les monts Monashee. Au départ de Grand Forks, une ville située tout juste à l'ouest d'Osoyoos, vous continuerez vers le nord par la route 3A Est pour traverser la chaîne des monts Christina. Un court détour via la route 3B vous permet de visiter le Nancy Greene Provincial Park et les villes de **Rossland** et **Trail** (voir p 260).

Vous entamerez votre exploration des monts Selkirk après avoir bifurqué vers le nord pour traverser Castlegar. Vous emprunterez la route 3A sur une courte distance pour vous rendre à la route 6, qui longe la rivière Slocan et traverse les villes de Winlaw et New Denver. En poursuivant votre chemin vers le nord pour vous rendre à Nakusp, vous pourrez faire un bref arrêt à Slocan City pour admirer le magnifique pont qui traverse la rivière Slocan.

La ville de Nakusp est établie sur les rives du lac Upper Arrow, un élargissement du fleuve Columbia. Vous y apercevrez les monts Monashee à l'ouest et les monts Selkirk à l'est.

Après avoir visité les sources d'eau sulfureuse de Nakusp, vous reviendrez sur vos pas pour rejoindre New Denver et emprunter la route 31A jusqu'à Sandon. Cette ville fantôme abritait une communauté minière prospère au début du XXe siècle et fut le site d'un camp d'internement de citoyens canadiens d'origine japonaise pendant la Seconde Guerre mondiale.

Vous poursuivrez votre chemin par la route 31A jusqu'à la ville de Kaslo, sur les rives du lac Kootenay. Le lac Kootenay s'étend sur 144 km, avec une largeur moyenne de

4 km. Il atteint par endroits une largeur de 8 km et une profondeur de 152 m. De ses rives, vous pourrez apercevoir les monts Selkirk à l'ouest et les monts Purcell à l'est.

Vous emprunterez ensuite la route 31 Sud jusqu'à Ainsworth Hot Springs et Balfour, où vous aurez le choix de continuer par la route 3A pour vous rendre à Nelson ou de prendre le traversier du lac Kootenay pour atteindre Creston. Les deux villes comptent un grand nombre d'artisans. Vous pourrez admirer leurs œuvres dans les galeries d'art et restaurants de Nelson ou prendre part à une visite de leurs ateliers à Creston.

Les monts Purcell dévoilent toute leur splendeur dans les villes de Cranbrook, Fort Steele et Kimberley.

Grand Forks

Grand Forks se dresse au confluent des rivières Kettle et Granby. Plusieurs objets trouvés sur place prouvent que des Amérindiens ont habité dans cette région. Les premiers Européens à fréquenter cette vallée trappaient la fourrure pour la Compagnie de la Baie d'Hudson. Par la suite, la région s'est développée grâce aux industries minières, mais la baisse de la valeur du cuivre en 1919 allait contrecarrer les projets de la communauté. Aujourd'hui, l'industrie du bois et les exploitations agricoles contribuent à l'essor de Grand Forks.

Empruntez la route 3B afin de rejoindre Rossland. La route 22 peut également mener à cette ville; toutefois, la route 3 et la route 3B valent le détour.

Rossland ★

Rossland est une petite ville pittoresque qui a connu son essor dans la deuxième moitié du XIXe siècle et au début du XXe, au moment de la ruée vers l'or, et qui a gardé son cachet. Située dans le cratère d'un ancien volcan, à 1 023 m au-dessus du niveau de la mer, Rossland attire les skieurs et les amants de la montagne. Le parc provincial Nancy Greene, nommé en l'honneur de la championne olympique de 1968, originaire de Rossland, compte plusieurs montagnes grandioses. **Red Mountain** (voir p 273), reconnue pour la qualité de sa poudreuse, est une station de calibre international. Aux

Jeux olympiques de 1992, Kerrin Lee-Gartner a remporté l'or; cette autre médaillée est aussi originaire de Rossland.

L'or est extrait des mines de la région depuis bien plus longtemps que l'arrivée de ces skieuses. En 1890, un prospecteur découvre un important gisement d'or; la nouvelle se répand; des centaines d'aventuriers tentent alors leur chance. Tout commence à s'organiser; c'est la ruée vers l'or. Plusieurs hôtels, bureaux de professionnels et théâtres voient le jour. Rossland vit dans la prospérité.

Arrive la crise économique de 1929, qui frappe durement; la même année, un important feu détruit une partie du centre de la ville. Rossland est sur son déclin; la fameuse mine Le Roi ferme ses portes. Le **Rossland Historical Museum** et la **Le Roi Mine ★** *(4$ pour le musée, 8$ pour le musée et la visite de la mine; mi-mai à mi-sept tlj 9h à 17h, visites de 9h30 à 15h30; à l'intersection des routes 3B et 22, à l'est du centre-ville par Columbia Avenue, ☎250-362-7722 ou 888-448-7444, www.rosslandmuseum.ca)* retracent l'histoire de la ruée vers l'or par des objets anciens et une présentation audiovisuelle. De plus, sous le même toit, le **Ski Hall of Fame** célèbre les grands moments des carrières des skieuses Nancy Greene et Kerrin Lee-Gartner. L'or jaune de Rossland a été remplacé par l'or «blanc» qui se retrouve sur les pentes de ski chaque année, attirant des milliers de skieurs à Red Mountain.

Trail

La ville voisine, Trail, vient en quelque sorte sauver Rossland. Cette importante ville minière transforme depuis 1896 le minerai extrait des mines de Rossland. Encore aujourd'hui, une bonne partie de la population de la région travaille pour la grande société métallurgique Teck Cominco.

Castlegar

Castlegar est une ville qui se dresse au confluent du fleuve Columbia et de la rivière Kootenay. Son centre-ville, situé au nord de la route 3A, n'est pas évident à voir, et on le manque assez souvent. En traversant le pont vers l'aéroport, remarquez le pont suspendu, construit par les Doukhobors; tournez à gauche pour aller le voir de plus près. De retour sur la route, grimpez et tournez à droite au **Doukhobor Village Museum** ★ *(7$; mai à sept tlj 10h à 18h;* ☎*250-365-6622,* *www.doukhobor-museum. org).*

Le peuple doukhobor a émigré au Canada en 1898 pour fuir la Russie qui le persécutait. Les Doukhobors voulaient vivre selon leurs propres règles et ne pas être soumis à celles de l'État; par exemple, ils ne voulaient pas faire la guerre. Établis dans les Prairies, ils vivaient en communauté et exploitaient la terre pour se réaliser. Ils ont implanté leur mode de vie, une architecture organisée et des industries. Un groupe quitta les Prairies pour la Colombie-Britannique avec, à sa tête, Peter Verigin, et s'installa dans la région de Castlegar.

Depuis la crise économique de 1929 et la mort de son chef Verigin, la communauté, moins nombreuse, laisse aujourd'hui à ses descendants la tâche de vous raconter l'histoire de leurs ancêtres.

New Denver

New Denver a été la porte d'entrée du pays de l'argent, le précieux métal se trouvant en quantité dans la région au tournant du XXᵉ siècle. L'histoire de cette époque est présentée au **Silvery Slocan Museum** *(206 Sixth Ave., angle Marine Dr.,* ☎*250-358-2201).* Lors de la Seconde Guerre mondiale, le Canada déclare la guerre au Japon; du même coup, les Japonais vivant en Colombie-Britannique sont rassemblés dans des camps d'internement dans différentes villes de la région, entre autres à Sandon et ici à New Denver: **Nikkei Internment Memorial Centre** *(4$; mai à sept tlj 9h à 17h, en hiver sur appel; 306 Josephine St.,* ☎*250-358-7288).*

Nakusp

Une fois arrivé à Nakusp par la route 23, vous pouvez faire un arrêt sur la terrasse du **Leland Hotel** *(Fourth Ave.,* ☎*250-265-0046),* situé au bord du lac Upper Arrow, pour prendre une bouchée et contempler le site avant d'entreprendre la traversée de ce coin de pays. Le boom minier a attiré des centaines de prospecteurs ici. Après cet arrêt, empruntez la route 6 vers New Denver.

Si la baignade dans les eaux chaudes sulfureuses vous intéresse, vous serez ravi d'apprendre qu'il y a deux sources d'eaux sulfureuses sur la route du nord qui conduit au quai du traversier de Galena Bay. Les deux établissements thermaux suivants offrent la possibilité de camper sur leur terrain pour une vingtaine de dollars.

Les **Nakusp Hot Springs** *(6,25$; 12 km au nord de Nakusp;* ☎*250-265-4528, www.nakusphot spring.com)* sont nichées entre les vallées ondulantes derrière Nakusp et assez loin du lac Upper Arrow. Le vieux bâtiment rond donne un charme certain à l'établissement qui parfois, de l'avis de plusieurs, semble un peu trop visité.

Les **Halcyon Hot Springs** *(8$; 32 km au nord de Nakusp,* ☎*250-265-3554 ou 888-689-4699; www.halcyon-hotsprings.com)* donne directement sur le lac Upper Arrow, avec en prime une vue imprenable sur les pics enneigés au-delà de l'autre rive. Prélassez-vous doucement en contemplant ce spectacle fabuleux.

Prenez la route 31A vers Kaslo et faites un arrêt à la ville minière de Sandon, ancienne capitale des mines d'argent au Canada.

Sandon ★★

Au tournant du XXᵉ siècle, 5 000 personnes habitaient et travaillaient à Sandon. En 1930, la baisse de la valeur de l'argent et l'épuisement de la mine forcent les gens à quitter le village. Au cours de la Seconde Guerre mondiale, Sandon devient un centre d'internement pour les Japonais qui avaient été évincés de la côte du Pacifique. Peu après la guerre, Sandon redevient une ville fantôme après que plusieurs bâtiments furent détruits par le feu et les inondations. Il est aujourd'hui possible d'admirer de vieilles structures de bâtiments, entre autres la plus vieille centrale hydroélectrique de l'Ouest canadien, la **Silversmith Powerhouse**, qui produit encore de l'électricité. On peut visiter *(dons appréciés; juin à début sept tlj 10h à 16h;* ☎*250-358-2247)*

De Sandon, une route de 12 km, praticable en véhicule tout-terrain, mène à un point d'observation appelé **Idaho Lookout**, d'où vous pouvez voir les glaciers Kokanee et Valhalla.

Retournez à la route 31A et poursuivez votre chemin vers Kaslo.

Kaslo

Kaslo a été construite dans les belles années de l'exploitation des mines d'argent sur les coteaux ouest du lac Kootenay. Une promenade sur le bord de l'eau et un coup d'oeil à l'hôtel de ville vous donneront un aperçu de la beauté du site. Au début du XXᵉ siècle, on venait à Kaslo en bateau à aubes. Aujourd'hui un musée, le *SS Moyie* *(5$; mi-mai à mi-oct 9h30 à 17h; 324 Front St., ☎250-353-2525, www.klhs.bc.ca)* a assuré pendant près de 60 ans, soit jusqu'en 1957, la navette sur le lac Kootenay pour le Canadien Pacifique.

Le long de la rive vers le sud, **Ainsworth Hot Springs** ★ *(7$; maillot et serviette de bain peuvent être loués sur place; tlj 10h à 21h30; ☎250-229-4212 ou 800-668-1171, www.hotnaturally. com)* est un site de sources naturelles où les baigneurs peuvent passer de bassins chauds à très froids, le tout dans un décor enchanteur. La piscine surplombe le lac Kootenay, et, au coucher de soleil, la vallée s'illumine. Les grottes en forme de fer à cheval sont parsemées de stalactites, et l'humidité et l'obscurité presque totale qui y règnent vous transporteront dans un autre monde. La température augmente vers la source jusqu'à 40ºC (voir l'**Ainsworth Hot Springs Resort**, p 292).

Prenez la route 31 Sud et, à Balfour, suivez la route 3A vers Nelson.

Nelson ★★

Il faut vite laisser la voiture et découvrir à pied cette ville magnifique. Située à l'extrémité sud du bras ouest du lac Kootenay, Nelson se dresse sur le flanc ouest des monts Selkirk. En 1867, des mineurs choisissent d'y établir leur camp afin de participer à la ruée vers l'argent; les citoyens s'organisent et se mettent à construire des hôtels, des résidences et des installations publiques.

Plusieurs bâtiments témoignent de la richesse du passé de la ville. Nelson maintient aujourd'hui son développement économique grâce à la fonction publique, aux industries légères et au tourisme.

Vous pouvez vous procurer deux petits dépliants au Visitor InfoCentre (voir p 235) qui vous guideront à travers plus de 350 bâtiments historiques. L'architecture riche et soignée de Nelson agrémente la marche du visiteur, des bâtiments de style classique, Queen Anne et victorien ayant fièrement pignon sur rue. Les vitraux de la **Nelson Congregational Church** ★ *(angle Stanley St. et Silica St.)*, l'**hôtel de ville** ★ de style château *(502 Vernon St.)* et, surtout, la **caserne de pompiers** ★ *(919 Ward St.)*, d'inspiration italienne, qui surplombe la ville, de même que l'ensemble des bâtiments de **Baker Street**, démontrent bien la richesse de l'époque de la ruée vers l'argent.

Pour plus de détails sur l'histoire de Nelson, rendez-vous au **Nelson Museum** *(dons appréciés; mai à août lun-sam 13h à 18h, hors-saison lun-sam 13h à 16h; 402 Anderson St., à compter de l'été 2006 le musée sera situé au 502 Vernon St.; ☎250-352-9813)*, qui contient des vitrines présentant les Premières Nations locales, les explorateurs, les mineurs, les marchands et les colons.

Nelson ne se démarque pas des autres villes de l'intérieur de la province seulement par son architecture de qualité. Surnommée «la meilleure petite ville d'art au Canada», Nelson compte en ses murs nombre d'artistes, de musiciens et d'artisans. L'atmosphère créative qui en résulte séduit, d'autant plus que les rues de la ville grouillent de voyageurs qui y viennent par curiosité, et qui finalement décident d'y rester, soit pour faire du ski ou de la randonnée pédestre, ou tout simplement pour y flâner. Contrairement aux habitants de plusieurs petites villes de l'Ouest canadien, ici les résidants ne porteront pas de jugement sur les traits culturels d'un punk à l'iroquois violet ou d'un rasta aux longues *dreadlocks*.

Vous y trouverez l'**Artwalk**: chaque année, de juillet à septembre, des artistes exposent leurs travaux dans différents restaurants, cafés et boutiques du centre-ville. Pour renseignements: **Nelson & District Arts Council** *(☎250-352-2402)*.

Fondée en 1893, la **Nelson Brewing Company** ★ *(visite guidée ven; 512 Latimer St., ☎250-352-3582)*, brasse sa bière depuis 1899 dans les mêmes installations du tournant du XXᵉ siècle, soit un bâtiment de style victorien. Le vieux tramway de la Nelson Electric Tramway Company, le *Streetcar no 23 (3$; mi-avr à mi-juin sam-dim, mi-juin à début sept tlj, début sept à mi-oct sam-dim, 11h30 à 16h; ☎250-352-7672)*, a été remis en service et transporte des voyageurs sur une distance de 1 km dans le parc Lakeside, près du pont de Nelson.

Continuez vers l'est par la route 3 pour rejoindre Creston et les Kootenays de l'Est. Il y a un nouveau fuseau horaire dans les environs de Creston: donc avancez votre montre d'une heure.

Creston

Creston, une petite ville isolée de 5 000 habitants est nichée dans une belle vallée entre les monts Selkirk et Purcell. Ce territoire ayant d'abord été habité par la nation amérindienne Kutenai (le peuple de l'eau), les prospecteurs étrangers commencèrent à passer par ici dans les années 1860. Le premier colon décida d'y rester pour de bon en 1883, et les vagues successives de nouveaux arrivants favoriseront un mode de vie axé sur l'exploitation minière. Aujourd'hui, la foresterie et l'agriculture (incluant les cultures de fraises, de luzerne et de canola) constituent les deux principaux secteurs économiques de la région.

La **Creston Valley Wildlife Area** ★★ *(3$; mai à sept; sur la droite après être descendu dans la vallée de Creston;* ☎*250-402-6900, www.crestonwildlife.ca)* vaut certainement un arrêt. Ce parc de conservation reconnu internationalement couvre quelque 7 000 ha de marais grouillants de vie avec ses carouges à tête jaune, ses tortues peintes de l'Ouest et ses grenouilles tachetées. Plus de 265 espèces d'oiseaux nicheurs et migrateurs peuvent y être observées. Il est possible d'effectuer une très intéressante promenade guidée d'une heure en canot dans les marais.

Continuez vers l'est par la route 3 jusqu'à Cranbrook.

Cranbrook

Commodément située entre la vallée de l'Okanagan et Calgary, la ville de Cranbrook s'étend sur les plaines délimitées par les monts Purcell et les montagnes Rocheuses. La découverte d'or, puis l'arrivée du chemin de fer du Canadien Pacifique en 1898, ont fait de cette communauté la principale zone commerciale de la région. La ville se veut toujours le centre de services pour le secteur des Kootenays de l'Est et compte plus de 20 000 habitants, mais l'alignement disgracieux de motels et de comptoirs de restauration rapide que vous y verrez détonne. Ici vous vous retrouverez probablement à mi-chemin d'un long trajet, alors vous serez content d'apprendre qu'il y a encore quelques sites d'intérêt à voir.

Le remarquable **Canadian Museum of Rail Travel** ★ *(12,75$ visite «de luxe»; avr à mi-oct tlj 10h à 18h, mi-oct à avr mar-sam 12h à 17h; 57 Van Horne St. S., en retrait de la route 3,* ☎*250-489-3918),* avec la récente reconstitution du Royal Alexandra Hall (un exemple de l'architecture des «gares-hôtels» du début du XXᵉ siècle), fait revivre les beaux jours des voyages en train grâce à ses expositions, sans compter ses 28 locomotives et wagons restaurés.

Fort Steele Heritage Town ★★ *(9-12; juil et août tlj 9h30 à 17h; mai, juin et sept tlj 9h30 à 18h; route 93/95,* ☎*250-426-7352, www.fortsteele.bc.ca),* une merveilleuse reconstitution d'une ville champignon avec ses 58 bâtiments, se trouve à environ 10 km au nord de Cranbrook. La communauté originelle vit le jour à l'époque de la ruée vers l'or, et, en raison des conflits avec la nation amérindienne locale des Kootenays, la police montée du Nord-Ouest envoya l'inspecteur Sam Steele pour faire construire la caserne qui devint connue sous le nom de "Fort Steele". La décision de faire passer le chemin de fer par Cranbrook (Crowsnest Pass) plutôt que par Fort Steele en 1898 fut responsable du destin de la ville, et, à la fin de la Seconde Guerre mondiale, la population avait tellement diminué qu'on n'y retrouvait plus que 50 habitants.

À votre passage, une ancienne locomotive à vapeur sifflera ou une voiture à cheval sonnera sa cloche, alors que des interprètes en costumes d'époque recréeront l'atmosphère de l'Ouest du bon vieux temps. Pour éprouver une «petite» frayeur, allez visiter le cabinet de dentiste – vous ne vous plaindrez plus jamais d'avoir à vous faire plomber une dent. Appelez à l'avance pour qu'on vous donne des détails sur les spectacles de variétés musicaux présentés au Wild Horse Theatre.

Au départ de Cranbrook, prenez la route 95A Nord sur 31 km jusqu'à Kimberley.

Kimberley

Kimberley se présente comme une petite ville de ski avantageusement située dans un cadre naturel de toute beauté. La ville s'est développée autour de la Sullivan Mine, un gisement de plomb, d'argent et de zinc qui furent extraits par la compagnie Cominco jusqu'à l'épuisement des ressources et la fermeture de la mine, au mois de décembre 2001.

Tout le monde savait depuis longtemps qu'un jour on épuiserait le filon de Kimberley, et en 1973 fut prise la décision de transformer Kimberley en ville bavaroise: la seule et unique *Bavarian City of the Rockies*, avec une mascotte moustachue dénommée *Happy Hans*, des accordéonistes et une pendule à coucou géante. En un mot... c'est étrange, mais ironiquement les meilleurs restaurants de la région se trouvent ici, et les nombreux visiteurs qui viennent y pratiquer des activités de plein air comme le golf, le ski et la randonnée pédestre ne semblent pas s'en plaindre.

La ville est concentrée autour de la **Platzl**, soit la place publique de style bavarois, avec restaurants et de boutiques. Des haut-parleurs crachent des tyroliennes, et la pendule à coucou se met sporadiquement en branle quand les curieux y glissent une pièce de 25 cents.

Le **Visitor InfoCentre** (voir p 235) est situé juste au nord de la Platzl, d'où part le **Bavarian City Mining Railway** (BCMR) *(8$; juil et août tlj, juin sam-dim;* ☎*250-427-3666)*. Le trajet de 9 km, qui dure une heure, donne l'occasion de visiter les installations hors terre de la Sullivan Mine, alors que les guides racontent l'histoire de la région. Le **Sullivan Mine Interpretive Centre** se trouve juste à côté de l'InfoCentre et se compose d'une résidence de mineur des années 1920 et de la première école de village de Kimberley, en plus d'offrir de l'information sur la mine.

Le **Kimberley Alpine Resort** (voir p 273) se trouve à l'extrémité nord de Gerry Sorrensen Way et fait actuellement l'objet de travaux d'agrandissement.

De Kimberley, vous pouvez vous diriger vers le nord pour rejoindre le circuit «Le parc national de Kootenay par la vieille Windermere Highway» (voir p 378) *ou l'est pour atteindre le circuit de «Canmore et la Kananaskis Valley»* (voir p 383).

Parcs

Pour toute information concernant les parcs provinciaux, contactez BC Parks au ☎(250) 787-3411, ou consultez le site www.gov.bc.ca/bcparks. Pour réserver des emplacements de camping, appelez le ☎800-689-9025 ou consultez le site www.discovercamping.ca.

Sunshine Coast

Le **Porpoise Bay Provincial Park**, situé au nord-est de Sechelt, est un parc boisé qui offre des programmes d'interprétation de la nature en compagnie de naturalistes. Porpoise Bay vous fera découvrir une des plus agréables plages de la région. Vous pourrez vous y baigner sous la surveillance d'un maître nageur. C'est un endroit idéal pour la famille. Les plongeurs seront ravis d'apprendre qu'un navire de guerre, le **HMCS Chaudiere**, a été coulé à Kunechin Point pour créer un récif artificiel. Le parc possède 84 emplacements de camping. Les réservations sont acceptées et recommandées pour l'été. Le paiement s'effectue en liquide sur place.

Le **Sargeant Bay Provincial Park** se trouve à 7 km au nord de Sechelt sur la Sunshine Coast. La région offre d'infinies possibilités de promenade pour les plaisanciers mais aussi pour les kayakistes. Sargeant Bay est réputée pour la richesse de sa vie marine. On peut atteindre le parc en voiture, par la route 101, ou par bateau. Une aire de pique-nique a été aménagée à l'entrée du parc.

L'**Inland Lake Provincial Park** est situé à 12 km au nord de Powell River; ces abords ont été tout spécialement aménagés afin de donner accès à la nature aux gens qui se déplacent en fauteuil roulant. Le tour du lac fait 13 km. Des aires de camping ont été conçues, et quelques cabanes de bois rond peuvent héberger les personnes à mobilité réduite. Les tables de pique-nique et les quais pour la baignade ont été pensés en fonction des besoins des handicapés.

Les **rapides Skookumchuck** ★★★ du **Skookumchuck Narrows Provincial Park** *(à 6 km de la route 101 sur Egmont Road)* sont certainement l'une des particularités les plus spectaculaires de la Sunshine Coast. Lors des changements de marées, l'eau de mer est précipitée comme dans un entonnoir dans le canyon de Skookumchuck Narrows. Skookumchuck est un ancien mot amérindien qui signifie «eau puissante». Vous comprendrez toute la signification de ce terme quand vous verrez les rapides de vos propres yeux. Pour vous y rendre, roulez en direction nord sur la route 101 et dépassez Sechelt et Pender Harbour jusqu'à la sortie Egmont, à 1 km du terminal des traversiers d'Earl's Cove. Continuez le long d'Egmont Road jusqu'au stationnement du parc provincial Skookumchuck Narrows. Un sentier vous conduira sur place.

Portez de bonnes chaussures, puisqu'il vous faudra une demi-heure pour vous rendre sur le site. Ces rapides figurent parmi les plus grands du monde. Si vous en avez l'occasion, vous y verrez des kayakistes littéralement surfer sur les vagues.

Le **Saltery Bay Provincial Park** *(♿; au nord du quai d'embarquement de Saltery Bay; 42 emplacements de camping, plages, plongée sous-marine)* est exceptionnel pour la plongée sous-marine; une sirène de bronze attend les visiteurs, et il n'est pas rare de voir des orques, des phoques et des otaries.

Le **Shelter Point Regional Park** *(☎604-486-7228)* est situé sur la côte sud-ouest de Texada Island, à une vingtaine de kilomètres des traversiers de Blubber Bay. Il y a ici un camping avec toilettes et douches, ainsi qu'un abri pour faire la cuisine. L'isolement, la pêche et la communion avec la nature sont les activités que l'on pratique ici. À noter que les chiens sont admis dans le parc.

Le **Jedediah Island Marine Provincial Park** occupe une île située entre Lasqueti Island et Texada Island dans le détroit de Georgie. L'accès se fait par bateau depuis Lasqueti Island. L'île a été acquise par ses riverains en 1995; ils en ont fait un parc. On y trouve des arbres millénaires et d'importantes colonies d'oiseaux. Cet endroit magnifique et sauvage n'est accessible que par bateau.

Le **Desolation Sound Marine Provincial Park** ★★ *(au nord de Lund et accessible par bateau; terrain de camping, randonnée, kayak, baignade, pêche, plongée, eau potable, toilettes)* est fréquenté par les amants de la mer qui viennent observer la vie sauvage baignée par les courants chauds. Le kayak de mer attire de plus en plus de visiteurs dans le parc marin de Desolation Sound, et vous

n'avez pas besoin d'être expérimenté pour apprécier une promenade dans ce type d'embarcation.

Whistler et la boucle de Coast Mountain

Alice Lake, Brandywine Falls, Garibaldi, Porteau Cove, Stawamus Chief et Shannon Falls sont les parcs provinciaux situés autour de Squamish. Vous pourrez y camper, pêcher, nager, faire du kayak ou du canot, grimper, marcher ou même faire du vélo de montagne.

Le **Shannon Falls Provincial Park**, le long de la route 99, 2 km au sud de Squamish, abrite la chute d'eau la plus impressionnante du Canada. Il est presque impossible de voir le début de la chute en raison de sa hauteur étonnante. L'eau pure et limpide de Shannon Creek était auparavant utilisée par les brasseries Carling O'Keefe, jusqu'à ce que celles-ci offrent les terres au gouvernement provincial. Le parc renferme des sentiers tout autour des chutes ainsi que des aires de pique-nique.

Le **Porteau Cove Provincial Park** se trouve à une vingtaine de kilomètres au nord de Horseshoe Bay, sur la rive est de Howe Sound, entre Gambier Island et Bowen Island, sur la route 99. Ce parc est très populaire auprès des plongeurs sous-marins. Les eaux recèlent de nombreuses épaves coulées pour le plus grand plaisir des plongeurs. On y trouve par exemple un dragueur de mines datant de la Seconde Guerre mondiale.

Le **Stawamus Chief Provincial Park** est situé presque immédiatement après le Shannon Falls Provincial Park en direction de Squamish par la route 99 (Sea to Sky Highway). Ce parc est très réputé pour l'escalade et la randonnée. La vue depuis le sommet du Chief est vraiment magnifique. Ce parc est ouvert toute l'année et compte 15 emplacements de camping. Les réservations ne sont pas possibles.

L'**Alice Lake Provincial Park** se trouve à 13 km au nord de Squamish autour du lac du même nom (Alice Lake), sur la route 99. Ce parc est très populaire, surtout au cœur de l'été, lorsqu'il fait très chaud. Les plages sont là pour rafraîchir les voyageurs et les enfants qui fréquentent le parc en

Le sud de la Colombie-Britannique - Parcs

grand nombre. Vous y trouverez beaucoup de sentiers de randonnée, une centaine d'emplacements de camping ainsi que des douches.

Le **Brandywine Falls Provincial Park** est un petit parc qui possède 15 emplacements de camping et qui est situé à 47 km au nord de Squamish, sur la route 99. Les nombreuses cascades et les pics vertigineux en font un paradis pour les photographes. Non loin de là se trouvent le lac Daisy et les splendides montagnes du Garibaldi Provincial Park.

Le **Garibaldi Provincial Park** ★★ *(information Garibaldi/Sunshine District, Brackendale; 10 km au nord de Squamish, sur la route 99)* est un très grand parc de 195 000 ha fort fréquenté en été par les marcheurs. La route 99 longe le côté ouest du parc et donne accès aux différents sentiers de randonnée pédestre.

Dans la vallée de Whistler, à proximité du village, cinq lacs donnent l'occasion de pratiquer la natation, la planche à voile, le canotage et la voile. En voici deux:

L'**Alpha Lake** *(au feu de circulation à Whistler Creekside, prenez Lake Placid Road à gauche et roulez jusqu'à la plage)* est un petit lac sur les rives duquel vous pouvez pique-niquer, jouer au tennis ou au volley-ball et louer des canots.

L'**Alta Lake** *(au nord de Whistler Creekside par la route 99, prenez Alta Vista Road à gauche, puis Alpine Crescent à droite, et gardez la gauche jusqu'au bout du chemin pour atteindre le parc Lakeside)* reçoit les véliplanchistes, et l'on peut également y louer canots, kayaks et planches à voile.

Le **Joffre Lakes Provincial Park** se trouve à une vingtaine de kilomètres de Pemberton sur la route 99. Il s'agit d'un superbe parc ponctué de montagnes où vous découvrirez trois lacs turquoise et des sommets vertigineux couverts d'un glacier monumental. Le sentier est en bon état, mais soyez prêt à grimper des pentes plutôt raides. Attention aux moustiques en juillet. Les réservations ne sont pas acceptées.

Le **Birkenhead Lake Provincial Park** est situé à 55 km au nord-est de Pemberton par une route d'accès au départ de D'Arcy. Le parc est équipé d'emplacements de camping et d'une rampe de mise à l'eau pour les ba-

teaux. Les élans, les cerfs et les ours ne sont pas rares dans ce très joli parc parsemé de montagnes. La pêche à la truite est aussi très bonne dans le lac Birkenhead. Ce parc est ouvert de mai à septembre.

Le **Sasquatch Provincial Park** *(plage, toilettes, terrain de jeu, rampe de mise à l'eau)*, à partir de la route 7, se cache dans les montagnes en retrait du lac Harrison, près duquel vous pouvez faire du camping. Il y a aussi des plages aménagées à d'autres lacs qui permettent de passer une agréable journée. Selon la légende des Coast Salishs, le Sasquatch est une créature mi-homme mi-bête vivant dans les bois. Certains Autochtones de la région affirment, encore aujourd'hui, l'avoir vu près du lac Harrison.

Le **Kilby Provincial Park** est un très joli parc situé sur les rives du fleuve Fraser, à seulement 29 km au nord-ouest de Chilliwack. L'endroit est réputé pour sa quiétude et pour l'abondance de rapaces qui y nichent, comme l'aigle à tête blanche et le hibou. Vous pouvez tout simplement faire un pique-nique ou bien passer quelques jours sur un des 22 emplacements du camping. Ne manquez pas de visiter le **General Store Museum**. Cette épicerie date du début du XXᵉ siècle, et vous aurez l'impression de vous retrouver au temps des pionniers. Ce parc est ouvert toute l'année.

Le **Chilliwack Lake Provincial Park** se trouve à 64 km au sud-est de Chilliwack par une route de gravillon bien entretenue. L'accès à cette route se fait par la transcanadienne (sortie 104). Ce parc propose beaucoup de services et d'activités: de grandes plages, des emplacements de camping, etc. Il est surtout fréquenté par les riverains. De ce fait, attendez-vous à rencontrer beaucoup de familles, d'enfants et de motomarines! Il est ouvert de mai à la mi-octobre.

Le **Cultus Lake Provincial Park**, qui compte 2 561 ha, est situé à 11 km au sud de Chilliwack par la route transcanadienne.

En raison de la proximité des centres urbains de la vallée du fleuve Fraser, ce parc est littéralement pris d'assaut par les campeurs à l'arrivée des beaux jours. Ainsi, les campings de Clear Creek (85 emplacements), de Delta Grove (52 emplacements), d'Entrance Bay (47 emplacements) et de Maple Bay (97 emplacements) sont presque toujours complets les fins de semaine.

Le **Golden Ears Provincial Park** se trouve dans les montagnes de la chaîne Côtière, non loin de la petite ville de Maple Ridge, à seulement 41 km à l'est de Vancouver par la route 7 au départ de Haney ou d'Albion. Il y a deux campings près du lac Alouette, avec toilettes et douches. Le premier, Alouette, possède 205 emplacements, et l'autre, Gold Creek, 148. La pêche et la randonnée sont là aussi les activités de prédilection. Ce parc a la particularité d'être ouvert aux cavaliers. Il est ainsi possible de faire des promenades à cheval en vous adressant aux ranchs à l'entrée du parc.

De la rivière Thompson à Rogers Pass

Une activité peut être pratiquée en automne, alors que vous pourrez être témoin d'une dramatique «lutte pour la vie» darwinienne dans la rivière Adams, juste à l'ouest de Salmon Arm. En octobre, les saumons royaux (*chinook*), argentés (*coho*), rouges (*sockeye*) et roses remontent la rivière vers leur lieu de naissance à partir de l'océan Pacifique, pour frayer puis mourir. Le **Roderick Haig-Brown Provincial Park** (*50 km à l'ouest de Salmon Arm, 8 km au nord-est de la jonction avec la transcanadienne à Squilax*) a été créé pour protéger les sites de frai et s'avère le meilleur endroit pour assister à ce spectacle naturel impressionnant. Tous les quatre ans, l'espèce dominante qu'est le saumon rouge Adams distance toutes les autres espèces à la course, et la rivière grouille alors de quelque deux millions de poissons cramoisis. Comme l'a déjà dit un résidant du coin: *Vous pourriez traverser la rivière sur les saumons.* Les ornithologues amateurs seront étonnés de voir autant d'aigles et de gibier d'eau se rassembler, vers la fin du mois d'octobre, pour piller les carcasses de poissons dans la rivière Adams, alors que les ours surgissent des forêts pour faire une pêche tout simplement miraculeuse. Les années 2006 et 2010 sont les prochains rendez-vous pour cette grande ruée de saumons rouges, mais la magnifique parade nuptiale des saumons vaut la peine d'être vue chaque automne. Pour profiter pleinement du spectacle, dirigez-vous vers le nord à Squilax et cherchez les foules qui se rassemblent sur les ponts pour trouver les meilleurs lieux d'observation.

Le **parc national du Mont-Revelstoke** ★★ et le **parc national des Glaciers** ★★ (*pour obtenir les cartes, des renseignements et les règles à suivre, contactez Parcs Canada à Revelstoke, ☎250-837-7500*) regorgent tous deux de sentiers pour explorer les forêts. Les degrés de difficulté sont variables; des sentiers côtoient des arbres plusieurs fois centenaires ou atteignent des sommets offrant de splendides panoramas.

La vallée de l'Okanagan

Le **Manning Provincial Park** ★★ (*information touristique, été tlj 9h à 16h30*) est situé aux limites du sud-ouest de la province et de la grande région de Thompson-Okanagan. À 225 km de Vancouver, il est un lieu privilégié des Vancouvérois à la recherche de grands espaces verts. Le parc renferme un complexe hôtelier, des cabanes et des chalets à louer, ainsi que des terrains de camping.

Le **Cathedral Provincial Park** ★★ (*interdit aux chiens et aux vélos de montagne*) se trouve à 30 km au sud-ouest de Keremeos, dans la partie sud de la province accolée à la frontière américaine. Ce parc abrite une végétation mixte entre la forêt humide tempérée, d'une part, et la région aride de l'Okanagan, d'autre part. En basse altitude, les sapins de Douglas dominent le paysage, mais font place aux épinettes et aux bruyères dans les hauteurs du parc. Ouvrez l'œil car des cerfs, des chèvres de montagne et des mouflons pourraient s'aventurer près des lacs turquoise.

L'**Okanagan Mountain Provincial Park** est situé à environ 15 km au sud de Kelowna et est accessible par Lakeshore Road qui longe le lac Okanagan. Le parc compte quelque 10 000 ha de région sauvage qui s'explore seulement à pied, à vélo ou à dos de cheval. Il renferme nombre de sentiers pédestres (dont quelques-uns sont très difficiles à parcourir), des plages et des emplacements de camping. Au centre du parc, quelques lacs plus petits qu'ailleurs sur le territoire vous attendent.

Le **Knox Mountain Park** est situé au nord de Kelowna. Il offre un très beau point de vue sur le lac Okanagan, où se cache *Ogopogo*, le monstre qui, selon la légende, habiterait le lac. Depuis le centre-ville, suivez Ellis Street vers le nord sur 2 km.

Le **Kalamalka Provincial Park** ★★ *(8 km au sud de Vernon sur la route 6)* est un agréable espace boisé avec une plage idéale pour passer l'après-midi ou la journée. *National Geographic* classe le lac Kalamalka parmi les 10 plus beaux lacs au monde. On comprend vite pourquoi en observant le charme des teintes azur qui brillent à sa surface. D'ailleurs, Kalamalka signifie «le lac aux plusieurs couleurs» dans la langue autochtone originelle. On y vient pour se balader sur les nombreux sentiers pédestres, pour faire du vélo de montagne, ou simplement pour se relaxer au bord de l'eau. N'oubliez pas votre maillot de bain!

Kootenay Rockies

Le **Kokanee Glacier Provincial Park** ★★ compte 85 km de sentiers pédestres de difficulté moyenne. Vous pouvez y accéder de plusieurs points.

Activités de plein air

■ Canot

Sunshine Coast

Une excursion en canot s'impose surtout pour ceux qui meurent d'envie de découvrir une série de lacs et de faire le portage de leur embarcation d'un point à l'autre. La tournée des huit lacs de la **Powell Forest Canoe Route** prend quatre jours à effectuer. Renseignements disponibles au **Sunshine Coast Forest District Office** *(7077 Duncan St., Powell River, BC, V8A 1W1,* ☎*604-485-0700).*

■ Descente de rivière

Whistler et la boucle de Coast Mountain

Les gorges du fleuve Fraser et de la rivière Thompson accueillent chaque année des centaines d'aventuriers qui, par petits groupes, descendent dans leurs eaux tumultueuses. Plusieurs forfaits sont proposés aux visiteurs qui désirent s'adonner au rafting en radeau pneumatique par le biais de **Kumsheen Raft Adventures** *(Lytton,* ☎*250-455-2296 ou 800-663-6667, www.kumsheen.com).*

■ Escalade

Whistler et la boucle de Coast Mountain

L'escalade prend de l'ampleur dans la région de Sea to Sky; le rendez-vous est la **Stawamus Chief Mountain**. Voici quelques entreprises où vous pourrez louer les services d'un guide à Squamish:

Rock & Alpine Guiding
38068 Fourth Ave.
☎ (604) 892-5434
Service de guide pour escalade de paroi et de rocher.

Squamish Rock Guides
1817 Cedar Dr.
☎ (604) 815-1750
Services professionnels. On parle le français.

Vous pouvez aussi vous renseigner au centre d'accueil des visiteurs (voir p 234).

La vallée de l'Okanagan

La région de Penticton est renommée auprès des grimpeurs nord-américains pour sa variété de parois d'escalade. Plusieurs de ces surfaces ne font que la longueur d'une corde simple, mais le degré de difficulté peut fluctuer. Pour de l'information sur les Skaha Bluffs ou d'autres secteurs, contactez **Ray's Sports Den** *(101-399 Main St., Suite 100, Penticton,* ☎*250-493-1216),* ou le **Penticton & Wine Country Visitor Centre** (voir p 235).

Un des meilleurs endroits en Amérique du Nord pour l'escalade, les **Skaha Bluffs** attirent les grimpeurs du monde entier. Ces parois rocheuses se présentent comme un ensemble de falaises gneisseuses qui se dressent sur le côté est du lac Skaha et qui surplombent Penticton, et elles offrent l'escalade la plus ensoleillée de tout le Canada. On y trouve environ 60 rochers escarpés et des centaines de voies d'ascension accessibles depuis le Loop Trail, un sentier qui couvre 8 km et demande trois heures de marche. Aussi bien les grimpeurs que les simples marcheurs le sillonnant y apprécient les fleurs sauvages printanières et les plantes indigènes qui le bordent, de même que la possibilité d'observer la faune, sans parler des vues étonnantes dont ils jouiront pendant leur randonnée. Pour louer les services de guide (disponibles toute l'année) ou pour demander des conseils pédagogiques, contactez **Skaha Rock Adventures** (☎250-493-1765). Pour vous rendre aux Bluffs en voiture au départ de Penticton, prenez Main Street en direction du lac Skaha; tournez à gauche dans Lee Avenue; traversez South Main Street et roulez jusqu'à Crescent Hill Road. Puis prenez Valleyview Road à droite (conduisez lentement à travers ce secteur résidentiel). Vers la fin, la route se rétrécit. Gardez la droite et continuez jusqu'au parc de stationnement de la Braeseyde Farm.

Pour les amateurs d'escalade ou de randonnée, le **Wild Horse Canyon**, au bout de Lakeshore Road, dans l'Okanagan Mountain Provincial Park, à environ 16 km au sud-ouest de Kelowna, vous offrira des vues extraordinaires sur les alentours. Il en est de même pour le **Gallaghers Canyon**, plus facilement accessible et situé juste à côté du terrain de golf.

■ Golf

Whistler et la boucle de Coast Mountain

Le **Furry Creek Golf & Country Club** (*150 Country Club Rd., Furry Creek; Club House* ☎*604-896-2224 ou 888-922-9462, www.furrycreekgolf.ca*), situé sur la rive du Howe Sound, se trouve à 48 km au nord de Vancouver par la route 99 (autoroute Sea to Sky) et à 66 km au sud de Whistler. Le paysage est fabuleux. Les golfeurs ont du mal à se concentrer, tellement les montagnes et la mer ont un effet hypnotique. Un restaurant qui propose de la cuisine Pacific Northwest présente un décor japonais avec murs de verre et offre une vue sur une magnifique verdure.

Quant à elle, la vallée de Whistler attire des golfeurs de mai à octobre dans un décor enchanteur. Les droits d'accès varient énormément d'un club à l'autre. Le **Whistler Golf Club** (*70-160; mai à oct; par le Village Gate Boulevard, tournez à droite à Whistler Way et passez sous la route 99;* ☎*604-932-3280 ou 800-376-1777, www.whistlergolf.com*), un magnifique terrain de golf, serpente à travers les vallons avec, pour toile de fond, des montagnes aux falaises abruptes.

Le **Pemberton Valley Golf & Country Club** (*45$; mai à oct;* ☎*604-894-6197 ou 800-390-4653, www.pembertongolf.com*) de Pemberton, à 23 km au nord de Whistler, est beaucoup moins cher et présente un décor tout aussi beau que les golfs de Whistler.

De la rivière Thompson à Rogers Pass

Kamloops compte au moins six terrains de golf à 18 trous et quelques neuf trous. Il y a, entre autres, **The Dunes at Kamloops** (*$65; 652 Dunes Dr., Kamloops,* ☎*250-579-3300 ou 888-881-4653, www.golfthedunes.com*). Le **Rivershore Golf Club** (*55$; mar à oct; South Thompson River,* ☎*250-573-4622 ou 866-886-4653, www.rivershoregolflinks.com*) est un 18 trous conçu par Robert Trent Jones Sr, situé le long de la rivière Thompson; inutile de préciser que d'ici la vue est unique.

La vallée de l'Okanagan

La vallée de l'Okanagan a été désignée comme la Mecque des golfeurs en raison de la qualité de ses parcours et de ses tournois. Son climat agréable, les vues des vignobles et les forfaits golf, bref, tout cela incite les joueurs à y venir.

L'intérieur de la province compte plus d'une cinquantaine de terrains de golf, la plupart près des villes de **Penticton**, de **Kelowna** et de **Vernon**. Les terrains varient énormément selon que vous jouez au nord, où les montagnes boisées découpent les allées, ou au sud, la région désertique étant parsemée d'arbustes d'armoires.

Le **Gallaghers Canyon Golf & Contry Club** (*105$; 4320 Gallagher's Dr. W., Kelowna,* ☎*250-861-4240*), un 18 trous dessiné par Bill Robinson et Les Furber, comblera les golfeurs qui aiment les défis. Comme son nom l'indique, il est aménagé le long du Gallaghers Canyon, au creux de la forêt; inutile d'ajouter que de là la vue est extraordinaire.

Un des plus récents parcours est celui du **Bear at the Okanagan Golf Club** (*95$; 3200 Via Centrale, Kelowna,* ☎*250-765-5955*), un 18 trous à normale 72. L'Okanagan Golf Club renferme aussi le **Quail Course**, conçu par Les Furber.

D'autres prestigieux terrains de golf vous attendent dans cette région, et, pour de l'information complète et gratuite à ce sujet ou sur les forfaits, contactez le **Kelowna Travel InfoCentre** (voir p 235).

Le sud de la Colombie-Britannique - Activités de plein air

Kootenay Rockies

Le **Way-Lyn Ranch Golf Course** *(22$ pour 18 trous; route 95A, Cranbrook,* ☎*250-427-2825 ou 866-427-2210, www.waylyngolf.com)*, un terrain de golf de neuf trous, se trouve entre les villes de Cranbrook et de Kimberley.

Trickle Creek *(99$; Kimberley,* ☎*250-427-5171 ou 888-874-2553)* est un terrain de 18 trous. Les réservations sont préférables.

■ Motoneige

Whistler et la boucle de Coast Mountain

Le **Pemberton Ice Cap** possède le plus important site pour les motoneigistes de la Colombie-Britannique. C'est une région extraordinaire située en zone alpine parmi les glaciers et les pics acérés de la chaîne Côtière. La saison commence tôt en décembre pour se terminer fin mai. Il est important de bien connaître les conditions de neige avant de s'aventurer dans ces montagnes. Les avalanches sont très fréquentes. Il est important aussi de toujours voyager en groupe et d'avoir avec soi un équipement de survie adéquat.

■ Observation des oiseaux

Whistler et la boucle de Coast Mountain

Observation d'aigles à tête blanche à **Brackendale** (voir p 240).

La vallée de l'Okanagan

Si vous aimez les oiseaux, vous ne manquerez pas de passer par le **Vaseux Lake Provincial Park** et son **National Waterfowl Sanctuary**, à 10 km au sud d'Okanagan Falls par la route 97. N'oubliez pas vos jumelles.

Le **Haynes Point Provincial Park** *(Summerland,* ☎*250-494-6500)*, situé sur le lac Osoyoos, comprend une passerelle en bois et une cache (hutte) pour l'observation des oiseaux. Surveillez les roitelets des marais, les martinets à gorge blanche et les carouges à épaulettes; à l'occasion, vous pourrez voir des urubus à tête rouge voler très haut dans le ciel au-dessus de la vallée.

■ Pêche

De la rivière Thompson à Rogers Pass

Kamloops possède le surnom de «capitale mondiale de la pêche à la mouche». Avec ses 100 lacs accessibles en moins d'une heure de route, il est très facile d'aller taquiner le goujon. Parmi les lacs les plus prisés, on retrouve le lac Roche, le lac Le Jeune, le lac Crystal et le lac Tunkwa. Pour des services de guide, des permis ou n'importe quelle information, n'hésitez pas à contacter, au lac Le Jeune, le **Gordon Honey's Flyfishing Guide Service** *(*☎*250-828-1286)*.

La vallée de l'Okanagan

Tout autour de Merritt, la **Nicola Valley** vous offre des lacs à profusion (environ 150) honorant le proverbe de l'endroit (un lac par jour aussi longtemps que vous resterez) et faisant de la vallée un paradis pour les pêcheurs. Des renseignements vous seront fournis dans les nombreuses boutiques qui vendent les permis de pêche obligatoires.

■ Planche à voile

Whistler et la boucle de Coast Mountain

Squamish attire les véliplanchistes en raison des vents constants qui s'engouffrent dans le détroit et qui se déplacent vers les terres. Renseignez-vous à l'office de tourisme (voir p 234) pour connaître les meilleurs sites.

L'**Alta Lake** *(au nord de Whistler Creekside, par la route 99, prenez Alta Vista Road à gauche, puis Alpine Crescent à droite, et gardez la gauche jusqu'au bout du chemin pour atteindre le parc Lakeside)* accueille les véliplanchistes. Ce petit lac s'inscrit dans un site enchanteur d'où vous aurez de très beaux panoramas sur les monts Whistler et Blackcomb.

Kootenay Rockies

Le **Lakeside Park**, à droite du pont à l'entrée de Nelson, vous donne accès au lac Kootenay; en été, les baigneurs et les véliplanchistes s'en donnent à cœur joie ici.

■ Plongée sous-marine

Sunshine Coast

Porpoise Bay Charters *(7629 Inlet Dr., Sechelt,* ☎*604-885-5950 ou 800-665-3483, www. porpoisebaycharters.com).* Si vous êtes un plongeur certifié, on remplira vos bouteilles; sinon vous pourrez vous joindre à l'équipe de plongée de Porpoise Bay Charters, qui vous emmènera au parc provincial Porpoise Bay pour une plongée au site du *HMCS Chaudiere,* un navire de guerre qui a été coulé à Kunechin Point pour créer un récif artificiel.

■ Randonnée pédestre

Sunshine Coast

Fierté du nord de la Sunshine Coast, le **Sunshine Coast Trail** déroule ses 180 km le long de paysages pittoresques, avec comme point de départ Saltery Bay, à l'est de Powell River, et se faufile vers le nord jusqu'à Sarah Point (Lund). Le sentier représente un beau défi pour les randonneurs saisonniers, mais, puisqu'il est ponctué de quelque 20 accès, il permet aussi aux autres de le marcher en entier ou simplement d'en parcourir une section selon le temps dont ils disposent et leur condition physique. Le long du sentier, on retrouve plus de 20 terrains de camping et des lieux d'hébergement plus confortables. Des cartes et des guides du sentier sont disponibles au Powell River Visitors Bureau (voir p 234), et plus de renseignements sont offerts sur le site Internet www. sunshinecoast-trail.com. Attendez-vous à des vues impressionnantes de la côte.

Le **Manning Provincial Park** (voir p 267) abrite de beaux sentiers de randonnée.

Whistler et la boucle de Coast Mountain

Le **Garibaldi Provincial Park** est un très grand parc sauvage dans sa presque totalité, seule la région de Whistler ayant été urbanisée. La randonnée pédestre est magique, surtout lorsque vous arrivez au lac Garibaldi, dont la couleur turquoise contraste avec le blanc du glacier en arrière-plan. Les sentiers traversent de grands secteurs; vous devez prévoir de la nourriture et des vêtements adéquats pour affronter les changements de température.

Whistler Mountain *(*☎*604-932-3434 ou 866-218-9690; www.whistlerblackcomb.com)* et **Blackcomb Mountain** *(mêmes coordonnées que pour Whistler Mountain)* proposent une série de sentiers de randonnée pédestre depuis la base des montagnes jusqu'à leur sommet respectif. Du sommet du mont Whistler, vous apercevrez le Black Tusk, à 2 315 m d'altitude. Vous le reconnaîtrez car il s'agit d'un «pain de sucre noir».

De la rivière Thompson à Rogers Pass

Des randonnées de tous les niveaux de difficulté sont possibles autour de Kamloops. Vous pouvez marcher entre une heure et sept heures. Le **Mount Peter and Paul** offre un circuit très long (sept heures de marche), mais la vue depuis le sommet est magnifique. Il faut téléphoner à l'**Indian Band Office** *(juin à août lun-ven 7h à 14h, sept à mai lun-ven 8h à 16h; 355 Yellowhead Hwy.,* ☎*250-828-9700)* pour obtenir l'autorisation et il faut aussi remplir sa demande de permis en personne à la réserve amérindienne. Le sentier du **Paul Lake Provincial Park** vous mène au lac Paul. C'est un parcours facile et agréable qui vous prendra entre une heure et demie et deux heures à effectuer.

Dans le **parc national du Mont-Revelstoke** *(6$: accès aux monts Revelstoke et Glacier; un permis est obligatoire pour accéder au parc; à l'est du pont sur la transcanadienne,* ☎*250-837-7500),* vous devez emprunter une route de 24 km pour vous rendre au sommet du mont Revelstoke, où se trouvent des sentiers ainsi que différentes aires de pique-nique.

Le **parc national des Glaciers** *(pour obtenir les cartes, des renseignements et les règles à suivre, contactez Parcs Canada à Revelstoke,* ☎*250-837-7500)* propose plusieurs sentiers pour explorer sa nature florissante, les degrés de difficulté étant variables; ils côtoient des arbres plusieurs fois centenaires ou grimpent au sommet de montagnes offrant des vues sur les sommets voisins.

La vallée de l'Okanagan

L'entrée du **Cathedral Provincial Park** se trouve près de Keremeos par la route 3. Des sentiers pédestres de plus de 15 km sont accessibles, et il faut en moyenne une journée de marche pour les parcourir. Au sommet, les sentiers sont plus courts et sillonnent un terrain valonné où se côtoient une flore et une faune sauvages. Il est possible de s'y rendre en véhicule tout-terrain; il faut toutefois réserver en appelant au **Cathedral Lakes Lodge** *(☎888-255-4453, www. cathedral-lakes-lodge.com).*

Pour des balades qui ne durent pas plus d'une heure mais qui demeurent d'une beauté inouïe, il faut se rendre au **Kalamalka Provincial Park**, à quelques kilomètres au sud de Vernon. Les courts sentiers mènent jusqu'à une petite colline plongeant abruptement dans les eaux merveilleuses du lac Kalamalka.

Kootenay Rockies

Le **Kokanee Glacier Provincial Park** compte 85 km de sentiers pédestres. Le Gibson Lake Loop Trail, un sentier de 2,5 km facile à parcourir, demande seulement une heure de marche aller-retour et offre de belles vues sur les pics environnants, sans oublier les anciennes mines, les fleurs en saison et la végétation subalpine. Le long du sentier, il y a aussi de bonnes occasions de pêche.

■ Ski et héli-ski

Whistler et la boucle de Coast Mountain

Whistler est considérée comme la station de ski numéro 1 en Amérique du Nord avec ses 12 m de neige et ses 1 600 m de dénivellation. Une fois sur le site, vous pourrez choisir entre deux montagnes: **Whistler Mountain** et **Blackcomb Mountain** *(réservations d'hébergement:* ☎*604-904-7060 ou 888-403-4727).* Ski extraordinaire, installations ultramodernes, mais attention à votre budget.

Vous comprendrez pourquoi les prix sont si élevés en voyant les cohortes de touristes japonais et américains monopoliser les hôtels et les pistes bleues. Les deux montagnes de Whistler et de Blackcomb combinées forment le plus grand domaine skiable au Canada.

Ces stations de ski alpin de classe internationale sont privilégiées par des chutes de neige abondantes et possèdent assez d'hôtels pour héberger la population d'une ville. Cette métropole du ski de haut de gamme offre aussi la possibilité de skier sur des pistes non damées dans une poudreuse impeccable, et, si la météo est de votre côté, vous ferez des *S* dans un paysage alpin de toute beauté. **Whistler Mountain**

(51$; au départ de Vancouver, route 99 en direction nord sur 130 km; renseignements: ☎*604-932-3434, conditions de ski:* ☎*604-932-4211)* est l'aînée des deux stations. Les experts et les fous de la poudreuse, les sauteurs de falaise afflueront tous à la *Peak Chair*, le télésiège qui conduit au sommet de Whistler Mountain. De là-haut, les skieurs et les planchistes aguerris ont accès à une zone alpine composée de pistes rouges et noires couvertes d'une neige profonde et légère. **Blackcomb Mountain** *(48$; à Whistler, au départ de Vancouver, route 99 en direction nord sur 130 km; renseignements:* ☎*604-932-3141, conditions de ski:* ☎*604-932-4211).* Pour les enthousiastes du ski en Amérique du Nord, Blackcomb représente la Mecque du ski «musclé».

Un débat vigoureux est entretenu depuis des années par les skieurs à savoir laquelle des deux montagnes (Whistler ou Blackcomb) est la meilleure. Chose certaine, Blackcomb remporte la première place dans la catégorie de la dénivellation verticale avec 1 609 m. Quand vous serez à Blackcomb, allez faire un tour sur le glacier. C'est formidable!

À noter que ces deux stations de ski acceptent les planches à neige.

Si vous avez déjà été conquis par les paysages de Whistler, qu'à cela ne tienne: il est temps pour vous d'avoir le souffle coupé! Montez à bord d'un hélicoptère qui vous déposera sur un sommet avec, dévalant devant vous, des kilomètres de poudreuse encore vierge. Voici une entreprise proposant de l'«héli-ski»: **Whistler Heli-Skiing Ltd.** *(670$ incluant trois voyages en haut de la montagne, déjeuner et guide;* ☎*604-932-4105).*

De la rivière Thompson à Rogers Pass

Le centre de villégiature **Sun Peaks Resort** *(56$; 45 min au nord de Kamloops, sur le mont Todd,* ☎*250-578-7222 ou 800-807-3257, www. sunpeaksresort.com),* bien qu'il n'ait pas l'envergure de Whistler, a fait l'objet d'une sérieuse rénovation. Des services d'hébergement et de restauration sont proposés sur le site.

Powder Springs *(Revelstoke,* ☎*250-837-5151 ou 800-991-4455, www.catpowder.com)* est un centre familial reconnu pour la qualité de sa poudreuse et dispose également de tous les services de remontée mécanique et de restauration. Situé à 6 km au sud du centre-ville de Revelstoke sur Airport Way, Powder Springs abrite une école de ski et un centre de location d'équipement de ski.

Le **parc national du Mont-Revelstoke** (☎250-387-1161) occupe un immense territoire de neige vierge découpé sur un fond de sommets blancs. Les amateurs de ski de randonnée peuvent s'adonner à leur sport grâce à plusieurs sentiers aménagés, dont certains sont dotés d'abris passer la nuit.

Le **parc national des Glaciers** propose un immense terrain aux skieurs en mal d'aventure ou à la recherche de poudreuse. En raison des pentes prononcées et des risques d'avalanche, les skieurs doivent se procurer un permis pour fréquenter le parc.

Le ski avec transport par hélicoptère ou par «autobus des neiges» attire bon nombre de skieurs à la recherche de terrains inexplorés, loin des remontées mécaniques et de la neige artificielle. Cette région est reconnue comme l'une de celles qui enregistrent des précipitations records; Environnement Canada y a d'ailleurs établi un centre pour mesurer les précipitations. Différentes entreprises proposent des forfaits en montagne, entre autres **Cat Powder Skiing Inc.** (☎250-837-5151 ou 800-991-4455, *www. catpowder.com*) et **Selkirk Tangiers Heli-Skiing Ltd.** (☎250-837-5378 ou 800-663-7080, *www. selkirk-tangiers.com*).

La vallée de l'Okanagan

La vallée de l'Okanagan est un des rares endroits où, en avril, on peut skier le matin et jouer au golf l'après-midi. Pour le ski, le **Silver Star Mountain Resort** (64$; ☎250-542-0224 ou 800-663-4431, *www.silverstarmtn. com*) dispose d'une montagne située à moins d'une demi-heure de Vernon. Elle compte 84 pistes recevant au moins 6 m de neige annuellement.

Le ski, déjà réputé dans l'Okanagan, vient de connaître un nouvel essor avec la création du **Big White Ski Resort** (☎250-765-3101 ou 800-663-2772, *www.bigwhite.com*), près de Kelowna. La famille Schumann a investi ici 45 millions de dollars. Chaque année, de 5 à 6 m de neige y tombe.

Le **Mount Baldy** (*www.mtbaldy.com*), à deux heures de Kelowna et à une heure de Penticton, propose depuis 25 ans du ski à prix abordable très agréable sur une belle poudreuse. On trouve aussi dans la région l'**Apex Mountain Resort** (☎877-777-2739, *www. apexresort.com*), près de Penticton.

Kootenay Rockies

Le **Kokanee Glacier Provincial Park** est situé à 21 km au nord-est de Nelson par la route 3A; de ces 21 km, 16 se font sur une route de gravier. Toutefois, cette route secondaire n'est pas entretenue en hiver. L'accès s'effectue alors par ski de randonnée ou par hélicoptère. Il est fortement recommandé de se munir d'un équipement spécialisé pour ce genre d'expédition. La Kaslo Lake Cabin peut loger jusqu'à 12 personnes. À cause de la forte demande pour louer cette cabane, on procède à un tirage au sort à chaque mois d'octobre.

Le **Whitewater Ski Resort** (☎250-354-4944 ou 800-666-9420, *www.skiwhitewater.com*) est situé à quelques minutes au sud de Nelson par la route 6. Ce centre de villégiature constitue l'endroit tout désigné où passer une journée de ski, que vous soyez expert ou débutant.

Red Mountain, située à 5 min de Rossland, demeure un des principaux centres d'activité économique de la région. Autrefois, les mineurs exploitaient cette montagne; aujourd'hui, les skieurs s'en donnent à cœur joie.

Juché sur une belle colline de 1 982 m, le **Kimberley Alpine Resort** (☎250-427-4881, *www.skikimberley.com*) offre de majestueuses vues sur les montagnes Rocheuses. Comme plusieurs stations de ski de la Colombie-Britannique, le Kimberley Alpine Resort a fait l'objet d'importants travaux de rénovation et d'agrandissement, et va probablement poursuivre son développement dans les prochaines années.

Le **Panorama Resort** (59$; *Panorama*, ☎800-663-2929) s'enorgueillit d'un dénivelé de 1 300 m, mais aussi de pistes en sous-bois et de tracés sinueux sur les monts Purcell.

■ Traîneau à chiens

Kootenay Rockies

Adrenaline Dog Tours (*Kimberley*, ☎250-427-3308) propose des sorties en traîneau à

Le sud de la Colombie-Britannique – Activités de plein air

chiens sur les pistes du Trickle Creek Golf Course et dans la St. Mary's Valley.

■ Vélo de montagne

Kootenay Rockies

Rossland s'est autoproclamée «capitale du vélo de montagne» (VTT), et c'est peut-être bien le cas. Le grand nombre de pistes de différents niveaux de difficulté fait de cet endroit un lieu accessible à tous ceux qui sont intéressés par ce sport. Dans cette région montagneuse, les pistes convergent toutes vers le centre-ville, car autrefois elles constituaient des voies ferrées, des chemins de coupes de bois ou des sentiers de ski de fond. Vous pouvez vous procurer le plan du réseau de pistes dans les différents centres de location de vélos ou au bureau d'information touristique (voir p 235).

■ Vol en planeur

Whistler et la boucle de Coast Mountain

Les planeurs ont choisi Hope pour s'accrocher dans le ciel. Le vent d'ouest qui s'engouffre dans la vallée du fleuve Fraser remonte dans les grandes montagnes de la région de Hope et permet aux passionnés de vol libre de rester des heures dans le ciel. Pour un certain montant, vous pouvez accompagner un pilote à bord de son planeur.

À la sortie 165 de la route 1, à l'ouest de Hope, suivez les indications vers l'aéroport; tournez à gauche dans Old Yale, juste avant le viaduc, et suivez la route jusqu'au bâtiment rouge et blanc où se trouve la **Vancouver Soaring Association** (☎ *604-869-7211, www.vsa.ca)*.

Hébergement

Sunshine Coast

Gibsons

**Bonniebrook Lodge
& RV Campground**
$ camping
$$$$ chambres pdj
💧, ◎, ⚠, ✳
9,4 km à l'ouest par Gower Point
Rd., suivez la signalisation sur la
route 101
☎ (604) 886-2887 ou
877-290-9916
🖨 (604) 886-8853
www.bonniebrook.com
Le Bonniebrook Lodge &
RV Campground est à la
fois un *bed and breakfast* et
un terrain de camping pour
véhicules récréatifs. Comptez 35 min pour vous y rendre en traversier à partir de
Horseshoe Bay. L'endroit
est calme et agréable, avec
accès facile à la mer.

Langdale Heights RV Resort
$
🛏
2170 Port Mellon Hwy.
☎ (604) 886-2182 ou
800-234-7138
🖨 (604) 886-2182
Le Langdale Heights RV
Park est situé à seulement
4,5 km du terminal des
traversiers de Langdale. Il
propose tous les raccordements pour les véhicules
récréatifs, incluant même le
téléphone et le câble pour
la télévision! Les campeurs
avec tentes y trouveront
aussi des emplacements.
La grande particularité du
Langdale Heights RV Park
est qu'il possède un magnifique golf, gratuit pour tous
ses clients.

The Maritimer Bed & Breakfast
$$$ pdj
521 Fletcher Rd. S.
☎ (604) 886-0664 ou
877-886-0664
www.maritimerbb.com
Le Maritimer Bed & Break-
fast est situé à Gibsons et
surplombe la ville et la
marina. Le paysage char-
mant, l'accueil de Stuart
et Wendy et la chaleur du
gîte vous combleront. Le
rez-de-chaussée renferme
une grande chambre avec
des meubles antiques. Le
petit déjeuner est servi sur
la terrasse qui donne direc-
tement sur la baie.

Sechelt

Bella Beach Inn
$$-$$$
💧, 🛏
au départ de Vancouver, prenez
le traversier de Horseshoe Bay
jusqu'à Langdale, continuez par
la route 101 en direction nord
jusqu'à Davies Bay
☎ (604) 885-7191 ou
800-665-1925
🖨 (604) 885-3794
www.bellabeachinn.com
Le site du Bella Beach Inn
est considéré comme un
des plus jolis de la Sunshi-
ne Coast. Vous pourrez
apprécier de magnifiques
couchers de soleil depuis
votre fenêtre. Les chambres
sont d'ailleurs très jolies et
très confortables. L'accès à
la plage est pratiquement
instantané. Un restaurant
de sushis est intégré à l'hô-
tel.

Powell River

**Willingdon Beach Municipal
Campsite**
$
4845 Marine Ave.
☎ (604) 485-2242

www.willingdonbeach.ca
Le Willingdon Beach Muni-
cipal Campsite est un cam-
ping municipal situé dans
un joli parc non loin de
la mer. Les emplacements
sont bien aménagés, et les
douches sont gratuites. Il
se trouve à deux pas d'une
aire de jeux.

Oceanside Resort Motel
$ camping
$$ chalets
8063 Hwy. 101
☎ (604) 485-2435 ou
888-889-2435
www.oceansidepark.com
L'Oceanside Campground
& Cabins est une excel-
lente destination pour les
familles. Les emplacements
de camping sont situés face
à la mer et non loin du centre-ville de Powell River. Il
y a un vaste terrain de
jeu pour les enfants ainsi
qu'une piscine. L'Ocean-
side accepte les véhicules
récréatifs et est ouvert toute
l'année.

Beacon B&B and Spa
$$ pdj
🛏
enfants de 12 ans et plus
3750 Marine Ave.
☎ (604) 485-5563 ou
877-485-5563
🖨 (604) 485-9450
www.beaconbb.com
Vos hôtes, Shirley et Ro-
ger Randall, sauront vous
mettre à l'aise, et surtout
ils vous parleront avec
passion de leur coin de
pays. Le Beacon donne
sur la mer et est orienté
vers l'ouest pour que vous
profitiez des couchers de
soleil; de plus, vous pou-
vez les contempler en pre-
nant un bain. Les chambres
sont aménagées sobrement
mais dotées de salles de
bain complètes. Au petit
déjeuner, une spécialité

Le sud de la Colombie-Britannique - Hébergement - Sunshine Coast

vous est servie: les crêpes aux bleuets.

Beach Gardens Resort & Marina
$$
🍴, ⚓

7074 Westminster Ave.
☎ (604) 485-6267 ou
800-663-7070
🗐 (604) 485-2343
www.beachgardens.com

Il s'agit d'un complexe récréatif avec des chambres confortables offrant une vue superbe sur le détroit de Georgie; idéal pour ceux qui aiment avoir tout à portée de la main. Un centre de conditionnement physique et un détaillant de bière et vin complètent les installations.

Powell River Town Centre Hotel
$$$
☰, 🍴, ⚕, ⚓

4660 Joyce Ave.
☎ (604) 485-3000 ou
866-485-3001
🗐 (604) 485-3031
www.prtowncentrehotel.com

Le Powell River Town Centre Hotel se trouve en plein centre-ville, à deux pas du grand centre commercial qu'est le Town Centre Mall, au cœur de Powell River. Les chambres sont impeccables et spacieuses. L'hôtel est équipé d'un centre sportif. De plus, des forfaits de pêche et de golf sont offerts.

Texada Island

The Retreat
$ camping
$$ chalets
⚓

4347 Gillies Bay Rd.
☎ (604) 486-7360

The Retreat est située dans une zone très isolée tout près du Shelter Point Regional Park et offre des vues fantastiques sur le détroit de Georgie et sur l'île de Vancouver depuis le balcon. L'établissement est constitué de sept unités équipées de cuisinettes pour des séjours prolongés, ainsi que de sept emplacements pour véhicules récréatifs.

Lund

The Historic Lund Hotel
$$$
⚕

1436 Hwy. 101
☎ (604) 414-0474

Cet hôtel centenaire s'ouvrant sur la baie invite à la détente. Les chambres sont de style motel, mais la tranquillité de l'endroit et la vue du va-et-vient des embarcations font toute la différence.

Whistler et la boucle de Coast Mountain

Whistler

Whistler constitue un village parsemé de restaurants, d'hôtels, d'appartements et de *bed and breakfasts*. Un service de réservations peut vous aider à faire votre choix: **Whistler Resort** (☎604-932-0606 ou 877-932-0606, www.whistler.com).

Whistler International Hostel
$
bc, ⚒

5678 Alta Lake Rd.
☎ (604) 932-5492
🗐 (604) 932-4687
www.hihostels.ca

L'auberge de jeunesse de Whistler peut accueillir 32 personnes dans une agréable ambiance de vacances! Elle est située à 7 km du village, sur les rives du lac Alta. Rabais pour les membres de Hostelling International. Mieux vaut réserver.

Shoestring Lodge
$$
bc/bp, ⚒

1 km au nord du village, à droite dans Nancy Greene Dr.
☎ (604) 932-3338 ou
877-551-4954
🗐 (604) 932-8347
www.shoestringlodge.com

Le Shoestring Lodge semble être un des établissements les moins chers de Whistler où loger; cependant, vous devez absolument réserver. La demande est très forte à ce prix. Les chambres, pour la plupart, renferment un lit, un téléviseur et une petite salle de bain, et tout ce qu'il y a de plus neutre en fait de décor. L'ambiance jeune de cette auberge vous donne l'impression d'être dans un camp de vacances universitaire où les étudiants veulent avoir du plaisir, et c'est le cas. Les soirées au pub sont réputées être hautes en couleur (voir p 300).

Chalet Beau Sejour
$$$-$$$$ pdj
7414 Ambassador Cr., White Gold Estate
☎ (604) 938-4966
🗐 (604) 938-6296
www.beausejourwhistler.com

Le Chalet Beau Sejour se présente comme une grande maison chaleureuse où vous êtes accueilli en français par Sue et Hal. Construit à flanc de montagne, il offre de très belles vues sur la vallée et les montagnes pendant que vous mangez le copieux petit déjeuner que Sue a préparé. Elle connaît la région sur le bout des doigts car elle est guide touristique. N'hésitez donc pas à

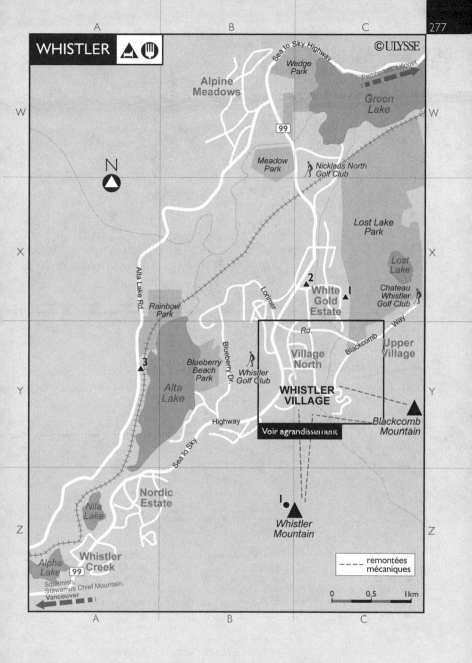

WHISTLER ▲ 🍴

©ULYSSE

Sea to Sky Highway

Wedge Park

Alpine Meadows

Pemberton, Lillooet

Groon Lake

W

99

Meadow Park

Nicklaus North Golf Club

N

Lost Lake Park

X

Lost Lake

Alta Lake Rd.

Rainbow Park

Lorimer

2 ▲ White Gold Estate

▲ **I**

Chateau Whistler Golf Club

Rd.

Blueberry Dr.

Blueberry Beach Park

Whistler Golf Club

Village North

Blackcomb Way

Upper Village

Alta Lake

▲ **3**

WHISTLER VILLAGE

Y

Highway

Voir agrandissement

Blackcomb Mountain ▲

Sea to Sky

Nordic Estate

Nita Lake

I ●
▲

Whistler Mountain

Z

Alpha Lake

99

Whistler Creek

Squamish, Stawamus Chief Mountain, Vancouver

- - - - remontées mécaniques

0   0,5   1km

A   B   C

▲ HÉBERGEMENT

1. CX   Chalet Beau Sejour
2. CX   Shoestring Lodge
3. AY   Whistler International Hostel

● RESTAURANTS

1. BZ   The Roundhouse

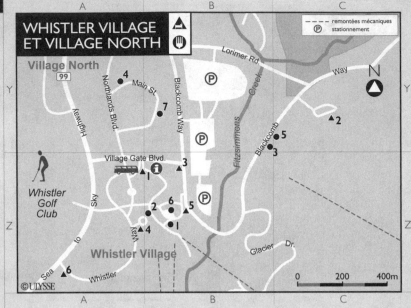

▲ **HÉBERGEMENT**

1. AZ   Blackcomb Lodge (R)
2. CY   Fairmont Château Whistler Resort
3. BZ   Holiday Inn
4. AZ   Listel Whistler Hotel
5. BZ   Pan Pacific Whistler Mountainside
6. AZ   Tantalus Lodge

(R) établissement avec restaurant décrit

● **RESTAURANTS**

1. BZ   Black's Pub & Restaurant
2. BZ   Citta's Bistro
3. BY   Monk's Grill
4. AY   Pasta Lupino Gourmet
5. CY   Thai One On
6. BZ   Trattoria di Umberto
7. BY   Zeuski's

lui demander où aller et quoi voir.

Holiday Inn
$$$$$

♠, ♣, ♨, ▲, ◎

4295 Blackcomb Way, Whistler Village Centre
☎ (604) 938-0878 ou
877-465-4329
🖷 (604) 938-9943
www.whistlerhi.com

Le Holiday Inn est situé tout près des monts Whistler et Blackcomb. Certaines chambres disposent d'un balcon. Tout le confort d'un hôtel bien équipé s'y retrouve, y compris un

centre de conditionnement physique très sophistiqué.

Listel Whistler Hotel
$$$$$

≋, ⑅, ☞, ♨, ≡, ✳

4121 Village Green
☎ (604) 932-1133 ou
800-663-5472
🖷 (604) 932-8383
www.listelhotel.com

Le Listel Whistler Hotel est situé au cœur du village, à côté de tous les services de restauration et de loisir. L'aménagement des chambres rendra votre séjour confortable. Toutes les salles de bain ont été réno-

vées, et l'établissement est non-fumeurs.

Tantalus Lodge
$$$$$

≋, ♠, ≡, ▲, ⑅, ☞

4200 Whistler Way
☎ (604) 932-4146 ou
888-633-4046
🖷 (604) 932-2405
www.tantaluslodge.com

Le luxueux Tantalus Lodge est situé tout près du golf et non loin des pentes. Ses 76 copropriétés sont spacieuses et bien équipées. Des courts de tennis et des terrains de volley-ball élargissent le choix d'activités qu'offre le village.

Fairmont Chateau Whistler Resort
$$$$$

≡, ☛, ☎, Ψ, ≋, ◎, ▲, ∭, Ψ

4599 Chateau Blvd.
☎ (604) 938-8000 ou
800-257-7544
🖨 (604) 938-2291
www.fairmont.com/whistler

Le Fairmont Chateau Whistler Resort est une adresse luxueuse. Situé au pied des pentes de Blackcomb Mountain, le complexe hôtelier est un petit Whistler Village en soi, car il offre tous les services de restauration, de loisir et de détente.

Blackcomb Lodge
$$$$$

≋, ☛, ∭, Ψ, ◎, ≡

4220 Gateway Dr.
☎ (604) 932-4155 ou
888-935-1222
🖨 (604) 932-6826
www.blackcomblodge.com

Les suites du luxueux Blackcomb Lodge offrent tous les conforts, des baignoires à remous aux saunas. Certaines disposent aussi de balcons. Plusieurs forfaits sont offerts au cours de l'année: ski en hiver et golf en été. Le service est hors pair, et l'établissement compte aussi la seule piscine intérieure de Whistler, ainsi qu'une cuve à remous et un excellent restaurant, l'**Araxi Restaurant & Bar** (voir p 294).

Pan Pacific Whistler Mountainside
$$$$$

≡, ☛, ≋, ▲, ∭, ☛

4320 Sundial Cr.
☎ (604) 905-2999 ou
888-905-9995
🖨 (604) 905-2995
www.panpac.com

L'architecture du Pan Pacific Whistler Mountainside s'inspire des vieux hôtels des Rocheuses et se marie bien au paysage. Cet établissement étant construit au milieu du village et au pied des téléphériques qui mènent aux sommets de Whistler Mountain et de Blackcomb Mountain, il est difficile d'en trouver de mieux situé, et de plus luxueux.

Pemberton

Hitching Post Motel
$$-$$$

☛, ≡

Portage Rd., mont Currie, 30 min au nord de Whistler par la route 99
☎ (604) 894-6276 ou
866-894-6276

Au Hitching Post Motel, certaines chambres comprennent une cuisinette. L'établissement est calme et offre une belle vue sur le mont Currie.

Log House Bed & Breakfast
$$$-$$$$ pdj

◎

1357 Dogwood Dr.
☎ (604) 894-6000 ou
800-894-6002
🖨 (604) 894-6000

Le Log House Bed & Breakfast se trouve près de tout et dispose de sept belles chambres spacieuses avec tout le confort voulu, télévision câblée et baignoire à remous.

Lillooet

Cayoosh Creek Campground
$

début avr à fin oct
100 Hwy. 99 S.
☎ (604) 256-4180 ou
877-748-2628
www.cayooshcampground.com

Le Cayoosh Creek Campground est aménagé le long

du fleuve Fraser sur près de 500 m. Le camping offre des douches, une plage et un terrain de volley-ball à deux pas du centre-ville. Avertissement: il n'y a pas beaucoup d'ombre.

4 Pines Motel
$-$$

≡, ☛

108 Eighth Ave.
☎ (604) 256-4247 ou
800-753-2576
🖨 (604) 256-4120
www.4pinesmotel.com

Le 4 Pines Motel est situé au centre-ville de Lillooet, en face de l'office de tourisme. Les chambres sont bien équipées, avec air climatisé, cuisinette et télévision par satellite.

Hope

Simon's On Fraser
$$ pdj

690 Fraser St.
☎ (604) 869-2562

Ce joli petit gîte de style victorien, adjacent au parc Memorial, propose des chambres décorées chaleureusement et simplement.

Harrison Hot Springs

Sasquatch Provincial Park
$

177 emplacements boisés, plage, terrain de jeu, rampe de mise à l'eau; paiement en espèces seulement
Cultus Lake
☎ (604) 689-9025 ou
800-689-9025

Vous devez vous choisir un emplacement, et un préposé passera se faire payer. Ce parc provincial se cache dans les montagnes en retrait du lac Harrison, où trois terrains de camping accueillent chaque année

les amants de la nature. Selon la légende des Coast Salishs, le Sasquatch est une créature mi-homme mi-bête vivant dans les bois. Il y a encore aujourd'hui des Autochtones de la région qui affirment l'avoir vu près du lac Harrison.

Bigfoot Campgrounds
$
eau et électricité incluses
670 Hot Springs Rd.
☎ (604) 796-9767 ou
800-294-9907
www.bigfootcamping.ca
Les Bigfoot Campgrounds se présentent comme un grand parc de 5 ha qui offre tous les avantages et le confort, avec épicerie, minigolf et jeux vidéo. Des cabanes sont également disponibles sur les lieux.

Glencoe Motel & RV Park
$ camping
$$ chambres
≡, ✆
259 Hot Springs Rd., centre-ville
☎ (604) 796-2574
Le Glenco Motel & RV Park est à la fois un motel et un camping.

Harrison Heritage House & Kottage
$$$$ pdj
◎, ◮
312 Lillooet Ave.
☎ (604) 796-9552 ou
800-331-8099
www.bbharrison.com
Joanne et Dennis Sandve vous accueillent chaleureusement dans leur jolie maison à une rue de la plage et de la piscine publique. Joanne prépare les confitures maison du petit déjeuner.

Harrison Hot Springs Resort & Spa
$$$$-$$$$$
⚓, ◭, ≋, ♨, ◎, ⛾, ≡
100 Esplanade
☎ (604) 796-2244 ou
800-663-2266
🖷 (604) 796-3682
www.harrisonresort.com
Situé au bord du lac Harrison, cet hôtel possède un avantage par rapport à tous ses concurrents: il s'agit du seul hôtel qui peut exploiter la source d'eau sulfureuse. C'est un bon endroit pour toute la famille où l'on retrouve des piscines extérieures chauffées, des terrains de golf, des courts de tennis et un terrain de jeux pour les enfants. Les animaux domestiques ne sont admis que dans les chalets.

De la rivière Thompson à Rogers Pass

Ashcroft

Sundance Guest Ranch
$$$$$ pc
≡, ≋, ♨
Highland Valley Rd.
☎ (250) 453-2422 ou
800-553-3533
🖷 (250) 453-9356
www.sundanceguestranch.com
Le Sundance Guest Ranch, administré et tenu par d'anciens clients du ranch, vous plonge dans une époque révolue où les cowboys parcouraient à dos de cheval la contrée inexplorée. Une salle de séjour est à la disposition des visiteurs, qui peuvent d'ailleurs apporter leurs boissons; les enfants ont leur propre salle de séjour.

Kamloops

Hostelling International
$
✆
7 W. Seymour St.
☎ (250) 828-7991 ou
866-782-9526
🖷 (250) 828-2442
www.hihostels.ca
L'auberge est installée dans le vieux palais de justice provincial datant de 1909. La salle à manger se trouve dans la salle d'audience et conserve les vieux sièges des témoins, du jury et du juge. Les réservations sont recommandées.

Joyce's Bed & Breakfast
$$ pdj
≡, bc/bp
49 W. Nicola St.
☎ (250) 374-1417 ou
800-215-1417
www.bbcanada.com/268.html
Joyce habite une maison du début du XXᵉ siècle, à deux pas du centre-ville, où de grands balcons offrent une vue sur le paysage environnant. Il faut aimer les chats puisque la maison en compte trois. L'intérieur de la maison n'a pas de charme, mais le très grand balcon garni de fauteuils attire les visiteurs fatigués de leur journée, et, de là, la vue de Kamloops les reposera. Les trois chambres sont correctes, si l'on tient compte de l'emplacement et du prix.

A Park Place By The River Bed & Breakfast
$$ pdj
≡, ≋
720 Yates Rd.
☎ (250) 554-2179
🖷 (250) 554-2678
Trevor et Lynn Bentz accueillent les visiteurs dans leur résidence de Westsyde, près de la rivière Thompson, depuis plus d'une douzaine d'années, et, malgré le boom des gî-

tes familiaux qui s'est produit depuis lors, ils louent encore leurs trois chambres confortables. Les Bentz sont des hôtes extrêmement aimables, et la proximité de la rivière double le plaisir de séjourner chez eux. Venez-y en automne pour observer le saumon royal (*chinook*) remonter la rivière et frayer juste à l'extérieur de la fenêtre de votre chambre.

Courtesy Inn Motel
$$

≡, ⚥, ◎, ●, ≋

1773 Trans-Canada Hwy.
☎ (250) 372-8533 ou
800-372-8533
🖩 (250) 374-2877
www.courtesymotel.kamloops.com

Si vous cherchez un lieu d'hébergement économique, vous ne pourrez trouver mieux que le Courtesy Inn Motel. Vous ne serez pas sidéré, mais les 45 chambres sont plutôt confortables, et, si vous ne faites que passer par Kamloops, prenez note que l'établissement est avantageusement situé sur la route transcanadienne. Malheureusement, le bruit de la route retentit jusqu'ici; donc, si vous avez le sommeil léger, allez dormir ailleurs.

Lazy River Bed & Breakfast
$$$ pdj

≡, ⚥, ⚠

1701 Old Ferry Rd., sortie 396, en retrait de la route transcanadienne, Monte Creek
☎ (250) 573-3444 ou
877-552-3377
🖩 (250) 573-4762
www.bbexpo.com/lazyriver

Les six chambres du Lazy River ont un cachet champêtre, et la rivière Thompson serpente paisiblement devant cette résidence aux nombreux angles. Les chambres sont décorées avec goût, et elles comportent des planchers de bois dur, de l'artisanat local et du mobilier en bois fait sur mesure, sans parler des vues qu'elles offrent sur la rivière. Tout près du gîte se trouve une rampe de mise à l'eau, et cette section de la rivière est populaire auprès de ceux qui veulent pêcher eux-mêmes leur dîner.

Plaza Heritage Hotel
$$$-$$$$

≡, ⚥

405 Victoria St.
☎ (250) 377-8075 ou
877-977-5292
🖩 (250) 377-8076
www.plazaheritagehotel.com

Le Plaza Hotel se veut une surprise agréable au cœur de Kamloops. Il est difficile de dire, en regardant l'extérieur, que l'étendue des travaux de restauration de 1999 a permis à ce vieil édifice de revivre les beaux jours des années 1920. Mais, une fois à l'intérieur, vous découvrirez de chaleureuses chambres d'hôte d'époque – avec antiquités et couettes colorées, sans oublier les lits à baldaquin et les baignoires à pieds-de-biche dans certaines –, tout simplement magnifiques. L'ascenseur, qui vaut le coup d'oeil, est en service depuis plus de 70 ans.

Best Western Kamloops
$$$-$$$$$

◎, ⚥, ≋, ⚥, ⋙, ≡

1250 Rogers Way
☎ (250) 828-6660 ou
800-665-6674
🖩 (250) 828-6698
www.bestwestern.kamloops.com

Situé tout près de la route transcanadienne, à l'entrée de la ville, cet hôtel de facture classique est très confortable et offre des points de vue splendides sur Kamloops et la rivière Thompson. Dans le même voisinage, une série de motels offrent également de beaux points de vue, et seuls leurs tarifs varient.

Coast Canadian Inn
$$$$

≡, ⚥, ≋, ⚥, ⋙

339 St. Paul St.
☎ (250) 372-5201 ou
800-716-6199
🖩 (250) 372-9363

Le Coast Canadian Inn est commodément situé à un pâté de maisons de la rue Victoria, au centre-ville. Il compte 98 chambres propres, et, bien que, dans l'ensemble, ce ne soit pas un lieu stimulant, il n'y a pas de surprises. S'y trouve, au sous-sol, un bon pub où se produisent des musiciens (voir p 301).

South Thompson Inn Guest Ranch & Conference Centre
$$$$-$$$$$

≡, ⚥, ◎, ⚥, ●, ⚠, ≋, ⚥

3438 Shuswap Rd.
☎ (250) 573-3777 ou
800-797-7713
🖩 (250) 573-2853
www.stigr.com

Un trajet de 20 min vers l'est au départ de Kamloops le long de la rivière Thompson mène au South Thompson Inn Guest Ranch & Conference Centre, une auberge en vert et blanc de style Kentucky avec 55 chambres décorées différemment les unes des autres et une atmosphère de style ranch. Les parquets en bois dur cirés, les patios regardant vers la rivière et les tissus champêtres éclatants, sans oublier le site paisible, peuvent faire de cet établissement un bon lieu où loger hors des limites de la ville.

Salmon Arm

KOA Campground
$ camping
$$ chambres
✹, ≋, bc
381 Hwy. 97B
www.koa.com
☎ (250) 832-6489 ou
800-562-9389
▤ (250) 832-1178
Le KOA Campground propose 72 emplacements avec tous les raccordements pour autocaravanes et six emplacements pour les campeurs dans une grande zone boisée, à l'extrémité est de Salmon Arm. Il se veut un bon endroit où s'installer, avec son aire de jeux, sa table de billard et son magasin général.

Villager West Motor Inn
$$-$$$ pdj
♨, ≋, ≡
61 10th St. SW
☎ (250) 832-9793 ou
800-832-5595
www.villagerwest.com
Le Villager West Motor Inn propose des chambres non-fumeurs, une piscine chauffée intérieure et une cuve à remous.

Prestige Harbourfront Resort & Convention Centre
$$$$$
≡, ◎, ⚓, ♨, ≋, ≍, ♨
251 Harbourfont Dr. NE
☎ (250) 833-5800 ou
877-737-8443
▤ (250) 833-5858
www.prestigeinn.com
Le Prestige se présente comme un complexe hôtelier récent, carrelé de briques et coloré de jaune, et donnant sur les plaines marécageuses du lac Shuswap. Un esprit toscan l'enveloppe, et vous pouvez faire un saut au hall pour à peu près n'importe quoi, d'une manucure à un cappuccino. Les chambres s'avèrent plutôt standards.

Des forfaits golf et ski y sont offerts.

Revelstoke

Samesun Budget Lodge
$
bc
400 Second St.
☎ (250) 837-4050
▤ (250) 837-6410
www.samesun.com
Le Samesun renferme une soixantaine de lits en dortoir, dans un emplacement commode au centre de la ville. Une laverie se trouve sur place, et des services Internet y sont disponibles. Des chambres privées peuvent aussi y être louées pour environ 50$ par nuitée, et vous pourrez y louer une bicyclette pour 20$ par jour.

Powder Springs Inn
$
≡, ⚓, ♨, ♨
200 Third St. W.
☎ (250) 837-5151 ou
800-991-4455
▤ (250) 837-5711
www.catpowder.com
Eh bien, le Powder Springs ne gagnera certainement pas de trophée pour son aménagement intérieur! Le décor à dominante verte de l'établissement, en plus des affreux stores rouge et bleu qui pendent aux fenêtres, est atroce, mais son emplacement, au centre de la ville, et les bons tarifs qu'il pratique attireront les voyageurs qui n'ont qu'un petit budget pour l'hébergement. Des forfaits ski au Powder Springs Resort y sont offerts pour le prix ridicule de 29$.

Green Gables Loft Bed & Breakfast
$$ pdj
≡
503 Third St. E.
☎ (250) 814-0185 ou

877-263-4783
▤ (250) 814-0186
www.bbcanada.com/ggables
loftbb
Le Green Gables Loft Bed & Breakfast, soit la maison aux pignons verts de Gundy Baty, se trouve près du centre de la ville et permet un séjour confortable pendant la visite de Revelstoke. La charmante Royal Suite possède un lit à baldaquin, dans un décor or et bordeaux. La Garden Suite, de couleur crème, s'ouvre sur la cour arrière où jaillit une fontaine et où est suspendu un hamac double. Des vélos et un kayak sont prêtés gracieusement aux hôtes, et vous pourrez pratiquer votre allemand ou votre français avec Gundy.

Griffin Lake Mountain Lodge Bed & Breakfast
$$-$$$ pdj
♨
7776 Trans-Canada Hwy., 27 km à l'ouest de Revelstoke
☎ (250) 837-7475 ou
877-603-2827
▤ (250) 837-7476
www.griffinlakelodge.com
Du Griffin Lake Mountain Lodge Bed & Breakfast, un établissement de style *lodge* (grand chalet), vous aurez des vues superbes sur les monts English et Griffin et, bien sûr, sur le lac Griffin. L'air est vif ici, sauf en été, et l'odeur que dégagent les poêles à bois, ainsi que la décoration rustique – raquettes à neige accrochées aux murs et grande pièce commune à haut plafond aux poutres apparentes –, ajoutent à l'ambiance. Cinq chambres sont offertes en location et s'avèrent de bons tremplins pour s'adonner à un grand nombre d'activités de plein air: des sentiers de randonnée pédestre sont accessibles d'ici et des canots sont

prêtés gracieusement aux hôtes.

Hillcrest Hotel
$$$
≡, 🐴, ◎, 🛥, ❋, ⅄, ♨, ≫

2100 Oak Dr.
☎ (250) 837-3322 ou
800-663-1144
🖩 (250) 837-3340
www.coasthotels.com

Cet établissement de style château renferme 75 chambres et cinq suites confortables en angle, dont plusieurs ont des balcons donnant sur le mont Begbie Glacier, qui se dresse au cœur des monts Selkirk. Cet élégant lieu d'hébergement offre une foule de services et d'installations, sans parler du site alpestre paisible.

Glacier House Resort
$$$
≡, ◎, 🛥, Δ, ≋, ⅄, ♨, ≫

679 Westside Rd.
☎ (250) 837-9594 ou
877-837-9594
🖩 (250) 837-9592
www.glacierhouse.com

Situé de l'autre côté du **Revelstoke Dam** (voir p 246) et offrant une vue magnifique sur les monts Revelstoke et Begbie Glacier, le Glacier House Resort se présente comme une énorme cabane en bois de pin plantée en région sauvage. Les chambres sont plutôt standards, mais le site s'avère merveilleux et il est également possible de dormir dans l'un des neufs chalets aménagés sur le site. Gardez les yeux grands ouverts pendant que vous prenez le petit déjeuner dans le patio, car vous pourriez voir un orignal ou un ours noir passer tout près. L'agence de tourisme d'aventure Columbia Mountain Adventures gère le complexe et propose un grand nombre d'excursions.

Best Western Wayside Inn
$$$-$$$$
≡, 🐴, ◎, ≋, ♨, ≫

1901 Laforme Blvd.
☎ (250) 837-6161 ou
800-663-5307
🖩 (250) 837-5460

Ce Best Western étant situé du côté nord de la transcanadienne, les visiteurs sont ainsi près de tout, en plus de jouir d'un cadre champêtre avec vues sur Revelstoke et le fleuve Columbia.

Regent Inn
$$$$ pdj
♨, ◎, 🍴

112 First St. E.
☎ (250) 837-2107 ou
888-245-5523
🖩 (250) 837-9669

Deux hôtels construits côte à côte pendant les années 1920 sont à l'origine de l'élégant Regent Inn: le Windsor Hotel et le Selkirk Hotel. Après des années de compétition, les deux établissements se fusionnèrent au début des années 1980. Les importantes rénovations complétées au cours des trois dernières décennies en ont fait un hôtel luxueux et confortable où l'accueil chaleureux et le service professionnel vont de pair. Ceux qui ont le sommeil léger risquent toutefois d'être ennuyés par les trains qui passent régulièrement près de l'hôtel.

Rogers Pass

Best Western Glacier Park Lodge
$$$
≋, ≫, ♨, 🐴

The Summit, route transcanadienne, parc national des Glaciers
☎ (250) 837-2126 ou
800-528-1234

🖩 (250) 837-2130
www.glacierparklodge.ca

Les chambres du Glacier Park Lodge ont toutes été rénovées pour le grand bonheur des nombreux adeptes de randonnée pédestre et de ski de fond qui y séjournent. L'édifice au toit vert est situé à proximité du centre d'accueil des visiteurs du parc national des Glaciers; ils offrent tous deux un répit opportun au bout de la longue route qui traverse le parc. L'hôtel renferme un restaurant de type cafétéria où l'on sert des soupes et des sandwichs.

- - - - - - - - - - - - - - - -

La vallée de l'Okanagan

Manning Provincial Park

Camping Coldspring
Camping Hampton
Camping Mule Deer
impossible de réserver
$
Camping Lightning Lake
réservations requises
$
☎ (604) 689-9025 ou
800-689-9025 ou
(250) 840-8822 ou
800-330-3321
www.discovercamping.ca

Le Manning Provincial Park est situé à la frontière entre le sud-ouest de la province et la grande région d'Okanagan-Similkameen. Ce parc se trouve à 225 km de Vancouver et attire des milliers de Vancouvérois qui vont y pratiquer une abondance de sports, dont les plus populaires sont la randonnée et le vélo de montagne (VTT) en été, et le ski de fond en hiver. Pendant la belle saison, les automobilistes peuvent se rendre au poste d'observation qu'est le Cascade Lookout. Outre plusieurs emplacements de camping, on retrouve des chalets, des cabanes et un complexe hôtelier sur le site (*$$-$$$$$*).

Cathedral Provincial Park

Cathedral Lakes Lodge
$$$$$ pc
une dizaine de chambres en plus de six petits chalets, toilettes, canot et chaloupe, foyer, bar, transport aller-retour de la base à l'auberge
S4C8 Slocan Park
☎ (250) 492-1606 ou
888-255-4453
www.cathedral-lakes-lodge.com
L'accès au sommet est réservé au véhicule tout-terrain de l'auberge; vous devez laisser vos véhicules sur Ashnola River Road, au camp de l'auberge. À pied, il vous faudra plus de cinq heures de marche pour atteindre l'auberge. Il faut absolument réserver pour prendre place dans le tout-terrain. Depuis Keremeos, tournez à gauche après 4,8 km en direction ouest, passez le pont couvert et suivez la route d'Ashnola River sur 21 km. En autobus, vous devez avoir fait des arrangements au préalable avec l'auberge pour qu'on aille vous chercher. Tout cela semble compliqué, mais, au sommet, les mouflons, les marmottes, les fleurs et les glaciers à perte de vue ne sauront que vous enchanter. Une réservation pour au moins deux nuits est requise.

Osoyoos

Cabana Beach Campground
$
début mai à mi-sept
2231 Lakeshore Dr.

☎ (250) 495-7705
www.cabanabeach.com
Le Cabana Beach Campground est aménagé pour les véhicules récréatifs et dispose de tous les services nécessaires ainsi que d'un accès à la plage. Les animaux ne sont pas admis du 20 juin au 20 août.

Villa Blanca Bed & Breakfast
$$ pdj
●
132 Deerfoot Rd.
☎ (250) 495-5334
🖨 (250) 495-5314
www.bbcanada.com/2681.html
Les amants de la nature tomberont en amour avec le Villa Blanca. Grâce à son emplacement, au pied du mont Anarchist, à environ 10 km à l'est de la ville sur la route 3, cet établissement à boiseries extérieures vertes et blanches surplombe la vallée inférieure de l'Okanagan, le lac Osoyoos et l'État de Washington. Le Villa Blanca profite bien de l'écosystème unique de la région: les cerfs à queue blanche grignotent les plates-bandes florales des hôtes, les hiboux hululent le soir, et le rare pic à tête blanche fouille dans les arbres. Les deux chambres d'hôte modernes et la suite sont impeccables, et le petit déjeuner est offert à partir d'un menu varié.

Bella Villa Resort
$$
●, ≋
6904 Ponderosa Dr.
☎ (250) 495-6751 ou
888-495-6751
Le Bella Villa Resort compte 14 chambres dans un environnement calme qui convient bien aux familles. Il possède sa propre plage de sable. Café offert, aires de pique-nique avec tables et barbecues.

Lake Osoyoos Guest House
$$$ pdj
●
5809 Oleander Dr.
☎ (250) 495-3297 ou
888-495-3297
🖨 (250) 495-5310
www.lakeosoyoosguesthouse.com
Sofia Grasso prépare les petits déjeuners dans une immense cuisine pendant que vous sirotez sur le bord du lac Osoyoos un jus de fruits fraîchement pressés. La vallée change de couleurs selon les moments de la journée, et vous pouvez profiter du lac, une embarcation étant mise à votre disposition.

Holiday Inn Hotel & Suites
$$$$
≡, ●, ●, ≋, ♥, ◎
Hwy. 3
☎ (250) 495-7223 ou
877-786-7973
www.holidayinnosoyoos.com
Le Holiday Inn est un établissement de luxe qui propose des copropriétés sur les rives du lac Osoyoos. Plage privée, piscine intérieure, centre de conditionnement physique, salles de réunion, restaurant, forfaits golf et plus encore. Il comprend de grandes suites pour les familles.

Kaleden

Deer Path Lookout Bed & Breakfast
$$$$ pdj
≡, ▲, ≋
150 Saddlehorn Dr., 17 km au sud de Penticton, en retrait de la route 97
☎ (250) 497-6833 ou
877-497-8999
www.deerpathlookout.bc.ca
Juchée sur une colline, la demeure de style Santa Fe où est installé le Deer Path Lookout Bed & Breakfast possède quatre superbes suites. Les pièces du rez-de-chaussée comportent de

beaux planchers en béton à motifs de couleur muscade, alors qu'à l'étage les planchers s'avèrent agréables avec leur revêtement en bois d'érable. Les suites arborent des portes-fenêtres et affichent des couleurs crème, sans oublier les beaux produits artisanaux autochtones et locaux dont elles s'ornent. Le mobilier qui les garnit a été fabriqué par des ébénistes locaux, à l'exception de quelques antiquités provenant du Québec. Le sommet ensoleillé de la colline où juche le Deer Path Lookout Bed & Breakfast donne encore plus d'ampleur à ce lieu d'hébergement splendide.

Penticton

HI-Penticton
$
464 Ellis St.
☎ (250) 492-3992 ou
866-782-9736
🖷 (250) 492-9755
www.hihostels.ca
L'auberge de jeunesse de Penticton, le HI-Penticton, accueille 52 personnes dans des dortoirs ou dans des chambres privées. Cuisine et salon communs. Des chambres familiales sont disponibles.

Oxbow RV Resort
$

198 Skaha Place
☎ (250) 770-8147
🖷 (250) 770-8145
www.oxbow-rv-resort.com
Donnant sur le lac Skaha, à l'extrémité sud de la «Strip» de Penticton, le camping l'Oxbow RV Resort comprend tous les raccordements pour autocaravanes, une laverie, des toilettes et des douches. Huit des emplacements sont destinés aux campeurs avec tentes, mais les réservations sont

requises pour tous, et ce, bien à l'avance pour les mois d'été.

Butternut Ridge Bed & Breakfast
$$ pdj
≡
1086 Three Mile Rd.
☎ (250) 490-3640 ou
866-216-9051
🖷 (250) 490-3670
www.butternutridge.ca
Tony et Luke Smith sont des hôtes qui témoignent beaucoup d'égards à leurs invités, et leur résidence est bien située, au milieu des vignobles et des vergers. Leurs trois chambres d'hôte affichent le style *Arts & Crafts*, sans parler des lits confortables qu'elles renferment et des vues sereines sur le lac Okanagan ou sur les montagnes (vers l'est) qu'elles offrent. En plus de pouvoir emprunter des bicyclettes, vous pourrez demander à Tony et Luke de vous conduire gracieusement jusqu'au **Kettle Valley Railway** (voir p 253) si vous le désirez.

Shimmering Lake Bed & Breakfast
$$$ pdj
≡
1015 Hyde Rd.
☎ (250) 496-5050
🖷 (250) 496-5051
www.bbcanada.com/shimmering lake
Le bien-nommé Shimmering Lake Bed & Breakfast (vues de Naramata, les eaux du lac Okanagan miroitent vraiment au soleil, d'où le nom de l'établissement) propose deux chambres d'hôte et une suite, sur une jolie propriété de 5 ha au cœur de la région vinicole et fruitière. Les chambres ont chacune une entrée privée; la grande terrasse en bois franc regarde vers

le lac, et une plage privée se trouve à une faible distance de marche.

Tiki Shores Condominium Beach Resort
$$$
◎, ☀, ≋, ♨
914 Lakeshore Dr.
☎ (250) 492-8769 ou
866-492-8769
🖷 (250) 492-8160
www.tikishores.com
Ce motel est situé à deux pas de la plage, en face du lac Okanagan, près du bureau d'information touristique et des restaurants.

Apex Mountain Inn & Spa
$$$-$$$$
≡, ☀, ▲, ⅄, ♨
nov à avr
300 Strayhorse Rd.
☎ (250) 292-8126 ou
800-387-2739
🖷 (250) 292-8127
www.apexmountaininn.com
De style château, l'Apex Mountain Inn repose au pied du mont Apex et s'avère idéal pour les skieurs et les amateurs de surf des neiges qui cherchent à la fois des installations pour pratiquer leur sport favori et des services d'hébergement. Parmi les 90 unités de l'établissement figurent des chambres standards, des studios et des lofts qui peuvent loger à eux seuls jusqu'à six personnes.

Penticton Lakeside Resort Convention Centre & Casino
$$$$-$$$$$
≡, ◎, ☀, ≋, ♨, ⁂
21 Lakeshore Dr. W.
☎ (250) 493-8221 ou
800-663-9400
🖷 (250) 493-0607
www.pentictonlakesideresort.com
Le Penticton Lakeside Resort Convention Centre & Casino offre toutes les commodités à ceux qui en auraient besoin, sans oublier la vue grandiose du lac Okanagan depuis

PENTICTON

Okanagan Lake

Summerland

Naramata
6

Mount
Randolph
2

Penticton

Okanagan
Lake

97

Mount
Nkwala

Blue
Mountain

Aéroport
de Penticton

4

5

Mount
Christie

97

Skaha Lake

Okanagan
Falls

Kaleden

Mount
Parker

Marron Valley

3a

©ULYSSE

Holden Rd.

Columbia St.

Carmi Ave.

Duncan Ave. E.

MacCleave Ave.

Upper Bench Rd.

Middle Bench Rd.

Penticton Ave.

Westminster Ave.

Farrell St.

Cambie St.

Johnson Rd.

Government St.

Forestbrook Dr.

Nelson Ave.

Carmi Ave.

Duncan Ave. E.

Vancouver Ave.

Norton St.

Abbott St.

Van Horn St.

Ellis St.

Burns St.

Papineau St.

Braid St.

Gahan Ave.

Jermyn Ave.

Edna Ave.

Penticton Ave.

Bennett Ave.

Atkinson St.

3

3

5

Front St.

Martin St.

Nanaimo Ave.

Main St.

White Ave.

Eckhardt Ave. E.

Calgary Ave.

Fairview Rd.

4

7

Huth Ave.

Brunswick St.

Haynes St.

Winnipeg St.

Wade Ave.

Orchard Ave.

Scott Ave.

Windsor St.

Argyle St.

Waterloo Ave.

Okanagan Lake

Lakeshore Drive

Westminster Ave.

Power St.

Moosejaw St.

Timmins St.

Hastings Ave.

Channel Parkway

7

Churchill Ave.

6

8

Riverside Dr.

Burnaby Ave.

Comox St.

Eckhardt Ave. W.

Oakville St.

Railway St.

Okanagan River

Kettle Valley Railway

2

97

0   400   800m

▲ HÉBERGEMENT

1. DX	Apex Mountain Inn & Spa	
2. EX	Butternut Ridge Bed & Breakfast	
3. CY	HI-Penticton	
4. EY	Oxbow RV Resort	
5. BX	Penticton Lakeside Resort Convention Centre & Casino	
6. EX	Shimmering Lake Bed & Breakfast	
7. AX	Tiki Shores Condominium Beach Resort	

● RESTAURANTS

1. BY	The Elite	
2. AY	Granny Bogner's Restaurant	
3. BX	Gypsy Heart Dream	
4. BY	Isshin Japanese Deli	
5. CY	Lost Moose Lodge	
6. AX	Salty's Beach House	
7. CY	Theo's Restaurant	
8. AX	Vallarta Grill	

les balcons des chambres. De bon goût, le hall à la toscane se prolonge jusqu'au casino, pour ceux qui souhaiteraient se faire rembourser (peut-être!) le prix faramineux que leur a coûté leur chambre, qui sera de toute façon d'une propreté irréprochable. Des forfaits golf et ski sont offerts ici, et les bateaux et autres yachts personnels sont à quai derrière l'établissement.

Summerland

Illahie Beach
$
🐾

180 emplacements de camping, douches gratuites, laverie, téléphone payant, épicerie, plage
7919 Thornber Ave., Hwy. 97
☎ (250) 494-0800
Ce camping accueille les vacanciers d'avril à octobre dans un décor de rêve avec plages ainsi que vues de la vallée de l'Okanagan.

Peachland

Log Home Bed & Breakfast
$$-$$$ pdj
5146 MacKinnon Rd.
☎/🖷 (250) 767-9698
www.loghomebb.com
Priska et Ulrich Laux sont très fiers de leur cabane en rondins qu'ils ont construite sur un chemin forestier isolé, et légitimement aussi. Érigée avec d'énormes billes de bois de sapin de Douglas, leur résidence se dresse sur le versant ensoleillé et lumineux d'une

montagne. S'y trouvent deux chambres d'hôte de style champêtre ainsi qu'une pièce commune de couleur crème et revêtue de bois, avec un impressionnant plafond de 10 m. Cependant, cet établissement n'est pas dévolu à ceux qui chérissent l'intimité, puisque vous devrez partager l'aire commune avec vos hôtes. Non indiqué, le gîte est difficile à trouver; donc appelez Priska et Ulrich pour faire les réservations, et profitez-en pour leur demander les indications sur la route à suivre.

Kelowna

Samesun Backpacker Lodge
$ dortoir
$$ chambre privée
≡, 🖱

245 Harvey Ave.
☎ (250) 763-9814 ou 877-562-2783
🖷 (250) 763-9815
www.samesun.com
Le Samesun Backpacker Lodge, situé en plein cœur de Kelowna, propose deux formules d'hébergement: des chambres privées et des dortoirs.

Crawford View Bed & Breafast
$$ pdj
≡, ≡, ✳

810 Crawford Rd.
☎ (250) 764-1140
www.bbexpo.com/crawfordview/
Surplombant la vallée de l'Okanagan et le lac du même nom, le Crawford

View B&B vous enchantera par l'accueil en français de Fred et Gaby Geismayr et par la beauté du site. Un verger de pommes, un court de tennis et une piscine entourent cette maison de bois. À la fin de septembre, vos hôtes sont plutôt occupés à la cueillette des pommes; mais tout cela ne fait qu'accroître le charme de votre séjour.

Apple Blossom Bed & Breakfast
$$ pdj
≡, ⌁

3582 Appleway Blvd.
☎ (250) 768-1163
www.applebnb.com
Les paysages sublimes qui entourent l'Apple Blossom Bed & Breakfast en font un lieu de séjour de choix. Les fenêtres panoramiques de ce gîte offrent une vue splendide sur le lac Okanagan, sur le mont éponyme et sur les magnifiques jardins de roses qui entourent la maison. Chacune des chambres renferme un lit confortable avec couette de duvet et salle de bain privée. Le généreux petit déjeuner et la collation offerte en soirée vous prépareront pour une journée passée à visiter l'un des deux établissements vinicoles situés à proximité. Accueil chaleureux.

Mission Creek Country Inn
$$ pdj
bc/bp, ⌁
3652 Spiers Rd.
☎ (250) 860-6108 ou

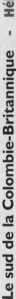

Le sud de la Colombie-Britannique - Hébergement - La vallée de l'Okanagan

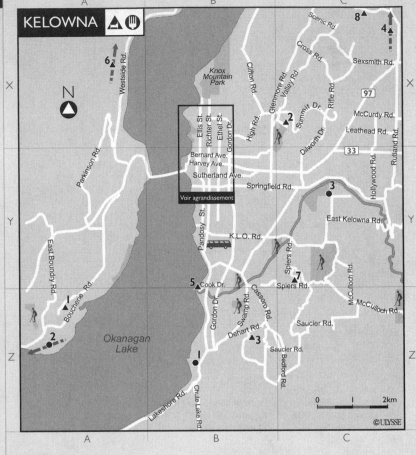

▲ HÉBERGEMENT

1.	AZ	Apple Blossom Bed & Breakfast
2.	CX	A Vista Villa Bed, Barbecue & Spa
3.	BZ	Crawford View Bed & Breafast
4.	CX	Holiday Park Resort
5.	BY	Hotel Eldorado (R)
6.	AX	Lake Okanagan Resort
7.	CY	Mission Creek Country Inn
8.	CX	University of British Columbia

(R) établissement avec restaurant décrit

● RESTAURANTS

1.	BZ	The Laughing Moon Restaurant
2.	AZ	Old Vines Patio
3.	CY	The Ridge Restaurant

877-860-1909
▤ (250) 860-6108
www.bbcanada.com/6506.html
Construit en 1909 et revêtu de bardeaux de cèdre, le Mission Creek se présente comme une demeure patrimoniale de style Cape Cod. L'auberge, avec ses quatre chambres, s'entoure d'une ferme ovine de 14,5 ha, et

des programmes d'interprétation sont offerts aux fileurs et aux tisserands, aux étudiants apprenant l'anglais ainsi qu'aux retraités. L'établissement est légèrement garni de mobilier de style *Arts & Crafts*. Il est situé sur une route tranquille au sud de Kelowna.

University of British Columbia
$$
3180 University Way
☎ (250) 807-8055 ou
877-589-6073
▤ (250) 807-9157

Durant la saison estivale, il est possible de louer une chambre à l'University of British Columbia de Kelowna. On peut aussi y louer des appartements comprenant jusqu'à quatre chambres.

Chinook Motel
$$-$$$ pdj
≡ , ●
1864 Gordon Dr.
☎ (250) 763-3657 ou
888-493-8893
▤ (250) 868-8893
www.chinookmotel.com
Le Chinook Motel est admirablement bien situé près de tout, autant de la plage que du centre-ville. L'établissement propose le confort typique des motels sans touche originale.

Holiday Park Resort
$$$
1-415 Commonwealth Rd.
☎ (250) 766-4255 ou
800-752-9678
Le Holiday Park Resort offre confort et luxe dans une belle nature au bord de l'eau. Des forfaits spa, des forfaits golf et des forfaits «festival du vin» sont proposés à des prix intéressants.

A Vista Villa Bed, Barbecue & Spa
$$$$-$$$$$ ½p
≡ , ◎ , ● , ▲ , ≋
962 Ryder Ave.
☎ (250) 762-7837 ou
877-762-7831
▤ (250) 762-7167
www.avistavilla.com
Le très louangé A Vista Villa Bed, Barbecue & Spa comporte quatre chambres incroyablement design aux lignes européennes, et il s'accroche au flanc d'une colline dans le nord de la ville de Kelowna. Ici les hôtes sont dorlotés, avec dîner (inclus) tous les soirs et traitements corporels, sans parler des lits aux couettes en duvet d'oie faites sur mesure. La Regal Suite possède une cheminée double dont l'un des deux foyers s'ouvre sur le lit d'un côté, pour vous garder au

chaud, le second donnant sur la baignoire à remous à deux places de la salle de bain, de l'autre côté. Le seul inconvénient, c'est que l'établissement ne s'adresse qu'aux couples.

Hotel Eldorado
$$$$-$$$$$
≡ , ⚑ , ◎ , ♨ , ≋ , ● , ● , ✕
500 Cook Rd.
☎ (250) 763-7500 ou
866-608-7500
▤ (250) 861-4779
www.hoteleldoradokelowna.com
Prenez Lakeshore Drive vers le sud pour rejoindre le modeste Hotel Eldorado, caché près du lac. De l'extérieur, l'hôtel n'attire pas l'attention avec ses réminiscences d'un passé pas si lointain – il ressemble plus ou moins à un motel floridien des années 1940. Cependant, une fois que vous vous retrouverez à l'intérieur, vous serez frappé par sa splendeur, sans compter ses 55 chambres décorées différemment les unes des autres avec des antiquités. L'originel Eldorado Arms où fut aujourd'hui installé l'établissement fut jadis construit pour servir de maison de ferme, mais, en raison de la demande des cowboys, il fut finalement transformé en hôtel, puis fut transporté jusqu'à son emplacement actuel dans les années 1980, sur une péniche qui traversa le lac Okanagan. Les vues que l'Hotel Eldorado offre sur le lac sont charmantes, et un superbe restaurant se trouve sur place (voir p 298).

Lake Okanagan Resort
$$$$$
≡ , ● , ● , ≋ , ♨ , ▲ , ∾ , ◎
2751 Westside Rd.

☎ (250) 769-3511 ou
800-663-3273
▤ (250) 769-6665
www.lakeokanagan.com
Le Lake Okanagan Resort est situé au bord du lac Okanagan et offre un service de luxe complet pour des vacances agréables. Golf, ski, natation, tennis, randonnée et promenades à cheval vous sont proposés. Des chambres, des copropriétés et des chalets sont mis à la disposition des familles; il y a même des activités pour les enfants. Après une belle journée en plein air, vous pourrez savourer un très bon dîner tout en musique.

Grand Okanagan Lakefront Resort & Conference Centre
$$$$$
≡ , ⚑ , ● , ≋ , ♨ , ✕ , ◎
1310 Water St.
☎ (250) 763-4500 ou
800-465-4651
▤ (250) 763-4565
www.grandokanagan.com
Les pieds dans l'eau, le Grand Okanagan, dont la devise est *Simply Grand*, vous laisse présager un séjour luxueux dans une élégante chambre et une cuisine distinguée dans son restaurant gastronomique. Le personnel est attentionné, et toutes les activités, nombreuses, sont liées à une nature exceptionnelle. Autour du lac, il y a des plages, des golfs et des vignobles, sans oublier que de bons restaurants se trouvent à deux pas d'ici.

Vernon

Dutch's Tent & Trailer Court
$
15408 Kalamalka Rd.
☎ (250) 545-1023
À 3 km au sud de Vernon, le Dutch's Tent & Trailer Court loue des emplacements de camping tout

près d'une petite crique à cinq minutes de la principale plage de Vernon.

Lodged Inn / Vernon Hostel
$

3201 Pleasant Valley Rd.
☎ (250) 549-3742 ou
888-737-9427

Le Lodged Inn/Vernon Hostel, aménagé dans une vieille demeure de 1894, est une des plus belles auberges de jeunesse qui soient. On s'y sent réellement chez soi, et le centre-ville est à deux pas. Le propriétaire, grand amateur d'activités de plein air (escalade, vélo de montagne, canot, ski...), saura vous prodiguer de bons conseils.

Richmond House 1894 B&B
$$ pdj

≡, ⊚

4008 Pleasant Valley Rd.
☎ (250) 549-1767 ou
866-267-4419
▤ (250) 549-1767
www.richmondhousebandb.com

Le Richmond House 1894 B&B est installé dans une vieille maison victorienne complètement retapée. La baignoire à remous moderne côtoie les meubles antiques des autres pièces. Le petit déjeuner, des plus savoureux, ne laissera personne sur sa faim.

Merritt

A.P. Guest Ranch
$$ pdj
♨

route 5A
☎ (250) 378-6520 ou 378-3492

L'AP Guest Ranch propose des chambres simples dans un paysage et un décor «vieux western». On y retrouve toutes les activités d'un ranch, en plus des promenades sur des sentiers offrant une vue exclusive, de la pêche, des balades en motoneige et du ski. Toute une expérience. Des forfaits équitation sont également offerts. Le restaurant est ouvert le soir sur réservation.

Quilchena Hotel
$$-$$$
♨, bc/bp
avr à oct

23 km au nord-est de Merritt, par la route 5A Nord
☎ (250) 378-2611
▤ (250) 378-6091
www.quilchena.com

Le Quilchena Hotel est situé au cœur d'un des plus gros ranchs toujours en activité en Colombie-Britannique. Cet hôtel historique rappelle l'époque où les cowboys s'attablaient pour se détendre. Plusieurs antiquités meublent l'établissement.

Kootenay Rockies

Rossland

Ram's Head Inn
$$$ pdj
⦅, ⊚

Red Mountain Rd., au pied des pistes
☎ (250) 362-9577 ou
877-267-4323
▤ (250) 362-5681
www.ramshead.bc.ca

Cette maison chaleureuse tenue par Tauna et Greg Butler donne l'impression d'être chez soi. Le foyer, le bois, la décoration simple et les bonnes odeurs de la cuisine agrémentent sans cérémonie cette auberge.

Prestige Mountain Resort
$$$

≡, ⊚, ⦅, ⦆, ⦇, ⦈

1919 Columbia St.
☎ (250) 362-7375 ou
877-737-8443
▤ (250) 362-7373
www.uplanderhotel.com

Le Prestige Mountain Resort est l'établissement à service complet de Rossland, situé directement au centre du village. Un service de navette vous conduit aux pentes de Red Mountain. L'hôtel propose des forfaits jumelés avec le ski ou le golf, selon la saison. Confort et séjour de qualité.

▲ HÉBERGEMENT

1.	CY	Chinook Motel
2.	AW	Grand Okanagan Lakefront Resort & Conference Centre
3.	AX	Samesun Backpacker Lodge

● RESTAURANTS

1.	AX	Bean Scene Coffee House
2.	AX	La Bussola Restaurant
3.	AX	Christopher's
4.	CY	De Dutch Pannekoek House
5.	AX	Fresco
6.	CX	Mekong
7.	AX	Ric's Grill
8.	BX	Yamas Restaurant

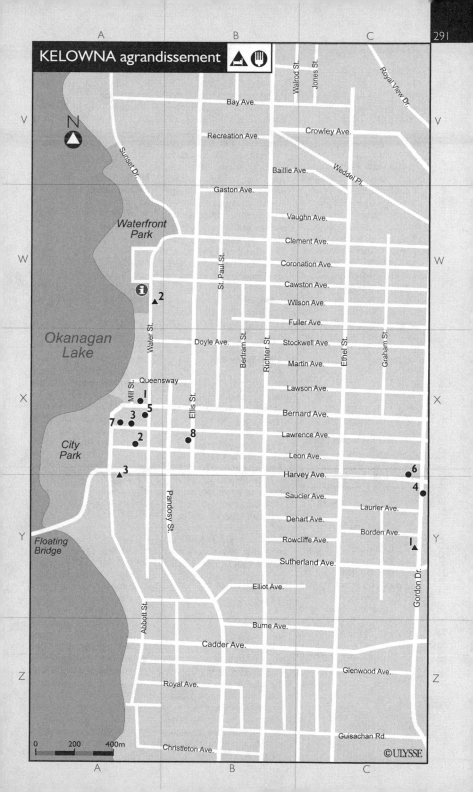

KELOWNA agrandissement

N

Okanagan Lake

Waterfront Park

City Park

Floating Bridge

Sunset Dr.

Water St.

Mill St.

Queensway

Ellis St.

St. Paul St.

Doyle Ave.

Bertram St.

Richter St.

Abbott St.

Pandosy St.

Bay Ave.

Recreation Ave.

Gaston Ave.

Vaughn Ave.

Clement Ave.

Coronation Ave.

Cawston Ave.

Wilson Ave.

Fuller Ave.

Stockwell Ave.

Martin Ave.

Lawson Ave.

Bernard Ave.

Lawrence Ave.

Leon Ave.

Harvey Ave.

Saucier Ave.

Dehart Ave.

Rowcliffe Ave.

Sutherland Ave.

Elliot Ave.

Burne Ave.

Cadder Ave.

Royal Ave.

Christleton Ave.

Walrod St.

Jones St.

Crowley Ave.

Baillie Ave.

Weddel Pl.

Royal View Dr.

Ethel St.

Graham St.

Laurier Ave.

Borden Ave.

Gordon Dr.

Glenwood Ave.

Guisachan Rd.

©ULYSSE

0 200 400m

Winlaw

Arica Gardens B & B
$$ pdj

6307 Youngs Rd.
☎ (250) 226-7688 ou
866-966-9453
www.aricagardens.com
Jane Leander, l'hôte de l'Arica Gardens B&B, confère une véritable ambiance d'établissement thermal à ses deux chambres grâce à l'espace central qu'y occupent les grandes baignoires à remous. Les souvenirs de l'Arica Gardens perdurent: la détente voluptueuse dans la baignoire et le sommeil profond dans le lit confortable; au réveil, la vue des monts Selkirk depuis la terrasse et le délicieux musli maison savouré en compagnie des chats de la maison.

Kaslo

Ainsworth Hot Springs Resort
$$$
≡, ≋, ♨

sauna dans les grottes, piscine à eau chaude naturelle, bain glacial
route 31
☎ (250) 229-4212 ou
800-668-1171
⊟ (250) 229-5600
www.hotnaturally.com
Cet hôtel fait partie des installations où se trouvent les grottes. L'accès aux grottes est gratuit pour les clients de l'hôtel, et ils peuvent se procurer des laissez-passer pour invités.

Nelson

Dancing Bear Inn
$
bc, ☛
171 Baker St.

☎ (250) 352-7573
⊟ (250) 352-9818
www.hihostels.ca
L'auberge de jeunesse de Nelson place la barre haute pour offrir de l'hébergement abordable dans la région, et pour concurrencer toutes les autres auberges de jeunesse. Elle ressemble bien plus à une hostellerie, avec son attrayant mobilier fabriqué par des artisans locaux et sa pièce commune ensoleillée et pleine de vie qui est souvent remplie de voyageurs d'autres pays. Des chambres privées sont aussi disponibles. En 2001, le Dancing Bear Inn a remporté le prix *Hostelling International* en tant que l'auberge de jeunesse la plus remarquable du Canada.

Nelson Tourist Park
$
⊶

mi-avr à mi-oct
35 emplacements, toilettes, tables de pique-nique
90 High St.
☎ (250) 352-7618 ou
357-2152 hors saison
Situé au centre-ville de Nelson, ce terrain de camping est à distance de marche des restaurants et des attraits importants. En fin de journée, allez contempler la ville et le lac Kootenay depuis le parc Gyro voisin: la vue vaut le copu d'oeil.

The Hume Hotel
$$ pdj
♨

422 Vernon St.
☎ (250) 352-5331 ou
877-568-0888
⊟ (250) 352-5214
www.humehotel.com
Le Hume Hotel a vu le jour en 1898, lorsque les frères Hume décidèrent de construire un grand hôtel. Avec les années, plusieurs modifications ont été apportées au bâtiment, au fur et à mesure que de nouveaux propriétaires en prenaient possession. En 2005, une importante rénovation a rafraîchi cette vieille structure. Les chambres et les corridors ont leurs murs recouverts de photos retraçant les grands moments de Nelson.

Inn The Garden Bed & Breakfast
$$ pdj
☛, △, bc/bp, ≡
408 Victoria St.
☎ (250) 352-3226 ou
800-596-2337
⊟ (250) 352-3284
www.innthegarden.com
Cette charmante maison victorienne, rénovée par les propriétaires Lynda Stevens et Jerry Van Veen, comprend cinq chambres et une suite, et elle est située à deux pas de la rue principale. L'accueil chaleureux de ce couple agrémentera votre séjour à Nelson; demandez-lui de vous parler du patrimoine architectural de Nelson: il en est passionné!

Nelson Guesthouse
$$-$$$ pdj
⊶, ◎, △, bc/bp
2109 Fort Sheppard Dr.
☎ (250) 354-7885 ou
888-215-2500
⊟ (250) 354-7885
www.nelsonguesthouse.com
Juchée sur la colline surplombant Nelson, la Nelson Guesthouse, tout en bois de cèdre, propose deux jolies chambres et une suite garnies d'objets asiatiques et de mobiliers en osier. L'établissement offre une atmosphère chaleureuse et raffinée, très *feng shui*, et vous aurez l'impression de vous retrouver dans une charmante auberge japonaise. Malheureusement, le petit déjeuner est du genre «faites-le vous-même».

Best Western Baker Street Inn & Convention Centre
$$$
≡, ✳, ⚭, @, ⚑
153 Baker St.
☎ (250) 352-3525 ou
888-255-3525
▤ (250) 352-2995
www.bwbakerstreetinn.com
Malgré sa construction récente, les murs de stuc et la construction dépouillée du Baker Street Inn lui donnent un cachet vieillot. Les chambres sont modernes et confortables, et la salle de conditionnement physique renferme une cuve à remous qui peut accueillir huit personnes.

Cranbrook

Singing Pines Bed & Breakfast
$$-$$$
≡, ▲, ✳, ◎
5180 Kennedy Rd., juste au nord de Cranbrook, en retrait de la route 95A
☎ (250) 426-5959 ou
800-863-4969
www.singingpines.ca
Installé dans une petite maison verte, le Singing Pines Bed & Breakfast, niché dans les pins, comporte deux chambres décorées dans un style «cowboy». Il profite d'un site paisible offrant une vue sur le Rocky Mountain Trench, un fossé tectonique qui se faufile entre le fleuve Columbia et les montagnes Rocheuses. Les chambres sont gaies, et le piano ancien de la pièce commune attend tous ceux qui voudront bien jouer une sonate ou deux.

Heritage Inn
$$$ pdj
≋, ♨, ◎, ✳, ⚭, @, ⚭, ♿
803 Cranbrook St. N.
☎ (250) 489-4301 ou
888-888-4374
www.heritageinn.net
Si l'extérieur de cet hôtel vous semble plutôt quel-

conque, ses chambres spacieuses et sa belle piscine intérieure vous feront vite changer d'idée. Les chambres sont confortables, et l'établissement compte également un bar, une cuve à remous et une aire de pique-nique.

Kimberley

Samesun Backpacker Lodge
$ pdj
≡, bc/bp, ♨
275 Spokane St.
☎ (250) 427-7191
▤ (250) 427-7095
www.samesun.com
Semblable à une auberge de jeunesse, le Samesun compte une cinquantaine de lits en dortoir et se trouve coincé au fond de la **Platzl** (voir p 264). Les prix s'avèrent corrects, même si les murs arborent une étrange couleur vert lime. C'est une bonne place pour se faire des amis qui, comme vous, sont probablement à Kimberley pour profiter des activités de plein air de la région; un petit déjeuner de crêpes (à faire soi-même) est offert à la clientèle. L'inconvénient ou l'avantage, selon votre point de vue, c'est que l'établissement se trouve au-dessus d'une boîte de nuit où ont lieu des happenings (voir p 301).

Purcell-Rocky Mountain Condo Hotel
$$-$$$
▲, ⚭, ≋, ≋, ◎
1151 Gerry Sorenson Way
☎/▤ (250) 427-5385
☎ 800-434-3936
www.purcellrocky.com
Ne soyez pas trop découragé en voyant la façade pseudo-bavaroise du Purcell-Rocky Mountain Condo Hotel et ses couloirs revêtus d'une moquette brune – les chambres de cet hôtel sont

de meilleur goût que vous ne l'auriez cru, avec leurs lits en bois et l'artisanat local qui les orne. C'est un bon endroit pour les skieurs: un télésiège, juste à côté de l'établissement, se rend au sommet de la montagne.

Restaurants

Sunshine Coast

Gibsons

Molly's Reach Café
$$
647 School Rd.
☎ (604) 886-9710
Le Molly's Reach Café est le bistro où tous les personnages de la série télévisée *The Beachcombers* se retrouvaient. Les murs du restaurant sont décorés de photos de la télésérie. La cuisine est très bonne, et l'ambiance toujours animée et sympathique. C'est une étape obligatoire si vous passez par Gibsons.

Sechelt

Daily Roast
$
lun-ven 5h à 18h, sam-dim 6h à 18h
5580 Wharf Rd.
☎ (604) 885-4345
Le Daily Roast est un bon bistro qui fait le meilleur café de la région. Il est vrai que l'espresso y est excellent. Il y a aussi des biscuits et des muffins maison.

Le sud de la Colombie-Britannique - Restaurants - Sunshine Coast

Lighthouse Marine Pub
$
5764 Wharf St.
☎ (604) 885-9494

Pendant votre repas, vous pouvez regarder les hydravions décoller. Un magasin vendant bières et vins est intégré à l'établissement. Très bons hamburgers et bonne bière. Ambiance sympa et animée.

Whistler et la boucle de Coast Mountain

Squamish

Midway Restaurant
$-$$
40330 Tantalus Way, dans l'hôtel The Sea to Sky
☎ (604) 898-4874

Le Midway Restaurant propose une cuisine familiale et une ambiance animée et amicale.

Lotus Gardens
$$
38180 Cleveland Ave.
☎ (604) 892-5853

Le Lotus Gardens, un restaurant chinois, propose différents mets de poulet, de porc, de poisson et de légumes. Vous pouvez aussi commander pour emporter.

Squamish Valley Golf & Country Club
$$$
2458 Mamquam Rd.
☎ (604) 898-9521 ou 898-9691

Le restaurant du Squamish Valley Golf & Country Club propose un plat du jour. Le personnel vous sert avec le sourire. Tout comme son Sport Bar & Grill, il est ouvert toute l'année.

Whistler

Pasta Lupino Gourmet
$-$$
121-4368 Main St., Village North
☎ (604) 905-0400

Voici l'une des rares adresses à Whistler où simplicité, qualité et économie font bon ménage. La dizaine de tables est rapidement occupée par une jeune clientèle qui n'est pas sans savoir qu'elle trouvera là son bonheur à petit prix, grâce au choix de pâtes fraîches et de sauces maison servis avec soupe ou antipasti.

The Roundhouse
$$
nov à juin 8h30 à 15h
au sommet de la remontée (Whistler Village Gondola)
☎ (604) 932-3434

Les skieurs qui désirent être les premiers à descendre les pentes peuvent prendre le petit déjeuner (buffet) sur la montagne; un lendemain de tempête, ça vaut la peine de se lever tôt.

Black's Pub & Restaurant
$$$
au pied des montagnes
☎ (604) 932-6408 ou 932-6945

Le Black's Pub & Restaurant propose petits déjeuners, déjeuners et dîners pour toute la famille dans une atmosphère amicale et offre une vue exceptionnelle. Le pub possède une des meilleures sélections de bières à Whistler.

Zeuski's
$$$
Town Plaza
☎ (604) 932-6009

Le Zeuski's est un restaurant grec. *Tazatsikis*, *hommos* et *souvlakis* vous sont offerts à des prix tout à fait modiques pour Whistler.

Thai One On
$$$-$$$$
tlj, dîner seulement
4557 Blackcomb Way, dans l'hôtel Le Chamois
☎ (604) 932-4822

Le Thai One On (dont le nom est un jeu de mots avec l'expression anglaise *to tie one on*, ou «prendre une cuite») prépare une nourriture thaïlandaise où le lait de coco et les piments forts se côtoient admirablement bien.

Citta's Bistro
$$$$
tlj 11h à 1h
4217 Village Stroll
☎ (604) 932-4177

Le Citta's Bistro, situé au cœur du village, propose un menu élaboré allant des salades aux pizzas-pitas. C'est l'endroit tout désigné pour déguster une bière locale. Été comme hiver, vous y rencontrerez des résidants de la vallée et des voyageurs; cet heureux mélange crée une atmosphère des plus agréables.

Araxi Restaurant & Lounge
$$$$
Blackcomb Lodge, 4220 Gateway Dr.
☎ (604) 932-4540

Avec sa cuisine Pacific Northwest et quelques influences italiennes et françaises, l'Araxi est un restaurant de choix sur la côte du Pacifique (fruits de mer frais du Pacifique, bœuf canadien de première catégorie, fruits et légumes biologiques de la région). Sa cave à vins est réputée, et le chef ainsi que le pâtissier sont renommés. La salle de bar a fait l'objet d'une rénovation, et une terrasse s'ouvre aux convives durant l'été.

Monk's Grill
$$$$
4555 Blackcomb Way, au pied de Blackcomb Mountain
☎ (604) 932-9677
Pour aller dîner après le ski. Spécialités du chef: steaks et côtes de bœuf albertain de première catégorie, ainsi que poisson frais, fruits de mer et divers plats de pâtes.

Trattoria di Umberto
$$$$
4417 Sundial Place, près de Blackcomb Way, au rez-de-chaussée du Mountainside Lodge
☎ (604) 932-5858
Cette trattoria présente un menu affichant aussi bien des plats de pâtes que des assiettes de viande et de poisson, le tout servi dans une ambiance familiale.

Pemberton

The Pony Expresso
$$
1426 Portage Rd.
☎ (604) 894-5700
The Pony Expresso se spécialise dans les fruits de mer frais.

Harrison Hot Springs

Kitami
$$$
318 Hot Springs Rd.
☎ (604) 796-2728
Kitami est un restaurant japonais qui vous accueille dans ses Tatami Rooms ou à son Sushi Bar.

Black Forest Restaurant
$$$
180 Esplanade Ave.
☎ (604) 796-9343
Le Black Forest Restaurant est un établissement au style alsacien et aux fenêtres fleuries. Sa cuisine a des

parfums européens avec shnitzels, chateaubriands et pâtes fraîches. On y sert aussi du saumon de la Colombie-Britannique. La liste des vins est longue.

Copper Room
$$$$
Harrison Hot Springs Resort & Spa, 100 Esplanade Ave.
☎ (604) 796-2244 ou 800-663-2266
Le restaurant du Harrison Hot Springs Resort & Spa sert des dîners gastronomiques doublés d'une soirée dansante.

De la rivière Thompson à Rogers Pass

Kamloops

Zack's
$
377 Victoria St.
☎ (250) 374-6487
De style saloon, Zack's se présente comme le café branché de Kamloops. Bien achalandé, il propose des *bagels*, des rôties et des brioches à la cannelle pour le petit déjeuner, et des sandwichs, des *samosas* et des pâtisseries pour le déjeuner. La sélection habituelle de cafés et de thés y est disponible.

Swiss Pastries
$
mar-sam 8h à 17h
359 Victoria St.
☎ (250) 372-2625
Simple café, Swiss Pastries est toujours rempli de résidants qui s'offrent des sandwichs garnis à leur choix pour le déjeuner, ou des desserts comme la forêt-noire et le gâteau aux amandes et Grand Marnier. La bruyante machine à *espresso* concocte des *lattes* et

des *cappuccinos*, et quelques spécialités suisses comme le *buendnerfleisch* sont aussi disponibles.

Hot House Bistro
$$
438 Victoria St.
☎ (250) 374-4604
Le Hot House Bistro est un merveilleux restaurant. Depuis les tissus guatémaltèques tapissant les murs jusqu'à la vinaigrette fraise-orange assaisonnant les salades, tout fait de cet établissement «la» place où vous devez naturellement manger à Kamloops, que ce soit pour le déjeuner sur la terrasse de Victoria Street ou pour le dîner dans la salle à manger. Ici la cuisine se veut mexicaine et internationale, et le service s'avère amical. Essayez les *enchiladas*, mais soyez prévenu: elles peuvent être piquantes.

Taka Japanese Restaurant
$$
1210 Summit Dr.
☎ (250) 828-0806
Consommer des plats de pâtes et de fruits de mer, apparemment variés à l'infini, peut à la longue lasser, c'est pourquoi les résidants de Kamloops fréquentent le petit Taka Japanese Restaurant, malheureusement situé dans un centre commercial près de l'université. Le restaurant propose des plats à emporter, très populaires, et le choix des mets qu'il affiche est également apprécié.

Mino's Greek Souvlaki
$$-$$$
262 Tranquille Rd.
☎ (250) 376-2010
Traversez la rivière en direction nord par le pont pour trouver ce bijou de café dominé par une en-

seigne au familier lettrage grec bleu sur fond blanc. Cet endroit se veut intime, et ne laissez surtout pas le décor du Mino's vous repousser. Souvlakis, moussakas, steaks et plats de fruits de mer se retrouvent principalement au menu, et, en prime, la fin de semaine, des danseuses du ventre se donnent en spectacle pendant votre repas.

Ric's Grill
$$$-$$$$
lun-ven 11h à 22h, sam-dim 16h à 22h
227 Victoria St.
☎ (250) 372-7771
Ric's est l'un des restaurants de Kamloops servant la cuisine la plus raffinée. La salle à manger, romantiquement éclairée, est parée d'œuvres d'art originales qui évoquent une villa italienne. Le menu est long, affichant des plats qui vont du crabe et du saumon aux amandes grillées au curry de poulet à la noix de coco. Les côtelettes grillées d'agneau de printemps de la Nouvelle-Zélande cuites au vin rouge sont excellentes.

The Old Steak & Fish House
$$$-$$$$
172 Battle St.
☎ (250) 374-3227
Comme son nom le laisse entendre, The Old Steak & Fish House, avec sa salle à manger qui fait penser un peu à un pont de bateau, concocte une grande variété de fruits de mer et de plats de viande, surtout de bœuf (steaks). Du flétan de la Colombie-Britannique et du thon *ahi* de qualité sont apprêtés ici puis servis dans la salle même ou à la terrasse du jardin regardant vers la ville. La carte des vins est longue.

Revelstoke

The Ol' Frontier Family Restaurant
$
tlj 5h à 22h
à l'intersection de la transcanadienne et de la route 23
☎ (250) 837-5119
L'endroit tout désigné pour ceux qui désirent s'offrir un petit déjeuner copieux dans un décor «western».

Chalet Bakery, Café & Delicatessen
$$
415B Victoria Rd.
☎ (250) 837-4556 ou 837-1367
Brigitte Sonnenberg, la propriétaire de la Chalet Bakery, porte bien son surnom de *Muffin Mama*. Elle fait le bonheur de sa clientèle qui raffole de ses petits plats et pâtisseries.

Woolsey Creek Café
$$-$$$
604 Second St. W.
☎ (250) 837-5500
S'attabler au Woolsey Creek Café, qui arbore des murs bordeaux et diffuse de la musique de blues jouée à la guitare, ajoute beaucoup de charme à un repas à Revelstoke. Les individus branchés de type grimpeur viennent y siroter quelques cocktails ou déguster quelques mets végétariens. Mais vous pourrez tout de même commander un bon steak, que vous voudrez peut-être accompagner d'une pinte de bière locale du nom de High Country Kölsch. Si vous n'avez pas faim, c'est un bon endroit où vous pourrez tout simplement prendre un verre et vous laisser aller.

Black Forest
$$-$$$
5 min à l'ouest de Revelstoke par la transcanadienne
☎ (250) 837-3495
Ce restaurant de style bavarois prépare une nourriture canadienne et européenne où le fromage et le poisson sont à l'honneur. Le site est enchanteur avec vue sur le mont Albert.

The Magpie & Stump Restaurant
$$$
306 MacKenzie Ave.
☎ (250) 837-4067
Le restaurant Magpie & Stump de Revelstoke propose les mêmes classiques de la cuisine mexicaine que l'on retrouve à sa succursale de Banff. Par contre, son décor est encore plus invitant, et l'établissement renferme également un pub où l'on peut s'installer confortablement devant un foyer.

La vallée de l'Okanagan

Osoyoos

Campo Marina Café & Restaurant
$$$
5907 Main St.
☎ (250) 495-7650
Le Campo Marina se présente comme un bistro italien aux murs jaunes et aux nappes à carreaux. L'établissement est un favori des résidants pour le dîner, avec son long menu de plats de pâtes incluant rigatonis, linguinis, fettuccinis, gnocchis, lasagnes et cannellonis. Des plats de viande (veau), de poisson (vivaneau) et de volaille (poulet) se retrouvent également au menu. Le chef aime beaucoup l'ail, prenez donc un bonbon à la menthe avant de partir.

Penticton

Gypsy Heart Dream
$-$$
mar-dim
74 Front St.
☎ (250) 490-9012

Branché et éclectique – peu importe les qualificatifs que vous voudrez bien lui trouver –, le Gypsy Heart Dream s'impose avec ses nappes colorées et ses nombreux plats végétariens. Ce café-boutique de Front Street offre souvent des spectacles pour accompagner votre *panini* ou votre *wrap*, et vous y verrez un peu partout de beaux objets importés. L'établissement est pris d'assaut par une clientèle bohémienne: il n'y a rien à redire à cela, surtout après une journée à la plage avec sa foule de baigneurs bien mis.

Isshin Japanese Deli
$-$$
101-449 Main St.
☎ (250) 770-1141

Vous êtes un mordu de sushis? Courez jusque chez Isshin, un confortable *deli* tout en bois qui a été élu «meilleur nouveau restaurant» en 2002 par l'*Okanagan Life Magazine*. Tempuras, sashimis et plats de nouilles sont également au menu ici. Le restaurant est populaire auprès des résidants pour ses plats à emporter, alors commandez votre mets japonais préféré et mettez le cap sur le lac.

The Elite
$-$$
340 Main St.
☎ (250) 492-3051

The Elite a ouvert ses portes voilà 75 ans. C'est un bon endroit pour s'offrir un petit déjeuner d'œufs au bacon à 6$, ou encore un déjeuner ou un dîner copieux et sans prétention. Son décor est du style d'un petit restaurant sans façon des années 1950, avec ses box en vinyle et ses distributeurs métalliques de serviettes sur les tables, comme dans le bon vieux temps.

Lost Moose Lodge
$$
à 8 min du centre de Penticton, par Beaverdell Rd.
☎ (250) 490-0526

Le Lost Moose Lodge propose un bon barbecue, de la musique et une vue spectaculaire.

Vallarta Grill
$$-$$$
988 Lakeshore Dr. W.
☎ (250) 492-5610

Le Vallarta Bistro, cette *casa* affichant un beau menu d'authentiques plats mexicains, offre une excellente ambiance, une longue carte des vins et des sièges confortables *al fresco*. La nourriture s'y révèle fraîche et savoureuse – apprêtée quotidiennement – et inclut *fajitas, quesadillas* et *enchiladas*. Des plats à la musique mexicaine, en passant par les nappes à motifs de tournesols, le Vallarta Bistro, c'est tout simplement *fantástico!*

Granny Bogner's Restaurant
$$$
mar-sam
302 Eckhardt Ave. W.
☎ (250) 493-2711

La magnifique maison de style Tudor où est installé ce restaurant a été construite en 1912 pour un médecin de Penticton; depuis 1976, Peter Hebel y sert une fine cuisine selon les traditions françaises, allemandes et autrichiennes, agrémentée de produits locaux.

Theo's Restaurant
$$$
687 Main St.
☎ (250) 492-4019

Une cuisine grecque de qualité, servie dans une ambiance décontractée, agrémentera vos moments passés dans cet établissement très couru.

Salty's Beach House
$$$$
1000 Lakeshore Dr. W.
☎ (250) 493-5001

Les amateurs de fruits de mer aimeront ce restaurant qui se spécialise dans les délices de la mer. Il faut venir ici pour le déjeuner et profiter de la terrasse avec vue sur le lac Okanagan. Le décor de bateau de pirate assure une ambiance festive à l'établissement.

Kelowna

Bean Scene Coffee House
$
274 Bernard Ave.
☎ (250) 763-1814

Le Bean Scene Coffee House est décidément l'antithèse des chaînes de cafés. Des fauteuils confortables, de la musique douce et de l'information sur la scène musicale et artistique alternative locale font de cet établissement un lieu de rencontre populaire auprès de ceux qui veulent boire un café ou une boisson au thé vert biologique. Des pâtisseries sont aussi disponibles.

De Dutch Pannekoek House
$$
7h (dim 8h) à 14h30
1749 Gordon Dr.
☎ (250) 860-1266

Le sud de la Colombie-Britannique - Restaurants - La vallée de l'Okanagan

Comme son nom l'indique, le De Dutch Pannekoek House se veut le spécialiste des crêpes: son menu en affiche plus de 50 variétés. On y retrouve aussi des œufs, pour un petit déjeuner plus typiquement nord-américain, et des sandwichs pour le déjeuner.

The Laughing Moon Restaurant
$$
dim-mar 7h30 à 16h; mer, jeu et sam 7h30 à 20h; ven 7h30 à 21h
4600 Lakeshore Rd.
☎ (250) 764-0674
Le Laughing Moon Restaurant se cache à l'intérieur de la Laughing Moon Gift Gallery. Son menu de hamburgers bio, sandwichs, salades et fruits de mer attire une clientèle au style bohème. Spectacles de jazz et de blues le vendredi soir.

La Bussola Restaurant
$$-$$$
1451 Ellis St.
☎ (250) 763-3110
Le restaurant La Bussola est renommé pour la qualité de ses plats ainsi que pour son ambiance agréable et intime. Depuis 1974, Franco et Lauretta savent vous accueillir et vous faire apprécier les saveurs italiennes. Réservations recommandées.

Mekong
$$-$$$
1030 Harvey Ave.
☎ (250) 763-2238
Le Mekong sert une fine cuisine sichuanaise dans une salle à manger luxueuse.

Ric's Grill
$$$
210 Lawrence Ave.
☎ (250) 765-0664

Les grillades et tapas du Ric's Grill attirent une clientèle jeune et élégante. Le restaurant est souvent bondé, aussi les réservations sont-elles recommandées.

The Ridge Restaurant
$$$
avr à oct
3002 Dunster Rd.
☎ (250) 712-9404
La dégustation d'un cidre de glace sur les lieux mêmes où il est produit représente une belle expérience pour les sens. C'est ce que propose le Ridge Restaurant, administré par **Kelowna Land and Orchard** (voir p 254), et aménagé dans une ancienne demeure qui fut rénovée en 2000. Le chef Travis Hackl prépare le déjeuner tous les jours et un brunch le dimanche en haute saison. Le dîner est uniquement réservé aux groupes.

Christopher's
$$$
242 Lawrence Ave., tout près du City Park
☎ (250) 861-3464
Christopher's est un des meilleurs restaurants de Kelowna. L'ambiance est élégante et le service très amical. Réservations conseillées.

Yamas Restaurant
$$$
1630 Ellis St., centre-ville
☎ (250) 763-5823
Yamas est le restaurant grec par excellence. Bleu et blanc, tout fleuri, il vous promet une excellente soirée aux parfums de la Méditerranée. Vous ne serez pas déçu, spécialement le samedi soir, où la danse du ventre est à l'honneur.

The El
$$$-$$$$
Hotel Eldorado, 500 Cook Rd.
☎ (250) 763-7500
Quand le soleil se couche sur le lac Okanagan, les chandelles s'allument dans le merveilleux restaurant de l'**Hotel Eldorado** (voir p 289). The El, avec sa salle à manger tout en longueur, étroite et intime, offre de belles vues, peu importe où vous êtes attablé. Vous pourrez vous y offrir, si vous avez un penchant pour l'extravagance, un carré d'agneau à 37$ ou, si vous êtes plus raisonnable, un Alfredo au poulet à 14$. Les linguinis aux crevettes géantes et aux tomates séchées s'y révèlent tout simplement sublimes.

Old Vines Patio
$$$-$$$$
mai à oct tlj 11h à la tombée du jour
3303 Boucherie Rd., Quail's Gate Estate Winery
☎ (250) 769-4451
L'Old Vines Patio se présente comme une salle à manger en plein air à l'intérieur du Quail's Gate Estate Winery, offrant des vues superbes sur la vallée de l'Okanagan, sans compter son aménagement floral et son décor en bois de cèdre qui s'harmonise avec les rangées de vignes. Des plats de pâtes et de fruits de mer ainsi que des steaks sont au menu. On y sert aussi des plats en plus petites portions et à plus petits prix, parfaits pour essayer quelques mets qu'on vous suggérera d'accompagner de vins appropriés.

Fresco
$$$-$$$$
mar-dim dîner
1560 Water St.
☎ (250) 868-8805

Le Fresco, un bon choix de restaurant pour sa cuisine raffinée, arbore des murs de béton et de briques, et renferme une cuisine à aire ouverte. L'atmosphère s'y révèle chaleureuse, et la nourriture, concoctée par le chef Rodney Butters, est quant à elle réputée. Les steaks et les plats de fruits de mer dominent le menu.

Vernon

Johnny Appleseeds Juice Bar & Cafe
$
3018 30th Ave.
☎ (250) 542-7712
Johnny Appleseeds Juice Bar & Cafe sert d'excellents mélanges de jus frais, tel le *eye opener*, qui combine jus d'orange, d'ananas et de pomme. Café et repas, légers et délicieux, sont également au menu.

Hang Chou Restaurant
$-$$
3007 30th Ave.
☎ (250) 545-9195
Le Hang Chou permet aux affamés de se rassasier avec un buffet chinois.

Eclectic Med Restaurant
$$$-$$$$
100-3117 32nd St.
☎ (250) 558-4646
Eclectic Med, un chaleureux restaurant méditerranéen situé au centre de la ville, est un favori aussi bien de la population locale que des critiques culinaires. Ses influences sont variées, et l'on y sert nombre de plats de pâtes et de mets fusion comme le thon à la toscane.

Merritt

Coldwater Hotel
$$
restaurant tlj 7h à 20h, saloon jusqu'à 2h
angle Quilchena St. et Voght St.
☎ (250) 378-2821
Cet établissement est toujours fréquenté par les cowboys de la région pour son restaurant et son populaire saloon. La cuisine est plutôt lourde; toutefois, les bas prix font la différence.

Best Western
$$
4025 Walters St.
☎ (250) 378-4253
Le Best Western offre le service à l'intérieur ou à la terrasse. Élégante atmosphère «country». *Prime ribs* le vendredi.

Kootenay Rockies

Rossland

Plusieurs cafés sympathiques jalonnent la rue Columbia au centre de Rossland. Quand la population double avec l'ouverture des pentes en décembre, ils se remplissent de gens et dégagent une atmosphère d'après-ski. Parmi eux figure le **Clancy's Cappucino** (*$; tlj, déjeuner; 2042 Columbia St.,* ☎*250-362-5273)*, qui propose des repas légers et de copieux petits déjeuners.

Flying Steamshovel Inn
$$$
Washington St., angle Second Ave.
☎ (250) 362-7323
Avec ses murs verts et son décor de bois de chêne, le restaurant du Flying Steamshovel Inn baigne dans une ambiance de salon. On y sert de gros sandwichs, des pâtes, des salades et, bien

sûr, toute une sélection de bières en fût.

Nelson

Sidewinders
$
696 Baker St.
☎ (250) 352-4621
Situé à l'extrémité nord de Baker Street, Sidewinders prépare le meilleur café de la région. Commandez un *latte* ou un thé *chai*, puis dirigez-vous vers les sièges près du trottoir, pour vous joindre aux *Nelsonites* penchés sur leur jeu d'échecs. Sandwichs frais et pâtisseries figurent au menu.

All Seasons Café
$$$
tlj 17h à 22h
620 Herridge Lane, derrière Baker St.
☎ (250) 352-0101
Cet endroit à ne pas manquer se cache sous les arbres qui procurent leur ombre importante aux bons convives installés sur la terrasse. Les potages vous surprendront, par exemple celui à la pomme et au brocoli. Le menu varie en fonction des saisons et de ce que la région a à offrir, tout en laissant une place importante aux bons vins de la Colombie-Britannique. L'accueil chaleureux, l'efficacité des employés, le décor soigné et la qualité de la nourriture vous combleront. Des œuvres d'art ornent les murs.

Mazatlan
$$$
198 Baker St.
☎ (250) 352-1388
Au Mazatlan, la nourriture est merveilleuse, de même que l'atmosphère festive et authentique, mais le service déçoit. Bien qu'on fasse semblant de ne pas

vous avoir vu à votre arrivée, prenez votre mal en patience car les plats mexicains s'avèrent fantastiques ici. Les musiciens et la lumière tamisée se reflétant sur les murs de briques en font un établissement attrayant. *Tacos, enchiladas, tamales* et *burritos* y sont tous servis, et vous pourrez les accompagner de différentes *tequilas* importées.

Cranbrook

Max's Café
$
301 Victoria Ave.
☎ (250) 426-6885
Commodément située entre l'hinterland de la Colombie-Britannique et la ville de Calgary, Cranbrook permet à plusieurs voyageurs de s'arrêter pour le déjeuner, et l'ensoleillé Max's Café se veut un bon choix. Service au comptoir: sandwichs, *wraps* et desserts, de même que nombre de salades fraîches et de pâtisseries.

Kimberley

Snowdrift Café
$
110 Spokane St.
☎ (250) 427-2001
Le décor du Snowdrift Café, caché dans un recoin de la Platzl, devrait être rafraîchi, mais l'établissement se révèle populaire pour sa nourriture simple. Tellement simple que vous pourrez y commander des tartines de confiture et de beurre d'arachide. Le Snowdrift est un bon endroit pour les végétariens, car son menu affiche du chili, de la pizza et de la lasagne, tous apprêtés sans viande.

Gasthaus am Platzl
$$-$$$$
240 Spokane St.
☎ (250) 427-4851
Chez Gasthaus am Platzl, un restaurant dont le nom fait sourire indéniablement, on sert de la cuisine canadienne, hybride et autrichienne. Le *shtick* bavarois s'y révèle passablement accentué, avec les *fraulines* en robe servant le dîner, mais les propriétaires sont en fait Autrichiens. Les steaks et les côtes premières s'avèrent appétissantes (et les portions énormes), sans compter la bière en fût Warsteiner Pilsner et la longue carte des vins. Repérez la façade de l'édifice bavarois donnant sur la Platzl, curieusement décorée avec une peinture représentant La Cène.

Sorties

■ Activités culturelles

Kelowna

Rotary Centre for the Arts
421 Cawston Ave.
☎ (250) 717-5304
www.rotarycentreforthearts.com
Ce centre multimédia ouvert depuis 2002 présente des expositions d'arts visuels, des pièces de théâtre et divers festivals, en plus d'abriter des ateliers d'artistes et d'offrir des cours de poterie. Il représente «le» lieu de rencontre de la communauté artistique de Kelowna.

■ Bars et discothèques

Whistler

The Boot Pub
1 km au nord du village, prendre Nancy Greene Drive à droite, dans le Shoestring Lodge
☎ (604) 932-3338
www.thebootpub.com
Installé à l'intérieur du Shoestring Lodge, The Boot Pub présente des concerts mettant en vedette aussi bien des formations punk que des groupes de musiciens canadiens et étrangers, sans parler des «spectacles exotiques en direct».

Tommy Africa's
Gateway Dr.
☎ (604) 932-6090
Tommy Africa's attire beaucoup de monde avec ses soirées à thème, dont les années 1980 rétro le lundi, hip-hop le vendredi, *Good Times* le samedi et *Soul Kitchen* le samedi. En raison de sa popularité, les files d'attente se forment presque tous les soirs devant ses portes.

Cinnamon Bear Bar
4050 Whistler Way, dans le Hilton Whistler Resort
☎ (604) 932-1982
Ce bar sportif attire hommes et femmes de tout âge avec son ambiance détendue. On y vient pour faire une partie de billard, d'échecs ou de backgammon, pour regarder un match sur écran géant ou simplement pour relaxer près du feu de foyer. Spectacles sur scène les fins de semaine.

Kamloops

Duffy's
1797 Pacific Way
☎ (250) 372-5453
Situé juste au nord du Visitor InfoCentre, Duffy's, à la fois un pub populaire et un bar sportif, a été élu le «meilleur pub de Kamloops» ces cinq dernières années.

Sgt O'Flaherty's
339 St. Paul St.
☎ (250) 372-5201
Sgt O'Flaherty's, qui se trouve dans les murs du **Coast Canadian Inn** (voir p 281), se veut un bon endroit pour s'offrir une pinte de bière froide accompagnée de musique jouée sur scène (folk, country ou rock).

Penticton

Old Barley Mill Pub
2460 Skaha Lake Rd.
☎ (250) 493-8000
L'Old Barley Mill Pub est populaire auprès des jeunes comme des vieux et propose une belle sélection d'ales, de pilsners et de stouts. Si vous avez envie de regarder un match quelconque, vous ne resterez pas sur votre faim car il dispose de plusieurs téléviseurs branchés sur différentes chaînes sportives.

Kelowna

Doc Willoughby's
353 Bernard Ave.
☎ (250) 868-8288
La fin de semaine, Doc's grouille de jeunes *Kelownans*, alors qu'en semaine on peut y prendre une bière en toute tranquillité. Sa grande terrasse longe Bernard Avenue.

Splash's
275 Leon Ave.
☎ (250) 762-2956

Splash's, une populaire boîte de nuit à deux niveaux, est habituellement pleine de jeunes bronzés et pomponnés de Kelowna. Le mercredi, l'étage met en vedette un DJ rock, alternatif et hip-hop qui attire une jeunesse complètement différente.

Nelson

Royal on Baker
330 Baker St.
☎ (250) 352-1269
Le Royal se remplit la fin de semaine quand des musiciens s'y produisent. Le prix d'entrée pour ces spectacles tourne généralement autour de 5$, et vous pourrez assister alors à d'excellents concerts qui vont du rock au ska, en passant par le reggae.

Mike's Place
422 Vernon St., dans l'hôtel Hume
☎ (250) 352-5331
Mike's Place, un vaste pub à trois niveaux installé dans le Hume Hotel, peut être achalandé n'importe quel jour de la semaine.

Kimberley

Ozone Pub
275 Spokane St., dans le Samesun
☎ (250) 427-7744
L'Ozone Pub, situé dans les murs du Samesun Backpackers Lodge, est probablement l'un des seuls établissements où vous pourrez prendre un verre à Kimberley. Ça grouille de monde: les individus passionnés de plein air de type nomade et une clientèle de voyageurs étrangers y ajoutent un regain d'énergie opportun.

■ Fêtes et festivals

Les événements suivants font partie d'une liste partielle de festivals qui ont lieu dans le sud de la Colombie-Britannique. Pour une liste complète, veuillez consulter les sites Internet des associations touristiques régionales (voir p 234).

Janvier, février et mars

Whistler
Plusieurs compétitions de ski et de planche à neige.

Février

Altitude, Gay Ski and Snowboard Week
Whistler
☎ 888-258-4883
www.outontheslopes.com
Durant cette célébration de la neige qui dure une semaine complète, vous pourrez assister à des soirées de danse, observer des artistes à l'œuvre, vous costumer pour participer à des chasses au trésor, voir des défilés de mode, etc.

Kamloops Festival of Performing Arts
Kamloops
☎ (250) 374-3491
Kamloops célèbre durant un mois ses artistes, musiciens et comédiens, en présentant des spectacles et autres événements culturels en différents endroits à travers la ville. Si vous vous retrouvez ici en février ou au début du mois de mars, vous pourrez sûrement assister à une représentation ou à un concert, ou encore voir une exposition.

Avril

Telus World Ski and Snowboard Festival

Whistler

Pendant 10 jours, vous aurez le choix entre des compétitions de ski et de planche à neige, des concerts extérieurs, des films et des rencontres avec des vedettes sportives.

Okanagan Fest-of-Ale

Penticton

☎ (250) 492-4355

www.fest-of-ale.bc.ca

Comme le vin, la bière joue un rôle important dans cette région aux terres fécondes. L'annuel Fest-of-Ale rend hommage aux nombreuses microbrasseries de la vallée de l'Okanagan.

Mai

Okanagan Spring Wine Festival

vallée de l'Okanagan

☎ (250) 861-6654

www.owfs.com

Ce festival à ne pas manquer se tient en mai, en août (Okanagan Summer Wine Festival) et en octobre (Okanagan Fall Wine Festival) chaque année. Les activités entourant le festival permettent de s'offrir plusieurs agréables dégustations servant de vitrine au nombre croissant de vins de qualité supérieure produits dans la région.

Tour deVine

Penticton et les environs

☎ 800-663-1900

www.tourdevine.bc.ca

Ce festival cycliste, qui se déroule durant l'Okanagan Spring Wine Festival, consiste à effectuer des randonnées à vélo qui mènent aux différents établissements vinicoles de la région. Une belle façon de joindre l'utile à l'agréable!

Juillet

La **fête du Canada** (ou fête de la Confédération; 1ᵉʳ juillet) offre l'occasion d'assister à un défilé et de participer à des festivités.

Merritt Mountain Music Festival

Merritt

☎ (604) 525-3330

www.mountainfest.com

Préparez-vous à vous payer du bon temps à ce festival de musique annuel auquel plus de 100 000 fervents assistent. La programmation comprend des jeux pour les enfants, des tours d'hélicoptère, de la danse, du bingo, de délicieux petits déjeuners aux crêpes servis par le Merritt Lions Club et, bien sûr, de la musique!

Kimberley JulyFest

Kimberley

☎ (250) 427-3666

La fête bavaroise annuelle de Kimberley se tient à la mi-juillet chaque année. Profitez de la bière, de la musique et de la danse allemandes, et, bien sûr, ne ratez pas les Kimberley International Old Time Accordion Championships!

Août

Weetama, Whistler's Celebration of Aboriginal Culture

Whistler

☎ (604) 932-2394

Le festival autochtone de Whistler, qui s'étend sur une semaine, s'ouvre à la musique, aux arts, à la danse, aux ateliers et aux cérémonies traditionnelles.

Peach Festival

Penticton

☎ (250) 492-9830

www.peachfest.com

Ça fait maintenant plus de 50 ans qu'a lieu le Peach Festival au début du mois d'août. Les familles de la région sont invitées à y participer et à s'offrir un petit déjeuner aux crêpes, de même que des fruits et légumes merveilleux, incluant les pêches évidemment, sans oublier la parade, le feu d'artifice et, que oui!, le couronnement de Miss Penticton!

Okanagan Summer Wine Festival

vallée de l'Okanagan

Voir le mois de mai, ci-dessus.

Salmon Arm Roots and Blues Festival

Salmon Arm Fair Grounds, Salmon Arm

☎ (250) 833-4096

www.rootsandblues.ca

Ces 10 dernières années, au mois d'août, les Salmon Arm Fair Grounds ont vibré au son du blues. Des musiciens et chanteurs canadiens et internationaux prennent la scène d'assaut durant les trois jours que dure le festival.

Septembre

Whistler Comedy Festival

Whistler

Ce festival d'humour dure cinq jours à la mi-septembre.

Pentastic Hot Jazz Festival

Penticton

☎ 800-663-1900

www.pentasticjazz.com

Les mordus de jazz inscriront dans leur agenda le nom de ce festival qui dure trois jours en septembre, pendant lesquels Penticton est l'hôte de groupes de jazz de calibre international en différents lieux à travers la ville.

Octobre

Oktoberfest

Whistler

À la mi-octobre, vous pourrez vous encanailler pendant les trois jours que dure cette fête bavaroise, avec la bière qui coule à flots, sans oublier les *bratwurst* et les *oom-pah-pah*...

Okanagan Fall Wine Festival
vallée de l'Okanagan
Voir le mois de mai, ci-dessus.

Novembre

Cornucopia, Whistler's Food and Wine Celebration
Whistler
Début novembre, ces fêtes gourmandes de cinq jours permettent d'assister à des colloques et de goûter à plusieurs nouveautés culinaires et à des cuvées de la Colombie-Britannique, le tout orchestré par les professionnels de la restauration et par les vignerons.

Décembre

Western Film Festival
Whistler
☎ (604) 938-3200
Début décembre, on célèbre ce qui est typique de l'Ouest canadien par des films et documentaires portant sur l'aventure et la montagne, sans compter les ateliers et les colloques.

Nokia Snowboard FIS World Cup
mi-décembre
Whistler
La plus importante compétition de planche à neige après les Jeux olympiques d'hiver réunit 400 athlètes de premier plan de plus de 40 pays.

First Night Celebration
31 décembre
Whistler
Partie familiale de la veille du jour de l'An.

 Achats

■ Divers

Squamish

Vertical Reality Sports Store
37835 Second Ave.
☎ (604) 892-8248
Le Vertical Reality Sports Store vend et loue des vélos de montagne, propose des tours guidés, vous conseille sur vos projets d'escalade et vous y emmène même.

Whistler

Le **Blackcomb Cold Beer & Wine Store** *(4573 Chateau Blvd., dans le Glacier Lodge, en face du Fairmont Chateau Whistler Resort, ☎604-932-9795)* propose une grande sélection de vins de la province. Le personnel vous conseille avec courtoisie.

Mountain Blooms *(Market Place, ☎604-932-2599)* présente une très bonne sélection de fleurs fraîches et de bouquets pour les grandes occasions. On peut y faire des envois dans le monde entier.

Juste au sud du petit village, à la périphérie de Whistler, se trouve **Function Junction**, qui est à la fois, en quelque sorte, le petit quartier commercial et la zone industrielle de la région.

Penticton

Front Street
La colorée Front Street bifurque vers Main Street juste avant de plonger dans le lac Okanagan. Installées dans de beaux petits bâtiments en brique, nombre de boutiques axées sur la vente de cadeaux et de produits artisanaux la bordent sur ce tronçon.

Terwilliger's Gifts
675 Main St.
☎ (250) 493-9221
Terwilliger's Gifts se veut l'endroit où trouver, à prix abordable, un souvenir de votre voyage à travers la vallée de l'Okanagan. Céramiques, produits artisanaux et objets d'art y sont en vente ici.

Kelowna

Far West Factory Outlet
100-2463 Hwy. 97
☎ (250) 860-9010
Le Far West Factory Outlet propose de grandes marques de vêtements confortables et légers.

Winlaw

Andino Artesania
6307 Youngs Rd.
☎ (250) 226-7688
www.andinoart.com
Jane Leander, la propriétaire de l'**Arica Gardens B&B** (voir p 292), tient aussi une boutique de cadeaux dans l'un des bâtiments situés à proximité de son gîte. Elle y vend de la céramique, des masques et d'autres produits artisanaux d'Amérique du Sud, de même que du café équitable.

■ Galeries d'art et antiquités

Whistler

L'**Adele-Campbell Fine Art Gallery** *(4050 Whistler Way, près du hall du Hilton Whistler Resort, ☎604-938-0887)* propose des œuvres d'artistes réputés de la Colombie-Britannique et d'ailleurs au Canada.

The Plaza Galleries *(22-4314 Main St.,* ☎*604-938-6233)* présente les œuvres d'artistes locaux et internationaux.

La **Whistler Village Art Gallery** *(4050 Whistler Way, dans le Hilton Whistler Resort,* ☎*604-938-3001)* propose de l'art contemporain ainsi que des paysages de Whistler et de montagne.

The Gallery at Chateau Whistler *(4599 Chateau Blvd., dans le Fairmont Chateau Whistler Resort,* ☎*604-935-1862)* expose de très belles œuvres d'artistes canadiens et amérindiens.

Harrison Hot Springs

A Question of Balance
880 Hot Springs Rd.
☎ (604) 796-9622
A Question of Balance est une galerie d'art qui a été créée par des artisans canadiens. Le beau travail de tricot, de couture ou de poterie, ou encore de verre soufflé, y est très intéressant.

Kamloops

Castles and Cottages Antiques
263 Victoria St.
☎ (250) 374-6704
Castles and Cottages, installé dans un édifice patrimonial revêtu de briques rouges, se trouve à l'extrémité ouest de Victoria Street. La collection d'antiquités est présentée pêle-mêle, mais

il s'y trouve peut-être quelques trésors à découvrir.

Penticton

The Lloyd Gallery
598 Main St.
☎ (250) 492-4484
The Lloyd Gallery possède une grande collection d'œuvres d'artistes de la vallée de l'Okanagan. Les tableaux multicolores de l'artiste peintre Jennifer Garant, originaire de Penticton, valent vraiment la peine d'être vus.

Nelson

Craft Connection
441 Baker St.
☎ (250) 352-3006
Nelson a été surnommée la «meilleure petite ville d'art au Canada». Donc, faites un arrêt à la Craft Connection, même si ce n'est que pour s'imprégner du génie créatif des artisans locaux.

■ Librairies

Kamloops

At Second Glance Used Books
246 Victoria St.
☎ (250) 377-8411
At Second Glance Used Books, une librairie d'ouvrages d'occasion qui a pignon sur la rue la plus importante de Kamloops, est un bon endroit où dénicher un vieux classique.

Penticton

Books N' Things
238 Main St.
☎ (250) 492-6661
Books N' Things s'autoproclame «la plus grande librairie d'ouvrages d'occasion dans l'Ouest canadien».

Kelowna

Mosaic Books *(411 Bernard Ave., centre-ville,* ☎*250-763-4418)* dispose d'un grand nombre de livres ainsi que de cartes et plans nécessaires à vos excursions.

■ Marchés

Harrison Hot Springs

Crafts & Things Market
☎ (604) 796-5581
De mars à novembre, de nombreux marchés ont lieu à Harrison Hot Springs.

Kamloops

Farmer's Market
☎ (250) 577-3461
De mai à octobre, de beaux marchés d'alimentation s'installent, les samedis, à l'angle de Second Avenue et St. Paul Street, et les mercredis, à l'angle de Third Avenue et de Victoria Street.

Le nord de la Colombie-Britannique

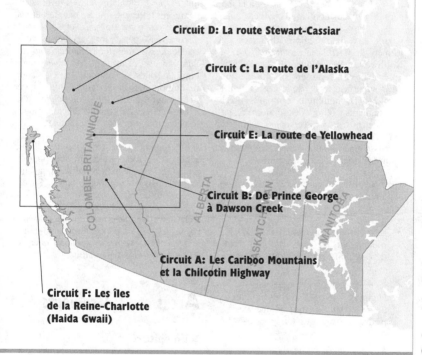

Circuit D: La route Stewart-Cassiar

Circuit C: La route de l'Alaska

Circuit E: La route de Yellowhead

Circuit B: De Prince George
à Dawson Creek

Circuit A: Les Cariboo Mountains
et la Chilcotin Highway

Circuit F: Les îles
de la Reine-Charlotte
(Haida Gwaii)

COLOMBIE-BRITANNIQUE

ALBERTA

SASKATCHEWAN

MANITOBA

Accès et déplacements	306
Renseignements utiles	311
Attraits touristiques	312
Activités de plein air	333
Hébergement	336
Restaurants	346
Sorties	349
Achats	350

Le nord de la Colombie-Britannique

Terre sauvage et méconnue, depuis longtemps la Colombie-Britannique est réputée pour ses activités de plein air variées et inattendues. Pour ceux qui se sentent une âme d'aventuriers ou d'explorateurs, ou simplement pour les purs amoureux de la nature, il existe, au nord, une contrée qui ne finira jamais de les fasciner.

Les montagnes, souvent couvertes de neiges éternelles ou de glaciers, couvrent 80% du territoire de la Colombie-Britannique. Les lacs qui recueillent le limon glaciaire se parent de couleurs irisées. Quant aux forêts, elles font partie des plus prestigieuses du monde. Ce décor enchanteur permet des activités extérieures illimitées, à la mesure de l'imagination la plus fertile.

Quant aux deux régions distinctes qui forment le nord de la province: North by Northwest et Peace River-Alaska Highway, ensemble elles représentent plus de 50% de la superficie totale de la Colombie-Britannique. De nombreux campings, hôtels et restaurants y offrent des services comparables à ceux disponibles dans les grandes villes du sud. Certaines localités, malgré leur isolement, sont ainsi parfaitement équipées pour recevoir les touristes.

Les voies d'accès vers ces grands espaces septentrionaux sont peu nombreuses. En fait, il n'existe que trois routes principales:

- La route Stewart-Cassiar (route 37), la route la plus à l'ouest, située au cœur de la région North by Northwest.

- La route de l'Alaska ou Alaska Highway (route 97), à l'est, dont le kilomètre 0 (aussi appelé Mile 0) se trouve à Dawson Creek.

- La route de Yellowhead ou Yellowhead Highway (route 16), qui longe le sud des deux régions et qui permet de se rendre à l'extrême ouest, sur les rives du Pacifique, d'où il est possible d'atteindre les îles de la Reine-Charlotte.

La ville de Prince George constitue le point de départ vers toute destination septentrionale. À partir d'ici, les journées allongent de façon très perceptible, notamment entre le 21 mars et le 21 septembre, un phénomène qui s'accentue de plus en plus vers le nord. En été, le ciel n'est jamais complè-

tement sombre, et, suivant la situation géographique, il est même possible de faire l'expérience du soleil de minuit.

Aux abords de la frontière du Yukon et de la Colombie-Britannique, à la hauteur du 60e parallèle, en été il ne fait plus vraiment nuit, et, par les longues soirées hivernales, les aurores boréales sont des manifestations célestes très communes. Le climat estival est caractérisé par de longues journées ensoleillées, avec des températures souvent plus élevées qu'au sud. Les hivers sont longs. À l'ouest, les chutes de neige sont très importantes et les températures, bien qu'inférieures à 0°C, sont plutôt clémentes. À l'est, le climat est continental, avec moins de neige mais un froid sec et intense.

Contrairement à la croyance populaire, quitter les grandes villes du sud pour la campagne du nord n'entraîne en aucun cas une baisse du coût de la vie. En effet, le nord de la Colombie-Britannique est éloigné des zones de production agricole, d'élevage et de transformation des matières premières. Résultat: nourriture, carburant, hébergement, etc., tout y est plus cher de 50% à 100% selon les endroits!

Accès et déplacements

■ En voiture

Circuit A: Les Cariboo Mountains et la Chilcotin Highway

Ce circuit forme un trajet linéaire d'environ 200 km entre Prince George et Williams Lake. Une escapade d'une centaine de kilomètres vers l'est et les Cariboo Mountains s'effectue à mi-chemin à partir de Quesnel. C'est ici que la région a pris son envol, il y a plus d'un siècle. Avant de gagner les terres reculées, les prospecteurs d'or s'arrêtaient dans les villes de la vallée du fleuve Fraser (Williams Lake et Quesnel) pour faire provision de tout l'attirail nécessaire au dur labeur du chercheur d'or.

La route 97 descend vers le sud entre Prince George et William's Lake. À mi-chemin de cette dernière ville, à quelques kilomètres au nord de Quesnel, la route 26 bifurque vers l'est, en direction des vieilles villes minières et du Bowron Lake Provincial Park, paradis du canoteur.

Plus au sud, la route 20, communément appelée "Chilcotin Highway", relie Williams Lake à Bella Coola, un petit port de mer chargé d'histoire situé sur la côte ouest, et traverse le magnifique Tweedsmuir Provincial Park.

Circuit B: De Prince George à Dawson Creek

Au départ de Prince George, la route 97 mène à Dawson Creek, au kilomètre 0 (que certaines personnes appellent aussi Mile 0) de la route de l'Alaska. La région s'est principalement développée autour

Pour la route

La plupart des routes du nord de la Colombie-Britannique sont asphaltées. Malgré tout, certaines portions de la route Stewart-Cassiar et de la route de l'Alaska sont couvertes de gravillon. De ce fait, il faut toujours s'assurer que la roue de secours est en bon état, car les crevaisons surviennent régulièrement.

Un aérosol anti-crevaison serait une bonne précaution, les ateliers de réparation de pneus étant peu nombreux. Votre véhicule doit être en excellente condition mécanique, parce qu'une panne pourrait signifier un remorquage jusqu'à la prochaine localité et une immobilisation de plusieurs jours afin d'attendre les pièces détachées qui arrivent lentement de Vancouver, entraînant ainsi d'importantes dépenses inattendues.

Faites le plein à chaque fois que vous en avez l'occasion, car les stations-service sont rares. Emportez un jerrican de 25 litres pour votre tranquillité d'esprit. N'oubliez jamais d'attacher votre ceinture de sécurité et gardez vos phares allumés en permanence pour plus de visibilité dans les longues lignes droites parfois poussiéreuses.

Climat

Vous avez probablement conclu par vous-même que les hivers sont froids dans cette partie de la province, mais peu de personnes savent que les étés, dans le nord de la Colombie-Britannique, sont ensoleillés et parfois très chauds. La température peut plonger sous les −50°C en janvier, mais peut aisément atteindre 35°C en juillet.

Le choix des vêtements à emporter est fondamental suivant les saisons. En été, la fibre de prédilection est le coton, et les vêtements se résument à shorts, chemises, t-shirts, chandails et bonnes chaussures. Des sandales sont agréables à porter si vous conduisez pendant de longues périodes. Si vous passez par les montagnes, et que vous deviez vous arrêter, il serait sage d'avoir à portée de main un coupe-vent, un chapeau et un écran solaire. Il faut se protéger contre le soleil nordique brûlant. Attention, il peut aussi parfois neiger, même au cœur de l'été, et, si les chutes de neige ne sont souvent que passagères, il convient d'être bien préparé.

Pour s'habiller en hiver, il faut appliquer le principe des pelures d'oignon, c'est-à-dire additionner les couches de vêtements pour une meilleure isolation plutôt que de mettre un seul gros manteau.

Le nord de la Colombie-Britannique - Accès et déplacements

des industries forestières et hydroélectriques. La rencontre d'ours ou d'orignaux est un événement très commun, surtout lors de la traversée des parcs provinciaux, avec leurs campings bien aménagés.

À mi-parcours se trouve la bifurcation de la route 39 vers Mackenzie, située à 29 km plus loin. Cette route étant un cul-de-sac, il faut revenir sur ses pas pour reprendre la route 97. La traversée de Pine Pass donne l'occasion d'observer l'immensité de la forêt ainsi que les premiers contreforts des Rocheuses. Après la station de ski Powder King, à environ 100 km, se trouve la ville de Chetwynd. De là, il est possible d'atteindre Tumbler Ridge, mais ici encore il faut revenir sur ses pas pour rejoindre la route 97 et boucler le circuit.

Il existe une autre manière de se rendre à la route de l'Alaska au départ de Prince George. Il suffit d'emprunter la route 29 Nord, qui conduit au village de Hudson's Hope et rejoint le kilomètre 86 de la route de l'Alaska.

Circuit C: La route de l'Alaska

Le circuit proposé couvre toute la partie de la route de l'Alaska (Alaska Highway) qui se trouve en Colombie-Britannique. Le départ se fait au kilomètre 0 (ou Mile 0), à Dawson Creek, et le voyage se prolonge aux confins de la province jusqu'à la ville de Watson Lake, au Yukon, sur un parcours d'un peu plus d'un millier de kilomètres au total. Vous traverserez d'abord Fort St. John puis Fort Nelson et les parcs provinciaux de Stone Mountain, de Muncho Lake et de Liard Hot Springs.

Au moment de la construction de la route de l'Alaska, les distances se mesuraient en milles (1 mile ou mille = 1,6 km). Depuis l'avènement du système métrique au Canada dans les années 1970, les kilomètres font aussi partie du système de mesure officiel de cette route légendaire, mais seulement dans sa portion canadienne.

Malgré tout, encore aujourd'hui, il n'est pas rare de trouver des cartes routières et des prospectus gouvernementaux dans lesquels les distances sont encore en milles. D'ailleurs, tout le long de la route, et même au Canada, se trouvent des bornes commémoratives affichant des distances exprimées uniquement en milles. Tradition et influence américaine obligent!

Il est possible de combiner les circuits C et D en faisant une grande boucle qui relie la route Stewart-Cassiar à la route de l'Alaska, puisque les deux routes se rejoignent à Junction 37, au kilomètre 1038 (Mile 649) de la route de l'Alaska, non loin de Watson Lake.

État des routes
☎ 800-550-4997

Circuit D: La route Stewart-Cassiar

Ce circuit s'effectue généralement au départ de Kitwanga, du sud vers le nord. À 169 km de Kitwanga, la bifurcation de la route 37A, sur la gauche, conduit à Stewart et à Hyder (Alaska). Il faut rester sur la route 37 en direction nord pendant toute la durée du circuit, qui couvre un peu moins de 600 km. De nombreuses petites localités longent la route: Tatogga, Iskut, Dease Lake, Good Hope Lake et Upper Liard (Yukon).

À Dease Lake, l'excursion à Telegraph Creek vaut le déplacement; pour l'effectuer, il suffit d'emprunter une route de terre bien indiquée et en bon état sur une distance de 129 km. Tout comme le circuit C, le circuit D se termine à Watson Lake, au Yukon. Il est possible de combiner les circuits C et D en faisant une grande boucle qui relie la route Stewart-Cassiar à la route de l'Alaska, puisque les deux routes se rejoignent à Junction 37, au kilomètre 1038 (Mile 649) de la route de l'Alaska, non loin de Watson Lake.

Circuit E: La route de Yellowhead

Ce circuit relie la ville de McBride, dans l'est de la Colombie-Britannique, à celle de Prince Rupert, sur la côte du Pacifique, pour une distance totale d'environ 1 000 km. La route de Yellowhead (ou Yellowhead Highway) traverse une impressionnante variété de paysages, de montagnes, de plaines, de plateaux ainsi que des localités assez peuplées, entre autres Prince George, Smithers, Terrace et Prince Rupert.

Circuit F: Les îles de la Reine-Charlotte (Haida Gwaii)

La route 16, la seule route carrossable de l'île Graham, l'île la plus importante et la plus peuplée de l'archipel, longe toute la côte est sur 120 km.

■ En avion

Les compagnies aériennes suivantes desservent le nord de la Colombie Britannique:

Air Canada Jazz
☎888-247-2262
www.aircanada.ca

Alkan Air
☎867 668-2107
www.alkanair.com

Berry Air
☎(250) 563-7788

Central Mountain Air
☎888-865-8585
www.cmair.bc.ca

Hawkair
☎800-487-1216
www.hawkair.ca

Northern Thunderbird Air
☎866-232-9211
www.ntair.ca

Pacific Coastal Airlines
☎(250) 989-0198 ou 800-663-2872
www.pacifc-coastal.com

Peace Air
☎800-563-3060
www.peaceair.net

Westjet
☎800-538-5696
www.westjet.com

Circuit A: Les Cariboo Mountains et la Chilcotin Highway

Williams Lake

L'aéroport de Williams Lake (☎250-989-4713), situé à 14 km au nord de la ville sur Mart Street, est desservi par Pacific Coastal Airlines. Cette compagnie d'aviation effec-

tue la liaison entre Williams Lake et Bella Coola.

Circuit B: De Prince George à Dawson Creek

Prince George

L'aéroport de Prince George (☎250-963-2400) se trouve à quelques kilomètres à l'est du centre-ville et est accessible par le pont de Yellowhead au nord ou par le pont Simon Fraser au sud. L'aéroport est desservi par Air Canada Jazz, Berry Air et Westjet.

Circuit C: La route de l'Alaska

Dawson Creek

L'aéroport de Dawson Creek (☎250-782-3142) est situé au sud de la ville et est accessible par la route 2. Il est desservi quotidiennement par Hawkair et Central Mountain Air.

Fort St. John

L'aéroport de Fort St John (☎250-787-7170) se trouve à 10 km de la ville sur la route de Cecil Lake, le long de 100th Avenue. Il est desservi par Air Canada Jazz et Peace Air.

Fort Nelson

L'aéroport de Fort Nelson (☎250-774-6454) est situé à 10 km du centre-ville par Airport Road et est desservi par Air Canada Jazz et Central Mountain Air.

Watson Lake (Yukon)

L'aéroport de Watson Lake se trouve à 13 km du centre-ville et est accessible par la Campbell Highway en direction nord. Il est desservi entre autres par Alkan Air (à Whitehorse), la principale compagnie aérienne, et Central Mountain Air.

Circuit E: La route de Yellowhead

Smithers

L'aéroport de Smithers (☎250-847-3664) est situé sur la route 16, à 10 km à l'ouest de la ville. Il est desservi par Central Mountain Air et Air Canada Jazz.

Prince Rupert

L'aéroport de Prince Rupert *(☎250-624-6274)* se trouve sur Digby Island, avec accès par un petit traversier municipal, au bout de la route 16, à la pointe sud-ouest de Prince Rupert. Il est desservi par Air Canada Jazz et Hawkair.

Circuit F: Les îles de la Reine-Charlotte (Haida Gwaii)

Il existe un aéroport à **Masset**, dans le nord de l'île Graham, et un autre à **Sandspit**, sur l'île Moresby. Ils sont tous deux bien indiqués. L'aéroport de Sandspit *(☎250-637-5313)* est desservi par Northern Thunderbird Air et Air Canada Jazz.

■ En autocar

La compagnie **Greyhound** *(☎800-661-8747, www.greyhound.ca)* dessert les communautés que l'on retrouve dans ce chapitre, sauf les îles de la Reine-Charlotte (Haida Gwaii). Vous trouverez ci-dessous les coordonnées des gares routières locales.

Circuit A: Les Cariboo Mountains et la Chilcotin Highway

Quesnel
365 Kinchant St.
☎ (250) 992-2231

Williams Lake
215 Donald Rd.
☎ (250) 398-7733

Circuit B: De Prince George à Dawson Creek

Prince George
1566 12th Ave.
☎ (250) 564-5454

Dawson Creek
1201 Alaska Ave.
☎ (250) 782-3131

Circuit C: La route de l'Alaska

Fort St. John
10355 101st Ave.
☎ (250) 785-6695

Fort Nelson
5031 51st Ave., West Fort Nelson
☎ (250) 774-6322

Watson Lake (Yukon)
angle Campbell Hwy. et Alaska Hwy.
☎ (867) 536-2606

Circuit D: La route Stewart-Cassiar

Stewart
Seaport Limousine, 516 Railway St.
☎ (250) 636-2622

Circuit E: La route de Yellowhead

Smithers
route 16, à quelques rues du Travel InfoCentre
☎ (250) 847-2204

Prince Rupert
112 Sixth St.
☎ (250) 624-5090

■ En train

Circuit E: La route de Yellowhead

Smithers

La gare ferroviaire de Smithers *(☎800-561-8630)* se trouve sur Railway Street, non loin du centre-ville. Vous devez par contre acheter votre billet d'un agent de voyages, soit chez **Mackenzie Travel** *(☎250-847-2979)* ou **Uniglobe Priority Travel** *(☎250-847-4314)*.

Prince Rupert

La gare de **VIA Rail** *(☎888-842-7245, www.viarail.ca)* est située en bordure de mer sur Park Avenue.

■ En traversier

La compagnie **BC Ferries** *(☎250-386-3431 ou 888-223-3779, www.bcferries.com)* assure le service de traversier pour les communautés que l'on retrouve dans ce chapitre.

Circuit A : Les Cariboo Mountains et la Chilcotin Highway

Bella Coola

Le *Discovery Coast Passage* de BC Ferries relie Bella Coola à Port Hardy sur l'île de Vancouver.

Circuit E: La route de Yellowhead

Prince Rupert

Le terminal du traversier se trouve à l'extrémité ouest de Second Ave. (route 16).

Circuit F: Les îles de la Reine-Charlotte (Haida Gwaii)

Les deux seuls moyens de transport pour se rendre à cet archipel de 150 îles sont l'avion (voir plus haut) et le traversier de **BC Ferries** (voir ci-dessus) qui va à l'île Graham, la plus importante et la plus peuplée de l'archipel. L'île Moresby, la deuxième en importance, est desservie, à Alliford Bay, par le petit traversier partant de Skidegate Landing, à l'île Graham.

Renseignements utiles

■ Bureaux de renseignements touristiques

Northern British Columbia Tourism Association
1268 Fifth Ave., Prince George
☎ (250) 561-0432 ou 800-663-8843
▤ (250) 561-0450
www.northernbctravel.com

Circuit A: Les Cariboo Mountains et la Chilcotin Highway

Bella Coola
www.bellacoola.ca

Quesnel
tlj 9h à 18h
703 Carson Ave.
☎ (250) 992-8716
www.northcariboo.com

Circuit B: De Prince George à Dawson Creek

Prince George
mai à sept tlj 8h à 20h, oct à avr lun-ven 8h30 à 17h
1300 First Ave.
☎ (250) 562-3700 ou 800-668-7646
www.tourismpg.com

Mackenzie
Le bureau de tourisme *(à l'intersection des routes 39 et 97, à 29 km du centre-ville, ☎250-750-4497 ou 997-5459)* est ouvert de la mi-mai à la mi-septembre. Le reste de l'année, des renseignements peuvent être obtenus à la chambre de commerce *(88 Centennial Dr., ☎250-997-5459 ou 877-622-5360, www.mackenziechamber.bc.ca)*.

Chetwynd
mi-mai à début sept tlj 9h à 17h
5217 North Access Rd.
☎ (250) 788-1943 ou 401-4100 (basse saison)
www.gochetwynd.com

Dawson Creek
début mai à fin sept tlj 8h à 19h, début oct à fin avr mar-sam 10h à 17h
900 Alaska Ave.
☎ (250) 782-9595 ou 866-645-3022
www.tourismdawsoncreek.com

Hudson's Hope
mi-mai à mi-sept tlj 8h30 à 21h
en face du musée et de l'église, dans une cabane de bois rond au centre du village
☎ (250) 783-9154 ou 783-9901 (basse saison)
www.dist.hudsons-hope.bc.ca

Circuit C: La route de l'Alaska

Fort St. John
Afin d'illustrer la vocation industrielle et pétrolière de la ville, le bureau de tourisme *(mi-mai à début sept lun-ven 8h à 21h, sam-dim 9h à 18h; début sept à mi-mai lun-ven 9h à 17h; ☎250-785-3033, www.fortstjohnchamber.com)* se trouve à l'opposé d'un grand derrick (50 m) à deux pas du centre-ville.

Fort Nelson
été tlj 8h à 20h
5500 Simpson Trail
☎ (250) 774-6400
www.fortnelsonchamber.com

Watson Lake (Yukon)
début mai à mi-sept tlj 8h à 20h
à la jonction de l'Alaska Highway et de la Campbell Highway
☎ (867) 536-7469
www.touryukon.com

Circuit D: La route Stewart-Cassiar

Kitwanga
mi-mai à mi-sept tlj 8h à 17h
506 Railway Rd.
☎ 866-417-3737

Stewart
222 Fifth Ave.
☎ (250) 636-9224
www.stewartcassiar.com
www.stewart-hyder.com

Hyder, Alaska
Main St.
☎ (250) 636-9148
www.stewart-hyder.com
La Hyder Community Association présente entre autres des archives et des documents relatifs à l'histoire de Hyder.

Circuit E: La route de Yellowhead

Prince Rupert
tlj 9h à 20h
200 Cow Bay Rd.
☎ (250) 624-5637 ou 800-667-1994
www.tourismprincerupert.com

McBride
mi-mai à mi-sept tlj 9h à 17h
dans un wagon facilement repérable par sa sculpture représentant une famille de grizzlys installée à l'entrée
☎ (250) 569-3366
www.mcbridebc.info

Vanderhoof
2353 Burrard Ave.
☎ (250) 567-2124
www.vanderhoofchamber.com

Burns Lake
540 Hwy. 16
☎ (250) 692-3773
www.burnslake.net/chamber

Houston
3289 Hwy. 16 (sa canne à pêche se voit de loin)
☎ (250) 845-7640
www.houstonchamber.ca

Smithers
à l'intersection de la route 16 et de Main St.
☎ (250) 847-5072 ou 800-542-6673
www.tourismsmithers.com

New Hazelton
à l'intersection des routes 16 et 62
☎ (250) 842-6071 (mai à août) ou
842-6571 (sept à avr)

Terrace
mi-mai à mi-sept tlj 8h à 17h, mi-sept à mi-mai tlj 8h30 à 16h30
☎ (250) 635-2063 ou 800-499-1637
www.terracetourism.bc.ca
En arrivant de l'est par la route 16, vous apercevrez le bureau de tourisme situé dans le bâtiment en bois rond de la chambre de commerce.

Kitimat
2109 Forest Ave.
☎ (250) 632-6294 ou 800-664-6554
www.visitkitimat.com

Circuit F: Les îles de la Reine-Charlotte (Haida Gwaii)

Pour bien planifier un séjour aux îles de la Reine-Charlotte, il est préférable de communiquer à l'avance avec les bureaux de tourisme.

Queen Charlotte City
3320 Wharf St., Graham Island
☎ (250) 559-8316
www.qcinfo.ca

Masset
en été seulement
dans une petite remorque, à l'entrée sud du village, Graham Island
☎ (250) 626-3982
www.massetbc.com

Attraits touristiques

Ce chapitre comporte six circuits:

Circuit A: Les Cariboo Mountains et la Chilcotin Highway ★ ★

Circuit B: De Prince George à Dawson Creek ★ ★

Circuit C: La route de l'Alaska ★ ★ ★

Circuit D: La route Stewart-Cassiar ★ ★ ★

Circuit E: La route de Yellowhead ★ ★ ★

Circuit F: Les îles de la Reine-Charlotte (Haida Gwaii) ★ ★ ★

Veuillez noter que dans ce chapitre exceptionnellement, tous les parcs nationaux et provinciaux sont à même les circuits. Pour de l'information complète sur les parcs provinciaux de la région, consultez le site: www.bcparks.ca

Circuit A: Les Cariboo Mountains et la Chilcotin Highway
★ ★

Ce parcours s'étend du nord au sud entre Prince George et Williams Lake. Les attraits incontournables se trouvent à l'est de Quesnel par la route 26. À ceux qui veulent explorer un peu plus à fond, nous suggérons de descendre à l'est de Williams Lake pour découvrir le **Wells Gray Provincial Park** (voir p 315).

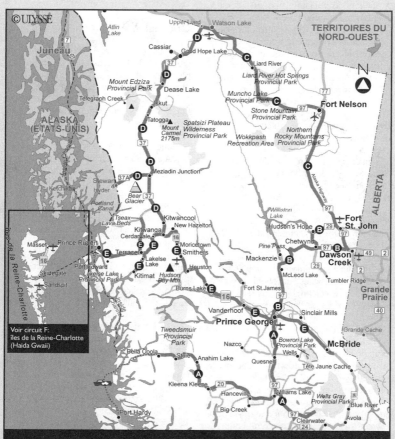

LE NORD DE LA COLOMBIE-BRITANNIQUE
circuit A: les Cariboo Mountains et la Chilcotin Highway
circuit B: de Prince George à Dawson Creek
circuit C: la route de l'Alaska
circuit D: la route Stewart-Cassiar
circuit E: la route de Yellowhead
circuit F: les îles de la Reine-Charlotte (Haida Gwaii)

Le nord de la Colombie-Britannique - Attraits touristiques - Les Cariboo Mountains...

Il est aussi possible de prendre la route 20, communément appelée "Chilcotin Highway", qui rejoint le littoral ouest à partir de Williams Lake, pour partir à la découverte de **Bella Coola** et du seul port de mer entre Prince Rupert et l'île de Vancouver. Ce circuit, plus long (456 km) et moins confortable, plaira néanmoins à ceux qui souhaitent s'aventurer hors des sentiers battus. Ils découvriront ainsi des paysages splendides tout au long de la route.

Tweedsmuir Provincial Park ★ ★ ★

À 360 km de Williams Lake, on atteint le **Tweedsmuir Provincial Park ★ ★ ★** (☎250-787-3411), l'un des plus grands parcs de la Colombie-Britannique, un paradis sauvage couvert de lacs, de verdure et de montagnes. L'une des vues les plus spectaculaires qu'offre le parc est sans doute celle des **Hunlen Falls ★ ★ ★**, accessibles par un sentier de 16,4 km. Nourrie par les eaux du lac Turner, cette chute fait 260 m de hauteur (plus de quatre fois la hauteur des chutes du Niagara). Prévoyez une journée complète pour cette excursion. Très accidenté, le sentier présente un dénivelé de 2 000 m et s'adresse aux randonneurs expérimentés. Pour vous y rendre, suivez les indications à partir de la route 20.

Passé le Tweedsmuir Provincial Park, la Chilcotin Highway atteint la vallée de Bella Coola. C'est ici en 1793 que l'explorateur Alexander Mackenzie acheva sa traversée du Canada. Témoin de son passage, s'y trouve un rocher sur lequel il inscrivit l'un des plus célèbres graffitis de l'Ouest: *Alexander Mackenzie, from Canada, by land, 22 July 1793.* D'abord un comptoir de la Compagnie de la Baie d'Hudson, la ville de Bella Coola devint un port de pêche important, sous l'influence des premiers occupants norvégiens. Le **Bella Coola Museum** (2$; *route 20*, ☎250-799-5715), installé dans une petite école norvégienne du XIXe siècle, et la **Sons of Norway Heritage House** (2$; *route 20, en direction de Hagensborg, à une vingtaine de kilomètres à l'est de Bella Coola)* témoignent de son passé nordique. Contactez Bella Coola Valley Tourism pour planifier une visite des pétroglyphes de **Thorsen Creek** (☎866-799-5202, www.bellacoola.ca). Pour observer les Coast Mountains et les fjords, empruntez le sentier menant au lac McGurr à partir de la marina de Bella Coola (environ 3 km).

Vous pouvez revenir sur vos pas (prenez alors la route 20 jusqu'à Williams Lake puis la route 97 jusqu'à Quesnel, prochaine étape de ce circuit) ou encore prendre le *BC Ferries Discovery Coast (début juin à début sept; BC Ferries,* ☎250-386-3431 *ou* 888-223-3779, *www.bcferries.com),* qui relie Bella Coola à Port Hardy, sur l'île de Vancouver. Ce trajet est un peu long *(13 heures environ)* et coûteux *(115$/adultes, 231$/voitures),* mais la jolie croisière vaut le détour: vous aurez la possibilité d'apercevoir des baleines et des dauphins et de découvrir plusieurs villes le long de cette côte du Pacifique puisque le traversier y fait de nombreux arrêts, à Namu, Shearwater ou encore Ocean Falls.

Quesnel ★ ★ ★

En partant de Prince George, on atteint Quesnel, 118 km plus au sud, en un peu plus d'une heure de route. Il s'agit de la plus belle ville de la région, avec ses deux cours d'eau (la rivière Quesnel et le fleuve Fraser) qui s'y rencontrent et ses belles artères garnies de fleurs et bordées d'arbres.

Comme bien des villes des alentours, Quesnel a vu le jour pendant la ruée vers l'or du XIXe siècle. Les chercheurs d'or y faisaient le plein de denrées alimentaires et de matériel de survie avant de se lancer à la recherche de la fameuse pépite dans les vallées reculées de l'arrière-pays. D'où le surnom de la ville: *Gold Pan City,* la ville du tamis d'or.

Aujourd'hui, c'est l'industrie forestière qui a pris le dessus sur l'activité minière en tant que moteur économique de la région. Plus de 2 000 familles vivent de cette industrie.

Quesnel constitue le point de départ d'une multitude d'excursions. Si vous n'avez que quelques jours à consacrer à la région, limitez-vous à Quesnel et choisissez parmi l'éventail de possibilités telles que le canot, le rafting et les visites d'une ville minière reconstituée ou d'une papeterie. La troisième fin de semaine de juillet, les Billy Barker Days soulignent le patrimoine historique de la ville autour du thème de la ruée vers l'or. Des activités pour toute la famille sont au programme.

L'exposition permanente du **Quesnel & District Museum** (3$; *410 Kinchant St.,* ☎250-992-9580) présente les objets de tous les jours que les pionniers utilisaient dans les champs, dans les mines et à la maison il y a plus d'un siècle.

Une attraction à la fois surprenante et gratuite se trouve au **Pinnacles Park** *(légèrement au-delà des limites de la ville, du côté ouest; suivre les indications)*. Une petite marche d'une vingtaine de minutes vous mènera, à travers une forêt de conifères, jusqu'à un groupe de monticules sablonneux qui pointent très haut, appelés *hoodoos* (cheminées des fées). Il s'agit d'étranges formations verticales de couleur terreuse et d'origine volcanique formées il y a 12 millions d'années par l'érosion de diverses couches de sol volcanique. Il ne reste aujourd'hui que les couches les plus résistantes qui s'élancent fièrement vers le ciel.

Quesnel compte trois usines de pâtes et papiers que l'on peut visiter en appelant au préalable: **Quesnel River Pulp** *(1000 Finning Rd.,* ☎*250-992-8919)*; **Cariboo Pulp & Paper** *(600 North Star Rd.,* ☎*250-992-0200)*; **West Fraser Mills** *(1250 Brownmiller Rd.,* ☎*250-992-9244)*.

Barkerville ★ ★ ★

Barkerville *(12,50$ mi-juin à sept, entrée libre oct à mi-juin; 125 km à l'est de Quesnel,* ☎*250-994-3302, www.barkerville.com)* jaillit du néant en 1862 lorsque Billy Barker découvrit de l'or dans la crique Williams. Pendant les huit années qui suivirent, 100 000 personnes allèrent tenter leur chance, faisant de Barkerville la plus importante ville à l'ouest de Chicago et au nord de San Francisco.

Le malheur avec les filons, c'est qu'ils s'épuisent! Aujourd'hui, la ville est un site historique protégé où plus de 125 édifices ont été restaurés avec leur allure de ville frontière. Le résultat est étonnant: saloon, hôtel, bureau de poste, imprimeur, maréchal-ferrant. Tout y est et l'illusion est parfaite. Illusion dites-vous? Il y a pourtant toujours quelques prospecteurs qui tamisent le fond des rivières qui coulent dans les alentours...

Bowron Lake Provincial Park ★ ★ ★

À 30 km de Barkerville, le **Bowron Lake Provincial Park** *(*☎*250-787-3411)* est particulièrement célèbre pour une activité particulière: le canot (voir p 333). En voyant toutes

ces embarcations sur le toit des voitures qui circulent à Quesnel, vous comprendrez que le circuit d'une semaine entre les montagnes est une attraction mondialement reconnue. Pour une expédition plus courte, il est également possible de n'emprunter que la partie ouest du circuit (2 à 4 jours).

Wells Gray Provincial Park

Le **Wells Gray Provincial Park** *(via 100 Mile House ou Clearwater,* ☎*250-674-2194)* est le deuxième parc en importance de la province. Les possibilités d'activités de plein air y sont multiples. Vous pourrez pratiquer le canot, la randonnée pédestre ou la pêche, et ce, pour une journée ou une semaine. Le parc est aussi célèbre pour ses nombreuses chutes.

Circuit B: De Prince George à Dawson Creek
★ ★

Au départ de la ville de Prince George, par la route 97, il est possible de se rendre au kilomètre 0 (Mile 0) de l'Alaska Highway, situé à Dawson Creek. La route pénètre à travers d'agréables paysages boisés et parsemés de lacs, et traverse la chaîne des montagnes Rocheuses.

Prince George ★ ★

Prince George se considère elle-même comme la capitale du nord de la Colombie-Britannique avec ses 77 000 habitants. À vrai dire, en regardant une carte de la Colombie-Britannique, vous verrez que Prince George est en fait située au centre de la province. Cette situation géographique a permis à la ville d'être la plaque tournante non seulement du transport ferroviaire, mais aussi du transport routier, puisque Prince George se trouve à l'intersection de la route 16, qui traverse la Colombie-Britannique d'est en ouest, et de la route 97, qui, quant à elle, traverse la province du nord au sud.

Prince George se trouve à 800 km au nord de Vancouver, à environ une heure de vol mais à 10 heures de route par la transcanadienne et la route 97 Nord. L'histoire de Prince George est liée à la présence de deux cours d'eau: la rivière Nechako et le fleuve Fraser.

En effet, dès le début du XIXe siècle, les trappeurs et les coureurs des bois s'en servaient comme voies de transport vers les vastes territoires du Nord. Très vite, ils se rendirent compte que la région était riche en loups, en visons, en rats musqués, en renards, etc. Ainsi, des comptoirs d'échange pour le commerce des fourrures s'établirent rapidement le long des berges du fleuve Fraser et de la rivière Nechako.

En 1807, un premier bâtiment fut construit: Fort George. En 1821, la Compagnie du Nord-Ouest et la Compagnie de la Baie d'Hudson, les deux plus importantes entreprises de traite des fourrures, absorbaient Fort George. En 1908, avec la construction du Grand Trunk Pacific Railway (GTPR), Fort George allait devenir un important point de distribution pour le chemin de fer transcontinental. Tous ces grands bouleversements ont amplement contribué à accroître la population. Il fallut développer un deuxième aménagement urbain: South Fort George.

Finalement, en 1914, le GTPR est mis en service dans la région. Le flot des nouveaux arrivants pousse à la construction d'un nouveau lotissement: Prince George. Aujourd'hui troisième ville en importance de la Colombie-Britannique, Prince George tire la majeure partie de ses revenus de l'industrie forestière, puisque pas moins de 15 scieries et trois usines de pâtes et papiers y sont implantées. Le climat est continental, chaud et sec en été et froid en hiver.

Sur le site même où fut construit Fort George en 1807, dans le parc du même nom, se trouve **The Exploration Place ★★** *(8,95$; mi-mai à mi-sept tlj 10h à 17h, mi-sept à mi-mai mer-dim 10h à 17h; 333 Becott Place, à l'extrémité de 20th Avenue, ☎250-562-1612 ou 866-562-1612, www.theexplorationplace.com)*, le plus important musée et centre de sciences du nord de la Colombie-Britannique, est aussi l'endroit idéal pour en apprendre davantage sur l'histoire de Prince George. Avec ses nombreuses expositions interactives portant sur la faune de la région, les sports et la paléontologie, le centre saura intéresser les jeunes et les moins jeunes, quels que soient leurs intérêts. De plus, les visiteurs du musée peuvent faire un voyage virtuel au cinéma SimEx, où un simulateur

de mouvement permet aux spectateurs de se plonger corps et âme dans les films.

Non loin d'Exploration Place se trouve le **Prince George Railway & Forestry Museum ★★** *(6$; mi-mai à oct tlj 10h à 16h; 850 River Rd., ☎250-563-7351, www.pgrfm.bc.ca)*. Il décrit un voyage dans le temps à l'époque des débuts du chemin de fer et des premières techniques de coupe du bois.

Pour les amateurs d'art amérindien, une visite s'impose à la **Prince George Native Art Gallery** *(lun-ven 10h à 17h, sam 10h à 16h; 1600 Third Avenue, ☎250-614-7726)*. Cette galerie privée propose un important éventail d'art tribal, des gravures à la bijouterie.

Pour une petite promenade ou un pique-nique, le **Cottonwood Island Nature Park ★★** est recommandé. Ce parc d'une superficie de 33 ha est situé tout près du centre-ville le long de la rivière Nechako. Il renferme un intéressant site d'observation d'animaux tels que renards, castors et aigles.

Un autre parc, le **Connaught Hill Park ★**, situé au cœur de la ville, offre une vue de 360° sur Prince George et ses environs. Pour vous y rendre, prenez Queensway en direction sud, Connaught Drive à droite et Caine encore à droite.

Prince George tire ses revenus de la forêt, et il n'est pas étonnant qu'il soit possible d'y visiter des usines reliées à cette industrie. Ainsi, le groupe Canfor ouvre les portes de certaines de ses usines en saison estivale *(début mai à fin août; p250-962-3300, www.canfor.com/community)*, parmi lesquelles la **Northwood Pulp Mill** *(5353 Northwood Pulp Mill Rd.)* et la **Prince George Pulp & Paper** *(2789 Prince George Pulp Mill Rd.)*.

Mackenzie

Petite localité ultramoderne, exemple typique de la ville champignon, Mackenzie fut bâtie en 1965 à la suite de la construction du barrage sur la rivière Peace. Moins d'un an après la pose de la première pierre, des centaines d'ouvriers arrivaient dans cette région sauvage. Aujourd'hui, Mackenzie, avec ses 6 000 habitants, est devenu le village des superlatifs. En effet, il peut se vanter d'avoir eu à l'époque le plus grand lac artificiel au monde, le **Williston Lake** (aujourd'hui le 9e en importance), grâce à la construction du barrage, mais aussi le plus gros broyeur d'arbres au monde, uti-

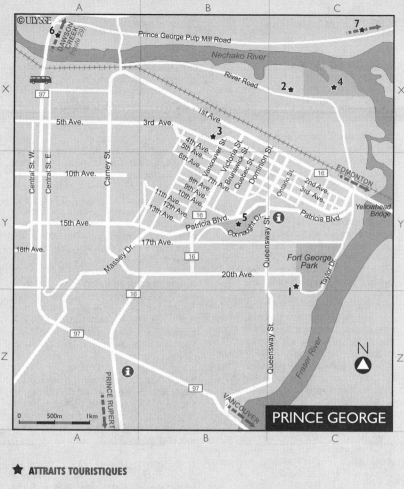

PRINCE GEORGE

⭐ ATTRAITS TOURISTIQUES

1. CY	The Exploration Place	
2. CX	Prince George Railway & Forestry Museum	
3. BX	Prince George Native Art Gallery	
4. CX	Cottonwood Island Nature Park	

5. BY	Connaught Hill Park
6. AX	Northwood Pulp Mill
7. CX	Prince George Pulp & Paper

lisé à l'époque afin de se frayer un passage dans la forêt pour créer la ville.

Chetwynd

Cette petite ville s'appelait autrefois "Little Prairie". Son nom fut changé en l'honneur du ministre des chemins de fer, Ralph Chetwynd, qui développa le transport ferroviaire dans le nord de la Colombie-Britannique. Aujourd'hui, Chetwynd est une ville ouvrière très prospère. Elle a été bâtie au nord de l'un des plus grands gisements de charbon au monde. Le gaz naturel et l'autre importante source de revenus qu'est la forêt ont renforcé son économie. L'influence de son activité forestière se répercute jusque dans les rues.

En effet, Chetwynd est la **capitale mondiale de la sculpture à la tronçonneuse**. Un peu partout en ville, des animaux sculptés ornent le sommet des bâtiments.

À partir de Chetwynd, vous pouvez vous rendre directement à Dawson Creek ou emprunter la route 29 pour visiter Hudson's Hope.

Hudson's Hope ★★

Les lieux furent explorés pour la première fois en 1793 par Alexander Mackenzie. En 1805, un comptoir de commerce des fourrures fut établi. Aujourd'hui, Hudson's Hope doit surtout sa renommée à la construction des complexes hydroélectriques WAC Bennett, dans les années 1960, et Peace Canyon, un peu plus tard.

Le bureau de tourisme est situé tout près de la charmante et ancienne petite **St. Peter's United Church** ★ en bois et du **Hudson's Hope Museum** *(mi-mai à mi-sept tlj 9h30 à 17h30, mi-sept à début oct sam-dim seulement; 9510 Beattie Dr.,* ☎*250-783-5735)* qui expose des fossiles, dont ceux de dinosaures, et présente des pièces archéologiques.

Bien sûr, les attraits de Hudson's Hope sont les visites (gratuites) des installations hydroélectriques de **WAC Bennett** ★★★ *(mi-mai à début sept tlj 10h à 18h; à environ 20 km à l'ouest de Hudson's Hope,* ☎*250-783-5000)* et de **Peace Canyon** ★★ *(mi-mai à début sept tlj 8h à 16h, sept à mi-mai lun-ven 8h à 16h, sauf jours fériés; 7 km au sud de Hudson's Hope,* ☎*250-783-5000).* Le barrage WAC Bennett constitue l'une des plus importantes structures au monde: un amalgame de pierres et de béton fermant une vallée naturelle. Le lac de retenue, soit le lac Williston, se classe quant à lui au 9e rang des plans d'eau artificiels de la planète!

Dawson Creek ★

Dawson Creek reçut son nom en souvenir du docteur George Dawson, ce géologue qui, en 1879, découvrit la fertilité des plaines environnantes, un emplacement géographique idéal pour développer l'agriculture. George Dawson pensait peut-être que Dawson Creek deviendrait une capitale agricole, mais se doutait-il qu'on y ferait la découverte de gisements de pétrole et de gaz naturel?

L'autre révolution pour Dawson Creek fut, en 1942, la construction de la route de l'Alaska, qui voyait naître ici son kilomètre 0 ou Mile 0. Aujourd'hui, près de 30 000 touristes en provenance du monde entier

se rendent à Dawson Creek pour entreprendre leur voyage vers le nord.

Le bureau de tourisme est rattaché au **Northern Alberta Railway Park (NAR)** ★★, qui regroupe aussi le Station Museum et la Dawson Creek Art Gallery. Il est impossible de ne pas remarquer l'immense élévateur de grains, rénové en 1931 et situé au coin d'Alaska Avenue et de 8th Street.

Le **Dawson Creek Station Museum** ★ *(début juin à fin août tlj 8h à 19h, début sept à fin mai mar-sam 10h à 12h et 13h à 17h; 900 Alaska Ave.,* ☎*250-782-9595)* retrace l'histoire de la construction de la route de l'Alaska, mais aussi celle des premiers arrivants. Dans la collection d'objets du musée se trouvent la plus grande défense de mammouth découverte dans l'Ouest canadien mais aussi des os de dinosaures.

La **Dawson Creek Art Gallery** *(début juin à fin août tlj 9h à 17h, début sept à fin mai mar-sam 10h à 12h et 13h à 17h;* ☎*250-782-2601)* propose, à l'intérieur même de l'élévateur à grains, des œuvres d'artistes locaux, de l'artisanat ainsi que des expositions itinérantes.

Juste à côté du parc NAR, un panneau indique l'entrée de la route de l'Alaska, et il est sans doute le plus photographié de la province. Au centre-ville se trouve le légendaire **Mile 0 Post**, qui, lui aussi, mérite une photographie.

Si vous voulez jeter un coup d'œil sur les produits locaux, arrêtez-vous au **Dawson Creek Farmers' Market** *(sam 8h30 à 12h30;* ☎*866-645-3022),* qui se tient à côté du parc NAR juste derrière le panneau de l'Alaska Highway.

Circuit C: La route de l'Alaska
★★★

Ce circuit commence au kilomètre 0 (Mile 0), à Dawson Creek, et se termine au kilomètre 1011 (Mile 632), à Watson Lake, au Yukon. La route, bien entretenue, est revêtue sur toute sa longueur. Cependant, avant de s'y engager, il est nécessaire de s'assurer du bon état de son véhicule ainsi que de celui des pneus, car les services de réparation sont assez limités le long du trajet. Les travaux de réfection sont fréquents

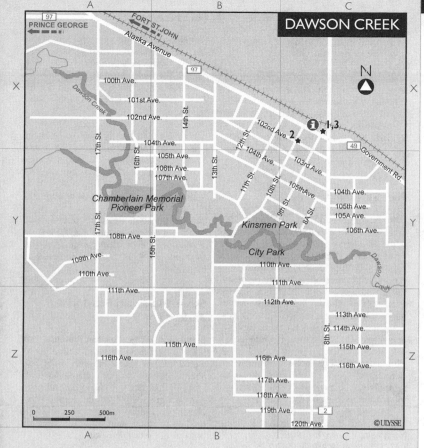

⭐ **ATTRAITS TOURISTIQUES**

1. ⊂╳   Northern Alberta Railway Park, Dawson Creek Station Museum et Dawson Creek Art Gallery

2. ⊂╳   Mile 0 Post
3. ⊂╳   Dawson Creek Farmers' Market

en été et rendent les conditions de conduite plus difficiles à cause de la poussière. Il convient donc de rouler avec les phares allumés en tout temps.

Une mesure de guerre fut à l'origine de la grande aventure de la route de l'Alaska. Cette initiative américaine visait en effet à créer une voie de communication terrestre permettant d'acheminer équipement militaire, vivres et troupes vers l'Alaska. Les travaux commencèrent dès mars 1942 au village de Dawson Creek, qui ne comptait à l'époque que 600 habitants. En l'espace de quelques semaines, la population s'est accrue de 10 000 personnes, dont la plupart étaient des ouvriers militaires.

Plus de 11 000 soldats et ingénieurs américains, 16 000 ouvriers civils et 7 000 machines et tracteurs en tout genre eurent la difficile tâche de se frayer un chemin à travers des milliers de kilomètres de nature sauvage. La facture de ce projet titanesque d'une longueur de 2 436 km, ponctué de 133 ponts, fut de 140 millions de dollars canadiens. De nos jours, la réussite de ce chantier est encore considérée comme une prouesse d'ingénierie comparable à celle du canal de Panamá. La partie canadienne de la route (route 97) resta sous supervision militaire jusqu'en 1964.

Aujourd'hui, cette route extraordinaire (route 97) est un lien économique et social essentiel pour toutes les localités septentrionales. Par ailleurs, elle permet un accès inespéré vers des paysages sublimes, pour le plaisir des voyageurs du monde entier. En 2002, l'**Alaska Highway** a célébré son soixantième anniversaire.

Fort St. John ★

Fort St. John, situé au kilomètre 75,6 (Mile 47), est la ville de la Colombie-Britannique qui se trouve sur la route de l'Alaska. Prospère et moderne, avec environ 17 000 habitants, cette petite ville bénéficie d'une économie très diversifiée. Elle tire ses revenus en partie de l'agriculture, 800 fermes étant établies dans la région, mais surtout du pétrole et du gaz naturel. Ce n'est pas pour rien que Fort St. John est la capitale énergétique de la Colombie-Britannique.

Afin d'illustrer la vocation industrielle et pétrolière de la ville, le bureau de tourisme se trouve à l'opposé d'un grand derrick (50 m) à deux pas du centre-ville.

Dans le même bâtiment, le **Fort St. John-North Peace Museum** ★ *(3$; lun-sam 9h à 17h; 9323 100th St.,* ☎*250-787-0430)* regroupe près de 6 000 objets et quelques fossiles et ossements qui retracent la préhistoire et l'histoire de la région de Fort St. John.

La **Peace Gallery North** *(lun-sam 10h à 17h; 10015 100th Ave., dans le centre culturel,* ☎*250-787-0993)* présente de nombreuses œuvres exécutées par des artistes locaux.

The Honey Place ★ *(début mai à nov lun-sam 9h à 17h30, nov à début mai mar-sam 9h à 17h; visites guidées sur réservation; kilomètre 67,2 ou Mile 42 de la route de l'Alaska,* ☎*250-785-4808)* organise des visites guidées de la plus grande «ruche vitrée» du monde. Le visiteur aura l'occasion d'observer, en temps réel, le merveilleux travail des abeilles dans leur confection du miel.

Fort Nelson

Fort Nelson, situé au kilomètre 454,3 (Mile 283) de la route de l'Alaska, est une petite ville industrielle d'environ 4 000 personnes. Son histoire est liée à la traite des fourrures depuis 1805. En 1922, le Godsell Trail, le chemin qui la reliait à Fort St. John, la sortit de son isolement.

À cette époque, Fort Nelson n'était habité que par 200 Amérindiens et une poignée de Blancs. Ensuite, après la construction de la route de l'Alaska, la ville connut un essor considérable du fait de l'établissement de stations-service, d'hôtels et de restaurants.

Pour les amateurs d'histoire, une visite du **Fort Nelson Heritage Museum** ★ *(3$; mi-mai à sept tlj 8h30 à 19h30; face au bureau de tourisme du centre-ville,* ☎*250-774-3536)* se révèle intéressante.

Stone Mountain Provincial Park ★★★

L'entrée du **Stone Mountain Provincial Park** *(kilomètre 595 de la route de l'Alaska, 140 km à l'ouest de Fort Nelson; BC Parks:* ☎*250-787-3411)* se trouve au point culminant de la route de l'Alaska, à 1 267 m d'altitude. Ce parc compte 25 690 ha de sommets rocheux, de formations géologiques et de lacs, et abrite la faune la plus variée du nord de la Colombie-Britannique.

Les orignaux y vivent en grand nombre, de même que les wapitis, les castors, les ours noirs, les grizzlys et les loups, sans parler des centaines de chèvres de montagne qu'il n'est pas rare de rencontrer près de la route. Il est conseillé aux personnes qui ne sont pas trop habituées à la randonnée en montagne sous ces latitudes septentrionales de ne pas s'aventurer trop haut. Les conditions climatiques peuvent changer très rapidement, et la température peut chuter de plus de 10°C en l'espace de quelques heures. Les chutes de neige sur les sommets ne sont pas rares, même au cœur de l'été.

FORT ST. JOHN

W

106th St.
104th St.
102nd St.
105th Ave.
100th St.
106th Ave.
105th Ave.
104th Ave.
104th Ave.
103rd Ave.
102nd Ave.
101st Ave.
100th Ave.

2

99th Ave.
98th Ave.
98th Ave.
97th Ave.
98th St.
97th St.
96th St.
95th St.
94th St.
93rd St.
92nd St.
96th Ave.

108th St.
104th St.
102nd St.
95th Ave.
95th Ave.

Centennial Park

3
FORT NELSON
94th Ave.
1
94th Ave.
97
93rd Ave.
93rd Ave.
Alaska Highway
Beaver Rd.
96A St.
Cree Rd.
100th St.
97
92A St.

DAWSON CREEK

0   200   400m

©ULYSSE

⭐ **ATTRAITS TOURISTIQUES**

1. BY   Fort St. John-North Peace Museum
2. BX   Peace Gallery North

3. AY   The Honey Place

Northern Rocky Mountains Provincial Park ★★★

Le **Northern Rocky Mountains Provincial Park** *(BC Parks:* ☎*250-787-3411)* est un parc provincial rattaché à Stone Mountain et accessible seulement à pied ou à cheval. D'une superficie de 665 709 ha, cette zone sauvage est réservée aux randonneurs d'expérience. Le seul fait de s'y rendre est d'ailleurs une expédition en soi. Le sentier le plus connu est le Wokkpash Valley – Macdonald Creek, d'une longueur de 70 km, avec 1 200 m de dénivellation. Il nécessite au moins sept jours de marche. Attention aux inondations soudaines les jours de pluie.

Muncho Lake Provincial Park ★★★

Le **Muncho Lake Provincial Park** *(5$ adultes; kilomètre 681; BC Parks:* ☎*250-787-3411)* est l'un des plus beaux parcs provinciaux du Canada et offre certainement l'un des grands moments de la traversée de la route de l'Alaska en Colombie-Britannique. Il s'agit de 86 079 ha de montagnes anguleuses et dénudées qui entourent le magnifique lac Muncho, de 12 km de long. Comme tous les parcs de la région, il doit son existence à la construction de la route de l'Alaska. Castors, ours noirs, grizzlys, loups et chèvres de montagne y sont bien présents. La flore est exceptionnelle, avec ses différentes espèces d'orchidées. Il n'y a presque pas de route dans le parc; la meilleure façon de le visiter est donc de suivre l'Alaska Highway.

Liard River Hot Springs Provincial Park ★★★

Le **Liard River Hot Springs Provincial Park** *(kilomètre 764,7 ou Mile 477,7; BC Parks:* ☎*250-776-7000)* est la halte favorite des voyageurs. Ils peuvent se relaxer dans les piscines naturelles, alimentées par des sources thermales à 49°C. Le microclimat créé par la température élevée et constante des cours d'eau, été comme hiver, a permis à une végétation unique de se développer ici. Des fougères géantes et de nombreuses plantes carnivores donnent une allure un peu tropicale à la région.

Watson Lake (Yukon) ★★★

Située au kilomètre 1 021 (Mile 612,9) de la route de l'Alaska, la ville de Watson Lake, au Yukon, marque la ligne d'arrivée du circuit de la route de l'Alaska.

Vers 1897, un Anglais du nom de Frank Watson quittait Edmonton pour vivre l'aventure des chercheurs d'or à Dawson City, au Yukon. Après avoir traversé des régions qui n'étaient même pas cartographiées, il se retrouva sur les berges de la rivière Liard. Il décida d'arrêter là son voyage et de s'installer sur le bord du lac qui porte aujourd'hui son nom.

La construction d'un aéroport militaire en 1941, ajoutée au chantier de la route de l'Alaska un an plus tard, permit à la ville de Watson Lake de se développer véritablement. Aujourd'hui, Watson Lake est une plaque tournante clé pour le transport, les communications et l'approvisionnement des localités avoisinantes ainsi que pour les industries minières et forestières.

Pour ceux qui s'intéressent à l'histoire de la route de l'Alaska, une visite s'impose à l'**Alaska Highway Interpretive Centre** ★★ *(mi-mai à mi-sept tlj 8h à 20h; à l'intersection de l'Alaska Highway et de la Campbell Highway,* ☎*867-536-7469).* Des diaporamas et des photographies relatent l'épopée de la célèbre route. L'**Alaska Highway Signpost Forest** ★★★ est sans conteste la grande attraction de Watson Lake. Elle regroupe plus de 42 000 pancartes du monde entier placardées sur les mâts par les touristes eux-mêmes. Certaines font preuve de beaucoup d'originalité. En planifiant votre voyage, préparez votre propre pancarte, quoiqu'il vous soit toujours possible d'en faire fabriquer une sur place pour quelques dollars.

Circuit D: La route Stewart-Cassiar
★★★

Le départ pour ce circuit se fait généralement à Kitwanga (à 43 km au sud de Hazelton, sur la route 16), mais, pour les voyageurs qui ont déjà traversé la route de l'Alaska, le départ peut se faire à Watson Lake (Yukon). En effet, il est aussi possible de combiner les circuits C et D puisque les deux routes se rejoignent à **Junction 37**, au kilomètre 1038 (Mile 649) de la route de l'Alaska, à quelques kilomètres de Watson Lake.

Achevée en 1972, la route Stewart-Cassiar, soit la route 37, répond à toutes les normes routières, c'est-à-dire qu'elle est praticable en toutes saisons. Trois importantes sections de la route ne sont pas bitumées; de fait, les conditions de conduite peuvent se révéler difficiles à cause de la poussière par temps chaud et sec, ou à cause de la boue en raison de la pluie.

Aussi le ministère des Transports préconise-t-il de garder les phares des voitures allumés en tout temps. Même s'il est plus raisonnable d'emprunter la route avec un véhicule disposant d'une importante garde au sol ou avec un tout-terrain, ces derniers ne sont pas indispensables. Une voiture conventionnelle peut faire le voyage.

La route Stewart-Cassiar est la voie commerciale des chauffeurs de camions qui approvisionnent les communautés du nord de la province et au-delà. Le trajet est un peu plus court que celui de la route de l'Alaska, mais les paysages sont tout aussi magnifiques.

Kitwanga ★

Kitwanga est la première communauté rencontrée en direction sud. Elle compte un peu moins de 1 500 habitants. La ville est surtout connue pour son passé historique, avec le **Lieu historique national du Fort-Kitwanga** ★ *(entrée libre; à environ 5 km au nord de l'intersection des routes 16 et 37;* ☎*250-559-8818)*, où se trouve la Battle Hill, qui fut le théâtre, il y a 200 ans, d'affrontements entre Amérindiens. Ce lieu historique national est ouvert toute l'année et se trouve non loin du vidéoclub qui fait aussi office de bureau de tourisme.

Les amateurs de totems pourront faire une petite visite de la **réserve amérindienne de Gitwangak** *(au nord de l'intersection des routes 16 et 37, passé le pont du fleuve Skeena)*, car juste en face de l'**église anglicane Saint Paul** ★, construite en 1893, se trouve un superbe **alignement de totems** ★.

Kitwancool ★

Ce petit village amérindien est surtout réputé pour ses **totems anciens** ★, dont le plus vieux, ***Hole-in-the-Ice***, a près de 140 ans.

Excursion à Stewart, C.-B. / Hyder, AK ★ ★ ★

Le trajet jusqu'à Stewart ★ ★ ★

Le circuit commence dès Meziadin Junction, sur la route Stewart-Cassiar, et se rend jusqu'en Alaska, territoire américain (seuls les voyageurs canadiens n'ont pas besoin de passeport pour entrer). Il suffit de tourner à droite en direction de la route 37A. Cette route porte le surnom de *Glacier Highway* à juste titre. Le long de la route, vous noterez un grand changement dans le paysage. Les montagnes sont de plus en plus imposantes, de plus en plus proches, et les sommets sont couverts de neige et de glaciers.

Exactement 23 km après Meziadin Junction au détour d'un virage, c'est l'émerveillement, avec l'apparition du **Bear Glacier** ★ ★ ★. Celui-ci, dans toute sa splendeur azurée, se déverse dans les eaux laiteuses du lac Strohn au niveau de la route! À 42 km se trouve la ville de **Stewart**, ville frontière puisqu'elle ne se trouve qu'à seulement 2 km du petit village de Hyder, situé du côté de l'Alaska. La localité de Stewart est située au bout du **Portland Canal** ★ ★ ★, un fjord étroit de près de 145 km de long. Quatrième fjord le plus profond du monde, il marque la frontière naturelle entre le Canada et les États-Unis, et donne à Stewart un accès direct à la mer, faisant de cette petite ville le port libre de glaces le plus septentrional au Canada.

Le **site** ★ ★ ★ est tout simplement superbe. Des montagnes vertigineuses, pourvues de glaciers, entourent la ville de tous côtés. En été, la température douce est soumise au climat parfois humide du Pacifique. En hiver, d'importantes chutes de neige peuvent s'abattre sur la région (plus de 20 m au cours de la saison).

Il y a beaucoup de bâtiments d'époque à Stewart: l'ancienne caserne des pompiers, le **Fire Hall**, construit en 1910, ou l'**Empress Hotel**, sur Fourth Street, ou encore, sur la frontière canado-américaine, le **Stone Store-**

house, un entrepôt qui fut construit par l'Armée américaine en 1896 et qui servit de prison à cette époque.

Hyder, Alaska ★★

Hyder (100 habitants) se considère comme la ville fantôme la plus amicale en Alaska. Cette petite communauté est surtout connue pour ses pubs, ouverts 23 heures par jour, et pour ses boutiques hors taxes. Il faut se souvenir que, même s'il n'y a pas de bureau de douane entre les deux pays, la frontière existe et que nul n'est censé ignorer la loi.

De fait, il convient de respecter la réglementation en matière de limite d'achats détaxés. Le bureau de tourisme et le **musée ★★** *(Main St., ☎250-636-9148)* sont situés au sein du bâtiment de la Hyder Community Association, qui présente des archives et des documents relatifs à l'histoire de Hyder.

Après la traversée de Hyder, à 15 min se trouve **Fish Creek ★★★**, où un ruisseau est le théâtre, de juillet à septembre, du plus important frai de **saumons roses** en Alaska. Les **ours noirs** et les **grizzlys** pullulent autour du cours d'eau et festoient, profitant de l'épuisement des saumons arrivant au bout de leur long périple. Des **gradins** ont été installés pour permettre aux visiteurs d'observer ce saisissant spectacle de la nature. Avertissement: restez à bonne distance des ours. Même s'ils ont l'air sympathique et semblent avoir une allure pataude, méfiez-vous-en. Les ours ont un caractère changeant et imprévisible, et leur vitesse au pas de course peut atteindre 55 km/h!

Toujours par la route, il est possible de se rendre au **Salmon Glacier ★★★**, le cinquième glacier en importance au monde. La route, fermée de novembre à juin, est parfois très étroite et ne convient pas aux gros véhicules. Pour éviter les tracas, contactez **Seaport Limousine** *(visites guidées en minibus; ☎250-636-2622)*. Par temps clair, la vue du glacier est à couper le souffle.

Revenez sur vos pas et prenez la route 37 en direction d'Iskut.

Spatsizi Plateau Wilderness Provincial Park ★★★

Le **Spatsizi Plateau Wilderness Provincial Park** *(à Tattoga Lake, non loin d'Iskut, par la route 37, à 361 km au nord de l'intersection des routes 16 et 37, à Kitwanga. Prenez Ealue Lake Road sur une distance de 22 km. Traversez la rivière Klappan jusqu'à la route de terre de BC Rail, qui, au bout de 114 km, atteint la pointe sud-ouest du parc. Appelez impérativement BC Parks avant toute excursion: ☎250-771-4591)* est un parc réservé aux vrais aventuriers. Le plateau s'étend sur 696 160 ha de nature sauvage. L'accès se fait à pied, par bateau ou en hydravion.

Mot d'origine amérindienne tahltan, Spatsizi veut dire «chèvre rouge». Ce nom est inspiré de la couleur des montagnes écarlates dont le sol est riche en oxyde de fer. Le parc est effectivement situé sur un plateau, à une altitude presque constante d'environ 1 800 m. Le plus haut sommet du parc, le mont Will, avec 2 500 m d'altitude, se trouve dans les monts Skeena.

Cette région est dominée par un climat continental sec, donc froid en hiver avec peu de neige et aride en été avec une température moyenne de 20ºC. Ces conditions météo permettent à une importante faune de se développer (caribous, grizzlis, castors) ainsi qu'à près de 140 espèces d'oiseaux d'établir leurs quartiers à Spatsizi.

Iskut

Iskut est une petite communauté de 300 habitants surtout composée d'une population amérindienne. Au cœur de la réserve se trouve un centre de services, c'est-à-dire une pompe à essence, un bureau de poste et une épicerie *(Iskut Lake Co-op; Hwy. 37 N., ☎250-234-3241)*. Ce qui caractérise surtout Iskut, c'est le **paysage ★★★** environnant, tout simplement magnifique, surtout en automne, alors qu'il s'habille de couleurs. En cette saison, il n'est pas rare de voir les loups traverser la route à la tombée du jour.

Mount Edziza Provincial Park ★★★

D'une superficie d'environ 260 000 ha, le **Mount Edziza Provincial Park** *(pour planifier une expédition: BC Parks,* ☎*250-771-4591)* est situé dans le nord-ouest de la province, à l'ouest de la rivière Iskut et au sud du fleuve Stikine. Ce parc a la particularité d'abriter les sites volcaniques les plus spectaculaires du Canada.

Le mont Edziza (2 787 m), point culminant du parc, est un parfait exemple de formation volcanique. L'éruption qui a créé cet imposant cône de basalte a eu lieu il y a près de quatre millions d'années. Les flots de lave provenant du mont Edziza se sont étendus sur près de 65 km. Depuis que ce volcan s'est éteint, de nombreuses petites éruptions ont eu lieu, créant ainsi près d'une trentaine d'autres cônes, parmi lesquels le cône Eve, parfaitement symétrique.

Tout comme bon nombre de parcs du nord de la province, le Mount Edziza Provincial Park a un accès très limité et n'offre aucun service. Seuls les randonneurs d'expérience ayant un équipement adéquat pourront s'y rendre en toute sécurité. Même si la température peut parfois atteindre 30°C en été, il peut neiger toute l'année.

Dease Lake

Dease Lake est la communauté la plus importante sur la route Stewart-Cassiar. Du fait des nombreuses carrières de jade autour du village, Dease Lake est la capitale mondiale du jade. On peut d'ailleurs trouver de belles sculptures artisanales dans les nombreuses boutiques situées le long de la route. C'est aussi un important centre industriel et un centre de services gouvernementaux.

Dease Lake est surtout un tremplin pour les activités de plein air. Tout d'abord, le grand **Dease Lake ★★★**, avec ses 47 km de long, est l'endroit idéal pour la pêche à la truite et au brochet, mais aussi le point de départ, en avion ou à cheval, de belles excursions dans les parcs provinciaux Mount Edziza et Spatsizi Plateau Wilderness.

Telegraph Creek ★★★

La route qui mène à Telegraph Creek vaut déjà la promenade. Cette route sinueuse fut construite en 1922, et le paysage environnant est splendide. Quant au village de Telegraph Creek, c'est une invitation à un voyage dans le temps, à l'époque des pionniers.

Le départ de cette excursion se fait à Dease Lake, au bout de Boulder Street, la rue principale. La route de 119 km qui mène à Telegraph Creek est bien entretenue, plutôt étroite et fortement déconseillée aux véhicules encombrants ou tractant une caravane.

Les différents **points de vue ★★★** tout le long du trajet sont inoubliables: entre autres **Tuya River**, le **grand canyon de la Stikine** et les **champs de lave Tahltan-Stikine**. À Telegraph Creek, le caractère de l'endroit est frappant. Ce petit village a tout ce qu'il faut pour accueillir les touristes (pompe à essence, atelier de réparation d'automobiles, restaurant, hôtel, etc.), sans oublier l'allure vieillotte des **bâtiments d'époque ★★★**. Des renseignements sur les attraits touristiques de la région sont offerts à l'intérieur du **Stikine RiverSong Lodge** *(café, auberge, épicerie, bureau d'information;* ☎*250-235-3196).*

Good Hope Lake

Cette petite localité amérindienne (100 habitants) est surtout remarquable par son magnifique **lac ★★★** cristallin.

- -

Circuit E: La route de Yellowhead
★★★

La **Yellowhead Highway** *(www.yellowheadit.com)* est une impressionnante route (route 16) qui part de Winnipeg, au Manitoba, traverse la Saskatchewan et l'Alberta, puis se termine à Prince Rupert. La portion qui nous concerne est celle comprise entre la ville de McBride, dans l'est de la Colombie-Britannique, et la ville de Prince Rupert, à l'extrême ouest, soit une distance totale d'environ 1 000 km.

Les paysages le long du parcours sont incroyablement variés: hautes montagnes, canyons, vallées, épaisses forêts. Ce circuit

Le nord de la Colombie-Britannique - Attraits touristiques - La route de Yellowhead

donne un excellent aperçu de la géologie, de la topographie et de la configuration de la Colombie-Britannique.

McBride

Cette petite localité ouvrière, qui vit de l'industrie forestière et qui compte 700 habitants, est située dans un cadre agréable au pied des Rocheuses, sur les rives du fleuve Fraser. La promenade jusqu'au belvédère de **Teare Mountain** ★★★, avec vue imprenable sur la région, est recommandée.

Prince George ★★

Voir «Circuit B: De Prince George à Dawson Creek», p 315.

Vanderhoof

Vanderhoof est une petite ville agricole d'un peu plus de 4 000 habitants. Une multitude de lacs réputés pour la pêche à la truite entoure la ville. Le bureau de tourisme (voir p 312) entre autres révèle les meilleurs coins pour la pêche.

Fort St. James

Fort St. James est situé à environ 60 km de Vanderhoof par la route 27. Cette petite ville de 2 000 habitants est réputée grâce au **Lieu historique national du Fort-St. James** ★★ *(4$; mi-mai à fin sept tlj 9h à 17h; ☎250-996-7191)*. Il s'agit d'un authentique comptoir d'échange de la Compagnie de la Baie d'Hudson datant de 1896. Des guides-interprètes en costumes d'époque font revivre aux visiteurs l'atmosphère d'antan.

Burns Lake

Difficile de se méprendre. Burns Lake est vraiment un endroit idéal pour la **pêche**. Le poisson en bois sculpté, à l'entrée de la ville, annonce tout de suite l'ambiance de l'endroit. La ville a pour slogans «3 000 milles de pêche» ou encore «la terre aux milliers de lacs». La truite de lac, le saumon et le brochet attendent les nombreux pêcheurs. Mais savoir où tremper sa ligne peut devenir un casse-tête si l'on ne connaît pas la région. Les routes en terre battue sont de véritables labyrinthes.

Le **Burns Lake Museum** *(2$; début juin à fin sept lun-ven 9h à 16h30; Hwy. 16 W., ☎250-692-7450)* est un petit musée historique qui relate les origines du village de Burns Lake et qui explique comment les pionniers sont parvenus à dompter la nature et à s'installer dans la région. Vous y trouverez aussi une collection d'outils anciens ainsi que de l'équipement des premiers bûcherons.

Houston

Houston, tout comme Burns Lake, a clairement identifié sa vocation estivale: la pêche. Pas n'importe quelle pêche, puisque Houston est la capitale mondiale de la *steelhead*, cette fameuse truite de mer qui fait partie des poissons les plus nobles. D'ailleurs, les pêcheurs seront rassurés en voyant la plus grande canne à pêche à la mouche au monde (20 m) exposée à l'entrée du bureau de tourisme. C'est d'ailleurs là qu'il vous sera possible d'obtenir un répertoire des meilleurs coins pour la pêche.

Smithers ★★

Smithers est une jolie et agréable ville dont l'**architecture** ★★ ne manque pas d'originalité. Le **cadre montagneux** ★★★ est splendide avec la vertigineuse **Hudson Bay Mountain**, surmontée d'un glacier. Après avoir été reconstruite en 1979, la ville s'est donné des allures de village tyrolien. Voilà pourquoi de nombreux Européens, séduits par le mode de vie et l'ambiance des lieux, ont décidé de s'y installer.

Surplombant la vallée, la station de sports d'hiver **Ski Smithers** ★★★ *(533 m de dénivellation verticale, 35 pistes; ☎250-847-2058 ou 800-665-4299)* offre des conditions de ski en poudreuse dès le mois de novembre.

Dans le Central Park Building, le **Bulkley Valley Museum** ★★ *(dons acceptés; mi-mai à mi-sept tlj 10h à 17h, mi-sept à mi-mai lun-sam 10h à 17h; à l'intersection de Main St. et de la route 16, ☎250-847-5322)* présente des photographies d'archives relatant l'histoire de Smithers ainsi que des objets jadis utilisés par les pionniers.

Le Central Park Building abrite également la **Smithers Art Gallery** *(☎250-847-3898)*. Un autre endroit intéressant à visiter est le **Driftwood Canyon Provincial Park** ★★ *(10 km au nord-est de Smithers, ☎250-787-3411)*. Ce parc est un haut lieu en matière de fossiles dans la région; le bureau de tourisme de Smithers (voir p 312) fournit une carte afin de ne pas se perdre en route. À Smithers, pendant la fin de semaine précédant le Labour Day (fête du Travail), a lieu l'une des plus importantes expositions agricoles de la Colombie-Britannique, la **Bulkley Valley Fall Fair ★ ★ ★**.

Moricetown Canyon and Falls ★ ★ ★

À 40 km à l'ouest de Smithers, le long de la rivière Bulkley, sur un territoire amérindien, se trouve un lieu de pêche fréquenté par les Autochtones depuis plusieurs siècles et appelé Moricetown Canyon. Des techniques ancestrales sont employées pour attraper le poisson. Les saumons sont capturés au moyen de longues perches munies de crochet, puis ils sont piégés dans des filets lors de leur remontée dans le courant. C'est une halte photographique réputée.

Hazelton ★ ★

Hazelton est le plus important de trois villages, les deux autres étant South Hazelton et New Hazelton. Ces trois communautés ont une population essentiellement amérindienne, et leur histoire remonte à la fin du XIXᵉ siècle. En 1868, la Compagnie de la Baie d'Hudson y installa un comptoir de traite des fourrures.

Aujourd'hui, les trois villages sont surtout réputés pour le **Ksan Historical Village and Museum ★ ★ ★** *(4$, 10$ visites guidées; avr à sept tlj 9h à 17h30, en hiver vous devez téléphoner; à 7 km de la route 16, peu après Hazelton;* ☎*250-842-5544, www.ksan.org)*. Il s'agit de la reconstitution d'un village gitksan où les visiteurs peuvent observer les artistes au travail.

Terrace

Terrace est une des grandes villes sur la route de Yellowhead; elle est établie sur les rives du magnifique fleuve Skeena, le deuxième cours d'eau en importance de la province après le fleuve Fraser, avec, comme décor environnant, les montagnes de la chaîne Côtière. Terrace est l'exemple typique d'une localité qui se consacre au tra-

vail. De fait, peu d'efforts ont été entrepris dans le but de rendre la ville esthétique et attrayante. Par contre, le **paysage ★ ★ ★** tout autour est magnifique.

La visite peut commencer au **Heritage Park Museum ★ ★** *(en été tlj 10h à 18h; Kerby St.,* ☎*250-635-4546)*. Il s'agit d'un musée à ciel ouvert retraçant l'histoire des pionniers. Des bâtiments d'époque ont été rassemblés: un hôtel complet, une grange, une salle de spectacle et six cabanes en rondins. La plupart de ces constructions datent de 1910.

Tseax Lava Beds ★ ★ ★

En quittant la route 16 et Terrace vers le nord par Kalum Lake Drive, vous avez la possibilité d'aller visiter les **Tseax Lava Beds** *(quittez la route 16 à Terrace par Kalum Lake Drive en direction nord; le site se trouve à environ 150 km au nord de Terrace)*. Il s'agit d'un site unique au Canada composé de **cratères volcaniques** et d'un champ de lave de 3 km de large sur 18 km de long. D'après les experts, les dernières éruptions auraient eu lieu il y a environ 350 ans, ce qui, à l'échelle géologique, ne représente que quelques minutes. Des résurgences d'eau turquoise donnent une touche de couleur à ce paysage lunaire.

Juste à côté se trouve le **Nisga'a Memorial Lava Bed Park**, fondé en souvenir des 2 000 Nisga'a décimés par la dernière éruption.

Lakelse Lake Provincial Park ★ ★

Le **Lakelse Lake Provincial Park** *(*☎*250-787-3411)* est la halte idéale pour le vacancier qui aime se détendre. Situé à mi-chemin entre Terrace et Kitimat sur la route 37, cet espace vert abrite une splendide **plage de sable ★ ★ ★** autour du magnifique lac qui a donné son nom au parc. Plusieurs aires de pique nique ont été aménagées, de même que des sentiers de randonnée et un camping.

Kitimat

Pour ceux que l'industrie et la nature intéressent, la petite ville de Kitimat (11 500 habitants) offre une combinaison des deux. Elle est située à moins d'une heure de Terrace.

Kitimat est une ville industrielle dans le vrai sens du terme. Elle fut fondée au milieu des années 1950 pour accueillir les ouvriers de la fabrique d'aluminium **Alcan** (☎250-639-8259), de la papeterie **Eurocan Pulp** (☎250-639-3597) et de l'usine pétrochimique **Methanex** (☎250-639-9292), qui, toutes trois, emploient aujourd'hui plus des deux tiers de la population. Alcan et Methanex proposent des visites guidées gratuites pour lesquelles il est nécessaire de réserver à l'avance.

Quant aux amateurs de musées d'histoire locale, le **Centennial Museum** *(dons acceptés; juin à août lun-sam 10h à 17h, sept à mai lun-ven 10h à 17h, sam 12h à 17h; 293 City Centre,* ☎*250-632-8950)* leur présente des vestiges amérindiens trouvés dans la région. Même si Kitimat semble être à l'intérieur des terres en raison de la présence des montagnes environnantes, il n'en est rien. Kitimat est un port avec accès direct à l'océan Pacifique grâce au **Douglas Channel** ★★★, un fjord naturel. Par ce fjord, les **saumons** rejoignent les affluents, faisant de Kitimat un endroit réputé pour la **pêche**. Le bureau de tourisme vous indiquera les meilleurs coins pour la pêche.

De Terrace à Prince Rupert ★★★

Le parcours routier de 132 km qui conduit de Terrace à Prince Rupert est très certainement l'un des plus beaux trajets à faire en voiture au Canada. La route épouse presque parfaitement les contours de la magnifique **Skeena River** ★★★, ce fleuve qui s'écoule paisiblement dans ses méandres entre les **montagnes** ★★★ de la chaîne Côtière. Par beau temps, le **paysage** ★★★ est extraordinaire. De nombreuses aires de repos et de pique-nique ont été aménagées le long du chemin.

Prince Rupert ★★★

Aux abords de Prince Rupert, le changement de paysage est radical. La végétation typique de la côte du Pacifique, avec ses grands cèdres et ses épinettes, recouvre de vastes collines qui s'étendent à perte de vue. L'eau est partout, et, bien qu'on ait l'impression d'être entouré d'une myriade de lacs, il n'en est rien. Il s'agit bel et bien de l'océan, qui s'insinue ici à l'intérieur des terres. Il suffit de consulter une carte pour s'apercevoir que la région compte des îles et des fjords par milliers. La ville de Prince Rupert est d'ailleurs bâtie sur une île, l'île de Kaien, située à 140 km au sud de Ketchikan (Alaska). Prince Rupert est le point le plus septentrional pour les traversiers de BC Ferries et aussi un port d'embarquement important pour les traversiers de l'Alaska (Alaska Marine Highway).

Le **site** ★★★ est tout simplement superbe; des montagnes recouvertes d'une forêt dense encerclent la ville de toutes parts, et son splendide **port naturel** ★★★, le deuxième en importance dans l'Ouest canadien, rappelle la proximité de l'océan Pacifique. L'histoire de Prince Rupert a commencé en 1905, lorsque les ingénieurs du Grand Trunk Pacific Railway (GTPR), le chemin de fer qui va de Winnipeg à Prince Rupert, sont venus étudier la possibilité de terminer la ligne sur l'emplacement actuel de la ville.

Plus de 19 000 km de lignes furent mises à l'étude avant qu'on ne décide du tracé du chemin de fer le long du fleuve Skeena. Charles Hays, le président du GTPR, lança alors un grand concours pour baptiser le nouveau terminus. Le nom de Prince Rupert fut choisi sur près de 12 000 bulletins, en l'honneur de l'explorateur et cousin de Charles II d'Angleterre, et premier gouverneur de la Compagnie de la Baie d'Hudson.

Aujourd'hui, Prince Rupert se présente comme une très jolie localité prospère qui se distingue de toutes les autres villes du nord de la province. Ici, pas de béton, pas d'enseignes lumineuses criardes, mais plutôt une **architecture victorienne** ★★ cossue, des avenues larges et agréables, de belles boutiques et de nombreux restaurants reflétant une atmosphère cosmopolite.

L'intéressant **Museum of Northern British Columbia** ★★ *(5$; mai à sept tlj 9h à 17h, sept à mai mar-sam 9h à 17h; 100 First Ave. W.,* ☎*250-624-3207, www.museumofnorthernbc. com)* présente des pièces archéologiques ainsi que de magnifiques œuvres d'art, des sculptures et des bijoux qui témoignent de la présence des Amérindiens dans la région depuis plus de 5 000 ans. Une boutique de cadeaux, au sein du musée, propose une vaste sélection d'ouvrages traitant de l'art autochtone, mais aussi de l'artisanat et des tableaux.

PRINCE RUPERT

W

N

Cow Bay Rd.

George Hill's Way

W

★ **3**

1 ⓘ

Cow
Bay

1st St.
2nd St.
3rd St.
4th St.

4th Ave. E.
6th Ave. E.

8th Ave. E.

McBride St.

2 ★

5th St.
6th St.
7th St.

4th Ave. W.

5th Ave. W.

6th Ave. W.

X

CN Road

1st Ave. W.

8th St.
9th St.

7th Ave. W.

8th Ave. W.

16

PORT EDWARD,
PRINCE GEORGE

X

Water St.

16

*Roosevelt
Park*

9th Ave. W.

2nd Ave. W.

Y

Kaien Island

Y

*Westview
Park*

Park Ave.

Kootenay Ave.

Îles de la
Reine-Charlotte

Z

Z

16

©ULYSSE

0   200   400m

A   B   C

★ **ATTRAITS TOURISTIQUES**

1. BW   Museum of Northern British Columbia
2. BX   Gare de Kwinitsa

3. CW   Seaplane Base

Au bord de la mer se trouve la petite **gare de Kwinitsa** *(cette «gare-musée» est ouverte en été seulement)*, construite en 1911. Elle fait partie des 400 autres gares identiques installées le long du Grand Trunk Pacific Railway, ce chemin de fer sur lequel le train va de Winnipeg jusqu'à Prince Rupert. Sur Sixth Avenue, en direction nord, des indications mènent à la **Seaplane Base** ★★ (*☎250-627-1341)*, l'une des bases d'hydravions les plus importantes au Canada. Le ballet incessant de ces aéronefs, décollant et amerrissant, a quelque chose d'hypnotique et de très esthétique à photographier.

La visite à ne pas manquer est celle du quartier pittoresque de **Cow Bay** ★★★, bâti sur pilotis et surplombant un joli port de plaisance. Des boutiques, cafés et restaurants y sont rassemblés dans une ambiance balnéaire et colorée. Pendant la deuxième fin de semaine de juin a lieu le **Seafest**, le festival de la mer. Un défilé dans les rues de la ville et de nombreuses activités sportives se déroulent tout au long de la fin de semaine.

Des billets pour les **excursions** ★★★ sur des **sites archéologiques**, avec accès par bateau, sont disponibles au bureau de tourisme. Le nombre de places est limité, et les réservations sont requises.

À une quinzaine de kilomètres de Prince Rupert, dans le petit village de Port Edward, se trouve le **North Pacific Historic Fishing Village** ★★ *(11,95$; mai à fin sept mar-dim 9h30 à 17h; 1889 Skeena Dr., ☎250-628-3538)*. Il s'agit d'une ancienne conserverie de saumon construite il y a plus de 100 ans. De plus, en été, le comédien David Boyce propose un spectacle qui fait revivre aux visiteurs l'histoire du fleuve Skeena et de la pêche au saumon, à la base de l'économie de la région depuis plus d'un siècle.

À quelque 40 km au nord-est de Prince Rupert s'étend le **Khutzeymateen Grizzly Bear Sanctuary**, le seul endroit du genre au Canada. Couvrant 44 300 ha, ce parc provincial n'est accessible que par bateau. Les visiteurs doivent se procurer un permis de BC Parks au **Terrace District Office** *(☎250-638-6530)*.

Circuit F: Les îles de la Reine-Charlotte (Haida Gwaii)
★★★

Quelle que soit la façon de s'y rendre, l'atmosphère et le paysage de l'endroit sont uniques. Aucune comparaison n'est possible. Les quelque 5 500 insulaires, qui paraissent très discrets quant à leur coin de paradis, font bien au contraire tout leur possible pour attirer les visiteurs du monde entier et bien les accueillir. Haida Gwaii veut dire «terre haïda»

L'archipel de la Reine-Charlotte (**Queen Charlotte Islands**) compte 150 îles de différentes tailles. **Graham Island**, au nord, est la plus importante et regroupe pratiquement toutes les agglomérations urbaines. **Moresby Island** est la deuxième en importance par sa population. Elle compte deux communautés, Sandspit et Alliford Bay, et comprend l'étonnante **réserve de parc national Gwaii Haanas** ★★★ (voir p 332).

Les îles de la Reine-Charlotte sont situées à environ 770 km à vol d'oiseau de Vancouver. En raison de leur situation, à l'extrême ouest, les heures de lever et de coucher de soleil sont plus tardives que celles du continent. Même si les îles ont la réputation de recevoir énormément de pluie, leur côte orientale, la région la plus habitée, en reçoit environ 1 250 mm par année, soit juste un peu plus que Vancouver. Par contre, sur leur littoral ouest, les îles reçoivent des précipitations records de 4 500 mm par année!

Le relief escarpé des **montagnes Queen Charlotte** et **San Christoval** a depuis toujours protégé la côte est des tempêtes de l'ouest. Malgré tout, il y a 10 000 ans, les **Haïdas**, qui peuplaient déjà l'archipel, avaient établi des zones d'habitation sur le littoral ouest. Aujourd'hui, les Haïdas sont reconnus pour la qualité de leur artisanat et pour la beauté de leurs œuvres d'art.

Skidegate

Skidegate est le premier lieu qui accueille le voyageur lorsqu'il débarque du traversier de BC Ferries, puisque l'embarcadère est situé aux portes de la ville. Ce petit vil-

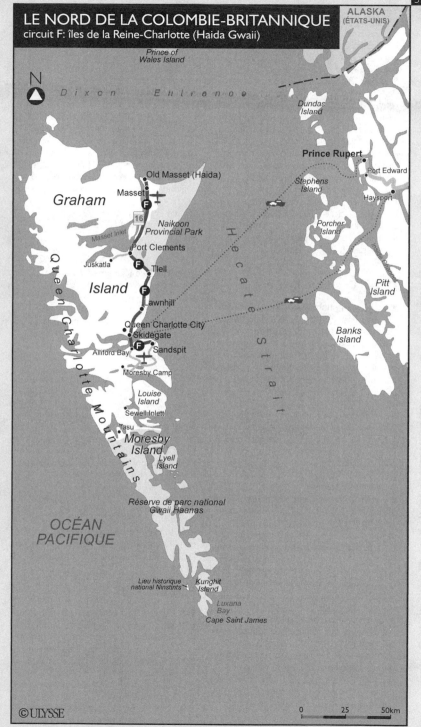

LE NORD DE LA COLOMBIE-BRITANNIQUE
circuit F: îles de la Reine-Charlotte (Haida Gwaii)

ALASKA
(ÉTATS-UNIS)

Prince of
Wales Island

D i x o n   E n t r a n c e

Dundas
Island

Prince Rupert

Port Edward

Old Masset (Haida)

Stephens
Island

Graham

Masset

Haysport

16

*Naikoon
Provincial Park*

Porcher
Island

Masset Inlet

H e c a t e   S t r a i t

Port Clements

Juskatla

Tlell

Island

Queen Charlotte Mountains

Lawnhill

Pitt
Island

Queen Charlotte City

Skidegate

Banks
Island

Alliford Bay

Sandspit

Moresby Camp

*Louise
Island*

Sewell Inlet

Tasu

*Moresby
Island*

*Lyell
Island*

*Réserve de parc national
Gwaii Haanas*

OCÉAN
PACIFIQUE

Lieu historique
national Ninstints

*Kunghit
Island*

*Luxana
Bay*

Cape Saint James

©ULYSSE

0   25   50km

lage amérindien de 750 habitants est bâti sur la plage au creux de **Roonay Bay** ★★★. La visite à ne pas manquer est celle du **Haida Gwaii Museum** ★★★ *(juin à août lun-ven 10h à 17h, sam-dim 13h à 17h; mai à sept lun-ven 10h à 12h et 13h à 17h, sam 13h à 17h; en hiver fermé mar; ☎250-559-4643)*. Ce musée de réputation internationale rassemble des œuvres haïdas, de l'Antiquité jusqu'à nos jours. Totems, sculptures, tissus, vannerie, bijouterie sur métaux précieux, dessins: tous les modes d'expression y sont représentés. La boutique propose un impressionnant choix de livres et de souvenirs de qualité, mais les prix sont prohibitifs.

En direction opposée, vers le nord, au bout de 1 km, se trouve **Balance Rock**, la grande curiosité locale, soit un rocher en équilibre au milieu d'une jolie **plage** ★★ de galets. Il est impossible de le manquer.

Queen Charlotte City ★★

À 4 km au nord-ouest de Skidegate, Queen Charlotte City est un agréable village de 1 250 habitants construit au bord de l'eau. L'ambiance y est très détendue, et beaucoup de jeunes arpentent les rues pendant la saison estivale. C'est le point de ralliement pour les excursions en kayak de mer.

Il n'y a pas grand-chose à faire dans la ville. Ici les attraits sont plutôt la mer, la forêt, la faune (les aigles sont partout) et l'exploration des côtes sur les traces de la nation Haïda.

Aucun accès terrestre n'est possible pour se rendre à la **réserve de parc national Gwaii Haanas** ★★★ *(10$; réservations recommandées; ☎604-435-6522 ou 800-435-5622)*, à la pointe sud des îles de la Reine-Charlotte. Il s'agit d'un des plus beaux parcs marins du monde. Il abrite de nombreuses curiosités, tout aussi extraordinaires les unes que les autres: tout d'abord, **Hot Springs Island** ★★★, paradis des amateurs de sources thermales, puis **Laskeek Bay** ★★★, où les dauphins et les baleines se rassemblent. Enfin, le **Lieu historique national Ninstints** ★★★, ancien village haïda de Ninstints dans l'île de Sgaang Gwaii, rassemble la plus importante collection de totems et de constructions amérindiennes des îles de la Reine-Charlotte. Sa situation géographique, à la pointe de l'île, semble irréelle et

mystique. Ninstints fait d'ailleurs partie des sites du patrimoine mondial de l'UNESCO.

Les seuls moyens de transport pour se rendre à Gwaii Haanas sont le bateau à moteur, le voilier et l'hydravion. Nombreux sont donc ceux qui prennent le traversier de **BC Ferries** *(5,50$; ☎250-386-3431 ou 888-223-3779, www.bcferries.com)* entre Skidegate et Alliford Bay, sur la pointe nord de l'île de Moresby, et poursuivent le circuit jusqu'à la réserve en faisant appel à l'une des compagnies suivantes (trajets, déjeuner et visite de la réserve sont généralement inclus dans les forfaits; comptez environ 150$ par personne pour l'excursion d'une journée):

Moresby Explorers
P.O. Box 109, Sandspit, BC, V0T 1T0
☎ (250) 637-2215 ou 800-806-7633
www.moresbyexplorers.com

Queen Charlotte Adventures
P.O. Box 196, Queen Charlotte, BC, V0T 1S0
☎ (250) 559-8990 ou 800-668-4288
▤ (250) 559-8983
www.queencharlotteadventures.com

Sandspit

Situé sur Moresby Island, tout comme la réserve de parc national Gwaii Haanas, Sandspit est un village de bûcherons qui possède le deuxième **aéroport** en importance de l'archipel après celui de Masset. Le traversier fait la navette entre Queen Charlotte City et l'île Moresby plusieurs fois par jour. La traversée ne dure que quelques minutes, et son coût est modique.

Tlell

À 43 km au nord de Skidegate par la route, ce joli petit village est construit le long de la jolie **Tlell River**, réputée pour la pêche.

Port Clements

Port Clements est un village d'environ 500 habitants qui vivent surtout de la pêche et de l'industrie forestière. L'attrait touristique majeur de la région était auparavant la **Golden Spruce**, une imposante épinette de 50 m de haut, âgée de 300 ans. Elle avait la particularité d'exhiber des rameaux dorés, dus à une mutation d'origine génétique qui est demeurée un mystère pour les scientifiques. Malheureusement, ce trésor écologique, qui était aussi un objet de vénération pour les Haïdas, a été rasé en janvier 1997 par un illuminé.

Masset

Masset compte une population de 1 000 personnes. Depuis 1971, elle vit au rythme de la base militaire des Forces armées canadiennes. Avec Queen Charlotte City et Sandspit, c'est une des rares villes qui soit dotée d'un **bureau de tourisme**. Masset possède tous les services que l'on peut s'attendre à retrouver dans une grande ville: aéroport, restaurants, atelier de réparation de voitures, hôpital, etc.

Old Masset

Connu aussi sous le nom de Haida, Old Masset est un village amérindien de 700 habitants qui fait face au paisible **Masset Sound**. Il est préférable de se rendre directement au bureau de tourisme afin de se faire indiquer les adresses des **artistes** et des **sculpteurs** qui habitent le village. Beaucoup d'œuvres d'art sont regroupées à la **Haida Arts and Jewellery** (en été tlj 9h à 18h; 387 Eagle, repérable de loin avec ses deux totems à l'entrée; ☎250-626-5560), une boutique à l'architecture traditionnelle.

Naikoon Provincial Park ★ ★ ★

Le **Naikoon Provincial Park** (BC Parks: ☎250-557-4390) est un des joyaux de ces îles. On s'y rend par la route au départ de Masset, mais aussi par Tlell, depuis le siège administratif du parc. La route qui passe par McIntyre Bay (par Masset) est la plus spectaculaire: elle traverse une dense **forêt humide** ★ ★ et moussue tout en longeant **South Beach** ★ ★ ★, une extraordinaire plage de sable de 15 km de long.

La route se termine à **Agate Beach** ★ ★ ★, où se trouve le camping du parc. Agate Beach est au pied de **Tow Hill** ★ ★ ★, un gros rocher de 109 m de haut, peuplé d'aigles à tête blanche. La **vue** ★ ★ ★ à partir du sommet est phénoménale (30 min de marche). Après Tow Hill, la plage s'étire et devient **North Beach** ★ ★ ★ sur 10 km. Le parc est aussi connu pour les randonnées de longue haleine, par exemple sur le sentier d'**East Beach** ★ ★ ★: 89 km de marche sur une plage sans fin à travers des forêts et des marées. Une véritable aventure!

Activités de plein air

■ Canot

Les Cariboo Mountains et la Chilcotin Highway

Le **Tweedsmuir Provincial Park** (14$ par véhicule) permet de faire un circuit de canot qui relie six lacs entre le lac Kidney et le lac Turner. Six portages très courts offrent des vues à couper le souffle. Plusieurs plages sont également éparpillées le long du parcours d'environ 18 km. On peut louer des canots sur place (☎250-398-4414).

Le **Bowron Lake Provincial Park** (60$; ☎800-435-5622) n'offre rien de moins qu'un des plus beaux circuits de canot au monde: quelque 116 km de lacs, de rivières et de courts portages, le tout encaissé entre des montagnes culminant à plus de 2 500 m. L'expérience s'avère mémorable, et l'on veut y revenir alors même que la première journée n'est pas encore terminée. Tout l'équipement de camping et de canot se loue chez **Becker's Lodge** (Bowron Lake Rd., ☎800-808-4761, www.beckerslodge.ca). Faites vos provisions à Quesnel avant de partir, et prévoyez environ sept jours pour cette épopée au milieu des orignaux et des aigles.

■ Descente de rivière

Les Cariboo Mountains et la Chilcotin Highway

Big Canyon Rafting (à compter de 90$; mai à mi-sept; 120 Lindsay St., Quesnel, ☎250-992-7238) propose des forfaits de quelques heures sur la tumultueuse rivière Quesnel.

■ Forfaits aventure

Les îles de la Reine-Charlotte (Haida Gwaii)

Pour l'organisation d'excursions, l'entreprise la plus réputée est sans doute **Queen Charlotte Adventures** (voir ci-dessous). Elle propose des visites de la réserve de parc national Gwaii Haanas en bateau à moteur, en voilier ou en kayak de mer.

■ Kayak

Les îles de la Reine-Charlotte (Haida Gwaii)

La **réserve de parc national Gwaii Haanas** offre de belles occasions pour pratiquer le kayak de mer. Des excursions sont organisées par **Queen Charlotte Adventures** *(609 Sixth Ave., Queen Charlotte City,* ☎*250-559-8990 ou 800-668-4288)* et par **Moresby Explorers** *(469 Alliford Bay, Sandspit,* ☎*250-637-2215 ou 800-806-7633, www.moresbyexplorers.com).*

■ Loisirs d'hiver

En hiver, la neige prend possession du paysage. Le ski de fond peut se pratiquer pour ainsi dire partout, de même que la raquette. Pour le ski alpin, la ville de Smithers, avec sa station de sports d'hiver **Ski Smithers** *(35$/jour;* ☎*250-847-2058 ou 800-665-4299)*, sur le **Hudson Bay Mountain**, comptant 533 m de dénivellation et 35 pistes, offre des conditions de ski en poudreuse dès le mois de novembre. C'est la plus importante station de ski dans le nord de la province. Entre Prince George et Dawson Creek, une autre station de ski régionale propose un excellent enneigement: **Powder King** *(40$/jour;* ☎*250-962-5899).*

■ Observation des oiseaux

Les oiseaux règnent dans ces grands espaces septentrionaux. Le meilleur exemple est l'archipel de la Reine-Charlotte, où se trouve la plus importante concentration de faucons pèlerins en Amérique du Nord. Sans compter les grands hérons et les aigles à tête blanche, aussi nombreux autour des villages que les pigeons dans les grandes villes du sud.

■ Pêche

Le nord de la Colombie-Britannique est le paradis des pêcheurs. Pour la truite bien sûr, mais aussi pour le saumon, le roi des poissons. Celui-ci peut être capturé en rivière ou en mer. Attention de ne pas oublier de vous munir d'un permis.

Il y a des endroits réputés comme **Burns Lake**, la ville aux slogans qui en disent long: «3 000 milles de pêche» ou encore «la terre aux milliers de lacs». La chambre de commerce (voir p 312) est une mine de renseignements pour les pêcheurs. **Houston**, tout comme Burns Lake, a clairement identifié sa vocation estivale: la pêche. Pas n'importe laquelle, puisque Houston est la capitale mondiale de la *steelhead*, cette fameuse truite de mer. Le bureau de tourisme (voir p 312)vous indiquera les meilleurs lieux de pêche. Le long de la rivière Bulkley, dans la région de **Smithers**, le saumon et la *steelhead* pullulent. À **Kitimat**, les saumons remontent le Douglas Channel, un fjord naturel, et rejoignent les affluents, faisant de Kitimat un endroit réputé pour la pêche. Le bureau de tourisme (voir p 312) offre beaucoup d'indications. L'archipel de la Reine-Charlotte propose la pêche rêvée: celle du saumon royal (*chinook*), que l'on surnomme aussi *king*, à juste titre, puisque son poids peut atteindre 40 kg. On le pêche en pleine mer. Contactez **Queen Charlotte Adventures** *(609 Sixth Ave., Queen Charlotte City,* ☎*250-559-8990 ou 800-668-4288).*

Les alentours de **Quesnel** recèlent de nombreux coins bénis des dieux pour la pêche à la mouche. **Fishpot Lake**, à 125 km à l'ouest de la ville, est un de ces endroits. On se renseigne au bureau d'information touristique (voir p 311).

■ Randonnée pédestre

La randonnée pédestre est sans aucun doute la principale activité de plein air dans le nord de la Colombie-Britannique. Elle permet de goûter de près la nature envoûtante et sauvage de cette région. Il faut dire qu'avec la quantité impressionnante de parcs provinciaux et nationaux qui s'y trouvent, même le marcheur le plus exigeant ne sait plus où donner de la tête, tellement le choix est grand.

Parmi les parcs du nord de la province, il faut visiter Stone Mountain, la Wokkpash Recreation Area, Muncho Lake, les Liard Hot Springs, le Spatsizi Plateau Wilderness et le mont Edziza, sans oublier les Tseax Lava Beds, constitués de champs de lave.

Les Cariboo Mountains et la Chilcotin Highway

À **Barkerville**, tout un réseau de sentiers suit les traces des chercheurs d'or. La nature y est encore presque vierge, et l'observation de la faune s'avère des plus intéressantes. Sur votre chemin, vous passerez devant les vieilles cabanes des prospecteurs. Les circuits proposés se font en une journée, mais il est aussi possible de camper une nuit et de revenir le lendemain. Une carte des sentiers est disponible au comptoir de renseignements à l'entrée du village historique de Barkerville.

La randonnée de long de l'**Alexander Mackenzie Heritage Trail** est un périple de 420 km. Ce sentier suit la dernière section du parcours qu'emprunta Alexander Mackenzie pendant de longs mois en 1793, avant de devenir le premier Anglais à contempler la côte ouest de l'Amérique du Nord à cette latitude. La section de 80 km (5 à 7 jours) qui traverse le **Tweedsmuir Provincial Park** est probablement celle qui offre les plus impressionnants panoramas. Ceux qui sont intéressés à effectuer le trajet en entier, qui débute près de Quesnel et se termine à Bella Coola, peuvent se renseigner auprès de l'**Alexander Mackenzie Trail Association** *(P.O. Box 425, Station A, Kelowna, BC, V1Y 7P1, ☎ 250-762-3002).*

Le nord de la Colombie-Britannique – Activités de plein air

⛺ Hébergement

Les Cariboo Mountains et la Chilcotin Highway

Bella Coola

Bella Coola Motel
$ - camping
$$ - chambres
🍴, ✳
1224 Clayton St.
☎/🖷 (250) 799-5323
www.bcadventure.com/bellacoola motel
Ce motel du centre-ville est installé dans l'ancien comptoir de la Compagnie de la Baie d'Hudson. Les chambres sont spacieuses, et il est possible de louer des canots, des vélos ou encore des scooters pour explorer la région.

Quesnel

Gold Pan Motel
$
≡, 🍴, 🛏
855 Front St.
☎ (250) 992-2107 ou
800-295-4334
🖷 (250) 992-1125
Le Gold Pan Motel est situé en plein centre de Quesnel. On y trouve tout le confort d'un établissement de classe moyenne.

Ramada
$$ pdj
≡, 🛏, ≋
383 St. Laurent Ave.
☎ (250) 992-5575 ou
800-663-1581
🖷 (250) 992-2254
www.ramada.com
Autre motel au confort moyen, le Ramada se révèle très calme.

Barkerville

Plusieurs terrains de camping sont situés autour du village historique de Barkerville. Plus de 160 emplacements sont disponibles, et l'on réserve en composant le ☎800-689-9025.

White Cap Motor Inn
$/camping
$$/chambre
◎, 🍴
Ski Hill Rd.
☎ (250) 994-3489 ou
800-377-2028
🖷 (250) 994-3426
Le White Cap Motor Inn propose des chambres correctes décorées à la va-vite. Le personnel suisse parle l'allemand et est très chaleureux.

Le seul moyen de loger à Barkerville même consiste à opter pour un des deux *bed and breakfasts*. Qu'il s'agisse de la Kelly House ou du St. George Hotel, assurez-vous de réserver plusieurs semaines à l'avance. Dans les deux cas, l'ambiance «fin XIXᵉ siècle» est recréée à merveille, autant par la décoration que par la courtoisie du personnel. Mention particulière pour le St. George Hotel.

Kelly House
$$-$$$ pdj
route 26
☎/🖷 (250) 994-3328
☎ (250) 994-3312 en basse saison
www.kellyhouse.ca

St. George Hotel
$$$ pdj
mai à fin sept
4 Main St.
☎ (250) 994-0008 ou
888-246-7690
🖷 (250) 994-0008
www.stgeorgehotel.bc.ca

Les options moins dispendieuses se regroupent sous la forme d'hôtels de catégorie moyenne situés à Wells, le village voisin.

Bowron Lake Provincial Park

L'hébergement se résume ici à seulement quelques établissements vous offrant le choix entre des emplacements de camping *(10-20)*, des cabanes *(15$)* et des chalets plus luxueux *(50-150)*.

Becker's Lodge Resort
$$-$$$
🍴, ♨
mai à sept et déc à mars
Bowron Lake Rd.
☎ (250) 992-8864 ou
800-808-4761
www.beckerslodge.com
Le Becker's Lodge compte plusieurs superbes bâtiments en bois rond. Le propriétaire est un riche Allemand qui possède une chaîne de boulangeries sur le Vieux Continent, en plus d'une poigne de fer. Avec son chapeau de cowboy et son humeur de cabotin, Lother est un personnage pour le moins coloré. Les installations qu'il a construites sont de toute beauté et s'insèrent parfaitement dans le paysage. Les luxueux chalets surprennent par leur confort chaleureux et leur aménagement recherché.

La quiétude inspirante du lac Maligne, dans le parc national de Jasper, en Alberta.
Philippe Renault

Joyau des Rocheuses, le lac Louise, dans le parc national de Banff, en Alberta.
PhotoDisc

Le Ksan Historical Village and Museum, près de Hazelton, dans le nord de la Colombie-Britannique.
Pierre Longnus

En Colombie-Britannique, Prince Rupert avec son site superbe et son splendide port naturel.
Pierre Longnus

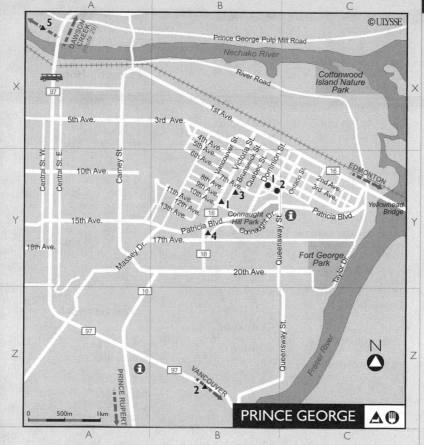

Prince George Pulp Mill Road
Nechako River
River Road
Cottonwood Island Nature Park

5th Ave.
3rd Ave.
1st Ave.
4th Ave.
5th Ave.
6th Ave.
8th Ave.
9th Ave.
10th Ave.
11th Ave.
12th Ave.
13th Ave.
10th Ave.
15th Ave.
17th Ave.
18th Ave.
20th Ave.

Central St. W.
Central St. E.
Carney St.
Vancouver St.
Victoria St.
Brunswick St.
Quebec St.
Dominion St.
Ontario St.
2nd Ave.
3rd Ave.
Patricia Blvd.
Queensway St.
Massey Dr.
Taylor Dr.
Fraser River

EDMONTON
16
Yellowhead Bridge
Connaught Hill Park
Patricia Blvd.
Connaught Dr.
Fort George Park

97
16
VANCOUVER
PRINCE RUPERT

▲1 ●3 ●1 ●2
▲4 ▲2

N

PRINCE GEORGE ▲●
©ULYSSE
0 500m 1 km

▲ HÉBERGEMENT

1. BY Best Western City Centre
2. BZ Buckhorn Bed & Breakfast
3. BY Coast Inn of the North
4. BY Connaught Motor Inn
5. AX The Manor House

● RESTAURANTS

1. BY Cariboo Steak & Seafood
2. BY The Keg

De Prince George à Dawson Creek

Prince George

Buckhorn Bed & Breakfast
$-$$ pdj
⇆, ●
14900 Buckhorn Pl.

☎/🖷 (250) 963-8884
☎ 888-933-8555
www.pgonline.com/bnh/buckhorn.html
À 1 km à l'est de la route 97 et à 13 km au sud du pont Fraser, à l'entrée sud de Prince George, se trouve le Buckhorn Bed & Breakfast. Il est installé dans une charmante maison victorienne et dispose

de trois chambres équipées de très grands lits. Les salles de bain sont attenantes aux chambres.

Connaught Motor Inn
$$
≡, ⇆, ≋, ❊
1550 Victoria St.
☎ (250) 562-4441 ou
800-663-6620
🖷 (250) 562-4441

Au centre-ville, le Connaught Motor Inn est un vaste motel confortable de 98 chambres avec télévision câblée et réfrigérateur, tout près des boutiques et de tous les services.

The Manor House
$$
🍴, ⚠

8384 Toombs Dr.
☎ (250) 562-9255
🖷 (250) 562-8455
«Élégance» est le mot qui convient le mieux pour décrire le Manor House, situé au bord de la rivière Nechako, au nord-ouest de la ville. Il s'agit là d'une immense maison qui porte bien son nom de manoir. Les chambres sont luxueuses: foyer à gaz, salle de bain, cuisinette et entrée privée pour certaines.

Best Western City Centre
$$$
≡, 🍴, ≈, 🍴, ⫸

910 Victoria St.
☎ (250) 563-1267 ou
800-528-1234
🖷 (250) 563-9904
www.bestwesternbc.com
Rénové, le Best Western se trouve en plein cœur de Prince George. Ses 53 chambres sont propres et agréables.

Coast Inn of the North
$$$
🍴, 🍴, ≈, 🍴, ⫸

770 Brunswick St.
☎ (250) 563-0121 ou
800-716-6199
🖷 (250) 563-1948
www.coasthotels.com
Pour les amateurs de confort urbain, toujours au centre-ville, le Coast Inn of the North se présente comme un hôtel moderne de 152 chambres avec piscine, sauna, salle de conditionnement physique, boîte de nuit, pub, boutique, etc.

Mackenzie

Alexander Mackenzie Hotel
$$
≡, 🍴, 🍴, ⫸

403 Mackenzie Blvd.
☎ (250) 997-3266 ou
800-663-2964
🖷 (250) 997-4675
Difficile d'aller à Mackenzie sans séjourner à l'Alexander Mackenzie Hotel. Cet établissement moderne et luxueux de 99 chambres constitue une oasis au milieu des grandes étendues sauvages de la région. Il est situé en plein centre-ville, à deux pas du lac Williston, et renferme un centre commercial de 37 boutiques. Les chambres sont spacieuses; quelques-unes disposent d'une cuisinette.

Chetwynd

Stagecoach Inn
$$
≡, 🍴, 🍴, ⫸

5413 South Access Rd.
☎ (250) 788-9666 ou
800-663-2744
🖷 (250) 788-3418
De nombreux motels de qualité jalonnent la rue principale de Chetwynd. Le Stagecoach Inn, situé au cœur du village, est à deux pas des services. Il comprend un restaurant (voir p 347) et 55 chambres, dont certaines avec cuisinette et réfrigérateur. Les chambres sont modernes et spacieuses, équipées de téléviseurs avec accès à une chaîne de cinéma.

Country Squire Inn
$$
🍴, ✳, ⫸

5317 South Access Rd.
☎ (250) 788-2276
🖷 (250) 788-3018
Toujours dans le même style, le Country Squire Inn est un motel moderne tout confort: réfrigérateur dans toutes les chambres, télévision par satellite, laverie, machine à glace et sauna.

Hudson's Hope

Sportsman's Inn
$
≡, 🍴, 🍴, ⫸

10101 Beattie Dr.
☎ (250) 783-5523 ou
877-783-5520
🖷 (250) 783-5511
Le Sportsman's Inn est bien équipé pour les longs séjours, puisque, sur 50 chambres, 37 disposent d'une cuisinette. L'hôtel renferme aussi un bar et un restaurant; des renseignements utiles aux pêcheurs y sont offerts gracieusement.

Dawson Creek

Alaska Hotel
$
⫸, bc

10209 10th St.
☎ (250) 782-7998
🖷 (250) 782-6277
L'Alaska Hotel est le symbole de Dawson Creek au même titre que la tour Eiffel est celui de Paris. Difficile de manquer ce bâtiment blanc qui date de 1928, avec le mot «Alaska» écrit en capitales sur sa façade. Les chambres ont conservé leur charme vieillot, puisque certaines ont la salle de bain sur le palier. Pub, voir p 347; restaurant, voir p 349.

Ramada Dawson Creek
$$ pdj
🍴, ✳

1748 Alaska Ave.
☎ (250) 782-8595 ou
800-663-2749
🖷 (250) 782-9657
www.ramada.com
Le Ramada est situé à l'intersection de la route de

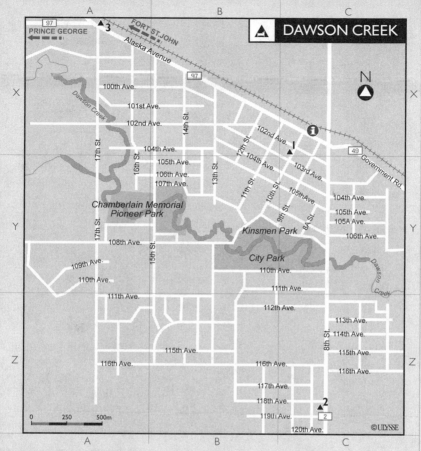

▲ HÉBERGEMENT

1. CX   Alaska Hotel (R)
2. CZ   George Dawson Inn
3. AX   Ramada Dawson Creek

(R) établissement avec restaurant décrit

l'Alaska et de la Hart High-way, peu après le Pioneer Village. L'hôtel est très confortable et est équipé de mini-réfrigérateurs.

George Dawson Inn
$$ pdj
≡, ⚬, ⚬, ✿, ♨
11705 Eighth St.
☎ (250) 782-9151 ou
800-663-2745
▤ (250) 782-1617
www.georgedawsoninn.bc.ca

Dans un style différent du Ramada, le George Dawson Inn se présente comme un grand hôtel moderne de 80 chambres spacieuses et bien équipées. Il propose aussi des suites de luxe. Une taverne et un restaurant font partie de l'établissement.

La route de l'Alaska

Fort St. John

Quality Inn Northern Grand
$$$
⚬, ◎, ≋, ✿, ♨, ⫸
9830 100th Ave.
☎ (250) 787-0521 ou
800-663-8312
▤ (250) 787-2648
www.choicehotels.ca

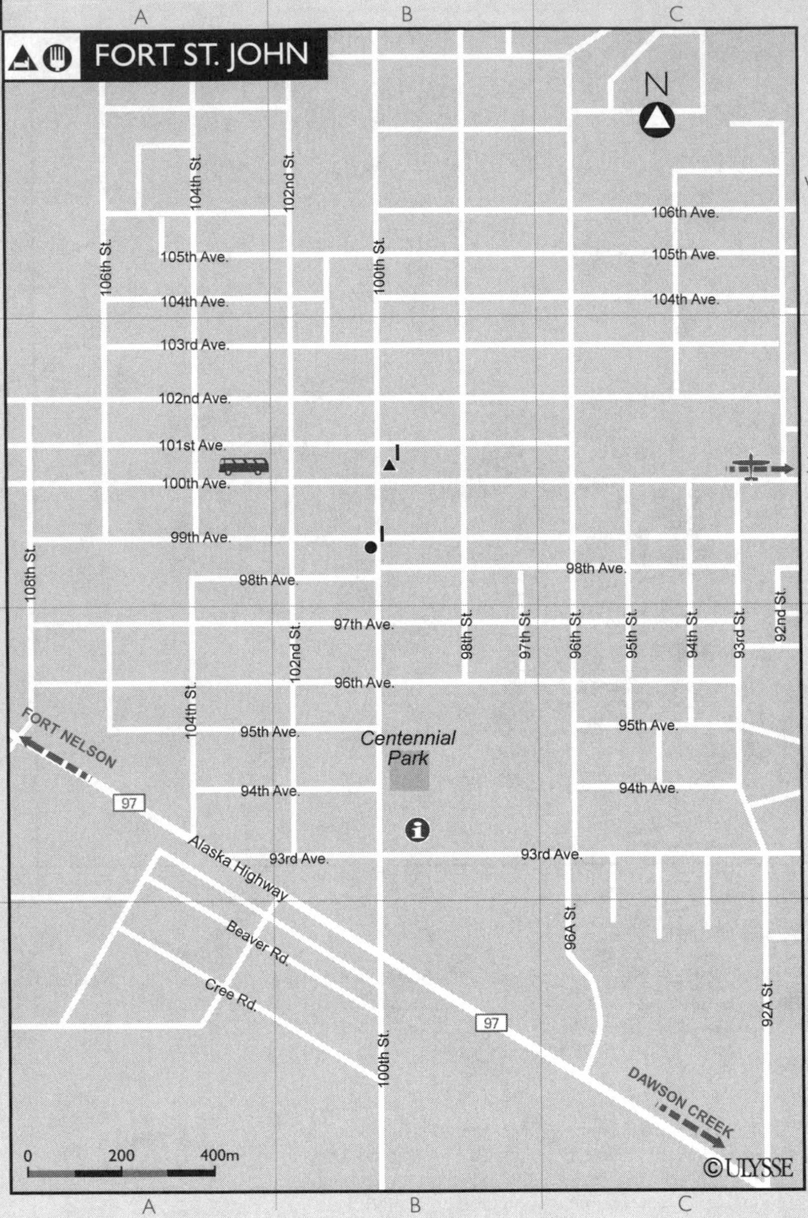

FORT ST. JOHN

N

106th St.
104th St.
102nd St.
100th St.
106th St.
108th St.

106th Ave.
105th Ave. 105th Ave. 105th Ave.
104th Ave. 104th Ave. 104th Ave.
103rd Ave.
102nd Ave.
101st Ave.
100th Ave.
99th Ave.
98th Ave. 98th Ave.
97th Ave.
96th Ave.
95th Ave. 95th Ave.
94th Ave. 94th Ave.
93rd Ave. 93rd Ave.

102nd St.
98th St.
97th St.
96th St.
95th St.
94th St.
93rd St.
92nd St.
104th St.

FORT NELSON
97

Alaska Highway
Beaver Rd.
Cree Rd.

Centennial
Park

96A St.
92A St.
100th St.

97

DAWSON CREEK

| 0 | 200 | 400m |

©ULYSSE

▲ **HÉBERGEMENT**

I. BX   Quality Inn Northern Grand (R)

● **RESTAURANTS**

I. BX   Boston Pizza

(R) établissement avec restaurant décrit

Situé au centre-ville et à seulement 8 km de l'aéroport, le Quality Inn Northern Grand est le dernier des hôtels tout confort qui sont situés le long de la route de l'Alaska en Colombie-Britannique. Il comprend un bar, un restaurant, une piscine intérieure, un sauna et une cuve à remous. Les chambres, vastes et bien équipées, disposent de téléviseurs câblés avec chaînes de sports et de cinéma.

Shepherd's Inn
$

kilomètre 116 (Mile 72) de la route de l'Alaska
☎ (250) 827-3676
Le Shepherd's Inn est situé à 45 km au nord de Fort St. John. Vous y trouverez des chambres confortables et rustiques ainsi qu'un petit restaurant qui propose des plats maison.

Pink Mountain

Mai's Kitchen
$$
Mile 143 de la route de l'Alaska
☎ (250) 772-3215
Mai's Kitchen est un havre de paix où passer la nuit. Les chambres ont un caractère rustique, et vous dégusterez du pain fait maison.

Fort Nelson

Fort Nelson Travelodge
$$
≡, ⇌, ❄, ♨, ⋙
4711 50th Ave. S.
☎ (250) 774-3911 ou 888-515-6375
▤ (250) 774-3730
www.travelodge.com
Avec son confort presque «citadin», le Fort Nelson Travelodge est sans doute le

meilleur hôtel de Fort Nelson. Il se trouve au centre-ville sur la voie de service ouest de la route de l'Alaska. Il propose 70 chambres climatisées et spacieuses. Un sauna, un bar et deux restaurants sont à la disposition des clients.

Muncho Lake Provincial Park

Northern Rockies Lodge
$$
⇌, ♨
kilomètre 739,2 (Mile 462) de la route de l'Alaska
☎ (250) 776-3481 ou 800-663-5269
▤ (250) 776-3482
www.northern-rockies-lodge.com
Le Northern Rockies Lodge est en passe de devenir plus connu en Europe qu'au Canada. Il faut dire que les propriétaires (Urs, un pilote de brousse, et sa femme Marianne) attirent de nombreux visiteurs en provenance de leur pays d'origine: l'Allemagne. Il n'est pas rare de trouver des cars nolisés garés devant l'hôtel de 40 chambres. Certaines chambres sont de type «motel», d'autres sont de type chalet, le tout à deux pas du lac Muncho.

J&H Wilderness Resort
$$
mai à sept
kilomètre 740,8 (Mile 463) de la route de l'Alaska
☎ (250) 776-3453
▤ (250) 776-3454
Le J&H Wilderness Resort est le motel septentrional par excellence. Huit petites cabanes de bois de style rustique accueillent les voyageurs à deux pas du magnifique lac Muncho. Pas de téléphone ni de téléviseur dans les chambres, mais rien ne vaut la

sensation de passer la nuit au milieu d'un paysage de rêve. Des emplacements de camping sont également disponibles.

Liard River Hot Springs Provincial Park

Liard River Lodge
$$
♨
kilomètre 801 (Mile 497) de la route de l'Alaska
☎ (250) 776-7349 ou 866-939-2522
▤ (250) 776-7011
www.liardhotsprings.ca
Situé juste en face de l'entrée du Liard River Hot Springs Provincial Park, le Liard River Lodge se présente comme un établissement construit dans le plus pur style nordique, puisqu'il s'agit d'une immense «cabane» en rondins de deux étages. Il dispose de 12 chambres, d'un restaurant, d'une boutique de cadeaux et d'une station-service. Des emplacements de camping sont aussi disponibles.

Watson Lake (Yukon)

Watson Lake Hotel
$$
⇌, ●, ♨
au centre-ville, à deux pas de la Signpost Forest, du côté est de la route de l'Alaska
☎ (867) 536-7781
▤ (867) 536-7563
www.watsonlakehotels.com/watson/
Le Watson Lake Hotel est l'établissement hôtelier le plus connu à Watson Lake. Il s'agit du plus vieil hôtel de la ville, avec son architecture typique du Yukon, aux poutres imposantes et

aux murs en rondins. Les 48 chambres offrent un grand confort. L'hôtel comprend un café, un restaurant et un bar (voir p 349).

Big Horn Hotel
$$
☎, ◎, ✔

au centre-ville, du côté ouest de la route de l'Alaska

☎ (867) 536-2020
🖨 (867) 536-2021
www.yukonweb.com/tourism/bighorn/

Vu de l'extérieur, le Big Horn Hotel n'a vraiment rien d'attrayant avec son architecture de type «roulotte». Quoi qu'il en soit, cet établissement propose 29 vastes chambres confortables et luxueuses, au style chargé qui mérite le coup d'œil. Certaines sont équipées d'une cuisinette et d'une baignoire à remous. De plus, les prix sont raisonnables pour la région.

Belvedere Motor Hotel
$$$
☎, ◎, ✔

au centre-ville, du côté ouest de la route de l'Alaska

☎ (867) 536-7712
🖨 (867) 536-7563
www.watsonlakehotels.com/belvedere/

Le Belvedere Motor Hotel est situé tout près du Big Horn Hotel (voir ci-dessus). Il offre des caractéristiques similaires à celui-ci en bien des points.

La route Stewart-Cassiar

Meziadin Lake Provincial Park

Meziadin Lake Campground
$ (en espèces seulement)
mai à oct
☎

Meziadin Junction

☎ (250) 847-7320
Le Meziadin Lake Campground compte 60 emplacements de camping pour tentes et véhicules récréatifs, une aire de pique-nique et une plage. C'est une halte agréable surtout si vous aimez la pêche.

Stewart

King Edward Hotel & Motel
$$
≡, ✔, ♨
405 Fifth Ave.
☎ (250) 636-2244 ou
800-663-3126
🖨 (250) 636-9160
www.kingedwardhotel.com

Le King Edward constitue le meilleur lieu d'hébergement en ville. Les 50 chambres sont très confortables et bien équipées, certaines disposant même d'une cuisine complète pour les séjours prolongés. Un café et un restaurant de fruits de mer avec permis de boisson font partie de l'établissement.

Hyder, Alaska

Sealaska Inn & Camp Run-A-Muck
$
✔, ♨
Premier Ave.
☎ (250) 636-9006 ou
888-393-1199
🖨 (250) 636-9003
www.sealaskainn.com

Le Sealaska Inn est un hôtel sympathique situé au-dessus d'un pub. L'ambiance est animée, et même bruyante, surtout les fins de semaine.

Iskut

Red Goat Lodge
$ - camping
$$ - B&B
3,2 km au sud d'Iskut

☎ (250) 234-3261 ou
888-733-4628
🖨 (250) 234-3261

Le Red Goat Lodge est l'auberge de jeunesse d'Iskut, attenante à un camping de classe même si l'endroit est sauvage et isolé. Le Red Goat Lodge fait face au joli lac Eddontenajon. Les lits se trouvent dans des dortoirs. Le coin étant réputé auprès des amateurs de plein air, il est conseillé de réserver. Des lave-linge et des canots sont mis à la disposition de la clientèle.

Trappers Souvenirs
$

7 km au nord d'Iskut, bande publique 2M3 520, canal Mehaus

Trappers Souvenirs est une boutique de souvenirs qui fait la location d'une cabane en rondins à un prix modique. C'est aussi la halte obligatoire pour parler le français et prendre un café avec Lorraine Charrette, une Franco-Albertaine loquace et sympathique.

Dease Lake

Northway Motor Inn
$$
☎, ✔, ♨
158 Boulder St., centre-ville
☎ (250) 771-5341
🖨 (250) 771-5342

Le Northway Motor Inn se présente comme un motel aux chambres spacieuses et confortables, la plupart équipées d'une cuisine complète avec lave-vaisselle. L'établissement affiche aussi des tarifs mensuels. Tout près se trouve un restaurant ouvert de mai à octobre.

Telegraph Creek

Stikine RiverSong Lodge
$$
🛏, ☕

Stikine Ave.
☎/▤ (250) 235-3196
www.stikineriversong.com
Le Stikine RiverSong Lodge
est à la fois un café (voir
p 348), une auberge (huit
chambres) et une épicerie,
le tout installé dans un édi-
fice historique. Les cham-
bres, malgré leur confort
plutôt rustique, sont très
agréables. C'est le seul
établissement de ce type
à Telegraph Creek, et il est
préférable de réserver afin
d'éviter une mauvaise sur-
prise.

La route de Yellowhead

Prince George

Voir «Circuit B: De Prince
George à Dawson Creek»,
p 337.

Vanderhoof

Grand Trunk Inn
$$
🛏, ☕, 🍴

2351 Church Ave.
☎ (250) 567-3188 ou
877-567-3188
▤ (250) 567-3056
Le Grand Trunk Inn est
situé au centre-ville, à une
rue au nord de la route 16.
C'est un des hôtels importants de la ville, avec 32
chambres simples mais
confortables, dont certaines avec cuisinette. Un pub
et un restaurant en font
partie.

Fort St. James

The Stuart Lodge
$$
🛏, ☕

Stone Bay Rd.
☎/▤ (250) 996-7917
Le Stuart Lodge, à 5 km
au nord de Fort St. James,
sur les rives du lac Stuart,
se compose de cinq char-
mants petits cottages in-
dépendants. Les chalets
offrent une vue sur le lac et
sont entièrement équipés,
avec gril et téléviseur. Il y
a aussi possibilité de louer
des barques à moteur.

Smithers

Berg's Valley Tours Bed & Breakfast
$$ pdj
3924 13th Ave.
☎ (250) 847-5925 ou
888-847-5925
▤ (250) 847-5945
Le Berg's Valley Tours Bed
& Breakfast est destiné
aux gens actifs, puisque
les propriétaires, David et
Beverley, proposent des
randonnées guidées en
montagne, avec trajet en
tout-terrain et casse-croûte
fourni, des tours guidés de
la région en voiture et aussi
des forfaits ski.

Hazelton

Ksan Campground
$

mai à oct
à deux pas du Ksan Historical Village and Museum
☎ (250) 842-5940
Le Ksan Campground est
un camping extrêmement
bien équipé et très bien
entretenu. Il est en mesure
d'accueillir les véhicules récréatifs de grande taille. Il
y a des sentiers de marche
tout autour du site.

Terrace

Mount Layton Hot Springs Resort
$$
🍴

par la route 37 en direction sud, à
15 min de Terrace
☎ (250) 798-2214 ou
800-663-3862
▤ (250) 798-2478
www.mountlayton.com
Le Mount Layton Hot
Springs Resort, situé à seu-
lement 22 km de Terrace,
est une des destinations
estivales par excellence,
puisque des toboggans
nautiques et des piscines
alimentées par des sources
thermales naturelles ont
été aménagés sur place.
Le complexe propose 22
chambres confortables et
bien équipées.

Coast Inn of the West
$$$
🛏, 🍴

4620 Lakelse Ave.
☎ (250) 638-8141 ou
800-663-1144
▤ (250) 638-8999
www.coasthotels.com
Un grand hôtel pour une
grande ville: le Coast Inn
of the West. Cet établissement est impeccable mais
cher. Les 58 chambres sont
luxueuses, et rien n'y manque.

Kitimat

City Centre Motel
$$
☕

480 City Centre
☎ (250) 632-4848 ou
800-663-3391
▤ (250) 632-5300
Le City Centre Motel se
trouve en plein centre-ville,
à proximité de tous les ser-
vices. Il propose à des prix
modiques des chambres
confortables, spacieuses
et équipées de cuisinettes.
Il s'agit sans doute de l'un

des meilleurs rapports qualité/prix à Kitimat.

Prince Rupert

Crest Hotel
$$$

☎, 📠, ♨, 🍴, ◎

222 First Ave. W.

☎ (250) 624-6771

🖨 (250) 627-7666

www.cresthotel.bc.ca

Le Crest Hotel offre la plus belle vue car il est situé sur une falaise au-dessus du port. Ses chambres sont dignes du meilleur palace. Le service est impeccable. Le client en a véritablement pour son argent. Le Crest compte aussi deux excellents restaurants (voir p 348). Tous ces attributs en font l'un des meilleurs hôtels de la région.

Les îles de la Reine-Charlotte (Haida Gwaii)

Queen Charlotte City

Spruce Point Lodge
$$ pdj

611 Sixth Ave.

☎/🖨 (250) 559-8234

www.qcislands.net/sprpoint

Le Spruce Point Lodge est une jolie auberge avec une entrée privée pour chaque chambre et une terrasse commune offrant une belle vue sur le superbe détroit de Hecate. Les chambres sont très simples mais très confortables, chacune avec salle de bain et téléviseur. Mary, la patronne, est très au courant de tout ce qui se passe dans la région et connaît bien les entreprises qui proposent des activités

de plein air et du tourisme d'aventure.

Sea Raven
$$

🍴, 🍴

3301 Third Ave.

☎ (250) 559-4423 ou 800-665-9606

🖨 (250) 559-8617

www.searaven.com

Le Sea Raven est moderne et confortable. Certaines chambres offrent une vue sur la mer. Un excellent restaurant de fruits de mer est attenant à l'hôtel (voir p 348).

Sandspit

Seaport Bed & Breakfast
$ pdj

🍴

371 Alliford Bay Rd.

☎ (250) 637-5698

🖨 (250) 637-5697

À deux pas de l'aéroport, le Seaport Bed & Breakfast dispose de deux cottages qui sont en fait des roulottes offrant une vue sur la baie. Chacune d'entre elles est équipée d'une cuisinette. Les cartes de crédit n'y sont pas acceptées, mais c'est le meilleur rapport qualité/prix sur l'île Moresby.

Moresby Island Guest House
$$ pdj

385 Alliford Bay Rd.

☎ (250) 637-5300 ou 894-6466

🖨 (250) 637-5300

www.moresbyisland-bnb.com

La Moresby Island Guest House se trouve au bord de la magnifique baie de Shingle et est proche de l'aéroport, des boutiques, des restaurants et des plages. Les 10 chambres sont propres, confortables et assez grandes pour accueillir les familles. Une cuisine commune est disponible

pour la préparation des petits déjeuners.

Sandspit Inn
$$

Airport Rd.

☎/🖨 (250) 637-5334

Le Sandspit Inn est un hôtel moderne de 20 chambres situé tout près de l'aéroport de Sandspit et accueille une importante clientèle d'affaires.

Tlell

Tlell River House
$$$$

🍴, 🍴

2087 Beitush Rd.

☎ (250) 557-4211 ou 800-667-8906

🖨 (250) 557-4622

www.tlellriverhouse.com

Le Tlell River House se présente comme une auberge cachée au fond d'un bois dans un cadre agréable au bord de la rivière Tlell et du détroit de Hecate. Les chambres sont simples et confortables.

Port Clements

Golden Spruce Motel
$$

🍴, 🍴

2 Grouse St.

☎ (250) 557-4325 ou 877-801-4653

🖨 (250) 557-4502

www.qcislands.net/golden

Il y a très peu d'hôtels dans la région de Port Clements, si ce n'est le Golden Spruce Motel, qui compte 12 chambres très simples. L'établissement dispose d'une laverie.

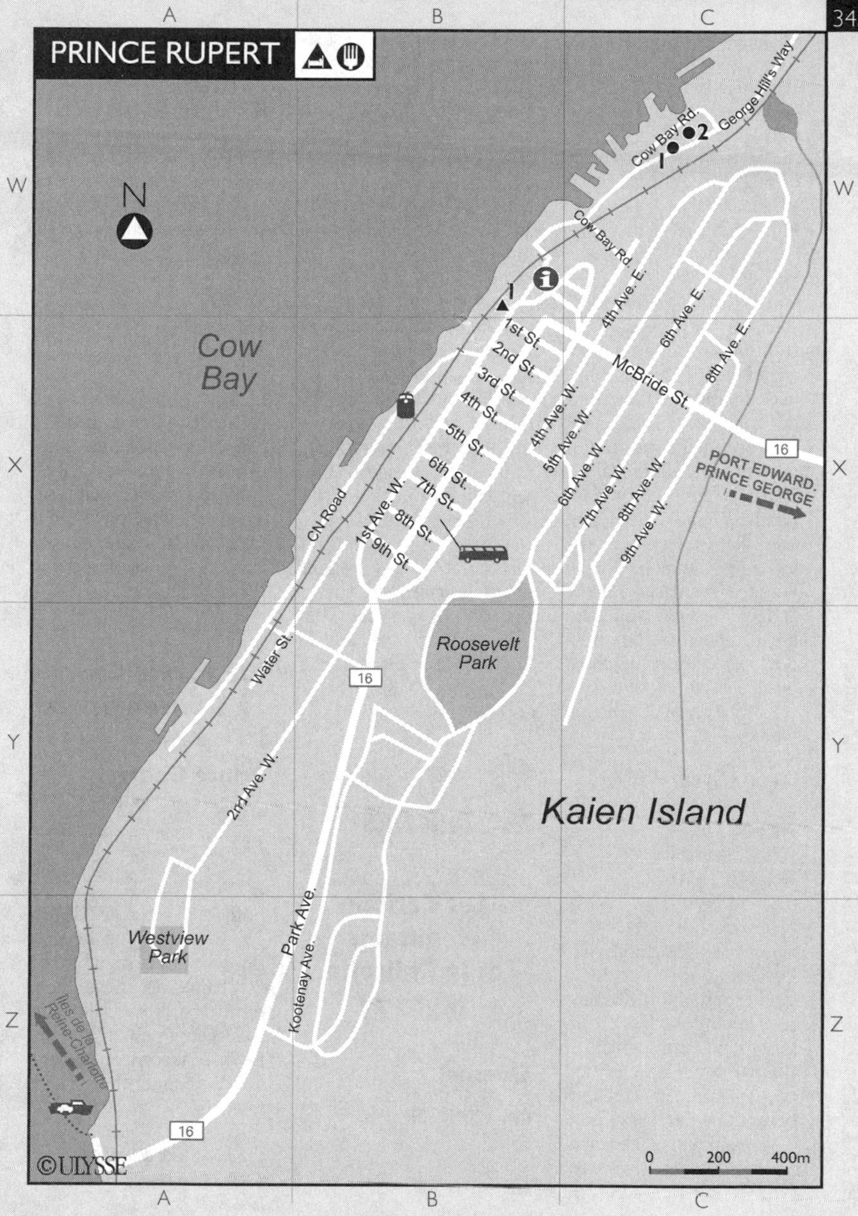

PRINCE RUPERT ▲ ⑾

N
▲

Cow Bay

George Hill's Way

Cow Bay Rd.

Cow Bay Rd.

1st St.
2nd St.
3rd St.
4th St.
5th St.
6th St.
7th St.
8th St.
9th St.

4th Ave. E.
6th Ave. E.
8th Ave. E.

4th Ave. W.
5th Ave. W.
6th Ave. W.
7th Ave. W.
8th Ave. W.
9th Ave. W.

McBride St.

PORT EDWARD,
PRINCE GEORGE

16

CN Road

1st Ave. W.

Water St.

16

Roosevelt Park

2nd Ave. W.

Kaien Island

Park Ave.

Koolenay Ave.

Westview Park

Îles de la
Reine-Charlotte

16

©ULYSSE

0   200   400m

W   W

X   X

Y   Y

Z   Z

A   B   C

▲ **HÉBERGEMENT**

1. BW   Crest Hotel (R)

(R) établissement avec restaurant décrit

● **RESTAURANTS**

1. CW   Breakers Pub
2. CW   Smile's Seafood Café

Masset

Alaska View Lodge
$$ pdj
bc/bp
près de l'entrée du Naikoon Provincial Park, à mi-chemin entre Masset et Tow Hill
☎ (250) 626-3333 ou 800-661-0019
▤ (250) 626-3303
www.alaskaviewlodge.com
L'Alaska View Lodge est construit sur un site privilégié à l'orée d'une forêt humide tempérée et au bord de South Beach, une merveilleuse plage de 10 km de long. Les propriétaires, Eliane, de Paris, et son mari Charly, un Suisse de Berne, accueillent les visiteurs selon une tradition «Vieille Europe». L'Alaska View Lodge constitue véritablement un endroit de choix pour ceux qui recherchent un dépaysement total dans un véritable petit coin de paradis.

Singing Surf Inn
$$
☜, ▥
1504 Old Beach Rd.
☎ (250) 626-3318 ou 888-592-8886
▤ (250) 626-5204
Situé à l'entrée de la ville, le Singing Surf Inn est la grande institution de Masset. Rénovées, les chambres sont confortables et pourvues de la télévision par satellite, et certaines offrent une vue sur le port. Une boutique de cadeaux, un bar et un restaurant (voir p 349) font partie de l'hôtel.

Naikoon Provincial Park

Au **Naikoon Provincial Park** *(BC Parks:* ☎ *250-557-4390)*, vous trouverez deux terrains de camping: l'un à **Agate Beach**, qui compte 43 emplacements et qui est situé à l'ouest du rocher de Tow Hill, et l'autre à **Misty Meadows**, qui propose une trentaine d'emplacements. Vous trouverez dans chacun de ces campings des toilettes, de l'eau potable ainsi que du bois pour faire du feu.

Il se peut que les deux campings soient complets pendant la saison estivale, mais rassurez-vous car le **camping sauvage** est autorisé dans le parc. Vous trouverez aussi **trois abris rustiques** pour vous protéger des intempéries et faire un peu de cuisine: ils sont situés à Cape Ball, Oceanda et Fife Point. Il n'y a **pas de services commerciaux** autour du parc. Si vous avez besoin de provisions, la ville la plus proche est Masset, à 30 km d'ici.

Restaurants

Les Cariboo Mountains et la Chilcotin Highway

Quesnel

Granville's Coffee
$
383 Reid St.
☎ (250) 992-3667
Le Granville's Coffee est un mignon petit établissement où l'on s'arrête pour déguster l'un des bons cafés soigneusement préparés. Les boiseries et les sacs à café en jute qui couvrent le plafond égaient le décor. On y sert également des sandwichs savoureux et des desserts exquis.

Mr Mikes
$$-$$$
450 Reid St.
☎ (250) 992-7742
Mr Mikes fait penser à un chalet avec son foyer qui trône en plein centre de la salle à manger. On y sert de bons hamburgers, et le service est impeccable.

Savalas
$$$
240 Reid St.
☎ (250) 992-9453
Le Savalas cuit ses steaks à la perfection et au goût du client. L'ameublement antique et la lumière tamisée confèrent à cet établissement un statut privilégié à Quesnel. Ne manquez pas le buffet de salades, d'une diversité réussie.

De Prince George à Dawson Creek

Prince George

The Keg
$$$
582 George St.
☎ (250) 563-1768
Endroit rêvé pour déguster un steak, The Keg est un restaurant membre de la chaîne du même nom dont c'est la spécialité. Les steaks sont préparés de différentes façons et peuvent s'accompagner de fruits de mer.

Cariboo Steak & Seafood
$$$-$$$$
lun-ven
1165 Fifth Ave.
☎ (250) 564-1220
Ceux qui sont las d'engloutir des hamburgers se retrouvent au restaurant Cariboo Steak & Seafood. De très bons steaks y sont proposés, sans oublier le copieux buffet à volonté le midi.

Mackenzie

Alexander Mackenzie Hotel
$$
403 Mackenzie Blvd.
☎ (250) 997-5536
À Mackenzie, c'est à l'Alexander Mackenzie Hotel qu'il faut aller manger. Au menu, des hamburgers mais aussi du poulet et un bon choix de salades.

Chetwynd

Stagecoach Inn
$$
5413 South Access Rd.
☎ (250) 788-9666
Le **Stagecoach Inn** (voir p 338), au cœur du village, renferme un petit restaurant de type familial. Les repas ne sont pas gastronomiques mais de qualité.

Swiss Inn Restaurant
$$-$$$
au centre-ville, 800 m à l'est du feu de signalisation sur la route 97
☎ (250) 788-2755
Le Swiss Inn Restaurant propose une cuisine de type alémanique. On y trouve d'ailleurs des *schnitzels*, mais aussi des plats plus nord-américains comme des pizzas, des steaks ou encore des fruits de mer.

Hudson's Hope

Sportsman's Inn
$$
10101 Beattie Dr.
☎ (250) 783-5523
Le restaurant du Sportsman's Inn est un bon endroit où manger à Hudson's Hope. L'ambiance est familiale et le menu traditionnel.

Dawson Creek

Alaska Restaurant
$$$
10209 10th St.
☎ (250) 782-7040
L'Alaska Restaurant, aménagé dans l'**Alaska Hotel** (voir p 338), est un bon restaurant. Le bâtiment multicolore qui abrite l'hôtel, construit en 1928, et reconnaissable par le mot «Alaska» écrit en capitales sur sa façade, est visible de loin. La décoration de style rustique est agréable et la cuisine de qualité. À noter, l'imposante carte des vins.

La route de l'Alaska

Fort St. John

Boston Pizza
$$$
9824 100th St.
☎ (250) 787-0455
Boston Pizza, comme son nom l'indique, propose un vaste choix de pizzas, mais aussi des côtelettes, des pâtes, des steaks et des sandwichs.

White Spot Restaurant
$$$
9830 100th Ave.
☎ (250) 261-6961
Au centre-ville, le restaurant du **Quality Inn Northern Grand** (voir p 339) prépare une cuisine variée et servie en copieuses portions.

Fort Nelson

Coach House Restaurant
$$$
Fort Nelson Travelodge Hotel
4711 50th Ave. S.
☎ (250) 774-3911
Le restaurant du Travelodge, toujours très animé

pendant la période estivale, est une étape traditionnelle pour les voyageurs sur la route de l'Alaska. Son menu est varié. Il y a même un menu pour enfants.

Muncho Lake Provincial Park

Northern Rockies Lodge
$$$-$$$$
kilomètre 739,2 (Mile 462) de la route de l'Alaska
☎ (250) 776-3481
Le Northern Rockies Lodge sert des hamburgers mais aussi des plats allemands. N'hésitez pas à commander saucisse et choucroute. En fermant les yeux, vous vous sentirez transporté en Alsace ou en pays teuton. Il y a aussi de la bière pression... allemande!

Liard Hot Springs Provincial Park

Liard River Lodge
$$$
kilomètre 801 (Mile 497) de la route de l'Alaska
☎ (250) 776-7349
Le Liard River Lodge se trouve juste en face de l'entrée du Liard Hot Springs Provincial Park et propose de bons petits déjeuners copieux.

La route Stewart-Cassiar

Stewart

King Ed Café
$$
King Edward Hotel & Motel
405 Fifth Ave.
☎ (250) 636-2244

Le café du King Edward Hotel & Motel se présente comme une cafétéria toujours très animée où les camionneurs, les mineurs et les voyageurs se retrouvent dès le matin au petit déjeuner.

Iskut

Tenajohn Motel
$$
au centre du village, route 37
☎ (250) 234-3141
Le restaurant du Tenajohn Motel sert une variété de plats, dont des hamburgers et des salades.

Dease Lake

Northway Country Kitchen Restaurant
$$
Northway Motor Inn
Boulder Ave., centre-ville
☎ (250) 771-4114
Le restaurant du Northway Motor Inn est l'établissement le plus facile à trouver, car il est bien visible avec son grand toit vert. Sandwichs et soupes sont au menu.

Telegraph Creek

Stikine RiverSong Lodge
$$
Stikine Ave.
☎ (250) 235-3196
Dans l'édifice historique du Stikine RiverSong Lodge se trouve un petit bistro. C'est le seul endroit à Telegraph Creek où il est possible de prendre un bon repas. L'établissement a bonne réputation.

La route de Yellowhead

Prince George

Voir «Circuit B: De Prince George à Dawson Creek», p 346.

Smithers

Aspen Restaurant
$$$
Aspen Motor Inn
route 16, à l'ouest de la ville'
☎ (250) 847-4551
L'Aspen Restaurant est très réputé à Smithers. Il sert de très bons fruits de mer frais.

Terrace

Coast Grill
$$$
Coast Inn of the West
4620 Lakelse Ave.
☎ (250) 638-7977
Le Coast Grill est le restaurant du Coast Inn of the West. Sandwichs, salades et hamburgers figurent au menu.

Kitimat

The Chalet Restaurant
$$$$
852 Tsimshian Blvd.
☎ (250) 632-2662
Le Chalet Restaurant présente un menu varié à l'image de la cosmopolite Kitimat. Il est ouvert dès le matin pour de copieux petits déjeuners.

Prince Rupert

Breakers Pub
$$$
117 George Hills Way
☎ (250) 624-5990
Le Breakers Pub, dans le joli quartier de Cow Bay, propose d'excellents poissons-frites et d'autres délicieux produits de la mer bien apprêtés et servis sur une charmante terrasse avec vue sur le port. C'est un endroit bien agréable pour passer l'après-midi. Il y a aussi un grand choix de bières pression.

Smile's Seafood Café
$$$
113 Cow Bay Rd.
☎ (250) 624-3072
Le Smile's Seafood Café est, avec raison, l'endroit le plus réputé pour les fruits de mer et le poisson à Prince Rupert. Les portions sont généreuses et les prix modérés malgré tout.

Crest Hotel
$$$
222 First Ave. W.
☎ (250) 624-6771
Le **Crest Hotel** (voir p 344) compte deux restaurants de qualité. L'un, plutôt casse-croûte, sert de très bons sandwichs, et l'autre, plutôt classique, propose d'excellents plats très élaborés.

Les îles de la Reine-Charlotte (Haida Gwaii)

Queen Charlotte City

Sea Raven Restaurant
$$$
3301 Third Ave.
☎ (250) 559-4423

Le Sea Raven est un très bon restaurant de fruits de mer au menu varié. Le plat du jour, toujours bien préparé, change quotidiennement.

The Oceana
$$$
3119 Third Ave.
☎ (250) 559-8683
L'Oceana, un restaurant de cuisine chinoise de très bonne qualité, offre une jolie vue sur le détroit de Hecate. Les plats sont copieux et savoureux.

Masset

Singing Surf Inn Restaurant
$$
1504 Old Beach Rd.
☎ (250) 626-3318
Le restaurant du **Singing Surf Inn** (voir p 346) est une institution à Masset. La cuisine n'a rien de gastronomique, mais le cadre et la vue sont agréables.

Sorties

■ Activités culturelles

Prince George

Prince George est véritablement la capitale culturelle du Nord, avec son propre orchestre symphonique et ses nombreuses troupes de théâtre. Il est possible d'assister aux spectacles seulement pendant l'hiver. Durant la belle saison, la population préfère s'adonner aux activités de plein air.

Prince George Symphony Orchestra
saison musicale sept à mai
☎ (250) 562-0800
www.pgso.com
Prince George possède son propre orchestre symphonique. Téléphonez pour connaître la programmation.

Le **Prince George Theatre Workshop** (*saison théâtrale sept à mai;* ☎250-563-8401; *www.pgtw.bc.ca*) est actif à Prince George depuis déjà 30 ans. Il est possible d'assister à des comédies, des drames et des pièces de théâtre classique.

Theatre NorthWest (*36-556 N. Nechako Rd.,* ☎250-563-6969*)* est une compagnie théâtrale professionnelle qui monte des pièces de qualité jouées par des artistes canadiens et internationaux. Contactez la troupe pour connaître la programmation.

■ Bars et discothèques

Une visite dans le nord de la Colombie-Britannique fait bien sûr découvrir de grands espaces sauvages. Malgré tout, après une belle journée passée en plein air, rien de tel que de se détendre quelque part tout en écoutant de la musique et en dégustant sa bière préférée. Malheureusement, le choix des établissements risque d'être très limité selon l'endroit où vous vous retrouverez.

En effet, à cause de la faible densité de population et de la petitesse des localités traversées, les discothèques telles qu'elles sont conçues dans les grandes villes sont inexistantes dans le nord de la Colombie-Britannique.

Il est tout de même possible d'y trouver des bars à l'atmosphère typique et amicale. En général, ces derniers font partie d'un hôtel ou, parfois, d'un restaurant.

Les bars rattachés aux hôtels qui portent le nom de *pub* ou de *lounge* ont un rôle social indéniable. Ils sont le lieu où tout le village se retrouve. Pour les voyageurs, c'est l'occasion de passer un moment privilégié et de faire connaissance avec les personnalités locales. Il n'est pas rare de discuter à bâtons rompus avec un chercheur d'or, un trappeur ou un pêcheur amérindien autour d'une table.

Dawson Creek

Alaska Hotel
10209 10th St.
☎ (250) 782-2625
Au rez-de-chaussée de l'**Alaska Hotel** (voir p 338), vous trouverez le meilleur pub de la ville, avec groupes rock, country ou blues toutes les fins de semaine.

Watson Lake (Yukon)

1940's Canteen Show
juin à août tlj dès 20h
derrière la Signpost Forest
☎ (867) 536-7781
Le 1940's Canteen Show est une comédie musicale qui vous replongera dans les années 1940, à l'époque du chantier de la route de l'Alaska.

■ Fêtes et festivals

Février

The Prince George Iceman (*Prince George,* ☎250-564-8773, *www.mag-net.com/iceman*) est une compétition comptant quatre épreuves:

ski de fond (8 km), course à pied (10 km), patin à glace (5 km) et natation (800 m).

Le **Mardi Gras of Winter** *(Prince George,* ☎*250-564-3737)* est une importante fête de l'hiver avec une centaine d'événements organisés.

Mars

Le **Prince George Music Festival** *(Prince George, www. pgmusicfestival.com)* est un festival qui met en vedette tous les ténors de la musique de Prince George. Orgue, cuivres, instruments à cordes et chant.

Mai

Le **Northern Children's Festival** *(Prince George,* ☎*250-562-4882, www.princegeorge.com/cncf)* est un impressionnant événement consacré à la jeunesse. Des milliers de familles se rendent au Fort George Park pour assister à des spectacles offerts par des artistes internationaux.

Juin

Rodéo de Hudson's Hope *(1re semaine de juin; Hudson's Hope,* ☎*250-783-9154).*

Juillet

Pour la **fête du Canada** *(Prince George,* ☎*250-561-7600),* de nombreuses festivités sont organisées au Fort George Park: spectacles musicaux, danses et, bien sûr, feux d'artifice en soirée.

Triathlon de Prince George *(Prince George,* ☎*250-564-9333, www.pgtriathlon.org).*

Si le cœur vous en dit, vous pouvez participer à cette compétition: natation (1,5 km), cyclisme (40 km) et course à pied (10 km).

Août

World Invitational Gold Panning Championships *(1re semaine d'août;* ☎*250-789-3333).* Essayez de trouver de l'or, jouez au bingo, profitez d'un barbecue ou flânez dans les marchés et assistez au défilé.

La **Prince George Exhibition** *(Prince George,* ☎*250-563-4096, www.pgx.ca)* est un événement dans la vie de Prince George. Il s'agit d'une foire agricole et culinaire avec des aspects reliés à l'habitation et à l'horticulture. Auprès des enfants, le spectacle de bûcherons a toujours un gros succès.

Rodeo, Fall Fair Stampede *(2e semaine d'août; Dawson Creek,* ☎*250-782-8911, www.dawsoncreekfair.com).*

Riverboat Days *(1re semaine d'août; Terrace).* Saumon sur barbecue, feux d'artifice, course de lits, défilé, etc.

Octobre

L'**Oktoberfest** *(Prince George)* est une tradition à Prince George, qui possède une importante communauté allemande. Vous aurez l'occasion de danser sur les rythmes des *oom-pah-pah* bavarois tout en buvant de la bière.

Achats

■ Marchés

Chetwynd et Fort St. John

Marché fermier tous les dimanches du début mai à début octobre à Chetwynd et tous les samedis de mai à décembre à Fort St. John.

Dawson Creek

Pour goûter les produits locaux, une halte s'impose au **Dawson Creek Farmers' Market** *(sam 8h30 à 12h30).* Ce marché est situé près du NAR Park, juste derrière le panneau indiquant l'entrée de la route de l'Alaska.

■ Galeries d'art

Old Masset

Beaucoup d'œuvres d'art sont regroupées à l'intérieur de la **Haida Arts and Jewellery** *(en été tlj 11h à 17h; visible de loin avec ses deux totems à l'entrée),* une boutique à l'architecture traditionnelle amérindienne.

Tlell

Le **Sitka Studio** *(au bout de Richardson Road,* ☎*250-557-4241)* est une petite galerie d'art et d'artisanat ouverte tous les jours. Vous y trouverez aussi des livres.

Les Rocheuses

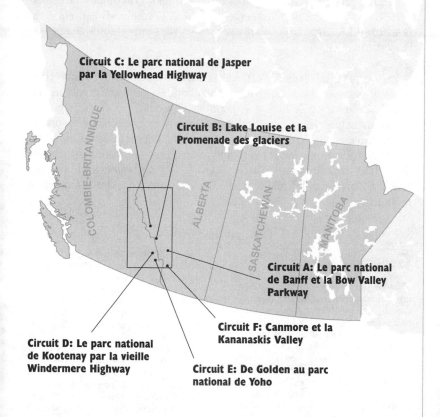

Circuit C: Le parc national de Jasper par la Yellowhead Highway

Circuit B: Lake Louise et la Promenade des glaciers

COLOMBIE-BRITANNIQUE

ALBERTA

SASKATCHEWAN

MANITOBA

Circuit A: Le parc national de Banff et la Bow Valley Parkway

Circuit F: Canmore et la Kananaskis Valley

Circuit D: Le parc national de Kootenay par la vieille Windermere Highway

Circuit E: De Golden au parc national de Yoho

Géographie	352
Flore	354
Faune	356
Un peu d'histoire	357
Vie économique	358
Accès et déplacements	358
Renseignements utiles	359
Attraits touristiques	360
Activités de plein air	385
Hébergement	398
Restaurants	417
Sorties	424
Achats	426

Les Rocheuses

Chaîne de hautes montagnes avec des sommets variant entre 3 000 m et 4 000 m et formée d'anciennes roches cristallines soulevées, basculées, puis modulées par les glaciers, les Rocheuses canadiennes s'étendent au nord le long de la frontière entre l'Alberta et la Colombie-Britannique. À l'ouest, les monts Columbiaet la chaîne Côtière, qui sillonnent pratiquement toute la Colombie-Britannique du nord au sud, forment avec les Rocheuses les plus importantes chaînes de l'Ouest canadien.

Comptant environ 170 000 km², cette vaste région, reconnue dans le monde entier pour ses attraits naturels hors du commun, accueille des millions de visiteurs chaque année. Des paysages de hautes montagnes d'une rare splendeur, des rivières déchaînées sur lesquelles les amateurs d'eaux vives s'en donnent à cœur joie, des lacs dont la couleur des eaux varie du vert émeraude au bleu turquoise, une faune diversifiée dans les parcs, des stations de ski renommées et un parc hôtelier d'une grande qualité, tout cela concourt à rendre votre séjour inoubliable.

Géographie

L'histoire des Rocheuses commence il y a environ 600 millions d'années, époque à laquelle une mer peu profonde recouvrait leur emplacement actuel. Des sédiments, entre autres d'argile schisteuse, de roche limoneuse, de sable et de conglomérats, provenant de l'érosion, à l'est, du Bouclier canadien, s'accumulèrent petit à petit, couche après couche, au fond de cette mer. Sous la pression de leur propre poids, ces couches sédimentaires, qui parfois atteignaient une épaisseur de 20 km, se cristallisèrent pour enfin former une plate-forme rocheuse. C'est ce qui explique la présence de fossiles marins tels que coquillages ou d'algues sur de nombreuses falaises; les schistes argileux de Burgess, dans le parc national de Yoho, site inscrit sur la liste du patrimoine mondial de l'UNESCO depuis 1981, constituent l'un des sites fossilifères les plus importants du monde et contiennent les restes fossilisés de près de 140 espèces.

Il y a environ 160 millions d'années, le plateau continental nord-américain s'est déplacé vers l'ouest au-dessus d'une plaque océanique, refaçonnant les formations rocheuses jusqu'à ce qu'elles se modèlent en en une série de chaînes de montagnes, dont quatre font aujourd'hui partie des Rocheuses. Les premières à émerger furent la chaîne occidentale des Rocheuses, entre Golden et Radium Hot Springs, et la chaîne occidentale principale, située à l'ouest de la Kootenay River. Ces chaînes sont maintenant protégées en partie par les parcs nationaux de Yoho et Kootenay. La chaîne orientale principale fut créée ensuite. Elle comprend les 20 sommets les plus élevés des Rocheuses canadiennes, dont le mont Robson (3 954 m). Ces sommets forment la ligne continentale de partage des eaux: à l'ouest les cours d'eau se déversent dans l'Océan Pacifique, alors que ceux situés à l'est se jettent dans l'océan Atlantique. Une partie de la chaîne orientale principale est protégée par les parcs nationaux de Banff et de Jasper. Un dernier mouvement tectonique fut à l'origine de la quatrième chaîne de montagnes, connue sous le nom de «contreforts des Rocheuses». Les contreforts sont protégés par le parc national des Lacs-Waterton (voir p 466). On peut aisément constater aujourd'hui l'impact qu'ont eu ces soulèvements sur cet ancien socle de roches sédimentaires. Il n'est pas rare, en effet, de contempler sur les versants des montagnes les ondulations subies par la roche, que les géologues appellent tantôt «anticlinaux», lorsque le mouvement ondulatoire de la pierre prend la forme d'un *A*, tantôt «synclinaux», lorsque l'ondulation dessine la forme d'un *U*.

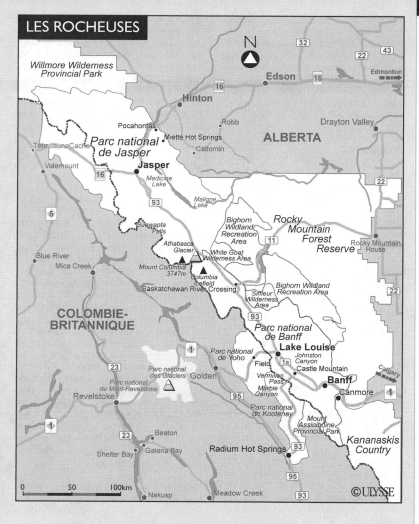

LES ROCHEUSES

Willmore Wilderness
Provincial Park

N

32   22   43

Edson   16   Edmonton

Hinton

16

Pocahontas   Robb   Drayton Valley

Miette Hot Springs

Tête Jaune Cache   Parc national   Cadomin   ALBERTA
de Jasper

Valemount   Jasper

16

Medicine
Lake

Maligne
Lake

93

Bighorn   Rocky
Wildland   Mountain
Recreation   Forest
Sunwapta   Area   Reserve   Rocky Mountain
Falls   11   House

Blue River   Athabasca   White Goat
Glacier   Wilderness Area
Mica Creek

Mount Columbia   Bighorn Wildland   22
3747m   Columbia   Recreation Area
Saskatchewan River Crossing   Icefield   Siffleur
Wilderness
Area

93

COLOMBIE-   Parc national
BRITANNIQUE   de Banff

Lake Louise

1   Parc national   Johnston
de Yoho   Canyon

23   Field   1a   Castle Mountain

Parc national   Vermilion   Banff
des Glaciers   Golden   Pass
Parc national   Calgary
du Mont-Revelstoke   Marble   Canmore
Canyon
Revelstoke   95   1
Parc national
de Kootenay   Mount
1   Assiniboine   Kananaskis
Provincial Park   Country
Beaton
23   Galena Bay   Radium Hot Springs   93
Shelter Bay
95
0   50   100km   ©ULYSSE
Nakusp   Meadow Creek   93

L'aspect morphologique des montagnes Rocheuses ne pouvait en rester là. C'eût été sans compter sur l'immense force d'érosion due à l'agression constante du vent, de la pluie, de la neige, de la glace, du gel et du dégel.

L'eau fut tout d'abord le facteur le plus important de transformation des assises rocheuses. Il suffit de penser que, chaque année, environ 7 500 km³ d'eau tombent sur la Terre, pour se donner une idée de l'énorme potentiel d'énergie dégagé par les cours d'eau ainsi créés. L'eau peut, par sa simple force, éroder les roches les plus dures en agissant comme un véritable papier de verre. Les grains de sable arrachés à la pierre, et transportés dans les eaux des ruisseaux de montagne, raclent le fond de la roche; ils parviennent à en polir les parois, à s'infiltrer dans des failles pour patiemment les élargir, et à détacher ainsi des pans entiers de rochers, ou parfois à y creuser d'énormes trous, comme ceux que l'on peut admirer dans le canyon de la rivière Maligne et que l'on appelle poétiquement «les marmites de géants». Lorsque la nature de la roche est plus friable, ou même soluble dans l'eau, comme dans le cas du calcaire, les pluies et la neige creuseront facilement de profonds sillons. Cette lente mais inexorable érosion a fini par modifier les contours primitifs des montagnes, et l'eau est parvenue à se frayer un chemin à travers les différentes couches rocheuses, creusant ainsi de profondes vallées encaissées en forme de *V*.

■ Glaciers

Lorsque la plupart des gens s'imaginent les glaciers, ils pensent aux masses glaciaires qui ont couvert des continents entiers à quatre reprises depuis 2 millions d'années. La plus récente de ces périodes glaciaires présentait une calotte qui pouvait atteindre une épaisseur de 2 000 m, couvrant ainsi la totalité des Rocheuses, sauf les plus hauts sommets de sa chaîne orientale principale. Le recul de ce glacier s'amorça il y a environ 12 000 ans. Sa rétrogression provoqua une érosion des montagnes, arrondissant certains sommets et créant de larges vallées en forme de *U*, les «auges glaciaires». L'eau de fonte des glaciers tourbillonna dans le roc, façonnant des trous lisses et transformant les rochers en gravier et en sable pour ensuite entraîner ces débris dans le déplacement du glacier, laissant derrière des blocs erratiques et des moraines latérales, frontales et médianes que l'on peut encore apercevoir aujourd'hui.

D'autres types de glaciers sont continuellement créés en montagne, notamment dans les Rocheuses. La neige et le ruissellement de l'eau de fonte qui s'accumulent dans les fossés et rainures entre les sommets en sont à l'origine: le poids de la neige pousse le champ de glace à dériver vers les bas, où il devient un glacier. Les glaciers prennent de l'ampleur lorsque le taux annuel de précipitation de neige est plus élevé que la fonte estivale, comme ce fut le cas pendant la courte période de glaciation entre 1550 et 1860. Depuis 1860, les glaciers cordillériens des Rocheuses fondent plus vite qu'ils ne sont alimentés par les précipitations annuelles de neige. C'est le cas des glaciers d'Athabasca, de Dome et de Stutfield, qui dérivent du champ de glace Columbia, le plus grand des Rocheuses. Des drapeaux rouges indiquent les positions antérieures de ces glaciers, qui reculent de 15 m tous les ans.

Lorsque de petits glaciers s'attachent à de plus grandes masses de glace, ils créent des vallées beaucoup moins profondes que celles qui sont laissées par des glaciers plus importants. Lorsque les deux glaciers fondent, la plus petite vallée donne l'impression d'être «suspendue». On retrouve un bon exemple de ce phénomène dans la vallée de la Maligne, suspendue à 120 m au-dessus de la vallée d'Athabasca.

Flore

Les forêts que vous allez croiser tout le long de votre route sont essentiellement formées de **pins de Murray**. Les Amérindiens s'en servaient pour ériger leurs tipis, car ces arbres, peu fournis en feuillage, poussent bien droit et sont assez hauts. Curieusement, ce sont les feux de forêt qui favorisent leur régénération. En effet, sous l'effet de la chaleur, la résine des pommes de pin fond doucement, libérant ainsi les graines qui y étaient contenues. Par la suite, sous l'action du vent, les graines seront dispersées, et la forêt pourra ainsi renaître de ses propres cendres. Si l'on élimine totalement les incendies, les pins de Murray vieillissent. Leur forêt se laissant alors envahir par d'autres végétaux finit par mourir, ce qui entraîne ainsi l'exode des orignaux (élans d'Amérique). Vous pourrez à maintes reprises apercevoir, le long des routes, des troncs de pins de Murray calcinés par les feux contrôlés qu'allument parfois les agents de Parcs Canada.

Le **tremble** est le feuillu le plus courant que vous verrez dans les forêts des Rocheuses. Son tronc est blanc, et ses feuilles sont rondes. Cet arbre tire son nom du frémissement de ses feuilles à la moindre petite brise.

L'**épinette d'Engelmann** se retrouve en haute altitude, à la limite supérieure des arbres. Il s'agit du premier arbre à pousser à cette hauteur sur le gravier des anciennes moraines. Vivant très vieux (certains aux environs du glacier Athabasca ont plus de 700 ans), ils ont généralement un tronc plutôt tordu en raison des vents forts qui balaient les versants des montagnes. Plus bas dans les vallées, l'épinette peut mesurer jusqu'à 20 m de hauteur.

Le **sapin de Douglas** pousse dans les forêts septentrionales situées dans le fond des vallées des Rocheuses. On en trouve au nord de Jasper.

La saison des fleurs sauvages ne dure pas longtemps en milieu alpin. La floraison, la production de graines et la reproduction constituent une véritable course contre la montre pendant les quelques semaines que dure l'été. Leur caractère vivace les aide à y parvenir. En effet, les plantes vivaces emmagasinent tout ce dont elles auront besoin pour les nouvelles pousses,

Quelques termes géologiques associés aux montagnes Rocheuses

Auges glaciaires: se dit des vallées façonnées par un glacier et qui sont en forme de *U*.

Calotte glaciaire: étendue de glace de forme convexe, très épaisse, qui recouvre tout un relief. D'une calotte peuvent partir plusieurs glaciers, comme c'est le cas pour le champ de glace Columbia.

Cirque glaciaire: se dit d'une montagne qui a été creusée en forme d'amphithéâtre par la glace. La rencontre de deux cirques dos à dos crée une «arête».

Crevasse: cassure étroite et profonde qui se rencontre dans la surface supérieure d'un glacier. On distingue les «crevasses transversales», qui fracturent le glacier d'un côté à l'autre et qui se produisent lorsque le glacier suit une forte dénivellation de la montagne, les «crevasses marginales en chevrons», que l'on retrouve sur les bords du glacier, là où la friction se fait sentir avec le versant de la montagne, et enfin les «crevasses longitudinales», qui sont situées à l'extrémité du glacier.

Glaciers de niche: petits glaciers qui se forment sur des parois rocheuses et qui paraissent suspendus.

Glaciers de vallée alpine: petits glaciers situés dans des vallées très élevées qui ressemblent à des langues, mais ne proviennent pas d'une calotte glaciaire. L'Angel Glacier, au mont Edith Cavell, en est un bel exemple.

Moraines: dépôts glaciaires (mélange de limon, de sable, de gravier et de blocs de roche charriés par la course du glacier). À la période de fonte, le glacier recule et dépose ces amas de roches sur les côtés, créant les «moraines latérales», ou sur le devant, engendrant les «moraines frontales» au bout du glacier.

Névés: masses de neige durcie qui alimentent un glacier.

Ogives: lorsqu'on observe un glacier, on s'aperçoit que la couleur n'en est pas uniforme, mais présente des stries longitudinales tantôt plus blanches, tantôt plus grises. Ces bandes pâles puis foncées, appelées «ogives», résultent des crevasses du «serac» qui, lorsqu'elles s'ouvrent en été, emmagasinent dans la glace de la poussière et du limon, et, lorsqu'elles s'ouvrent en hiver, se remplissent de neige et de bulles d'air.

Serac: série de crevasses situées à l'endroit où le glacier coule par-dessus une falaise. Comme le glacier avance continuellement, au bas de la falaise, ces crevasses se refermeront tandis que d'autres s'ouvriront plus haut.

Vallée suspendue, ou en surplomb: se dit d'une vallée dont le fond est plus haut que celui de la vallée vers laquelle elle se dirige.

Les Rocheuses - Flore

les feuilles et les fleurs. Avant même que la neige ne fonde, elles sont déjà prêtes à sortir de terre. Ainsi, le secret des fleurs de zone alpine réside dans le fait qu'elles dorment tout l'hiver et profitent au maximum de l'humidité et du fort ensoleillement de l'été.

L'**anémone occidentale** est une fleur courante dans les zones montagneuses. S'il est peu courant de la voir épanouie, il vous sera cependant facile de l'observer durant tout l'été, alors que sa tige est recouverte de poils laineux. Vers la fin de la saison chaude, le vent détachera ces graines à long appendice plumeux, assurant ainsi sa reproduction.

La **bruyère** est également adaptée aux saisons rigoureuses des milieux alpins. Ses feuilles persistantes aident à sauvegarder l'énergie, et la bruyère n'a pas à reproduire chaque année de nouvelles feuilles. Parmi les différents types de bruyères, on rencontrera souvent la **phyllodoce à feuille de camarine**, dont les petites fleurs sont rouges, le **phyllodoce glanduleux**, aux petites fleurs blanches flanquées de sépales jaunes, et la **cassiope de Mertens**, aux clochettes blanches et aux sépales de couleur brun rouge, qui pousse en formant de coussins spongieux à la limite supérieure des arbres et sur les pentes alpines abandonnées depuis longtemps par les glaciers.

La **castilléjie** varie du jaune pâle au rouge très brillant. Cette plante se reconnaît aisément, car ce sont en fait ses feuilles qui sont colorées, alors que les fleurs sont cachées dans les replis supérieurs de la tige.

La **jacinthe sauvage** est une petite fleur violette qui pousse, en coussin, sur le gravier et sur le sable, au bord de l'eau.

Faune

L'**ours noir:** il est le plus petit ours d'Amérique du Nord. Généralement noir, bien qu'il en existe certains tirant sur le brun, il possède un port de tête haut, et la ligne entre ses épaules et sa croupe se révèle plus droite que celle du grizzli. Le mâle pèse de 170 kg à 350 kg, et sa taille peut atteindre 168 cm de long et 97 cm au garrot. Quant à la femelle, elle est plus petite d'un tiers. Ces ours se rencontrent dans les forêts denses peu élevées et dans les clairières. Ils se

nourrissent de racines, de baies sauvages et de feuilles.

Le **grizzli:** sa couleur varie entre le noir, le brun et le blond, et l'apparence de sa fourrure est souvent grisonnante. Plus grand et plus lourd que son cousin l'ours noir, il mesure environ 110 cm au garrot et jusqu'à 2 m lorsqu'il se dresse sur ses pattes arrière. Il pèse environ 200 kg, mais on en a déjà remarqué certains qui avaient atteint un poids de 450 kg. On peut différencier le grizzli de l'ours noir par la bosse située au-dessus des épaules qui est en fait formée par les muscles de ses imposantes pattes avant. La croupe est également plus basse que les épaules, et son port de tête est plutôt bas. Même avec ces différences, il est souvent difficile de distinguer un jeune grizzli d'un ours noir. Soyez extrêmement vigilant chaque fois que vous rencontrez des ours, car ils sont imprévisibles et souvent très dangereux.

Le **puma:** il est le plus gros félidé que vous puissiez rencontrer dans les Rocheuses et dans la région de Kananaskis, où l'on en recense environ une centaine. Ces gros chats qui peuvent, lorsqu'ils sont affamés, attaquer des chiens et même des humains pèsent de 72 kg à 103 kg, alors que la femelle a un poids de 45 kg. Nocturnes, ils sont rarement aperçus.

Le **lynx:** faisant également partie des félidés, il est beaucoup plus petit que le puma. On le reconnaît aisément à ses oreilles pointues, surmontées d'une petite touffe de poils plus longs, ainsi qu'à sa queue très courte. Il pèse environ 10 kg. Également nocturne, il est rarement aperçu.

Les **cervidés:** les Rocheuses semblent être le paradis de ces animaux, tant il est aisé d'en observer en grand nombre. Aussi aurez-vous peut-être la chance de rencontrer un **orignal**, ou **élan d'Amérique**, ce très gros mammifère pouvant peser jusqu'à 500 kg, dont les bois caractéristiques du mâle sont larges et imposantes. Vous découvrirez aux abords de la route des **cerfs-mulets**, des **cerfs de Virginie** (chevreuils), des **caribous de montagne** et des **orignaux**.

Le **mouflon:** il n'est pas un cervidé, mais un ongulé à cornes. La différence entre ces deux familles vient de ce que les ongulés ne perdent pas leurs bois chaque année mais les gardent au contraire toute leur vie. Les mouflons se reconnaissent facilement à leurs cornes enroulées. Vous pourrez en observer à maintes reprises le long des routes. Peu farouches, ils s'approchent facilement des êtres humains pour quêter quelque nourriture. Il ne faut sous aucun prétexte leur donner quoi que ce soit, car ils prendraient vite l'habitude d'approcher les gens et risqueraient ainsi de se faire renverser par les nombreuses voitures qui sillonnent les routes des parcs.

La **chèvre de montagne:** elle fait également partie de la famille des ongulés à cornes. Peu nombreuses, les chèvres de montagne sont rarement aperçues, sauf dans les milieux alpins. Elles sont reconnaissables à leur fourrure formée de longs poils blancs et à leurs deux petites cornes noires et pointues. Farouches, elles ne se laisseront pas approcher.

Le **loup**, le **coyote** et le **renard:** ils peuvent être vus dans les parcs, surtout si vous vous promenez dans les forêts de la région de Kananaskis.

Les **oiseaux de proie:** en font partie l'**aigle à tête blanche**, l'**aigle royal**, le **grand duc** et plusieurs espèces de **faucons**.

Le **lagopède:** il ressemble à une poule. Il change de couleur avec les saisons pour virer du brun moucheté de blanc en été au blanc neigeux en hiver. On retrouve aussi des **gélinottes** et des **tétras**.

Mentionnons également la présence, parfois dérangeante, des **geais gris** et des **casse-noix américains**, qui n'hésitent pas à venir voler votre nourriture sous vos yeux, dans votre assiette, pour peu que vous décidiez de faire un petit pique-nique en forêt. Le casse-noix a un plumage gris sur la poitrine; ses ailes sont noires et blanches, et son bec est plutôt long. Le geai gris, quant à lui, a un plumage plus sombre et un bec plus court.

Terminons enfin cette liste en mentionnant la présence de deux familles d'insectes nuisibles qui abondent en certaines saisons dans les Rocheuses. Il s'agit, tout d'abord, des **moustiques**, dont on recense pas moins de 28 espèces différentes, toutes horripilantes pour l'être humain. Emportez donc de quoi vous en prémunir, lotion insectifuge et moustiquaire. Entre les mois d'avril et de juin, on trouve également dans les Rocheuses un autre insecte, appelé la **tique d'Anderson**, dont il faut prendre garde sans céder à

la panique (elle peut en de rares occasions, lorsqu'elle est porteuse de la fièvre pourprée des montagnes Rocheuses, provoquer la mort). Elle se retrouve dans les herbes des zones sèches des Rocheuses. Une inspection régulière de vos vêtements et de votre personne s'impose si vous marchez dans cette région au printemps. Si vous êtes piqué, retirez lentement la tique (la brûler avec une cigarette est inefficace) et consultez un médecin aux premiers signes de maux de tête, d'engourdissement ou de malaise.

Un peu d'histoire

La présence de l'homme dans la région remonte à quelque 11 000 ans, mais la venue des premiers Blancs date de l'époque de la pelleterie, soit vers la deuxième moitié du XVIIIe siècle. Les Stoneys, des Amérindiens qui connaissaient bien cette région et certains passages qui auront plus tard leur importance pour le commerce des fourrures, servirent alors de guides aux nouveaux arrivants. De la pointe la plus à l'est de l'île de Terre-Neuve à l'archipel de la Reine-Charlotte, on compte pas moins de 80° de longitude. Pourtant, cet immense territoire, aujourd'hui le Canada, n'est peuplé, vers 1850, que de quatre millions d'habitants. Pour faire face à la menace que représentait le géant américain, plus riche et plus peuplé, et à la suite des crises politiques et économiques qui éclatèrent en 1837 sous le gouvernement de William Mackenzie, la volonté d'établir une organisation plus efficace, sous forme de confédération canadienne, vint s'imposer pour finalement aboutir, en 1867, au vote de l'Acte de l'Amérique du Nord britannique. Ce nouvel État canadien, qui passait ainsi du statut de colonie à celui de dominion britannique, était alors composé de quatre provinces, soit l'Ontario, le Québec, la Nouvelle-Écosse et le Nouveau-Brunswick, toutes quatre situées dans l'Est. Or, en achetant l'Alaska à la Russie pour sept millions de dollars en mars 1867, les États-Unis d'Amérique étaient parvenus à coincer la Colombie-Britannique entre ses deux frontières, la plongeant ainsi dans une situation très précaire. Géographiquement, la Colombie-Britannique était alors totalement coupée de la Confédération canadienne; aussi, lorsque des délégués de cette province se rendirent à Ottawa pour discuter de l'avenir de la colonie du ponant, durent-ils le faire en gagnant San Francisco par bateau, puis Chicago et Toronto en empruntant le tout nouveau chemin de fer transcontinental américain. Pour s'unir au Canada, la Colombie-Britannique exigea de rompre cet isolement et demanda qu'une route soit construite afin de la désenclaver. Quelle ne fut pas sa surprise lorsque le gouvernement Macdonald lui offrit plus encore, avec la promesse de la construction d'une ligne de chemin de fer! Relier les Provinces maritimes, dans l'est du Canada, à Vancouver, constitua une aventure prodigieuse, un défi technologique et financier inouï pour un pays aussi jeune et peu peuplé. Le transport crée le commerce, et, à l'évidence, une si grande nation ne pouvait grandir et prospérer sans s'équiper de moyens de communication modernes qui lui permettraient d'asseoir une stabilité commerciale que les hivers mettaient à rude épreuve en retardant, ou en immobilisant, les transports routiers et maritimes.

C'est avec la construction du chemin de fer que l'économie de la région des Rocheuses prit vraiment son essor, et l'on vit alors s'établir, en plus des agents du chemin de fer, des prospecteurs, des alpinistes, des géologues et toutes sortes de visiteurs qui écrivirent quelques-uns des chapitres les plus mémorables de cette région.

Vie économique

Si l'on ne peut exporter la vue des paysages, alors importons les touristes! Cette phrase de William Cornelius Van Horne, vice-président de la société de chemins de fer du Canadien Pacifique, résume bien à elle seule la situation. L'économie des Rocheuses canadiennes, dans les grands parcs nationaux de la Colombie-Britannique et de l'Alberta, ne repose effectivement que sur le tourisme. La préservation des sites est assurée par leur statut de parc national, qui garantit à cette région l'absence totale d'une quelconque forme d'exploitation, fût-elle forestière ou même minière. Ainsi les sites d'extraction minière de charbon, de cuivre, de plomb et d'argent (voir «Silver City», p 367) ainsi que les exploitations de gisements d'ocre (voir «Paint Pots», p 379) furent-ils fermés, et les villages déménagés, pour rendre aux montagnes leur aspect vierge d'antan et empêcher que l'industrie humaine ne les défigure.

Accès et déplacements

■ En avion

L'accès se fait habituellement par avion à Calgary (voir p 431), Edmonton (voir p 517) ou Vancouver (voir p 71), puis en voiture jusqu'à l'entrée des différents parcs nationaux ou provinciaux.

■ En voiture

La situation très enclavée des Rocheuses fait de la voiture le meilleur moyen pour se déplacer. L'état du réseau routier de cette région montagneuse est généralement bon, compte tenu des vents, de la neige et de la glace qui ont tôt fait d'en endommager les infrastructures. La conduite sur les petites routes sinueuses de montagne nécessite cependant plus d'attention et de prudence, surtout en hiver. Ne négligez pas de faire régulièrement quelques arrêts pour vous reposer et contempler les paysages grandioses. Prenez garde aussi aux animaux qui traversent les routes.

En hiver, il est nécessaire de s'informer de l'état des routes avant d'entreprendre son voyage, car les précipitations de neige importantes obligent parfois les autorités locales à fermer l'accès de certaines routes. De plus, votre véhicule devra impérativement être équipé de pneus d'hiver, de pneus à clous ou parfois même de chaînes. Mais en règle générale, les principaux axes routiers restent ouverts toute l'année, tandis que les voies secondaires sont aménagées en sentiers de ski de fond.

Pour obtenir de l'information sur l'état des routes à Banff, vous pouvez téléphoner à l'**Alberta Motor Association (AMA)** (☎*780-471-6056, www.trans.gov.ab.ca)*; pour Jasper, téléphonez à **The Weather Service** (☎*780-852-3185)* ou au **Jasper National Park Road Report** (☎*780-852-3311)*. Pour le parc national de Yoho, contactez l'office de tourisme (☎*250-343-6100)* et, pour le parc national de Kootenay, l'administration du parc (☎*250-347-9615)*.

Ces renseignements sont également donnés aux postes de péage, à l'entrée des parcs nationaux et dans tous les bureaux locaux de Parcs Canada.

■ En train et en autocar

Banff

La **gare d'autocars** (☎403-762-2286 ou 800-661-8747) est située à l'entrée de la ville de Banff sur Gopher Street, et est utilisée par la compagnie **Greyhound** (☎800-661-8747, www.greyhound.ca) et la compagnie **Brewster Transportation and Tours** (☎403-762-6767 ou 800-661-1152, www.brewster.ca). Cette dernière assure le transport local et organise des excursions au champ de glace Columbia et à Jasper. La gare ferroviaire des **Rocky Mountaineer Railtours** (www.rockymountaineer.com) est située juste à côté de la gare routière, sur Railway Avenue.

Jasper

La gare d'autocars **Greyhound** (☎780-852-3926) et la gare ferroviaire **VIA Rail** (☎888-842-7245, www.viarail.ca) sont situées en plein centre-ville de Jasper, sur Connaught Drive.

■ En taxi

Banff

Des gares routières de Banff, on peut se rendre au centre-ville en taxi:

Legion Taxi
☎(403) 762-3353

Mountain Taxi and Tours
☎(403) 762-3351

Taxi Taxi and Tours
☎(403) 762-8000

Banff Taxi Tours and Limousine
☎(403) 762-4444

Jasper

Heritage Cabs
☎(780) 852-5558

Jasper Taxi
☎(780) 852-3600

Renseignements utiles

Les parcs des Rocheuses s'étendent à cheval sur deux provinces canadiennes, l'Alberta et la Colombie-Britannique, qui ont toutes deux des indicatifs régionaux de téléphone différents dans cette zone. Pour éviter tout risque de confusion, nous mentionnerons pour chaque ville le numéro de l'indicatif régional s'y rapportant.

Vous pouvez obtenir de l'information concernant les différents parcs et régions en communiquant avec les bureaux de **Parcs Canada** (www.pc.gc.ca) ou les bureaux d'information touristique.

■ Droits d'entrée

L'accès aux parcs canadiens des Rocheuses est soumis à des droits d'entrée assez modiques que vous devrez acquitter au poste de péage situé à l'entrée de chaque parc.

Jusqu'à récemment, le droit de péage n'était exigible que pour les véhicules qui pénétraient sur le site, mais désormais chaque visiteur doit payer des droits d'entrée individuels. Ce système permet à Parcs Canada d'exiger une participation financière des personnes qui viennent à pied, en train ou en autobus afin d'amortir le coût des services et des installations mis en place pour le public.

Parcs Canada exige également des droits individuels pour la pratique de certaines activités (excursions de plus d'une journée, alpinisme, activités d'interprétation...) ou l'utilisation de certaines installations, comme les piscines d'eaux thermales.

Pour obtenir un exemplaire de la liste complète des droits exigibles actuellement, vous pouvez vous adresser aux postes de péage ou aux centres d'information des parcs ou composer le ☎800-651-7959.

■ Internet

Banff

Cyber Web Café (6$/heure; tlj 8h30 à 24h; 215 Banff Ave., sous-sol du Sundance Mall, ☎403-762-9226.

Jasper

Les deux endroits où l'on peut se connecter à Internet à Jasper sont situés l'un en face de l'autre. Le **Soft Rock Internet Cafe** *(8$/heure; 632 Connaught Dr.,* ☎*780-852-5850)* offre aussi la possibilité de casser la croûte. Quant au **More Than Mail** *(6$/heure; 620 Connaught Dr.,* ☎*780-852-3151)*, c'est un comptoir qui propose en plus de l'Internet des services de fax, de téléphone et d'envois postaux.

■ Renseignements touristiques

Alberta Visitor Information Centre
à l'extrémité ouest de Canmore, en un lieu dénommé "Dead Mans Flats"
☎800-252-3782

Banff/Lake Louise Tourism Bureau
224 Banff Ave., P.O. Box 1298,
Banff, AB, T1L 1B3
☎(403) 762-8421
www.banfflakelouise.com

Lake Louise Visitor Information Centre
Samson Mall, P.O. Box 213
Lake Louise, AB, T0L 1E0
☎(403) 522-3833
www.lakelouise.com

Jasper Tourism & Commerce
500 Connaught Dr. ou 409 Patricia St.
Jasper, AB, T0E 1E0
☎(780) 852-3858 ou 852-6176
www.jaspercanadianrockies.com

Ski Jasper
P.O. Box 98, Jasper, AB, T0E 1E0
☎(780) 852-5247 ou 800-473-8135
www.skijaspercanada.com

Radium Hot Springs Chamber of Commerce
P.O. Box 225, Radium Hot Springs, BC, V0A 1M0
☎(250) 347-9331
www.rhs.bc.ca

Golden and District Chamber of Commerce and Visitor Information Centre
500-10th Ave. N., Golden, BC, V0A 1H0
☎(250) 344-7125 ou 800-622-4653
www.goldenchamber.bc.ca

Centre d'information touristique de Field
à l'entrée de la ville de Field
☎(250) 343-6783

Kananaskis Country Head Office
3115 12th St. NE, Suite 200, Calgary, AB, T2E 7J2
☎(403) 297-3362
Ce bureau n'offre que de l'information basique: pour plus de détails, contactez le Barrier Lake Visitor Information Centre (voir ci-dessous).

Tourism Canmore
907 Seventh Ave., Canmore, AB, T1W 3K1
☎866-226-6673
www.tourismcanmore.com

Bow Valley Provincial Park Office
mai à oct fermé mer-jeu, oct à mai fermé sam-dim
P.O. Box 280, Exshaw, AB, T0L 2C0
☎(403) 673-3663

Peter Lougheed Provincial Park Visitor Information Centre
P.O. Box 130, Kananaskis, AB, T0L 2H0 (situé à 3,6 km du Kananaskis Trail – route 40)
☎(403) 591-6322

Barrier Lake Visitor Information Centre
P.O. Box 280, Exshaw, AB, T0L 2C0 (situé sur la route 40, à 6 km de la transcanadienne)
☎(403) 673-3985

Elbow Valley Information Centre
☎(403) 949-4261

Attraits touristiques

Les six circuits de ce chapitre vous permettront de découvrir les Rocheuses:

Circuit A: Le parc national de Banff et la Bow Valley Parkway ★★★

Circuit B: Lake Louise et la Promenade des glaciers ★★★

Circuit C: Le parc national de Jasper par la Yellowhead Highway ★★

Circuit D: Le parc national de Kootenay par la vieille Windermere Highway ★★

Circuit E: De Golden au parc national de Yoho ★★

Circuit F: Canmore et la Kananaskis Valley ★★★

Les circuits A, D et E forment ensemble le Golden Triangle Tour, un sentier cyclable renommé. Pour compléter la boucle, prenez la route 95 entre Radium Hot Springs et Golden, où vous rencontrerez plusieurs ranchs installés dans la vallée entre les monts Purcell et Kootenay.

Circuit A: Le parc national de Banff et la Bow Valley Parkway
★ ★ ★

Ce circuit débute à l'ouest des Bow River Falls, dans la célèbre ville de Banff, aux sources d'eau chaude sulfureuse qui sont à l'origine du vaste réseau des parc nationaux du Canada et du développement touristique de la région.

Au **Lieu historique national Cave and Basin** ★ ★ ★ *(4$; mi-mai à fin sept tlj 9h à 18h, oct à mi-mai lun-ven 11h à 16h, sam-dim 9h à 17h; au bout de Cave Ave.,* ☎*403-762-1566)* , bien que les bassins aient été rénovés en 1984 à un prix exorbitant, la piscine est fermée depuis 1992 pour des raisons de sécurité. En effet, la teneur sulfureuse des eaux altère rapidement le béton, et le dallage de la piscine est par endroits fortement endommagé. On peut néanmoins toujours visiter la grotte, bien connue des Assiniboines depuis des générations ainsi que des explorateurs européens. Trois employés du Canadien Pacifique en firent la découverte en novembre 1883. Les frères William et Tom McCardell et leur collègue Frank McCabe avait déserté un site de construction ferroviaire pour se lancer à la recherche d'or. Lorsqu'ils atteignirent Sulphur Mountain, ils y trouvèrent des sources d'eau chaude sulfureuse. Ils prirent alors une concession afin de les exploiter, mais s'avérèrent incapables de faire face aux différentes contestations de propriété qui s'en suivirent. L'attention du gouvernement fédéral fut attirée par ces querelles, et un agent fut envoyé sur place afin de contrôler la concession.

Respirez cette odeur caractéristique d'hydrogène sulfuré causée par les bactéries qui oxydent les sulfates dans l'eau avant que celle-ci ne jaillisse de terre. En observant bien la surface de l'eau, on pourra y voir éclater les bulles de gaz sulfurique, tandis qu'au fond du bassin on pourra apercevoir des alvéoles de sable bouger en raison de ce même gaz (surtout visible au centre).

Pourquoi les eaux de Cave and Basin sont-elles chaudes?

En pénétrant par les fissures de la roche, l'eau s'infiltre sous le versant ouest du mont Sulphur et absorbe, dans sa course, calcium, sulfure et autres minéraux. À une certaine profondeur, la chaleur du noyau de la Terre réchauffe l'eau qui remonte, sous l'effet de la pression, par une faille du versant nord-est de la montagne. En s'écoulant à l'extérieur, l'eau dépose de nouveau, autour des sources, le calcium en couches légèrement colorées qui vont durcir pour finalement devenir de la roche appelée «tuf». Il est possible d'examiner ces formations sur le flanc de la montagne, à la petite source extérieure aménagée à 20 m de l'entrée du **Lieu historique national Cave and Basin**.

La renommée des sources était déjà telle auprès des employés du chemin de fer que l'histoire parvint jusqu'au vice-président du Canadien Pacifique, qui les visita en 1885 et déclara que ces sources valaient bien un million de dollars. À cette époque, nul n'était besoin de créer un parc pour préserver une faune alors très abondante, et les pouvoirs publics ne se préoccupaient pas encore de la préservation des sites naturels. Par contre, il était primordial pour le gouvernement de trouver des sites économiquement exploitables qui permettaient de renflouer les caisses de l'État, mises à mal par les travaux de construction du chemin de fer. S'apercevant dès lors de leur énorme potentiel économique, le gouvernement fédéral acheta les droits de la concession aux trois ouvriers et confirma ses droits de propriété sur l'emplacement en créant une réserve naturelle dès la même année. Un petit film sur l'histoire des sources et leur achat par le gouvernement pour 900$ seulement est présenté sur place.

En 1887, soit deux ans après, la réserve devint le premier parc national du Canada, qui fut appelé parc des Rocheuses, puis **parc national de Banff** ★★★ *(Parcs Canada: 224 Banff Ave., P.O. Box 900, Banff, AB, T1L 1K2* ☎*403-762-1550)*. Aujourd'hui, le parc national de Banff est le plus connu et le plus visité des parcs canadiens. Il est d'une incroyable beauté, mais sa renommée en fait un des parcs les plus envahis par les visiteurs de toutes nationalités.

Pour une vue d'ensemble du parc national de Banff, le téléphérique du mont Sulphur, le **Banff Gondola** *(22,50$; horaire variable; en haut de Mountain Ave., à l'extrémité du stationnement d'Upper Hot Springs,* ☎*403-762-2523)* vous permet, si vous ne vous sentez pas la force d'y aller à pied, de monter au sommet de cette montagne. Le panorama de la ville de Banff, du mont Rundle, de la vallée de la Bow et des monts Aylmer et Cascade est superbe. La station de départ du téléphérique est à 1 583 m, et celle d'arrivée est à 2 281 m d'altitude. Munissez-vous de vêtements chauds car, au sommet, la température est fraîche.

Si vous souhaitez goûter à la sensation que procurent les eaux de la montagne Sulphur, vous devrez monter tout en haut de Mountain Avenue, au pied de la montagne. Là se trouvent les installations thermales des **Banff Upper Hot Springs** ★★★ *(7,50$ mi-mai à mi-sept tlj 9h à 23h; 5,50$ mi-sept à mi-mai, dim-jeu 10h à 22h, ven-sam 10h à 23h; location de maillots de bain et de serviettes; en haut de Mountain Ave.,* ☎*403-762-1515 ou 800-767-1611)* de même que des restaurants et des boutiques.

L'établissement comprend une piscine d'eau chaude (41°C) pour le bain et une piscine d'eau tiède (27°C) pour la natation. Le site a fait l'objet d'une rénovation de 4,5 millions de dollars: la piscine a été redessinée et l'on y trouve des vestiaires, des restaurants et des boutiques, sans oublier les services de massage Pleiades, pour lesquels il faut réserver à l'avance, surtout si vous prévoyez d'arriver après 15h.

Autrefois, les Amérindiens et les visiteurs croyaient aux vertus curatives de l'eau sulfureuse, qui était censée améliorer la santé, voire guérir certaines maladies de la peau. Si ces effets sont aujourd'hui contestés, il n'en reste pas moins que ces eaux ont un effet apaisant sur le corps.

Banff ★★★

Débutez votre visite de la ville de Banff au Banff Springs Hotel.

Pour accompagner l'exploitation de Cave and Basin, déjà très en vogue auprès des riches touristes fervents de cures thermales, des infrastructures touristiques et de luxueux hôtels furent construits. Le plus important de ceux-ci, le **Banff Springs Hotel** ★★★ *(405 Spray Ave.,* ☎*403-762-2211)*, aujourd'hui le Fairmont Banff Springs, mérite une visite. William Cornelius Van Horne, vice-président de la société de chemins de fer du Canadien Pacifique, décida, après sa visite des sources de Cave and Basin, de faire construire un somptueux hôtel destiné à recevoir les touristes qui ne tarderaient pas à affluer pour profiter des eaux thermales. C'est ainsi que les travaux débutèrent dès 1887. L'hôtel fut construit rapidement et ouvrit ses portes en juin 1888. Le coût des travaux s'élevait déjà à 250 000$; aussi la compagnie du Canadien Pacifique entreprit-elle une véritable campagne de promotion afin d'attirer de riches visiteurs du monde entier. Au début du XXe siècle, la renommée de Banff était telle que le Banff Springs Hotel était devenu l'un des hôtels les plus fréquentés en Amérique du Nord. De nouveaux travaux furent donc entrepris afin de l'agrandir, et en 1903 une nouvelle aile fut créée. Les deux bâtiments, construits dans le prolongement l'un de l'autre, étaient néanmoins séparés par une simple passerelle de bois en prévision d'un éventuel incendie. Une année plus tard, une tour s'éleva à l'extrémité de chaque aile. Bien que cet immense hôtel ait hébergé en 1911 quelque 22 000 clients, l'infrastructure s'avérait encore trop étroite pour la demande sans cesse croissante. Les travaux reprirent donc pour ériger, cette fois, une tour centrale. C'est finalement en 1928 que l'infrastructure du bâtiment fut achevée. Une visite des salles communes vous permettra d'admirer le style Tudor de l'aménagement intérieur, ainsi que les tapisseries, les tableaux et le mobilier qui s'y trouvent encore. Un centre de congrès a été ajouté à l'établissement en 1991, au coût de 23 millions de dollars. Agrandi en 2003, il a été rénové au coût de 2,3 millions de dollars. En fait, ce sont toutes les installations de l'hôtel, chambres comprises, qui ont bénéficié d'une récente remise à neuf. Le Banff Springs Hotel a été déclaré lieu historique national en 1992.

LES ROCHEUSES parc national de Banff

Si vous séjournez au **Fairmont Banff Springs** (voir p 402), peut-être aurez-vous la chance de rencontrer la nuit le fantôme de Sam McAuley, le garçon d'étage qui aide les clients à retrouver leurs clés, ou encore celui de la mariée qui s'est tuée le jour de son mariage en tombant des escaliers et qui, dit-on, est revenue une fois hanter les couloirs de l'hôtel.

Nous vous suggérons de prendre un thé à l'hôtel pour ensuite descendre la côte d'où vous pourrez profiter d'une belle vue sur les **Bow River Falls**. D'ici, vous pourrez continuer à arpenter la rive sud de la rivière Bow le long du sentier de randonnée de la **boucle de Cave and Basin** (voir p 392), ou suivre les berges de la rivière Spray où se trouve un autre sentier de randonnée pédestre (voir p 393).

Du Banff Springs Hotel, suivez Spray Avenue vers le nord jusqu'à Banff Avenue.

Arrêtez-vous aux **Cascade Gardens** ★★, d'où vous pourrez admirer une jolie vue du mont Cascade, au sud, et de la partie centrale de Banff où se trouvent la plupart des musées, restaurants et hôtels, de l'autre côté du pont, au nord. L'aménagement paysager des jardins met en valeur la beauté du site, avec des tonnelles, des chutes d'eau et une belle sélection de fleurs annuelles et de vivaces colorées.

Le **Buffalo Nations Luxton Museum** ★★ *(6$; juin à mi-oct 9h à 18h, mi-oct à juin 13h à 17h; 1 Birch Ave., de l'autre côté du pont de la rivière Bow,* ☎*403-762-2388)* est un musée consacré à la vie des Amérindiens qui vivaient dans les plaines du Nord et dans les Rocheuses canadiennes. Leur mode de vie, leurs rites, leurs techniques de chasse, leurs habitations et l'équipement dont ils se servaient vous seront présentés et expliqués. Ce musée est accessible aux personnes en fauteuil roulant, et il est possible de profi-

ter d'une visite guidée. Pour cela, prévenez le musée à l'avance.

Rendez-vous sur Bear Street, de l'autre côté de la rivière Bow.

Le **Whyte Museum of the Canadian Rockies** ★★★ *(6$; tlj 10h à 17h; 111 Bear St.,* ☎*403-762-2291, www.whyte.org)* relate l'histoire des Rocheuses canadiennes. Vous y trouverez le résultat des fouilles archéologiques menées sur les anciens campements amérindiens kootenays et stoneys. Vous pourrez ainsi contempler quelques-uns de leurs vêtements, de leurs outils et de leurs bijoux. Vous apprendrez également à connaître l'histoire de fameux explorateurs, comme Bill Peyto, de certaines figures locales devenues célèbres ou encore l'histoire du chemin de fer et de la ville de Banff. Objets personnels et vêtements appartenant aux figures locales y sont exposés. Le musée renferme également une salle d'exposition de peinture, ainsi qu'une salle d'archives si vous désirez en savoir plus sur la région.

Dirigez-vous vers le sud pour aller visiter le Banff Centre sur Tunnel Mountain Drive, près de St. Julien Road.

Le **Banff Centre** ★ *(107 Tunnel Mountain Dr.,* ☎*403-762-6100 ou 800-422-2633, www.banff centre.ca)*, créé en 1933, loge le Banff Centre of the Arts. Ce centre culturel de renom, qui attire chaque année de nombreux artistes, organise chaque été le **Banff Arts Festival** *(*☎*403-762-6301 ou 800-413-8368)*, durant lequel de nombreuses représentations de danse, d'opéra, de jazz et de théâtre sont proposées. Des cours sont également donnés aux étudiants en arts qui décident de se consacrer à des disciplines telles que la danse classique ou le ballet jazz, le théâtre, la musique, la photographie et la poterie. Chaque année, le centre organise également un festival international des films de

Les Rocheuses - Attraits touristiques - Le parc national de Banff et la Bow Valley Parkway

★ **ATTRAITS TOURISTIQUES**

1. AX	Lieu historique Cave and Basin	6. BY	Cascade Gardens	10. EZ Hoodoos Lookout
2. BZ	Banff Gondola	7. BY	Buffalo Nations Luxton Museum	11. EY Bankhead
3. BZ	Banff Upper Hot Springs			12. EY Lake Minnewanka
4. BZ	Banff Springs Hotel	8. CY	Whyte Museum of the Canadian Rockies	13. EY Two Jack Lakes
5. CZ	Bow River Falls	9. CZ	Banff Centre	14. CX Ski Banff@Norquay

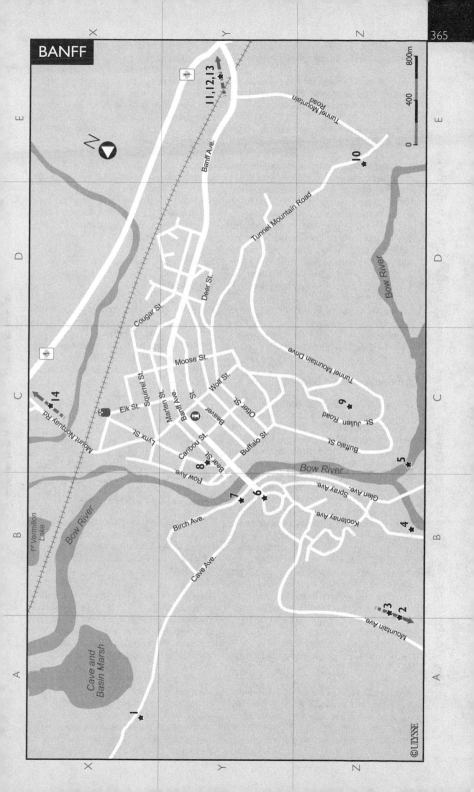

montagne. À l'intérieur de ce complexe se trouve un centre sportif.

Suivez Tunnel Mountain Drive vers le nord-est jusqu'au Hoodoos Lookout, en bordure de la ville.

Le **Hoodoos Lookout** ★★ se trouve en bordure de la ville de Banff. Les *hoodoos* (cheminées des fées) qui se trouvent ici ne sont pas aussi impressionnantes que celles qui se dressent sur les badlands du centre de l'Alberta, mais elles valent la peine que vous y jetiez un coup d'œil. Semblables à des stalagmites géantes, ces colonnes de sable, d'argile, de gravier et de calcaire dissous par l'eau, coiffées de blocs qui les protègent de l'érosion et balayées par le vent, font le guet comme des sentinelles à l'orée de la forêt. Une petite marche de 5 min vous mènera jusqu'au belvédère.

À l'extrémité de Tunnel Mountain Road, prenez Banff Avenue à droite pour rejoindre Lake Minnewanka Loop Road, que vous suivrez jusqu'à l'ancienne ville minière de Bankhead.

Aux environs de Banff

La disparition de la petite localité de Bankhead est liée à la création du parc national de Banff. En effet, **Bankhead** ★, née de l'extraction de charbon qui s'y faisait, a dû être entièrement démantelée, car la préservation des sites naturels est assurée par le statut de parc national et garantit à la région l'absence totale de toute forme d'exploitation, fût-elle forestière ou minière. Aujourd'hui, un sentier vous conduit à travers les quelques fondations restantes et les crassiers, ces amas de résidus de métaux que vous apercevrez à l'arrière-plan. En reprenant la route, vous trouverez également, 200 m plus haut sur votre droite, les restes du parvis de l'église. Le très agréable site d'**Upper Bankhead**, que vous verrez un peu plus loin sur la gauche, a été garni de tables de pique-nique et de petits foyers à barbecue.

Poursuivez votre route jusqu'au lac Minnewanka.

Avec ses 22 km de long et ses 2 km de large, le **Lake Minnewanka** ★★ est aujourd'hui le plus grand lac du parc national de Banff, mais cette étendue n'est pas entièrement naturelle. Son nom autochtone signifie «le lac de l'esprit des eaux».

Il est aussi l'un des rares lacs du parc où les embarcations à moteur sont autorisées. Jadis, l'endroit abritait les campements des Indiens stoneys. Les plongeurs, qui affectionnent beaucoup ce lac en raison du défi que représente la plongée en eaux alpines, peuvent en voir quelques vestiges. En plus de faire un tour guidé en bateau avec **Minnewanka Boat Tours** (voir p 391), vous pourrez pêcher si vous avez obtenu un permis en règle délivré par les bureaux de Parcs Canada. En hiver, on peut y patiner. Un sentier de randonnée de 16 km mène au bout du lac. Une fois arrivé à l'**Aylmer Lookout Viewpoint**, vous devriez pouvoir observer des chèvres de montagne qui viennent souvent à cet endroit.

En tournant à gauche, à l'entrée du lac Minnewanka, vous pourrez rejoindre les **Two Jack Lakes**.

Allez rejoindre la transcanadienne et prenez-la vers l'ouest pour vous rendre au mont Norquay.

Ski Banff@Norquay (voir p 394) fut la première station de ski à être aménagée dans le parc national de Banff. La montagne de 2 522 m d'altitude où elle se trouve reçut son nom en hommage à John Norquay, un ancien premier ministre du Manitoba. Un téléphérique, qui ne fonctionne qu'en hiver, vous emmènera au sommet de la montagne, d'où vous pourrez contempler le magnifique paysage de la vallée de la rivière Bow ainsi que de la ville de Banff.

Bow Valley Parkway ★★

Pour poursuivre votre visite du parc national de Banff, reprenez la transcanadienne vers l'ouest jusqu'à la Bow Valley Parkway que vous emprunterez vers le nord jusqu'aux limites de la ville de Lake Louise.

Serpentant le long des montagnes, la Bow Valley Parkway ★★ réserve quelques beaux panoramas de la rivière Bow. La consigne de rouler lentement est impérative, car les animaux s'approchent fréquemment de la route à l'aurore ou au crépuscule.

La vallée de la rivière Bow est un bon exemple de vallée en forme de *V* qui se transforma en vallée en forme de *U*. La vallée fut d'abord créée par les courants torrentiels de la rivière Bow, une rivière qui prenait ses origines dans les eaux de fonte des montagnes il y a environ 140 millions d'années. La rivière, qui ne dépend d'ailleurs plus seulement des eaux de fonte, poursuivit sa route à travers les débris glaciaires, érodant progressivement le roc en bordure de la vallée, arrondissant ainsi sa forme.

Avant d'arriver à Johnston Canyon et Lake Louise, vous croiserez l'aire de pique-nique Fireside. C'est ici que débute le sentier de randonnée pédestre de la **Cory Pass Loop** (voir p 392).

Une vingtaine de kilomètres après Banff se trouve le **Johnston Canyon** ★ ★ ★. Un arrêt s'impose pour visiter cette jolie gorge. Un petit chemin de terre a été aménagé pour remonter le long du canyon, où vous pourrez constater l'effet dévastateur que peut avoir un torrent d'eau, aussi modeste soit-il, sur la roche, de quelque nature qu'elle soit. La première chute, dite «chute inférieure», est située à 1,1 km seulement, et le sentier qui y mène est très facile à parcourir, quoique glissant par endroits. La deuxième chute, la «chute supérieure», se trouve, quant à elle, à 2,7 km. Ce canyon est un véritable refuge pour les oiseaux; peut-être pourrez-vous apercevoir des cincles d'Amérique, car ces oiseaux résident toute l'année dans le canyon et aiment plonger dans les eaux glacées du torrent, où ils recherchent des larves d'insectes. Les martinets noirs viennent faire leur nid dans les cavités sombres du canyon. Ils arrivent à la mi-juin et restent jusqu'au début de l'automne, le temps d'élever leurs petits avant de repartir pour la chaleur des tropiques. En parvenant à la deuxième chute, vous pourrez apercevoir ce que l'on appelle des «murs miroitants». Un panneau explique que ce phénomène résulte de l'amalgame de plusieurs variétés d'algues gorgées de minéraux. Sous un rayon de soleil, l'effet est saisissant. La deuxième chute est la plus haute du canyon. Du canyon, il est possible de faire encore 3 km, jusqu'aux **Ink Pots** (encriers), formés de six sources fraîches présentant des nuances différentes de vert ou de bleu. Le sentier même des Ink Pots fait 5,8 km de longueur.

En amont de la Bow Valley Parkway se trouve, un peu plus loin sur la gauche, l'ancienne ville désaffectée de **Silver City**. En 1883, on découvrit, dans les environs, de l'argent, du cuivre et du plomb. Les prospecteurs arrivèrent deux ans plus tard, mais les poches de minerai s'épuisèrent rapidement. La population repartie, la ville

fut laissée à l'abandon. En pleine heure de gloire, cette petite ville comptait néanmoins quelque 175 bâtiments et plusieurs hôtels. Vous n'en retrouverez que quelques vestiges.

Par beau temps, **Castle Mountain** vous semblera sortir tout droit d'un film de Walt Disney. La montagne demeurera visible jusqu'à l'embranchement avec la route 93, et même au-delà. Faites un arrêt au **Castle Mountain Lookout** ★ ★ ★, juste après la jonction, à l'est.

Poursuivez vers le nord par la Bow Valley Parkway, jusqu'à Morant's Curve, au-delà de Island Lake.

La halte routière de **Morant's Curve** offre une vue panoramique sur le mont Temple, le glacier Wenkchemna et la rivière Bow.

Continuez jusqu'à l'aire de pique-nique de Corral Creek.

La Bow Valley Parkway prend fin à Whitehead Road, aux limites de la ville de Lake Louise.

Circuit B: Lake Louise et la Promenade des glaciers ★ ★ ★

Ce circuit débute dans le parc national de Banff, près du village de Lake Louise. Il permet de découvrir les sommets les plus hauts des Rocheuses canadiennes et aboutit à l'immense champ de glace Columbia (Columbia Icefield). Vous pourrez admirer, le long de cette route, d'étonnants paysages. En vous arrêtant aux nombreux points de vue aménagés, vous pourrez vous replonger dans le passé géologique de ces montagnes et de ces vallées, et revivre bien des épisodes de la vie des ces aventuriers qui ont découvert cette région.

Pour une belle vue d'ensemble de la région, prenez Whitehorn Road à droite pour vous rendre au **Lodge of the Ten Peaks**. Avant d'emprunter la Lake Louise Sightseeing Gondola, visitez le centre d'interprétation de la faune ou participez à l'une des visites guidées (d'une durée de 45 min et plus) des sentiers du mont Whitehorn.

La **Lake Louise Sightseeing Gondola** ★ ★ *(22$; mai tlj 9h à 16h, juin à sept tlj 8h30 à 18h;*

Les Rocheuses - Attraits touristiques - Lake Louise et la Promenade des glaciers

☎ *403-522-3555, www.lakelouisegondola.com)* vous mène à une altitude de 2 089 m en seulement 10 min. En haut vous pourrez apercevoir le joyau des Rocheuses canadiennes, le lac Louise. Quelque 4 millions et demi de visiteurs se rendent à Lake Louise chaque année, attirés par la renommée de ce petit lac vert émeraude. La couleur du lac s'explique par le silt (ou limon) qui est entraîné dans l'eau de fonte du glacier Victoria, que vous apercevrez à côté de la montagne du même nom.

Lake Louise ★ ★ ★

L'engouement pour le lac Louise ne date pas d'aujourd'hui, et les Blancs doivent à un fournisseur du chemin de fer du Canadien Pacifique, Tom Wilson, la découverte de cet endroit. En 1882, alors qu'il travaillait près de la Pipestone River, Tom Wilson entendit le grondement sourd d'une avalanche provenant du glacier Victoria. Il demanda alors à un Stoney, appelé Nimrod, de le mener jusqu'au "Lake of the Little Fishes", le «lac des petits poissons», comme l'appelaient les Amérindiens de la région. Frappé par la couleur des eaux de ce lac, Tom Wilson le rebaptisa du nom d'Emerald Lake, le «lac émeraude». Il fut par la suite rebaptisé en l'honneur de la fille de la reine Victoria, la princesse Louise Caroline Alberta, qui a aussi donné son nom à la province de l'Alberta.

Conscient de la beauté du site, la compagnie de chemin de fer du Canadien Pacifique fit construire, en 1890, un premier bâtiment au pied du lac et de son glacier. Entièrement ravagé par un incendie, il fut reconstruit et put abriter, dès 1909, environ 500 personnes. Le prix des chambres du Chateau Lake Louise était alors de 4$.

Le **Chateau Lake Louise** ★ ★ *(111 Lake Louise Dr.,* ☎ *403-522-3511),* aujourd'hui le Fairmont Chateau Lake Louise et bien qu'il n'ait plus rien à voir avec la construction initiale de 1909, constitue à lui seul toute une attraction touristique. Ce vaste hôtel peut héberger aujourd'hui plus de 1 100 visiteurs. Vous trouverez à l'intérieur du bâtiment, outre les restaurants de l'hôtel, une petite galerie marchande remplie de boutiques de cadeaux en tout genre.

Pour drainer les nombreux visiteurs qui voulaient déjà, à l'époque, contempler ce paysage, la construction d'une ligne de chemin de fer fut entreprise. Jusqu'en 1926, date à laquelle une route fut construite, tous les touristes arrivaient par le chemin de fer à la gare Laggan, située à 6 km du lac. De là, les clients du Chateau Lake Louise étaient emmenés, dans une sorte de petit trolleybus tiré par des chevaux, jusqu'au bâtiment de l'hôtel.

Aujourd'hui, vous pourrez vous rendre jusqu'au lac Louise en voiture, mais trouver à se garer dans les environs relève de l'exploit. Le long des rives du lac, vous verrez tout un réseau de petits sentiers qui vous permettront de vous promener tranquillement ou de gravir la montagne pour jouir d'une vue magnifique du glacier Victoria, du lac et de la vallée glaciaire. Parvenir jusqu'au petit **Lake Agnes** ★ ★ ★ vous demandera quelques efforts, mais la vue superbe des monts **Victoria** (3 464 m), **Whyte** (2 983 m), **Fairview** (2 111 m), **Babel** (3 111 m) et **Fay** (3 235 m) en vaut largement la peine.

En quittant Lake Louise, suivez les indications vers Moraine Lake. L'embranchement qui y mène se trouve sur la droite. La petite route sinueuse serpente le long de la montagne sur une dizaine de kilomètres avant d'atteindre le lac.

Le **Moraine Lake** ★ ★ ★ figurait autrefois sur le billet de 20$ canadiens. Bien que plus petit que le lac Louise, le lac Moraine n'en est pas moins spectaculaire. Inaccessible durant tout l'hiver, il n'est souvent dégelé qu'au mois de juin. La température assez fraîche, même durant l'été, ne devrait pas vous surprendre. La vallée du lac Moraine, creusée jadis par le **Wenckchemna Glacier**, qui subsiste encore tout au fond, fut appelée la «vallée des Dix-Pics» (**Valley of the Ten Peaks**). Ces 10 sommets portèrent dans un premier temps des noms assiniboines correspondant aux chiffres allant de 1 à 10. Depuis, plusieurs de ces sommets ont été rebaptisés, et seul le nom de Wenckchemna est resté. Vous trouverez au bord du lac, dans le Moraine Lake Lodge, un restaurant et un petit café où vous pourrez vous réchauffer (voir p 420).

Retournez au centre du village de Lake Louise et prenez la route 93.

Faites un arrêt au **Samson Mall**, où vous trouverez des boutiques de souvenirs et de photographies, des librairies (voir p 427) et quelques cafés-restaurants (voir p 420), tous envahis par une foule de touristes.

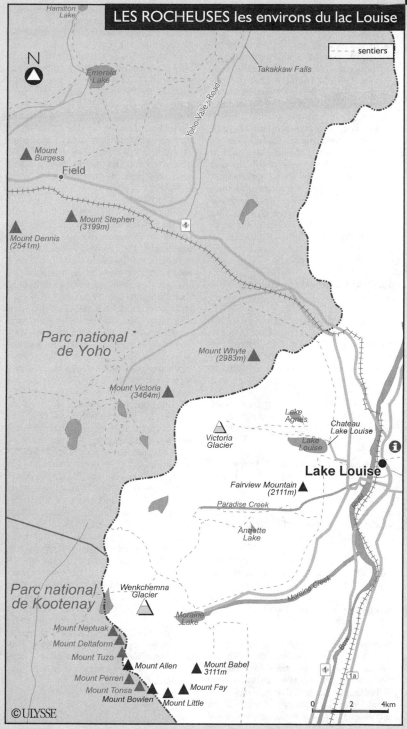

LES ROCHEUSES les environs du lac Louise

- - - sentiers

N

Hamilton Lake

Emerald Lake

Takakkaw Falls

Yoho Valle / Road

Mount Burgess

Field

Mount Stephen (3199m)

Mount Dennis (2541m)

Parc national de Yoho

Mount Whyte (2983m)

Mount Victoria (3464m)

Lake Agnes

Chateau Lake Louise

Victoria Glacier

Lake Louise

Lake Louise

Fairview Mountain (2111m)

Paradise Creek

Annette Lake

Parc national de Kootenay

Wenkchemna Glacier

Moraine Creek

Mount Neptuak

Moraine Lake

Mount Deltaform

Mount Tuzo

Mount Allen

Mount Babel 3111m

Mount Perren

Mount Tonsa

Mount Fay

Mount Bowlen

Mount Little

1a

0   2   4km

©ULYSSE

Attention, les prix ont tendance à être très élevés.

La plupart des sentiers de randonnée pédestre qui peuvent être empruntés par six personnes ou moins partent soit du Samson Mall, du Fairmont Chateau Lake Louise, ou de lieux situés aux alentours. La plupart des sentiers de la région ne sont ouverts qu'aux petits groupes, en raison de la présence d'une zone d'habitat de grizzlis femelles autour du lac Louise. C'est une des raisons pour laquelle Parcs Canada examine actuellement la possibilité d'inclure la ville de Lake Louise dans la zone clôturée qui empêche les ours d'atteindre la route transcanadienne. Une décision finale à ce sujet doit être prise en 2007. Vous remarquerez d'ores et déjà la présence de plusieurs barrières à l'épreuve des ours sur les sentiers.

La Promenade des glaciers ★★★

La Promenade des glaciers (Icefields Parkway) emprunte, depuis Lake Louise, la route 93 sur une distance de 230 km, remonte jusqu'à la ligne continentale de partage des eaux, recouverte de champs de glace, puis prend fin à Jasper. Cette large route, bien revêtue, est une des plus fréquentées des parcs des Rocheuses en été, et la vitesse y est limitée à 90 km/h. Les paysages qu'elle vous fera découvrir sont véritablement grandioses.

Le belvédère du **Hector Lake** ★★, que vous trouverez sur votre gauche à 16 km de Lake Louise, vous réserve un très beau point de vue sur le lac et sur le mont Hector. Le lac est alimenté par les eaux des glaciers Balfour et par celles provenant des Waputik Icefields.

Quelque 7 km plus loin, vous atteindrez une halte routière d'où vous pourrez apercevoir le **Crowfoot Glacier** ★. Des panneaux d'interprétation, sur l'accotement de la route, montrent à quel point le glacier a reculé ces dernières années.

Vous pourrez apercevoir le lac et le glacier Bow à quelques kilomètres de là. Prenez ensuite la sortie vers le **Num-Ti-Jah Lodge** ★, point de départ du sentier de Bow Glacier Falls. Num Ti-jah (nom d'origine stoney qui signifie «martre») fut construit en 1922 par un montagnard du nom de Simpson, guide

à ses heures. À cette époque, aucune route n'avait encore été tracée jusque-là, et tout le matériel nécessaire à la construction de ce chalet dut être transporté à dos de cheval. Aujourd'hui, le descendant de Jimmy Simpson a ouvert le site à la clientèle du petit hôtel qu'il y a aménagé. Comme tous les autocars s'arrêtent à cet endroit, l'administration du Num-Ti-Jah Lodge (voir p 407) a décidé, pour protéger sa clientèle, d'interdire l'accès de l'intérieur du chalet à toute personne qui n'y a pas de réservation pour la nuit. Il est donc préférable de découvrir ce chalet uniquement de l'extérieur, sous peine de vous faire recevoir de façon assez directe.

Au point le plus élevé de la Promenade des glaciers, correspondant à la ligne continentale de partage des eaux, est situé le **Bow Summit** ★★ (2 088 m). À cet endroit, la végétation change du tout au tout pour faire place à un paysage de type subalpin. Une aire de repos, aménagée au bord de la route, surplombe le **Peyto Lake** (prononcer *Pi-Toh*). Une randonnée vous fera découvrir cette végétation alpine, et, si les conditions atmosphériques sont favorables, vous pourrez contempler ce charmant petit lac. Vous pourrez observer des anémones occidentales (*Anemone occidentalis*), différentes sortes de bruyères et de très jolies castilléjies. Apportez un bon chandail et un coupe-vent pour vous protéger de l'effet du vent et de l'altitude. Bill Peyto, originaire de la région du Kent, en Angleterre, est une des figures locales les plus connues. Vous aurez sûrement l'occasion de rencontrer plusieurs fois, lors de votre séjour dans le parc national de Banff, l'effigie de cet homme remarquable au regard perçant, le chapeau sur la tête et la pipe à la bouche. À l'âge de 18 ans, Peyto arriva au Canada et vint s'installer dans les Rocheuses, où il devint un des plus célèbres trappeurs, prospecteurs et guides de haute montagne. Bill Peyto aimait s'arrêter au Bow Summit pour y admirer le petit lac, en contrebas, et c'est en son souvenir que son nom fut donné au lac. Le lac Peyto a une particularité peu commune. La couleur de ses eaux varie en effet considérablement selon les saisons. Ainsi, dès les premiers signes du printemps, revêt-il une merveilleuse couleur bleue métallique, et sa couleur pâlit à mesure que ses eaux se mélangent aux nombreux sédiments.

Quelque 37 km plus loin, la Promenade des glaciers traverse la North Saskatchewan River et croise la David Thompson Highway (route 11).

La région était jadis occupée par les Kootenays. Armés de fusils par les commerçants blancs du sud-est des Rocheuses, les Peigans refoulèrent les Kootenays sur le versant ouest. Craignant que ces derniers soient, à leur tour, armés par les Blancs, les Peigans empêchèrent les Blancs de traverser le col afin de maintenir un isolement total de leurs ennemis.

Assurez-vous de remplir votre réservoir d'essence et de faire un saut à la boutique souvenir du motel **The Crossing**, car vous ne rencontrerez pas d'autres stations-services avant Jasper, 153 km plus loin.

Quelque 33 km plus loin, sur le belvédère appelé **Weeping Wall** ★ (la paroi en pleurs), vous pourrez apercevoir, à la fonte des glaces, de nombreuses chutes d'eau qui tombent en gradins de la falaise de calcaire du **Mount Cirrus**. En hiver, les chutes gèlent et forment une concrétion de glace spectaculaire, où de nombreux fervents de l'escalade de glace se retrouvent.

À 113 km au nord de Lake Louise et 117 km au sud de Jasper, vous aurez accès à un **belvédère** ★ qui surplombe la North Saskatchewan River et les **Bridal Veil Falls** ★★. Tout près se trouve la **Castleguard Cave**, un réseau de galeries souterraines de 20 km s'étendant sous le champ de glace Columbia. Cette grotte est la plus longue du Canada, mais, en raison des inondations fréquentes et des dangers inhérents à la spéléologie, il est nécessaire d'obtenir l'autorisation des agents de Parcs Canada à Banff pour y pénétrer.

Si vous ne vous arrêtez pas pour emprunter le sentier de la **Parker Ridge** (voir p 393) situé 5 km plus loin, poursuivez votre chemin sur 4 km jusqu'au **Sunwapta Pass** ★. Vous pourrez y contempler un paysage grandiose qui constitue la délimitation entre les parcs nationaux de Banff et de Jasper (voir **parc national de Jasper** ★★★ p 374). Après le sommet Bow, c'est le col de la Promenade des glaciers le plus élevé, à environ 2 000 m d'altitude.

Athabasca Glacier ★★★

L'**Icefield Centre** apparaîtra à mi-chemin de votre parcours, à 127 km au nord de Lake Louise et 103 km au sud de Jasper. Le point central du circuit de la Promenade des glaciers, l'**Athabasca Glacier**, est situé à une altitude de 2 000 m au-dessus du niveau de la mer.

Du centre d'information touristique du champ de glace Columbia (Icefield Centre), vous pourrez partir à la conquête des glaciers Athabasca, Dome et Stutfield, si vous avez l'équipement adéquat et si vous connaissez les techniques sécuritaires de randonnée sur la glace. Si vous n'avez jamais fait d'excursion sur des langues de glace, la compagnie **Brewster Transportation and Tours** (☎877-423-7433) vous y conduira en toute sécurité au moyen d'autobus spécialement équipés pour l'occasion.

Cette compagnie fut créée en 1900 par deux entrepreneurs de Banff, les frères Jim et Bill Brewster. Elle n'eut de cesse de prendre de l'expansion pour favoriser le tourisme dans la région du parc national de Banff, jusqu'à s'engager dans la construction de plusieurs hôtels. Aujourd'hui, l'entreprise florissante donne l'occasion à des millions de voyageurs de se déplacer dans les parcs nationaux et, notamment, de pouvoir admirer de plus près le magnifique glacier Athabasca.

Snocoach Tour ★★★ *(31,95$; tlj mi-avr à mi-oct; les visites guidées quittent aux 15 min; billets en vente au Icefield Centre;* ☎*877-423-7433)* vous amène également dans des bus spécialement équipés pour rouler sur la glace. Une fois parvenu sur le glacier, vous pourrez descendre et faire quelques pas sur la glace aux endroits bien délimités pour assurer qu'il n'y a pas de danger possible.

Au glacier Athabasca, des panneaux d'interprétation informent les visiteurs de l'impressionnant recul du glacier au fil des ans. En fait, c'est plutôt sa taille qui a diminué à cause de la chaleur de l'atmosphère. Les personnes qui désirent s'aventurer sur la langue de glace devront se méfier des crevasses, qui peuvent atteindre 40 m de profondeur. On en dénombre environ 30 000 sur le glacier Athabasca, dont certaines sont dissimulées sous une mince couche de neige ou de glace.

Le belvédère du **Stutfield Glacier** ★★ offre une vue sur un des six grands glaciers alimentés par le champ de glace Columbia, qui descend sur 1 km dans la vallée.

Quelque 3 km plus loin, du côté ouest, vous pourrez voir plusieurs couloirs d'avalanche, qui parviennent parfois jusqu'à la route. Mais en général, les gardes du parc déclenchent les avalanches avant que les épaisses couches de neige ne deviennent dangereuses.

Les **Sunwapta Falls** ★★★, situées à 55 km de Jasper, et le canyon éponyme sont un bel exemple du travail de l'eau sur la roche calcaire. Le paysage offre un exemple typique de vallées que l'on dit «suspendues» ou «en surplomb», et qui sont le fruit de l'érosion d'un petit glacier venu se joindre à une autre étendue de glace de plus grande importance. Il en résulte que la vallée creusée par le petit glacier est nettement moins profonde que celle creusée par le glacier principal et qu'elle laisse ainsi l'impression, une fois la glace disparue, d'être suspendue. Plusieurs sentiers de randonnée ont été aménagés, dont l'un mène au pied de la chute Sunwapta. La prudence s'impose, car ce site constitue l'un des meilleurs habitats du parc pour les ours et les orignaux.

Quelque 17 km plus loin, en direction de Jasper, vous atteindrez un endroit appelé **Mineral Lick**, où les chèvres de montagne viennent souvent lécher le sol, riche en minéraux.

Hautes de 23 m, les **Athabasca Falls** ★★ se trouvent 7 km plus loin. Un sentier vous fera découvrir cette chute en une heure environ. On pourrait quelque peu regretter l'infrastructure en béton qui dénature le paysage, mais il est vrai que les nombreux touristes qui circulent à cet endroit auraient tôt fait de saccager la végétation très fragile. De plus, quelques-uns d'entre eux, fort indisciplinés, se sont déjà approchés trop près du bord du canyon, et des accidents se sont produits. Il est donc formellement interdit de franchir les barrières.

À 5 km au nord des Athabasca Falls, prenez la sortie de la route 93 sur votre gauche. Vous vous retrouvez maintenant sur l'ancienne route 93 (93A), qui offre un parcours plus panoramique vers le nord jusqu'à Jasper.

La route 93A suit le côté ouest de la rivière Athabasca jusqu'à la jonction de la Valley

of the Five Lakes (un sentier cyclable traverse cette région, voir p 396), à 9 km au sud de Jasper et à 211 km au nord de Lake Louise. La nouvelle route 93 suit le côté est de la même rivière.

Trois plus petites routes bifurquent à l'ouest à partir de la route 93A: la Moab Lake Fire Road, à 220 km au nord de Lake Louise et à 10 km au sud de Jasper, la Mount Edith Cavell Road, à 205 km au nord de Lake Louise et à 6 km au sud de Jasper; et la Whistlers Road, à 228 km au nord de Lake Louise et à 2 km au sud de Jasper. Pour vous rendre au Mount Edith Cavell, prenez la Mount Edith Cavell Road sur votre gauche sur une distance de 14,5 km, soit jusqu'au terrain de stationnement.

Plusieurs sentiers de randonnée ont été balisés pour permettre aux visiteurs de mieux observer le **Mount Edith Cavell** ★★★ (3 363 m), cette imposante et majestueuse montagne, ainsi que son glacier suspendu, l'**Angel Glacier**. Celle-ci tire son nom d'une infirmière britannique, Edith Louisa Cavell, qui se distingua durant la Première Guerre mondiale en refusant de quitter son poste, près de Bruxelles, en Belgique, pour continuer à soigner les blessés des deux camps. Arrêtée pour espionnage par les Allemands et accusée d'avoir aidé des prisonniers alliés à s'enfuir, elle fut fusillée le 12 octobre 1915. Pour perpétuer le souvenir d'une femme ayant fait preuve d'un courage exceptionnel, le gouvernement du Canada décida de baptiser la plus impressionnante montagne de la vallée de l'Athabasca du nom de l'infirmière martyre.

Auparavant, le mont Edith Cavell avait porté de nombreux noms. Les Amérindiens l'avaient dénommé «le fantôme blanc», tandis que les voyageurs qui s'en servaient comme point de repère l'appelèrent la «montagne de la Grande Traverse», puis «le Duc», le «mont Fitzhugh» et enfin «le mont Geikie». Mais aucun nom n'était parvenu à s'imposer avant la décision gouvernementale de l'appeler le «mont Edith Cavell».

Reprenez la route 93A en direction de Jasper.

Le **Jasper Tramway** ★★ *(22$; mi-avr à mi-oct; prenez la sortie sud de Jasper et suivez les indications vers Whistlers Mountain, ☎780-852-3093)* est un téléphérique qui vous déposera au bout de quelques minutes à 2 277 m d'altitude sur la face nord de la **Whistlers Mountain**. Au point d'arrivée se trouvent un restaurant et une boutique de souvenirs, ainsi

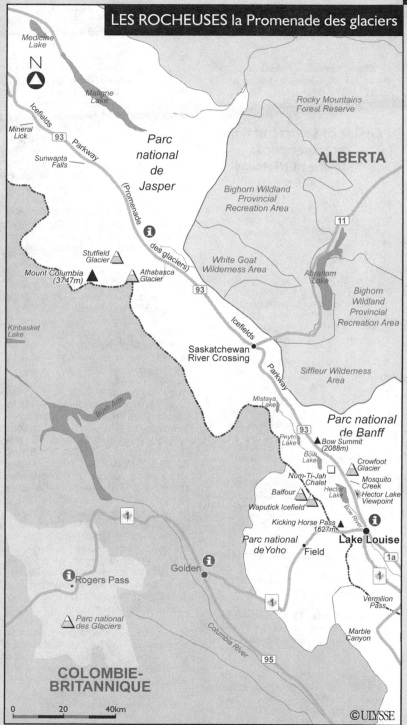

LES ROCHEUSES la Promenade des glaciers

N

Medicine Lake

Maligne Lake

Rocky Mountains Foresl Reserve

Icefields

Mineral Lick

93

Parkway

Sunwapta Falls

Parc national de Jasper

ALBERTA

(Promenade

Bighorn Wildland Provincial Recreation Area

11

des glaciers)

Stutfield Glacier

White Goat Wilderness Area

Abraham Lake

Mount Columbia (3747m)

Athabasca Glacier

93

Bighorn Wildland Provincial Recreation Area

Kinbasket Lake

Icefields

Saskatchewan River Crossing

Parkway

Siffleur Wilderness Area

Bush Arm

Mistaya Lake

Parc national de Banff

93

Peyto Lake

Bow Summit (2088m)

Bow Lake

Crowfoot Glacier

Num-Ti-Jah Chalet

Mosquito Creek

Balfour

Hector Lake

Hector Lake Viewpoint

Waputick Icefield

Kicking Horse Pass 1627m

Bow River

Lake Louise

Parc national de Yoho

Field

1a

Rogers Pass

Golden

1

Vermilion Pass

Parc national des Glaciers

Columbia River

95

Marble Canyon

COLOMBIE-BRITANNIQUE

0   20   40km

©ULYSSE

qu'un petit sentier qui permet de gravir les derniers mètres pour arriver au sommet, à 2 470 m d'altitude. De là-haut, la vue est splendide.

Ce circuit prend fin à l'embranchement des routes 93 et 16, tout juste au sud de Jasper.

Circuit C: Le parc national de Jasper par la Yellowhead Highway
★★★

Ce circuit suit la route 16 sur 455 km, entre Edmonton et Tête Jaune Cache, en passant par la vallée d'Athabasca, le mont Robson et les villes d'Edson, de Hinton et de Jasper.

La route 16, que l'on surnomme la "Yellowhead Highway" (route de la tête jaune), suit les traces du guide métis Pierre Bostonais, surnommé «Tête Jaune» par les voyageurs de la Compagnie de la Baie d'Hudson en raison de sa tignasse blonde.

À moins de s'y arrêter pour l'équitation, le rodéo, le ski de fond ou le golf, les villes d'Edson et de Hinton (voir le chapitre «Le centre de l'Alberta», p 505) n'ont que peu d'attraits. Elles comptent néanmoins un nombre étonnant de lieux d'hébergement.

Un détour facultatif mène à l'**Athabasca Tower** ★★★ *(à 18 km au nord de la route 16, via la route 40 Nord)*, une tour d'observation contre les incendies de forêt qui fait le bonheur des adeptes de vol libre qui viennent y profiter d'une vue imprenable sur les Rocheuses.

De retour vers le sud et la route 16, faites un arrêt au **Ogre Canyon** ★★★ pour y découvrir le magnifique paysage de ce canyon situé entre la première chaîne des Rocheuses et le lac Brule.

Dirigez-vous vers la ville de Brule, à l'ouest, et poursuivez votre route sur 14 km, soit jusqu'à ce que vous atteigniez les barrières à bétail, au nord du lac.

À l'ouest de Hinton, près de la ville de Brûlé, se trouve l'entrée du **parc national de Jasper** ★★★ *(500 Connaught Dr., P.O. Box 10, Jasper, AB, T0E 1E0, ☎780-852-6176)*. D'une superficie de 11 228 km², c'est le plus important parc des Rocheuses. Il fut créé par le gouvernement canadien en 1907.

Après avoir payé votre droit d'entrée au parc, vous apercevrez une voie d'embranchement qui mène à Miette Road, du côté sud de la route 16, où se trouvent un hôtel et les vestiges d'une ville abandonnée. La découverte de charbon en 1908 fut à l'origine de la fondation de la ville. Pleins d'espoir, les habitants lui donnèrent le nom du fameux bassin houiller de Virginie, **Pocahontas**, où se trouvait le siège social de la société. Lorsqu'en 1921 le site fut fermé, un grand nombre de bâtiments furent démontés et transportés vers d'autres villes. Peu à peu, la nature a repris le dessus et a envahi les restes des structures. Un petit sentier, appelé «sentier de la mine de charbon» (Coal Mine Trail), sillonne quelques vestiges.

À l'origine, Pocahontas était le nom d'une princesse amérindienne. Certains disent que le nom autochtone de la ville de Pocahontas fut inspiré par Roche Miette, la montagne située au sud-ouest de Pocahontas et au nord-ouest de Miette Hot Springs: sa forme rappelle un Amérindien arborant une coiffe traditionnelle.

En continuant vers le sud au-delà de l'aire de camping, vous parviendrez à l'**Ashlar Ridge Viewpoint** ★★, d'où vous pourrez profiter d'une vue saisissante sur les environs. Vous atteindrez ensuite les sources les plus chaudes des parcs des Rocheuses. Il s'agit des **Miette Hot Springs** ★★. L'eau sulfureuse jaillit à une température de 54ºC et doit être abaissée à 40ºC pour les bains. Un sentier asphalté, qui suit le ruisseau Sulphur et se prolonge après la station d'épuration des eaux, mène à l'ancienne piscine, construite en rondins en 1938, avant d'aboutir à l'une des trois sources chaudes sur le bord du ruisseau. Plusieurs sentiers de randonnée pédestre ont été aménagés dans les environs pour ceux qui désirent s'aventurer dans l'arrière-pays et admirer de somptueux paysages.

La route 16, qui mène à Jasper, vers l'est, traverse toute la vallée de l'Athabasca. Un grand troupeau d'orignaux vient paître dans cette partie de la vallée, et l'on peut souvent les observer plusieurs entre le croisement avec la route Maligne et Pocahontas, près de Miette Hot Springs.

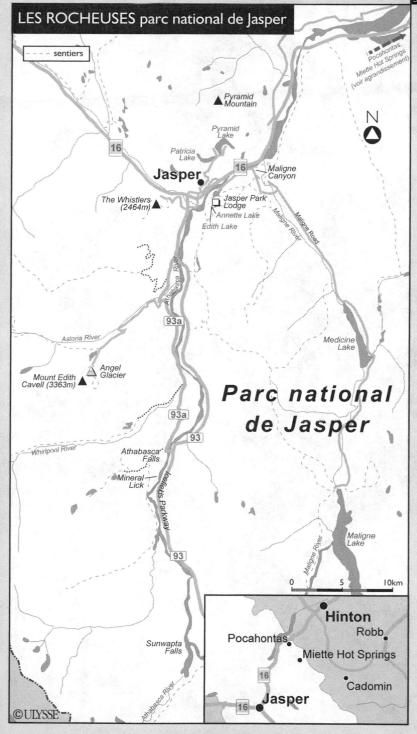

LES ROCHEUSES parc national de Jasper

sentiers

Pocahontas,
Miette Hot Springs
(voir agrandissement)

N

Pyramid
Mountain

Pyramid
Lake

Patricia
Lake

Jasper

16

Maligne
Canyon

The Whistlers
(2464m)

Jasper Park
Lodge

Annette Lake

Edith Lake

Athabasca River

Maligne River

Maligne Road

93a

Astoria River

Medicine
Lake

Angel
Glacier

Mount Edith
Cavell (3363m)

*Parc national
de Jasper*

93a

93

Whirlpool River

Athabasca
Falls

Mineral
Lick

Icefields Parkway

Maligne River

Maligne
Lake

0   5   10km

93

Sunwapta
Falls

Athabasca River

Hinton

Pocahontas

Robb

Miette Hot Springs

16

Cadomin

16

Jasper

©ULYSSE

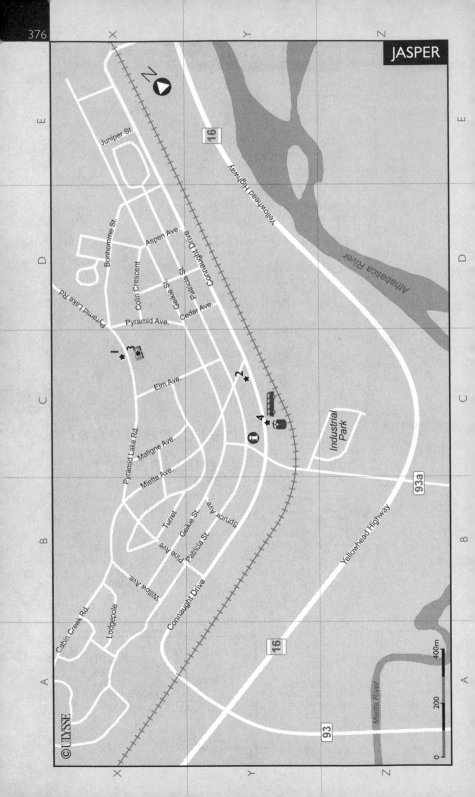

★ **ATTRAITS TOURISTIQUES**

1. CX Jasper-Yellowhead   **3.** CX Jasper Aquatic Centre
        Museum and Archives   **4.** CY Jasper Activity Centre
2. CY Den Wildlife Museum

Le **Maligne Canyon** ★ ★ ★ se trouve juste au début de la route Maligne. Des sentiers de randonnée ont été aménagés en vue de contempler cette spectaculaire gorge étroite qui regorge de cascades, de fossiles et de marmites de géants sculptées dans la roche par les tourbillons d'eau. Plusieurs ponts enjambent le canyon. Au premier pont, vous pourrez admirer des chutes; au deuxième, l'action du gel sur la roche; et le troisième est le point le plus profond de la gorge.

La route qui mène au lac Maligne parcourt 46 km en suivant la vallée de la rivière du même nom. La vitesse est limitée à 60 km/h en raison des virages serrés et des nombreux animaux qui la traversent. Avant d'atteindre le lac, la route conduit au **Fairmont Jasper Park Lodge**, un des plus beaux centres de villégiature du Canada. Juste à côté de ce centre, on peut pique-niquer, faire du bateau ou aller se baigner aux deux petits lacs Annette et Edith. Il y a 10 000 ans, lorsque les glaciers quittèrent la vallée, deux immenses blocs de glace se détachèrent et restèrent sur place, au milieu des moraines et autres débris charriés par les glaciers. Leur fonte amena la formation de ces deux lacs. Le lac Annette est bordé d'une plage.

Le **Maligne Lake** ★ ★ est un des plus beaux lacs des Rocheuses. Plusieurs activités nautiques telles que la promenade en bateau, la pêche et le canot y sont possibles. Un petit sentier longe en partie le lac. Vous trouverez, au chalet construit au bord du lac, des magasins de souvenirs, un café-restaurant et les comptoirs d'une entreprise qui organise des promenades en bateau jusqu'à **Spirit Island**, une petite île d'où l'on peut jouir d'une magnifique vue sur les sommets environnants.

Dominé par les chaînes Maligne et Colin, le **Medicine Lake** ★ ressemble, en été, à tous les autres lacs, mais sa particularité tient à ce qu'en octobre il disparaît complètement. Au printemps ne reste qu'un petit ruisseau qui s'étire péniblement dans des bas-fonds vaseux. La profondeur de ce lac peut varier de 20 m au cours de l'année. Les Amérindiens attribuaient ce phénomène à une semonce du «sorcier médecin» (le sorcier magique), d'où son nom. Il est en fait dû à la présence d'une rivière souterraine qui s'est infiltrée dans la roche calcaire, pour réapparaître dans la rivière Maligne. Lorsque les eaux des glaciers fondent en été, le réseau souterrain devient insuffisant pour drainer les masses d'eau, qui remontent alors à la surface pour créer un lac. Le fond du lac Medicine comporte des dolines (sortes d'entonnoirs naturels) engorgés de gravier, par lesquelles s'écoule l'eau. On peut en voir quelques-unes en empruntant le petit chemin en contrebas.

Continuez jusqu'à la ville de Jasper par la Yellowhead Highway. Vous vous arrêterez sans doute souvent en chemin pour admirer les nombreux mouflons à grandes cornes de la région.

Jasper ★

La ville de Jasper tire son origine d'un ancien poste de traite des fourrures fondé en 1811 par William Henry pour le compte de la Compagnie du Nord-Ouest. Jasper n'est qu'une petite localité d'environ 4 000 habitants, mais elle doit son développement touristique à sa situation géographique et à la gare ferroviaire qui y fut construite dès 1911. Lorsque la Promenade des glaciers (Icefields Parkway) fut ouverte en 1940, le nombre des visiteurs venus découvrir les environs majestueux de la petite ville ne cessa d'augmenter. Il n'en reste pas moins, bien que l'engouement des touristes pour cette région soit réel, que Jasper est une petite ville beaucoup plus tranquille que Banff et, surtout, moins commerciale. Mais tourisme oblige, les prix des chambres d'hôtel restent, comme partout dans les Rocheuses, horriblement élevés.

Le **Jasper-Yellowhead Museum and Archives** ★ *(4$; mi-mai à début sept tlj 10h à 21h, début sept à mi-oct tlj 10h à 17h, mi-oct à mi-mai jeu-dim 10h à 17h; 400 Pyramid Lake Rd., en face de l'Aquatic Centre, ☎780-852-3013)* relate l'histoire des premiers habitants amérindiens, des guides de haute montagne et d'autres personnalités légendaires de la région.

Le **Den Wildlife Museum** ★ *(3$; tlj 9b à 22h; angle Connaught Dr. et Miette Ave., à l'intérieur du Whistlers Inn,* ☎*780-852-3361)* expose une collection d'animaux empaillés de la région.

Jasper compte plusieurs sentiers pour la randonnée pédestre et cycliste; une piste fait le tour du centre-ville, notamment. Pour d'autres activités sportives, rendez-vous au **Jasper Aquatic Centre** *(7$ juil et août, 5,60$ sept à juin; 401 Pyramid Lake Rd.,* ☎*780-852-3663)* ou au **Jasper Activity Centre** *(sur Pyramid Ave., près de l'Aquatic Centre,* ☎*780-852-3381)*. Ces deux centres sportifs accueillent les visiteurs qui désirent se baigner, prendre un sauna ou une douche, ou jouer au tennis ou au racket-ball (réservations requises). Au mois d'août, un concours de rodéo est organisé à l'intérieur du Jasper Activity Centre (se renseigner auprès du bureau d'information touristique pour en connaître les dates).

Vous préférez vous tremper dans un lac? Pour vous rendre aux lacs **Patricia** et **Pyramid**, à 8 km seulement de Jasper, vous devez, depuis le centre-ville, prendre Cedar Avenue à partir de Connaught Drive. Cette rue devient alors Pyramid Avenue et mène au lac Pyramid. L'endroit est agréable pour la promenade ou les pique-niques. Il est possible de faire du canot ou de se baigner dans le lac.

Après votre visite de la ville de Jasper, continuez par la Yellowhead Highway jusqu'au mont Robson, 88 km à l'ouest. La route traverse les principales chaînes des Rocheuses et réserve des panoramas grandioses. Elle passe par le col de Yellowhead, qui franchit la ligne continentale de partage des eaux.

Mount Robson Provincial Park ★★

Vous traverserez ensuite les limites du parc national de Jasper pour vous retrouver dans le Mount Robson Provincial Park *(*☎*250-964-2243, http://wlapwww.gov.bc.ca/bc-parks/explore/parkpgs/mtrobson)*. Deuxième plus vieux parc provincial de la Colombie-Britannique, il protège le **Berg Glacier**, l'un des seuls glaciers toujours «vivant» (qui continue de se déplacer) des Rocheuses,

les monts Rampart, 100 km des eaux de la source du fleuve Fraser, les cols de Red Pass et de Fraser Pass, et le mont Robson (3 954 m), plus haut sommet des Rocheuses canadiennes qui couvre 217 000 ha. Les Shuswaps nommaient la montagne *Yuh-hai-has-kun'* (la montagne de la route spiralée). Le parc fut créé en 1913, mais ses limites ont récemment été étendues. Parmi ses attraits, soulignons le belvédère qui surplombe les **Rearguard Falls** ★★, la zone limite supérieure de la migration des saumons sur le fleuve Fraser et la **Berg Lake Trail** ★ (randonnées de deux à sept jours), le long duquel on peut admirer jusqu'à 15 glaciers. Vous rencontrerez le **Terry Fox Viewpoint**, les **Overlander Falls** ★, le **Moose Lake** ★ et la plage du **Yellowhead Lake** ★★ en suivant la route 16.

Ce circuit prend fin à Tête Jaune Cache.

Circuit D: Le parc national de Kootenay par la vieille Windermere Highway
★★

Ce circuit débute sur la Bow Valley Parkway à Castle Mountain et longe la route 93 à travers le parc national de Kootenay jusqu'à Radium Hot Springs, au sud-ouest. Il se dirige ensuite vers le sud pour se rendre à Invermere et aux Fairmont Hot Springs. Ce circuit suit le tracé de la vieille "Windermere Highway", construite par le gouvernement fédéral en 1922, sous les recommandations de Randolph Bruce (voir ci-dessous).

Parc national de Kootenay ★★

Le parc national de Kootenay *(7556 Main St. E., P.O. Box 220, Radium Hot Springs, BC, V0A 1M0,* ☎*250-347-9615)*, moins visité que ses voisins de Banff et de Jasper, révèle toute sa beauté dans ses paysages grandioses. Moins touristique, il n'en demeure pas moins intéressant à visiter. Il renferme deux grandes vallées, celle de la rivière Vermilion, au climat humide, et celle de la rivière Kootenay, au climat plus sec. Le contraste est saisissant. Ce parc est né du pari audacieux de créer une route pour relier la région de Windermere (en Colombie-Britannique) à la province de l'Alberta. En

1905, Robert Randolph Bruce, un homme d'affaires de la ville d'Invermere qui devint lieutenant-gouverneur de la Colombie-Britannique, décida de rentabiliser les vergers de sa région. Pour cela, il fallait absolument désenclaver Windermere afin d'acheminer ses produits vers l'est du pays. Il devenait donc indispensable de créer une route menant vers les villes et provinces de l'est du pays. L'influence de cet homme fut telle que les travaux commencèrent en 1911. Mais le projet audacieux s'avéra, en raison des obstacles, trop coûteux pour la seule province de la Colombie-Britannique. Les 22 km de route, péniblement arrachés à la nature, ne menèrent nulle part, et le projet fut abandonné. Sans pour autant s'avouer vaincu, Robert Randolph Bruce se tourna vers le gouvernement fédéral. Moyennant des terrains qui seraient concédés tout le long de la voie, le gouvernement fédéral accorda son aide, et les travaux purent reprendre. C'est ainsi qu'est né le parc national de Kootenay en 1920, bordant de chaque côté, et ce, sur plusieurs hectares, cette route historique achevée en 1922.

L'accès au parc, depuis Banff, se fait en empruntant la transcanadienne jusqu'à Castle Junction, devant la Castle Mountain. La route 93, sur la gauche, traverse dans toute sa longueur le parc national de Kootenay.

Le **Vermilion Pass**, à l'entrée du parc national de Kootenay, marque la ligne continentale de partage des eaux. À partir de cet endroit, les cours d'eau du parc national de Banff coulent vers l'est, tandis que ceux du parc national de Kootenay coulent vers le Pacifique.

Quelques kilomètres plus loin se trouve le **Marble Canyon** ★★. Il est très étroit, mais on peut y contempler une belle chute située en bout de course du sentier. Plusieurs ponts enjambent la gorge, et les conséquences de l'érosion des eaux torrentueuses laissent pantois. Malheureusement, au moment de mettre sous presse le sentier était fermé aux visiteurs parce que les ponts qui se trouvent sur son parcours ont été endommagés par les feux de forêt qui ont dévasté la région en 2003. Aucune date n'a encore été fixée pour la réouverture de cette portion du parc.

Quelque 500 m après le canyon, un chemin mène aux fameux **Paint Pots** ★★, ou «pots de peinture». Ces gisements d'ocre sont formés par les sources souterraines qui font remonter des oxydes de fer à la surface. Il semblerait que les Amérindiens se soient servis de cette ocre pour s'enduire le corps. L'ocre, nettoyée, puis mélangée à de l'eau, était pétrie en forme de petits pains qu'ils faisaient cuire dans un feu. L'opération effectuée, les pains d'ocre étaient finement broyés en poudre, puis mélangés à de l'huile de poisson. Les Autochtones pouvaient ainsi s'en servir pour se peindre le corps et décorer les tipis ou les vêtements. Selon eux, vivaient dans les ruisseaux un grand esprit animal et un esprit du tonnerre. Ils y entendaient tantôt une mélodie, tantôt des chants de guerre, et c'étaient, à leurs yeux, les manitous qui leur parlaient. L'ocre était, chez les Amérindiens, symbole des esprits, des légendes et des coutumes importantes. Les premiers Blancs y virent, quant à eux, l'occasion de faire un peu d'argent en exploitant l'endroit. Au début du XXe siècle, l'ocre était extraite à la main, puis envoyée à Calgary pour servir de colorant dans la peinture. On peut encore voir quelques vestiges, soit des machines ou des outils et même quelques tas d'ocre déjà extraits, restés là lorsque le territoire devint un parc national et que l'exploitation cessa.

L'un des meilleurs endroits du parc où observer les orignaux se trouve dans le secteur salin de l'**Animal Lick** (pré salé), car la boue et l'eau qui s'y trouvent sont riches en minéraux. Il faut s'y rendre tôt le matin ou au crépuscule pour pouvoir mieux les observer. Vous trouverez tout le long de la route quelques belvédères aménagés pour admirer le paysage. Le **Kootenay Valley Viewpoint** ★★, à la sortie du parc, offre une très belle vue.

Continuez par la route 93 jusqu'à Radium Hot Springs.

Radium Hot Springs

En arrivant à Radium Hot Springs, juste après le tunnel, vous trouverez, sur votre gauche, un stationnement. Vous pourrez alors découvrir les falaises de calcaire teintes en rouge par l'oxyde de fer.

Située à l'entrée du parc, cette petite ville, qui n'offre d'autre attrait que sa source thermale, surprend par sa banalité. Vous pourrez néanmoins vous relaxer dans la piscine du **Radium Hot Pools** ★★ *(6,50$; à l'entrée du parc national de Kootenay, ☎250-347-9485 ou 800-347-9704), dont les eaux chaudes sont reconnues, paraît-il, pour être* thérapeutiques. Le fondement médical de ces valeurs curatives n'a jamais été démontré, mais, que l'on y croie ou non, l'effet relaxant d'une immersion dans des eaux à 38°C est, lui, bien réel.

Au sud de Radium Hot Springs, empruntez la route 95 et suivez les indications vers Invermere.

Invermere

Invermere est une petite ville qui offre divers services aux nombreux occupants des chalets environnants, pris d'assaut chaque fin de semaine par les Albertains et les habitants de la Colombie-Britannique en quête d'évasion. Le pittoresque **Windermere Lake ★**, en fait formé par un élargissement du fleuve Columbia, bénéficie d'une grande popularité auprès des plaisanciers.

Le **Windermere Valley Pioneer Museum** *(dons appréciés; juin à sept lun-ven 10h à 16h; 622 Sixth Ave., ☎250-342-9769),* qui possède une collection de souvenirs des temps passés, est un autre de ces endroits où vous remonterez le temps jusqu'à l'époque des pionniers.

À 18 km à l'ouest d'Invermere vous attend le **Panorama Mountain Village** (voir p 413), avec ses pentes de ski et son hôtel. Il propose de nombreuses formules d'hébergement.

Revenez sur la route 95 et prenez toujours vers le sud jusqu'à Fairmont Hot Springs.

Fairmont Hot Springs

Ce minuscule village doit en fait son existence aux touristes qui se rendent à la **source thermale** *(tlj 8h à 22h; ☎800-663-4979).* Vous pourrez y pratiquer le golf ou le ski et y contempler de somptueux paysages. Les eaux thermales, encerclées par un complexe du même nom que le village (voir p 413), sont accessibles sans frais à ceux qui y logent; les autres visiteurs doivent débourser 10$ (une journée).

D'ici vous pouvez continuer vers le sud jusqu'à Fort Steele (voir le chapitre «Le sud de la Colombie-Britannique» p 263), ou vers l'est par la route 3 en direction de la frontière albertaine, où vous croiserez de belles pentes de ski à Fernie.

Par ailleurs, au départ de Radium Hot Springs, le circuit remonte la route 95, au fond de la vallée du fleuve Columbia, jus-

qu'à la petite ville de Golden. Le paysage des contreforts des Rocheuses, d'un côté, et des montagnes Purcell, de l'autre, que l'on traverse tout le long de cette petite route, est assez joli.

*Revenez sur vos pas et empruntez la route 95 en direction de Golden. Vous rejoindrez la route transcanadienne qui file jusqu'à **Revelstoke** (voir p 246), à quelque 150 km à l'ouest des abords des parcs des Rocheuses.*

Circuit E: De Golden au parc national de Yoho
★ ★

Ce circuit débute à l'ouest de la ville de Golden et longe la route transcanadienne vers l'est à travers la ville de Field et le parc national de Yoho jusqu'à Lake Louise.

Débutez votre visite de la région au **Northern Lights Wildlife Wolf Centre ★ ★ ★** *(10$; tlj 10h à 18h; 1745 Short Rd., Blaeberry Valley, ☎250-344-6798 ou 877-377-9653, www.northernlightswildlife.com).* Dans ce modeste centre d'interprétation, Shelley Black offre une extraordinaire présentation qui changera à tout jamais les idées préconçues que vous pouvez avoir sur les loups et les ours.

Golden

L'emplacement de la ville de Golden sur la Kicking Horse River en fait un site idéal pour la randonnée. Les résidants en profitent grâce aux sentiers qui ont été aménagés de chaque côté de la rivière et qui sont liés par le **Golden Bridge ★ ★ ★**, le plus long pont pédestre couvert à ossature de bois au Canada. Grâce à un projet unique de volontariat, la ville réussit à le construire en 2001 pour un montant de 430 000$, au lieu des 2 M$ prévus initialement. Quatre ans furent requis pour amasser les fonds et dessiner les plans. Pesant 95 254 kg et contenant 72 000 pieds-planche de pièces de pin de Douglas, le pont fut érigé en 24 jours par une centaine de travailleurs bénévoles venus du Canada, des États-Unis et d'Europe. Ils furent hébergés et nourris par les résidants de Golden pendant la durée des travaux.

Au **Kicking Horse Grizzly Bear Refuge ★ ★ ★** *(19,95$; 1500 Kicking Horse Trail, ☎250-439-5424, www.kickinghorseresort.com),* une na-

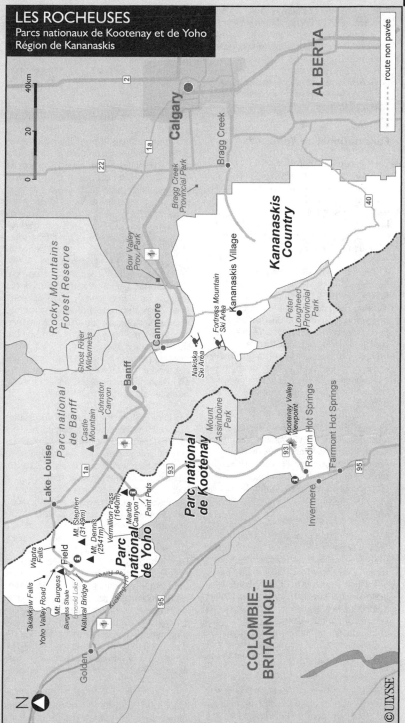

celle d'observation permet aux visiteurs d'apercevoir *Boo*, un grizzly qui vit depuis 2003 dans un refuge clôturé de 8,9 ha. Des naturalistes étudient ses habitudes et comportements.

De Golden, empruntez la route transcanadienne vers l'ouest pour vous rendre à l'entrée du parc national de Yoho.

Parc national de Yoho ★ ★

Comme tous les parcs des Rocheuses, le parc national de Yoho *(P.O. Box 99, Field, BC, V0A 1G0, ☎250-343-6783)* exige des droits d'entrée *(8$/jour, 55$/année)* pour les personnes qui désirent séjourner dans le parc. Les autres qui, en revanche, ne font que transiter ne seront pas assujettis au paiement de cette redevance.

À environ 5 km de l'entrée du parc se trouve, sur la droite, le sentier des **Wapta Falls** ★. En 1858, l'aventurier James Hector reçut un coup de sabot de son cheval dans la poitrine. Cette douloureuse mésaventure permit de trouver un nom à la rivière qui coulait là: la **Kicking Horse River** ★, un des lieux de prédilection des amateurs de descente de rivière (voir p 388). La chute est d'une hauteur de 30 m, et le chemin, assez court, qui y mène ne comporte aucune difficulté.

Un peu plus loin, un autre sentier mène aux **Hoodoos** ★ ★ (cheminées des fées), soit des formations naturelles de roche qui ont été façonnées par l'érosion. Le sentier de 3,2 km qui part du terrain de camping Hoodoo Creek est assez pentu. La vue de ces cheminées des fées est impressionnante.

Une petite route permet d'atteindre le **Natural Bridge** ★ ★. Ce pont naturel, où se trouvaient auparavant d'anciennes chutes d'eau, a été formé par l'érosion intense de la Kicking Horse River, très torrentueuse à cet endroit. L'eau charriant sable et gravier agit petit à petit comme un véritable papier de verre, s'infiltrant dans la roche et créant, au fil du temps, un pont suspendu. On a également d'ici une superbe vue sur le **Mount Stephen** (3 149 m) et le **Mount Dennis** (2 541 m).

La promenade vers l'**Emerald Lake** ★ ★ ★ est devenue un classique du parc national de Yoho. Un petit sentier de 5,2 km seulement en fait le tour. De là, vous pourrez rejoindre les **Hamilton Falls** ★ ★. Des aires de pique-nique ont été aménagées près du lac Emerald. Un petit comptoir de location de canots donne l'occasion de se promener sur le lac. Une boutique de souvenirs est située juste à côté de la rampe de mise à l'eau.

Le centre d'information touristique du parc national de Yoho se trouve à **Field**, à 33 km à l'est de l'entrée du parc. En été, diverses activités d'interprétation sont organisées pour mieux faire connaître la vallée de Yoho. Dans cette vallée, en effet, 400 m de sentiers de randonnée ont été aménagés pour permettre l'accès à l'arrière-pays. Vous pourrez vous y procurer des plans de randonnée pédestre, ainsi que d'autres consacrés au vélo de montagne. Des cartes topographiques du parc sont en vente au prix de 13$ chez les **Friends of Yoho** *(☎250-343-6364)*, organisme situé à côté du centre d'information touristique. Si vous devez rester plus d'une journée dans le parc, vous devrez obligatoirement vous inscrire auprès des bureaux de Parcs Canada, situés au même endroit. Un certain nombre de montagnes peuvent être escaladées, mais un permis spécial est requis pour entreprendre l'ascension du mont Stephen, en raison des gisements de fossiles par lesquels les alpinistes doivent passer.

Les **Burgess Shale** ★ ★ ★ ne sont accessibles que si les visiteurs sont accompagnés par un guide. En 1909, un paléontologue découvrit d'importants gisements de trilobites sur le mont Stephen, à côté de Field. Les Rocheuses ayant jadis été recouvertes par une mer, tous ces fossiles furent admirablement protégés par une épaisse couche de sédiments marins. Poussés vers la surface lors des bouleversements géographiques qui provoquèrent la formation des Rocheuses, les inestimables gisements fossilifères du mont Burgess, à côté du mont Stephen, purent ainsi être trouvés. Il faut prévoir une journée complète, car la randonnée est de 20 km aller-retour jusqu'aux schistes de Burgess, et elle ne peut être effectuée qu'avec un guide. Pour louer les services d'un guide, adressez-vous plusieurs jours d'avance aux bureaux du parc *(☎250-343-6783)* ou à la **Burgess Shale Geoscience Foundation** *(☎800-343-3006, www.burgess-shale. bc.ca)*.

Quelques kilomètres après Field, à l'embranchement, la voie de gauche conduit à la chute Takakkaw par la **Yoho Valley Road.** Sur cette route, l'**Upper Spiral Tunnel Viewpoint** ★★ donne l'occasion d'admirer les prouesses techniques que les ingénieurs de la compagnie de chemin de fer ont dû déployer pour la construction d'une ligne de chemin de fer fiable dans un lieu aussi accidenté. Après avoir parcouru 13 km, la petite route en lacet de la vallée mène à un superbe point de vue sur les rivières Yoho et Kicking Horse. La route se termine en cul-de-sac aux **Takakkaw Falls** ★★, parmi les plus hautes du Canada.

Continuez vers l'est pour traverser le Kicking Horse Pass qui délimite les parcs nationaux de Yoho et de Banff. Ce circuit prend fin à Lake Louise.

- -
Circuit F: Canmore et la Kananaskis Valley
★★

Lorsque, de 1857 à 1860, le capitaine John Paliser conduisit une expédition scientifique britannique dans cette région, l'abondance des lacs et des cours d'eau l'amena à lui donner le nom amérindien de Kananaskis, qui signifie «rassemblement des eaux». Située à 90 km de Calgary, la région s'étend sur plus de 4 000 km², englobant les parcs provinciaux de Bow Valley, Bragg Creek et Peter Lougheed. En raison de la beauté des paysages, des immenses possibilités offertes aux amateurs de plein air et de la proximité de Calgary, la région de Kananaskis est rapidement devenue l'un des secteurs les plus fréquentés.

La région offre des attraits quelle que soit la saison. En été, elle se transforme en un véritable paradis pour les amateurs de plein air, qui peuvent s'adonner à des activités telles que le tennis, l'équitation, le vélo de montagne, le canot-kayak, la descente de rivière, le golf, la pêche ou la randonnée pédestre. Avec ses 250 km de routes revêtues et ses 460 km de sentiers balisés, la région dispose, plus que toute autre en Alberta, d'un choix considérable d'excursions. En hiver, tous ses sentiers deviennent des pistes réservées au ski de fond ou à la motoneige. Les visiteurs peuvent également jeter leur dévolu sur les stations de ski alpin de Fortress Mountain ou de Nakiska, patiner sur les nombreux lacs gelés, s'initier à la conduite d'un traîneau à chiens ou se lancer sur les rampes de luge.

Canmore ★

Le nom de Canmore provient du gaélique *Ceann mor,* qui signifie «grosse tête». Ce terme fut donné comme surnom à Malcom III, fils de Duncan Ier, qui devint roi et se fit connaître en 1054 après avoir battu l'usurpateur Macbeth.

Le Canadien Pacifique, qui cherchait le tracé le plus pratique pour construire une ligne de chemin de fer rejoignant l'Ouest canadien, décida de la faire passer par la vallée de la rivière Bow. Il fut alors décidé de stationner l'intendance du chantier de construction à l'entrée des Rocheuses, et c'est ainsi qu'est née la ville de Canmore. Par la suite, on devait y découvrir quelques gisements de charbon qui furent exploités jusqu'au 13 juillet 1979.

Canmore est très prisée des amateurs de plein air. On trouve ici la plus forte concentration d'alpinistes canadiens ayant participé à des expéditions dans le massif de l'Himalaya. Canmore est un terrain d'entraînement unique pour les grimpeurs. C'est aussi là que se retrouvent les inconditionnels de la pêche à la mouche. Considérée également comme un paradis du vélo de montagne, la ville a accueilli entre 1998 et 2000 des épreuves de la Coupe du monde dans cette discipline. En raison de son site enchanteur et de ses attraits récréatifs, il s'agit d'une des villes qui se développent le plus rapidement au pays. L'endroit est également reconnu pour sa compétition de traîneaux à chiens, qui a lieu annuellement en février.

Petite localité tranquille d'environ 11 000 habitants, Canmore connut son heure d'activités la plus intense en 1988, lors des Jeux olympiques d'hiver. C'est en effet dans cette ville qu'eurent lieu les compétitions de ski de fond, du combiné nordique et du biathlon, ainsi que des démonstrations de ski nordique pour personnes à mobilité réduite. Depuis, les installations du **Canmore Nordic Centre** *(tlj 9h à 17h30; à 3 km du centre-ville, sur Spray Lake Road;* ☎ *403-678-2400),* construites à l'occasion des Jeux olympiques, ont accueilli d'autres épreuves internationales telles que la Coupe du monde de ski alpin en 1995 et la Coupe du monde de ski de fond en 2005. En été, les pistes de ski de fond se transforment en sentiers pédestres ou en pistes pour vélo de montagne. Les animaux domestiques y sont admis du 11 avril au 30 octobre, à condition d'être tenus en laisse. Les ours sont fréquents dans cette région en été, aussi faut-il redoubler de prudence.

Merveilleusement bien située, à l'entrée du parc national de Banff et aux portes de la région de Kananaskis, Canmore accueille beaucoup de visiteurs chaque année, mais il est souvent plus facile d'y loger qu'à Banff. Il n'en reste pas moins qu'il est préférable de réserver sa chambre longtemps à l'avance.

Les principaux points d'intérêt de cette petite ville, outre le Canmore Nordic Centre, sont la localisation de cette bourgade et les nombreuses activités sportives qu'elle offre. Outre le ski, les courses de traîneaux à chiens, l'escalade de glace, l'«héli-ski», la motoneige et la pêche sur la glace (pêche blanche) en hiver, vous pourrez vous adonner, la belle saison revenue, au vol à voile, au deltaplane, à la randonnée pédestre, au vélo de montagne, à l'alpinisme, au canot... Vous trouverez plusieurs adresses dans la section réservée aux activités de plein air.

Le **Canmore Museum and Geoscience Centre** *(3$; début sept à fin mai lun-ven 12h à 17h, sam-dim 12h à 16h, horaire variable en été; 902 Seventh Ave.,* ☎*403-678-2462)* est un tout petit musée qui retrace l'histoire de l'extraction minière de la ville. Il présente également une petite section sur les Jeux olympiques d'hiver de 1988.

Le **Canmore Recreation Centre** *(lun-ven 6h à 21h, sam-dim 11h30 à 18h30; 1900 Eighth Ave.,* ☎*403-678-5597)* organise de nombreux camps d'été pour les jeunes. Le centre abrite une piscine municipale, un centre sportif et un centre de conditionnement physique.

Les visiteurs de Kananaskis peuvent se procurer différents plans auprès du **Barrier Lake Information Centre** (voir p 360). Vous y trouverez la torche des Jeux olympiques d'hiver de Calgary. Elle fut, durant trois mois, promenée à travers tout le Canada et servit finalement à allumer la flamme olympique, le 13 février 1988, à Calgary. Huit compétitions se tinrent dans la région de Kananaskis, à Nakiska, sur le mont Allan. Il s'agissait des épreuves de descente, de slalom et de slalom géant.

En continuant votre route un peu au-delà du Canmore Nordic Centre, vous rejoindrez deux petits lacs appelés Grassi Lakes. Pour vous y rendre, *remontez Three Sisters Drive, puis tournez à droite dans Spray Lakes Road. À l'embranchement situé près du lac artificiel, appelé le Réservoir, prenez à gauche, puis empruntez le premier chemin de gravillon, également sur votre gauche. Vous atteindrez, un peu plus loin, le point de départ du sentier de randonnée.*

Lawrence Grassi, immigré italien qui travaillait comme mineur, a légué son nom aux **Grassi Lakes**, car c'est à lui que l'on doit le petit chemin qui permet de s'y rendre. Une courte promenade, mais qui grimpe rapidement, mène aux Grassi Falls, puis à ces deux petits lacs aux eaux cristallines. De là, vous pourrez jouir d'une belle vue de Canmore et de la vallée de la Bow. De bonnes chaussures de marche sont requises.

Des Grassi Falls, empruntez le **Smith-Dorrien Trail**, une route panoramique qui s'étend sur 64 km le long du lac Spray jusqu'à la route 40. Il s'agit d'une route de gravier, par endroits très cahoteuse, car la pluie et la neige ont causé de grosses ornières. Le chemin est cependant large et peu passant. Il n'y a pas de station-service sur cette route. Les paysages sont beaux et semblent totalement coupés du reste du monde.

La Smith-Dorrien Trail prend fin au **Peter Lougheed Provincial Park** ★★ *(*☎*403-591-6322)*. Le centre d'information touristique du parc *(près des deux lacs Kananaskis)* a conçu pour ses visiteurs une présentation interactive donnant de nombreux renseignements sur la faune, la flore, la géographie, la géologie et les phénomènes climatiques de la contrée. Le mont Lougheed et le parc tirent leur nom de deux membres renommés de la famille Lougheed. Originaire de la province d'Ontario, l'honorable Sir James Lougheed (1854-1925) devint un avocat très en vue dans sa province natale et en Alberta, notamment à Calgary, où il fut le conseiller juridique du Canadien Pacifique. Il fut nommé sénateur en 1889 et désigné comme chef du Parti conservateur de 1906 à 1921 avant d'obtenir, par la suite, un portefeuille ministériel. Son petit-fils, l'honorable Peter Lougheed, né en 1928, est devenu quelque temps premier ministre de l'Alberta à la suite de l'élection provinciale du 30 août 1971 et fut l'instigateur de la création du parc. Un grand nombre de programmes d'interprétation sont organisés dans ce parc. On peut en trouver la liste au centre d'information touristique.

Tout près de là se trouve un centre spécialisé pour les personnes du troisième âge et les personnes à mobilité réduite, le **William Watson Lodge**. Un peu plus loin sur la route, vous pourrez bénéficier d'une vue du **Lower Kananaskis Lake**. Une autre route continue jusqu'à l'**Upper Kananaskis Lake**. Il faut alors, en sortant de la route qui mène à ce lac, prendre à gauche et faire quelques kilomètres avant de parvenir à **Interlakes**. De là, la vue est superbe.

D'ici, vous avez le choix de vous rendre soit au nord, à Kananaskis Village, soit au sud, au travers la vallée de Kananaskis pour atteindre Longview.

Kananaskis Valley

Au nord du Smith-Dorrien Trail se trouve le **Fortress Mountain Ski Resort** *(voie de droite à Fortress Junction,* ☎ *403-591-7108 ou 800-258-7669),* qui possède également un domaine skiable intéressant. Les précipitations de neige sont abondantes dans cette station située sur la ligne continentale de partage des eaux, aux limites du Peter Lougheed Provincial Park.

Le **Kananaskis Village**, niché dans la Kananaskis Valley, est en fait composé en grande partie de deux hôtels luxueux qui donnent sur la place centrale. Officiellement inauguré le 20 décembre 1987, le village fut érigé grâce au concours des fonds de l'Alberta Heritage Savings Trust et à des capitaux privés et devint le principal centre de villégiature de la région. Vous y trouverez un **centre d'information touristique** *(tlj 8h30 à 17h;* ☎ *403-591-7555).* Au **Delta Lodge at Kananaskis** (voir p 417), un spa et une galerie marchande ont été aménagés. Cette dernière abrite des magasins de souvenirs et de vêtements, des cafés et des restaurants.

Le **Nakiska Ski Resort** *(près de Kananaskis Village,* ☎ *403-591-7777 ou 800-258-7669)* fut spécialement construit à l'occasion des Jeux olympiques d'hiver de 1988, en même temps que le complexe hôtelier du village de Kananaskis. Cette station offre des infrastructures modernes et de belles pistes.

De nombreux ranchs sont implantés le long de la route méridionale qui traverse la vallée. Vous rencontrerez peut-être un troupeau de bétail confortablement installé sur la route. Faites un arrêt au **Boundary Ranch** ★ pour une promenade à cheval dans les Rocheuses *(différents forfaits sont offerts, certains comprenant un repas; mai à oct tlj 8h à 20h).* Parmi les nombreuses activités qui y sont proposées, mentionnons les promenades en charrette, le rodéo et la descente de rivière. Le ranch est fermé en hiver, mais la famille Guinn organise des excursions en traîneau dans le Kananaskis Village.

Ce circuit se termine à Longview. Ceux qui le désirent peuvent poursuivre vers le sud via les routes 22 et 6 pour se rendre au **parc national des Lacs-Waterton**, à la frontière de l'État américain du Montana (voir le chapitre «Le sud de l'Alberta», p 466).

Activités de plein air

Couvrant plus de 170 000 km², le massif des Rocheuses canadiennes est un véritable paradis pour qui aime une nature à la topographie accidentée, apprécie l'air pur et les grands espaces à découvrir, et pratique des sports de plein air comme la randonnée pédestre, l'alpinisme, l'équitation, le canot, la descente de rivière en radeau pneumatique, le golf, le ski de fond ou le ski alpin. Les Rocheuses ont été merveilleusement bien épargnées grâce à la création des innombrables parcs nationaux et provinciaux, malgré la construction effrénée de stations de ski et de logements qui ne correspondent pas toujours à l'esthétique du paysage. Ainsi, bien que 6 millions de visiteurs parcourent cette région chaque année, il demeure possible d'y passer des moments tranquilles et inoubliables, pour peu que l'on s'éloigne des sentiers battus.

■ Climat

Le soleil en montagne

Les vents frais qui soufflent sur les Rocheuses peuvent parfois vous faire oublier les dangers des rayons du soleil qui sont, en altitude, particulièrement traîtres. Aussi faut-il se prémunir des effets du soleil en se procurant une bonne crème solaire ainsi qu'un chapeau et des lunettes de soleil. En montagne, l'effort physique, le soleil et les conditions climatiques changeantes sont souvent les éléments déclencheurs d'une crise d'hypothermie qui peut, à son stade ultime, entraîner la mort. Il convient donc d'être particulièrement vigilant et d'observer certaines règles afin d'éviter que vous-même ou l'un de vos partenaires de route ne soyez confronté à ce problème.

L'habillement

Un séjour en montagne nécessite une bonne préparation. Que vous comptiez séjourner dans les Rocheuses en hiver comme en été, il est important de toujours mettre dans ses valises des vêtements chauds et confortables.

Durant la saison hivernale, n'oubliez pas d'emporter des sous-vêtements chauds qui laisseront votre peau respirer, des chandails en laine naturelle ou en laine polaire, de bonnes paires de chaussettes, des pantalons et un blouson de ski qui coupent bien le vent, des gants, une écharpe et un bonnet.

Si vous prévoyez faire du ski de fond, rappelez-vous qu'il est toujours préférable de s'habiller de couches superposées plutôt que de porter des vêtements lourds, qui seront trop chauds lorsque vous serez en plein effort, mais qui s'avéreront insuffisants lorsque vous serez au repos. Mieux vaut emporter un petit sac à dos, dans lequel vous mettrez, en plus de votre nourriture, une laine polaire supplémentaire et une paire de chaussettes, au cas où vos pieds seraient mouillés. Ne restez jamais au repos dans des vêtements humides. Prévoyez donc un rechange de vêtements en conséquence.

En été, les mêmes précautions contre le vent et le froid s'imposent. Les températures descendent vite en altitude, et le vent constitue un facteur de refroidissement considérable. Dans les régions alpines, vous ressentirez vite l'effet de l'altitude sur la température. De plus, les conditions climatiques sont très changeantes en montagne. Il est donc important, pour apprécier les randonnées qui vous sont proposées, de bien vous habiller. Même en été, portez une bonne laine polaire et un anorak pendant vos excursions. Vous pouvez également vous munir d'un bandeau pour vos oreilles et d'une paire de gants. Comme il n'est pas rare qu'il pleuve, il serait bon que votre blouson soit imperméable. De plus, avec de bonnes paires de chaussettes et de solides chaussures de marche, vous serez

en mesure d'affronter les meilleurs sentiers de randonnée pédestre de la région.

■ Alpinisme

Le parc national de Jasper par la Yellowhead Highway

Mountain Guiding and School
à compter de 200$ pour 2 jours
Jasper
☎ (780) 852-3237
Mountain Guiding and School propose des cours d'escalade pour débutants et adeptes à des prix qui varient selon le forfait choisi.

Canmore et la Kananaskis Valley

Yamnuska
200 Summit Centre, 50 Lincoln Park, Canmore
☎ (403) 678-4164
Yamnuska est à la fois le nom de cette école de grimpe et celui de la première montagne que l'on aperçoit en partant de Calgary. L'école propose toute une gamme de cours d'escalade, de randonnées sur glacier, de survie en montagne et de tout ce qui peut avoir rapport à la montagne en général, à pied, en skis ou en planche à neige. Cette école est la plus reconnue au pays, et son professionnalisme est indiscutable.

Alpine Club of Canada
Indian Flats Rd., 4,5 km à l'est de Canmore
☎ (403) 678-3200
L'Alpine Club of Canada conviendra également aux amants de la montagne en raison des types d'excursions suggérées, de la première grande traversée à la simple sortie d'escalade en après-midi. Les forfaits sont nombreux et conviennent à tous les budgets. L'un des plus intéressants consiste à partir plus d'une journée et à passer la nuit dans une des nombreuses huttes du club.

■ Descente de rivière

Les rivières des Rocheuses offrent bien des possibilités pour les amateurs de sensations fortes qui descendent les rapides sur des embarcations pneumatiques. Que ce soit pour vous une première fois ou que vous ayez déjà une expérience en la ma-

Respectez la montagne!

Il est important de savoir marcher en montagne en respectant la fragilité écologique de la région. Pour cela, un certain nombre de règles doivent être suivies.

Tout d'abord, pour préserver le sol et la végétation, il est primordial de demeurer dans les sentiers même s'ils sont couverts de neige ou de boue. En respectant cette simple règle, vous protégerez la végétation qui borde le sentier et vous éviterez ainsi qu'il ne s'élargisse.

Si vous ne partez pas pour une grande randonnée, il est préférable que vous chaussiez des bottes légères car elles endommagent moins le sol.

Si vous faites partie d'un groupe, celui-ci doit se disperser une fois rendu à la hauteur des zones alpines et marcher sur les rochers autant que possible afin de laisser intacte la végétation.

Il est également important en montagne de protéger les plans et cours d'eau environnants ainsi que la nappe phréatique, et de ne pas les contaminer. Ainsi, lorsqu'il n'y a pas de latrines extérieures, creusez un petit trou au moins à 30 m de toute source d'eau et recouvrez le tout (y compris le papier hygiénique) avec de la terre.

Ne vous lavez ni dans les lacs ni dans les ruisseaux.

Dans les terrains de camping, ne jetez les eaux usées qu'aux endroits réservés à cet effet.

L'eau que vous trouverez en montagne n'étant pas toujours propre à la consommation, il est important de la faire bouillir au moins 10 min avant de la boire.

Ne laissez jamais derrière vous des déchets. Des sacs prévus à cet effet vous seront donnés dans les bureaux de Parcs Canada.

Certaines espèces de fleurs sont menacées d'extinction; ne les cueillez donc pas.

Laissez à la nature ce qui lui appartient; les autres marcheurs pourront ainsi également en profiter.

Pour des raisons de sécurité, gardez toujours votre chien en laisse, ou laissez-le chez vous. En effet, les chiens qui se promènent en liberté ont tendance à s'éloigner et à courir après les animaux sauvages. C'est ainsi qu'on a déjà vu des chiens provoquer des ours, puis, s'apercevant du danger, se réfugier auprès de leur maître...

Enfin, si vous parcourez les parcs nationaux des Rocheuses à cheval, n'oubliez pas que seuls les sentiers désignés à cet effet peuvent être empruntés.

Les Rocheuses - Activités de plein air

tière, les rivières vous offriront des défis intéressants.

Dans les environs de **Banff**, les descentes se font essentiellement du côté de la rivière Kicking Horse ou du Lower Canyon. Quelques petits conseils: portez des chaussures de sport fermées que vous ne craindrez pas de mouiller et un maillot de bain, apportez une serviette et habillez-vous très chaudement (laine polaire et anorak). N'oubliez pas de vous munir aussi de vêtements pour vous changer à la fin de la journée.

Le parc national de Banff et la Bow Valley Parkway

Hydra River Guides
90$
mai à mi-sept
211 Bear St., Banff
☎ (403) 762-4554 ou 800-644-8888
www.banffadventures.com
Hydra River Guides propose des excursions d'une demi-journée dans l'Upper Canyon sur la rivière Kicking Horse, incluant le déjeuner ou le dîner sur barbecue. Réservations requises.

Rocky Mountain Raft Tours
34$/heure
mi-mai à fin sept
Banff
☎ (403) 762-3632
Rocky Mountain Raft Tours dispose de services en français. Aussi location de canots *(20$/h)*.

Kootenay River Runners
85$ à 123$ incluant le déjeuner
Edgewater
☎ (250) 347-9210 ou
800-599-4399 (Radium Hot Springs)
☎ (403) 762-5385 (Banff)
Kootenay River Runs propose des excursions en rabaska (canadienne), qui ajoutent une dimension historique à la descente du fleuve Columbia, bordé de vie sauvage.

Lake Louise et la Promenade des glaciers

Wild Water Adventures
mai à sept
Lake Louise
☎ (403) 522-2212 ou 888-647-6444
www.wildwater.com
Wild Water Adventures propose des forfaits de deux jours, d'une journée et d'une demi-journée. Comptez entre 80$ et 130$.

Whitewater Rafting Jasper *(58-60; début mai à début oct; Jasper,* ☎*780-852-7238 ou 800-557-7238)* possède un comptoir au **Fairmont Jasper Park Lodge** *(*☎*780-852-6091)* ainsi qu'un autre à la station-service **Alpine Petro Canada** *(711 Connaught Dr.,* ☎*780-852-3114)*. L'entreprise propose des descentes des rivières Athabasca et Sunwapta.

Le parc national de Jasper par la Yellowhead Highway

Maligne River Adventures
à compter de 47$
627 Patricia St., Jasper
☎ (780) 852-3370 ou 866-625-4463
Maligne River Adventures organise entre autres au mois de mai une intéressante excursion de trois jours sur la rivière Kakwa pour 599$. On exige cependant une expérience préalable, car il s'agit d'une descente de catégorie IV, comportant un degré de difficulté assez élevé.

Jasper Raft Tours
47$, enfants 15$
Jasper
☎ (780) 852-2665 ou 888-553-5628
Pour les amateurs débutants ou pour les enfants qui désirent néanmoins essayer le radeau pneumatique sur de faibles rapides.

De Golden au parc national de Yoho

Glacier Raft Company
65$/demi-journée, 95$/journée
fin mai à fin août
☎ (403) 762-4347 (Banff)
☎ (250) 344-6521 (Golden)
La Glacier Raft Company organise des descentes de la rivière Kicking Horse. Elle propose aussi un forfait appelé "Kicking Horse Challenge", qui offre l'occasion d'éprouver des sensations un peu plus fortes et qui coûte 120$ (130$ les fins de semaine).

Wet'n'Wild Adventure
mi-mai à début sept
Golden
☎ (250) 344-6546 ou 800-668-9119
Wet'n'Wild Adventure propose des départs de Golden, de Lake Louise et de Banff. Une demi-journée sur la Kicking Horse River vous coûtera environ 60$, mais il existe également des forfaits intéressants de plusieurs jours. Un minimum de participants est néanmoins requis.

Alpine Rafting Company
60-150
fin avr à début sept
Golden
☎ (250) 344-6778 ou 800-599-5299
L'Alpine Rafting Company dispose aussi de différents forfaits pour les sportifs plus ou moins expérimentés.

■ Équitation

La randonnée équestre est un agréable moyen de s'aventurer dans les régions plus reculées des parcs des Rocheuses. Des pistes ont été spécialement désignées pour les cavaliers et leur monture; par ailleurs, si vous désirez monter votre propre cheval, vous devez aviser les agents des bureaux de Parcs Canada et vous procurer une carte des sentiers équestres.

Le parc national de Banff et la Bow Valley Parkway

Warner Guiding and Outfitting
Banff
☎ (403) 762-4551 ou 800-661-8352
Warner Guiding and Outfitting propose de courtes randonnées faciles de une, deux ou trois heures, mais aussi de véritables excursions. Trois jours de randonnée dans la Mystic Valley vous coûteront environ 607$; six jours de randonnée d'interprétation faunique, 1 600$. Cette entreprise organise en fait une quinzaine de randonnées différentes, et vous devriez trouver parmi ce large éventail de choix ce dont vous rêvez, selon que vous êtes fervent du camping ou que vous préférez loger dans des gîtes. Ces excursions sont bien sûr accompagnées de guides professionnels qui ont en outre été formés pour vous fournir tout renseignement désiré sur la faune et son habitat, ainsi que sur la flore et la géologie.

Lake Louise et la Promenade des glaciers

Brewster Adventures
49,50$/heure, 171,50$/journée
Lake Louise
☎ (403) 522-1608 ou 800-691-5085
Les écuries de Brewster Adventures sont situées juste à côté du Fairmont Chateau Lake Louise.

Le parc national de Jasper par la Yellowhead Highway

Pyramid Stables
35$/heure, 56$/2 heures, 75$/3 heures
mai à mi-oct
près de Patricia Lake, à environ 4 km de Jasper en direction de Pyramid Lake
☎ (780) 852-3562
Les Pyramid Stables préparent de petites randonnées qui sauront satisfaire les tout-

petits, avec leurs poneys, et d'autres plus importantes pour les adultes.

Skyline Trail Rides
35$ et plus
Fairmont Jasper Park Lodge, Jasper
☎ (780) 852-4215 ou 888-852-7787
Skyline Trail Rides propose une belle variété d'excursions, allant de la simple balade sur les sentiers entourant les lacs au forfait de quatre jours et trois nuits.

■ Golf

Le parc national de Banff et la Bow Valley Parkway

Le terrain de golf du **Fairmont Banff Springs** *(Banff, ☎403-762-6801)* offre un magnifique parcours à 27 trous qui enchantera les joueurs par la beauté des paysages environnants.

Le parc national de Jasper par la Yellowhead Highway

Jasper possède un très joli terrain de golf situé près du **Fairmont Jasper Park Lodge**. Les réservations peuvent se faire à l'administration de cet hôtel *(☎780-852-6090)*.

Le parc national de Kootenay par la vieille Windermere Highway

Le terrain de golf du **Radium Resort** *(45$; Radium Hot Springs, ☎250-347-9311 ou 800-667-6444)* se présente comme l'un des plus beaux de la Colombie-Britannique.

De Golden au parc national de Yoho

Golden Golf & Country Club
75$/18 trous
Golden
☎866-727-7222
Le Golden Golf & Country Club est un magnifique terrain de golf qui offre des panoramas grandioses. Il est aménagé à côté de la route transcanadienne, près du fleuve Columbia, entre les montagnes Rocheuses et le mont Purcell.

Les Rocheuses - Activités de plein air

Canmore et la Kananaskis Valley

Canmore Golf & Curling Club
35$/9 trous, 65$/18 trous
Canmore
☎ (403) 678-4785
Location d'équipement sur place *(35$)*.

Kananaskis Country Golf Course
70$/18 trous
mai à oct
Kananaskis Village
☎ (403) 591-7154 ou 877-591-2525
Le Kananaskis Country Golf Course est une pure réussite. Ce fabuleux golf de 36 trous s'étire le long de l'étroite vallée de la rivière Kananaskis, au pied des monts Lorette et Kidd.

SilverTip
160$ jeu-sam, 145$ dim-mer
1000 SilverTip Trail, Canmore
☎ (403) 678-1600 ou 877-877-5444
Le Silver Tip a été aménagé en 1998 du côté ensoleillé de la vallée de la rivière Bow. Chaque trou du parcours offre un paysage exceptionnel, car ce golf audacieux ondule à flanc de montagne. Experts, à vos bâtons!

■ Héli-ski

Pour les très bons skieurs, amateurs de poudreuse et de sites encore vierges, l'«héli-ski» est une expérience extraordinaire qui procure des sensations de calme et d'immensité, et offre une découverte de panoramas dont seuls les alpinistes de haute montagne avaient jusqu'ici la chance de profiter. Les prix de cette activité hors du commun varient énormément selon l'endroit où vous serez déposé.

Le parc national de Banff et la Bow Valley Parkway

Canadian Mountain Holidays
Banff
☎ (403) 762-7100 ou 800-661-0252
Canadian Mountain Holidays est une entreprise en activité depuis plus de 30 ans, et le sérieux de ses services ne laisse pas à désirer. De nombreuses excursions d'une ou plusieurs journées, accompagnées de guides professionnels, sont organisées tant du côté des monts Revelstoke, Valemount et Monashees que des Cariboos.

R.K. Heli-Ski Panorama
déc à avr
☎ (403) 760-2824 (comptoir de réservations au RnR Store, Banff)
☎ (250) 342-3889 ou 800-661-6060 (Invermere)
R.K. Heli-Ski Panorama organise des excursions accompagnées de guides, pour les skieurs de niveau intermédiaire et avancé, sur les monts Purcell, en Colombie-Britannique.

Canmore et la Kananaskis Valley

Assiniboine Heli Tours
1225 Railway Ave., Canmore
☎ (403) 678-5459
Assiniboine Heli Tours organise des excursions de groupe vers les sommets entourant Banff, Lake Louise et Whistler. Cette entreprise se rend aussi aux monts Purcell, Selkirk et Chilcotin.

■ Motoneige

De Golden au parc national de Yoho

Golden Snowmobile Club
☎ (250) 344-6012
Le Golden Snowmobile Club organise des excursions dans les environs de Golden. Une carte des différents sentiers aménagés vous sera remise sur place.

Canmore et la Kananaskis Valley

Challenge Snowmobile Tours
Canmore
☎ (403) 678-2628 ou 800-892-3429
Challenge Snowmobile Tours propose des forfaits en motoneige en compagnie de guides instructeurs. Certaines excursions durent plusieurs jours et donnent l'occasion de découvrir l'arrière-pays accessible à ces véhicules motorisés. Nuitées en refuges de montagne.

■ Parapente

Canmore et la Kananaskis Valley

Faire du parapente est interdit dans les parcs nationaux des Rocheuses, mais est néanmoins possible dans la région de Kananaskis.

Paraglide Canada
avr à mi-oct
6857 Hwy. 6 E., Vernon
☎ (250) 503-1962
Paraglide Canada propose entre autres des cours d'une journée *(220$)* et des vols en tandem *(160$)*. Vente d'équipement.

■ Pêche

Au Canada, il est obligatoire d'avoir un permis pour pêcher dans les parcs nationaux. Vous pouvez vous procurer un permis de pêche dans tous les bureaux de renseignements et d'administration des parcs, auprès des gardes de parc ou à certains comptoirs de location d'embarcations. Les moins de 16 ans n'ont pas besoin de permis s'ils sont accompagnés d'une personne titulaire d'un permis. Les eaux regorgent de truites (arc-en-ciel ou brunes), d'ombles de fontaine, de grands brochets et de meuniers. Un certain nombre de règles sont à respecter; aussi pourrez-vous obtenir, en vous adressant aux bureaux de Parcs Canada, une copie des règlements concernant la pêche sportive dans les parcs nationaux des Rocheuses. La pêche est autorisée toute l'année dans la rivière Bow, mais certains lacs ne sont ouverts aux pêcheurs qu'à des dates très précises. Pour de l'information sur les dates d'ouverture de la saison de la pêche, consultez le site complet et régulièrement mis à jour de Parcs Canada *(www.pc.gc.ca)* ou renseignez-vous auprès d'un de leurs bureaux.

Le parc national de Banff et la Bow Valley Parkway

Monod Sports
129 Banff Ave., Banff
☎ (403) 762-4571
Monod Sports se spécialise dans la pêche à la mouche. Location d'équipement.

Minnewanka Boat Tours
à compter de 275$ pour une ou deux personnes
mai à sept
sur le ponton à l'entrée du lac Minnewanka, à 15 min de Banff
☎ (403) 762-3473
www.minnewankaboattours.com
Minnewanka Boat Tours propose des forfaits pêche sur le lac Minnewanka, dans le parc national de Banff. Réservations requises.

Le parc national de Jasper par la Yellowhead Highway

Maligne Tours
à compter de 180$ par personne
627 Patricia St., Jasper
☎ (780) 852-3370 ou 866-625-4463
Maligne Tours organise des parties de pêche accompagnées de guides professionnels. La location de l'équipement et le repas sont compris. Réservations requises.

On-Line Sport & Tackle
169$/demi-journée, 229$/journée, incluant le déjeuner
600 Patricia St., Jasper
☎ (780) 852-3630
On-Ligne Sport & Tackle propose des excursions de pêche accompagnées de guides professionnels.

Canmore et la Kananaskis Valley

Banff Fishing Unlimited
Canmore
☎ (403) 762-4936
www.banff-fishing.com
Banff Fishing Unlimited fournit des guides professionnels qui vous indiqueront les meilleurs «coins». Location d'équipement incluse dans les tarifs de guides.

Mountain Fly Fishers
102-512 Bow Valley Trail, Canmore
☎ (403) 679-9496 ou 800-450-9664
www.mountainflyfishers.com
Mountain Fly Fishers organise des excursions de pêche à la mouche de plusieurs jours. Les prix varient selon la durée de l'excursion choisie.

■ Randonnée pédestre

La randonnée pédestre constitue probablement l'activité de plein air la plus en vogue dans les parcs nationaux des Rocheuses, qui regorgent de sentiers pouvant aussi bien satisfaire les marcheurs débutants ou peu entraînés que les plus exigeants. Des brochures sont distribuées gratuitement dans les centres d'information touristique de Banff, Lake Louise et Jasper. Elles vous renseigneront sur quelques magnifiques randonnées à faire dans les Rocheuses. Il existe également un plan du réseau des sentiers de randonnée pédestre du parc national de Kootenay. Vous pouvez vous le procurer auprès des bureaux de Parcs Canada situés à chacune des entrées du parc

Les Rocheuses - Activités de plein air

national de Kootenay. N'oubliez pas que, pour vous aventurer durant plusieurs jours dans l'arrière-pays des parcs nationaux des Rocheuses, il faut vous inscrire auprès des bureaux de Parcs Canada en les informant de votre itinéraire ainsi que de la durée de votre séjour.

Nous recommandons fortement aux randonneurs de respecter les **quatre consignes** suivantes:

- Assurez-vous d'avoir des réserves d'eau, une trousse de premiers soins et une boussole et/ou un appareil GPS.

- Ne franchissez pas les rubans jaunes ou les panneaux qui indiquent la présence d'ours.

- Respectez les panneaux qui indiquent les sentiers qui ne peuvent être empruntés qu'en groupes de six personnes ou plus en raison de la présence possible d'ours grizzlis.

- Inscrivez-vous toujours auprès des bureaux de Parcs Canada avant le début de votre randonnée.

Si vous désirez faire partie d'une excursion d'une ou plusieurs journées, organisée par des professionnels, ces quelques entreprises pourraien vous intéresser: **White Mountain Adventures** *(Canmore,* ☎*403-678-4099 ou 800-408-0005)* et **Canadian Active Experience** *(*☎*403-678-3336)*, qui dispose également d'un service d'excursions guidées en français. Il faut absolument réserver à l'avance.

Banff

Le parc national de Banff compte 63 circuits de randonnée d'une durée variant de 30 min à 12 heures. Afin de vous fournir un large échantillon des différents types de sentiers, nous vous proposons deux sentiers dans chaque catégorie de difficulté: facile, intermédiaire, difficile et très difficile. Les sentiers débutent tous près de la ville de Banff.

Sentiers faciles

La **boucle de Cave and Basin**, un sentier assez facile de 6,8 km, mène jusqu'au Lieu historique de Cave and Basin et offre de belles vues sur la rivière Bow. Le départ se fait derrière le Banff Centre, sur St. Julien Road. Empruntez le sentier de la rivière Bow jusqu'à la chute. Longez la rivière. Traversez

le pont de Banff Avenue et tournez à droite dans Cave Avenue. Le sentier conduit au stationnement de Cave and Basin. Le retour s'effectue par le même chemin.

Le **Sundance Canyon Trail**, un sentier qui ne comporte aucune difficulté, est le prolongement de celui de Cave and Basin. La distance à parcourir est de 8,6 km. Après le bâtiment de Cave and Basin, redescendez vers la rivière Bow. Le sentier, bien balisé, grimpe le long de Sundance Creek vers le canyon, avant de former une boucle qui donne l'occasion d'explorer un peu plus loin le paysage.

Sentiers intermédiaires

Le **Stoney Squaw Trail** est idéal pour se mettre en forme. Le départ se fait au stationnement du Mount Norquay Ski Centre. La boucle du sentier grimpe jusqu'à 1 880 m, et le parcours de 5 km s'effectue en deux heures environ. Le sentier est relativement facile et offre un magnifique point de vue sur le mont Cascade.

Le départ pour les **Vermilion Lakes** se fait au Banff Centre, bien qu'il existe beaucoup d'autres possibilités. Empruntez le Tunnel Mountain Trail, qui conduit aux chutes de la rivière Bow. Prenez Buffalo Street puis, un peu plus loin sur votre gauche, le sentier qui redescend le long de la rivière. Traversez le pont de Banff Avenue, puis longez la berge de la rivière Bow. Ce chemin mène à l'emplacement du centre de location de canots sur Bow Avenue. Traversez ensuite la voie ferrée, et vous arriverez au premier des trois lacs Vermilion. Continuez alors votre marche par Vermilion Lakes Drive. Les alentours de ces lacs marécageux sont particulièrement intéressants pour observer les oiseaux. Cette randonnée, quoiqu'un peu longue, ne comporte aucune difficulté. Il est également possible de se rendre aux Vermilion Lakes en canot à partir de la rivière Bow.

Sentiers difficiles

Le circuit pédestre de la **Cory Pass Loop** mène les randonneurs à une altitude de 915 m autour du mont Edith, et offre de magnifiques points de vue sur les différents sommets qui l'entourent et la Bow Valley en contrebas. Cette boucle de 13 km débute à l'aire de pique-nique Fireside, sur la Bow Valley Parkway près de Banff. Elle monte ensuite jusqu'à Cory Pass, située entre les

parc national de Banff, une merveille de la nature albertaine.

rmont Hotels & Resorts

Le centre-ville de Calgary, métropole de l'Alberta.
Travel Alberta

monts Louis et Cory, avant de redescendre par l'Edith Pass Trail.

Le **Sulphur Mountain Trail** offre une importante dénivellation à franchir. Près du téléphérique du mont Sulphur, vous trouverez le point de départ de ce sentier qui serpente dans la montagne et offre un magnifique panorama sur la vallée de la rivière Bow.

Sentiers très difficiles

Ce guide serait incomplet s'il ne mentionnait pas la randonnée menant au sommet de la **Cascade Mountain**. Le départ se fait au stationnement du Mount Norquay Ski Centre, de l'autre côté de la transcanadienne. Ce sentier de 18 km est encore plus exigeant que celui du mont Rundle (voir ci-dessous). Par contre, vous aurez le plus beau panorama qu'offrent Banff et la Bow Valley. La neige fond toujours tard sur la façade ombragée du mont Cascade. Pour cette raison, le sentier n'est accessible, au mieux, qu'au début du mois de juillet.

Quelque 6 km de montées abruptes mènent au sommet du **Mount Rundle**, à près de 3 000 m d'altitude. Le sentier zigzague dans la vallée avant de venir à bout de la forêt et de se poursuivre à même le roc. Pendant un bon moment, la randonnée se fait sur un couloir à peine large de quelques mètres, avec des falaises de chaque côté. La vue de la rivière Spray et du mont Sulphur est époustouflante. Ne partez pas sans vêtements chauds car des tempêtes de neige peuvent faire rage au sommet même au mois de juin. Le départ se fait après le pont qui enjambe la rivière Spray, au niveau du club de golf du Fairmont Banff Springs. Suivez l'orée du bois du côté droit après le pont. Prévoyez au moins six heures de randonnée.

Lake Louise

Le départ pour **Lake Agnes** et **Big Beehives** se fait au lac Louise juste devant le Fairmont Chateau Lake Louise. En empruntant la promenade aménagée au bord du lac, vous trouverez, sur votre droite, un petit sentier qui grimpe dans la montagne à travers la forêt vers le lac Mirror (2,7 km) puis vers le lac Agnes (3,6 km). Une fois parvenu au lac Agnes, 365 m plus haut que le lac Louise, vous trouverez un petit refuge qui fait office de café et où vous pourrez reprendre vos forces en consommant un

chocolat chaud ou un bon thé avant de continuer votre ascension vers les Big Beehives. Le sentier longe en effet le petit lac Agnes avant de grimper abruptement sur 140 m vers les Little Beehives et sur 170 m vers les Big Beehives. L'effort demandé par cette ascension sera largement récompensé par la superbe vue du lac Louise et de sa vallée, que vous embrasserez du regard.

Le départ pour la **Plain of the Six Glaciers** se fait devant le Fairmont Chateau Lake Louise. Prenez la direction de la promenade aménagée le long du lac. Une fois arrivé à la bifurcation qui mène au lac Agnes, continuez tout droit par le chemin qui longe le bord de l'eau. Ce sentier passe près des accumulations de moraines déposées là par les glaciers, puis aboutit près d'un petit refuge, à 5,5 km du point de départ, qui vous proposera un petit repas et quelques boissons chaudes. De là, vous pouvez continuer votre route et monter jusqu'au magnifique point de vue d'Abbot Pass et de Death Trap, situés 1,3 km plus loin.

À l'entrée du site du lac Moraine, sur la gauche après le stationnement, se trouve un petit sentier qui mène aux **Consolation Lakes**. La marche de 3 km ne pose aucune difficulté, mais réserve plutôt quelques panoramas grandioses des monts Temple et des Ten Peaks. Il est conseillé de porter de bonnes chaussures de marche pour faire cette excursion, car des moraines, qui se sont accumulées à cet endroit, et des blocs de pierre jonchent le sentier.

Pour admirer le lac Moraine et les sommets des Ten Peaks, vous pouvez emprunter le **Moraine Lakeshore**, un petit sentier qui vous mènera jusqu'au bout du lac.

La Promenade des glaciers

Le sentier de la **Parker Ridge**, situé à 118 km au nord de Lake Louise et à 112 km au sud de Jasper, constitue un merveilleux site d'excursion. D'une longueur de 2,5 km, il mène à cette crête qu'est la Parker Ridge, d'où vous pourrez, avec un peu de chance, apercevoir quelques chèvres de montagne. Vous y aurez également une superbe vue du glacier Saskatchewan. En passant de la zone subalpine à la zone alpine, vous pourrez constater le changement de la flore et de la température. Des vêtements chauds et une paire de gants ne seront pas superflus.

Les Rocheuses - Activités de plein air

Le parc national de Jasper

Le sentier **Old Fort Point** se grimpe facilement et est réellement accessible à tous, jeunes et moins jeunes. La boucle s'effectue en une heure environ. On peut y admirer les sommets des environs, les multiples dédales de la rivière Athabasca et le petit village de Jasper. Pour vous y rendre, prenez la route 93A vers le sud de Jasper et tournez ensuite à gauche après l'autoroute 16.

Le **Path of the Glacier Trail**, un chemin de 1,5 km, a son point de départ près du stationnement aménagé au mont Edith Cavell. Il conduit au petit lac formé par les eaux du glacier. Vous pourrez contempler ce glacier suspendu au-dessus de votre tête et vous rendre compte des bouleversements occasionnés par les glaciers sur la végétation et la configuration des vallées alpines.

Pour vous rendre sur le **Cavell Meadow Trail and Peak**, toujours depuis l'aire de stationnement du mont Edith Cavell, vous pouvez emprunter le sentier qui grimpe sur votre gauche et qui mène en face du glacier Angel. Durant votre marche, vous pourrez aisément observer des marmottes ou des pikas qui peuplent le secteur. Arrivé à la forêt, le sentier grimpe à pic jusqu'à une zone dénudée. Déjà de cet endroit, vous pouvez admirer le glacier Angel, qui semble tout proche. Vous pouvez décider de poursuivre votre ascension jusqu'au Cavell Meadow Peak, car le sentier n'en finit pas de serpenter et de grimper toujours plus haut. Les derniers 500 mètres sont les plus exigeants, mais votre effort sera largement récompensé par le magnifique paysage qui s'offrira à vos yeux.

Le **Maligne Lake Trail**, un petit sentier, longe la rive du lac Maligne. Son point de départ est situé au premier terrain de stationnement aménagé près du chalet, où vous pouvez acheter souvenirs et boissons. Longue de 3,2 km seulement, cette petite promenade, très accessible à tous, mène au **Schäffer Viewpoint**, appelé ainsi en l'honneur de Mary Schäffer, qui fut la première femme à explorer la vallée. Passé ce point de vue, le chemin bifurque vers la forêt, où se trouve une «marmite de géant» créée par les glaciers, et revient vers le chalet, situé près du stationnement.

Pour vous rendre aux **Mona and Lorraine Lakes**, il s'agit de faire une promenade assez simple de 5 km, mais fort agréable.

Le chemin conduit à une forêt de pins de Murray, puis jusqu'à ces deux charmants petits lacs.

Pour faire la **Patricia Lake Loop**, suivez la route du lac Pyramid jusqu'au stationnement des écuries. Il s'agit là d'une petite randonnée en boucle de 4,6 km qui ne comporte guère de difficulté; de plus, la promenade est très charmante. Le sentier s'engage en grimpant un peu à travers la forêt avant de redescendre sur la rive sud du lac Patricia. Il descend de nouveau en serpentant vers une petite vallée qui s'avère un des habitats de prédilection de quelques cerfs, orignaux et castors, ainsi que d'une quantité d'oiseaux. Aussi est-il préférable de s'y aventurer tôt le matin ou en fin d'après-midi, lorsque la température encore fraîche pousse ces animaux à sortir de la forêt pour venir se nourrir dans les prés et boire aux points d'eau. Pour la petite histoire, le lac Patricia tire son nom de la fille du duc de Connaught, gouverneur général du Canada de 1911 à 1914.

■ Ski alpin

On ne peut voir les Rocheuses sans imaginer les heures de plaisir qu'on aura à dévaler les interminables pentes des stations de ski alpin. Les stations offrent en effet aux skieurs les plus exigeants une variété de pistes de tous les niveaux, admirablement entretenues, et des conditions d'enneigement de première qualité. La saison de ski commence en général vers le mois d'octobre et peut s'étaler jusqu'en mai.

Le parc national de Banff et la Bow Valley Parkway

Ski Banff@Norquay
49$
Norquay Rd., Banff
☎ (403) 762-4421
Ski Banff@Norquay fut l'une des premières stations de ski aménagées en Amérique du Nord. Elle est située à 10 min de route du centre-ville de Banff. Pour l'état des pistes, composez le ☎ (403) 762-4421. École de ski et location d'équipement sur place.

Sunshine Village
62$
8 km à l'ouest de Banff
☎ (403) 760-6500 ou 800-661-1676
Sunshine Village est une belle station de ski située à 2 700 m d'altitude, sur la ligne

continentale de partage des eaux entre les provinces de l'Alberta et de la Colombie-Britannique. Vous pouvez louer l'équipement de ski sur place. Du fait de son altitude, cette station de ski offre l'avantage d'être située au-dessus des forêts et bénéficie, de ce fait, d'un excellent ensoleillement. Pour l'état des pistes, composez le ☎(403) 760-7669.

Lake Louise et la Promenade des glaciers

Lake Louise
60$
Lake Louise
☎(403) 522-3555 ou 800-258-7669
La station de ski Lake Louise est la plus vaste station de ski du Canada, couvrant quatre versants de montagne et offrant plus de 50 pistes différentes aux skieurs. Vous pouvez louer sur place de l'équipement de ski alpin et de ski de fond. Pour l'état des pistes, composez le ☎(403) 762-4766.

Marmot Basin
56$
route 93A, Jasper
☎(780) 852-3816 ou 866-952-3816
La station de ski Marmot Basin est située à environ 20 min de route du centre-ville de Jasper. Vous trouverez sur place une boutique de location d'équipement de ski. Pour l'état des pistes, composez le ☎(780) 488-3909.

De Golden au parc national de Yoho

Kicking Horse Mountain Resort
59$
1500 Kicking Horse Trail, Golden
☎(250) 439-5424 ou 866-754-5425
Le Kicking Horse Mountain Resort, avec l'une des plus récentes stations de ski canadiennes, a ouvert ses portes à l'hiver 2000. La station comporte un dénivelé de 1 250 m et offre son complexe hôtelier au pied de la montagne.

Canmore et la Kananaskis Valley

Nakiska
46$
Kananaskis Village
☎(403) 591-7777 ou 800-258-7669
La station de ski Nakiska fut le site des Jeux olympiques d'hiver de 1988 pour les épreuves de descente, de combiné et de slalom, hommes et femmes. Construite spé-

cialement pour cette occasion, en même temps que le village de Kananaskis, cette station offre une excellente infrastructure moderne et des pistes de grande qualité. Vous trouverez sur place une boutique de location d'équipement de ski alpin et de ski de fond.

■ Ski de fond

Les pistes de ski de fond sont innombrables dans les parcs des Rocheuses, aussi les centres d'information touristique des différents parcs offrent-ils des cartes des principaux sentiers ceinturant les villes de Banff et de Jasper, ainsi que le village de Lake Louise. Adressez-vous à ces centres pour plus de renseignements.

Canmore Nordic Centre
1988 Olympic Way, Canmore
☎(403) 678-2400
Un centre de ski de fond, cependant, mérite un peu plus d'attention en raison du magnifique réseau de sentiers qu'il entretient durant la saison hivernale. Il s'agit du Canmore Nordic Centre, qui fut, pendant les Jeux olympiques d'hiver de 1988, le site des épreuves de ski de fond.

■ Traîneau à chiens

Lake Louise et la Promenade des glaciers

Kingmik Expeditions Dog Sled Tours
Lake Louise
☎(403) 763-8887 ou 877-919-7779
Kingmik Expeditions Dog Sled Tours propose différentes excursions pouvant durer d'une demi-heure à une journée.

Canmore et la Kananaskis Valley

Snowy Owl Sled Dog Tours
110$/2 heures, 475$/8 heures
Canmore
☎(403) 678-4369 ou 888-311-6874
Snowy Owl Sled Dog Tours se spécialise dans les randonnées en traîneau à chiens et dans la pêche sous la glace.

Howling Dog Tours
Canmore
☎(403) 678-9588 ou 877-364-7533
Howling Dog Tours propose des excursions de plusieurs heures au départ de

Les Rocheuses - Activités de plein air

Banff ou de Canmore, ainsi que d'autres sorties en traîneau à chiens.

■ Vélo de montagne

Certains sentiers peuvent être parcourus en vélo de montagne. N'oubliez qu'il peut s'y trouver des randonneurs ou des ours, que vous pourriez rencontrer à la sortie d'un tournant. Aussi, nous vous conseillons de ralentir dans les descentes.

Le parc national de Banff et la Bow Valley Parkway

Vous trouverez plusieurs points de location de vélos, car plusieurs hôtels de **Banff** assurent ce service.

Bactrax
à compter de 10$/heure pour un vélo de montagne et de 8$ pour un vélo de ville, 30$/journée
tlj 8h à 20h
225 Bear St., Banff
☎ (403) 762-8177
Bactrax organise des excursions en vélo de montagne dans les environs de Banff (le forfait comprend la location du vélo et du casque, le transport jusqu'au point de départ, les services d'un guide et les rafraîchissements en cours de route).

Lake Louise et la Promenade des glaciers

Le point de départ du **Valley of the Five Lakes Trail** et du sentier du lac Wabasso se trouve, comme pour le sentier de la rivière Athabasca (voir plus loin), au stationnement d'Old Fort Point, près du Fairmont Jasper Park Lodge. Les sentiers 1, 1A et 9 partent aussi de cet endroit. La route (11,2 km) n'est guère difficile à parcourir jusqu'au premier des cinq lacs, malgré quelques passages un peu rocailleux. Au premier lac, vous arriverez à un embranchement. Prenez à gauche, vous aurez une plus belle vue sur les lacs. Les deux routes se rejoignent à la jonction vers le lac Wabasso, près d'un étang. Si vous désirez aller au lac Wabasso, prenez le sentier n° 9 (19,3 km) à gauche de l'étang. Sinon, le retour à Jasper se fait par la Promenade des glaciers, sur la route 93.

Rendez-vous au stationnement du lac Celestine, qui marque l'entrée du sentier (48 km). De là, vous suivrez un chemin de gravier sur 22 km et vous arriverez aux **Snake Indian Falls**; environ 1 km après cette chute, la route devient un petit sentier qui mène au lac Rock.

Le parc national de Jasper par la Yellowhead Highway

Plusieurs pistes pour la randonnée à bicyclette sillonnent les environs de **Jasper**.

La **Mina-Riley Lake Loop**, un sentier de 9 km, part du stationnement qui fait face au centre récréatif de Jasper. La pente est plutôt raide jusqu'au croisement avec la route coupe-feu du lac Cabin. Traversez la route et continuez jusqu'au lac Mina. Trois kilomètres et demi plus loin, vous trouverez la voie d'embranchement qui mène au lac Riley. Pour revenir à Jasper, reprenez le chemin du lac Pyramid.

Le départ de la **Saturday Night Lake Loop** se fait au stationnement du quartier de Cabin Creek West, à l'ouest de Jasper le long de Pyramid Lake Road. Ce chemin de 27,4 km s'élève doucement dès le début et offre une vue sur les vallées Miette et Athabasca. Après le lac Caledonia, le sentier continue en pente légère et serpente dans la forêt. Il mène aux lacs High et devient alors plus à pic. La route se prolonge ensuite vers le lac Saturday Night puis vers le lac Cabin. À partir de là, prenez la route coupe-feu jusqu'à la voie d'embranchement vers le lac Pyramid, et tournez à droite pour revenir à Jasper.

Le point de départ de l'**Athabasca River Trail** se trouve au stationnement d'Old Fort Point, près du Fairmont Jasper Park Lodge. Passé le terrain de golf du Fairmont Jasper Park Lodge, ce sentier de 25 km comporte sur ses 10 premiers kilomètres de belles montées, assez raides, surtout lorsqu'on s'approche du canyon Maligne. Les bicyclettes sont interdites entre le premier et le cinquième pont du sentier du canyon. Vous devez donc passer par la route Maligne pour cette portion. Après le cinquième pont, tournez à gauche, puis suivez le sentier n° 7 qui longe la rivière Athabasca. Vous pouvez, au choix, décider de revenir par la route 16 ou de rebrousser chemin.

Freewheel Cycle
9$/heure, 35$/jour
618 Patricia St., Jasper
☎ (780) 852-3898

Freewheel Cycle loue de bons vélos de montagne et fait aussi les réparations.

On-Line Sport & Tackle
20$/demi-journée, 30$/journée
600 Patricia St., Jasper
☎ (780) 852-3630
On-Line Sport & Tackle propose vélos, casques et cartes des sentiers cyclables.

Canmore et la Kananaskis Valley

Canmore est un endroit de rêve pour tout adepte du vélo de montagne, avec ses sentiers stimulants et ses vues à couper le souffle. De 1998 à 2000, le **Canmore Nordic Centre** *(1988 Olympic Way,* ☎ *403-678-2400)* a été l'hôte des épreuves de la Coupe du monde de vélo de montagne, et les meilleurs sportifs de cette discipline s'y retrouvèrent. Aujourd'hui les débutants peuvent s'initier à ce sport au centre, où

une piste double s'offre à eux, tandis que les cyclistes chevronnés suivront un sentier sinueux jusqu'aux pistes à pic des versants de la vallée. Vous pouvez aussi vous arrêter à n'importe quelle boutique de vélo en ville pour demander où se trouvent les meilleurs sentiers. **Trail Sports** *(*☎ *403-678-6764)*, situé à l'intérieur du Nordic Centre, loue de l'équipement.

Le **Banff Trail** est une boucle de 40 km qui va jusqu'au terrain de golf du Fairmont Banff Springs Hotel avant de revenir à Canmore.

Le **Georgetown Trail** est relativement peu dénivelé et rejoint la rivière Bow près du site de l'ancienne ville minière de Georgetown.

Les Rocheuses - Activités de plein air

Hébergement

Le parc national de Banff et la Bow Valley Parkway

Parc national de Banff

Storm Mountain Lodge
$$$$ pdj
déc à oct
≡, ▼, ▲, ●
à 5 min au sud de Castle Junction, Hwy. 93
☎ (403) 762-4155
▤ (403) 762-4151
www.stormmountainlodge.com
Les propriétaires du Storm Mountain Lodge, Kim Fraser et Steve Fear, ont complètement rénové les chalets de bois situés sur leur propriété afin d'offrir aux couples et familles qu'ils hébergent un havre luxueux qui rappelle le complexe hôtelier qui avait été aménagé sur les lieux par le Canadien Pacifique en 1922. À l'époque, l'hôtel représentait un arrêt important sur la route Banff-Windermere, et ses nouveaux propriétaires espèrent qu'il le redeviendra aujourd'hui. L'excellent restaurant gourmet de l'établissement (voir p 417) est situé dans le pavillon principal, près de l'aire commune où les clients peuvent se détendre devant un foyer.

Banff

Banff est un village touristique qui voit sa population doubler en été. Inutile de faire un exposé fastidieux

sur la loi de l'offre et de la demande pour vous faire comprendre que le prix d'une unité double lui aussi.

Une liste de tous les gîtes touristiques (*bed and breakfasts*) vous sera fournie au centre d'information touristique situé au 224 Banff Avenue. Vous pouvez aussi l'obtenir en écrivant au **Banff Lake Louise Tourism Bureau** (voir p 360).

Il est impossible de réserver à l'avance votre emplacement sur un terrain de camping, la politique du parc étant celle du «premier arrivé, premier servi», à moins que vous ne formiez un groupe d'une certaine importance. En tel cas, vous devrez vous adresser aux bureaux de **Parcs Canada** (voir p 362) situés à Banff.

Les prix des emplacements de camping varient en général de 9$ à 33$ selon le site et la qualité de son aménagement. Nous vous conseillons d'arriver tôt sur place pour choisir votre emplacement, car, en haute saison, les campings de Banff sont littéralement pris d'assaut par les visiteurs. Il est interdit d'installer sa tente en dehors des endroits prévus à cet effet. Le camping sauvage est strictement interdit pour des raisons de sécurité ainsi que pour préserver l'environnement du parc.

Tunnel Mountain Trailer Court
$
mai à sept
Tunnel Mountain Rd., près de l'auberge de jeunesse de Banff
☎ (403) 762-1550
Le Tunnel Mountain Trailer Court dispose de plus de 300 emplacements aména-

gés uniquement pour les véhicules récréatifs.

Tunnel Mountain Village 1 et 2
$
mi-mai à fin sept
Tunnel Mountain Rd., près de l'auberge de jeunesse de Banff
☎ (403) 762-1550
Les Tunnel Mountain Village 1 et 2 comptent environ 800 emplacements pour les véhicules récréatifs et pour les tentes. On retrouve des toilettes et des douches sur les lieux.

Two Jack Main Campground
$
fin mai à mi-sept
prenez la route du lac Minnewanka puis la direction du lac Two Jack
☎ (403) 762-1550
Les deux campings du Two Jack Main Campground se trouvent de chaque côté de la route qui longe le lac Two Jack. Au camping aménagé en bordure de l'eau, vous aurez la possibilité de prendre une douche. L'autre, situé en pleine forêt, offre un confort plus rudimentaire. Il est plus facile de trouver un emplacement dans ces campings que dans ceux de Banff. Toilettes.

Johnston Canyon Campground
$
début juin à mi-sept
route 1A en direction de Lake Louise, un peu avant Castle Junction
☎ (403) 762-1550
Le Johnston Canyon Campground est un terrain de camping beaucoup moins couru que les autres, et il est situé en pleine forêt. Aménagé pour les véhicules récréatifs et les tentes, il compte une centaine d'emplacements. Toilettes et douches.

YWCA
$-$$
102 Spray Ave.
☎ (403) 762-3560 ou
800-813-4138
▤ (403) 760-3202
www.ywcabanff.ab.ca
Le YWCA offre un confort très rudimentaire. Vous devez apporter votre sac de couchage si vous désirez dormir dans un dortoir; sinon vous aurez la possibilité, pour environ 100$, de louer une chambre privée avec salle de bain. Tout près du centre-ville.

Banff Alpine Centre Hostel
$-$$
801 Hidden Ridge Way
☎ (403) 762-4123 ou
866-762-4122
▤ (403) 283-6503
www.hihostels.ca
Le Banff Alpine Centre Hostel demeure la solution la moins chère, mais il est souvent complet; aussi est-il important de réserver longtemps à l'avance, sinon d'arriver très tôt sur place. Cette auberge de jeunesse, très sympathique, est à quelque 20 min de marche seulement du centre-ville. L'accueil est chaleureux, et le personnel se fera un plaisir de vous aider à organiser une descente de rivière en radeau pneumatique ou toute autre activité de plein air. Des chambres privées et familiales sont également disponibles.

Samesun Backpackers Lodge
$-$$
bc/bp
449 Banff Ave.
☎ (403) 762-5521
▤ (403) 762-0385
www.samesun.com
Auberge pour les jeunes bourlingueurs (et les plus vieux aussi), le Samesun Backpackers Lodge propose principalement des dortoirs. L'établissement peut devenir bruyant les fins

de semaine. Les tarifs sont quand même abordables, et vous pourrez sûrement rencontrer ici des gens intéressants. Le rez-de-chaussée renferme une table de billard, une cuisine commune, un poste Internet et des jeux vidéo.

Holiday Lodge
$$ pdj
☛
311 Marten St.
☎ (403) 762-3648
www.banffholidaylodge.com
Le Holiday Lodge compte cinq chambres propres et relativement confortables, ainsi que deux chalets. Cette vieille maison restaurée, située au centre-ville, vous proposera de bons petits déjeuners copieux.

Cascade Court Bed and Breakfast
$$-$$$ pdj
2 Cascade Court
☎ (403) 762-2956
▤ (403) 762-5653
www.tarchuk.com
Situé à seulement 5 min de marche du Fairmont Banff Springs Hotel, le Cascade Court niche dans un cul-de-sac luxueux. Cette résidence d'architecture victorienne contemporaine, revêtue de bardeaux de cèdre, comporte deux grandes chambres de style moderne, l'une avec un grand lit et l'autre avec des lits jumeaux. Le salon des hôtes est superbe, avec sa petite bibliothèque et sa lucarne offrant une vue magnifique sur le mont Rundle.

King Edward Hotel
$$-$$$
♒
137 Banff Ave.
☎ (403) 762-2202
▤ (403) 762-0876
www.banffkingedwardhotel.com
Le King Edward Hotel jouit depuis 1904 d'un bon emplacement, au milieu du

centre d'action de Banff. C'est loin d'être charmant, mais de nombreuses personnes seront très heureuses d'y loger en raison de ses prix abordables et de sa situation. Les chambres se révèlent plutôt de style dépouillé, mais quand même assez standards, et vous aurez le choix ici entre de grands et de très grands lits ou des lits jumeaux. S'y trouve une chambre familiale avec un très grand lit et des lits jumeaux. L'établissement privilégie la sécurité: on vous laissera même une clé pour utiliser l'ascenseur.

Pension Tannenhof
$$$ pdj
bc/bp, ⅲ, ◎, ⚠
121 Cave Ave.
☎ (403) 762-4636 ou
877-999-5011
▤ (403) 762-5660
www.pensiontannenhof.com
La Pension Tannenhof dispose de huit chambres et de deux suites aménagées dans une belle grande demeure. Chacune des deux suites comprend une salle de bain avec baignoire à remous et douche, un foyer et un canapé-lit pouvant accueillir deux personnes additionnelles. Le petit déjeuner servi est de style allemand et comporte quatre choix de plats.

Homestead Inn
$$$
217 Lynx St.
☎ (403) 762-4471 ou
800-661-1021
▤ (403) 762-8877
www.homesteadinnbanff.com
Le Homestead Inn est situé au centre de Banff mais pas directement sur la très achalandée Banff Avenue, ce qui en est un avantage en soi. Chambres bien décorées et lits spacieux.

Banff Voyager Inn
$$$
≋, ♨, ⁂

555 Banff Ave.
☎ (403) 762-3301 ou
800-879-1991
▤ (403) 760-7775
www.banffvoyagerinn.com
Le Banff Voyager Inn propose des chambres confortables dont certaines offrent une vue sur le mont Cascade.

High Country Inn
$$$$ pdj
≋, ❋, ⁂

419 Banff Ave.
☎ (403) 762-2236 ou
800-661-1244
▤ (403) 762-5084
www.banffhighcountryinn.com
Le High Country Inn, situé sur l'avenue principale de Banff, renferme de grandes chambres confortables et spacieuses avec balcon.

Red Carpet Inn
$$$$
≡, ⚲

425 Banff Ave.
☎ (403) 762-4184 ou
800-563-4609
▤ (403) 762-4894

Le Red Carpet Inn propose des chambres au décor simple mais beau. Les matelas moelleux assurent de bonnes nuits.

Brewster's Mountain Lodge
$$$$
♨, ⁂, ⚲

208 Caribou St.
☎ (403) 762-2900 ou
800-762-2900
www.brewstermountainlodge.com
Le Brewster's Mountain Lodge propose de spacieuses chambres garnies de chaleureux meubles en rondins dans un décor montagnard. Il se trouve à proximité de tout et est un bon point de chute dans la mesure où l'on y organise de nombreuses excursions.

Banff Aspen Lodge
$$$$
♨, ⁂

401 Banff Ave.
☎ (403) 762-4401 ou
800-661-0227
▤ (403) 762-5905
www.banffaspenlodge.com
La plupart des chambres de cet hôtel ont un petit balcon

d'où l'on peut admirer la belle vue des montagnes. Toutes les chambres, décorées simplement, sont grandes et chaleureuses. L'hôtel abrite un petit restaurant où vous pourrez prendre votre petit déjeuner, ainsi qu'un stationnement souterrain chauffé, ce qui est un atout en hiver. Durant la saison de ski, vous pourrez également y trouver des casiers pour ranger vos skis et vos chaussures, ainsi qu'un petit magasin de location et de réparation de matériel de sports d'hiver.

Rundlestone Lodge
$$$$
⚲, ◎, ≋, ♨

537 Banff Ave.
☎ (403) 762-2201 ou
800-661-8630
▤ (403) 762-4501
www.rundlestone.com
Le Rundle Stone Lodge est installé dans un beau bâtiment de l'avenue principale de Banff. En façade, les chambres sont belles et spacieuses, et disposent d'un balcon. Quelques-unes renferment également

---

▲ HÉBERGEMENT

1. CY — Banff Alpine Centre Hostel
2. CY — Banff Aspen Lodge
3. DY — Banff Caribou Lodge
4. EY — Banff Rocky Mountain Resort
5. DY — Banff Voyager Inn
6. CX — Bow View Motor Lodge
7. AZ — Brewster's Mountain Lodge
8. BY — Cascade Court Bed and Breakfast
9. DY — Douglas Fir Resort & Chalets
10. BZ — Fairmont Banff Springs
11. CX — High Country Inn
12. CY — Holiday Lodge
13. AY — Homestead Inn
14. DY — Inns of Banff / Swiss Village / Rundle Manor
15. CX — Johnston Canyon Campground
16. CX — The Juniper (R)
17. AZ — King Edward Hotel
18. AZ — Mount Royal Hotel
19. AY — Pension Tannenhof
20. CY — Red Carpet Inn
21. BY — Rimrock Resort Hotel
22. DY — Rundlestone Lodge (R)
23. DY — Samesun Backpackers Lodge
24. DY — Tunnel Mountain Resort
25. EZ — Tunnel Mountain Trailer Court
26. DZ/EZ — Tunnel Mountain Village 1 et 2
27. EY — Two Jack Main Campground
28. BY — YWCA

● RESTAURANTS

1. AZ — Balkan Restaurant
2. AZ — Barpa Bill's Souvlaki
3. AZ — Le Beaujolais
4. AZ — Coyotes Deli & Grill
5. AZ — Grizzly House Fondue Dining
6. BY — Joe BTFSPLK'S Diner
7. AZ — Magpie & Stump
8. AZ — Maple Leaf Grill & Lounge
9. AY — Melissa's Restaurant & Bar
10. AZ — Rose and Crown
11. BY — St. James Gate
12. AZ — The Saltlik
13. AZ — Silver Dragon Restaurant
14. BY — Sukiyaki House
15. AZ — Sunfood Café
16. CY — Ticino Swiss-Italian Restaurant
17. AZ — Typhoon Restaurant

(R) établissement avec restaurant décrit

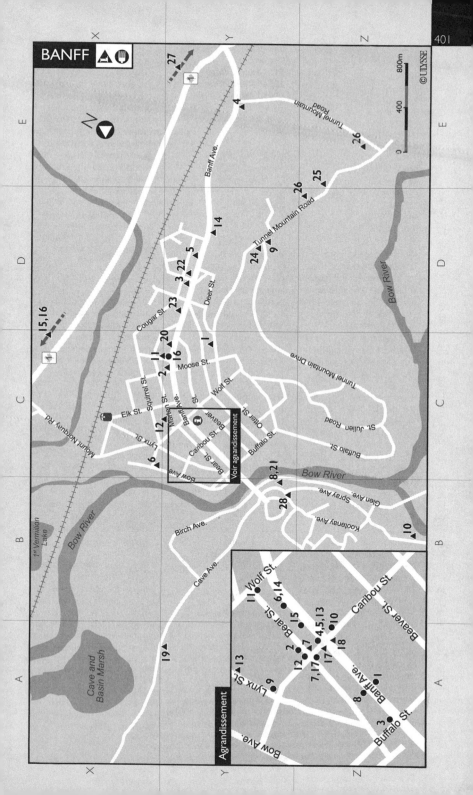

BANFF

©ULYSSE

0   400   800m

N

Tunnel Mountain Road

Banff Ave.

Tunnel Mountain Road

Tunnel Mountain Drive

Deer St.

Cougar St.

Moose St.

Wolf St.

Squirrel St.

Elk St.

Marten St.

Banff Ave.

Otter St.

Beaver St.

Caribou St.

Buffalo St.

St. Julien Road

Buffalo St.

Bear St.

Lynx St.

Mount Norquay Rd.

Bow Ave.

Bow River

1re Vermillion Lake

Bow River

Bow River

Birch Ave.

Cave Ave.

Kootenay Ave.

Spray Ave.

Glen Ave.

Cave and Basin Marsh

Voir agrandissement

27

4

26

26

25

24   9

14

5

22

3

23

20

11   16

1

2

12

6

15,16

19

8,21

28

10

Agrandissement

Wolf St.

Bear St.

Lynx St.

Caribou St.

Beaver St.

Banff Ave.

Buffalo St.

Bow Ave.

11

6,14

15

13

2

7

12

7,17

17

4,5,13

18

10

1

8

3

une baignoire à remous. L'hôtel met à la disposition de ses clients un stationnement intérieur, chauffé en hiver. Au rez-de-chaussée, des chambres ont été aménagées pour les personnes qui se déplacent en fauteuil roulant.

Bow View Motor Lodge
$$$$

≋, ✳, ♨
228 Bow Ave.
☎ (403) 762-2261 ou
800-661-1565
▤ (403) 762-8093
www.bowview.com

Le Bow View Motor Lodge est un hôtel qui a l'immense avantage d'être situé en bordure de la rivière Bow et loin de l'artère bruyante qu'est Banff Avenue, bien qu'il s'en trouve à 5 min de marche. Ce charmant hôtel met à votre disposition des chambres confortables, et celles qui donnent sur la rivière sont dotées d'un balcon. Le restaurant, joli et paisible, vous accueillera en été au petit déjeuner.

Douglas Fir Resort & Chalets
$$$$ chambres
$$$$$ chalets

◎, ⇌, ☛, ⚓, ≋, ⫻
525 Tunnel Mountain Rd.
☎ (403) 762-5591 ou
800-661-9267
▤ (403) 762-8774
www.douglasfir.com

Le Douglas Fir Resort & Chalets possède 133 chambres et chalets idéals pour les familles, entièrement équipés (réfrigérateur, poêle, foyer...) et rénovés. D'ici, la vue du mont Rundle est imbattable, et vous pourrez aussi profiter des courts de squash, de la piscine avec toboggan et des cuves à remous.

Inns of Banff / Swiss Village / Rundle Manor
$$$$ Swiss Village
$$$$$ Rundle Manor
$$$$$ Inns of Banff

⫻, ☛, ≋, ⫻
600 Banff Ave.
☎ (403) 762-4581 ou
800-661-1272
▤ (403) 762-2434
www.innsofbanff.com

Ces trois hôtels n'en font qu'un, et la centrale de réservations est la même pour tous. Selon le budget dont vous disposez, vous aurez le choix entre trois bâtiments distincts: le Inns of Banff, le plus luxueux, compte 186 chambres très spacieuses, chacune donnant sur une petite terrasse; les chalets du Swiss Village ont un peu plus de caractère et ont l'avantage de mieux se fondre dans le paysage, mais les chambres, au prix de 185$ (en haute saison), sont moins confortables; enfin, le Rundle Manor est le plus rustique des trois mais sans charme particulier. Les appartements du Rundle comportent une cuisinette, un salon et une ou deux chambres séparées. Il s'agit d'un complexe hôtelier tout à fait honnête pour qui voyage en famille. Il est à noter que les occupants du Rundle Manor et du Swiss Village ont accès aux installations du Inns of Banff.

Fairmont Banff Springs
$$$$$ pdj

⇌, ≋, 🍴, ♨, ⫻
405 Spray Ave.
☎ (403) 762-2211 ou
800-441-1414
▤ (403) 762-5755
www.fairmont.com

Le Fairmont Banff Springs est le plus grand hôtel de Banff. Surplombant la ville, cet hôtel cinq étoiles propose 770 chambres de luxe

dans un cadre rappelant les anciens châteaux seigneuriaux d'Écosse. Il fut conçu par l'architecte Bruce Price (1845-1903), à qui l'on doit aussi la gare Windsor, à Montréal, et le Château Frontenac, à Québec. En plus de son architecture typique des hôtels du Canadien Pacifique, de son mobilier de style ancien et de la superbe vue qui s'étend devant ses fenêtres, le Fairmont Banff Springs met à la disposition de sa clientèle un centre de congrès, des installations sportives et un spa à l'européenne. Vous pourrez également magasiner les quelque 50 boutiques de l'hôtel. Les amateurs de golf seront enchantés de trouver à leur porte un superbe terrain de 27 trous dessiné par l'architecte paysagiste Stanley Thompson (1893-1953).

The Juniper
$$$$$

♨, ⚓, ✳
1 Timberline Way
☎ (403) 762-2281 ou
877-762-2281
www.decorehotels.com

Le Juniper, dernier-né des superbes Decore Hotels, propose des chambres sobrement décorées en teintes de beige, avec duvets et accessoires aux tons argentés. L'établissement compte aussi des chambres et suites plus luxueuses avec balcons, de même que deux chalets pouvant accueillir jusqu'à six personnes chacun. Les visiteurs peuvent se détendre dans la cuve à remous pour huit personnes qui surplombe le mont Rundle.

Mount Royal Hotel
$$$$$

≡, ⌣, ♨, ⫸

158 Banff Ave.

☎ (403) 762-3331 ou
800-267-3035

▤ (403) 762-8938

www.mountroyalhotel.com

Le Mount Royal Hotel, établi en plein cœur de la ville, non loin du centre d'information touristique, loue des chambres confortables.

Rimrock Resort Hotel
$$$$$

≡, ⌣, ≋, ⅄, ♨, ⫸

100 Mountain Ave.

☎ (403) 762-3356 ou
800-661-1587

▤ (403) 762-4132

www.rimrockresort.com

Le Rimrock Resort Hotel se dresse à flanc de montagne avec une majesté comparable à celle du Fairmont Banff Springs. Ses chambres sont d'ailleurs tout aussi bien aménagées, quoique plus modernes. Les différentes catégories de prix sont déterminées en fonction des vues offertes, les plus belles étant celles de la Bow Valley et de la Spray Valley. L'hôtel se trouve tout juste en face des Upper Hot Springs.

Tunnel Mountain Resort
$$$$$ par chalet

⌣, ●, ⏃, ≋, ⫸

à l'intersection de Tunnel Mountain Rd. et de Tunnel Mountain Dr.

☎ (403) 762-4515 ou
800-661-1859

▤ (403) 762-5183

www.tunnelmountain.com

Les Tunnel Mountain Chalets offrent des cottages complètement équipés de même que des appartements avec cuisine, foyer et terrasse. Il s'agit d'un choix de tout premier ordre pour les familles et tout ceux qui cherchent à réaliser des économies en évitant de manger dans les restaurants. Décor conventionnel, mais propre et très confortable; les plus grandes unités d'hébergement peuvent accueillir jusqu'à huit personnes.

Banff Rocky Mountain Resort
$$$$$

⅄, ⌣, ⏃, ≋, ♨, ⫸

1029 Banff Ave., à l'entrée de la ville

☎ (403) 762-5531 ou
800-661-9563

▤ (403) 762-5166

www.rockymountainresort.com

Le Banff Rocky Mountain Resort est un endroit idéal si vous devez séjourner en famille dans le parc national de Banff. Les ravissants petits chalets sont chaleureux et fort bien équipés. Au rez-de-chaussée, vous trouverez une salle de bain avec douche, une cuisine bien équipée donnant sur un salon et une salle à manger avec foyer et, à l'étage, deux chambres et une salle de bain. Ces chalets disposent également d'une petite terrasse privée. Près du bâtiment principal, un espace a été aménagé pour vos pique-niques et barbecues, et quelques chaises longues y ont été disposées pour que vous puissiez vous étendre au soleil.

Banff Caribou Lodge
$$$$$

⌣, ♨, ⫸

521 Banff Ave.

☎ (403) 762-5887 ou
800-563-8764

▤ (403) 762-5918

www.bestofbanff.com

Le Banff Caribou Lodge est un autre hôtel de Banff Avenue qui propose des chambres confortables et spacieuses. La décoration des salles de réception et des chambres est empreinte du style «western», et le bois brut et le mobilier rustique prédominent partout. Le confort n'en est pour autant pas limité, et les chambres se révèlent agréables.

Bow Valley Parkway

Castle Mountain Campground
$

mi-mai à début sept

sur la droite, juste après Castle Junction

☎ (403) 762-1550

▤ (403) 762-3380

Aucune réservation n'est requise pour passer la nuit dans ce camping. Il vous suffira de vous inscrire à l'entrée et de mettre votre paiement dans une enveloppe prévue à cet effet, que vous déposerez dans la boîte située à l'entrée.

Castle Mountain Wilderness Hostel
$

à 27 km de Banff sur la route 1A, au croisement vers Castle Junction, en face du Castle Mountain Village. Pour réserver, appelez la centrale de réservations de Calgary

☎ (403) 670-7580 ou
866-762-4122

▤ (403) 283-6503

www.hihostels.ca

L'auberge de jeunesse qu'est la Castle Mountain Wilderness Hostel occupe un petit bâtiment qui comporte deux dortoirs et une salle commune aménagée autour d'une grande cheminée. L'ambiance y est très agréable.

Johnston Canyon Resort
$$$-$$$$$

⋉, ●, ♨

de Banff, empruntez la transcanadienne et prenez la sortie Bow Valley par la route 1A, soit Bow Valley Parkway

☎ (403) 762-2971 ou
888-378-1720

▤ (403) 762-0868

www.johnstoncanyon.com

Le Johnston Canyon Resort est un ensemble de petits chalets construits en rondins au beau milieu de la forêt. Le calme y est absolu et propice aux retraites. Certains chalets sont d'un confort rudimentaire, mais d'autres sont entièrement équipés et disposent d'une cuisine, d'une salle de séjour et d'un foyer. Le plus grand chalet peut confortablement accueillir quatre personnes. Une petite épicerie, où vous trouverez quelques produits de subsistance, un café et un restaurant complètent les installations de ce complexe touristique.

Castle Mountain Chalets
$$$$$
≋, ▲, ☀, ⚊, ⊚

Castle Junction, route 1A
☎ (403) 762-3868 ou
762-8629
www.decorehotels.com

Les Castle Mountain Chalets se présentent comme un superbe ensemble de 20 petits chalets de bois rond. Situés à Castle Junction, sur la route 1A, ils peuvent accueillir jusqu'à six personnes chacun. Une petite épicerie sur place vend les produits les plus courants. L'intérieur des chalets, très confortable, est tout spécialement prévu pour que vous vous sentiez à l'aise. Les plus grands chalets ont une cuisine tout équipée, y compris un four à micro-ondes et un lave-vaisselle, et la grande salle de bain est munie d'une baignoire à remous. Un bon feu de cheminée et un magnétoscope, installé dans les chalets les plus récents, vous feront oublier les soirées fraîches, fréquentes en montagne. Une très bonne adresse.

Lake Louise et la Promenade des glaciers

Lake Louise

Lake Louise Campground
$

en sortant de la transcanadienne, tournez à gauche au croisement principal vers Lake Louise et continuez tout droit, puis passez la ligne de chemin de fer et prenez à gauche Fairview: le camping se trouve au bout du chemin
☎ (403) 522-3833 (Lake Louise Visitor Information Centre)

Comme partout à Lake Louise, les emplacements disponibles sont rares et les réservations ne sont pas acceptées. Il est donc important d'arriver tôt sur place. La rivière Bow traverse le camping.

Lake Louise Inn
$$$$
⚌, ≋, ▯, ☀, ⚊

210 Village Rd.
☎ (403) 522-3791 ou
800-661-9237
▤ (403) 522-2018
www.lakelouiseinn.com

Le Lake Louise Inn est situé dans le village de Lake Louise. L'hôtel propose des chambres chaleureuses et très confortables.

Deer Lodge
$$$$
▯, ≋

près du lac, sur la droite, avant d'arriver au Fairmont Chateau Lake Louise
☎ (403) 522-3747 ou
800-661-1595
▤ (403) 522-4222

Le Deer Lodge est un très bel hôtel confortable. Les chambres sont spacieuses et meublées avec goût. L'ambiance y est très agréable.

Mountaineer Lodge
$$$$
≋

101 Village Rd.
☎ (403) 522-3844
▤ (403) 522-3902
www.mountaineerlodge.com

Le Mountaineer Lodge, situé dans le village de Lake Louise, dispose de 78 chambres assez simplement meublées.

Skoki Lodge
$$$$$ pc
≋

mi-déc à avr et juin à oct
accessible par un chemin de 11 km depuis les pistes de ski du Lake Louise Ski Resort
☎ (403) 522-3555
▤ (403) 522-2095
www.skokilodge.com

Au Skoki Lodge, les trois repas sont inclus dans le prix de la chambre. Séjour minimal de deux nuits.

Baker Creek Chalets
$$$$$
▯, ☀, ▲, ⚊, ≋

☎ (403) 522-3761
▤ (403) 522-2270
www.bakercreek.com

À seulement 10 min au sud de Lake Louise, près de la Bow Valley Parkway, se trouvent les Baker Creek Chalets, soit de charmantes cabanes de bois rond équipées de tout le nécessaire tel que cuisinière et réfrigérateur. Les cabanes sont disponibles pour petits ou grands groupes. En plus de vous offrir la proximité du Lake Louise Ski Resort et l'accès à plusieurs sentiers de randonnée pédestre, ce petit paradis vous permettra de relaxer dans la campagne environnante.

Paradise Lodge & Bungalows
$$$$$
☀

105 Lake Louise Dr.
☎ (403) 522-3595
▤ (403) 522-3987
www.paradiselodge.com

Les Paradise Lodge & Bungalows se présentent comme un complexe formé de 21 petits bungalows de bois rond et de 24 suites tout confort. Il est à noter que les chambres n'ont pas de téléphone.

Moraine Lake Lodge
$$$$$

juin à oct
☎ (403) 522-3733
🖨 (403) 522-3719
www.morainelake.com

Le Moraine Lake Lodge est situé sur le bord du lac Moraine. Il est à noter que les chambres n'ont ni téléphone ni téléviseur. L'endroit est magnifique, mais bondé en tout temps, ce qui nuit quelque peu à la tranquillité.

Post Hotel
$$$$$
≋, ♨, ⫙, ⴲ
☎ (403) 522-3989 ou
800-661-1586
🖨 (403) 522-3966
www.posthotel.com

Le Post Hotel est un magnifique hôtel de l'association Relais & Châteaux. Très élégant, il est aménagé avec goût et avec soin. Le restaurant (voir p 420) est exquis, et le personnel sympathique. Si vous en avez les moyens, que vous vouliez pour une fois vous faire plaisir, c'est la meilleure adresse de Lake Louise. La piscine de l'hôtel a été rénovée, et un centre de santé (spa) a été aménagé pour choyer encore davantage les visiteurs.

Fairmont Chateau Lake Louise
$$$$$
ⴲ, ⇄, ≋, ⫙, ⫯⫯⫯
111 Lake Louise Dr.
☎ (403) 522-3511 ou
800-441-1414
🖨 (403) 522-3111
www.fairmont.com

Le Fairmont Chateau Lake Louise est sans doute un des hôtels les plus connus de la région. Construit à l'origine en 1890, le château brûla complètement en 1892, puis fut reconstruit l'année suivante. Un nouvel incendie le dévasta en partie en 1924. Depuis lors, des travaux n'ont cessé d'être entrepris pour l'agrandir et l'embellir. Aujourd'hui, ce vaste hôtel propose 550 chambres pouvant accueillir plus de 1 100 personnes et compte près de 725 membres du personnel affectés au bien-être des clients. Les pieds dans l'eau turquoise du lac Louise, en face du glacier Victoria, l'hôtel baigne dans un cadre tout simplement divin.

La Promenade des glaciers

Athabasca Falls Hostel
$

fermé le mardi de oct à avr et tout le mois de novembre
32 km au sud de Jasper, Hwy. 93
☎ (780) 852-3215 ou
877-852-0781
🖨 (780) 852-5560
www.hihostels.ca

Bien que sans eau courante, cette auberge assez rustique est dotée d'électricité et d'une cuisine. Elle est située à côté de la chute Athabasca. Les cyclistes et les randonneurs affectionneront particulièrement cet endroit, notamment pour son emplacement.

Wilcox Creek Campground / Columbia Icefield Campground
$
à quelques kilomètres du Columbia Icefield, Hwy. 93
☎ (780) 852-6176

Ces deux terrains de camping sont simplement aménagés. Ils ne prennent pas les réservations.

Rampart Creek Campground
$
fin juin à début sept
à quelques kilomètres de l'intersection des routes 11 et 93
☎ (403) 762-1550

Il n'y a pas de garde à l'entrée du terrain. Il faudra donc vous inscrire par vous-même et laisser dans une enveloppe le montant de votre nuitée.

Mount Kerkeslin Campground
$
fin juin à début sept
35 km au sud de Jasper
☎ (780) 852-6176

Ce beau camping dispose de tables de pique-nique, d'une pompe à eau et d'aires de feu (permis 4$).

Honeymoon Lake Campground
$
mi-juin à début sept
51 km au sud de Jasper et 52 km au nord du centre d'interprétation du Columbia Icefield, Hwy. 93
☎ (780) 852-6176

En plus de la chute Sunwapta tout près, les environs du camping offrent une très belle vue sur la vallée de l'Athabasca.

Waterfowl Lake Campground
$
fin juin à mi-sept
à la hauteur du lac Mistaya, juste après le point de vue du mont Chephren, à 115 km au nord de Banff, Hwy. 93
☎ (403) 522-3833

Comme partout dans les parcs, le premier arrivé est le premier servi. Pas de réservation possible, sauf si vous constituez un groupe.

Si tel est le cas, appelez les bureaux de **Parcs Canada** (voir p 362) à Banff.

Rampart Creek Wilderness Hostel
$

en hiver, l'auberge peut accueillir les groupes de 10 personnes et plus

près du camping du même nom sur la route 93
☎ (403) 670-7580 ou
866-762-4122
🖳 (403) 283-6503
www.hihostels.ca

L'auberge de jeunesse de Rampart Creek s'avère un peu rustique, mais magnifiquement bien située pour qui s'adonne à la randonnée pédestre ou pour les cyclistes qui parcourent la Promenade des glaciers.

Beauty Creek Hostel
$

mai à sept

87 km de Jasper et 17 km au nord du centre d'interprétation du Columbia Icefield, Hwy. 93
☎ (780) 852-3215 ou
877-852-0781
🖳 (780) 852-5560
www.hihostels.ca

Se trouvant à une journée de vélo de Jasper, l'endroit est intéressant pour les cyclistes. Le confort est rudimentaire, mais l'ambiance agréable. De plus, vous pouvez toujours faire une petite randonnée vers la belle chute Stanley, située non loin de là.

Jonas Creek Campground
$

mi-juin à début sept

77 km au sud de Jasper et 9 km au nord de l'auberge de jeunesse Beauty Creek, Hwy. 93
☎ (780) 852-6176

Ce camping dispose d'un téléphone public, d'une pompe à eau et de bois pour faire le feu.

Mount Edith Cavell Hostel
$

mi-oct à mi-juin

26 km au sud de Jasper; prenez la route 93A et montez sur une distance de 13 km la route sinueuse qui mène au mont Edith Cavell
☎ (780) 852-3215 ou
877-852-0781
🖳 (780) 852-5560
www.hihostels.ca

L'auberge de jeunesse du mont Edith Cavell constitue un véritable refuge de haute montagne, sans eau ni électricité, adossé à l'une des plus belles montagnes de la région, le mont Edith Cavell. Si vous aimez la tranquillité et les belles promenades, vous serez ici au paradis.

Whistlers Campground
$

début mai à début oct

3 km au sud de Jasper, Hwy. 93
☎ (780) 852-6176

Le camping de Whistler, avec ses 781 emplacements, est aménagé pour recevoir des véhicules récréatifs et les tentes. Eau, douches et électricité sont disponibles. Vous pourrez également trouver du bois sur place pour faire un feu. La durée maximale du séjour au camping est de 15 jours.

Wapiti Campground
$

début mai à début oct

5 km au sud de Jasper, Hwy. 93
☎ 877-737-3783

Le camping Wapiti, avec ses 322 emplacements, accueille les véhicules récréatifs et les tentes. Vous y trouverez de l'eau, de l'électricité et des toilettes.

Jasper International Youth Hostel
$

7 km au sud-ouest de Jasper, par la route de Skytram
☎ (780) 852-3215 ou
877-852-0781

🖳 (780) 852-5560
www.hihostels.ca

L'auberge de jeunesse internationale de Jasper est un établissement assez confortable. À quelques minutes de marche des télécabines qui vous emmènent au sommet de la montagne Whistler, d'où vous aurez une vue superbe de la vallée sur l'Athabasca. Des chambres familiales sont aussi disponibles. Réservez longtemps à l'avance.

Mosquito Creek Wilderness Hostel
$ - dortoir
$$ - chambre privée
)))

à 26 km de Lake Louise, Hwy. 93
☎ (403) 670-7580 ou
866-762-4122
🖳 (403) 283-6503
www.hihostels.ca

L'auberge de jeunesse Mosquito Creek est une auberge au confort très rudimentaire, sans eau courante ni électricité. Il y a par contre un sauna qui fonctionne au feu de bois. Les dortoirs sont mixtes. Des chambres privées et familiales sont aussi disponibles.

The Crossing
$$
🍴 , *)))* , 🛶

au croisement des routes 93 et 11, à 80 km de Lake Louise
☎ (403) 761-7000
🖳 (403) 761-7006

Le motel The Crossing peut constituer un bon point de chute sur le circuit de la Promenade des glaciers.

Jasper House Bungalows
$$$

mi-avr à mi-oct

☺ , 🍴

quelques kilomètres au sud de Jasper sur l'Icefields Parkway, au pied du mont Whistler, Hwy. 93
☎ (780) 852-4535
🖳 (780) 852-5335
www.jasperhouse.com

Les Jasper House Bungalows se présentent comme un ensemble de petites maisons de style chalet en rondins construites le long de la rivière Athabasca. Confortables et tranquilles, les chambres sont grandes et bien équipées.

Becker's Chalets
$$$ par chalet
🛏, △, ♨

Icefields Parkway, Hwy. 93
☎ (780) 852-3779
🖷 (780) 852-7202
www.beckerschalets.com
Les Becker's Chalets, également situés près de la rivière Athabasca, sont confortables et bien équipés. Vous y trouverez aussi une laverie.

Simpson's Num-Ti-Jah Lodge
$$$-$$$$$
♨, ⫸

au bord du lac Bow, à environ 40 km de Lake Louise
☎ (403) 522-2167
🖷 (403) 522-2425
www.num-ti-jah.com
Le Simpson's Num-Ti-Jah Lodge est un chalet qui fut construit par Jimmy Simpson, un très célèbre guide de montagne et trappeur de la région. Les deux filles de Jimmy Simpson font également partie de l'histoire des Rocheuses. En effet, Peg et Mary devinrent des patineuses artistiques mondialement connues en leur temps et firent de nombreuses tournées à travers le Canada et les États-Unis. L'appellation de Num-Ti-Jah tire son origine d'un nom stoney qui signifie «martre». L'endroit est très touristique car le lac Bow est un des plus beaux plans d'eau de la région.

Alpine Village
$$$$
🛏, △

2 km au sud de Jasper, près de l'embranchement vers le mont Whistler
☎ (780) 852-3285
www.alpinevillagejasper.com
L'Alpine Village constitue un très bel ensemble de petits chalets en bois très confortables. Situé en face de la rivière Athabasca, l'endroit est calme et paisible. Choisissez, autant que possible, l'un des chalets donnant directement sur la rivière, ce sont les plus agréables. Réservez longtemps à l'avance, soit dès janvier si vous prévoyez d'y séjourner durant l'été.

Columbia Icefield Chalet
$$$$
♨

mai à mi-oct
Icefields Parkway, au pied du glacier Athabasca, Hwy. 93
☎ 877-423-7433
🖷 877-766-7433
www.brewster.ca/attractions/chalet.asp
Le Columbia Icefield Chalet, qui bénéficie d'un emplacement incomparable, offre des vues époustouflantes. Pour un supplément de 20$, vous aurez droit à une des chambres donnant directement sur le glacier. Malgré que les chambres soient assez conventionnelles, elles sont pourvues d'un grand lit de même que d'une salle de bain spacieuse.

Le parc national de Jasper par la Yellowhead Highway

Les environs de Hinton

Suite Dreams B&B
$$$ pdj
◎

en arrivant à la jonction avec la route 40N, prenez à droite vers le sud, puis tout de suite à gauche William's Road
☎ (780) 865-8855
www.suitedream.com
Quelques kilomètres avant d'arriver à Hinton se trouve le Suite Dreams B&B, une superbe résidence victorienne qui compte trois chambres magnifiquement décorées où l'on passe de bonnes nuits. Une des chambres comporte une baignoire à remous. Réservez tôt pour la période estivale.

Overlander Mountain Lodge
$$$$
🛏, ♨

Hwy. 16 en direction de Hinton, puis 2 km à gauche après la sortie du parc national de Jasper
☎ (780) 866-2330
🖷 (780) 866-2332
www.overlandermountainlodge.com
L'Overlander Mountain Lodge, un hôtel constitué de plusieurs chalets très charmants, est d'autant plus agréable qu'il se trouve dans une région moins fréquentée que les abords de Jasper. Une bonne adresse, parce que l'hébergement à Hinton est presque exclusivement de type motel. Les réservations doivent être faites longtemps à l'avance, car les visiteurs n'ayant pas trouvé à se loger à Jasper poursuivent souvent leur route vers Hinton.

Miette Hot Springs

Miette Hot Springs Bungalows
$$-$$$
☎, ♨

tout juste à côté des sources d'eau chaude de Miette, Jasper East
☎ (780) 866-3750
▤ (780) 866-2214

Doublés d'un motel, les Miette Hot Springs Bungalows se présentent comme un ensemble de bungalows. Les chambres du motel sont un peu quelconques, mais les bungalows sont chaleureux.

Pocahontas Cabins
$$$ par chalet
⚲, ☎, ≋

près de la chute Punchbowl, Hwy. 16
☎ (780) 866-3732 ou
800-843-3372
▤ (780) 866-3777
www.mpljasper.com

Les Pocahontas Cabins constituent un petit ensemble de chalets situé à l'entrée du parc national de Jasper, sur la route menant à Miette Hot Springs. Les chalets les moins chers ne sont pas équipés de cuisinette.

Maligne Lake

Maligne Canyon Hostel
$
fermé le mercredi de oct à avr
11 km à l'est de Jasper, sur la route de Maligne Lake
☎ (780) 852-3215 ou
877-852-0781
www.hihostels.ca

L'auberge de jeunesse de Maligne Canyon se présente comme l'endroit idéal pour qui aime la randonnée pédestre et les activités de plein air. Tout près de l'auberge, en effet, débute le Skyline Trail, qui mène les marcheurs expérimentés vers des paysages alpins. La randonnée dure

deux ou trois jours, mais la superbe vue de la vallée de Jasper récompense bien tous les efforts. Également situé à proximité de l'auberge, le canyon de la rivière Maligne offre quelques belles vues sur les rapides et les chutes.

Jasper

Jasper Home Accommodation Association
$-$$
www.stayinjasper.com
La Jasper Home Accommodation Association est un regroupement de maisons privées proposant jusqu'à trois chambres à coucher par adresse. Les prix et l'inspection des demeures relèvent de Parcs Canada, ce qui assure une certaine qualité. Une bonne et peu coûteuse solution de rechange pour qui veut quitter l'anonymat d'une chambre d'hôtel. Plusieurs familles parlent le français.

Pine Bungalows
$$$
☎, △
près du club de golf de Jasper, Hwy. 16
☎ (780) 852-3491
▤ (780) 852-3432
www.pinebungalows.com
Les Pine Bungalows sont conformes à la catégorie des motels. Les chalets sont entièrement équipés; certains ont même un foyer, mais l'ameublement est très modeste. L'une des adresses les moins chères à Jasper.

Athabasca Hotel
$$$
♨, bc/bp
510 Patricia St.
☎ (780) 852-3386 ou
877-542-8422
▤ (780) 852-4955
www.athabascahotel.com

L'Athabasca Hotel est situé en plein centre-ville de Jasper, tout près de la gare ferroviaire de VIA Rail et de la gare routière de Brewsters et de Greyhound. Décorées dans un vieux style anglais, les chambres ne sont pas très grandes, mais très mignonnes. Les moins chères d'entre elles avoisinent une salle de bain centrale, mais les autres disposent de leur propre salle d'eau. Sans être d'un luxe tapageur, cet hôtel est très correct, et les chambres sont bien agréables. L'adresse la moins dispendieuse à Jasper, aussi faut-il réserver à l'avance. Il est à noter que l'hôtel, qui compte quelques étages, ne possède pas d'ascenseur.

Mount Robson Inn
$$$$
♨, ✳, ☎, △, @
902 Connaught Dr.
☎ (780) 852-3327 ou
800-587-3327
▤ (780) 852-5004
www.mountrobsoninn.com
Ce merveilleux hôtel abrite un restaurant familial (voir p 421) et propose d'élégantes suites avec foyer, baignoire à remous et de grands lits avec duvets, en plus de ses chambres régulières. Les grandes fenêtres panoramiques offrent une belle vue sur les Rocheuses. Des cuves à remous extérieures et un service de laverie ajoutent au confort.

Astoria Hotel
$$$$
✳, ♨
404 Connaught Dr.
☎ (780) 852-3351 ou
800-661-7343
▤ (780) 852-5472
www.astoriahotel.com
L'Astoria Hotel a le caractère et le charme d'un petit hôtel européen. Bien aménagé, l'établissement

donne sur l'artère la plus fréquentée de Jasper, au centre de la ville. Construit en 1920, c'est une des plus vieux bâtiments de Jasper.

Tekarra Lodge
$$$$/chalet
🛏, ▲, ♨

mi-mai à fin sept
1 km au sud de Jasper
☎ (780) 852-3058 ou
888-962-2522
🖨 (780) 852-4636

Le Tekarra Lodge n'est ouvert qu'en été et est avantageusement situé près du confluent des rivières Miette et Athabasca. L'ameublement est luxueux, avec en prime un foyer et une cuisinette. Ouvrez votre fenêtre et laissez-vous bercer par les torrents qui descendent des glaciers devant votre porte.

Marmot Lodge
$$$$
🛏, ≋, 🛏, ▲, ≈, ♨

86 Connaught Dr., à la sortie est de Jasper vers Hinton
☎ (780) 852-4471 ou
888-852-7737
🖨 (780) 852-3280
www.mpljasper.com

Le Marmot Lodge propose, à un prix raisonnable pour Jasper, de très belles chambres décorées de couleurs chatoyantes; d'anciennes photographies ont été accrochées aux murs, ce qui change des éternels paysages que vous retrouvez ordinairement ailleurs. Une terrasse pourvue de tables a été aménagée devant la piscine, où il fait bon prendre un bain de soleil. La décoration, le personnel sympathique et le paysage contribuent tous à faire de cet hôtel un établissement très agréable. Le meilleur rapport qualité/prix en ville.

Whistlers Inn
$$$$
≡, ♨, ≋

angle Connaught Dr. et Miette Ave.
☎ (780) 852-3361 ou
800-282-9919
🖨 (780) 852-4993
www.whistlersinn.com

Vous y trouverez un bain de vapeur, ainsi qu'une cuve à remous à ciel ouvert sur le toit. Chacune des chambres, aménagées de façon conventionnelle quoique avec goût, offre une vue sur les environs. Stationnement et casiers de rangement pour les skis.

Maligne Lodge
$$$$
◎, 🛏, ▲, ≈, ♨, ≋

900 Connaught Dr., à la sortie de Jasper vers Banff
☎ (780) 852-3143 ou
800-661-1315
🖨 (780) 852-4789
www.malignelodge.com

Le Maligne Lodge propose 98 chambres et suites très confortables, dont certaines comprennent des foyers et des baignoires à remous.

Patricia Lake Bungalows
$$$$
🛏

début mai à mi-oct
5 km au nord de Jasper sur Pyramid Road
☎ (780) 852-3560 ou
888-499-6048
🖨 (780) 852-4060
www.patricialakebungalows.com

Les Patricia Lake Bungalows sont localisés dans un idyllique décor de montagnes se reflétant sur un joli lac. Sobrement décorées, les habitations, indépendantes les unes des autres, s'avèrent chaleureuses et à deux pas de nombreuses activités de plein air. Les cuisinettes ajoutent au sentiment d'indépendance de ceux qui veulent être autonomes.

Tonquin Inn
$$$$
🛏, 🛏, ▲, ≈, ♨, ≋

100 Juniper St.
☎ (780) 852-4987 ou
800-661-1315
🖨 (780) 852-4413
www.decorehotels.com

Au Tonquin Inn, une aile a été ajoutée autour de la piscine, de sorte que toutes les chambres ont directement accès au bassin. Dans l'ancienne aile, les chambres sont moins jolies et ressemblent plus à des chambres de motel, bien qu'elles soient de confort tout à fait correct. Nous vous conseillons néanmoins, lors de votre réservation, de bien spécifier que vous désirez ou non une chambre dans la partie neuve, car les tarifs diffèrent entre la nouvelle et l'ancienne aile.

Amethyst Lodge
$$$$
≡, ♨

200 Connaught Dr.
☎ (780) 852-3394 ou
888-852-7737
🖨 (780) 852-5198
www.mpljasper.com

Bien situé, l'Amethyst Lodge est un luxueux hôtel dont l'allure extérieure ne redéfinira pas les normes esthétiques du bon goût... Confortables et grandes, les chambres sont correctes, sans plus.

Jasper Inn Alpine Resort
$$$$$
🛏, ≈, ♨, ≋

98 Geikie St.
☎ (780) 852-4461 ou
800-661-1933
🖨 (780) 852-5916
www.jasperinn.com

Le Jasper Inn Alpine Resort dispose de belles chambres spacieuses et confortables dont certaines sont équipées d'une cuisinette.

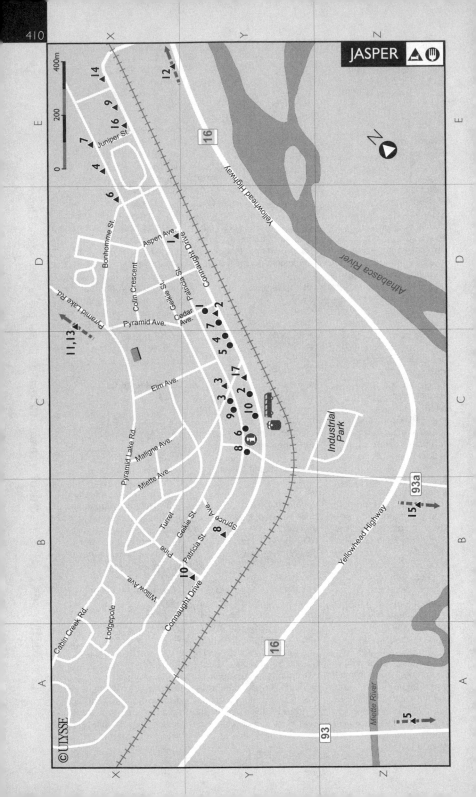

JASPER

▲ HÉBERGEMENT

1. DX   Amethyst Lodge (R)
2. DY   Astoria Hotel
3. CY   Athabasca Hotel
4. EX   Chateau Jasper
5. AZ   Fairmont Jasper Park Lodge
6. DX   Jasper Inn Alpine Resort (R)
7. EX   Lobstick Lodge
8. BY   Maligne Lodge
9. EX   Marmot Lodge
10. BY Mount Robson Inn (R)
11. DX Patricia Lake Bungalows
12. EX Pine Bungalows
13. DX Pyramid Lake Resort
14. EX Sawridge Hotel & Conference Centre
15. BZ Tekarra Lodge
16. EX Tonquin Inn
17. CY Whistlers Inn

(R) établissement avec restaurant décrit

● RESTAURANTS

1. DY   Bear's Paw Bakery
2. CY   Cantonese Restaurant
3. CY   Coco's Café
4. CY   D'ed Dog Bar & Grill
5. CY   Denjiro Japanese Restaurant
6. CY   Jasper Marketplace Cafe
7. DY   Jasper Pizza Place
8. CY   L&W Restaurant
9. CY   Miss Italia Ristorante
10. CY Soft Rock Internet Cafe

Fairmont Jasper Park Lodge
$$$$$

🛏, 🍴, ≋, ❋, 🍸, 🍺, 〰

☎ (780) 852-3301 ou
800-441-1414

▤ (780) 852-5107

www.fairmont.com

Le Fairmont Jasper Park Lodge constitue sans conteste le plus beau complexe hôtelier de toute la région de Jasper. Il dispose de très belles chambres spacieuses et très confortables. Il avait été construit en 1921 par la compagnie ferroviaire Grand Trunk pour concurrencer le Banff Springs Hotel du Canadien Pacifique. Le personnel, très professionnel, est empressé et sympathique. Toute une foule d'activités vous attendent, telles que l'équitation et la descente de rivière en radeau pneumatique. On y trouve un des plus beaux terrains de golf du Canada, plusieurs courts de tennis, une grande piscine, un centre d'activités sportives et un service de location de canots, de planches à voile et de bicyclettes en été, ou d'équipement de ski en hiver.

Plusieurs sentiers de randonnée sillonnent le site, dont un très agréable de 3,8 km qui longe le lac Beauvert. Que vous réserviez une chambre dans le bâtiment principal ou que vous préfériez un petit chalet, confort et tranquillité seront au rendez-vous.

Le Fairmont Jasper Park Lodge organise chaque année plusieurs rencontres à thème, auxquelles la clientèle de l'hôtel est invitée à participer: par exemple, des fins de semaine «montagnes et relaxation», avec des cours de yoga et d'aérobic, et des séances de sauna et de gymnastique aquatique; ou une fin de semaine réservée à des dégustations de vins; ou encore des activités dans le cadre du Nouvel An.

Lobstick Lodge
$$$$$

●, ≋, 🍺, 〰

94 Geikie St.

☎ (780) 852-4431 ou
888-852-7737

▤ (780) 852-4142

www.mpljasper.com

Le Lobstick Lodge est situé un peu à l'écart du village, mais il s'agit d'un bon hôtel de qualité.

Sawridge Hotel & Conference Centre
$$$$$

≡, ≋, 🍸, 🍺, 〰

82 Connaught Dr.

☎ (780) 852-5111 ou
800-661-6427

▤ (780) 852-5942

www.sawridge.com/jasper

Le Sawridge Hotel loue de grandes chambres chaleureuses.

Chateau Jasper
$$$$$

🍴, ≡, ≋, 🍺

☎ (780) 852-5644 ou
800-661-9323

▤ (780) 852-4860

www.decorehotels.com

Le Chateau Jasper propose de très belles chambres confortables.

Pyramid Lake Resort
$$$$$

●, 🍴, 🍺, ⛰

Pyramid Lake Road, 5 km au nord-ouest de Jasper

☎ (780) 852-4900 ou
888-962-2522

▤ (780) 852-7007

www.pyramidlakeresort.com

Le Pyramid Lake Resort propose des chambres simples mais confortables donnant directement sur le lac Pyramid. Location de bateaux à moteur, de canots et de skis nautiques.

Le parc national de Kootenay par la vieille Windermere Highway

Parc national de Kootenay

Kootenay Park Lodge
$$-$$$
🐾, 🛏, ♨
mi-mai à fin sept
à 42 km au sud de Castle Junction, Hwy. 93
☎ (403) 762-9196
www.kootenayparklodge.com
Le Kootenay Park Lodge dispose de 10 petits chalets de bois rond accrochés aux pentes abruptes des montagnes du parc national de Kootenay. Vous trouverez sur place un petit magasin proposant des sandwichs et des produits de consommation courante.

Radium Hot Springs

Redstreak
$
début mai à mi-oct
à 2,5 km de Radium Hot Springs, route 93/95
☎ (250) 347-9505
Le camping de la région le moins cher est légèrement à l'écart de la route avant d'arriver à Radium. Il se nomme Redstreak et compte 242 emplacements. Toilettes et douches

Canyon RV Resort
$
🐾
5012 Sinclair Creek Rd.
☎ (250) 347-9564
🗎 (250) 347-9501
www.canyonrv.com
Le Canyon RV Resort est un joli terrain de camping qui regroupe plusieurs emplacements pour les véhicules récréatifs et les

tentes le long du ruisseau Sinclair. Les lieux ombragés par de nombreux arbres lui confèrent une atmosphère attrayante. Toilettes et douches.

Misty River Lodge
$$ pdj
≡, 🐾, ☀
5036 Hwy. 93
☎/🗎 (250) 347-9912
www.mistyriverlodge.bc.ca
Le Misty River Lodge est un *bed and breakfast* où le petit déjeuner est payant (5$). Les chambres offrent un bon confort et possèdent leur propre salle de bain, spacieuses et très propres. Sans conteste le meilleur hébergement en ville.

Chalet Europe
$$ pdj
≡, 🐾, 🚌, ☀, △
☎ (250) 347-9305 ou
888-428-9998
🗎 (250) 347-9306
www.chaleteurope.com
Le Chalet Europe propose plusieurs chambres avec balcon, modestement meublées mais de tout confort. Surplombant la petite ville de Radium Hot Springs, cette grande maison de style chalet savoyard offre une vue intéressante sur la vallée en contrebas.

Radium Resort
$$ (pdj en basse saison)
≡, 🚌, ☀, ≋, ♈, ♨, ⋙
8100 Golf Course Rd.
☎ (250) 347-9311 ou
800-667-6444
🗎 (250) 347-6299
www.radiumresort.com
Le Radium Resort a connu une croissance inégalée de son activité économique en 2002, quand le nouveau directeur de l'établissement, dès qu'il fut embauché, a baissé les tarifs à 89$ par nuitée. C'est vraiment agréable de voir un complexe hôtelier pratiquer des prix honnêtes, et le rapport

qualité/prix est ici très appréciable. Le Radium Resort présente plein d'avantages, comme son parcours de golf sur les lieux mêmes. L'hôtel se veut une bonne adresse pour les familles et offre toutes les commodités de la vie moderne. Le personnel s'avère très amical et attentionné.

Motel Tyrol
$$
☀, ≋
5016 Hwy. 93
☎ (250) 347-9402 ou
888-881-1188
🗎 (250) 347-6363
www.moteltyrol.com
Le Motel Tyrol propose des chambres correctes, meublées modestement. La terrasse donnant sur la piscine est agréable.

Radium Hot Springs Lodge
$$$
≡, 🐾, ≋, ♨, ⋙
en face de la piscine d'eaux thermales de Radium Hot Springs
☎ (250) 347-9341 ou
888-222-9341
🗎 (250) 347-9342
www.radiumhotspringslodge.com
Le Radium Hot Springs Lodge est un hôtel sans grand luxe, avec de grandes chambres confortables mais modestement meublées. Néanmoins, l'hôtel offre l'avantage d'être bien situé et se classe parmi les rares bonnes adresses à Radium Hot Springs.

Nipika Mountain Resort
$$$-$$$$
🐾, △, ☀, ⋙
4968 Timbervale Place
☎ (250) 342-6516 ou
877-647-4525
🗎 (250) 342-0516
www.nipika.com
«Le lieu où vont les gens», ou *Nipika* dans la langue des Indiens Kootenays

locaux, est le nom d'un bel ensemble de cabanes en bois de pin qui se développe progressivement dans une forêt en retrait de la route passant à travers le parc national de Kootenay. Bien qu'il se trouve officiellement dans l'Invermere Forest District le long de la rivière Kootenay, l'établissement est en fait situé à environ 30 km au nord de Radium Hot Springs, et il est accessible par Settler Road, un vieux chemin très peu balisé, construit pour l'exploitation forestière. L'endroit s'avère pittoresque et attrayant avec ses cabanes à charpente de bois, son bâtiment central, son décor impressionnant et, l'hiver venu, ses 50 km de sentiers de ski de fond entretenus. Vous vivrez à la dure ici, avec les chaudrons, casseroles et poêles disponibles, mais pas grand-chose d'autre. Il s'y trouve encore une baignoire à eau chaude et un sauna, tous deux à structure de bois, et les chambres sont mignonnes.

Invermere

Delphine Lodge
$$ pdj
🛏, bc/bp
Main St.
☎ (250) 342-6851 ou
877-342-6869
🖨 (250) 341-6851
Le Delphine Lodge se trouve en fait à Wilmer, soit à 5 km d'Invermere. Bien que les chambres soient quelque peu exiguës, elles sont, tout comme le chalet même, truffées de charmantes antiquités et de meubles rustiques. Les courtepointes faites à la main, le joli jardin, la cheminée et divers autres ac-

cents chaleureux font de cette auberge historique datant des années 1890 un lieu de rendez-vous intime.

Best Western Invermere Inn
$$$ pdj
Y, ≡, 🛏, 🛌, ✷, ♨
1310 Seventh Ave.
☎ (250) 342-9246 ou
800-780-7234
🖨 (250) 342-6079
www.invermereinn.com
Le Best Western Invermere Inn bénéficie d'un bon emplacement, au centre de la ville et à seulement 5 min de marche du lac Windermere et d'une belle plage. Les chambres sont plutôt typiques de cette chaîne, et de grands ou de très grands lits y sont offerts au choix. Sur place, vous trouverez un restaurant et un pub.

Panorama Mountain Village
$$$$
♨, ≋, ♨, ⁂
18 km à l'ouest d'Invermere
☎ (250) 342-6941 ou
800-663-2929
🖨 (250) 342-3395
www.panoramamountainvillage.
com
Le Panorama Mountain Village propose des chambres d'hôtel régulières assez jolies, de même que des appartements particulièrement pratiques si vous comptez faire du ski alpin ou du ski de fond sur les lieux durant quelques jours. Vous pourrez en outre vous adonner au tennis, à l'équitation et au golf en été. Agréable atmosphère familiale.

Fairmont Hot Springs

Fairmont Hot Springs Resort
$$$$
≡, ≋, ✷, Y, ♨, ⁂
Hwy. 93/95
☎ (250) 345-6311 ou

800-663-4979
🖨 (250) 345-6616
www.fairmonthotsprings.com
Le Fairmont Hot Springs Resort se présente comme une magnifique station de villégiature merveilleusement aménagé qui propose des forfaits santé. Les clients de l'hôtel peuvent en plus profiter de courts de tennis et d'un superbe terrain de golf. Il est enfin à noter que l'établissement possède également un vaste terrain avec emplacements pour véhicules récréatifs *(environ 30$, réservations requises)*.

De Golden au parc national de Yoho

Golden

Whispering Spruce Campground & RV Park
$
🛏
mi-avr à mi-oct
1422 Golden View Rd.
☎ (250) 344-6680
www.whisperingspruce.net
Le Whispering Spruce Campground & R.V. Park dispose de 135 emplacements pour les tentes et les véhicules récréatifs. Arrivez tôt pour réserver votre place. Laverie et douches.

Golden Municipal Campground
$
🛏
1407 Ninth St. S.
☎/🖨 (250) 344-5412
Le Golden Municipal Campground compte 70 emplacements pour les tentes et les véhicules récréatifs. Le terrain de camping est situé à côté des courts de tennis et de la piscine municipale de Golden. Douches et toilettes.

Auberge Kicking Horse B&B
$$ pdj
@
1306 Selkirk Dr.
☎ (250) 344-3997
www.aubergekickinghorse.com
L'Auberge Kicking Horse B&B est tenue par un couple qui connaît très bien la région de Golden et des Rocheuses en général, Bruce et Marie France Lessor. Cette dernière parle d'ailleurs le français et pourra vous renseigner sur les environs. Le rez-de-chaussée de cette maison à demi-niveaux compte trois suites avec salle de bain privée. Le délicieux petit déjeuner est servi dans la salle à manger, et une salle commune est mise à la disposition des clients. Après une journée passée au plein air, les clients peuvent se détendre dans la cuve à remous extérieure.

Columbia Valley Lodge
$$ pdj
à 23 km au sud de Golden, route 95
☎ (250) 348-2508 ou 800-311-5008
▤ (250) 348-2505
www.columbiavalleylodge.com
Le Columbia Valley Lodge propose 12 chambres rustiques. L'établissement se présente plutôt comme un refuge de montagne, au confort spartiate, mais tout à fait correct. L'endroit constitue une bonne halte pour les cyclistes qui sillonnent la région.

McLaren Lodge
$$ pdj
à la sortie de Golden vers le parc national de Yoho, au-dessus de la route 95
☎ (250) 344-6133 ou 800-668-9119
▤ (250) 344-7650
www.wetnwild.bc.ca

Le McLaren Lodge est une adresse intéressante à Golden pour les amateurs de plein air. En effet, des excursions en radeau pneumatique sont organisées par les propriétaires de ce petit hôtel. Les chambres, plutôt petites, ont un petit air vieillot qui n'est pas désagréable. Le meilleur rapport qualité/prix à Golden.

Golden Rim Motor Inn
$$
≡, ⚲, ●, ≈, ♨, ⫸
1416 Golden View Rd.
☎ (250) 344-2216 ou 877-311-2216
▤ (250) 344-6673
www.goldenrim.ca
Le Golden Rim Motor Inn dispose de chambres de catégorie motel.

Prestige Mountainside Resort
$$$
≡, ⚲, ◎, ⚲, ●, ≈, ♨
1049 route transcanadienne
☎ (250) 344-7990 ou 877-737-8443
▤ (250) 344-7902
www.prestigeinn.com
Le Prestige Inn constitue le meilleur hôtel de Golden. Les chambres sont assez spacieuses, et les salles de bain sont tout équipées.

Field

Monarch & Kicking Horse Campsites
$
début mai à mi-oct
☎ (250) 343-6827
Les campings Monarch et Kicking Horse sont situés à quelques kilomètres à l'est de Field. Les réservations ne sont pas acceptées. Toilettes et douches au Kicking Horse Campsite.

Emerald Lake Lodge
$$$$$
⚲, ♨
☎ (250) 343-6321 ou 800-858-8471

▤ (250) 343-6724
www.crmr.com
L'Emerald Lake Lodge du parc national de Yoho a été construit par le Canadien Pacifique en 1902 et constitue aujourd'hui une exquise retraite montagnarde. Le chalet central, bâti de bois équarri à la main, marque le cœur des activités, tandis que les hôtes de passage logent dans l'une ou l'autre des 24 cabanes qui l'entourent, dont chacune bénéficie d'une cheminée en pierres, de chaises en saule, d'un édredon, d'un balcon privé et d'une vue splendide sur le lac. À 40 km de Lake Louise.

Canmore et la Kananaskis Valley

Canmore

Deux terrains de camping sont aménagés pour accueillir les véhicules récréatifs et les tentes à moins de 10 km de Canmore, sur la route de Calgary. Il s'agit du **Bow River Campground** *(fin avr à fin sept; 4 km à l'ouest de Dead Man's Flats sur la route 1, ☎ 403-673-2163)* et du **Three Sisters Campground** *(début avr à fin oct; Dead Man's Flats)*, où les prix varient autour de 17$.

Alpine Club of Canada
$
Indian Flats Rd., 4,5 km à l'est de Canmore sur la route 1A
☎ (403) 678-3200
▤ (403) 678-3224
www.alpineclubofcanada.ca
Les cabanes de l'Alpine Club of Canada offrent une intéressante solution de rechange pour les amoureux de la nature qui veulent dormir «dans le bois». Cette association possède des cabanes, non seulement près

de Canmore, mais dans plusieurs coins des Rocheuses. Vous pouvez même combiner des randonnées pédestres à l'hébergement dans ces cabanes.

Restwell Trailer Park
$ - camping
$$$ - chalets

502 Third Ave., de l'autre côté de la route 1A et de la ligne de chemin de fer, près de Policeman Creek
☎ (403) 678-5111
📠 (403) 678-6270
www.restwelltrailerpark.com
Le Restwell Trailer Park propose 247 emplacements pour les véhicules récréatifs. Des chalets sont aussi offerts en location *(125$)*. Électricité, toilettes, douches et points d'eau.

Riverview and Main Bed & Breakfast
$$-$$$ pdj
918 Main St.
☎ (403) 678-9777
www.riverviewandmain.com
Le Riverview and Main Bed & Breakfast bénéficie d'un beau site, à l'extrémité sud de Main Street, et se trouve à quelques minutes seulement des boutiques et des restaurants. Il abrite deux chambres champêtres attrayantes et une suite tout équipée, pourvue de lits en bois de pin. La chambre d'hôte au grand lit s'avère très jolie avec ses murs bordeaux et son mobilier en osier. Les vues que le gîte offre sur la Rundle Range se révèlent assez intéressantes, et un court de tennis public se trouve derrière la maison.

Ambleside Lodge
$$$ pdj
bc/bp
123A Rundle Dr.
☎ (403) 678-3976
📠 (403) 678-3919
www.amblesidelodge.com

L'Ambleside Lodge vous accueille dans une belle et grande demeure de style chalet savoyard, à quelques minutes seulement du centre-ville. La salle commune, grande et très chaleureuse, est agrémentée d'une belle cheminée.

Georgetown Inn
$$$ pdj
1101 Bow Valley Trail
☎ (403) 678-3439 ou
800-657-5955
📠 (403) 678-6909
www.georgetowninn.net
Le Georgetown Inn s'est résolument donné un petit air britannique vieillot. Les chambres sont confortables, et certaines sont dotées d'une baignoire à remous. Le petit déjeuner, que vous pourrez prendre dans la salle à manger Three Sisters, est compris dans le prix de votre chambre. La cheminée, les vieux livres et les reproductions accrochées aux murs confèrent une ambiance chaleureuse à l'établissement.

Rundle Mountain Lodge
$$$
1723 Bow Valley Trail
☎ (403) 678-5322 ou
800-661-1610
📠 (403) 678-5813
www.rundlemountain.com
Le Rundle Mountain Lodge est un motel construit sur le modèle des chalets savoyards. Il compte 61 chambres conformes au style de ce type d'établissement.

Rocky Mountain Ski Lodge
$$$
1711 Bow Valley Trail
☎ (403) 678-5445 ou
800-665-6111
📠 (403) 678-6484
www.rockyski.ca

Le Rocky Mountain Ski Lodge donne sur un petit jardin agréable. Les chambres sont propres et spacieuses. Les appartements, loués à compter de 130$, comprennent un salon avec cheminée, et la cuisine est équipée de façon assez complète.

Lady Macdonald Country Inn
$$$$ pdj
1201 Bow Valley Trail
☎ (403) 678-3665 ou
800-567-3919
📠 (403) 678-9714
www.ladymacdonald.com
Le Lady Macdonald Country Inn est une magnifique petite auberge installée dans une fort jolie maison. Douze chambres élégamment décorées sont mises à votre disposition. Certaines pièces ont été particulièrement aménagées pour recevoir les personnes qui se déplacent en fauteuil roulant; d'autres ont été réparties sur deux étages pour accueillir les familles de quatre personnes. À noter, la superbe chambre appelée «chambre des trois sœurs», qui offre, en plus d'une vue magnifique sur les monts Rundle Range et Three Sisters (trois sœurs), un foyer et une baignoire à remous.

Quality Resort / Chateau Canmore
$$$$
1720 Bow Valley Trail
☎ (403) 678-6699 ou
800-261-8551
📠 (403) 678-6954
www.chateaucanmore.com
Le Quality Resort, un élégant hôtel situé sur le Bow Valley Trail à Canmore, propose un grand nombre d'installations et de services aux voyageurs. S'y trouvent un centre de santé (spa) qui offre des soins esthétiques

et des massages, un panier de basket-ball, un court de tennis se transformant en patinoire l'hiver venu et un hall avec jeu d'eau et mobilier en bois de pin. Choisissez une chambre sur la face nord de l'hôtel puisque la face sud a vue sur des voies ferrées.

Paintbox Lodge
$$$$$ pdj
▲, ♨
629 10th St.
☎ (403) 609-0482 ou
888-678-6100
www.paintboxlodge.com
Si vous avez un portefeuille bien garni, payez-vous le luxe de loger ici une nuit ou deux. L'ensemble des poutres apparentes affiche une élégance certaine, que vous retrouverez dans les cinq suites haut de gamme de style chalet avec foyers et lits douillets. À vrai dire, le style en est parfait, et Gail et Greg ont pour leurs invités des attentions délicates, un désir de faire plaisir; ils disposent des flacons de shampooing luxueux dans les salles de bain.

Bear and Bison Country Inn
$$$$$ pdj
≡, ◎, ⅄, ▲, ♨
705 Benchlands Trail
☎ (403) 678-2058
▤ (403) 678-2086
www.bearandbisoninn.com
L'été 2002 fut la première saison du Bear and Bison, et il va y en avoir beaucoup d'autres car ce lieu d'hébergement s'avère fantastique. Beaucoup de bonne volonté et d'efforts de la part des propriétaires Lonny et Fiona Middleton ont fait de cet établissement un hôtel hors classe. Les 10 chambres du Bear and Bison ont été construites sur un seul

côté du bâtiment; elles offrent ainsi une vue sur les monts Three Sisters depuis n'importe quel oreiller ou baignoire. Les unités sont aménagées selon trois thèmes: les chambres Spa avec baignoires à remous, les voyageurs historiques (Canadiana), sans oublier les suites de luxe pour lune de miel, avec lits à baldaquin. Le petit déjeuner se veut gastronomique, et des paniers-repas sont offerts à tous ceux qui s'en vont explorer les montagnes. Les journées de Lonny semblent compter plus de 24 heures: il a fabriqué artisanalement chacun des superbes lits des chambres même s'il avait alors un emploi à temps plein. Eh oui, c'est cher! Mais aussi très, très agréable!

Creek House
$$$$$ pdj
●, ◎
701 Mallard Alley
☎ (403) 609-0482 ou
888-678-6100
▤ (403) 609-0481
www.creekhouse.com
L'un des plus beaux établissements où passer la nuit à Canmore, voire même dans toutes les Rocheuses, se nomme The Creek House. Gail et Greg, les mêmes propriétaires que le Paintbox Lodge (voir ci-dessus), ont acheté et complètement rénové cette vieille maison sur le bord de Policeman Creek, d'où l'on entrevoit les monts Three Sisters. La décoration des chambres est absolument inégalable. Un artiste a exécuté de magnifiques peintures murales, notamment dans la cage d'escalier. Greg a installé une cuve à remous sur le toit!

Depuis qu'ils ont ouvert le Paintbox Lodge, Gail et Greg louent maintenant la maison au complet plutôt que des chambres individuelles. La maison peut loger jusqu'à cinq personnes.

Four Points Sheraton
$$$$$
≡, ⌨, ⛱, ♨, @, ✻
1 Silver Tip Trail
☎ (403) 609-4422 ou
888-609-4422
▤ (403) 609-0008
www.fourpointscanmore.com
Le Four Points Sheraton acquiert un cinquième point (quant à nous!) car il fait partie des quelques grands hôtels à ne pas être situés près des voies ferrées bruyantes de Canmore. Il se trouve juste en retrait de la route transcanadienne, mais il en est assez éloigné pour profiter d'un site paisible dans les bois. Les 99 unités de l'établissement incluent 19 suites de style loft pourvues de réfrigérateurs et de micro-ondes. Les chambres traditionnelles se veulent plutôt standards, mais elles offrent toutes de belles vues sur les Rocheuses.

Kananaskis Valley

Eau Claire Campground
$
un peu au nord de Fortress Junction et près de la station de ski Fortress Mountain
☎ (403) 591-7226
www.kananaskiscamping.com
L'Eau Claire Campground est un petit terrain de camping aménagé en pleine forêt. Habillez-vous chaudement car les nuits sont fraîches à cet endroit. Les réservations ne sont pas acceptées.

Mount Kidd RV Park
$
🚆, ∭

à quelques kilomètres au sud de Kananaskis Village, route 40
☎ (403) 591-7700
www.mountkiddrv.com

Le Mount Kidd RV Park surprend toujours à première vue, tant le site a été bien aménagé. Installé au bord d'une rivière en pleine forêt, il est indiscutablement le plus agréable terrain de camping de la région. Les clients peuvent en outre profiter des courts de tennis ou partir sur les sentiers de randonnée qui foisonnent dans le coin. Comme il s'agit du plus bel endroit où camper, n'oubliez pas de réserver à l'avance, surtout si vous faites partie d'un groupe. Toilettes, douches et laverie.

Kananaskis Interlakes Campgrounds
$

en sortant d'Upper Kananaskis Lake, prenez à gauche et poursuivez votre route pendant quelques kilomètres jusqu'à Interlakes
☎ (403) 591-7226
www.kananaskiscamping.com

Les Kananaskis Interlakes Campgrounds vous réservent une vue superbe des lacs et de la forêt. Il n'y a pas de politique de réservation dans ces terrains de camping, et les premiers arrivés sont les premiers servis.

Kananaskis Village

Kananaskis Wilderness Hostel
$-$$

sur la route menant à Kananaskis Village
☎ (403) 670-7580

▤ (403) 283-6503
www.hihostels.ca

La Kananaskis Wilderness Hostel est une agréable petite auberge de jeunesse toujours bondée de visiteurs. Ne vous y prenez pas à la dernière minute pour réserver, sous peine de vous faire répondre qu'il n'y a déjà plus de place. Il fait bon le soir se retrouver dans la salle commune, autour d'un bon feu de cheminée, pour se remettre des efforts physiques fournis dans la journée.

Delta Lodge at Kananaskis
$$$$-$$$$$
≋, ♨, ◉, ❄, ∭, 🛏, ⅄, ⛺

1 Centennial Rd.
☎ (403) 591-7711 ou
866-432-4322
▤ (403) 591-7770
www.deltahotels.com

Le somptueux Delta Lodge at Kananaskis propose un hébergement de première classe. Les clients peuvent profiter des peignoirs et des foyers dans leur chambre et l'établissement renferme une piscine intérieure à eau salée, un bain vapeur, un centre de conditionnement physique, un centre de santé complet et un restaurant (voir p 424). Plusieurs activités sont organisées par l'hôtel, dont des randonnées guidées et des soirées de cinéma qui sauront divertir toute la famille. Des sentiers de randonnée, de vélo et de ski de fond partent de l'arrière de l'hôtel.

Restaurants

Le parc national de Banff et la Bow Valley Parkway

Parc national de Banff

Storm Mountain Lodge
$$$$
fermé en nov

à 5 min au sud de Castle Junction, Hwy. 93
☎ (403) 762-4155

Le pavillon principal de cet hôtel situé sur le site d'un ancien complexe hôtelier des années 1920 (voir p 398) abrite un restaurant gourmet au menu alléchant et à la carte de vins impressionnante. Le chef concocte de merveilleux plats de fruits de mer à partir d'ingrédients frais de la région: une expérience gastronomique pour tous les fins gourmets. Une table d'hôte parmi tant d'autres: soupe aux asperges, pétoncles légèrement grillés et mousse au chocolat blanc servie avec une nougatine aux graines de citrouilles. De plus, un excellent *biscotti* accompagne le thé à la fin du repas.

Banff

Barpa Bill's Souvlaki
$
223 Bear St.
☎ (403) 762-0377

Barpa Bill's Souvlaki se présente comme un tout petit établissement grec avec service au comptoir, situé à côté de la salle de cinéma de Banff. Si vous avez terriblement envie d'un *souvlaki pita* ou d'une salade grecque, c'est l'endroit où aller. Il n'y a pas beaucoup d'espace à l'intérieur (peut-être une demi-douzaine de chaises): emportez vos mets grecs jusqu'à l'un des parcs de Banff s'il fait beau et offrez-vous un pique-nique.

Sunfood Café
$-$$
215 Banff Ave., à l'étage du Sundance Mall
☎ (403) 760-3933
Le Sunfood Café, un incontournable pour les végétariens et autres végétaliens de cette province réputée pour son bœuf qu'est l'Alberta, concocte des entrées comme le steak de tofu teriyaki et les pâtes aux champignons portobello. Les pâtes fraîches sont faites maison, le riz est biologique, et l'on y sert même du vin biologique provenant d'Italie. Le décor de l'établissement se veut simple, avec dominante de motifs de tournesols. Le chef adore la cuisine végétarienne, et, si vous êtes chanceux, vous pourrez, à l'heure du dîner, entendre son épouse chilienne jouer du piano. Le Sunfood Café ne compte que 17 sièges; alors, si vous faites partie d'un groupe, vous devriez probablement appeler pour réserver.

Coyotes Deli & Grill
$$
206 Caribou St.
☎ (403) 762-3963
La cuisine mexicaine du Coyotes Deli & Grill est préparée à partir d'ingrédients frais de qualité. Le restaurant s'emplit rapidement, et les réservations sont recommandées, surtout si vous accompagnez un groupe.

St. James Gate
$$
207 Wolf St.
☎ (403) 762-9355
L'Irlande a posé ses marques sur le menu du St. James Gate, car on y sert entre autres une tourte mariant steak, Guinness et champignons. Les plats sont nourrissants et à bon prix pour Banff, et l'atmosphère pseudo-celtique s'avère chaleureuse. Essayez le ragoût irlandais de *dumplings* (boulettes de pâte) au babeurre. Des musiciens s'y produisent souvent sur scène la fin de semaine, et c'est un bon endroit où s'en jeter un derrière la cravate. *Fáilte!*

Balkan Restaurant
$$
120 Banff Ave.
☎ (403) 762-3454
Le Balkan est un restaurant grec. Les décors peints de bleu et de blanc et la pergola, avec ses faux pieds de vigne et grappes de raisins, rappellent les régions méditerranéennes. Les plats préparés, bien que sans grande imagination, sont bons, mais sont souvent influencés par la cuisine nord-américaine. Le personnel, lorsque débordé, n'est pas toujours des plus agréables.

Joe BTFSPLK'S Diner
$$
fermé en nov
221 Banff Ave., en face du centre d'information touristique
☎ (403) 762-5529
Le Joe BTFSPLK'S Diner (prononcer *Bi-tif'-spliks*) est un petit restaurant décoré à la façon des années 1950 où vous pourrez déguster de bons hamburgers. Vous y apprendrez peut-être que Joe BTFSPLK était un étrange personnage de la bande dessinée américaine *Li'l Abner* qui se promenait toujours avec un nuage sur la tête et qui causait des désastres partout où il allait. Le seul moyen d'éviter aujourd'hui des désagréments (par exemple, dépenser trop d'argent) serait, paraît-il, de se rendre à ce petit restaurant, très fréquenté par la jeunesse locale, pour y manger hamburgers, frites, salades et croquettes de poulet, et y boire des laits fouettés. Le restaurant sert également des petits déjeuners à moins de 6$.

Rose and Crown
$$
à l'étage du 202 Banff Ave.
☎ (403) 762-2121
Le Rose and Crown prépare des petits repas légers, composés essentiellement de hamburgers, d'ailes de poulet, de *nachos* et du genre de plats que l'on retrouve dans les pubs anglais. Dans la soirée, les lieux se transforment en bar pour accueillir des musiciens.

Magpie & Stump
$$-$$$
203 Caribou St.
☎ (403) 762-4067
Avec son intérieur de vieux saloon du Far West, Magpie & Stump sert des plats mexicains accompagnés de haricots mijotés, de riz à l'espagnole, de salade, de crème sûre et de salsa. Son décor sombre lui confère une atmosphère encore plus spéciale.

Melissa's Restaurant & Bar
$$-$$$
218 Lynx St.
☎ (403) 762-5511
Les déjeuners servis toute la journée et les tradition-

nels pizzas, hamburgers et steaks du Melissa's en font un établissement populaire auprès des gens du coin.

The Saltlik
$$-$$$$
221 Bear St.
☎ (403) 762-2467
Le Saltlik, un grill branché pour les mordus de steak, a ouvert ses portes en 2001. Attablez-vous et attaquez filet de bœuf, bifteck de faux-filet à coupe californienne et sauce au bleu, contre-filet au poivre, côtes levées de flanc à parage spécial, et tout le reste. La salle à manger, à l'étage, s'orne de tableaux colorés, arbore un grand foyer et jouxte une terrasse. Une police montée souriante vous souhaite la bienvenue à l'entrée du pub, au rez-de-chaussée.

The JackPine Restaurant and Lounge
$$-$$$$
petit déjeuner 7h à 11h, dîner dès 16h
Rundlestone Lodge, 537 Banff Ave.
☎ (403) 760-6690
À Banff, vous ne trouverez pas un grand éventail de vraiment bons restaurants, mais vous pourriez justement bien tomber en vous attablant au JackPine. Vous vous sentirez un peu perdu dans la grande salle à manger, mais vous serez réconforté par la présence de l'attrayant mobilier brut ancien de style champêtre. La nourriture y est vraiment bonne, avec dominante de produits canadiens sur le menu et sur la carte des vins. Ainsi vous pourrez vous y offrir du homard de l'Atlantique ou du saumon de la Colombie-Britannique, ou peut-être un steak d'autruche au poivre. Si

c'est disponible pendant que vous êtes ici, commencez votre repas par un bol de soupe de venaison. Génial!

Sukiyaki House
$$$
à l'étage du 211 Banff Ave.
☎ (403) 762-2002
Le Sukiyaki propose une excellente cuisine japonaise à prix abordable. Les sushis sont parfaits, et le personnel se révèle très courtois. Le décor de la salle laisse cependant un peu froid, tant il est impersonnel.

Ticino Swiss-Italian Restaurant
$$$
415 Banff Ave.
☎ (403) 762-3848
Le Ticino sert une assez bonne cuisine italo-suisse ainsi que des fondues savoyardes. Le décor de la salle est assez quelconque, et la musique a tendance à être trop forte.

Silver Dragon Restaurant
$$$
211 Banff Ave.
☎ (403) 762-3939
Ce restaurant prépare une cuisine chinoise correcte. Il est possible de se faire livrer un repas à domicile.

Typhoon Restaurant
$$$
137 Banff Ave.
☎ (403) 762-2000
Le Typhoon offre une variété de plats d'inspiration sud-asiatique, dont des sandwichs servis sur pain *naan* et des soupes aux fruits tropicaux. Hâtez-vous, les tables de ce petit bistro s'emplissent vite!

Le Beaujolais
$$$$
212 Buffalo St.
☎ (403) 762-2712

Le Beaujolais prépare une excellente cuisine française. La salle à manger est très élégante et le personnel des plus attentionnés. Le saumon de Colombie-Britannique braisé est un vrai délice. La meilleure table de Banff!

Muk-A-Muk Bistro & Lounge
$$$$
The Juniper, 1 Timberline Way
☎ (403) 762-2281
Le chef Tyler Gordon a pris à cœur la signification du nom chinook de son restaurant lorsqu'il a élaboré son menu de plats délicieux (*Muk-A-Muk* veut dire «festin»). Un repas typique comprend du poisson ou des fruits de mer de la région assaisonnés avec des herbes fraîches et accompagnés de beaux légumes, le tout arrosé d'une belle sélection de vins. Les convives peuvent s'installer sur la terrasse extérieure qui surplombe les ruines d'un des neuf *kikulis* (habitations de bois amérindiennes construites au-dessus d'une cuvette) qui ont été retrouvés à l'intérieur du parc national de Banff.

Maple Leaf Grill & Lounge
$$$$
137 Banff Ave.
☎ (403) 760-7680 ou 866-760-7680
Chacun des plats du Maple Leaf Grill & Lounge combine des classiques de la cuisine canadienne. La lecture seule du menu vous fera saliver: on y retrouve entre autres la salade d'épinards au saumon fumé à l'érable, l'assiette de gibier et le canard du lac Brome braisé sauce rhubarbe et gingembre.

Grizzly House Fondue Dining
$$$$
207 Banff Ave.
☎ (403) 762-4055

Ce restaurant a pour spécialité les fondues et les gros et tendres steaks bien juteux. L'ambiance très «western» fait un peu sourire, mais on se concentre vite sur le contenu de son assiette.

Lake Louise et la Promenade des glaciers

Lake Louise

Lake Louise Village Grill & Bar
$$$
Samson Mall, au centre du village de Lake Louise
☎ (403) 522-3879
Ce restaurant sert, sans façon, des mets chinois et de la cuisine traditionnelle américaine.

Lake Louise Station
$$$
fermé en nov
200 Sentinel Rd.
☎ (403) 522-2600
L'ancienne gare ferroviaire (1884) qui abrite ce restaurant lui confère une atmosphère reposante, avec son décor de bois foncé, de cuir rouge et de cuivre. Le chef de l'établissement prépare une nourriture de pub avec une touche raffinée: le classique hamburger est servi sur pain Kaiser, avec champignons, poivrons rouges, laitue et frites maison. En été, les clients peuvent prendre leur repas à bord d'un authentique wagon couvert attenant à la gare.

Moraine Lake Lodge
$$$$
au bord du lac Moraine
☎ (403) 522-3733
Cet établissement hôtelier abrite un bon restaurant qui vous permettra, tout en dégustant de bons plats, de jouir de la superbe vue du lac et des Ten Peaks qui s'étend sous vos yeux.

Post Hotel
$$$$
au bord de la rivière Pipestone, près de l'auberge de jeunesse
☎ (403) 522-3989
Cet hôtel qui fait partie de l'association Relais & Châteaux abrite un très bon restaurant. Les réservations sont nécessaires car il s'agit d'une des meilleures tables de Lake Louise. Le cadre de l'hôtel est enchanteur (voir p 405).

Fairview Dining Room
$$$$
Fairmont Chateau Lake Louise
☎ (403) 522-3511
Ce restaurant propose une délicieuse cuisine canadienne à tendance internationale dans un décor des plus élégants avec vue sur le lac. Les réservations sont préférables.

Deer Lodge Restaurant
$$$$
près du lac, sur la droite, avant d'arriver au Fairmont Chateau Lake Louise
☎ (403) 522-3747
Le restaurant du Deer Lodge est un bel établissement arborant un décor un peu rustique. Excellente table.

La Promenade des glaciers

Rares sont les endroits où vous pourrez vous restaurer sur ce circuit. Il existe néanmoins quelques petits cafés qui servent des repas légers.

Simpson's Num-Ti-Jah Lodge
$-$$$$
début déc à mi-oct
au bord du lac Bow, à environ 35 km de Lake Louise
☎ (403) 522-2167
La boutique de souvenirs du Num-Ti-Jah Lodge vend des sandwichs, des muffins et des gâteaux. Vous pourrez vous réchauffer dans ce tout petit café en consommant un thé ou une boisson chaude. L'endroit, très touristique, en fait un lieu bondé.

The Crossing
$$
mi-mars à fin oct
au croisement des routes 93 et 11, à 80 km de Lake Louise
☎ (403) 761-7000
Ce motel abrite une assez grande cafétéria où, semble-t-il, tous les voyageurs s'arrêtent. Il en résulte que les lieux sont très fréquentés et qu'il faut parfois attendre longtemps en file avant de pouvoir commander un petit repas.

Becker's Gourmet Restaurant
$$$$
5 km au sud de Jasper
☎ (780) 852-3535
Ce restaurant situé au bord de la rivière Athabasca sert une cuisine traditionnelle tout à fait correcte. Il est cependant regrettable que le décor de la salle à manger soit si impersonnel.

Le parc national de Jasper par la Yellowhead Highway

Hinton et ses environs

Rancher's
$$
438 Smith St., Hill Shopping Centre
☎ (780) 865-9785
Le Rancher's cuisine toutes sortes de pizzas. L'établissement est en général assez fréquenté.

Fireside Lounge
$$
Holiday Inn
☎ (780) 865-3321
Cet établissement est le plus beau et le meilleur restaurant de Hinton.

Greentree Café
$$-$$$
Holiday Inn
☎ (780) 865-3321
Ce café prépare de délicieux petits déjeuners copieux à prix imbattables.

Overlander Mountain Lodge
$$$$
Overlander Mountain Lodge, sur la route de Hinton, prenez à gauche en direction de l'hôtel, 2 km après les guérites de péage de la sortie du parc national de Jasper
☎ (780) 866-2330
Le restaurant de l'Overlander Mountain Lodge est un très bel établissement où l'on vous servira d'excellents mets. Le menu change régulièrement, mais, si vous en avez l'occasion, laissez-vous tenter par les bons plats de poisson ou la spécialité du chef, l'agneau.

Jasper

Coco's Café
$
608 Patricia St.
☎ (780) 852-4550
Le Coco's Café est un petit café qui sert des *bagels*, des sandwichs et des gâteaux au fromage.

Jasper Marketplace Cafe
$
angle Patricia St. et Hazel Ave.
☎ (780) 852-9676
Ce restaurant est un sympathique établissement où l'on vient casser la croûte à toute heure du jour. Repas santé de qualité.

Bear's Paw Bakery
$
Cedar Ave., près de Connaught Dr.
☎ (780) 852-3233
La boulangerie Bear's Paw prépare ses brioches et autres douceurs dès l'aube. On y sert également de bons cafés et des jus. Un bon endroit pour le premier repas de la journée ou pour une collation après une randonnée.

Soft Rock Internet Cafe
$-$$
632 Connaught Dr.
☎ (780) 852-5850
Le Soft Rock Internet Cafe est plus qu'un endroit où envoyer quelques courriels. On y sert en effet de bons et énormes petits déjeuners toute la journée.

Jasper Pizza Place
$$
402 Connaught Dr.
☎ (780) 852-3225
On sert ici des pizzas cuites au four à bois ou au four conventionnel, au choix. Beaucoup de garnitures originales sont disponibles: épinards et feta, à la mexicaine avec *jalapeños*...

Cantonese Restaurant
$$
608 Connaught Dr.
☎ (780) 852-3559
Ce restaurant sert de la cuisine sichuanaise et cantonaise dans un décor typiquement chinois.

Miss Italia Ristorante
$$
610 Patricia St., à l'étage du Patricia Centre Mall
☎ (780) 852-4002
Le Miss Italia Ristorante prépare une cuisine italienne correcte. Le personnel est aimable et empressé.

L&W Restaurant
$$-$$$
angle Hazel Ave. et Patricia St.
☎ (780) 852-4114
Ce restaurant se présente comme un restaurant pour toute la famille. On y sert, entre autres plats, des steaks et des spaghettis dans une belle salle à manger remplie de plantes.

Mount Robson Steakhouse
$$$
Mount Robson Inn
902 Connaught Dr.
☎ (780) 852-3327 ou
800-587-3327
Le Mount Robson Steakhouse, le restaurant familial du **Mount Robson Inn** (voir p 408) propose des steaks (évidemment) ainsi que quelques plats italiens et grecs traditionnels. Le petit déjeuner à l'américaine est aussi très populaire auprès de la population locale.

Denjiro Japanese Restaurant
$$$
410 Connaught Dr.
☎ (780) 852-3780
Le propriétaire et chef du Denjiro, Tsutomu Kurosaki, se spécialise depuis fort longtemps dans la préparation des sushis, tempuras et autres bouchées japonaises. Enseignes extérieures en japonais, choix de tables

ou de banquettes, menu pour les enfants et clientèle éclectique.

D'ed Dog Bar & Grill
$$$
404 Connnaught Dr.
☎ (780) 852-3351
Situé dans un espace plutôt étroit qui s'emplit rapidement, le D'ed Dog offre une ambiance de pub et sert les plats typiques de ce genre d'établissement. Des téléviseurs retransmettent les événements sportifs de l'heure.

Anthony's Restaurant
$$$$
200 Connaught Dr., Amethyst Lodge
☎ (780) 852-3394
Le Anthony's Restaurant se veut un établissement à l'atmosphère détendue. La cuisine traditionnelle se révèle de plus très bonne.

Jasper Inn Restaurant
$$$$
98 Geikie St., Jasper Inn Alpine Resort
☎ (780) 852-3232
Le chef de ce restaurant cuisine les produits de la mer à la perfection. Une bonne table à Jasper.

Le parc national de Kootenay par la vieille Windermere Highway

Parc national de Kootenay

Kootenay Park Lodge Restaurant
$$$
mi-mai à fin sept
42 km au sud de Castle Junction, Hwy. 93
☎ (403) 762-9196

Ce restaurant propose des repas légers en toute simplicité. Ce restaurant étant un peu retiré, au milieu d'un paysage grandiose, vous aurez tout le loisir, après votre repas, de vous promener dans les environs.

Radium Hot Springs

Melting Pot Eatery
$$$
3945 Hwy. 93
☎ (250) 347-9848
Ce restaurant prépare une excellente cuisine fusion.

Invermere

Strands
$$$-$$$$
818 12th St.
☎ (250) 342-6344
Le charmant Strands est l'établissement sur lequel on peut compter pour se payer un excellent dîner à Invermere. Ce restaurant exceptionnel est installé dans un bâtiment historique du village; ses quatre salles à manger intimes de style champêtre sont ornées de vitraux et de lambris en chêne. Le Strands a bonne réputation; donc il est préférable de réserver, surtout qu'il se remplit très vite l'été venu. La cuisine du chef Anthony Wood inclut des plats fusion tels que crevettes polynésiennes et poulet, ou encore steak au poivre de Madagascar et faisan *shiitake*. Bien sûr, le menu change régulièrement, sauf qu'il affiche en permanence le poulet Oscar, une constante géniale: une poitrine de poulet fourrée au crabe et arrosée d'une sauce crémeuse à la moutarde. Des dîners à trois services pour ceux qui s'y attablent tôt (pour 14,95$, quelle aubaine!)

sont offerts entre 17h et 18h.

Fairmont Hot Springs

Mountain Flowers Dining Room
$$$
Fairmont Hot Springs Resort Hwy. 93/95
☎ (250) 345-6311 ou 800-663-4979
Le restaurant du **Fairmont Hot Springs Resort** (voir p 413) saura contenter les clients les plus exigeants. Sa cuisine santé est excellente et le décor de style romain agréable.

De Golden au parc national de Yoho

Golden

ABC Restaurant
$$
1049 route transcanadienne, à l'intérieur du Prestige Mountainside Resort
☎ (250) 344-7661
Le restaurant du Prestige Mountainside Resort apprête la meilleure cuisine de type traditionnelle à Golden.

Golden Village Inn
$$
sur la transcanadienne, à l'entrée de Golden
☎ (250) 439-1188
Le restaurant du Golden Village Inn, juché sur une montagne, est relativement tranquille. La cuisine est acceptable.

Eleven22 Grill and Liquids
$$
1122 10th Ave. S.
☎ (250) 344-2443
Le chef Konan Mar a accroché ses propores œuvres

d'art — il est également un artiste — aux murs de son restaurant. Eleven22 propose une fusion de cuisines asiatique, méditerranéenne et nord-américaine, le tout préparé avec flair. Au menu, on retrouve de tout: du *pad thai* au *jambalaya* en passant par les côtes levées de bison. Menu saisonnier.

Golden Rim Motor Inn
$$$
1416 Golden View Rd.
☎ (250) 344-5056
Cet établissement abrite un petit restaurant plutôt modeste où l'on prépare une cuisine traditionnelle assez simple.

Field

Emerald Lake Lodge
$$$$
☎ (250) 343-6321
Cet établissement possède l'une des meilleures salles à manger des Rocheuses canadiennes. On y sert une cuisine typique de la région alliant certains des mets les plus fins jadis servis à bord des wagons-restaurants du Canadien Pacifique: des plats nourrissants autrefois privilégiés par les guides de montagne, apprêtés à partir de produits locaux tels que baies et gibier. Le décor naturel environnant, tout à fait exceptionnel, contribuera par ailleurs à rendre votre repas mémorable.

Canmore et la Kananaskis Valley

Canmore

Bella Crusta
$
702 Sixth Ave.
☎ (403) 609-3366

Pour le moins sans prétention, le Bella Crusta, avec ses deux simples tables, propose des pointes de pizza et des sandwichs sur *focaccia* (fougasse). Bon endroit pour un déjeuner léger ou un casse-croûte en soirée, le petit resto se prolonge d'une mini-terrasse en été. Ne manquez pas, pendant que vous y êtes, l'amusante reproduction de *La Création d'Adam*, une des fresques que Michel-Ange a peintes sur l'axe de la voûte de la chapelle Sixtine: ici Dieu offre une pointe de pizza à Adam!

Harvest
$
718 10th St.
☎ (403) 678-3747
Chez Harvest, un petit établissement lumineux, le service s'effectue au comptoir, pour d'abordables petits déjeuners ou déjeuners. On y sert aussi bien des croque-monsieur, des œufs, des *bagels* et des cafés de toute sorte que des pâtisseries et des croissants. Le service amical fait du Harvest un restaurant agréable. Soupes et sandwichs sont disponibles ici toute la journée.

The Grizzly Paw
$-$$
622 Main St.
☎ (403) 678-9983
The Grizzly Paw, un pub tout en bois de pin qui brasse sa propre bière, s'affiche sur l'artère commerciale de Canmore. Hamburgers, plats de pâtes, sandwichs, pizzas et salades sont tous populaires au déjeuner. L'établissement est abordable et assez fréquenté, et l'on y offre, pour accompagner la bière, des *potato skins* (pelures de pommes de terre croustillantes), des *nachos* et des biscottes de *focaccia* (fougasse) au

fromage. Vous y trouverez évidemment une bonne sélection de bières en fût.

Summit Café
$-$$
102-1001 Cougar Creek Dr.
☎ (403) 609-2120
Le Summit Café, un restaurant qui prépare des petits déjeuners substantiels comme les *huevos rancheros* et les autres plats d'œufs habituels, se transforme, pour le dîner, en *casa* mexicaine. *Enchiladas*, *fajitas*, *tacos* et *tostados* y sont servis avec du riz à la mexicaine, des haricots noirs, des *tortillas* et de la *salsa* piquante. Les murs arborent des couleurs vives. Durant la journée, le service s'effectue au comptoir, tandis que, le soir, le personnel vous apportera votre Margarita à la table.

Crazyweed Kitchen
$-$$
626 Main St.
☎ (403) 609-2530
Crazy («fou!») est un mot approprié pour désigner ce café à l'heure du déjeuner en semaine, quand il est pratiquement impossible d'y trouver un siège. Le Crazyweed Kitchen est populaire pour ses plats originaux tels que le curry de fruits de mer à la thaïlandaise sur riz au jasmin et les *quesadillas* au saumon fumé. Vous vous y retrouverez peut-être dans une situation de promiscuité le long du comptoir de service qui s'étire devant la cuisine à aire ouverte, mais la bonne nourriture qu'on y offre compense cet inconvénient. Une mini-terrasse estivale comporte quelques sièges de plus.

Zona's
$$-$$$
710 Ninth St.
☎ (403) 609-2000
Zona's se présente comme le restaurant le plus original, et ayant le plus de classe, en ville. Le menu est super, avec ses influences nord-américaines, thaïlandaises, indiennes et mexicaines, tandis que le décor s'avère accueillant. Un DJ, caché dans un coin, fait jouer de la musique douce; les lanternes chinoises sur les tables et la lumière tamisée romantique qui en émane ajoutent à l'ambiance. La spécialité de la maison est un savoureux curry d'agneau marocain à la mélasse, et, si la soupe au miso, copieuse et épicée, est disponible le soir où vous y serez, ne manquez pas d'en commander un bol. Zona's se veut aussi un rendez-vous nocturne, et vous ne vous y ennuierez pas, entouré de la faune locale qui vient aussi bien siroter des martinis que lamper de la bière le jeudi soir.

Bolo Ranchhouse
$$-$$$
838 Main St.
☎ (403) 678-5211
La salle à manger du Bolo Ranchhouse occupe un attrayant réfectoire en rondins de pin, et les fenêtres se doublent de verrières multicolores. Le menu se veut un mélange de mets Canadiana et multiethniques, tel le *vindaloo* (plat indien au curry, très épicé) à l'agneau. Pour un repas gastronomique, vous pourrez vous offrir un bifteck de côte de bison, un gratin de venaison sauce béarnaise ou du poulet *korma*. Pour un repas plus économique, essayez les pizzas ou les pâtes. S'y trouve également un bon pub, prolongé d'une terrasse qui se remplit dès l'arrivée de l'été.

Santa Lucia
$$-$$$
fermé mar
714 Main St.
☎ (403) 678-3414
Ce restaurant se présente comme un petit restaurant italien à l'atmosphère familiale. Les *gnocchis* sont excellents. Vous avez en outre la possibilité de vous faire livrer votre repas à domicile.

Chez François
$$$
attenant à l'hôtel Best Western, 1602 Bow Valley Trail
☎ (403) 678-6111
Le restaurant Chez François est probablement la meilleure table de Canmore. Le chef québécois vous propose une excellente cuisine française dans son restaurant à l'atmosphère chaleureuse.

Kananaskis Valley

Mount Engadine Lodge
$$$$
Spray Lakes Rd.
☎ (403) 678-4080
Le Mount Engadine Lodge propose une table d'hôte intéressante. La cuisine, à l'européenne, est très bonne.

Kananaskis Village

Delta Lodge at Kananaskis
$$$-$$$$$
1 Centennial Rd.
☎ (403) 591-7711 ou 866-432-4322
Les clients du **Delta Lodge at Kananaskis** (voir p 417) peuvent choisir entre six expériences culinaires différentes sans mettre le pied dehors: on y retrouve un restaurant gourmet, une grilladerie plus décontractée, un café-*delicatessen*, un pub-*lounge* et un bistro méditerranéen, en plus du service à l'étage. Le large éventail culinaire, qui va des pâtes végétariennes aux fruits de mer en passant par les grillades de bœuf, saura combler toutes vos envies.

Bistro Wild Flower
$$$$
à l'intérieur du Kananaskis Resort, en plein centre du village
☎ (403) 591-7500
Ce restaurant du Kananaskis Resort est un bon restaurant au décor très simple, mais chaleureux. Le menu est intéressant et la cuisine fort bonne.

Sorties

■ Activités culturelles

Banff

Banff Centre
107 Tunnel Mountain Dr.
☎ (403) 762-6180 ou 800-565-9989
www.banffcentre.ab.ca
Centre culturel réputé, le Banff Centre met à l'affiche des spectacles de ballet classique et contemporain, des pièces de théâtre, des concerts, des expositions de photographie et de céramique, et l'on y organise quelques festivals renommés (voir ci-dessous).

Les Rocheuses - Restaurants - Canmore et la Kananaskis Valley

■ Bars et discothèques

Banff

La vocation essentiellement touristique de la ville de Banff a suscité l'ouverture de plusieurs établissements appelés à divertir les visiteurs. Il y en a pour tous les goûts.

Rundle Lounge
Fairmont Banff Springs, Spray Ave.
☎ (403) 762-6860
Cet hôtel offre des divertissements variés, au gré de vos préférences. Ceux qui recherchent une ambiance feutrée peuvent passer la soirée au Rundle Lounge, où un pianiste joue des airs classiques.

Hoodoo Lounge
137 Banff Ave.
☎ (403) 760-8636
Ce *lounge* installé dans un sous-sol sombre s'avère populaire auprès des jeunes employés saisonniers de Banff. Résultat, c'est un bon endroit où rencontrer des gens du monde entier et battre la mesure avec le DJ ou du hip-hop. La fin de semaine, on demande un léger droit d'entrée.

Rose and Crown
202 Banff Ave.
☎ (403) 762-2121
Ce bar fait vibrer le western dans un décor de pub anglais. Piste de danse, musiens sur scène, jeu de fléchettes et table de billard.

Wild Bill's Legendary Saloon
à l'étage du 201 Banff Ave.
☎ (403) 762-0333
Si vous préférez battre du pied dans un décor authentiquement western, enfilez vos jeans, chaussez vos bottes de cowboy, coiffez votre stetson et dirigez-

vous vers le Wild Bill's Legendary Saloon. Avec un peu de chance, un cowboy amical pourrait même s'offrir à vous enseigner le *two-step*.

Barbary Coast
à l'étage du 119 Banff Ave.
☎ (403) 762-4616
Le Barbary Coast est un endroit chaleureux et accueillant.

King Eddy's Billiards
à l'étage du King Eward Hotel, 137 Banff Ave.
☎ (403) 762-4629
Pour les amateurs de billard.

Buffalo Paddock Lounge & Pub
124 Banff Ave.
☎ (403) 762-7181
Ce bar immense et quelque peu bruyant est aménagé au sous-sol du Mount Royal Hotel.

Loft Lounge at Bumper's Beef House Restaurant
603 Banff Ave.
☎ (403) 762-2622
Cet établissement projette souvent de courtes séquences filmées sur le thème du ski tout en faisant jouer de la musique populaire ou folk.

Lake Louise

À Lake Louise, les soirées se veulent beaucoup plus détendues. Vous y trouverez néanmoins deux établissements fort appréciés de certains oiseaux de nuit.

Explorer's Lounge
Lake Louise Inn, 210 Village Rd.
☎ (403) 522-3791
Le charmant petit Explorer's Lounge se trouve à l'intérieur du Lake Louise Inn. Il s'agit d'un endroit agréable pour prendre un verre tout en écoutant de la musique.

On y sert en outre des plats simples.

Glacier Saloon
Fairmont Chateau Lake Louise
☎ (403) 522-3511
Le Glacier Saloon attire en général une foule jeune et sportive.

Jasper

Vous trouverez à Jasper deux boîtes s'adressant aux amateurs des plus récents succès musicaux: **Pete's on Patricia** *(à l'étage du 614 Patricia St.,* ☎780-852-6262) et l'**Atha-B Pub** *(Athabasca Hotel, 510 Patricia St.,* ☎780-852-3386), qui possèdent toutes deux un bar, disposent d'une piste de danse. Le **Tent City** *(au sous-sol du Fairmont Jasper Park Lodge,* ☎780-852-3301) se veut quant à lui un bon choix pour les amateurs de sport.

Le **Nick's Bar** *(Juniper St., entre Connaught Dr. et Geikie St.,* ☎780-852-4966) projette des séquences de ski acrobatique sur grand écran, de quoi faire rêver tous ceux qui aimeraient bien pouvoir dévaler les pentes avec autant d'adresse. Quelques plats légers sont au menu, et un pianiste divertit la galerie certains soirs.

Les âmes en quête d'un pub à l'anglaise ont ici deux choix: le **Whistle Stop Pub** *(105 Miette Ave.,* ☎780-852-3361), tout indiqué pour une bonne chope et une partie de fléchettes ou de billard au coin du feu, et le **Champs** *(Sawridge Hotel, 82 Connaught Dr.,* ☎780-852-5111), qui propose lui aussi des jeux de fléchettes et des tables de billard.

Les amateurs de musique country peuvent entre autres manger au **Buckles Saloon** *(à l'extrémité ouest de*

Les Rocheuses - Sorties

Connaught Dr., ☎780-852-7074), dont le décor reste fidèle à l'Ouest sauvage canadien. Bière, hamburgers et sandwichs.

Les deux petites salles attenantes de la **Jasper Brewing Co.** *(624 Connaught Dr.,* ☎*780-852-4111)* semblent toujours remplies à capacité. Parmi les bières maison de ce bistro-brasserie, mentionnons la B Hill Pilsner, la Rockhopper Indian Pale Ale et la Union Blonde Ale. On y sert aussi des préparations originales comme le Crown Float (la Stout 6060 combinée au cidre Rock Creek) et le Black Velvet (mélange de Stout 6060 et de champagne).

Radium Hot Springs

Horsethief Creek Pub & Eatery
7538 Main St. E.
☎(250)-347-6400

Golden

Mad Trapper Neighbourhood Pub
1205 Ninth St. S.
☎(250)-344-6661

Canmore

Canmore Hotel
738 Main St.
☎(403) 678-5181
Surnommé *The Ho*, le Canmore Hotel, d'aspect criard, se veut le rendez-vous des résidants du coin. Passez outre le décor... pittoresque? et vous pourrez vous donner du bon temps: vous vous défoulerez en écoutant les groupes rock et punk tout en descendant quelques pintes de bière en fût d'un seul élan.

Bolo Ranchhouse
838 Main St.
☎(403) 678-5211

Montrez patte blanche à l'entrée du Bolo Ranchhouse: c'est ce vieil établissement qui devient la place où prendre un verre au cours de l'été. Sa terrasse est très populaire, et vous pourrez y boire entre autres la bière brassée spécialement pour le Bolo, fabriquée par l'albertaine Big Rock Brewing Company.

The Grizzly Paw Brewing Company
622 Main St.
☎(403) 678-9983
Le Grizzly Paw brasse des bières maison et des sodas frais en petites quantités. Parmi ses concoctions, mentionnons la Randy Goat Pilsner, la Rutting Elk Red et la Grumpy Bear Honey Wheat. Hamburgers, pâtes, *fish and chips* et autres plats typiques de pub sont aussi proposés. Le foyer au gaz et les murs de bois et de galets confèrent une atmosphère chaleureuse à l'établissement.

■ Festivals et événements

Banff

En juillet et en août, le Banff Centre est l'hôte du **Banff Summer Arts Festival** *(☎403-762-6301, www.banffcentre. ca)*, pendant lequel ont lieu des événements culturels et des spectacles qui représentent un large éventail artistique, incluant les arts amérindiens, le journalisme culturel, la danse, la musique, les nouveaux médias, l'opéra, le théâtre et les arts visuels.

Les passionnés de littérature canadienne voudront sûrement être en ville aussi au mois d'octobre pour le **Wordfest** *(☎403-762-6301 ou*

800-413-8368, www.wordfest. com), nom en abrégé du Banff-Calgary International Writers Festival. Plus grand événement littéraire en Alberta, le Wordfest est également le troisième festival de littérature en importance au Canada. Plus de 50 écrivains sont invités chaque année, à Banff même mais aussi à Calgary, pendant les cinq jours qu'il dure.

Finalement, le Banff Centre met aussi à l'affiche le **Banff Mountain Film Festival** *(☎403-762-6301 ou 800-413-8368)* au cours de la première semaine du mois de novembre. Ce festival international met en vedette les meilleurs films du monde sur des thèmes comme la montagne et l'aventure.

■ Achats

■ Divers

Banff

La **Chocolaterie Bernard Callebaut** *(111 Banff Ave., ☎403-762-4106)* fait le bonheur de tous les amateurs de chocolat belge. Ses truffes sont excellentes.

Jasper

Exposures Keith Allen Photography *(Building 54, Stan Wright Industrial Park, ☎780-852-5325)* fait des encadrements sur mesure et dispose d'un vaste assortiment de photos de la région datant des années 1940, y compris des photos inédites de Marilyn Monroe prises au cours du tournage de *Rivière sans retour* (*River of No Return*), filmé à Jasper même.

The **Liquor Hut** *(Jasper Marketplace, angle Patricia St. et Hazel Ave.,* ☎*780-852-1875)* dispose d'un bon choix de vins et de spiritueux.

■ Galeries d'art

Banff

La **Canada House Gallery** *(201 Bear St.,* ☎*403-762-3757)* se révèle très chère, mais le magasin abrite des tableaux, des sculptures et des objets de verre finement ouvragés, toutes d'attrayantes œuvres d'art canadiennes et amérindiennes, et l'on vous laissera avec plaisir jeter un coup d'œil sur les pièces. Dans le même esprit, la **Quest Gallery** et **Very Canada** *(105 Banff Ave.,* ☎*403-762-2722)*, deux boutiques d'artisanat, se trouvent côte à côte. La Quest Gallery a en montre des articles de plus grande valeur et plus intéressants, mais plus chers aussi, que Very Canada.

Lake Louise

Moraine Lake Trading *(juin à oct; Moraine Lake Lodge,* ☎*403-522-2749)* est une petite boutique où vous trouverez des œuvres d'art amérindien et de superbes produits d'importation.

Jasper

Jasper Originals *(15 Fairmont Jasper Park Lodge St., Fairmont Jasper Park Lodge,* ☎*780-852-5378)* vend d'intéressantes œuvres d'art (peintures, sculptures, poteries et bijoux) qui font de charmants cadeaux.

■ Librairies

Lake Louise

Woodruff and Blum Booksellers *(Samson Mall,* ☎*403-522-3842)* possède une excellente collection d'ouvrages illustrés et de guides pratiques sur la randonnée pédestre, l'escalade, la pêche et le canotage dans la région. Vous y trouverez par ailleurs des cartes postales, des disques, des affiches et des cartes topographiques.

Jasper

Beauvert Books *(Fairmont Jasper Park Lodge,* ☎*780-852-4779)* vend de magnifiques recueils de photographies, des journaux et des romans.

■ Souvenirs et cadeaux

Banff

Chez le joaillier **Orca Canada** *(121 Banff Ave.,* ☎*403-762-2888)*, vous aurez sûrement des idées de cadeaux. Nombre de pièces proposées ici, comme dans d'autres bijouteries de la région, renferment de l'ammolite, soit un minéral fossilisé trouvé dans le sol albertain; quoique parfois assez coûteux, ces objets constituent des souvenirs on ne peut plus représentatifs de la région.

A Bit of Banff *(120 Banff Ave.,* ☎*403-762-4996)* vend tous les souvenirs imaginables: cartes postales, affiches, beaux livres sur les Rocheuses, masques amérindiens, sculptures autochtones en «pierre de savon». Soyez toutefois prévenu que ces

dernières ont souvent un prix exorbitant.

La **Luxton Museum Shop** *(Buffalo Nations Luxton Museum, 1 Birch Ave.,* ☎*403-762-2388)*, une petite boutique de cadeaux, vend des œuvres d'art autochtones ainsi que des ouvrages traitant de la culture amérindienne.

La Promenade des glaciers

Le **Sunwapta Falls Resort Gift Shop** *(53 km au sud de Jasper, Hwy. 93,* ☎*780-852-4852)* vend des œuvres d'art amérindiennes telles que couvertures, mocassins et sculptures en «pierre de savon». Parmi les bijoux également en montre dans un coin de la boutique, vous en retrouverez en jade, en lapis-lazuli et en ammonite.

Jasper

Jasper Camera and Gifts *(412 Connaught Dr.,* ☎*780-852-3165)* possède un bon assortiment de livres sur les Rocheuses et des produits Crabtree & Evelyn. Vous y trouverez même des jumelles pour observer la faune de plus près lors de vos excursions en montagne. On y développe les pellicules photographiques.

■ Vêtements et articles de plein air

Banff

L'artère principale de Banff est bordée de comptoirs de souvenirs, de magasins de sport et de boutiques de vêtements de toutes sortes. Les lieux sont entre autres constellés de bijoux, de babioles, d'articles de plein air et de t-shirts.

La **Hudson's Bay Company** *(125 Banff Ave.,* ☎ *403-762-5525)* appartient au plus ancien fabricant de vêtements au Canada, établi depuis 1670, et vend d'ailleurs toujours des vêtements, mais aussi bien d'autres choses encore.

Monod Sports *(129 Banff Ave.,* ☎ *403-762-4571)* est l'endroit tout indiqué pour combler tous vos besoins en matériel de plein air. Vous y trouverez un bel assortiment de bottes de randonnée, mille et un accessoires de camping et même des vêtements.

Réputée à travers le pays pour la qualité de ses articles de cuir, **Roots Canada** *(227 Banff Ave.,* ☎ *403-762-9434)* vend des chaussures, des sacs à main, de magnifiques vestes de cuir ainsi que des vêtements tout confort.

Chez **Lammle's Western Wear & Tack** *(317 Banff Ave., Unit S12, Cascade Plaza,* ☎ *403-760-5460)* on retrouve une large sélection de bottes de cowboy, de vêtements de style western décontractés et de disques de musique country. Après tout, on est bien dans l'Ouest!

Mountain Magic Sportswear and Equipment *(224 Bear St.,* ☎ *403-762-2591)* se présente comme un grand magasin à plusieurs étages où vous trouverez tout l'équipement dont vous aurez besoin pour explorer les Rocheuses. Il dispose entre autres d'un mur d'escalade, sans parler des patins à roues alignées, des kayaks, des vélos, etc.

Hemp and Company *(101-230 Bear St.,* ☎ *760-4402)* propose des vêtements en fibres de chanvre résistantes, comme quoi on trouve de tout à Banff... Ces articles sont haut de gamme, tels les cardigans et les jupes.

Calgary

Circuit A: Le centre-ville
de Calgary

Circuit B: Le long
de la rivière Bow

Circuit C: Le sud-est
et le sud-ouest

Circuit D: Le nord-est
et le nord-ouest

COLOMBIE-BRITANNIQUE

ALBERTA

SASKATCHEWAN

MANITOBA

Accès et déplacements	431
Renseignements utiles	432
Attraits touristiques	433
Parcs	442
Activités de plein air	442
Hébergement	444
Restaurants	450
Sorties	455
Achats	457

Calgary

Florissante métropole de béton et d'acier campée entre les Rocheuses, à l'ouest, et les ranchs des plaines, à l'est, **Calgary** ★★ a toutes les caractéristiques d'une ville de l'Ouest.

Jeune et prospère, elle s'est épanouie avec la fièvre répétée de l'or noir des années 1940, 1950 et 1970, bien que son surnom de *Cowtown* (ville des vaches) témoigne d'un passé tout autre. Car avant le pétrole, il y avait les cowboys et les grands propriétaires terriens; à l'origine, c'est d'ailleurs grâce à une poignée de riches familles d'éleveurs que la ville de Calgary s'est développée.

La région actuelle de Calgary a d'abord attiré l'attention des chasseurs et des commerçants à la suite de la disparition du bison au cours des années 1860. Le commerce illégal des trafiquants de whisky venus des États-Unis faisait généralement des ravages, ce qui provoqua l'intervention dans la région de la police montée du Nord-Ouest. En 1875, après avoir construit le fort Macleod, les forces de l'ordre se rendent plus au nord et construisent un autre fort, cette fois au confluent des rivières Bow et Elbow, le baptisant du nom de Calgary (eaux vives et claires, en gallois). Les premiers colons n'arrivent toutefois qu'avec le chemin de fer: le Canadien Pacifique décide que sa voie ferroviaire franchira les montagnes par le col de Kicking Horse. La gare émerge en 1883, et les plans de la ville sont dressés; 11 ans plus tard, Calgary accède au statut de ville constituée.

Un incendie tragique la rase toutefois presque entièrement en 1886, incitant les urbanistes municipaux à faire adopter un règlement voulant que toute nouvelle construction soit de grès. C'est ainsi que Calgary s'est donnée des airs de grandeur et de pérennité qui demeurent très manifestes à ce jour.

Puis vinrent l'élevage et les ranchs. Le surpâturage des terres américaines et la politique de pâturage à volonté en vigueur au nord de la frontière canado-américaine poussèrent de nombreux propriétaires de ranchs à s'installer dans les plaines fertiles qui entourent Calgary. De riches investisseurs venus de Grande-Bretagne et des États-Unis ne tardèrent pas à s'approprier des terres près de la ville et, une fois de plus, Calgary reprit son essor. Le début du XXe siècle vit croître la population et donna lieu à une forte expansion à peine entravée par la Première Guerre mondiale.

Ce fut ensuite au tour du pétrole de faire mousser l'économie locale. Avec la découverte de pétrole brut à Turner Valley en 1914, Calgary était déjà en voie de devenir une ville moderne. La population grimpa en flèche, et la construction ne cessa de croître tout au long des années 1950, 1960 et 1970. Qui plus est, lorsque la crise mondiale du pétrole fit monter les prix du brut, les multinationales du monde entier déménagèrent leur siège social à Calgary, et, bien que le pétrole fût puisé ailleurs, c'est ici que les transactions se déroulèrent désormais.

Il y a de cela 30 ans maintenant, Robert Kroetsch, un conteur, romancier, poète et critique albertain, décrivait Calgary comme une ville qui rêve de bétail, de pétrole, d'argent et de femmes. À n'en point douter, le bétail, l'argent et le pétrole figurent toujours en tête de liste des priorités locales, et, au fur et à mesure que la ville mûrit, les arts, la culture et les questions environnementales prennent également de l'importance. Les habitants de cette ville se préoccupent au plus haut point de leur qualité de vie, et des parcs urbains, des voies cyclables ainsi qu'une rivière alimentée par un glacier leur rendent les grands espaces on ne peut plus accessibles.

La ville a beaucoup à offrir à ses résidants, et ceux-ci le lui rendent bien. En 1988, ils en furent d'ailleurs récompensés lorsque Calgary fut choisie pour accueillir les Jeux olympiques d'hiver. Après avoir souffert de la chute des cours du pétrole, la ville connaît un nouveau regain de vigueur.

Accès et déplacements

■ En voiture

La plupart des rues de Calgary sont numérotées, et la ville se découpe en quatre quartiers, soit NE (nord-est), NW (nord-ouest), SE (sud-est) et SW (sud-ouest). Il vous semblera sans doute que les urbanistes ont fait preuve de bien peu d'imagination en adoptant un tel découpage, mais accordez-leur qu'il a au moins l'avantage de faciliter l'orientation. Les avenues suivent un axe est-ouest, et les rues, un axe nord-sud. **Centre Street** sépare l'est et l'ouest de la ville, tandis que la rivière Bow en départage le nord du sud.

L'autoroute transcanadienne traverse également la ville, où elle prend le nom de 16th Avenue N. Plusieurs artères importantes ont toutefois un nom plus évocateur, et non seulement elles ne sont pas identifiées par un numéro, mais encore ont-elles l'appellation de *trail* (piste) qui rappelle leur vocation première. Il s'agit de **Macleod Trail**, qui s'éloigne du centre-ville en direction du sud et qui finit par atteindre le fort Macleod, d'où son nom; de **Deerfoot Trail**, qui traverse la ville du nord au sud et fait partie de la route 2; et de **Crowchild Trail**, qui prend la direction du nord-ouest et croise **Bow Trail**, avant de devenir la route 1A.

Le «village de motels» de Calgary se trouve sur 16th Avenue NW, entre 21st Street NW et 24th Street NW.

Location de voitures

National Car Rental
aéroport
☎ (403) 221-1692
2335 78th Ave. NE
☎ (403) 250-1396
114 Fifth Ave. SE
☎ (403) 263-6386

Budget
aéroport
☎ (403) 226-1550 ou 800-267-0505
140 Sixth Ave. SE (centre-ville)
☎ (403) 226-1550 ou 800-267-0505

Avis
aéroport
☎ (403) 221-1700
211 Sixth Ave. SW (centre-ville)
☎ (403) 269-6166 ou 800-879-2847

Thrifty
aéroport
☎ (403) 221-1961
123 Fifth Ave. SE (centre-ville)
☎ (403) 262-4400 ou 800-367-2277

Discount
aéroport
☎ (403) 299-1201
1036 Ninth Ave. SW (centre-ville)
☎ (403) 269-1122 ou 888-412-3733

Hertz
aéroport
☎ (403) 221-2970
The Bay, 227 Sixth Ave. SW (centre-ville)
☎ (403) 221-1300 ou 800-263-0600

Dollar
aéroport
☎ (403) 221-1888

■ En avion

Calgary International Airport

L'aéroport international de Calgary se trouve au nord-est du centre-ville de Calgary; il s'agit du quatrième aéroport en importance au Canada, et vous y trouverez une foule de services: restaurants, centre d'information, lignes téléphoniques directes vers les hôtels, comptoirs de location de voitures des grandes compagnies, bureau de change et agence d'excursions.

Les grandes compagnies aériennes, comme Air Canada, proposent toutes des vols réguliers vers cet aéroport. Les compagnies aériennes régionales desservent aussi l'aéroport international de Calgary.

Une navette transporte les passagers de l'aéroport de Calgary vers les principaux hôtels du centre-ville: l'*Airporter (5h30 à 21h aux demi-heures; 12$ ou 20$ aller-retour ☎403-509-4799 ou 888-438-2992)*. Un taxi vous coûtera autour de 25$ pour le même trajet.

Calgary - Accès et déplacements

■ En train

La société ferroviaire VIA Rail ne dessert pas Calgary. Le train passe plutôt par Edmonton, les deux villes étant reliées par un service d'autocar.

Le seul et unique service ferroviaire offert au départ de Calgary relève des **Rocky Mountaineer Railtours** (☎*403-294-9298 ou 221-8226*).

■ En autocar

Les autocars **Greyhound** couvrent la plus grande partie du territoire albertain. Vous pouvez vous procurer vos billets directement à l'endroit d'où vous voulez partir; aucune réservation n'est possible, mais vous obtiendrez une réduction sur les billets si vous les achetez sept jours à l'avance. Le service est régulier et relativement peu coûteux.

Calgary Greyhound Bus Depot
850 16th St. SW
☎ (403) 260-0877 ou 800-661-8747
www.greyhound.ca
Services: restaurant, consigne automatique, panneau d'information touristique.

Brewster Transportation and Tours
☎ (403) 762-6700 ou 800-661-1152
www.brewster.ca
Brewster Transportation and Tours offre un service en voiture-coach de Calgary à Banff au départ de l'aéroport international de Calgary.

■ Transport en commun

Le transport en commun de Calgary se compose d'un vaste réseau d'autobus et d'un système de transport léger sur rail connu sous le nom de **C-Train**. Il y a trois circuits de C-Train: le *Fish Creek Park*, qui suit Macleod Trail vers le sud jusqu'à Fish Creek-Lacombe, le *Whitehorn*, qui circule vers le nord-est au-delà des limites de la ville, et le *Brentwood*, qui suit Seventh Avenue puis file vers le nord-ouest passé l'University of Calgary.

Les C-Trains sont gratuits au centre-ville. Vous pouvez correspondre d'un autobus à un C-Train; les tickets se vendent 2$ pour un simple trajet et 5,60$ pour un laissez-passer d'une journée. Des livrets de 10 tic-

kets sont aussi offerts dans les dépanneurs au coût de 17,50$. Pour plus de renseignements sur le réseau d'autobus, adressez-vous à la **Calgary Transit** (☎*403-262-1000, www.calgarytransit.com*); pour vous rendre d'un point à un autre, dites simplement où vous êtes et où vous désirez aller, et l'on se fera un plaisir de vous expliquer le trajet.

■ À pied

Un réseau de passerelles couvertes et reliées entre elles permet d'atteindre plusieurs sites touristiques, hôtels et commerces du centre-ville de Calgary. Ce réseau, connu sous le nom de «**+15**», a été construit à 15 m au-dessus du sol. Les galeries marchandes de Seventh Avenue SW sont toutes reliées au réseau, de même que la tour de Calgary, le musée Glenbow et l'hôtel Palliser.

Renseignements utiles

Indicatif régional: *403*

■ Bed and breakfasts

B&B Association of Calgary
P.O. Box 1462, Station M, Calgary, AB, T2P 2L6
☎ (403) 277-0023
🖷 (403) 295-3823
www.bbcalgary.com

■ Bureau de renseignements touristiques

Visitor Centre Calgary
220 Eighth Ave. SW (à l'intérieur du magasin Riley & McCormick)
☎ (403) 263-8510 ou 800-661-1678

■ Internet

Ce ne sont pas les cybercafés qui manquent à Calgary. Généralement, on vous chargera 10$ l'heure pour naviguer sur Internet. Le **Wired Cyber Cafe** (*1032 17th Ave. SW,* ☎*403-244-7070*) est situé tout près du centre-ville.

Attraits touristiques

Le présent chapitre se divise en quatre circuits:

Circuit A: Le centre-ville de Calgary ★★

Circuit B: Le long de la rivière Bow ★★★

Circuit C: Le sud-est et le sud-ouest ★

Circuit D: Le nord-est et le nord-ouest ★

Circuit A: Le centre-ville de Calgary
★★

Nous vous suggérons de commencer votre visite de la ville à la **Calgary Tower** ★★ *(11,95$; en été tlj 7h30 à 22h30, en hiver 9h à 21h; angle Ninth Ave. et Centre St. SW,* ☎*403-266-7171)*, une tour de 55 étages et de 762 marches qui fait 190 m de hauteur. Le point de repère le plus célèbre de la ville offre une vue à couper le souffle, englobant tout à la fois les tours de saut à ski du Canada Olympic Park, le Saddledome et les Rocheuses; il renferme de plus un restaurant tournant. Les photographes noteront que le verre teinté des fenêtres de la plate-forme d'observation donne de belles images.

De l'autre côté de la rue, à l'angle de First Street SE, se dresse l'époustouflant **Glenbow Museum** ★★★ *(12$; tlj 9h à 17h, jeu jusqu'à 21h; 130 Ninth Ave. SE,* ☎*403-268-4100, www. glenbow.org)*. Trois étages de collections permanentes et d'expositions temporaires témoignent dans ce musée de l'histoire passionnante de l'Ouest canadien. On y présente, entre autres, des objets d'art autochtone et contemporain, de même qu'un aperçu des différentes étapes de la colonisation de l'Ouest traitant des Autochtones, de l'arrivée des premiers colons, de la traite des fourrures, de la police montée du Nord-Ouest, des ranchs, du pétrole et de l'agriculture.

Des photographies, des costumes et des objets de la vie quotidienne rappellent les difficultés et les formidables obstacles que durent affronter les premiers habitants de la région. On y présente en détail les peuples indigènes du Canada tout entier ainsi qu'une exposition permanente sur la nation Blackfoot locale. Jetez également un coup d'œil sur le tipi grandeur nature et les minéraux scintillants, autant d'aspects de l'histoire complexe de cette province. Une partie de la collection permanente relate par ailleurs l'histoire des guerriers à travers les âges. On y trouve une intéressante boutique et un café.

Donnant sur Seventh Avenue SE (la rue du C-Train), la **Cathedral Church of the Redeemer** *(lun-ven 11h30 à 13h30; 604 First St. SE,* ☎*403-269-1905)* contraste et illumine de tranquillité le fébrile quartier des affaires. L'édifice d'influence victorienne terminé en 1905 compte de nombreux vitraux. Le silence et la contemplation règnent ici en maître.

Sortez sur Eighth Avenue SE et dirigez-vous vers l'Olympic Plaza et l'hôtel de ville.

Spécialement aménagée pour les cérémonies de remise des médailles lors des Jeux olympiques d'hiver de 1988, l'**Olympic Plaza** ★★★ *(228 Eighth Ave. SE)* constitue un bel exemple des capacités réalisatrices de Calgary. Cette charmante place comporte un grand bassin peu profond qui se transforme en patinoire en hiver; entourée de piliers et de colonnes, elle a presque l'allure d'un temple grec. Dans le parc adjacent, on présente désormais des concerts et des événements spéciaux, sans oublier les amuseurs de rue qui s'y produisent toute l'année et les employés de bureau qui l'envahissent à l'heure du déjeuner. Chacun des piliers du Legacy Wall honore la mémoire d'un médaillé des Jeux, et les pavés portent le nom des personnes qui ont contribué au financement des Jeux en achetant un pavé au coût de 19,88$!

En face de l'Olympic Plaza se trouve l'**hôtel de ville** *(Macleod Trail)*, un des rares exemples encore debout des édifices d'architecture civile monumentale érigés à l'époque faste des Prairies. Construit en 1911, il abrite toujours des bureaux.

Prenez vers l'ouest par Stephen Avenue.

Le **Stephen Avenue Mall** *(Eighth Ave., entre First St. SE et Third St. SW)*, en partie un rendez-vous piétonnier animé et en partie un espace désert peu invitant, incarne merveilleusement bien tous les contrastes qui caractérisent cette métropole vouée à l'élevage. Vous y trouverez des fontaines, des statues, des bancs, des voies pavées, des restaurants et des boutiques. Une bonne partie des devantures placardées et des comptoirs de souvenirs et de t-shirts bon marché qui la caractérisaient sont depuis quelques années rénovés à divers degrés.

Les bâtiments historiques ont été restaurés, et l'on trouve désormais dans ce quartier des galeries d'art, des restaurants haut de gamme et des commerces de luxe, en plus du **Telus Convention Centre** *(120 Ninth Ave. SE, angle First St. SE,* ☎*403-261-8500 ou 800-822-2697).*

Les magnifiques bâtiments de grès qui bordent l'avenue et les commerces qu'ils abritent témoignent certes d'une autre époque; on y trouve toujours un cordonnier à l'ancienne et plusieurs magasins de vêtements et d'accessoires «western». Parmi ces bâtiments, retenons l'**Alberta Hotel**, un lieu très fréquenté aux jours de la Prohibition, mais qui abrite aujourd'hui un restaurant à l'étage et une boutique de vêtements au rez-de-chaussée. D'autres logent des cafés et des galeries d'art à la mode fréquentés par les avocats, les médecins, les hommes d'affaires importants et le tout Calgary.

À l'ouest de First Street SW, vous pouvez accéder au réseau de passerelles «+15» du centre-ville et ainsi observer l'activité des rues avec un certain recul. Les puristes s'empressent de décrier ce réseau de passerelles aériennes couvertes et reliées entre elles, à même de vous conduire à peu près n'importe où, mais il n'en constitue pas moins une brillante solution de rechange aux passages souterrains de plusieurs grandes villes. Quoi qu'il en soit, personne ne se fait prier pour l'emprunter par les froides journées d'hiver, lorsque ses couloirs chauds et clairs deviennent de véritables havres de douceur.

Parmi les imposants édifices que vous croiserez sur votre chemin, retenons le maga-sin à rayons de la Compagnie de la Baie d'Hudson, à l'angle de First Street SW.

Des galeries marchandes reliées entre elles bordent la voie publique à l'ouest de First Street SW, parmi lesquelles se trouvent le Scotia Centre, le Penny Lane, le TD Square, le Bankers Hall et l'Eaton Centre. Même si cette forme d'urbanisme commercial ne fait pas le bonheur de tous, le TD Square recèle une attraction unique en son genre: le plus grand jardin intérieur de l'Alberta, les **Devonian Gardens** ★★ *(entrée libre, dons appréciés; tlj 9h à 21h; 317 Seventh Ave. SW, entre Second St. SW et Third St. SW, niveau 4, TD Square,* ☎*403-221-3782).*

Pour souffler un peu entre deux boutiques, rendez-vous à l'étage, où 1 ha de verdure, de fleurs et d'étangs avec poissons tropicaux vous attend. Baladez-vous le long des sentiers, et profitez des expositions d'art et des spectacles qu'on présente régulièrement ici, loin du béton et de l'acier.

Marchez vers l'ouest sur Eighth Avenue SW. Si la fatigue se fait sentir, vous pouvez prendre gratuitement le LRT sur Seventh Avenue SW jusqu'au bout, puis marchez la distance d'un pâté de maisons jusqu'au Calgary Science Centre, bien que le trajet à pied soit facile et plus intéressant.

La structure de béton d'allure particulière qui se trouve sur 11th Street SW est le **Calgary Science Centre** ★★★ *(12$; juin à août tlj 9h30 à 17h30; sept à mai lun-jeu 10h à 16h, ven-dim 9h30 à 17h; 701 11th St. SW,* ☎*403-268-8300, www.cal garyscience. ca),* un musée fascinant qui saura faire le bonheur des enfants. Des bornes interactives et des projections vidéo y traitent de sujets aussi intéressants que variés.

Le musée comprend en outre un planétarium, un observatoire, un hall des sciences

Calgary - Attraits touristiques - Le centre-ville de Calgary

⭐ **ATTRAITS TOURISTIQUES**

CIRCUIT A: LE CENTRE-VILLE
1. CZ   Calgary Tower
2. CZ   Glenbow Museum
3. CY   Cathedral Church of the Redeemer
4. CY   Olympic Plaza
5. CY   Hôtel de ville
6. BY   Stephen Avenue Mall
7. CZ   Telus Convention Centre
8. BY   Devonian Gardens
9. AY   Calgary Science Centre
10. AY   Mewata Armory

CIRCUIT B: LE LONG DE LA RIVIÈRE BOW
11. BY   Eau Claire Market
12. BX   Prince's Island Park
13. BX   Crescent Road Viewpoint
14. CY   Calgary Chinese Cultural Centre
15. DY   Fort Calgary
16. DZ   Deane House
17. EZ   Calgary Zoo, Botanical Garden & Prehistoric Park

CIRCUIT C: LE SUD-EST ET LE SUD-OUEST
18. CZ   Stampede Park
19. CZ   Saddledome
20. CZ   Grain Academy

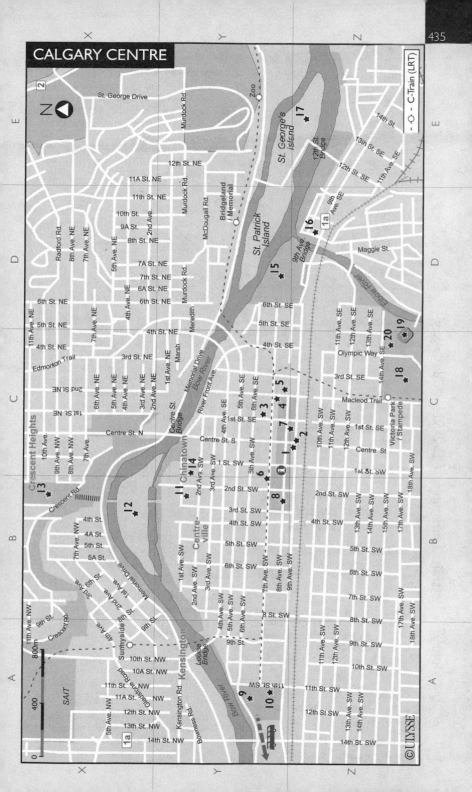

Le lieu de naissance du Bloody Caesar

Peu de gens savent que le Bloody Caesar a été inventé, ici même à Calgary, par un certain Walter Chell en 1969, alors qu'il assurait la gestion des rafraîchissements au Calgary Inn (aujourd'hui devenu le Westin Calgary Hotel). Et non seulement a-t-il imaginé ce désormais célèbre cocktail, mais il a en outre conçu son principal ingrédient, soit un mélange de jus de tomate et de palourdes broyées qu'il baptisa du nom de "Clamato". Les incrédules pourront même vérifier ces dires auprès de la société qui a par la suite breveté le jus en question.

D'autres ont bien tenté de copier, de modifier et même de revendiquer la recette de Chell pour leur propre compte, mais les vrais amateurs de Bloody Caesar savent fort bien qu'il n'est d'autre façon de le préparer qu'en ajoutant à 35 ml de vodka 140 ml de Clamato et trois jets de sauce Worcestershire, et de givrer le rebord du verre d'un mélange de sel et de poivre pour ensuite y plonger une branche de céleri.

et deux salles de spectacle où l'on présente des «mystères» et des séances d'effets spéciaux.

Vers le sud, sur 11th Street SW, apparaît le **Mewata Armory**, un endroit historique qui sert aujourd'hui de siège au King's Own Calgary Regiment et aux Calgary Highlanders. Si vous désirez obtenir plus de renseignements sur l'histoire militaire internationale de Calgary, visitez le **Museum of the Regiments** (voir p 439).

Circuit B: Le long de la rivière Bow
★ ★ ★

Ce circuit, qui débute dans le quartier à la page de Kensington, comporte une charmante promenade le long de la rivière Bow.

Kensington est un quartier branché pour le moins difficile à cerner. Pour bien saisir l'atmosphère «alternative» dont s'imprègnent ses cafés, librairies et boutiques, parcourez Kensington Road entre 10th Street NW et 14th Street NW.

De Kensington, traversez le pont Louise et suivez le trottoir qui longe la rivière Bow jusqu'au marché Eau Claire.

L'**Eau Claire Market** ★ ★ *(sam-mer 10h à 18h, jeu-ven 10h à 20h, dim 12h à 17h; en bordure de* la rivière Bow et du Prince's Island Park, ☎403-264-6450) fait partie de diverses mesures prises par la municipalité pour garder les gens dans le centre-ville après les heures de travail. Ce grand bâtiment abrite des commerces d'alimentation spécialisés proposant fruits et légumes frais, poisson, viande, *bagels* et autres produits de boulangerie, mais aussi des boutiques d'œuvres d'art et d'artisanat local et importé, des magasins de vêtements, des comptoirs de restauration rapide, de bons restaurants et un cinéma.

Le secteur entourant le marché s'est considérablement développé, et vous y trouverez un YMCA, d'ailleurs très beau, de même qu'un grand nombre de copropriétés de yuppies et plusieurs édifices rénovés et transformés en restaurants et en bars. Le fait est qu'il s'agit d'un quartier fort agréable à explorer.

Prenez le Second Street Bridge jusqu'au **Prince's Island Park** ★, un pittoresque espace vert pourvu de sentiers pédestres et de tables de pique-nique. Vous y trouverez en outre l'adorable **River Café** (voir p 453), qui sert un délicieux brunch de fin de semaine. Poursuivez à travers l'île, et prenez le prochain pont jusqu'à la rive nord de la rivière Bow.

Un long escalier mène au **Crescent Road Viewpoint** ★, au sommet du McHugh Bluff, quoiqu'un sentier irrégulier s'ouvrant sur la gauche conduise également au poste d'observation, pour ceux qui préfèrent ne pas gravir les quelque 160 marches de l'escalier. Tout en haut, la vue de la ville se fait grandiose.

Traversez de nouveau Prince's Island et continuez de marcher vers l'est jusqu'aux lions en pierre du Centre Street Bridge. Le quartier chinois de Calgary s'étend au sud.

Tout près apparaît le **Calgary Chinese Cultural Centre** ★★ *(entrée libre; tlj 9h30 à 21h; 197 First St. SW, ☎403-262-5071)*, le centre culturel chinois le plus important du genre au Canada. On a fait venir des artisans de Chine pour concevoir le bâtiment, dont le dôme central s'inspire du Temple du Ciel de Pékin. Quant à la mosaïque complexe, elle représente un étincelant dragon d'or. Le centre abrite par ailleurs une boutique de souvenirs, un musée *(2$; tlj 11h à 17h)*, une galerie d'art et un restaurant.

Le petit **quartier chinois** de Calgary s'étend autour de Centre Street. Bien qu'il ne compte qu'environ 2 000 résidants, les noms de rues écrits en chinois et les kiosques proposant à qui mieux mieux durions, ginseng, litchis et mandarines contribuent à créer une atmosphère pour le moins exotique. Les marchés et les restaurants de ce quartier sont tenus par les descendants d'immigrants chinois venus dans l'Ouest pour travailler à la construction des chemins de fer dans les années 1880.

Bien que la promenade se poursuive le long de la rivière Bow jusqu'au fort Calgary, elle est assez longue. Du Chinatown, rendez-vous donc plutôt sur Seventh Avenue et prenez l'autobus 1 ou 411 jusqu'au fort.

Le **Fort Calgary** ★★★ *(10$; mai à mi-oct, tlj 9h à 17h; 750 Ninth Ave. SE, ☎403-290-1875, www.fortcalgary.com)* fut érigé dans le cadre de la ruée vers l'Ouest (March West), lorsque la police montée du Nord-Ouest intervint afin de mettre un terme aux activités des trafiquants de whisky. Le détachement «F» arriva au confluent des rivières Bow et Elbow en 1875, et choisit d'y établir son campement, soit parce qu'il s'agissait du seul endroit à pouvoir fournir de l'eau propre ou simplement parce que ce point se trouvait à mi-chemin entre le fort Macleod et le fort Saskatchewan.

Aucun vestige du fort Calgary ne subsiste, les structures et les tracés formés par les fondations d'origine qu'on peut aujourd'hui apercevoir sur le site faisant partie d'un projet de fouilles essentiellement entrepris par des volontaires. De fait, le fort ne sera jamais entièrement reconstitué, car un tel ouvrage compromettrait les efforts actuels des archéologues. Un excellent centre d'interprétation aménagé sur les lieux offre d'intéressantes bornes interactives (on y a d'ailleurs inscrit «prière de toucher»), des démonstrations portant sur le travail du bois et une chance unique d'essayer le célèbre uniforme écarlate de la police montée. Des guides amicaux en costumes d'époque animent le site.

Directement en face, de l'autre côté de la rivière Elbow, au-delà du Ninth Avenue Bridge, apparaît la **Deane House** *(lun-sam 11h à 14h, dim 10h à 14h; 806 Ninth Ave. SE, ☎403-269-7747)*, le dernier bâtiment de garnison encore debout. Cette maison a été construite en 1906 pour Richard Burton Deane, commandant du fort Calgary, puis responsable de la prison de Regina au cours de la rébellion de 1885, où il fut le geôlier de Louis Riel. Elle se dressait à l'origine tout près du fort, de l'autre côté de la rivière, et elle a depuis été déplacée à trois reprises. Ayant servi de pension à une certaine époque, puis de siège à une coopérative d'artistes, elle a été rénovée et abrite aujourd'hui l'un des meilleurs salons de thé de la ville (voir p 452).

Prenez le C-Train de Whitehorn dans le centre-ville en direction du nord-est jusqu'à l'entrée nord du zoo de Calgary, ou traversez à pied le 12th Street Bridge, et marchez jusqu'à St. George's Island et l'entrée sud du zoo.

Calgary Zoo, Botanical Garden & Prehistoric Park ★★ *(16$; tlj 9h à 17h; St. George's Island, 1300 Zoo Rd. NE, ☎403-232-9300 ou 232-9372, www.calgaryzoo.org)*. Calgary abrite le second zoo en importance au Canada. Il a ouvert ses portes en 1920 et est réputé pour ses reconstitutions réalistes d'habitats naturels, à l'intérieur desquels vivent désormais environ 300 espèces d'animaux. Le site du zoo est divisé en continents et permet aussi bien de contempler des oiseaux tropicaux que des tigres de Sibérie, des léopards des neiges ou des ours polaires, sans oublier les animaux originaires de la région même. Le Botanical Garden, quant à lui, compte 10 000 spécimens d'arbres et de plantes. Pour sa part, le Prehistoric Park fait revivre le monde des dinosaures grâce à une vingtaine de répliques grandeur nature campées parmi des plantes et des formations rocheuses de la préhistoire albertaine.

Au-delà de ces attraits riverains s'étend un secteur du nom d'**Inglewood**. Des magasins intéressants, et plus particulièrement des boutiques d'antiquités, y bordent Ninth Avenue SE tout juste au-delà de la rivière Elbow.

Circuit C: Le sud-est et le sud-ouest

★

Ce circuit explore le sud immédiat du centre-ville de Calgary, soit un secteur que nous définissons, pour les besoins du présent guide, comme délimité par les voies ferrées du Canadien Pacifique entre Ninth Avenue et 10th Avenue.

Le sud-est de la ville accueille entre autres la zone industrielle de Calgary, mais aussi l'emplacement du «plus grand spectacle extérieur sur terre», le fameux Stampede de Calgary. Là où Ninth Avenue SE rencontre la rivière Bow, se trouve l'**Inglewood Bird Sanctuary** (voir p 442), un bon endroit où flâner et un beau refuge d'oiseaux pour observer l'avifaune.

Quant au sud-ouest, il renferme les beaux quartiers de la ville, dont la plupart dominent la rivière Elbow. Les propriétés et les maisons luxueuses de Mount Royal, entre autres, sont ainsi beaucoup plus vastes que celles des autres secteurs de la ville. La première colonie des environs fut par ailleurs celle du Mission District, établie par des missionnaires catholiques dans les années 1870 et alors connue sous le nom de Rouleauville.

Du centre-ville, prenez le C-Train de Fish Creek-Lacombe en direction sud jusqu'à l'arrêt Victoria Park/Stampede.

À moins que vous ne vous trouviez à Calgary en juillet, à l'époque du célèbre Stampede, il n'y a pas grand-chose à voir au **Stampede Park** *(angle 14th Ave. et Olympic Way SE)*. Si vous êtes en ville en cette période de l'année, dépoussiérez votre stetson, enfourchez votre monture et préparez-vous à passer un très bon moment. Le **Saddledome**, qui mérite d'ailleurs fort bien son nom (dôme en forme de selle), possède le plus grand toit suspendu par câbles au monde, et il s'impose comme un gigantesque témoignage aux racines «cowboys» de la ville.

Il semble que le choix de son nom ait suscité une certaine controverse, quoiqu'on ait du mal à s'imaginer quel autre nom on aurait bien pu lui donner! Il sert de siège à l'équipe locale de la Ligue nationale de hockey, les Flames de Calgary, mais on y organise également des concerts, des congrès et divers événements sportifs. Des visites sont offertes en été (☎403-777-1375).

Le site du parc est aussi celui de la **Grain Academy** ★ *(entrée libre; toute l'année lun-ven 10h à 16h, réservations requises pour les sam; au niveau «+15» du Round-Up Centre, ☎403-263-4594)*, qui retrace l'histoire de la culture des céréales et présente un élévateur de grains de même qu'une voie ferrée vouée au transport des céréales, d'ailleurs toujours en exploitation. Enfin, des courses de pur-sang et des courses sous harnais sont présentées sur les lieux tout au long de l'année, et s'y trouve aussi un casino.

Après avoir visité les installations du Stampede, longez 17th Avenue vers l'ouest, à pied ou en prenant l'autobus 7 à First Street SW. Une fois à l'angle de 17th Avenue SW et de Fourth Street SW, que vous choisissiez de continuer tout droit vers l'ouest ou de bifurquer vers le nord, les cafés, les boutiques et les galeries qui borderont votre route ne manqueront pas de vous captiver.

Continuez par 17th Avenue en voiture ou en autobus (n°2) jusqu'à 24th Street, où se trouve le Naval Museum of Alberta.

Aussi incroyable que cela puisse paraître, le second musée naval en importance au Canada, le **Naval Museum of Alberta** *(5$; début sept à fin juin mar-ven 13h à 17h, sam-dim 10h à 17h; début juil à fin août dim-ven 10h à 17h, sam 10h à 16h; 1820 24th St. SW, ☎403-242-0002)*, se trouve à plus de 1 000 km de l'océan! Il rend hommage aux marins canadiens, tout spécialement à ceux des Prairies. L'histoire de la Marine royale du Canada depuis 1910 revit ici devant nos yeux à travers des photographies, des uniformes et des maquettes, sans oublier de véritables avions de combat.

Pour atteindre le Museum of Regiments, suivez Crowchild Trail à pied vers le sud, ou prenez l'autobus 63.

Le **Museum of the Regiments** *(6$; tlj 9h30 à 16h; 4520 Crowchild Trail SW, ☎403-974-2853)*, le second musée militaire en importance au Canada, a été inauguré par la reine Élizabeth II en 1990. Il rend hommage à quatre régiments: le Lord Strathcona's Horse Regiment, le Princess Patricia's Canadian Light Infantry, le King's Own Calgary Regiment et les Calgary Highlanders. Vous pourrez y admirer des uniformes, des médailles, des photographies et des cartes de batailles célèbres.

Des effets sonores, qu'il s'agisse du bruit saccadé des mitrailleuses ou du fracas lointain des bombes, créent une atmosphère dramatique au cours de la visite du musée. Des chars et des véhicules de transport des troupes d'une autre époque se laissent par ailleurs approcher d'aussi près que vous pouvez le désirer sur les pelouses impeccables tout autour de l'impressionnante structure du musée.

Pour atteindre le Heritage Park, prenez l'autobus 20 sur Crowchild Trail, puis le Heritage Park Shuttle à l'angle de Heritage Drive et 14th Street.

Le **Heritage Park Historical Village** ★★ *(13$; mai à août tlj 9h à 17h; sept, fins de semaine et fêtes 9h à 17h; oct, nov et déc horaire variable; 1900 Heritage Dr. SW, ☎403-268-8500)* occupe un parc de 26 ha en bordure du Glenbow Reservoir. Remontez le temps à travers les rues d'une authentique petite ville de 1910 aux maisons historiques garnies de meubles d'époque, sans oublier les trottoirs de bois, le forgeron, le tipi, la vieille école, le bureau de poste, la divine confiserie et la boulangerie Gilbert and Jay, réputée pour son pain au levain. Les employés du site, en costumes d'époque, jouent du piano

Les rodéos

Les rodéos revêtent un caractère on ne peut plus sérieux en Alberta. Dans certains établissements scolaires, l'enseignement des techniques utilisées par les cowboys fait même partie du programme d'activités sportives au même titre que le football américain et le hockey sur glace. On dénombre essentiellement six événements officiels dans un rodéo. Au cours des épreuves de monte à cru (sans selle ni bride; *bareback riding*), de monte d'un cheval sauvage (avec selle; *saddle bronc riding*) et de monte d'un taureau (*bull riding*), le cowboy doit se maintenir au moins huit secondes sur le dos d'un animal parfaitement obstiné, ne serait-ce que pour se qualifier, après quoi il est jugé en fonction de son style, de son rythme et de sa maîtrise. Pour les deux premières de ces épreuves, l'animal à monter est un cheval, et, dans les trois cas, on place une sangle autour de l'arrière-train de la bête pour la faire ruer. La dernière épreuve est sans contredit la plus enlevante, mettant en vedette des taureaux pesant plus de 815 kg. Au cours de l'épreuve dite du *calf roping*, le cowboy, monté sur son cheval, doit attraper un jeune taureau au lasso, puis courir vers l'animal et lier trois de ses pattes. Il s'agit d'une épreuve contre la montre, le temps enregistré incluant les six secondes finales, au cours desquelles la bête doit demeurer entravée. Ce sont généralement des cowboys de forte stature qui participent à l'épreuve de la mise à bas du taurillon (*steer wrestling*), qui consiste à sauter de cheval sur un taurillon pour l'attraper par les cornes et le faire tournoyer de manière à le renverser au sol. Une fois de plus, le meilleur temps détermine le gagnant. Quant à la course de tonneaux (*barrel racing*), il s'agit de la seule épreuve réservée aux cowgirls; les cavalières doivent contourner le plus rapidement possible trois tonneaux suivant un parcours en trèfle, le renversement d'un tonneau entraînant une pénalité de cinq secondes. D'autres activités secondaires contribuent, avec le clown du rodéo, à divertir la foule entre les épreuves. L'une des plus amusantes, le *mutton busting*, qu'on pourrait librement traduire par «la bringue aux moutons», voit de jeunes vachers attachés à un mouton se faire projeter de part et d'autre de l'enclos.

dans les maisons et recréent les débats des suffragettes faisant valoir les droits des femmes à l'hôtel Wainwright.

D'autres secteurs du parc font renaître une colonie des années 1880, un poste de traite des fourrures, un ranch, une ferme ainsi que l'avènement du chemin de fer. Il ne s'agit pas seulement d'un lieu magique pour les enfants grâce à ses balades à bord d'une locomotive à vapeur et de son navire à aubes sur le bassin, mais encore d'un endroit reposant où il fait bon s'évader de la ville et faire un bon pique-nique. Un petit déjeuner de crêpes (9h à 10h) vous est offert gratuitement à l'achat du billet d'entrée.

Continuez vers le sud par 14th Street SW, et prenez à droite Anderson Road pour atteindre le Tsuu T'ina Museum; vous pouvez également prendre le C-Train de Fish Creek-Lacombe vers le sud jusqu'à la station Anderson puis l'autobus 92 ou 96.

Le **Tsuu T'ina Museum** ★ *(3$; réservations requises; lun-ven 9h à 16h; 3700 Anderson Rd. SW, ☎403-238-2677)* célèbre l'histoire des Tsuu T'ina, une tribu de Sarsis (Sarcees). Tsuu T'ina signifie «grand nombre de personnes», et c'est ainsi que cette tribu amérindienne se désigne elle-même. Pratiquement décimés à plusieurs reprises au cours du XIXᵉ siècle par des maladies apportées par les Européens, les Tsuu T'ina furent déplacés de réserve en réserve pendant de nombreuses années, mais ils ne se laissèrent pas abattre pour autant et finirent par se voir attribuer leur propre réserve aux limites de Calgary en 1881. Ils s'accrochèrent à leurs terres, résistant aux pressions répétées exercées sur eux pour les inciter à les vendre. Certains des objets exposés ont été légués par des familles calgariennes qui avaient coutume de faire du commerce avec cette tribu, dont la communauté s'étend immédiatement à l'ouest du musée. D'autres objets, y compris un tipi et deux coiffures d'apparat des années 1930, proviennent du musée provincial d'Edmonton.

Si vous appréciez les concours hippiques, sans doute n'hésiterez-vous pas à vous rendre plus au sud encore, à **Spruce Meadows** *(18011 Spruce Meadows Way SW, ☎403-974-4200)*. En effet, les plus importants événements équestres y ont lieu au cours des mois de juin, juillet et septembre. Le reste de l'année, les visiteurs sont tout de même invités à jeter un coup d'œil sur les installations.

Circuit D: Le nord-est et le nord-ouest
★

Au nord de la rivière Bow, les plus grands attraits du nord-ouest sont le **Canada Olympic Park** (voir ci-dessous), le **Nose Hill Park** (voir p 442) et le **Bowness Park** (voir p 442); le nord-est s'est développé considérablement ces dernières années et abrite désormais plusieurs hôtels et restaurants, en plus de l'aéroport.

Suivez Bow Trail, Sarcee Trail et 16th Avenue NW en direction du nord-ouest jusqu'au Canada Olympic Park.

Le **Canada Olympic Park** ★★★ *(visites guidées 15$, visites non guidées 10$; tlj; 16th Ave. NW, ☎403-247-5452)*, communément appelé le «COP», a été construit pour les Jeux olympiques d'hiver aux limites ouest de Calgary. C'est ici qu'ont eu lieu en 1988 les compétitions de saut à ski, de bobsleigh, de luge et de descente en ski de style libre, de même que les épreuves pour handicapés, et il s'agit d'installations de niveau mondial aussi bien pour l'entraînement que pour la compétition. On assure l'achalandage des pistes de ski tout l'hiver en fabriquant de la neige artificielle.

Les visiteurs du COP peuvent choisir parmi sept visites guidées différentes, de la simple brochure de promenade autoguidée au Grand Olympic Tour *(15$)*, qui comprend une visite guidée en autocar, une ascension en remonte-pente, la visite du Temple de la renommée olympique et celle de la tour. N'hésitez pas à prendre le car qui vous emmène jusqu'à la plateforme d'observation de la tour de saut à ski de 90 m, visible de tous les points de la ville.

On vous renseignera sur le système de refroidissement, à même de fabriquer 1 250 tonnes de neige et de glace en 24 heures, sur l'équipe de bobsleigh jamaïquaine, sur les tours de saut de 90 m et de 70 m, ainsi que sur la surface de saut plastifiée utilisée en période estivale. Si vous optez pour le car, choisissez un siège du côté gauche pour mieux voir les tours et les pistes.

La **Naturbahn Teahouse** *(☎403-247-5465)* occupe l'ancienne loge de départ des compétitions de luge; des délices sucrés et un somptueux brunch du dimanche y feront votre bonheur, à condition toutefois que

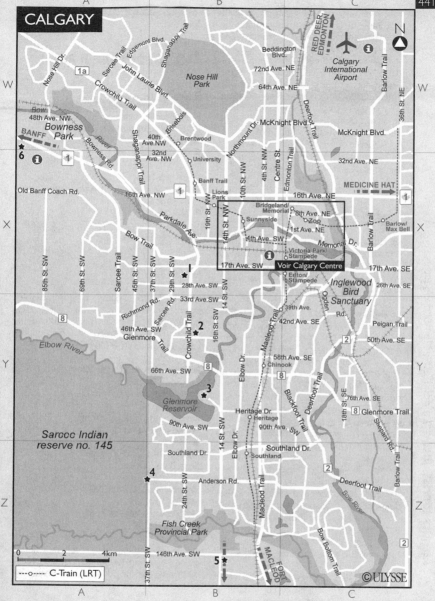

CALGARY

★ **ATTRAITS TOURISTIQUES**

CIRCUIT C: LE SUD-EST ET LE SUD-OUEST
1. BX   Naval Museum of Alberta
2. BY   Museum of the Regiments
3. BY   Heritage Park Historical Village
4. BZ   Tsuu T'ina Museum
5. BZ   Spruce Meadows

CIRCUIT D: LE NORD-EST ET LE NORD-OUEST
6. AW   Canada Olympic Park

vous ayez pris le soin de réserver à l'avance. Le Temple de la renommée olympique, ou **Olympic Hall of Fame** *(droit d'entrée inclus dans l'achat du billet pour une visite non guidée; mi-mai à début sept tlj 8h à 21h, début sept à mi-mai 10h à 17h)* s'impose comme le plus grand musée consacré aux Jeux olympiques en Amérique du Nord. On y présente toute l'histoire des Jeux au moyen d'expositions, de projections vidéo, de costumes et d'objets divers, sans oublier un simulateur de bobsleigh et de saut à ski. Vous trouverez un bureau d'information touristique et une boutique de souvenirs à l'entrée.

Parcs

Le **Prince's Island Park** se trouve de l'autre côté du pont de Third Street SW. Il s'agit d'un petit havre de paix, tout indiqué pour un pique-nique ou un jogging matinal à deux pas du centre-ville.

Le **Fish Creek Provincial Park** *(de 37th St. W. à la rivière Bow)* s'étend au sud de la ville. Prenez Macleod Trail vers le sud, et tournez à gauche dans le Canyon Meadows Drive, puis à droite dans le Bow Bottom Trail, où se trouve le centre d'information du parc *(☎403-297-5293)*. Vous y trouverez des sentiers revêtus ou non qu'empruntent marcheurs, joggeurs et cyclistes à travers des massifs de trembles et d'épinettes, des prairies et des plaines inondables parsemées de peupliers et de saules. Le parc regorge de fleurs sauvages, de cerfs-mulets, de cerfs de Virginie et de coyotes. Un sentier d'interprétation, un lac artificiel bordé d'une plage, un terrain de jeu et des aires de pique-nique ne sont que quelques-unes des installations dont il est doté. La pêche y est exceptionnelle, et vous pouvez être à peu près sûr de prendre du poisson. On loue également des chevaux sur place.

Le **Bowness Park** *(en retrait de 85th St., angle 48th Ave. NW)* a toujours été l'un des lieux d'évasion favoris des Calgariens. En été, vous pourrez vous relaxer autour de ses jolies lagunes qui, l'hiver venu, deviennent les plus grandes patinoires de la ville.

Plus grand parc urbain au Canada, le **Nose Hill Park** *(en retrait de 14th St., entre John Laurie Blvd. et Berkshire Blvd. NW)* possède une superficie de 1 127 ha. Cette colline balayée par les vents, couverte d'herbes indigènes et de quelques buissons, s'élève à 230 m

et se voit sillonnée de jolis sentiers de randonnée.

Activités de plein air

■ Golf

Maple Ridge Golf Course
34$ lun-ven, 36$ sam-dim pour 18 trous
1240 Mapleglade Dr. SE
☎(403) 974-1825

Shaganappi Point
34$ lun-ven, 36$ sam-dim pour 18 trous
1200 26th St. SW
☎(403) 974-1810

Lakeview Golf Course
13$ pour 9 trous
5840 19th St. SW
☎(403) 974-1815

Ces trois parcours comptent parmi les plus beaux golfs municipaux de Calgary. Les heures de départ pour tous les golfs de la ville peuvent être réservées jusqu'à quatre jours à l'avance au ☎(403) 221-3510.

Heritage Pointe Golf Country Club
110$ pour 18 trous
Heritage Pointe Dr.
☎(403) 256-2002
Réservé au golfeur raffiné, le Heritage Pointe Golf Country Club, situé à environ 10 min au sud de la ville, comporte 27 trous et offre l'un des meilleurs parcours de golf au Canada.

McKenzie Meadows Golf Club
50-56 pour 18 trous
17215 McKenzie Meadows Dr. SE
☎(403) 257-2255
S'étendant au sud-est de la ville, le McKenzie Meadows Golf Club, bien qu'y jouer coûte beaucoup moins cher qu'au précédent, propose quand même un beau parcours.

■ Observation des oiseaux

L'**Inglewood Bird Sanctuary** *(dons acceptés; mai à fin sept tlj 10h à 17h, oct à fin avr mar-dim 10h à 16h; 2425 Ninth Ave. SE, ☎403-221-4500)* est une bande riveraine de 32 ha où l'on a dénombré plus de 250 espèces d'oiseaux au fil des ans. Un centre d'interprétation vous y renseigne sur les espèces évoluant ici et sur les autres représentants de la faune calgarienne. Les sentiers sont ouverts tous les jours, du lever au coucher du soleil.

■ Patin à glace

Olympic Oval
4,75$
University of Calgary, 2500 University Dr. NW
☎ (403) 220-7890

Si vous vous sentez attiré par une patinoire olympique, prenez plutôt la direction de l'Olympic Oval de Calgary. Cette installation de niveau international, créée pour les Jeux d'hiver de 1988, sert aussi de lieu d'entraînement. Les heures d'ouverture au public varient, mais vous pourrez généralement vous y rendre entre midi et 13h ou en soirée. Toutefois il serait toujours plus sage de téléphoner avant de se déplacer.

Pour le patin extérieur, rien ne bat les lagunes gelées du Bowness Park.

■ Randonnée pédestre

Le réseau de voies pédestres de Calgary est très étendu. Il y a des chemins balisés tout le long de la rivière Bow, de la rivière Elbow et du Nose Creek, autour du Glenmore Reservoir et à l'intérieur du Nose Hill Park.

Calgary - Activités de plein air

Hébergement

Bon nombre d'hôtels et de motels de Calgary pratiquent deux tarifs: l'un durant la période du Stampede et l'autre le reste de l'année. La différence entre les deux peut parfois être marquée. La fin de semaine, les tarifs sont plus bas qu'en semaine dans plusieurs hôtels, car les gens d'affaires faisant partie de corporations y logent du lundi au vendredi.

La **Bed and Breakfast Association of Calgary** (☎403-277-0023) peut vous aider à vous loger dans un des quelque 40 *bed and breakfasts* de la ville.

- - - - - - - - - - - - - - - -

Le centre-ville de Calgary

Calgary City Centre Hostel
$
520 Seventh Ave. SE
☎ (403) 269-8239 ou
866-762-4122
▤ (403) 286-6503

www.hihostels.ca
La Calgary International Hostel peut loger jusqu'à 100 personnes dans ses chambres de type dortoir. Trois chambres familiales sont aussi disponibles en hiver. Vous aurez accès à la salle de lavage et aux cuisines, de même qu'à une salle de jeu et à un casse-croûte. Cette auberge bénéficie d'un emplacement avantageux, à deux rues à l'est de l'hôtel de ville et de l'Olympic Plaza. Réservations recommandées.

L'auberge de jeunesse est située à deux pas du centre-ville, mais aussi dans un quartier plutôt lugubre quoique sans risque. Si l'auberge est remplie à pleine capacité, vous pourrez choisir un des hôtels du coin pour vous dépanner. Cependant, soyez averti que ces endroits sont loin d'être sympathiques et qu'ils ne rendront service qu'à votre porte-monnaie.

Regis Plaza Hotel
$$
124 Seventh Ave. SE
☎ (403) 262-4641

▤ (403) 262-1125
Avec le Regis Plaza Hotel, on entre dans une catégorie supérieure. Les 40 chambres sont de bonne dimension, les lits sont confortables, et le décor est soigné.

The Palliser
$$$-$$$$$
🛏, ≡, 🛁, ♨, ✖, ♟, ♒
133 Ninth Ave. SW
☎ (403) 262-1234 ou
800-441-1414
▤ (403) 260-1260
www.fairmont.com
The Palliser propose un hébergement des plus distingués selon la tradition du Canadien Pacifique. Cet hôtel a été construit en 1914, et son vaste hall, qui a été rénové en 1997, a conservé son escalier de marbre original, ses portes en laiton massif et son superbe lustre à l'ancienne. Les chambres se révèlent un peu exiguës, mais elles n'en possèdent pas moins de hauts plafonds, et leur décoration classique est magnifique.

▲ HÉBERGEMENT

1.	CY	Calgary City Centre Hostel
2.	CZ	Calgary Marriott Hotel
3.	DZ	City Centre Riverpath Bed & Breakfast
4.	BY	Hawthorn Hotel & Suites
5.	CY	Hyatt Regency Calgary
6.	DZ	Inglewood Bed & Breakfast
7.	CZ	The Palliser (R)
8.	CY	Regis Plaza Hotel
9.	AY	River Wynde Bed & Breakfast
10.	BY	Sandman Hotel
11.	BY	Sheraton Suites Eau Claire
12.	BZ	Tumble Inn
13.	BY	The Westin Calgary

(R) établissement avec restaurant décrit

● RESTAURANTS

1.	BY	The 1886 Café
2.	BY	The Barley Mill
3.	CY	Bombay House
4.	BZ	Brava Bistro
5.	BY	Buchanan's
6.	BY	Caesar's Steakhouse
7.	BY	La Caille on the Bow
8.	BZ	Cannery Row
9.	CY	Catch
10.	BZ	Cilantro
11.	DZ	Deane House Restaurant
12.	BZ	Fiore Cantina
13.	AZ	Galaxie Diner
14.	BY	Good Earth Café
15.	AX	Heartland Café
16.	BY	Hy's Steakhouse
17.	BZ	The King & I Thai Restaurant
18.	BZ	Latin Corner
19.	AY	Marathon
20.	BZ	The Mongolie Grill
21.	AZ	Moti Mahal Restaurant
22.	BZ	Nellie's Kitchen
23.	BY	Old Spaghetti Factory
24.	BY	Owl's Nest
25.	BX	The River Café
26.	CY	Rose Garden Thai Restaurant
27.	CY	The Silver Dragon
28.	BZ	Sukiyaki House
29.	AZ	The Sultan's Tent
30.	BY	Sumo Lounge
31.	CY	Teatro
32.	BZ	Thai Sa-on
33.	AY	The Verve Restaurant & Martini Bar in Kensington
34.	CY	The Verve Restaurant on Stephen Avenue
35.	AX	Wayne's Bagels
36.	BZ	Wicked Wedge Pizza Co.
37.	AZ	Wired Cyber Café

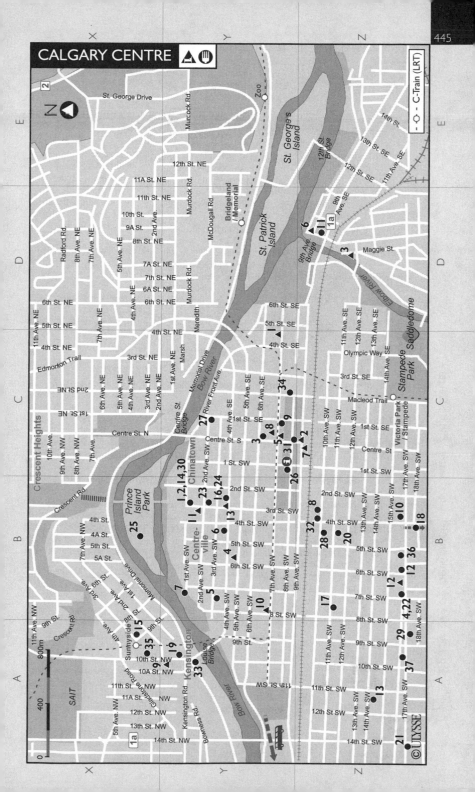

Calgary Marriott Hotel

$$$-$$$$$

≡, ⇆, ≋, ⍵, ⫸, ◎

110 Ninth Ave. SE

☎ (403) 266-7331 ou
800-896-6878

🖷 (403) 269-1961

www.calgarymarriott.com

En face du Palliser (voir ci-dessus) se dresse le Calgary Marriott Hotel, un établissement pour gens d'affaires qui s'impose comme le plus grand de tous les hôtels du centre-ville. Ses chambres spacieuses sont colorées de tons chauds et confortablement meublées.

Hyatt Regency Calgary

$$$$-$$$$$

≡, ◎, ⇆, ❄, ≋, ⅄, ⫸, ⍵

700 Centre St. S.

☎ (403) 717-1234 ou
800-233-1234

🖷 (403) 537-4444

www.hyatt.com

Le Hyatt Regency Calgary, axé sur les services, a ouvert ses portes au mois de mai 2000, et les 355 chambres de l'établissement sont réparties sur 25 étages. Il bénéficie d'un emplacement de choix, juste en retrait de la grouillante Stephen Avenue, quoique ce nouvel édifice moderne contraste un peu avec les vieux moellons de grès de Calgary. Chambres et suites sont ici disponibles, et le personnel nombreux de l'hôtel prendra soin de vous à tout moment. Le Hyatt Regency Calgary affiche sur ses murs une grande collection originale d'œuvres d'art de l'Ouest canadien.

Le long de la rivière Bow

City Centre Riverpath Bed & Breakfast

$$ pdj

bp/bc, ◎

1011 Maggie St. SE

☎ (403) 228-6167

www.riverpath.ca

Ce n'est pas le traditionnel gîte victorien, mais le City Centre Riverpath se veut un bon choix d'établissement pour les cyclistes et pour tous ceux qui surveillent leur budget de près et qui souhaitent se loger en retrait du centre-ville. Située à seulement 5 min d'Inglewood et à 15 min du centre-ville, cette grande résidence brun roux arbore des planchers de bois dur et affiche un aspect contemporain. Les hauts lits de bois s'avèrent intéressants, tout comme l'est la vue qu'on y a de la ville. Le Riverpath se trouve à quelques minutes du vaste réseau de pistes cyclables de Calgary, et il y a même possibilité d'y emprunter des vélos.

River Wynde Bed & Breakfast

$$-$$$ pdj

⚲, bc

220 10A St. NW

☎/🖷 (403) 270-8448

www.riverwynde.ca

Le River Wynde, installé dans une belle vieille demeure victorienne de style cottage, se trouve juste derrière la branchée Kensington Road et près de l'arrêt «Sunnyside» du C-Train. La petite Sun Room, comme son nom l'indique, s'avère lumineuse avec ses murs saumon et ses briques rouges. L'Earth Room se révèle l'option la moins chère, à 90$ par nuitée. La charmante Forest Room arbore des tons terreux et se prolonge d'un balcon équipé. La rue se veut paisible, vu que les véhicules n'y ont pas vraiment d'accès direct, et le quartier de Kensington est probablement le secteur le plus sympathique de la ville où loger.

Inglewood Bed & Breakfast

$$-$$$ pdj

1006 8th Ave. SE

☎/🖷 (403) 262-6570

www.inglewoodbedandbreakfast.com

L'une des nombreuses options proposées par la Bed & Breakfast Association of Calgary est l'Inglewood Bed & Breakfast. Non loin du centre-ville, cette charmante maison victorienne se trouve à proximité du réseau de sentiers de la rivière Bow. Le petit déjeuner est préparé par le chef Valinda.

Hawthorn Hotel & Suites

$$$ pdj

⚲⚲, ≡, ⇆, ⬤, ∆, ⫸, ⍵, ≋

618 Fifth Ave. SW

☎ (403) 263-0520 ou
800-661-1592

🖷 (403) 298-4888

www.hawthorncalgary.com

Les tarifs dégressifs hebdomadaires et les prix réduits pour entreprises et groupes du Hawthorn Hotel & Suites, qui ne loue que des suites, font probablement de cet établissement le moins cher de tous ceux qui se trouvent directement dans le centre-ville. Qui plus est, les cuisines tout équipées permettent de réaliser des économies supplémentaires.

Sandman Hotel

$$$

≡, ⇆, ≋, ⫸, ◎

888 Seventh Ave. SW

☎ (403) 237-8626 ou
800-726-3626

🖷 (403) 290-1238

www.sandmanhotels.com

Les voyageurs à la recherche de nombreux services et de chambres de qualité devraient songer au Sandman Hotel. Le stationnement chauffé et le service de repas aux chambres peuvent s'avérer des atouts.

The Westin Calgary
$$$-$$$$

≡, ≋, 🛥, ◎, 〰, 🛬, ✋

320 Fourth Avenue SW
☎ (403) 266-1611 ou
800-937-8461
🖶 (403) 233-7471
www.westincalgary.com

Air conditionné, piscine, centre de conditionnement physique, sauna, animaux, restaurant

À deux rues du marché Eau Claire, le Westin Calgary jouit d'un emplacement idéal pour explorer la ville. Certaines des chambres de cet hôtel moderne donnent sur la rivière Bow. Les forfaits Bed & Breakfast, Shopping ou encore Fun in the city permettent aux visiteurs d'occuper de très belles chambres à prix réduits, et ce, pour un séjour de deux à quatre nuitées, le petit déjeuner et des bons d'achat étant souvent inclus dans le prix de ces forfaits.

Sheraton Suites Eau Claire
$$$-$$$$$

≡, 🛥, ✋, ≋, ✙, ◎, ●, 🛬

255 Barclay Parade SW
☎ (403) 266-7200 ou
888-784-8370
🖶 (403) 266-1300
www.sheratonsuites.com

Le Sheraton Suites, au hall lumineux avec ses verrières, se trouve à seulement quelques minutes du marché Eau Claire. Les suites spacieuses renferment un secrétaire et comportent un petit coin cuisine pourvu d'un évier et d'un micro ondes. Ceux qui voudraient travailler pendant leur séjour trouveront un accès à Internet haute vitesse dans les chambres et un centre d'affaires. Les enfants profiteront de la glissade d'eau qui se jette dans la piscine.

Le sud-est et le sud-ouest

Le sud-est

Blackfoot Inn
$$$-$$$$

≡, 🛬, 🛥, ≋, ✙, ✋, 〰

5940 Blackfoot Trail SE
☎ (403) 252-2253 ou
800-661-1151
🖶 (403) 252-3574
www.blackfootinn.com

L'extérieur du Blackfoot Inn, un établissement indépendant, s'avère plutôt affreux, mais, une fois que vous serez à l'intérieur, vous y verrez un hall arborant une belle maçonnerie et un foyer au feu clair invitant à la découverte de cet hôtel agréable. Du fait qu'il est indépendant, le Blackfoot se doit d'offrir un excellent service pour concurrencer les nombreuses chaînes d'hôtels qui sont établies à Calgary, c'est pourquoi vous serez très bien traité pendant votre séjour ici. Yuk Yuk's, un cabaret qui présente des humoristes de renommée internationale, se trouve en ses murs.

Le sud-ouest

Tumble Inn
$$ pdj
mai à sept
bc
1507 Sixth St. SW
☎ (403) 228-6167

Quand l'auberge de jeunesse est complète, on envoie les gens au Tumble Inn, l'établissement d'Arlene Roberge aménagé dans une maison victorienne juste en retrait de 17th Avenue SW. Le rapport qualité/prix s'avère excellent ici – une nuitée y coûte seulement 60$, et la maison est merveilleusement située, dans un secteur branché à faible distance de marche du centre-ville. Vous y aurez le choix entre trois chambres confortables, et la salle de bain dispose d'une belle baignoire à pieds-de-biche. Arlene parle aussi bien l'anglais que le français.

Best Western Calgary Centre Inn
$$$ pdj
≡, ◎, 🛥, ≋
3630 Macleod Trail S.
☎ (403) 287-3900 ou
877-287-3900
🖶 (403) 287-3906

Le nom en est quelque peu trompeur, car le Best Western Calgary Centre Inn est situé à 5 min de route au sud du centre-ville de Calgary. L'hôtel fut inauguré en 1999, c'est pourquoi le mobilier et le décor se trouvent encore en bon état, sans parler de l'excellent service. Vu qu'il se dresse sur le passant MacLeod Trail, choisissez une chambre sur la face est du bâtiment. En raison de son petit déjeuner-buffet continental et ses bons tarifs, cet établissement est une bonne aubaine.

Elbow River Manor Bed & Breakfast
$$$-$$$$$ pdj
bc/bp, ✷
2511 Fifth St. SW
☎ (403) 802-0799 ou
866-802-0798
🖶 (403) 547-9151
www.elbowrivermanor.com

L'Elbow River Manor, un magnifique établissement, comporte trois chambres regardant vers la petite et sinueuse rivière Elbow. Si les *bed and breakfasts* ne sont pas si nombreux dans cette ville, cet établissement est néanmoins la crème des B&B à Calgary. La maison a fait l'objet de travaux de restauration qui lui font revivre ses beaux jours de 1910: on y a mis en évidence les boiseries originales, sans oublier les plafonds anciens à caissons décorés. L'ensemble fait penser à une résidence branchée de Cape Cod avec son assemblage à clins de cèdre pourpres et ses cadres de fenêtres jaune vif. Les chambres d'hôte arborent des planchers de bois dur, et certaines renferment même un lit à baldaquin. Le «loft», qui se loue pour 165$ par nuitée, dispose d'une table de billard et d'une baignoire à pieds-de-biche.

Le nord-est et le nord-ouest

Le nord-est (environs de l'aéroport)

Country Inn & Suites
$$$ pdj

≡, 🛏, ≋

2481 39th Ave. NE
☎ (403) 250-1800 ou
800-456-4000
🖥 (403) 250-2121

Le Country Inn & Suites s'avère le meilleur hôtel d'aéroport à Calgary, en plus d'être habillé de chaleureux tissus imprimés à grands motifs de fleurs et orné d'un décor tout en bois. L'établissement s'avère aussi charmant qu'abordable, autant qu'un hôtel axé sur les services peut l'être, et il n'est pas du tout collet monté. Les lits sont très confortables, et, comme vous vous en seriez peut-être douté, les chambres et les 60 suites arborent un style champêtre.

Greenwood Inn
$$$

≡, 🚗, 🛏, ≋, ❄, 🍴, 〰

3515 26th St. NE
☎ (403) 250-8855 ou
888-233-6730
🖥 (403) 250-8050
www.greenwoodinn.ca

Le gîte de charme qu'est le Greenwood Inn procure une sensation de confort. En plus de leur prix abordable à longueur d'année (139$ par nuitée), les chambres s'avèrent attrayantes avec leur décor en bois foncé et sont d'une propreté exemplaire. La 26th Street est parallèle au Barlow Trail.

Coast Plaza Hotel
$$$

≡, 🚗, ◎, 🛏, ≋, 🍴, 〰

1316 33rd St. NE
☎ (403) 248-8888 ou
800-663-1144
🖥 (403) 248-0749
www.calgaryplaza.com

Le Coast Plaza Hotel offre un luxe suprême près de l'aéroport et à deux pas du C-Train. Les 248 chambres sont spacieuses et confortables, et le service est irréprochable.

Executive Royal Inn
$$$

≡, ◎, 🛏, 🍴, 🍴, 〰, 🚗, ❄

2828 23rd St. NE
☎ (403) 291-2003 ou
877-769-2562
🖥 (403) 291-2019

Un hall à dôme éclairé par la voûte céleste et des couloirs revêtus de pierres ne sont que quelques-unes des particularités de l'Executive Royal Inn, peut-être l'établissement qui affiche les meilleurs tarifs de tous les hôtels d'aéroport à Calgary. Un léger esprit champêtre enveloppe ses 200 chambres. Vous y trouverez une foule de services, sans compter la navette gratuite qui fait l'aller-retour entre l'hôtel et l'aéroport.

Best Western Port O' Call Inn
$$$$

≡, ◎, 🛏, ≋, 🍴, 〰

1935 McKnight Blvd. NE
☎ (403) 291-4600 ou
800-661-1161
🖥 (403) 250-6827
www.bestwesternportocall.com

Ce Best Western a été rénové en l'an 2000, aussi les chambres et les couloirs ont-ils une apparence neuve. Les 201 chambres de l'établissement disposent de grands ou très grands lits, de même que les trois suites principales. Les chambres standards arborent des tons terreux. Un autobus fait la navette entre l'hôtel et l'aéroport 24 heures sur 24, et une salle de racquetball s'y trouve.

Le nord-ouest (Motel Village)

Le «village de motels» de Calgary est pour le moins unique; vous y trouverez des centres de location de voitures, d'innombrables motels et hôtels, des comptoirs de restauration rapide, des restaurants de type familial et la station Banff Trail du C-Train. La majorité des lieux d'hébergement se ressemblent, mais les plus chers sont généralement aussi plus neufs, sans compter qu'ils possèdent des installations plus complètes. Retenez enfin que la plupart des établissements augmentent considérablement leurs tarifs durant la semaine du Stampede.

Université de Calgary
$-$$

👣, 🍴, bc/bp

2500 University Drive NW
☎ (403) 220-3203
www.ucalgary.ca/residence

Une option peu coûteuse, quoique valable en été seulement, consiste à loger dans les résidences d'étu-

Plaisirs d'autrefois en famille à Fort Saskatchewan en Alberta.
Travel Alberta

En Alberta, le long du Hoodoo Trail, sentier d'observation des spectaculaires cheminées des fées.
Travel Alberta

Le parc national Wood Buffalo aux confins septentrionaux de l'Alberta.
Travel Alberta

Des aurores boréales illuminant le ciel albertain de Fort McMurray.
Travel Alberta

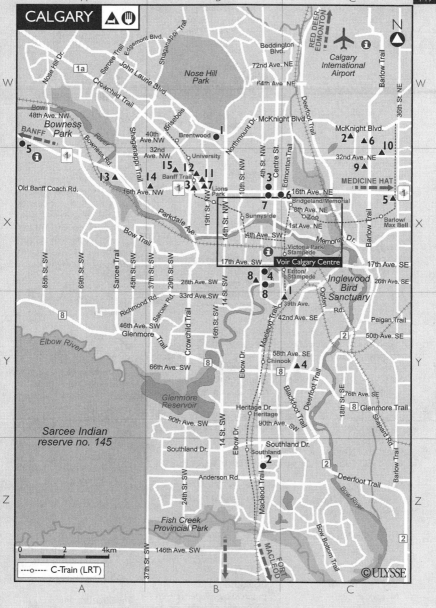

CALGARY

N

Nose Hill Park

Bowness Park

BANFF

Calgary International Airport

MEDICINE HAT

Inglewood Bird Sanctuary

Glenmore Reservoir

Sarcee Indian reserve no. 145

Fish Creek Provincial Park

Voir Calgary Centre

0   2   4km

---o--- C-Train (LRT)

©ULYSSE

▲ HÉBERGEMENT

1. CY Best Western Calgary Centre Inn
2. CW Best Western Port O' Call Inn
3. BX Best Western Village Park Inn
4. CY Blackfoot Inn
5. CX Coast Plaza Hotel
6. CW Country Inn & Suites
7. BX Econo Lodge Inn & Suites University
8. BX Elbow River Manor Bed & Breakfast
9. CX Executive Royal Inn
10. CX Greenwood Inn
11. BX Holiday Inn Express
12. BX Quality Inn University
13. AX Red Carpet Inn
14. BX Sweet Dreams and Scones Bed & Breakfast
15. BX Université de Calgary

● RESTAURANTS

1. BW Blue House Café
2. BZ Caesar's Steakhouse
3. BX Mamma's Ristorante
4. BX The Mission Verve
5. AW The Naturbahn Teahouse
6. BX Peter's Drive-In
7. BX Pho Kim/Kim's Vietnamese Noodle House
8. BX Wildwood Grill

diants de l'université de Calgary.

Red Carpet Inn
$$
≡, ❋
4635 16th Ave. NW
☎ (403) 286-5111
🖷 (403) 247-9239
www.ctdmotels.com/redcarpet
inn/
Le Red Carpet Inn présente un des meilleurs rapports qualité/prix du Motel Village. Certaines suites disposent d'un petit réfrigérateur.

Sweet Dreams and Scones Bed & Breakfast
$$-$$$ pdj
2443 Uxbridge Dr. NW
☎ (403) 289-7004
www.sweetdreamsandscones.com
La propriétaire Karen McLeod loue les chambres de sa charmante demeure depuis 1992, et elle ne semble pas s'en lasser. Antiquités et autres produits artisanaux garnissent les chambres d'hôte, incluant quelques superbes meubles anciens en bois de pin en provenance de l'Ontario. Les têtes de lit faites à la main s'avèrent remarquables, tout comme le sont les sentiers sinueux du jardin qui s'étend sur l'arrière-cour. La maison se trouve dans un quartier résidentiel près de l'université.

Econo Lodge Inn & Suites University
$$$ pdj
≡, ☚, ≋, ♨, ⚓
2231 Banff Trail NW
☎ (403) 289-1921 ou
800-917-7779
🖷 (403) 282-2149
www.econolodgecalgary.com
L'Econo Lodge est tout indiqué pour les familles et propose 82 chambres. Les enfants apprécieront particulièrement la piscine extérieure et le terrain de jeu, mais la laverie et les

grandes chambres avec cuisinette sont aussi très pratiques tandis que le service est impeccable.

Holiday Inn Express
$$$ pdj
≡, ☛, ≋, ≋, ❋
2227 Banff Trail NW
☎ (403) 289-6600 ou
888-276-8666
🖷 (403) 289-6767
www.hiexpress.com
Le Holiday Inn Express, de construction récente, propose un hébergement de qualité à prix abordable. Les chambres sont équipées de grands ou très grands lits.

Quality Inn University
$$$ pdj
≡, ☛, ≋, ≋, ♨, ⁇, ☛
2359 Banff Trail NW
☎ (403) 289-1973 ou
800-661-4667
🖷 (403) 282-1241
www.qualityinnuofc.com
Le Quality Inn University possède un beau hall, de même qu'un atrium où se trouvent un restaurant et un bar chic. Chambres et suites sont offertes en location. Bon rapport qualité/prix.

Best Western Village Park Inn
$$$
≡, ☛, ≋, ♨
1804 Crowchild Trail NW
☎ (403) 289-0241 ou
888-774-7716
🖷 (403) 289-4645
www.villageparkinn.com
Le Best Western Village Park Inn est un autre maillon de cette chaîne réputée. Vous y bénéficierez de nombreux services. Les chambres arborent un joli décor rehaussé d'agencements de couleurs au goût du jour. Cet hôtel est celui qui a le plus de classe parmi tous ceux qui se retrouvent dans le Motel Village.

⍟ Restaurants

Le centre-ville de Calgary

Wired Cyber Café
$
1032 17th Ave. SW
☎ (403) 244-7070
Ce cybercafé compte huit micro-ordinateurs avec accès Internet haute vitesse. On y sert des boissons chaudes, sandwichs, *bagels*, muffins et desserts. Autres services informatiques disponibles: impression en couleurs, numérisation, télécopie.

Rose Garden Thai Restaurant
$$
207 Eighth Ave. SW
☎ (403) 263-1900
Au Rose Garden, un populaire restaurant thaïlandais, trône un petit bouddha sculpté veillant sur les convives. Au menu, vous trouverez aussi quelques mets inspirés de la Chine, de l'Inde et du Pacifique, et beaucoup de plats de fruits de mer. Les critiques gastronomiques de Calgary adorent ce restaurant avec ses sautés du Sud-Est asiatique, ses currys et ses salades. Le décor n'est pas étonnant, mais les clients qui emplissent le Rose Garden régulièrement ne semblent pas s'en préoccuper.

The Silver Dragon
$$
106 Third Ave. SE
☎ (403) 264-5326
Le Silver Dragon compte parmi les meilleurs restaurants du quartier chinois. Son personnel se révèle particulièrement amical, sans parler de ses boulettes

de pâte (*dumplings*) tout à fait savoureuses.

Thai Sa-on
$$$
en semaine 11h30 à 14h, lun-jeu 17h à 22h, ven-sam 17h à 23h
351 10th Ave. SW
☎ (403) 264-3526
Voici un authentique restaurant thaïlandais! Tenu par une famille, le Thai Sa-on est ouvert depuis une quinzaine d'années, et depuis on ne tarit pas d'éloges à son endroit. Les plats peuvent être accompagnés d'un grand choix de vins à bon prix.

The Verve Restaurant on Stephen Avenue
$$$-$$$$
déjeuner, lun-ven 11h30 à 14h; dîner, mer-sam 17h à la fermeture et dim 17h à 21h; notez que les dimanches, lundis et mardis d'été, il ne sert que les dîners
237 Eighth Ave. SE
☎ (403) 264-9494
www.ververestaurants.com
Les trois restaurants Verve ont la cote à Calgary. L'établissement de Stephen Avenue, quant à lui, est on ne peut mieux situé. On y sert non seulement des plats de pâtes, des salades et des entrées d'inspiration multiethnique, mais aussi d'excellents fruits de mer et des steaks, sans oublier les martinis. Autres adresses: **The Mission Verve** (*512 23rd Avenue SW,* ☎*403-229-9366; ce restaurant est fermé le dimanche*); **The Verve Restaurant & Martini Bar in Kensington** (*102 10th Street NW,* ☎*403-283-2009*).

Catch
$$$-$$$$
100 Eighth Ave. SE
☎ (403) 206-0000
La salle à manger du Catch comporte des murs aux couleurs crème éclatan-

tes, des planchers de bois dur, des porte-bouteilles de vin le long d'un des murs ainsi que des chandeliers modernes en fer qui ressemblent à des collections d'hameçons. Et il y a une raison pour cela: le menu affiche surtout des plats de fruits de mer (comme le homard servi avec risotto aux fines herbes) et de poisson (tel le flétan Queen Charlotte). La salle à manger se trouve à l'étage, mais, au rez-de-chaussée, un buffet d'huîtres plus abordable permet de s'offrir des plats principaux à compter de 15$. Le menu d'huîtres compte quelque 20 compositions d'huîtres provenant aussi bien de l'Est que de l'Ouest canadien, et une longue carte des vins, spécialement choisis pour accompagner les différentes huîtres et préparations, y est disponible. Le buffet d'huîtres est aussi ouvert pour le déjeuner.

Teatro
$$$-$$$$
200 Eighth Ave. SE
☎ (403) 290-1012
Le Teatro, qui loge dans l'ancien édifice de la Dominion Bank juste à côté de l'Olymic Plaza, bénéficie d'un cadre somptueux et d'une atmosphère recherchée. Sa traditionnelle «cuisine italienne du marché», cuite au four à bois, devient innovatrice et enivrante aux mains du chef Dominique Moussu.

Caesar's Steakhouse
$$$$
512 Fourth Ave. SW
☎ (403) 264-1222
10816 Macleod Trail S.
☎ (403) 278-3930
Le Caesar's Steakhouse compte parmi les rendez-vous les plus populaires

de Calgary lorsqu'il s'agit de mordre à pleines dents dans un bon steak juteux, quoiqu'on y mange aussi des fruits de mer. Des colonnes romaines et un éclairage feutré composent un décor raffiné.

Hy's Steakhouse
$$$$
316 Fourth Ave. SW
☎ (403) 263-2222
Le Hy's, qui a pignon sur rue depuis 1956, est l'autre rendez-vous par excellence des amateurs de bifteck. Les plats principaux y sont à peine moins chers qu'au Caesar's, et l'atmosphère se veut un peu plus détendue dans son décor lambrissé. Il est recommandé de réserver.

Owl's Nest
$$$$
Westin Hotel
angle Fourth Ave. et Third St. SW
☎ (403) 266-1611
On apprête avec art des mets français et européens à l'Owl's Nest. Certains sont même préparés à votre table et flambés sous vos yeux. Les dames se voient offrir une rose. Un endroit très chic.

The Rimrock
$$$$
133 Ninth Ave. SW
☎ (403) 262-1234
Le restaurant Rimrock, de l'hôtel **The Palliser** (voir p 444), vous promet un brunch formidable tous les dimanches et, bien entendu, de généreuses portions de bœuf albertain de toute première qualité. Le décor classique du Palliser et les fins mets élaborés ici contribuent à faire de cet établissement l'un des endroits les plus raffinés de Calgary pour un dîner spécial.

Calgary - Restaurants - Le centre-ville de Calgary

Le long de la rivière Bow

Good Earth Café
$

200 Barclay Parade SW, Eau Claire Market
☎ 237-8684

Le Good Earth Café est un merveilleux bistro où l'on vous sert des plats composés de produits on ne peut plus frais. Un endroit de choix pour un bon déjeuner, mais aussi pour vous approvisionner en vue d'un pique-nique. Les végétariens y seront ravis!

The 1886 Café
$-$$

lun-ven 6h à 15h, sam-dim 7h à 15h
petit déjeuner seulement
187 Barclay Parade SW
☎ (403) 269-9255

Le 1886 Café est situé tout à côté du marché dans l'ancien édifice de l'Eau Claire & Bow River Lumber Company. Des têtes de bisons et une grande collection d'horloges anciennes parent son intérieur. On y sert des petits déjeuners gargantuesques.

Old Spaghetti Factory
$-$$

222 Third St. SW
☎ (403) 263-7223

L'Old Spaghetti Factory se trouve à l'extérieur du marché Eau Claire, et, même si ce n'est pas un endroit spectaculaire, son atmosphère et ses prix s'avèrent intéressants. Cette immense salle à manger bruyante loge dans un bâtiment de briques rouges, et, bien entendu, il existe six différentes façons de se faire servir ses spaghettis ici: avec une sauce tomate, avec une riche sauce à la viande, avec une sauce épicée à la viande, avec une sauce aux palourdes, avec une sauce aux champignons, ou encore avec une sauce au fromage *mizithra* et au beurre roux. Malgré le manque d'intimité, le restaurant a quand même du charme, et tous les plats principaux comprennent une soupe ou une salade, du pain, de la crème glacée et un café ou un thé.

Marathon
$-$$

mar-sam: déjeuner et dîner
dim: dîner seulement
130 10th St. NW
☎ (403) 283-6796

Le Marathon fait sensation dans cette province se nourrissant de viande et de pommes de terre qu'est l'Alberta, en proposant une abordable cuisine éthiopienne dans un petit café de Kensington sous la porte-drapeau de la nation. La cuisine éthiopienne offre une délicieuse expérience manuelle gastronomique, avec ses plats d'agneau, de bœuf et végétariens, tous servis avec la traditionnelle corbeille de pain *injera*. Vous n'aurez qu'à tremper un bout de pain dans un des «ragoûts» souvent piquants, appelés *wats*.

Heartland Café
$$

940 Second Ave. NW, angle Ninth St. NW
☎ (403) 270-4541

Le Heartland Café propose un des meilleurs cafés au lait en ville. On y sert également des brioches à la cannelle et de délicieuses soupes, le tout dans un chaleureux décor où le vieux bois verni est en honneur.

The Barley Mill
$$

201 Barclay Parade SW, à côté du marché Eau Claire
☎ (403) 290-1500

Le Barley Mill occupe ce qui semble être un bâtiment historique, mais il s'agit en fait d'une construction toute récente. On y a recréé un intérieur à l'ancienne en le dotant de planchers de bois vieilli, d'un magnifique foyer, d'une vieille caisse enregistreuse et d'un bar importé directement d'Écosse. Au menu, des plats de pâtes, de bœuf et de poulet arrosés d'un choix de bières pression importées.

Deane House Restaurant
$$

806 Ninth Ave. SE, immédiatement après le pont en venant du fort Calgary
☎ (403) 269-7747

L'historique Deane House Restaurant est un agréable pavillon de thé aménagé à l'intérieur de la résidence de l'ancien officier de la Gendarmerie royale du Canada qu'était Richard Burton Deane. Soupes et salades occupent une place dominante au menu.

Sumo Lounge
$$-$$$

200 Barclay Parade SW, Eau Claire Market
☎ (403) 290-1433

Le Sumo Lounge, un restaurant-comptoir à sushis branché, est installé dans le tout aussi branché marché Eau Claire. Pour les puristes, le menu n'y est pas complètement japonais... Il donne plutôt dans la cuisine fusion, avec ses influences thaïlandaises et chinoises. Cependant les sushis et le saké viennent directement du pays du Soleil levant. Le massif comptoir à sushis pivotant s'entoure de box et de pièces fermées tapissées de tatamis. Tous les soirs, vous pourrez vous y offrir tous les fruits de mer crus que vous pourrez manger pour environ 20$.

The River Café
$$-$$$$
fermé en jan
Prince's Island Park
☎ (403) 261-7670
Le River Café vous propose au cours de la saison estivale le brunch ou le déjeuner en plein air au Prince's Island Park. Établie dans un ancien garage de bateau, cette perle est l'occasion d'une merveilleuse escapade du centre-ville de Calgary tout juste de l'autre côté de la rivière Bow. Réservations recommandées.

La Caille on the Bow
$$$-$$$$
lun-ven: déjeuner et dîner
sam-dim: dîner
100 LaCaille Place, angle First Ave. et Seventh St. SW
☎ (403) 262-5554
La Caille, une institution gastronomique qui jouit depuis longtemps d'une excellente réputation, surplombe la rivière Bow. Le restaurant fait penser à un chalet européen, avec sa série de salles à manger intimes aux murs de briques et aux planchers de bois dur. La nourriture se veut d'inspiration française. Le service est parfait et formel, mais les portions se révèlent plutôt petites... genre nouvelle cuisine. La carte des vins se compose surtout de crus californiens de cépages français ainsi que de crus australiens, et elle inclut le vin de glace de la vallée de l'Okanagan.

Buchanan's
$$$$
738 Third Ave. SW
☎ (403) 261-4646

Le Buchanan's fait l'unanimité, non seulement pour ses côtelettes et ses biftecks novateurs, au fromage bleu, mais également pour son excellente carte des vins (choix de vins fins au verre) et son impressionnante sélection de scotchs pur malt. Un grand favori des gens d'affaires de Calgary à l'heure du déjeuner.

- - - - - - - - - - - - - - - -

Le sud-est et le sud-ouest

Nellie's Kitchen
$
738B 17th Ave. SW, entre 6th St. et 7th St. SW
☎ (403) 244-4616
On prépare tout sur place chez Nellie's Kitchen, un charmant petit rendez-vous décontracté où il fait bon déjeuner tout en prenant le pouls de Calgary. Attendez-vous à faire la file les fins de semaine, le petit déjeuner y étant particulièrement populaire.

Wicked Wedge Pizza Co.
$
618 17th Ave. SW
☎ (403) 228-1024
La meilleure pointe de pizza au sud de la Bow River est servie chez Wicked Wedge Pizza Co. Chaque jour, on y cuisine trois sortes de pizzas différentes aux garnitures multiples allant des piments mexicains à la sauce tahini en passant par les cœurs d'artichauts marinés. Très populaire la nuit, à la sortie des bars.

Galaxie Diner
$
lun-ven 7h à 15h, sam-dim 7h à 16h
1413 11th St. SW, près de 15th Ave. SW
☎ (403) 228-0001

Pour des petits déjeuners peu dispendieux et servis à toute heure du jour, rendez-vous au Galaxie Diner. Dans un décor qui semble inchangé depuis un demi-siècle, on y sert des petits déjeuners copieux ainsi que des hamburgers maison savoureux.

Brava Bistro
$$
723 17th Ave. SW
☎ (403) 228-1854
La nouvelle cuisine méditerranéenne du Brava Bistro en comblera plus d'un avec ses plats savoureux servis dans une chic ambiance contemporaine. Salle à manger et terrasse. Plus de 30 choix de vins au verre.

Fiore Cantina
$$
638 17th Ave. SW
☎ (403) 244-6603
Fiore, un populaire petit bistro italien, est à l'image d'un «western spaghetti» de Clint Eastwood! Oui, c'est vrai qu'on y prépare des spaghettis, mais aussi des douzaines d'autres plats de pâtes arrosés de sauces diverses. Vous trouverez ici quelques compositions culinaires originales, comme ces tortellinis Bombay, soit des tortellinis au curry servis avec du brocoli. De plus, des pizzas à croûte fine y sont apprêtées, avec diverses garnitures, et la soupe minestrone s'avère géniale! L'addition ne creusera pas de trou dans votre budget non plus.

The Mongolie Grill
$$
1108 Fourth St. SW
☎ (403) 262-7773
Le Mongolie Grill relève d'une véritable expérience culinaire. Vous y choisirez viandes et légumes au comptoir d'aliments frais,

qu'on pèsera ensuite (pour en déterminer le coût) avant de les faire griller sous vos yeux. Roulez le tout dans un pain mongol avec un peu de riz et de sauce *hoisin*, et régalez-vous.

Moti Mahal Restaurant
$$
1805 14th St. SW
☎ (403) 228-9990
Le Moti Mahal Restaurant offre un bon rapport qualité/prix. Il s'agit en fait d'un buffet indien où l'on se sert soi-même à volonté. Contrairement à bien des établissements du genre, la nourriture y est de qualité (servez-vous et reservez-vous de pudding au riz) et l'aménagement intérieur à l'indienne est de bon goût. Il est préférable de réserver si vous comptez y aller le soir.

Bombay House
$$
buffet du midi: lun-ven 11h30 à 13h30
dîner: lun-sam 17h à 22h
636 Centre St. SE
☎ (403) 261-0845
Le menu du Bombay House, situé près du Hyatt Regency Hotel, affiche des mets végétariens, des plats tandouris et d'autres classiques de la cuisine indienne tels que poulet au beurre, crevettes Vindaloo et homard Masala. Plats pour emporter disponibles.

Latin Corner
$$-$$$
tlj: dîner
mar-dim: déjeuner
2116 Fourth St. SW
☎ (403) 228-5377
Le Latin Corner sert sa cuisine du centre de l'Amérique du Sud dans une étroite salle à manger éclairée par la voûte céleste, sans parler des murs de briques et de l'éclairage aux chandelles, ainsi que des musiciens

latino-américains sur scène la fin de semaine. Le chef est originaire du Venezuela, le serveur (ou la serveuse) vous appellera peut-être *amigo*, et la carte des vins affiche entre autres des crus chiliens, espagnols et argentins. Puisque le menu propose des plats principaux pour deux personnes, comme la paella au calmar, aux moules et aux crevettes ou encore une queue de langouste sur riz au safran, vous ne devriez peut-être pas manger ici si vous êtes seul, bien qu'il y ait une carte de tapas, au prix de 8$ à 12$.

The King & I Thai Restaurant
$$-$$$
822 11th Ave. SW
☎ (403) 264-7241
The King & I Thai Restaurant propose un vaste menu de mets thaïlandais, y compris un délicieux *ChuChu Kai*. L'ambiance se veut à la fois moderne et élégante.

Sukiyaki House
$$-$$$
lun-ven: déjeuner et dîner
sam-dim: dîner
517 10th Ave. SW
☎ (403) 263-3003
Le très *feng shui* Sukiyaki House accueille ses convives au rez-de-chaussée, au-dessus d'un étang, dans une grande salle à manger bordée de pièces intimes revêtues de papier de riz et tapissées de tatamis. De la simple et fraîche cuisine japonaise est élaborée ici depuis 28 ans – le Sukiyaki House fut le premier restaurant japonais à ouvrir ses portes à Calgary. Vous pouvez aussi aller au comptoir à sushis, ou encore vous attabler pour goûter à plusieurs petits mets comme le sukiyaki (ragoût japonais),

les tempuras, les sushis et les sashimis.

Cilantro
$$-$$$
lun-ven 11h à 23h, sam-dim 17h à la fermeture
338 17th Ave. SW
☎ (403) 229-1177
Chez Cilantro, le poisson, le poulet et le bœuf sont toujours apprêtés avec soin et de façon créative, pour d'excellents résultats. Le lounge à l'étage et la belle terrasse contribuent au charme de ce restaurant.

Wildwood Grill
$$$-$$$$
lun-sam: déjeuner et dîner
dim: dîner
2417 Fourth St. SW
☎ (403) 228-0100
Le Wildwood Grill, un superbe restaurant, offre une atmosphère très chaleureuse. Le feu du foyer d'angle, couronné de feuilles d'érable, se reflète sur les tables, alors que le menu de venaison inclut du steak de wapiti et des *linguine bolognese* servis avec du cuissot de sanglier ou une paupiette de bison. Il n'y a pas grand-chose à manger ici si vous êtes végétarien, mais la nourriture est vraiment excellente, et vous vous y sentirez transporté dans un cellier romantiquement éclairé. Le pub du rez-de-chaussée pratique des prix moins élevés.

Cannery Row
$$$-$$$$
317 10th Ave. SW
☎ (403) 269-8889
Le Cannery Row sert les meilleurs fruits de mer à la mode cajun de cette ville enclavée. Un buffet d'huîtres et une atmosphère détendue visent à vous faire sentir comme si vous étiez au bord de la mer, et ça

fonctionne! Flétan, saumon et espadon y sont apprêtés de différentes façons.

The Sultan's Tent
$$$$
909 17th Ave. SW
☎ (403) 244-2333
Le chef casablancais du Sultan's Tent concocte une authentique cuisine marocaine qui réjouira votre palais. Selon la tradition, on vous accueillera en vous présentant un bol d'eau parfumée, dans lequel vous pourrez vous laver les mains. La salle est garnie d'une myriade de coussins moelleux et de tapisseries, tandis que des lanternes et une douce musique arabe vous plongeront dans l'atmosphère des *Mille et Une Nuits*. Votre hôte parle aussi français. (Rappelez-vous que la tradition vous demande également de manger avec la main droite, la gauche étant tenue pour impure.)

- - - - - - - - - -
Le nord-est et le nord-ouest

Peter's Drive-In
$
219 16th Ave. NE
☎ (403) 277-2747
Bien sûr, c'est de la restauration rapide, mais Peter's est une institution à Calgary depuis 42 ans. Commandez puis emportez vos hamburgers, vos frites et vos laits fouettés pour les manger à votre aise, ou encore repérez une table de pique-nique ou installez-vous sur l'herbe. C'est gras, mais c'est bon!

Wayne's Bagels
$
328 10th St. NW
☎ (403) 270-7090
Assoyez-vous sur un des bancs du comptoir de cet établissement décontracté pour manger sur place, ou commandez pour emporter. Si vous êtes un mordu de vrais *bagels*, vous ne serez pas déçu car Wayne's les prépare selon la recette montréalaise (une référence!). *Bagels* aux bleuets ou au sésame (parmi les plus populaires) et savoureux «sandwichs-*bagels*» au saumon fumé ou à la viande fumée (à la montréalaise!).

Pho Kim/Kim's Vietnamese Noodle House
$-$$
1511 Centre B St. NW
☎ (403) 276-7425
Pour de la nourriture vietnamienne bon marché, savoureuse et authentique, rendez-vous au Pho Kim, juste en retrait de Centre Street et de 16th Avenue NW. Cet établissement est populaire auprès de la communauté asiatique de Calgary, ainsi que des autres résidants qui l'ont découvert. Le long menu inclut de la *pho* (soupe aux nouilles), des rouleaux de printemps et du poulet à la citronnelle, et le tout s'accompagne de l'omniprésent thé vert. Pour un vrai repas vietnamien, essayez le *bun*: viande grillée, légumes, sauce au poisson et à la citronnelle, déposés sur du vermicelle de riz.

The Naturbahn Teahouse
$$
déjeuner-buffet et thé dimanche seulement 9h30 à 13h30
Canada Olympic Park
☎ (403) 247-5465
La Naturbahn Teahouse, située au sommet des pistes

de luge et de bobsleigh du Parc olympique, en est en fait le pavillon de départ. Le *Naturbahn*, dont le nom allemand signifie «piste naturelle», ne sert pas aux compétitions de luge, mais propose plutôt un brunch intéressant le dimanche. Les réservations sont impératives.

Blue House Café
$$-$$$
3843 19th St. NW
☎ (403) 284-9111
Le Blue House Café ne paie pas de mine, mais les créations argentines du chef, particulièrement les poissons et les fruits de mer, le rachètent largement. Un autre de ses atouts tient à la guitare, flamenco ou autre, qu'on peut y entendre certains soirs. Atmosphère plutôt décontractée, quoiqu'un peu plus guindée en soirée.

Mamma's Ristorante
$$$
320 16th Ave. NW
☎ (403) 276-9744
Mamma's sert de la cuisine italienne aux Calgariens depuis plus de 20 ans. L'ambiance et le menu sont tout aussi raffinés l'un que l'autre, ce dernier comportant des plats de pâtes, de veau et de fruits de mer.

Sorties

Ffwd (*fast forward*) est un hebdomadaire d'information et de divertissement gratuit, avec les programmes de tout ce qui se passe en ville et tout autour, incluant les spectacles sur scène et les pièces de théâtre.

■ Bars et discothèques

Les choses ont changé depuis les beaux jours d'**Electric Avenue** (*11th Ave. SW*), maintenant fermée. Le cœur du centre-ville reprend vie, de même que 12th Avenue et 17th Avenue. Le **Crazy Horse** (*1311 First St. SW, ☎403-266-1133*) est surtout populaire auprès des jeunes professionnels (rock classique). **The Warehouse** (*731 10th Ave. Swm ☎403-264-0535*), le **Drum and Monkey** (*1201 First St. SW, ☎403-261-6674*) et le **Night Gallery** (*1209B First St. SW, ☎403-264-4484*) constituent pour leur part des options plus «alternatives». Se trouve également sur cette artère commerciale qu'est First Street le **Castle Pub**, qui possède peut-être bien le jukebox le plus génial de tout l'Ouest canadien.

De jour comme de nuit, la terrasse du populaire **Ship & Anchor Pub** (*534 17th Ave. SW, ☎403-245-3333*) est pleine à craquer. N'importe quel prétexte semble bon pour la clientèle dans la vingtaine qui s'y retrouve pour déguster l'une des nombreuses bières pression. Menu frais et léger disponible.

L'engouement pour les cocktails a frappé Calgary, et les meilleurs établissements pour se délasser devant un martini sont l'**Auburn Saloon** (*115 Ninth Ave. SE, ☎403-266-6628*) et le **Quincy's** (*609 Seventh Ave. SW, ☎403-264-1000*), qui vend également des cigares.

Le **Boystown** (*213 10th Ave. SW*) réunit une foule gay, tandis que **Detours** et le **Victoria's Restaurant** (*angle 17th Ave. et Second St. SW, ☎403-244-9991*), qui logent tous deux à la même enseigne, accueillent un public de tout horizon.

BeatNiq Jazz & Social Club (*jeu-sam 20h30 à 2h; 811 First St. SW, ☎403-263-1650*). Au sous-sol du Piq Niq Cafe, ce club présente à tous les soirs depuis 10 ans les meilleurs concerts de jazz de la ville.

Les concerts de jazz du **Blackfoot Inn Lobby Lounge** (*jeudi dès 20h30; Blackfoot Inn, 5940 Blackfoot Trail SE, ☎403-252-2243*) mettent à l'affiche des vedettes locales.

Si vous brûlez de danser le *two-step*, la chance est avec vous car Calgary possède deux excellents bars country. Au **Ranchman's** (*9615 Macleod Trail SW*), la piste de danse en forme de fer à cheval donne lieu à des cours de *two-step* le mercredi; les autres soirs, attendez-vous à retrouver l'endroit bondé. Quant au **Outlaws** (*7400 Macleod Trail SE*), il s'impose comme le rendez-vous par excellence des vrais cowboys et cowgirls.

Pour être dans le feu de l'action d'une boîte de nuit du centre-ville, **The Drink** (*355 10th Ave. SW, ☎403-264-0202*) vous attend. Cet établissement se veut un endroit convenable où aller danser, si c'est ce que vous recherchez.

Pour une expérience moins factice, pointez-vous aux deux très bons pubs irlandais de Calgary. Le **James Joyce** (*114 Eighth Ave. SW, ☎403-262-0708*) offre des 5 à 7 bruyants où se retrouve une clientèle en costume-cravate; c'est néanmoins un bon endroit pour prendre une bière. À Kensington, **Molly Malone's** (*1153 Kensington Cres., ☎403-296-3220*) s'avère un autre lieu authentique pour boire une pinte de Kilkenny ou de Guinness.

■ Événements sportifs

Les **Calgary Stampeders** de la Ligue canadienne de football disputent leurs matchs locaux au **McMahon Stadium** (*1817 Crowchild Trail NW, ☎403-282-2044*) de juillet à novembre. Quant aux **Calgary Flames** de la Ligue nationale de hockey, ils jouent au **Pengrowth Saddledome** (*555 Saddledome Rise SE, ☎403-261-0475 ou 777-2177*) d'octobre à avril (ou plus longtemps si l'équipe se rend en séries éliminatoires).

■ Fêtes et festivals

Le **Calgary Exhibition and Stampede** n'est pas qualifié pour rien de «plus grand spectacle sur terre». Il a fait son apparition en 1912, à une époque où nombreux étaient ceux qui croyaient que l'industrie du blé finirait par surclasser l'élevage, et devait être une occasion unique de rendre un dernier hommage aux talents des cowboys traditionnels.

Il va sans dire que l'élevage a continué à prospérer, et ce spectacle annuel n'a cessé de remporter un vif succès depuis. Chaque fois que revient juillet, quelque 100 000 personnes convergent vers le Stampede Park pour assister à cet événement grandiose. Le tout débute par un défilé, qui part à l'angle de Sixth Avenue SE et de Fourth Street SE à 9h, mais soyez-y tôt (dès 7h) si vous voulez avoir une chance de voir quoi que ce soit. La principale attraction demeure incontestablement le rodéo, où cowboys et cowgirls font valoir leurs aptitudes.

Les épreuves préliminaires se déroulent tous les après-midi à 13h30, et la grande finale a lieu au cours de la dernière fin de semaine. Les sièges réservés en vue de cet événement disparaissent très vite, et vous feriez bien de vous en procurer à l'avance si vous tenez à être de la fête. Il y a aussi des courses de chariots couverts; les éliminatoires du Rangeland Derby se tiennent chaque soir à 20h, et la finale a lieu la dernière fin de semaine.

L'**Olympic Plaza** du centre-ville devient le **Rope Square** pour la durée du festival, et l'on y sert chaque matin des petits déjeuners par l'ouverture arrière de chariots couverts; les festivités se poursuivent ensuite toute la journée sur la place. De retour au Stampede Park, vous pourrez entre autres visiter un village amérindien et une foire agricole. Le soir venu, des spectacles mettant en vedette certaines des plus grandes étoiles de la musique canadienne vous enchanteront. Un droit d'entrée de 12$ est exigé, donnant libre accès à tous les spectacles sauf ceux qu'on présente au Saddledome, pour lesquels vous devez vous procurer des billets à l'avance. Pour vous renseigner sur les meilleures places disponibles pour le rodéo, adressez-vous au **Calgary Exhibition and Stampede** *(P.O. Box 1060, Station M, Calgary, Alberta, T2P 2L8,* ☎*403-261-0101 ou 800-661-1260, www.calgarystampede. com).*

Le **Festival international de jazz de Calgary** *(*☎*403-262-1500, www.jazzfestivalcalgary. ca)* se tient la dernière semaine de juin. Le **Festival international des arts autochtones** *(*☎*403-233-0020)* et l'**Afrikadey** *(*☎*403-234-9110, www.afrika dey.com)* se déroulent tous deux la troisième semaine d'août et proposent des divertissements et des réalisations artistiques de diverses cultures à l'échelle de la planète. Enfin, le **Festival d'hiver de Calgary** *(*☎*403-543-5480, www.calgarywinterfest.com)* a lieu à la fin de janvier ou au début de février.

Spruce Meadows, qui se trouve à l'ouest de la ville, s'impose comme le plus important centre équestre du Canada. On y présente plusieurs concours annuels, dont le **National** au début de juin, le **North American** en juillet (en même temps que le Stampede) et le **Spruce Meadows Masters** *(www. sprucemeadows.com),* la deuxième semaine de septembre. Pour de plus amples renseignements, composez le ☎(403) 974-4200.

La **tribu Tsuu T'ina** tient son pow-wow annuel la dernière fin de semaine de juillet. Il s'agit là certes d'un événement beaucoup moins flamboyant que le fameux Stampede, quoique infiniment plus intime. Pour la modique somme de 7$, vous y verrez un vrai rodéo, en plus de faire l'expérience de l'authentique culture autochtone. Pour de l'information détaillée, composez le ☎(403) 281-4455.

■ Théâtre et cinéma

L'**Alberta Theatre Projects** *(*☎*403-294-7402, www.atplive. com)* est une excellente troupe théâtrale qui présente de très bonnes pièces contemporaines.

Si vous êtes en mal de grande culture, renseignez-vous sur les programmations respectives du **Calgary Opera** *(*☎*403-262-7286, www. calgaryopera.com),* du **Calgary Philharmonic Orchestra** *(*☎*403-571-0270, www. cpo-live.com)* et de l'**Alberta Ballet** *(*☎*403-245-4222, www. albertaballet.com).*

Calgary possède en outre un cinéma **IMAX** situé au Chinook Centre *(*☎*403-212-8994).*

The Uptown *(612 Eighth Ave. SW,* ☎*403-265-0120)* propose, pour sa part, un mélange de premières et de productions maison à l'européenne dans un vieux cinéma remis à neuf et situé au centre-ville. Vous pourrez aussi voir les grandes primeurs à l'affiche dans les différents cinémas de la ville. Consultez les quotidiens pour connaître la programmation et les heures des représentations.

Achats

L'**Eaton Centre**, le **TD Square**, le **Scotia Centre** et le magasin à rayons **The Bay** se trouvent tous sur 8th Avenue SW, de même qu'un assortiment de boutiques chics et huppées, parmi lesquelles se trouvent **Holt Renfrew** et les boutiques du **Penny Lane**. Le **Chinook Centre** *(6455 Macleod Trail S., angle Glenmore Trail)* comprend une énorme aire de restauration ainsi qu'une aile de divertissement.

Le **marché Eau Claire** est un bon endroit pour se procurer à peu près tout; des articles importés, comme des pulls péruviens, et des objets de décoration à la mode du Sud-Ouest américain y côtoient en effet fruits et légumes frais.

Non seulement aurez-vous plaisir à arpenter **Kensington Avenue** et les rues avoisinantes, mais ce quartier recèle en outre une foule de magasins spécialisés plus intéressants les uns que les autres qui méritent bien le coup d'œil.

Livingstone and Cavell Extraordinary Toys
1124 Kensington Rd. NW
☎ (403) 270-4165
Autre boutique, Livingstone and Cavell Extraordinary Toys étale des jouets traditionnels qui réveillent l'enfant en chacun de nous. Dans ce magasin génial, vous verrez entre autres des trains en miniature exceptionnels, des jouets à remontoir rétro et des animaux en peluche provenant de tous les coins de la planète.

Divers commerces, des cafés et des galeries d'art sont regroupés le long de 17th Avenue SW, qui se pare d'une auréole résolument à la page.

Hemporium
926 17th Ave. SW
☎ (403) 245-3155
Hemporium a en montre des vêtements, des chapeaux et même de la pommade pour les lèvres fabriquée à partir de chanvre. Repérez son enseigne au-dessus de la porte: une représentation d'une feuille plutôt familière. Quelques portes plus loin se trouve **Megatunes** *(932 17th Ave.,* ☎*403-229-3022)*, un bon magasin de musique où vous aurez de l'information sur les spectacles et concerts locaux.

Puis, sur Ninth Avenue SE, à l'est de la belle rivière Elbow, dans Inglewood, les maisons embourgeoisées renferment désormais boutiques et cafés.

Alberta Boot Co.
614 10th Ave. SW
☎ (403) 263-4623
Alberta Boot Co. est l'endroit tout indiqué pour vous chausser en prévision du Stampede, avec ses bottes de tout style et de toute taille, histoire de cadrer dans le décor.

Recordland
1208 Ninth Ave. SE, près de 11th St. SE
☎ (403) 262-3839
Le royaume des disques, cassettes et films d'occasion à Calgary se nomme Recordland. On y trouve tous les genres de musique à des prix imbattables: trois CD pour 25$!

Mountain Equipment Co-op
830 10th Ave. SW
☎ (403) 269-2420
Mountain Equipment Co-op est une coopérative a priori ouverte à ses seuls membres, mais il ne vous en coûtera que 5$ pour le devenir, et vous ne le regretterez pas! Articles de camping et de plein air de qualité supérieure, ainsi que vêtements et accessoires sont en effet proposés ici à des prix très raisonnables.

Arnold Churgin Shoes
227 Eighth Ave. SW
☎ (403) 262-3366
Chinook Centre, angle Macleod Trail et Glenmore Trail
☎ (403) 258-1818
Arnold Churgin Shoes vend des chaussures pour dames de haute qualité à des prix raisonnables et offre un excellent service. Un rendez-vous incontournable pour toutes celles qui accusent un certain penchant pour les chaussures!

Chocolaterie Bernard Callebaut
1313 First St. SE
☎ (403) 266-4300
La Chocolaterie Bernard Callebaut confectionne de délicieux chocolats belges ici même à Calgary. Ses créations sont vendues un peu partout en ville, mais si vous vous rendez à la fabrique, dans le Southeast, vous pourrez en voir la fabrication.

Le sud de l'Alberta

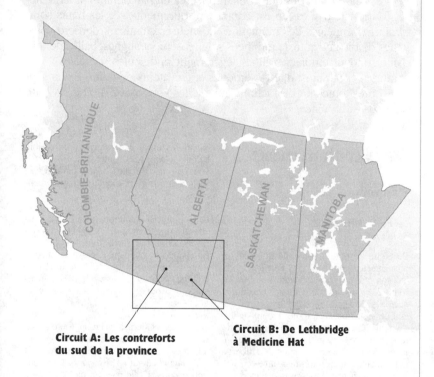

Circuit A: Les contreforts du sud de la province

Circuit B: De Lethbridge à Medicine Hat

Accès et déplacements	460
Renseignements utiles	461
Attraits touristiques	461
Parcs	475
Activités de plein air	479
Hébergement	480
Restaurants	485
Sorties	487
Achats	487

Le sud de l'Alberta

Certains des plus beaux sites et paysages de toute la province, du parc national des Lacs-Waterton au rendez-vous amérindien historique de Head-Smashed-In, en passant par les villes minières de Crowsnest Pass, font honneur au sud de l'Alberta, sans oublier l'immensité des prairies, même si les Rocheuses, visibles au loin, vous attireront à coup sûr au moment de quitter Calgary.

Les vastes étendues que vous traverserez en parcourant l'Alberta méridionale d'ouest en est contrastent durement avec les hauts sommets enneigés des montagnes Rocheuses culminant derrière vous. Rangs de blé et d'autres graminées soigneusement alignés, balles de foin d'une rondeur étudiée, collines légèrement ondulantes soumises à des conditions pour ainsi dire désertiques et élévateurs de grains épars sont à peu près toutes les distractions auxquelles vous aurez droit dans cette partie de la province.

Accès et déplacements

■ En voiture

Les contreforts du sud de la province

Bien que la route 2 soit celle qui relie le plus directement Calgary et Fort Macleod, les somptueux paysages qui bordent la route 22, dans ce que d'aucuns qualifient de «pays de Dieu», méritent largement un détour. Cette paisible route à deux voies s'éloigne tout d'abord de Calgary, en direction du sud-ouest, à travers une région identifiée à l'essor économique de l'Alberta grâce à l'exploitation des ressources pétrolières et gazières, puis traverse d'incroyables ranchs historiques avec les Rocheuses en toile de fond.

À la jonction avec la route 3 s'étendent à l'ouest la communauté de Crowsnest Pass, puis le col du même nom et enfin la Colombie-Britannique. À l'est, le présent circuit se poursuit le long de la route 6 jusqu'au parc national des Lacs-Waterton, avant de remonter vers le nord par la route 5 jusqu'à Fort Macleod et Lethbridge, qui marque le point de départ du circuit B.

De Lethbridge à Medicine Hat

Une voie rapide et relativement panoramique relie Lethbridge et Medicine Hat, mais un détour par le sud jusqu'au Writing on Stone Provincial Park, suivi d'une paisible balade le long des routes 501, 879 et 61, vous promet de plus beaux paysages et vaut bien quelques kilomètres supplémentaires.

Le Cypress Hills Interprovincial Park vous attend à une vingtaine de kilomètres au sud de Medicine Hat sur la route 41. Ce parc est toutefois également accessible par une route de gravier filant vers l'est au départ d'Orion; elle est en assez bon état, mais vous n'y trouverez aucune station-service, et elle s'avère passablement lente.

Lethbridge et Medicine Hat ont toutes deux des rues numérotées. La majorité des hôtels et des motels de Lethbridge se trouvent sur Mayor Magrath Drive, alors que vous entrez dans la ville par la route 5. Quant à ceux de Medicine Hat, ils se trouvent sur l'autoroute transcanadienne, à l'est du centre-ville.

■ Location de voitures

Lethbridge

Budget
3975 First Ave. S.
☎ (403) 328-6555 ou 800-268-8970
www.budget.com

Hertz
à l'aéroport
☎ (403) 382-3470
www.hertz.com

National Car Rental
304 Stafford Dr. N
☎ (403) 380-3070
www.nationalcar.com

Medicine Hat

Budget
à l'aéroport
☎ (403) 527-7368
centre-ville: 1566 Gershaw Dr. SW
☎ (403) 527-7368
www.budget.com

National Car Rental
à l'aéroport
☎ (403) 527-5665
www.nationalcar.com

■ En autocar

Les autocars **Greyhound** (☎*800-661-8747, www.greyhound.ca*) couvrent la plus grande partie du territoire albertain. Vous pouvez vous procurer vos billets directement à l'endroit d'où vous voulez partir; aucune réservation n'est possible, mais vous obtiendrez un rabais si vous achetez votre billet sept jours à l'avance.

Gares routières

Lethbridge
411 Fifth St. S.
☎ (403) 327-1551
Services: restaurant, consigne automatique.

Medicine Hat
557 Second St. SE
☎ (403) 527-4418

Renseignements utiles

■ Bed and breakfasts

Alberta B&B Association
P.O. Box 1462, Station M, Calgary, AB, T2P 2L6
☎ (403) 277-0023

■ Bureaux de renseignements touristiques

Travel Alberta South
3096 Dunmore Rd. SE, Medicine Hat, AB, T1B 2X2
☎ (403) 526-6355 ou 800-252-3782
▤ (403) 527-5960
www.albertasouth.com

Chinook Country Tourist Association
2805 Scenic Drive S., Lethbridge, AB, T1K 5B7
☎ (403) 329-6777 ou 800-661-1222

Medicine Hat Tourist Information
413 Sixth Ave. SE, Medicine Hat, AB, T1A 7G5
☎ (403) 527-6422 ou 800-481-2822
▤ (403) 528-2682
www.albertasouth.com/town/medhat

Attraits touristiques

Ce chapitre est divisé en deux circuits que vous pouvez parcourir en voiture:

Circuit A: Les contreforts du sud de la province ★ ★

Circuit B: De Lethbridge à Medicine Hat ★ ★

Circuit A: Les contreforts du sud de la province ★ ★

À l'instar du circuit des contreforts du centre de la province (voir p 496), le présent circuit emprunte la route 22. Ces deux circuits partagent en effet le segment rectiligne qui relie Cochrane au Bragg Creek Provincial Park.

Bragg Creek ★

Le village de Bragg Creek repose en bordure des terres appartenant à la nation amérindienne Tsuu T'ina, dont l'extrémité orientale de la communauté se trouve accolée aux banlieues envahissantes du sud-ouest de Calgary. On visite cette communauté pour deux très bonnes raisons: son paysage et ses tartes. Le premier se laisse apprécier au Bragg Creek Provincial Park, un joli parc convenant aux courtes promenades et aux pique-niques, et les secondes s'obtiennent à la Pie Shop.

Prenez l'autoroute 702 vers le sud en direction de Millarville.

Millarville

Au sud de Calgary, suivez la route 22 jusqu'à Millarville, berceau de l'historique **hippodrome de Millarville** *(5$; ☎403-931-3411).* Les courses ont lieu le 1er juillet de chaque année depuis 90 ans, mais les paris ne sont autorisés que depuis 1995. Des jeux et diverses festivités entourent cet événement. Des cinq villes construites pour accueillir les ouvriers transitoires des champs pétrolifères de Turner Valley, celle-ci est la seule survivante. Il n'y a pas grand-chose à voir dans ce hameau en semaine, mais, si vous y passez un samedi, ne manquez pas de faire une halte au **Farmer's Market** *(stationnement 2$; juin à début oct sam 8h30 à 12h; Millarville Race Track, ☎403-931-2404).* Des marchands venus de partout y proposent de l'artisanat, des fruits et légumes frais, des produits de boulangerie et des vêtements. Un marché de Noël de trois jours s'y tient par ailleurs la deuxième fin de semaine de novembre, sans compter la foire agricole du troisième samedi d'août.

Suivez la route 22 vers le sud jusqu'à Turner Valley.

Turner Valley

C'est ici, à Turner Valley, qu'on a découvert pour la première fois, en 1914, du pétrole brut en Alberta (et au Canada), mais c'est surtout au gaz naturel, découvert 11 ans plus tôt, que Turner Valley doit son renom. Le **Dingman No. 1** a été le premier puits en exploitation de la région, ainsi nommé en l'honneur d'un homme d'affaires de Calgary qui, en compagnie de R.B. Bennett, futur premier ministre du Canada, fut amené sur le site par William Herron en 1903. Herron enflamma une émergence gazeuse et cuisina sur place un petit déjeuner pour ses hôtes. C'est ainsi que Dingman et Bennett acceptèrent de financer le puits, lequel demeura en activité jusqu'en 1952. Une aire connue sous le nom de **zone de brûlage**, où des torches se consument encore jour et nuit, marque en fait l'emplacement de l'ancien Dingman No. 2. Le suintement gazeux fut enflammé en 1977 par mesure de précaution. C'est du haut du Hell's Half Acre Bridge, qui enjambe la rivière Sheep, qu'on peut le mieux contempler ce site unique.

Black Diamond

À quelques kilomètres à l'est de Turner Valley apparaît la petite ville de Black Diamond, une autre localité dont la gloire repose sur d'abondantes ressources naturelles. Les façades factices de la rue principale témoignent de l'époque plus prospère où le charbon était un véritable diamant noir. La mine a ouvert ses portes en 1899, et, au sommet de sa productivité, on en extrayait 650 tonnes de charbon chaque année.

Prenez vers l'est sur la route 7, puis vers le nord sur la route 2A jusqu'à Okotoks.

Okotoks

Okotoks est la plus grande ville entre Calgary et Lethbridge. Vous y trouverez en outre un nombre impressionnant de boutiques d'artisanat et d'antiquités. Le **bureau de tourisme** *(53 Railway St. N.)* offre par ailleurs un plan de promenade qui signale plusieurs des bâtiments historiques datant de l'époque où la ville servait de halte sur le Macleod Trail entre Fort Calgary et Fort Macleod.

Le nom de la ville est dérivé du mot amérindien des Pieds-Noirs (Blackfoots) *okatok*, qui signifie «rocher», en référence au **Big Rock**, l'une des plus importantes roches erratiques glaciaires jamais trouvées en Amérique du Nord et sans conteste la plus grande attraction de la ville. Ce rocher de 18 000 tonnes a été déposé à 7 km à l'ouest d'Okotoks au cours de la période glaciaire, après avoir atterri sur un glacier en mouvement à l'occasion d'un glissement de terrain survenu à l'intérieur de l'actuel parc national de Jasper.

Okotoks abrite également l'**Okotoks Bird Sanctuary**, une réserve ornithologique où un belvédère en surplomb permet d'observer oies, canards et autres oiseaux aquatiques. Il s'agit d'un projet permanent de l'association régionale de chasse et pêche.

High River

Une autre halte sur le Macleod Trail, High River, qui se trouve à 24 km au sud d'Okotoks sur la route 2A, était le seul endroit où hommes, chevaux, bétail et chariots pouvaient franchir la rivière Highwood. High River n'est plus aujourd'hui qu'une petite localité entourée de ranchs et dotée d'un

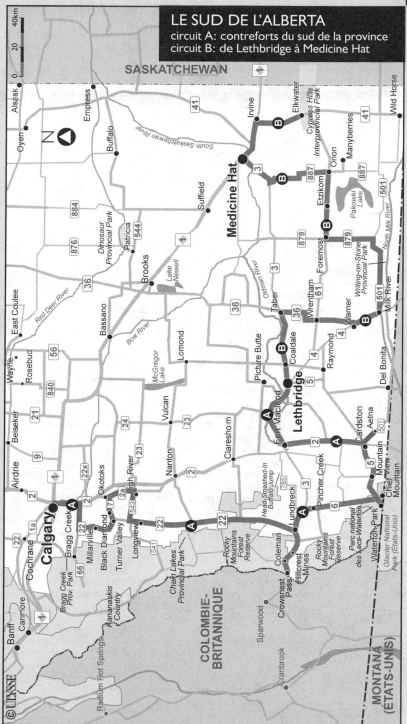

LE SUD DE L'ALBERTA
circuit A: contreforts du sud de la province
circuit B: de Lethbridge à Medicine Hat

intéressant musée régional, le **Museum of the Highwood** *(3$; mai à sept lun-sam 10h à 17h, dim 12h à 17h30, oct à mai mar-sam 12h à 16h, dim 12h30 à 16h; 406 First St. W.,* ☎*403-652-7156).* Les North American Chuckwagon Racing Championships (championnats de courses de chariots de l'Amérique du Nord) se tiennent ici chaque année à la fin de juin. Vous êtes également ici dans la ville natale du seizième premier ministre du Canada, Joe Clark.

Revenez sur vos pas par la route 543, puis prenez la route 22 en direction du sud jusqu'à Longview et le Ranch-Bar U.

Longview

Le **Lieu historique national du Ranch-Bar U** ★ ★ ★ *(6,50$; fin mai à début oct tlj 10h à 18h, mi-oct à mi-mai téléphonez pour connaître l'horaire qui varie;* ☎ *403-395-2212 ou 800-568-4996)* a été inauguré à l'été de 1995 et célèbre la contribution de l'élevage sur ranch au développement du Canada. Il s'agit d'un des quatre ranchs qui couvraient jadis la presque totalité du territoire albertain et, jusqu'à récemment, il était toujours en activité. Parcs Canada et Patrimoine Canada ont le contrôle de son administration, de concert avec l'association des amis du Bar U Ranch. Les visiteurs peuvent cependant errer à travers la propriété et se familiariser avec les activités du ranch, bien que celles-ci ne soient que simulées. «Bar U» fait référence au symbole dont est marqué le bétail de ce ranch. Le magnifique centre d'accueil des visiteurs présente une exposition documentaire sur les races de bovins, sur le rassemblement des bêtes, sur le marquage et sur l'usage du fouet d'écuyer *(quirt).* Une projection vidéo de 15 min sur le *Mighty Bar U* révèle toute la poésie du mode de vie des cowboys et explique comment les pâturages et le chinook, ce vent unique à l'Alberta, ont toujours été les pierres angulaires de l'exploitation des ranchs. Le centre d'accueil abrite en outre une boutique de souvenirs et un restaurant où vous pourrez déguster un authentique hamburger à la viande de bison.

Parcourez encore une centaine de kilomètres vers le sud sur la route 22 jusqu'à la route 533.

Le **Chain Lakes Provincial Park** ★ (voir p 475) est le seul véritable attrait de ce tronçon routier. Il se trouve entre les Rocheuses et les monts Porcupine dans une zone de transition ponctuée de lacs alimentés par des sources. S'y trouvent un terrain de camping (voir p 480), une rampe de mise à l'eau et une plage à l'extrémité méridionale du bassin. Plus au sud, les splendides pâturages d'un blond clair, parsemés ici et là de lacs au bleu sombre, ondulent jusqu'aux lointaines Rocheuses. La vue des montagnes à l'horizon est tout simplement surréaliste.

Après avoir rejoint la route 3, filez vers l'ouest pour découvrir un autre tronçon de route panoramique. Vous vous enfoncerez plus avant dans les contreforts en passant par une succession de villes minières jusqu'à Crowsnest Pass et la Colombie-Britannique.

Crowsnest Pass ★

L'espace compris entre Pincher Creek et la ligne continentale de partage des eaux, en bordure de la route 3, délimite la municipalité de Crowsnest Pass. Bon nombre des communautés minières, autrefois prospères, qui longent cette route recèlent quelques sites offrant une perspective historique intéressante sur l'industrie minière locale. On découvrit du charbon dans cette région pour la première fois en 1845, mais ce n'est qu'en 1898, lorsque le Canadien Pacifique fit passer sa ligne ferroviaire par le col *(pass),* que les localités ont vraiment commencé à pousser. L'extraction du charbon constituait la seule industrie du secteur, et, lorsque le minerai s'avéra de qualité inférieure et difficile d'accès, les mauvais jours pointèrent à l'horizon. Le charbon de la région se commercialisa à un prix plus bas que celui de la Colombie-Britannique, et en 1915 la première mine avait déjà fermé ses portes, suivie peu après des autres. Cette municipalité a été classée site historique en 1988.

Le premier point d'intérêt que vous croiserez en roulant vers l'ouest sur la route 3 est le site des **Leitch Collieries** *(2$; visites guidées mi-mai à sept tlj 9h30 à 17h, visites autoguidées sept à mai;* ☎*403-562-7388).* Il s'agissait là de la seule mine du col à appartenir à des intérêts canadiens et de la première à fermer ses portes, en 1915. Diverses panneaux d'interprétation expliquent le processus d'extraction du minerai, et un sentier parcourt les ruines de la mine.

Plus bas sur la route 3, suivez les indications vers Hillcrest.

Le 19 juin 1914, **Hillcrest** devint le théâtre de la pire catastrophe minière de l'histoire du Canada, lorsqu'une explosion ravagea les galeries de la mine et emprisonna 235 hommes sous terre. Plusieurs de ceux qui avaient survécu à la déflagration finirent par mourir d'asphyxie sous l'effet des gaz délétères (CO2 et CO) laissés en suspension dans l'air, après que l'explosion eut brûlé tout l'oxygène disponible. Ce même phénomène, auquel s'ajoutait la fumée, força d'ailleurs les sauveteurs à renoncer à leurs tentatives pour porter secours aux malheureux. La mine est restée inactive depuis sa fermeture, en 1939, et vous ne verrez pas grand-chose si ce n'est son entrée scellée. Les 189 victimes de l'accident furent enterrées dans une fosse commune d'un cimetière situé 1 km plus loin sur la route 3.

Poursuivez vers l'ouest à travers Hillcrest et traversez la route 3 pour atteindre la mine Bellevue.

La **mine Bellevue** a débuté ses activités en 1903, et pendant sept ans elle ne connut aucun incident, jusqu'au jour où une explosion souterraine l'ébranla, le 9 décembre 1910. Les gaz délétères causèrent la mort de 30 mineurs. L'exploitation reprit par la suite et se poursuivit jusqu'en 1962. Aujourd'hui, on remet aux visiteurs un casque et une lampe de mineur pour une **visite guidée ★★** *(6$; mi-mai à début sept, départs aux demi-heures de 10h à 17h30;* ☎*403-564-4700)* d'une centaine de mètres de galeries sombres, froides et humides. Il s'agit de la seule mine du col accessible aux visiteurs, et le déplacement en vaut vraiment la chandelle, pour les petits comme pour les grands. Prévoyez toutefois un bon chandail.

En poursuivant par la route 3, vous noterez un changement radical de paysage. De part et d'autre de la route, sur une étendue de 3 km², les débris du glissement de terrain de Frank (Frank Slide) créent un spectacle irréel, quasi lunaire. D'énormes rochers se sont ici enfoncés dans le sol à une profondeur moyenne de 14 m, certains se trouvant à plus de 30 m sous la surface. Le **Frank Slide Interpretive Centre ★★** *(6,50$; mi-mai à mi-sept tlj 9h à 18h, mi-sept à mi-mai tlj 10h à 17h; du côté droit de la route,* ☎*403-562-7388, www.frankslide.com)*, situé au nord de la route sur une légère élévation, pré-sente un compte rendu audiovisuel de la croissance de la ville et du glissement de terrain même. On y expose les différentes théories concernant les événements du 29 avril 1903, alors que 82 millions de tonnes de calcaire dévalèrent du sommet du mont Turtle sur la ville de Frank, qui se trouvait à cette époque du côté sud de la route au pied de la montagne. Il ne reste aujourd'hui de la ville qu'une vieille borne-fontaine. On croit que la structure instable de la montagne, les opérations minières, l'eau et le mauvais temps ont tous contribué au désastre. Un sentier autoguidé à travers les débris du glissement de terrain donne une bonne idée de son ampleur. Soixante-huit des habitants de la ville furent ensevelis, mais la catastrophe aurait pu prendre des proportions plus graves encore, n'eût été d'un aiguilleur du Canadien Pacifique qui courut miraculeusement à travers les rochers pour arrêter un train de passagers qui s'approchait. Ceux qui en ont le courage pourront faire l'ascension du mont Turtle pour observer de plus près les fissures et les crevasses encore menaçantes qui se trouvent non loin du sommet. Le sentier n'est pas trop ardu, mais comptez deux ou trois heures de marche à l'aller comme au retour.

Le village de **Coleman** se trouve un peu plus au nord. La Coleman Colliery (houillère) a cessé ses activités en 1983, et la rue principale de cette localité témoigne des temps difficiles qui ont suivi. Le **Crowsnest Museum ★** *(6$; mi-mai à début sept lun-sam 8h à 17h, début sept à mi-mai lun-ven 8h à 12h et 13h à 17h; 7701 18th Ave., Coleman,* ☎*403-563-5434, www.crowsnestmuseum.ca)* relate l'histoire du col (Crowsnest Pass) de 1899 à 1950. Vous y verrez des maquettes de sauvetages miniers, des chariots à charbon de la mine Greenhill et un diorama sur les animaux et les poissons du col.

En quittant Coleman, revenez sur vos pas en prenant la route 3 vers l'est jusqu'à Pincher Creek. Empruntez ensuite la route 6 Sud en direction du parc national des Lacs-Waterton.

Pincher Creek est réputé être l'endroit le plus venteux de toute l'Alberta, ce qui explique la présence d'autant d'éoliennes dans les environs. Ce village sert de porte d'entrée au parc national des Lacs-Waterton.

Parc national des Lacs-Waterton ★ ★ ★

Le **parc national des Lacs-Waterton** (voir p 475) fait partie, avec le Glacier National Park du Montana, du premier «parc international de la Paix». Que ce soit pour ses paysages renversants, pour la variété exceptionnelle des activités de plein air qu'il permet ou pour sa faune diversifiée, il ne faut pas manquer ce parc. Son principal attrait est toutefois l'atmosphère qui y règne. Nombreux sont ceux qui prétendent qu'on se sent ici comme à Banff et à Jasper il y a 25 ans, avant l'invasion des touristes et la commercialisation de masse.

Du parc national des Lacs-Waterton, prenez la route 5 vers l'est jusqu'à Cardston.

Cardston ★

Cardston est une petite ville d'allure prospère nichée dans les contreforts ondulants, là où les pâturages commencent à céder le pas aux champs de blé et de colza d'un jaune radieux. La ville a été fondée par des pionniers mormons, après qu'ils eurent fui les persécutions religieuses pratiquées en Utah, aux États-Unis. Leur aventure marqua d'ailleurs la fin des grandes migrations en chariot couvert du XIXᵉ siècle. Cardston ne semble peut-être pas avoir grand-chose à offrir aux touristes, mais elle possède pourtant l'un des monuments les plus impressionnants et l'un des musées les plus exceptionnels de l'Alberta. Le monument en question est le **Cardston Alberta Temple** *(entrée libre; mi-mai à fin juin tlj 10h à 18h, fin juin à début sept tlj 9h à 20h; 348 Third St. W.,* ☎*403-653-1696)*, qu'on dirait vraiment égaré au beau milieu de la plaine. Il a fallu 10 ans pour bâtir cet édifice pour le moins majestueux, et il s'agit du premier temple de l'Église mormonne construit hors des États-Unis. Le marbre vient d'Italie, et le granit, des carrières de Nelson, en Colombie-Britannique. Lorsque vint le temps, d'effectuer une rénovation, un problème se posa du fait qu'il n'y avait plus de granit à Nelson; fort heureusement, on en trouva tout à fait par hasard plusieurs blocs dans le champ d'un fermier de la région; ils avaient été entreposés là au moment de la construction du temple. Seuls les mormons en règle peuvent pénétrer à l'intérieur du temple même, mais les photographies et les enregistrements vidéo présentés au centre d'accueil des visiteurs devraient partielle-

ment satisfaire votre curiosité. De plus, il est fortement conseillé de se promener sur les terrains adjacents au temple, qui sont de toute beauté.

Quant au musée, il s'agit du **Remington Carriage Museum** ★ ★ ★ *(6,50$; mi-mai à mi-sept tlj 9h à 18h, mi-sept à mi-mai tlj 10h à 17h; 623 Main St.,* ☎*403-653-5139, www. remingtoncar riagemuseum.com)*, inauguré en 1993. *Un musée de voitures à attelage?*, demanderez-vous. Le sujet peut en effet sembler limité, mais le musée n'en mérite pas moins une visite. Quarante-neuf des 300 voitures exposées ont été léguées par Don Remington, de Cardston, à la condition expresse que le gouvernement de l'Alberta construise un centre d'interprétation pour les mettre en valeur. Les voitures magnifiquement remises à neuf et le personnel enthousiaste et dévoué de ce lieu fascinant en font un attrait de premier ordre. Faites une visite guidée de la galerie d'exposition de 1 675 m², où des décors et des scènes de rue animées donnent vie à la collection, l'une des plus belles au monde en ce qui a trait aux voitures à attelage de prestige. Un film intéressant, *Wheels of Change*, raconte l'histoire de cette méga-industrie d'autrefois qui s'est pratiquement éteinte dès 1922. Les visiteurs peuvent en outre apprendre à conduire une voiture hippomobile, observer le travail des artisans qui redorent les voitures, faire un simple tour de voiture *(4$)* ou se faire photographier dans un décor à l'ancienne.

Aetna

Au sud de Cardston, immédiatement en retrait de la route 2, s'étend le village autrefois florissant d'Aetna. Le **Jensen's Trading Post** *(Hwy. 501)* possède une intéressante collection d'antiquités. La route 2 continue jusqu'à la frontière canado-américaine et au **Police Outpost Provincial Park**, ainsi nommé en souvenir d'un avant-poste des forces de l'ordre établi en 1891 pour enrayer la contrebande. Un terrain de camping se trouve dans le parc.

Quittez Cardston par le nord sur la route 2 jusqu'à Fort Macleod et Head-Smashed-In. S'il se fait tard, peut-être voudrez vous filer vers le nord sur la route 5, de manière à passer la nuit à Lethbridge. Fort Macleod et le «saut de bisons» de Head-Smashed-In sont aussi facilement accessibles de Lethbridge.

PARC NATIONAL DES LACS-WATERTON

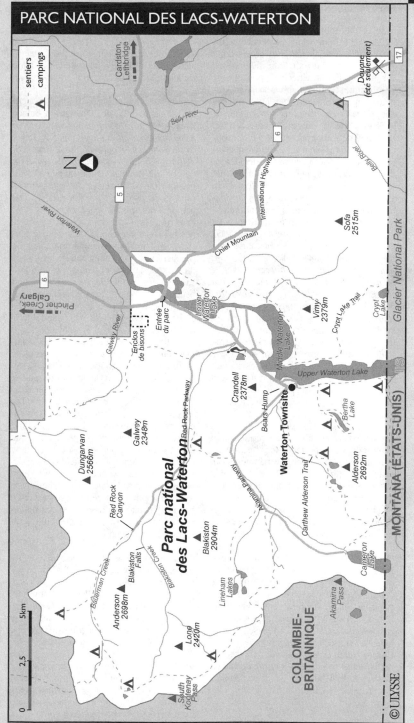

sentiers
▲ campings

N

Cardston,
Lethbridge

Belly River

5

6

Waterton River

Pincher Creek
Calgary

6

Galwey River

Entrée du parc

Enclos
de bisons

International Highway

Chief Mountain

Sofa
2515m

Vimy
2379m

Crypt Lake Trail

Crypt
Lake

Lower
Waterton
Lake

Middle Waterton Lake

Upper Waterton Lake

Glacier National Park

Crandell
2378m

Bears Hump

Waterton Townsite

Bertha
Lake

Alderson
2692m

Carthew Alderson Trail

Dungarvan
2566m

Galwey
2348m

Red Rock Parkway

Parc national
des Lacs-Waterton

Red Rock
Canyon

Blakiston
2904m

Akamina Parkway

Lineham
Lakes

Cameron
Lake

Akamina
Pass

Bauerman Creek

Blakiston
Falls

Blakiston Creek

Anderson
2698m

Lone
2420m

South
Kodenay
Pass

MONTANA (ÉTATS-UNIS)

COLOMBIE-
BRITANNIQUE

Douane
(été seulement)

17

Belly River

5km

2,5

0

©ULYSSE

Fort Macleod ★

La ville de Fort Macleod gravite autour du fort du même nom, originellement construit par la police montée du Nord-Ouest dans le but de mettre fin au trafic du whisky. Des troupes furent dépêchées pour lancer une attaque contre le **fort Whoop-Up** (voir p 469) en 1874, mais se perdirent en chemin, si bien que, lorsqu'elles arrivèrent sur les lieux, les trafiquants avaient pris la fuite. Les forces de l'ordre poursuivirent leur route vers l'ouest jusqu'à un endroit situé en bordure de la rivière Oldman et décidèrent d'y établir un poste permanent. La colonie des premiers jours occupait une île à 2 km à l'est de la ville actuelle, mais des inondations répétées obligèrent la population à se déplacer en 1882. Le fort tel qu'il apparaît aujourd'hui a été reconstruit en 1956-1957 pour devenir un musée. Le **Fort Museum of the North West Mounted Police** ★ (6$; *début mai et début sept à fin déc lun-ven 9h à 17h, mi-mai à fin juin tlj 9h à 17h, juillet à début sept tlj 9h à 18h; 219 25th St., angle Third Ave.,* ☎ *403-553-4703, www.nwmpmuseum.com)* renferme des pièces d'exposition retraçant la vie des pionniers, des dioramas du fort, des pierres tombales du cimetière et une intéressante section présentant des objets et des photographies des nations kainah (Blood) et pégane (Peigan) qui vivaient dans les plaines. Une patrouille à cheval décrit un manège musical quatre fois par jour en juillet et en août.

Le centre-ville est tout à fait représentatif d'une période importante de l'histoire de Fort Macleod. La plupart des bâtiments ont en effet été érigés entre 1897 et 1914, sauf la cabane Kanouse, qui se trouve à l'intérieur de l'enceinte du fort et qui date d'une époque beaucoup plus reculée. Des brochures pour un tour de ville sont proposées au bureau de tourisme. La visite porte entre autres sur des édifices aussi notoires que l'**Empress Theatre**, qui a conservé ses plafonds anciens à caissons décorés, sa scène et ses loges d'acteurs (encore ornées de graffitis datant d'aussi loin que 1913). On y présente encore des films, et ce, malgré la présence d'un fantôme qui n'apprécie pas toujours la façon dont l'établissement est géré! Le **Silver Grill**, un vieux saloon situé de l'autre côté de la rue, possède toujours son bar d'origine et son miroir criblé de balles. Le **Queen's Hotel**, bâti de grès, loue toujours des chambres (non recommandées!).

Quittez Fort Macleod par la route 785 en direction du nord-ouest jusqu'au «saut de bisons» de Head-Smashed-In.

L'arrivée du cheval dans la région, au milieu du XVIIIe siècle, a marqué la fin d'une technique de chasse au bison traditionnelle chez les Amérindiens des Plaines. Pendant 5 700 ans, ces Autochtones avaient été tributaires du **Head-Smashed-In Buffalo Jump** ★★★ *(8,50 $; mi-mai à mi-sept tlj 9h à 18h, mi-sept à mi-mai tlj 10h à 17h; 18 km au nord-ouest de Fort Macleod, sur la route 785,* ☎ *403-553-2731, www.head-smashed-in.com)*, que ce soit pour la viande qu'ils consommaient (fraîche ou séchée pour le pemmican), pour les peaux servant à la fabrication de leurs tipis, de leurs vêtements et de leurs mocassins, ou pour les os et les cornes utilisés comme outils ou décorations. Head-Smashed-In constituait un endroit de premier choix pour faire sauter les bisons du haut de la falaise, d'autant plus qu'un vaste pâturage s'étendait immédiatement à l'ouest de ce point. Les Amérindiens aménageaient des couloirs flanqués de cairns rocheux qui conduisaient à la falaise. Quelque 500 personnes participaient à la chasse annuelle, au cours de laquelle des hommes vêtus de peaux de jeunes bisons et de loups attiraient le troupeau vers le précipice. Une fois parvenus au bord du gouffre, les bisons de tête se voyaient poussés dans le vide par le troupeau en débandade. Les Amérindiens ne refoulaient pas vraiment eux-mêmes le troupeau jusqu'au gouffre; ils se contentaient de semer la panique parmi les bêtes pour les lancer dans une course folle. L'endroit n'a guère changé depuis des milliers d'années, si ce n'est que la distance entre le haut de la falaise et le fond du gouffre s'est peu à peu considérablement réduite, les ossements des bisons y ayant trouvé la mort atteignant une hauteur de 10 m par endroits!

Aujourd'hui, ce «saut de bisons» compte parmi les mieux conservés de l'Amérique du Nord et fait partie des sites du patrimoine mondial de l'UNESCO. Nombreux sont ceux qui croient que le nom de l'endroit provient des crânes fracassés qu'on y trouve, mais il tire en fait son origine d'une légende pégane voulant qu'un jeune brave se soit rendu au pied de la falaise pour voir les bisons s'écraser; or, la chasse fut exceptionnellement bonne ce jour-là, et le jeune guerrier fut enseveli sous les bêtes. Lorsque son peuple vint dépecer les carcasses après la chasse, il découvrit le corps du brave parmi les dépouilles, sa tête complètement écrasée, d'où le nom du «saut de bisons» en question.

Quand vous approcherez du saut, la falaise vous apparaîtra comme une petite corniche au milieu d'une vaste plaine. Les signes de civilisation se font rares; de fait, le centre d'interprétation se fond tellement bien dans le paysage qu'on a peine à le distinguer. Vous vous attendrez presque à voir surgir un troupeau de bisons derrière l'élévation et n'aurez aucun mal à vous représenter l'aspect que pouvait revêtir la plaine avant l'arrivée de l'homme blanc. L'endroit s'entoure véritablement d'une aura de mystère.

Le centre d'interprétation, construit à même la falaise, comporte cinq niveaux, et la visite se fait du haut vers le bas. Suivez d'abord la piste qui longe la falaise jusqu'au saut même, et imprégnez-vous de la vue spectaculaire de la plaine et du saut de Calderwood, sur votre gauche. Vous verrez des marmottes en train de se faire dorer au soleil sur les rochers, en contrebas, et de contempler la scène. Puis, à l'intérieur du centre, vous en apprendrez davantage sur *Napi*, le créateur mythique du peuple selon les Pieds-Noirs (*Blackfoots*). Le centre vous entraîne dans l'univers de *Napi*, du peuple et de ses coutumes, du bison, de la chasse, de l'interaction des cultures et de la colonisation européenne. Un excellent film intitulé *In Search of the Buffalo* (À la recherche du bison) est présenté aux demi-heures. La visite se termine par une exposition archéologique sur les fouilles effectuées sur le site. De retour à l'extérieur, vous pourrez suivre un sentier jusqu'au lieu où les Amérindiens dépeçaient les bisons. La célébration annuelle des Buffalo Days (l'époque des bisons) a lieu ici même en juillet. Le centre renferme enfin une excellente boutique de souvenirs et une petite cafétéria où vous pourrez déguster des hamburgers à la viande de bison.

La ville de Lethbridge (voir ci-dessous) est située à environ 20 km du Fort Macleod sur la route 3.

Circuit B: De Lethbridge à Medicine Hat
★ ★

Lethbridge ★ ★

Lethbridge, que ses habitants appellent affectueusement *Downtown L.A.*, est la troisième ville en importance de l'Alberta et une agréable oasis urbaine au cœur des Prairies. Chargée d'histoire, elle s'enorgueillit d'un vaste réseau de parcs, de jolies rues bordées d'arbres, d'attraits intéressants et d'une communauté culturelle diversifiée. Vous pourrez tout aussi bien y croiser des exploitants de ranchs que des gens d'affaires et des huttériens. Somme toute, un bref séjour à Lethbridge s'impose.

L'**Indian Battle Park** ★ ★, situé dans la vallée de la rivière Oldman, en plein cœur de la ville, est l'endroit par excellence pour revivre l'histoire de Lethbridge. Le 25 octobre 1870, les Cris (*Crees*), repoussés en territoire pied-noir par les colons européens, attaquèrent une bande de Kainahs pieds-noirs qui campait sur les berges de la rivière Oldman. Au cours du combat qui s'ensuivit, les Kainahs (*Bloods*) furent aidés par un groupe de Péganes pieds-noirs se trouvant non loin de là, et au bout du compte 300 Cris et 50 Pieds-Noirs (*Blackfoots*) avaient trouvé la mort.

Un an plus tôt, des négociants américains en provenance de Fort Benton (Montana) étaient venus s'installer dans le sud de l'Alberta afin d'y commercialiser une mixture particulièrement létale qu'ils présentaient comme du whisky aux Autochtones; ce mélange mortel pouvait contenir, outre du whisky, de l'alcool éthylique, du piment fort, du tabac à chiquer, du gingembre jamaïquain et de la mélasse. Il était contraire à la loi de vendre de l'alcool aux Autochtones aux États-Unis, et c'est pourquoi ces négociants avaient pris la route du Canada, où aucune loi semblable n'existait. Ils s'établirent à Fort Hamilton, au confluent des rivières St. Mary et Oldman, faisant de ce lieu le centre des activités américaines dans le sud de l'Alberta et de la Saskatchewan. Un incendie détruisit le fort, mais on en construisit un second qu'on baptisa **Fort Whoop-Up** ★ ★, si bien que le whisky et les armes à feu continuèrent à s'échanger contre des peaux de bison. Fort Whoop-Up fut le premier et le plus notoire des 44 comptoirs commerciaux voués au trafic du whisky. L'intrusion des Américains sur le territoire canadien, le commerce illégal aux effets abrutissants sur la population autochtone et la nouvelle du **massacre des monts Cypress** (voir p 478) amenèrent le gouvernement canadien à créer la police montée du Nord-Ouest. Conduites par l'éclaireur Jerry Potts, les forces policières, sous les ordres du colonel Macleod, arrivèrent à Fort Whoop-Up en octobre 1874. La nouvelle de leur arrivée les avait toutefois précédées, si bien que l'endroit était désert lorsqu'elles y parvinrent enfin. Un cairn marque l'emplacement du fort original, le fort actuel n'étant qu'une reconstruction du premier. Vous y trouverez un intéressant **centre d'interprétation** (7$; nov à mars sam-dim 13h à 16h, avr à mi-mai et oct mer-dim 13h à 16h, mi-mai à sept llj 9h à 17h; Indian Battle Park, ☎403-329-0444), où vous pourrez vous familiariser avec l'époque pour le moins tumultueuse du libre commerce du whisky. Vous pourrez en outre y déguster du bannock (bannique) frais, un pain amérindien rond et plat fait d'orge et d'avoine, cuit sur une plaque en fonte. Des guides en costumes d'époque proposent des visites.

Après que la police montée eut rétabli l'ordre (si l'on peut dire), l'attention se tourna vers un filon de charbon à découvert sur la rive orientale de la rivière Oldman. La première mine prit le nom de Coalbanks, tout comme d'ailleurs la ville qui se développa par la suite à l'entrée de la mine. Le **Coalbanks Interpretive Site** se trouve à l'entrée originale de la mine à l'intérieur de l'Indian Battle Park. Grâce au soutien financier de son père (Sir Alexander Galt), Elliot Galt créa une importante mine exploitée à travers une galerie. On ne tarda pas à comprendre qu'il fallait un chemin de fer pour transporter le charbon, et c'est ainsi que la ville de Lethbridge fut bientôt fondée sur les berges en terrasses de la rivière. Elle prit le nom d'un homme qui n'avait jamais mis le pied en Alberta, mais qui comptait

parmi les amis de Galt et avait largement contribué au financement de toute l'opération.

Soixante-deux kilomètres de sentiers pédestres, de pistes cyclables et d'allées équestres offrent de multiples possibilités d'activités de plein air à l'intérieur de l'Indian Battle Park. Vous y trouverez aussi des abris de pique-nique et des terrains de jeu.

La **réserve naturelle de Lethbridge** se trouve également à l'Indian Battle Park. Cette zone protégée de 82 ha est vouée à la conservation d'une grande partie de la vallée de la rivière Oldman, et elle abrite le **Helen Schuler Coulee Centre** ★ (dons appréciés; juin à fin août dim-jeu 10h à 20h, ven-sam 10h à 18h; sept mar-sam 13h à 16h, dim 13h à 18h; oct à fin avr mar-dim 13h à 16h; mai mar-sam 13h à 16h, dim 13h à 18h; Indian Battle Park, ☎403-320-3064), qui présente des bornes interactives, de même que diverses données sur la faune et la flore de la région qui sauront combler les enfants de tout âge (êtes-vous un véritable gourou des Prairies ou un simple cadet des plaines?). La réserve sert par ailleurs d'habitat à l'oiseau-emblème de l'Alberta, le grand duc, ainsi qu'à des porcs-épics, des cerfs de Virginie et des crotales des Prairies.

Le niveau changeant de la rivière Oldman cause encore périodiquement des dégâts à Lethbridge. Au printemps de 1995 par exemple, le niveau de l'eau était tellement haut que le centre Helen Schuler en a été à demi submergé. Le High Level Bridge du Canadien Pacifique enjambe la rivière et, au moment de sa construction en 1907-1909, il était le plus long et le plus haut pont-aqueduc du monde.

Le **Sir Alexander Galt Museum** (dons appréciés; lun-sam 9h30 à 17h30, jeu-ven jusqu'à 21h, dim 12h à 17h; tout juste en retrait de Stafford Dr., angle Fourth Ave. S., ☎403-320-4258, www. galtmuseum.com), qui domine l'Indian Batt-

---

★ **ATTRAITS TOURISTIQUES**

1. AX	Indian Battle Park		4. BX	Sir Alexander Galt Museum	
2. AX	Fort Whoop-Up		5. EY	Nikka Yuko Japanese Garden	
3. AX	Helen Schuler Coulee Centre		6. CX	Southern Alberta Art Gallery	

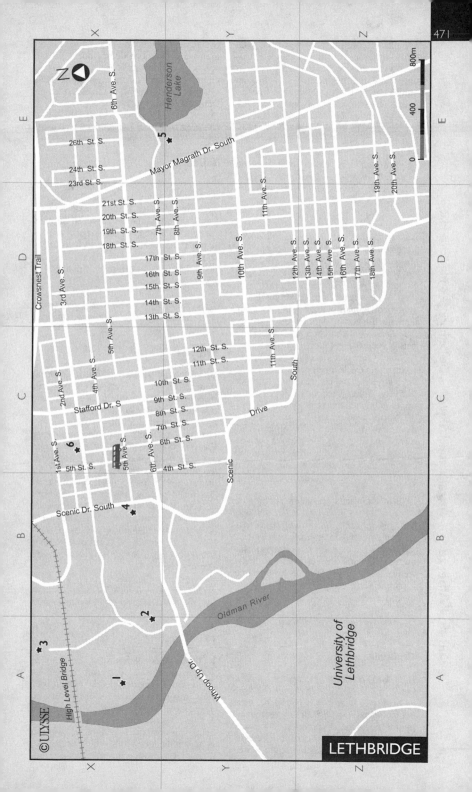

LETHBRIDGE

N

Henderson Lake

Mayor Magrath Dr. South

Crowsnest Trail

6th. Ave. S.
26th. St. S.
24th. St. S.
23rd St. S.
21st St. S.
20th St. S.
19th St. S.
18th St. S.
17th. St. S.
16th. St. S.
15th. St. S.
14th. St. S.
13th. St. S.

7th. Ave. S.
8th. Ave. S.
9th Ave. S.
10th. Ave. S.
11th. Ave. S.

3rd Ave. S.
5th Ave. S.
4th Ave. S.
2nd Ave. S.

12th. Ave. S.
13th. Ave. S.
14th. Ave. S.
15th. Ave. S.
16th. Ave. S.
17th. Ave. S.
18th. Ave. S.
19th. Ave. S.
20th. Ave. S.

12th. St. S.
11th. St. S.
10th. St. S.
9th. St. S.
8th. St. S.
7th. St. S.
6th. St. S.
5th. St. S.
4th. St. S.

11th. Ave. S.
Scenic Drive South

Stafford Dr. S
1st. Ave. S.
5th. Ave. S.
6th. Ave. S.

Scenic Dr. South

Oldman River

High Level Bridge

Whoop Up Dr.

University of Lethbridge

800m
400
0

©ULYSSE

le Park, fut construit pour servir d'hôpital en 1910. Depuis lors, on l'a agrandi de manière à y aménager cinq galeries qui offrent une excellente perspective sur l'histoire humaine de la ville de Lethbridge. Une galerie d'observation à pans vitrés présente une vue particulièrement impressionnante sur la vallée. Le musée retrace le développement de la ville depuis la découverte du charbon jusqu'aux vagues d'immigrants en provenance de toutes les parties du monde. Vous trouverez ici une collection permanente, des expositions temporaires et des archives complètes.

Des sentiers serpentent à travers les cinq jardins japonais traditionnels du **Nikka Yuko Japanese Garden** ★★ *(5$; début mai à fin juin et début sept à début oct tlj 9b à 17b, juil à début sept tlj 9b à 20b; angle Seventh Ave. S. et Mayor Magrath Dr.,* ☎ *403-328-3511, www.nikkayuko. com)*. Il ne s'agit pas là de jardins fleuris et luxuriants, mais plutôt de simples arrangements d'arbustes, de sable et de pierres dans la plus pure tradition des jardins japonais – l'endroit rêvé pour une méditation paisible. Créé par le célèbre concepteur japonais qu'est le docteur Tadashi Kudo, de l'université de la préfecture d'Osaka, le Nikka Yuko vit le jour en 1967 comme projet de centenaire et de symbole d'amitié nippo-canadien (Nikka Yuko signifie d'ailleurs «amitié»). La cloche du jardin incarne cette amitié, et, lorsqu'on la fait sonner, on prétend que d'heureux événements surviennent simultanément dans les deux pays.

La **Southern Alberta Art Gallery** *(entrée libre; mar-sam 10b à 17b, dim 13b à 17b; 601 Third Ave. S.,* ☎ *403-327-8770, www.saag.ca)* bénéficie d'une réputation internationale grâce à sa quinzaine d'expositions présentées chaque année dans trois espaces aux architectures différentes. D'autres événements y prennent place régulièrement: musique, théâtre, cinéma et conférences.

Empruntez la route 3 vers l'est jusqu'à Coaldale.

Coaldale

Le **Birds of Prey Centre** *(8$; début mai à début sept tlj 9b30 à 17b; 2124 Burrowing Owl Lane, au nord de la route 3,* ☎ *403-345-4262, www. bur rowingowl.com)* est un musée vivant peuplé d'oiseaux de proie de l'Alberta et de toutes les parties du monde. Ce centre est voué à la protection, entre autres, des aigles, des faucons, des éperviers et du grand duc. Nombre de ses hôtes ont été amenés ici alors qu'ils étaient blessés ou encore à peine naissants. Une fois qu'ils ont pris suffisamment de forces, on les relâche dans la nature.

Continuez votre route jusqu'à Taber.

Taber

Taber est célèbre pour son maïs sucré, vendu à travers toute la province. La ville sert également de base à l'industrie de la transformation des aliments. La saison du maïs survient en août, et la municipalité organise pour l'occasion des festivités regroupées sous le nom de **Cornfest** et rehaussées de petits déjeuners aux crêpes, de montgolfières et de diverses activités.

Revenez sur vos pas par la route 3, puis prenez vers le sud la route 36 en direction de Milk River.

Warner

Le village de Warner se trouve au croisement des routes 4 et 36. En 1987, un paléontologue amateur y découvrit une couvée d'**œufs de dinosaure** renfermant des embryons parfaitement constitués d'hadrosaure. Au **Devil's Coulee Dinosaur Heritage Museum** *(3$ musée, 10$ excursion; mai à début sept tlj 9b à 17b;* ☎ *403-642-2118, www.devilscoulee.com)*, des excursions *(à 10b et 13b)* en car permettent de visiter cet important site fossilifère. Vous suivrez le guide à bord de votre voiture. Il est fortement conseillé de téléphoner avant de s'y rendre, car il n'y a pas d'excursions les jours de pluie et lorsqu'il fait plus de 30°C. Les œufs mêmes sont exposés au Royal Tyrell Museum de Drumheller.

À Milk River, prenez la route 501 et suivez les indications vers le Writing-on-Stone Provincial Park.

Milk River

La rivière Milk est le seul cours d'eau de l'Ouest canadien à se trouver du côté est de la ligne continentale de partage des eaux sans pour autant se jeter dans la baie d'Hudson. Elle se déverse plutôt dans la rivière Missouri, qui elle-même rejoint le fleuve Mississippi, lequel coule jusqu'au golfe du Mexique. Pour cette raison, la région a fait l'objet de revendications territoriales de la part de huit gouvernements et pays. Au moment où la France revendiqua toutes les terres se drainant dans le fleuve Mississippi, cette partie de l'Alberta se trouvait sous juridiction française. Plus tard, les Espagnols, les Anglais, les Américains et la Compagnie de la Baie d'Hudson tentèrent tous à tour de rôle de s'en rendre maîtres.

Le **Writing-on-Stone Provincial Park** ★★ (voir p 477) préserve de fascinants spécimens de pétroglyphes, dont certains dateraient de 1 800 ans. Une foule d'espèces animales et végétales ont élu domicile en ces lieux arides, quasi désertiques, où l'on enregistre les températures les plus chaudes de toute la province. Il existe de merveilleuses possibilités de randonnée pédestre, mais les plus beaux exemples de dessins gravés sur la pierre se trouvent à l'intérieur d'un espace que seules les visites guidées rendent accessible. Pour éviter toute déception, téléphonez au préalable pour connaître les heures des randonnées organisées.

À travers les prairies jusqu'à Medicine Hat ★★

Poursuivez vers l'est par la route 501, jusqu'à la route 879 Nord, que vous prendrez jusqu'à la route 61, que vous emprunterez vers l'est.

Les prairies ondulent sans fin aussi loin que se porte le regard sur ce tronçon routier, tous ces champs dorés étant déserts, à l'exception d'un occasionnel hameau ou d'une maison de ferme abandonnée. La Canadian Pacific Railway Company a fait passer l'une de ses lignes ferroviaires à travers cette région et a construit un élévateur de grains avoisinant une petite ville à environ tous les 16 km. Aussi les cultivateurs ne se trouvaient-ils jamais à plus d'une journée de route d'un élévateur. Si vous empruntez cette route, vous atteindrez ce qui fut jadis le village de Nemiskam, à quelque 16 km de Foremost. Seize kilomètres plus loin, vous verrez **Etzikom**, une ville faiblement peuplée; en raison de l'abolition de la Loi sur le transport du grain de l'Ouest, et de l'attrait qu'exerce la grande ville, les jours d'Etzikom sont sans doute comptés. Pour mieux saisir ce que la vie pouvait être ici à l'époque, rendez-vous à l'**Etzikom Museum** ★ *(3$; mi-mai à début sept lun-sam 10h à 17h, dim 12h à 18h; Etzikom, ☎403-666-3737 ou 666-3915)*. Il existe des musées locaux comme celui-ci un peu partout en Alberta, mais c'est sans doute là un des meilleurs

qui soit, et vous ne regretterez pas d'avoir quitté la route pour y faire une halte. Le musée est installé dans l'école d'Etzikom et abrite une merveilleuse reconstitution de la rue principale d'une petite ville typique d'autrefois, avec son barbier, son magasin général et son hôtel. À l'extérieur se dresse le **Windpower Interpretive Centre**, qui présente une collection de moulins à vent, dont un qui provient de Martha's Vineyard, au Massachusetts (É.-U.).

Continuez vers l'est par la route 61, puis prenez vers le nord la route 887 et enfin vers l'est la route 3 jusqu'à Medicine Hat.

Medicine Hat ★

Rudyard Kipling a un jour appelé Medicine Hat *«la ville au sous-sol d'enfer»*, faisant ainsi référence au fait que la ville repose sur une des plus grandes nappes de gaz naturel de l'Ouest canadien. C'est d'ailleurs grâce à cette ressource naturelle que la ville a prospéré, et le gaz continue d'alimenter une industrie pétrochimique locale prospère. Des dépôts argileux voisins ont également marqué les destinées de la ville, puisqu'elle exploitait jadis une importante industrie de poterie. Comme nombre d'autres localités albertaines, Medicine Hat possède de nombreux parcs. Quant à son nom, la légende veut qu'une grande bataille opposant les Cris (*Crees*) et les Pieds-Noirs (*Blackfoots*) se soit déroulée ici; au cours du combat, le sorcier cri aurait déserté son peuple, et, pendant qu'il traversait la rivière pour prendre la fuite, il aurait perdu sa coiffure de plumes au fil du courant. Voyant là un mauvais présage, les Cris renoncèrent au combat et furent massacrés par les Pieds-Noirs. Le site même de la bataille fut nommé *Saamis*, ce qui signifie «la coiffure du sorcier», «sorcier» se traduisant en anglais par *medicine man* et «coiffure» par *hat*. Lorsque la police montée du Nord-Ouest arriva plus tard dans la région, le nom amérindien fut traduit puis abrégé pour devenir Medicine Hat.

Medicine Hat Museum and Art Gallery *(dons appréciés; lun-ven 9h à 17h, sam-dim 12h à 17h; heures prolongées de mai à oct sam-dim 10h à 17h; 1302 Bomford Ct. SW, ☎403-502-8580)*. Ce centre d'exposition national présente des œuvres locales, nationales et internationales de tout premier choix. Le musée possède une collection permanente retraçant l'histoire de Medicine Hat, des Amé-

★ **ATTRAITS TOURISTIQUES**

1. AY   Medicine Hat Museum and Art Gallery
2. BZ   Tipi de Saamis

3. DY   Medicine Hat Clay Industries National Historic
District

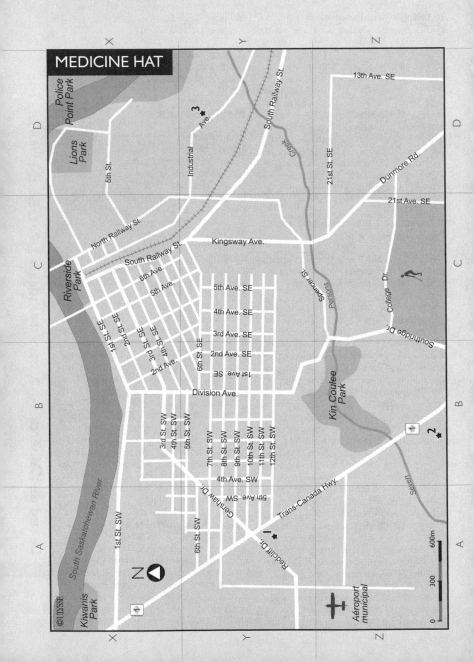

rindiens des Prairies, de la police montée du Nord-Ouest, des ranchs, de l'agriculture et du chemin de fer.

Continuez par la route 1 jusqu'au tipi de Saamis et au bureau d'information touristique.

Le **tipi de Saamis** est le plus haut tipi du monde. Il fut construit pour les Jeux olympiques d'hiver de Calgary, puis acheté par un homme d'affaires de Medicine Hat. Le tipi symbolise le mode de vie des Amérindiens, qui gravite autour de la spiritualité, du cycle de la vie, de la famille et du sacro-saint foyer. Il s'agit à n'en point douter d'une merveille architecturale, quoique sa structure d'acier et sa taille gigantesque ne semblent guère s'accorder au mode de vie traditionnel des Amérindiens. Sous le tipi de Saamis s'étend le **site archéologique de Saamis**, considéré comme l'un des plus importants sites des plaines du sud de l'Alberta. Une promenade autoguidée vous fera découvrir un campement de chasse au bison, laquelle se pratiquait à la fin de l'hiver et au début du printemps, ainsi qu'un site de traitement de la viande.

Suivez les indications jusqu'au Clay Industries National Historic District.

Vous aurez sans doute déjà eu l'occasion de voir les brochures touristiques sur le **Great Wall of China**; il ne s'agit pas ici d'une réplique de la célèbre muraille de Chine, mais plutôt, au sens littéral, d'une muraille de faïences (*china* en anglais) créée par les usines de poterie de Medicine Hat entre 1912 et 1988. Bien qu'un grand nombre des objets exposés soient des pièces de collection inestimables, le clou du **Medicine Hat Clay Industries National Historic District** ★★ (*6$; mi-mai à début sept tlj 9h30 à 17h, nov à mi-mai tlj 10h à 16h30; ☎403-529-1070, www.medalta.org*) demeure la visite de l'ancienne usine Medalta avec ses fours à poterie. Medalta a déjà fourni la vaisselle de faïence à tous les hôtels de la chaîne du Canadien Pacifique. Les vêtements et les effets personnels des ouvriers se trouvent encore dans l'usine, qui ferma ses portes de façon inattendue en 1989. Medalta Potteries, Medicine Hat Potteries, Alberta Potteries et Hycroft China ont toutes contribué à faire de Medicine Hat un centre de poterie important et réputé. Des visites guidées vous font voir l'usine et vous expliquent le travail complexe à forte main-d'œuvre que nécessitait la confection de chaque pièce. La visite prend fin avec l'exploration d'un

des six grands fours ronds qui se dressent à l'extérieur.

Des dépliants permettant de faire une promenade historique vous attendent au bureau d'information, pour le cas où vous vous intéresseriez à l'architecture du début du XXᵉ siècle du centre de Medicine Hat.

Cypress Hills Interprovincial Park ★★

Le **Cypress Hills Interprovincial Park** (voir p 478) se trouve à 65 km au sud-est de Medicine Hat, tout près de la frontière avec la Saskatchewan. Ces montagnes ne furent pas recouvertes par les glaciers à l'époque glaciaire, et, à 1 466 m d'élévation maximale au-dessus du niveau de la mer, elles constituent les plus hauts sommets du Canada entre Banff et le Labrador. C'est ici qu'eut lieu le massacre des monts Cypress à l'hiver de 1872-1873, celui-là même qui suscita la création de la police montée du Nord-Ouest. Des espèces animales et végétales qu'on ne trouve nulle part ailleurs dans le sud de l'Alberta font la richesse de ce parc.

Parcs

Les contreforts du sud de la province

Le **Chain Lakes Provincial Park** (*☎403-646-5887*) reste ouvert toute l'année et offre toutes sortes de possibilités d'activités de plein air, entre autres la navigation de plaisance, la pêche conventionnelle (truite arc-en-ciel et corégone des Rocheuses), la pêche sur la glace, le camping d'été et d'hiver, de même que le ski de fond. Vous y trouverez également une rampe de mise à l'eau pour les bateaux.

Le **parc national des Lacs-Waterton** ★★★ (*6$; ☎403-859-5133*) se trouve à la frontière canado-américaine et forme le premier «parc international de la paix» de la planète avec le Glacier National Park de l'État américain du Montana. Waterton présente certains des plus beaux paysages de la province, et le détour en vaut largement la chandelle. Caractérisée par un chapelet de profonds lacs glaciaires et de montagnes aux som-

poste en 1889 afin d'enrayer le trafic du whisky et de mettre un terme aux conflits qui opposaient entre elles les différentes nations amérindiennes. Au cours de leur séjour dans la région, nombre d'officiers ont gravé leur nom dans le grès des falaises. Le poste du XIXᵉ siècle a été balayé par le temps, mais on l'a depuis reconstruit à son emplacement d'origine. Vous devez prendre part à une visite guidée pour explorer les lieux.

La *Scène de bataille* (*Battle Scene*), l'une des compositions pétroglyphiques les plus élaborées du parc, se laisse admirer le long de deux sentiers d'interprétation autoguidés. La scène pourrait dépeindre une bataille amérindienne survenue en 1886, mais personne n'en a la certitude. L'un des sentiers, le Hoodoo Interpretive Trail, permet par ailleurs de découvrir un écosystème unique du parc; vous trouverez une brochure explicative au bureau du parc.

La majorité des sites pétroglyphiques et pétrographiques se trouvent à l'intérieur de la zone principale du parc, constitué en réserve archéologique. On n'y accède que par les visites d'interprétation programmées, de sorte qu'il est de la plus haute importance d'appeler au préalable le bureau du **naturaliste du parc** (☎*403-647-2364)* pour s'informer des heures de départ. On offre ces visites guidées tous les jours de la fin mai au début de septembre, et les billets, quoique gratuits, demeurent limités. Vous pouvez vous les procurer au bureau du naturaliste une heure avant le début de la visite. Vous trouverez par ailleurs à ce même bureau des listes d'espèces sauvages et diverses données d'intérêt.

Le parc abrite un excellent terrain de camping, et les visiteurs peuvent ici s'adonner à une foule d'activités de plein air, y compris la randonnée pédestre et le canot. Il s'agit d'ailleurs d'un endroit pratique pour entamer ou terminer une excursion en canot sur la rivière Milk.

Le **Cypress Hills Interprovincial Park** ★★ *(www. cypresshills.com)* se présente comme une oasis boisée de pins de Murray surgissant de la prairie et abritant une faune variée, composée entre autres de cerfs, d'élans et d'orignaux, sans compter quelque 215 espèces ailées (y compris des dindons sauvages). Au moins 18 variétés d'orchidées poussent également dans le parc. Il n'y a toutefois ici pas le moindre cyprès; c'est que le pin de

Murray est parfois aussi désigné du nom de «cyprès», et une traduction malheureuse de «montagnes de cyprès» a donné, en anglais, *cypress hills*.

Il s'agit là du second parc provincial en superficie de l'Alberta, et de son seul parc interprovincial (Alberta-Saskatchewan). Il n'est que rarement très fréquenté, ce qui donne aux visiteurs l'occasion de s'y livrer à de merveilleuses randonnées pédestres et d'y pêcher en toute quiétude. Il est ouvert toute l'année, et l'on peut y louer des embarcations et des bicyclettes, jouer au golf, faire du ski alpin et glisser en toboggan. Le parc compte également une multitude d'étonnantes et fragiles orchidées, dont certaines fleurissent tout l'été, quoique la meilleure période pour les admirer demeure la mi-juin.

Cet endroit est par ailleurs le site du massacre des monts Cypress. Deux comptoirs de whisky américains avaient été installés dans les montagnes au début des années 1870. Or, en 1872-1873, des Assiniboines campaient sur les hauteurs, tout près des deux comptoirs, lorsqu'un groupe de chasseurs américains dont on avait volé les chevaux, et qui étaient ivres de surcroît, tomba sur les Assiniboines. Persuadés que les Amérindiens étaient leurs voleurs, les chasseurs tuèrent 20 innocents. Cet incident amena la police montée du Nord-Ouest à intervenir pour rétablir l'ordre dans la région. C'est ainsi que 300 cavaliers se rendirent à Fort Walsh, de l'autre côté de la frontière, pour arrêter les responsables. Bien que ceux-ci ne fussent pas condamnés, faute de preuves suffisantes, le fait que la police montée ait poursuivi et mis aux arrêts des hommes blancs donna beaucoup de crédibilité à cette nouvelle force policière.

On dénombre ici 13 terrains de camping, et vous pouvez louer des canots et des bicyclettes sur place. Le **centre d'accueil des visiteurs** *(mi-mai à début sept tlj 10h à 17h;* ☎*403-893-3833 ou 893-3782 pour le camping)* se trouve dans le village d'Elkwater. Hors saison, rendez-vous au **bureau du parc** *(*☎*403-843-3777)*, à l'entrée est du village.

Activités de plein air

■ Canot et descente de rivière

Au cours des chauds mois d'été, il fait bon explorer la rivière Milk en canot tout en essayant de repérer les antilopes d'Amérique, les cerfs-mulets, les cerfs de Virginie, les coyotes, les blaireaux, les castors et les lapins de garenne, sans compter les nombreuses espèces ailées. Parcourant le sud aride de l'Alberta, cette rivière est la seule du Canada à rejoindre (par la rivière Missouri puis le fleuve Mississippi) le golfe du Mexique. Vous pourrez louer des canots à Lethbridge.

Milk River Raft Tours
Milk River
☎ (403) 647-3586
Milk River Raft Tours organise des descentes de rivière dans les environs du Writing-on-Stone Provincial Park. Les excursions durent de deux à six heures, coûtent entre 30$ et 50$, et peuvent comprendre des randonnées à travers les coulées. Il offre aussi un service de location de canots *(35$/jour)*.

■ Équitation

Willow Lane Ranch
25$ l'heure (minimum de 2 heures), 125$ pour une journée, déjeuner compris
Granum
☎ (403) 687-2284 ou 800-665-0284
www.willowlaneranch.com
Le Willow Lane Ranch est un ranch des contreforts des Rocheuses situé à quelque 20 km au nord de Fort Macleod. Les citadins peuvent y prendre part au rassemblement ou à l'acheminement du bétail *(deux fois l'an; 630$ pour trois nuitées, réservez plusieurs mois à l'avance)*, aider à la réparation des clôtures, se faire la main au vêlage et au marquage, ou participer à une excursion (de jour seulement ou avec nuitée) dans les Porcupine Hills.

L'hébergement se fait dans la maison principale du ranch (dont un étage reste privé) ou dans une confortable cabane en rondins *(680$)*. Le service est amical, et l'on n'accueille que les enfants âgés de 16 ans et plus. Informez-vous également des forfaits proposés et de leur prix.

Blue Ridge Outfitters
fin juin à fin août
Cardston
☎ (403) 859-2462
www.alpinestables.com/blueridge.htm

Blue Ridge Outfitters propose également des forfaits excursions. Elles sont d'une durée de deux à six jours *(135$/jour)* et ont lieu le plus souvent dans la partie des Rocheuses à proximité du parc national des Lacs-Waterton. L'hébergement se fait dans des tipis ou dans des tentes conventionnelles, au choix. On organise ici un grand nombre de forfaits, y compris des excursions de fin de semaine et des randonnées à cheval; téléphonez pour plus de détails.

■ Golf

Paradise Canyon
50$ pour 18 trous
début avr à fin oct
185 Canyon Blvd. W.
☎ (403) 381-7500 ou 877-707-4653
www.playinparadise.com
Paradise Canyon possède un parcours de 18 trous à normale 71 situé au sud-ouest de Lethbridge, entre la plaine ondulante et la rivière Oldman.

Waterton Lakes Golf Club
33$ pour 18 trous
☎ (403) 859-2114
Le Waterton Lakes Golf Club, un golf panoramique de haut niveau, a été dessiné par Stanley Thompson. Il se trouve à 4 km au nord de la ville et dispose d'une boutique de pro où vous pourrez louer des bâtons et des voiturettes.

■ Randonnée pédestre et ski de fond

Le **parc national des Lacs-Waterton** offre certaines des meilleures possibilités de randonnée du sud de l'Alberta. Huit sentiers donnent ainsi l'occasion aux randonneurs et aux skieurs d'explorer les confins de ce parc situé au point de rencontre des montagnes et des prairies. Vous trouverez des descriptions détaillées des sentiers au centre d'information du parc, mais notez tout de même que certains des plus beaux paysages vous attendent sur le Crypt Lake Trail (8,7 km aller seulement) et le Carthew Alderson Trail (20 km aller seulement); il y a aussi un sentier plus court mais moins populaire, le Bear's Hump (1,2 km aller seulement), jalonné de très beaux panoramas. Rappelez-vous que tous ces sentiers ne sont pas entretenus à l'intention des amateurs de ski de randonnée et que vous devez vous inscrire au bureau du parc avant d'entreprendre toute exploration des zones isolées du parc, et ce, été comme hiver (voir p 475).

Le sud de l'Alberta - Activités de plein air

▲ Hébergement

Les contreforts du sud de la province

Chain Lakes Provincial Park

Le Chain Lakes Provincial Park compte plus de 120 emplacements de camping (*$; à l'intersection des routes 22 et 533,* ☎*403-646-5887*), dont 27 déneigés en hiver (*$*). Les réservations ne sont pas acceptées.

Crowsnest Pass

Rum Runner's Roost
$$
●
2413 23rd Ave.
☎ (403) 563-5111
Le Rum Runner's Roost, sur le lac Crowsnest, compte huit chalets autonomes.

Coleman

Grand Union International Hostel
$
7719 17th Ave.
☎/▤ (403) 563-3433
La Grand Union International Hostel occupe les locaux de l'ex-Grand Union Hotel de Coleman, bâti en 1926. L'intérieur a été rénové par les soins de la Southern Alberta Hostelling Association et a été aménagé pour abriter des chambres d'auberge de jeunesse standards ainsi que les différentes installations qu'on retrouve généralement dans ce genre d'établissement, y compris une laverie et une cuisine commune.

Kosy Knest Kabins
$
🐾, ●
☎ (403) 563-5155
▤ (403) 563-5237
Vous pouvez aussi loger aux Kosy Knest Kabins, qui dominent le lac Crowsnest. Les 10 petits chalets de cet ensemble se trouvent à 12 km à l'ouest de Coleman sur la route 3.

Parc national des Lacs-Waterton

Le rythme ralentit considérablement par ici au cours de la saison hivernale, si bien que nombre d'hôtels et de motels ferment leurs portes, alors que plusieurs autres réduisent leurs prix ou offrent des forfaits spéciaux.

Waterton Springs Campground
$
≋
route 5, à l'est de l'entrée du parc
☎ (403) 859-2247
www.watertonspringscamping.com

Townsite Campground
$
☎ (403) 859-2224
Le Townsite Campground se trouve près du lac et à proximité de tous les services offerts au village; il dispose de toutes les installations voulues, notamment des raccords, des douches et des abris-cuisines.

Crandell Mountain Campground
$
☎ (403) 859-5133
Le Crandell Mountain Campground se trouve à 10 km sur la route d'Akamina et propose 129 emplacements (toilettes, abris-cuisines), mais pas d'électricité.

Belly River Campground
$
☎ (403) 859-5133
Le Belly River Campground s'avère pour sa part encore plus primitif, puisqu'il n'a que des toilettes sèches et des abris. Vous trouverez aussi sur les lieux 13 emplacements pour le camping sauvage (permis requis).

Northland Lodge
$$$ pdj
mi-mai à mi-oct
bc/bp, ✱
Evergreen Ave.
☎/▤ (403) 859-2353
www.northlandlodgecanada.com
Le Northland Lodge est une ancienne résidence familiale réaménagée de manière à compter neuf chambres intimes. Quelques chambres ont un balcon sur lequel est installé un barbecue.

Kilmorey Lodge
$$$
♨
117 Evergreen Ave.
☎ (403) 859-2334 ou
888-859-8669
▤ (403) 859-2342
www.kilmoreylodge.com
Le Kilmorey Lodge est l'un des rares établissements de Waterton ouverts toute l'année. On ne peut mieux situées, au-dessus de la baie d'Émeraude, beaucoup de ses chambres offrent une vue splendide. Antiquités et édredons contribuent à donner au lieu un air de chez-soi à l'ancienne. Le Kilmorey peut en outre se vanter de posséder l'un des meilleurs restaurants de Waterton, **The Lamp Post Dining Room** (voir p 485).

Crandell Mountain Lodge
$$$
●, △
102 Mountview Rd.

☎ (403) 859-2288 ou
866-859-2288

📠 (403) 859-2288
www.crandellmountainlodge.
com

L'ambiance d'auberge champêtre rustique et chaleureuse qui règne dans ce petit établissement s'harmonise parfaitement avec l'environnement. Agréable solution de rechange aux motels conventionnels. Quatre suites de trois chambres avec cuisine sont offertes en location, et quatre chambres ont une cuisinette.

Waterton Lakes Lodge
$$$$$
≡, ◎, ≅, ●, ≋, ⅋, ⅊, ⅍,
⸙

angle Windflower Ave. et Cameron Falls Dr.

☎ (403) 859-2150 ou
888-985-6343

📠 (403) 859-2229
www.watertonlakeslodge.com

Le Waterton Lakes Lodge est un complexe hôtelier établi dans l'agglomération du parc national des Lacs-Waterton. Terminé en 1998, le complexe compte 80 chambres réparties dans neuf bâtiments de deux étages chacun, de même que 21 chambres supplémentaires affiliées au réseau des auberges de jeunesse YHA. Chacun des neuf bâtiments précités arbore un thème distinctif (les forêts, les lacs, les oiseaux, etc.), tandis que les chambres bénéficient chacune d'un nom et d'un décor individuel, certaines disposant même d'une cuisinette, d'une baignoire à remous et d'un foyer. Vous y trouverez des programmes de sensibilisation à la nature et un centre de santé (spa).

Prince of Wales Hotel
$$$$$
mi-mai à fin sept
⅋

☎ (403) 859-2231

📠 (403) 859-2630
www.princeofwaleswaterton.com

Le vénérable Prince of Wales Hotel s'impose sans contredit comme le plus chic lieu d'hébergement de Waterton, ainsi qu'en témoignent les chasseurs vêtus de kilts et le thé d'honneur servi dans la Valerie's Tea Room, sans compter la vue imbattable. Le hall et les chambres sont tous garnis de lambris d'origine. Ces dernières se révèlent toutefois petites et ordinaires, plutôt rustiques et pourvues de salles de bain minuscules. Celles des autres étages possèdent par contre un balcon. Essayez d'obtenir une chambre donnant sur le lac; après tout, c'est pour lui qu'on loge ici plutôt qu'ailleurs.

Fort Macleod

Mackenzie House Bed and Breakfast
$$ pdj
1623 Third Ave.

☎/📠 (403) 553-3302

Le Mackenzie House Bed and Breakfast est installé dans une maison historique construite en 1904 pour un membre de l'Assemblée législative albertaine, à l'époque où la province fut fondée, soit en 1905. On y sert le thé et le café en après-midi, et les hôtes se régalent au réveil d'un délicieux petit déjeuner maison.

Red Coat Inn
$$
≡, ⸙, ●, ≋, ⅍
359 Colonel Macleod Blvd. ou Main St.

☎ (403) 553-4434

📠 (403) 553-3731
www.redcoatinn.com

Le Red Coat Inn compte parmi les meilleurs motels de Fort Macleod. Ses chambres propres et invitantes, ses cuisinettes et sa piscine en font une bonne affaire.

De Lethbridge à Medicine Hat

Lethbridge

Days Inn
$$ pdj
≡, ⸙, ◎, ≅, ●, ≋
100 Third Ave. S.

☎ (403) 327-6000 ou
800-661-8085

📠 (403) 328-8846
www.daysinn.com

Le Days Inn constitue votre meilleur choix au chapitre des motels du centre-ville. Les chambres ne se distinguent guère de celles des autres établissements de cet ordre, mais elles se révèlent tout de même modernes et propres. Laverie sur place. De plus, on peut profiter de la piscine.

Best Western Heidelberg Inn
$$$
≡, ≅, ⅋, ⅍
1303 Mayor Magrath Dr. S.

☎ (403) 329-0555 ou
800-791-8488

📠 (403) 328-8846
www.bestwestern.com/ca/
heidelberginn/

Le Best Western Heidelberg Inn représente une option fiable et économique le long de la rangée de motels qui s'étire au sud de la ville. Les chambres ont été rénovées et sont immaculées, le personnel se veut

N

Henderson
Lake

5

6th Ave. S.

26th St. S.

24th St. S.

23rd St. S.

4

Mayor Magrath Dr. South

21st St. S.
20th St. S.
19th St. S.
18th St. S.

17th St. S.
16th St. S.
15th St. S.
14th St. S.
13th St. S.

7th Ave. S.
8th Ave. S.
9th Ave. S.
10th Ave. S.

11th Ave. S.

19th Ave. S.
20th Ave. S.

Crowsnest Trail

3rd Ave. S.

5th Ave. S.

12th Ave. S.
13th Ave. S.
14th Ave. S.
15th Ave. S.
16th Ave. S.
17th Ave. S.
18th Ave. S.

1

12th St. S.
11th St. S.

11th Ave. S.

South

2nd Ave. S.

4th Ave. S.

Stafford Dr. S

10th St. S.
9th St. S.
8th St. S.
7th St. S.
6th St. S.

Drive

Scenic

1st Ave. S.

5th St. S.

4

3

2

5th Ave. S.

6th Ave. S.
4th St. S.

Scenic Dr. South

3

2

High Level Bridge

Indian Battle
Park

Whoop Up Dr.

Oldman River

University of
Lethbridge

©ULYSSE

800m

400

0

△ ⊕ LETHBRIDGE

▲ **HÉBERGEMENT**

1. EZ	Best Western Heidelberg Inn
2. BX	Days Inn
3. BX	Lethbridge Lodge Hotel (R)
4. DX	Sandman Hotel

(R) établissement avec restaurant décrit

● **RESTAURANTS**

1. CX	Coco Pazzo
2. BX	O'Sho Japanese Restaurant
3. CX	Penny Coffee House
4. CX	Shanghai Chop Suey
5. EZ	Sven Ericksen's

cordial, et vous recevrez gracieusement le journal du matin.

Sandman Hotel
$$$
≡, ◎, ⚌, ≋, ♨, ⇢
421 Mayor Magrath Dr. S.
☎ (403) 328-1111 ou
800-266-4660
▤ (403) 329-9488
www.sandmanhotels.com
Le Sandman Inn constitue une autre valeur sûre, avec sa jolie piscine intérieure et ses chambres propres et modernes.

Lethbridge Lodge Hotel
$$$
⇢, ◎, ⚌, ≋, ♨
320 Scenic Dr.
☎ (403) 328-1123 ou
800-661-1232
▤ (403) 328-0002
www.lethbridgelodge.com
Le meilleur établissement hôtelier de Lethbridge est sans conteste le Lethbridge Lodge Hotel, qui domine la vallée. Ses chambres confortables bénéficient d'un décor chaleureux aux teintes agréables qui les rendent presque luxueuses, compte tenu des prix tout à fait raisonnables auxquels on les loue. Elles sont toutes disposées autour d'une cour tropicale intérieure où de petits ponts relient la piscine, le salon-bar et le restaurant **Anton's** (voir p 486).

Medicine Hat

Groves B&B
$$ pdj
≡
☎ (403) 529-6065
www.bbalberta.com/grovesbb
Le Groves B&B se trouve à environ 10 km du centre-ville de Medicine Hat et bénéficie d'un emplacement paisible aux abords de la rivière South Saskatchewan. Le petit déjeuner comprend du pain maison et peut être servi sur la terrasse en été. Sentiers pédestres à proximité. Du centre-ville, prenez la route de Holsom vers l'ouest, tournez à gauche dans la Range Road 70, faites 3,3 km et engagez-vous à droite sur la route 130.

Nestle Inn
$$ pdj
271 First St. SE
☎ (403) 526-5846
www.nestle-inn.20m.com
Le Nestle Inn est une grandiose demeure georgienne arborant un intérieur victorien. Ses trois chambres présentent un décor *Arts & Crafts*, et chacune d'elles dispose de sa propre salle de bain. Un vaste terrain planté d'arbres feuillus entoure la maison. Les crêpes au levain ne sont qu'un des délices qui vous attendent au petit déjeuner. Assu-

rez-vous de téléphoner à l'avance pour réserver.

Medicine Hat Inn Downtown
$$
≡, ♨, ⇢, ✳
530 Fourth St. SE
☎ (403) 526-1313 ou
800-730-3887
▤ (403) 526-4189
Le seul hôtel situé en plein centre-ville est le petit Medicine Hat Inn Downtown, qui ne dispose que de 34 chambres. Les chambres sont propres.

Medicine Hat Lodge
$$$ pdj
≡, ◎, ≋, ♨, ⇢, ✴, ⛵
1051 Ross Glen Dr. SE
www.medhatlodge.com
☎ (403) 529-2222 ou
800-661-8095
▤ (403) 529-1538
Le Medicine Hat Lodge vous en donne pour votre argent. Quoique conventionnelles, les chambres ont été rénovées et se révèlent étonnamment accueillantes avec leurs meubles classiques en bois foncé et leurs jolis couvre-lits (certaines disposant même d'un canapé), et toutes sont équipées d'une cafetière et d'un séchoir. L'hôtel possède par ailleurs un toboggan nautique, histoire d'occuper les enfants, et son restaurant est recommandé.

Le sud de l'Alberta - Hébergement - De Lethbridge à Medicine Hat

484

▲ HÉBERGEMENT

1. AY   Groves B&B
2. CX   Medicine Hat Inn Downtown
3. BZ   Medicine Hat Lodge (R)
4. BX   Nestle Inn

(R) établissement avec restaurant décrit

● RESTAURANTS

1. CX   City Bakery
2. CX   Damon Lane's Tearoom
3. AY   Rustler's Corral

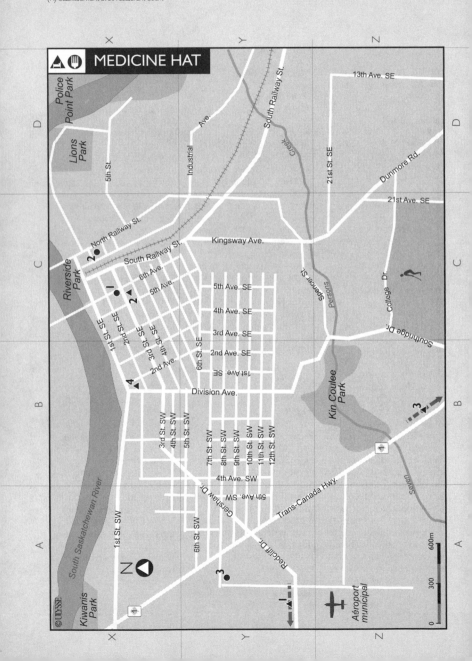

Cypress Hills Interprovincial Park

Camping du Cypress Hills Interprovincial Park
$
Elkwater
☎ (403) 893-3782
Le Cypress Hills Interprovincial Park compte 12 emplacements de camping pour tentes et véhicules récréatifs, avec ou sans raccords. Réservations exigées pour seulement deux emplacements, ceux du Beaver Creek et du Lodge Pole; pour les 10 autres, c'est premier arrivé, premier servi.

Restaurants

Les contreforts du sud de la province

Okotoks

La P'tite Table
$$$-$$$$
52 N. Railway St.
☎ (403) 938-2224
La P'tite Table est si petite qu'il faut absolument réserver. Le chef cuisinait autrefois au Palliser et à La Chaumiere de Calgary, et élabore aujourd'hui des mets français classiques de bistro intégrant des produits variés, comme le bœuf, le canard et l'autruche. Ses pâtisseries clôturent bien la soirée.

Longview

Memories Inn
$$
mar-dim
Main St.
☎ (403) 558-3665
Le Memories Inn se pare des accessoires du film *Unforgiven* de Clint Eastwood. L'atmosphère peut parfois devenir turbulente, surtout pendant les buffets de fin de semaine, où l'on sert entre autres de succulents hamburgers, des côtes levées et des tartes maison.

Parc national des Lacs-Waterton

Lamp Post Dining Room
$$$$
Kilmorey Lodge, 117 Evergreen Ave.
☎ (403) 859-2334
La Lamp Post Dining Room propose ce que d'aucuns qualifient de meilleur dîner à Waterton. Le charme traditionnel, les recettes primées et les prix raisonnables de cet établissement font tous honneur à sa réputation. Réservations recommandées.

Royal Stewart Dining Room
$$$$
☎ (403) 859-2231
L'atmosphère de la Royal Stewart Dining Room, la salle à manger du **Prince of Wales Hotel** (voir p 481), demeure imbattable. Ce chic restaurant propose un menu complet ainsi que des plats du jour souvent composés de fruits de mer ou de pâtes. Les réservations ne sont pas acceptées. Également au Prince of Wales, et tout aussi élégants, sans parler du panorama incomparable, se trouvent la **Windsor Lounge** et la **Valerie's Tea Room**, où l'on sert aussi bien des petits déjeuners que le thé en après-midi.

Fort Macleod

Silver Grill
$$
24th St., entre Second Ave. et Third Ave.
☎ (403) 553-3888
Le Silver Grill constitue un choix intéressant par rapport aux quelques comptoirs de restauration rapide établis près des motels. Ce saloon historique sert un médiocre buffet chinois, désigné sous le nom de «Smorg», mais aussi des mets typiquement nord-américains. Quoi qu'il en soit, c'est le décor qui vole ici la vedette; le bar d'origine et la glace criblée de balles vous donneront l'impression que vous feriez mieux de protéger vos arrières!

De Lethbridge à Medicine Hat

Lethbridge

Penny Coffee House
$
331 Fifth St. S.
☎ (403) 320-5282
Le Penny Coffee House est l'endroit idéal pour apprécier un bon bouquin, et ne vous en faites pas si vous n'en avez pas un avec vous, car les murs sont tapissés de lectures intéressantes. On sert ici des potages savoureux et nourrissants, ainsi que du bœuf aux haricots rouges, des sandwichs alléchants, un fromage divin et des scones aux tomates, sans oublier les boissons gazeuses et l'excellent café.

Shanghai Chop Suey

$$
610 Third Ave. S.
☎ (403) 327-3552

Malgré son intérieur quelque peu défraîchi, le restaurant Shanghai Chop Suey propose un menu chinois complet. On y sert aussi de la cuisine familiale nord-américaine (sandwichs clubs, steaks, etc.). Les plats de poulet sont la spécialité du chef.

Sven Ericksen's

$$-$$$
1715 Mayor Magrath Dr. S.
☎ (403) 328-7756

Le restaurant familial Sven Ericksen's est un des rares établissements qui se démarque de l'interminable suite de comptoirs de restauration rapide de Mayor Magrath Drive. Ce restaurant existe depuis 1948, et l'on y sert des plats maison préparés avec soin. Le menu diversifié devrait plaire à tout un chacun.

O'Sho Japanese Restaurant

$$-$$$
311 Fourth St. S.
☎ (403) 327-8382

Pour remplacer le bœuf albertain, pourquoi ne pas essayer l'O'Sho Japanese Restaurant? Vous pourrez y déguster des mets japonais traditionnels autour de tables basses tout aussi traditionnelles à l'intérieur de salles individuelles séparées par des cloisons.

Coco Pazzo

$$$-$$$$
1264 Third Ave. S.
☎ (403) 329-8979

Le décor méditerranéen branché du Coco Pazzo a certainement quelque chose à voir avec le succès de ce café italien, mais la nourriture n'y est pas non plus étrangère. La sauce

Strascinati, une sauce à la crème et aux tomates inventée par le chef, bonne quoique sans trop d'originalité, accompagne bien le veau au *capicollo*. L'autre spécialité de la maison sont les fettuccine de Pescatore, garni de pétoncles, de palourdes et de crevettes tigrées.

Anton's

$$$$
Lethbridge Lodge
☎ (403) 331-6912

Le Lethbridge Lodge abrite Anton's, le meilleur restaurant en ville. Les plats de pâtes sont particulièrement appréciés, tout comme l'environnement d'ailleurs puisque le restaurant est aménagé dans la cour tropicale intérieure de l'hôtel. Il est recommandé de réserver.

Le **Botanica Restaurant** *($$;* ☎*403-331-6909)* constitue une solution de rechange plus économique dans l'enceinte du Lethbridge Lodge, et le cadre en est tout aussi enchanteur. Ouvert de 7h à 22h, il vous servira un déjeuner copieux ou des desserts tout bonnement divins.

Medicine Hat

City Bakery

$
317 Sixth Ave.
☎ (403) 527-2800

La City Bakery prépare de délicieux pains frais ainsi que des *bagels* à la new-yorkaise.

Damon Lane's Tearoom

$
10h à 16h, fermé lun
730 Third St. SE
☎ (403) 529-2224

À la Damon Lane's Tearoom, vous pourrez prendre un déjeuner composé de simples potages, salades et sandwichs, tous faits maison, à moins que vous n'y fassiez qu'une halte pour une tasse de thé et quelques achats. Vous y trouverez en effet de l'artisanat, de la poterie et des objets décoratifs pour la maison.

Rustler's Corral

$$-$$$
901 Eighth St. SW
☎ (403) 526-8004

Le Rustler's Corral est un autre de ces établissements qui vous font revivre l'époque de l'Ouest sauvage, ne serait-ce que par sa table de jeu tachée de sang et protégée par une plaque de verre pour immortaliser l'impression qu'elle ne manque pas de laisser sur les imaginations! Au menu, des biftecks, du poulet, des côtes levées, des pâtes et plusieurs plats mexicains. Les petits déjeuners se veulent particulièrement copieux et attirent une clientèle nombreuse.

Mamma's Restaurant

$$$-$$$$
Medicine Hat Lodge, 1051 Ross Glen Dr. SE
☎ (403) 529-2222

Le Mamma's Restaurant présente un menu varié faisant une place de choix aux fins biftecks de l'Alberta et à plusieurs plats de pâtes. La nourriture est irréprochable, quoique le bruit et l'odeur de chlore émanant des toboggans nautiques de l'hôtel troublent quelque peu l'atmosphère.

Sorties

■ Fêtes et festivals

Fort Macleod

Chaque année, à la mi-juillet, l'**Annual Pow-wow** *(☎403-553-2731)* a cours au «saut de bisons» de Head Smashed-In. On érige alors un énorme tipi sur les lieux, à l'intérieur duquel les visiteurs peuvent assister à des danses amérindiennes traditionnelles et déguster des mets autochtones.

Lethbridge

La troisième semaine de juillet marque la tenue des **Whoop-Up Days** *(☎403-328-4491, www.exhibitionpark.ca)* à Lethbridge. Des défilés, des festivités dans la rue, un casino, des spectacles tous les soirs et, bien sûr, un rodéo ne sont que quelques-uns de ses points forts.

Medicine Hat

Le **Medicine Hat Exhibition & Stampede** *(☎403-527-1234, www.mhstampede.com.)*, qui se tient la dernière fin de semaine de juillet, n'est surpassé en grandeur et en fantaisie que par celui de Calgary.

■ Salles de spectacle

Fort Macleod

Empress Theatre
235 24th St.
☎ (403) 553-4404 ou
800-540-9229
www.empresstheatre.ab.ca
L'Empress Theatre de la rue principale est une structure originale du début du XXe siècle. Il s'agit en fait du plus vieux théâtre de la province. On y présente des films populaires à longueur d'année. Pendant la saison estivale, des concerts, des pièces de théâtre et des conférences alternent avec la programmation cinématographique.

Achats

Medicine Hat

Le Historic Clay District Gift Shop du **Medicine Hat Clay Industries National District** (voir p 475) vend des faïences Hycroft China et Medalta, aussi bien des pièces originales que des reproductions, entre autres des copies de ces chaudrons Medalta, si prisés des collectionneurs d'antiquités.

Le sud de l'Alberta - Achats

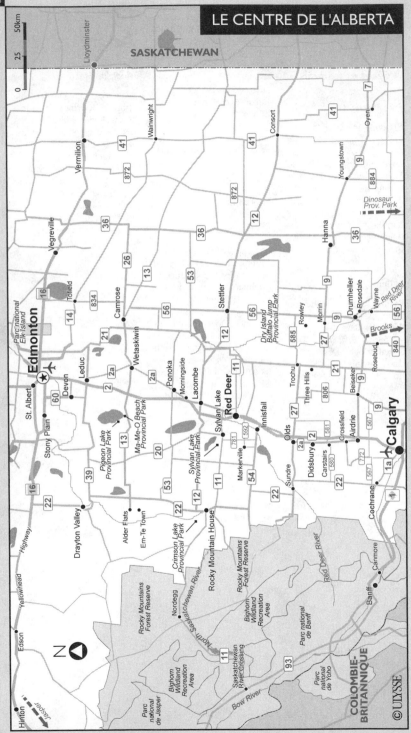

SASKATCHEWAN

Lloydminster

Wainwright

Consort

Oyen

Vermilion

Youngstown

Dinosaur
Prov. Park

Vegreville

Hanna

Parc national
Elk Island

Tofield

Camrose

Stettler

Drumheller
Rosedale

Edmonton

Wetaskiwin

Wayne

Red Deer
River

St. Albert

Leduc

Ponoka

Morningside

Lacombe

Brooks

Devon

Sylvan Lake

Red Deer

Rowley

Morrin

Rosebud

Stony Plain

Pigeon Lake
Provincial Park

Ma-Me-O Beach
Provincial Park

Sylvan Lake
Provincial Park

Innisfail

Trochu

Three Hills

Beiseker

Calgary

Markerville

Olds

Crossfield

Airdrie

Drayton Valley

Alder Flats

Em-Te Town

Crimson Lake
Provincial Park

Rocky Mountain House

Sundre

Didsbury

Carstairs

Cochrane

Canmore

Nordegg

Rocky Mountains
Forest Reserve

Saskatchewan
River Crossing

Bighorn
Wildland
Recreation
Area

Bighorn
Wildland
Recreation
Area

North Saskatchewan River

Rocky Mountains
Forest Reserve

Red Deer River

Parc national
de Banff

Banff

Edson

Hinton

Parc
national
de Jasper

Bow River

Parc
national
de Yoho

COLOMBIE-
BRITANNIQUE

©ULYSSE

50km
25
0

N

Yellowhead Highway

Jasper

Le centre de l'Alberta

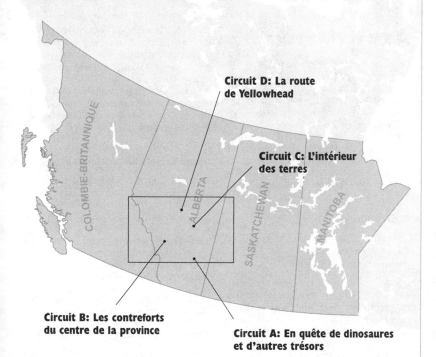

Circuit D: La route de Yellowhead

Circuit C: L'intérieur des terres

COLOMBIE-BRITANNIQUE

ALBERTA

SASKATCHEWAN

MANITOBA

Circuit B: Les contreforts du centre de la province

Circuit A: En quête de dinosaures et d'autres trésors

Le centre de l'Alberta

Accès et déplacements	490
Renseignements utiles	491
Attraits touristiques	491
Parcs	505
Activités de plein air	507
Hébergement	509
Restaurants	513
Sorties	514
Achats	514

Vaste pan du territoire albertain, depuis les Canadian Badlands jusqu'aux contreforts des Rocheuses et à la Rocky Mountain Forest Reserve, en passant par les terres centrales, le centre de l'Alberta regorge de ressources naturelles. La sylviculture, l'agriculture et les exploitations pétrolières en commandent l'économie, sans toutefois oublier le tourisme, considérablement stimulé par la découverte occasionnelle d'ossements de dinosaures.

Accès et déplacements

Les visiteurs qui désirent se rendre à Edmonton au départ de Calgary disposent de plusieurs options. L'une d'entre elles, quoique plutôt indirecte, consiste à passer par les spectaculaires montagnes Rocheuses en suivant la route 93, ce qui ne les empêche pas de ne l'emprunter qu'à l'aller et de prendre un chemin plus direct au retour. Ce tracé pourrait réunir des segments des trois premiers circuits de ce chapitre, tandis que le dernier pourrait tous les relier.

■ En voiture

Circuit A: En quête de dinosaures et d'autres trésors

Ce circuit mène aux Canadian Badlands, depuis le Dinosaur Provincial Park jusqu'aux abords de Drumheller. Le Dinosaur Provincial Park s'étend au nord de la transcanadienne (route 1) en bordure de la route 876. De ce point, roulez vers l'ouest sur la route 550 puis sur la route 1. Prenez ensuite vers le nord la route 56 jusqu'à Drumheller. Pour atteindre Rosebud, piquez à l'ouest sur la route 9, puis au sud sur la route 840. Le circuit se poursuit au nord de Drumheller par la route 9 jusqu'à Morrin et Rowley, puis à l'ouest par la route 585 jusqu'à Trochu.

Circuit B: Les contreforts du centre de la province

Ce circuit reprend là où s'interrompt le circuit A au sud de l'Alberta (Les contreforts du sud de la province), et il débute à Cochrane à l'intersection des routes 1A et 22, au nord de la transcanadienne (route 1). De Cochrane, empruntez la route 22 en direction nord puis la route 580 vers l'est jusqu'à Carstairs. Poursuivez ensuite vers le nord par la route 2A jusqu'à Innisfail, vers

l'ouest par la route 592 jusqu'à Markerville, de nouveau vers le nord par la route 781 jusqu'à Sylvan Lake, et enfin vers l'ouest par la route 11 jusqu'à Rocky Mountain House. Retenez que la route 11 n'est autre que la David Thompson Highway, permettant d'atteindre la route 93 ou Icefields Parkway, qui s'enfonce dans les Rocheuses au passage de la Saskatchewan River.

Circuit C: L'intérieur des terres

Ce circuit débute à Olds avant de se diriger vers le nord jusqu'à Red Deer, puis jusqu'à Ponoka. De là, il retourne vers Lacombe au sud avant de filer vers l'est sur la route 12 jusqu'à Stettler, vers le nord sur la route 56 jusqu'à Camrose, vers l'ouest sur la route 13 jusqu'à Wetaskiwin, vers le nord sur la route 2A jusqu'à Leduc, vers l'ouest sur la route 39 puis vers le nord sur la route 6 jusqu'à Devon. Edmonton ne se trouve plus alors qu'à 15 km au nord par la route 60.

Circuit D: La route de Yellowhead

La Yellowhead Highway (route 16) traverse la province d'est en ouest et part de la ville de Lloydminster pour rejoindre Jasper et la Colombie-Britannique au col de Yellowhead.

■ En autocar

Gares routières

Greyhound Canada
www.greyhound.ca

Drumheller
308 Center St.
☎ (403) 823-7566 ou 800-661-8747

Red Deer
4303 50th Ave. (en face du Red Deer Lodge)
☎ (403) 343-8866 ou 800-661-8747

Wetaskiwin
4122 49th St.
☎ (780) 352-4713

Lloydminster
5217 51st St.
☎ (780) 875-9141

Hinton
128 North St., derrière le restaurant Kentucky Fried Chicken
☎ (780) 865-2367

■ En train

Les trains de VIA Rail suivent le tracé de la Yellowhead Highway jusqu'à Edmonton puis Jasper. Pour plus de détails sur les horaires et les points d'arrêt, veuillez vous reporter au chapitre «Renseignement généraux».

Alberta Prairie Railway Excursions *(☎ 403-742-2811)* exploite un service de train panoramique au départ de **Stettler** (voir p 503).

Renseignements utiles

■ Bureaux de renseignements touristiques

Central Tourism Destination Region
☎ 888-414-4139

Drumheller Tourist Information Centre
60 First Ave. W., Drumheller
☎ (403) 823-8100 ou 866-823-8100
www.drumhellerchamber.com

Red Deer Visitor & Convention Bureau
30A Riverview Park, Red Deer
☎ (403) 346-0180 ou 800-215-8946
www.tourismreddeer.net

Rocky Mountain House
en été seulement
le bureau d'information touristique se trouve dans une caravane au nord de la ville sur la route 11
☎ 800-565-3793

Rocky Mountain House Chamber of Commerce
toute l'année
à l'intérieur de l'hôtel de ville; P.O. Box 1374, Rocky Mountain House, AB, T4T 1B1
☎ (403) 845-5450

Attraits touristiques

Ce chapitre est divisé en quatre circuits:

Circuit A: En quête de dinosaures et d'autres trésors ★★★

Circuit B: Les contreforts du centre de la province ★

Circuit C: L'intérieur des terres ★

Circuit D: La route de Yellowhead ★★

Circuit A: En quête de dinosaures et d'autres trésors ★★★

À l'emplacement actuel de la vallée de la rivière Red Deer se trouvait jadis la portion côtière d'une vaste mer intérieure; son climat s'apparentait sans doute à celui des Everglades de la Floride et constituait un habitat tout indiqué pour les dinosaures.

Après l'extinction de ces derniers, la glace recouvrit le territoire, et, au moment de se retirer, il y a 10 000 ans, elle creusa de profondes tranchées dans la prairie. Cette érosion de même que d'autres subséquentes ont mis au jour des ossements de dinosaures et ont donné forme à un fabuleux paysage de cheminées des fées et de «coulées».

Brooks

Brooks a fait ses débuts comme halte ferroviaire au cours des années 1880 et n'a pas tardé à s'équiper d'un important système d'irrigation qui forme aujourd'hui le **Lieu historique national Aqueduc de Brooks** *(2$; mi-mai à début sept tlj 10h à 18h; 8 km au sud-ouest de Brooks, ☎ 403-362-4451 ou 403-653-5139)*. En activité dès le printemps de 1915, ce système formait à l'époque la plus longue structure d'irrigation en béton au monde (3,2 km) et il demeura vital pour l'agriculture du sud-est de l'Alberta pendant 65 ans.

Au sud de Brooks sur la route 873 se trouvent le **Kinbrook Island Provincial Park ★** (voir p 506) et Lake Newell, où les possibilités d'observation de la faune sont excellentes.

La ville de Brooks constitue en outre un excellent tremplin vers le **Dinosaur Provincial Park** ★★★ (voir p 506), site du patrimoine mondial de l'UNESCO depuis 1979. Le paysage de ce parc se compose principalement de badlands, que les explorateurs français appelaient «mauvaises terres», du fait qu'on n'y trouvait ni nourriture ni castors.

Cette région pour le moins mystérieuse recèle des gisements fossilifères d'intérêt mondial, puisqu'on y a trouvé plus de 300 squelettes de dinosaures. L'eau de fonte des glaciers a d'ailleurs sculpté les badlands à même l'assise rocheuse friable, révélant du même coup des collines chargées d'ossements de dinosaures. L'érosion se poursuit aujourd'hui sous l'effet du vent et de la pluie, ce qui donne un aperçu de la façon dont ce paysage de cheminées des fées, de mesas et de gorges a pu prendre forme.

L'odyssée des dinosaures se poursuit à Drumheller. Du Dinosaur Provincial Park, prenez la route 550 vers l'ouest jusqu'à Bassano, la route 1 vers l'ouest et enfin la route 56 vers le nord jusqu'à Drumheller.

Drumheller ★★★

Les principaux attraits de Drumheller se trouvent le long du Dinosaur Trail et du Hoodoo Trail; il s'agit, entre autres, du musée de paléontologie Royal Tyrrell, du traversier *Blériot*, du pont suspendu Rosedale, des cheminées des fées (*hoodoos*), d'East Coulee, de la mine de charbon Atlas et du Last Chance Saloon. L'érosion dans la vallée de la rivière Red Deer a mis au jour des ossements de dinosaures et a donné forme au fabuleux paysage de cheminées des fées et de «coulées» qu'on peut aujourd'hui admirer à Drumheller. Outre les ossements, les premiers colons découvrirent ici du charbon, mais ce sont l'agriculture et les industries pétrolière et gazière qui soutiennent aujourd'hui l'économie locale.

Si vous arrivez de Calgary par la route 9, vous verrez sur votre droite le bâtiment qui renferme le **Reptile World** *(4,50$; mi-mai à mi-sept tlj 9h à 22h, mi-sept à mi-mai jeu-mar 10h à 18h; Sun City Market,* ☎*403-823-8623).* On y trouve la plus vaste sélection de reptiles et d'amphibiens au Canada. Il est possible entre autres de faire connaissance avec *Britney* le boa constrictor. Il semble que les serpents ne mordent que s'ils se sentent agressés. Or, *Britney* est manipulé quotidiennement depuis sa naissance et n'y voit aucune menace.

Au centre-ville se trouve le **Badlands Historical Centre** *(4$; mi-mai à début oct tlj 10h à 18h; 335 First St. E.,* ☎*403-823-2593),* un musée qui permet de se familiariser avec la culture amérindienne des badlands. On y présente aussi des fossiles et squelettes de dinosaures, en plus d'une mise en contexte instructive sur l'histoire géologique de la vallée.

Dinosaur Trail ★★★

Le Dinosaur Trail parcourt les deux rives de la rivière Red Deer. Votre premier arrêt sur la route 838 ou North Dinosaur Trail se fera au **Homestead Antique Museum** *(3$; mi-mai à mi-oct tlj 10h à 20h, mi-oct à mi-mai tlj 10h à 17h30;* ☎*403-823-2600),* qui possède une collection de 4 000 objets datant de l'époque des premiers colons, mais qui ne constitue pas pour autant le clou du circuit.

Votre deuxième arrêt sera le **Royal Tyrrell Museum of Palaeontology** ★★★ *(10$; mi-mai à début sept tlj 9h à 21h, début sept à mi-oct tlj 10h à 17h, mi-oct à mi-mai mar-dim 10h à 17h; 6 km à l'ouest de Drumheller sur la route 838,* ☎*403-823-7707 ou 888-440-4240, www.tyrrell museum.com),* ce gigantesque musée qui renferme plus de 80 000 spécimens, y compris 50 squelettes complets de dinosaures. Vous y trouverez entre autres des bornes interactives et des spectacles multimédias. Le Royal Tyrrell est également un important centre de recherche, et les visiteurs peuvent observer le travail des scientifiques s'affairant à nettoyer des os et à préparer divers spécimens destinés à être exposés.

Il y a largement de quoi émerveiller les plus jeunes dans ce musée, quoique la somme de renseignements à digérer soit un peu trop considérable. Les expositions se renouvellent constamment. Vous pourrez aussi participer à la fouille du jour, soit la **Day Dig** *(90$, incluant un repas, le transport et l'entrée au musée; réservations requises; tlj 8h30 à 16h),* ce qui vous donnera l'occasion de visiter une fosse à dinosaures et de déterrer vous-même des fossiles; ou encore à l'observation des fouilles, soit la ***Dinosite!*** *(12$; fin juin à fin août tlj à 10h, 11h, 13h, 14h, 15h*

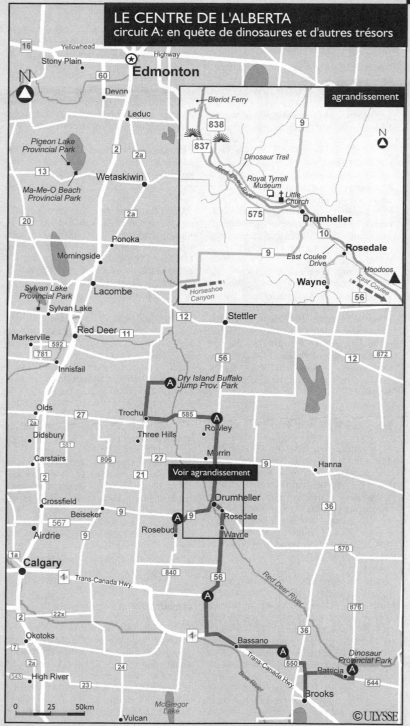

LE CENTRE DE L'ALBERTA
circuit A: en quête de dinosaures et d'autres trésors

agrandissement

Bleriot Ferry

838

9

837

Dinosaur Trail

Royal Tyrrell
Museum

† Little
Church

Red Deer River

575

Drumheller

10

Rosedale

9

East Coulee
Drive

East Coulee

Horseshoe
Canyon

Wayne

Hoodoos

56

16

Yellowhead

Highway

Stony Plain

60

Edmonton

Devon

Leduc

Pigeon Lake
Provincial Park

2

2a

13

Wetaskiwin

Ma-Me-O Beach
Provincial Park

2a

20

Ponoka

Morningside

Sylvan Lake
Provincial Park

Lacombe

Sylvan Lake

12

Stettler

Markerville

592

Red Deer

11

56

12

872

781

Innisfail

Dry Island Buffalo
Jump Prov. Park

A

Olds

27

Trochu

585

A

2a

Didsbury

531

Three Hills

Rowley

Carstairs

806

27

Morrin

9

Hanna

2

21

Voir agrandissement

Crossfield

9

Drumheller

36

Beiseker

567

A

9

Rosedale

Airdrie

9

Rosebud

Wayne

570

1a

Calgary

1

Trans-Canada Hwy.

840

56

Red Deer River

875

2

22x

A

Okotoks

1

Bassano

36

7

2a

24

Trans-Canada Hwy.

A

Bow River

550

Dinosaur
Provincial Park

543

High River

23

Patricia

A

544

Brooks

0   25   50km

McGregor
Lake

Vulcan

©ULYSSE

et 16h; départ du musée), une visite guidée de 90 min qui parcourt un véritable site d'excavation où l'on procédera sous vos yeux à des fouilles.

Votre troisième arrêt se fera à la plus petite église du monde, la **Little Church**, qui peut accueillir «10 000 personnes, mais seulement six à la fois». Ce lieu de culte de 2,13 m sur 2,13 m a ouvert ses portes en 1958 et semble avoir eu une plus grande popularité auprès des vandales qu'auprès des fidèles, si bien qu'on a dû le reconstruire en 1990.

Plus loin sur le Dinosaur Trail, vous aurez un panorama saisissant de la rivière Red Deer à partir du belvédère du **Horsethief Canyon**. Vous trouverez ici des sentiers menant à des bancs d'huîtres pétrifiés. Le canyon a ainsi été baptisé après être devenu une cachette rêvée pour le butin des voleurs de chevaux au début du siècle dernier.

Prenez la route 838 à droite et rendez-vous au quai du traversier ***Blériot***, un des derniers bacs à câble de l'Alberta. Le bateau fut ainsi nommé en l'honneur du célèbre pilote et aéronaute français Louis Blériot. La piste longe ensuite la rive sud de la Red Deer jusqu'à un autre belvédère qui offre un point de vue remarquable, l'**Orkney Hill Viewpoint**.

Hoodoo Trail ★ ★ ★

À Drumheller, engagez-vous sur l'Hoodoo Trail, qui longe la rivière Red Deer en direction du sud-est. La ville de **Rosedale** s'étendait à l'origine de l'autre côté de la rivière, à côté de la mine Star. Le pont suspendu qui enjambe la Red Deer ne semble pas très solide, mais on le dit sûr pour ceux qui désireraient l'emprunter. Faites un détour pour traverser les 11 ponts qui permettent d'accéder à **Wayne**.

Ces ponts seront sans doute le clou de votre aventure, car le principal attrait de la ville, l'hôtel Rosedeer avec son **Last Chance Saloon** *(saloon de la dernière chance;* ☎*403-823-9189)*, laisse quelque peu à désirer. Le deuxième étage est fermé car, selon plusieurs, l'esprit d'un meurtrier du début du XXᵉ siècle y rôde toujours. On loue ici des chambres à 25$, mais contentez-vous d'une bière et d'un soupçon de nostalgie. Vous pouvez aussi y déguster un bon steak cuit sur le gril!

À mi-chemin entre Rosedale et East Coulee, vous apercevrez certaines des **cheminées des fées** ★ ★ ★ les plus spectaculaires du centre de l'Alberta; ces étranges formations aux allures de champignons sont créées par l'érosion du calcaire friable qui se trouve dans le sous-sol. **East Coulee**, la ville qui a failli disparaître, comptait à une certaine époque 3 000 habitants, mais seulement 200 personnes y vivent aujourd'hui.

L'**East Coulee School Museum** *(5$; mi-mai à début sept lun-ven 9h à 17h, sam-dim 10h à 18h, mi-sept à début mai lun, mer et ven 8h à 16h30, mar et jeu 8h à 12h;* ☎*403-822-3970)* est installé dans une ancienne école datant de 1930. À l'intérieur, vous trouverez une salle d'exposition et un salon de thé. Bien que la mine de charbon Atlas ait mis fin à ses activités en 1955, le **Lieu historique national Atlas Coal Mine** *(6$; printemps tlj 9h30 à 17h30, été tlj 9h30 à 20h30, automne tlj 10h à 17h;* ☎*403-822-2220, www.atlascoalmine.ab.ca)* protège le site et accueille les visiteurs.

Le dernier culbuteur en existence au Canada (un dispositif permettant de charger les chariots de charbon) se trouve parmi les bâtiments de la mine, que vous pouvez explorer à votre guise ou en participant à une visite guidée. L'excentrique propriétaire du Wildhorse Saloon, établi devant la mine, a joué un rôle de premier plan dans le sauvetage du School Museum et de l'Atlas Coal Mine. Ne buvez rien qui n'ait été embouteillé sur place.

Le **Horseshoe Canyon** *(à 19 km de Drumheller sur la route 9)* s'ouvre sur la version albertaine du Grand Canyon. Ces impressionnantes formations de roche volcanique et sédimentaire se laissent contempler de près grâce à des sentiers faciles qui descendent dans le canyon depuis le belvédère.

Continuez par la route 9 et prenez la route 840 à gauche pour vous rendre à Rosebud.

Rosebud ★

Cette petite ville qui a failli disparaître est en passe de devenir un attrait touristique de plein droit grâce à l'ouverture du **Rosebud Country Inn** (voir p 510) et à la popularité croissante de son atout le plus prometteur, le **Rosebud Theatre** ★ ★ ★. Les rues de cette ville minuscule dominant la rivière Rosebud sont bordées de **bâtiments historiques** ★

À la recherche des os de dinosaures

La nature même de la vallée de la rivière Red Deer fait en sorte que chaque nouvelle pluie dévoile de nouveaux ossements de dinosaures. Ainsi que nous l'avons déjà mentionné, le Royal Tyrrell Museum organise divers types de fouilles à l'intention des paléontologues en herbe; cela dit, il se pourrait très bien que vous fassiez quelque découverte par vous-même. Sachez donc que tout os ou fragment trouvé à la surface d'une propriété privée peut être gardé avec la permission du propriétaire en titre. Mais vous n'en devenez alors que le «gardien» (la propriété ultime en revenant à la province d'Alberta), de sorte que vous ne pouvez le vendre ou l'emporter hors de la province sans autorisation expresse. De plus, aucun fossile ne doit jamais quitter son emplacement stratigraphique d'origine sans que ses coordonnées précises aient d'abord été consignées, et vous devez au préalable obtenir un permis avant de procéder à toute excavation. Bref, ces trésors jouent un rôle important dans l'histoire de notre planète et devraient toujours être traités en tant que tels.

qui vous transporteront dans le temps, la plupart d'entre eux arborant des plaques commémoratives.

Au nord de Drumheller

Au nord de Drumheller, sur la route 56, vous attendent deux villages singuliers. Le premier se nomme **Morrin** et abrite le **Sod House and Historical Park** *(dons appréciés; début juil à fin août, mer-dim 9h30 à 17h30;* ☎*403-772-2180)*. Le sol en terre battue des maisons de pionniers reconstituées ici souligne les rudes conditions dans lesquelles on vivait à l'époque.

Puis, en continuant vers le nord par la route 56 et en prenant Range Road à gauche, vous atteindrez **Rowley**, un lieu incontournable pour les mordus de cinéma. Sa rue principale a en effet des airs de ville morte, ce qui la prédispose naturellement à une vocation cinématographique, et elle a d'ailleurs été utilisée pour de nombreux tournages. Parmi ses principaux attraits, retenons sa vieille école de campagne, sa gare ferroviaire remise en état, sa buvette à l'ancienne (Trading Post) et son saloon (Sam's), où s'arrêtent en outre les **Alberta Prairie Railway Excursions** (voir p 503) partant de Stettler.

Prenez la route 585 West, puis la route 21 North jusqu'à Trochu.

Trochu

La **St. Ann Ranch and Trading Company** ★ *(2$; tlj 9h à 21h; aux limites sud-est de Trochu,* ☎*403-442-3924 ou 888-442-3924)* fut fondée en 1903 au sein d'une colonie d'origine française. La communauté prospéra et se développa jusqu'à s'équiper d'une école, d'une église et d'un bureau de poste, mais la déclaration de la Première Guerre mondiale poussa nombre d'habitants à quitter les lieux et à retourner en France. Le ranch a été restauré et est aujourd'hui exploité par un descendant d'un des premiers colons.

Un petit musée renferme des objets historiques, tandis qu'un salon de thé adjacent *(2e et 4e fins de semaine de juil et août 14h à 16h)* et un gîte (voir p 510) vous donneront l'occasion de vivre une expérience à la française. Le centenaire de la fondation du ranch est célébré en 2006.

À 30 km au nord-est de Trochu, sur la route 21, vous découvrirez le **Dry Island Buffalo Jump Provincial Park**, un parc accueillant des visiteurs d'un jour (un camping est situé à 10 km au sud du parc) qui met en lumière le contraste frappant qui existe entre le relief de la vallée de la rivière Red Deer et les terres cultivées des environs. Le «saut de bisons» *(buffalo jump)*, jadis utilisé par les Cris *(Crees)*, est plus élevé que la plupart des autres formations similaires de l'Alberta; les bisons rassemblés au bord de cette falaise y faisaient en effet une chute de 50 m avant d'être dépecés par les Autochtones pour leur viande et leur peau.

Vous pouvez vous rendre à Red Deer en filant vers l'ouest sur la route 590, puis vers le nord sur la route 2. Calgary se trouve plus au sud sur la route 2.

Circuit B: Les contreforts du centre de la province
★

Cochrane ★

Cette ville amicale repose aux limites septentrionales des terres de ranchs albertaines, et elle marque l'emplacement du premier grand ranch à bétail de la province. L'élevage sur ranch joue encore un rôle dans l'économie régionale, mais de plus en plus de résidants de cette communauté font la navette entre Cochrane et Calgary, à seulement 20 min de route, pour gagner leur vie.

Le **Cochrane Ranche Provincial Historic Site** ★★ *(dons appréciés; centre d'accueil des visiteurs: mi-mai à début sept tlj 9h à 17h; ranch: toute l'année; 0,5 km à l'ouest de Cosur la route 1A,* ☎*403-932-1193)* commémore la fondation, en 1881, de la Cochrane Ranche Company par un homme d'affaires québécois, le sénateur Matthew Cochrane, ainsi que la naissance de l'industrie bovine albertaine.

L'entreprise exploitait 189 000 ha de prairies et couvrait ainsi, avec trois autres ranchs, dont le Bar U, la plus grande partie du territoire de l'Alberta. Bien qu'il ait fait faillite après seulement deux ans d'activité, son héritage demeure. Les voyageurs peuvent aujourd'hui revivre cette époque romantique à travers les programmes d'interprétation du centre d'accueil.

La **Studio West Bronze Foundry and Gallery** *(entrée libre; lun-ven 8h à 17h30, sam 9h à 16h; 205 Second Ave. SE,* ☎*403-932-2611)*, située dans le parc industriel de Cochrane, est la plus grande fonderie artistique de tout l'Ouest canadien. Les sculpteurs y pratiquent la très ancienne méthode de coulage du bronze dite «à cire perdue», un procédé inchangé depuis 3 000 ans. Vous assistez ici au processus complet de la réalisation d'une sculpture, depuis l'idée originale jusqu'au produit final. On vend sur place des bronzes, des sculptures en bois et des peintures représentant des animaux et divers aspects de la vie dans l'Ouest.

Empruntez la route 22 en direction nord, puis la route 580 vers l'est jusqu'à Carstairs.

Carstairs

Deux des attraits les plus intéressants de Carstairs, qui ne sont ni plus ni moins que d'excellents endroits où magasiner, se trouvent aux limites de cette ville aux rues flanquées de grandes demeures anciennes. La **PaSu Farm** vous attend à 9 km à l'ouest de la ville sur la route 580, tandis que vous trouverez les **Custom Woolen Mills** (voir p 514) en parcourant environ 20 km vers l'est sur la route 581, puis 4,5 km vers le nord sur la route 791.

Optez d'abord pour la route 2A, plus agréable que l'a route 2, puis prenez la route 592 en direction ouest jusqu'à Markerville.

Markerville ★

Markerville était à l'origine, en 1888, une colonie islandaise du nom de Tindastoll, et ses premiers habitants sont venus de l'État du Dakota, aux États-Unis. Un an plus tard, un autre groupe d'Islandais vint s'y établir, parmi lesquels se trouvait le poète Stephan G. Stephansson (voir plus loin), et s'installa dans un secteur qu'ils nommèrent Hola. S'ils choisirent cette région, c'est en partie à cause de son isolement, car les colons désiraient préserver leur langue et leurs coutumes.

En 1899, le gouvernement fédéral procéda à la construction de la crémerie de Markerville, et le village qui se développa autour de la fabrique devint une sorte de pôle économique, attirant divers groupes de colons, entre autres des Danois, des Suédois et des Américains. La culture islandaise n'en continua pas moins à prospérer jusqu'aux années 1920, après quoi les mariages mixtes et les phénomènes migratoires finirent par modifier la situation. Aujourd'hui, moins de 10% de la population locale est de souche islandaise.

Le **Historic Markerville Creamery Museum** ★★ *(2$; mi-mai à début sept tlj 10h à 17h30; Creamery Way,* ☎*403-728-3006)* loge dans la seule crémerie entièrement restaurée de la

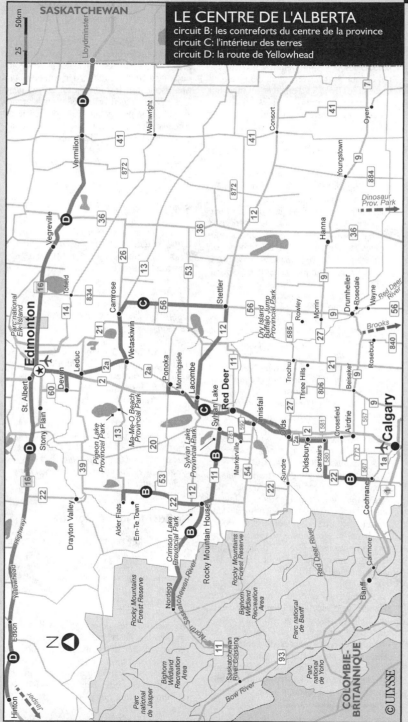

LE CENTRE DE L'ALBERTA
circuit B: les contreforts du centre de la province
circuit C: l'intérieur des terres
circuit D: la route de Yellowhead

© ULYSSE

province. La Markerville Creamery, qui fut une tête de file de l'industrie laitière albertaine à une certaine époque, a été créée par le ministère fédéral de l'Agriculture; une association régionale de cultivateurs islandais assurait l'entretien des installations, tandis que le gouvernement se chargeait de tenir les livres et d'engager un fabricant de beurre. Ce dernier payait les fermiers en fonction de la teneur en matières grasses de leur crème.

La crémerie fut le pilier de l'économie locale jusqu'à sa fermeture en 1972, produisant près de 90 000 kg de beurre par année à ses meilleurs jours. Restaurée de manière à retrouver l'aspect qu'elle avait vers 1934, elle fait aujourd'hui partie du patrimoine albertain. Vous pouvez en faire une visite guidée et ainsi tout apprendre sur les opérations et l'équipement de la crémerie, où l'on trouve encore d'anciens «pasteurisateurs». Deux boutiques de souvenirs avoisinent le bâtiment principal, de même que la Kaffistofa où vous pourrez déguster le *vinarterta* (gâteau étagé islandais).

Pour atteindre la maison Stephansson, continuez vers l'ouest par la route 364A, de l'autre côté de la rivière Medicine; peu après la rivière, prenez à droite une route non identifiée, que vous suivrez jusqu'à la route 371. Tournez alors à droite, traversez la rivière de nouveau, et vous ne tarderez pas à apercevoir l'entrée de la maison, sur votre gauche.

Maison Stephansson ★ *(2$; mi-mai à début sept tlj 10h à 18h; ateliers de poésie les dimanches après-midi;* ☎*403-728-3929).* Stephan G. Stephansson faisait partie du second groupe de colons islandais partis du Dakota en 1889 pour s'établir dans la localité aujourd'hui connue sous le nom de Markerville. Peu de gens ont entendu parler de Stephansson, sans doute un des poètes les plus prolifiques du Canada, pour la simple et bonne raison qu'il écrivait dans sa langue maternelle.

Sa première cabane en rondins se révéla très vite trop exiguë, si bien qu'il y ajouta graduellement un bureau, un hall d'entrée, un étage supérieur, une cuisine et une chambre à coucher près de l'entrée. Isolée avec du papier journal et aménagée de manière à reproduire le style pittoresque, la maison est tout à fait typique des habitations où vivaient les familles de cultivateurs canadiens de l'époque.

Tout comme les autres colons islandais, Stephansson se souciait tout particulièrement de préserver sa culture d'origine, qu'il parvint à perpétuer à travers sa maîtrise de la langue et ses opinions percutantes. Le plus célèbre de ses ouvrages à avoir été traduit est *Androkur* (Nuits d'insomnie) (Stephansson était insomniaque). Des guides font visiter la maison et allument chaque jour le poêle pour y faire cuire de délicieux gâteaux islandais connus sous le nom d'*astarbollur* ou «brioches d'amour».

Prenez la route 781 en direction nord vers Sylvan Lake.

Sylvan Lake ★

Cette ville lacustre, pourvue d'une marina, d'une plage, de boutiques de souvenirs, d'hôtels, d'un toboggan nautique et de constructions à toiture de bardeaux, fait presque penser à une station balnéaire de la côte Atlantique. Le **Sylvan Lake Provincial Park** ★ *(*☎*403-340-7683)* accueille des visiteurs d'un jour qui désirent se faire bronzer, se baigner et pique-niquer.

Quant au **Jarvis Bay Provincial Park**, qui se trouve également en bordure du lac Sylvan, il est tout aussi populaire les fins de semaine. Des sentiers de randonnée sillonnent la tremblaie canadienne et offrent de belles occasions d'observer les oiseaux.

Songez à passer la nuit à Red Deer, qui possède beaucoup d'hôtels, avant de poursuivre vers l'ouest. Si vous retenez cette option, filez vers l'est sur la route 11; sinon, prenez vers l'ouest jusqu'à Rocky Mountain House.

Rocky Mountain House

Bien qu'elle porte un nom évocateur, Rocky Mountain House ne désigne pas une pittoresque cabane en rondins située en plein bois, mais plutôt une petite ville servant de tremplin vers les majestueuses montagnes Rocheuses.

La ville, que les gens d'ici appellent tout simplement *Rocky*, ne compte qu'un peu plus de 6 000 habitants et constitue une zone de transition entre la tremblaie canadienne et les montagnes. Son cadre exceptionnel est certes l'un des grands atouts de cette localité, qui n'en offre pas moins toute une gamme de services: hôtels, stations-service et restaurants.

Tout juste aux limites de Rocky apparaît toutefois le centre d'intérêt qui lui vaut son nom, le Lieu historique national Rocky Mountain House, près duquel on peut s'adonner à une foule d'activités de plein air comme la descente de rivière en canot de voyageur, le golf, la pêche, la randonnée pédestre et le ski de randonnée à l'intérieur du **Crimson Lake Provincial Park** (voir p 506).

Grâce au poste de traite que l'on y retrouve, le **Lieu historique national Rocky Mountain House** ★★ *(2,50$; mi-mai à début sept tlj 10h à 17h; 4,8 km au sud-ouest de Rocky sur la route 11A, ☎403-845-2412)* s'avère particulièrement intéressant en ce qu'il illustre, peut-être mieux que n'importe quel autre lieu historique, le lien incontournable qui existe entre la traite des fourrures et la découverte ainsi que l'exploration du Canada.

Deux forts rivaux furent construits ici en 1799, la Rocky Mountain House de la Compagnie du Nord-Ouest et l'Acton House de la Compagnie de la Baie d'Hudson, les deux entreprises étant séduites à l'idée d'établir un commerce lucratif avec les Kootenays vivant à l'ouest des Rocheuses. Ce n'est qu'après la fusion de la Compagnie de la Baie d'Hudson et de la Compagnie du Nord-Ouest, en 1821, que l'ensemble de la région prit le nom de Rocky Mountain House.

Le commerce tant convoité avec les Kootenays ne se concrétisa jamais; pour tout dire, exception faite d'une brève période d'échanges profitables avec des tribus pieds-noirs (*Blackfoots*) au cours des années 1820, le fort ne fut jamais prospère, tant et si bien qu'il fut fermé et reconstruit à plusieurs reprises. On le condamna à tout jamais en 1875, après que la police montée du Nord-Ouest eut rendu le commerce sûr dans les régions plus au sud.

C'est alors que la Compagnie de la Baie d'Hudson ouvrit un comptoir commercial dans les environs de Calgary. Fait intéressant à noter, la Compagnie de la Baie d'Hudson, aujourd'hui devenue La Baie, ce géant du magasin à rayons à travers le Canada, tire davantage de revenus de ses biens immobiliers que du commerce de détail.

Le centre d'accueil des visiteurs présente une exposition des plus intéressantes sur l'époque de la traite des fourrures à Rocky Mountain House, tout en jetant un regard sur l'habillement des Amérindiens des Prairies et sur la façon dont il s'est modifié après l'arrivée des traiteurs de pelleteries; s'y ajoutent des objets divers ainsi que des témoignages des premiers explorateurs.

Vous pourrez aussi y visionner de nombreux documentaires réalisés par l'Office national du film. Deux sentiers d'interprétation ponctués de postes d'écoute (en anglais et en français) sillonnent le site en bordure de la rivière aux flots rapides qu'est la North Saskatchewan. Arrêtez-vous près de l'enclos à bisons et des différents sites de démonstration, comme celui où l'on prépare le thé et cet autre où est exposée une «barge de York», autrefois utilisée par les traiteurs de la Compagnie de la Baie d'Hudson (ceux de la Compagnie du Nord-Ouest préféraient le canot d'écorce, et ce, bien qu'il fût moins rapide). Il ne reste de l'ancien fort que deux cheminées.

Rocky Mountain House servait également de base d'exploration. David Thompson, un explorateur, géomètre et géographe à l'emploi de la Compagnie du Nord-Ouest qui joua un rôle majeur dans la recherche d'une route viable vers le Pacifique à travers les Rocheuses, vécut à Rocky Mountain House pendant un certain temps. Finalement devancé par les Américains dans sa quête, il parcourut au total quelque 88 000 km au fil des années qu'il consacra au commerce des pelleteries, dressant au fur et à mesure la carte de l'Ouest canadien.

Un crochet au nord par la route 22 vous mènera au tout petit village d'Alder Flats.

Alder Flats

À l'extrémité ouest de la route 13 s'étend la petite ville d'Alder Flats, qui ne présente en elle-même que peu d'intérêt pour les visiteurs. Quelques kilomètres plus au sud cependant, une autre localité regorge d'attraits; il s'agit d'un endroit ironiquement appelé **Em-Te Town** *(7$/jour; ☎780-388-2166, www.emtetown.com)*, une déformation de *empty*, qui signifie «vide». Vous y trouverez un saloon, une prison, un atelier de harnais, une école, une église et un bazar, le tout dans un cadre agréable au bout d'un chemin de gravier.

Ce village a été construit de toutes pièces en 1978 et permet de se familiariser agréablement avec la vie d'antan dans l'Ouest, de faire des balades sur les pistes et de savourer les repas maison apprêtés à l'hôtel Lost Woman (l'hôtel de la femme perdue). D'aucuns qualifient toutefois la mise en scène de surfaite. Outre les attractions, s'y trouvent des emplacements de camping et des cabanes à louer, de même qu'un restaurant.

David Thompson Highway ★ ★ ★

La route qui mène à Rocky Mountain House longe le périmètre de la Rocky Mountain Forest Reserve. À l'approche de la ville, des vues imprenables sur les Rocheuses se succèdent à l'horizon. La route 11, ou David Thompson Highway, se détache de Rocky Mountain House vers l'ouest et se faufile jusque dans l'Aspen Parkland (tremblaie canadienne) et le **parc national de Banff** ★ ★ ★ (voir p 362).

Le village de **Nordegg** repose à mi-chemin de ce trajet. Outre un musée intéressant, le **Nordegg Heritage Centre and Mine Site** *(mi-mai à fin sept; visite guidée à 13h; ☎403-721-2625)*, la petite localité offre d'excellentes occasions de pêche, permet d'accéder à la Forestry Trunk Road (chemin forestier) et à son camping, et possède une auberge de jeunesse, la **Shunda Creek Hostel** (voir p 511). À l'ouest de Nordegg, vous ne trouverez pas de services, mis à part ceux du David Thompson Resort.

David Thompson

David Thompson fit ses débuts avec la Compagnie de la Baie d'Hudson en 1784, occupant les fonctions de commis dans plusieurs postes de la baie d'Hudson et de la rivière Saskatchewan. S'étant fracturé une jambe, il commença à s'intéresser au levé de plans et à l'astronomie appliquée. Puis, en 1797, après avoir passé nombre d'années à explorer et à arpenter une grande partie des territoires actuels du nord du Manitoba et de la Saskatchewan, il décida de changer d'employeur et de se ranger du côté de la Compagnie du Nord-Ouest. La compagnie retint ses services dans le cadre de la «Columbia Enterprise», vouée à la recherche d'un passage à travers les Rocheuses. En 1806-1807, Thompson se prépara à franchir les Rocheuses à Rocky Mountain House. Les Péganes (Peigans) qui fréquentaient le poste s'opposaient toutefois à son projet, car, si le commerce s'étendait à l'ouest des montagnes, leurs ennemis, les Kootenays et les Flatheads, pourraient aussi se procurer des fusils. Thompson remonta alors la rivière de Rocky Mountain House au défilé de Howse; c'était en 1807. En 1810, la course vers l'embouchure du fleuve Columbia atteignit son apogée, lorsque Thompson apprit que les Américains avaient organisé leur propre expédition. Il se lança sans tarder vers l'ouest, mais fut arrêté par les Péganes, après quoi il dut remonter vers le nord en longeant le territoire des Amérindiens, résolus à faire échouer son projet. En 1811, il atteignit le défilé d'Athabasca, puis le Pacifique et l'embouchure du fleuve Columbia, mais quatre mois après que les Américains y eurent déjà établi un poste de traite. Thompson s'installa par la suite à Terrebonne, près de Montréal, où il œuvra à l'établissement de la frontière devant séparer le Haut-Canada du Bas-Canada. Il ne fut pas prospère en affaires et mourut en 1857 dans la pauvreté et l'anonymat presque total.

Circuit C: L'intérieur des terres
★

Olds

À une trentaine de kilomètres au sud de Red Deer surgit Olds, une petite localité agricole au sol fertile où voudront s'arrêter ceux qui s'intéressent à l'agriculture. C'est en effet à Olds que se trouve l'**Agricultural College** *(4500 50th St.,* ☎*403-556-8281 ou 800-661-6537)*, où l'on peut en apprendre davantage en visitant les serres et les différentes aires de recherche dispersées sur l'énorme propriété.

Red Deer ★

Red Deer, une ville de plus de 70 000 habitants, a d'abord pris l'allure d'une simple halte pour les voyageurs de commerce qui empruntaient la piste reliant Calgary et Edmonton. L'appellation de Red Deer est en fait une traduction erronée de *waskasoo* (élan), son pendant dans la langue crie. Les berges de la rivière étaient autrefois fréquentées par les élans (orignaux), et les colons écossais leur trouvaient une ressemblance avec le cerf rouge (*red deer*) de leur pays natal.

Au cours de la révolte de Riel en 1885, la milice canadienne érigea le fort Normandeau à cet emplacement, et le poste fut plus tard occupé par la police montée du Nord-Ouest. La construction ferroviaire, l'agriculture, le pétrole et le gaz naturel ont tous contribué à l'essor de Red Deer, qui fut à une certaine époque la ville à la croissance la plus rapide de tout le Canada.

Red Deer est une autre de ces villes albertaines dont le vaste réseau de parcs constitue le principal attrait. Le **Waskasoo Park System** couvre une partie de la ville même et de la vallée de la rivière Red Deer, et il est sillonné de sentiers pédestres et de pistes cyclables. Son centre d'information (Greater Red Deer Visitor Centre) se trouve à côté du **Heritage Ranch** *(lun-sam 9h à 17h, dim 12h à 17h; 25 Riverview Park, au bout de Cronquist Dr.,* ☎*403-347-4977, www.heritageranch.ca)*, à l'extrémité ouest de la ville; empruntez la sortie de 32nd Street sur la route 2, prenez à gauche 60th Street puis à gauche Cronquist Drive. Le ranch Heritage

dispose par ailleurs d'un centre équestre et d'abris pour les pique-niqueurs, et il donne accès aux sentiers du réseau.

Le **Fort Normandeau** ★ *(dons appréciés; fin mai à fin juin tlj 12h à 17h, juil à début sept tlj 12h à 20h;* ☎*403-347-7550, www.waskasoopark. ca)* se trouve à l'ouest de la route 2 sur 32nd Street. Le fort tel qu'il se présente aujourd'hui est en fait une réplique de la structure originale. Un poste d'arrêt situé en bordure de la rivière fut fortifié et entouré de palissades par les carabiniers de Mont-Royal, sous le commandement du lieutenant J.E. Bédard Normandeau, en prévision d'une attaque des Cris au cours de la révolte de Louis Riel en 1885.

Le fort ne fut toutefois jamais attaqué. Un centre d'interprétation, aménagé à côté de ce dernier, dépeint la vie dans les colonies amérindiennes, métisses et européennes de la région. Les visiteurs peuvent y observer le filage de la laine et la confection de cordes, de savonnettes, de bougies et de crème glacée selon les techniques d'antan.

Dans le centre-ville de Red Deer, le **Red Deer and District Museum** *(dons appréciés; début sept à mi-mai lun, mar et ven 10h à 17h, mer-jeu 10h à 21h, sam-dim 13h à 17h, mi-mai à début sept, heures d'ouverture prolongées; 4525 47A Ave.,* ☎*403-309-8405, www.museum. red-deer.ab.ca)* s'enorgueillit de différentes galeries réservées aux arts canadiens et étrangers, mais il abrite en outre une collection permanente traitant de l'histoire de la région depuis les temps préhistoriques. Les visites à pied du quartier historique de Red Deer partent de ce musée.

Le **Heritage Square**, juste à côté du musée, présente un regroupement de bâtiments historiques, y compris l'unique Aspelund Laft Hus, une réplique d'une maison norvégienne au toit gazonné du XVIIe siècle. Puis, au nord-ouest du Heritage Square, se trouve le **City Hall Park** ★, le parc de l'hôtel de ville, un adorable jardin garni de 45 000 fleurs annuelles.

Après Red Deer, filez vers le nord sur la route 2 jusqu'à Ponoka, en passant par Lacombe, où vous reviendrez ensuite pour continuer vers l'est.

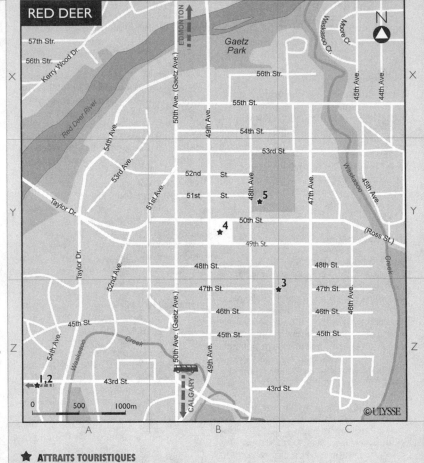

RED DEER

★ ATTRAITS TOURISTIQUES

1. AZ	Heritage Ranch	**3.** BZ	Red Deer and District	**4.** BY	Heritage Square
2. AZ	Fort Normandeau		Museum	**5.** BY	City Hall Park

Lacombe

Lacombe est une petite localité agricole typique du centre de l'Alberta. Elle fut, au tournant du XIXe siècle, plus importante que Red Deer. Aujourd'hui, elle ne compte plus que de 25 000 habitants. Il y a plus de 25 bâtiments restaurés dans le centre-ville historique de Lacombe. La ville s'enorgueillit même d'un remarquable immeuble triangulaire (**Flat Iron Building**) érigé sur 50th Avenue. À une rue de là surgit par ailleurs le **Michener House Museum** *(dons appréciés; fin mai à début sept mar-sam 10h à 17h; 5036 51st St.,* ☎*403-782-3933)*, le lieu de naissance du

gouverneur général du Canada de 1967 à 1974, Roland Michener; la maison a été remise en état et garnie de souvenirs de famille, de meubles et accessoires d'époque, ainsi que de vieilles photographies.

Le musée administre également le **Blacksmith Shop Museum** *(dons appréciés; juin à sept ven-dim 10h à 16h ou sur rendez-vous; 5020 49th St.,* ☎*403-782-3933)*, situé à deux rues de là. Il s'agit là d'un des rares ateliers de maréchal-ferrant originaux qui se trouvait en Alberta. Vous pouvez admirer ici l'artisan qui moule délicatement le fer chaud avec les moyens utilisés au début du XXe

siècle. Son importance était capitale à l'époque puisqu'il ferrait les chevaux et réparait la machinerie lourde.

Deux autres attraits se trouvent sur la route de Stettler. L'**Ellis Bird Farm** *(dons appréciés, visites guidées 2,50$; mi-mai à début sept mar-dim 11h à 17h, faire 8 km vers Stettler sur la route 12, puis 8 km au sud sur Prentiss Road,* ☎*403-346-2211, www.ellisbirdfarm.ab.ca)* constitue une intéressante propriété où l'on s'occupe, depuis près d'un demi-siècle, de la préservation d'espèces d'oiseaux menacés. On y conserve donc des espaces sauvages assurant la survie de la faune et de la flore du centre de l'Alberta. Plusieurs sentiers permettent d'apprécier l'endroit à sa juste valeur.

Ponoka

Si vous visitez la région vers la fin du mois de juin ou le début du mois de juillet, faites un détour par Ponoka (au nord de Lacombe sur la route 2A), où se tient le second rodéo en importance de la province (le premier étant naturellement le Stampede de Calgary).

Le **Stampede de Ponoka** ★ *(camping gratuit sur le site pendant le rodéo;* ☎*403-783-0100)* a lieu la dernière fin de semaine de juin et la première fin de semaine de juillet, comme toujours depuis plus de 60 ans.

Revenez à Lacombe et prenez la route 12 Est jusqu'à Stettler.

Stettler

Pour ceux qui désirent parcourir le somptueux paysage des Prairies, **Alberta Prairie Railway Excursions** ★ *(4611 47th Ave.,* ☎*403-742-2811, www.absteamtrain.com)* organise des excursions à bord de wagons datant du début du siècle dernier. Le train part de Stettler et dessert de petites localités comme Halkirk, Castor et Coronation à l'est, ou encore Big Valley, au sud. Ces excursions d'une demi-journée ou d'une journée complète comprennent respectivement un ou deux repas, et pourquoi ne pas rendre l'expérience encore plus mémorable en prenant un train «meurtre et mystère» ou un train «casino»? Le train circule de mai à octobre et certaines fins de semaine de novembre à avril.

Prenez la route 56 vers le nord jusqu'à Camrose.

Camrose

Le **plus petit aéroport d'Alberta** *(dons appréciés; juin à août mer-dim 12h à 20h; de Camrose, faites 22 km vers l'est sur la route 13 puis 4 km vers le sud sur Kelsey Road,* ☎*780-373-3953)* possède des mini-pistes où décollent et atterrissent des avions radiocommandés. Camrose accueille également, au début d'août, le **Big Valley Jamboree** *(*☎*888-404-1234, www.bigvalleyjamboree.com)*, un merveilleux festival de musique country réunissant de grands noms canadiens et américains.

Prenez la route 26 vers l'ouest jusqu'à Wetaskiwin.

Wetaskiwin ★

La ville de Wetaskiwin possède un des plus beaux musées de la province. À l'instar du **Remington Carriage Museum** ★★★ de Cardston (voir p 466), le Reynolds-Alberta Museum prouve une fois de plus que l'Alberta ne se limite pas à Calgary, à Edmonton et aux Rocheuses. Bien qu'il n'y ait pas grand-chose à voir à Wetaskiwin outre le musée Reynolds et le panthéon de l'aviation, cette agréable ville possède tout de même une rue principale intéressante, ainsi que des hôtels et des restaurants tout à fait respectables.

Le **Reynolds-Alberta Museum** ★★★ *(9$; mi-mai à début sept tlj 10h à 18h, sept à mai mardim 10h à 17h; à l'ouest de Wetaskiwin sur la route 13,* ☎*780-361-1351 ou 800-661-4726, www.ma chinemuseum.net)* célèbre «l'esprit de la machine» et s'avère on ne peut plus fascinant. Des bornes interactives à l'intention des enfants donnent vie à tout ce qui s'y trouve. Une irréprochable collection d'automobiles, de camions, de bicyclettes, de tracteurs et de machines aratoires entièrement remis à neuf se laissent également contempler.

Parmi les voitures anciennes, il faut mentionner la présence d'une des quelque 470 *Duesenberg Phaeton Royales* de modèle J à avoir été construites. Cette voiture absolument unique avait coûté 20 000$ à son propriétaire au moment de son achat en 1929! Les visiteurs du musée y apprendront par ailleurs le fonctionnement d'un élévateur de grains et pourront observer les travaux de l'atelier de réfection à travers une large baie vitrée. On propose deux fois par jour des visites de l'entrepôt, où plus de 800 pièces attendent d'être restaurées *(téléphonez au préalable pour connaître les heures de visite, et enregistrez-vous à l'accueil)*. Des visites guidées d'une heure *(50$ par groupe de 30 personnes ou moins)* sont également organisées sur réservation.

Le **Canada's Aviation Hall of Fame** *(9$; mi-mai à fin juin tlj 10h à 17h, juillet à début sept tlj 10h à 18h, sept à début mai mar-dim 10h à 17h; ☎780-361-1351)*, situé sur le site du musée Reynolds, rend hommage aux pionniers de l'aviation canadienne. Y sont exposés des photographies, des objets variés, des effets personnels et l'avion favori des membres du panthéon, entre autres des pilotes civils et militaires, des médecins, des hommes de science, des inventeurs, des ingénieurs en aéronautique et des administrateurs.

Poursuivez vers le nord par la route 2A jusqu'à Leduc, site de la découverte d'un des plus importants gisements de pétrole au monde.

Leduc

L'Alberta trouva sa voie le jour où l'on découvrit du pétrole brut au sud d'Edmonton. Le **Canadian Petroleum Interpretive Centre** *(4$; mi-avr à mi-sept tlj 10h à 18h; 2 km au sud de Devon sur la route 60, ☎780-987-4323 ou 866-987-4323, www.c-pic.org)* est situé sur le site du **puits de pétrole n° 1 de Leduc**, qui fut en exploitation dès le 13 février 1947, marquant du même coup l'envol du boom pétrolier. Le pétrole avait en fait été découvert sur une ferme au nord-ouest de Leduc, dans ce qui allait devenir la municipalité de Devon. Une réplique du derrick original de 53 m, de type conventionnel, se dresse maintenant sur le site, et les visiteurs peuvent observer l'équipement de près en descendant jusqu'à la plate-forme de forage.

Devon

La ville de Devon et son **University of Alberta Devonian Botanic Garden** *(10$; fin avr à début juin tlj 10h à 16h, début juin à début juil et fin août à début oct tlj 10h à 18h, début juil à fin août tlj 10h à 21h; route 60, ☎780-987-3054 ou 987-3055)* ont été nommés ainsi d'après la formation dévonienne, dans laquelle de l'huile fut découverte dans les années 1940. Des plantes indigènes, un jardin japonais

et la Butterfly House (verrière à papillons), remplie de beautés tropicales, occupent quelque 45 ha.

Edmonton ★★ *(voir p 516) se trouve à 30 min au nord d'ici par la route 60.*

Circuit D: La route de Yellowhead
★★

Le **tracé panoramique de la Yellowhead Highway** emprunte la route 16 à l'ouest de Winnipeg (Manitoba) et traverse les Prairies en passant par Saskatoon (Saskatchewan) avant d'atteindre la frontière albertaine à Lloydminster. Il franchit ensuite l'Alberta en passant par sa capitale, Edmonton, ainsi que par Jasper. Une fois en Colombie-Britannique, il se dédouble, la route 5 conduisant à Merritt, au sud, et la route 16 filant vers l'ouest jusqu'à Prince Rupert.

Un trappeur et guide de sang partiellement iroquois, Pierre Bostonais, s'est rendu dans l'Ouest vers l'an 1800 alors qu'il était à l'emploi de la Compagnie de la Baie d'Hudson. La teinte plus claire de ses cheveux (par rapport à ses congénères) ne tarda pas à lui valoir le surnom de «Tête Jaune» (*Yellow Head*) parmi les trappeurs français. Il a dirigé des expéditions dans les régions au nord de l'Alberta et de la Colombie-Britannique telles que nous les connaissons aujourd'hui, en suivant les rivières Smoky et Athabasca, ainsi que le fleuve Fraser. Il a en outre exploité le col de Yellowhead et a établi sa fameuse cache de fourrures en un endroit désormais connu sous le nom de Tête Jaune Cache, à la jonction des routes 5 et 16. Il a finalement été tué par les Beavers en 1827.

Lloydminster

Lloydminster a été colonisée en 1903, alors que la région faisait partie des vastes Territoires du Nord-Ouest. En 1930, soit 25 ans après la création des provinces de la Saskatchewan et de l'Alberta, les deux communautés qui la constituaient fusionnèrent pour former la seule ville dotée d'une administration unique répartie dans deux provinces distinctes. Le coût de la vie n'étant pas le même dans les deux provinces, la situation de Lloydminster est pour le moins intéressante: il n'y a pas de taxe de vente provinciale en Alberta; le salaire minimum est plus élevé en Saskatchewan, quoique les impôts le soient aussi; l'âge auquel on peut consommer de l'alcool est de 19 ans en Saskatchewan et de 18 ans en Alberta, et ainsi de suite.

Le **Barr Colony Heritage Cultural Centre** *(5$; fin mai à début sept tlj 9h à 20h, mi-sept à mi-mai mer-ven 12h à 17h, sam-dim 13h à 17h; à l'intersection de la route 16 et de 45th Ave.,* ☎*306-825-5655)* relate les débuts de Lloydminster en 1903, alors que 2 000 colons britanniques s'y sont installés avec le pasteur Isaac Barr. Le centre abrite cinq galeries d'art.

Le **Bud Miller All Seasons Park** *(tlj 7h à 23h; 59th Ave., au sud de la route 16,* ☎*780-875-4497)* recèle 81 ha de sentiers pédestres entourés de bosquets de trembles. Vous y trouverez aussi un labyrinthe arboré, des boulingrins, des terrains de volley-ball de plage, un parc aquatique, un jardin classique et le plus grand cadran solaire au Canada.

Prenez vers l'ouest la route 16, traversez le village de Vermillion, ainsi dénommé en raison des dépôts rougeâtres de la rivière du même nom, et poursuivez jusqu'à Vegreville.

Vegreville

Vegreville fut à l'origine colonisé par des cultivateurs français venus de l'État américain du Kansas. De nos jours, ce village est surtout connu pour sa communauté ukrainienne et son monument pour le moins étonnant, soit le plus gros *pysanka* au monde, un œuf de Pâques ukrainien traditionnel de 7 m de long!

En poursuivant vers l'ouest par la route 16, vous ne tarderez pas à croiser le **Ukrainian Cultural Heritage Village** ★ ★ *(8$; mi-mai à début sept tlj 10h à 18h, sept à mi-oct sam-dim 10h à 18h; route 16, à environ 30 km à l'est d'Edmonton,* ☎*780-662-3640)*, où la fascinante histoire des colons ukrainiens de la région revit sous vos yeux.

On y recrée en effet, à travers un village historique entièrement reconstitué et un personnel en costumes d'époque, la vie telle qu'elle se déroulait dans la colonie du Centre-Est albertain entre 1892 et 1930. Chassés de leur pays natal, ces colons s'étaient enfuis vers les Prairies canadiennes, où l'on donnait pratiquement les terres. Ils se vêtaient et travaillaient comme

s'ils étaient encore dans leur pays, enrichissant ainsi le paysage culturel du Canada. On célèbre ici, à la fin d'août, la «Récolte du passé», ponctuée de divertissements colorés et marquée par une compétition au cours de laquelle les concurrents doivent engloutir le plus grand nombre de *pirogies* (beignets de pomme de terre) possible.

En suivant la route 16, soit la Yellowhead Highway, à l'est d'Edmonton, vous arriverez bientôt au **parc national Elk Island** ★ ★ (voir p 506). Cette zone sauvage de type insulaire, perdue dans une mer d'herbe, assure la protection de deux troupeaux de bisons, l'un de bisons des plaines et l'autre, plus rare, de bisons des bois. Il abrite également nombre d'autres espèces animales. Vous y trouverez des terrains de camping, des sentiers de randonnée et un lac grâce auxquels vous pourrez vous adonner à toutes sortes d'activités de plein air.

La route de Yellowhead vers l'ouest jusqu'à Jasper

À 160 km à l'ouest de Stony Plain surgit la petite ville d'**Edson**, qui, bien qu'elle ne paie pas de mine, n'en possède pas moins deux petits musées consacrés à l'histoire de la région: le **Galloway Station Museum** *(1$; mimai à début sept tlj 10h à 17h; 5425 Third Ave.,* ☎*780-723-5696)* et le **Red Brick Arts Centre and Museum** *(lun-ven 9h à 16h30; 4818 Seventh Ave.,* ☎*780-723-3582)*, aménagé dans une école datant de 1913.

Hinton se trouve au seuil du parc national de Jasper et constitue une solution de rechange peu coûteuse sur le plan de l'hébergement et des services (voir p 512). L'**Alberta Forest Service Museum** *(dons appréciés; lun-ven 8h30 à 12h et 13h à 16h30; 1176 Switzer Dr.,* ☎*780-865-8220)* porte sur l'industrie forestière albertaine. Des espaces sauvages d'une beauté spectaculaire entourent par ailleurs Hinton, y compris les **Cadomin Caves**, les grottes les mieux connues et les plus accessibles de la province.

Parcs

Pour de plus amples renseignements sur les parcs provinciaux de l'Alberta: www3.gov.ab.ca/env/parks

Le centre de l'Alberta - Parcs

En quête de dinosaures et d'autres trésors

Kinbrook Island Provincial Park ★

Les rives du lac Newell, le plus grand plan d'eau artificiel de la province, accueillent plus de 250 espèces d'oiseaux; des colonies de cormorans à aigrette et de pélicans blancs d'Amérique occupent plusieurs des îles protégées du lac. Le meilleur endroit pour observer la faune des lieux est sans doute la rive est du lac, où l'on trouve quelque 170 emplacements de camping. Des sentiers pédestres parcourent également le marais de Kinbrook. Pour de plus amples renseignements ou pour réserver, composez le ☎(403) 362-4525.

Dinosaur Provincial Park ★ ★ ★

Le Dinosaur Provincial Park donne aux paléontologues amateurs l'occasion de fouler le territoire des dinosaures. Classée site du patrimoine mondial par l'UNESCO en 1979, cette réserve naturelle recèle une mine de renseignements sur ces formidables créatures qui ont jadis vécu sur notre planète. Aujourd'hui, le parc abrite environ 35 espèces animales différentes.

Vous pourrez visiter le petit musée de la **station expérimentale du musée Royal Tyrrell** *(☎403-378-4342 ou 403-378-4344, www. dinosaurpark.ca)*. La route qui fait le tour des lieux et deux sentiers autoguidés, le **Cottonwood Flats Trail** et le **Badlands Trail**, vous donneront un bon aperçu du parc. Vous verrez deux squelettes de dinosaures à l'endroit même où ils ont été découverts. La meilleure façon de visiter le parc consiste toutefois à participer à l'une des excursions organisées dans la réserve même, qui compte pour la plus grande partie du parc et dont l'accès est restreint. Le **Badlands Bus Tour**, d'une durée de deux heures, vous entraîne au cœur de la réserve et permet d'admirer des paysages inoubliables, des squelettes et des animaux sauvages; quant à la **Centrosaurus Bone Bed Hike** et à la **Fossil Safari Hike**, il s'agit de deux randonnées guidées permettant d'examiner de près d'authentiques sites de fouilles. Le nombre de places pour ces sorties est limité, en particulier en juillet et en août; donc, pour ne pas les manquer, les visiteurs sont priés de téléphoner à l'avance *(☎403-378-4344)*

pour connaître l'horaire et pour réserver leurs places.

Ce parc possède en outre des terrains de camping et un centre de services (Dinosaur Service Centre) pourvu d'une laverie, de douches, d'aires de pique-nique et d'un comptoir d'alimentation. La cabane de John Ware, un important cowboy noir, se trouve près du terrain de camping.

Les contreforts du centre de la province

Le **Crimson Lake Provincial Park** *(bureau du gardien pour urgence: ☎403-845-2340, information et réservations de camping: ☎403-845-2330)* est situé immédiatement à l'ouest de Rocky Mountain House. Vous y trouverez des emplacements de camping paisibles et pourrez y pratiquer la pêche à la truite arc-en-ciel, d'ailleurs très bonne. Les nombreux sentiers pédestres se transforment en pistes de ski de randonnée en hiver.

Le **Ma-Me-O Beach Provincial Park** *(usage diurne seulement)* et le **Pigeon Lake Provincial Park** *(réservations de camping: ☎780-586-2644)* sont tout indiqués pour ceux qui en ont assez de la montagne et qui souhaitent passer une journée à la plage. Tous deux offrent d'excellentes occasions de baignade, tenues pour les meilleures en Alberta, sans oublier la pêche au lac Pigeon. Vous pourrez louer des embarcations au terrain de camping Zeiner du Pigeon Lake Provincial Park.

La route de Yellowhead

Le sompteux **parc national Elk Island** ★ ★ *(6$; ouvert toute l'année; administration du parc et gardien: lun-ven 8h à 16h, ☎780-992-5790)* s'attache à préserver une partie de la région des monts Beaver en son état premier, soit avant l'arrivée des colons, à l'époque où les Sarsis *(Sarcees)* et les Cris *(Crees)* des Plaines chassaient et trappaient sur ces terres.

L'arrivée des colons a considérablement mis en danger les castors, les élans et les bisons, si bien que les habitants de la région et les défenseurs de l'environnement ont soumis au gouvernement une pétition visant à créer une réserve d'élans, et ce, dès 1906.

Les bisons des plaines vivant dans le parc s'y trouvent en fait par accident, puisqu'ils se sont détachés d'un troupeau temporairement logé ici au moment d'ériger une clôture autour du **parc national Wood Buffalo** ★ ★ ★ (voir p 544) de Wainwright. Le troupeau actuel provient des quelque 50 têtes ayant participé à cette escapade. Elk Island sert également d'habitat à un petit troupeau de rares bisons des bois, le plus gros mammifère d'Amérique du Nord.

En 1940, on croyait disparu le bison des bois à l'état pur, mais, tout à fait par hasard, on en découvrit quelque 200 têtes dans un coin reculé du parc national Wood Buffalo en 1957, et une partie de ce troupeau fut alors abritée dans une réserve clôturée du parc national Elk Island.

Aujourd'hui, on retrouve le bison des plaines, de moindre envergure, au nord de la route 16, tandis que le bison des bois vit au sud de cette même route. En parcourant le parc, rappelez-vous que vous êtes dans le territoire des bisons, et que ce sont là des animaux sauvages. Aussi dociles qu'ils puissent paraître, ils n'en demeurent pas moins dangereux et imprévisibles, et ils peuvent très bien charger sans crier gare. Restez donc à bord de votre véhicule et maintenez-vous à une distance raisonnable des animaux (de 50 m à 75 m).

Devenu un parc national en 1930, Elk Island est aujourd'hui une réserve naturelle de 195 km² pour 44 espèces de mammifères, y compris l'orignal, l'élan, le cerf, le lynx, le castor et le coyote. Il s'agit d'un des meilleurs endroits de la province pour observer les animaux sauvages. D'importants couloirs de migration de la faune ailée passent au-dessus du parc, et vous apercevrez sans doute des cygnes trompettes en automne.

Le bureau du parc qui se trouve à la barrière sud, tout juste au nord de la route 16, est à même de vous renseigner quant aux deux terrains de camping, à l'observation des animaux et aux 12 sentiers qui sillonnent le parc, offrant d'excellentes occasions de randonnée pédestre ou de ski de randonnée. Vous pourrez également pêcher et faire de la navigation de plaisance sur le lac Astotin, ou même jouer au golf sur le parcours à neuf trous du parc.

Activités de plein air

■ Baignade

Croyez-le ou non, tout enclavée qu'elle soit, l'Alberta possède quelques plages idéales pour faire trempette ou se dorer au soleil. Dans le centre et le nord de la province, d'innombrables lacs créés par des glaciers en retraite font aujourd'hui le bonheur des estivants.

Le **Pigeon Lake Provincial Park** s'enorgueillit d'une longue plage sablonneuse équipée de douches et de tables de pique-nique, tandis que le **Ma-Me-O Provincial Park**, à l'autre extrémité du lac Pigeon, accueille les visiteurs d'un jour en quête d'un pique-nique mémorable ou d'un bain de soleil. La ville de **Sylvan Lake**, quant à elle, ressemble à une station balnéaire avec son lac éponyme; on y trouve une magnifique plage sur un des lacs les plus spectaculaires de l'Alberta, et les amateurs de planche à voile ou de pédalo peuvent y louer le matériel nécessaire à la pratique de leur activité favorite.

■ Canot et descente de rivière

Alpenglow Mountain Adventures
R.R.1, Rocky Mountain House
☎ (403) 844-4715
Alpenglow Mountain Adventures propose des descentes de rivière et des excursions en kayak ou en canot sur la rivière North Saskatchewan entre Nordegg et Rocky Mountain House. Cette entreprise organise aussi des excursions sur la rivière Athabasca en été et des forfaits d'escalade de glace en hiver.

Voyageur Ventures
Rocky Mountain House
☎ (403) 845-7878 ou 877-846-7878
www.voyageurventures.ca
Voyageur Ventures organise pour sa part des excursions d'une ou plusieurs journées à bord de canots de voyageur.

■ Parapente

Muller Windsports
Big Hill Rd., Site 13, R.R.2
☎ (403) 932-6760
www.mullerwindsports.com

C'est à une demi-heure à l'ouest de Calgary, tout juste avant le village de Cochrane, que l'école de parapente et de deltaplane Muller donne des cours. Le cours pour débutants coûte 185$ et permet quelques vols. La sensation de voler est évidemment extraordinaire!

■ Randonnée pédestre et ski de fond

Le **parc national Elk Island** vous donne l'occasion d'observer une incroyable variété d'animaux sauvages. Le Shoreline Trail (3 km aller seulement) et le Lakeview Trail (3,3 km aller-retour) sillonnent les environs du lac Astotin, où l'on aperçoit des castors à l'occasion. Le Wood Bison Trail (18,5 km aller-retour) décrit une boucle autour du lac Flying Shot, dans la partie du parc qui s'étend au sud de la route 16, là où vivent les bisons des bois. Ces trois sentiers sont en outre entretenus pour le ski de randonnée pendant la saison hivernale.

Hébergement

En quête de dinosaures et d'autres trésors

Vous trouverez des emplacements de camping au **Kinbrook Island Provincial Park** *($;* ☎*403-362-2962)* de même qu'au **Dinosaur Provincial Park** *($;* ☎*403-378-3700)*, ce dernier offrant des installations plus complètes, entre autres des douches et une laverie automatique.

Brooks

Douglas Country Inn
$$ pdj
≡, ⚒, ♥
☎ (403) 362-2873
▤ (403) 362-2100

À 6,5 km au nord de la ville, sur la route 873, se dresse le Douglas Country Inn. On a su créer une atmosphère campagnarde détendue dans chacune des sept chambres merveilleusement décorées, de même que dans le reste de l'auberge. Le seul téléviseur de la maison trône dans une petite pièce rarement fréquentée.

Tel-Star Motor Inn
$$ pdj
≡, ♥, ♥
813 Second St. W., à l'entrée de la ville
☎ (403) 362-3466 ou
800-260-6211
▤ (403) 362-8818

À environ 30 min de route du Dinosaur Provincial Park se trouvent la petite ville de Brooks et le Tel-Star Motor

Inn. Les chambres de cet établissement n'ont rien d'extraordinaire, si ce n'est qu'elles sont propres et que chacune d'elles est équipée d'un four à micro-ondes et d'un réfrigérateur. Les appels locaux sont gratuits, et vous pourrez conserver vos prises du jour dans un congélateur mis à votre disposition.

Drumheller

Pope Lease Pines Bed and Breakfast and RV Resort
$-$$ pdj
≡, ⚒, *bc*
Range Rd. 22-1, à 21 km à l'ouest de Drumheller par la route 575
☎ (403) 823-8281
▤ (403) 572-2370
www.thepopeleasepines.com

Pope Lease Pines se cache dans une forêt de pins au beau milieu des prairies albertaines. Le gîte, avec ses trois chambres d'hôte, est installé dans une paisible résidence champêtre, tandis que le terrain de camping attenant dispose de 14 emplacements tout équipés pour accueillir les autocaravanes. La construction de la demeure date des années 1940, et les propriétaires, Kent et Janice Walker, ont essayé d'en reconstituer l'atmosphère en conservant les planchers de bois franc, les antiquités d'époque, les lits à baldaquin et les tissus à motifs floraux. Deux chambres ensoleillées ont de grands lits alors que la troisième, beaucoup plus petite, renferme deux lits jumeaux.

Taste the Past B&B
$$ pdj
⚒
281 Second St. W.
☎ (403) 823-5889

Le Taste the Past B&B, qui porte très bien son nom (Goûtez le passé), se présente comme une maison victorienne de 1910 décorée d'antiquités. Vous pourrez profiter de son grand jardin et de sa véranda, et, le matin venu, on vous proposera un choix de petits déjeuners.

Badlands Motel
$$
≡, ⚒, ♥, ♥
801 N. Dinosaur Trail
☎ (403) 823-5155
▤ (403) 823-7653

Le Badlands Motel se trouve à l'extérieur de la ville, en bordure de la panoramique Dinosaur Trail. Ses chambres n'ont rien de particulier.

Best Western Jurassic Inn
$$-$$$
≡, ◎, ≋, ✳, ♥, ⚐
1103 Hwy. 9 S.
☎ (403) 823-7700 ou
888-823-3466
▤ (403) 823-5002
www.bestwestern.com

Le Best Western Jurassic Inn compte 49 chambres. Celles-ci, quoique conventionnelles, se révèlent très propres et fort bien équipées, puisqu'elles possèdent toutes un réfrigérateur, un four à micro-ondes et un séchoir.

The Inn and Spa at Heartwood Manor
$$$
≡, ⚒, ◎, ♥, ⚒, ✕
320 Railway Ave. NE
☎ (403) 823-6495 ou
888-823-6495
▤ (403) 823-4935
www.innsatheartwood.com

De loin le plus coquet établissement de la ville, le Inn and Spa at Heartwood Manor est aménagé dans une maison historique rénovée où le choix des cou-

leurs, pour le moins frappant, crée une atmosphère à la fois intime et luxueuse. Un spacieux cottage et une suite de deux chambres sont également mis à votre disposition. Le petit déjeuner de crêpes s'accompagne de sirops de fruits maison. On y parle l'anglais et le français.

Trochu

St. Ann Ranch Country Inn
$$ pdj
bc/bp
☎ (403) 442-3924 ou
888-442-3942
▤ (403) 442-4264
www.bbalberta.com/st-ann-ranch

Le *bed and breakfast* champêtre du **St. Ann Ranch** (voir p 495) vous offre la possibilité de loger dans un véritable gîte français. Vous y aurez le choix de sept chambres privées et meublées d'antiquités (dont cinq avec salle de bain privée), à l'intérieur de la maison de ranch ou du Pioneer Cottage. Vous pourrez accéder à loisir au salon doté d'un foyer, à la bibliothèque et aux terrasses.

Rosebud

Queen Regent Guest House
$$
bc/bp
une rue au nord du Rosebud Theatre
☎ (403) 677-2451
www.experiencerosebud.com

La Queen Regent Guest House, une auberge absolument charmante, arbore des murs astucieusement peints et affiche des couleurs vives. La jeune femme qu'est Alana Bowker a fait de la belle ouvrage! Son

gîte est installé dans l'ancien bâtiment réservé aux enseignants de la communauté. De l'extérieur, il s'avère plutôt ordinaire, mais, une fois que vous serez à l'intérieur, vous y trouverez sept belles chambres d'hôte avec dessus-de-lit faits à la main. Les bien-nommées Angel Room et Queen's Chambers se révèlent particulièrement de toute beauté, sans compter les ciels qui enveloppent romantiquement les lits à baldaquin.

Rosebud Country Inn
$$$
≡
P.O. Box 631
☎ (403) 677-2211 ou
866-677-2211
▤ (403) 677-2106

Les chambres du Rosebud Country Inn s'enorgueillissent de lits-bateaux, d'étoffes signées Laura Ashley, de lavabos sur pied et de balcons, sans compter la couleur rose qui rehausse partout l'atmosphère des lieux. Cette auberge offre des installations de tout premier ordre et un hébergement irréprochable. Son salon de thé sert le petit déjeuner, le brunch du dimanche, le déjeuner, le dîner et, naturellement, le thé en après-midi. Il n'y a ici aucun téléviseur (par choix) ni enfant.

- - - - - - - - - - - - - - - - -
Les contreforts du centre de la province

Sylvan Lake

Jarvis Bay Provincial Park
$
☎ (403) 887-5522 (réservations de camping)

www.jarvisbaycampground.com
Le Jarvis Bay Provincial Park se trouve en bordure du lac Sylvan.

Rocky Mountain House

Walking Eagle Inn
$$ pdj
≡, ◎, ☞, ⊌
route 11
☎ (403) 845-2804 ou
866-845-2131
▤ (403) 845-3685

L'intérieur en rondins du Walking Eagle Inn abrite 63 grandes chambres propres, décorées dans l'esprit qui anime cet établissement typique de l'Ouest canadien. L'hôtel a fière allure depuis qu'on l'a complètement rénové et repeint. En plus, un motel de 35 chambres a été construit juste à côté. On trouve un four à micro-ondes et un réfrigérateur dans chacune des chambres, par ailleurs un peu trop stériles et sans âme dans leurs matériaux immaculés.

Voyageur Motel
$$
≡, ☞, ☂
route 11 S.
☎ (403) 845-3381 ou
888-845-3569
▤ (403) 845-6166
www.voyageurmotel.com

Le Voyageur Motel constitue un choix pratique en raison de ses chambres spacieuses et propres, équipées d'un réfrigérateur. Des cuisinettes sont également disponibles. Chaque chambre possède son propre magnétoscope.

Nordegg

Shunda Creek Hostel
$
bc
à l'ouest de Nordegg, 3 km au nord de la route 11 sur la Shunda Creek Recreation Area Road
☎/▤ (403) 721-2140
www.hihostels.ca

Adossée aux fabuleuses montagnes Rocheuses, au cœur du pays de David Thompson, à portée d'innombrables possibilités d'activités de plein air, brille la Shunda Creek Hostel. Ce «chalet» de deux étages dispose d'une cuisine, d'une buanderie, d'une salle commune rehaussée d'un foyer et de 10 chambres pouvant accueillir 48 personnes au total. Il y a même une cuve à remous à l'extérieur. Vous pourrez pratiquer la randonnée pédestre, le vélo de montagne, la pêche, le canot, le ski de randonnée et l'escalade de glace dans les environs.

David Thompson Resort
$$$
≡, ⚞, ⚏, ▥, ◎
route 11, Cline River
☎ (403) 721-2103
▤ (403) 721-2267
www.davidthompsonresort.com

Le David Thompson Resort est plus un motel et un parc de caravanes qu'un complexe hôtelier à proprement parler, mais il n'en s'agit pas moins du seul lieu d'hébergement entre Nordegg et la route 93 ou Icefield Parkway, et le paysage reste imbattable. Location de bicyclettes et visites de la région en hélicoptère.

L'intérieur des terres

Red Deer

Nombre de congrès se tiennent à Red Deer, de sorte que les chambres de plusieurs hôtels sont souvent moins chères les fins de semaine.

McIntosh Tea House Bed & Breakfast
$$ pdj
4631 50th St.
☎ (403) 346-1622

Pendant votre séjour à Red Deer, vous pouvez loger au McIntosh Tea House Bed & Breakfast, aménagé dans l'ancienne résidence de l'arrière-petit-fils du créateur de la fameuse pomme McIntosh. Chacune des trois chambres qui se trouvent à l'étage de cette demeure victorienne en briques rouges est garnie d'antiquités. Profitez-en pour faire une partie de «dames aux pommes» dans le salon privé. On sert le thé en soirée et un petit déjeuner complet le matin.

Super 8
$$
⚞, ≡, ▥
7474 Gaetz Ave.
☎ (403) 343-1102 ou 800-800-8000
▤ (403) 341-6532
www.reddeersuper8.com

Le Super 8 est l'un des nombreux hôtels qui bordent Gaetz Avenue de part et d'autre du centre-ville. Il est préférable d'avoir une voiture pour justifier sa décision de dormir dans une de ces agréables chambres donnant sur le stationnement.

Red Deer Lodge
$$$
≡, ⚞, ◎, ⚭, ⚏, ▥, Y
4311 49th Ave.
☎ (403) 346-8841 ou 800-661-1657
▤ (403) 341-3220
www.reddeerlodge.net

Le Red Deer Lodge a gagné la faveur des congressistes avec ses installations modernes et complètes. Ainsi que vous pouvez vous en douter, les chambres sont confortables, immaculées, et entourent une sympathique cour intérieure à thème tropical.

Wetaskiwin

Rose Country Inn
$$
≡, ☛, ▥
4820 50th St.
☎ (780) 352-3600
▤ (780) 352-2127

Non loin du **Reynolds-Alberta Museum** (voir p 503), le Rose Country Inn représente une des meilleures affaires en ville. Chacune de ses chambres rénovées est équipée d'un réfrigérateur et d'un four à micro-ondes.

La route de Yellowhead

Parc national Elk Island

Le parc national Elk Island compte deux terrains de camping *($; Site 4, R.R.1, Fort Saskatchewan, réservations: ☎780-992-2950, ▤780-992-2983)*. Le bureau du parc se trouve à l'entrée sud, tout juste au nord de la route 16, et peut vous renseigner sur les emplacements disponibles.

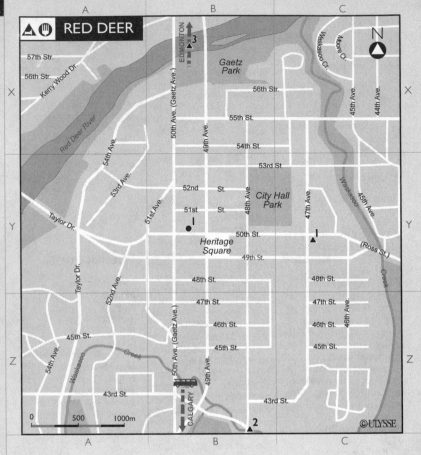

▲ HÉBERGEMENT

1. CY McIntosh Tea House Bed & Breakfast
2. BZ Red Deer Lodge
3. BX Super 8

● RESTAURANTS

1. BY City Roast Coffee

Hinton

Black Cat Guest Ranch
$$$$ pc
▲, ◎
271A Range Rd., Brule
☎ (780) 865-3084 ou
800-859-6840
▤ (780) 865-1924
www.blackcatguestranch.ca

Le Black Cat Guest Ranch constitue une paisible retraite et offre un grand nombre de distractions pour toute la famille. Sentiers pédestres, randonnées guidées et ski de fond en hiver. L'hébergement se veut rustique et intime, et chaque chambre a vue sur la montagne, qui se laisse également apprécier de la cuve à remous extérieure. Le ranch propose en outre des fins de semaine thématiques et organise diverses excursions.

Restaurants

En quête de dinosaures et d'autres trésors

Drumheller

Whif's Flapjack House

$

tlj 6h à 15h

Badlands Motel, 801 North Dinosaur Trail

☎ (403) 823-7595

Endroit populaire pour le petit déjeuner, le restaurant Whif's Flapjack House du Badlands Motel sert notamment des *flapjacks* (crêpes américaines) et d'autres sortes de crêpes, ainsi que des gaufres belges et les traditionnels plats d'omelettes et d'œufs, apprêtés de toutes les façons. L'établissement campagnard se veut très simple, avec son décor en bois de pin. Le café est frais, et, après le petit déjeuner, qui vous aura donné plein d'énergie pour bien commencer la journée, vous serez prêt à entreprendre la chasse aux ossements de dinosaures. Pour le déjeuner, on y concocte une grande variété de hamburgers et de sandwichs.

Sizzling House

$$

160 Centre St.

☎ (403) 823-8098

Le Sizzling House est également recommandé par les gens du coin. On y sert une savoureuse cuisine pékinoise, sichuanaise et thaïlandaise, et l'endroit est tout indiqué à l'heure du déjeuner. Service rapide et amical.

Yavis Family Restaurant

$$

249 Third Ave. W., Valley Plaza Shopping Centre

☎ (403) 823-8317

Le Yavis Family Restaurant existe depuis des années. L'intérieur en est plutôt commun, tout comme le menu, quoique les plats proposés soient très bons et que les petits déjeuners soient carrément exceptionnels.

Athens Cafe & Greek Restaurant

$$

71 Bridge St. N.

☎ (403) 823-9400

L'Athens Cafe & Greek Restaurant sert un peu de tout, notamment des biftecks et des plats de pâtes. Les mets grecs remportent toutefois la palme; légèrement graisseux, ils n'en sont pas moins servis en généreuses portions et accompagnés de *tzatziki* (n'en commandez donc pas séparément!). L'intérieur rappelle vaguement la Méditerranée sous les effluves de la musique grecque.

Corner Stop Restaurant

$$$

15 Third Ave. W.

☎ (403) 823-5440

Le Corner Stop Restaurant loge au centre de la ville. La décoration à la grecque est soignée, et le menu propose salades, pizzas, pâtes, fruits de mer et steaks.

Rosebud

Rosebud Dining & Theatre

$$$$

☎ (403) 677-2001 ou 800-267-7553

Le Rosebud, un restaurant-théâtre, vous fera passer une agréable soirée. La nourriture est simple, mais les pièces sont toujours bien montées. Réservations requises.

Les contreforts du centre de la province

Cochrane

Mackay's Ice Cream

$

220 First St.

☎ (403) 932-2455

Mackay's Ice Cream vous régalera de ce que beaucoup considèrent comme les meilleures glaces au pays. À vous de vérifier!

Home Quarter Restaurant & Pie Shoppe

$$$

216 First St. E.

☎ (403) 932-2111

L'amical Home Quarter Restaurant & Pie Shoppe est le berceau du toujours populaire Rancher's Special, ce petit déjeuner d'œufs au bacon et à la saucisse. Des tartes maison peuvent également être savourées sur place ou emportées. Au déjeuner et au dîner, le menu se compose entre autres d'un délicieux poulet au parmesan.

L'intérieur des terres

Red Deer

City Roast Coffee

$

4940 50th St.

☎ (403) 347-0893

Le City Roast Coffee se distingue par ses potages et ses sandwichs nourrissants au déjeuner, sans oublier son bon café. Les murs

Le centre de l'Alberta - Restaurants - L'intérieur des terres

sont couverts d'affiches annonçant des expositions et divers événements locaux.

Wetaskiwin

MacEachern Tea House & Restaurant
$-$$
lun-ven jusqu'à 16h, début juin à fin août tlj 10h à 16h
4719 50th Ave.
☎ (780) 352-8308
Le MacEachern Tea House & Restaurant sert des cafés de spécialité et plus de 20 thés différents. Le menu se compose de potages et «chaudrées» maison tout à fait nourrissants, mais aussi de sandwichs et de salades. Il est recommandé de réserver à l'avance.

Sorties

Drumheller

Canadian Badlands Passion Play
2e et 3e semaines de juillet
pour obtenir des billets, écrivez à P.O. Box 457, Drumheller, AB, T0J 0Y0
☎ (403) 823-2001
www.canadianpassionplay.com
Les Canadian Badlands campent une émouvante représentation en plein air de la vie, de la mort et de la résurrection du Christ, dans un étrange décor tout à fait approprié.

Rosebud

Le **Rosebud Dining & Theatre** constitue une merveilleuse façon de passer une soirée amusante entre amis. On

y présente alternativement en matinée et en soirée des pièces comiques du mercredi au samedi. Réservations requises; pour obtenir l'horaire des représentations ou tout autre renseignement, composez le ☎(403) 677-2001 ou 800-267-7553. Rosebud se trouve à une heure de route de Calgary sur la route 840, à environ mi-chemin de Drumheller.

Achats

Carstairs

PaSu Farm
9 km à l'ouest de Carstairs, sur la route 580, suivez les indications
☎ (403) 337-2800
La PaSu Farm est une ferme ovine où vous trouverez un assortiment d'espèces rares ou en voie de disparition. Une salle d'exposition de 280 m² présente des tissus africains, des peaux de moutons de la région et des lainages. La partie active de cette ferme d'élevage de moutons n'est accessible que par le biais d'une visite guidée. La Devonshire Tea Room sert en outre le thé accompagné de délicieux scones tout chauds.

Custom Woolen Mills
21 km à l'est de Carstairs, sur la route 581, puis 4,5 km plus au nord sur la route 791
☎ (403) 337-2221
À l'autre bout de Carstairs, les Custom Woolen Mills se présente comme un petit endroit pour le moins curieux. On y traite en effet la laine à l'aide de machines dont certaines ont plus de

100 ans d'âge. Écheveaux et tricots peuvent être achetés sur place.

Lacombe

The Gallery on Main
4910 50th Ave., à l'étage
☎ (403) 782-3402
The Gallery on Main expose, depuis 1996, une impressionnante variété d'œuvres d'artistes natifs du centre de l'Alberta. Cette galerie d'art représente plus de 60 artistes utilisant des médiums tels que l'acrylique, l'huile, le bois sculpté et la poterie. On y trouve des œuvres de qualité.

Markerville

Deux boutiques de souvenirs vous attendent dans les environs du **Historic Markerville Creamery Museum** (voir p 496). La **Gallery and Gift Shop**, directement adjacente au musée, propose toutes sortes de jolies babioles et de cadeaux à offrir. À la porte voisine, la **Butterchurn** présente une remarquable collection de petits meubles en bois tels qu'étagères, bancs et tables.

Edmonton

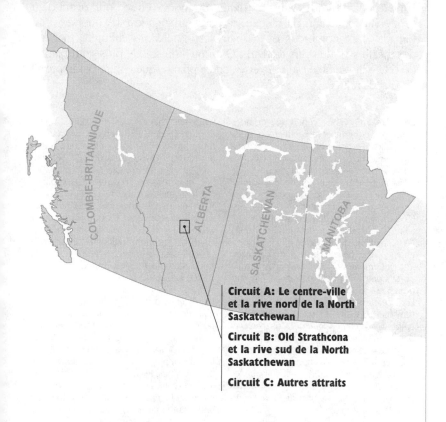

Circuit A: Le centre-ville et la rive nord de la North Saskatchewan

Circuit B: Old Strathcona et la rive sud de la North Saskatchewan

Circuit C: Autres attraits

Accès et déplacements	517
Renseignements utiles	518
Attraits touristiques	518
Parcs	526
Activités de plein air	526
Hébergement	527
Restaurants	532
Sorties	534
Achats	535

Edmonton

Ville champignon, **Edmonton** ★★ semble avoir du mal à dépoussiérer son image de marque, et ce n'est pourtant pas faute d'essayer. Le fait est que les gens persistent à n'y voir qu'une ville champignon pourvue d'un gigantesque centre commercial. Bien sûr, nul ne peut nier qu'il s'agisse d'une ville champignon, tributaire des abondantes ressources naturelles qui l'entoure, mais elle a crû jusqu'à devenir l'une des plus grandes villes nordiques du monde en se pourvoyant d'un centre-ville attrayant, du réseau de parcs urbains le plus important au Canada et de nombreux événements et installations culturels, incluant des théâtres et plusieurs festivals. Quoi qu'il en soit, le plus grand attrait de cette ville semble toujours être son éléphantesque centre commercial! À vous d'en juger.

En réalité, Edmonton a connu trois grandes phases de croissance, respectivement dues aux pelleteries, à l'or et au pétrole. Depuis fort longtemps, la région avait été fréquentée par des Autochtones en quête de quartzite pour la confection de leurs outils, sans parler de la chasse au castor et au rat musqué qui foisonnaient dans les environs. C'est d'ailleurs cette dernière ressource qui attira les traiteurs de pelleteries à la fin du XVIIIᵉ siècle et qui incita, en 1795, la Compagnie de la Baie d'Hudson à construire le fort Edmonton à côté du fort Augustus de la Compagnie du Nord-Ouest, en surplomb sur la rivière North Saskatchewan, là où se dresse aujourd'hui l'édifice de l'Assemblée législative. La traite des fourrures employait à cette époque des Cris (*Crees*) et des Assiniboines du Nord, de même que des Pieds-Noirs du Sud (*Blackfoots*), les rapports entre ces peuples normalement belliqueux demeurant pacifiques du fait que les farouches Pieds-Noirs se montraient moins agressifs lorsqu'ils se trouvaient à l'extérieur de leur territoire.

Edmonton connut des hauts et des bas au cours de cette période, et ce, jusqu'à la prochaine manne, lorsque des marchands s'efforcèrent d'inciter les prospecteurs du Klondike à passer par Edmonton avant de se rendre à Dawson City, au Yukon, pour participer à la grande ruée vers l'or. On encourageait ces prospecteurs à s'équiper à Edmonton puis à emprunter une route «canadienne d'un bout à l'autre» comme solution de rechange au Chilkoot Trail, ce qui leur évitait de passer par l'Alaska. La route en question ne constituait toutefois pas un choix aussi heureux qu'on était en droit de l'espérer, s'avérant ardue et peu pratique, si bien qu'aucun des quelque 1 600 prospecteurs venus à Edmonton n'atteignit à

temps les champs aurifères pour profiter de la ruée de 1899. Certains périrent en route, tandis que d'autres ne prirent jamais le départ. Six ans plus tard, le 1ᵉʳ septembre 1905, la province de l'Alberta était fondée, et Edmonton en devenait la capitale. Les habitants de Calgary, de Cochrane, de Wetaskiwin, d'Athabasca et de Banff, entre autres, prétendaient tous que cet honneur revenait à leur ville, mais rien n'y fit. Puis, en 1912, les municipalités de Strathcona et d'Edmonton s'unirent, portant ainsi la population de l'agglomération à plus de 50 000 habitants.

L'agriculture demeura par la suite le gagne-pain de la capitale de l'Alberta jusqu'à la percée du puits de pétrole de Leduc et l'avènement du troisième grand boom. Depuis lors, Edmonton n'a cessé de compter parmi les villes à plus forte croissance du Canada. Les pipelines, les raffineries, les derricks et les réservoirs de pétrole ont poussé comme des champignons dans les fermes qui entourent la ville; quelque 10 000 puits de forage ont vu le jour, et en 1965 Edmonton était devenue la capitale pétrolière du Canada. Le centre-ville se développa au rythme de l'accroissement de la population de manière à servir la communauté des affaires, qui gravite d'ailleurs toujours autour du pétrole, même si le boom est passé. Fort heureusement, la ville a pris soin de ne pas laisser cours à un développement débridé, et, pour une ville champignon, on peut aujourd'hui affirmer qu'elle baigne dans une atmosphère exceptionnellement raffinée grâce à ses bons restaurants et à sa communauté artistique vigoureuse, à condition d'ignorer, cela va sans dire, son fameux centre commercial. Bref, Edmonton est devenue le nerf technologique et le centre de services et d'approvisionnement par excellence de l'Alberta.

Accès et déplacements

■ En voiture

Les rues d'Edmonton sont numérotées; les avenues suivent un axe est-ouest, et les rues sont orientées nord-sud. Parmi les principales artères de la ville, retenons **Gateway Boulevard**, anciennement connu sous le nom de Calgary Trail Northbound, qui pénètre dans la ville par le nord; **Calgary Trail**, autrefois appelé Calgary Trail Southbound, qui file vers le sud depuis le centre-ville; **Whitemud Drive** est une artère est-ouest du sud de la ville qui permet d'accéder au West Edmonton Mall, au Fort Edmonton Park et au Valley Zoo; **Jasper Avenue** est une autre artère est-ouest, mais qui traverse le centre-ville, là où devrait normalement se trouver 101st Avenue; la route 16 ou **Yellowhead Highway** sillonne pour sa part le nord du centre-ville et donne accès au circuit du nord de l'Alberta.

Une série d'hôtels bordent Calgary Trail, au sud du centre-ville, et Stony Plain Road, à l'ouest.

Location de voitures

Budget
aéroport
☎ (780) 448-2000 ou 800-661-7027
10016 106th St. (centre-ville)
☎ (780) 448-2001

Hertz
aéroport
☎ (780) 890-4435 ou 800-263-0600
10049 103rd St. NW (centre-ville)
☎ (780) 423-3431

National
aéroport
☎ (780) 890-7232 ou 800-387-4747
9943 Jasper Ave. (centre-ville)
☎ (780) 422-6097

Avis
aéroport
☎ (780) 890-7596 ou 800-437-0358
Sutton Place Inn, 10235 101st St. (centre-ville)
☎ (780) 448-0066

Thrifty
aéroport
☎ (780) 890-4555 ou 800-847-4389
10036 102nd St. (centre-ville)
☎ (780) 428-8555

■ En avion

L'**Edmonton International Airport** (☎ 780-890-8382, www.edmontonairports.com) se trouve au nord du centre-ville d'Edmonton, et ses installations et services sont très complets. Il possède des restaurants, des boutiques, un centre d'information, des lignes téléphoniques directes vers les hôtels, des comptoirs de location de voitures des grandes firmes, un bureau de change et un organisateur de tours de ville en autocar. Une aire de restauration et de magasinage est aménagée dans le hall central de l'aéroport.

Les compagnies internationales, comme Air Canada, et nationales, comme WestJet, proposent toutes des vols réguliers vers cet aéroport. Les compagnies aériennes régionales (Central Mountain Air, First Air) utilisent l'Edmonton City Centre Airport, situé au nord de la ville.

Le **Sky Shuttle** (10-20; ☎ 780-465-8515 ou 800-268-7134) est une navette qui dessert aussi bien les hôtels du centre-ville que l'aéroport international. Elle passe toutes les 30 min les fins de semaine, et aux 20 min en semaine.

Un taxi pour le centre-ville coûte environ 40$.

■ En train

Le train de passagers transcontinental de **VIA Rail** s'arrête à Edmonton trois fois par semaine avant de poursuivre sa route vers Jasper et Vancouver, à l'ouest, ou Saskatoon et d'autres villes plus à l'est, dans l'autre direction. La gare VIA est située au 12360 121st Street, à environ 15 min du centre-ville.

■ En autocar

Les autocars **Greyhound** (☎ 800-661-8747, www.greyhound.ca) couvrent la plus grande partie du territoire albertain. Vous pouvez vous procurer vos billets directement à l'endroit d'où vous voulez partir; aucune réservation n'est possible, mais vous obtiendrez un rabais si vous achetez votre billet sept jours à l'avance.

Gares routières

Edmonton
10324 103rd St.
☎ (780) 413-8747
Services: restaurant, consigne automatique.

South Edmonton
5723 104th St.
☎ (780) 433-1919

■ Transport en commun

Le transport en commun d'Edmonton se compose d'un réseau d'autobus et du *LRT*, un système de transport léger sur rail. Le *LRT* circule d'est en ouest le long de Jasper Avenue, vers le sud, jusqu'à l'université, et vers le nord, jusqu'à 139th Ave. Avec seulement 10 stations, le train circule sous terre dans le centre-ville. Le prix du billet est de 2$ et celui du laissez-passer d'une journée est de 6$. Trajets et horaires: ☎(780) 496-1611.

■ À pied

Le centre-ville d'Edmonton possède son propre réseau de passerelles, connu sous le nom de **Pedway**. Les passerelles en question se trouvent aussi bien au niveau de la rue qu'au-dessus ou en dessous; sa conception pourra vous sembler quelque peu complexe au départ, mais les ***indications*** sont très claires, et vous n'aurez aucun mal à vous y retrouver une fois que vous vous serez procuré un plan au centre d'information.

Renseignements utiles

■ *Bed and breakfasts*

Alberta Bed & Breakfast Association
15615 81st St.
Edmonton, AB, T5Z 2T6
☎/🖳 (780) 456-5928
www.bbalberta.com
Regroupement de diverses associations régionales de *bed and breakfasts* à travers la province.

The Bed & Breakfast Association of Greater Edmonton
3230 104A St. NW
Edmonton, AB, T6J 2L6
☎ (780) 432-7116
www.bbedmonton.com

■ Bureau de renseignements touristiques

Edmonton Tourism Information Centre
centre-ville: World Trade Center, 9990 Jasper Ave. NW, Edmonton, AB, T5J 1P7; aussi au Gateway Park, au sud du centre-ville: 2404 Gateway Blvd. (route 2)
☎ (780) 496-8400 ou 800-463-4667
www.tourism.ede.org

■ Tours guidés

Si vous préférez être escorté à travers les rues du secteur d'Old Strathcona (circuit B), l'**Old Strathcona Business Association** (*☎780-437-4182*) offre plusieurs options, tandis qu'**Edmonton Ghost Tours** (*☎780-469-3187*) propose des tournées différentes.

Attraits touristiques

Le présent chapitre est divisé en trois circuits:

Circuit A: Le centre-ville et la rive nord de la North Saskatchewan ★ ★

Circuit B: Old Strathcona et la rive sud de la North Saskatchewan ★ ★

Circuit C: Autres attraits ★

Circuit A: Le centre-ville et la rive nord de la North Saskatchewan
★ ★

Commencez votre visite de la ville à l'**Edmonton Tourism Information Centre** *(lun-ven 8h à 17h)*, situé à l'intérieur du **World Trade Center** *(9990 Jasper Ave. NW; lun-ven 6h à 21h, sam-dim 9h à 17h, les horaires d'été peuvent varier;* *780-496-8400)*. Tandis que vous y êtes, procurez-vous un exemplaire du *Ride Guide* pour mieux vous familiariser avec le système de transport en commun.

L'impressionnant **City Hall** d'Edmonton *(Sir Winston Churchill Square, angle 99th St. et 102A Ave.)*, l'hôtel de ville qui se distingue par sa pyramide de verre de huit étages, constitue sans doute la pièce maîtresse de l'**Edmonton Arts District**.

Du centre d'information touristique, dirigez-vous vers 97th Street.

Il faut reconnaître que, par les temps qui courent, l'hôtel de ville se fait voler la vedette par le **Francis Winspear Centre for Music ★★** *(4 Sir Winston Churchill Sq., angle 99th St. et 102nd Ave., ☎780-428-1414 ou 800-563-5081, www.win spearcentre.com)*. Construite grâce à un don de six millions de dollars émanant d'un homme d'affaires local, Francis Winspear, cette salle de concerts de 1 900 places est reconnue pour son acoustique unique, qui attire une grande variété de musiciens professionnels. Elle arbore une façade en calcaire de Tyndall et en brique afin de s'harmoniser avec l'hôtel de ville, et loge désormais l'Orchestre symphonique d'Edmonton.

À l'est du Sir Winston Churchill Square apparaît l'**Edmonton Art Gallery ★★** *(10$; mar-mer et ven 10h30 à 17h, jeu 10h30 à 20h, sam-dim 11h à 17h; 2 Sir Winston Churchill Sq., ☎780-422-6223, www.edmontonartgallery. com)*. Ce musée renferme une grande collection d'art canadien et présente également des expositions temporaires variées toute l'année.

Montez 97th Street.

La partie de 97th Street comprise entre 105th Avenue et 108th Avenue est le berceau du quartier chinois d'Edmonton, truffé de boutiques et de restaurants.

Le point de mire du **quartier chinois** d'Edmonton est son portail (**Chinatown Gate**), à l'angle de 97th Street et de 102nd Avenue. Ce portail symbolise en outre l'amitié qui unit Edmonton à sa jumelle chinoise, Harbin. Faites tourner la boule que le lion tient dans sa mâchoire en guise de porte bonheur.

Entre 95th Street et 116th Street s'étend, sur 107th Avenue, un secteur connu sous le nom d'**Avenue of Nations**, dont les commerces et les restaurants représentent une variété de cultures originaires d'Asie, d'Europe et des Amériques.

À l'angle de 97th Street et de 108th Avenue se dresse la **St. Josaphat Ukrainian Catholic Cathedral ★** *(10825 97th St. NW, ☎780-422-3181)*. D'entre les nombreuses églises ukrainiennes d'Edmonton, celle-ci est la plus richement ornée, et un arrêt s'impose pour contempler son admirable décor ainsi que ses œuvres d'art. Une rue plus à l'est, 96th Street figure dans le *Ripley's Believe It or Not* comme la rue comptant le plus d'églises (16 au total) sur une aussi courte distance. On l'appelle aussi d'ailleurs Church Street (la rue de l'Église).

À l'angle de 95th Street et de 110th Avenue se trouve l'**Ukrainian Canadian Archives & Museum of Alberta ★** *(dons appréciés; mar-ven 10h à 17h, sam 12h à 17h; 9543 110th Ave., ☎780-424-7580, www.ucama.ca)*, qui renferme une des plus importantes collections d'archives ukrainiennes au Canada. On y fait la chronique des pionniers ukrainiens et de leur mode de vie au tournant du siècle dernier à travers des objets variés et des photographies. Une dizaine de rues plus à l'ouest, vous trouverez l'**Ukrainian Museum of Canada ★** *(entrée libre; mi-mai à fin août lun-ven 9h à 17h, sept à mi-mai sur rendez-vous seulement; 10611 110th Ave., ☎780-483-5932, www.umc. sk.ca)*, de moindre envergure, qui expose une collection de costumes ukrainiens, d'œufs de Pâques et d'articles ménagers.

Revenez sur vos pas jusqu'à 97th Street, puis faites-vous un chemin vers 100th Street, que vous descendrez jusqu'au sud de Jasper Avenue.

Fidèle à la plus pure tradition du Canadien Pacifique, l'**Hotel Macdonald ★★** *(10065 100th St., voir p 528)*, qui revêt des allures de château, s'impose comme l'endroit le plus chic où loger à Edmonton. Réalisé par les architectes montréalais Rosset et Mac-Farlane, et achevé en 1915 sous les auspices de la Grand Trunk Railway Company, il fut pendant de nombreuses années le pôle d'attraction et le rendez-vous par excellence d'Edmonton. Le boulet de démolition passa bien près de le faire disparaître au moment de sa fermeture en 1983, mais, au bout du compte, des travaux de réfection réalisés au coût de 28 millions de dollars lui rendirent toute sa gloire.

Votre prochaine halte est l'édifice de l'Assemblée législative. De l'hôtel Macdonald, cela vous fera une bonne marche, mais vous aurez plaisir à emprunter l'**Heritage Trail ★★★**, entièrement bordée d'arbres. Ce tronçon de route historique qu'empruntaient les traiteurs de pelleteries entre la vieille ville et l'ancien fort Edmonton représente une bonne demi-heure de marche, essentiellement le long de la rivière. Un trottoir de briques rouges, des lampadaires à l'ancienne et les panneaux d'identification des rues vous aideront à rester sur la bonne voie. La vue de la rivière, le long de Macdonald Drive, est particulièrement remarquable, surtout au coucher du soleil.

Le dôme en voûte de 16 étages de l'**Alberta Legislature Building** ★★ *(entrée libre; mai à mi-oct lun-ven 8h30 à 17h, sam-dim et jours fériés 9h à 17h; mi-oct à avr lun-ven 9h à 16h30, sam-dim et jours fériés 12h à 17h; en haute saison, les visites guidées se font aux heures le matin et aux demi-heures l'après-midi; angle 107th St. et 97th Ave.,* ☎*780-427-7362, www.assembly. ab.ca)*, de style édouardien, est un point de repère dans le ciel d'Edmonton, capitale de l'Alberta. Du grès de Calgary, du marbre du Québec, de la Pennsylvanie et de l'Italie, ainsi que du bois d'acajou du Belize, ont tous été utilisés pour la construction du siège du gouvernement albertain en 1912. À cette époque, l'Assemblée législative se trouvait tout à côté du fort Edmonton. Aujourd'hui, la structure est entourée de jardins et de fontaines. Les visites partent du centre d'interprétation, où l'on vous renseigne sur la tradition parlementaire de l'Alberta et du Canada.

Circuit B: Old Strathcona et la rive sud de la North Saskatchewan
★★

Traversez le High Level Bridge, poursuivez par 109th Street, tournez à droite dans 88th Avenue, puis encore à droite dans 110th Street, prenez à gauche Saskatchewan Drive et continuez jusqu'à la maison Rutherford.

La **Rutherford House** ★ *(3$; mi-mai à début sept tlj 9h à 17h, sept à mi-mai mar-dim 12h à 17h; 11153 Saskatchewan Dr.,* ☎*780-427-3995)* est l'ancienne résidence édouardienne classique du premier premier ministre de l'Alberta, le Dr A.C. Rutherford. Des guides en costumes d'époque y font cuire des scones, présentent des démonstrations de techniques artisanales et entraînent les visiteurs à travers les différentes pièces du manoir, élégamment restauré. Ils exploitent par ailleurs un salon de thé, l'Arbour Restaurant *(toute l'année mar-dim 11h30 à 16h;* ☎*780-422-2697)*.

Si vous visitez la ville un dimanche, retournez à 88th Avenue, et suivez-la en direction est, où elle devient Walterdale Road. Continuez jusqu'à Queen Elizabeth Park Drive et tournez à gauche pour entrer dans le stationnement du John Walter Museum.

Le **John Walter Museum** *(entrée libre; dim 13h à 16h, jusqu'à 17h de fin avr à fin août; 10627 93rd Ave., Kinsmen Park,* ☎*780-496-8787)*

Edmonton - Attraits touristiques - Le centre-ville et la rive nord de la North Saskatchewan

 ATTRAITS TOURISTIQUES

CIRCUIT A: LE CENTRE-VILLE ET LA RIVE NORD DE LA NORTH SASKATCHEWAN

1. CX   Francis Winspear Centre for Music
2. BX   Edmonton Art Gallery
3. CX   Chinatown Gate
4. BW   Avenue of Nations
5. BW   St. Josaphat Ukrainian Catholic Cathedral
6. CV   Ukrainian Canadian Archives & Museum of Alberta
7. BV   Ukrainian Museum of Canada
8. BY   Alberta Legislature Building

CIRCUIT B: OLD STRATHCONA ET LA RIVE SUD DE LA NORTH SASKATCHEWAN

9. AY   Rutherford House
10. AY   John Walter Museum
11. BZ   G&E 1891 Railway Museum
12. BZ   Old Strathcona Farmer's Market

CIRCUIT C: AUTRES ATTRAITS

13. CX   Muttart Conservatory

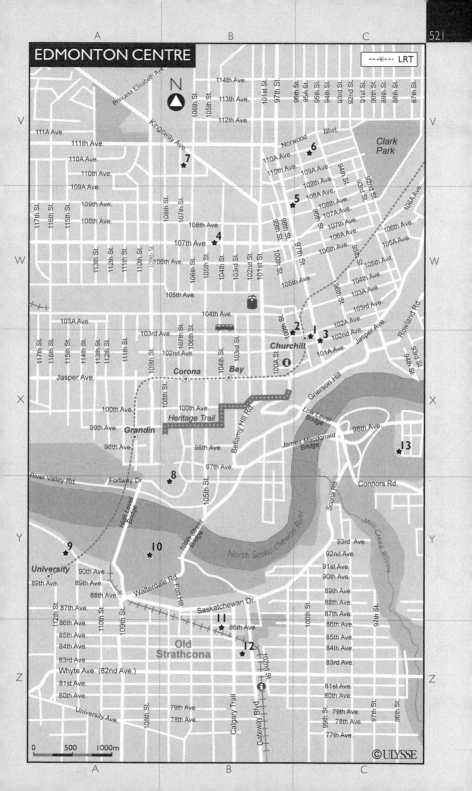

EDMONTON CENTRE

regroupe en fait trois maisons construites par John Walter entre 1874 et 1900. Walter conduisait un traversier sur la rivière North Saskatchewan, et sa toute première maison servait d'aire de repos aux voyageurs. L'exposition met en lumière la croissance d'Edmonton à cette époque.

Dirigez-vous ensuite vers **Old Strathcona ★★★**. Jadis une ville indépendante d'Edmonton, Strathcona a été fondée au moment où le chemin de fer de la Calgary and Edmonton Railway Company s'acheva en ces lieux en 1891. Des bâtiments de briques de cette époque subsistent encore dans ce quartier historique, le mieux préservé de la région métropolitaine d'Edmonton. Tandis que la partie d'Edmonton qui s'étend au nord de la rivière North Saskatchewan se veut à la fois propre, pimpante et fraîche, imprégnée du cachet inachevé d'une ville frontière, ce sentiment de vieille ville devient beaucoup plus manifeste au sud de la rivière, à Old Strathcona, où flotte une atmosphère historique, artistique et cosmopolite. Vous trouverez des plans de promenade autoguidée à l'**Old Strath-**

Le hockey et les Oilers d'Edmonton

Le sport national du Canada est sans contredit le hockey sur glace. La prestigieuse Ligue nationale de hockey (LNH) ne comptait à l'origine que six équipes, alors qu'on en dénombre aujourd'hui 30.

C'est en 1979 que les Oilers d'Edmonton se joignirent aux équipes de la Ligue nationale, juste à temps pour le début de la saison. Les Oilers formaient une jeune équipe bien dirigée qui savait aller chercher de bonnes recrues lors des repêchages amateurs. Le propriétaire de l'équipe avait d'ailleurs annoncé que son équipe remporterait la Coupe Stanley, c'est-à-dire le trophée des vainqueurs des séries d'après-saison, en cinq ans ou moins.

Leur capitaine, un certain Wayne Gretzky, allait bientôt être surnommé «La Merveille», en raison de sa supériorité naturelle par rapport à tout autre joueur. Il accumula record sur record et compta même cinq buts en une seule partie, le 30 décembre 1981. Ce jour-là, il devenait le premier joueur à inscrire 50 buts en si peu de temps: 39 parties. Il termina la saison avec 92 buts et 120 passes, du jamais vu!

C'est en 1984 que les Oilers brisèrent enfin la domination des Islanders, qui venaient de remporter quatre coupes consécutives. La suite était inévitable: cinq Coupes Stanley en sept ans pour les Oilers et une pluie de records.

Notez que Wayne Gretzky s'est retiré de la compétition en 1999, avec plus de records que quiconque auparavant. Après avoir jonglé avec l'idée de rebaptiser Edmonton sous le nom de Gretzkyville, la ville a finalement décidé de donner plutôt son nom à une avenue (Wayne Gretzky Drive, pour l'ancienne Capilano Drive). Pourquoi pas! Au fond, c'est bien vrai, les routes sont parfois très glacées par les froides journées d'hiver du Grand Nord albertain! On a aussi élevé une statue de bronze du joueur-vedette devant le **Rexall Place**. Gretzky est aujourd'hui l'entraîneur des Coyotes de Phoenix (LNH).

La Ligue nationale de hockey aura connu en 2004-2005 l'un des conflits les plus importants de son histoire. Le principal litige opposant l'Association des joueurs aux dirigeants de la ligue portait sur l'établissement d'un plafond salarial. Après un an de lock-out hautement médiatisé et l'annulation d'une saison complète de jeu, une entente a finalement été signée, au détriment des joueurs toutefois, car chaque équipe est désormais sujette à un plafond salarial.

cona Foundation *(lun-ven 8h30 à 16h30; 10324 Whyte Ave., Suite 401, ☎780-433-5866)*.

Deux autres attraits intéressants se trouvent dans les environs: le **G&E 1891 Railway Museum** *(dons appréciés; juin à début sept mar-sam 10h à 16h; 10447 86th Ave. NW, ☎780-433-9739)*, installé à l'intérieur d'une réplique de la gare ferroviaire originale, et l'**Old Strathcona Farmer's Market** ★ *(toute l'année sam 8h à 15h; 10310 83rd Ave., ☎780-439-1844)*, où vous pourrez vous procurer des fruits et légumes, de l'artisanat et une foule de petits trésors.

Promenez-vous ensuite sur **Whyte Avenue** *(82nd Avenue)* pour explorer les boutiques et les cafés, ou simplement pour vous imprégner de l'atmosphère des lieux.

Circuit C: Autres attraits

La ville recèle quelques autres attraits dignes de mention que vous atteindrez plus facilement en voiture ou en utilisant le transport en commun.

Les quatre serres en forme de pyramide du **Muttart Conservatory** ★★★ *(7,50$; lun-ven 9h à 17h30, sam-dim 11h à 17h30; 9626 96A St., près de 98th Ave., ☎780-496-8755)* sont d'autres points de repère importants dans le ciel d'Edmonton. Sous trois de ces structures de verre poussent des fleurs respectivement caractéristiques des climats aride, tempéré et tropical. Quant à la quatrième pyramide, on y présente chaque mois une nouvelle exposition florale à couper le souffle. Vous pouvez atteindre les serres en prenant l'autobus 51 ou 45 Sud sur 100th Street.

À environ 6 km à l'ouest du centre-ville, au nord de la rivière, se trouve le **Royal Alberta Museum** ★★ *(10$; tlj 9h à 17h; 12845 102nd Ave., ☎780-453-9100, www.royalalberta museum.ca)*. On y retrace l'histoire humaine et naturelle de l'Alberta, du crétacé à la période glaciaire en passant par les peintures rupestres des premiers peuples indigènes de la province. Entre autres, la Syncrude Gallery of Aboriginal Culture explore 11 000 ans d'histoire des nations autochtones à travers une intéressante exposition multimédia. La galerie réservée aux sciences naturelles reproduit quatre habitats albertains, tandis que la Bug Room pullule d'insectes exotiques vivants. Des

expositions temporaires viennent s'ajouter à la collection permanente.

La **Government House** ★ *(sam-dim 11h à 16h30, fermé mi-déc à fin jan; visites guidées gratuites; ☎780-427-2281)*, l'ancienne résidence du lieutenant-gouverneur de l'Alberta, jouxte le Royal Alberta Museum. Ce manoir de grès de trois étages possède encore sa bibliothèque d'origine et ses lambris de chêne, et renferme des salles de conférences. Pour vous y rendre, prenez l'autobus 1 sur Jasper Avenue, ou l'autobus 120.

Toujours au nord de la rivière, vous trouverez le **TELUS World of Science** ★ *(9,95$; tlj 10h à 21h; 11211 142nd St., ☎780-452-9100, www. odyssium.com)*, soit l'ancien Odyssium. Toutes sortes d'expositions interactives plus fascinantes les unes que les autres ne manqueront pas d'intéresser jeunes et moins jeunes dans ce musée des sciences nouvellement agrandi. Vous pouvez expérimenter comment fonctionnent nos corps à travers des mannequins 3D ou résoudre un crime en accumulant les indices et en les analysant dans un laboratoire. Vous pouvez même explorer les différents aspects de l'Univers ou encore faire l'expérience des techniques du sport.

La Forensics Gallery abrite quelques articles de la collection de l'ancien Edmonton Police Museum. Cette galerie retrace l'histoire des forces de l'ordre en Alberta à travers des uniformes, des menottes et d'autres objets. Le Margaret Zeidler Star Theatre présente, quant à lui, des spectacles multimédia, et un cinéma **IMAX** (voir p 535) se trouve également sur les lieux.

Dans la vallée de la rivière North Saskatchewan, en marge de Whitemud Drive et Fox Drive, s'étend le **Fort Edmonton Park** ★★★ *(9,25$; mi-mai à fin juin lun-ven 10h à 16h, sam-dim jusqu'à 18h; fin juin à début sept tlj 10h à 18h; aussi tous les dimanches de septembre de 10h à 18h et ouvert les autres jours pour des balades en diligence; ☎780-496-8787)*, le plus vaste parc historique du Canada et le site d'une authentique réplique du fort Edmonton tel qu'il apparaissait en 1846. Quatre villages historiques font revivre différentes périodes autour du fort: l'époque de la traite des fourrures au fort lui-même, l'époque d'avant le chemin de fer dans 1885 Street, l'époque du développement de la municipalité dans 1905 Street et l'époque d'après-guerre dans 1920 Street. Les bâtiments, les costumes, les voitures et

Edmonton - Attraits touristiques - Autres attraits

les commerces, tous d'époque, y compris un bazar, un magasin général, un saloon et une boulangerie, vous feront tous faire des bonds dans le temps.

Le Reed's Bazaar sert du thé anglais convenable et des scones de 10h30 à 18h. Des activités thématiques sont organisées pour les enfants tous les samedis après-midi. De nouvelles attractions, comme la reconstitution du Selkirk Hotel, originellement construit au centre-ville dans les années 1920, ainsi que la reconstitution d'un champ de foire et d'une exposition des années 1920 ont récemment été ajoutées au parc. L'entrée est libre après 16h30, mais soyez-y à l'heure pour attraper le dernier train qui se rend au fort. Sachez toutefois que vous ne disposerez pas de beaucoup de temps si vous retenez cette option; il vous appartient donc de déterminer quelle importance vous accordez à cette visite.

Pour une agréable promenade à travers la vallée de la rivière North Saskatchewan, empruntez le sentier d'interprétation autoguidé de 4 km qui part du **John Janzen Nature Centre** *(1,75$; mi-mai à juin lun-ven 9h à 16h, sam-dim 11h à 17h; fin juin à début août lun-ven 10h à 17h, sam-dim 11h à 17h; août à mi-mai lun-ven 9h à 16h, sam-dim 13h à 16h; à proximité du Fort Edmonton Park, ☎780-496-8787)*. Vous trouverez en outre dans ce centre des bornes interactives et des animaux vivants, y compris une ruche en activité.

La navette du zoo de la vallée du fort Edmonton part de l'University Transit Centre et relie ces deux points les dimanches et fêtes entre le Victoria Day (le lundi précédant le 25 mai) et la fête du Travail (premier lundi de septembre). L'aller simple est de 2$ pour les adultes, 1,75$ pour les aînés et les enfants de 6 à 15 ans, et gratuit pour les 5 ans et moins. Comme solution de rechange, l'autobus n° 112 vous dépose à l'intersection de Buena Vista Road et de 142nd Avenue, d'où vous devrez encore faire 1,5 km à pied pour atteindre le Jardin zoologique.

Au nord de la rivière apparaît le **Valley Zoo ★** *(7,50$; début mai à fin juin tlj 9h30 à 18h; juil et août tlj 9h30 à 20h; sept à mi-oct lun-ven 9h30 à 16h, sam-dim 9h30 à 18h; mi-oct à début mai tlj 9h30 à 16h; au bout de Buena Vista Rd., angle 134th St., ☎780-496-6912)*, un endroit de choix pour les enfants. Il aurait, au départ, été conçu autour du thème d'un conte pour enfants, mais il a pris de l'ampleur et inclut désormais un veldt africain et des quartiers d'hiver qui lui permettent de rester ouvert toute l'année. Outre des espèces plus caractéristiques de la région, on retrouve parmi ses hôtes des tigres de Sibérie et des gibbons à mains blanches. Les enfants adorent par ailleurs le manège de poneys et les balades plus exotiques à dos de chameau *(frais supplémentaires)*.

Le dernier mais non le moindre des attraits d'Edmonton, dont la ville est d'ailleurs très fière, est bien entendu le **West Edmonton Mall ★ ★ ★** *(87th Ave., entre 170th St. et 178th St., ☎780-444-5200 ou 800-661-8890, www.westedmontonmall.com)*, le plus grand centre commercial et complexe d'attractions au monde. L'idée que des gens puissent venir à Edmonton pour son seul centre commercial, et qu'ils n'en ressortent plus, vous fait sans doute sourire, et vous vous jurez peut-être même de ne pas y mettre les pieds, histoire de ne pas jouer le jeu de toute la publicité qui l'entoure. Mais ces seules considérations devraient suffire pour vous inciter à y faire un tour, ne serait-ce que pour pouvoir dire que vous y étiez!

Vous verrez de véritables submersibles au Deep Sea Adventure; le plus grand parc d'attractions intérieur qui soit; une patinoire dont les dimensions sont conformes aux exigences de la Ligue nationale de hockey et où les Oilers d'Edmonton viennent occasionnellement s'entraîner; un minigolf de 18 trous; un parc nautique complet avec piscine à vagues, toboggans, rapides, benji et cuves à remous; un casino; une salle de bingo; la plus grande salle de billard en Amérique du Nord; de très bons restaurants sur Bourbon Street; une réplique

★ ATTRAITS TOURISTIQUES

CIRCUIT C: AUTRES ATTRAITS

| **1.** BX | Royal Alberta Museum et Government House |
| **2.** BX | TELUS World of Science |

3. BY	Fort Edmonton Park
4. AY	John Janzen Nature Centre
5. BX	Valley Zoo
6. AX	West Edmonton Mall

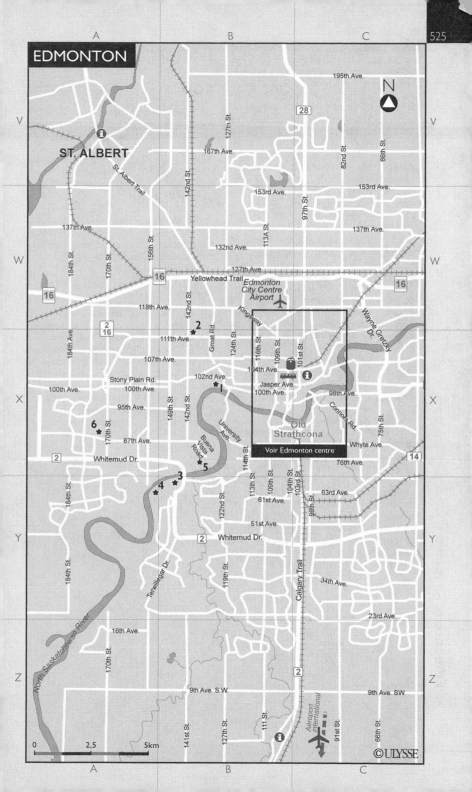

EDMONTON

ST. ALBERT

195th Ave.

28

167th Ave.

82nd St.

66th St.

153rd Ave.

153rd Ave.

137th Ave.

137th Ave.

97th St.

142nd St.

127th St.

113A St.

132nd Ave.

156th St.

170th St.

184th St.

St. Albert Trail

16

16

16

16

Yellowhead Trail

127th Ave.

Edmonton City Centre Airport

Wayne Gretzky Dr.

118th Ave.

142nd St.

Groat Rd.

124th St.

Kingsway

116th Ave.

109th St.

101st St.

2

2 16

111th Ave.

107th Ave.

104th Ave.

Stony Plain Rd.

100th Ave.

102nd Ave.

100th Ave.

Jasper Ave.

100th Ave.

98th Ave.

Connors Rd.

100th Ave.

184th Ave.

95th Ave.

149th St.

142nd St.

University Ave.

Buena Vista Road

Old Strathcona

75th St.

87th Ave.

Whitemud Dr.

Whyte Ave.

2

14

Voir Edmonton centre

76th Ave.

184th St.

122nd St.

114th St.

113th St.

109th St.

104th St.

103rd St.

99th St.

63rd Ave.

61st Ave.

51st Ave.

2

Whitemud Dr.

Terwillegar Dr.

North Saskatchewan River

119th St.

34th Ave.

184th St.

170th St.

16th Ave.

Calgary Trail

23rd Ave.

9th Ave. S.W.

9th Ave. SW.

141st St.

127th St.

111th St.

91st St.

66th St.

Aéroport international

©ULYSSE

0   2,5   5km

N

pleine taille, sculptée et peinte à la main de la *Santa María*, le vaisseau amiral de Christophe Colomb; des copies des joyaux de la Couronne d'Angleterre; une pagode en ivoire massif; des sculptures de bronze; de fabuleuses fontaines, dont une inspirée de la grande fontaine du château de Versailles enfin l'hôtel Fantasyland, un lieu d'hébergement qui fait entièrement honneur à son nom. Il ne faudrait bien sûr pas oublier les 800 commerces et services qui complètent l'ensemble; après tout, il s'agit d'un centre commercial! Comprenez-vous un peu mieux maintenant comment on peut ne plus vouloir en sortir? Encore une fois, bien qu'il ne s'agisse que d'un centre commercial, le West Edmonton Mall doit être vu, et il mérite très bien ses trois étoiles.

Si vous n'avez pas les moyens d'y loger dans un igloo ou dans un carrosse tiré par des chevaux, donnez-vous au moins la peine de visiter les chambres à thème du **Fantasyland Hotel & Resort** *(visite gratuite tlj 14h; réservez à l'avance au* ☎*780-444-3000)* (voir p 530).

Parcs

Les **River Valley Parks** *(Edmonton Community Services,* ☎*780-496-4999)* s'étendent au nord de la rivière North Saskatchewan et regroupent plusieurs petits parcs où vous pourrez faire de la bicyclette, courir, vous baigner, jouer au golf ou tout simplement profiter de la nature. Le pourcentage de terres réservées aux parcs par habitant est plus élevé à Edmonton que partout ailleurs au pays. Les cyclistes ont tout intérêt à se procurer un exemplaire du plan *Cycle Edmonton* dans l'un ou l'autre des bureaux d'information touristique.

Activités de plein air

■ Golf

En matière de golf, Edmonton a vécu son boom sur le tard, mais plusieurs nouveaux terrains y ont été inaugurés dernièrement.

Parmi ceux-ci figure le golf **Northern Bear** *(51055 Range Rd. 222, Sherwood Park,* ☎*780-922-2327)*, le troisième parcours signé Jack Nicklaus au Canada.

Le **Riverside Golf Course** *(8630 Rowland Rd.,* ☎*780-496-4914)*, qui domine la rivière North Saskatchewan à Edmonton, est un des quelque 30 parcours de cette ville.

■ Vélo

Grâce à son relief relativement plat (exception faite, il va sans dire, des Rocheuses), l'Alberta se laisse merveilleusement bien découvrir à vélo. L'**Alberta Bicycle Association** *(11759 Groat Rd.,* ☎*780-427-6352 ou 877-646-2453)* est à même de vous renseigner davantage sur le cyclotourisme à l'intérieur de la province. Un plan des voies cyclables d'Edmonton, *Cycle Edmonton*, est proposé aux bureaux de tourisme de cette ville.

Hébergement

Le centre-ville et la rive nord de la North Saskatchewan

Le centre-ville

Grand Hotel
$$ pdj

10266 103rd St., angle 103rd Ave.
☎ (780) 422-6365
🖶 (780) 425-9070

C'est au Grand Hotel que vous serez touché par le passé cowboy d'Edmonton. Avec sa taverne, son *diner*, son *dancing* et ses 71 chambres sombres et anonymes, le Grand Hotel semble tout droit sorti d'une bande dessinée de Lucky Luke. Malgré son confort minimal et son charme du passé, on y vient pour son prix et pour la gare d'autocars Greyhound située en face.

Days Inn Downtown
$$
≡, ⚐, ♿

10041 106th St.
☎ (780) 423-1925 ou
800-267-2191
🖶 (780) 424-5302
www.daysinn.com

Le Days Inn Downtown propose des chambres modernes et confortables. Bon rapport qualité/prix.

Inn on Seventh
$$
≡, ◎, ⇌, ♿, ⛷

10001 107th St.
☎ (780) 429-2861 ou
800-661-7327
🖶 (780) 426-7225
www.innon7th.com

Quinze des quelque 171 chambres propres et modernes de l'Inn on Seventh

sont «respectueuses de l'environnement», ce qui veut tout simplement dire qu'elles sont réservées aux non-fumeurs (il s'agit dans certains cas d'étages complets). Tarifs de fin de semaine proposés.

Econo Lodge
$$
≡, ⚐, ◎, ♿

10209 100th Ave.
☎ (780) 428-6442 ou
800-613-7043
www.choicehotels.com

L'Econo Lodge dispose de 68 chambres, dont quelques suites avec baignoires à remous. Son stationnement et son service de navette pour l'aéroport en font une bonne affaire pour ceux qui désirent loger au centre-ville, quoique les chambres ne présentent aucun attrait particulier.

Alberta Place Suite Hotel
$$$
≡, ⚐, ⇌, ⬤, ≋, ///, ◎, ⇌

10049 103rd St., près de Jasper Ave.
☎ (780) 423-1565 ou
800-661-3982
🖶 (780) 426-6260
www.albertaplace.com

Comme son nom l'indique en anglais, l'Alberta Place Suite Hotel propose des mini-appartements avec cuisinette et espace de travail. Avec son personnel affable et ses chambres sans prétention et de bon goût, cet établissement est le parfait compromis entre les complexes luxueux impersonnels et les établissement bas de gamme.

Best Western City Centre
$$$
≡, ◎, ≋, ♿, ⚐

11310 109th St.
☎ (780) 479-2042 ou
800-666-5026
🖶 (780) 474-2204
www.bestwestern.com

Le Best Western City Centre ne se trouve pas exactement dans le centre-ville, et son apparence extérieure gagnerait à être rafraîchie. Ses chambres rénovées se révèlent néanmoins très confortables et joliment garnies de meubles en bois.

Courtyard by Marriott
$$$
❄, ♿, ⇌, ⚐

1 Thornton Court, angle 99th St. et Jasper Ave.
☎ (780) 423-9999 ou
877-588-9988
🖶 (780) 423-9998
www.marriott.com

Un des plus récents hôtels du centre-ville d'Edmonton, le Courtyard offre des vues incroyables sur la vallée de la rivière, avec sa terrasse qui la surplombe littéralement. Ses 177 chambres sont spacieuses et bien équipées, et l'établissement offre parfois des rabais substantiels.

Edmonton House Suite Hotel
$$$
⚐, ⇌, ⬤, ≋, ♿

10205 100th Ave.
☎ (780) 420-4000 ou
888-962-2522
🖶 (780) 420-4364
www.edmontonhouse.com

L'Edmonton House Suite Hotel est en fait une résidence hôtelière dont les suites sont équipées d'une cuisinette et disposent d'un balcon. Il s'agit d'ailleurs d'un des meilleurs établissements de ce type en ville. Il est recommandé de réserver.

Union Bank Inn
$$$$ pdj
♿, ⛷, ◎, ⇌, ≡

10053 Jasper Ave.
☎ (780) 423-3600 ou
888-423-3601
🖶 (780) 423-4623

Edmonton - Hébergement - Le centre-ville et la rive nord de la North Saskatchewan

www.unionbankinn.com

Cet hôtel-boutique est installé dans l'ancienne Union Bank, construite en 1911. Ce bâtiment historique unique est bien situé au centre-ville et compte 34 chambres ayant chacune leur propre décor. De petites attentions comme le plateau de vins et fromages livré chaque soir à votre chambre, un centre d'affaires et un déjeuner continental complet font de cet établissement un merveilleux endroit où loger.

Hotel Macdonald
$$$$

≡, ✈, ◎, ☜, ≋, ♨, ∭

10065 100th St.

☎ (780) 424-5181 ou
800-441-1414

▤ (780) 429-6481

www.fairmont.com

L'Hotel Macdonald, fidèle à la tradition du Canadien Pacifique, est tout simplement ahurissant. La classe qu'exsudent les chambres et les salles à manger en fait un endroit parfaitement exquis. Divers forfaits de fin de semaine sont proposés.

Delta Edmonton Centre Suite Hotel
$$$$

≡, ◎, ☜, ♨, ∭

10222 102nd St.

☎ (780) 429-3900 ou
800-268-1133

▤ (780) 428-1566

Le Delta Edmonton Centre Suite Hotel se trouve à l'intérieur du centre commercial Eaton du centre-ville, ce qui signifie que, en plus des installations complètes de l'hôtel, boutiques et cinémas sont à la portée de ceux qui y logent. Les chambres s'avèrent confortables, tandis que les suites sont décorées avec faste.

Westin Edmonton Hotel
$$$$

≡, ☜, ≋, ♨

10135 100th St.

☎ (780) 426-3636 ou
800-228-3000

▤ (780) 428-1454

www.thewestinedmonton.com

L'hôtel Westin Edmonton a été bâti sur l'emplacement du premier bureau de poste d'Edmonton. L'édifice moderne de 413 chambres est aujourd'hui situé en plein cœur du quartier des affaires. La clientèle, majoritairement issue de ce quartier, aime bien fréquenter le restaurant, la piscine et l'énorme terrasse, tous de qualité et d'un luxe sobre et irréprochable.

À l'ouest du centre-ville

West Harvest Inn
$$

≡, ◎, ♨

17803 Stony Plain Rd.

☎ (780) 484-8000 ou

800-661-6993

▤ (780) 486-6060

www.westharvest.com

Le West Harvest Inn est un établissement économique situé à faible distance du West Edmonton Mall. L'endroit est assez paisible et accueille bon nombre de gens d'affaires.

West Edmonton Mall Inn
$$$

≡

17504 90th Ave.

☎ (780) 444-9378 ou
800-737-3783

▤ (780) 489-7899

www.westedmontonmall.com

Propriété de la même compagnie qui possède le West Edmonton Mall, cet hôtel a pour atout d'être situé juste de l'autre côté de la rue du centre commercial.

Best Western Westwood Inn
$$$

≡, ◎, ☜, ≋, ❋, ♨, ∭

18035 Stony Plain Rd.

☎ (780) 483-7770 ou
800-557-4767

▤ (780) 486-1769

www.bestwesternwestwood.com

Le Best Western Westwood Inn se trouve lui aussi à proximité du West Edmonton Mall. Les chambres y sont un peu plus chères qu'au West Harvest Inn (voir ci-dessus), mais aussi beaucoup plus grandes et confortables, sans compter qu'elles présentent un décor plus attrayant.

▲ HÉBERGEMENT

1. BX	Alberta Place Suite Hotel
2. AV	Best Western City Centre
3. CX	Courtyard by Marriott
4. BX	Days Inn Downtown
5. BX	Delta Edmonton Centre Suite Hotel
6. BX	Econo Lodge
7. BX	Edmonton House Suite Hotel
8. BX	Grand Hotel
9. BZ	Hostelling International Edmonton
10. CX	Hotel Macdonald
11. BX	Inn on Seventh
12. BX	Union Bank Inn (R)
13. BZ	Varscona
14. CX	Westin Edmonton Hotel

(R) établissement avec restaurant décrit

● RESTAURANTS

1. BZ	Bee-Bell Health Bakery
2. BX	Bistro Praha
3. BZ	Block 1912
4. BX	Café Select
5. BZ	Chianti Café
6. BZ	Funky Pickle Pizza Co.
7. CX	Hardware Grill
8. BX	Hy's Steakloft
9. BZ	Julio's Barrio
10. BZ	Packrat Louie Kitchen & Bar
11. BZ	Two Rooms Café
12. CZ	The Unheard of Restaurant
13. BZ	Yiannis Taverna

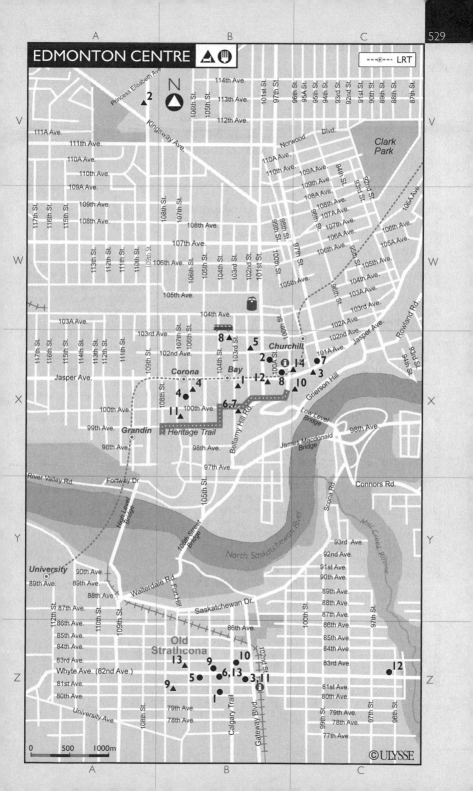

Fantasyland Hotel & Resort
$$$$
≡, ◎, ⚊, ♒, ∭
17700 87th Ave.
☎ (780) 444-3000 ou
800-737-3783
▤ (780) 444-3294
www.fantasylandhotel.com
Les voyageurs venus à Edmonton pour magasiner voudront sans nul doute loger aussi près que possible du West Edmonton Mall, ce qui fait du Fantasyland Hotel & Resort le choix rêvé. Naturellement, il se peut aussi que vous choisissiez de loger ici pour le simple plaisir de passer la nuit sous des cieux africains ou arabes!

À l'est d'Edmonton

La Bohème B&B
$$$ pdj
⚊, ♒, ≡
6427 112th Ave.
☎ (780) 474-5693
▤ (780) 479-1871
www.laboheme.ca
Installée à l'étage de l'historique édifice Gibbard, au-dessus du restaurant du même nom, La Bohème B&B occupe les locaux d'un ancien immeuble d'appartements de luxe. Toutes les chambres présentent un décor charmant et sont équipées d'une cuisinette, mais vous aurez du mal, croyez-le, à résister aux délices gastronomi-

ques qu'on sert au rez-de-chaussée (voir p 533).

Old Strathcona et la rive sud de la North Saskatchewan

Les hôtels les moins chers se trouvent à Strathcona. Nous en avons identifié deux. Le **Strathcona Hotel** (*$; bc/bp; 10302 82nd Ave., près de 103rd St.,* ☎780-439-1992) est le moins cher et le plus beau des deux, avec ses 46 chambres aménagées dans un des plus vieux édifices en bois d'Edmonton. Son voisin d'en face, le **Commercial Hotel** (*$; bc/bp; 10329 82nd Ave.,* ☎780-439-3981), est tout de même confortable et propre, mais parfois bruyant. Dans ces deux établissements, attendez-vous à payer un supplément si vous désirez une salle de bain privée.

University of Alberta
$
angle 116th St. et 87th Ave.
☎ (780) 492-4281
▤ (780) 492-7032
www.ualberta.ca
Les résidences d'étudiants de l'université de l'Alberta sont accessibles de mai à août uniquement. Vous dormez alors dans de sympathiques dortoirs, à la manière des auberges de jeunesse. Il est recommandé de réserver.

Hostelling International Edmonton
$
10647 81st Ave.
☎ (780) 988-6836 ou
877-467-8336
▤ (780) 988-8698
Cette auberge de jeunesse membre de Hostelling International Canada peut loger 88 personnes et est située dans le voisinage d'Old Strathcona. Elle renferme un vaste salon et une cuisine commune, et offre à sa clientèle, en plus d'un stationnement, l'accès au réseau Internet et les services de buanderie. On y trouve des dortoirs et des chambres semi-privées (un peu plus chères). Sa localisation, près de la North Saskatchewan River, permet de rejoindre facilement les sentiers pédestres et les pistes cyclables qui la longent (l'auberge fait la location de vélos). En été, des sorties et des barbecues y sont organisés, et le personnel fera pour vous les réservations nécessaires pour que vous profitiez des attractions locales et récréatives.

Best Western Cedar Park Inn
$-$$$ pdj
≡, ⚊, ⚊, ≋, ♒, ∭
5116 Gateway Blvd.
☎ (780) 434-7411 ou
800-661-9461
▤ (780) 437-4836
www.cedarparkinn.com
Le Best Western Cedar Park Inn est un grand hôtel de 190 chambres toutes plus

▲ **HÉBERGEMENT**

1. CY Best Western Cedar Park Inn
2. AX Best Western Westwood Inn
3. CW La Bohème B&B (R)
4. AX Fantasyland Hotel & Resort
5. CY Southbend Motel
6. BX University of Alberta
7. AX West Edmonton Mall Inn
8. AX West Harvest Inn

● **RESTAURANTS**

1. AX Albert's Family Restaurant
2. CX Barb and Ernie's
3. BX Manor Café
4. AX Sherlock Holmes
5. AX Syrtaki Greek Island Restaurant

(R) établissement avec restaurant décrit

spacieuses les unes que les autres. La fin de semaine, des tarifs réduits sont proposés, et une navette peut gratuitement vous emmener à l'un ou l'autre des aéroports ou au West Edmonton Mall.

Southbend Motel
$$ pdj
≡, ⊁, ☎, ⊍
5130 Gateway Blvd.
☎ (780) 434-1418
🖩 (780) 435-1525
www.southbendmotel.ca
Pour un prix très raisonnable, vous pourrez descendre au Southbend Motel, dont les chambres ne sont plus toutes fraîches certes, mais où, sans avoir à débourser un sou de plus, vous pourrez profiter de toutes les installations du Best Western Cedar Park Inn voisin (voir ci-dessus). Parmi celles-ci, retenons la piscine et le sauna.

Varscona
$$$ pdj
≡, ⊍, ☎, ✻
8208 106th St.
☎ (780) 434-6111 ou 888-515-3355
🖩 (780) 439-1195
www.varscona.com
Le Varscona vous propose de très grands lits et vous offre la chaleur d'une cheminée accueillante lors des froides journées d'hiver d'Edmonton. Vins et fromages sont offerts du lundi au samedi, de 17h30 à 18h30. Établi en plein cœur d'Old Strathcona, il s'impose facilement comme un des hôtels les mieux situés de la ville.

⊍ Restaurants

Le centre-ville et la rive nord de la North Saskatchewan

La Bourbon Street du **West Edmonton Mall** voit se succéder une série de restaurants de catégorie moyenne. Le **Sherlock Holmes** (*$$*; ☎780-444-1752) propose des repas typiques des pubs anglais et l'**Albert's Family Restaurant** (*$*; ☎780-444-1179) est connu pour ses petits déjeuners.

Manor Café
$$-$$$
10109 125th St.
☎ (780) 482-7577
www.manorcafe.com
Installé dans un manoir des années 1930, ce restaurant est reconnu pour ses dîners en terrasse et sa cuisine fusion éclectique alliant curry marocain à la noix de coco et pâtes de Toscane. Il s'agit d'une des tables les plus populaires d'Edmonton.

Bistro Praha
$$$
10168 100A St. NW
☎ (780) 424-4218
Premier bistro à l'européenne d'Edmonton, le Bistro Praha a acquis une grande popularité, qui se reflète dans ses prix. La soupe au chou, le *wiener schnitzel*, le filet mignon, les tourtes et les strudels, tous des favoris, sont présentés dans un décor raffiné et confortable.

Syrtaki Greek Island Restaurant
$$$-$$$$
16313 111th Ave.
☎ (780) 484-2473

Le décor blanchi à la chaux et rehaussé de bleu du Syrtaki Greek Restaurant suffit à lui seul à vous faire oublier que vous êtes à Edmonton. Des danseuses du ventre animent les soirées du vendredi et du samedi. Gibier frais, fruits de mer, viandes, poulet et légumes sont tous préparés selon d'authentiques recettes grecques.

Hardware Grill
$$$$
9698 Jasper Ave.
☎ (780) 423-0969
Installé dans un bâtiment historique qui jadis abrita la quincaillerie la plus populaire d'Edmonton, ce restaurant haut de gamme se spécialise au gré des saisons dans la cuisine des Prairies canadiennes. Cet établissement s'est vu décerner nombre de prix internationaux pour sa vaste cave à vins comportant plus de 600 crus, et il est réputé être un des meilleurs restaurants au Canada.

Café Select
$$$$
10018 106th St.
☎ (780) 428-1629
Le décor chic du Café Select peut être trompeur. Bien qu'il soit élégant, cet endroit se veut en fait sans prétention, ce qui vous fera d'autant plus apprécier les plats délicieux que l'on sert ici. De plus, comme ce restaurant reste ouvert jusqu'à 2h, il est tout indiqué pour un bon souper en fin de soirée.

Madison Grill
$$$$
10053 Jasper Ave.
☎ (780) 401-2222
Le Madison Grill est le restaurant du magnifique **Union Bank Inn** (voir p 527). Le décor de la salle à manger est aussi soigné que les

chambres de l'établissement. On y sert une nourriture de qualité venant des quatre coins du monde qui lui a valu une place parmi les 100 meilleures adresses du pays.

La Bohème
$$$$
6427 112th Ave.
☎ (780) 474-5693

La Bohème se trouve à l'intérieur de l'édifice Gibbard, magnifiquement restauré. Une délicieuse variété d'entrées et de plats principaux à la fois classiques et originaux, inspirés de la cuisine française, vous y attend dans un cadre on ne peut plus romantique au coin du feu. Il y a même un *bed and breakfast* à l'étage (voir p 530).

Hy's Steakloft
$$$$
10013 101A Ave.
☎ (780) 424-4444

Comme son pendant de Calgary, le Hy's Steakloft propose de juteux steaks albertains cuits à la perfection. Des plats de pâtes et de poulet s'ajoutent au menu. Une magnifique verrière trône sur le décor huppé du restaurant.

Old Strathcona et la rive sud de la North Saskatchewan

Two Rooms Café
$
10324 82nd Avenue
☎ (780) 439-8386

Venez «bruncher» sur la terrasse du Two Rooms Café. Aménagé dans un bâtiment historique, il offre une sélection variée de *granola* (muesli) et de muffins mai-

son. On peut également y déjeuner sur le pouce: sandwichs et soupes à la carte pour un prix raisonnable. Essayez la soupe aux lentilles: surprenant!

Block 1912
$
10361 Whyte Ave.
☎ (780) 433-6575

Le Block 1912 est un café à l'européenne qui a gagné un prix pour ses efforts en vue d'embellir le quartier d'Old Strathcona. Avec son agencement de tables, de chaises et de canapés, son intérieur évoque une salle de séjour comme on en trouve dans nombre de foyers. La lasagne compte parmi les meilleurs choix offerts au menu, d'ailleurs simple. La douce musique et l'atmosphère décontractée des lieux se prêtent fort bien à une discussion entre amis ou à un agréable dîner en tête-à-tête.

Bee-Bell Health Bakery
$
10416 80th Ave.
☎ (780) 439-3247

La Bee-Bell Health Bakery vend de merveilleux pains et pâtisseries.

Funky Pickle Pizza Co.
$
10441 Whyte Ave.
☎ (780) 433-3865

Chez Funky Pickle Pizza Co., on a porté l'art de la pizza à des sommets encore inégalés. Bien sûr, à 3,75$ la pointe, ce n'est pas donné. Mais on oublie très vite ce qu'on a déboursé dès l'instant où la pâte de blé entier, la sauce maison, les différentes variétés de fromages, les légumes frais et les épices fondent dans la bouche: un vrai régal. À manger dehors, car l'endroit est tout juste plus spacieux qu'un comptoir.

Barb and Ernie's
$-$$
9906 72nd Ave.
☎ (780) 433-3242

Barb and Ernie's est un petit restaurant exceptionnellement populaire qui sert de bons repas à bon prix dans une ambiance amicale et sans prétention. Parce qu'il est particulièrement achalandé à l'heure du petit déjeuner, attendez-vous à devoir patienter un peu avant qu'on ne vous assigne une table, mais vous pouvez décider de venir plus tard étant donné que le petit déjeuner est servi jusqu'à 16h.

Chianti Café
$$
10501 82nd Ave.
☎ (780) 439-9829

Le Chianti Café, qui occupe l'ancien bureau de poste d'Old Strathcona, vous suggère plus de 40 variétés de pâtes. Réservations recommandées la fin de semaine.

Julio's Barrio
$$-$$$
10450 82nd Ave.
☎ (780) 431-0774

Le Julio's Barrio peut être fier de son décor original où se mêlent les styles mexicain et du Sud-Ouest, rehaussé de *piñatas* suspendues au plafond, de portemanteaux en forme de cactus et de fauteuils en cuir souple. Le menu propose un bon éventail de *nachos* et de potages, sans oublier les mets mexicains traditionnels. Les portions sont plus que généreuses, et le service s'avère rapide.

Packrat Louie Kitchen & Bar
$$-$$$
10335 83rd Ave.
☎ (780) 433-0123

Le Packrat Louie Kitchen & Bar s'enorgueillit de sa car-

te des vins variée et de son atmosphère agréable, en partie assurée par une musique intéressante. Menu également varié de plats généralement bien apprêtés. Les pizzas et poissons grillés sont particulièrement populaires.

Yiannis Taverna
$$-$$$
10444 82nd Avenue
☎ (780) 433-6768

La Yiannis Taverna, un petit restaurant très populaire d'Old Strathcona, propose une authentique cuisine grecque, avec spécialités d'agneau et de souvlaki. Danse du ventre les vendredi et samedi soirs.

The Unheard of Restaurant
$$$$
9602 82nd Ave.
☎ (780) 432-0480

The Unheard of Restaurant: le nom de cet établissement («un restaurant comme on n'en a jamais entendu parler») lui sied et ne lui sied pas. En effet, on ne peut plus dire de ce restaurant qu'il est vraiment unique en son genre, mais il continue néanmoins à faire figure d'exception à Edmonton. Il propose un menu à la carte ainsi qu'une table d'hôte. Le menu change aux deux semaines, mais on y retrouve habituellement des plats de gibier frais en automne et de poulet ou de bœuf le reste de l'année, de même que de délicieux repas végétariens. La nourriture, est-il besoin de le dire, est exquise et raffinée. Réservations obligatoires.

♪ Sorties

Le **Vue Weekly** (www.vueweekly.com) et le **See Magazine** (www.seemagazine.com), hebdomadaires d'information gratuits et de divertissement, présentent tous les événements courants qui se passent dans la ville.

■ Bars et discothèques

The Standard (104th St., ☎780-438-2582) est un bar sportif qui attire une jeune clientèle avec son mélange de musiques country et populaire. L'**Urban Lounge** (8111 105th St., ☎780-439-3388) attire une clientèle décontractée à ses spectacles sur scène et dans ses salles à activités multiples. L'**Iron Horse** (8101 103rd St., ☎780-438-1907) possède une belle terrasse rattachée à cette ancienne gare ferroviaire qui offre beaucoup d'espace aux nombreuses foules. Il se passe toujours quelque chose au **Sidetrack Cafe** (10333 112th St., ☎780-421-1326), un bar-restaurant: un mélange de comédie et de concerts de rock ou de jazz.

Le **Sherlock Holmes** (10012 101A Ave., ☎780-426-7784) propose un choix impressionnant de bières pression anglaises et irlandaises; son atmosphère décontractée semble attirer une foule mixte. D'autres pubs irlandais populaires ont pour nom **O'Byrnes** (10616 Whyte Ave.), **Druid** (11606 Jasper Ave.) et **Ceili's** (10338 109th St.). Le **Yardbird Suite** (11 Tommy Banks Way, ☎780-432-0428) est le siège de la section

locale de la Jazz Society et présente des concerts tous les soirs de la semaine; un faible droit d'entrée est exigé. Quant au **Blues on Whyte** (10329 82nd Ave., ☎780-439-3981), il présente des spectacles sur scène.

Le **New City Likwid Lounge** (10081 Jasper Ave., ☎780-413-4578) attire une grande variété de spectacles sur scène et une foule éclectique de tout âge.

The Roost (10345 104th St., ☎780-426-3150) se distingue comme un des rares bars gays d'Edmonton.

Le **Cook County Saloon** (8010 Gateway Blvd., ☎780-432-2665), bien connu comme le plus important bar country de la ville, dispose d'un taureau mécanique pour tous les cowboys de salon en quête de huit secondes d'adrénaline.

■ Casinos

Ceux et celles qui aiment vivre dangereusement pourront se rendre dans l'un des casinos d'Edmonton: **Casino Edmonton** (7055 Argyll Rd., ☎780-463-9467); **Casino Yellowhead** (12464 153rd St., ☎780-424-9467); **Palace Casino** (West Edmonton Mall, Upper Level, Entrance 9 sur 90th Ave., ☎780-444-2112). Les courses de chevaux ont lieu de mars à octobre au **Northlands Spectrum** (Northlands Park, ☎780-471-7378 ou 888-800-7275, poste 7378).

■ Fêtes et festivals

Edmonton est réputée être une ville de festivals, et les **Edmonton's Klondike Days** constituent sans doute l'événement le plus impor-

tant de tous. À l'époque de la ruée vers l'or du Klondike, au Yukon, on incita nombre de prospecteurs à emprunter «la route canadienne d'un bout à l'autre» au départ d'Edmonton. Cette route devait se révéler quasi impraticable, et aucun de ceux qui s'y engagèrent n'atteignit le Yukon avant la fin de la grande ruée. Ce lien pour le moins ténu avec la ruée vers l'or n'en donne pas moins l'occasion aux habitants d'Edmonton de célébrer pendant 10 jours en juillet. C'est ainsi que, à partir du troisième jeudi de juillet, des festivités, des défilés, des courses de baignoires, des courses de radeaux précaires et un casino mettent la ville en effervescence. Chaque matin, des petits déjeuners de crêpes sont servis à travers la ville. Pour de plus amples renseignements, composez le ☎780-471-7210 ou 888-800-7275, www.klondikedays. com.

Parmi les autres festivals d'Edmonton, retenons le **Jazz City International Music Festival** (☎780-432-7166, www.jazzcity.ca), qui se tient la dernière semaine de juin. À la fin de ce même mois et début juillet, **The Works Visual Arts Celebration** (☎780-426-2122, www.theworks. ab. ca) donne lieu à des expositions d'art dans les rues de la ville. L'**Edmonton Heritage Festival** (☎780-488-3378, www.edmonton-festival. com) présente de la cuisine traditionnelle, de l'artisanat et du divertissement provenant d'un peu partout dans le monde entier, et ce, la première fin de semaine d'août. L'**Edmonton Folk Music Festival** (☎780-429-1899, www.edmontonfolkfest.org), un événement folklorique, se tient la première semaine

d'août; il est recommandé de se procurer des billets à l'avance. Le **Fringe Theatre Festival** (☎780-448-9000, www.fringetheatreadventures. ca) compte, quant à lui, parmi les plus importants festivals de théâtre «alternatif» de toute l'Amérique du Nord; il a lieu à Old Strathcona à partir du troisième vendredi d'août et dure 10 jours.

■ Sport professionnel

Les **Oilers d'Edmonton** de la Ligue nationale de hockey jouent au **Rexall Place** (angle 118th Ave. et 74th St., ☎780-414-4400); la saison s'étend d'octobre à avril, ou plus longtemps si l'équipe se rend en séries éliminatoires.

■ Théâtres et salles de spectacle

Le **Citadel Theatre** se présente comme un immense complexe de cinq salles. Toutes sortes de spectacles y sont présentés, depuis les pièces de théâtre pour enfants en passant par les œuvres expérimentales jusqu'aux grandes productions. Pour de plus amples renseignements, adressez-vous au guichet en composant le ☎780-425-1820 ou 888-425-1820, ou tapez le www.citadeltheatre.com.

Le **Northern Light Theatre** (☎780-471-1586, www.northernlighttheatre.com) présente des pièces innovatrices et intéressantes. Pour ne pas laisser dépérir votre culture classique, informez-vous du programme de l'**Edmonton Opera** (☎780-424-4040, www.edmontonopera.com), de l'**Edmonton Symphony Orchestra** (à l'intérieur du Francis Winspear Centre for Music;

billetterie: ☎780-428-1414, www.winspearcentre.com) ou de l'**Alberta Ballet** (☎780-428-6839, www.albertaballet. com).

Edmonton compte quelques grands complexes cinématographiques offrant des salles modernes et confortables présentant les dernières productions d'Hollywood. Pour en connaître les lieux de diffusion et les horaires, achetez un quotidien ou tapez sur le Web www.edmovieguide. com.

Le **TELUS World of Science** (voir p 523) offre la plus spectaculaire expérience cinématographique avec son Imax géant (9,95$; 11211 142nd St., ☎780-451-3344).

Achats

Outre l'incontournable **West Edmonton Mall** (angle 87th Ave. et 170th St.) (voir p 524) et ses 800 commerces et services, vous trouverez des centres commerciaux plus traditionnels un peu partout au nord, au sud et à l'ouest du centre-ville.

L'**Edmonton City Centre** (10200 102nd Avenue, ☎780-426-8444) a été rénové et a inauguré ses nouvelles boutiques à l'automne 2002, ce qui a contribué à réactiver le centre-ville.

Old Strathcona sera pour vous l'occasion d'une expérience beaucoup plus intéressante côté magasinage, grâce aux originales boutiques spécialisées, aux librairies et aux magasins de vêtements pour femmes qui bordent **Whyte Avenue (82nd**

Edmonton - Achats

535

Avenue), parmi lesquels on retrouve **Avenue Clothing Co.** *(☎780-433-8532)* et **Etzio** *(☎780-433-2568)*, de même que 104th Street Le **Strathcona Square Shopping Centre** *(8150 105th St.)* est installé dans un ancien bureau de poste entièrement réaménagé et regroupe un heureux éventail de cafés et de boutiques dans une joyeuse atmosphère de marché.

High Street at 124th Street *(délimité par 124th St., 125th St., 102nd Ave. et 109th Ave.)* se présente comme une arcade extérieure où se succèdent galeries d'art, cafés et commerces divers au sein d'un joli quartier résidentiel.

Le nord de l'Alberta

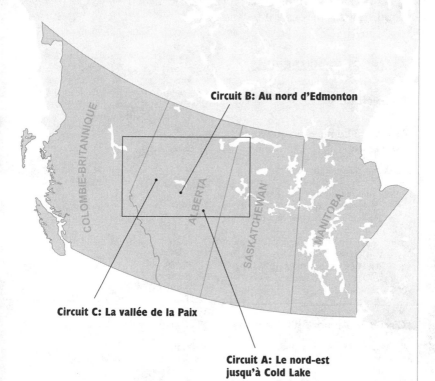

Circuit B: Au nord d'Edmonton

Circuit C: La vallée de la Paix

Circuit A: Le nord-est jusqu'à Cold Lake

Accès et déplacements	538
Renseignements utiles	540
Attraits touristiques	540
Parcs	546
Activités de plein air	547
Hébergement	548
Restaurants	549
Sorties	550

Le nord de l'Alberta

Vaste arrière-pays, le nord de l'Alberta offre d'excellentes occasions d'activités de plein air, mais aussi la chance de découvrir certaines des communautés culturelles de l'Alberta. Les distances sont toutefois si grandes qu'on ne peut concevoir de faire le tour de cette région tout entière à moins d'avoir tout son temps à soi.

Le parcours exposé dans ces pages se compose donc de trois circuits menant aux confins de la province et permettant de voir au passage les attraits majeurs de ce coin de pays.

Accès et déplacements

■ En voiture

Circuit A: Le nord-est jusqu'à Cold Lake

Au départ d'Edmonton, empruntez la route 15 en direction nord, puis la route 45. Prenez ensuite la route 855, toujours vers le nord, jusqu'à ce que vous atteigniez le Victoria Settlement Historic Site et Smoky Lake, à la jonction avec la route 28, qui mène à St. Paul. Au-delà, au croisement avec la route 41, prenez vers le sud jusqu'à Elk Point, et remontez enfin jusqu'à la route 28 pour vous rendre à Bonnyville et Cold Lake.

Circuit B: Au nord d'Edmonton

Il s'agit là d'un circuit ambitieux qui, pratiquement, ne peut pas être entièrement effectué en voiture. Fort McMurray est bien accessible par voie de terre, mais le parc national Wood Buffalo peut être rejoint plus facilement en passant par Fort Chipewyan (Alberta) ou Fort Smith (Territoires du Nord-Ouest). Le circuit débute sur la route 2, au nord d'Edmonton; à la route 55, vous aurez toutefois à choisir entre l'embranchement nord-est, qui conduit à Lac La Biche et à Fort McMurray, et l'embranchement ouest, qui offre une balade panoramique jusqu'à High Prairie.

Circuit C: La vallée de la Paix

Cette boucle suit le tracé de la route 2 de High Prairie à Grande Prairie et se referme sur les routes 32 et 43. La Mackenzie Highway (route 35) file vers le nord au départ de Grimshaw, alors que la route 2 se fait panoramique jusqu'à Dawson Creek, dans le nord de la Colombie-Britannique, où vous pourrez rejoindre le circuit de l'Alaska Highway, décrit dans le chapitre «Le nord de la Colombie-Britannique».

■ En autocar

Gares routières

Athabasca
4902 50th Ave.
☎ (780) 675-2112

Lac La Biche
Almac Motor Inn
☎ (780) 623-4123

Cold Lake
5414 55th St.
☎ (780) 594-2777

Slave Lake
Sawridge Truck Stop, route 88
☎ (780) 849-4003

High Prairie
5018 51st Ave.
☎ (780) 523-3733

Peace River
9801 97th Ave.
☎ (780) 624-2558

Grande Prairie
9918 121st Ave. (au nord du Prairie Mall)
☎ (780) 539-1111

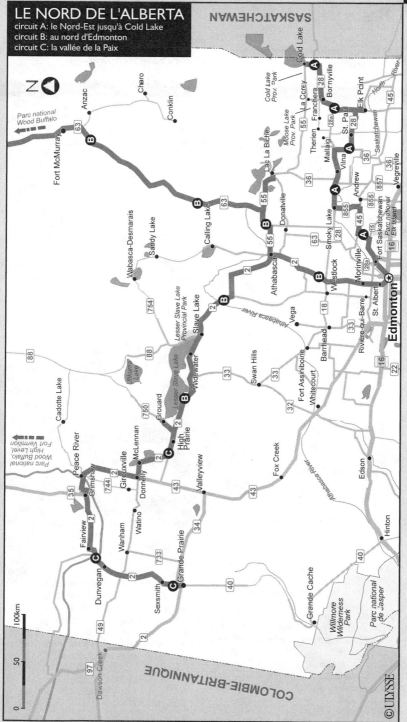

LE NORD DE L'ALBERTA
circuit A: le Nord-Est jusqu'à Cold Lake
circuit B: au nord d'Edmonton
circuit C: la vallée de la Paix

SASKATCHEWAN

COLOMBIE-BRITANNIQUE

Parc national Wood Buffalo

Parc national Wood Buffalo, High Level, Fort Vermillon

Fort McMurray

Anzac

Chard

Conklin

Cadotte Lake

Peace River

Grimshaw

Fairview

Dunvegan

Sexsmith

Grande Prairie

Valleyview

Wanham

Watino

Donnelly

Girouxville

McLennan

High Prairie

Grouard

Widewater

Slave Lake

Lesser Slave Lake Provincial Park

Lesser Slave Lake

Utikuma Lake

Sandy Lake

Wabasca-Desmarais

Calling Lake

Lac La Biche

Moose Lake Prov. Park

Cold Lake Prov. Park

La Corey

Cold Lake

Bonnyville

Elk Point

Franchere

Therien

Mallaig

St. Paul

Vilna

Andrew

Smoky Lake

Vegreville

Fort Saskatchewan

Parc national Elk Island

Edmonton

St. Albert

Morinville

Westlock

Athabasca

Donatville

Vega

Barrhead

Rivière-qui-Barre

Fort Assiniboine

Whitecourt

Swan Hills

Fox Creek

Edson

Hinton

Grande Cache

Willmore Wilderness Park

Parc national de Jasper

Dawson Creek

North Saskatchewan River

Athabasca River

Athabasca River

100km
50
0

© ULYSSE

Renseignements utiles

■ Bureaux de renseignements touristiques

Alberta North
C.P. 1518
Slave Lake, T0G 2A0
☎800-756-4351
www.travelalbertanorth.com

Mighty Peace Tourist Association
*mi-mai à mi-sept lun-ven 9b à 19b et sam-dim
11b à 19b; mi-sept à mi-mai, lun-ven 8b30 à
16b30*
Peace River (dans l'ancienne station NAR)
☎ (780) 338-2364 ou 800-215-4535

Grande Prairie Regional Tourism Association
11330 106th St.
Grande Prairie
☎ (780) 539-7688 ou 866-202-2202

Fort McMurray Tourism
400 Saskitawaw Trail
Fort McMurray
☎ (780) 791-4336 ou 800-565-3947
www.fortmcmurraytourism.com

Athabasca Country Tourism
4705 49th Ave.
Athabasca
☎ (780) 675-2230
www.athabascacountry.com

Attraits touristiques

Ce chapitre comporte trois circuits:

Circuit A: Le nord-est jusqu'à Cold Lake

Circuit B: Au nord d'Edmonton ★

Circuit C: La vallée de la Paix ★

Le premier de ces circuits vous conduit
à l'est, jusqu'à la frontière de la Saskatchewan; le deuxième emprunte une trajec-
toire nord-est pour atteindre Fort McMurray et le parc national Wood Buffalo; quant
au troisième, il vous entraîne vers le nord-
ouest, pour ensuite monter plus au nord
par la Mackenzie Highway ou bifurquer à
l'ouest vers le **nord de la Colombie-Britannique**
(voir p 306).

Circuit A: Le nord-est jusqu'à Cold Lake

Fort Saskatchewan

Érigé par la police montée du Nord-Ouest
en 1875, le fort Saskatchewan, qui donne
sur la rivière North Saskatchewan, a été démoli en 1913, au moment où il est tombé
sous le joug d'Edmonton. Le **Fort Saskatchewan Museum** *(4$; mai à sept tlj 10b à 16b,
reste de l'année mar-ven 10b à 16b; 10006 100th
Ave., ☎780-998-1750, www.fortsaskinfo.com/
museum/)* vous ramène toutefois à l'époque de l'ancienne bourgade et présente
neuf bâtiments datant de 1900 à 1920, entre autres le tribunal d'origine, une école,
une église de campagne, une forge et une
bonne vieille ferme. Visites guidées en été.
Fort Saskatchewan est une municipalité indépendante depuis 1985.

*Filez vers le nord sur la route 855 jusqu'à ce que
vous atteigniez le Victoria Settlement Provincial
Historic Site et Smoky Lake.*

Smoky Lake

*Avant d'atteindre Smoky Lake comme tel, sur-
veillez les panneaux indiquant l'emplacement
du Victoria Settlement Provincial Historic Site,
à environ 16 km au sud de Smoky Lake sur la
route 855.*

Victoria Settlement Provincial Historic Site ★
*(2$; mi-mai à début sept tlj 10b à 18b; 5025
49th Ave., St-Paul, ☎780-656-2333)*. Une mission méthodiste a été fondée ici en 1862, et
deux ans plus tard la Compagnie de la Baie
d'Hudson érigeait le fort Victoria pour faire
concurrence aux traiteurs indépendants de
la colonie. Cet endroit merveilleusement
paisible en bordure de la rivière North Saskatchewan, jadis un village très fréquenté,
était aussi le siège d'une communauté métisse. La localité avait reçu le nom de Pakan,
en l'honneur d'un chef cri qui avait appuyé
la révolte de Riel. Lorsque le chemin de fer
parvint à Smoky Lake, tous les bâtiments
furent déplacés, ne laissant sur place que
les quartiers du commis en poste. Une exposition et des sentiers mettent en relief les
aspects les plus marquants de ce village,
autrefois prospère, qui n'a plus d'existence
propre aujourd'hui. L'atmosphère sereine
des lieux en fait un excellent endroit où
pique-niquer.

Le petit **Smoky Lake Museum** *(2$; mi-mai à sept sam-dim 13h à 17h; Agricultural Complex)* présente une curieuse et pittoresque collection d'objets datant de l'époque des valeureux pionniers et leur donnant d'ailleurs un visage. Des photos, de vieilles robes, du linge de maison, de l'équipement agricole d'autrefois et des représentants empaillés de la faune y sont fièrement exposés dans une école rurale d'antan.

Prenez vers l'est sur la route 28 jusqu'à St. Paul.

En faisant route vers l'est sur les routes 28 et 28A jusqu'à la frontière avec la Saskatchewan, vous traverserez une région constellée de communautés francophones, entre autres St. Paul, Mallaig, Thérien, Franchère, La Corey et Bonnyville.

St. Paul ★

La petite ville de St. Paul a été fondée en 1896, lorsque le père Albert Lacombe y a formé une colonie métisse dans l'espoir d'attirer des membres de cette communauté de tous les coins de l'Ouest canadien. Seulement 300 d'entre ces gens que le gouvernement avait persisté à ignorer se rendirent à son invitation. Par la suite, des colons de différentes souches culturelles vinrent grossir les rangs de la population. Le **St. Paul Culture Centre** *(entrée libre, lun-ven 8h30 à 16h30; 4537 50th Ave.,* ☎*780-645-4800)* jette d'ailleurs un regard sur la diversité culturelle de cette région. L'ancien **presbytère anglican** *(5015 47th St.)* se trouve également à quelques rues de là.

De nos jours, les résidants de St. Paul tentent d'attirer une tout autre catégorie de visiteurs dans leurs parages, ce qui pourrait d'ailleurs un jour diversifier davantage la mosaïque culturelle de cette municipalité, à condition bien entendu que les extraterrestres (car c'est bien d'eux qu'il s'agit) choisissent de se poser sur son **UFO Landing Pad** *(tlj 9h à 17h; près du bureau de tourisme à l'angle de 50th Ave. et 53rd St.,* ☎*780-645-6800)*.

Continuez vers l'est par la route 28, puis vers le sud par la route 41 jusqu'à la jonction avec la route 646 et Elk Point.

Elk Point

Pour vous donner une idée de l'histoire et de la culture de cette ville, jetez un coup d'œil sur la **100 Foot Historical Mural** *(à l'ouest de la route 41 sur 50th Ave.)*. De là, prenez vers l'est la route 646 jusqu'au **Fort George - Buckingham House Provincial Historic Site** *(3$; mi-mai à sept tlj 10h à 18h;* ☎*780-724-2611)*, qui marque l'emplacement de deux comptoirs de pelleteries rivaux. L'un et l'autre furent construits en 1792; le premier appartenait à la Compagnie du Nord-Ouest et le second, à la Compagnie de la Baie d'Hudson. Ils ont été abandonnés peu de temps après le tournant du siècle, et il ne reste plus grand-chose à voir aujourd'hui, si ce n'est quelques dépressions dans le sol et des amas de pierres. Le centre d'interprétation aménagé sur les lieux fait toutefois un bon travail et relate l'excavation et l'histoire des deux postes. La rivière North Saskatchewan coule non loin de là, et de courts sentiers font le tour des lieux.

Suivez la route 41 vers le nord jusqu'à la route 28, puis tournez à droite en direction de Bonnyville.

Les amateurs de piroguis (beignets ukrainiens aux pommes de terre et à l'oignon) pourraient toutefois s'offrir un détour en prenant à gauche plutôt qu'à droite, histoire de contempler le plus gros pirogui du monde à **Glendon**, où semble avoir frappé cet engouement de plus en plus répandu pour les sculptures géantes à l'effigie d'objets plus ineptes les uns que les autres.

Bonnyville

Bonnyville, autrefois connue sous le nom de St. Louis de Bonnyville, sert aujourd'hui de tremplin vers de belles régions naturelles. Le **lac Jessie**, entre autres, est une zone marécageuse se prêtant bien à l'observation des oiseaux (voir p 547), tandis que le **Moose Lake Provincial Park** est apprécié des baigneurs, des plaisanciers, des marcheurs et des pêcheurs à la ligne.

Cold Lake

Siège d'une base militaire des Forces armées canadiennes, cette ville s'en remet en fait aux sables bitumineux des environs pour son bien-être économique. Le village voisin de Medley est pratiquement réduit à un bureau de poste, alors que Grand Centre regroupe tous les magasins. Le lac qui donne son nom à la ville est le septième en importance de la province et couvre une superficie de 370 km². Et ce nom de «lac froid», il le porte très bien, puisque sa surface reste gelée cinq mois par année. Ses profondeurs (de quelque 100 m) donnent en outre lieu à des prises phénoménales.

Les **Kinosoo Totem Poles** sont deux totems de 6,7 m taillés dans des troncs de cèdre par le chef Ovide Jacko. Ils dominent la plage de Kinosoo, un populaire lieu de pique-nique sur les rives du lac Cold.

Le **Cold Lake Provincial Park** (voir p 546) permet de se livrer à la pêche, de contempler la faune, de se baigner et de camper.

Circuit B: Au nord d'Edmonton
★

St. Albert ★★

Immédiatement au nord d'Edmonton s'étend la communauté de St. Albert, la plus vieille colonie agricole de l'Alberta. Tout commença avec une petite chapelle en rondins construite en 1861 par la mission de Marie-Immaculée et le père Albert Lacombe. Né au Québec en 1827, ce dernier fit ses débuts comme missionnaire à St. Boniface, près de l'actuelle ville de Winnipeg. Il parvint à convaincre l'évêque Alexandre Taché du besoin d'une mission consacrée à la population métisse, et c'est ainsi que St. Albert vit le jour. Le père Lacombe ne vécut que quatre ans dans cette mission, après quoi il poursuivit son œuvre à travers les Prairies. L'évêque Vital Grandin déplaça son siège à St. Albert en 1868, en emmenant avec lui un groupe de frères oblats particulièrement doués, ce qui fit de St. Albert le centre de l'activité missionnaire en Alberta. Grandin joua un rôle important lorsque vint le temps d'exercer des pressions sur Ottawa pour que les Autochtones, les Métis et les Canadiens français soient traités de façon équitable.

La **chapelle du père Lacombe** (2$; mi-mai à début sept tlj 10h à 18h; St. Vital Ave., ☎780-459-7663) est la plus ancienne structure connue de l'Alberta. Cette humble chapelle de bois rond, construite en 1861, était le cœur battant de la colonie métisse. Elle a été restaurée en 1929 et s'est, dès lors, vu entourer d'une construction en brique. En 1980, on l'a restaurée de nouveau et déplacée à son emplacement actuel sur Mission Hill, d'où elle bénéficie d'une vue imprenable sur les champs et la vallée de la rivière Sturgeon. Mission Hill se trouve également être le site de la résidence de l'évêque Grandin, aujourd'hui connue sous le nom de «centre Vital-Grandin».

Le **Musée Heritage** ★ (contribution volontaire de 2$; lun-sam 10h à 17h, dim 13h à 17h, fermé le dimanche en juil et août ainsi que les jours fériés; 5 St. Anne St., ☎780-459-1528) se trouve à l'intérieur d'une intéressante construction de briques profilée connue sous le nom de St. Anne Place. Le musée abrite une exposition exceptionnelle d'objets liés à l'histoire des premiers habitants de St. Albert, y compris les Métis, les Autochtones, les missionnaires et les pionniers. Les visites sont offertes en anglais et en français.

En poursuivant vers le nord par la route 2, vous découvrirez bientôt un autre chapelet de communautés francophones, dont certaines aux noms poétiques, comme Rivière-Qui-Barre, avant d'arriver à **Morinville**. L'**église Saint-Jean-Baptiste** (visites guidées; ☎780-939-4412) y fut construite en 1907, tandis que la chapelle d'origine avait été érigée en 1891 sous les auspices du père Jean-Baptiste Morin. Vous trouverez à l'intérieur un orgue Casavant et de grandes fresques.

Athabasca ★

À un peu plus d'une centaine de kilomètres plus au nord, la municipalité d'Athabasca se trouve tout près du centre géographique de l'Alberta. La rivière Athabasca, qui coule à travers la ville, constituait le principal couloir d'accès vers le nord de la province, si bien qu'on considéra même à une certaine époque la candidature d'Athabasca comme capitale provinciale.

La ville était au départ un poste de traite de la Compagnie de la Baie d'Hudson du nom d'Athabasca Landing, en même temps qu'une halte sur une des voies d'accès riveraines aux régions situées plus au nord. Les traiteurs et les explorateurs partaient vers l'ouest en empruntant la rivière North Saskatchewan pour se rendre jusqu'à Edmonton, après quoi ils poursuivaient leur route par voie de terre le long d'un dangereux portage de 130 km tracé en 1823 pour rejoindre la rivière Athabasca, à Fort Assiniboine, au sud-ouest de l'actuelle ville d'Athabasca. C'est cette pitoyable piste qui, en 1897-1898, sonna le glas des chercheurs d'or qui désiraient atteindre le Klondike, au Yukon, par la fameuse «route canadienne d'un bout à l'autre» partant d'Edmonton. Une nouvelle piste, l'Athabasca Landing Trail, fut aménagée en 1877 et devint bientôt la principale voie d'accès au nord ainsi qu'un point de transbordement vers les postes septentrionaux et la rivière Peace. Les chalands de la Compagnie de la Baie d'Hudson construits à Athabasca étaient confiés à un groupe connu sous le nom de Brigade d'Athabasca et principalement composé de Cris (Cree) et de Métis. Cette brigade guidait habilement les chalands le long de la rivière Athabasca, à travers les rapides et les eaux peu profondes, jusqu'aux destinations plus au nord. La majorité des chalands étaient ensuite défaits à leur arrivée pour en faire des matériaux de construction, mais ceux qui ne l'étaient pas devaient être tirés de nouveau par les membres de la brigade. Des bateaux à aubes finirent par remplacer les chalands.

La ville était réputée être un tremplin vers le nord auprès des traiteurs et des aventuriers, et à ce jour elle continue de servir de point de chute, mais cette fois aux aventuriers des grands espaces, puisqu'elle repose en bordure de l'hinterland septentrional et à une heure et demie de route au nord d'Edmonton. Parmi les possibilités d'activités de plein air offertes dans la région, retenons le ski de randonnée en hiver, les descentes de rivière, la pêche et même le golf sur un magnifique parcours à 18 trous aménagé dans les environs. Un dépliant décrivant une promenade historique autour de la ville est également offert au **bureau de tourisme** *(mi-mai à mi-sept tlj 10h à 18h;* ☎*780-675-9297)*, installé dans un ancien wagon sur 50th Avenue. Athabasca est en outre le siège de l'Athabasca University, l'université la plus nordique du Canada, par ailleurs reconnue pour ses programmes d'enseignement à distance.

Lac La Biche

Vers l'est, sur la route 55, apparaît le lac La Biche, situé sur la ligne de partage des eaux séparant le bassin hydrographique de la rivière Athabasca, qui se draine dans

le Pacifique, et celui du fleuve Churchill, qui se déverse dans la baie d'Hudson. Le portage La Biche, quant à lui, constituait un lien vital sur la route transcontinentale du commerce des fourrures, et il était emprunté par les voyageurs pour franchir les 5 km qui séparaient le lac Beaver du lac La Biche. La Compagnie du Nord-Ouest et la Compagnie de la Baie d'Hudson établirent toutes deux un poste de traite dans les environs vers 1800, mais l'un comme l'autre furent abandonnés lorsqu'on trouva un chemin plus court vers Edmonton, en passant par la rivière North Saskatchewan.

En 1853, le père René Remas organisa la construction de la **mission du Lac La Biche** *(3,50$; mi-mai à début sept tlj 10h à 17h; Old Mission Trail;* ☎*780-623-3274)*. La mission restaurée que vous pouvez aujourd'hui visiter se trouve à 11 km du site original puisqu'elle a été déplacée en 1855. Les bâtiments d'origine, notamment la plus vieille structure en bois de sciage de l'Alberta, sont encore debout. La mission servait de centre d'approvisionnement pour les voyageurs et d'autres missions de la région, et elle finit par s'équiper d'une scierie, d'un moulin à céréales, d'une imprimerie et d'un atelier de construction. Une visite guidée d'une heure est proposée.

Fort McMurray ★★

Environ 250 km plus au nord sur la route 63 se trouve Fort McMurray, qui s'est développée autour des gisements de sables bitumineux de l'Athabasca, le plus important gisement pétrolifère au monde. Le pétrole d'ici est en réalité du bitume, une variété beaucoup plus lourde qui nécessite un traitement complexe et coûteux; le gisement même se compose de sable tassé et mêlé de bitume. On achemine le sable vers la surface d'où l'on en extrait le bitume pour le traiter de manière à obtenir un pétrole plus léger et plus utile. Le milliard de tonneaux de bitume présents dans le sable devrait constituer une source d'énergie majeure pour le futur.

Le **Fort McMurray Oil Sands Discovery Centre** ★★ *(6$; mi-mai à début sept tlj 9h à 17h, reste de l'année mar-dim 10h à 16h; 515 Mackenzie Blvd.,* ☎*780-743-7167, www.oilsands-discovery.com)* explique les techniques de traitement des sables pétrolifères, et beaucoup plus encore, à travers des bornes interactives. L'ampleur et les possibilités phénoménales des installations se font évidentes lorsqu'on regarde l'équipement minier et l'excavateur à godets de sept étages présentés ici. Vous pouvez en outre visiter l'usine de traitement **Suncor / Syncrude** *(20$; adressez-vous au centre d'accueil des visiteurs pour les heures des visites, il est recommandé de réserver une semaine à l'avance; 400 Sakitawaw Trail,* ☎*780-791-4336 ou 800-565-3947).*

Parc national Wood Buffalo ★★

Les limites du **parc national Wood Buffalo** (voir aussi p 546) se trouvent à environ 130 km plus au nord à vol d'oiseau. Bien que cette distance ne soit pas très grande, le parc demeure difficile d'accès, et les voyageurs pleins de ressources qui décident de s'y aventurer peuvent le faire au départ de Fort Chipewyan (Alberta) ou de Fort Smith (Territoires du Nord-Ouest).

Pour atteindre les limites occidentales et septentrionales de l'Alberta, poursuivez votre route en direction du nord-ouest au départ d'Athabasca jusqu'à la petite ville de Slave Lake.

Slave Lake

Le Petit Lac des Esclaves, d'une superficie de 1 150 ha, est le plus grand lac de la province que l'on peut atteindre par voiture. Sur sa rive sud-est s'étend la petite ville de Slave Lake, jadis un centre très fréquenté sur la route des champs aurifères du Yukon. Il n'y a pas grand-chose à voir ici, si ce n'est le paysage spectaculaire des abords du lac, qui ressemble à une véritable mer intérieure dans cette province dépourvue de littoral. Ses eaux peu profondes regorgent de brochets du Nord, de dorés et de poissons blancs. Roulez jusqu'au sommet de la Marten Mountain pour admirer une vue spectaculaire. Le **Lesser Slave Lake Provincial Park** (voir p 547) est l'attrait principal du côté est du lac.

Continuez vers l'ouest par la route 2 jusqu'à la route 750 et Grouard.

Grouard

Fondé en 1884 sous le nom de Mission Saint-Bernard par le père Émile Grouard, Grouard, un village de moins de 400 âmes, repose à l'extrémité nord-est du Petit Lac des Esclaves. Le père Grouard a œuvré dans le nord de l'Alberta comme linguiste,

missionnaire pionnier et traducteur pendant 69 ans. Sa dépouille se trouve dans le cimetière adjacent à la mission. Divers objets anciens sont exposés à l'arrière de l'église, classée monument historique *(pour des visites guidées, adressez-vous au Native Cultural Arts Museum de Grouard, voir ci-dessous).*

Le **Native Cultural Arts Museum** *(dons appréciés; sept à nov et jan à mars mar-jeu 10h à 16h, avr à août mar-sam 10h à 16h; à l'intérieur du Moosehorn Lodge Building du Northern Lakes College,* ☎*780-751-3306)* se présente comme un intéressant petit musée dont la vocation est de promouvoir une meilleure compréhension des cultures autochtones de l'Amérique du Nord par des expositions d'art et d'artisanat. Parmi les objets exposés, retenons des objets en écorce de bouleau, des pièces décoratives et des vêtements contemporains.

Circuit C: La vallée de la Paix
★

Au départ de Grouard, le dernier arrêt sur le circuit B, continuez par la route 2 pour traverser **High Prairie** (voir p 547), le meilleur endroit pour la pêche au doré jaune, et **McLennan** (voir p 547), la capitale canadienne des oiseaux, puis poursuivez jusqu'à Donnelly.

Donnelly

Donnelly est le siège de la **Société historique et généalogique de Smoky River** *(5$; lun-ven 10h à 16h; Main St.,* ☎*780-925-3801),* qui a retracé l'histoire de la colonisation française en Alberta. Il n'y a pas grand-chose à voir, sauf peut-être une intéressante carte de la province indiquant l'emplacement des principales colonies françaises. Des archives détaillées sont mises à la disposition de quiconque veut dresser son arbre généalogique.

Continuez vers le nord par la route 2 jusqu'à Peace River.

Les pyramides de verre du Muttart Conservatory à Edmonton, capitale de l'Alberta.
Travel Alberta

La silhouette de la capitale de l'Alberta, Edmonton.
Travel Alberta

Les lacs Waterton dans leur écrin de nature en Alberta.
Travel Alberta

En Alberta, le Lieu historique national du Ranch-Bar U
comme dans le bon vieux temps.
Travel Alberta

Le pittoresque camping de tipis du Head-Smashed-In
Buffalo Jump en Alberta.
Travel Alberta

Peace River ★★

La majestueuse Peace River (rivière de la Paix) suit son cours de l'intérieur de la Colombie-Britannique au lac Athabasca, dans le nord-est de l'Alberta. Les trappeurs et les traiteurs l'empruntaient pour remonter de Fort Forks vers les postes de Dunvegan et de Fort Vermillion. Fort Forks fut fondé en 1792 par Alexander Mackenzie à l'endroit où se trouve aujourd'hui la ville de Peace River. Mackenzie fut la première personne à traverser le Canada tel que nous le connaissons aujourd'hui pour atteindre l'océan Pacifique. Des paysages exceptionnels attendent tous ceux qui visitent cette région, et la légende veut que quiconque boit de l'eau de la rivière y reviendra un jour.

En ville, le **Peace River Centennial Museum** *(dons appréciés; lun-sam 9h à 16h; 10302 99th St., près de l'angle de 100th St. et de 103rd Ave.,* ☎*780-624-4261)* présente une exposition didactique sur les Autochtones de la région, le commerce des fourrures, les premiers explorateurs et le développement de la ville. Une foule de photographies anciennes témoignent fort bien de la vie d'une ville frontière d'antan.

Amérindiens, explorateurs, constructeurs navals, traiteurs, missionnaires et chercheurs d'or en route vers le Klondike, au Yukon, passaient tous par ce qui est aujourd'hui devenu Peace River, lorsqu'ils empruntaient le **Shaftesbury Trail**, qui longe la route 684 du côté ouest de la rivière. Prenez le **traversier de Shaftesbury** *(mai à déc tlj 7h à 23h30;* ☎*780-624-6130)* à partir de Blakely's Landing, dans la colonie historique de Shaftesbury.

12 Foot Davis n'était pas un homme de «12 pieds», mais plutôt un chercheur d'or et un traiteur indépendant du nom de Henry Fuller qui découvrit un filon de 15 000$ sur une concession de «12 pieds» (4 m) aux Cariboo Goldfields (champs aurifères) de la Colombie-Britannique. Il est enterré sur Grouard Hill, en surplomb sur la ville. Vous aurez une vue à couper le souffle sur le confluent des rivières Peace, Smoky et Heart à partir du **12 Foot Davis Provincial Historical Site**, auquel vous accéderez en vous rendant au bout de 100th Avenue. Un autre poste d'observation, celui-là du nom de **Sagitawa Lookout** *(Judah Hill Rd.),* offre également un panorama saisissant des environs.

La Mackenzie Highway part de la ville de **Grimshaw** et passe par les centres plus importants de **Manning** et de **High Level**, où vous trouverez une variété de services, y compris de l'essence et de l'hébergement.

Fort Vermillion est au second rang des plus anciennes colonies de l'Alberta. Il a été fondé par la Compagnie du Nord-Ouest en 1788, la même année où la Compagnie du Nord-Ouest établissait Fort Chipewyan sur le lac Athabasca. Rien ne subsiste du fort original.

*Plus loin, les localités de **Meander River**, de **Steen River** et d'**Indian Cabins** n'ont guère de services à offrir, mis à part un terrain de camping. Le prochain centre d'envergure est **Hay River**, près des rives du Grand Lac des Esclaves, dans les Territoires du Nord-Ouest.*

À l'ouest de la rivière Peace, la route 2 finit par rejoindre la ville historique de Dunvegan.

Dunvegan ★

Avec le plus long pont suspendu de l'Alberta en toile de fond, **Historic Dunvegan ★** *(3$; mi-mai à début sept tlj 10h à 18h; en retrait de la route 2, immédiatement au nord de la rivière Peace,* ☎*780-835-7150 ou 431-2321)* domine paisiblement la rivière de la Paix (Peace River). Autrefois situé sur le territoire amérindien des Dunne-zas (Beavers), ce site fut choisi en 1805 pour l'établissement d'un fort de la Compagnie du Nord-Ouest, puis d'un autre de la Compagnie de la Baie d'Hudson. Dunvegan devint un important centre de commerce et d'approvisionnement pour l'Upper Peace River, puis le siège de la Compagnie de la Baie d'Hudson pour l'ensemble du district de l'Athabasca. Dès les années 1840, Dunvegan recevait déjà la visite des missionnaires catholiques, dont celle de l'éminent père Albert Lacombe en 1855. En 1867, la mission catholique Saint-Charles fut établie, et en 1879 ce fut au tour de la mission anglicane St. Savior, faisant de Dunvegan un important centre de l'activité missionnaire. On finit par abandonner les missions à la suite de la découverte de l'or et de la signature du traité n° 8, car les Dunne-zas devinrent alors de plus en plus nombreux à quitter la région. Le fort demeura toutefois en activité jusqu'en 1918, époque à laquelle l'établissement de propriétés familiales rurales (*homesteads*) gagna en importance sur le commerce, la chasse et la trappe. L'église de la mission (1884), le presbytère (1889) et la maison de l'intendant de la Compagnie de la Baie d'Hudson (1877) sont encore visibles sur le site, sans compter la présence d'un centre d'interprétation, malheureusement aménagé à l'intérieur d'un horrible bâtiment moderne. Dunvegan dispose de quelques emplacements de camping (☎780-835-2490).

Poursuivez vers le sud jusqu'au village de Grande Prairie.

Grande Prairie ★

À titre de ville à plus forte croissance de l'Alberta, de capitale forestière du Canada et de ville du cygne (*Swan City*), Grande Prairie compte parmi les grands centres d'affaires et de services du nord de la province, ce qu'elle doit surtout à ses réserves de gaz naturel. La ville est ainsi nommée en raison de ses terres agricoles hautement fertiles, un fait exceptionnel dans une région aussi boréale. Contrairement à la plupart des autres localités du nord de l'Alberta, Grande Prairie n'est pas que le vestige d'un ancien poste de traite; dès le départ, des familles d'agriculteurs avaient été attirées par ses terres fertiles.

Le **Pioneer Village at Grande Prairie Museum** (*5$; tlj 9h à 18h; angle 102nd Ave. et 102nd St.,* ☎*780-532-5482, www.grandeprairiemuseum. org*) jette un regard sur la vie du Peace Country au tournant du siècle, à travers des bâtiments historiques, des guides en costumes d'époque, des objets variés et une importante collection d'histoire naturelle.

Le musée se trouve près du **parc Muskoseepi**, un parc urbain de 446 ha que sillonnent un sentier d'interprétation et quelque 40 km de sentiers pédestres et cyclables.

La conception exemplaire du **Grande Prairie Regional College** (*10726 106th Ave.*), aux courbes extérieures revêtues de briques rouges, est l'œuvre du grand architecte d'origine amérindienne Douglas Cardinal, à qui l'on doit aussi le Musée canadien de la civilisation, à Gatineau (Québec).

La **Prairie Gallery ★** (*lun-ven 10h à 17h, sam-dim 13h à 17h; 10209 99th St.,* ☎*780-532-8111*) renferme une collection très respectable d'art canadien et d'œuvres internationales.

Parcs

Le nord-est jusqu'à Cold Lake

Les rives du lac peu profond du **Moose Lake Provincial Park** accueillaient en 1789 un poste de traite de la Compagnie du Nord-Ouest. Des sentiers bordent son littoral et sa plage ténue, tandis qu'une petite zone marécageuse abrite une foule de représentants de la faune ailée. Vous pouvez également y pêcher le brochet et le vairon, de même que camper sur les lieux (*15$/nuit;* ☎*780-635-4949*).

Le petit **Cold Lake Provincial Park** repose sur une langue de terre au sud de la ville. Principalement boisé de sapins baumiers et d'épinettes blanches, il s'impose comme le royaume des orignaux, des rats musqués et des visons. Le Hall's Lagoon s'y prête bien à l'observation des oiseaux, et vous pouvez également y camper (*15$/nuit;* ☎*780-639-3341*).

Au nord d'Edmonton

Le **parc national Wood Buffalo ★★** (☎*867-872-7962*) est accessible depuis les communautés de Fort Chipewyan (Alberta) et de Fort Smith (Territoires du Nord-Ouest). Fort Chipewyan est desservi par avion deux fois par semaine au départ de Fort McMurray; en été, des bateaux à moteur empruntent en outre les rivières Athabasca et Embarras; une route d'hiver demeure ouverte entre décembre et mars depuis Fort McMurray jusqu'à Fort Chipewyan, mais nous ne saurions vous la recommander; enfin, pour les plus aventureux, il est possible d'accéder au parc en canot par les rivières Peace et Athabasca.

Ce parc abrite le plus important troupeau de bisons en liberté au monde, sans compter qu'il est aussi le dernier lieu de nidification des grues blanches d'Amérique. Ces deux facteurs ont contribué à faire de Wood Buffalo un site du patrimoine mondial. Le parc a été créé à l'origine pour protéger le dernier troupeau de bisons des bois du nord du Canada. Mais lorsque des bisons des plaines y furent acheminés entre 1925 et 1928, à partir de Wainwright (Alberta), bisons des plaines et bisons des bois se mélangèrent, faisant ainsi disparaître le bison des bois à l'état pur. C'est du moins ce que l'on croyait à l'époque, puisqu'un autre troupeau fut découvert à l'intérieur du **parc national Elk Island** (voir p 506), une partie de ce troupeau devant par la suite être expédiée au Mackenzie Bison Sanctuary des Territoires du Nord-Ouest. Cela dit, il n'y a plus vraiment de purs bisons des bois au parc national Wood Buffalo.

Ceux qui veulent bien s'en donner la peine profiteront des possibilités de randonnée pédestre (la majorité des sentiers se trouvent aux environs de Fort Smith), de canot (excellentes) et de camping, mis à part le fait qu'ils auront l'occasion de faire l'expérience de la vie sauvage dans le nord du Canada à l'intérieur du plus grand parc national du pays. Une préparation minimale s'impose toutefois pour tirer pleinement parti de votre expédition, et vous devez savoir qu'un permis (Park Use Permit) est exigé de ceux qui désirent passer une ou plusieurs nuits dans le parc. Enfin, n'oubliez pas de vous munir d'une bonne quantité d'insectifuge. Pour de plus amples renseignements, adressez-vous directement au parc *(P.O. Box 750, Fort Smith, NWT, X0E 0P0, ☎ 867-872-7900, ▤ 867-872-3910 ou Fort Chipewyan: ☎ 780-697-3662).*

Le **Lesser Slave Lake Provincial Park**, voisin du troisième lac en importance de l'Alberta, présente mille et un attraits, y compris la plage Devonshire, une magnifique bande de sable de 7 km.

Activités de plein air

■ Golf

Athabasca Golf & Country Club
mi-avr à mi-oct
du côté nord de la rivière Athabasca, juste à la sortie d'Athabasca
☎ (780) 675-4599 ou 888-475-4599
L'Athabasca Golf & Country Club est un terrain offrant 18 trous de haut calibre et de magnifiques paysages.

■ Observation des oiseaux

McLennan s'impose comme la capitale des oiseaux canadienne. Trois importants couloirs de migration convergent en effet ici, offrant aux amateurs de faune ailée l'occasion d'observer plus de 200 espèces différentes. Cette petite ville possède un intéressant centre d'interprétation et dispose de passerelles menant à des caches d'observation.

Le village de Bonnyville s'est construit autour des anses septentrionales du **lac Jessie**, une zone marécageuse qui héberge plus de 230 espèces ailées. Le Wetlands Viewing Trail la parcourt et permet d'atteindre plusieurs plates-formes d'observation. Au printemps et à l'automne, soit le meilleur temps de l'année pour épier les oiseaux d'ici, vous pourriez repérer l'orfraie, l'aigle à tête blanche et l'aigle royal.

■ Pêche

Les vrais mordus voudront sans doute participer au Golden Walleye Classic, un concours de pêche au doré jaune qui se tient à **High Prairie** à la mi-août. Avec des milliers de dollars en prix, qui ne voudrait pas tenter sa chance?

Le grand brochet, le vairon et la truite sont les prises du jour au **Cold Lake**. Vous pourrez louer embarcations et attirail de pêche à la Cold Lake Marina, tout au bout de la rue principale.

Si vous avez l'intention de pêcher au **Lesser Slave Lake**, mieux vaut sans doute vous éloigner du rivage. Vous trouverez des bateaux à louer à la Sawridge Recreation Area, sur le Cariboo Trail.

Hébergement

Le nord-est jusqu'à Cold Lake

St. Paul

King's Motel & Restaurant
$$
≡, ❊, ⴸ
5638 50th Ave.
☎ (780) 645-5656 ou
800-265-7407
▤ (780) 645-5107
Le King's Motel & Restaurant propose des chambres propres et convenables dont la plupart sont équipées d'un réfrigérateur.

Cold Lake

Harbour House B&B
$$ pdj
△, ⴸ
615 Lakeshore Dr.
☎ (780) 639-2337
▤ (780) 639-2338
Le Harbour House B&B est une charmante auberge installée sur les rives du Cold Lake. Chaque chambre arbore un thème différent, et nous vous suggérons de demander celle qui possède une cheminée et un lit à baldaquin – un vrai joyau! Salon de thé adjacent. Chaque chambre possède sa propre salle de bain, et un restaurant familial propose tous les repas de la journée.

Au nord d'Edmonton

Athabasca

Best Western Athabasca Inn
$$-$$$
≡, ❊, ⇌, ⴸ
5211 41st Ave.
☎ (780) 675-2294 ou
800-567-5718
▤ (780) 675-3890
www.bestwesternathabascainn.com
L'Athabasca Inn propose des chambres dont l'air est filtré. La clientèle de cet établissement se compose principalement de gens d'affaires. Les chambres se veulent propres et spacieuses.

Donatville

Donatberry Inn B&B
$$ pdj
∭
R.R.1, Boyle
☎ (780) 689-3639 ou
877-689-3633
▤ (780) 689-3380
Situé à mi-chemin entre Lac La Biche et Athabasca sur la route 63, le village de Donatville vous réserve son Donatberry Inn B&B. Cette maison de construction récente se trouve sur une grande propriété, non loin d'un verger de petits fruits connus sous le nom de *northern berries* (dont on fait sur place des confitures que vous pourrez déguster au petit déjeuner). Les chambres, grandes et claires, ont leur propre salle de bain, et vous pourrez en outre profiter d'une cuve à remous et d'un bain de vapeur.

Lac La Biche

Parkland Motel
$$-$$$
≡, ◎, ☚
9112 101st Ave.
☎ (780) 623-4424 ou
888-884-8886
▤ (780) 623-4599
Le Parkland Motel propose des chambres standards et des suites avec cuisinette, certaines d'entre elles étant dotées d'un foyer et d'une mezzanine. Bon rapport qualité/prix.

Fort McMurray

Quality Hotel & Conference Centre Fort McMurray
$$$$
≡, ◎, ∰, ⴸ, ⛏
424 Gregoire Dr.
☎ (780) 791-7200 ou
800-582-3273
▤ (780) 790-1658
www.qualityhotelfortmcmurray.com
Le Quality Hotel & Conference Centre, qui comprend un bon restaurant (voir p 550), un salon-bar, une piscine et une salle de billard, est sans conteste le lieu d'hébergement le plus adéquat de cette ville. Il se trouve à environ 4 km du centre-ville.

Slave Lake

The Sawridge Inn and Conference Centre
$$ pdj
≡, ◎, ❊, ⴸ, ∭, ⛏, ☚
1200 Main St., immédiatement en retrait de la route 2
☎ (780) 849-4101 ou
800-661-6657
▤ (780) 849-3426
www.sawridgeslavelake.com
L'extérieur pour le moins intéressant du Sawridge Inn cache des chambres pour le moins ordinaires. Plusieurs sont par contre équipées d'un réfrigérateur.

Northwest Inn
$$
≡, ◎, ᴞ, ●, ♨, ≈, ☞
801 Main St.
☎ (780) 849-3300 ou
888-849-5450
🖷 (780) 849-2667
www.northwest-inn.com
Plus loin sur Main Street, en pénétrant dans la ville, vous apercevrez le Northwest Inn. Propres et modernes, ses chambres se révèlent malheureusement on ne peut plus ordinaires. Ici encore, certaines disposent d'un réfrigérateur.

- - - - - - - - - - - - - - - - -
La vallée de la Paix

Peace River

Traveller's Motor Hotel
$$
≡, ☞, ᴞ, ●, ♨, ≈
9510 100th St.
☎ (780) 624-3621 ou
800-661-3227
🖷 (780) 624-4855
www.travellershotel.com
Le Traveller's Motor Hotel loue des chambres standards ainsi que des suites. Comme il y a une boîte de nuit à l'intérieur de l'hôtel, ce n'est certainement pas là l'endroit le plus tranquille de la ville. Toutes les chambres sont rénovées. Notez que le prix inclut un laissez-passer spécial donnant gratuitement accès au terrain de golf, à la piscine municipale et au club sportif de Peace River.

Best Canadian Motor Inn
$$
≡, ●, ≋, ♨, ☞
9810 98th St.
☎ (780) 624-2586 ou
888-700-2264
🖷 (780) 624-1888
www.bestcdn.com
Le Best Canadian Motor Inn se trouve près du centre de la ville et propose des chambres plutôt simples quoique propres. Les suites familiales avec cuisinette constituent un choix résolument économique.

Grande Prairie

Canadian Motor Inn
$$ pdj
≡, ☞, ◎, ●
10901 100th Ave.
☎ (780) 532-1680 ou
800-291-7893
🖷 (780) 532-1245
www.canadianmotorinn.com
Le meilleur lieu d'hébergement de Grande Prairie est le Canadian Motor Inn, où chaque chambre dispose de deux grands lits, d'un réfrigérateur et d'un téléviseur grand écran. L'hôtel propose un hébergement impeccable à la fois moderne et très confortable. Des chambres équipées d'une cuisinette complète sont également proposées, de même qu'une suite pour gens d'affaires pourvue d'une baignoire à remous.

Field Stone Inn B&B
$$-$$$ pdj
◎, ▲, ☞, ≈
0,6 km à l'ouest de 116th St.
☎ (780) 532-7529
🖷 (780) 513-8752
www.bbalberta.com/fieldstone
Établi sur une propriété lacustre retirée, le Field Stone Inn B&B constitue une véritable trouvaille. Cette maison en pierre des champs révèle une atmosphère chaleureuse, due sans doute à son décor à l'ancienne et à son style classique. Certaines chambres disposent d'un foyer ou d'une baignoire à remous. Le balcon se prête merveilleusement bien à la contemplation du jardin de roses et, avec un peu de chance, des aurores boréales.

Quality Hotel & Conference Centre Grande Prairie
$$$ pdj
≡, ●, ♨, ☞, ᴞ
11201 100th Ave.
☎ (780) 539-6000 ou
800-661-7954
🖷 (780) 532-1961
www.qualityhotelgrandeprairie.com
Le Quality Hotel & Conference Centre, au nord de la ville, se trouve à proximité des services et des commerces. Le décor des chambres et du hall est quelque peu dépassé.

Restaurants

- - - - - - - - - - - - - - - - -
Le nord-est jusqu'à Cold Lake

St. Paul

King's Motel & Restaurant
$-$$
5638 50th Ave.
☎ (780) 645-5656
Le restaurant du King's Motel sert des petits déjeuners de crêpes chaudes et de pain perdu (pain doré), mais aussi des déjeuners et des dîners. L'atmosphère n'a rien de particulier, mais la nourriture reste bonne et peu coûteuse.

Cold Lake

ULYSSE

Harbour House Tea Room
$
615 Lakeshore Dr.
☎ (780) 639-2337
La Harbour House Tea Room sert des sandwichs et des gâteaux tous les après-midis.

Sun Flower Café
$$
902 Eighth Ave.
☎ (780) 639-3261

Le Marina View Hotel n'est pas tellement recommandé comme lieu d'héberge-ment, mais son restaurant, le Sun Flower Café, sert des repas corrects du matin au soir.

Au nord d'Edmonton

Athabasca

Green Spot
$$
4820 51st St.
☎ (780) 675-3040

Le Green Spot n'est ouvert qu'en début de journée, du petit déjeuner au déjeu-ner. On y mange un peu de tout, depuis les bonnes soupes en passant par les sandwichs jusqu'aux gros hamburgers bien juteux.

Fort McMurray

Garden Café
$
24 heures sur 24
9924 Biggs Ave.
☎ (780) 791-6665

Le Garden Café se présente comme un endroit frais et gai où il fait bon savourer un potage, un sandwich ou un bon dessert.

Athabasca Grill
$$$
424 Gregoire Dr.
☎ (780) 791-7200

L'Athabasca Grill du Qua-lity Hotel & Conference Centre est réputé pour son gargantuesque brunch du dimanche.

Slave Lake

Joey's Incredible Edibles
$$
angle Third Ave. et Main St.
☎ (780) 849-5577

Joey's Incredible Edibles est un agréable restau-rant familial proposant un menu complet, y compris un vaste choix de succu-lents hamburgers.

La vallée de la Paix

Peace River

Peace Garden
$$
10016 100th St.
☎ (780) 624-1048

Le Peace Garden est le meilleur des quelques res-taurants chinois de cette ville. Outre de bons plats de fruits de mer, on y sert des mets nord-américains tels que steaks frites et piz-zas.

Grande Prairie

Java Junction
$
9926 100th Ave.
☎ (780) 539-5070

Le Java Junction se pré-sente comme un établisse-ment original du petit cen-tre-ville de Grande Prairie. Au menu: des muffins, des soupes et des sandwichs économiques.

Earl's
$$$-$$$$
9825 100th St.
☎ (780) 538-3275

Grande Prairie accueille un des nombreux Earl's de l'Alberta. Grâce à sa terras-se extérieure et à son menu aussi varié que fiable, il s'agit là d'un des endroits les plus courus en ville.

Sorties

Grande Prairie

Le **Grande Prairie Live Theatre** *(10130 98th Ave.)* est le siège d'une petite compagnie théâtrale fort populaire. Pour de plus amples ren-seignements, composez le ☎ (780) 538-1616.

La Saskatchewan

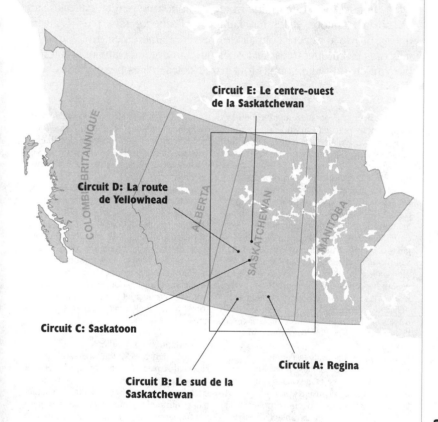

Circuit E: Le centre-ouest de la Saskatchewan

Circuit D: La route de Yellowhead

COLOMBIE-BRITANNIQUE

ALBERTA

SASKATCHEWAN

MANITOBA

Circuit C: Saskatoon

Circuit A: Regina

Circuit B: Le sud de la Saskatchewan

Accès et déplacements	554
Renseignements utiles	555
Attraits touristiques	555
Parcs	567
Hébergement	571
Restaurants	577
Sorties	579
Achats	579

La Saskatchewan

Grenier du Canada, la Saskatchewan ne serait-elle, selon la croyance populaire, qu'un champ de blé à perte de vue? Ne produit-elle pas, après tout, soixante pour cent du blé du pays sur des hectares et des hectares de champs dorés qui s'étendent, pratiquement, jusqu'à l'horizon?

C'est d'ailleurs pour cette raison qu'on dépeint le plus souvent cette terre comme une prairie froide et monotone perdue entre les lacs du Manitoba et les montagnes de l'Alberta, sans plus. D'autant que la province entière connaît des hivers si amèrement froids que les «raccords électriques» (ces dispositifs qui gardent les batteries d'automobiles au chaud toute la nuit) font partie des services réguliers des bons hôtels.

Cela dit, il suffit de gratter quelque peu la surface pour percer le masque du stéréotype. La spectaculaire vallée de Qu'Appelle s'étend sur près des deux tiers de la largeur de la province en creusant dans la plaine un large sillon ponctué de profondes dépressions glaciaires se frayant un chemin jusqu'à la rivière qui a donné son nom à cette vallée. Aventurez-vous un peu plus au nord, jusqu'aux deux principales villes de la Saskatchewan, soit Saskatoon et Regina, et d'étonnants accents architecturaux s'offriront à votre regard. Dans d'autres régions, c'est la prépondérance des églises est-européennes qui saute aux yeux avec leurs dômes peints, tels de somptueux et délicats œufs de Pâques, qui s'élèvent au-dessus de la prairie, vibrants témoignages à l'incontournable influence ukrainienne.

Plus au nord, les prairies cèdent abruptement le pas aux collines, puis aux montagnes, aux forêts et aux lacs, atténuant quelque peu la surprise d'apprendre qu'ici les terres boisées recouvrent la moitié de la province et occupent davantage d'espace que les terres cultivées! Enfin, la plupart des cours d'eau majeurs de la province coulent vers l'est, en direction du Manitoba, où ils se jettent dans la baie d'Hudson.

Les premiers peuples de la Saskatchewan formaient des tribus, tels les Assiniboines et les Blackfoots, ou Pieds-Noirs. Par la suite, les Cris sont devenus les plus influents, poussant toujours plus à l'ouest pour satisfaire l'appétit vorace des négociants en fourrures. Tôt ou tard, la plupart des terres autochtones de la province ont été vendues ou cédées au gouvernement par voie de traité.

Louis Riel et les Métis, descendants de voyageurs français et d'Autochtones, ont grandement marqué l'histoire des Prairies dans les collines et les vallées de la Saskatchewan. En 1884, après avoir défendu les droits des Métis et s'être réfugié aux États-Unis, Riel a été rappelé par les colons de l'actuelle Saskatchewan, qui faisait alors partie des vastes Territoires du Nord-Ouest. Sa petite bande, qui combattait pour le statut provincial de la Saskatchewan ainsi que pour un meilleur traitement des Autochtones et des Métis, eut d'entrée de jeu le meilleur sur les troupes du Dominion à l'occasion d'escarmouches répétées. Mais il faut savoir que Riel n'a jamais voulu d'un conflit armé; il espérait plutôt des négociations.

Cependant, les Canadiens, menés par le général James Middleton, anticipaient l'inévitable. Sans compter qu'ils étaient supérieurs en nombre, et que le nouveau chemin de fer transcontinental leur amenait continuellement des renforts. Les Métis ont finalement été défaits à Batoche lors du dernier conflit armé en sol canadien, tandis que Riel, déclaré traître, fut pendu en 1885. Il n'en demeure pas moins un héros dans certaines régions de la province, entre autres pour sa détermination inébranlable à préserver la souveraineté des siens. La Saskatchewan a finalement adhéré à la Confédération canadienne en 1905.

Aujourd'hui les efforts de Riel sont reconnus: la route 11, qui mène de Regina à Prince Albert en passant par Saskatoon, a été nommée *The Louis Riel Trail*.

Depuis l'époque de Riel, peu d'individus ont aussi profondément marqué les

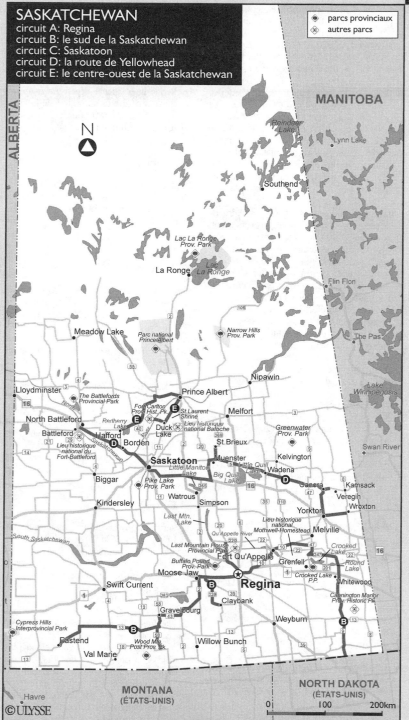

SASKATCHEWAN
circuit A: Regina
circuit B: le sud de la Saskatchewan
circuit C: Saskatoon
circuit D: la route de Yellowhead
circuit E: le centre-ouest de la Saskatchewan

parcs provinciaux
autres parcs

MANITOBA

ALBERTA

N

Reindeer Lake

Lynn Lake

Southend

Lac La Ronge Prov. Park

La Ronge

Lac La Ronge

Flin Flon

Meadow Lake

Parc national Prince-Albert

Narrow Hills Prov. Park

The Pas

Lake Winnipegosis

Nipawin

Lloydminster

The Battlefords Provincial Park

Prince Albert

Fort Carlton Prov. Hist. Pk.

St.Laurent Shrine

Melfort

North Battleford

Redberry Lake

Halford

Duck Lake

Lieu historique national Batoche

Greenwater Prov. Park

Swan River

Battleford

Borden

St.Brieux

Lieu historique national du Fort-Battleford

Saskatoon

Muenster

Little Quill Lake

Kelvington

Little Manitou Lake

Big Quill Lake

Wadena

Biggar

Pike Lake Prov. Park

Camora

Kamsack

Kindersley

Watrous

Simpson

Yorkton

Veregin

Wroxton

Last Mtn. Lake

Lieu historique national Mothwell-Homestead

Melville

Qu'Appelle River

Last Mountain House Provincial Park

Fort Qu'Appelle

Crooked Lake

South Saskatchewan

Buffalo Pound Prov. Park

Grenfell

Round Lake

Moose Jaw

Regina

Crooked Lake P.P.

Whitewood

Swift Current

Claybank

Cannington Manor Prov. Historic Pk.

Gravelbourg

Weyburn

Cypress Hills Interprovincial Park

Eastend

Wood Mtn. Post Prov. Pk.

Willow Bunch

Val Marie

Havre

MONTANA
(ÉTATS-UNIS)

NORTH DAKOTA
(ÉTATS-UNIS)

0   100   200km

©ULYSSE

destinées de la province, exception faite de John Diefenbaker. Après avoir grandi sur une minuscule ferme à proximité de la rivière North Saskatchewan, ce simple avocat de campagne s'est en effet hissé au rang de premier ministre du Canada au début des années 1960. Son cabinet juridique, sa maison d'enfance, sa résidence principale et son bureau universitaire sont d'ailleurs aujourd'hui de populaires attraits dont la population est fière. Un lac porte également son nom. Plus près de nous, la chanteuse populaire Joni Mitchell (née Joan Anderson) est probablement la plus célèbre fille de la province; elle a grandi à Saskatoon.

Bien que 2005 marquait le centenaire de la province et qu'une foule d'événements commémoratifs ont été organisés, tout compte fait, le temps s'écoule toujours aussi lentement en Saskatchewan. Les fermiers cherchent à diversifier leur production en faisant pousser entre autres du lin, tandis que les mines de potasse et les barrages hydroélectriques fournissent des emplois réguliers. Mais ce sont essentiellement le blé et le pétrole qui continuent de soutenir l'économie. Les deux principales villes de la province, Regina et Saskatoon, comptent l'une comme l'autre un peu plus de 200 000 habitants, et tâchent de meubler leurs courts étés de festivités. Regina l'élégante s'impose comme la capitale de la province, si anglaise qu'elle semble ne jamais avoir quitté le giron de la Couronne britannique. Saskatoon, pour sa part, accueille une grande université, une scène culturelle florissante, et est situé à proximité des attraits naturels de la province.

Accès et déplacements

■ En avion

Les deux plus grands aéroports de la province sont ceux de Regina et de Saskatoon; plusieurs grandes compagnies aériennes desservent la province, faisant la navette entre Calgary, Toronto, Vancouver et d'autres grandes villes canadiennes.

Air Canada *(www.aircanada.com)* possède des comptoirs dans les aéroports de Regina *(☎888-422-7533)* et de Saskatoon *(☎306-652-4181)*.

Le **Saskatoon John G. Diefenbaker International Airport** *(www.yxe.ca)* se trouve à 7 km au nord de la ville. Une succession de motels en indique l'approche. Comptez environ 12$ pour le trajet en taxi jusqu'au centre-ville.

Le **Regina International Airport** *(www.yqr.ca)* se trouve aux abords sud-ouest de la ville, à environ 5 km; un taxi pour le centre-ville coûte 10$ ou un peu plus.

■ En voiture

Il est facile de traverser le sud de la Saskatchewan par la transcanadienne (route 1). En outre, nombre de routes et d'autoroutes bien entretenues sillonnent ce vaste territoire.

■ En autocar

Greyhound Canada *(☎800-661-8747, www.greyhound.ca)* dessert les principales villes de la province. À Regina, la gare d'autocars *(☎306-787-3340)* se trouve au 2041 Hamilton Street. À Saskatoon, vous la trouverez à l'angle de Pacific Avenue et de 23rd Street East *(☎306-933-8019)*.

La **Saskatchewan Transportation Company** *(www.stcbus.com)* dessert également les régions moins visitées de la province. À Regina, ses autocars *(☎306-787-3340)* partent de la même gare que ceux de Greyhound, au 2041 Hamilton Street; à Saskatoon, composez le ☎(306) 933-8000 pour joindre la compagnie d'autocars.

■ En train

Le service ferroviaire transcanadien de **VIA Rail** *(☎800-561-8630 de l'ouest du pays, www.viarail.ca)* vous amène en Saskatchewan dans la soirée; en venant de l'est, par exemple, le train s'arrête trois fois par semaine à Saskatoon à 1h5, tandis qu'en sens inverse il y marque une halte à 0h45.

La **gare ferroviaire de Saskatoon** *(angle Cassino Ave. et Chappell Dr., ☎888-842-7245)*, située à l'extrême sud-ouest de la ville, est la plus grande de la province et, dès lors, le point habituel d'embarquement ou de débarquement en Saskatchewan (le train transcontinental ne passe pas par Regina). De plus petites gares existent par contre à Watrous et à Biggar, le train ne s'arrêtant toutefois qu'à la demande des passagers. Aucun train ne dessert la ville de Regina.

■ Transport en commun

Regina Transit *(333 Winnipeg St.,* ☎*306-777-7433, www.reginatransit.com)* couvre la capitale et offre des rabais sur les passages multiples.

Saskatoon Transit *(301 24th St. W.,* ☎*306-975-3100, www.stn-biz.com/saskatoontransit)* assure le service d'autobus de cette ville à raison de 2,10$ par trajet.

■ Taxi

Capital Cab *(*☎*306-791-2222)* dessert toute la ville de Regina. À Saskatoon, la compagnie de taxis à appeler est **Radio Cabs** *(*☎*306-242-1221).*

Renseignements utiles

■ Bureaux de poste

Les principaux bureaux de poste sont situés au 2200 Saskatchewan Drive à Regina et au 202 Fourth Avenue North à Saskatoon.

■ Bureaux de renseignements touristiques

Tourism Saskatchewan *(1922 Park St., Regina, SK, S4N 7M4,* ☎*306-787-9600 ou 877-237-2273, www.sasktourism.com)* peut être joint toute l'année. Les centres provinciaux d'information touristique, dispersés le long des grands axes routiers de la province, ont des horaires variables.

Les heures d'ouverture des bureaux de tourisme locaux varient beaucoup, mais les plus grands restent ouverts toute l'année.

Tourism Regina *(route transcanadienne, P.O. Box 3355, Regina, SK, S4P 3H1,* ☎*306-789-5099 ou 800-661-5099, www.tourismregina. com)* se trouve à l'extrême périphérie est de la ville et n'est accessible qu'en voiture, mais il est bien approvisionné et le service y est courtois.

Tourism Saskatoon *(305 Idylwyld Dr. N., n° 6, SK, S7L 0Z1,* ☎*306-242-1206 ou 800-567-2444, www.tourismsaskatoon.com)* se trouve au cen-

tre-ville, dans l'ancienne gare ferroviaire du Canadien Pacifique.

■ Climat

Les étés sont habituellement chauds, secs et très ensoleillés, avec des températures qui atteignent souvent les 30°C. Cependant les hivers sont caractérisés par d'importantes tempêtes de neige et peuvent également faire chuter le mercure en deçà de –30°C, le facteur vent contribuant à créer une sensation de froid plus intense encore. Nous vous suggérons de prendre les précautions nécessaires.

Pour obtenir de l'information sur les conditions climatiques à Regina, composez le ☎(306) 780-5744; à Saskatoon, composez le ☎(306) 975-4266.

■ Sécurité

La province est relativement sûre, y compris dans les rares secteurs urbains. Néanmoins, en cas d'expérience malencontreuse, adressez-vous aux commissariats de police de Regina *(Regina Police Station, 1717 Osler St.,* ☎*306-777-6500)* ou de Saskatoon *(Saskatoon Police Station, 130 Fourth Ave. N.,* ☎*306-975-8300).* Vous trouverez en outre des bureaux de la **Gendarmerie royale du Canada** à Saskatoon *(1721 Eighth St. E.,* ☎*306-975-5173)* et à Regina *(1601 Dewdney Ave. W.,* ☎*306-975-5173).*

Attraits touristiques

Le présent chapitre compte cinq circuits:

Circuit A: Regina ★

Circuit B: Le sud de la Saskatchewan

Circuit C: Saskatoon ★

Circuit D: La route de Yellowhead

Circuit E: Le centre-ouest de la Saskatchewan

La Saskatchewan ■ Attraits touristiques

Circuit A: Regina
★

La ville de Regina, capitale de la Saskatchewan et «reine» des Prairies, d'où son nom, a été fondée en 1903. Depuis, on y a planté quelque 350 000 arbres décoratifs.

Le **Wascana Centre** ★★★ ne s'impose pas d'emblée comme un attrait du centre-ville. Il s'agit en fait d'un immense espace vert, réputé être le plus grand parc urbain en Amérique du Nord (plus grand encore que le Central Park de New York!), et point de départ logique d'une visite de la ville. Ce complexe de quelque 400 ha réunit un lac, une université, des ponts, des pelouses, des jardins, un centre de congrès et même un refuge d'oiseaux. Des sentiers pédestres et équestres se profilent en tous sens.

Une institution locale particulièrement intéressante est le **Speaker's Corner** ★★, un podium dressé en bordure du lac où chacun peut publiquement exprimer ses opinions. Et pas n'importe quel podium, puisque les lampadaires à gaz et les bancs de parc qui l'entourent viennent d'Angleterre!

Le **Legislative Building** ★★★ *(entrée libre; fin mai à début sept 8h à 21h, reste de l'année 8h à 17h; angle Albert St. et Legislative Dr., ☎306-787-5358)*, l'édifice cruciforme qui abrite l'Assemblée législative de la Saskatchewan, fait face au lac Wascana ainsi qu'à des pelouses et des jardins paysagers. Il s'agit sans doute du bâtiment gouvernemental provincial le plus impressionnant au Canada. Son énorme dôme s'élève au-dessus de la ville, et la fontaine qui pare son entrée est une de celles qui appartenaient jadis au Trafalgar Square de Londres (l'autre se trouvant maintenant à Ottawa).

À l'intérieur, les députés traitent les affaires de la province, et, au cours des séances parlementaires, il est possible d'assister à leurs débats. Une galerie patrimoniale d'origine canadienne et divers ornements architecturaux, dont une rotonde, agrémentent également le bâtiment; les visites guidées partent toutes les demi-heures du comptoir d'accueil.

Le **Wascana Waterfowl Park** ★ abrite des cygnes, des pélicans et des oies, dont certaines migratrices et d'autres qui vivent ici toute l'année. La petite taille de l'étang qui agrémente les lieux permet aux visiteurs de voir de très près plusieurs des oiseaux.

La **MacKenzie Art Gallery** ★ *(entrée libre; tlj 10h à 17h30, jeu-ven jusqu'à 22h; 3475 Albert St., ☎306-584-4250, www.mackenzieartgallery. sk.ca)*, située dans le Wascana Centre, à l'angle d'Albert Street et de 23rd Avenue, présente des expositions temporaires de même qu'une collection permanente. La galerie d'art, financée par le legs d'un juriste local, abrite entre autres une statue en bronze peint de John Diefenbaker debout sur une chaise.

En passant le pont du Prince-Albert en direction du centre-ville, vous découvrirez, joliment niché dans un coin de parc, le **Royal Saskatchewan Museum** ★ *(2$; mai à début sept tlj 9h à 17h30, reste de l'année tlj 9h à 16h30; angle College Ave. et Albert St., ☎306-787-2815 ou 787-2816, www.royalsaskmuseum. ca)*. Il s'agit là du musée d'histoire naturelle de Regina. Ses salles renferment une abondance de présentoirs de type diorama sur les dinosaures, rehaussés de caverneuses voix hors-champ. Vous y trouverez en outre plus de renseignements sur la géologie de la Saskatchewan que vous ne pourriez rêver d'en obtenir. Quoi qu'il en soit, il s'agit du meilleur endroit en ville pour voir des objets façonnés par les Autochtones du Canada et pour entendre des enregistrements amérindiens. Un impressionnant assortiment de photographies en noir et blanc de chefs autochtones, ainsi que des séquences

★ ATTRAITS TOURISTIQUES

1. DZ	Wascana Centre	
2. CY	Legislative Building	
3. CY	MacKenzie Art Gallery	
4. CY	Royal Saskatchewan Museum	
5. CX	Victoria Park	
6. CX	Hôtel de ville de Regina	
7. CX	Regina Plains Museum	
8. AX	Royal Canadian Mounted Police Centennial Museum	
9. CY	Saskatchewan Science Centre	
10. BX	Government House	

REGINA

1000m
500
0

(33)

Wascana River

Highway No. 1 By Pass

University Park Dr.

Dewdney Ave.

Ring Rd.

Park St.

McAra St.

Victoria Ave.

Arcola Ave.

15th Ave.

College Ave.

McAra St.

Douglas Ave.

Douglas Park

(33)

Winnipeg St.

12th Ave.

15th Ave.

Broadway Ave.

19th Ave.

9 ★

Lake

Wascana
Waterfowl
Park

Wascana Pkwy.

Hillsdale St.

Casino

Hamilton St.

Scarth St.

Broad St.

Wascana

23rd Ave.

7 ★

5 ★

Albert St.

6 ★

Victoria Ave.

15th Ave.

College Ave.

Argus Cres.

4 ★

Albert St.

2 ★

3 ★

Hill Ave.

6

25th Ave.

Parliament Ave.

Saskatchewan Dr.

Dewdney Ave.

Elphinstone St.

River

Regina Ave.

Argyle Rd.

Hill Ave.

Lewvan Dr.

Lewvan Dr.

10 ★

Wascana

8 ★

McCarthy Blvd.

N

© ULYSSE

filmées sur bande vidéo de danse et de cérémonies amérindiennes, clôturent on ne peut mieux la visite.

Toujours en direction du centre-ville, à quelques rues au nord du musée, s'étend le charmant **Victoria Park** ★★★, un parc urbain exceptionnel – d'ailleurs le plus beau des Prairies – planté en plein centre de Regina, dont il offre une vue fantastique sur les gratte-ciel. Une série de sentiers se dessinent tels les rayons d'une roue à partir du cénotaphe érigé en son centre, et les épinettes qui agrémentent le site offrent un joli contraste avec les pelouses et les jardins.

Tout près, le City Hall, soit l'**hôtel de ville de Regina** ★★ *(entrée libre; lun-ven 8h à 16h45; 2476 Victoria Ave.,* ☎*306-777-7000)*, vaut également le coup d'œil, d'autant plus que les lumières de son toit sont conçues pour rappeler la couronne d'une reine à la tombée de la nuit. Les visites, pour lesquelles vous devez réserver à l'avance, offrent un aperçu de la salle du Conseil, du foyer et de la tribune. Une boutique de cadeaux est également aménagée sur les lieux.

Scarth Street, le mail piétonnier du centre-ville, débouche sur le grand ensemble commercial qui a pour nom Corwall Centre et qu'on préférerait oublier. À quelques portes seulement du centre commercial, le **Regina Plains Museum** ★★ *(entrée libre; lun-ven 10h à 16h; 1835 Scarth St.,* ☎*306-780-9435, www.reginaplainsmuseum.com)* est un peu difficile à trouver, mais vaut le déplacement. Aménagé à l'étage de l'édifice qui loge le Globe Theatre, il constitue une bonne introduction à la vie dans les plaines.

Le musée présente les incontournables chapelle, école, chambre à coucher et bureau de poste typiques des Prairies, mais vous serez sans doute davantage intéressé par un petit présentoir décrivant les migrations autochtones à travers la province; la sculpture signée Jacqueline Berting *The Glass Wheatfield*, qui se compose de 14 000 tiges de blé en verre travaillées artisanalement à la main et qui arrivent à hauteur de taille; une vitrine sur le procès de Louis Riel; les outils d'arpenteur jadis utilisés pour lotir la plaine (sur papier, tout au moins), sans oublier un ancien registre de police contenant des photographies de criminels; les délits des malfaiteurs, consignés dans une écriture cursive («a triché aux cartes», «vit dans une maison close» et autres sembla-

bles infractions), font l'objet d'une lecture divertissante.

Les deux seuls attraits majeurs nécessitant un déplacement en voiture se trouvent à seulement quelques minutes à l'ouest du centre-ville, l'un étant presque à côté de l'autre.

Le **Royal Canadian Mounted Police Centennial Museum** ★★★ *(entrée libre; mi-mai à début sept tlj 8h à 18h45, début sept à mi-mai tlj 10h à 16h45; Dewdney Ave. W.,* ☎*306-780-5838 ou 780-5558, www.rcmpmuseum.com)*, aménagé sur la base de formation de la Gendarmerie royale du Canada, se veut populaire et témoigne d'une conception intéressante.

Les objets exposés dans ce musée conventionnel comprennent beaucoup de fusils, d'uniformes rouges et de vestiges datant de l'époque (1873) où la Gendarmerie royale fut créée, pour maintenir l'ordre et réprimer les trafiquants d'alcool du Nord-Ouest canadien. L'histoire de la mise sur pied de la célèbre force d'intervention, de sa «marche vers l'ouest» à travers les Prairies (y compris sa marche inaugurale de 3 200 km au départ de Montréal) et de son installation définitive au poste militaire de Regina y est retracée en détail pour la postérité.

Le musée met naturellement l'accent sur les événements militaires à travers les âges, mais il renferme également en prime certains éléments d'un indéniable intérêt concernant les plus obscures facettes de l'entreprise pionnière dans l'Ouest canadien: les traités d'attribution des terres autochtones, une peau de bison gravée de victoires, l'étui du fusil de Sitting Bull, un crâne de bison accompagné d'une citation ironique sur la chasse telle que la pratiquaient les Autochtones, les effets personnels de Louis Riel et bien d'autres curiosités encore. Le mardi, il y a un exercice pendant lequel on abaisse le drapeau et qui porte le nom de *Sunset Retreat Ceremonies*, qui rappelle les racines militaires de la Gendarmerie royale du Canada.

Le **Saskatchewan Science Centre** ★ *(7$ pour IMAX ou 12$ pour IMAX + Powerhouse; lun 9h à 18h, mar-ven 9h à 21h, sam-dim 12h à 21h; angle Winnipeg St. et Wascana Dr., Wascana Centre,* ☎*306-522-4629 ou 800-667-6300, www.sask sciencecentre.com)* est surtout reconnu pour son cinéma IMAX avec écran de plus de 15 m et son numérique. La **Powerhouse of Discovery** *(7$; lun-ven 9h à 18h, sam 10h à*

18h), une autre section du musée, présente des expositions et des conférences, qui se révèlent très intéressantes pour les enfants.

Enfin, la **Government House** ★ *(entrée libre; mar-dim 10h à 16h; 4607 Dewdney Ave. W.,* ☎*306-787-5773)*, située tout près de l'école militaire de la Gendarmerie royale, a logé certains des plus hauts fonctionnaires de la province depuis la fin du XIXᵉ siècle. Elle sert d'ailleurs encore de résidence au lieutenant-gouverneur de la Saskatchewan, quoiqu'on puisse la visiter. Un salon de thé est ouvert de mars à décembre, une fin de semaine par mois, de 13h à 16h.

Circuit B: Le sud de la Saskatchewan

La route transcanadienne parcourt la Saskatchewan méridionale d'est en ouest, à travers les champs de blé et de rares villages. À l'est de Regina, rien ne laisse présager le panorama spectaculaire qui vous attend à peine quelques kilomètres plus au nord dans la vallée de Qu'Appelle, dont la configuration lui est parallèle à cette hauteur. À l'ouest de Regina, le relief est parfaitement plat et révèle les paysages qu'on associe le plus souvent à la Saskatchewan, réduisant l'humain à la taille d'un vulgaire insecte au milieu d'un océan végétal.

La vallée de la rivière Qu'Appelle ★ ★ ★

La vallée de la rivière Qu'Appelle constitue cependant un détour étonnant, puisque la rivière y a creusé une dépression au beau milieu d'un territoire autrement complètement plat. La **route 247** (au nord de la route transcanadienne entre Whitewood et Grenfell), à peine connue des touristes, longe la rivière au fil de son tracé plongeant parmi les collines brunes et vertes. Elle croise **Round Lake** ★ ★, puis le **Crooked Lake Provincial Park** ★ ★, où se nichent de beaux lacs propres à la baignade, à la pêche et au simple tourisme d'agrément. Un chapelet de minuscules villages lacustres ombragés par des arbres propose des terrains de camping et quelques magasins de campagne épars.

En continuant par la route 22, d'ailleurs fort mal entretenue, vous atteindrez un site d'intérêt, quoique plutôt isolé: le **Lieu historique**

national du Motherwell-Homestead ★ ★ *(5,75$; mai à sept tlj 9h à 17h; Abernethy,* ☎*306-333-2116)*. Il abrite une impressionnante demeure victorienne en pierres des champs rehaussée de dentelles de bois qui a été construite par W.R. Motherwell, rendu célèbre pour avoir développé des techniques de culture sans irrigation pour le moins innovatrices au début du XXᵉ siècle. La propriété, qu'on pourrait facilement qualifier de domaine, a vraiment tout pour plaire, du court de tennis et du jeu de croquet aux tonnelles, au jardin d'herbes aromatiques et à l'enclos de ferme. Quant à l'intérieur de la maison, il constitue un exemple frappant d'aménagement de haut standing au cœur de la déserte prairie. Vous pourrez tout aussi bien visiter la maison que le reste de la propriété, et serez même invité à prendre part aux tâches de la ferme. Il y a un comptoir de restauration sur les lieux.

À un détour de la vallée, là où la rivière s'approvisionne à une série de lacs, la petite ville de **Fort Qu'Appelle** charme les visiteurs par son cadre naturel au milieu des collines, mais aussi par les quelques sites historiques qu'on y découvre. Le centre d'information touristique se trouve à l'intérieur d'une vieille gare ferroviaire, et une ancienne cabane en rondins de la Compagnie de la Baie d'Hudson – qui a d'ailleurs donné ce nom à la ville – abrite aujourd'hui un petit **musée** ★ *(2$; fin mai à début sept tlj 10h à 12h et 13h à 17h; angle Bay Ave. et Third St.,* ☎*306-332-6443 ou 332-4319, www.fortquappelle.com/bistory.html)*. C'est en outre dans ce fort que fut signé un traité historique cédant de vastes pans de terres tribales de la Saskatchewan au gouvernement canadien. Fort Qu'Appelle abrite désormais le grand tipi du Treaty 4 Governance Centre.

Moose Jaw

Moose Jaw, un ancien haut lieu de la contrebande d'alcool sous la Prohibition américaine, surgit des terres planes qui s'étendent à l'ouest de Regina et présente aux visiteurs un aperçu des aspects moins connus du passé de la province. Bien qu'il ne s'agisse plus que d'une petite ville endormie dont les parcomètres acceptent encore les pièces de 5¢, ses imposants édifices bancaires et son hôtel de ville richement orné témoignent d'antécédents plus glorieux.

Le **Western Development Museum's History of Transportation** ★ *(7,25$; tlj 9h à 17h, sauf jan à mars fermé lun; 50 Diefenbaker Dr.,* ☎*306-693-5989)*, situé au nord du centre-ville dans un endroit quelque peu perdu, raconte l'histoire des transports au Canada, des canots d'écorce aux chalands, en passant par les chevaux de trait de la rivière Rouge, les voitures de chemin de fer, les automobiles et les avions d'antan. Derrière le musée, un train roulant sur voie étroite accueille des passagers les fins de semaine et jours fériés de la fin mai à la fête du Travail. Les visiteurs apprécient également la **Snowbirds Gallery**, consacrée à l'équipe acrobatique aérienne nationale du Canada. Dans le simulateur de vol qui se trouve à l'intérieur du cinéma du musée, les spectaculaires manœuvres des pilotes prennent en effet vie sur un écran géant.

Le **Crescent Park** ★, immédiatement à l'est du centre-ville, borde la rivière Moose Jaw et se veut l'occasion d'une courte et plaisante promenade sous des arbres et sur un pont pittoresque.

Les passages secrets du sous-sol de Moose Jaw faisaient figure de simples rumeurs jusqu'à ce qu'une voiture se retrouve à 4 m sous le niveau de la rue à la suite d'un affaissement de la chaussée. On désigne aujourd'hui ces passages du nom de **Tunnels of Moose Jaw** ★★★ *(13$; juil et août dim-jeu 10h à 19h, ven-sam 10h à 21h, reste de l'année lun-ven 10h à 17h30, sam 12h à 19h30, dim 12h à 17h30; 18 Main St. N.,* ☎*306-693-5261, www.tunnelsofmoose sejaw.com)*. Aujourd'hui les curieux ont droit à deux visites guidées à travers les passages souterrains. Au cours de la visite intitulée *The Passage to Fortune*, des interprètes vous expliqueront comment les tunnels ont été creusés par des ouvriers chinois venus travailler à la construction du chemin de fer et ayant résolu de vivre dans la clandestinité après que le Canada fut revenu sur sa décision de leur accorder la citoyenneté une fois la tâche achevée. La visite révèle les conditions abominables que les Chinois eurent à endurer dans ces gouffres sombres et exigus.

Il est recommandé d'apporter sa *Tommy Gun* (mitraillette) pour s'imprégner de l'ambiance qu'offre la deuxième visite: *The Chicago Connection!* Les passages secrets servirent plus tard de cachettes à diverses entreprises de contrebande, et des bandits partant d'aussi loin que Chicago commencèrent à affluer vers la ville pour échapper au long bras de la justice. Les guides en costumes d'époque (affichant la mine patibulaire des personnages qu'ils incarnent) font revivre aux visiteurs la contrebande de boissons alcoolisées des années 1920, sans compter le coup de théâtre.

On raconte que l'illustre Al Capone lui-même s'y serait réfugié au moment de faire face à des tensions de plus en plus insoutenables au sud de la frontière. La visite des tunnels offre une excellente occasion de s'immerger dans l'histoire de cette ville jadis électrisante à une époque dominée par les bars clandestins et la corruption.

Claybank

Au sud-est de Moose Jaw, sur la route 339, apparaissent la petite Claybank et sa briqueterie historique qu'abrite le **Lieu historique national de la Briqueterie-Claybank** ★ *(5$; juil et août tlj 11h à 17h;* ☎*306-868-4774)*. L'usine a fonctionné de 1914 à 1989 et a compté parmi les deux briqueteries les plus importantes du Canada au cours de cette période, ses briques ayant même paré la façade de bâtiments tels que le Château Frontenac de Québec. Le complexe de hautes cheminées et de fours aux allures de dômes peut être visité sur rendez-vous, et vous trouverez même un salon de thé sur les lieux.

Gravelbourg

Au sud-ouest de Moose Jaw, en vous éloignant de 115 km de la transcanadienne par les routes 2 et 43, vous atteindrez Gravelbourg, le noyau par excellence de la culture francophone en Saskatchewan. Un centre culturel et une troupe de danse, tous les deux canadiens-français, y ont d'ailleurs élu domicile.

Le plus impressionnant des bâtiments du centre-ville est la **Our Lady of Assumption Co-Cathedral** ★★ *(2$, visites guidées juil et août; tlj 9h à 17h;* ☎*306-648-3322)*. Construite en 1918, cette église fait partie du patrimoine et arbore de magnifiques fresques peintes sur une période de 10 ans par Charles Maillard, le pasteur qui l'a fondée.

Tout près, au 300 Main Street, le **Musée de Gravelbourg** ★ *(début juil à fin août 13h à 17h;* ☎*306-648-3349)* préserve des souvenirs des premiers colons de langue française de la région, parmi lesquels on retrouvait le père missionnaire L.P. Gravel, de qui la ville tient son nom.

Autres attraits

À quelque 350 km au sud-ouest de Regina s'étend, littéralement au milieu de nulle part, la ville d'**Eastend**. C'est ici que fut découvert en 1991 le squelette quasi complet d'un tyrannosaure ayant vécu il y a 65 millions d'années. L'excavation de cette rare trouvaille, qu'on a surnommée *Scotty*, commença en 1994. Aujourd'hui, ce spécimen de 15 m de haut et d'un poids de 5,5 tonnes loge dans le **T.rex Discovery Centre** *(7,50$; tlj 9h à 17h;* ☎*306-295-4009)* à Eastend, et s'entoure de bornes interactives et de vitrines éducatives pour les enfants. *Scotty* partage les lieux avec un brontosaure de deux tonnes qui a vécu il y a 37 millions d'années, dont le squelette de 2 m de haut fut découvert dans le lit d'une rivière voisine.

- -
Circuit C: Saskatoon
★

Campée sur les berges de la rivière South Saskatchewan, la ville de Saskatoon s'impose comme le nid branché de la province. En plus de posséder une grande université et d'être un chef de file mondial dans le domaine de la biotechnologie agricole, elle propose une foule d'activités de plein air et d'événements culturels répartis au fil de l'année, qu'il s'agisse de ses festivals (jazz, folk et autres) ou de sa réputée célébration du théâtre shakespearien sur les rives de la Saskatchewan. Autrefois une halte de premier plan sur la route du chemin de fer transcanadien, son centre-ville renferme encore quelques bâtiments impressionnants de cette époque.

Parmi les édifices les plus frappants de la ville, il convient de mentionner l'hôtel ferroviaire aux allures de château qu'est le **Bessborough**, construit par des travailleurs d'appoint à l'époque de la Crise, tout comme l'ont d'ailleurs été les gracieux ponts en arc qui enjambent la rivière depuis le centre-ville.

Si le Bessborough est sans conteste l'hôtel le mieux connu de Saskatoon, l'**Hotel Senator** *(243 21st St. E.)* en est le plus vieux.

Construit en 1908 sous le nom de Flanagan Hotel, il se targuait d'extravagances telles que calorifères à vapeur, eau courante chaude et froide, et téléphones dans chaque chambre. Bien qu'on ne puisse plus considérer le Senator comme un établissement de luxe (loin de là!), il conserve une part de sa gloire d'antan, que ce soit dans le pilier de marbre qui se dresse au pied du grand escalier, dans la salle à manger lambrissée de bois et dominée par son lustre d'origine, ou dans le sol de marbre du hall, autant d'atouts précieux qui témoignent de jours plus fastes.

L'artère commerciale la plus intéressante de Saskatoon est **Broadway Avenue**, au sud de la rivière. Dans le centre-ville, **Second Avenue** se borde de petits magasins qui vendent de tout, des disques aux livres, à la poterie et à l'artisanat des quatre coins du monde. Elle croise par ailleurs **21st Street East**, qu'honorent les plus grandes banques, quelques boutiques un peu plus huppées, ainsi que quelques vieilles et attrayantes devantures, notamment la façade Art déco de l'ancien grand magasin Eaton (qui abrite désormais un magasin de surplus de l'armée).

À l'angle de Second Street East et de First Avenue s'élève une intéressante sculpture commémorant la rencontre fortuite de deux des plus importantes personnalités de l'histoire du Canada; on y voit Sir Wilfrid Laurier acheter un journal du jeune John Diefenbaker aux environs de 1910.

Les sites historiques se font toutefois plutôt rares, tout comme les attraits culturels, d'ailleurs. Presque tous ceux qui méritent d'être mentionnés se trouvent au centre-ville, en bordure de la rivière, et vous pourrez facilement en faire le tour en une seule journée bien remplie.

L'**Ukrainian Museum of Canada** ★★ *(3$; mar-sam 10h à 17h, dim 13h à 17h; 910 Spadina Cr. E.,* ☎*306-244-3800, www.umc.sk.ca)* offre, sous un toit relativement modeste, une leçon d'histoire étonnamment édifiante. À travers une succession de salles de plain-pied, le musée fait appel à des objets et à un langage simples pour dépeindre les origines et les persécutions est-européennes du peuple ukrainien, sa migration vers l'Amérique du Nord, sa colonisation des Prairies et son endurance subséquente.

La Saskatchewan - Attraits touristiques - Saskatoon

Parmi les points saillants de l'exposition, retenons l'excellente section qui traite de la signification religieuse profonde de l'art *pysanka* (décoration somptueuse des œufs de Pâques), l'étude soignée des églises ukrainiennes, au dôme si distinctif, et l'explication des motifs qui ont poussé les Ukrainiens à s'installer là où ils sont. Quelques pains ornementaux savamment façonnés et de beaux exemples de *rozpys* (peintures décoratives sur les meubles, les murs et les portes des demeures) comptent également parmi les détails dignes de mention.

La **Mendel Art Gallery** ★ ★ ★ *(entrée libre; tlj 9h à 21h; 950 Spadina Cr. E., ☎306-975-7610, www.mendel.ca)* s'impose comme le meilleur musée d'art de la province. Ses expositions varient régulièrement, et les œuvres présentées sont toujours d'un grand intérêt, peu importe qu'elles proviennent de la collection permanente ou qu'elles aient été prêtées pour les besoins de la cause. Vous pourriez ainsi y admirer tout ensemble les acryliques étonnamment épaisses de l'Américain James Walsh dans une galerie, différents montages multimédias dans une autre et, parsemés par-ci, par-là, une collection de gravures, de peintures et d'autres créations modernes réalisées par des artistes autochtones. Le musée propose en outre diverses installations appréciables telles qu'une salle de jeu pour enfants, un café et une bonne boutique de cadeaux.

Une voie piétonnière aménagée derrière le centre descend jusqu'à la rivière, où elle rejoint un vaste réseau étendu de sentiers courant du nord au sud le long des deux rives de la South Saskatchewan. Les sentiers de la **Meewasin Valley** ★ ★ parcourent plus de 50 km en bordure de la rivière et font aussi bien le bonheur des cyclistes que des marcheurs. Les autres installations de la vallée comprennent une patinoire extérieure et une zone de plaine protégée en milieu urbain. Les bureaux de la **Meewasin Valley Authority** ★ *(402 Third Ave. S., ☎306-665-6887, www.meewasin.com)* proposent une introduction à la rivière et à la ville.

Au sud-est, de l'autre côté de la rivière, repose le grand et joli campus de l'**University of Saskatchewan** ★ ★. Plusieurs attraits d'intérêt historique vous y attendent, bien que certains ne soient accessibles qu'en été, lorsqu'il n'y a pas de cours. Entre autres, tout à fait pittoresque, la **Little Stone Schoolhouse** ★ *(☎306-966-8384)*, la première école de Saskatoon, construite en 1887. La chapelle du **St. Thomas More College** ★ *(☎306-966-2705)* vaut également le coup d'œil pour sa peinture murale signée par l'artiste canadien William Kurelek, et l'**observatoire de l'université** s'ouvre au public le samedi soir.

À ne pas manquer non plus, le **Diefenbaker Canada Centre** ★ *(2$; lun-ven 9h30 à 16h30, sam-dim et jours fériés 12h à 16h30; ☎306-966-8384)*, qui conserve une grande partie des papiers et effets personnels de Diefenbaker, sa pierre tombale se trouvant tout près, sur le campus de l'université. Également en montre, une reproduction de l'ancien bureau du premier ministre et de la chambre du Conseil privé. Le centre, dont le site privilégié offre une vue splendide sur la rivière et sur le centre-ville, est en outre connu du fait qu'il abrite le meuble sans doute le plus réputé de la province: un simple bureau en érable qui a jadis appartenu à John A. Macdonald, considéré comme le père de la Confédération canadienne.

À la périphérie de la ville se trouve le **Western Development Museum's Boomtown 1910** ★ *(7,25$; tlj 9h à 17h; 2610 Lorne Ave. S., ☎306-931-1910, www.wdm.ca/stoon.html)*, qui recrée la rue principale d'une ville minière de l'Ouest à la façon d'un décor de cinéma. Le complexe compte plus de 30 bâtiments, et, comme dans beaucoup d'autres musées de la province, les objets exposés portent sur l'équipement agricole et les instruments aratoires. Également à l'extérieur de

★ **ATTRAITS TOURISTIQUES**

1. CY   Bessborough
2. CY   Hotel Senator
3. DX   Ukrainian Museum of Canada
4. DX   Mendel Art Gallery
5. CY   Meewasin Valley Authority

6. EX   University of Saskatchewan (Little Stone
         Schoolhouse, St. Thomas More College et
         Diefenbaker Canada Centre)
7. BZ   Western Development Museum's Boomtown
         1910
8. DX   Wanuskewin Heritage Park

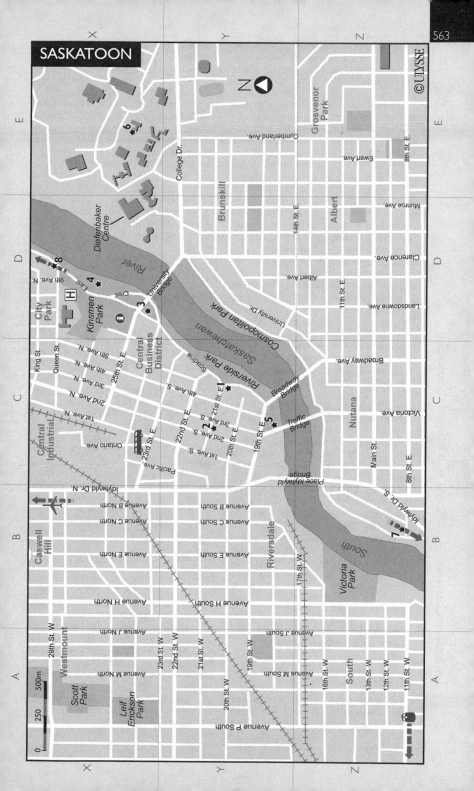

© ULYSSE

la ville, à 4 km, la **Valley Road** est une route rurale conduisant à un certain nombre de fermes fruitières, maraîchères et céréalières de la région.

Pour terminer ce circuit, à moins de 10 min de route vers le nord, découvrez le magnifique **Wanuskewin Heritage Park** ★★★ *(8,50$; mi-mai à début sept tlj 9h à 21h, début sept à mi-mai tlj 9h à 17h; danseurs traditionnels tlj à 14h; ☎306-931-6767, www.wanuskewin.com)*, peut-être le meilleur musée autochtone des Prairies. Les environs de Saskatoon ont été habités sans interruption pendant des milliers d'années avant que les premiers colons blancs n'y fassent leur apparition; une vallée riveraine située immédiatement au nord de la ville a ainsi longtemps été utilisée comme «saut de bisons» par les tribus autochtones locales, qui y chassaient et y dressaient leurs quartiers d'hiver. Les lieux sont désormais accessibles au public et présentent une variété de sites archéologiques (entre autres des cercles de tipis et des quadrants symboliques représentant les éléments fondamentaux de la vie), en plus d'un musée et d'un centre d'interprétation traitant de l'histoire des peuples des Premières Nations dans la région.

Un peuple sans histoire est comme un champ d'herbe à bisons balayé par le vent, peut-on lire sur un panneau affiché à l'intérieur du musée, qui jette de fait beaucoup de lumière sur les Autochtones des Prairies. Une vitrine y dépeint soigneusement les traits qui distinguent les Cris, les Dénés, les Lakotas, les Dakotas et les Assiniboines, dont vous pouvez d'ailleurs entendre les voix en appuyant sur un bouton. D'autres salles présentent des objets d'art et des projections de diapositives, tandis que des exposés et des conférences sont régulièrement organisés, sans oublier le café servant des mets amérindiens. Les recherches archéologiques se poursuivent en outre sur les lieux.

Circuit D: La route de Yellowhead

Yorkton

Principal attrait de Yorkton, le **Western Development Museum's Story of People** ★★ *(7,25$; mai et juin lun-ven 9h à 17h, juil et août tlj 9h à 17h; route 16, ☎306-783-8361)* retrace les diverses populations d'immigrants ayant

contribué au kaléidoscope culturel de la province.

Yorkton est aussi connue comme le siège de la première église ukrainienne en brique de l'ouest du Canada, la **St. Mary's Ukrainian Catholic Church** ★★ *(155 Catherine St., ☎306-783-4594)*. Construite en 1914, elle arbore une coupe haute de 21 m peinte par Steven Meush entre 1939 et 1941, qui en a d'ailleurs fait l'une des plus belles du genre sur le continent. Vous pourrez en outre apprécier les somptueuses icônes d'Ihor Suhacev. Si l'église n'est pas ouverte, adressez-vous au presbytère adjacent pour qu'on vous laisse jeter un coup d'œil à l'intérieur. L'église accueille enfin, en juin, une célébration du nom de «Vid Pust» (jour du Pèlerinage).

Veregin

À environ 50 km au nord de la Yellowhead Highway, Veregin s'enorgueillit de son **National Doukhobour Heritage Village** ★★ *(5$; mi-mai à mi-sept 10h à 18h, mi-sept à mi-mai sur réservation seulement; ☎306-542-4441)*, un complexe de 11 bâtiments qui met en lumière un des groupes ethniques les plus étranges de la province. Les Doukhobours sont venus en Saskatchewan en 1899 et y ont établi, sur une courte période, une communauté renonçant à la viande, à l'alcool et au tabac, au profit d'une existence agreste. Ils n'ont pas tardé à se déplacer plus à l'ouest, mais ce musée de site préserve tout de même leur maison de prière et leur magasin d'outils, de même qu'un four en brique, un bain public, de l'équipement agricole et une forge.

Canora

À seulement 25 km à l'ouest de Veregin, Canora accueille les voyageurs avec une statue slave de 7,6 m, à côté de laquelle un kiosque d'information touristique les oriente, de juin à septembre, vers les attraits de la région. Ce petit village est également celui d'une église patrimoniale bien restaurée, l'**Ukrainian Orthodox Heritage Church** ★ *(juin à mi-sept 8h à 18h; 710 Main St., ☎306-563-5148)*. Construite en 1928, elle révèle l'architecture de Kiev et possède des vitraux; vous pouvez en obtenir la clé à la porte voisine, au 720 Main Street, en dehors des heures d'ouverture.

Wroxton

Le village de Wroxton se trouve à une certaine distance, plus précisément à 35 km, au nord de la Yellowhead Highway, mais il mérite le détour pour les deux églises ukrainiennes qui en gardent les extrémités. Les deux dômes sont visibles de la route principale, et les églises sont accessibles par un des nombreux chemins de terre qui mènent au bourg.

Autour de Wadena

Dans la région de Wadena, le **Big Quill Lake** et les divers autres marais qui s'étendent de part et d'autre de la Yellowhead Highway fournissent de bonnes occasions d'observer les oiseaux. Le groupe environnemental Ducks Unlimited contribue à la préservation d'une grande partie de ces terres et s'offre à en faire l'interprétation auprès du grand public. Le **Little Quill Lake Heritage Marsh** ★, plus facilement accessible par la route 35, a été constitué en «réserve faunique mondiale» en 1994 et demeure ouvert toute l'année. Bon an, mal an, ce marais accueille en effet plus de 800 000 oiseaux de rivage, migrateurs et locaux, et les visiteurs peuvent y faire des randonnées, parfaire leurs connaissances grâce à des panneaux d'interprétation et même gravir une tour d'observation.

St. Brieux

St. Brieux possède un petit **musée** ★ *(dons appréciés; début juin à fin août tlj 10h à 16h; 300 Barbier Dr.,* ☎*306-275-2229)* aménagé à l'intérieur d'un ancien presbytère catholique. Il renferme des objets façonnés par les premiers colons venus du Québec, de la France et de la Hongrie, et les visites sont aussi bien offertes en anglais qu'en français.

Muenster

En continuant vers l'ouest, non loin de la route 5 vous verrez la petite ville de Muenster, notable pour sa belle cathédrale à double clocher et l'abbaye qui la jouxte. La **St. Peter's Cathedral** ★★ *(dons appréciés; mi-mai à mi-sept tlj 9h à 21h, mi-sept à fin déc et début mars à mi-mai 9h au crépuscule, fermé en jan et fév;* ☎*306-682-1777),* construite en 1910, arbore des peintures de Berthold Imhoff, un comte allemand qui finit par s'installer à St. Walburg (Saskatchewan) pour y devenir un artiste. Environ 80 personnages grandeur nature, entourés de saints et de scènes religieuses, rehaussent ainsi l'intérieur de la cathédrale. La **St. Peter's Abbey** ★★ *(mars à fin déc tlj 8h au crépuscule;* ☎*306-682-1777)* donne pour sa part une idée de ce que peut être la vie monastique, puisqu'une visite autoguidée permet de voir la ferme, les jardins, l'imprimerie et les autres dépendances de l'abbaye. Il est également possible de passer la nuit à l'abbaye moyennant un modeste don.

Little Manitou Lake ★

Depuis des siècles, les voyageurs se rendent au lac Little Manitou pour «prendre les eaux». Ce plan d'eau est si riche en sels minéraux naturels – réputés être régénérateurs – qu'on ne peut s'empêcher d'y flotter. C'est d'ailleurs ainsi qu'une étrange petite entreprise touristique s'est développée près du lac, lui-même curieusement niché parmi des collines stériles. Trois fois et demie plus salées qu'un océan, ces eaux n'existent pas ailleurs dans l'hémisphère Ouest, avec leurs sels aux propriétés thérapeutiques qu'on ne retrouve qu'en peu d'endroits dans le monde, entre autres à Karlovy Vary, en République tchèque, et dans la mer Morte, en Palestine.

The Battlefords

Battleford, l'ancienne capitale des Territoires du Nord-Ouest, bénéficiait autrefois d'une certaine importance, mais se voit aujourd'hui éclipsée par sa ville jumelle, North Battleford, de l'autre côté de la rivière Saskatchewan. Ici comme ailleurs, la politique ferroviaire a déterminé le sort des deux villes, et le **Lieu historique national du Fort-Battleford** *(5,75$; mi-mai à début oct 9h à 17h;* ☎*306-937-2621)* en rappelle les origines autour d'un poste de la police montée, recréé à partir de quatre bâtiments d'époque entièrement reconstitués. La caserne présente des vitrines historiques complémentaires, expliquées par des guides costumés en policiers de l'époque.

On visite souvent **North Battleford** pour son **Western Development Museum's Heritage Farm and Village** ★ *(7,25$; fin mai à début sept tlj 9h à 17h, le reste de l'année lun-ven 10h à 16h, fermé jours fériés;* ☎*306-445-8033),* un musée essentiellement agricole qui abrite une profusion de matériel d'époque.

La ville est en outre célèbre en tant que lieu de résidence de l'artiste autochtone le plus connu et le plus aimé des Prairies, Allan Sapp, dont les œuvres sont exposées à l'**Allen Sapp Gallery** ★ *(dons appréciés; début juin à fin sept tlj 10h30 à 17h30, début oct à fin mai mer-dim 13h à 17h; ☎306-445-1760, www.allensapp.com).* Les peintures de Sapp, qui immortalisent des souvenirs de la vie autochtone datant d'un demi-siècle, et qui apparaissent également dans les musées importants du Canada, sont ici montrées et vendues; la galerie, située au rez-de-chaussée d'une bibliothèque Carnegie entièrement restaurée, compte par ailleurs des centaines d'œuvres du maître à penser de Sapp, Allan Gonor.

Circuit E: Le centre-ouest de la Saskatchewan

Poundmaker Trail

La route 40, aussi connue sous le nom de *Poundmaker Trail,* est l'ancien bastion de la nation crie de Poundmaker. **Cut Knife** se targue de posséder le plus grand tomahawk du Canada, soit une sculpture suspendue en bois et en fibre de verre dont la poignée en sapin fait plus de 16 m de longueur et supporte une lame de six tonnes. Le parc aménagé tout autour abrite un petit musée comme on en trouve partout, et la tombe du légendaire **chef Poundmaker** se trouve également en ville, sur la réserve amérindienne; elle fut érigée en hommage à cet homme qui a préféré la paix à la guerre, au point de se rendre aux forces de l'ordre avec les siens plutôt que de continuer à faire couler le sang. Il s'y trouve un centre d'interprétation, et vous pourrez même passer une nuit sous un tipi.

Hafford

Située tout juste au nord-est de Saskatoon, près du village de Hafford, la **Redberry Lake Biosphere Reserve** ★ *(☎306-549-4060, www.redberrylake.ca)* est responsable d'un des meilleurs programmes de protection des oiseaux aquatiques de la province, à l'intérieur d'une réserve ornithologique aménagée sur le lac Redberry, laquelle a été désignée en l'an 2000 par l'UNESCO

comme réserve mondiale de la biosphère. S'intéressant particulièrement aux pélicans, l'organisation a pour devise: *Nous avons des amis dans les lieux humides.* Plus de 1 000 pélicans blancs d'Amérique nichent d'ailleurs sur la New Tern Island du lac, la Saskatchewan ne comptant au total que 13 autres colonies du genre. Des excursions en bateau d'une durée approximative d'une heure et demie sont également proposées *(25$; mi-mai à mi-sept; ☎306-549-2452 ou 888-747-7572).*

Prince Albert

Prince Albert, la plus vieille ville de la province, est un lieu de passage dans plus d'un sens. Il s'agit entre autres de la plus grande ville des environs du **parc national Prince-Albert** ★★★ (voir p 569), du siège d'une énorme usine qui convertit le bois des forêts nordiques en pâtes et papiers, et de la terre natale de trois premiers ministres canadiens. Bien que la ville ait fait ses débuts, en 1776, à titre de simple comptoir de traite sous l'impulsion de l'explorateur du Nord-Ouest Peter Pond, elle n'a officiellement été fondée, telle que nous la connaissons aujourd'hui, que près d'un siècle plus tard par le pasteur James Nisbet, qui créa sur les lieux une mission vouée à l'évangélisation des Cris de la région.

Le **Diefenbaker House Museum** *(dons appréciés; fin mai à début sept lun-sam 10h à 18h, dim 10h à 20h; 246 19th St. W., ☎306-953-4863 ou 764-2992)* est probablement le plus célèbre attrait de la ville. La maison renferme beaucoup de meubles et d'effets personnels ayant appartenu à l'ancien premier ministre canadien, et l'on y explique ses liens avec la ville.

Le **Prince Albert Historical Museum** *(1$; mai à août lun-sam 10h à 18h, dim 10h à 20h; visites guidées disponibles l'hiver sur rendez-vous; angle River St. et Central Ave., ☎306-764-2992)* met pour sa part l'accent sur l'histoire locale, à commencer par les Autochtones et les traiteurs de pelleteries, actifs dans la région à partir du milieu du XIXe siècle. Vous trouverez en outre à l'étage un salon de thé avec un balcon donnant sur la rivière North Saskatchewan.

Plusieurs autres musées de Prince Albert méritent également une visite, notamment l'**Evolution of Education Museum** *(entrée libre; mai à août 10h à 18h; 3700 Second Ave. W.,*

☎306-764-2992), situé dans une ancienne école à salle de classe unique, et le **Rotary Museum of Police and Corrections** *(entrée libre; mi-mai à sept 10h à 18h;* ☎*306-922-3313),* aménagé dans un ancien poste de garde de la police montée du Nord-Ouest; vous y trouverez un fascinant étalage d'armes façonnées par des prisonniers cherchant à s'échapper des prisons provinciales.

Autour de Duck Lake

Au sud-ouest de Prince Albert se trouve Duck Lake, une des deux scènes sur lesquelles se joua le volet sans doute le plus connu de toute l'histoire de la Saskatchewan, soit la bataille qui opposa Louis Riel et sa bande de Métis à la police montée du Nord-Ouest. Le **Duck Lake Regional Interpretive Centre** ★★ *(4$; mi-mai à début sept 10h à 17h30; 5 Anderson Ave.,* ☎*306-467-2057 ou 866-467-2057)* décrit les événements tels qu'ils se sont déroulés et expose des vestiges de la campagne menée par la résistance métisse; vous pourrez par ailleurs monter au sommet d'une tour d'observation offrant une vue sur le champ de bataille. Des peintures murales extérieures accueillent les visiteurs.

À environ 25 km à l'ouest de Duck Lake, le **Fort Carlton Provincial Historic Park** ★★ *(7$ par jour; mi-mai à début sept 10h à 18h;* ☎*306-467-5205)* date de 1810 et s'inscrit dans la lignée des postes de traite de la Compagnie de la Baie d'Hudson en Saskatchewan. Un important traité territorial a également été signé ici. Aujourd'hui, le site regroupe une estacade et des bâtiments reconstruits, et un centre d'accueil des visiteurs avec vitrines d'exposition, d'où partent des sentiers d'interprétation, explique que le fort servait de poste à la police montée jusqu'à la bataille de Duck Lake. Tout juste à l'extérieur du fort, un campement de Cris des plaines, composé de trois tipis aménagés comme au XIXᵉ siècle, vous donnera une idée des rapports que les Amérindiens pouvaient entretenir avec les Anglais; parmi les objets qui s'y trouvent, mentionnons des vêtements, des peaux, des pipes, des armes et des accessoires d'apparat.

Situé à 8 km à l'est de Duck Lake, le **St. Laurent Shrine** ★ *(dons appréciés; début mai à début sept;* ☎*306-467-4447 ou 467-2060)* est l'occasion d'une agréable excursion secondaire dans le secteur. Construit en 1874 pour servir de mission aux pères oblats

sur les berges mêmes de la rivière South Saskatchewan, et relativement semblable à celui de Notre-Dame de Lourdes en France, ce sanctuaire accueille les fidèles pour la messe du dimanche à 16h pendant les mois de juillet et d'août. Des pèlerinages annuels y ont également lieu au cours de ces mois, et ce, depuis 1893, date à laquelle la jambe d'un certain frère Guillet a guéri miraculeusement après qu'il eut prié ici.

Batoche

Le **Lieu historique national de Batoche** ★★★ *(6,50$; début mai à fin sept tlj 9h à 17h;* ☎*306-423-6227)* marque le lieu où l'histoire de Riel prit fin en mars 1885. Cet endroit, une paisible vallée cultivée où les Métis s'étaient établis après avoir cédé leurs terres, devint la capitale de la résistance dès lors que Riel défia les Anglais. Aujourd'hui, un sentier, un musée et des guides vous font découvrir les restes du village de Batoche, y compris l'église Saint-Antoine de Padoue et son presbytère, entièrement reconstitués. Il y a également des tranchées et des abris de tirailleurs utilisés par les troupes de la police montée pendant le siège de Batoche, qui dura quatre jours.

Parcs

Pour de plus amples renseignements sur les parcs provinciaux de la Saskatchewan: ☎800-205-7070
www.se.gov.sk.ca/saskparks/

Pour de l'information sur les parcs nationaux du Canada: www.pc.gc.ca

Pour des précisions sur les parcs régionaux: www.saskregionalparks.ca

Le sud de la Saskatchewan

Le **Cannington Manor Provincial Historic Park** ★ *(2$; mai à sept 10h à 18h, fermé mar;* ☎*306-739-5251 ou 800-205-7070)* raconte une expérience de courte durée à l'instigation du capitaine anglais Edward Pierce. Ce dernier tenta en effet de créer ici une colonie utopique fondée sur l'agriculture; et il y parvint pendant quelque temps, faisant alterner les travaux des champs avec la chasse au renard, les parties de cricket, les courses de chevaux et le thé en après-

La Saskatchewan - Parcs

midi. L'expérience n'a pas duré, mais le manoir révèle des antiquités d'époque ainsi que des outils de ferme jadis utilisés sur les lieux. Six autres bâtiments, dont certains sont d'origine et d'autres reconstruits, complètent les installations.

Le **Buffalo Pound Provincial Park** ★ *(7$ par jour;* ☎*306-694-3659)*, situé à 23 km au nord-est de Moose Jaw, offre une variété de choix récréatifs, y compris, parmi les plus populaires, l'observation de bisons en train de paître. Un certain nombre de sentiers pédestres serpentent à travers les ondulations de la vallée de la rivière Qu'Appelle, dont un qui relate l'histoire de la Charles Nicolle Homestead, une habitation en pierre construite en 1930; un autre parcourt un marécage, et un autre encore franchit la jonction de deux rivières, un secteur riche d'une faune qui réunit notamment des tortues fines, des cerfs communs et des grands hérons bleus. La rivière constitue en outre une destination populaire auprès des baigneurs, des plaisanciers et des campeurs.

La **réserve nationale de faune de Last Mountain Lake** ★★ *(entrée libre; mai à fin oct;* ☎*306-836-2022)*, qui occupe l'extrémité nord du lac du même nom, est tenu pour la plus ancienne réserve ornithologique de tout le continent nord-américain. Plus de 250 espèces ailées se posent ici au cours de leur migration annuelle vers le sud, y compris la remarquable grue blanche d'Amérique.

Le spectacle atteint son paroxysme au printemps (mi-mai) et à l'automne (septembre); les visiteurs peuvent faire une visite autoguidée en voiture, gravir une tour d'observation et parcourir deux sentiers pédestres aménagés sur les lieux. Pour accéder facilement à la réserve, empruntez la route 2, prenez vers l'est à Simpson et suivez les indications jusqu'au lac *(lakeshore)*.

Le **parc national des Prairies** ★★ *(entrée libre; toute l'année; entre Val Marie et Killdeer, au sud de la route 18,* ☎*306-298-2257)* fut le premier parc créé en Amérique du Nord pour protéger une zone significative de la prairie mixte à l'état vierge. Parmi la variété des habitats représentés ici, retenons les plaines herbeuses, les buttes, les badlands et la vallée de la rivière Frenchman; des vues spectaculaires s'offrent au regard du haut de certaines buttes, et la faune du parc accueille le rare renard véloce, la chouette de terrier, l'antilope d'Amérique et l'aigle

royal. Plus intéressant encore, vous trouverez ici une «agglomération» tout à fait unique en son genre regroupant plusieurs **colonies de chiens de prairie** ★★ à queue noire qui poursuivent leur existence dans un environnement parfaitement naturel.

Des randonnées guidées *(5$)* sont organisées au bureau du parc, à Val Marie, et ce, tous les dimanches d'été. Le camping sauvage est en outre autorisé dans le parc, mais vous devez obtenir un droit de passage auprès de certains propriétaires terriens pour accéder à certaines zones.

Le **Cypress Hills Interprovincial Park** ★★ *(*☎*306-662-5411)*, qui s'étend de part et d'autre de la frontière entre la Saskatchewan et l'Alberta, est décrit dans le chapitre «Le sud de l'Alberta».

Non loin de la frontière canado-américaine, le **Wood Mountain Post Provincial Historic Park** ★★ *(7$ par jour; juin à mi-août tlj 10h à 17h; Wood Mountain,* ☎*306-266-5525 en été ou 694-3658 toute l'année)*, un ancien poste de la police montée, est intéressant pour ses liens avec le chef sioux Sitting Bull et son peuple. Sitting Bull est en effet venu ici au printemps de 1877 après avoir mis en déroute l'armée des États-Unis pendant la bataille de Little Big Horn, survenue alors que 5 000 Sioux se cachaient déjà dans les collines environnantes.

Le chef amérindien s'est rapidement lié d'amitié avec le major de police James Walsh, mais des pressions politiques des gouvernements canadien et américain ont conduit au remplacement de Walsh par un autre officier qui a aussitôt entrepris d'assiéger les Sioux. Les deux bâtiments reconstitués du parc, où vous accueillent des interprètes, expliquent toute l'histoire plus en détail.

L'ancien camp de Sitting Bull se trouve près du village de Willow Bunch, à l'intérieur du **Jean-Louis-Legare Park** ★. Legare, un commerçant métis, fournit de la nourriture aux Sioux pendant leur exil et les approvisionna également avant leur longue marche de retour aux États-Unis en 1881.

À environ 40 km au nord de Regina, sur la route 20, s'étend le **Last Mountain House Provincial Park** ★ *(contribution volontaire; juil à la fête du Travail jeu-dim 10h à 17h;* ☎*306-787-1475)*, une modeste mais tout de même intéressante reconstitution d'un poste de traite de la Compagnie de la Baie d'Hudson qui ne fut utilisé que bien peu de temps. Construit avec du bois et de l'argile blanche de la région, ce poste a en effet été établi en 1869 tout près d'une vallée riveraine où vivait un troupeau de bisons; mais les bisons migrèrent vers l'ouest dès l'année suivante et ne revinrent jamais plus par ici.

Aujourd'hui, les attraits de ce parc balayé par les vents comprennent une presse à fourrure, un magasin général, une glacière où l'on conservait la viande, des baraquements à l'usage des trappeurs et des quartiers plus spacieux à l'intention des officiers. En été, des interprètes employés par le parc se tiennent à votre disposition pour vous faire revivre cette époque.

La route de Yellowhead

Le **Duck Mountain Provincial Park** ★★ *(7$ par jour;* ☎*306-542-5500)* s'étend à 25 km à l'est de Kamsack, directement sur la frontière avec le Manitoba. Ouvert toute l'année, ce parc entoure complètement le populaire lac Madge, tandis que le mont Duck s'élève à 240 m au-dessus des terres environnantes, recouvertes de trembles. Des installations récréatives complètes vous y attendent, y compris un terrain de camping, un golf, un minigolf, des attirails de pêche et une plage. Vous pourrez même loger sur place dans un chalet prévu à cet effet.

Le **Cumberland House Provincial Historic Park** ★★★ *(7$ par jour;* ☎*306-888-2077),* situé sur une île de la rivière North Saskatchewan, au nord de la Yellowhead Highway, près de la frontière avec le Manitoba, revêt une importance historique indéniable, puisqu'il marque l'emplacement du premier comptoir de pelleteries de la Compagnie de la Baie d'Hudson dans l'Ouest canadien, sans compter qu'il a plus tard été converti en port pour accueillir les bateaux à vapeur circulant sur la rivière. Il n'en reste aujourd'hui qu'un entrepôt de munitions des années 1890 et une section de navire à aubes, mais il s'agit toujours d'un endroit fascinant.

Le **Greenwater Lake Provincial Park** ★ *(7$ par jour;* ☎*306-278-3515)* se trouve sur la route 38, au nord de Kelvington, dans la Porcupine Forest, à l'est de la province. Une marina y loue des embarcations et des attirails

de pêche en été, mais vous pourrez tout aussi bien y pratiquer le tennis, le golf ou l'équitation. En hiver, le parc se transforme en centre de ski de randonnée. De belles cabanes en rondins sont en outre offertes en location sur place.

Le **Pike Lake Provincial Park** ★ *(7$ par jour;* ☎*306-933-6966),* un petit parc récréatif situé à quelque 30 km au sud-ouest de Saskatoon, fait le bonheur des vacanciers d'un jour cherchant à s'éloigner de la plus grande ville de la Saskatchewan. Vous y trouverez des pelouses ombragées par des trembles, des frênes et des bouleaux, une belle plage et de la nature à profusion. Les activités nautiques sont assurées par une piscine, un toboggan nautique et des canots de location; des sentiers pédestres, des courts de tennis, un golf et un minigolf complètent les installations.

Le **The Battlefords Provincial Park** ★ *(7$ par jour;* ☎*306-386-2212)* est considéré comme un des grands paradis récréatifs de la province. Son emplacement, sur la rive nord-est du lac Jackfish, permet de s'adonner facilement aux plaisirs de la pêche et de la voile. Vous trouverez sur place tout l'équipement nécessaire à la pratique de ces sports nautiques, de même qu'un terrain de golf, un minigolf, un magasin général et un complexe d'hébergement mixte ouvert à longueur d'année.

Le centre-ouest de la Saskatchewan

Le **parc national Prince-Albert** ★★★ *(5$;* ☎*306-663-4522),* d'une superficie de 400 000 ha, est un des plus beaux parcs de la Saskatchewan. En y pénétrant par l'entrée sud, sur la route 263, vous traverserez une prairie et des champs, une tremblaie canadienne et enfin des forêts.

Le panoramique **Anglin Lake** ★★, au sud-est du parc national Prince-Albert, possède au moins une caractéristique distinctive: il nourrit la plus importante colonie de huards nicheurs du continent.

Le **Waskesiu Lake** s'impose comme le plus grand et le plus prisé des plans d'eau du parc, et il offre la plupart des services habituels, des plages ainsi qu'une foule d'activités. Situé hors des sentiers battus, le parc qui l'environne est réputé pour ses nom-

La Saskatchewan - Parcs

breuses voies canotables et ses beaux sentiers de randonnée, qui permettent d'admirer de plus près la faune ailée et la flore de la région. Entre autres, les fervents d'ornithologie viennent y observer la deuxième colonie de pélicans blancs d'Amérique en importance au Canada, qui niche sur le lac Lavallee; mais des loups, des élans et des bisons hantent également les lieux. Par ailleurs, les randonneurs s'aventurent volontiers sur le Boundary Bog Trail, qui s'enfonce dans la zone marécageuse du parc, là où poussent des plantes carnivores et des massifs de mélèzes nains, vieux de plus d'un siècle, ou encore sur le Treebeard Trail, qui se love autour des bosquets de hauts et odorants sapins baumiers et d'épinettes blanches.

Le parc a toutefois surtout été rendu célèbre par Archibald Bellaney, un vieux sage anglais qui est venu ici en 1931, a pris le nom de "Grey Owl" (Hibou Gris) et a vécu sur un lac isolé. La **Grey Owl's Cabin** ★, la cabane en rondins d'une seule pièce plantée sur la berge du lac Ajawaan où a vécu l'ermite pendant sept ans, n'est accessible qu'en bateau, en canot ou, en été, par un sentier pédestre de 20 km. Le personnel du parc organise des excursions qui mènent à la cabane.

Le **Lac La Ronge Provincial Park** ★★★ *(7$ par jour;* ☎*306-425-4234 ou 800-772-4064)* se trouve immédiatement au nord-est du parc national Prince-Albert, sur la route 2, et présente des paysages semblables à perte de vue; car, bien qu'il soit moins connu que son homologue, il n'en s'agit pas moins du plus grand parc provincial de la Saskatchewan. Vous y trouverez plus de 100 lacs, dont l'immense lac La Ronge, parsemé de plus de 1 000 îles à ce qu'on dit. Des falaises, des peintures rupestres et des plages de sable agrémentent également la visite, et l'on peut y faire du camping.

De plus, ce parc renferme un des sites historiques les plus en vue de la province, le **Holy Trinity Anglican Church Provincial Historic Site** ★★★, où se dresse le plus vieux bâtiment encore debout de la Saskatchewan, une énorme structure qu'on ne s'attend guère à retrouver en un lieu aussi éloigné de tout. Construite avec du bois de la région vers la fin des années 1850, puis rehaussée de vitraux importés d'Angleterre, cette église faisait partie de la mission historique de Stanley.

Le **Narrow Hills Provincial Park** ★★ *(7$ par jour;* ☎*306-426-2622)* se trouve immédiatement à l'est du parc national Prince-Albert, quoique aucune route directe n'y conduise; on ne l'atteint donc que par un dédale de chemins. Cela dit, il est célèbre pour son chapelet d'eskers, ces longues et étroites collines de dépôts glaciaires qui lui donnent d'ailleurs son nom, de même que pour ses 25 plans d'eau et plus, où s'ébattent nombre d'espèces de poissons pour pêche sportive. L'un des eskers est couronné d'une tour d'incendie, et les bureaux du poste de guet abritent un petit musée.

▲ Hébergement

La Saskatchewan compte un bon nombre de parcs et de réserves fauniques, dans lesquels il est souvent possible de faire du camping. Consultez les sites Internet des parcs régionaux, provinciaux et nationaux pour de plus amples renseignements (voir p 567).

Regina

Turgeon International Hostel
$
bc
fermé fin déc à fin jan
2310 McIntyre St.
☎ (306) 791-8165 ou
800-467-8357
▤ (306) 721-2667
www.hihostels.ca

Cette chaleureuse auberge de jeunesse, qui présente un excellent rapport qualité/prix pour ceux qui aiment échanger avec d'autres voyageurs, propose un hébergement de type dortoir, une chambre familiale pouvant accueillir cinq personnes et une salle destinée aux groupes. La maison a jadis appartenu à William Turgeon, un Acadien du Nouveau-Brunswick, qui est venu à Regina et y a exploité avec succès un cabinet juridique pendant de nombreuses d'années; elle a plus tard été achetée par l'association Hostelling International et déplacée sur une remorque.

Son emplacement actuel est superbe – le Musée royal de la Saskatchewan est entre autres visible à l'extrémité de la rue –, et la chambre familiale constitue une aubaine sans pareille. Il y a en outre une énorme cuisine commune, une invitante bibliothèque de livres de voyage et une salle de télévision bien aérée, sans oublier le très sympathique gérant des lieux. Enfin, vous êtes ici à distance de marche de tous les principaux attraits et restaurants de la ville. Les bureaux de l'auberge sont cependant fermés pendant la journée, et l'établissement ferme complètement ses portes tout le mois de janvier.

Country Inns & Suites
$$ pdj
≡, 🛋, 📞, 🛏
3321 Eastgate Bay
☎ (306) 789-9117 ou
800-456-4000
▤ (306) 789-3010
www.countryinns.com

Le Country Inns & Suites de Regina fait partie d'une chaîne d'hôtels qui tâche d'offrir une atmosphère intime. Les chambres arborent des lits en laiton et des couettes rappelant des édredons; la plupart disposent d'un bar d'honneur; tous les hôtes reçoivent gratuitement des journaux et peuvent en outre se servir sans frais du téléphone pour leurs appels locaux. Les suites sont quant à elles dotées d'un salon, d'un sofa-lit et d'un four à micro-ondes. Petit déjeuner à la française. L'hôtel est situé juste à la sortie de la route 1, à l'extrémité est de la ville.

Morning Glory Manor Bed and Breakfast
$$ pdj
bc/bp
1718 College Ave.
☎ (306) 525-2945
www.morninglorymanor.ca

Inauguré en 1923, ce gîte touristique situé dans le centre-ville de Regina vous réserve une atmosphère chaleureuse et deux chambres à coucher spacieuses comprenant deux grands lits chacune.

Regina Travelodge Hotel
$$
≡, 🛋, ≋, 🍴
4177 Albert St. S.
☎ (306) 586-3443
▤ (306) 586-9311
www.travelodgeregina.com

À la différence de nombreux autres hôtels de la chaîne Travelodge, celui de Regina, rénové, possède un charme unique. Un décor à la californienne imprègne en effet toute la structure, du hall aux doux tons pastel et au lustre rutilant jusqu'à l'aire de la piscine, avec ses plantes et ses faux rochers. Les chambres procurent, quant à elles, un confort exceptionnel, et le restaurant à la hollywoodienne ne manquera pas de gagner la faveur des enfants et des futures vedettes.

Holiday Inn Express Hotel & Suites Regina
$$$ pdj
≡, 🛋, 📞, 🍴
1907 11th Ave.
☎ (306) 569-4600 ou
800-667-9922
▤ (306) 569-3531
www.sixcontinentshotel.com

Le Holiday Inn Express Hotel & Suites Regina, rénové, loue d'attrayantes et très spacieuses suites pourvues de cuisinettes, de secrétaires et de canapés, bref de toutes les commodités nécessaires à un séjour prolongé. Sa jolie façade de briques rouges et ses grandes fenêtres lui confèrent un air distingué.

Delta Regina
$$$
≡, ◎, ≋, 🍴, 〰
1919 Saskatchewan Dr.
☎ (306) 525-5255 ou
800-209-3555
▤ (306) 781-7188
www.deltahotels.com

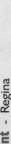

La Saskatchewan - Hébergement - Regina

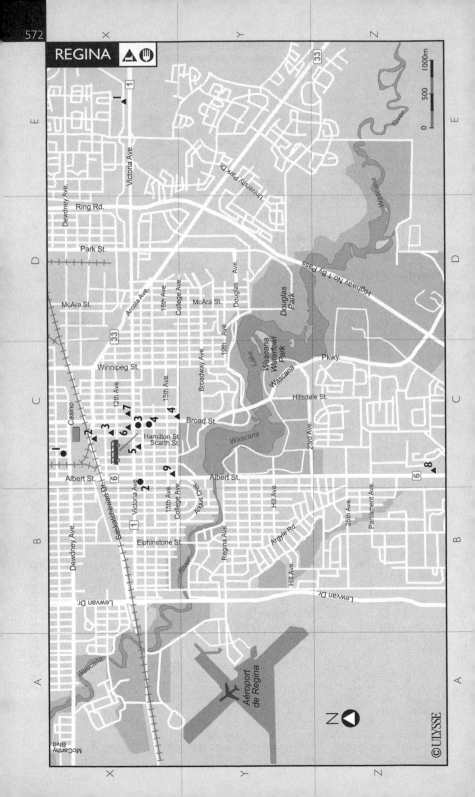

REGINA

1000m

500

0

33

Wascana River

University Park Dr.

Victoria Ave.

Dewdney Ave.

Ring Rd.

Park St.

McAra St.

Arcola Ave.

15th Ave.

College Ave.

McAra St.

Douglas Ave.

19th Ave.

Douglas Park

Highway No. 1 By Pass

33

Winnipeg St.

Broadway Ave.

15th Ave.

Lake

Wascana Waterfowl Park

Wascana

Pkwy.

Hillsdale St.

Casino

12th Ave.

7

3

2

3

6

3

4

4

Broad St.

Hamilton St

Scarth St.

5

Wascana

23rd Ave.

8

Albert St.

9

Albert St.

6

6

Saskatchewan Dr.

Victoria Ave.

1

2

15th Ave.

College Ave.

Argus Cres.

Hill Ave.

Hill Ave.

25th Ave.

Parliament Ave.

Dewdney Ave.

Elphinstone St.

Regina Ave.

Argyle Rd.

Lewvan Dr.

Lewvan Dr.

Wascana

River

Wascana

Aéroport de Regina

McCarthy Blvd.

N

©ULYSSE

▲ HÉBERGEMENT

1. EX   Country Inns & Suites
2. ○×   Delta Regina
3. ○×   Holiday Inn Express Hotel & Suites Regina
4. ○×   Morning Glory Manor Bed and Breakfast
5. ○×   Radisson Plaza Hotel Saskatchewan
6. ○×   Ramada Hotel & Convention Centre
7. ○×   Regina Inn Hotel & Convention Centre
8. ○Z   Regina Travelodge Hotel
9. ○×   Turgeon International Hostel

● RESTAURANTS

1. ○×   Bushwakker Brewpub
2. ○×   Cathedral Village Free House
3. ○×   The Diplomat Steak House
4. ○×   Neo Japonica

Le Delta Regina propose de luxueuses chambres aux abords immédiats du centre-ville. Elles affichent par ailleurs un décor à la fois discret et élégant, et la plupart offrent de belles vues sur la ville. Le service cordial et professionnel, les installations complètes, l'aire attrayante réservée à la piscine et l'élégance générale des lieux s'allient pour garantir un séjour des plus agréables aux vacanciers comme aux gens d'affaires.

Regina Inn Hotel & Convention Centre
$$$

≡, 🐾, ◎, 🛏, 🍴

1975 Broad St.

☎ (306) 525-6767 ou 800-667-8162

🖨 (306) 352-1858

www.reginainn.com

Un autre hôtel de luxe à proximité de tout, dont les installations comprennent un dîner-théâtre, des suites équipées de baignoires à remous, un centre de conditionnement physique et des raccords électriques en hiver. Vous y aurez le choix entre trois restaurants et salons, tantôt chics, tantôt décontractés.

Radisson Plaza Hotel Saskatchewan
$$$-$$$$$

≡, ◎, 🛏, 🍴, ⫸

2125 Victoria Ave.

☎ (306) 522-7691 ou 800-333-3333

🖨 (306) 757-5521

www.hotelsask.com

L'emplacement fabuleux de cet hôtel, qui donne directement sur le joli Victoria Park et permet d'admirer la silhouette de la ville, ne vous donne qu'un faible aperçu des splendeurs qui en font le joyau par excellence des lieux d'hébergement de Regina. Construit en 1927 par le Canadien Pacifique, il révèle des accents décoratifs peu communs, dont un lustre provenant du palais impérial de Saint-Pétersbourg, sans compter toutes les retouches qu'on y a apportées lors d'une réfection réalisée au coût de 28 millions de dollars au début des années 1990.

Vous y trouverez en outre le salon de barbier d'origine, un centre de conditionnement physique, des salons de massage thérapeutiques et une élégante salle à manger. Pour vous donner une idée de sa classe, disons simplement que la reine Elizabeth II loge ici chaque fois qu'elle se trouve en ville, dans la suite royale, où un dispositif spécial chauffe les serviettes pendant que les occupants se prélassent dans la baignoire (sans parler des fenêtres à l'épreuve des balles). En deux mots: près de 300 m² de luxe et d'histoire!

Ramada Hotel & Convention Centre
$$$$

≡, 🐾, ◎, 🛏, ≋, 🍴, ⫸

1818 Victoria Ave.

☎ (306) 569-1666 ou 800-667-6500

🖨 (306) 525-3550

www.ramada.ca

D'importants travaux de rénovation ont fait de cet établissement à proximité de tout l'un des plus attrayants lieux de séjour à Regina. S'y ajoutent des suites avec baignoires à remous et toutes les commodités d'un hôtel de catégorie supérieure.

Le sud de la Saskatchewan

Swift Current

Green Hectares Bed and Breakfast
$$$ pdj

bc, ≡

route 4, sortie Waker Rd.

☎ (306) 773-7632

🖨 (306) 773-7635

Les archéologues et les amateurs de chevaux apprécient ce petit *bed and breakfast* pour ses belles bêtes et son Swift Current Petroglyph, une vieille roche qui se trouve sur la propriété et qui a été peinte et gravée il y a 3 000 ans. La maison même compte trois chambres, et une grange, à l'arrière, en abrite quant à elle trois autres avec chacune une salle de bain privée.

La Saskatchewan - Hébergement - Le sud de la Saskatchewan

Fort Qu'Appelle

Country Squire Inn
$$
≡, ♨
route 10
☎ (306) 332-5603
🖷 (306) 332-6708
Sans doute le meilleur motel à prix abordable de la vallée de la rivière Qu'Appelle. Ses grandes chambres propres, son personnel souriant et son bon restaurant (voir p 577) contribuent tous à rendre votre séjour des plus agréables. De courts sentiers pédestres partant de l'arrière de l'établissement serpentent jusqu'au sommet des collines environnantes. Il y a un salon et un bar, mais on vend aussi de la bière sur place.

Moose Jaw

Temple Gardens Mineral Spa Hotel & Resort
$$$
≡, ◎, ⚓, ≋, ⅄, ♨, ⅏
24 Fairford St. E.
☎ (306) 694-5055 ou
800-718-7727
🖷 (306) 694-8310
www.templegardens.sk.ca
Ce complexe hôtelier, curieusement situé sur une rue secondaire communiquant avec la paisible artère principale de Moose Jaw, s'offre à choyer le voyageur empoussiéré des Prairies. Son grand atrium a d'ailleurs tôt fait de vous mettre au parfum. Les

chambres régulières sont elles-mêmes assez spacieuses et dotées de grands canapés, mais les 25 suites complètes remportent incontestablement la palme: très grands lits, peignoirs de coton, secrétaires, énormes salles de bain de plain-pied et baignoires à remous pour deux personnes (à l'eau minérale, s'il vous plaît!) y suscitent en effet une expérience des plus romantiques. Tous les hôtes ont en outre librement accès à la grande piscine d'eau minérale du quatrième étage de l'établissement, d'une superficie de près de 2 000 m². Un petit centre de conditionnement physique équipé d'appareils de musculation et de tapis roulants, un café adjacent à la piscine et un restaurant complètent les installations.

- - - - - - - - - - - - - - - - - -

Saskatoon

Patricia Hotel Hostel
$
bc, 🐾
345 Second Ave. N.
☎ (306) 242-8861
🖷 (306) 664-1119
Pour le prix d'une nuitée dans une auberge de jeunesse, vous obtiendrez ici un hébergement très rudimentaire dans un hôtel qui a franchement vu de meilleurs jours. Les avantages en sont les très bas prix et la proximité du centre-ville. Il n'y a cependant pas

de cuisine ni d'installations particulières, hormis un bar local situé sous les dortoirs. Les chambres se révèlent on ne peut plus simples, équipées de deux lits superposés, et elles se partagent des salles de bain. Quelques chambres simples sont toutefois offertes en location et s'avèrent un peu plus accueillantes, tout en vous permettant de bénéficier d'un téléviseur et d'une salle de bain privée.

Brighton House Bed and Breakfast
$$ pdj
bc/bp, ≡, ◎
1308 Fifth Ave. N.
☎ (306) 664-3278
🖷 (306) 664-6822
Le Brighton House Bed and Breakfast est installé dans une adorable maison à revêtement de clins blancs découpée de rose et de bleu, entourée d'un jardin bien entretenu et située en retrait du centre-ville. Toutes les chambres sont délicieusement tendues de papiers peints à motifs floraux et garnies d'antiquités, et la suite «lune de miel» vous réserve une salle de bain privée de même qu'une terrasse ensoleillée. Vos hôtes, Barb et Lynne, veilleront à ce que vous vous sentiez ici chez vous. Il y a même, à l'étage supérieur, une suite familiale où les enfants auront suffisamment de place pour

---

▲ HÉBERGEMENT

I.	CX	Bed and Breakfast at Sunshine Inn
2.	CX	Brighton House Bed and Breakfast
3.	CY	Delta Bessborough
4.	CX	Howard Johnson
5.	CX	Patricia Hotel Hostel
6.	CY	Radisson Hotel Saskatoon
7.	CY	Sheraton Cavalier

● RESTAURANTS

I.	BZ	Berry Barn
2.	CZ	Broadway Cafe
3.	BY	Genesis Family Restaurant
4.	CX	Liberty's Montreal Smoked Meats
5.	CY	Mykonos
6.	BX	Saskatoon Station Place
7.	DX	Wanuskewin Cafe

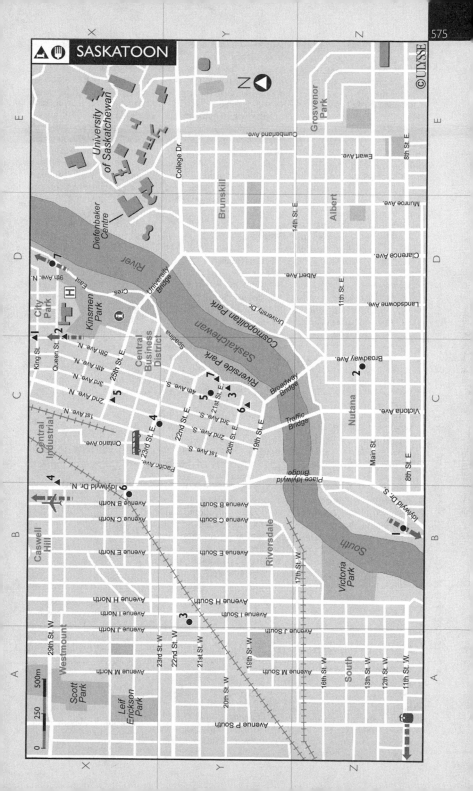

SASKATOON

© ULYSSE

University of Saskatchewan

Diefenbaker Centre

River

City Park

Kinsmen Park

Central Business District

Central Industrial

Caswell Hill

Westmount

Scott Park

Leif Erickson Park

Riversdale

South

Victoria Park

Nutana

Brunskill

Grosvenor Park

Albert

Cosmopolitan Park

Saskatchewan Riverside Park

University Bridge

Broadway Bridge

Traffic Bridge

Place Idylwyld Bridge

College Dr.

Cumberland Ave.

Ewart Ave.

Munroe Ave.

Clarence Ave.

Lansdowne Ave.

Albert Ave.

Victoria Ave.

Broadway Ave.

Main St.

Nutana

14th St. E.

11th St. E.

8th St. E.

University Dr.

Spadina Cres.

Spadina

19th St. E.

20th St. E.

21st St. E.

3rd Ave. E.

4th Ave. E.

5th Ave. N.

4th Ave. N.

3rd Ave. N.

2nd Ave. N.

1st Ave. N.

King St.

Queen St.

9th Ave. N.

Idylwyld Dr. N.

Idylwyld Dr. S.

25th St. E.

23rd St. E.

Ontario Ave.

Pacific Ave.

1st Ave. S.

2nd Ave. S.

3rd Ave. S.

4th Ave. S.

20th St. E.

21st St. S.

22nd St. S.

Avenue B North

Avenue C North

Avenue E North

Avenue H North

Avenue I North

Avenue J North

Avenue M North

Avenue B South

Avenue C South

Avenue E South

Avenue H South

Avenue I South

Avenue J South

Avenue M South

Avenue P South

29th St. W.

23rd St. W.

22nd St. W.

21st St. W.

20th St. W.

17th St. W.

15th St. W.

16th St. W.

13th St. W.

12th St. W.

11th St. W.

8th St. E.

N

0   250   500m

1   2

5

4   6

3

7   5   3   6

4

1

2

3

7

jouer, et la cuve à remous extérieure est mise à votre disposition, tout comme le jeu de croquet, d'ailleurs.

Bed and Breakfast at Sunshine Inn
$$ pdj
≡

711 Fifth Ave. N.
☎ (306) 651-1282
www.sunshineinnbb.com
Établi dans le Historic City Park, à quelques minutes au nord du centre-ville, le Bed and Breakfast at Sunshine Inn propose un hébergement chaleureux et paisible dans une ambiance très familiale: par exemple, la Memories Suite, composée de deux petites chambres, renferme toutes sortes d'objets familiaux anciens, des cadeaux des petits enfants aux souvenirs de voyage de la propriétaire.

Howard Johnson
$$
≡, ⚘, ●, ≋, ♨

610 Idylwyld Dr. N.
☎ (306) 244-2901 ou
800-446-4656
▤ (306) 244-6063
www.howardjohnsonsaskatoon.com
Ce motel rénové de 176 chambres possède un complexe de toboggans nautiques intérieurs, une cuve à remous et un petit cinéma, ce qui en fait une bonne affaire pour des familles, d'autant plus que certaines chambres sont pourvues d'une cuisinette. Il y a également un restaurant sur les lieux.

Radisson Hotel Saskatoon
$$$
≡, ◎, ☕, ≋, ♨, ⫸, ⚘

405 20th St. E.
☎ (306) 665-3322 ou
800-333-3333
▤ (306) 665-5531
www.radisson.com
Cet hôtel de luxe élégant répond aux besoins de

tout un chacun avec ses trois étages d'affaires, ses six salles de réunion, ses toboggans nautiques, son sauna, sa cuve à remous et son gymnase. Il est par ailleurs directement planté au bord de la rivière South Saskatchewan, ce qui signifie qu'il donne accès à une foule d'activités de plein air. Vous trouverez même ici 14 suites de luxe avec téléphone à rallonge et bar intégré.

Sheraton Cavalier
$$$
≡, ◎, ☕, ≋, ♨, ⫸

612 Spadina Cr. E.
☎ (306) 652-6770 ou
800-325-3535
▤ (306) 244-1739
www.sheratonsaskatoon.com
Rénové et magnifiquement situé en bordure de la rivière, le Sheraton Cavalier est un hôtel somptueux au style contemporain recherché. Ses chambres bénéficient de tout le confort et de toutes les commodités modernes, et le service à la fois courtois et efficace vous assure un agréable séjour. Les installations de l'hôtel comprennent deux toboggans nautiques intérieurs, une salle de bal, un fumoir à l'intention des amateurs de cigares et un service de location de vélos tout-terrains.

Delta Bessborough
$$$
≡, ◎, ☕, ≋, ♨, ⫸

601 Spadina Cr. E.
☎ (306) 244-5521 ou
877-814-7706
▤ (306) 653-2458
www.deltahotels.com
Le **Bessborough** (voir p 561), qui compte parmi les plus grandes institutions de Saskatoon, est un ancien hôtel

du Canadien National établi dans un simili-château à la française rehaussé de nombreux pignons et tourelles. Même si le hall et le restaurant rénovés ne rendent pas tout à fait justice à ce grandiose bâtiment d'une autre époque, les chambres, également rénovées, s'avèrent confortables (quoiqu'un peu sombres) et ont su conserver certains accents luxueux, entre autres les appliques originales des salles de bain et les profondes baignoires en céramique. Cela dit, on les a dotées de diverses commodités modernes telles que cafetières, service de boîte vocale, séchoir et autres. Les élégantes salles de bal et le vaste terrain de l'établissement en bordure de la rivière en font un des lieux les plus prisés lorsqu'il s'agit de célébrer un événement d'une quelconque importance.

La route de Yellowhead

Manitou Beach

Manitou Springs Resort & Mineral Spa
$$-$$$
≡, ◎, ☕, Ⴘ

MacLachlan Ave.
☎ (306) 946-2233 ou
800-667-7672
▤ (306) 946-2554
www.manitouspringsspa.sk.ca
Ce complexe hôtelier, connu de longue date dans l'Ouest canadien, est surtout réputé pour ses trois piscines d'eau minérale chauffées, alimentées à même le lac Little Manitou. Parmi les autres installations et services offerts, mentionnons les massages thérapeutiques et la réflexologie, sans oublier le

centre de conditionnement physique.

Le centre-ouest de la Saskatchewan

North Battleford

Battlefords Inn
$$
≡, ☎, ♨
11212 Railway Ave. E.
☎ (306) 445-1515 ou
800-691-6076
🕮 (306) 445-1541
Connue pour ses chambres spacieuses, cette auberge vous offre de grands ou très grands lits, l'accès au téléphone pour vos appels locaux et le café dans les chambres.

Prince Albert

South Hill Inn
$$
≡, ☎, ◎, ♨
3245 Second Ave. W.
☎ (306) 922-1333 ou
800-363-4166
🕮 (306) 763-6408
www.southhillinn.com
Les principaux atouts de cette auberge commodément située sont ses grandes chambres confortables, ses téléviseurs doublés de magnétoscopes (films en location sur place) et son café gratuit. Il y a également un restaurant avec permis d'alcool sur les lieux.

Restaurants

Regina

Bushwakker Brewpub
$-$$
fermé dim
2206 Dewdney Ave.
☎ (306) 359-7276
Un pub où l'on s'amuse ferme à la limite d'un secteur industriel. Les gens du coin ne se font d'ailleurs pas prier pour conduire jusqu'ici afin de déguster la toute dernière cuvée de la Harvest Ale ou quelque autre mixture accompagnée d'un hamburger gastronomique ou d'un autre de ces plats qu'on sert volontiers dans les bars. Agréablement conçu et on ne peut plus chaleureux, cet établissement vend aussi, outre les marques courantes, de petites et très grandes bouteilles de la bière brassée sur place.

Neo Japonica
$$-$$$
2167 Hamilton St.
☎ (306) 359-7669
Le plus chouette de tous les restaurants de Regina, le Neo Japonica sert une exquise cuisine japonaise dans une petite maison sans prétention mais tout de même pourvue d'un décor invitant. L'art de la présentation des plats n'y a d'égal que leur insurpassable préparation. En commandant l'assiette «spéciale», vous pourrez goûter au poulet *teriyaki*, aux *nigri* sushis ainsi qu'au thé japonais. Le thé vert maison et la glace au gingembre couronneront enfin votre repas à la perfection.

The Diplomat Steak House
$$$
2032 Broad St.
☎ (306) 359-3366
www.thediplomatsteakhouse.com
Cette grilladerie dispose d'un vaste menu de steak, poulet et fruits de mer. Vous pourrez accompagner votre repas d'une bouteille de vin que vous choisirez parmi les 170 crus provenant de plusieurs pays.

Cathedral Village Free House
$$$
2062 Albert St.
☎ (306) 359-1661
Des mets contemporains et nourrissants des quatre coins du globe: un concept qui ne fonctionne pas toujours, mais qui fait tout de même parfois très bien l'affaire. Le déjeuner peut se composer de hamburgers à la viande de bison, de salades, de légumes sautés, de pizzas sur feu de bois et d'autres plats semblables, tandis que le dîner comprend plutôt des pâtes et d'autres spécialités italiennes. Ce restaurant gagne aussi des points pour les huit bières pression qu'il sert. En dépit de son nom quelque peu empâté, il attire une clientèle jeune et branchée, ce qui explique sans doute le fait que le service soit aussi erratique. À tout le moins, il se trouve à proximité de tout, et le décor, avec ses couleurs audacieuses, est invitant.

Le sud de la Saskatchewan

Fort Qu'Appelle

The Country Squire
$$$
route 10
☎ (306) 332-5603

Rattaché à l'auberge du même nom (voir p 574), ce restaurant sert de généreuses et savoureuses portions dans une atmosphère conviviale. Les gens du coin y font souvent un saut pour déguster du saumon grillé, des hamburgers (choix de viandes d'élan, de bison et de bœuf), une bonne salade ou du poisson-frites.

Moose Jaw

Hopkins Dining Parlour
$$-$$$
65 Athabasca St. W.
☎ (306) 692-5995
www.hopkinsdining.com
Le Hopkins Dining Parlour occupe les trois étages d'une magnifique maison victorienne construite en 1905. Le menu du déjeuner affiche des sandwichs et des salades, alors qu'au dîner sont servis viandes, poulet, fruits de mer et pâtes. Soupers médiévaux organisés les vendredis soir des mois de septembre et d'octobre.

- - - - - - - - - - - - - - -
Saskatoon

Liberty's Montreal Smoked Meats
$
101-129 Second Ave. N.
☎ (306) 384-6664
Établi comme par hasard juste à côté du chocolatier belge de Saskatoon, le Canadien français entreprenant du Liberty's s'efforce de reproduire la qualité des *smoked meats* de Montréal, à quelque 3 000 km de distance, et y réussit passablement bien. Sa viande fumée et poivrée, couchée entre deux tranches de pain de seigle et arrosée de généreux jets de moutarde, n'a sans doute pas tout le mordant de sa contrepar-

tie québécoise, mais elle n'en demeure pas moins succulente. Entre autres merveilles, vous trouverez également ici des cornichons marinés maison, une salade de chou toute simple (donc savoureuse et croquante) ainsi qu'un cola aux cerises noires.

Broadway Cafe
$-$$
814 Broadway Ave.
☎ (306) 652-8244
Ce restaurant se trouve en plein cœur du quartier le plus branché de Saskatoon, ce qui risque de vous induire en erreur puisqu'il ne s'agit que d'un simple *diner* servant des hamburgers, des œufs et d'autres plats courants à une foule d'habitués des environs. Le service est rapide et enjoué, mais quelque peu déroutant dans cette province où tout est si décontracté, et nous vous recommandons fermement de rester à l'écart des plats un tant soit peu audacieux qui figurent au menu. Dans l'ensemble, toutefois, attendez-vous à une expérience locale authentique.

Genesis Family Restaurant
$$
901D 22nd St. W.
☎ (306) 244-5516
Largement acclamé comme le meilleur resto-santé de Saskatoon, cet établissement propose une carte plutôt axée sur les mets chinois. *Dim sum* tous les midis.

Wanuskewin Cafe
$$
☎ (306) 931-6767, poste 245
www.wanuskewin.com
Situé à l'intérieur du parc autochtone patrimonial du même nom, immédiatement au nord de Saskatoon, ce petit café présente un bon assortiment

de mets autochtones. Les portions ne sont pas très généreuses, mais les plats sont savoureux, variant d'un nourrissant ragoût de bison accompagné de *bannock* (pain) au filet de bison servi sur lit de riz sauvage. Comme dessert: des pâtisseries arrosées de boissons amérindiennes non alcoolisées mises en bouteille par une firme appartenant à des intérêts autochtones.

Berry Barn
$$
avr à oct
830 Valley Rd.
☎ (306) 978-9797
Située à quelque 10 km au sud de la ville, la Berry Barn est l'occasion d'une agréable sortie à la campagne. Des arbustes gorgés de baies de Saskatoon bordent le terrain de stationnement et laissent présager les délices qui vous attendent à l'intérieur. Tartes, gaufres, sirop et infusion (tous aux fameuses baies, il va sans dire) accompagnent ici de nourrissants repas de pirojkis et de saucisses fermières. La salle à manger rustique en bois de pin offre par ailleurs une très belle vue sur la rivière. Après votre repas, vous pourrez même parcourir la boutique de cadeaux (naturellement axée sur les baies) ou cueillir vos propres fruits. Réservations recommandées.

Mykonos
$$$-$$$$
416 21st St. E.
☎ (306) 665-0606
Le Mykonos sert les habituels fruits de mer, brochettes, agneau et moussaka, quoique les saveurs n'en soient pas tout à fait authentiques. La salle à manger classique se pare

d'un décor méditerranéen qui lui-même n'est pas vraiment grec. Sans doute un peu trop cher, mais tout de même un des meilleurs restaurants en ville. Le service courtois a l'avantage de rendre l'expérience plus agréable.

Saskatoon Station Place
$$$-$$$$
221 Idylwyld Dr. N.
☎ (306) 244-7777
Le Saskatoon Station Place attire les amateurs de décors ferroviaires, de douillettes «voitures-restaurants» rehaussées d'acajou y entourant un semblant de gare. Bien que la Belle Époque soit ici à l'honneur, le service et le menu se veulent plutôt familiaux, avec des mets de base tels que côtes levées, steaks et fruits de mer. On s'en accommode toutefois très bien pour un dîner à l'extérieur, d'autant qu'on peut alors y prendre l'apéro au salon.

Le centre-ouest de la Saskatchewan

Prince Albert

Amy's on Second
$$
2990 Second Ave.
☎ (306) 763-1515
Des produits frais et une approche santé, voilà un agréable changement pour les habitants de cette ville (et les visiteurs de passage) habitués aux plats des sempiternels comptoirs de restauration rapide. Les salades y sont préparées sur commande et s'accompagnent de potages maison. Vous y trouverez aussi des biftecks, du poulet à toutes les sauces et des plats de pâtes.

♪ Sorties

Il y a beaucoup de grands événements annuels en Saskatchewan. Visitez le site Internet de Tourism Saskatchewan *(www.sasktourism.com/events)* pour plus de détails.

■ Bars et discothèques

Saskatoon

La plupart des pubs et des boîtes de nuit de Saskatoon sont regroupés le long de **Second Avenue South**.

Black Duck Freehouse
154 Second Ave. S.
☎ (306) 244-8850
La Black Duck Freehouse est un pub qui sert une douzaine de bières pression et un large éventail de spiritueux. Un endroit détendu pour bavarder, prendre un verre ou même une bouchée dans le centre-ville.

Parmi les établissements nocturnes établis sur Broadway Avenue, mentionnons **The Living Room** *(733 Broadway Ave.,* ☎*306-244-1070)* pour ses cafés et desserts, et **Lydia's** *(650 Broadway Ave.,* ☎*306-652-8595)*, un pub à l'anglaise qui lui fait face.

■ Fêtes et festivals

Regina

Le festival des **Buffalo Days** *(306-781-9200)* dure une semaine chaque été. Il débute habituellement à la fin de juillet et se poursuit pendant les premiers jours d'août. Un pique-nique dominical dans le beau Wascana Centre marque le

début des festivités; se succèdent ensuite une série de spectacles, et le tout se termine par un feu d'artifice.

Saskatoon

Le **SaskTel Saskatchewan Jazz Festival** *(☎306-652-1421, www.saskjazz.com)* fait vibrer le jazz de haut niveau, le gospel et les rythmes du monde aux abords de la rivière pendant 10 jours consécutifs en juin.

Le **Great Northern River Roar** est soit une abomination, soit une grande fête, selon la perception que vous avez des bateaux à moteur filant à toute allure sur la rivière. D'un côté comme de l'autre, vous ne pouvez toutefois ignorer ces courses lorsqu'elles arrivent à Saskatoon en juillet.

Achats

Regina

Les commerces sont concentrés à l'extrémité sud d'Albert Street et à l'extrémité est de Victoria Avenue (respectivement au sud et à l'est de la ville). Le Corwall Centre et le Scarth Street Mall, tous deux au centre-ville, sont de bonnes adresses où magasiner.

Saskatoon

Chocolatier Bernard Callebaut
107-1526 Eighth St. E.
☎ (306) 652-0909
Cette succursale d'une petite chaîne canadienne dont la maison mère se trouve à Calgary sert de somptueux chocolats à la crème ainsi que des tablettes de

La Saskatchewan - Achats

chocolat pur ne contenant que des ingrédients entièrement naturels. Et il ne faut surtout pas oublier les barres de crème glacée trempées dans le chocolat (à la main, s'il vous plaît!), un incomparable délice offert à seulement quelques dollars l'unité.

Sans doute le secteur le plus populaire est-il celui du **Bayside Mall**, au centreville *(255 Second Ave. N.)*. La **Midtown Plaza**, située sur First Avenue South entre 22nd Street East et 20th Street East, constitue cependant une autre bonne option.

The Original Bulk Cheese Warehouse
732 Broadway Ave.
☎ (306) 652-8008

L'Original Bulk Cheese Warehouse est l'endroit tout indiqué pour faire le plein de provisions en vue d'un pique-nique, qu'il s'agisse de samosas (amuse-gueules indiens), de quiches, de salades, de couronnes de crevettes ou de desserts, sans parler d'un impressionnant assortiment de fromages (dont une mozzarella au lait de bisonne).

Le Manitoba

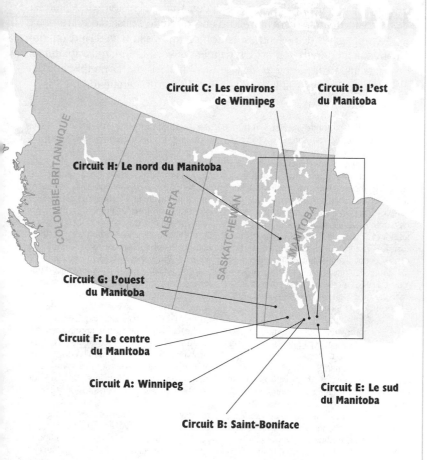

Circuit C: Les environs de Winnipeg

Circuit D: L'est du Manitoba

Circuit H: Le nord du Manitoba

COLOMBIE-BRITANNIQUE

ALBERTA

SASKATCHEWAN

MANITOBA

Circuit G: L'ouest du Manitoba

Circuit F: Le centre du Manitoba

Circuit A: Winnipeg

Circuit E: Le sud du Manitoba

Circuit B: Saint-Boniface

Accès et déplacements	584
Renseignements utiles	584
Attraits touristiques	585
Parcs	600
Activités de plein air	603
Hébergement	605
Restaurants	609
Sorties	611
Achats	613

Le Manitoba

Manitou (le Grand Esprit), mot amérindien, est à l'origine du nom de province du Manitoba, jadis un territoire peuplé de seulement quelques nations autochtones qui croyaient que les rapides du lac Manitoba représentaient sa voix.

Puis, avec l'arrivée des Français et des Anglais, l'histoire du Manitoba devint très rapidement celle d'une querelle constante entre deux compagnies de pelleteries: la Compagnie de la Baie d'Hudson, qui appartenait aux Anglais, et la Compagnie du Nord-Ouest, qui appartenait aux Français. Cette dernière vit le jour plus tard que la première, mais elle parvint néanmoins à la supplanter pendant un certain temps.

À cet égard, l'explorateur canadien-français Pierre Gauthier de Varennes et de La Vérendrye a exercé une influence pour le moins marquante sur le commerce des fourrures. Il fut entre autres le premier Blanc à pénétrer dans les prairies du Manitoba, et ses comptoirs de traite ont rassemblé des populations appelées à créer les communautés de Dauphin, The Pas, Selkirk et Portage la Prairie. Cette influence française perdure d'ailleurs encore de nos jours; de fait, Saint-Boniface, banlieue est de Winnipeg annexée à la capitale provinciale en 1972, possède la plus importante concentration de francophones au Canada à l'ouest du Québec.

Les Métis comptaient pour une part importante de la population francophone dans les Territoires du Nord-Ouest de l'époque. Descendants de trappeurs français et d'Autochtones, les Métis, catholiques et francophones, vivaient au confluent de la rivière Rouge et de la rivière Assiniboine, sur ces territoires qui furent annexés au Canada en 1869. Craignant de perdre leur langue, leurs traditions d'enseignement, leur liberté religieuse et surtout leurs terres, ils nommèrent Louis Riel à leur tête pour les guider dans leur quête d'une forme de gouvernement responsable sur leur territoire. Mais le peu qu'ils parvinrent à obtenir leur fut peu à peu retiré, ce qui poussa les Blancs et les Métis à former ensemble leur propre gouvernement provisoire. Le tollé soulevé par le procès et l'exécution de l'Ontarien Thomas Scott, accusé d'avoir défié l'autorité dudit gouvernement, a cependant obligé Riel à s'exiler aux États-Unis. Il devait toutefois revenir au Canada, en Saskatchewan cette fois, pour poursuivre sa lutte et mener la rébellion du Nord-Ouest. Riel, l'homme qui aurait pu devenir le premier premier ministre du Manitoba, fut finalement pendu pour trahison en 1885, et beaucoup le considèrent comme un martyr depuis cette date.

Les influences ukrainiennes et mennonites, ces peuples qui se sont établis au Manitoba au moment de la «découverte» de l'Ouest canadien, se font également sentir dans cette province, de même que celles des nombreux immigrants islandais. En 1875, une succession d'éruptions volcaniques a en effet conduit en Amérique du Nord de nombreux Islandais à la recherche d'une terre hospitalière. Or, beaucoup d'entre eux s'établirent dans l'est du Manitoba, aux abords des lacs Winnipeg et Manitoba, où ils mirent à profit leur expérience de la pêche en eau salée pour faire valoir leur aptitude à capturer le corégone. Les Manitobains ont déployé moult efforts pour préserver l'histoire de tous ces immigrants, qu'ils font aujourd'hui revivre dans de nombreux musées et parcs historiques.

Il est vrai que, aplatie par les grands glaciers de la dernière époque glaciaire, la partie sud de la province ne comporte aucune dénivellation. Là où des milliers de kilomètres carrés de hautes prairies ininterrompues ondulaient autrefois sous l'effet du vent, poussent aujourd'hui des champs colorés couverts de blé dur, de lin, de canola et de tournesol. Et dans les régions humides, des milliers de petits marais accueillent une variété d'espèces aquatiques d'ici et d'ailleurs.

Cependant, la topographie de la province présente aussi des terres agricoles fertiles et d'immenses lacs autour desquels d'innombrables oiseaux ont élu domicile. En réalité, la partie plane de la province ne compte que pour 40% de sa superficie totale; le reste se compose de collines et de

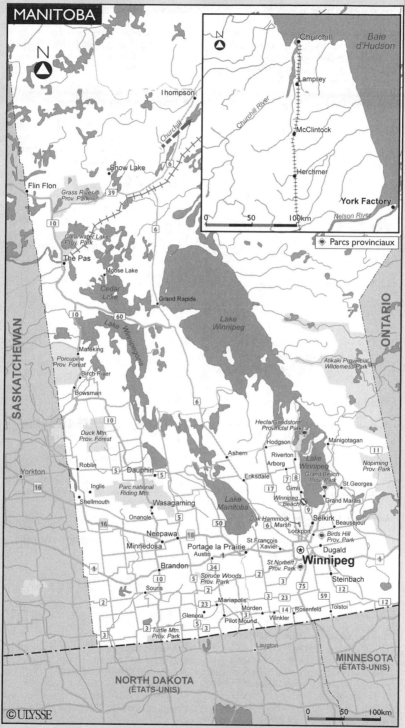

MANITOBA

cours d'eau sculptés dans le Bouclier canadien, cet immense anneau de roche dure et ancienne qui entoure la baie d'Hudson et qui se fait plus visible ici et dans le nord de l'Ontario. De profondes forêts de pins, des falaises et des lacs se disputent cette surface, et il n'est pas rare d'y voir des élans (orignaux), des cerfs et des ours, à condition de regarder aux bons endroits.

Dans le Grand Nord peu peuplé, la taïga devient prédominante et la faune, plus spectaculaire encore, puisque bélugas et ours polaires y envahissent les lumineux étés subarctiques.

Accès et déplacements

■ En avion

Le **Winnipeg International Airport** *(www.waa. ca)* se trouve à environ 5 km du centreville.

Entre autres compagnies aériennes, **Air Canada** *(☎888-247-2262, www.aircanada.ca)* assure le transport des passagers entre Winnipeg et les villes importantes du pays.

■ En voiture

La route transcanadienne (route 1) traverse tout le sud du Manitoba en passant par Winnipeg. Un bon réseau routier sillonne la province.

■ En autocar

Greyhound Canada *(☎800-661-8747, www. greyhound.ca)* dessert très bien les principales villes et villages du Manitoba. À Winnipeg, la gare d'autocars se trouve au centre-ville à l'angle de l'avenue Portage et de la rue Colony.

■ En train

La ligne transcanadienne de **VIA Rail** *(☎888-842-7245)* passe par le Manitoba, et le train s'arrête habituellement à Winnipeg vers 16h (direction ouest) ou 11h (direction est). La grandiose **Union Station de Winnipeg** *(132 Main St.)*, située en plein centre-ville à l'angle de l'avenue Broadway et de la rue Main, est la plus grande gare ferroviaire du

Manitoba et le point d'arrêt habituel des trains.

Des gares plus modestes se trouvent à Brandon, à Portage la Prairie et dans d'autres petits villages le long de la route transcanadienne.

■ Transport en commun

Winnipeg Transit *(☎204-986-5717, www.winni pegtransit.com)*, qui occupe des bureaux souterrains à l'angle de l'avenue Portage et de la rue Main, exploite un réseau d'autobus efficace; le droit de passage est de 1,85$, ou un peu moins si vous achetez une lisière de billets. Des cartes d'accès hebdomadaires sont aussi disponibles. De plus, Winnipeg Transit offre un service gratuit de navette entre les principaux attraits du centre-ville de Winnipeg, le *Downtown Spirit*.

La ville met en outre à votre disposition une ligne d'information téléphonique sur le transport en commun *(☎204-986-5700)*.

■ Taxis

Unicity *(☎204-925-3131)* est la principale compagnie de taxis à Winnipeg.

Renseignements utiles

■ Bureau de poste

Le principal bureau de poste de Winnipeg est situé au centre-ville *(266 Graham Ave., ☎204-987-5054)*.

■ Bureaux de renseignements touristiques

Travel Manitoba
155 Carlton St., Seventh Floor,
Winnipeg, MB, R3C 3H8
☎800-665-0040
www.travelmanitoba.com

Destination Winnipeg
259 Portage Ave., Winnipeg
☎204-943-1970 ou 800-665-0204
www.destinationwinnipeg.ca
Ce bureau d'information touristique est ouvert en semaine à longueur d'année, de

8h30 à 16h30. Il y a aussi un bureau de tourisme à l'aéroport (☎204-982-7543).

Bureau de tourisme Riel
219 boul. Provencher, Saint-Boniface
☎(204) 233-8343 ou 866-808-8338
www.tourismeriel.com
Ouvert toute l'année, le bureau de tourisme Riel fournit de l'information sur les communautés francophones du Manitoba, dont Saint-Boniface.

L'**Explore Manitoba Centre** *(10h à 18h; 24 Forks Market Rd., Winnipeg,* ☎*204-945-3777 ou 800-665-0040, www.travelmanitoba.com)*, à l'intérieur du Forks Johnston Terminal, est ouvert toute l'année. Dans les autres régions de la province, les heures d'ouverture des bureaux de tourisme varient grandement, mais les plus importants restent ouverts à longueur d'année.

■ Climat

Les étés sont chauds et secs. Cependant l'hiver apporte des températures très basses et des tempêtes de neige. La température peut chuter en deçà de –30°C, le facteur vent contribuant à créer une sensation de froid plus intense encore. C'est pourquoi vous devez prendre les précautions nécessaires, surtout si vous prévoyez vous déplacer en dehors des villes durant l'hiver. Pour de l'information récente sur les conditions météorologiques à Winnipeg, composez le ☎(204) 983-2050. Pour les conditions routières, appelez au ☎(204) 945-3704.

■ Sécurité

Dans l'ensemble, le Manitoba ne présente aucun danger, bien qu'on rapporte des vols de voitures dans certains secteurs du centre-ville de Winnipeg. Le service policier de la ville possède 17 postes répartis à travers six quartiers; faites le ☎911 pour les urgences. Il y a également un détachement de la **Gendarmerie royale du Canada** *(1091 Portage Ave.,* ☎*204-983-2091)* en ville.

L'**Association canadienne des automobilistes (CAA)** a des bureaux dans la plupart des grandes villes de la province. Elle fournit de l'assistance et de l'information routière à ses membres.

Winnipeg
870 Empress St.

☎(204) 987-6100 ou 987-6166
501 St. Anne's Rd.
☎(204) 987-6200
2211 McPhillips St.
☎(204) 987-6222

Brandon
20-1300 18th St.
☎(204) 571-4111

Altona
61 Second Ave. NE
☎(204) 324-8474

Attraits touristiques

Ce chapitre se divise en huit circuits:

Circuit A: Winnipeg ★★

Circuit B: Saint-Boniface ★★

Circuit C: Les environs de Winnipeg

Circuit D: L'est du Manitoba

Circuit E: Le sud du Manitoba

Circuit F: Le centre du Manitoba

Circuit G: L'ouest du Manitoba

Circuit H: Le nord du Manitoba

- -

Circuit A: Winnipeg
★★

Winnipeg, une authentique métropole de plus de 700 000 habitants, s'élève des plaines au point de convergence de deux rivières. Avec sa population hétéroclite, sa vibrante communauté artistique, ses nombreux restaurants et son centre-ville historique, c'est le point de départ le plus plausible vers les autres destinations de la province. Le nom de la capitale manitobaine est d'origine crie (*Win-nipi* ou «eaux boueuses»), et les Amérindiens l'avaient d'abord donné au lac éponyme qui se trouve à 65 km au nord de Winnipeg.

La ville doit son existence à un Écossais du nom de Thomas Douglas, 5ᵉ comte de Selkirk, qui fonda sur les lieux une colonie de 187 000 km² à laquelle il donna le nom de "Red River Colony" (un monument au bout de l'avenue Alexander en marque l'emplacement exact). Douglas agissait à titre d'émissaire pour le compte de la Compagnie de la Baie d'Hudson, et ses charges lui permettaient de lotir des *river lots*, soit de longues et étroites parcelles de terre dont une extrémité donnait sur la rivière (Rouge).

Toutes les routes de Winnipeg semblent, depuis toujours, mener à **The Forks** ★★ *(derrière l'Union Station, angle York St. et Broadway Ave.,* ☎*204-957-7618, www.theforks.com)*, ce point de convergence fertile des rivières Rouge et Assiniboine choisi comme lieu de campement par les premiers peuples autochtones des environs, et plus tard devenu le camp de base de la Compagnie du Nord-Ouest, la première entreprise de pelleterie de la région. Le siège social *(77 Main St.)* se trouve encore d'ailleurs en face de son emplacement d'origine, de l'autre côté d'une rue passante, près de l'Upper Fort Garry Gate, le seul vestige du fort historique qui fut érigé ici dans les années 1830, et dont il ne reste plus que la porte nord. Aujourd'hui, toutefois, on associe plutôt The Forks au marché couvert du même nom.

À l'intérieur, on retrouve des douzaines de comptoirs avec des vendeurs en tous genres, proposant à qui mieux mieux du poisson frais, des friandises, des denrées multiethniques, du yogourt glacé et des bijoux confectionnés à la main. Il y a même

une voyante! Beaucoup d'événements se déroulent sur cette place à proximité du marché, et plusieurs restaurants sont agrémentés de terrasses charmantes. Il y a une petite marina où l'on peut louer des canots en été.

À l'intérieur du même complexe, mais dans un autre édifice, se trouve le **Manitoba Children's Museum** ★★★ *(5,50$; dim-jeu 9h30 à 16h30, ven-sam 9h30 à 20h; 45 Forks Market Rd.,* ☎*204-924-4000, www.childrensmuseum. com)*. Le bâtiment a jadis servi d'entrepôt ferroviaire et regroupait à l'époque un hangar de locomotives, des ateliers de réparation ainsi qu'une forge. Aujourd'hui, on y crée des éléments d'exposition variés, tels un studio de télévision opérationnel et une locomotive diesel des années 1950.

Les amateurs de sport seront intéressés par la vitrine intitulée *Goals for Kids* (des buts pour les enfants), qui, par le biais de divers objets liés aux Jets de Winnipeg, rend hommage à cette équipe de la Ligue nationale de hockey aujourd'hui disparue.

On retrouve aussi aux Forks le terrain de baseball CanWest Global et le Manitoba Theatre For Young People, un édifice de conception imaginative. Informez-vous, à l'intérieur, de son programme d'activités axées sur la famille.

On peut faire de belles promenades le long des sentiers au bord de la rivière Rouge,

---

⭐ ATTRAITS TOURISTIQUES

1. DY	The Forks	
2. DY	Manitoba Children's Museum	
3. DY	Esplanade Riel Pedestrian Bridge	
4. DY	Union Station	
5. CY	Dalnavert Museum	
6. CY	Manitoba Legislative Building	
7. CY	Winnipeg Art Gallery	
8. CX	Exchange District	
9. CX	Old Market Square	
10. DX	Grain Exchange	
11. CX	Paris Building	
12. CY	Birks Building	
13. CX	Alexander Block	
14. CX	Notre Dame Chambers	
15. CX	Artspace	
16. CX	Plug In Institute of Contemporary Art	
17. DX	Manitoba Museum (Planetarium et Science Gallery)	
18. DX	Circle of Life Thunderbird House	
19. DX	CP Rail Station	
20. DX	Ukrainian Orthodox Church	
21. DY	Cathédrale de Saint-Boniface (maison de l'archevêque et tombe de Louis Riel)	
22. DY	Collège de Saint-Boniface	
23. DY	Musée de Saint-Boniface	
24. EX	Hôtel de ville de Saint-Boniface	
25. EY	Centre Culturel Franco-Manitobain	
26. EY	Maison Gabrielle-Roy	
27. EZ	Royal Canadian Mint	
28. CZ	Osborne Village	
29. CZ	Gas Station Theatre	
30. AZ	Assiniboine Park (Duck Pond, jardins anglais, Leo Mol Sculpture Garden et Assiniboine Park Zoo)	
31. AY	Living Prairie Museum	
32. CZ	Fort Whyte Nature Centre	
33. CZ	Lieu historique national de la Maison-Riel	
34. CZ	St. Norbert Market	

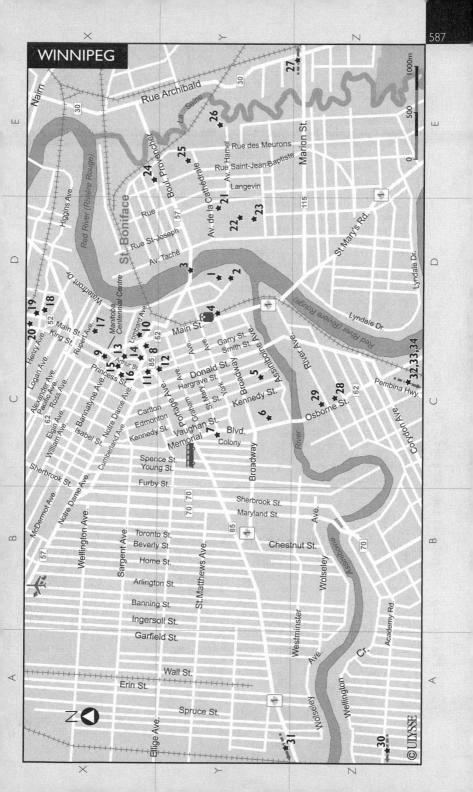

tout en profitant d'une belle vue de la ville de Saint-Boniface et, surtout, de sa basilique (voir p 590), juste de l'autre côté de la rivière. Inauguré en 2003, l'impressionnant **Esplanade Riel Pedestrian Bridge** ★ permet aux piétons de se rendre à Saint-Boniface. Une bonne brise et une belle vue les y attendent. Ils peuvent aussi s'arrêter en chemin pour une crème glacée ou un hamburger au restaurant installé directement sur le pont.

Voisine du complexe The Forks, face au centre-ville, se dresse l'**Union Station** ★ *(132 Main St.)*, créée par la même équipe d'architectes que la Grand Central Station de New York. La station a été construite pendant l'âge d'or de Winnipeg, à l'époque où la ville était considérée comme la «porte de l'Ouest», et donc un centre économique important. Elle arbore un immense dôme dont l'intérieur est tapissé de rose et de blanc, et percé de fenêtres en forme de demi-cercle. Les murs se parent quant à eux du célèbre calcaire local dolomitique de Tyndall.

Un peu plus loin, sur l'avenue Assiniboine, le **Dalnavert Museum** ★ *(5$; mer-sam 11h à 18h, dim 12h à 16h; 61 Carlton St., ☎204-943-2835, www.mhs.mb.ca)* se présente comme une vieille résidence de style néo-Reine-Anne construite pour Sir Hugh John Macdonald, fils de l'ex-premier ministre John A. Macdonald. Son intérêt tient à son mobilier d'époque et au fait qu'elle fut une des toutes premières résidences de la ville à être dotée de l'eau courante.

Quelques rues plus à l'ouest par l'avenue Assiniboine, ou, le long de la rivière, surgit le **Manitoba Legislative Building** ★★★ *(entrée libre; tlj 8h à 20h; visites guidées juil et août tlj 9h à 16h; 450 Broadway, ☎204-945-5813)*. C'est à l'intérieur de cet impressionnant édifice, rehaussé d'accents intéressants (chemins de fer en pierres fossilisées, deux bisons de bronze et un buste de Cartier), que se déroulent les sessions parlementaires de la province. Son dôme est surmonté du **Golden Boy** ★★, une sculpture française haute de 5,25 m à l'effigie d'un jeune garçon portant une gerbe de blé sous un bras et levant de l'autre un flambeau vers le ciel. En été, des tours guidées ont lieu en français et en anglais toutes les heures.

Autour du "Leg" s'étendent des jardins paysagers où l'on retrouve des statues honorant le chef métis Louis Riel, le poète écossais Robert Burns et le poète et héro national ukrainien Taras Shevchenko.

La **Winnipeg Art Gallery** ★★★ *(6$; mar et jeu-dim 11h à 17h, mer jusqu'à 21h; 300 Memorial Blvd., ☎204-786-6641, www.wag.mb.ca)*, aménagée dans un bâtiment spectaculaire de forme triangulaire, est reconnue pour sa vaste collection d'art et de sculptures inuites. Fondé en 1912, ce musée présente de tout, des tapisseries flamandes du XVIe siècle aux arts modernes; il est particulièrement riche en œuvres d'artistes canadiens, en porcelaines décoratives et en argenterie. Des œuvres autochtones sont aussi présentées sur la mezzanine dans le cadre d'expositions temporaires. On y trouve aussi une boutique de cadeaux, de même qu'un agréable restaurant au niveau supérieur, avec terrasse.

Notez qu'une des meilleures façons de se familiariser avec l'histoire et l'architecture du centre-ville de Winnipeg consiste à prendre part à l'un ou l'autre des **Exchange District Walking Tours** *(6$; juin à sept, lorsque la température le permet; ☎204-942-6716)*. Ces visites à pied guidées, d'une durée variant entre 1 heure 30 min et deux heures, sont offertes en anglais, quoique vous puissiez vous informer de la possibilité d'obtenir un guide francophone. Certaines des visites portent sur des thèmes précis, comme la grève générale de 1919, le quartier des spectacles de la ville (Theatre District) ou le Grain Exchange.

L'**Exchange District** ★★★, à proximité du centre-ville, près de l'angle de Portage et de Main, constitue l'ancien quartier des entrepôts de Winnipeg. Aujourd'hui cependant, ses immeubles industriels de style sont recouverts de peinture fraîche et abritent de nouveaux occupants, entre autres des antiquaires, des librairies et des compagnies théâtrales. Le quartier, qui a été désigné comme lieu national historique par le gouvernement fédéral en 1997, compte plusieurs superbes édifices érigés dans le style architectural de l'école de Chicago, ce qui valut autrefois à la ville le surnom de «Chicago du Nord».

Le quartier se trouve près de l'**Old Market Square**, un petit parc où sont souvent présentés des concerts en plein air. Le Winnipeg Fringe Theatre Festival s'y déroule également en juillet (voir p 611).

Vous découvrirez certains des plus beaux bâtiments en vous baladant dans les environs de la rue Albert et de l'avenue Notre-Dame. Tout juste au sud d'Old Market Square se trouve le Red River College, installé derrière la façade de l'ancien édifice du **Grain Exchange** ★ *(Lombard Ave.)*. Les visiteurs peuvent y admirer les vestiges préservés de cet impressionnant ensemble de structures judicieusement intégré à l'aménagement moderne.

Le **Paris Building** *(259 Portage Ave.)* arbore de nombreux ornements architecturaux, comme des voûtes, des urnes, des cupidons et d'autres éléments décoratifs en terre cuite. Tout près, de l'autre côté de l'avenue Portage, le **Birks Building** *(angle Smith St. et Portage Ave.)* révèle une mosaïque égyptienne. Le bâtiment a été restauré en l'an 2000.

À proximité, mais loin de l'incessante circulation de l'avenue Portage, se trouve l'**Alexander Block** *(78-86 Albert St.)*, la première construction de style édouardien du quartier et la seule résidence représentative de ce style. Finalement, à quelques pas de là, sur la rue Albert, se dressent les spectaculaires **Notre Dame Chambers** *(213 Notre Dame Ave.)*, aussi connues sous le nom d'Electric Railway Chambers Building. Il s'agit d'un immeuble ocre brun au sommet voûté et illuminé de quelque 6 000 ampoules blanches la nuit.

L'Exchange District recèle également nombre de petites galeries indépendantes qui se spécialisent dans l'art contemporain. Pour vous tremper dans l'ambiance du quartier, faites un saut à l'**Artspace** *(100 Arthur St.)*, où sont rassemblées sous un même toit 27 organismes artistiques. Vous trouverez à l'entrée une foule de renseignements sur les événements et expositions en cours. L'édifice abrite aussi la **Cinémathèque**, où sont projetés des films produits par des réalisateurs indépendants. Vous trouverez par ailleurs des expositions multimédias tout à fait avant-gardistes dans la **Plug In Institute of Contemporary Art** *(entrée libre; mar, mer et ven-sam 11h à 17h, jeu jusqu'à 20h; 286 McDermot Ave.,* ☎*204-942-1043, www.plugin. org)*, à quelques rues de là.

Les plus beaux musées de Winnipeg se trouvent tout près de l'Exchange District. Le **Manitoba Museum** ★★★ *(8$; mai à oct tlj 10h à 17h; le reste de l'année mar-ven 10h à 16h, sam-dim et jours fériés 11h à 16h; 190 Rupert Ave.,* ☎*204-956-2830, www.manitobamuseum.*

mb.ca) s'impose comme le plus beau de tous, véritable tour de force mettant l'accent sur l'histoire naturelle et sociale du Manitoba. Diverses galeries instruisent les visiteurs sur la géologie de la province, l'écologie des Prairies, l'écologie arctique – le clou est un diorama sur les ours polaires – ainsi que l'histoire amérindienne grâce aux collections acquises auprès de la Compagnie de la Baie d'Hudson. D'autres salles d'exposition spéciales illustrent le voyage du navire anglais *Nonsuch* (qui a permis à la Compagnie de la Baie d'Hudson de s'implanter dans l'Ouest canadien en 1670), une réplique de ce navire permettant aux visiteurs de visiter les cabines et le pont principal, ainsi que la construction d'un chemin de fer menant à la ville portuaire de Churchill, dans le nord du Manitoba.

La visite se termine par une reconstitution historique très appréciée et bien conçue du centre-ville de Winnipeg à la fin du XIXe siècle, intégrant une cordonnerie, une chapelle, une salle de cinéma et beaucoup plus encore. La **Hudson's Bay Company Gallery** ★ présente une collection impressionnante d'objets reliés à la Compagnie de la Baie d'Hudson. Le musée en lui-même est incontournable. Parmi les autres attraits qui vous attendent au niveau inférieur du même immeuble, retenons le **Planetarium** *(6,50$; même horaire que le musée, représentations en soirée;* ☎*204-956-2830)* et la **Science Gallery** *(6,50$; même horaire que le musée)*, où les enfants s'instruisent à propos de la science et des technologies à l'aide d'activités spécialement conçues à cet effet.

Un peu plus au nord sur Main Street se trouve la **Circle of Life Thunderbird House** ★★ *(lun-ven 9h à 17h; angle Higgins Ave. et Main St.,* ☎*204-940-4240, www.thunderbirdhouse.com)*. Œuvre du renommé architecte Douglas Cardinal, l'édifice évoque la forme d'un aigle et se veut un centre spirituel pour la communauté amérindienne. Des cérémonies de huttes de sudation *(sweat lodges)* y sont tenues toute la semaine, et les visiteurs peuvent y assister. De l'autre côté de Higgins Avenue se dresse la monumentale **CP Rail Station** ★, où débarquèrent plusieurs des premiers immigrants du Manitoba. Aujourd'hui, la gare abrite différents organismes amérindiens. Jetez un coup d'œil sur la magnifique rotonde à l'intérieur.

À l'extrémité nord de la ville, sur North Main Street, l'**Ukrainian Orthodox Church** ★★

est un des points d'intérêt les plus distinctifs de la ville avec ses jolis tons bordeaux et dorés ainsi qu'avec son dôme typiquement ukrainien. L'église abrite une collection d'artisanat ukrainien, une bibliothèque et une boutique de souvenirs.

Circuit B: Saint-Boniface
★★

Juste de l'autre côté de la rivière Rouge, à Saint-Boniface, les murs facilement reconnaissables de la **cathédrale de Saint-Boniface** ★★ *(190 av. de la Cathédrale)* doivent absolument être vus. Ils constituent en effet la seule partie de l'église qui n'a pas été détruite pendant l'incendie qui l'a rasée en 1968, mais ils demeurent toutefois très impressionnants, d'autant qu'il s'agissait de la quatrième cathédrale à être érigée à cet endroit. Il n'est donc pas surprenant que ce temple demeure une sorte de lieu de pèlerinage pour les francophones. L'immense ouverture circulaire que vous apercevez dans la pierre accueillait autrefois une grande rosace. La **maison de l'archevêque** *(151 av. de la Cathédrale)* est située tout près, et elle est un des plus vieux bâtiments en pierre de l'ouest du Canada encore debout.

Située dans le cimetière de la cathédrale Saint-Boniface, la **tombe de Louis Riel** est marquée d'une simple pierre rouge sur la pelouse frontale, un bien maigre hommage à l'homme célèbre qui y repose. D'autres pierres tombales dispersées tout autour appartiennent à des colons français et à des Métis, entre autres le chef One Arrow. **In Riel's Footsteps** *(6,25$; juil et août mer-dim à 14h et 16h; les visites en langues anglaise et française alternent; ☎204-233-8343)* offre une visite animée du cimetière, d'une durée de 45 min. Des acteurs y font revivre Louis Riel et plusieurs autres personnages qui ont marqué l'histoire du Manitoba.

Derrière la cathédrale de Saint-Boniface surgit le dôme argenté du **Collège de Saint-Boniface** *(200 av. de la Cathédrale)*, dont la fondation remonte au XIXe siècle. Une statue controversée de Louis Riel se dresse devant son entrée est.

À la porte voisine de la cathédrale se trouve le **Musée de Saint-Boniface** ★★ *(3$; fin sept à fin mai lun-sam 9h à 17h, dim 12h à 16h, fin mai à fin sept lun-ven 9h à 17h, sam 10h à 17h, dim 10h à 18h; 494 av. Taché, ☎204-237-4500),*

construit en 1846. Cet ancien couvent raconte des histoires fascinantes sur les racines françaises de la ville; il s'agit du plus vieux bâtiment de Winnipeg et d'une des plus grandes structures en bois rond en Amérique du Nord. Le musée relate la vie des Canadiens français et des Métis, mais le point saillant demeure sa vaste collection d'objets liés à Louis Riel. De plus, il raconte l'histoire des Sœurs Grises qui ont fondé le couvent après avoir parcouru quelque 2 400 km en canot depuis Montréal.

En marchant vers le nord le long de la rivière, vous atteindrez le boulevard Provencher, la principale artère commerciale et ludique de Saint-Boniface, d'ailleurs bordée de quelques boutiques et établissements d'intérêt. L'ancien **hôtel de ville de Saint-Boniface** *(219 boul. Provencher)* et le récent **Centre Culturel Franco-Manitobain** *(340 boul. Provencher)* se trouvent également sur cette rue.

Les passionnés de Gabrielle Roy peuvent voir au passage la maison où elle a grandi et où se déroule l'action de plusieurs de ses romans, entre autres un de ses plus célèbres, *Rue Deschambault*. La **Maison Gabrielle-Roy** ★★ *(4$; juin à août lun-ven 10h à 17h, sam-dim 13h à 17h, sept à mai mer-dim 13h à 16h; 375 rue Deschambault, ☎204-231-3853, www.maisongabrielleroy.mb.ca)* posera un remarquable coup d'œil sur la vie de cette célèbre auteure canadienne-française. Le rez-de-chaussée de la maison a été magnifiquement restauré et compte plusieurs meubles d'époque, alors que les étages supérieurs sont dédiés à la vie de l'auteure. Visitez le petit grenier où l'imagination de la jeune écrivaine prit son premier envol alors qu'elle contemplait le paysage de la fenêtre. Des visites guidées permettent de faire le lien entre les œuvres littéraires de Gabrielle Roy et les événements qui ont marqué la vie de sa famille.

À l'est de Saint-Boniface, aux abords de la ville, s'élève l'ultramoderne **Royal Canadian Mint** ★ *(2$, entrée libre fin sept à début mai lun-ven 10h à 14h; début mai à fin sept lun-ven 9h à 17h, sam 10h à 14h, fin sept à début mai lun-ven 10h à 14h; 250 boul. Lagimodière, ☎204-983-6429 ou 866-822-6724),* l'endroit où toute la monnaie canadienne en circulation, ainsi que plusieurs monnaies étrangères, sont produites. Des visites guidées et des galeries d'observation permettent d'apprécier les techniques de fabrication utilisées.

Circuit C: Les environs de Winnipeg

Au sud de la rivière Assiniboine, quoiqu'il soit facilement accessible par des voies pédestres et le Memorial Boulevard, l'**Osborne Village** est reconnu comme le secteur le plus à la mode en ville, boutiques et restaurants fusant de partout. On vient ici pour fureter, prendre un café ou assister à l'un ou l'autre des spectacles variés du **Gas Station Theatre** *(445 River Ave.,* ☎*204-284-9477),* qui présente un peu de tout, du théâtre à proprement parler aux concerts, en passant par les spectacles de danse et les improvisations à saveur humoristique.

L'**Assiniboine Park** ★★ est une destination populaire auprès des marcheurs et des cyclistes. De longues allées d'arbres bordent la rivière éponyme et s'ouvrent sur de grandes aires gazonnées où les familles viennent pique-niquer ou jouer au frisbee. En hiver, il est possible de patiner sur fond musical au **Duck Pond**, ou encore de profiter des pistes de ski de fond du parc.

Tout près, les **jardins anglais** ★★ vous réservent une merveilleuse surprise lorsqu'ils sont en fleurs; vous y verrez des tapis floraux de marguerites, de soucis, de bégonias et autres, disposés de façon artistique sous de sombres colonnes d'épinettes broussailleuses.

Les jardins se confondent avec le **Leo Mol Sculpture Garden** ★★ *(entrée libre; début juin à fin sept tlj 12h à 20h;* ☎*204-986-6531),* une section adjacente regroupant les œuvres d'un seul sculpteur, soit Mol, un Ukrainien qui a immigré à Winnipeg en 1949 et créé, entre autres, des ours, des chevreuils et des silhouettes nues qui se baignent, tous plus fantaisistes les uns que les autres. Une **galerie** *(entrée libre; juin à sept tlj 10h à 18h;* ☎*204-895-7554)* vitrée expose d'autres de ses œuvres par centaines, un bassin réfléchissant capture la grâce de plusieurs de ses créations, et les curieux peuvent visiter son atelier et une boutique de souvenirs, derrière la galerie.

L'attrait le plus prisé du parc est l'**Assiniboine Park Zoo** ★★★ *(4,25$; tlj 10h à 16h, sam-dim jusqu'à 18h;* ☎*204-986-2327, www.zoosociety. com).* Plus de 1 600 animaux y vivent, y compris un lynx russe, un ours polaire, un kangourou, des harfangs des neiges et des grands ducs; on y trouve même des espèces aussi exotiques que la vigogne sud-américain et des tigres de Sibérie. De plus, une statue de l'ours *Winnie* sur le site du zoo honore les origines du célèbre *Pooh,* un ourson acheté en Ontario par un soldat de Winnipeg et amené en Angleterre, où l'auteur A.A. Milne le vit et diffusa son histoire pour le grand bonheur des enfants du monde entier.

Le ***Prairie Dog Central*** *(15$; mai, juin et sept dim et jours fériés 10h et 15h, juil et août sam-dim et jours fériés 10h et 15h; 0,5 km au nord d'Inkster Blvd. sur Prairie Dog Trail;* ☎*204-832-5259 ou 888-780-7328)* est un train à vapeur qui date de 1882 et qui accueille les visiteurs à son bord pour une balade unique de 2 heures 30 min jusqu'à Warren, au nord-ouest de Winnipeg.

On dit du **Living Prairie Museum**, situé dans la banlieue ouest de Winnipeg, qu'il renferme les derniers vestiges des hautes prairies du Canada. Si tel est bien le cas, ces 14 ha témoignent brutalement de la perte des vastes prairies d'antan, puisqu'il s'agit d'un petit terrain peu impressionnant entouré d'un aérodrome, d'une école et d'ensembles résidentiels. Bref, on ne s'y sent nullement au cœur d'une vaste prairie. Toutefois, l'**Interpretation Centre** ★ *(entrée libre; mai à juin 10h à 17h, juil et août tlj 10h à 17h; 2795 Ness Ave.,* ☎*204-832-0167),* situé juste à côté, recrée et explique bien ce qui existait ici auparavant, et un festival annuel, tenu en septembre, attire davantage l'attention sur cet écosystème particulier.

Quelque peu au sud-ouest du centre-ville, le **Fort Whyte Nature Centre** ★★ *(5$; lun-ven tlj 9h à 17h, sam-dim tlj 10h à 17h, heures de fermeture prolongées en été; 1961 McCreary Rd.,* ☎*204-989-8355, www.fortwhyte.org)* s'impose comme un refuge naturel un peu plus vivant qui propose plusieurs activités pour les jeunes et les moins jeunes. Le fascinant centre d'accueil des visiteurs, entièrement fait de matières recyclées, renferme un espace aéré et lumineux. Un agréable café offre une belle vue sur de petits lacs où il est possible de louer des canots. À l'extérieur du centre se trouvent une cabane à toit de terre et un enclos à bisons, de même que plusieurs courts sentiers pédestres qui traversent la forêt et les marécages environnants, propices à l'observation des oiseaux et autres petits animaux. Son centre d'interprétation renferme en outre un aquarium, une ruche d'enseignement et d'autres expositions conçues pour favoriser la participation des enfants.

La minuscule maison Riel a accueilli le fameux chef métis Louis Riel et sa famille pendant de nombreuses années et a ensuite appartenu à ses descendants jusqu'en 1969. La dépouille de Riel y a été exposée en décembre 1885. Par ailleurs, bien qu'on mette l'accent sur la vie de Riel, le **Lieu historique national de la Maison-Riel** ★★★ *(contribution volontaire de 4$; mi-mai à début sept tlj 10h à 18h; 330 River Rd., au sud de Bishop Grandin Blvd., St. Vital,* ☎*204-257-1783)* dépeint de façon troublante la vie des Métis à l'époque de la colonie de la Red River. Des visites guidées sont offertes en français et en anglais.

Le **St. Norbert Market** *(fin juin à mi-oct sam 8h à 15h, juil. et août aussi mer 13h à 19h; 849 Elise St.,* ☎*204-275-8349)* se trouve au sud de Winnipeg, dans le périmètre du côté est de l'autoroute Pembira. Durant la saison estivale, on y vient de tout le sud du Manitoba pour vendre divers produits sur des étals en plein air, entre autres des fruits et légumes cultivés dans la région, des produits de boulange maison, des plantes, de l'artisanat et des saucisses de fabrication mennonite traditionnelle.

Circuit D: L'est du Manitoba

Dugald

Juste à l'est de Winnipeg, dans le petit village de Dugald, se trouve le **Costume Museum of Canada** ★ *(5$; avr à mi-nov mar-ven 10h à 17h, sam-dim 12h à 17h; à l'intersection de la route 35 et de Dugald Rd.;* ☎*204-853-2166, www.costumemuseum.com)*, le premier musée du genre au Canada. Une collection de 35 000 pièces d'habillement, dont certaines datent de 400 ans, y est présentée sous forme de tableaux. Des expositions spéciales illustrent par ailleurs divers aspects de la confection des costumes; par exemple, une exposition prochaine portera sur les fourrures. Des robes victoriennes aux maillots de bain des années 1970, en passant par différents objets de la collection – dont une des serviettes de table en lin d'Élisabeth Iʳᵉ –, sont mis à l'honneur chaque année.

Oak Hammock

Les oiseaux sont les visiteurs les plus satisfaits de l'**Oak Hammock Marsh and Interpretative Centre** ★★ *(4$; mai à août tlj 10h à 20h, sept et oct tlj 8h30 au coucher du soleil, nov à avr 10h à 16h30; direction nord par la route 8, puis vers l'est par la route 67;* ☎*204-467-3300 ou 800-665-3825)*, un marais protégé où s'étendaient jadis des terres agricoles à quelques kilomètres au nord de l'actuel centre-ville de Winnipeg. Parmi les arrivants annuels, on retrouve les bernaches, des canards et quelque 300 autres espèces ailées; les mammifères aiment aussi ce parc, et vous pourrez tous les voir en vous baladant le long des promenades (construites de façon à ne pas perturber la vie des marais) et des digues aménagées sur les lieux. Visites guidées et excursions en canot offertes.

Un excellent centre d'interprétation explique l'importance du marais et permet aux visiteurs de l'admirer à distance grâce à des caméras télécommandées disposées autour du marais. Le siège canadien de Ducks Unlimited se trouve également ici.

Red River Heritage Road ★★

En vous dirigeant vers le nord par la route 9, la Red River Heritage Road offre un beau détour hors des sentiers battus. Le territoire qui l'entoure était autrefois au cœur des «lotissements inférieurs» gérés par Thomas Douglas pour le compte de la Compagnie de la Baie d'Hudson. Cette sinueuse route historique longe somptueusement la rivière, et divers sites historiques y sont clairement identifiés. Elle mène à de vieux bâtiments en pierre calcaire, y compris la ferme de William Scott et le **Captain Kennedy Museum and Tea House** ★★ *(entrée libre; mai à début oct mar-ven 11h à 16h, sam-dim 11h à 17h; à 300 m de St. Andrews Rd., sur River Rd., Heritage Parkway,* ☎*204-334-2498 ou 945-6784)*, qui a été construit en 1866 par le Captain William Kennedy, négociant, et qui présente trois pièces d'époque restaurées, un jardin anglais et une vue splendide de la rivière. Vous pouvez aussi vous offrir des scones avec un thé au restaurant du musée.

De l'autre côté du chemin, l'église anglicane **St. Andrew's-on-the-Red** ★★★ *(fin mai à début sept;* ☎*204-334-5700)* est la plus ancienne église en pierre de l'Ouest canadien encore utilisée pour des offices publics.

Une chapelle isolée dans la vallée de la rivière Qu'Appelle en Saskatchewan.
Tourism Saskatchewan, Douglas E. Walker

Des élévateurs de grains typiquement manitobains.
Inglis Grain Elevators National Historic Site

Cette charmante structure se pare de fenêtres en pointe typiquement anglaises (les vitraux auraient été transportés d'Angleterre dans de la mélasse afin d'en empêcher le bris) et de murs en pierre massifs. À l'intérieur, les bancs sont toujours recouverts de peaux de bison.

Au sud de l'église se trouve le **Lieu historique national du Presbytère-St. Andrews** ★ *(fin mai à début sept tlj 10h à 18h;* ☎*204-334-6405)*, où un étonnant petit presbytère est aménagé en petit centre d'interprétation. Des affiches disposées çà et là racontent l'histoire des missionnaires qui l'ont fondé, et des interprètes sont disponibles tout l'été pour vous éclairer quant au rôle de cet établissement.

Selkirk

Sur la route 9, Selkirk, un petit village riverain identifié par un immense poisson-chat, recèle plusieurs attraits importants. Le **Lieu historique national de Lower Fort Garry** ★ ★ ★ *(6,50$; mi-mai à début sept tlj 9h à 17h; route 9, au sud de Selkirk,* ☎*204-785-6050 ou 877-534-3678)*, juste au sud de l'agglomération, recèle un village de pionniers et de traite des fourrures entièrement reconstitué. Il rappelle l'importance passée de ce poste créé pour remplacer le premier fort Garry de Winnipeg, emporté par une forte crue de la rivière. Parmi les constructions qui s'y trouvent, retenons la boulangerie, le cabinet de médecin, la poudrière, le campement autochtone et la forge. Des personnages costumés interagissent avec les visiteurs tout en jouant leurs rôles de boulanger, de commerçant ou autre. Une maison de pierres, construite sur la propriété pour le gouverneur de la Compagnie de la Baie d'Hudson, présente des articles ménagers et un ancien piano, amené en canot de Montréal.

Le **Marine Museum of Manitoba** ★ *(5$; mai à sept lun-ven 9h à 17h, sam-dim 10h à 18h; 490 Evelyn St.,* ☎*204-482-7761)* est aménagé sur six navires, dont le plus ancien vapeur du Manitoba. On y retrouve aussi un authentique phare du lac Winnipeg.

Au sud de Selkirk, sur la route 9, la **Little Britain United Church** ★ est une des cinq églises de pierres datant des colonies de la rivière Rouge encore intactes de la province. Elle fut érigée entre 1872 et 1874.

Plusieurs ponts de la région enjambent la rivière Rouge et offrent une excellente vue sur les paysages environnants. La **St. Peter's Dynevor Church** ★ d'East Selkirk, se trouve de l'autre côté de la rivière Rouge *(traversez la rivière et prenez la route 508 vers le nord et tournez à droite dans Stone Church Rd.)*. Cette église de pierre, construite en 1854, rappelle la première colonie agricole de l'Ouest canadien, où œuvraient missionnaires et Autochtones. Les dépouilles du chef **Peguis** et d'autres colons reposent dans l'enclos paroissial.

Lockport

À l'est de Selkirk, au pied d'un grand pont, se trouve Lockport. **L'écluse et le barrage de St. Andrew's** ★, aménagés en 1907, représentent un exploit unique d'ingénierie, avec leurs lames de bois verticales et mobiles qui s'ouvrent et se ferment comme un rideau. Avec ses 57 m de longueur, c'est la plus grande structure de son genre et la première à avoir utilisé le mécanisme de type Camere en Amérique du Nord. Un joli parc situé le long des berges attire les pêcheurs qui s'adonnent à leur passe-temps favori, entourés des nombreux pélicans qui viennent profiter des eaux turbulentes pour se rassasier.

À l'une des extrémités de l'écluse, le bien-nommé **Kenosewun Centre** ★ *(entrée libre; mi-mai à mi-sept tlj 9h à 17h;* ☎*204-757-2902)*, qui tire son nom d'un terme cri qui signifie «l'endroit où il y a beaucoup de poissons», présente une intéressante collection d'anciens instruments aratoires amérindiens, ainsi que de l'information sur la préhistoire de la région et le développement de la ville. Le personnel très compétent du centre pourra répondre à toutes vos questions.

En filant en voiture vers le nord au départ de Selkirk, vous atteindrez une série de magnifiques plages de sable blanc parmi les plus belles de la province, dont **Winnipeg Beach** (voir p 600) et **Grand Beach** (voir p 600).

Gimli

Situé sur la rive du lac Winnipeg, Gimli demeure le cœur battant de la population islandaise du Manitoba, et des bateaux de pêche flottent toujours dans son port, témoins du passé maritime de la ville. Ce vil-

Le Manitoba - Attraits touristiques - L'est du Manitoba

lage fut jadis, avant la création du Canada, la capitale d'une république souveraine connue sous le nom de New Iceland. Une ambiance maritime règne encore dans les rues, et ce, même si ce sont aujourd'hui surtout des voiliers de plaisance et des planches à voile qui partent de la marina et de la plage. L'histoire des pêcheries de la ville et de la formation géologique du lac vous est, pour sa part, racontée au **Lake Winnipeg Visitor Centre** *(fin mai à début sept lun-ven 9h à 17h, sam-dim 13h à 16h; 1 Centre St., dans le port,* ☎*204-642-7974)*.

L'héritage islandais de la région se voit célébré par un festival annuel (voir p 612) de même que par l'exposition du **New Iceland Heritage Museum** ★★ *(4$; lun-ven 9h à 17h, sam-dim 12h à 16h; 108-94 First Ave.,* ☎*204-642-4001)*, installé au Waterfront Centre. Ce musée retrace l'histoire des premiers colons islandais à s'être installés sur les rives du lac Winnipeg, et sa collection comprend divers objets façonnés d'intérêt historique.

Autour du lac Winnipeg

Plus à l'est, sur les rives du lac Winnipeg, la route 59 traverse certaines des plus belles plages de la province: **Grand Beach** ★★ (voir p 600), **Grand Marais** et **Victoria Beach** ★, où il fait bon se retrouver dans leur surprenant sable blanc pendant l'été. Si vous vous dirigez une fois de plus vers le sud-est par la route 11, en direction de la frontière avec l'Ontario, vous verrez les plaines infinies de la province disparaître soudainement pour céder le pas aux rochers, aux rivières et aux arbres; tandis que la route poursuit sa course vers l'est, les villages deviennent de plus en plus boisés, et la pêche, le canot et la randonnée, encore plus spectaculaires.

Pine Falls est reconnue pour son usine de papier et son festival du papier, de l'énergie hydroélectrique et du poisson. Une série de parcs provinciaux de plus en plus éloignés tentent d'attirer l'attention des voyageurs en quête du Manitoba profond.

Circuit E: Le sud du Manitoba

Directement au sud de Winnipeg, entre la ville et la frontière avec les États-Unis, s'étend la **vallée de la Pembina**, royaume

mennonite de la province. La route est absolument plate, et la vue des champs sans fin est interrompue par les villages verts comme **Altona**, rendu célèbre par le tournesol et un festival annuel en son honneur (voir p 612).

Steinbach

Steinbach, légèrement au sud-est de Winnipeg, est le plus grand village de la région et s'enorgueillit de son populaire **Mennonite Heritage Village** ★★ *(8$; mai à sept lun-sam 10h à 17h, dim 12h à 17h, heures prolongées en juil et août, oct à avr lun-ven 10h à 16h; route 12;* ☎*204-326-9661, www.mennoniteheritage village.com)*. Ce complexe de 17 ha a été conçu selon le modèle traditionnel du village mennonite. Les édifices représentent la vie des mennonites hollandais qui, après avoir longuement vécu en Russie, se sont installés dans la province à partir de 1874. Parmi ses attraits, mentionnons un restaurant servant d'authentiques mets mennonites; un magasin général proposant, entre autres, de la farine moulue sur pierre et des friandises à l'ancienne; des maisons en bois rond et en brique de terre; et, finalement, un moulin à vent doté de voiles de 20 m. Débutez votre visite dans les galeries d'exposition, où l'on relate l'histoire des nombreuses migrations des mennonites.

Mariapolis

À Mariapolis, une église d'une beauté peu commune rappelle aux visiteurs les fortes influences françaises et belges dans la province. Outre sa maçonnerie soignée, l'église catholique romaine **Our Lady of the Assumption** ★★ arbore un clocher remarquable dont l'alternance de bandes noires et blanches attire le regard sur une simple croix perchée au sommet.

Morden

Morden, un autre bassin mennonite, est connu pour son intéressant centre de recherche agricole et les gracieux châteaux en pierres des champs qui se dressent le long de ses rues; une visite autoguidée est offerte au centre d'accueil des visiteurs. Le **Canadian Fossil Discovery Centre** ★ *(4$; tlj 13h à 17h; 111B Gilmour St.,* ☎*204-822-3406, www. discoverfossils.com)* présente une belle collection de fossiles préhistoriques, dont un mosasaure de 13 m, qui rappellent la vaste mer fermée qui recouvrait jadis l'Amérique du Nord. Le centre propose les **Paléotours**, particulièrement populaires, au cours desquels les visiteurs peuvent effectuer leurs propres fouilles dans l'ancien sol marin. L'**Agriculture and Agri-Food Canada Research Station** *(tlj de l'aube au crépuscule; arboretum: lun-ven jusqu'à 17h, sam-dim toute la journée;* ☎*204-822-4471)*, également située dans le village, possède d'impressionnants jardins paysagers qui abritent, entre autres, la robuste rose des prairies.

Winkler

Le très original **Pembina Thresherman's Museum ★** *(3$; début juin à fin août lun-ven 9h à 17h, sam-dim 12h à 17h;* ☎*204-325-7497)*, rempli d'outils et de machines datant d'une autre époque, se trouve à Winkler, légèrement plus à l'est sur la route 14.

Neubergthal

Immédiatement au sud-est d'Altona, Neubergthal constitue l'un des villages mennonites les mieux préservés de la province. Son aménagement est pour le moins singulier (une seule longue rue bordée de maisons), et son architecture présente des caractéristiques non moins uniques avec ses toits de chaume et ses granges rattachées aux demeures. Celles situées aux n°s 4140 et 4147 en sont de bons exemples.

Tolstoi

Juste à l'est du petit village de Tolstoi, sur la route 209, s'étend une **réserve de haute prairie ★ ★** *(*☎*204-945-7775)* d'une superficie de 2 000 ha, entretenue par la Manitoba Naturalists Society. Il s'agit du plus important lopin du genre encore protégé au Canada. On y retrouve un sentier d'interprétation de 1,6 km.

- -
Circuit F: Le centre du Manitoba

Deux routes principales traversent le centre du Manitoba. La **transcanadienne** (route 1) est la plus rapide; bien que moins agréable à l'œil, elle traverse les grands centres de Brandon et de Portage la Prairie. La **Yellowhead Highway–Trans Canada** (route 16)

offre pour sa part un parcours un peu plus pittoresque.

Saint-François-Xavier

Par la route transcanadienne au départ de Winnipeg, la distance à parcourir est très courte pour se rendre à Saint-François-Xavier, un véritable village canadien-français, qui compte un des restaurants les plus uniques au Manitoba, sans oublier la mystérieuse légende crie du cheval blanc. C'est là la plus ancienne colonie métisse de la province, établie en 1820 par Cuthbert Grant, un personnage légendaire pour son habileté à chasser le bison. dont la dépouille repose à l'intérieur de l'église catholique du village.

Son cadre pittoresque, au détour de la rivière Assinniboine, en fait une excellente destination pour une courte excursion hors de la ville.

D'ici la route 26 offre un bref détour pittoresque le long de la rivière Assinniboine, bordée d'arbres et jadis ponctuée d'un chapelet de comptoirs de traite.

Portage la Prairie

Un peu plus à l'ouest se trouve la petite ville de Portage la Prairie, fondée par l'explorateur canadien-français La Vérendrye en 1738 pour servir de relais sur la voie canotable menant au lac Manitoba. L'attrait naturel le plus intéressant de la ville est son lac en croissant de lune – en fait une branche de la rivière Assiniboine –, qui entoure presque entièrement le centre-ville.

L'**Island Park ★** repose à l'intérieur de ce croissant et offre de magnifiques espaces ombragés par les arbres où il fait bon pique-niquer au bord de l'eau, mais aussi une multitude d'autres attraits, parmi lesquels se trouvent un terrain de golf, un terrain de jeu, un refuge de chevreuils et d'oiseaux aquatiques grégaires (gardez les yeux ouverts pour les bernaches), un champ de foire et une ferme où vous pourrez vous-même cueillir vos fraises.

L'**hôtel de ville ★** en pierre calcaire, un ancien bureau de poste planté dans la rue principale, fut dessiné par l'architecte responsable des tout premiers édifices parlementaires du Canada. Il bénéficie d'ornements étonnants, et on l'a même classé monument historique national.

Le **Fort la Reine Museum and Pioneer Village** ★★ *(5$; mai à mi-sept lun-sam 9h à 18h, dim 12h à 18h; à l'intersection des routes 1A et 26; ☎204-857-3259)* n'est pas vraiment un fort, mais plutôt un regroupement hétéroclite d'anciennes constructions occupant un petit terrain immédiatement à l'est de la ville. Sa collection variée comprend un petit comptoir de traite, une cabane de trappeur, une école, une église, une grange et des maisons ayant visiblement subi les assauts des éléments, comparables à tant d'autres que vous avez pu voir abandonnées et sur le point de s'écrouler au fil de votre périple dans le vaste et plat paysage des Prairies.

Peut-être la pièce la plus remarquable du musée est-elle cependant cette voiture de chemin de fer luxueuse et fort bien aménagée pour le compte de William Van Horne, qui travaillait pour le géant ferroviaire qu'était le Canadien Pacifique et qui voyageait à son bord tout en surveillant la construction de la ligne transcontinentale. Tout à côté repose un des humbles fourgons de queue qui fermaient jadis la marche des trains à travers le Canada, mais qui disparaissent de plus en plus rapidement de notre paysage. Les enfants aimeront tout particulièrement grimper sous le dôme d'observation de cette relique d'une époque révolue.

Austin

Vers l'ouest, la route traverse d'autres champs et villages qui rappellent la riche fertilité des terres agricoles de la région. À quelques kilomètres au sud du village à rue unique d'Austin se trouve le **Manitoba Agricultural Museum** ★ *(5$; mi-mai à début oct tlj 9h à 17h; près de l'intersection des routes 1 et 34; ☎204-637-2354, www.ag-museum.mb.ca).* Le musée se spécialise plus particulièrement dans l'équipement et les anciens véhicules agricoles; les tracteurs John Deere et les anciennes motoneiges reflètent bien la collection, d'ailleurs la plus importante du genre au Canada. Pour ajouter à l'atmosphère, une ancienne école, un magasin général, une gare et un musée consacré à la radio amateur ont également été installés ici. De plus, l'été venu, le **Trusherman's Reunion and Stampede** anime l'endroit par ses concours agricoles et une course entre un bon vieux

tracteur et une tortue (il arrive même que la tortue gagne!).

Glenboro

Un détour de 40 km au sud de la transcanadienne mène le voyageur à Glenboro, porte d'entrée du **Spruce Woods Provincial Park** (voir p 602). À 23 km vers le sud se trouve la **Frelsis Church** ★, soit la plus ancienne église luthérienne islandaise au Canada. Le seul transbordeur à câble encore en service dans la province se trouve en outre dans cette région et permet de franchir la rivière Assiniboine.

Brandon

Brandon est la deuxième ville en importance du Manitoba avec ses 43 000 habitants. Elle dépend tellement de la réussite des cultures de blé de la région que l'on y fait encore pousser la précieuse denrée à des fins expérimentales juste à côté du centre-ville. De nombreuses maisons victoriennes honorent le quartier résidentiel qui se trouve immédiatement au sud du centre-ville. La jolie **caserne de pompiers** ★ *(Central Fire Station, 637 Princess Ave.)*, qui date de 1911, et le néoclassique **palais de justice** *(Courthouse, angle Princess Ave. et 11th St.)* vous attendent tous deux sur Princess Avenue, une des principales artères de la ville.

Tournez à droite pour atteindre le **Daly House Museum** ★★ *(3$; juil et août lun-sam 10h à 17h, dim 13h à 16h, reste de l'année mar-sam 10h à 17h; 122 18th St., ☎204-727-1722)* pour avoir le meilleur aperçu de l'histoire de Brandon. Autrefois la résidence du maire de Brandon, l'immeuble renferme aujourd'hui une épicerie, une reconstitution de l'ancienne chambre du Conseil municipal et un centre de recherche.

Un peu plus loin vous attend le joli campus de l'**université de Brandon**.

En prenant vers le nord 18th Street, vous arriverez à Grand Valley Road, qui vous conduira à l'**Agriculture and Agri-Food Canada Research Centre** ★★ *(lun-ven 8h à 16h30; Grand Valley Rd., ☎204-726-7650)*, dont la propriété panoramique et l'étonnant bâtiment moderne en verre bénéficient d'un emplacement idyllique en surplomb sur la vallée. Des visites guidées sont offertes les mardis et jeudis à 13h30 et à 15h30.

Pour une agréable balade au fond de la vallée, continuez vers l'ouest par Grand Valley Road, qui rejoint la route 1 environ 10 km plus loin.

Enfin, le hangar n° 1 de l'aéroport municipal, situé à la périphérie nord de Brandon, renferme un intéressant musée de l'aviation. Le **Commonwealth Air Training Plan Museum** ★ *(5$; mai à sept tlj 10h à 16h, oct à avr tlj 13h à 16h; ☎204-727-2444)* présente des avions utilisés par les écoles de pilotage de l'Aviation royale du Canada au cours de la Seconde Guerre mondiale. Un ancien simulateur de vol restauré, des plaques commémoratives, des télégrammes officiels annonçant la disparition d'aviateurs et des biographies de pilotes comptent parmi les pièces les plus intéressantes.

Souris

Au sud-ouest de Brandon, Souris est réputée pour son **pont à suspension libre** ★, long de 177 m; il fut construit au tournant du XXᵉ siècle et restauré après qu'une inondation l'eut emporté en 1976. Le **Hillcrest Museum** *(2$; mai et juin dim 14h à 17h, juil et août tlj 10h à 18h; 26 Crescent Ave. E., ☎204-483-2008 ou 483-3138)*, situé à proximité, conserve des objets d'intérêt historique pour la région.

Neepawa

La Yellowhead Highway (route 16) offre une autre possibilité pour visiter le centre du Manitoba. En partant de Winnipeg et en vous dirigeant vers l'ouest, vous rencontrerez le village de Neepawa, qui se veut la *World Lily Capital* (capitale mondiale du lis), ce qui n'est pas une mince prétention; cela dit, il est réellement joli pendant la saison des fleurs de lis.

Le plus ancien tribunal du Manitoba encore en fonction occupe la **Margaret Laurence Home** *(3$; mai à fin oct tlj 10h à 18h; 312 First Ave., ☎204-476-3612)*, véritable hommage à l'auteure adorée, née ici même. La machine à écrire et les meubles de Margaret Lawrence y ont la vedette.

Minnedosa

Minnedosa, un tout petit village plus loin vers l'ouest, étonne par sa population tchécoslovaque. Sur la route 262, au sud du village, une succession de cuvettes des Prairies – autant de dépressions créées par les glaciers qui se remplirent ensuite d'eau de pluie – offre des conditions idéales aux oiseaux aquatiques tels que canards, colverts et sarcelles. En poursuivant par la route 262, au nord de Minnedosa, vous atteindrez une vallée où s'ébattent des cerfs de Virginie; un observatoire permet de les apprécier encore mieux.

Dauphin

Immédiatement au nord de la Yellowhead Highway, Dauphin se transforme pour devenir le célèbre **Selo Ukraina** («village ukrainien») dans le cadre du **National Ukrainian Festival** (voir p 612), qui attire des milliers de personnes en juillet chaque année.

Également à Dauphin, le merveilleux **Fort Dauphin Museum** ★ *(4$; juil et août tlj 9h à 17h, reste de l'année lun-ven 9h à 17h; 140 Jackson St., ☎204-638-6630)* recrée l'un des postes de traite de la Compagnie du Nord-Ouest et présente des vitrines sur la traite des fourrures ainsi que sur le mode de vie des pionniers. Les expositions et les structures en montre comprennent une cabane de trappeur, un atelier de forgeron, une école rurale à salle de classe unique et le comptoir de traite à proprement parler. On y trouve même un canot d'écorce entièrement fait de matériaux naturels et une collection de fossiles révélant une corne de bison, une défense de mammouth et un crâne canin d'une époque reculée.

Circuit G: L'ouest du Manitoba

Inglis

Comme les «cathédrales des Prairies» disparaissent rapidement du paysage, on a sauvé les **Inglis Grain Elevators** ★ *(juil et août lun-ven 9h à 16h, sam-dim 13h à 16h; Railway Ave., ☎204-564-2243)*, qui évoquent l'âge d'or de l'Ouest canadien. Constructions standards en bois, ces cinq élévateurs de grains sont désormais protégés en tant que lieu historique national, où l'on invite les visiteurs

Le Manitoba – Attraits touristiques – L'ouest du Manitoba

à venir voir de près ces impressionnantes structures. Un des élévateurs renferme un centre d'interprétation, et les autres sont réaménagés pour divers usages.

Wasagaming

Wasagaming, une petite ville touristique dont les origines remontent aux années 1940, se trouve à l'extrémité sud du **parc national Riding Mountain** (voir p 602). Construite à l'époque de la Dépression à titre de projet ouvrier, elle arbore des bâtiments d'un luxe inattendu dans ces forêts septentrionales du Manitoba. C'est d'ailleurs sans doute là le seul endroit où l'on puisse trouver une station d'essence et un Chicken Delight dans des structures en rondins!

Le **Visitor Centre** ★ (☎204-848-7275) diffuse une foule de renseignements sur tous les attraits et activités de la région, entre autres le vélo, le canot, la randonnée pédestre, l'équitation, le golf, le ski et la baignade. Faites-vous un devoir de visiter l'adorable jardin à l'anglaise aménagé derrière le bâtiment, et songez à parcourir l'intéressante exposition sur la faune locale.

Circuit H: Le nord du Manitoba

The Pas

La route dite «des bois et des lacs» fait voir le Manitoba sous un autre angle. The Pas, dont la population est à forte composante autochtone, se fait l'hôte d'un grand rassemblement annuel de trappeurs près d'un lac dont l'eau est d'une clarté exceptionnelle. La plupart des visiteurs se dirigent sans hésiter vers le **Sam Waller Museum** ★★ (2$; juil et août tlj 10h à 17h, reste de l'année tlj 13h à 17h; 306 Fischer Ave., ☎204-623-3802). Construit en 1916 et installé dans l'ancien palais de justice du village, il relate l'histoire naturelle et culturelle de la région, et renferme la collection éclectique de Sam Waller. Personnage légendaire dans la région, Waller était un enseignant et collectionneur qui vivait dans les communautés amérindiennes des environs. Son impressionnante collection regroupe des objets provenant de partout au monde. Des visites à pied des lieux sont offertes.

Sur une des façades de la **Christ Church** ★★ (Edwards Ave., ☎204-623-2119), on peut lire les 10 commandements dans la langue crie. L'église fut construite en 1840 par Henry Budd, le premier Amérindien ordonné par l'Église anglicane, et abrite encore certains meubles fabriqués par des charpentiers de marine et amenés ici lors d'une expédition à la recherche de Sir John Franklin en 1847.

Pour se rendre dans le Grand Nord manitobain

Des démarches spéciales doivent être entreprises pour se rendre dans les régions éloignées du nord du Manitoba. **VIA Rail** assure le service régulier entre Winnipeg et Churchill trois fois par semaine, un trajet d'une journée et deux nuits aussi bien à l'aller qu'au retour. **Calm Air** (☎800-839-2256) propose pour sa part des vols réguliers tous les jours (sauf le samedi en hiver) au départ de Winnipeg, et ce, tout au long de l'année; des vols additionnels sont offerts en automne pendant la saison de la chasse à l'ours polaire. À Churchill, divers services d'autocars et d'avions nolisés permettent de faire des excursions dans la toundra.

Flin Flon

Flin Flon, la municipalité canadienne au nom le plus fantaisiste, accueille les visiteurs dans un dédale de rues tracées au flanc de collines rocheuses. En partie au Manitoba et débordant quelque peu en Saskatchewan, Flin Flon constitue le plus important centre minier de cette région du Canada, et a crû jusqu'à devenir aujourd'hui la sixième ville en importance de la province.

Flin Flon fut ainsi baptisée en 1915 par un groupe de prospecteurs d'or qui avaient trouvé un exemplaire du populaire livre de science-fiction du même nom lors d'un portage dans le Nord manitobain. Plus tard, sur les rives d'un lac situé près d'ici, ils jalonnèrent une concession minière et lui donnèrent le nom du personnage principal du livre, Josiah Flintabbatey Flonatin, ou «Flinty» pour les intimes. Ainsi, la verte statue de **Josiah Flintabbatey Flonatin**, haute de 7,5 m, marque-t-elle aussi équivoque l'entrée de la ville; elle fut conçue par le célèbre créateur de bandes dessinées américain Al Capp pour le compte de la ville.

Une balade à pied permet de découvrir d'anciens hôtels datant des jours glorieux de la ville, des chevalements rouge vif marquant l'emplacement de puits de mine et de vieilles cabanes en bois de séquoia. Le **Flin Flon Station Museum** ★★ *(2$; début juin à fin août tlj 10h à 20h; ☎204-687-2946)* renferme une belle petite collection d'objets miniers de la région, y compris une tenue et un casque de plongée pour la prospection sous-marine de l'or, un tracteur Linn, un appareil servant à nettoyer les trains et un wagon de transport de minerai. Vous y verrez également une truite de lac empaillée de 29 kg, pêchée près d'ici.

Churchill

Des démarches spéciales doivent être entreprises pour se rendre dans le Grand Nord manitobain. Bien qu'éloignée et froide, la petite ville de Churchill fascine le voyageur par son isolement et son étonnante faune. Cet endroit présente en outre une grande importance sur le plan historique, puisque c'est ici que les Anglais se sont tout d'abord établis au Manitoba, ayant choisi ce lieu en raison de son superbe port naturel donnant sur la baie d'Hudson. Il est donc approprié qu'un immense **élévateur de grains** érigé près des quais domine aujourd'hui la ville.

Incidemment, l'emplacement de la ville se trouve en plein couloir de migration des **ours polaires** de la région, ce qui constitue en quelque sorte un cadeau empoisonné pour ses habitants. En effet, s'il est vrai que ces majestueux représentants de la faune attirent chaque automne des visiteurs du monde entier, il leur arrive parfois de s'aventurer dans les rues de la ville même, ce qui met en danger quiconque croise leur chemin. Outre les ours, les voyageurs peuvent voir aussi des caribous, des phoques, des oiseaux et, en été, des bélugas, sans compter le spectacle toujours possible d'une sensationnelle aurore boréale.

Le **Parks Canada Visitor Reception Centre** *(☎204-675-8863)* oriente les visiteurs en leur offrant une description des forts et des comptoirs de traite de la région. Le **Lieu historique national du Fort-Prince-de-Galles** ★★ *(8$; début juin à début sept; ☎204-675-8863)* abrite une immense structure de pierre en forme de diamant située à l'embouchure de la rivière Churchill. Ce fort revêt un intérêt historique considérable puisque, après quatre décennies de construction continue à l'instigation des Anglais, il fut cédé aux troupes canadiennes-françaises sans résistance aucune. Il n'est accessible que par bateau ou hélicoptère; en été, les employés du parc offrent des visites d'interprétation.

Sloop Cove ★★ *(8$; début juin à début sept; ☎204-675-8863)*, à 4 km en amont du fort, est un port naturel ayant servi de havre à d'immenses voiliers de bois (ou *sloops*) à compter de 1689, à tout le moins. Lorsque la compagnie de la Baie d'Hudson s'établit ici, ses sloops étaient amarrés aux rochers du port, qu'on avait pourvus d'anneaux en fer; certaines pierres portent d'ailleurs encore des inscriptions funéraires laissées par les hommes postés ici, des hommes comme l'explorateur Samuel Hearne, qui a présidé aux destinées de la compagnie à ses heures glorieuses. Tout comme le fort Prince-de-Galles, ce site n'est accessible que par bateau ou hélicoptère. Appelez à l'avance pour en connaître l'horaire et réserver.

Sur l'autre rive de la Churchill River, **Cape Merry** ★ *(8$; juin tlj, juil à sept sam seulement; ☎204-675-8863)* préserve une poudrière, seul vestige d'une batterie aménagée ici en 1746. Le Centennial Parkway y donne accès.

L'**Eskimo Museum** ★★★ *(entrée libre; juin à mi-nov lun 13h à 17h, mar-sam 9h à 13h à 17h; mi-nov à mai lun-sam 13h à 16h30; 242 La Vérendrye Ave., ☎204-675-2030)* possède une des plus belles collections d'objets inuits au monde. Fondé en 1944 sous les auspices diocésaines locales, il renferme des pièces remontant jusqu'à l'an 1700 av. J.-C. Une paire de défenses de morse adroitement sculptées compte parmi les pièces les plus impressionnantes.

Le **Northern Studies Centre** *(Rocket Launch Rd., ☎204-675-2307)*, à 24 km à l'est de Churchill proprement dite, se trouve dans une ancienne base de lancement de missiles expérimentaux. Aujourd'hui les étudiants y viennent pour étudier les aurores boréales, l'écologie arctique, la photographie et l'ornithologie. Des visites thématiques de la région portant sur différents sujets, tels les ours polaires, les baleines, les fleurs sauvages et les aurores boréales, sont menées par les chercheurs résidants. Des visites du centre de recherche peuvent aussi être organisées sur demande.

Le **Lieu historique national York Factory** ★★★ *(8$; mi-mai à mi-sept;* ☎*204-675-8863)*, à 250 km au sud-est de Churchill, protège ce qui reste du comptoir de la Compagnie de la Baie d'Hudson qui permit initialement aux Anglais de s'établir dans l'Ouest canadien. Un entrepôt de bois construit en 1832 demeure en place, de même que les ruines d'une poudrière en pierre et un cimetière dont certaines inscriptions datent du XVIIIᵉ siècle. Toutefois, l'endroit n'est accessible que par avion nolisé ou avec Air Canada; Parcs Canada offre également des visites guidées en été.

Enfin, il y a les merveilleux **ours polaires**, sans conteste le principal attrait de Churchill. L'automne est le moment tout indiqué pour les observer, et le seul moyen d'y parvenir consiste à prendre part à une visite guidée. Plusieurs organisateurs d'excursions d'observation de la faune offrent leurs services au Manitoba (voir p 603).

Parcs

Pour de l'information sur les parcs provinciaux du Manitoba:
☎800-214-6497
www.manitobaparks.com.

Les environs de Winnipeg

Le **Birds Hill Provincial Park**, à 20 min au nord de Winnipeg par la route 59, est situé sur une douce inclinaison érodée par les glaciers au moment de se retirer. Cette caractéristique fait du parc une destination populaire de ski de fond (niveau facile). En été, les visiteurs se baladent le long des sentiers du parc (dont l'un est même accessible aux fauteuils roulants) afin d'admirer les fleurs sauvages des prairies (y compris plusieurs espèces d'orchidées rares) ou de se diriger vers une petite plage. Le parc se fait également l'hôte d'un important et distingué festival annuel de musique folklorique (voir p 612).

Le **Grand Beach Provincial Park** ★★ abrite sans contredit la plage la plus courue du Manitoba. Située à 100 km au nord de Winnipeg, sur la rive est du lac Manitoba, elle se voit recouverte d'un beau sable blanc et de dunes herbeuses hautes de 8 m qui semblent avoir été transportées directement de Cape Cod. De plus, la plage est accessible aux fauteuils roulants. Trois sentiers pédestres sillonnent le parc – le Spirit Rock Trail, le Wild Wings Trail et l'Ancient Beach Trail – et inspirent les visiteurs avant qu'ils ne se couvrent d'écran solaire. L'endroit est également propice à la planche à voile. Les installations sont complètes et comprennent un restaurant, un terrain de camping et un amphithéâtre où sont donnés des spectacles en plein air. Enfin, un terrain de golf vous attend juste à l'extérieur du parc.

Le **St. Norbert Provincial Heritage Park** *(entrée libre; parc: mai à sept tlj 8h à 23h; musée: mai lun-ven 8h30 à 16h30, juin-sept lun-ven 10h30 à 17h30; 40 Turnbull Dr.,* ☎*204-945-4236 ou 945-4375)* se présente comme un complexe d'édifices de South Winnipeg aménagés sur 7 ha à la jonction des rivières Rouge et LaSalle; il s'agit d'une ancienne colonie métisse puis canadienne-française. La maison de ferme Bohémier, au comble brisé, et deux autres habitations s'offrent ici à la vue; ce parc possède également un sentier pédestre.

L'est du Manitoba

Le **Winnipeg Beach Provincial Park** ★★ *(au nord de Winnipeg par les routes 8 ou 9,* ☎*204-389-2752)* constitue depuis longtemps une destination privilégiée pour les habitants de Winnipeg en quête d'escapades estivales. En plus de sa plage bien connue et de sa promenade, le parc renferme une marina et une baie appréciée des véliplanchistes.

Le **Whiteshell Provincial Park** ★★★ *(au départ de Winnipeg, empruntez la route 1 vers l'est jusqu'à Falcon Lake ou West Hawk Lake ou la route 44 jusqu'à Rennie; ou, plus au nord, empruntez la route provinciale 307 à Seven Sisters Falls)* est le plus grand et le plus beau parc du Manitoba. D'une superficie d'environ 2 720 km², il est cousu de lacs, de rapides et de cascades, et hanté par une multitude de poissons et d'oiseaux. Il offre de tout pour tous. L'**Alf Hole Goose Sanctuary ★** constitue l'un des meilleurs endroits pour voir des bernaches, surtout durant leur migration; au **Bannock Point ★**, les roches disposées par les Autochtones de façon à représenter des serpents, des poissons, des tortues et des oiseaux, revêtent un intérêt archéologique; quant aux falaises du **Lily Pond ★**, à Caddy Lake, elles sont âgées de 3,75 milliards d'années. De plus, le West Hawk Lake, le lac le plus profond de la province, est fort populaire auprès des amateurs de plongée sous-marine. Whiteshell offre en outre de bonnes possibilités de randonnée grâce, entre autres, au Forester's Footsteps Trail (un sentier facile qui traverse une forêt de pins gris jusqu'au sommet d'une crête granitique), au Pine Point Trail (qui se prête également bien au ski de fond) et au White Pine Trail. Le Mantario Trail représente une randonnée exigeante de 60 km qui traverse des paysages spectaculaires.

Le **Visitor Centre** et le **Whiteshell Natural History Museum** *(entrée libre; mai à sept tlj 9h à 17h;* ☎ *204-348-2846)* orientent les voyageurs et expliquent l'écologie, la géologie ainsi que la faune et la flore du parc.

Le **Nopiming Provincial Park** *(au départ de Winnipeg, empruntez la route 59 Nord jusqu'à la route 44, continuez vers l'est jusqu'à la route 11, que vous prendrez vers le nord jusqu'à la route provinciale 313, et finalement la route provinciale 315 vers Bird Lake, situé au sud du parc)* expose un Manitoba tout à fait différent, un lieu ponctué d'immenses affleurements de granit et de centaines de lacs. L'étonnante présence de caribous des forêts, comme les camps de pêche répartis à travers le parc et accessibles par avion ou en voiture, constitue une valeur ajoutée. Nopiming est un mot local autochtone qui signifie «entrée de la nature».

L'**Atikaki Provincial Wilderness Park ★★★** *(au départ de Winnipeg, empruntez la route 59 Nord, puis la route provinciale 304)*, situé le long de la frontière avec l'Ontario, consiste en un assemblage hétéroclite de falaises, de formations rocheuses, de lacs vierges et de rivières sur plus de 50 ha. Toutefois, il demeure très difficile de s'y rendre puisqu'un canot, un hydravion ou une randonnée de plusieurs jours s'avèrent nécessaires pour atteindre son centre; dès lors, il n'est pas étonnant qu'il présente la nature la plus sauvage et inviolée de tous les parcs de

la province. Des refuges qu'on atteint seulement par hydravion parsèment le parc. Une série de murales rocheuses peintes par les Autochtones et une chute de 20 m idéale pour le canot en eaux vives comptent parmi ses principaux attraits. Étant donné qu'Atikaki signifie «pays du caribou», il est fort possible que vous aperceviez ici des caribous ou des orignaux.

Le **Hecla/Grindstone Provincial Park ★★** *(au départ de Winnipeg, empruntez la route 8 Nord, en longeant le lac Winnipeg jusqu'à Gull Harbour)* Une étroite digue traverse les eaux peu profondes du lac Winnipeg et mène à Hecla Island, de loin la moitié la plus intéressante de ce parc qui couvre deux régions distinctes. Des promenades et une tour d'observation permettent d'apprécier les nombreux animaux qui peuplent le Grassy Narrows Marsh; oiseaux, amphibiens et divers mammifères peuvent tous être repérés dans cet endroit marécageux. Le **Hecla Village ★★** du parc représente tout ce qu'il reste de la communauté islandaise qui pêchait le long des rives du lac. Parmi les pittoresques et colorées structures de bois que l'on retrouve autour du lac se trouve le **Hecla Island Heritage Home Museum ★** *(entrée libre; début mai à début sept jeu-lun 9h à 17h)*. La visite du **Fish Station** fournit de l'information sur l'environnement et l'histoire de la région. L'île peut aisément être parcourue à bicyclette. Des vélos peuvent être loués sur place au **Gull Harbour Resort** *(☎204-279-2041)*.

À l'ouest du lac Winnipeg, la **Narcisse Wildlife Management Area**, sur la route 17, devient très populaire en avril et en mai, alors que des milliers de couleuvres rayées quittent leurs abris de calcaire pour se livrer au rituel de la reproduction.

Le centre du Manitoba

Le **Grand Valley Provincial Park ★** *(à l'ouest de Brandon, par la route 1)* est surtout connu en raison du **Stott Site ★★**, un site historique de chasse aux bisons où l'on a retrouvé des ossements datant de plus de 1 000 ans. On y a reconstruit un campement amérindien ainsi qu'un enclos à bisons.

Au nord de Portage la Prairie, sur les rives du lac Manitoba, s'étend le **Delta Marsh**, un des plus vastes marais de transit pour oiseaux aquatiques grégaires en Amérique du Nord. D'une superficie de 18 000 ha, il s'étire sur 8 km en bordure du lac et constitue un lieu d'observation privilégié pour tous ceux qui songent à se munir de bonnes jumelles. Plus précisément à **Delta Beach**, un centre de recherche sur les oiseaux aquatiques et les terres marécageuses se penche de plus près sur l'écologie des habitats naturels.

À 23 km au sud de Roblin par la route 83, le **Frank Skinner Arboretum Trail** célèbre les travaux de Frank Leith Skinner, un célèbre horticulteur canadien. Ce secteur servit en effet de laboratoire expérimental à Skinner, et il y croisa plusieurs nouvelles espèces végétales. Vous pourrez y visiter la serre de Skinner et parcourir le Wild Willow Trail.

L'ouest du Manitoba

Les "Spirit Sands", d'énormes dunes qui composent un décor on ne peut plus désertique à l'intérieur du **Spruce Woods Provincial Park** ★★ *(suivez la transcanadienne 1 Ouest au-delà de Carberry, et prenez la route 5 S.)*, ne manquent jamais de surprendre les visiteurs. Des sentiers d'auto-interprétation y entraînent les randonneurs à travers les dunes, mais aussi à travers les forêts d'épinettes et la prairie avoisinante, jusqu'au Devil's Punch Bowl, un curieux étang formé par des cours d'eau souterrains. Les terrains de camping et la plage sablonneuse, propice à la baignade, font du parc une destination fort prisée pendant la belle saison.

Le **Turtle Mountain Provincial Park** ★★ *(au départ de Brandon, empruntez la route 10 Sud sur 100 km jusqu'au parc, situé près de la frontière avec les États-Unis)*, dont la montagne est composée tantôt de charbon pilonné, tantôt de sédiments glaciaires, s'élève à plus de 250 m au-dessus des prairies avoisinantes. La Vérendrye l'avait surnommée «le joyau bleu des plaines», et ses pentes clémentes se prêtent bien à la randonnée pédestre, équestre et cycliste. Mais n'oublions pas pour autant les très nombreuses et magnifiques «tortues peintes» qui lui ont donné son nom. On peut ici faire du camping près de trois lacs.

Le **parc national Riding Mountain** ★★★ *(prenez la route 1 vers l'ouest jusqu'à Brandon et continuez vers le nord par la route 10; ☎204-848-2433, 848-7275 ou 800-707-8480)* s'élève au-dessus des plaines sans relief et en brise

merveilleusement la monotonie. Les flancs du sommet qui donne son nom au parc offrent en outre une oasis de choix à divers animaux sauvages, tels l'élan, l'orignal, le cerf, le loup et le lynx. Le plus gros ours noir jamais vu en Amérique du Nord a par ailleurs été abattu ici par un braconnier en 1992, et des bisons y sont gardés dans un grand **enclos** ★★ situé près du lac Audy.

La route 10, qui file du nord au sud, traverse le centre du parc et croise les rives de ses plus beaux lacs. La tour d'observation en bois d'Agassiz, haute de 12 m, y offre une vue sans pareille sur les territoires environnants, et les ruines d'une ancienne scierie se trouvent également à l'intérieur des limites du parc, tout comme une succession de formations géologiques désignées du nom de «crêtes de plage» (il s'agit de l'ancien pourtour d'un lac géant).

La route 19 débute au milieu du parc et emprunte un tracé sinueux jusqu'au sommet de la plus haute crête. Le naturaliste **Grey Owl**, un Anglais qui renonça à la civilisation pour vivre à la manière des Autochtones, vécut ici pendant six mois, au cours desquels il donna des conférences en compagnie de ses deux castors – bien qu'il ait en fait passé la plus grande partie de son temps à l'intérieur du **parc national Prince-Albert** (voir p 569) –, et vous pourrez voir sa cabane isolée, la **Grey Owl Cabin** ★, au kilomètre 17 d'un sentier qui part de la route 19.

Le parc national Riding Mountain s'enorgueillit de plus de 400 km de sentiers, entre autres le North Escarpment Loop Trail (qui offre les plus beaux panoramas), le Whitewater Lake Trail (qui relate l'histoire d'un camp de prisonniers de guerre jadis établi en ces lieux) et le Strathclair Trail (emprunté par les coureurs des bois à travers les collines boisées). Le parc est en outre émaillé d'un certain nombre de lacs aux eaux cristallines qui se prêtent merveilleusement bien à la baignade, et c'est autour de la plage sablonneuse du **Lake Clear** ★★ que vous trouverez la plus forte concentration d'activités humaines. Il y a également un superbe terrain de golf.

Le **Duck Mountain Provincial Park** ★★★ *(au départ de Dauphin, empruntez la route 5 Ouest, puis la route provinciale 366 Nord)* présente un long relief inégal près de la frontière avec la Saskatchewan, là où le sol ponctué de forêts, de prés et de lacs de l'«escarpement du Manitoba» a subi un important plissage. Vous y trouverez la **Baldy Mountain ★★** (831 m), le plus haut sommet de la province, par ailleurs surmonté d'une tour offrant une vue plus étendue sur la région, de même que six sentiers de randonnée et un lac d'une limpidité telle que son fond reste visible à travers 10 m d'eau.

Le nord du Manitoba

Au **Clearwater Lake Provincial Park ★** *(au départ de The Pas, empruntez la route 10 Nord jusqu'à la route provinciale 287 et dirigez-vous vers l'est jusqu'au parc)*, les eaux du lac sont si limpides qu'on en distingue le fond sous 11 m d'eau. Il s'agit d'ailleurs d'un des lacs les plus cristallins du monde, en outre réputé pour ses truites et ses grands brochets. Il convient aussi de noter la présence d'énormes blocs de calcaire amoncelés sur sa face méridionale; détachés des falaises voisines, ils donnent lieu à des formations qu'on désigne communément du nom de «grottes» *(caves)*, et vous pourrez les atteindre grâce à un sentier.

Le **Grass River Provincial Park ★★** *(au départ de Flin Flon, empruntez la route 10 vers le sud, tournez à gauche et prenez la route 39, qui se rend jusqu'au parc)* a été utilisé par les Autochtones pendant des milliers d'années avant que les Européens ne l'explorent à leur tour. D'innombrables îles et quelque 150 lacs interrompent la course de la rivière. Jaillissant d'une montagne, la source Karst est l'un des sites intéressants du parc.

Le **parc national Wapusk** est situé le long de la **Cape Churchill Wildlife Management Area ★★**, qui, avec la **Cape Tatnam Wildlife Management Area ★★**, occupe le littoral de la baie d'Hudson de Churchill à la frontière avec l'Ontario, et constitue un fabuleux pan de terres sauvages (au total près de 6 000 000 ha) où vivent des ours blancs, des caribous ainsi que d'autres animaux et des oiseaux à profusion. Ces deux zones protégées ne sont toutefois accessibles que par avion.

Activités de plein air

■ Observation de la faune

Le nord du Manitoba

L'entreprise **Tundra Buggy Tours** *(☎204-675-2121 ou 800-544-5049)* possède des véhicules spécialement conçus pour accueillir les photographes.

L'entreprise **Churchill Nature Tours** *(Erickson, ☎204-636-2968)* se spécialise dans les «écotours» de la région de Churchill.

Seal River Heritage Lodge *(Churchill, ☎204-675-8875 ou 888-326-7325)*. Mike Reimer organise des «écotours» qui partent d'une auberge éloignée du Grand Nord; on peut y observer caribous, ours polaires, bélugas et phoques.

■ Observation des oiseaux

L'est du Manitoba

Le **Netley Marsh** *(route 320, à 16 km au nord de Selkirk)* est reconnu comme un des plus importants lieux de nidification au Canada pour les oiseaux migrateurs, et il est réputé être un des plus importants lieux de nidification des oiseaux palustres en Amérique du Nord. Au moins 18 espèces de canards et de bernaches viennent chaque automne s'y engraisser en vue de leur long trajet hivernal.

L'**Oak Hammock Marsh** *(4$; toute l'année; au nord de la route 67 sur la route provinciale 220; ☎204-467-3300)* compte parmi les meilleures aires d'observation d'oiseaux en Amérique du Nord, avec plus de 295 espèces d'oiseaux, sans oublier ses 32 km de sentiers pédestres et pour la raquette, ainsi que ses voies canotables.

Le nord du Manitoba

Bird Cove, à 16 km à l'est de Churchill, pourrait fort bien être le meilleur endroit où observer les centaines d'espèces d'oiseaux qui transitent ici, y compris la rare mouette rosée. L'épave de l'*Ithaca*, coulé par une tempête en 1961, alors qu'il transportait du minerai de nickel vers Montréal, repose à l'extrémité ouest de l'anse.

■ Ski

L'ouest du Manitoba

Du haut de ses 121 m, l'**Asessippi Ski Area** *(35$; Asessippi Provincial Park, en retrait de la route 83, près de Russell et d'Inglis, ☎204-564-2000)* est aménagée pour en faire un défi pour les skieurs, même si les descentes s'avèrent plutôt brèves. Les pistes satisfe-ront aussi bien les débutants que le skieurs plus chevronnés, et le site comprend un secteur pour pratiquer le surf des neiges. Le chalet permet de se restaurer à la cafétéria, de s'amuser avec les jeux d'arcade et de s'offrir un verre au bar, tout en procurant de superbes vues de la vallée. Location d'équipement de ski, leçons de ski et ski de soirée.

Hébergement

Manitoba Country Vacations Association

P.O. Box 53, Grp 374, R.R.3
Winnipeg
☎/🖥 (204) 667-3526
www.countryvacations.mb.ca

La Manitoba Country Vacations Association de Winnipeg permet de réserver des chambres dans quelque 40 fermes ou autres destinations rurales de vacances.

Bed and Breakfast of Manitoba

893 Dorchester Ave., Winnipeg
☎ (204) 661-0300
www.bedandbreakfast.mb.ca

Bed and Breakfast of Manitoba coordonne les réservations de plus de 100 *bed and breakfasts* membres à travers la province.

Winnipeg

Ivey House International Hostel

$
≡, *bc*, ☛
210 Maryland St.
☎ (204) 772-3022 ou
866-762-4122
🖥 (204) 784-1133
www.hihostels.ca

Cette auberge de jeunesse on ne peut plus accueillante et bien tenue, membre du réseau Hostelling International, se trouve à proximité du centre-ville. Hébergement au-dessus de la moyenne des auberges de jeunesse, grande cuisine, personnel exemplaire et terrasse où l'on prépare des barbecues en été. Des excursions aux différents attraits de Winnipeg sont également proposées.

Ramada Marlborough

$$
≡, 🚗, ♨
331 Smith St.
☎ (204) 942-6411 ou
800-227-6232
🖥 (204) 947-3724

Grâce à sa situation centrale et à sa magnifique façade, le Ramada Marlborough fait d'emblée une vive impression. Le raffinement se poursuit jusque dans la salle à manger lambrissée de bois et l'agréable salle à petit déjeuner, quoique les chambres, légèrement sombres et exiguës, ne soient pas tout à fait à la hauteur. Il n'en reste pas moins qu'il s'agit là d'un établissement confortable.

Hotel Fort Garry

$$$ pdj
≡, 🚗, ⌂, ♨
22 Broadway
☎ (204) 942-8251 ou
800-665-8088
🖥 (204) 956-2351
www.fortgarryhotel.com

Cet hôtel néogothique trapu, un des plus facilement reconnaissables dans le paysage de Winnipeg, a été construit par le Canadien National en 1913. L'impressionnant hall et les non moins remarquables salles de réception vous donneront sans doute des idées de grandeur. Les chambres, rénovées, sont charmantes.

Inn at the Forks

$$$-$$$$
♨, ≡, ⍓, ⌂, ⚑
75 Forks Market Rd.
☎ (204) 942-6555 ou
877-377-4100
🖥 (204) 942-6979
www.innforks.com

Idéalement situé au cœur du secteur de The Forks, cet hôtel comprend un restaurant gastronomique

et propose de luxueuses suites avec foyer. Le décor sobre s'accorde bien avec l'extérieur en pierre calcaire, et le hall est agrémenté d'œuvres d'artistes locaux reconnus. Un centre de santé (spa) se trouve également sur place, pour ceux qui voudraient se gâter encore davantage.

Place Louis-Riel All-Suite Hotel

$$$-$$$$
≡, 🚗, ⌂, ☛, ♨
190 Smith St.
☎ (204) 947-6961 ou
800-665-0569
www.placelouisriel.com

Toutes les unités d'hébergement de cet hôtel en hauteur sont des suites renfermant plusieurs pièces et, habituellement, une cuisinette. Dix-sept d'entre elles ont même deux chambres à coucher. Un choix indiscutable pour les séjours prolongés.

Fairmont Winnipeg

$$$$
≡, 🚗, ◎, ⌂, ⍓, ♨, ⁂
2 Place Lombard
☎ (204) 957-1350 ou
800-441-1414
🖥 (204) 956-1791
www.fairmont.com

Cette institution de Winnipeg compte parmi les établissements hôteliers les plus huppés de la ville. À l'angle de la célèbre intersection des rues Portage et Main, plutôt passante.

Radisson Hotel Winnipeg Downtown

$$$$
≡, 🚗, ◎, ⍓, ♨, ⁂
288 Portage Ave.
☎ (204) 956-0410 ou
800-333-3333
www.radisson.com

En plein cœur du quartier des affaires du centre-ville, ce chic établissement propose un restaurant ainsi

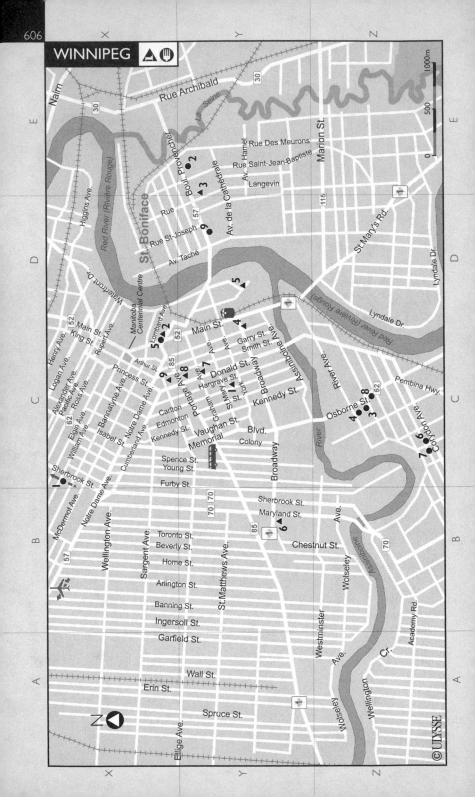

WINNIPEG

▲ HÉBERGEMENT

1. CY — Delta Winnipeg
2. DX — Fairmont Winnipeg
3. EY — Gîte de la Cathédrale Bed and Breakfast
4. DY — Hotel Fort Garry
5. DY — Inn at the Forks
6. BY — Ivey House International Hostel
7. CY — Place Louis-Riel All-Suite Hotel
8. CY — Radisson Hotel Winnipeg Downtown
9. CX — Ramada Marlborough

● RESTAURANTS

1. CX — Alycia's
2. EY — Le Café Jardin
3. CZ — Carlos & Murphy's
4. CZ — Fude
5. CX — Hy's Steakhouse & Cocktail Bar
6. CZ — Nucci's Gelati
7. CZ — Orlando's Seafood Grill
8. CZ — Right There!
9. DY — Step 'N Out

qu'un service de garderie et de buanderie. Les chambres, décorées avec goût, vous assurent tout le confort voulu et de très belles vues. Son service on ne peut plus courtois et professionnel en font un des meilleurs endroits où loger à Winnipeg.

Delta Winnipeg
$$$$
≡, ⚑, ◎, ⬤, ●, ≋, ▥, ∭, Ⴤ

350 St. Mary Ave.
☎ (204) 942-0551 ou
800-268-1133
www.deltahotels.com
Cet hôtel à proximité de tout ne manque de rien puisqu'il renferme deux restaurants et un service de buanderie, s'enorgueillit d'une ravissante piscine et d'un centre de conditionnement physique rénové, sans oublier son hall accueillant. Au moment de mettre sous presse, on planifiait d'aménager un centre de santé (spa) au 12ᵉ étage de l'établissement.

Saint-Boniface

Gîte de la Cathédrale Bed and Breakfast
$ pdj
bc
581 rue Langevin
☎ (204) 233-7792
Ce gîte se trouve tout juste en face du parc Provencher, dans le vieux Saint-Boniface. On y propose trois

chambres d'hôte toutes fleuries; et le petit déjeuner canadien-français traditionnel de la propriétaire, Jacqueline Bernier, peut aussi bien comporter des crêpes au sirop d'érable qu'une omelette ou du pain doré servi sur une table bien mise. Service chaleureux en français.

Les environs de Winnipeg

Birds Hill Provincial Park

Birds Hill Provincial Park Campground
$
fin avr à mi-oct
24 km au nord de Winnipeg, sur la route 59
☎ (204) 948-3333 ou
888-482-2267
www.manitobaparks.com
Le Birds Hill Provincial Park Campground permet aux familles et aux groupes de camper tout en bénéficiant de nombreuses activités dans le parc même. Des sentiers de randonnée pédestre, des pistes cyclables, un centre d'équitation et une plage se retrouvent tous dans le parc, et le centre-ville de Winnipeg est situé à seulement 40 min de route.

L'est du Manitoba

Selkirk

Selkirk Banquet & Conference Centre
$$
≡, ⚑, ●, ▥
162 St. Main
☎ (204) 482-7722 ou
800-930-3888
Hébergement à coût raisonnable dans le centre de Selkirk, non loin de plusieurs attraits locaux importants. Chambre avec cuisinette moyennant un supplément de 10$.

Whiteshell Provincial Park

West Hawk Lake Campground
$
mi-mai à mi-oct
en retrait de la route 1
☎ (204) 948-3333 ou
888-482-2267
www.manitobaparks.com
Le West Hawk Lake Campground profite d'un superbe site, en plus d'offrir toutes les commodités d'un camping moderne. Les emplacements sont délimités par des bouleaux et des pins, offrant des degrés variés d'intimité, et comprennent aussi bien des sites individuels cachés que des sites regroupés autour des équipements collectifs. Le camping est à distance de marche de deux plages, de trois restaurants et de courts

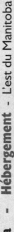

Le Manitoba - Hébergement - L'est du Manitoba

de tennis. Il se révèle également un excellent point de départ pour des excursions à pied ou en canot.

Hecla/Grindstone Provincial Park

Gull Harbor Resort
$$-$$$
≡, ▲, ≋, ✳, ♉, ⫸
Hecla Island
☎ (204) 279-2041 ou 800-267-6700
www.gullharbourresort.com
Ce magnifique complexe hôtelier se trouve sur la pointe de Hecla Island. Il s'agit en fait d'un centre de congrès particulièrement prisé en raison des terrains de golf voisins et des beautés naturelles du parc Hecla/Grindstone. Si le service et la cuisine du restaurant laissent quelque peu à désirer, les chambres sont néanmoins confortables, et celles qui donnent sur l'extérieur bénéficient de terrasses qui permettent de profiter au maximum du magnifique environnement qui entoure le complexe.

Gimli

Lakeview Resort
$$$-$$$$
≡, ⛟, ☂, ≋, ✳, ♉, ⫸
10 Centre St.
☎ (204) 642-8565 ou 877-355-3500
www.lakeviewhotels.com
Dans cet établissement donnant directement sur le port de Gimli, vous pourrez choisir une chambre avec vue sur le village ou sur le grand lac dont la localité tire la plus grande partie de sa subsistance. La nouvelle aile du Lakeview Resort compte de luxueuses suites qui conviendront parfaitement aux longs séjours. Malheureusement, certaines de ces nouvelles

suites donnent sur le stationnement, alors que les plus vieilles profitent plutôt d'une belle vue du lac. Le chaleureux foyer du hall fait le bonheur des clients, et chaque chambre possède un balcon.

Le sud du Manitoba

Winkler

Heartland Resort
$$-$$$
≡, ⛟, ◎, ☂, ≋, ♉, ⫔, ⫸
851 Main St. N.
☎ (204) 325-4381 ou 800-829-4920
www.heartlandresort.net
Les visiteurs seront peut-être surpris de retrouver un centre de santé (spa) et de luxueux fauteuils de cuir dans cet hôtel rénové situé aux limites d'une modeste ville des Prairies. Plusieurs des chambres surplombent la piscine d'inspiration méditerranéenne, et l'on y retrouve aussi un sauna ainsi qu'un bain minéral à remous accessible aux personnes en fauteuil roulant. Le restaurant de l'établissement compte parmi les meilleurs de la région. L'endroit idéal où se réfugier pendant une tempête dans les Prairies!

Le centre du Manitoba

Brandon

Comfort Inn
$$
≡, ⛟
925 Middleton Ave.
☎ (204) 727-6232 ou 800-228-5150
▤ (204) 727-2246
www.choicehotels.com

Gestion sans reproche. Directement situé sur la transcanadienne, au nord du centre-ville de Brandon. Des superbes chambres renferment des tables de travail et des fauteuils, ce dont les gens d'affaires ne se plaignent nullement. Le seul désavantage de l'endroit tient à sa popularité, de sorte qu'il est souvent complet des mois à l'avance.

L'ouest du Manitoba

Wasagaming

The New Chalet
$$
≡, ☂, ≋
parc national Riding Mountain
☎ (204) 848-2892
www.newchalet.com
The New Chalet offre un des meilleurs hébergements dans la région. D'allure plaisante, et fraîchement rénové, cet établissement bien tenu se trouve à proximité de tout et vous donne accès à une piscine extérieure. Il convient de noter que, comme l'hôtel repose à l'intérieur des limites du parc national Riding Mountain, vous devrez acquitter le droit d'entrée au parc pour y accéder.

Onanole

Elkhorn Resort
$$$-$$$$
≡, ♉, ⫔, ≋, ⫸, ◎, ☂, ▲
☎ (204) 848-2802 ou 866-355-4676
▤ (204) 848-2109
www.elkhornresort.mb.ca
L'Elkhorn Resort dispose de chambres confortables et propose une restauration de qualité dans les environs du parc national Riding Mountain. Certaines

des chambres sont pourvues de foyers et jouissent de belles vues sur le centre équestre situé derrière l'établissement. C'est l'endroit idéal pour un séjour romantique et un excellent pied-à-terre pour ceux qui s'adonnent à la randonnée, au ski de fond ou au golf dans la région. Offrez-vous une cure de jouvence au Solstice Spa, où l'on fait des traitements avec le sel provenant des dépôts du lac préhistorique Agassiz qui couvrait autrefois les Prairies.

Le nord du Manitoba

Churchill

Northern Nights Lodge
$$$
♨, ◉, ♨, ≈
101 Kelsey Blvd.
☎ (204) 675-2403
Cet établissement des confins nordiques de la province attire les visiteurs en quête d'ours polaires, qu'on peut habituellement voir gambader sur les rives de la baie d'Hudson.

Polar Inn & Suites
$$$$ pdj
≡, ♨, ☞
153 Kelsey Blvd.
☎ (204) 675-8878 ou
877-765-2733
▤ (204) 675-2647
www.churchillmb.net/
~polarinn/
Le Polar Inn & Suites offre, en plus de ses chambres standards, des appartements à une chambre à coucher et des suites incluant une cuisinette. Les amateurs de plein air apprécieront tout particulièrement de pouvoir y louer des vélos tout-terrains, tandis que les acheteurs invé-

térés trouveront sur place une agréable boutique de cadeaux.

Restaurants

Winnipeg

Nucci's Gelati
$
643 Corydon Ave.
☎ (204) 475-8765
Ce comptoir de glaces fait le bonheur des passants en quête d'un rafraîchissement lorsque le soleil plombe. Et ne vous laissez surtout pas rebuter par les longues files d'attente, car les 30 saveurs de délicieux *gelati* maison qu'on y propose valent largement le détour! Servies en énormes portions, ces glaces italiennes sauront vous ravir tout au long de votre promenade à travers le quartier italien de Winnipeg, qui s'anime d'une ambiance festive à la tombée de la nuit.

Alycia's
$
lun-sam
559 Cathedral Ave.
☎ (204) 582-8789
Sans doute le plus populaire des restaurants ukrainiens de Winnipeg. L'endroit est bien connu pour ses soupes épaisses, ses pirojkis bien consistants, ses roulades de chou farcies et bien d'autres mets encore qui ne manqueront pas de vous réchauffer. Les boissons pétillantes rouges et crémeuses, de même que les décorations qui égaient la salle (œufs de Pâques ukrainiens, entre autres), ajoutent à l'atmosphère festive des lieux. Les propriétaires exploitent, à la porte voisine, par ailleurs, un

comptoir de viandes fines et de plats d'accompagnement à emporter.

Carlos & Murphy's
$$
129 Osborne Ave.
☎ (204) 284-3510
Ce petit restaurant ténébreux donne une impression de bout du monde avec ses planches clouées aux murs de façon à créer un motif de coucher de soleil, ses selles et ses accessoires caractéristiques de l'Ouest sauvage. Une cuisine Tex-Mex y est servie en généreuses portions et s'accompagne merveilleusement bien d'une Margarita à la limette ou d'une bière mexicaine.

Right There!
$$
472 Stradbrook Ave.
☎ (204) 775-5353
L'arôme des plats coréens et des thés délicatement préparés par la chaleureuse et attentive propriétaire Jae-im Kim accueille les convives à la porte de ce restaurant serein. Bœuf et nouilles, de même que champignons et crêpes coréennes, sont tous présentés de façon exquise dans de belles poteries, et la salle à manger est tout aussi charmante, avec son rustique mobilier de pin rouge verni. Une expérience gastronomique réussie, de l'entrée au dessert.

Fude
$$-$$$
Osborne Village, 99 Osborne St.
☎ (204) 284-3833
Fude présente un ambitieux menu de cuisine fusion, préparée en grande partie à partir des produits de la région. Parmi les spécialités, mentionnons les côtes de bison du Manitoba et le brochet sauce à la

Le Manitoba - Restaurants - Winnipeg

crème et lime. Pour l'ultime expérience des Prairies, essayez le steak Angus mariné dans une ale brune de Fort Garry. Enfin, sirotez un savoureux martini ou l'une des nombreuses bières artisanales proposées dans la salle à manger moderne ou sur la terrasse qui surplombe le village.

Hy's Steakhouse & Cocktail Bar
$$$-$$$$
1 Lombard Place
☎ (204) 942-1000
www.hyssteakhouse.com

Hy's, la renommée grilladerie de Winnipeg, a été relocalisée à la fameuse intersection de Portage et Main, où une chic clientèle vient encore savourer son bœuf albertain de qualité, mais dans une atmosphère autrement plus élégante. Le rez-de-chaussée du restaurant raffiné présente de hauts plafonds et d'élégantes boiseries, et l'on peut profiter des espaces plus intimes et chaleureux des salles à manger privées de l'étage supérieur. On y retrouve aussi un *lounge* (bar-salon) avec de larges fauteuils de cuir où il fait bon relaxer avant ou après son repas.

Orlando's Seafood Grill
$$$$
709 Corydon Ave.
☎ (204) 477-5899

Si vous êtes en quête d'un établissement un peu plus raffiné, rendez-vous dans cet élégant restaurant portugais au décor contemporain, que complète une charmante terrasse. L'endroit est réputé pour ses plats de poisson apprêtés de main de maître, et

mettant parfois en vedette des raretés telles que le requin. Service attentionné et éclairé.

Saint-Boniface

Le Café Jardin
$
le midi seulement
Centre Culturel Franco-Manitobain, 340 boul. Provencher
☎ (204) 233-9515

Ce café rattaché au Centre Culturel Franco-Manitobain sert des mets canadiens-français de même que des plats légers et des pâtisseries faites sur place. Sa terrasse extérieure est fort recherchée en été.

Step 'N Out
$$$
157 boul. Provencher
☎ (204) 956-7837

Ce petit bijou de restaurant déclare avoir servi *«1 000 convives, 35 à la fois»*, une bonne indication de l'ambiance intime et du souci du détail qui y règnent. Malgré l'étroitesse des lieux, le décor est riche et éclectique. Le menu, qui varie régulièrement, propose entre autres fruits de mer, bœuf, agneau, quiches et pâtes, ainsi que des plats plus recherchés tels que le saumon grillé servi sur couscous avec coulis de mangue à la lime ou le ravioli à la citrouille au cari. Les réservations sont recommandées, mais si vous pouvez tout de même tenter votre chance pour obtenir une place sur la terrasse romantique en été.

L'est du Manitoba

Gimli

Amma's Tearoom
$
avr à déc
94 First Ave.
☎ (204) 642-7232

Un bon repas vous attend dans ce petit établissement situé près du New Iceland Heritage Museum. Parmi les déjeuners légers, les quiches, soupes et salades sont toutes excellentes. Laissez-votre curiosité vous emporter et essayez le plat de dégustation islandais: un *rullupylsa* (un sandwich à l'agneau épicé), une crêpe islandaise, le *skyr* (un fromage sucré) et, bien sûr, le *vinaterta*, fameux dessert islandais. Jolie terrasse en été.

Seagull's Restaurant
$$
10 Centre St.
☎ (204) 642-4145

Le plus grand atout de ce restaurant est sans doute sa terrasse, aménagée directement sur la plage. Cela dit, poisson pané et *gyros* se laissent aussi déguster dans une vaste salle à manger, et vous pourrez même y faire l'essai d'une *vinaterta* islandaise au dessert. Si la cuisine est plutôt ordinaire, la localisation du restaurant demeure imbattable.

Le centre du Manitoba

Steinbach

The Dutch Connection
$$
88 Brandt St.
☎ (204) 326-2018

Si le menu offre des choix multiethniques tels l'hoummos et le saté de poulet, il compte néanmoins plusieurs classiques hollandais. Les soupes maison sont tout aussi savoureuses les unes que les autres. Le décor du spacieux restaurant est chaleureux, et la terrasse permet de profiter d'une bonne brise en été.

Brandon

Humpty's
$
route 1
☎ (204) 729-1902
Ce restaurant aménagé dans une station-service en bordure d'une voie de desserte de la transcanadienne sert des repas consistants: des hamburgers, des œufs et tout un assortiment de sandwichs copieux. Les habitants de Brandon ne jurent que par lui.

Saint-Francois-Xavier

Medicine Rock Café
$$$$
990 route 26
☎ (204) 864-2451
Cet établissement propose des spécialités régionales telles le wapiti et la venaison. Ce restaurant étant très populaire, il est recommandé de réserver.

L'ouest du Manitoba

Wasagaming

T.R. McKoy's Italian Restaurant
$$
Wasagaming St.
☎ (204) 848-2217
Ce restaurant s'impose comme un joyau inattendu où vous pourrez savourer

de bonnes pâtes, pizzas et grillades dans une atmosphère chaleureuse et détendue.

Sorties

■ Bars et discothèques

Winnipeg

King's Head Pub
120 King St.
☎ (204) 957-7710
Voici probablement le meilleur pub de Winnipeg. Situé dans l'Exchange District, il offre plusieurs bières importées et une grande variété de scotchs, sans oublier ses tables de billard et ses jeux de fléchettes, histoire de se divertir un peu. On y sert également de l'excellente nourriture.

Times Change Blues Bar
jeu-dim
234 Main St.
☎ (204) 957-0982
Le temps semble presque s'être arrêté au Times Change Blues Bar, une petite boîte intime où le blues demeure à l'honneur.

Toad in the Hole
112 Osborne St.
Osborne Village
☎ (204) 284-7201
Le Toad in the Hole, qui a pignon sur rue dans le pittoresque Osborne Village, est un populaire pub offrant plusieurs sortes de bières importées. On peut également y jouer au billard ou aux fléchettes.

■ Fêtes et festivals

Winnipeg

Folklorama
☎ (204) 982-6210 ou 800-665-0234
www.folklorama.ca
Le gigantesque festival d'été de Winnipeg a lieu les deux premières semaines du mois d'août et affiche une grande variété de spectacles et autres activités culturelles; des représentants des nombreuses communautés culturelles de la ville – française, ukrainienne, hongroise, chinoise et japonaise, pour n'en nommer que quelques-unes – préparent la nourriture, entonnent des chansons et dansent suivant les traditions de leur pays d'origine dans les nombreux pavillons qui se répandent autour de la ville pour l'occasion.

Winnipeg Fringe Theatre Festival
juil
☎ (204) 943-7464
www.winnipegfringe.com
Ce festival qui met en vedette diverses troupes de théâtre locales et internationales sur de petites scènes du centre-ville est un des plus importants événements en son genre. Vous y ferez de véritables découvertes au fil des pièces présentées, qui vont du simple divertissement familial aux œuvres expérimentales. Des représentations gratuites en plein air sont également offertes à l'Old Market Square tout au long du festival.

En juillet, quelque 50 000 amateurs de musique acoustique convergent vers le **Birds Hill Provincial Park** (voir p 600), dans les environs de Winnipeg pour une fin de semaine de bonheur sous le signe de la chanson et de la danse, à moins que ce ne soit simplement pour s'imprégner de l'atmosphère du **Winnipeg Folk Festival** *(☎204-231-0096, www. winnipegfolk festival.ca)*, un des meilleurs événements du genre en Amérique. S'y produisent en plein air des musiciens talentueux des quatre coins du monde, pour le plus grand plaisir d'une foule de tout âge.

Saint-Boniface

Festival du Voyageur
768 av. Taché
☎ (204) 237-7692
www.festivalvoyageur.mb.ca
Le Festival du Voyageur, qui se tient à Saint-Boniface en février, célèbre l'hiver et la période pendant laquelle les voyageurs qui ont colonisé la province faisaient la traite des fourrures. Les activités regroupées sous le grand pavillon extérieur comprennent des courses d'attelages de chiens, des concours de sculpture sur neige et des divertissements pour les enfants, pendant que les performances musicales divertissent la foule toute la nuit.

Gimli

Islendingadagurinn *(www.ice landicfestival.com)*, le festival islandais du Manitoba, dure trois jours au début du mois d'août et célèbre l'héritage local de ce pays lointain en plein centre-ville de Gimli. Il comprend un défilé, de la musique, de la poésie, des mets islandais et bien d'autres choses encore.

Altona

Le **Manitoba Sunflower Festival** *(☎204-324-6468, www.*

townof altona.com/events) célèbre la haute fleur jaune qu'est le tournesol durant trois jours en juillet de chaque année. Au programme de cette fête de rue: des festins, des défilés et des danses mennonites.

Morris

Le **Manitoba Stampede & Exhibition** *(☎204-746-2552, www.manitobastampede. ca)* transforme une ville indolente en un véritable paradis du rodéo pendant quatre jours à la mi-juillet. Il s'agit du deuxième rodéo en importance au Canada (seul l'immense Stampede de Calgary parvient à le surpasser), et l'on y présente des courses de «cantines ambulantes» *(chuckwagons)*, une foire agricole et, bien sûr, des concours de monte de taureau ainsi que d'autres activités de rodéo.

Dauphin

L'immensément populaire **National Ukrainian Festival** *(1550 Main St., ☎204-622-4600 ou 877-474-2683)* a lieu à Dauphin pendant trois jours au mois de juillet ou d'août, et débute un vendredi matin. Les festivités tournent autour d'un concours de boulangerie, d'un concours de broderie, d'un concours de décoration d'œufs de Pâques, d'expositions d'art populaire, de danses à profusion et d'un café en plein air.

The Pas

Le **Northern Manitoba Trappers' Festival** *(☎204-623-2912, www.trappersfestival. com)* dure cinq jours pendant le mois de février. Parmi les activités au programme, il y a une fa-

meuse course d'attelages de chiens.

■ Jeu et casino

Winnipeg

The Club Regent
1425 Regent Ave. W.
☎ (204) 957-2700
Palmiers et cascades confèrent à cet établissement une ambiance tropicale. Ici, ce sont les jeux électroniques qui priment: bingo, poker et Keno. Vous y trouverez aussi des machines à sous.

McPhillips Street Station Casino
484 McPhillips St.
☎ (204) 957-3900
Le McPhillips Street Station Casino invite les visiteurs à y passer une petite soirée ludique. Il offre en effet un divertissement léger, avec ses VLT, ses machines à sous et son bingo, malgré qu'on y joue aussi au Keno et au black-jack. Mais vous serez gagnant sur toute la ligne si vous prenez le temps d'observer son aménagement intérieur, sur le thème des chemins de fer historiques évoquant le riche passé de Winnipeg, tel le Royal Alexander Hotel, aujourd'hui disparu. Vous y verrez aussi un modèle réduit du *Chattanooga Choo Choo* (un train imaginaire immortalisé par Glenn Miller), qui serpente à travers le casino. Sans oublier le plus contemporain *Manitoba Millennium Express*, une projection multimédia qui vous fera revivre le passé du Manitoba d'une autre façon.

■ Théâtres et salles de spectacle

Winnipeg

Royal Winnipeg Ballet
380 Graham Ave.
☎ (204) 956-2792 ou
800-667-4792
www.rwb.org
La compagnie de danse la plus connue au Canada possède sa propre salle de spectacle en plein centre-ville. La troupe a remporté une médaille d'or dans le cadre du Concours international de ballet et offre parfois des visites de ses installations.

Saint-Boniface

Centre Culturel Franco-Manitobain
340 boul. Provencher.
☎ (204) 233-8972
www.ccfm.mb.ca
Le mardi, une foule enjouée se presse au pour entendre du jazz, quoiqu'il accueille aussi des musiciens sur scène les vendredis.

Cercle Molière
825 rue St-Joseph
☎ (204) 233-8053
www.cerclemoliere.com
Le Cercle Molière incarne la plus ancienne compagnie théâtrale à demeure au Canada. Elle monte chaque année quatre grandes productions dans le **Théâtre de la Chapelle**, un beau petit café intime. Les représentations se donnent en français.

Achats

Winnipeg

Les possibilités de magasinage se regroupent dans le centre-ville, et il suffit de franchir quelques quadrilatères pour atteindre sans mal les trois grands magasins d'ici, à savoir l'Eaton Place, la Hudson's Bay Company et Portage Place. Le réseau de passerelles couvertes et surélevées du centre-ville est largement utilisé et grandement apprécié l'hiver venu; il relie les centres commerciaux aux immeubles de bureaux, à la bibliothèque et à d'autres destinations.

Hudson's Bay Company de Winnipeg
angle Portage Ave. et Memorial Blvd.
☎ 204-783-2112
La Hudson's Bay Company de Winnipeg était jadis le porte-étendard de cette illustre compagnie de traite des fourrures qui a vu le jour en 1670. On y vend toujours les fameuses couvertures originales de La Baie de même que d'autres articles uniques.

Portage Place
393 Portage Ave
Portage Place, un centre commercial plutôt conventionnel du centre-ville, s'étend sur trois quadrilatères et abrite environ 160 boutiques et un cinéma IMAX.

Bayat Gallery
163 Stafford St.
☎ 204-475-5873 ou
888-884-6848
Et parmi les autres boutiques du centre-ville, il faut retenir la Bayat Gallery, particulièrement intéressante du fait qu'il s'agit de la meilleure galerie d'art inuit en ville.

Exchange District
autour d'Albert St. et de McDermot Ave.
L'Exchange District est un secteur piétonnier où l'on retrouve entre autres des galeries d'art, des commerces de vêtements d'occasion (friperies), des magasins d'antiquités éclectiques et le réputé Winnipeg Folk Music Store.

Toad Hall
54 Arthur St.
☎ 204-956-2195 ou
888-333-8623
Le Toad Hall est un de ces endroits à faire rêver les enfants. Les étagères regorgent de jouets de qualité, aussi bien traditionnels que contemporains, dans une atmosphère fantaisiste qui transporte jeunes et moins jeunes au royaume magique de l'imaginaire. Vous y trouverez de tout, des théâtres de marionnettes tchécoslovaques faites à la main aux trains électriques, en passant par les cerfs-volants colorés et les ensembles de magie.

L'Osborne Village abrite nombre de merveilleuses petites boutiques que vous ne sauriez ignorer. Vous y trouverez, sur Osborne Street entre River Avenue et Stradbrook Avenue, papeterie, cadeaux, vêtements, accessoires de cuisine et plus encore.

Avec ses petites boutiques, **Corydon Avenue** attire une foule de gens. Elle se trouve au centre d'un quartier très populaire pour le magasinage, et, tout autour, des restaurants invitent les gens à faire une pause. On la surnomme même la

Little Italy (Petite Italie) de Winnipeg.

McNally Robinson
1120 Grant Ave.
☎ 204-475-0483
McNally Robinson s'impose sans contredit comme la meilleure librairie de la ville. Le choix y est impressionnant dans toutes les catégories, quoique les auteurs des Prairies y soient tout particulièrement à l'honneur. Un escalier en colimaçon enroulé autour d'un majestueux tronc d'arbre conduit par ailleurs les enfants à la section qui leur est réservée à l'étage. Le restaurant de la maison, le Cafe Au Livre, sert des déjeuners légers et des desserts. La librairie possède aussi une plus petite succursale dans le centre commercial de Portage Place.

Références

Index   616

Liste des cartes   633

Tous les guides Ulysse   634

Nos coordonnées   636

Écrivez-nous   636

Notes   637

Tableau des distances   639

Mesures et conversions   639

Légende des cartes   640

Symboles utilisés dans ce guide   640

Références

Index

+15 (Calgary) 434
100 Foot Historical Mural (Elk
        Point) 541
12 Foot Davis Provincial Historical
        Site (Peace River) 545

A

Abkhazi Garden (Victoria) 161
Accès 41
Achats 47
Active Pass Lighthouse
        (Mayne Island) 205
Activités de plein air
    alpinisme 107, 386
    baignade 507
    benji 209
    canot 108, 268, 333, 479, 507
    cerf-volant 108
    descente de rivière 268, 333,
        386, 479, 507
    équitation 166, 389, 479
    escalade 268
    forfaits aventure 333
    golf 108, 166, 209, 269, 389,
        442, 479, 526, 547
    héli-ski 110, 272, 390
    kayak 108, 209, 334
    kayak de mer 167
    loisirs d'hiver 334
    motoneige 270, 390
    navigation en hélicoptère 109
    observation de baleines 210
    observation de la faune 603
    observation des
        baleines 109, 167
    observation des oiseaux 110,
        270, 334, 442, 547,
        603
    parapente 390, 507
    patin 443
    patin à roues alignées 110
    pêche 110, 167, 210, 270, 334,
        391, 547
    planche à neige 111
    planche à voile 270
    plongée sous-marine 211, 271
    promenades en hélicoptère 110
    randonnée pédestre 111, 211,
        271, 334, 391, 443,
        479, 508
    ski 604
    ski alpin 111, 212, 272, 394
    ski de fond 112, 395, 479
    ski de fond 508
    surf 212
    traîneau à chiens 273, 395
    vélo 112, 526
    vélo de montagne 213, 274, 396
    voile 112, 213
    vol en planeur 274
Aéroports 41
    Calgary 431
    Calgary International Airport 41
    Dawson Creek (Nord C.-B.) 309
    Edmonton City Centre Airport 42
    Edmonton International
        Airport 42, 517
    Fort Nelson (Nord C.-B.) 309
    Fort St. John (Nord C.-B.) 309
    Masset (Nord C.-B.) 310
    Prince George (Nord C.-B.) 309

    Prince Rupert (Nord C.-B.) 310
    Regina 554
    Regina International Airport 43
    Sandspit (Nord C.-B.) 310
    Saskatoon 554
    Saskatoon John G. Diefenbaker
        International Airport 43
    Smithers (Nord C.-B.) 309
    Vancouver International Airport
        42
    Victoria International Airport 43
    Watson Lake (Nord C.-B.) 309
    Williams Lake (Nord C.-B.) 309
    Winnipeg (Manitoba) 584
    Winnipeg International Airport 43
Aetna (sud de l'Alberta) 466
Agate Beach (îles de la Reine-Char-
        lotte) 333
Agricultural College (Olds) 501
Agriculture and Agri-Food Canada
        Research Centre
        (Brandon) 596
Agriculture and Agri-Food Canada
        Research Station
        (Morden) 595
Aînés 47
Ainsworth Hot Springs (Kaslo) 262
Akamina Highway
        (sud de l'Alberta) 476
Alaska Highway (Nord C.-B.) 320
Alaska Highway Interpretive Cen-
        tre (Watson Lake) 322
Alaska Highway Signpost Forest
        (Watson Lake) 322
Alberni Valley Museum
        (Port Alberni) 198
Alberta Forest Service Museum
        (Hinton) 505
Alberta Hotel (Calgary) 434
Alberta Legislature Building
        (Edmonton) 520
Alcan (Kitimat) 328
Alder Flats (Centre
        de l'Alberta) 499
Alert Bay (île de Vancouver) 203
Alexander Block (Winnipeg) 589
Alexandra Park (Vancouver) 90
Alf Hole Goose Sanctuary
        (Manitoba) 601
Alice Lake Provincial Park
        (Sud C.-B.) 265
Allan Yap Circle (Vancouver) 79
Allen Sapp Gallery
        (North Battleford) 566
Alpha Lake (Sud C.-B.) 266
Alpinisme
    Rocheuses 386
    Vancouver 107
Alta Lake (Sud C.-B.) 266
Altona (Manitoba) 594
    sorties 612
Ambassades 47
Amérindiens 29
Amphitrite Point Lighthouse
        (Ucluelet) 199
Angel Glacier (Rocheuses) 372
Anglin Lake (Saskatchewan) 569
Animal Lick (Rocheuses) 379
Animaux 47

Anne Hathaway's Cottage
        (Victoria) 154
Architectural Institute of British Co-
        lumbia (Vancouver) 78
Architecture 34
Art Gallery of Greater Victoria
        (Victoria) 158
Art sino-canadien 31
Artspace (Winnipeg) 589
Artwalk (Nelson) 262
Ashcroft (Sud C.-B.) 244
    hébergement 280
Ashlar Ridge Viewpoint
        (Rocheuses) 374
Asian Centre (Vancouver) 106
Assiniboine Park (Manitoba) 591
Assiniboine Park Zoo
        (Manitoba) 591
Assurances 47
Athabasca (Nord de l'Alberta) 542
    hébergement 548
    restaurants 550
Athabasca Falls (Rocheuses) 372
Athabasca Glacier
        (Rocheuses) 371
Athabasca Tower (Rocheuses) 374
Atikaki Provincial Wilderness Park
        (Manitoba) 601
Attraits touristiques 48
Austin (Manitoba) 596
Autocar 46
Avenue of Nations
        (Edmonton) 519
Avion 41
Aylmer Lookout Viewpoint
        (Rocheuses) 366

B

Badlands Historical Centre
        (Drumheller) 492
Baignade
    centre de l'Alberta 507
Baker Street (Nelson) 262
Balance Rock (Skidegate) 332
Baldy Mountain (Manitoba) 603
Bamfield (île de Vancouver) 202
    hébergement 220
Banff (carte)
    Attraits touristiques 365
    Hébergement, restaurants 401
Banff, ville de (Rocheuses) 362
    achats 426, 427
    hébergement 398
    restaurants 417
    sorties 425
Banff Arts Festival (Banff) 364
Banff Centre (Banff) 364
Banff Gondola (Banff) 362
Banff Springs Hotel (Banff) 362
Banff Upper Hot Springs
        (Banff) 362
Bankhead (Rocheuses) 366
Bannock Point (Manitoba) 601
Banques 55
Barclay Heritage Square
        (Vancouver) 90

Barkerville (Nord C.-B.) 315
  hébergement 336
Barkley Sound (Bamfield) 202
Barrage de St. Andrew's
          (Lockport) 593
Barr Colony Heritage
          Cultural Centre
          (Lloydminster) 505
Bars 48
Bastion (Nanaimo) 195
Bastion Square (Victoria) 153
Bastion Square Festival of the Arts
          (Victoria) 153
Batoche (Saskatchewan) 567
Battleford (Saskatchewan) 565
Battle Hill (Kitwanga) 323
Bavarian City Mining Railway
          (Kimberley) 264
Bay, The (Vancouver) 89
BC Aviation Museum (Saanich
          Peninsula) 163
BC Forest Discovery Centre
          (Duncan) 194
BC Hydro Building (Vancouver) 88
BC Hydro Salmon Stream Project
          (Vancouver) 93
BC Museum of Mining (Britannia
          Beach) 239
BC Place Stadium
          (Vancouver) 100
Beacon Hill Park (Victoria) 158
Bear Glacier (Nord C.-B.) 323
Beaumont Marine Park (Pender
          Islands) 209
Beddis Beach (Salt Spring
          Island) 208
Bella Coola (Nord C.-B.) 314
Bella Coola Museum
          (Bella Coola) 314
Benji
  *île de Vancouver et Gulf Islands
          209*
Bennett Bay (Mayne Island) 208
Bentall Centre (Vancouver) 86
Berg Glacier (Rocheuses) 378
Berg Lake Trail (Rocheuses) 378
Bessborough (Saskatoon) 561
Bière 58
Big Quill Lake (Saskatchewan) 565
Big Rock (Okotoks) 462
Bird Cove (Manitoba) 603
Birds Hill Provincial Park
          (Manitoba) 600
  hébergement 607
Birds of Prey Centre
          (Coaldale) 472
Birkenhead Lake Provincial Park
          (Sud C.-B.) 266
Birks Building (Winnipeg) 589
Black Diamond (sud de l'Alberta)
          462
Blacksmith Shop Museum
          (Lacombe) 502
Bleriot (Dinosaur Trail) 494
Bluffs Park (Galiano Island) 208
Bonnyville (Nord de l'Alberta) 541
Botanical Beach (Victoria et ses
          environs) 166
Bowen Island (Vancouver) 107
Bowness Park (Calgary) 442
Bow River Falls (Rocheuses) 364
Bowron Lake Provincial Park
          (Nord C.-B.) 315
  hébergement 336
Bow Summit (Rocheuses) 370

Bow Valley Parkway
          (Rocheuses) 366
  hébergement 403
  restaurants 417
Brackendale (Sud C.-B.) 240
Brackendale Art Gallery
          (Brackendale) 240
Bragg Creek (sud de l'Alberta) 461
Brandon (Manitoba) 596
  hébergement 608
  restaurants 611
Brandywine Falls Provincial Park
          (Sud C.-B.) 266
Bridal Veil Falls (Rocheuses) 371
Britannia Beach (Sud C.-B.) 239
Brockton Oval (Vancouver) 95
Brooks (Centre de l'Alberta) 491
Brooks (Centre de l'Alberta)
  hébergement 509
Bud Miller All Seasons Park
          (Lloydminster) 505
Buffalo Nations Luxton Museum
          (Banff) 364
Buffalo Pound Provincial Park
          (Saskatchewan) 568
Bulkley Valley Fall Fair
          (Smithers) 327
Bulkley Valley Museum
          (Smithers) 326
Burgess Shale (Rocheuses) 382
Burns Lake (Nord C.-B.) 326
Burns Lake Museum
          (Burns Lake) 326
Burrard Inlet (Vanvouver) 67, 95
Butchart Gardens, The (Saanich
          Peninsula) 163
Butterfly World & Gardens
          (Coombs) 198
Byrnes Block (Vancouver) 76

C

Cable Cookhouse (Sayward) 203
Cadboro Bay Beach (Victoria) 164
Cadomin Caves (Hinton) 505
Calgary 429
  achats 457
  activités de plein air 442
  attraits touristiques 432
  fêtes et festivals 456
  hébergement 444
  restaurants 450
  sorties 455
Calgary (carte)
  Attraits touristiques 441
  Hébergement, restaurants 449
Calgary centre (carte)
  Attraits touristiques 435
  Hébergement, restaurants 445
Calgary Chinese Cultural Centre
          (Calgary) 437
Calgary International Airport 41
Calgary International Airport
          (Calgary) 431
Calgary Science Centre
          (Calgary) 434
Calgary Tower (Calgary) 433
Calgary Zoo, Botanical Garden
          & Prehistoric Park
          (Calgary) 437
Campbell River (île de
          Vancouver) 202
  achats 229
  hébergement 220
  restaurants 226
Camrose (Centre de
          l'Alberta) 503

Canada's Aviation Hall of Fame
          (Wetaskiwin) 504
Canada Olympic Park
          (Calgary) 440
Canada Place (Vancouver) 85
Canadian Bank of Commerce
          (Vancouver) 85
Canadian Fossil Discovery Centre
          (Morden) 594
Canadian Museum of Rail Travel
          (Cranbrook) 263
Canadian Petroleum Interpretive
          Centre (Leduc) 504
Canmore (Rocheuses) 383
  hébergement 414
  restaurants 423
  sorties 426
Canmore Museum and
          Geoscience Centre
          (Canmore) 384
Canmore Nordic Centre
          (Canmore) 383
Canmore Recreation Centre
          (Canmore) 384
Cannington Manor Provincial
          Historic Park
          (Saskatchewan) 567
Canora (Saskatchewan) 564
Canot 62
  centre de l'Alberta 507
  *nord de la Colombie-Britannique
          333*
  sud de l'Alberta 479
  *sud de la Colombie-
          Britannique 268*
  Vancouver 108
Cape Churchill Wildlife Manage-
          ment Area (Manitoba)
          603
Cape Merry (Churchill) 599
Cape Mudge Lighthouse
          (Quadra Island) 202
Cape Scott Provincial Park (île de
          Vancouver) 208
Cape Tatnam Wildlife Management
          Area (Manitoba) 603
Capilano River Regional Park
          (Vancouver) 106
Capilano Salmon Hatchery
          (Vancouver) 98
Capilano Suspension Bridge and
          Park (Vancouver) 98
Captain Kennedy Museum and Tea
          House (Manitoba) 592
Cardston (sud de l'Alberta) 466
Cardston Alberta Temple
          (Cardston) 466
Cariboo Pulp & Paper
          (Quesnel) 315
Carillon (Victoria) 156
Carmanah Walbran Provincial Park
          (île de Vancouver) 206
Carnegie Library (Vancouver) 82
Carr House (Victoria) 158
Carstairs (Centre de l'Alberta) 496
Cartes de crédit 56
Cascade Gardens (Banff) 364
Castlegar (Sud C.-B.) 260
Castleguard Cave
          (Rocheuses) 371
Castle Mountain (Rocheuses) 367
Castle Mountain Lookout
          (Rocheuses) 367
Cathedral Church of
          the Redeemer
          (Calgary) 433
Cathédrale de Saint-Boniface
          (Saint-Boniface) 590

Cathedral Place (Vancouver) 86
Cathedral Provincial Park
    (Sud C.-B.) 267
    hébergement 284
CedarCreek Estate Winery
    (Kelowna) 256
Cenotaph (Vancouver) 78
Centennial Museum (Kitimat) 328
Centre Culturel Franco-Manitobain
    (Saint-Boniface) 590
Centre de l'Alberta 489
    achats 514
    activités de plein air 507
    attraits touristiques 491
    hébergement 509
    restaurants 513
    sorties 514
**Centre de l'Alberta, le
    (carte) 488**
**Centre de l'Alberta, le; con-
    treforts du centre,
    l'intérieur des terres,
    la route de Yellowhead
    (carte) 497**
**Centre de l'Alberta, le; en quête
    de dinosaures
    (carte) 493**
Centre of the Universe
    (Saanich Peninsula) 162
Century's Winds of Change
    (Vancouver) 79
Cerf-volant
    Vancouver 108
CFB Esquimalt Naval & Military
    Museum (Esquimalt)
    154
Chain Lakes Provincial Park (sud de
    l'Alberta) 475
    hébergement 480
Change 55
Chapelle du père Lacombe
    (St. Albert) 542
Chateau Lake Louise
    (Lake Louise) 368
Chemainus (Île de Vancouver) 195
Chèques de voyage 56
Chetwynd (Nord C.-B.) 317
    achats 350
    hébergement 338
    restaurants 347
Chief, The (Squamish) 240
Chief Mountain International
    Highway (sud de
    l'Alberta) 476
Chilliwack Lake Provincial Park
    (Sud C.-B.) 266
China Beach (Victoria et ses
    environs) 166
Chinatown (Vancouver) 67, 78
Chinatown (Victoria) 153
Chinatown Gate (Edmonton) 519
Chinatown Millennium Gate
    (Vancouver) 79
Chinatown Night Market
    (Vancouver) 79
Chinese Cultural Centre
    (Vancouver) 79
Chinese Cultural Centre Museum
    and Archives (Vancou-
    ver) 80
Christ Church (The Pas) 598
Christ Church Cathedral
    (Vancouver) 86
Churchill (Manitoba) 599
    hébergement 609
CIBC Bank (Vancouver) 82
Cinéma 34

Cinémas 48
Cinémathèque (Winnipeg) 589
Circle of Life Thunderbird House
    (Winnipeg) 589
City Hall (Edmonton) 519
City Hall Park (Red Deer) 501
Claybank (Saskatchewan) 560
Clearwater Lake Provincial Park
    (Manitoba) 603
Cleveland Dam Park
    (Vancouver) 98
Climat 49
Coalbanks Interpretive Site
    (Lethbridge) 470
Coaldale (sud de l'Alberta) 472
Coal Harbour (Vancouver) 92
Cobble Hill 192
Cochrane (Centre de
    l'Alberta) 496
Cochrane (Centre de l'Alberta)
    restaurants 513
Cochrane Ranche Provincial
    Historic Site
    (Cochrane) 496
Cold Lake (Nord de l'Alberta) 541
    hébergement 548
    restaurants 549
Cold Lake Provincial Park (Nord de
    l'Alberta) 546
Coleman (sud de l'Alberta) 465
    hébergement 480
Collège de Saint-Boniface (Saint-
    Boniface) 590
Commercial Drive (Vancouver) 84
Commercial Inlet (Nanaimo) 195
Commodore Theatre
    (Vancouver) 89
Commonwealth Air Training Plan
    Museum
    (Brandon) 597
Comox Valley (Île de
    Vancouver) 187
Conduite automobile 45
Connaught Hill Park
    (Nord C.-B.) 316
Consulats 49
Coombs (Île de Vancouver) 198
Copper Maker, The
    (Port Hardy) 204
Cortes Island (Gulf Islands) 203
    hébergement 221
    restaurants 227
Costume Museum of Canada
    (Dugald) 592
Cottonwood Island Nature Park
    (Nord C.-B.) 316
Courtenay (Île de Vancouver)
    hébergement 220
Cow Bay (Prince Rupert) 330
Cowichan Bay (Île de Vancouver)
    hébergement 214
Cowichan Valley (Île de
    Vancouver) 187, 192
CP Rail Station (Winnipeg) 589
CPR Roundhouse (Vancouver) 99
Craigdarroch Castle (Victoria) 158
Cranbrook (Sud C.-B.) 263
    hébergement 293
    restaurants 300
Crédit Foncier Franco-Canadien
    (Vancouver) 85
Crescent Park (Moose Jaw) 560
Crescent Road Viewpoint
    (Calgary) 436
Creston (Sud C.-B.) 263
Creston Valley Wildlife Area
    (Creston) 263

Crimson Lake Provincial Park (Cen-
    tre de l'Alberta) 506
Crofton 194
Crooked Lake Provincial Park
    (Saskatchewan) 559
Crowfoot Glacier
    (Rocheuses) 370
Crowsnest Museum
    (Coleman) 465
Crowsnest Pass (sud de
    l'Alberta) 464
    hébergement 480
Crystal Garden (Victoria) 156
Cultes 49
Culture 30
Culture amérindienne 30
Cultus Lake Provincial Park (Sud
    C.-B.) 266
Cumberland House Provincial
    Historic Park
    (Saskatchewan) 569
Cut Knife (Saskatchewan) 566
Cypress Hills Interprovincial Park
    (Saskatchewan) 568
Cypress Hills Interprovincial Park
    (sud de l'Alberta) 475,
    478
    hébergement 485
Cypress Provincial Park
    (Vancouver) 106

D

Dalnavert Museum
    (Winnipeg) 588
Daly House Museum
    (Brandon) 596
Dauphin (Manitoba) 597
    sorties 612
David Lam Park (Vancouver) 99
David Thompson Highway (centre
    de l'Alberta) 500
Davie Village (Vancouver) 90
Dawson Creek (carte)
    Attraits touristiques 319
    Hébergement, restaurants 339
Dawson Creek (Nord C.-B.) 318
    achats 350
    hébergement 338
    restaurants 347
    sorties 349
Dawson Creek Art Gallery
    (Dawson Creek) 318
Dawson Creek Farmers' Market
    (Dawson Creek) 318
Dawson Creek Station Museum
    (Dawson Creek) 318
Deane House (Calgary) 437
Dease Lake (Nord C.-B.) 325
    hébergement 342
    restaurants 348
Décalage horaire 50
Delta Beach (Manitoba) 602
Delta Marsh (Manitoba) 601
Denman Place Mall
    (Vancouver) 92
Den Wildlife Museum (Jasper) 378
Déplacements 41
Descente de rivière
    centre de l'Alberta 507
    nord de la Colombie-Britannique
        333
    Rocheuses 386
    sud de l'Alberta 479
    sud de la Colombie-Britannique
        268
Desert Centre (Osoyoos) 249

Desolation Sound Marine
        Provincial Park (Sud
        C.-B.) 265
Devil's Coulee Dinosaur Heritage
        Museum (Warner) 472
Devon (Centre de l'Alberta) 504
Devonian Gardens (Calgary) 434
Dickinson Family Farm
        (Penticton) 251
Diefenbaker Canada Centre
        (Saskatoon) 562
Diefenbaker House Museum
        (Prince Albert) 566
Dingman No. I
        (Turner Valley) 462
Dinosaur Provincial Park (Centre
        de l'Alberta) 506
Dinosaur Trail (Centre de
        l'Alberta) 492
Discothèques 48
Discovery Pier (Campbell River)
        202
Domaine Combret (Osoyoos)
        251
Dominion Building (Vancouver) 78
Dominion Radio Astrophysical
        Observatory
        (Kaleden) 251
Donatville (Nord de l'Alberta)
        hébergement 548
Donnelly (Nord de l'Alberta) 544
Douane 40
Douglas Channel (Kitimat) 328
Doukhobor Village Museum
        (Castlegar) 261
Downtown's Art Ark
        (Kelowna) 258
Downtown Eastside
        (Vancouver) 67, 78
Dr. Sun Yat-Sen Classical Chinese
        Garden
        (Vancouver) 79
Dr. Sun Yat-Sen Park
        (Vancouver) 80
Driftwood Canyon Provincial Park
        (Nord-C.-B.) 326
Drogues 50
Drumheller (Centre de
        l'Alberta) 492
        hébergement 509
        restaurants 513
        sorties 514
Dry Island Buffalo Jump Provincial
        Park (Centre de
        l'Alberta) 495
Duck Lake (Saskatchewan) 567
Duck Lake Regional Interpretive
        Centre
        (Duck Lake) 567
Duck Mountain Provincial Park
        (Manitoba) 602
Duck Mountain Provincial Park
        (Saskatchewan) 569
Dugald (Manitoba) 592
Duncan (île de Vancouver) 192
        hébergement 214
Dunvegan (Nord de l'Alberta) 545

E

Eagle Extravaganza (Goldstream
        Provincial Park) 164
Eagle Run (Brackendale) 240
East Beach (îles de la Reine-Char-
        lotte) 333
East Coulee (Hoodoo Trail) 494

East Coulee School Museum
        (Hoodoo Trail) 494
Eastend (Saskatchewan) 561
East Sooke Regional Park (Victoria
        et ses environs) 166
East Vancouver 67, 78
Eau Claire Market (Calgary) 436
Écluse de St. Andrew's
        (Lockport) 593
Économie 27
Edmonton 515
        achats 535
        activités de plein air 526
        attraits touristiques 518
        hébergement 527
        pour s'y retrouver sans mal 517
        restaurants 532
        sorties 534
Edmonton (carte)
        Attraits touristiques 525
        Hébergement, restaurants 531
Edmonton Art Gallery
        (Edmonton) 519
Edmonton Arts District
        (Edmonton) 519
Edmonton centre (carte)
        Attraits touristiques 521
        Hébergement, restaurants 529
Edmonton City Centre Airport 42
Edmonton International Airport 42
Edmonton International Airport
        (Edmonton) 517
Edson (Centre de l'Alberta) 505
Église anglicane Saint Paul
        (Kitwanga) 323
Église Our Lady of the Assumption
        (Mariapolis) 594
Église Saint-Jean-Baptiste (Morin-
        ville) 542
Église St Andrews-on-the-Red
        (Manitoba) 592
Électricité 50
Elk Point (Nord de l'Alberta) 541
Ellis Bird Farm (Centre de
        l'Alberta) 503
Em-Te Town (Centre de
        l'Alberta) 499
Emerald Lake (Rocheuses) 382
Emily Carr College of Art and De-
        sign (Vancouver) 102
Empress Hotel (Victoria) 154
Enfants 50
Engine 374 (Vancouver) 100
English Bay Beach (Vancouver) 90
Englishman River Falls Provincial
        Park (île de
        Vancouver) 207
**Environs du lac Louise, les
        (carte) 369**
Équitation
        Rocheuses 389
        sud de l'Alberta 479
        Victoria et ses environs 166
Escalade
        sud de la Colombie-
        Britannique 268
Eskimo Museum (Churchill) 599
Esplanade Riel Pedestrian Bridge
        (Winnipeg) 588
Esquimalt 154
Etzikom (sud de l'Alberta) 473
Etzikom Museum (Etzikom) 473
Eugenia Tower (Vancouver) 92
Eurocan Pulp (Kitimat) 328
Evolution of Education Museum
        (Prince Albert) 566
Exchange District (Winnipeg) 588

Exploration Place, The
        (Prince Rupert) 316

F

Fairmont Hot Springs
        (Rocheuses) 380
        hébergement 413
        restaurants 422
Fairmont Jasper Park Lodge
        (Rocheuses) 377
False Creek (Vancouver) 99
Fan Tan Alley (Victoria) 154
Fantasyland Hotel & Resort
        (Edmonton) 526
Farmer's Market (Millarville) 462
Farmyard (Vancouver) 95
Faune 15
Festivals 50
Fêtes 50
Field (Rocheuses) 382
        hébergement 414
        restaurants 423
Fire Hall (Stewart) 323
First Baptist Church
        (Vancouver) 88
First Beach (Vancouver) 107
First Nations House of Learning
        (Vancouver) 106
Fish Creek (Nord C.-B.) 324
Fish Creek Provincial Park
        (Calgary) 442
Fisherman's Wharf (Victoria) 156
Flat Iron Building (Lacombe) 502
Flin Flon (Manitoba) 598
Flin Flon Station Museum
        (Flin Flon) 599
Flore 15
Forfaits aventure
        nord de la Colombie-
        Britannique 333
Forks, The (Winnipeg) 586
Formalités d'entrée 40
Fort Calgary (Calgary) 437
Fort Carlton Provincial Historic Park
        (Saskatchewan) 567
Fort Dauphin Museum
        (Dauphin) 597
Fort Edmonton Park
        (Edmonton) 523
Fort George-Buckingham House
        Provincial Historic Site
        (ElkPoint) 541
Fort la Reine Museum and Pioneer
        Village (Portage la
        Prairie) 596
Fort Macleod (sud de
        l'Alberta) 468
        hébergement 481
        restaurants 485
        sorties 487
Fort McMurray (Nord de
        l'Alberta) 543
        hébergement 548
        restaurants 550
Fort McMurray Oil Sands Dis-
        covery Centre (Fort
        McMurray) 543
Fort Museum of the North West
        Mounted Police (Fort
        Macleod) 468
Fort Nelson (Nord C.-B.) 320
        hébergement 341
        restaurants 347
Fort Nelson Heritage Museum
        (Fort Nelson) 320
Fort Normandeau (Red Deer) 501

Fort Qu'Appelle
    (Saskatchewan) 559
    hébergement 574
    restaurants 577
Fortress Mountain Ski Resort
    (Kananaskis Valley) 385
Fort Saskatchewan (Nord de
    l'Alberta) 540
Fort Saskatchewan Museum (Fort
    Saskatchewan) 540
Fort St. James (Nord C.-B.) 326
    hébergement 343
Fort St.John (carte)
    Attraits touristiques 321
    Hébergement, restaurants 340
Fort St. John (Nord C.-B.) 320
    achats 350
    hébergement 339
    restaurants 347
Fort St. John-North Peace Museum
    (Fort Saint John) 320
Fort Steele Heritage Town
    (Cranbrook) 263
Fort Vermillion (Nord de
    l'Alberta) 545
Fort Whoop-Up (Lethbridge) 469
Fort Whyte Nature Centre
    (Manitoba) 591
Francis Winspear Centre for Music
    (Edmonton) 519
Frank Skinner Arboretum Trail
    (Manitoba) 602
Frank Slide Interpretive Centre (sud
    de l'Alberta) 465
Frelsis Church (Manitoba) 596
French Beach (Victoria et ses
    environs) 166
Friends of Clayoquot Sound
    (Tofino) 201
Fumeurs 48
Furry Creek (Sud C.-B.) 239

G

G&E 1891 Railway Museum
    (Edmonton) 523
Gabriola Island (Gulf Islands) 204
Galiano Island (Gulf Islands) 204
    achats 230
    hébergement 222
    restaurants 227
Galloway Station Museum (Edson)
    505
Gaoler's Mews (Vancouver) 76
Gare de Kwinitsa
    (Prince Rupert) 330
Gare ferroviaire du Canadian
    Pacific Railway
    (Vancouver) 96
Garibaldi Provincial Park
    (Sud C.-B.) 266
Gas Station Theatre
    (Manitoba) 591
Gastown (Vancouver) 67, 74
Gastown Steam Clock
    (Vancouver) 76
Gays et lesbiennes 57
Geert Maas Sculpture Gardens and
    Gallery (Kelowna) 256
General Store Museum (Kliby
    Provincial Park) 266
Géographie 14
Giant Cedars Trail
    (Rogers Pass) 246
Gibsons (Sud C.-B.) 236
    hébergement 275
    restaurants 293

Gimli (Manitoba) 593
    hébergement 608
    restaurants 610
    sorties 612
Gitwangak, réserve amérindienne
    (Kitwanga) 323
Glaciers 354
Glenboro (Manitoba) 596
Glenbow Museum (Calgary) 433
Glendon (Nord de l'Alberta) 541
GM Place (Vancouver) 100
Golden (Rocheuses) 380
    hébergement 413
    restaurants 422
    sorties 426
Golden Boy (Winnipeg) 588
Golden Bridge (Golden) 380
Golden Ears Provincial Park (Sud
    C.-B.) 267
Goldstream Provincial Park (Victoria
    et ses environs) 164
Golf 62
    Calgary 442
    Edmonton 526
    nord de l'Alberta 547
    Rocheuses 389
    sud de l'Alberta 479
    *sud de la Colombie-
        Britannique 269*
    Vancouver 108
    Victoria et ses environs 166
Good Hope Lake
    (Nord C.-B.) 325
Government House
    (Edmonton) 523
Government House (Regina) 559
Government House (Victoria) 158
Graham Island (Îles de la Reine-
    Charlotte) 330
Grain Academy (Calgary) 438
Grain Exchange (Winnipeg) 589
Grand Beach Provincial Park
    (Manitoba) 600
Grande Prairie (Nord de
    l'Alberta) 546
    hébergement 549
    restaurants 550
    sorties 550
Grande Prairie Regional College
    (Grande Prairie) 546
Grand Forks (Sud C.-B.) 260
Grand Marais (Manitoba) 594
Grand Valley Provincial Park
    (Manitoba) 601
Grandview Park (Vancouver) 84
Granville Island (Vancouver) 102
Granville Island Brewing Company
    (Vancouver) 102
Granville Island Market
    (Vancouver) 102
Granville Island Museums
    (Vancouver) 102
Granville Mall (Vancouver) 88
Granville Square (Vancouver) 96
Grassi Lakes (Canmore) 384
Grass River Provincial Park
    (Manitoba) 603
Gravelbourg (Saskatchewan) 560
Great Wall of China
    (Medicine Hat) 475
Greenwater Lake Provincial Park
    (Saskatchewan) 569
Grey Owl's Cabin
    (Saskatchewan) 570
Grimshaw (Nord de l'Alberta) 545
Grouard (Nord de l'Alberta) 544
Grouse Mountain
    (Vancouver) 98, 107

Grouse Mountain Skyride
    (Vancouver) 98
Gulf Islands 187
    activités de plein air 209
    attraits touristiques 187, 204
    fêtes et festivals 228
    hébergement 222
    parcs et plages 206
    pour s'y retrouver sans mal 188
    restaurants 227
    sorties 228
Gulf Islands (carte) 205

H

H.R. MacMillan Space Centre
    (Vancouver) 103
Habillement 49
Hafford (Saskatchewan) 566
Haida Arts and Jewellery
    (Old Masset) 333
Haida Gwaii (Nord C.-B.) 330
    hébergement 344
    restaurants 348
Haida Gwaii Museum
    (Skidegate) 332
Haig-Brown Kingfisher Creek Heri-
    tage Property (Île de
    Vancouver) 208
Halcyon Hot Springs
    (Nakusp) 261
Hamilton Falls (Rocheuses) 382
Harbour Cruises (Vancouver) 92
Harbour Quay (Port Alberni) 198
Harbourside Walkway
    (Nanaimo) 195
Harrison Hot Springs
    (Sud C.-B.) 243
    achats 304
    hébergement 279
    restaurants 295
Harrison Hot Springs Public Pool
    (Harrison Hot
    Springs) 243
Hastings Mill (Vancouver) 74
Haynes Point Provincial Park
    (Sud C.-B.) 270
Hay River (Nord de l'Alberta) 545
Hazelton (Nord C.-B.) 327
    hébergement 343
He-Tin-Kis Park (Ucluelet) 199
Head-Smashed-In Buffalo Jump
    (sud de l'Alberta) 468
Hébergement 50, 275
    Ashcroft 280
    Athabasca 548
    Banff 398
    Barkerville 336
    Bella Coola 336
    Birds Hill Provincial Park 607
    Bowron Lake Provincial Park 336
    Bow Valley Parkway 403
    Brandon 608
    Brooks 509
    Calgary 444
    Canmore 414
    Cathedral Provincial Park 284
    Chain Lakes Provincial Park 480
    Chetwynd 338
    Churchill 609
    Cold Lake 548
    Coleman 480
    Cortes Island 221
    Courtenay 220
    Cowichan Bay 214
    Cranbrook 293
    Crowsnest Pass 480
    *Cypress Hills Interprovincial
        Park 485*
    Dawson Creek 338

Dease Lake 342
Donatville 548
Drumheller 509
Edmonton 527
Fairmont Hot Springs 413
Field 414
Fort Macleod 481
Fort McMurray 548
Fort Nelson 341
Fort Qu'Appelle 574
Fort St. James 343
Fort St. John 339
Galiano Island 222
Gibsons 275
Gimli 608
Golden 413
Grande Prairie 549
Gulf Islands 222
Harrison Hot Springs 279
Hazelton 343
Hecla/Grindstone Provincial
       Park 608
Hinton 407, 512
Hope 279
Hudson's Hope 338
Hyder (Alaska) 342
Invermere 413
Iskut 342
Jasper 408
Kaleden 284
Kamloops 280
Kananaskis Valley 416
Kananaskis Village 417
Kaslo 292
Kelowna 287
Kimberley 293
Kitimat 343
Lac La Biche 548
Lake Louise 404
Lethbridge 481
Liard River Hot Springs Provincial
       Park 341
Lillooet 279
Long Beach 218
Lund 276
Mackenzie 338
Malahat 214
Maligne Lake 408
Manitou Beach 576
Manning Provincial Park 283
Masset 344
Mayne Island 224
Medicine Hat 483
Merritt 290
Meziadin Lake Provincial Park
       342
Miette Hot Springs 408
Moose Jaw 574
Muncho Lake Provincial Park 341
Naikoon Provincial Park 346
Nanaimo 214
Nelson 292
Nordegg 511
North Battleford 577
Onanole 608
Osoyoos 284
Parc national de Banff 398
Parc national de Kootenay 412
parc national des Lacs-Water-
       ton 480
Parc national Elk Island 511
Parksville 215
Peace River 549
Peachland 287
Pemberton 279
Pender Islands 224
Penticton 285
Pink Mountain 341
Port Alberni 216
Port Clements 344
Port Hardy 221
Powell River 275
Prince Albert 577

Prince George 337
Prince Rupert 344
Promenade des glaciers 405
Quadra Island 220
Queen Charlotte City 344
Quesnel 336
Radium Hot Springs 412
Red Deer 511
Regina 571
Revelstoke 282
Rocky Mountain House 510
Rogers Pass 283
Rosebud 510
Rossland 290
Saint-Boniface 607
Salmon Arm 282
Salt Spring Island 223
Sandspit 344
Saskatoon 574
Saturna Island 225
Sechelt 275
Selkirk 607
Slave Lake 548
Smithers 343
St. Paul 548
Stewart 342
Summerland 287
Swift Current 573
Sylvan Lake 510
Telegraph Cove 221
Telegraph Creek 343
Terrace 343
Texada Island 276
Tlell 344
Tofino 216
Trochu 510
Ucluelet 216
Vancouver 113, 115, 117, 118,
       120, 121, 123, 124
Vanderhoof 343
Vernon 289
Victoria 169
Wasagaming 608
Watson Lake (Yukon) 341
Wetaskiwin 511
Whistler 276
Whiteshell Provincial Park 607
Winkler 608
Winlaw 292
Winnipeg 605
Hecla/Grindstone Provincial Park
       (Manitoba) 601
       hébergement 608
Hecla Island Heritage Home Mu-
       seum (Manitoba) 601
Hecla Village (Manitoba) 601
Hector Lake (Rocheuses) 370
Helen Schuler Coulee Centre
       (Lethbridge) 470
Héli-ski
    Rocheuses 390
    sud de la Colombie-Britannique
       272
    Vancouver 110
Hélicoptère
    Vancouver 110
Hell's Gate (Yale) 243
Helliwell Provincial Park (île de
       Vancouver) 208
Hemlock Grove Boardwalk (Rog-
       ers Pass) 247
Heriot Bay (Quadra Island) 202
Heritage Park Historical Village
       (Calgary) 439
Heritage Park Museum
       (Terrace) 327
Heritage Ranch (Red Deer) 501
Heritage Square (Red Deer) 501
Heritage Trail (Edmonton) 519
Highland Valley Copper
       (Ashcroft) 245

High Level (Nord de
       l'Alberta) 545
High River (sud de l'Alberta) 462
Hillcrest (sud de l'Alberta) 465
Hillcrest Museum (Souris) 597
Hillside Estate Winery
       (Penticton) 253
Hinton (Centre de l'Alberta) 505
       hébergement 512
Hinton (Rocheuses)
       hébergement 407
       restaurants 421
Hippodrome de Millarville
       (Millarville) 462
Histoire 17
    à la recherche d'une route pour la
       traite des fourrures 18
    années difficiles 23
    Aujourd'hui 26
    boom pétrolier 24
    colonisation du territoire 22
    crédit social et le CCF 24
    isolement de la côte du
       Pacifique 20
    Premières Nations 17
    visées autonomistes 25
Historic Dunvegan
       (Dunvegan) 545
Historic Grist Mill (Keremeos) 248
Historic Markerville Creamery
       Museum
       (Markerville) 496
Historic O'Keefe Ranch
       (Vernon) 259
HMCS Chaudiere (Porpoise Bay
       Provincial Park) 264
Hole-in-the-Ice (Kitwancool) 323
Holy Trinity Anglican Church
       Provincial Historic Site
       (Sask.) 570
Homestead Antique Museum
       (Dinosaur Trail) 492
Honey Place, The (Fort St. John)
       320
Hoodoos (Rocheuses) 382
Hoodoos Lookout
       (Rocheuses) 366
Hoodoo Trail (Centre de
       l'Alberta) 494
Hope (Sud C.-B.) 243
       hébergement 279
Hope Bay (Pender Islands) 206
Horaires 617
Horne Lake Caves Provincial Park
       (île de Vancouver) 207
Horseshoe Bay (Sud C.-B.) 236
Horseshoe Canyon (Centre de
       l'Alberta) 494
Horsethief Canyon (Dinosaur
       Trail) 494
Horticulture Centre of the Pacific
       (Saanich Peninsula) 162
Hôtel de ville (Calgary) 433
Hôtel de ville (Portage
       la Prairie) 595
Hôtel de ville de Regina
       (Regina) 558
Hôtel de ville de Saint-Boniface
       (Saint-Boniface) 590
Hotel Empress (Stewart) 323
Hotel Europe (Vancouver) 76
Hotel Macdonald (Edmonton) 519
Hotel Senator (Saskatoon) 561
Hotel Vancouver (Vancouver) 86
Hot Springs Island (Îles de la Reine-
       Charlotte) 332
House of Hewhiwus (Sechelt) 238
Houston (Nord C.-B.) 326

Index

Hudson's Hope (Nord C.-B.) 318
    hébergement 338
    restaurants 347
Hudson's Hope Museum
        (Hudson's Hope) 318
Hudson's Bay Company Gallery
        (Winnipeg) 589
Hudson Bay Mountain
        (Smithers) 326
Hudson House (Vancouver) 76
Hyder (Alaska) 324
    hébergement 342

I

Icefield Centre (Rocheuses) 371
Icefields Parkway (Rocheuses) 370
Idaho Lookout (Sud C.-B.) 261
Île de Vancouver 187
    achats 229
    activités de plein air 209
    attraits touristiques 192
    fêtes et festivals 228
    hébergement 214
    parcs et plages 206
    pour s'y retrouver sans mal 188
    restaurants 225
    sorties 228
Île de Vancouver (carte) 193
Îles de la Reine-Charlotte
        (Nord C.-B.) 330
    hébergement 344
    restaurants 348
**Îles de la Reine-Charlotte, les
        (carte) 331**
Indian Battle Park (Lethbridge) 469
Indian Cabins (Nord de l'Alberta)
        545
Inglewood (Calgary) 438
Inglewood Bird Sanctuary
        (Calgary) 442
Inglis (Manitoba) 597
Inglis Grain Elevators (Inglis) 597
Ink Pots (Bow Valley Parkway) 367
Inland Lake Provincial Park
        (Sud C.-B.) 264
Inner Harbour (Victoria) 153
Interlakes (Rocheuses) 385
Invermere (Rocheuses) 380
    hébergement 413
    restaurants 422
Ironman (Penticton) 251
Iskut (Nord C.-B.) 324
    hébergement 342
    restaurants 348
Island Park (Portage la Prairie) 595
Islendingadagurinn (Manitoba) 612

J

Jarvis Bay Provincial Park (Centre
        de l'Alberta) 498
Jasper (carte)
    Attraits touristiques 376
    Hébergement, restaurants 410
Jasper, ville de (Rocheuses) 377
    achats 426, 427
    hébergement 408
    restaurants 421
    sorties 425
Jasper-Yellowhead Museum and
        Archives (Jasper) 377
Jasper Activity Centre (Jasper) 378
Jasper Aquatic Centre (Jasper) 378
Jasper Tramway (Rocheuses) 372
Jean-Louis Legare Park (Saskatch-
        ewan) 568
Jedediah Island Marine Provincial
        Park (Sud C.-B.) 265

Jensen's Trading Post (Aetna) 466
Jericho Beach (Vancouver) 107
Jericho Beach Park
        (Vancouver) 103
Joffre Lakes Provincial Park
        (Sud C.-B.) 266
John Janzen Nature Centre
        (Edmonton) 524
Johnston Canyon (Bow Valley
        Parkway) 367
John Walter Museum
        (Edmonton) 520
Josiah Flintabbatey Flonatin
        (Flin Flon) 599
Jours fériés 52
Juan de Fuca Marine Trail (Victoria
        et ses environs) 168
Judy Hill Gallery (Duncan) 194
Junction 37 (Nord C.-B.) 322

K

Kaatza Station Museum (Lake
        Cowichan) 194
Kalamalka Provincial Park (Sud
        C.-B.) 268
Kaleden (Sud C.-B.) 251
    hébergement 284

Kamloops (Sud C.-B.) 245
    achats 304
    hébergement 280
    restaurants 295
    sorties 301
Kamloops Wildlife Park
        (Kamloops) 245
Kananaskis Valley (Rocheuses) 385
    hébergement 416
    restaurants 424
Kananaskis Village (Kananaskis Val-
        ley) 385
Kananaskis Village (Rocheuses)
    hébergement 417
    restaurants 424
Kaslo (Sud C.-B.) 262
    hébergement 292
Kayak
    *Île de Vancouver et
        Gulf Islands 209*
    *nord de la Colombie-
        Britannique 334*
    Vancouver 108
Kayak de mer
    Victoria et ses environs 167
Kelowna (carte)
    Attraits touristiques 255
    Hébergement, restaurants 288
Kelowna (Sud C.-B.) 253
    achats 303, 304
    hébergement 287
    restaurants 297
    sorties 300, 301
Kelowna, agrandissement (carte)
    Attraits touristiques 257
    Hébergement, restaurants 291
Kelowna Art Gallery
        (Kelowna) 256
Kelowna Land and Orchard
        (Kelowna) 254
Kelowna Museum (Kelowna) 254
Kenosewun Centre
        (Lockport) 593
Keremeos (Sud C.-B.) 248
Kettle Valley Railway (Hope) 243
Kettle Valley Railway
        (Kelowna) 254
Kettle Valley Railway
        (Penticton) 253

Khutzeymateen Grizzly Bear
        Sanctuary
        (Nord C.-B.) 330
Kicking Horse Grizzly Bear Refuge
        (Golden) 380
Kicking Horse River
        (Rocheuses) 382
Kid's Market (Vancouver) 102
Kilby Provincial Park
        (Sud C.-B.) 266
Kimberley (Sud C.-B.) 264
    hébergement 293
    restaurants 300
    sorties 301
Kinbrook Island Provincial Park
        (Centre de
        l'Alberta) 506
Kinosoo Totem Poles
        (Cold Lake) 542
Kinsol Trestle
        (Shawnigan Lake) 192
Kitimat (Nord C.-B.) 327
    hébergement 343
    restaurants 348
Kitsilano (Vancouver) 103
Kitsilano Beach (Vancouver) 107
Kitwancool (Nord C.-B.) 323
Kitwanga (Nord C.-B.) 323
Knox Mountain Park
        (Sud C.-B.) 254, 267
Kokanee Glacier Provincial Park
        (Sud C.-B.) 268
Kootenay Valley Viewpoint
        (Rocheuses) 379
Ksan Historical Village and Museum
        (Hazelton) 327

L

Lac Cowichan (Île de
        Vancouver) 206
Lac Jessie (Bonnyville) 541
Lac La Biche (Nord de
        l'Alberta) 543
    hébergement 548
Lac La Ronge Provincial Park
        (Saskatchewan) 570
Lac Manitoba (Manitoba) 601
Lacombe (Centre de
        l'Alberta) 502
Lac Winnipeg (Manitoba) 594
Lake Agnes (Lake Louise) 368
Lake Clear (Manitoba) 602
Lake Cowichan (Île de
        Vancouver) 194
Lake Louise (Rocheuses) 368
    achats 427
    hébergement 404
    restaurants 420
    sorties 425
Lake Louise Sightseeing Gondola
        (Rocheuses) 367
Lakelse Lake Provincial Park (Nord
        C.-B.) 327
Lake Minnewanka
        (Rocheuses) 366
Lakeside Park (Nelson) 270
Landing Building (Vancouver) 76
Langdale (Sud C.-B.) 236
Langley (Sud C.-B.) 244
Laskeek Bay (Îles de la Reine-Char-
        lotte) 332
Last Chance Saloon (Hoodoo
        Trail) 494
Last Mountain House Provincial
        Park (Saskatchewan)
        568

Laurel Packinghouse
          (Kelowna) 254
Laurel Point Park (Victoria) 156
Laveries 53
Leduc (Centre de l'Alberta) 504
Lee Building (Vancouver) 82
Legislative Building (Regina) 556
Leitch Collieries
          (Crowsnest Pass) 464
Leland Hotel (Nakusp) 261
Leo Mol Sculpture Garden (Mani-
          toba) 591
Le Roi Mine (Rossland) 260
Lesser Slave Lake Provincial Park
          (Nord de
          l'Alberta) 547
Lethbridge (carte)
    Attraits touristiques 471
    Hébergement, restaurants 482
Lethbridge (sud de l'Alberta) 469
    hébergement 481
    restaurants 485
    sorties 487
Liard Hot Springs Provincial Park
          (Nord C.-B.)
    restaurants 347
Liard River Hot Springs Provincial
          Park (Nord C.-B.) 322
    hébergement 341
Library Square (Vancouver) 89
Lieu historique Cave and Basin
          (Banff) 361
Lieu historique national Aqueduc
          de Brooks
          (Brooks) 491
Lieu historique national Atlas
          Coal Mine (Centre de
          l'Alberta) 494
Lieu historique national de Batoche
          (Batoche) 567
Lieu historique national de la
          Briqueterie-Claybank
          (Claybank) 560
Lieu historique national de la
          Maison-Riel
          (Manitoba) 592
Lieu historique national de Lower
          Fort Garry
          (Selkirk) 593
Lieu historique national du Fort-
          Battleford
          (Saskatchewan) 565
Lieu historique national du Fort-Kit-
          wanga (Kitwanga) 323
Lieu historique national du Fort-
          Langley (Langley) 244
Lieu historique national du
          Fort-Prince-de-Galles
          (Churchill) 599
Lieu historique national du Fort-St.
          James
          (Vanderhoof) 326
Lieu historique national du
          Motherwell-Homestead
          (Saskatchewan) 559
Lieu historique national du
          Presbytère-St. Andrews
          (Manitoba) 593
Lieu historique national du Ranch-
          Bar U (Longview) 464
Lieu historique national Ninstints
          (Queen Charlotte
          City) 332
Lieu historique national Rocky
          Mountain House (Cen-
          tre de l'Alberta) 499

Lieu historique national York Fac-
          tory (Manitoba) 600
Lieux historiques nationaux
    *Aqueduc de Brooks (centre de
          l'Alberta) 491*
    *Atlas Coal Mine (centre de
          l'Alberta) 494*
    Batoche (Saskatchewan) 567
    *Briqueterie-Claybank
          (Claybank) 560*
    Cave and Basin (Banff) 361
    *Fort-Battleford
          (Saskatchewan) 565*
    Fort-Kitwanga (Nord C.-B.) 323
    Fort-Langley (Sud C.-B.) 244
    *Fort-Prince-de-Galles
          (Churchill) 599*
    Fort-St. James (Nord C.-B.) 326
    Fort Rodd Hill 163
    *Lower Fort Garry
          (Manitoba) 593*
    Maison-Riel (Manitoba) 592
    *Motherwell-Homestead (Sas-
          katchewan) 559*
    *Ninstints (îles de la Reine-Char-
          lotte) 332*
    Phare-de-Fisgard 163
    *Presbytère-St. Andrews (Mani-
          toba) 593*
    Ranch-Bar U (Longview) 464
    *Rocky Mountain House (centre
          de l'Alberta) 499*
    York Factory (Manitoba) 600
Lieux historiques nationaux Fort
          Rodd Hill et du Phare-
          de-Fisgard (Saanich
          Peninsula) 163
Lillooet (Sud C.-B.) 242
    hébergement 279
Lily Pond (Manitoba) 601
Lions Gate Bridge (Vancouver) 95
Littérature 31
Little Britain United Church (Mani-
          toba) 593
Little Church (Dinosaur Trail) 494
Little Italy (Vancouver) 84
Little Manitou Lake
          (Saskatchewan) 565
Little Qualicum Falls Provincial Park
          (île de Vancouver) 207
Little Quill Lake Heritage Marsh
          (Saskatchewan) 565
Little Stone Schoolhouse
          (Saskatoon) 562
Living Prairie Museum
          (Manitoba) 591
Lloydminster (Centre de
          l'Alberta) 504
Locarno Beach (Vancouver) 107
Location de voitures 45
Lockport (Manitoba) 593
Lodge of the Ten Peaks (Lake
          Louise) 367
Loisirs d'hiver 64
    *nord de la Colombie-
          Britannique 334*
Long Beach (île de Vancouver)
    hébergement 218
    restaurants 226
Longview (sud de l'Alberta) 464
    restaurants 485
Lonsdale Block (Vancouver) 76
Lonsdale Quay Market
          (Vancouver) 96
Lost Lagoon (Vancouver) 95
Lost Lagoon Nature House
          (Vancouver) 95
Lower Kananaskis Lake
          (Rocheuses) 385

Lund (Sud C.-B.) 239
    hébergement 276
Lynn Canyon Park
          (Vancouver) 107
Lytton (Sud C.-B.) 242

M

M.V. Lady Rose (Port Alberni) 198
Mackenzie (Nord C.-B.) 316
    hébergement 338
    restaurants 341
MacKenzie Art Gallery
          (Regina) 556
MacMillan Provincial Park - Ca-
          thedral Grove (île de
          Vancouver) 207
Maffeo Sutton Park Morrell Sanctu-
          ary (île de
          Vancouver) 207
Maison de l'archevêque (Saint-
          Boniface) 590
Maison Gabrielle-Roy (Saint-Boni-
          face) 590
Maison Stephansson
          (Markerville) 498
Malahat (île de Vancouver)
    hébergement 214
Maligne Canyon (Rocheuses) 377
Maligne Lake (Rocheuses) 377
    hébergement 408
Malkin Bowl (Vancouver) 93
Manitoba 581
    achats 613
    activités de plein air 603
    attraits touristiques 585
    hébergement 605
    parcs 600
    pour s'y retrouver sans mal 584
    restaurants 609
    sorties 611
Manitoba (carte) 583
Manitoba Agricultural Museum
          (Austin) 596
Manitoba Children's Museum
          (Winnipeg) 586
Manitoba Legislative Building (Win-
          nipeg) 588
Manitoba Museum
          (Winnipeg) 589
Manitou Beach (Saskatchewan)
    hébergement 576
Manning (Nord de l'Alberta) 545
Manning Provincial Park (Sud C.-
          B.) 267
    hébergement 283
Maple Bay 194
Maple Tree Square (Vancouver) 76
Marble Canyon (Rocheuses) 379
Margaret Laurence Home
          (Neepawa) 597
Mariapolis (Manitoba) 594
Marinaside Crescent (Vancou-
          ver) 99
Marine Building (Vancouver) 85
Marine Museum of Manitoba
          (Selkirk) 593
Maritime Museum of British Co-
          lumbia (Victoria) 153
Markerville (Centre de
          l'Alberta) 496
    achats 514
Market Square (Victoria) 153
Masset (îles de la Reine-
          Charlotte) 333
    hébergement 344
    restaurants 349
Masset Sound (Old Masset) 333

Mayne Island (Gulf Islands) 205
    achats 229
    hébergement 224
McBride (Nord C.-B.) 326
Meander River (Nord de
        l'Alberta) 545
Meares Island (Île de
        Vancouver) 201
Medicine Hat (carte)
    Attraits touristiques 474
    Hébergement, restaurants 484
Medicine Hat (sud de
        l'Alberta) 473
    achats 487
    hébergement 483
    restaurants 486
    sorties 487
Medicine Hat Clay Industries Na-
        tional Historic District
        (MedicineHa 475
Medicine Hat Museum and Art
        Gallery (Medicine
        Hat) 473
Medicine Lake (Rocheuses) 377
Meewasin Valley (Saskatoon) 562
Memorial Totems (Alert Bay) 204
Mendel Art Gallery
        (Saskatoon) 562
Mennonite Heritage Village (Stein-
        bach) 594
Merritt (Sud C.-B.) 259
    hébergement 290
    restaurants 299
Mesures 53
Methanex (Kitimat) 328
Mewata Armory (Calgary) 436
Meziadin Lake Provincial Park
        (Nord C.-B.)
    hébergement 342
Michener House Museum (La-
        combe) 502
Miette Hot Springs
        (Rocheuses) 374
    hébergement 408
Mile 0 Post (Dawson Creek) 318
Milk River (sud de l'Alberta) 472
Millarville (sud de l'Alberta) 462
Mill Bay 192
Mill Bay Centre (Mill Bay-Cobble
        Hill) 192
Milner Gardens & Woodland
        (Qualicum Beach) 197
Mine Bellevue (sud de
        l'Alberta) 465
Mineral Lick (Rocheuses) 372
Miniature Railway (Vancouver) 95
Miniature World (Victoria) 154
Minnedosa (Manitoba) 597
Miracle Beach Park (Île de Vancou-
        ver) 208
Mission (Sud C.-B.) 244
Mission du Lac La Biche (Lac La
        Biche) 543
Mission du père Charles Pandosy
        (Kelowna) 254
Mission Hill Family Estate
        (Kelowna) 256
Mission Indian Reserve (Vancouver)
        96
Molly's Lane (Gibsons) 236
Molly's Reach Café (Gibsons) 236
Monnaie 56
Montague Harbour Marine
        Provincial Park (Galiano
        Island) 208
Moose Jaw (Saskatchewan) 559
    hébergement 574
    restaurants 578

Moose Lake (Rocheuses) 378
Moose Lake Provincial Park (Nord
        de l'Alberta) 541, 546
Moraine Lake (Rocheuses) 368
Morant's Curve (Rocheuses) 367
Morden (Manitoba) 594
Moresby Island (Îles de la Reine-
        Charlotte) 330
Moricetown Canyon and Falls
        (Nord C.-B.) 327
Morinville (Nord de l'Alberta) 542
Morrin (Centre de l'Alberta) 495
Morris (Manitoba)
    sorties 612
Motoneige 64
    Rocheuses 390
    sud de la Colombie-
        Britannique 270
Mount Cirrus (Rocheuses) 371
Mount Currie (Sud C.-B.) 242
Mount Dennis (Rocheuses) 382
Mount Douglas Park (Saanich
        Peninsula) 164
Mount Edith Cavell
        (Rocheuses) 372
Mount Edziza Provincial Park (Nord
        C.-B.) 325
Mount Geoffrey Nature Park (Gulf
        Islands) 212
Mount Maxwell Provincial Park (Salt
        Spring Island) 208
Mount Norman
        (Pender Islands) 206
Mount Peter and Paul
        (Sud C.-B.) 271
Mount Robson Provincial Park
        (Rocheuses) 378
Mount Seymour Provincial Park
        (Vancouver) 107
Mount Stephen (Rocheuses) 382
Mount Tolmie (Victoria et ses
        environs) 164
Mount Warburton
        (Saturna Island) 206
Muenster (Saskatchewan) 565
Muncho Lake Provincial Park (Nord
        C.-B.) 322
    hébergement 341
    restaurants 347
Musée de Gravelbourg (Gravel-
        bourg) 560
Musée de Hyder (Alaska) 324
Musée de Saint-Boniface (Saint-
        Boniface) 590
Musée Heritage (St. Albert) 542
Musées 53
Museum at Campbell River
        (Campbell River) 202
Museum of Anthropology (Vancou-
        ver) 105
Museum of Northern British
        Columbia (Prince
        Rupert) 328
Museum of the Highwood (High
        River) 464
Museum of the Regiments (Cal-
        gary) 439
Musique 32
Muttart Conservatory
        (Edmonton) 523
Myra Canyon (Sud C.-B.) 255

N

Naikoon Provincial Park (Nord
        C.-B.) 333
    hébergement 346

Nakiska Ski Resort (Kananaskis
        Valley) 385
Nakusp (Sud C.-B.) 261
Nakusp Hot Springs (Nakusp) 261
Nanaimo (carte)
    Attraits touristiques 196
    Hébergement, restaurants 217
Nanaimo (Île de Vancouver) 195
    achats 229
    hébergement 214
    restaurants 225
Nanaimo District Museum (Na-
        naimo) 195
Narcisse Wildlife Management
        Area (Manitoba) 601
Narrow Hills Provincial Park (Sas-
        katchewan) 570
National Doukhobour Heritage
        Village (Veregin) 564
Native Burial Grounds (Alert
        Bay) 204
Native Cultural Arts Museum
        (Grouard) 544
Natural Bridge (Rocheuses) 382
Naturbahn Teahouse
        (Calgary) 440
Naval Museum of Alberta
        (Calgary) 438
Navigation de plaisance
    Vancouver 109
Neepawa (Manitoba) 597
Nelson (Sud C.-B.) 262
    achats 304
    hébergement 292
    restaurants 299
    sorties 301
Nelson Brewing Company (Nel-
        son) 262
Nelson Congregational Church
        (Nelson) 262
Nelson Museum (Nelson) 262
Netley Marsh (Manitoba) 603
Neubergthal (Manitoba) 595
Newcastle Island (Île de Vancou-
        ver) 195
Newcastle Island Park (Île de
        Vancouver) 207
New Denver (Sud C.-B.) 261
New Iceland Heritage Museum
        (Gimli) 594
Nicola Valley (Sud C.-B.) 270
Nikka Yuko Japanese Garden
        (Lethbridge) 472
Nikkei Internment Memorial
        Centre
        (New Denver) 261
Nisga'a Memorial Lava Bed Park
        (Tseax Lava Beds) 327
Nitobe Memorial Garden
        (Vancouver) 106
Nk'Mip Desert & Heritage Centre
        (Osoyoos) 249
Nootka Sound (Île de
        Vancouver) 203
Nopiming Provincial Park (Mani-
        toba) 601
Nord de l'Alberta 537
    activités de plein air 547
    attraits touristiques 540
    hébergement 548
    parcs 546
    pour s'y retrouver sans mal 538
    renseignements pratiques 540
    restaurants 549
    sorties 550
Nord de l'Alberta, le (carte) 539

Nord de la Colombie-
      Britannique 305
   accès et déplacements 306
   achats 350
   activités de plein air 333
   attraits touristiques 312
   hébergement 336
   renseignements utiles 311
   restaurants 346
   sorties 349
**Nord de la Colombie-Britan-
      nique, le (carte) 313**
Nordegg (Centre de l'Alberta) 500
   hébergement 511
Nordegg Heritage Centre and
      Mine Site
      (Nordegg) 500
North Battleford
      (Saskatchewan) 565
   hébergement 577
North Beach (îles de la Reine-
      Charlotte) 333
North Cowichan (île de Vancou-
      ver) 192
Northern Alberta Railway Park
      (NAR)
      (Dawson Creek) 318
Northern Lights Wildlife Wolf Cen-
      tre (Rocheuses) 380
Northern Rocky Mountains
      Provincial Park (Nord
      C.-B.) 322
Northern Studies Centre
      (Churchill) 599
North Island Forest Tours (Port
      McNeill) 203
North Pacific Historic Fishing Village
      (Prince Rupert) 330
North Vancouver (Vancouver) 96
Northwood Pulp Mill (Prince
      George) 316
Nose Hill Park (Calgary) 442
Notre Dame Chambers (Win-
      nipeg) 589
Num-Ti-Jah Lodge (Promenade
      des glaciers) 370

O

Oak Bay (Victoria et ses
      environs) 161
Oak Bay Village (Victoria et ses
      environs) 161
Oak Hammock (Manitoba) 592
Oak Hammock Marsh
      (Manitoba) 603
Oak Hammock Marsh and Inter-
      pretative Centre (Old
      Hammock) 592
Observation de la faune
   Manitoba 603
Observation des baleines 63
   *Île de Vancouver et
      Gulf Islands 210*
   Vancouver 109
   Victoria et ses environs 167
Observation des oiseaux 63
   Manitoba 603
   nord de l'Alberta 547
   *nord de la Colombie-
      Britannique 334*
   *sud de la Colombie-
      Britannique 270*
   Vancouver 110
Observation des phoques 63
Ocean Towers (Vancouver) 92
Ogopogo (Kelowna) 254
Ogre Canyon (Rocheuses) 374

Okanagan Lavender
      (Kelowna) 254
Okanagan Mountain Provincial Park
      (Sud C.-B.) 267
Okotoks (sud de l'Alberta) 462
   restaurants 485
Okotoks Bird Sanctuary
      (Okotoks) 462
Old Country Market
      (Coombs) 198
Old Market Square
      (Winnipeg) 588
Old Masset (îles de la Reine-Char-
      lotte) 333
   achats 350
Olds (Centre de l'Alberta) 501
Old School House Arts Centre
      (Qualicum Beach) 197
Old Strathcona (Edmonton) 522
Old Strathcona Farmer's Market
      (Edmonton) 523
Old Strathcona Foundation (Ed-
      monton) 522
Olympic Hall of Fame
      (Calgary) 442
Olympic Plaza (Calgary) 433
Onanole (Manitoba)
   hébergement 608
Orchard Museum (Kelowna) 254
Orkney Hill Viewpoint (Dinosaur
      Trail) 494
Orpheum Theatre (Vancouver) 89
Osborne Village (Manitoba) 591
Osoyoos (Sud C.-B.) 248
   hébergement 284
   restaurants 296
Othello Tunnels (Sud C.-B.) 243
Our Lady of Assumption Co-
      Cathedral
      (Gravelbourg) 560
Our Lady of the Assumption
      (Mariapolis) 594
Overlander Falls (Rocheuses) 378

P

Pachena Bay (réserve de parc na-
      tional Pacific Rim) 207
Pacific Centre (Vancouver) 88
Pacific Rim Whale Festival
      (Tofino) 201
Pacific Spirit Regional Park
      (Vancouver) 103, 106
Pacific Undersea Gardens
      (Victoria) 156
Paint Pots (Rocheuses) 379
Panorama Mountain Village (Inver-
      mere) 380
Parapente
   centre de l'Alberta 507
   Rocheuses 390
Parc Muskoseepi
      (Grande Prairie) 546
Parc national de Banff
      (Rocheuses) 362
   hébergement 398
   restaurants 417
**Parc national de Jasper
      (carte) 375**
Parc national de Jasper
      (Rocheuses) 374
Parc national de Kootenay
      (Rocheuses) 378
   hébergement 412
   restaurants 422
Parc national des Glaciers (Sud
      C.-B.) 267

**Parc national des Lacs-Waterton
      (carte) 467**
Parc national des Lacs-Waterton
      (sud de l'Alberta) 466,
      475
   hébergement 480
   restaurants 485
Parc national des Prairies
      (Saskatchewan) 568
Parc national de Yoho
      (Rocheuses) 382
Parc national du Mont-Revelstoke
      (Sud C.-B.) 267
Parc national Elk Island (Centre de
      l'Alberta) 506
   hébergement 511
Parc national Prince-Albert (Sas-
      katchewan) 569
Parc national Riding Mountain
      (Manitoba) 602
Parc national Wapusk
      (Manitoba) 603
Parc national Wood Buffalo (Nord
      de l'Alberta) 544, 546
Parcs 60
   Alice Lake (Sud C.-B.) 265
   Atikaki (Manitoba) 601
   Banff (Rocheuses) 362
   *Beaumont Marine (Pender
      Islands) 209*
   Birds Hill (Manitoba) 600
   Birkenhead Lake (Sud C.-B.) 266
   Bluffs (Gulf Islands) 208
   Bowen Island (Vancouver) 107
   Bowness (Calgary) 442
   Bowron Lake (Nord C.-B.) 315
   Brandywine Falls (Sud C.-B.) 266
   *Buffalo Pound
      (Saskatchewan) 568*
   *Cannington Manor (Saskatch-
      ewan) 567*
   Cape Churchill (Manitoba) 603
   *Cape Scott (île de
      Vancouver) 208*
   Cape Tatram (Manitoba) 603
   Capilano River (Vancouver) 106
   *Carmanah Walbran (île de
      Vancouver) 206*
   Cathedral (Sud C.-B.) 267
   *Chain Lakes (sud de
      l'Alberta) 475*
   Chilliwack Lake (Sud C.-B.) 266
   Clearwater Lake (Manitoba) 603
   *Cold Lake (Nord de
      l'Alberta) 546*
   *Crimson Lake (Centre de
      l'Alberta) 506*
   *Crooked Lake
      (Saskatchewan) 559*
   Cultus Lake (Sud C.-B.) 266
   Cypress (Vancouver) 106
   *Cypress Hills
      (Saskatchewan) 568*
   *Cypress Hills (sud de
      l'Alberta) 478*
   *Desolation Sound
      (Sud C.-B.) 265*
   *Dinosaur (Centre de
      l'Alberta) 506*
   *Driftwood Canyon (Nord-C.-
      B.) 326*
   *Dry Island Buffalo Jump (Centre
      de l'Alberta) 495*
   Duck Mountain (Manitoba) 602
   *Duck Mountain
      (Saskatchewan) 569*
   *East Sooke (Victoria et ses
      environs) 166*
   *Elk Island (Centre de
      l'Alberta) 506*

Englishman River Falls (île de
      Vancouver) 207
Fish Creek (Calgary) 442
Garibaldi (Sud C.-B.) 266
Glaciers (Sud C.-B.) 267
Golden Ears (Sud C.-B.) 267
Goldstream (Victoria et ses
      environs) 164
Grand Beach (Manitoba) 600
Grand Valley (Manitoba) 601
Grass River (Manitoba) 603
Greenwater Lake
      (Saskatchewan) 569
Gwaii Haanas (Nord C.-B.) 332
Haig-Brown Kingfisher Creek
      Heritage Property (île de
      Vancouver) 208
Haynes Point (Sud C.-B.) 270
Hecla/Grindstone
      (Manitoba) 601
Helliwell (île de Vancouver) 208
Heritage Park Historical Village
      (Calgary) 439
Horne Lake Caves (île de Vancou-
      ver) 207
Inland Lake (Sud C.-B.) 264
Jarvis Bay (Centre de
      l'Alberta) 498
Jasper (Rocheuses) 374
Jedediah Island (Sud C.-B.) 265
Joffre Lakes (Sud C.-B.) 266
Kalamalka (Sud C.-B.) 268
Kilby (Sud C.-B.) 266
Kinbrook Island (Centre de
      l'Alberta) 506
Knox Mountain
      (Sud C.-B.) 254, 267
Kokanee Glacier (Sud C.-B.) 268
Kootenay (Rocheuses) 378
Lac La Ronge
      (Saskatchewan) 570
Lacs-Waterton (sud de
      l'Alberta) 475
Lakelse Lake (Nord C.-B.) 327
Last Mountain House (Saskatch-
      ewan) 568
Last Mountain Lake (Saskatch-
      ewan) 568
Lesser Slave Lake (Nord de
      l'Alberta) 547
Liard River Hot Springs (Nord
      C.-B.) 322
Little Qualicum Falls (île de
      Vancouver) 207
Lynn Canyon (Vancouver) 107
Ma-Me-O Beach (Centre de
      l'Alberta) 506
MacMillan - Cathedral Grove (île
      de Vancouver) 207
Maffeo Sutton Park Morrell
      Sanctuary (île de
      Vancouver) 207
Manning (Sud C.-B.) 267
Miracle Beach (île de
      Vancouver) 208
Mont-Revelstoke
      (Sud C.-B.) 267
Montague Harbour Marine (Gulf
      Islands) 208
Moose Lake (Nord de l'Alberta)
      541, 546
Mount Douglas (Saanich Penin-
      sula) 164
Mount Edziza (Nord C.-B.) 325
Mount Geoffrey
      (Gulf Islands) 212
Mount Maxwell
      (Gulf Islands) 208
Mount Robson (Rocheuses) 378
Mount Seymour (Vancouver) 107
Muncho Lake (Nord C.-B.) 322
Naikoon (Nord C.-B.) 333

Narrow Hills
      (Saskatchewan) 570
Newcastle Island (île de Vancou-
      ver) 207
Nopiming (Manitoba) 601
Northern Rocky Mountains (Nord
      C.-B.) 322
Nose Hill (Calgary) 442
Okanagan Mountain
      (Sud C.-B.) 267
Pacific Spirit (Vancouver) 106
Paul Lake (Sud C.-B.) 271
Peter Lougheed (Rocheuses) 384
Pike Lake (Saskatchewan) 569
Porpoise Bay (Sud C.-B.) 264
Porteau Cove (Sud C.-B.) 265
Prairies (Saskatchewan) 568
Prince's Island
      (Calgary) 436, 442
Prince-Albert
      (Saskatchewan) 569
Quarry Wilderness Park (île de
      Vancouver) 206
Redberry Lake Biosphere Reserve
      (Hafford) 566
réserve de parc national Pacific
      Rim (île de
      Vancouver) 200, 207
Réserve de parc national Pacific
      Rim (Port Renfrew) 166
Riding Mountain (Manitoba) 602
River Valley (Edmonton) 526
Roderick Haig-Brown
      (Sud C.-B.) 267
Ruckle (Gulf Islands) 208
Saltery Bay (Sud C.-B.) 265
Sargeant Bay (Sud C.-B.) 264
Sasquatch (Sud C.-B.) 266
Shannon Falls (Sud C.-B.) 265
Shelter Point (Sud C.-B.) 265
Skookumchuck Narrows
      (Sud C.-B.) 264
Somenos Marsh Wildlife Refuge
      (île de Vancouver) 206
Spatsizi Plateau
      (Nord C.-B.) 324
Spruce Woods (Manitoba) 602
St. Norbert (Manitoba) 600
Stampede (Calgary) 438
Stanley (Vancouver) 92
Stanley Park (Vancouver) 67
Stawamus Chief (Sud C.-B.) 265
Stone Mountain
      (Nord C.-B.) 320
Strathcona (île de
      Vancouver) 208
Sylvan Lake (centre de
      l'Alberta) 498
The Battlefords
      (Saskatchewan) 569
Turtle Mountain (Manitoba) 602
Tweedsmuir (Nord C.-B.) 314
Wapusk (Manitoba) 603
Wells Gray (Nord C.-B.) 315
West Shawnigan Lake (île de
      Vancouver) 206
Whiteshell (Manitoba) 600
Winnipeg Beach (Manitoba) 600
Wood Buffalo (Nord de l'Alberta)
      544, 546
Writing-on-Stone (sud de
      l'Alberta) 477
Yoho (Rocheuses) 382

**Parcs nationaux de Kootenay
      et Yoho, région de
      Kananaskis
      (carte) 381**

Paris Building (Winnipeg) 589
Parksville (île de Vancouver) 195
      hébergement 215
Passeport 40

Patin à glace
      Calgary 443
Patin à roues alignées
      Vancouver 110
Patricia Bay Highway (Saanich
      Peninsula) 163
Patricia Lake (Rocheuses) 378
Paul Lake Provincial Park
      (Sud C.-B.) 271
Peace Canyon
      (Hudson's Hope) 318
Peace Gallery North (Fort St.
      John) 320
Peace River (Nord de
      l'Alberta) 545
      hébergement 549
      restaurants 550
Peace River Centennial Museum
      (Peace River) 545
Peachland (Sud C.-B.)
      hébergement 287
Pêche 63
      île de Vancouver et
      Gulf Islands 210
      nord de l'Alberta 547
      nord de la Colombie-
      Britannique 334
      Rocheuses 391
      sud de la Colombie-
      Britannique 270
      Vancouver 110
Peinture 31
Pemberton (Sud C.-B.) 242
      hébergement 279
      restaurants 295
Pemberton Ice Cap
      (Sud C.-B.) 270
Pembina Thresherman's Museum
      (Winkler) 595
Pembina Valley (Manitoba) 594
Pender Harbour (Sud C.-B.) 238
Pender Islands (Gulf Islands) 206
      achats 230
      hébergement 224
Pendrell Suites (Vancouver) 92
**Penticton (carte)
      Attraits touristiques 252
      Hébergement, restaurants 286**
Penticton (Sud C.-B.) 251
      achats 303, 304
      hébergement 285
      restaurants 297
      sorties 301
Personnes à mobilité réduite 53
Peter Lougheed Provincial Park
      (Rocheuses) 384
Peyto Lake (Rocheuses) 370
Pharmacies 53
Pigeon Lake Provincial Park (Centre
      de l'Alberta) 506
Pike Lake Provincial Park (Saskatch-
      ewan) 569
Pincher Creek (sud de
      l'Alberta) 465
Pine Falls (Manitoba) 594
Pink Mountain (Nord C.-B.)
      hébergement 341
Pinnacles Park (Quesnel) 315
Pioneer Village at Grande Prairie
      Museum (Grande
      Prairie) 546
Plages 64
      Agate (îles de la Reine-
      Charlotte) 333
      Beddis Beach (Gulf Islands) 208
      Bennett Bay (Gulf Islands) 208
      Botanical Beach (Victoria et ses
      environs) 166

Index

Cadboro Bay Beach
    (Victoria) 164
China Beach (Victoria et
    ses environs) 166
East (îles de la Reine-
    Charlotte) 333
First (Vancouver) 107
French Beach (Victoria et ses
    environs) 166
Grand (Manitoba) 600
Grand Marais (Manitoba) 594
Jericho (Vancouver) 107
Kitsilano (Vancouver) 107
Locarno (Vancouver) 107
Ma-Me-O (centre de
    l'Alberta) 506
Miracle Beach Park (île de
    Vancouver) 208
North (îles de la Reine-
    Charlotte) 333
Pachena Bay (île de
    Vancouver) 207
Parksville (île de Vancouver) 207
Pigeon Lake (centre de
    l'Alberta) 506
Qualicum Beach (île de
    Vancouver) 207
Second (Vancouver) 107
South (îles de la Reine-
    Charlotte) 333
Spanish Banks (Vancouver) 107
Sunset (Vancouver) 107
Sylvan Lake (centre de l'Alberta)
    507
Third (Vancouver) 107
Tonquin Beach (île de
    Vancouver) 202
Tower (Vancouver) 107
Victoria (Manitoba) 594
Willows Beach (Victoria) 164
Winnipeg (Manitoba) 600
Wreck (Vancouver) 107
Planche à neige 65
    Vancouver 111
Planche à voile
    sud de la Colombie-Britannique
        270
    Victoria et ses environs 168
Planetarium (Winnipeg) 589
Platzl (Kimberley) 264
Playground (Vancouver) 95
Plongée sous-marine
    Île de Vancouver et
        Gulf Islands 211
    sud de la Colombie-
        Britannique 271
    Victoria et ses environs 168
Plug In Institute of Contemporary
    Art (Winnipeg) 589
Pocahontas (Rocheuses) 374
Poids 53
Point Grey (Vancouver) 103
Police Outpost Provincial Park
    (Aetna) 466
Politique 26
Ponoka (Centre de l'Alberta) 503
Pont Alexandria (Yale) 243
Population 28
Porpoise Bay Provincial Park (Sud
    C.-B.) 264
Portage la Prairie (Manitoba) 595
Port Alberni (île de
    Vancouver) 198
    hébergement 216
Portal Park (Vancouver) 96
Port Clements (îles de la Reine-
    Charlotte) 332
    hébergement 344

Porteau Cove Provincial Park (Sud
    C.-B.) 265
Port Hardy (île de Vancouver) 204
    achats 230
    hébergement 221
Portland Canal (Nord C.-B.) 323
Port McNeill (île de
    Vancouver) 203
Port Renfrew (Victoria et ses
    environs) 164
Port Washington
    (Pender Islands) 206
Poste 53
Poundmaker Trail
    (Saskatchewan) 566
Pourboires 53
Powell Forest Canoe Route
    (Sud C.-B.) 268
Powell River (Sud C.-B.) 238
    hébergement 275
Prairie Dog Central
    (Manitoba) 591
Prairie Gallery
    (Grande Prairie) 546
Prairie Valley Station of the Kettle
    Valley Steam
    Railway 253
Premières Nations 17
Presbytère anglican (St. Paul) 541
Presse 53
Prince's Island Park
    (Calgary) 436, 442
Prince Albert (Saskatchewan) 566
    hébergement 577
    restaurants 579
Prince Albert Historical Museum
    (Prince Albert) 566
Prince George (carte)
    Hébergement, restaurants 337
Prince George (Nord C.-B.) 315
    hébergement 337
    restaurants 346
    sorties 349
Prince George Native Art Gallery
    (Prince George) 316
Prince George Pulp & Paper
    (Prince George) 316
Prince George Railway &
    Forestry Museum
    (Prince George) 316
Prince Rupert (carte)
    Attraits touristiques 329
    Hébergement, restaurants 345
Prince Rupert (Nord C.-B.) 328
    hébergement 344
    restaurants 348
Princeton (Sud C.-B.) 248
Princeton Museum and Archives
    (Princeton) 248
**Promenade des glaciers
    (carte) 373**
Promenade des glaciers
    (Rocheuses) 370
    achats 427
    hébergement 405
    restaurants 420
Prospect Point (Vancouver) 95
Protection Island (île de
    Vancouver) 195
Provincial Law Courts
    (Vancouver) 88
Provincial Legislature Buildings
    (Victoria) 156
Puits de pétrole n°1 de Leduc
    (Leduc) 504
Pyramid Lake (Rocheuses) 378

Q

Quadra Island (Gulf Islands) 202
    achats 229
    hébergement 220
    restaurants 226
Quail's Gate Estate Winery
    (Kelowna) 256
Qualicum Beach (île de
    Vancouver) 197
    achats 229, 230
    hébergement 216
    restaurants 225
Quarry Wilderness (île de Vancou-
    ver) 206
Quartier chinois (Calgary) 437
Quartier chinois (Edmonton) 519
Quathiaski Cove
    (Quadra Island) 202
Queen's Hotel (Fort Macleod) 468
Queen Charlotte City (îles de la
    Reine-Charlotte) 332
    hébergement 344
    restaurants 348
Queen Charlotte Islands (Nord
    C.-B.) 330
Quesnel & District Museum
    (Quesnel) 314
Quesnel (Nord C.-B.) 314
    hébergement 336
    restaurants 346
Quesnel River Pulp (Quesnel) 315
Quinsam Salmon Hatchery (île de
    Vancouver) 203
Quw'utsun' Cultural And Confer-
    ence Centre
    (Duncan) 192

R

Radium Hot Pools (Radium Hot
    Springs) 379
Radium Hot Springs
    (Rocheuses) 379
    hébergement 412
    restaurants 422
    sorties 426
Rainforest Interpretative Centre
    (Tofino) 201
Randonnée pédestre 64
    Calgary 443
    centre de l'Alberta 508
    Île de Vancouver et
        Gulf Islands 211
    nord de la Colombie-
        Britannique 334
    Rocheuses 391
    sud de l'Alberta 479
    sud de la Colombie-
        Britannique 271
    Vancouver 111
    Victoria et ses environs 168
Rapides Skookumchuck (Sud C.-
    B.) 264
Raven and the First Men
    (Vancouver) 105
Rearguard Falls (Rocheuses) 378
Redberry Lake Biosphere Reserve
    (Hafford) 566
Red Brick Arts Centre and
    Museum (Edson) 505
Red Deer (carte)
    Attraits touristiques 502
    Hébergement, restaurants 512
Red Deer (Centre de
    l'Alberta) 501
    hébergement 511
    restaurants 513

Red Deer and District Museum
(Red Deer) 501
Red River Heritage Road (Mani-
toba) 592
Red Rock Canyon Parkway (sud de
l'Alberta) 476
Regina (carte)
Attraits touristiques 557
Hébergement, restaurants 572
Regina (Saskatchewan) 556
achats 579
hébergement 571
restaurants 577
sorties 579
Regina International Airport 43
Regina International Airport
(Regina) 554
Regina Plains Museum
(Regina) 558
Remington Carriage Museum
(Cardston) 466
Renseignements touristiques 54
Reptile World (Drumheller) 492
Réserve de parc national Gwaii
Haanas
(Nord C.-B.) 332
Réserve de parc national Pacific
Rim
(Port Renfrew) 166
Réserve de parc national Pacific
Rim, secteur de Long
Beach (île de Vancou-
ver) 200, 207
Réserve nationale de faune de
Last Mountain Lake
(Saskatchewan 568
Réserve naturelle de Lethbridge
(Lethbridge) 470
Restaurants 55, 293
Athabasca 294
Banff 417
Bow Valley Parkway 417
Brandon 611
Calgary 450
Campbell River 226
Canmore 423
Chetwynd 347
Cochrane 513
Cold Lake 549
Cranbrook 300
Dawson Creek 347
Dease Lake 348
Drumheller 513
Edmonton 532
Fairmont Hot Springs 422
Field 423
Fort Macleod 485
Fort McMurray 550
Fort Nelson 347
Fort Qu'Appelle 577
Fort St. John 347
Galiano Island 227
Gibsons 293
Gimli 610
Golden 422
Grande Prairie 550
Haida Gwaii 348
Harrison Hot Springs 295
Hinton 421
Hudson's Hope 347
îles de la Reine-Charlotte 348
Invermere 422
Iskut 348
Jasper 421
Kamloops 295
Kananaskis Valley 424
Kananaskis Village 424
Kelowna 297
Kimberley 300
Kitimat 348

Lake Louise 420
Lethbridge 485
Liard Hot Springs Provincial
Park 347
Long Beach 226
Longview 485
Mackenzie 347
Masset 349
Medicine Hat 486
Merritt 299
Moose Jaw 578
Muncho Lake Provincial Park 347
Nanaimo 225
Nelson 299
Okotoks 485
Osoyoos 296
Parc national de Banff 417
Parc national de Kootenay 422
parc national des Lacs-Water-
ton 485
Peace River 550
Pemberton 295
Penticton 297
Prince Albert 579
Prince George 346
Prince Rupert 348
Promenade des Glaciers 420
Qualicum Beach 225
Queen Charlotte City 348
Quesnel 346
Radium Hot Springs 422
Red Deer 513
Regina 577
Revelstoke 296
Rosebud 513
Rossland 299
Saint-Boniface 610
Saint-Francois-Xavier 611
Saskatoon 578
Sechelt 293
Slave Lake 550
Smithers 348
Squamish 294
St. Paul 549
Steinbach 610
Stewart 347
Telegraph Creek 348
Tofino 226
Ucluelet 225
Vancouver 124, 126, 127, 128,
129, 131, 132, 134,
136, 138
Vernon 299
Victoria 177
Wasagaming 611
Wetaskiwin 514
Whistler 294
Winnipeg 609
Revelstoke (Sud C.-B.) 246
hébergement 282
restaurants 296
Revelstoke Dam (Revelstoke) 246
Revelstoke Railway Museum
(Revelstoke) 246
Reynolds-Alberta Museum
(Wetaskiwin) 503
Rhododendron Lake (île de
Vancouver) 197
Riverside Park (Kamloops) 245
River Valley Parks (Edmonton) 526
Robson Square (Vancouver) 88
Robson Street (Vancouver) 86
Rocheuses 351
accès et déplacements 358
achats 426
activités de plein air 385
attraits touristiques 360
climat 385
faune 356
flore 354
géographie 352
hébergement 398

renseignements utiles 359
restaurants 417
sorties 424
un peu d'histoire 357
vie économique 358
Rocheuses, les (carte) 353
Rocky Mountain House (Centre de
l'Alberta) 498
hébergement 510
Roderick Haig-Brown Provincial
Park (Sud C.-B.) 267
Roedde House Museum
(Vancouver) 90
Rogers House (Vancouver) 90
Rogers Pass (Sud C.-B.) 247
hébergement 283
Rogers Pass Discovery Centre
(Rogers Pass) 247
Roonay Bay (Skidegate) 332
Rosebud (Centre de l'Alberta) 494
hébergement 510
restaurants 513
sorties 514
Rosebud Theatre (Rosebud) 494
Rosedale (Hoodoo Trail) 494
Ross Bay Cemetery (Victoria) 158
Rossland (Pender Islands) 206
Rossland (Sud C.-B.) 260
hébergement 290
restaurants 299
Rossland Historical Museum
(Rossland) 260
Rotary Centre for the Arts
(Kelowna) 259
Rotary Museum of Police and
Corrections (Prince
Albert) 567
Round Lake (Saskatchewan) 559
Route de l'Alaska
(Nord C.-B.) 318
Route des vins (Sud C.-B.) 249
Route Stewart-Cassiar
(Nord C.-B.) 322
Rowley (Centre de l'Alberta) 495
Royal Alberta Museum
(Edmonton) 523
Royal Bank (Vancouver) 85
Royal British Columbia Museum
(Victoria) 156
Royal Canadian Mint
(Saint-Boniface) 590
Royal Canadian Mounted Police
Centennial Museum
(Regina) 558
Royal Centre (Vancouver) 86
Royal London Wax Museum
(Victoria) 156
Royal Saskatchewan Museum
(Regina) 556
Royal Tyrrell Museum of Palae-
ontology (Dinosaur
Trail) 492
Ruckle Provincial Park (Salt Spring
Island) 208
Rutherford House
(Edmonton) 520

S

S.S. Sicamous (Penticton) 251
Saanich Historical Artifacts Society
(Saanich Peninsula) 163
Saanich Peninsula 149, 161
Saddledome (Calgary) 438
Sagitawa Lookout
(Peace River) 545

Saint-Boniface (Manitoba) 590
  hébergement 607
  restaurants 610
  sorties 613
Saint-François-Xavier
  (Manitoba) 595
  restaurants 611
Saint-Roch (Vancouver) 103
Salmon Arm (Sud C.-B.) 246
  hébergement 282
Salmon Glacier (Nord C.-B.) 324
Saltery Bay Provincial Park (Sud
  C.-B.) 265
Salt Spring Island (Gulf Islands) 204
  achats 229, 230
  hébergement 223
  restaurants 227
Sam Kee Building (Vancouver) 79
Samson Mall (Lake Louise) 368
Sam Waller Museum
  (The Pas) 598
Sandon (Sud C.-B.) 261
Sandspit (îles de la Reine-
  Charlotte) 332
  hébergement 344
Santé 55
Sargeant Bay Provincial Park
  (Sud C.-B.) 264
Saskatchewan 551
  achats 579
  attraits touristiques 555
  hébergement 571
  parcs 567
  pour s'y retrouver sans mal 554
  renseignements pratiques 555
  restaurants 577
  sorties 579
Saskatchewan, la (carte) 553
Saskatchewan Science Centre
  (Regina) 558
Saskatoon (carte)
  Attraits touristiques 563
  Hébergement, restaurants 575
Saskatoon (Saskatchewan) 561
  achats 579
  hébergement 574
  restaurants 578
  sorties 579
Saskatoon John G. Diefenbaker
  International Airport 43
Saskatoon John G. Diefenbaker
  International Airport
  (Saskatoon) 554
Sasquatch Provincial Park (Sud
  C.-B.) 266
Saturna Island (Gulf Islands) 206
  hébergement 225
Savary Island (Sud C.-B.) 239
Sayward (île de Vancouver) 203
Scarth Street (Regina) 558
Scenic Marine Drive
  (Victoria) 149, 157
Science Gallery (Winnipeg) 589
Science World (Vancouver) 100
Seafest (Prince Rupert) 330
Seaplane Base (Prince Rupert) 330
Sears Downtown (Vancouver) 89
Seaside Bicycle Route
  (Vancouver) 112
Seawall, The (Vancouver) 93
Seawall Promenade
  (Vancouver) 95
Sechelt (Sud C.-B.) 238
  hébergement 275
  restaurants 293
Second Beach
  (Vancouver) 95, 107

Secwepemc Museum & Native
  Heritage Park
  (Kamloops) 245
Selkirk (Manitoba) 593
  hébergement 607
Selo Ukraina (Dauphin) 597
Services financiers 55
Seton Lake (Sud C.-B.) 242
Shaftesbury Trail (Peace River) 545
Shanghai Alley (Vancouver) 79
Shannon Falls Provincial Park (Sud
  C.-B.) 265
Shawnigan Lake (île de
  Vancouver) 192
Shelter Point Regional Park (Sud
  C.-B.) 265
Sidney (Saanich Peninsula) 163
Sidney Historical Museum
  (Sidney) 163
Silver City (Bow Valley
  Parkway) 367
Silversmith Powerhouse
  (Sandon) 261
Silvery Slocan Museum (New
  Denver) 261
Sinclair Centre (Vancouver) 85
Sir Alexander Galt Museum (Leth-
  bridge) 470
Site archéologique de Saamis
  (Medicine Hat) 475
Skaha Bluffs (Sud C.-B.) 268
Skeena River (Nord C.-B.) 328
Ski
  Manitoba 604
Ski alpin 65
  Île de Vancouver et
    Gulf Islands 212
  Rocheuses 394
  sud de la Colombie-
    Britannique 272
  Vancouver 111
Ski de fond 65
  centre de l'Alberta 508
  Rocheuses 395
  sud de l'Alberta 479
  Vancouver 112
Skidegate (îles de la Reine-Char-
  lotte) 330
Ski Hall of Fame (Rossland) 260
Ski Smithers (Smithers) 326
Skookumchuck Narrows Provincial
  Park (Sud C.-B.) 264
Slave Lake (Nord de l'Alberta) 544
  hébergement 548
  restaurants 550
Sloop Cove (Churchill) 599
Smith-Dorrien Trail (Rocheuses)
  384
Smithers (Nord C.-B.) 326
  hébergement 343
  restaurants 348
Smithers Art Gallery
  (Smithers) 326
Smoky Lake (Nord de
  l'Alberta) 540
Smoky Lake Museum
  (Smoky Lake) 541
Snocoach Tour (Promenade des
  glaciers) 371
Société historique et généalogique
  de Smoky River (Don-
  nelly) 544
Sod House and Historical Park
  (Morrin) 495
Somenos Marsh Wildlife Refuge (île
  de Vancouver) 206
Sons of Norway Heritage House
  (Bella Coola) 314

Souris (Manitoba) 597
South Beach (îles de la Reine-
  Charlotte) 333
South Cowichan (île de
  Vancouver) 192
Southern Alberta Art Gallery
  (Lethbridge) 472
Spanish Banks Beach
  (Vancouver) 103, 107
Spatsizi Plateau Wilderness
  Provincial Park (Nord
  C.-B.) 324
Speaker's Corner (Regina) 556
Spirit Island (Rocheuses) 377
Spirit of Kamloops (Kamloops) 245
Spirituel 58
Spotted Lake (Sud C.-B.) 248
Spruce Meadows (Calgary) 440
Spruce Woods Provincial Park
  (Manitoba) 602
Squamish (Sud C.-B.) 239
  achats 303
  restaurants 294
SS Moyie (Kaslo) 262
St. Albert (Nord de l'Alberta) 542
St. Andrew's-on-the- Red
  (Manitoba) 592
St. Andrew's- Wesley United
  Church (Vancouver) 88
St. Ann Ranch and Trading Com-
  pany (Trochu) 495
St. Brieux (Saskatchewan) 565
St. James Anglican Church
  (Vancouver) 84
St. Josaphat Ukrainian Catholic
  Cathedral
  (Edmonton) 519
St. Laurent Shrine
  (Saskatchewan) 567
St. Mary's Ukrainian Catholic
  Church (Yorkton) 564
St. Mary Magdalene Church
  (Mayne Island) 205
St. Norbert Farmers Market
  (Winnipeg) 592
St. Norbert Provincial Heritage
  Park (Manitoba) 600
St. Paul (Nord de l'Alberta) 541
  hébergement 548
  restaurants 549
St. Paul's Catholic Church
  (Vancouver) 98
St. Paul Culture Centre
  (St. Paul) 541
St. Peter's Abbey (Muenster) 565
St. Peter's Cathedral
  (Muenster) 565
St. Peter's United Church
  (Hudson's Hope) 318
St. Peter's Dynevor Church
  (Selkirk) 593
St. Thomas More College (Saska-
  toon) 562
Stampede de Ponoka
  (Ponoka) 503
Stampede Park (Calgary) 438
Stanley Park (Vancouver) 67, 92
Stanley Park Ecology Society
  (Vancouver) 95
Stanley Park Scenic Drive
  (Vancouver) 93
Station expérimentale du musée
  Royal Tyrrell (Dinosaur
  Provincial Park) 506
Stawamus Chief Mountain
  (Squamish) 240

Stawamus Chief Provincial Park
    (Sud C.-B.) 265
Steam Train (Port Alberni) 198
Steen River (Nord de l'Alberta)
    545
Steinbach (Manitoba) 594
    restaurants 610
Stephen Avenue Mall (Calgary)
    433
Stettler (Centre de l'Alberta) 503
Stewart (Nord C.-B.) 323
    hébergement 342
    restaurants 347
Stikine, canyon (Telegraph Creek)
    325
Stone Mountain Provincial Park
    (Nord C.-B.) 320
Stone Storehouse (Stewart) 323
Stott Site (Manitoba) 601
Strathcona Provincial Park (île de
    Vancouver) 208
Streetcar no 23 (Nelson) 262
Strohn Lake (Nord C.-B.) 323
Studio West Bronze Foundry and
    Gallery (Cochrane)
    496
Stutfield Glacier (Rocheuses) 372

Sud de l'Alberta 459
    achats 487
    activités de plein air 479
    attraits touristiques 461
    hébergement 480
    renseignements pratiques 461
    restaurants 485
    sorties 487
Sud de l'Alberta, le (carte) 463
Sud de la Colombie-Britannique
    231
    accès et déplacements 232
    achats 303
    activités de plein air 268
    attraits touristiques 236
    hébergement 275
    parcs 264
    renseignements utiles 234
    restaurants 293
    sorties 300
Sud de la Colombie-Britannique,
    le (carte) 233
Sud de la Colombie-Britannique,
    le; boucle de Coast
    Mountain, rivière
    Thompson, vallée de
    l'Okanagan, Kootenay
    Rockies (carte) 241
Sullivan Mine Interpretive Centre
    (Kimberley) 264
Sumallo Grove (vallée de
    l'Okanagan) 247
Summerland (Sud C.-B.) 253
    hébergement 287
Summerland Steam Train (Sum-
    merland) 253
Suncor/Syncrude (Nord de
    l'Alberta) 544
Sunset Beach (Vancouver) 107
Sunshine Coast (carte) 237
Sunshine Coast (Sud C.-B.) 236
Sunshine Coast Museum & Ar-
    chives (Gibsons) 236
Sunshine Coast Trail
    (Sud C.-B.) 271
Sun Tower (Vancouver) 78
Sunwapta Falls (Rocheuses) 372
Sunwapta Pass (Rocheuses) 371
Surf
    Île de Vancouver et
        Gulf Islands 212

Swift Current (Saskatchewan)
    hébergement 573
Sylvan Lake (Centre de
    l'Alberta) 498
    hébergement 510
Sylvan Lake Provincial Park (Centre
    de l'Alberta) 498
Sylvia Tower (Vancouver) 92

T

T.rex Discovery Centre
    (Eastend) 561
Taber (sud de l'Alberta) 472
Tahltan-Stikine, champs de lave
    (Telegraph Creek) 325
Takakkaw Falls (Rocheuses) 383
Taxes 56
Teare Mountain (McBride) 326
Télécommunications 56
Telegraph Cove (île de
    Vancouver) 203
    hébergement 221
Telegraph Creek
    (Nord C.-B.) 325
    hébergement 343
    restaurants 348
Télévision 34
Telus Convention Centre
    (Calgary) 434
TELUS World of Science (Edmon-
    ton) 523
Terrace (Nord C.-B.) 327
    hébergement 343
    restaurants 348
Terry Fox Viewpoint (Rocheuses)
    378
Texada Island (Sud C.-B.) 238
    hébergement 276
Theatre Under the Stars
    (Vancouver) 93
The Battlefords
    (Saskatchewan) 565
The Battlefords Provincial Park
    (Saskatchewan) 569
The Bay (Vancouver) 89
The Pas (Manitoba) 598
    sorties 612
Third Beach (Vancouver) 95, 107
Thorsen Creek (Bella Coola) 314
Tipi de Saamis (Medicine Hat) 475
Tlell (îles de la Reine-
    Charlotte) 332
    achats 350
    hébergement 344
Tlell River (Tlell) 332
Tofino (île de Vancouver) 200
    achats 230
    hébergement 218
    restaurants 226
Toilettes 57
Tolstoi (Manitoba) 595
Tombe de Louis Riel (Saint-Boni-
    face) 590
Tonquin Beach (Tofino) 202
Toronto Dominion Bank
    (Vancouver) 85
Totem Poles (Vancouver) 95
Tower Beach (Vancouver) 107
Tow Hill (îles de la Reine-Char-
    lotte) 333
Trail (Sud C.-B.) 260
Train 43
Traîneau à chiens
    Rocheuses 395
    sud de la Colombie-
        Britannique 273
Traversier 46

Trochu (Centre de l'Alberta) 495
    hébergement 510
Trusherman's Reunion and Stam-
    pede (Austin) 596
Tseax Lava Beds (Nord C.-B.) 327
Tsuu T'ina Museum (Calgary) 440
Tunnels of Moose Jaw
    (Moose Jaw) 560
Turner Valley (sud de
    l'Alberta) 462
Turtle Island Gallery
    (Kelowna) 256
Turtle Mountain Provincial Park
    (Manitoba) 602
Tuya River (Telegraph Creek) 325
Tweedsmuir Provincial Park (Nord
    C.-B.) 314
Two Jack Lakes (Rocheuses) 366

U

U'mista Cultural Centre (Alert
    Bay) 203
UBC Botanical Garden and Centre
    for Plant Research
    (Vancouver) 106
Ucluelet (île de Vancouver) 198
    achats 230
    hébergement 216
    restaurants 225
UFO Landing Pad (St. Paul) 541
Ukrainian Canadian Archives &
    Museum of Alberta
    (Edmonton) 519
Ukrainian Cultural Heritage Village
    (Vegreville) 505
Ukrainian Museum of Canada
    (Edmonton) 519
Ukrainian Museum of Canada
    (Saskatoon) 561
Ukrainian Orthodox Church
    (Winnipeg) 589
Ukrainian Orthodox Heritage
    Church (Canora) 564
Union Station (Winnipeg) 588
Université de Brandon
    (Brandon) 596
University of Alberta Devo-
    nian Botanic Garden
    (Devon) 504
University of British Columbia
    (Vancouver) 105
University of Saskatchewan (Saska-
    toon) 562
Upper Bankhead (Rocheuses) 366
Upper Kananaskis Lake (Roche-
    uses) 385
Upper Spiral Tunnel Viewpoint
    (Rocheuses) 383
Urgences 57

V

Vallée de l'Okanagan
    (Sud C.-B.) 247
Vallée de la Pembina
    (Manitoba) 594
Valley of the Ten Peaks
    (Rocheuses) 368
Valley Road (Saskatoon) 564
Valley Zoo (Edmonton) 524
Vancouver
    achats 144
    activités de plein air 107
    attraits touristiques 74
    géographie 68

Vancouver (suite)
  hébergement 113, 115, 117,
    118, 120, 121, 123,
    124
  histoire et développement
    économique 68
  parcs 106
  plages 107
  pour s'y retrouver sans mal 71
  renseignements pratiques 73
  restaurants 124, 126, 127, 128,
    129, 131, 132, 134,
    136, 138
  sorties 138
Vancouver-Burrard Inlet (carte)
  Attraits touristiques 97
  Hébergement, restaurants 122
Vancouver-Chinatown, Down-
    town Eastside et East
    Vancouver (carte)
  Attraits touristiques 81
  Hébergement, restaurants 114
Vancouver-False Creek (carte)
  Attraits touristiques 101
  Hébergement, restaurants 133
Vancouver-Gastown (carte)
  Attraits touristiques 77
  Restaurants 125
Vancouver-le centre-ville (carte)
  Attraits touristiques 87
  Hébergement, restaurants 116
Vancouver-Stanley Park (carte)
  Attraits touristiques 94
  Restaurants 130
Vancouver-West End (carte)
  Attraits touristiques 91
  Hébergement, restaurants 119
Vancouver-West Side (carte)
  Attraits touristiques 104
  Hébergement, restaurants 135
Vancouver-West Side, agrandisse-
    ment (carte)
  Hébergement, restaurants 137
Vancouver Aquarium Marine Sci-
    ence Centre
    (Vancouver) 93
Vancouver Art Gallery
    (Vancouver) 88
Vancouver Block (Vancouver) 89
Vancouver Centre (Vancouver) 89
Vancouver Club (Vancouver) 85
Vancouver et ses environs
    (carte) 66
Vancouver International Airport 42
Vancouver Maritime Museum
    (Vancouver) 103
Vancouver Museum
    (Vancouver) 103
Vancouver Police Centennial Muse-
    um (Vancouver) 82
Vancouver Public Library
    (Vancouver) 89
Vancouver Touristinfo Centre
    (Vancouver) 85
Vanderhoof (Nord C.-B.) 326
  hébergement 343
Vanier Park (Vancouver) 103
Vegreville (Centre de
    l'Alberta) 505
Vélo 64
  Edmonton 526
  Vancouver 112
  Victoria et ses environs 168
Vélo de montagne
  Île de Vancouver et
    Gulf Islands 213
  Rocheuses 396
  sud de la Colombie-
    Britannique 274
Veregin (Saskatchewan) 564

Vermilion Pass (Rocheuses) 379
Vernon (Sud C.-B.) 259
  hébergement 289
  restaurants 299
Victoria-Inner Harbour et vieux
    Victoria (carte)
  Attraits touristiques 155
  Hébergement, restaurants 171
Victoria-Saanich Peninsula et de
    Victoria au West Coast
    Trail (carte)
  Attraits touristiques 165
  Hébergement 179
Victoria-Scenic Marine Drive, est
    (carte)
  Attraits touristiques 160
  Hébergement, restaurants 176
Victoria-Scenic Marine Drive,
    ouest (carte)
  Attraits touristiques 159
  Hébergement, restaurants 175
Victoria Beach (Manitoba) 594
Victoria Butterfly Gardens (Saanich
    Peninsula) 163
Victoria et ses environs
    (carte) 148
Victoria et ses environs 149
  achats 185, 186
  activités de plein air 166
  attraits touristiques 153
  hébergement 169
  parcs et plages 164
  pour s'y retrouver sans mal 151
  renseignements pratiques 152
  restaurants 177
  sorties 182
Victoria International Airport 43
Victoria Park (Regina) 558
Victoria Settlement Provincial
    Historic Site (Smoky
    Lake) 540
Victoria West 154
Victory Square (Vancouver) 78
Vieux Victoria 149, 153
Vignobles (Sud C.-B.) 258
Vin 58
Visa 40
Vogue Theatre (Vancouver) 89
Voile
  Île de Vancouver et
    Gulf Islands 213
  Vancouver 112
Voiture 45
Vol en planeur
  ⋅ sud de la Colombie-
    Britannique 274

W

WAC Bennett
    (Hudson's Hope) 318
Wadena (Saskatchewan) 565
Wanuskewin Heritage Park (Sas-
    katchewan) 564
Wapta Falls (Rocheuses) 382
Warner (sud de l'Alberta) 472
Wasagaming (Manitoba) 598
  hébergement 608
  restaurants 611
Wascana Centre (Regina) 556
Wascana Waterfowl Park
    (Regina) 556
Waskasoo Park System
    (Red Deer) 501
Waskesiu Lake
    (Saskatchewan) 569
Waterfront Park (Vancouver) 96

Watson Lake (Yukon) 322
  hébergement 341
  sorties 349
Wayne (Hoodoo Trail) 494
Weeping Wall (Rocheuses) 371
Wells Gray Provincial Park
    (Nord C.-B.) 315
Wenkchemna Glacier
    (Moraine Lake) 368
West Coast Trail (île de
    Vancouver) 211
West Coast Trail
    (Port Renfrew) 164
West Edmonton Mall
    (Edmonton) 524
West End (Vancouver) 89
Western Development Museum's
    Boomtown 1910
    (Saskatoon) 562
Western Development Museum's
    Heritage Farm and
    Village (Sask.) 565
Western Development Museum's
    History of Transporta-
    tion (Moose Jaw) 560
Western Development Museum's
    Story of People (York-
    ton) 564
West Fraser Mills (Quesnel) 315
West Saanich Road (Saanich
    Peninsula) 162
West Shawnigan Lake Provincial
    Park (île de
    Vancouver) 206
West Side (Vancouver) 67, 102
Wetaskiwin (Centre de
    l'Alberta) 503
  hébergement 511
  restaurants 514
Whistler (carte)
  Hébergement, restaurants 277
Whistler (Sud C.-B.) 240
  achats 303
  hébergement 276
  restaurants 294
  sorties 300
Whistlers Mountain
    (Rocheuses) 372
Whistler Village et Village North
    (carte)
  Hébergement, restaurants 278
Whiteshell Natural History Mu-
    seum (Manitoba) 601
Whiteshell Provincial Park (Mani-
    toba) 600
  hébergement 607
Whyte Avenue (Edmonton) 523
Whyte Museum of the Canadian
    Rockies (Banff) 364
Wickaninnish Interpretive Centre
    (île de Vancouver) 200
Wild Pacific Trail (Ucluelet) 199
William Watson Lodge
    (Rocheuses) 385
Williston Lake (Mackenzie) 316
Willows Beach (Victoria) 164
Windermere Lake
    (Invermere) 380
Windermere Valley Pioneer Mu-
    seum (Invermere) 380
Windpower Interpretive Centre
    (Etzikom) 473
Wine Museum (Kelowna) 254
Winkler (Manitoba) 595
  hébergement 608
Winlaw (Sud C.-B.)
  achats 303
  hébergement 292

Winnipeg (carte)
   Attraits touristiques 587
   Hébergement, restaurants 606
Winnipeg (Manitoba) 585
   achats 613
   hébergement 605
   restaurants 609
   sorties 611
Winnipeg Art Gallery
      (Winnipeg) 588
Winnipeg Beach Provincial Park
      (Manitoba) 600
Winnipeg International Airport 43
Winnipeg International Airport
      (Manitoba) 584
Wood Mountain Post Provincial
      Historic Park (Saskatch-
      ewan) 568

Woodward's Department Store
      (Vancouver) 76
Wreck Beach
      (Vancouver) 106, 107

Writing-on-Stone Provincial Park
      (sud de l'Alberta) 477
Wroxton (Saskatchewan) 565

X

Xá:ytem Longhouse Interpretive
      Centre (Mission) 244

Y

Yale (Sud C.-B.) 242
Yale Hotel (Vancouver) 99

Yaletown (Vancouver) 99
Yellowhead Highway (Centre de
      l'Alberta) 504
Yellowhead Highway
      (Nord C.-B.) 325
Yellowhead Lake (Rocheuses) 378
Yoho Valley Road (Rocheuses) 383
Yorkton (Saskatchewan) 564

Liste des cartes

Banff
  Attraits touristiques 365
  Hébergement, restaurants 401
Calgary
  Attraits touristiques 441
  Hébergement, restaurants 449
Calgary centre
  Attraits touristiques 435
  Hébergement, restaurants 445
Centre de l'Alberta, le 488
Centre de l'Alberta, le; contreforts du centre,
    l'intérieur des terres, la route de Yel-
    lowhead 497
Centre de l'Alberta, le; en quête de dinosaures 493
Dawson Creek
  Attraits touristiques 319
  Hébergement, restaurants 339
Edmonton
  Attraits touristiques 525
  Hébergement, restaurants 531
Edmonton centre
  Attraits touristiques 521
  Hébergement, restaurants 529
Environs du lac Louise, les 369
Fort St.John
  Attraits touristiques 321
  Hébergement, restaurants 340
Gulf Islands 205
Île de Vancouver 193
Îles de la Reine-Charlotte, les 331
Jasper
  Attraits touristiques 376
  Hébergement, restaurants 410
Kelowna
  Attraits touristiques 255
  Hébergement, restaurants 288
Kelowna, agrandissement
  Attraits touristiques 257
  Hébergement, restaurants 291
Lethbridge
  Attraits touristiques 471
  Hébergement, restaurants 482
Manitoba 583
Medicine Hat
  Attraits touristiques 474
  Hébergement, restaurants 484
Nanaimo
  Attraits touristiques 196
  Hébergement, restaurants 217
Nord de l'Alberta, le 539
Nord de la Colombie-Britannique, le 313
Parc national de Jasper 375
Parc national des Lacs-Waterton 467
Parcs nationaux de Kootenay et Yoho, région de
    Kananaskis 381
Penticton
  Attraits touristiques 252
  Hébergement, restaurants 286
Prince George
  Hébergement, restaurants 337
Prince Rupert
  Attraits touristiques 329
  Hébergement, restaurants 345
Promenade des glaciers, la 373
Red Deer
  Attraits touristiques 502
  Hébergement, restaurants 512

Regina
  Attraits touristiques 557
  Hébergement, restaurants 572
Rocheuses, les 353
Saskatchewan, la 553
Saskatoon
  Attraits touristiques 563
  Hébergement, restaurants 575
Sud de l'Alberta, le 463
Sud de la Colombie-Britannique, le 233
Sud de la Colombie-Britannique, le; boucle de Coast
    Mountain, rivère Thompson, vallée de
    l'Okanagan, Kootenay Rockies 241
Vancouver-Burrard Inlet
  Attraits touristiques 97
  Hébergement, restaurants 122
Vancouver-Chinatown, Downtown Eastside et East
    Vancouver
  Attraits touristiques 81
  Hébergement, restaurants 114
Vancouver-False Creek
  Attraits touristiques 101
  Hébergement, restaurants 133
Vancouver-Gastown
  Attraits touristiques 77
  Restaurants 125
Vancouver-le centre-ville
  Attraits touristiques 87
  Hébergement, restaurants 116
Vancouver-Stanley Park
  Attraits touristiques 94
  Restaurants 130
Vancouver-West End
  Attraits touristiques 91
  Hébergement, restaurants 119
Vancouver-West Side
  Attraits touristiques 104
  Hébergement, restaurants 135
Vancouver-West Side, agrandissement
  Hébergement, restaurants 137
Vancouver et ses environs 66
Victoria-Inner Harbour et vieux Victoria
  Attraits touristiques 155
  Hébergement, restaurants 171
Victoria-Saanich Peninsula et de Victoria au West
    Coast Trail
  Attraits touristiques 165
  Hébergement 179
Victoria-Scenic Marine Drive, est
  Attraits touristiques 160
  Hébergement, restaurants 176
Victoria-Scenic Marine Drive, ouest
  Attraits touristiques 159
  Hébergement, restaurants 175
Victoria et ses environs 148
Whistler
  Hébergement, restaurants 277
Whistler Village et Village North
  Hébergement, restaurants 278
Winnipeg
  Attraits touristiques 587
  Hébergement, restaurants 606

Tous les guides Ulysse

Collection Comprendre

Comprendre la Chine	16,95 $	14 €

Collection Fabuleux

Fabuleux Ouest canadien	29,95 $	23,99 €
Fabuleux Québec	29,95 $	22,99 €

Guides de conversation Ulysse

L'Allemand pour mieux voyager	9,95 $	6,99 €
L'Anglais pour mieux voyager en Amérique	9,95 $	6,99 €
L'Anglais pour mieux voyager en Grande-Bretagne	9,95 $	6,99 €
Le Brésilien pour mieux voyager	9,95 $	6,99 €
L'Espagnol pour mieux voyager en Amérique latine	9,95 $	6,99 €
L'Espagnol pour mieux voyager en Espagne	9,95 $	6,99 €
L'Italien pour mieux voyager	9,95 $	6,99 €
Le Portugais pour mieux voyager	9,95 $	6,99 €
Le Québécois pour mieux voyager	9,95 $	6,99 €

Guides de voyage Ulysse

Abitibi - Grand Nord	22,95 $	20,58 €
Acapulco	14,95 $	13,57 €
Arizona et Grand Canyon	29,95 $	23,99 €
Bahamas	29,95 $	24,99 €
Belize	16,95 $	15,09 €
Boston	19,95 $	17,99 €
Calgary	16,95 $	15,09 €
Californie	29,95 $	19,67 €
Canada	34,95 $	27,99 €
Cancún et la Riviera Maya	19,95 $	19,99 €
Cape Cod, Nantucket, Martha's Vineyard	17,95 $	13,57 €
Carthagène	12,95 $	10,67 €
Chicago	24,95 $	19,99 €
Chili	34,95 $	24,99 €
Colombie	29,95 $	22,11 €
Costa Rica	29,95 $	22,99 €
Côte Nord, Manicouagan, Duplessis	22,95 $	20,58 €
Cuba	29,95 $	22,99 €
Disney World	19,95 $	19,99 €
Équateur - Îles Galapagos	29,95 $	23,99 €
Floride	27,95 $	22,99 €
Gaspésie, Bas-Saint-Laurent, Îles de la Madeleine	24,95 $	19,99 €
Guadalajara	17,95 $	13,57 €
Guadeloupe	24,95 $	15,09 €
Guatemala	24,95 $	19,67 €
Haïti	24,95 $	22,99 €
La Havane	17,95 $	14,99 €
Hawaii	34,95 $	27,99 €
Honduras	27,95 $	23,99 €
Huatulco et Puerto Escondido	14,95 $	13,57 €
Jamaïque	24,95 $	22,99 €
Las Vegas	19,95 $	17,99 €
Lisbonne	18,95 $	12,99 €
Los Angeles	19,95 $	14,99 €
Los Cabos et La Paz	14,95 $	13,57 €
Louisiane	29,95 $	19,67 €
Martinique	24,95 $	14,99 €
Miami	24,95 $	19,99 €
Montréal	24,95 $	19,99 €
Montréal pour enfants	19,95 $	17,84 €
New York	24,95 $	19,99 €
Nicaragua	24,95 $	22,99 €

Nouvelle-Angleterre	29,95 $	22,99 €
La Nouvelle-Orléans	17,95 $	13,57 €
Ontario	29,95 $	22,99 €
Ottawa-Hull	14,95 $	13,57 €
Ouest canadien	32,95 $	24,99 €
Panamá	27,95 $	22,99 €
Pérou	29,95 $	22,99 €
Phoenix	16,95 $	13,57 €
Plages du Maine	12,95 $	10,67 €
Porto	17,95 $	12 04 €
Portugal	29,95 $	19,99 €
Provence - Côte d'Azur	29,95 $	19,99 €
Provinces atlantiques du Canada	24,95 $	22,99 €
Puerto Plata, Sosua	14,95 $	12.04 €
Puerto Rico	24,95 $	21,19 €
Puerto Vallarta	14,95 $	15,09 €
Le Québec	29,95 $	22,99 €
Ville de Québec	22,95 $	19,99 €
Québec et Ontario	29,95 $	19,99 €
République dominicaine	24,95 $	19,99 €
Sainte-Lucie	17,95 $	14,99 €
Saint-Martin, Saint-Barthélemy	19,95 $	17,99 €
San Diego	17,95 $	13,99 €
San Francisco	17,95 $	15,09 €
Seattle	17,95 $	15,09 €
Sud-Ouest américain	37,95 $	24,99 €
Toronto	22,95 $	19,99 €
Tunisie	27,95 $	19,67 €
Vancouver, Victoria et Whistler	19,95 $	19,99 €
Washington, D.C.	24,95 $	19,99 €

Journaux de voyage Ulysse

Le Grand journal de voyage	14,95 $	14,95 €
Journal de ma croisière	14,95 $	14,99 €
Journal de voyage Amérique centrale et Mexique	17,95 $	17,99 €
Journal de voyage Prestige	17,95 $	17,99 €
Journal de voyage Europe	17,95 $	17,99 €
Journal de voyage Ulysse: La Feuille de palmier	12,95 $	12,95 €
Journal de voyage Ulysse: L'Écrit	12,95 $	12,95 €
Journal de voyage Ulysse: L'Empreinte	12,95 $	12,95 €

Ulysse Espaces verts

Balades à vélo dans le sud du Québec	24,95 $	22,99 €
Camping au Québec	24,95 $	19,99 €
Cyclotourisme au Québec	24,95 $	22,99 €
Cyclotourisme en France	22,95 $	15,09 €
Le Québec cyclable	19,95 $	19,99 €
Le Sentier transcanadien au Québec	24,95 $	22,99 €
Montréal à vélo	4,95 $	4,99 €
Randonnée pédestre au Québec	24,95 $	19,99 €
Randonnée pédestre Montréal et environs	19,95 $	19,99 €
Randonnée pédestre Nord-Est des États-Unis	24,95 $	19,99 €
Randonnée pédestre dans les Rocheuses canadiennes	22,95 $	19,99 €
Ski alpin au Québec	24,95 $	22,99 €
Ski de fond et raquette au Québec	24,95 $	22,99 €

Ulysse hors collection

Balades et circuits enchanteurs au Québec	14,95 $	13,99 €
Délices et séjours de charme au Québec	14,95 $	13,99 €
Dictionnaire touristique Ulysse: Globe Rêveur	39,95 $	24,99 €
Escapades et douces flâneries au Québec	14,95 $	13,99 €
Gîtes et Auberges du Passant au Québec	24,95 $	19,99 €
Les plus belles escapades à Montréal et ses environs	24,95 $	19,99 €
Le Québec à moto	24,95 $	22,99 €
Le Québec accessible	19,95 $	17,99 €
Voyager avec des enfants	24,95 $	19,99 €

Tous les guides Ulysse

Titres			Quantité	Prix	Total

Nom:	Total partiel	
	Port	4,85$CA/4,00 €
Adresse:	Au Canada, TPS	
	Total	
Courriel:		

Paiement: ☐ Chèque ☐ Visa ☐ MasterCard

N° de carte _____ Expiration _____

Signature _____

Pour commander, envoyez votre bon à l'un de nos bureaux, en France ou au Canada (voir les adresses ci-dessous), ou consultez notre site: **www.guidesulysse.com**.

Nos coordonnées

Nos bureaux

Canada: Guides de voyage Ulysse, 4176, rue Saint-Denis, Montréal (Québec) H2W 2M5, ☎(514) 843-9447, fax: (514) 843-9448, info@ulysse.ca, www.guidesulysse.com

Europe: Guides de voyage Ulysse SARL, 127, rue Amelot, 75011 Paris, France, ☎01 43 38 89 50, fax: 01 43 38 89 52, voyage@ulysse.ca, www.guidesulysse.com

États-Unis: Ulysses Travel Guides, 305 Madison Avenue, Suite 1166, New York, NY 10165, info@ulysses.ca, www.ulyssesguides.com

Nos distributeurs

Canada: Guides de voyage Ulysse, 4176, rue Saint-Denis, Montréal (Québec) H2W 2M5, ☎(514) 843-9882, poste 2232, fax: (514) 843-9448, info@ulysse.ca, www.guidesulysse.com

Belgique: Interforum Bénélux, 117, boulevard de l'Europe, 1301 Wavre, ☎010 42 03 30, fax: 010 42 03 52

France: Interforum, 3, allée de la Seine, 94854 Ivry-sur-Seine Cedex, ☎01 49 59 10 10, fax: 01 49 59 10 72

Suisse: Interforum Suisse, ☎(26) 460 80 60, fax: (26) 460 80 68

Pour tout autre pays, contactez les Guides de voyage Ulysse (Montréal).

Écrivez-nous

Tous les moyens possibles ont été pris pour que les renseignements contenus dans ce guide soient exacts au moment de mettre sous presse. Toutefois, des erreurs peuvent toujours se glisser, des omissions sont toujours possibles, des adresses peuvent disparaître, etc.; la responsabilité de l'éditeur ou des auteurs ne pourrait s'engager en cas de perte ou de dommage qui serait causé par une erreur ou une omission.

Nous apprécions au plus haut point vos commentaires, précisions et suggestions, qui permettent l'amélioration constante de nos publications. Il nous fera plaisir d'offrir un de nos guides aux auteurs des meilleures contributions. Écrivez-nous à l'une des adresses suivantes, et indiquez le titre qu'il vous plairait de recevoir.

Guides de voyage Ulysse
4176, rue Saint-Denis
Montréal (Québec)
Canada H2W 2M5
www.guidesulysse.com
texte@ulysse.ca

Les Guides de voyage Ulysse, SARL
127, rue Amelot
75011 Paris
France
www.guidesulysse.com
voyage@ulysse.ca

Nos coordonnées - Écrivez-nous

Notes

Tableau des distances

Distances en kilomètres, par le chemin le plus court

Exemple: la distance entre Edmonton (Alb.) et Saskatoon (Sask.) est de 513 km.

	Victoria (C.-B.)	Vancouver (C.-B.)	Saskatoon (Sask.)	Regina (Sask.)	Prince George (C.-B.)	Prince Albert (Sask.)	Medicine Hat (Alb.)	Lethbridge (Alb.)	Kamloops (C.-B.)	Jasper (Alb.)	Flin Flon (Man.)	Edmonton (Alb.)	Dawson Creek (Alb.)	Calgary (Alb.)	Banff (Alb.)
Calgary (Alb.)															128
Dawson Creek (Alb.)														893	1022
Edmonton (Alb.)													597	278	412
Flin Flon (Man.)												950	1547	1130	1260
Jasper (Alb.)											1317	365	964	396	287
Kamloops (C.-B.)										435	1739	802	1399	609	492
Lethbridge (Alb.)									825	612	1165	512	1109	216	345
Medicine Hat (Alb.)								164	894	681	1001	581	893	285	414
Prince Albert (Sask.)							626	790	1364	942	375	575	1172	755	884
Prince George (C.-B.)						1319	1058	989	525	377	1694	744	1341	773	644
Regina (Sask.)					1518	373	458	622	1352	1139	748	774	1371	743	872
Saskatoon (Sask.)				261	1257	142	484	648	1222	880	517	513	1110	613	742
Vancouver (C.-B.)			1561	1685	777	1703	1227	1063	339	774	2078	1141	1738	948	852
Victoria (C.-B.)		66	1627	1751	843	1769	1293	1129	405	840	2144	1207	1804	1014	885
Winnipeg (Man.)	2344	2278	775	593	2032	834	1051	1215	1945	1732	756	1288	1885	1336	1465

Mesures et conversions

Mesures de capacité

1 gallon américain (gal) = 3,79 litres

Mesures de longueur

1 pied (pi) = 30 centimètres
1 mille (mi) = 1,6 kilomètre
1 pouce (po) = 2,5 centimètres

Mesures de superficie

1 acre = 0,4 hectare
10 pieds carrés (pi2) = 1 mètre carré (m²)

Poids

1 livre (lb) = 454 grammes

Température

Pour convertir des °F en °C:
soustraire 32, puis diviser par 9 et multiplier par 5.

Pour convertir des °C en °F:
multiplier par 9, puis diviser par 5 et ajouter 32.

100°F	40℃
	30℃
70°F	20℃
50°F	10℃
32°F	0℃
20°F	-10℃
0°F	-18℃
-20°F	-30℃

Tableau des distances - Mesures et conversions

Légende des cartes

★ Attraits
▲ Hébergement
● Restaurants
☽ Sorties
◼ Mer, lac, rivière
◼ Forêt ou parc
◻ Place
✪ Capitale d'État
✪ Capitale provinciale ou régionale
–·–·–·– Frontière internationale
············ Frontière provinciale ou régionale
~~~~ Chemin de fer
▨▨▨▨ Tunnel

✈ Aéroport international
✈ Aéroport national ou régional
🛄 Gare ferroviaire
🚌 Gare routière
◣ Glacier
ℹ Information touristique
▲ Montagne

♀ Parc national et provincial
⊘ Plage
☀ Point de vue
⛷ Station de ski alpin
⛳ Terrain de golf
🚗 Traversier (ferry)
🚤 Traversier (navette)

Symboles utilisés dans ce guide

@ Accès à Internet dans la chambre
♿ Accès aux personnes à mobilité réduite
≡ Air conditionné
🐾 Animaux domestiques admis
◎ Baignoire à remous
♠ Casino
🏋 Centre de conditionnement physique
Ⴤ Centre de santé (spa)
🍴 Cuisinette
⌂ Foyer
Ⓤ Label Ulysse pour les qualités particulières d'un établissement
♯ Moustiquaire
≋ Piscine
❄ Réfrigérateur
♨ Restaurant
))) Sauna
P Stationnement
🗏 Télécopieur
☎ Téléphone
⊀ Ventilateur
pdj Petit déjeuner inclus dans le prix de la chambre
bc Salle de bain commune
tlj Tous les jours

Classification des attraits touristiques

★★★ À ne pas manquer
★★ Vaut le détour
★ Intéressant

Classification de l'hébergement

L'échelle utilisée donne des indications de prix pour une chambre standard pour deux personnes, avant taxe, en vigueur durant la haute saison.

$ moins de 60$
$$ de 60$ à 100$
$$$ de 101$ à 150$
$$$$ de 151$ à 225$
$$$$$ plus de 225$

Classification des restaurants

L'échelle utilisée dans ce guide donne des indications de prix pour un repas complet pour une personne, avant les boissons, les taxes et le service.

$ moins de 15$
$$ de 15$ à 25$
$$$ de 26$ à 50$
$$$$ plus de 50$

Tous les prix mentionnés dans ce guide sont en dollars canadiens.

Les sections pratiques aux bordures grises répertorient toutes les adresses utiles. Repérez ces pictogrammes pour mieux vous orienter:

▲ Hébergement
🍴 Restaurants
☽ Sorties
🎁 Achats